무료 동영상 강의와 함께

공인중개사 한권으로따자 2019

홍평희 지음

2차

공인중개사 법령 및 중개실무
부동산 공법
부동산 공시법
부동산 세법

TESTORY

Have a big dream with TESTORY

세상을 움직이는 힘은 희망입니다.

풍년의 희망이 없다면 농부는 씨앗을 뿌리지 않을 것입니다.

이익의 희망이 없다면 상인은 장사를 하지 않을 것입니다.

좋은 희망을 품는 것은

바로 그것을 이룰 수 있는 지름길입니다.

_ 마틴 루터 킹 (1929~1968)

무료 동영상 강의와 함께
공인중개사 한권으로 따자 2차 2019

제1판 제1쇄 발행 2003년 05월 16일
제16판 제1쇄 발행 2019년 04월 05일

지 은 이 홍평희 **발 행 인** 조헌성 **발 행 처** TESTORY (주)미래와경영
I S B N 978-89-6287-196-8 13320 **정 가** 48,000원
출판등록 2000년 03월 24일 제25100-2006-000040호
주 소 (08590) 서울특별시 금천구 가산디지털1로 84, 에이스하이엔드타워8차 1106호
전화번호 02) 837-1107 **팩스번호** 02) 837-1108
홈페이지 www.fmbook.com **이 메 일** fmbook@naver.com

■ 좋은 책은 좋은 독자와 함께합니다.
책을 펴내고 싶은 소중한 경험과 지식, 아이디어를 이메일(fmbook@naver.com)로 보내주세요.
(주)미래와경영은 언제나 여러분께 열려 있습니다.

※ 무료 동영상 강의 수강기간 : 도서 발행일로부터 1년 동안 동영상 강의를 무료로 제공합니다.

TESTORY는 (주)미래와경영 출판부문 전문수험서 브랜드입니다.

무료 동영상 강의와 함께

공인중개사
한권으로따자

홍평희 지음

2019

2차
공인중개사 법령 및 중개실무
부동산 공법
부동산 공시법
부동산 세법

TESTORY

책을 여는 글

고대 그리스 철학자 아리스토텔레스의 '현상은 복잡하지만 본질은 단순하다.' 라는 말처럼 우리가 공부하는 과목들은 복잡하지만 그 본질은 정말 단순합니다. 실제 프레임(Frame, 관점)은 다양해 보이지만 그 대상은 부동산이며, 그 철학은 우리가 살아가는 환경에서 부동산과 우리 이웃들에 대한 작은 배려에서 출발합니다. 그래서 공인중개사 자격시험을 준비하는 동안 공부하는 각 과목에는 우리 삶의 기반인 부동산에 대한 배려, 우리 삶의 동반자인 타인에 대한 배려의 철학이 전과목에 녹아 있습니다.

우리 일상이 힘들지 않는 가운데 즐거우면 단순한 오락이지만, 힘든 가운데 즐거우면 예술입니다. 독일 문학가인 괴테는 '파우스트' 에서 '인간은 노력하는 한 방황한다.' 고 기술했듯이 우리 역시 공부하는 동안 여러 가지로 방황할 것입니다. 그러나 이는 우리가 진정으로 노력하고 있다는 아픈 증거이기도 합니다. 그 방황하는 가운데 우직하게 한 걸음 한 걸음 전진하면 그는 분명 예술가입니다.

이 책이 나온 지 16년째 됩니다. 공인중개사 자격시험의 학습 분량이 방대하여 처음 접하는 수험생에게는 위축들게 하고 어떻게 접근해야될지 망설이게 됩니다. 그래서 우리가 첫 등산을 할 때 먼저 오를 산을 바라보고 가까이 다가오는 나무를 보며 길을 걷는 것처럼 공인중개사 시험의 큰 산을 쉽게 이해하고 해당 과목과 주요내용을 빠르게 학습할 수 있도록 이 책을 그동안 다듬어 왔습니다.

올해에는 여러 법률들이 많이 개정되어 내용상 반영하여야 할 사항들이 많았습니다. 아직도 여러모로 미흡한 부분이 있겠지만 이 책 한 권으로 공인중개사 시험에 당당히 합격할 수 있도록 부족하지만 책과 강의를 통해 수험생 여러분과 함께하고자 합니다. 처음 마음 먹은 뜻을 이루려면 인내와 끈기만이 필요합니다. 우직한 마음과 자세로 시험날까지 함께한다면 반드시 합격의 영광을 얻을 것이라 믿어 의심치 않습니다.

그동안 이 책을 출간하고 언제나 함께한 (주)미래와경영 가족, 평생 친구인 애영·기혁, 그리고 무엇보다도 독자 여러분께 깊은 감사의 인사를 드립니다.

늘 첫 마음으로
오늘 이 순간이 가장 행복하시길 기원드리며...

남한강이 바라보이는 서재에서
홍 평 희 올림

공인중개사 자격시험 안내

1 | 응시자격 및 검정방법

응시자격은 누구나 학력이나 연령, 내외국인 관계없이 가능합니다 (다만, 법령상 응시 결격사유자 제외). 주민등록 주소지와 관계없이 접수 및 응시 가능하며, 원하는 시험장소가 조기에 마감될 수 있으므로 일찍 접수해야 합니다.

검정방법은 제1차 시험과 제2차 시험을 같은 날짜에 구분하여 시행됩니다. 시험문제는 제1차 및 제2차 시험 모두 객관식 5지 선택형으로 출제됩니다.

구 분	교 시	시험과목 (과목당 40문제)	입실시간	시험시간 (일반인 기준)
제1차 시험	1교시	2과목	09 : 00까지	09 : 30 ~ 11 : 10 (100분)
제2차 시험	1교시	2과목	12 : 30까지	13 : 00 ~ 14 : 40 (100분)
	2교시	1과목	15 : 00까지	15 : 10 ~ 16 : 00 (50분)

2 | 시험과목 및 합격결정 기준

시험과목은 제1차 시험의 경우 2개 과목에서 과목당 40문제, 총 80문제가 출제되며 시험시간은 총100분입니다. 제2차 시험의 경우 3개 과목에서 과목당 40문제, 총 120문제가 출제되며 시험시간은 총150분입니다.

합격 결정 기준은 제1차 시험의 경우 각 과목 100점을 만점으로 하여 각 과목당 40점 이상, 전과목 평균 60점 이상을 득점하여야 합격합니다. 제2차 시험의 경우 우선 제1차 시험을 합격하여야 합니다 (전년도 1차 시험 합격자 포함). 각 과목 100점을 만점으로 하여 각 과목당 40점 이상, 전과목 평균 60점 이상을 득점하여야 합격합니다.

구 분		시험과목	시험범위
제1차 시험	1교시	① 부동산학개론	부동산 중개와 관련되는 규정
		② 민법 및 민사특별법	
제2차 시험	1교시	① 공인중개사법 및 중개실무	
		② 부동산공법	
	2교시	① 부동산공시법 및 부동산세법	

공인중개사 선배 합격자의 격려글

One Pass

테스토리 One Pass Program*으로 공인중개사 자격시험에 합격한 선배들이 보내주신 격려의 편지글입니다.

합격자 김민성님의 글

자기만의 핵심요약 단권화를 만드는 것이 중요합니다.
강의중에 선생님 어록을 기록하여 복습때 그부분을 되새기는게 도움되었습니다.
이해가 안되는 부분은 계속 반복해서 반드시 알고 넘어가고, 홈샘 상담방을 활용하세요
마지막 10월이 가장 중요하며 하루 하루가 전쟁이라 생각하십시오.
011-[illegible] 김민성

경남 창원오시면 꼭 연락 주십시오 ^^

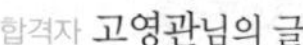

합격자 이윤희님의 글

공부는 콩나물 키우듯이 해야 합니다. 꾸준히 공부하면 어느덧 모르던 내용도 서서히 알게 되는 것 같습니다. 그리고 '한권으로 따자'만 믿고 열심히 공부하세요.
민법이 기본이고 민법과 중개법을 같이 공부하시면 도움이 될 것 같네요
법제처 사이트에 자주 가셔서 법 조문 꾸준히 공부하세요
목표가 합격적이면 이루지 못하는 목표는 없다고 합니다.
꼭 합격하세요.
010-[illegible] 이윤희

합격자 고영관님의 글

선택했다면, 그 선택에 실패했다면 어떠한 다른 이유나 원인은 그 선택이 잘못된 선택이되게하는 가장 큰 원인입니다.
선택했다면, 그 선택을 믿으시고 실행을 하면됩니다.
어떤 이유나 핑계를 만들지 않기를 바랍니다.
고영관 011-[illegible]

합격자 유안희님의 글

작심삼일의 자신이 아닌 시종일관의 자세로 임하세요.
선생님을 믿으시고, 나 자신을 믿으면 아주 재미있게 공부할 수 있답니다. 때로는 좌절과 시련이 오지만 과정이랍니다.
유안희 010-[illegible]

합격자 김유미님의 글

개인마다 다르긴 하지만.. 책을 분철해서 과목별로 들고다니면. 공부할때 부담이 심적으로 더 줄어드는것 같아요. 출판사쪽에 부탁드리고 싶은점. 책의 크기가 조금더 컸으면 좋겠어요. 글씨가 너무작더라구요.. 현장강의를 들을수 있는 여유가 된다면.. 그보다 더 좋은일은 없겠죠~ 멋진 홈샘과 즐겁게 공부를 하구요~ 인연이 되어 꼭 책에서 뵈었으면 좋겠어요..
—김유미.
010. [illegible]

합격자 임현우님의 글

강의를 듣고 한번에 완성하려는 욕심은 버리세요.
책으로 공부하고 문제를 풀면서 자신만의 스타일로 정리해야 내가 부족한 부분에 더 신경쓸 수 있다고 생각되요.
홈샘 강의 열심히 듣고 문제풀이로 중요부분 체크하는 것이 공부에 필요하다고 여겨집니다. 성공하시길... ^^
임현우 011-[illegible]

※ Testory One Pass Program (TOPP)
테스토리에서 출간한 '공인중개사 한권으로 따자' 기본교재를 독학으로 공부하여 한번에 동차(1차, 2차 동시) 합격하는 교육 프로그램입니다.

『공인중개사 한권으로 따자』로

당당히 합격하였습니다!

합격자 **차인경님의 글**

처음들으실때 필기(색깔 다 넣어서)하면서 자~알 들으세요.
전혀 이해안되도 다시 들으실때 강의에 집중하실 수 있어요.
계획을 철저히 세우시고, 수정해가면서 끝까지 완주하세요.
홍샘의 기를 받으셔서 힘내시고
홍샘과 함께라면 꼭 성공하실거예요. 화이팅~.
차인경 016-

합격자 **한옥자님의 글**

재수생 이였답니다. 한권으로 따자를 아들이
사 주었죠. 전과목 강의 ! 신인가? 천재가?(ㅎ)
그런데 자격증 ! 정말 아무것도 아니다 하고
열심히 하였읍니다. 정말 재미있게 공부하였답니다
019- 한옥자.

합격자 **임효정님의 글**

처음에는 1.5배속으로 듣지(말고)☆ 연필로 책에 필기한후.
2번째부터는 연필로 한 필기 위에 볼펜으로 필기하고.
지우개로 지우면서 눈으로 읽으세요.
사람마다 공부하는 방식은 다르지만.
저는 앉아서 자신없이 적는거 좋아라해서...
-임효정 이

합격자 **이하나님의 글**

동영상 강의 한번씩 들으실때 숫자에 바를정(正)자로
써가면서(표시하면서) 들으시길 바랍니다.
그렇게으로 正자가 한글자 한글자 차곡차곡 쓰여질수록
뿌듯함도 느낄 수있고 학업에대한 성취도도 높아질것입니다.
저는 많이 필기하는것 보다도 열정적으로 학업에 임하는
자세가 중요한것 같습니다.
대한민국 천상천하 절대최강 공인중개사 강의 홍샘과 함께라면
가능한 것입니다.
-황샘 열성 신도 이하나 016-

합격자 **조미화님의 글**

생소하고 모르는 단어가 있을지라도 반복 학습이
최고이에요. 특히 부동산학개론, 민법.
자격증은 엉덩이에서 나온다고 생각합니다
시작하셨다면 포기하지 말고 책상에 앉아야
한다면 합격의 길이 보이리라 봅니다
조미화. 016 -

합격자 **하윤정님의 글**

딱 180日 공부했네요.
홍샘 말씀대로 '몰입'이 정말 중요하답니다.
내 자리부터 몰입으로 만듭니다. 또 그 공부하는 순간 순간을 즐기는 것이 중요하더군요.
저는 자존심이 강한 분들께 이것을 권하고 싶습니다
주위에 "나는 공인중개사 공부를 하는 중이다"라고 광고하십시요.
하나의 "배수진"을 치는 것이 끝까지 공부해야 하는 원동력이 되거든요.
하윤정 010-

♥ 기쁜 마음으로 격려글을 보내주신
합격자님들께 깊이 감사드리며,
앞날의 영광과 행복을 기원드립니다. ♥

이 책의 구성과 활용

1 | 단원학습 전에 QR코드를 찍으세요. 스마트폰에서 동영상 강의 무료 수강

스마트폰에 'QR코드 리더기 앱'을 다운 받으세요. 각 단원학습을 시작하면서 동영상 강의를 먼저 보고 공부하면 내용 이해가 훨씬 쉽습니다. 테스토리(www.testory.net)와 네이버 카페 '테스토리', 뉴스칸 교육센터(www.newskan.com)에서도 동영상 강의를 보실 수가 있습니다.

스마트폰으로
QR코드를
찍으면
동영상강의가
바로 나와요

※ 스마트폰으로 무료 <u>무선 인터넷(Wifi) 상태에서 동영상 강의 수강을 권장드리며, 3G 4G 통신이용 시 과도한 데이터 요금이 부과되오니 가입한 테이타 요금제를 확인하시고 이용하세요.</u>

2 | 단원별 핵심사항을 한눈에 파악하세요. 기출포인트와 주요내용의 일목요연한 정리

단원학습에 앞서 핵심적인 내용을 우선 파악하세요. 기출문제 포인트와 핵심사항 정리는 공부할 단원에서 가장 중요한 부분입니다.

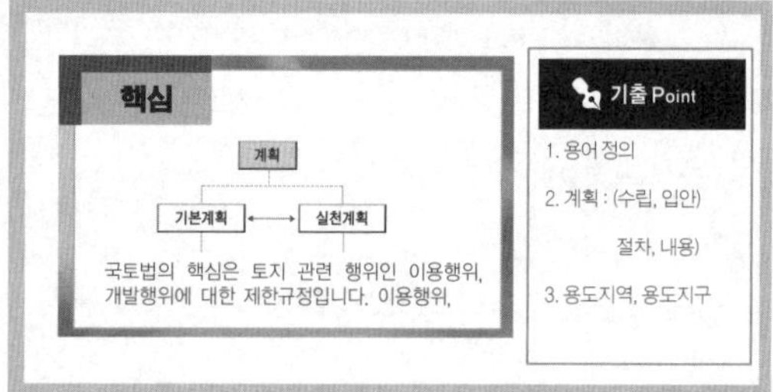

3 | 2차 학습은 법 조문 3단 비교로 하세요. 법, 시행령, 시행규칙을 한눈에 정리

방대하고 어려워 보이는 법률의 내용 이해를 3단 비표로 학습하세요. 빠르게 법 체계 정립과 함께 시험 지문에 그대로 출제되는 법 조문의 반복학습에 가장 효과적인 방법입니다.

법	시행령	시행규칙
제5조 개발계획의 내용	제8조 개발계획에 포함될 사항	제5조 도시개발구역의 지정요청
① 개발계획에는 다음 각 호의 사항이 포함되어야 한다. 다만, 계획수립부터 해당 지역에 하는 개발계	법 제5조제1항제17호에서 '대통령령으로 정하는 사항'이란 다음 각 호와 같다 1. 개발계획의 수립절차	제5조(도시개발구역의 지정 요청) 시장(「지방자치법」 제175조에 따른 서울특별시, 광역시, 특별자치시도

4 출제자 의도와 문제의 함정을 파악하세요. 단원별 출제분석과 함정지문 문제예시 정리

학습한 단원에서 출제자가 특히 주안점을 두는 내용을 무엇인지 체크하세요. 또한 실제 시험에서 자주 실수하거나 응용 가능한 지문의 함정에 세밀한 주의를 하세요.

출제자 의도

사무소

• 법인인 개업공인중개사의 분사무소 설치와 관련된 내용을 알고 있는가?
• 문제의 보기에서 주어진 '예'가 사무소내 의무게시물에 해당되는지,해당되지 않는지를 구별할 수 있는가?

함정 개업공인중개사는 3월을 초과하여 휴업을 하거나 폐업을 '한' 경우에 신고를 하여야 한다.(×) → '할' (O)

5 주요 기출문제와 OX 문제를 풀어 보세요. 단원별 기출문제 분석과 OX 지문학습 수록

단원학습이 끝나면 실제 시험에서 어떻게 출제되었는지 확인하세요. 최신 기출문제 분석과 빈출도가 높은 지문 OX지문 문제를 꼼꼼히 풀어보면 내용 이해와 함께 응용력이 더욱 향상됩니다.

기·출·문·제·분·석

1. 개업공인중개사의 의무에 관한 설명중 틀린 것은? (다툼이 있으면 판례에 의함)

① 개업공인중개사 등이 서로 짜고 매도 의뢰가격을 숨긴채 매우 높은 가액으로 중개의뢰인에게 부동산을 매도하고 그 차
② 중개의뢰인이 매도가격을 미리

O·X·지·문·학·습

1. 모든 개업공인중개사는 개업공인중개사를 대상으로 한 중개업의 경영기법의 제공업무를 겸업할 수 있다. [O X]
2. 개업공인중개사가 중개보조원을 고용한 경우에는 업무개시 전까지 등록관청에 신고해야 한다. [O X]

6 용어 개념과 관련 판례를 정리하세요. 상세한 학습 용어 해설과 최신 판례 정리

단원에 실린 어려운 용어를 만나면 바로 읽어보세요. 법 조문과 단원 내용별로 최신 판례를 상세히게 정리하였으니 반복학습하면 실력 향상에 도움이 됩니다.

• 행정처분(行政處分)
행정주체가 법규에 의거하여, 구체적 사실에 대해 법집행으로서 하는 공법상의 단독행위를 말한다.

▌판례▐
실제 피담보채무액에 관한 그릇된 정보를 제대로 확인하지도 않은채, 마치 그것이 진실인 것처럼 의뢰인에게 그대로 전달이

공인중개사 합격의 비밀

1 | 처음 시험을 준비하는 수험생의 학습비법

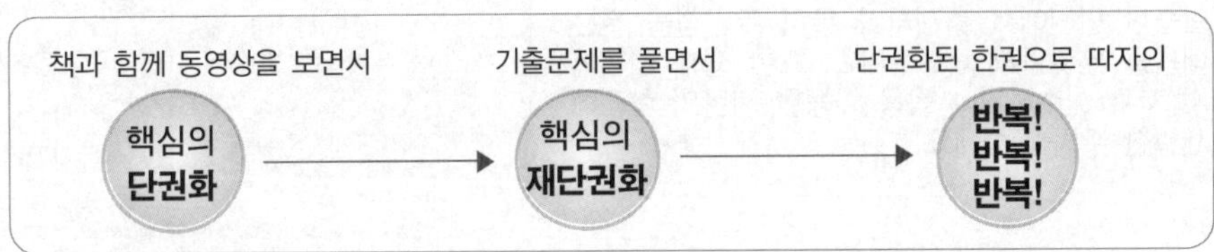

● 기본이론 학습을 처음부터 끝까지 완주하는 것이 가장 우선입니다.

내용이 잘 이해 안 되고 또 몰라도 교재와 동영상 강의를 통해서 일단 처음부터 끝까지 학습하여 전체 흐름을 파악하는 것이 중요합니다. 최소 3~4회 정도 기본이론을 반복학습하면 전체적인 틀이 잡히고 구체적인 사항도 이해가 됩니다. 특히 민법은 법 조문과 함께 반복적인 학습이 필수입니다.

● 기출문제를 풀면서 단원별 핵심을 파악하여야 합니다.

각 단원별로 기본이론 학습이 끝나자마자 바로 기출문제를 풀어 보면서 무엇이 핵심사항인지 확인합니다. 실제 기출된 문제를 접하면 어려움을 느낄 수 있지만 틀린 문제가 많다고 낙심하지 말고 문제 해설과 교재 내용을 참고하여 이해하는 것이 우선입니다.

● 모의고사를 실제 시험처럼 활용합니다.

최소 3회 이상 모의고사 문제를 풀면서 실전 응용력을 익혀야 합니다. 모의고사 문제를 풀 때 실제 시험시간에 맞춰 문제를 풀어야 합니다. 공인중개사 시험은 과목별 시간 안배가 무엇보다 중요하기 때문입니다.

● 최종 마무리 정리를 통해 나만의 단권화를 합니다.

시험 한 달 전에는 더 이상 새로운 내용이나 문제를 풀지 말고, 그동안 정리한 내용을 여러번 반복학습하여야 합니다. 공인중개사 시험은 고득점을 하여야 합격하는 시험이 아니라 60점 이상 이면 합격하기 때문에 기본이론과 문제풀이를 통해 나만의 주요한 내용들을 최종 정리하여 시험 당일까지 암기와 반복학습을 해야 합니다.

2 과목별 효과적인 학습방법

● 공인중개사법령 및 중개실무

인간과 물건의 각 상관관계를 통한 중개계약을 함과 동시에 중개대상물의 수집과 중개대상물의 권리를 분석한 후 최적의 판매소구점를 찾아 계약을 성립시켜 중개의뢰인과 개업공인중개사의 공동의 선을 달성하는 것이 부동산 중개의 흐름이라는 것을 파악해야 합니다. 이 과목은 고득점할 수 있으며, 이를 위해 반드시 법조문(법-시행령-시행규칙)을 꼼꼼하게 학습해야 합니다.

● 부동산 공법

부동산공법은 '공공복리를 위한 방안절차' 와 그에 따른 행위제한과 구제방안을 중심으로 법조문의 바탕하에 공부하는 것이 중요합니다.

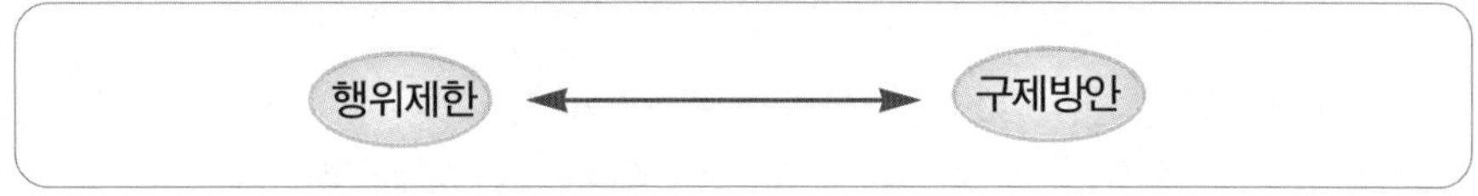

● 부동산 공시법

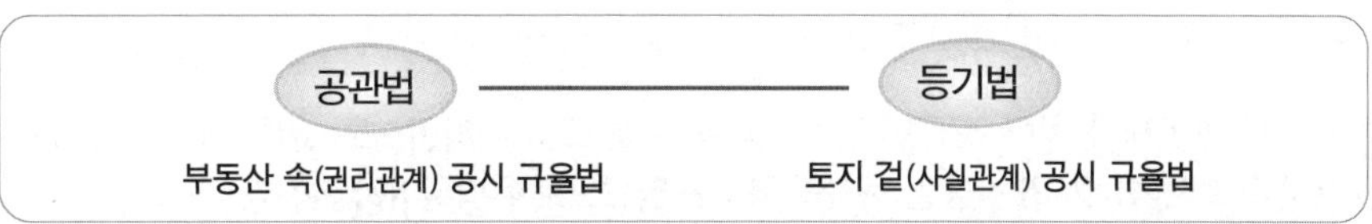

부동산 중개 시 공관법(공간정보의 구축 및 관리 등에 관한 법률)과 부동산등기법을 통하여 정확한 '부동산 분석' 으로 계약을 성립시키고 고객을 만족시키는 것이, 이 법의 주요목적이라는 것을 이해해야 합니다. 등록· 등기절차를 이해해야 하며, 등기법의 경우 '부동산등기특별조치법', '부동산 실권리자 명의등기에 관한 법률' 과 연계학습이 필요합니다.

● 부동산 세법

부동산의 『취득 ➡ 보유 ➡ 양도』 각 단계별 조세(세목) 과세요건(납세의무자, 과세대상, 과세표준, 세율)을 비교 이해하는 것이 중요합니다.

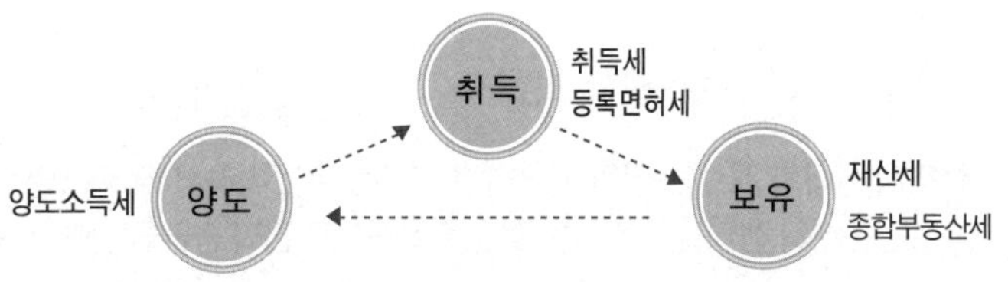

3 | 실전 문제풀이 비법

● 쉬운 문제(친숙하고 짧은 문제)부터 푸세요.

① 자신이 그동안 학습했던 내용과 유사한 내용의 문제(감이 오는 문제)부터 풉니다.
② 보기가 길고 어려운 문제는 나중에 풉니다.
③ 1·2번 문제는 대체로 어렵게 나오는 경향이 있으므로 어렵게 느껴지면 다음 문제를 풉니다.
④ 전혀 새로운 문제는 쉬워도 어렵게 느껴지므로 보기를 읽어볼 필요도 없이 나중에 풉니다.
⑤ 계산 문제와 사례 문제(甲·乙·丙·丁, A·B·C·D)는 가장 나중에 (시간 남을 때) 풉니다.

● 정답으로 확신했더라도 더 확실한 답이 있을 수 있어요.

객관식 정답은 확실한 것 (옳은 것, 틀린 것)이 아니고 가장 확실한 것 (가장 옳은 것, 가장 틀린 것)이 정답입니다. 정답은 의외로 어려운 보기가 아닌 쉬운 보기일 수가 있습니다. 이해 안 가는 아리송한 보기는 제쳐두고 다음 보기로 바로 넘어갑니다. 다만, 1차 시험의 경우는 시간이 많이 부족하므로 확실한 답을 체크했다면 나머지 보기는 읽지 않고 바로 다음 문제를 풉니다.

● 전체 문장 흐름상 옳아 보이지만 글자 하나가 틀려서 틀린 보기일 수 있어요.

주어진 보기의 핵심내용은 맞는 말이지만 정답이 아닌 경우가 있습니다.

※ 핵심어(법률용어, 중요단어)를 틀리게 하는 것이 아니라 '(일상)평어'를 달리해 놓은 경우도 있습니다.
예) 같이 ⇔ 달리, 직접 ⇔ 간접, 증가 ⇔ 감소, 상승 ⇔ 하락, 전 ⇔ 후, 있는 ⇔ 없는, 할 수 ⇔ 하여야 등

● 극단적인 어구를 사용한 보기는 틀린 보기일 가능성이 많아요.

보기의 내용에서 언제나, 항상, 모두(모든), 가장, 즉시, 반드시, 어떠한~도, 절대, 어느, ~만 등과 같이 극단적인 용어를 사용한 보기는 틀린 보기인 경우가 많으므로 유의하여야 합니다.

● 처음 보는 내용의 보기는 정답이 아닐 가능성이 높아요.

기본서 공부를 하였지만 처음 접하는 내용이나 기출문제와 문제풀이를 하며 보왔던 보기가 아닌 생소한 내용은 정답이 아닌 경우가 많고 오히려 익숙한 지문의 보기가 정답일 가능성이 높습니다.

● 주어진 문제의 끝말을 정확히 읽으세요.

① 특히~이 아닌 것은? 옳지 않은 것은? 틀린 것은? 등과 같이 부정의문문을 주의합니다.
② 부정의 부정은 긍정입니다. 예를 들어 문제의 지문이 '해당되지 않는 것이 아닌 것은?'
→ '해당되는 것은?' 이 됩니다.

● 모르는 문제는 한 번호로 통일해서 찍으세요.

보기 ①번부터 ⑤번까지 정답의 개수는 거의 균등하게 배분됩니다. 따라서 각 과목별로 가장 적게 확신한 번호로 통일해서 모르는 문제의 정답을 마킹하는 것은 확률적으로 진짜 정답을 맞출 가능성이 높습니다.

4 | 공인중개사 과목별 체계 및 핵심사항

열매를 얻기 위해서는 가장 먼저 산을 보고, 그 다음 숲을 보고, 나무를 보고, 가지를 보고, 마지막으로 열매를 보게 됩니다. 처음부터 완벽하게 열매를 따려고 하면 쉽게 지치고 길을 잃기 십상이기 때문에 먼저 학습 내용의 전체를 보는 것이 가장 중요합니다.

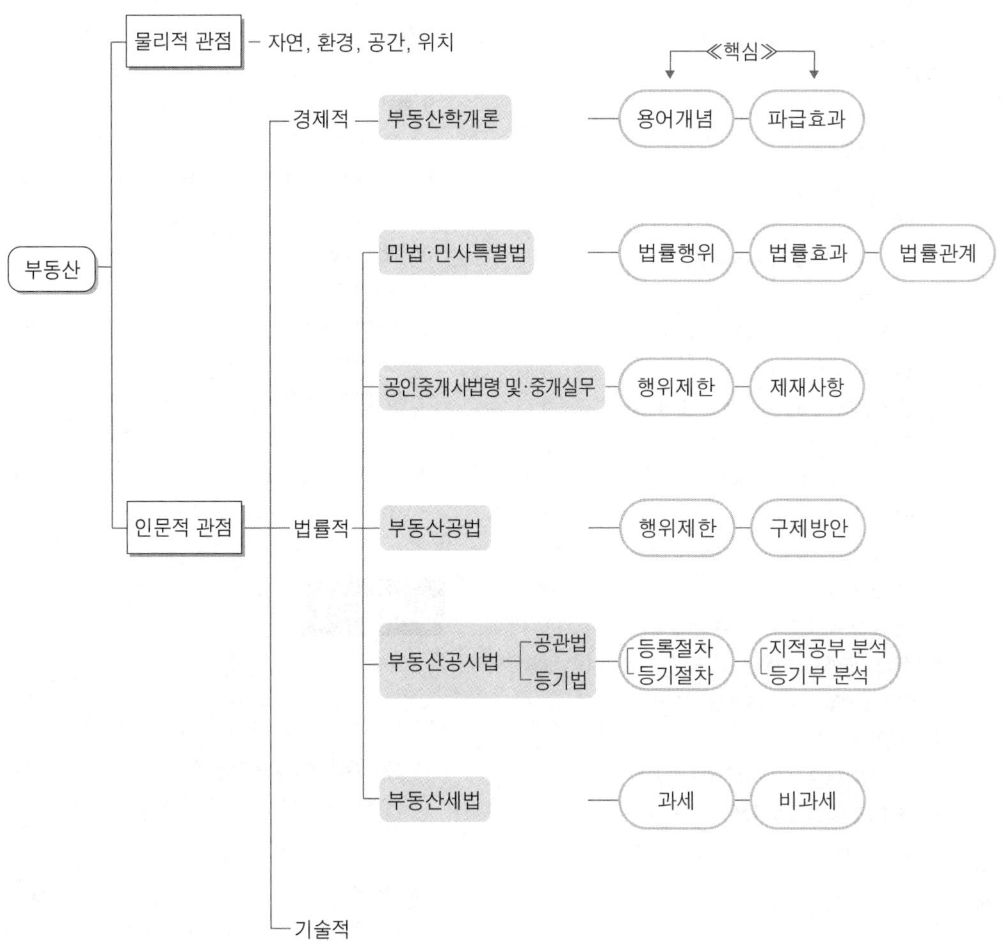

CONTENTS

제1부 공인중개사법령 및 중개실무

제2부 부동산 공법

제3부 부동산 공시법

제4부 부동산 세법

자격증번호 : 30-000000

공인중개사자격증

성　　명 :

생년월일 :

위의 사람은 「공인중개사의 업무 및 부동산 거래신고에 관한 법률」 제4조의 규정에 따라 2019년도에 시행한 제 30회 공인중개사 자격시험에 합격하여 공인중개사 자격을 취득하였음을 증명합니다.

2019년 11월 25일

서 울 특 별 시 장

이제 공인중개사 합격을 위한 첫 여정을 시작합니다.

처음 먹은 마음을 시험날까지 일관되게 이어가야
합격의 영광을 얻을 수 있습니다.

위의 그림은 서울특별시에서
공인중개사 시험에 합격한 분에게 발급하는
공인중개사 자격증 양식 샘플입니다.

공인중개사 합격증서에
여러분의 성명과 사진이 반드시 각인될 것이라는
집념으로 도전하십시오.

꾸준히 한 걸음씩 나아가면 분명 합격할 것입니다.

수험생 여러분의 합격 영예를 기원드립니다!

제1부

공인중개사 법령 및 중개실무

공 인 중 개 사 한 권 으 로 따 자

■ 학습목적

고객의 부동산 거래 관련 법률행위(계약 : 매매·교환·임대차)를 제대로 중개하기 위해서 공인중개사 법령과 중개실무를 배우는 것이 목적입니다.

■ 나무

공인중개사라는 산의 세 번째 숲인 이 과목은 공인중개사 법령과 중개실무라는 2개의 나무로 구성되어 있습니다.

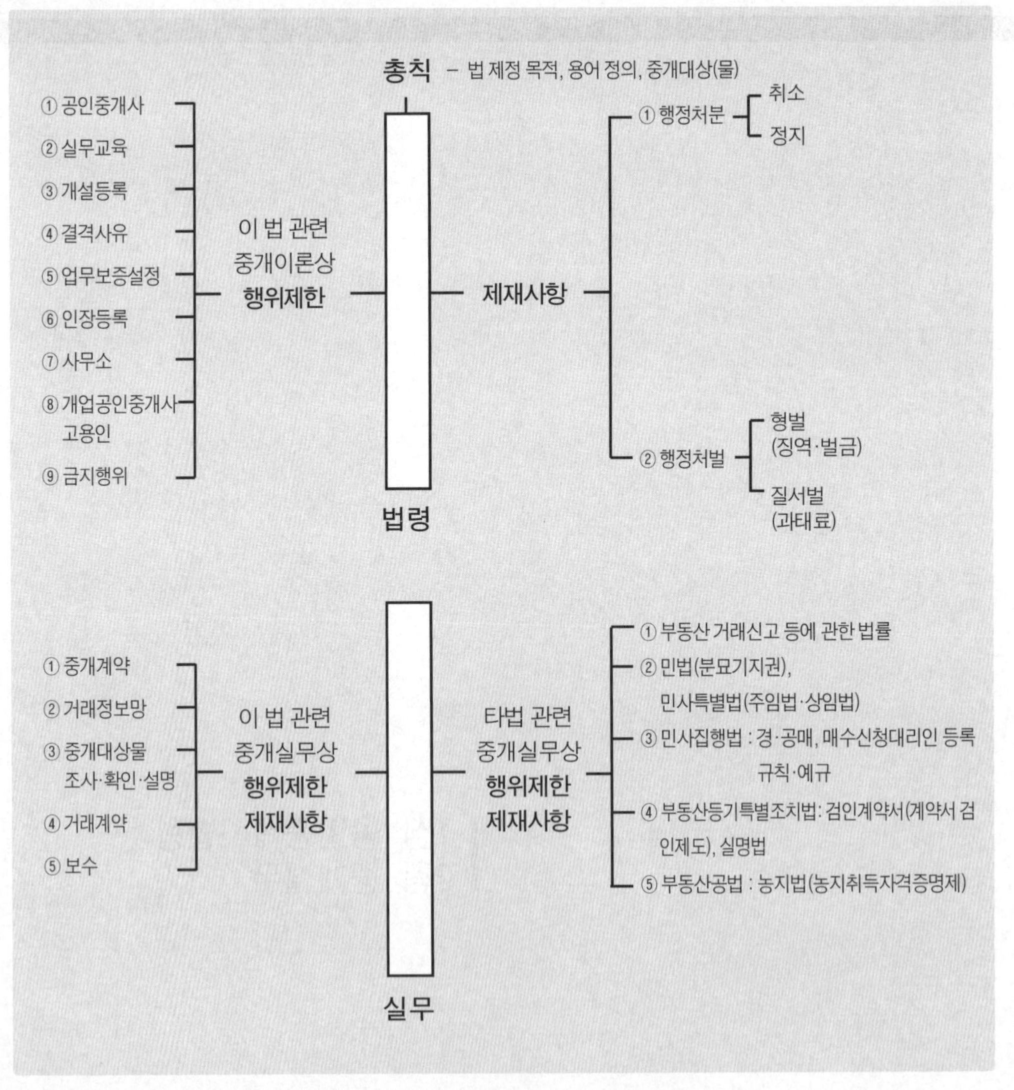

■ 핵심

개업공인중개사 등의 부동산 중개 관련 **행위제한** —위반 시→ **제재사항**

공인중개사법령 및 중개실무의 핵심은 부동산 중개 등과 관련된 개업공인중개사 등의 행위에 대한 제한사항과 이를 위반한 경우의 제재사항을 법조문과 판례를 통해서 이해하고 정확하게 암기하는 것입니다. 타 법(부동산 거래신고 등에 관한 법률, 민법, 민사특별법, 민사집행법, 부동산등기특별조치법, 부동산공법) 중 부동산 중개실무와 연계되는 부분도 이해하고 정확하게 암기해두어야 합니다.

1 법령

1. 목적

법 조문상 법 제정 목적

2. 용어 정의

- 조문상 정의
- 판례상 정의

3. 중개대상

중개 가능 여부 판단

4. 공인중개사

공인중개사 자격취소 사유 VS 소속공인중개사 자격정지 사유 : 구별

5. 교육

실무교육 이수대상자

6. 개설등록

- 기준
- 등록증 : 교부 vs 재교부
- 이중등록
- ∽ 결격사유, 업무보증설정

7. 결격사유

- 항목 : 해당 여부<사례 검토>
- 벗어나는 시점

8. 업무보증, 손해배상

- 방법·금액 등
- 위반 시 제재사항

9. 인장

- 등록시점
- 위반 시 제재사항

10. 사무소

- 설치, 게시, 명칭, 이전, 휴·폐업 등
- 위반 시 제재사항

11. 개업공인중개사, 고용인

법인인 개업공인중개사의 겸업제한, 분사무소

12. 금지행위

- 항목 : 해당 여부 <사례>
- 위반 시(행위 시) 제재사항

13. 행정처분·처벌

항목 : 구별

14. 포상금

지급 사유·절차

2 실무

1. 중개계약

- 전속중개계약상 개업공인중개사의 의무, 정보공개사항 항목
- 서식 : 일반중개계약서 vs 전속중개계약서 – 기재사항 차이점
- 위반 시 제재사항

2. 거래정보망

- 지정·이용 절차
- 위반 시 제재사항

3. 중개대상물 조사·확인·설명

- 조사·확인 : 방법 〈사례〉
- 확인·설명 : 사항 항목
- 서식 : 중개대상물 확인·설명서
  - 기재사항 : 차이점 구별
  - 작성방법
- 위반 시 제재사항
- ∽
  - 공관법 : 지적공부
  - 등기법 : 등기부
  - 공법(국토법, 건축법) : 건폐율·용적률

4. 거래계약

- 거래계약서
  - 필요적 기재사항
  - 검인이 필요한 경우
- 위반 시 제재사항

5. 보수

- 중개보수 〈계산〉
- 위반 시 제재사항
- ∽
  - 금지행위
  - 사무소 내 게시의무

6. 예치

개업공인중개사 관련 내용

7. 감독

- 감독사유
- 위반 시 제재사항

8. 협회

- 설립·업무 : 절차상 내용
- 위반 시 제재사항

9. 부동산 거래신고 등에 관한 법률

- 신고·허가 절차상 내용
- 위반 시 제재사항

10. 민법

- 분묘기지권 〈판례〉
- ∽ 장사법

11. 민사특별법

- 주택·상가건물 임대차 보호법
  - 조문
  - 판례
- ∽ 경매

12. 경·공매

- 권리분석 : 소제주의 VS 인수주의 〈사례〉
- 배당순위
- 매수신청대리 규칙·예규
- ∽ 민사특별법(주임법, 상임법, 가담법)

13. 등기 관련법

- 실명법
- 등기특별조치법

14. 공법

농지법 : 농지취득자격증명제

15. 장사법

장사 관련 행위제한

1. 공인중개사법 이해

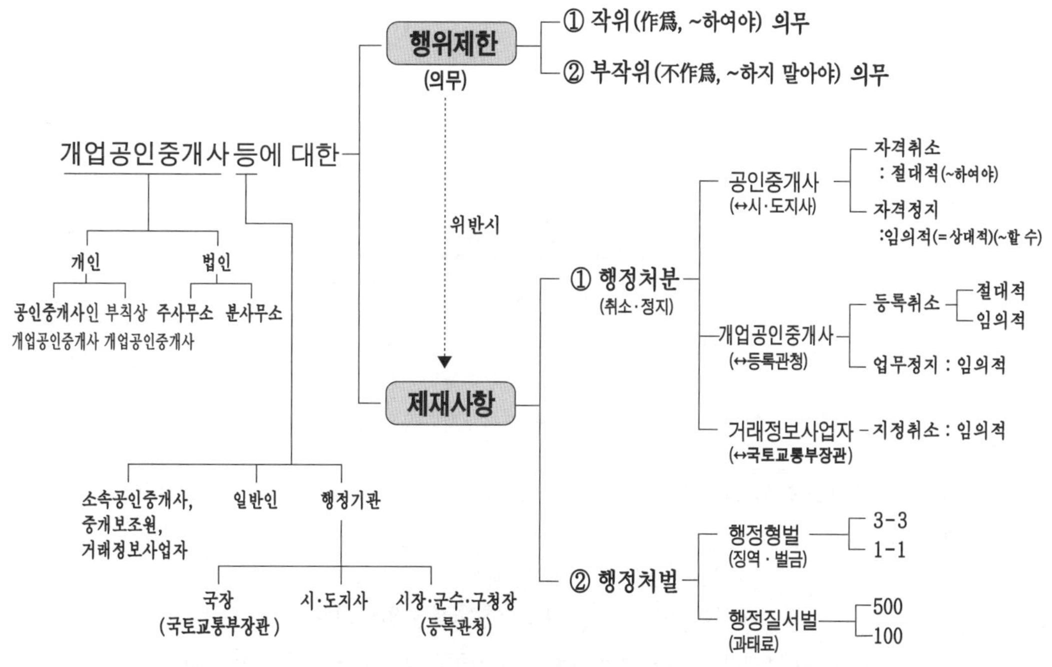

'공인중개사법' 은 주요내용이 위의 도해식 그림과 같은 체계를 가지고 있으므로 효과적인 학습을 위해서는 실제 **법조문(법 - 시행령 - 시행규칙)**을 통하여 꼼꼼히 (심지어 괄호안의 글씨까지도) 비교 · 확인하여야 합니다.

특히 학습 시 주의할 사항은 여러분의 임의적 판단이 아닌 실제 법조문에 근거한 내용의 접근이 필요하며, 법률용어뿐만 아니라 일상평어도 세심히 살펴보아야 합니다.

고득점 과목인 만큼 충분한 법조문의 반복학습이 필요하므로 이를 눈으로만 읽지 말고 큰 소리로 최소한 20번 이상 낭독하여 법조문이 무의식 중에 떠오를 수 있을 정도까지 되어야 합니다. 그래야 공인중개사법을 만점을 받음으로써 1차와 2차, 동차합격의 영광을 안을 것입니다.

중개실무란 주로 타 과목을 실무상 응용하는 것으로, 이 과목은 공인중개사 전 과목의 융합이라 할 수 있습니다. 일반적인 출제비율은 법조문이 70%, 실무가 30% 정도입니다.

2. 100점 실천전략

3단 비교표 Ⅰ. 법조문(관련 판례) + Ⅱ. 서식 + Ⅲ. 타과목 연계

Ⅰ. 법조문

• 테마별 :

3단 비교표

[법 – 시행령 – 시행규칙]
(법률) (대통령령) (국토교통부령)

법조문을 곧이 곧대로, 토씨 하나 틀리지 않게 확실히!(임의 확대 ×)

• 법조문상 **(3단 비교표 음영 표시 조문 참고)** 함정을 팔 수 있는 곳 : 숫자·사람(기관)·일상평어

함정 예) ① 숫자 함정 : • 3년(○, ×) ↔ 5년(×, ○)
• 3년(○, ×) ↔ 3월(×, ○)
※ (○, ×) ↔ (×, ○)는 서로 바꿀 수 있는 함정

② 사람(기관) 함정 : • 등록관청(시장·군수·구청장 ○, ×) ↔ 시·도지사(×, ○)
• 분사무소 등록관청(○, ×) ↔ 주사무소 등록관청(×, ○)
• 대통령령(○, ×) ↔ 국토교통부령 (×, ○)

③ 일상(평)어 함정 : • 지체없이(○) → ○일(월) 이내(×)
• 서면(○) → 구두(×)
• 그리고(과 ○, ×) ↔ 또는 (×, ○)
• 할 수 (임의적, 상대적, ○, ×) ↔ 하여야(절대적, 기속적 ×, ○)
• 있다(된다 ○, ×) ↔ 없다(아니된다 ×, ○)
• 전(前, ×) ↔ 후(後 ×, ○)
• 할 (때) [→ 사전(前) 개념 ○, ×] ↔ 한 (때) [→ 사후(後) 개념 ×, ○]
• 등록(○, ×) ↔ 신고(×, ○)
• 통보(○, ×) ↔ 신고(×, ○)
• 신고(○) ↔ 허가(×)
• 과반수(반이 넘는 수 ○, ×) ↔ 반수(딱 반인 수 ×, ○)
• 포함(○, ×) ↔ 제외 (×, ○)
• 극단적 어구 : 항상, 모든
• 한정적 어구 : ~만

※ 가장 어려운 함정은 '일상평어' 부분입니다. 처음 공부할 때에는 이런 함정이 눈에 들어오지 않지만, 많은 문제를 풀면서, 틀려보면서, 그리고 다시 법조문을 다시 확인하면 그제서야 서서히 눈에 들어올 것입니다.

Ⅱ. 서식

각종 서식의 '**기재사항**(항목)'을 꼼꼼히 살펴보고 암기해야 합니다. 특히, 「전속중개계약서·중개대상물확인 설명서」가 중요합니다.

(1) 개설등록 : ① 부동산중개사무소 개설등록신청서·분사무소 설치신고서
② 중개사무소 등록증·분사무소설치 신고필증

(2) 업무보증·손해배상 : 손해배상책임보증설정·변경 신고서

(3) 사무소 설치 등 : ① 분사무소 '설치' 신고서 vs '이전' 신고서
② 중개사무소 '이전' 신고서, 부동산중개업 휴업·폐업·재개·휴업기간변경 '신고' 서

(4) 중개계약 : ① 일반 중개계약서 ② 전속 중개계약서

(5) 거래정보망 : ① 거래정보사업자 지정신청서 ② 부동산거래정보망 가입·이용신청서

(6) 중개대상물 조사·확인·설명 : 중개대상물 확인·설명서

(7) 감독 : 조사·검사 증명서

※ 공인중개사법상 서식이 없는 경우

① 업무보증서(↔ 업무보증 설정·변경 신고서는 있음)
② 거래계약서(↔ 국토교통부장관이 표준서식의 권장은 가능, 법정 서식은 없지만 필요적 기재사항은 있음)

※ 서식 관련 수수료가 없는 경우

① 업무보증 설정(변경)신고 시 ② 부동산중개업 휴업·휴업기간 변경·재개·폐업 신고 시
③ 거래정보사업자 지정신청 시 ④ 부동산거래정보망 가입·이용 신청 시

Ⅲ. 타과목 연계

(1) 부동산 거래신고 등에 관한 법률 : 거래신고 절차, 금지행위, 과태료

(2) 민법 및 민사특별법 : ① 분묘기지권 ② 관습법상 법정지상권 ③ 주택·상가건물 임대차보호법

(3) 민사집행법 : 경·공매

(4) 공인중개사의 매수신청 대리인 등록 등에 관한 규칙·예규 (→ 관련 서식 : 매수신청 대상물 확인 · 설명서)

(5) 등기 관련법 : ① 부동산등기법
② 부동산등기특별조치법 (→ 검인계약서와 관련)
③ 부동산 실권리자 명의 등기에 관한 법률 (→ 명의신탁과 관련)

(6) 부동산 공법 : ① 도시개발법 [특히 환지(예정지)]
② 도시 및 주거환경 정비법 [특히 재건축사업]
③ 건축법 (특히 건폐율·용적률)
④ 주택법 (특히 분양가상한제)
⑤ 농지법 (특히 소유제한)
→ 관련 서식 : 토지이용계획확인서

3. 부동산중개업 흐름도

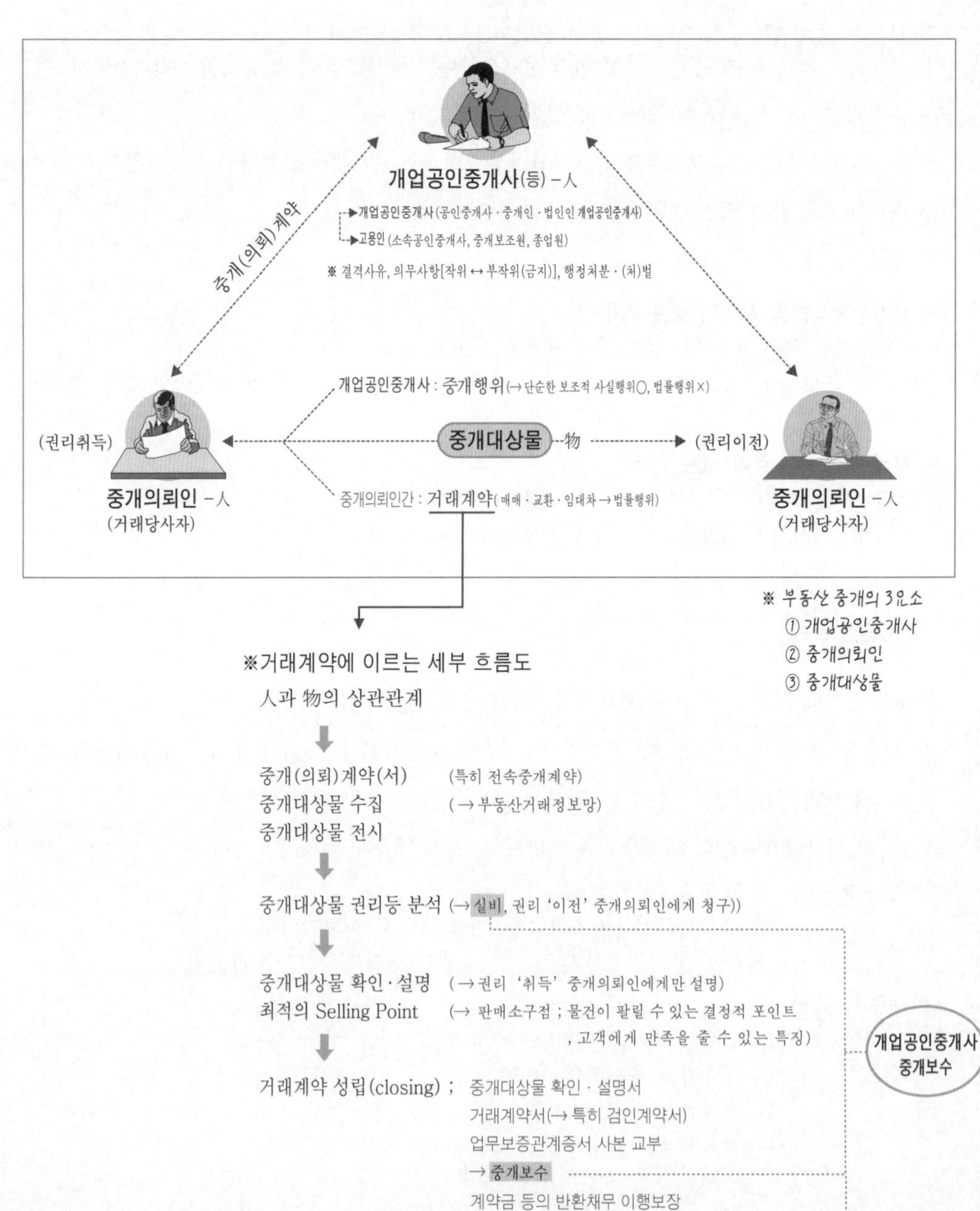

공인중개사 자격증, 실무교육
중개업 (개설) 등록
중개사무소
(이전, 휴 · 폐업)
개업공인중개사(등) – 人
▸개업공인중개사 (공인중개사 · 중개인 · 법인인 개업공인중개사)
▸고용인 (소속공인중개사, 중개보조원, 종업원)
※ 결격사유, 의무사항[작위 ↔ 부작위(금지)], 행정처분 · (처)벌
중개(의뢰)계약
개업공인중개사 : 중개행위(→ 단순한 보조적 사실행위○, 법률행위×)
(권리취득)
중개대상물 – 物
(권리이전)
중개의뢰인 – 人
(거래당사자)
중개의뢰인간 : 거래계약(매매 · 교환 · 임대차 → 법률행위)
중개의뢰인 – 人
(거래당사자)
※ 부동산 중개의 3요소
① 개업공인중개사
② 중개의뢰인
③ 중개대상물
※거래계약에 이르는 세부 흐름도
人과 物의 상관관계
중개(의뢰)계약(서) (특히 전속중개계약)
중개대상물 수집 (→ 부동산거래정보망)
중개대상물 전시
중개대상물 권리등 분석 (→ 실비, 권리 '이전' 중개의뢰인에게 청구))
중개대상물 확인 · 설명 (→ 권리 '취득' 중개의뢰인에게만 설명)
최적의 Selling Point (→ 판매소구점 ; 물건이 팔릴 수 있는 결정적 포인트, 고객에게 만족을 줄 수 있는 특징)
개업공인중개사 중개보수
거래계약 성립(closing) ; 중개대상물 확인 · 설명서
거래계약서(→ 특히 검인계약서)
업무보증관계증서 사본 교부
→ 중개보수
계약금 등의 반환채무 이행보장
→ 실비, 권리 '취득' 중개의뢰인에게 청구

4. 부동산 중개(판매) 과정 ; 무라다 교수

① 물건 · 고객 확보 — 중개업무의 가장 기본적 요소

② 판매 준비 — 의뢰물건 · 고객 분석, selling point 분석

③ 접근(approach) — 고객에게 접근, AIDA 원리 (Desire 단계에서 selling point 제시)

※ 부동산의 개별성 등으로 인해 다양한 셀링 포인트가 가능하다.

※ 셀링 포인트 구분 : 경제적·법률적·기술적 측면 등의 셀링 포인트

④ 현지안내 · 제시 — 일반적으로
- 신축 : 낮
- 고옥 : 밤

⑤ 클로징(closing) 시도 — 불만처리 & 설득
- 중개대상물 불만처리 : selling point 강조
- 가격 불만처리 : 개별성 강조

⑥ 클로징 — 계약체결

■ 출제경향·학습전략

중요테마 출제경향		평균 출제문항수	학습전략
1. 법령 (70% : 28문제)	① 용어정의	1	1. 법조문·관련서식의 꼼꼼한 암기 2. 타과목과 연계된 학습 필요 ※ 공인중개사법은 동차합격의 전략과목으로 만점을 목표로 철저하게 학습해야 합니다. 어느 한 테마에 치중하지 말고 전 분야를 골고루 공부해야 합니다.(편식 금물) ※ 2차과목은 시험출제와 직결되는 「개정 법률」에 대해서도 주의 깊게 살펴보아야 합니다.
	② 개설등록	2	
	③ 업무보증·손해배상	1	
	④ 개업공인중개사·사용인	2	
	⑤ 금지행위	1	
	⑥ 행정처분·행정처벌	4	
2. 실무 (30% : 12문제)	① 중개계약	3	
	② 중개대상물 조사·확인·설명	4	
	③ 거래계약	3	
	④ 권리분석	2	

출제자 의도

법조문의 내용을 기술한 문제의 보기 서술어 중 일부를 틀리게 바꾸어 놓았을 경우, 옳은지 틀린지를 구별할 수 있는가?

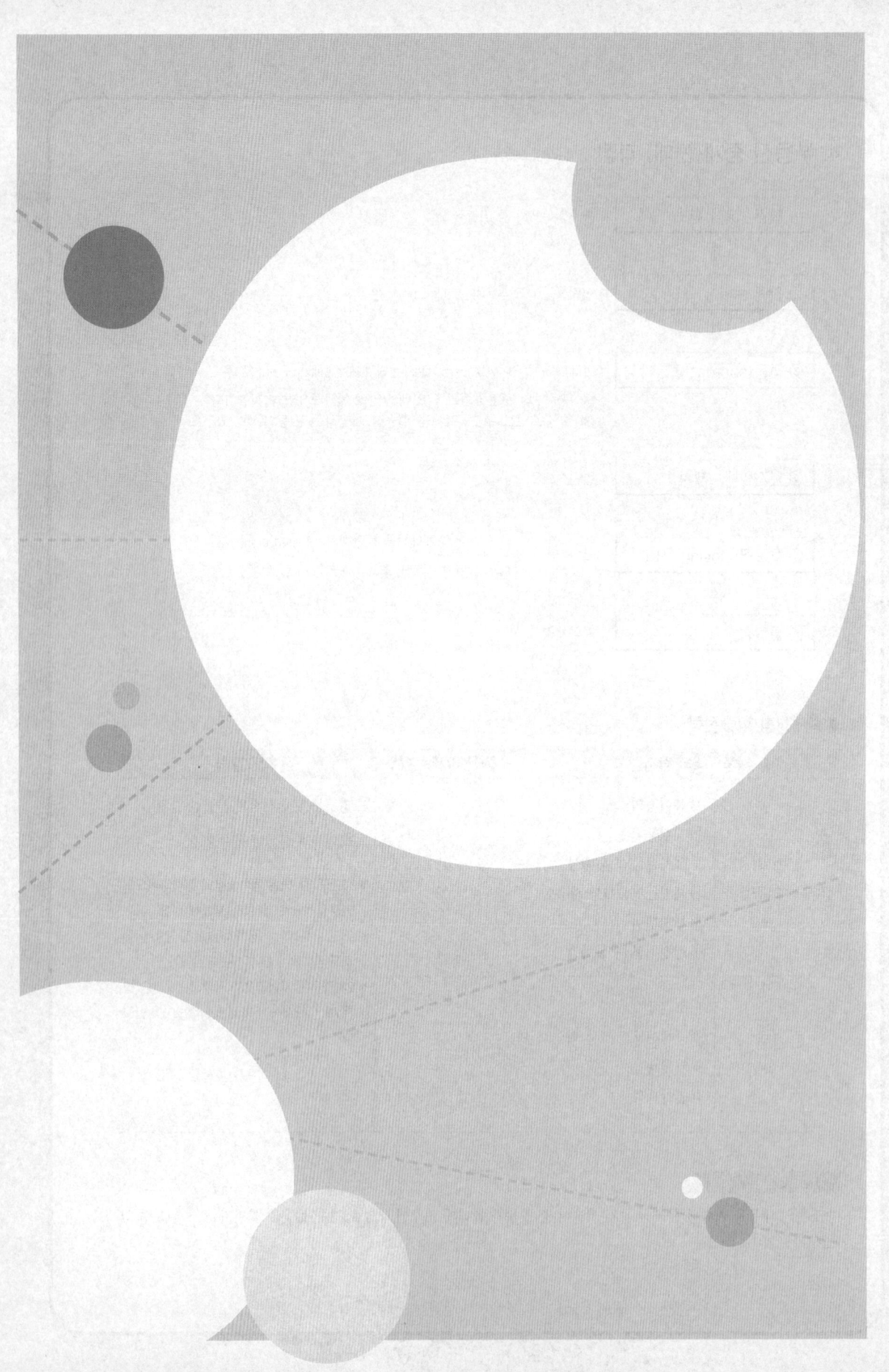

1

공인중개사법령

Point

- 공인중개법령상 공인중개사 등의 행위제한과 제재사항

[출제비율] 70%, 28문항

★

목적

무선 인터넷에서 스마트폰으로 QR코드를 찍으면 동영상 강의를 보실 수 있습니다.

기출 Point

직접 목적 vs 최종 목적 구별 + 관련 실천적 규율(제도)

출제자 의도

법 제정 목적

법 조문상 자구(글자)를 바꾸어 놓은 경우, 틀린 부분을 찾아낼 수 있는가?

- **공인중개사법의 성격**

①부동산중개에 대한 기본법
② 민법과 상법에 대한 특별법
③ 사회법(중간법·혼합법, 사법+공법)
④ 국내법

공인중개사법의 목적은 '부동산 투기의 억제' 등이다. (×)
→ 부동산 투기의 억제는 법조문상 목적에 해당되지 않는다.

핵심

법조문상 **법 제정 목적**

1. 요약

구 분	내 용			실천적 규율(제도, 내용)
법 제정 목적	직접(1차)	①공인중개사의 업무 등	규정	업무 등에 관한 사항 제정
		②공인중개사의 전문성	제고	실무교육, 협회의 설립·가입 등
		③부동산중개업	육성	인장등록, 금지행위, 전속중개계약, 부동산거래정보망 등
	최종(궁극적)	④국민 경제	이바지	업무보증, 확인설명의무 등

※ 위의 4가지(① ~④) 외는 제정 목적 아니다. (법 조문을 반드시 암기할 것)
(→ 임의 확대 금지 예 : 부동산업의 육성, 부동산 투기 억제 → 제정 목적 ×)

2. 3단 비교표

법	시행령	시행규칙
제1조 목적 이 법은 공인중개사(개업공인중개사×, 소속공인중개사×)의 업무 등에 관한 사항을 정하여 그 전문성을 제고하고(하거나×) 부동산중개업(업무×, 업자×, 부동산업×)을 건전하게 육성(규율·통제×)하여 국민경제(국민재산권 보호×)에 이바지함을 목적으로 한다.	**제1조 목적** 이 영은 「공인중개사법」에서 위임된 사항과 그 시행에 필요한 사항을 규정함을 목적으로 한다.	**제1조 목적** 이 규칙은 「공인중개사법」(시행령에서만 ×) 및 같은 법 시행령에서 위임된 사항과 그 시행에 관하여 필요한 사항을 규정함을 목적으로 한다.

O · X · 지 · 문 · 학 · 습

01. 공인중개사법의 법 제정목적으로 국민의 재산권 보장이 명문으로 규정되어 있다. [O, ×]

02. '부동산중개 업무를 적절히 규율한다'는 것은 공인중개사법의 법 제정 목적으로 규정되어 있지 않다. [O, ×]

03. 국민경제에 이바지함은 공인중개사법상 명문으로 규정된 목적이다. [O, ×]

04. 부동산중개업의 적정한 규율은 공인중개사법상 명문으로 규정된 목적이다. [O, ×]

05. 개업공인중개사의 공신력 제고는 공인중개사법상 명문으로 규정된 목적이다. [O, ×]

06. 개업공인중개사의 적절한 규율은 공인중개사법상 명문으로 규정된 목적이다. [O, ×]

07. 공인중개사법은 공인중개사의 업무 등에 관한 사항을 정하여 그 전문성을 제고하고 부동산중개업을 건전하게 육성하여 국민경제에 이바지함을 목적으로 한다. [O, ×]

정답 및 해설

01. × (규정되어 있다 → 규정되어 있지 않다)
02. O
03. O
04. × (목적이다 → 목적이 아니다)
05. × (목적이다 → 목적이 아니다)
06. × (목적이다 → 목적이 아니다)
07. O

기·출·문·제·분·석

1. 다음 ( )에 들어갈 말을 순서대로 가장 올바르게 나열한 것은?

> 공인중개사법은 ( )의 업무 등에 관한 사항을 정하여 그 전문성을 제고하고 ( )를(을) 건전하게 육성하여 ( )에 이바지함을 목적으로 한다.

① 공인중개사 – 부동산중개업 – 국민경제
② 부동산중개업 – 부동산 거래질서 – 국민의 재산권 보호
③ 부동산중개업자 – 부동산중개업 – 국민의 재산권 보호
④ 부동산중개업자 – 공인중개사업 – 국민경제
⑤ 공인중개사 – 부동산 거래질서 – 공공복리

해설
공인중개사법 제1조 참고

2. 공인중개사법의 목적에 명문으로 규정되어 있지 않은 것은?

① 부동산중개업을 건전하게 육성한다.
② 공인중개사의 업무에 관한 사항을 정한다.
③ 공인중개사 업무의 전문성을 제고한다.
④ 공정한 부동산 거래질서를 확립한다.
⑤ 국민경제에 이바지한다.

해설
공인중개사법 제1조 참고
• 명문(明文) : 명확한 문구(글씨)

3. 공인중개사법상 명문으로 규정된 목적을 모두 고른 것은?

> ㄱ. 부동산중개업의 건전하게 육성
> ㄴ. 부동산 중개업자의 업무 등에 관한 사항
> ㄷ. 공인중개사의 공정한 경쟁 유도
> ㄹ. 부동산중개업의 전문성 제고
> ㅁ. 국민경제에 이바지

① ㄱ, ㄹ ② ㄱ, ㅁ ③ ㄴ, ㄷ
④ ㄴ, ㄹ ⑤ ㄷ, ㅁ

해설
공인중개사법 제1조 참고

|정답| 1. ① 2. ④ 3. ②

2

★★★

용어 정의

핵심

법조문·사례(판례)상 용어 개념(정의)

1. 요약

[1] 중개

(1) 중개의 정의(개념)

중개는 토지, 건축물 그 밖의 토지의 정착물, 입목이나 공장재단 및 광업재단의 재산권 및 물건과 같은 '중개대상물에 대하여 거래당사자간의 매매 · 교환 · 임대차 그 밖의 권리의 득실변경에 관한 행위를 알선하는 것' 이다.

① (법정)중개대상물 + ② 권리의 득실·변경 + ③ 알선

→ 중개는 개인간 거래(계약)를 대상으로 하는 '민사중개' 이지, 상인간 상거래를 대상으로 하는 '상사중개' 는 아니다.

(2) 구분

① 참여(매개)중개
개업공인중개사의 중개활동을 통하여 중개의 완성을 목적으로 하는 중개를 말한다.

② 지시(전시, 보도)중개
중개대상물에 대한 정보를 제공하거나 자료를 전시하는 중개를 말한다.

기출 Point

1. 중개 vs 중개업
2. 공인중개사 vs 개업공인중개사
3. 개업공인중개사 vs 소속공인중개사
4. 소속공인중개사 vs 중개보조원

출제자 의도

용어 정의

- 유사한(비슷한) 용어의 정의를 뒤바꾸어 놓은 경우 구별할 수 있는가?
- 판례와 '사례'를 통해 용어의 정의(개념)를 이해할 수 있는가?(특히, 중개업)

▌판례 중개▐

어떤 행위가 중개행위에 해당하는지는 거래당사자의 보호에 목적을 둔 법 규정의 취지에 비추어 볼 때, 중개업자(현 개업공인중개사)가 진정으로 거래당사자를 위하여 거래를 알선·중개하려는 의사를 갖고 있었느냐고 하는 중개업자의 '주관적' 의사를 기준으로 판단할 것이 아니라, 중개업자의 행위를 '객관적' 으로 보아 사회통념상 거래의 알선·중개를 위한 행위라고 인정되는지에 따라 판단하여야 한다. [2012다42154]

(3) 성격

① 사실행위(법률행위×, 대리행위×)

→ 중개는 사실행위이지만 중개(의뢰)계약은 비전형 계약으로 법률행위이다.

② 민사중개(상사중개×)

민사중개란 상행위 이외의 사적인 거래행위를 중개하는 것이고, 상사중개란 상행위를 중개하는 것을 말한다.

→ 개업공인중개사의 중개는 상사중개가 아니라 민사중개이다.

▮판례 중개▮

영업용 건물의 영업시설·비품 등 유형물이나 거래처, 신용, 영업상의 노하우 또는 점포 위치에 따른 영업상의 이점 등 무형의 재산적 가치는 공인중개사법에서 정한 중개대상물이라고 할 수 없으므로, 그러한 유·무형의 재산적 가치의 양도에 대하여 이른바 '권리금' 등을 수수하도록 중개한 것은 공인중개사법이 규율하고 있는 중개행위에 해당하지 아니하고, 따라서 같은 법이 규정하고 있는 중개수수료(현 중개보수)의 한도액 역시 이러한 거래대상의 중개행위에는 적용되지 아니한다. [2005도6054]

[2] 중개업

① 다른 사람의 의뢰 + ② 보수 + ③ 업

→ 업의 개념 : 반복·계속·영업성

→ 중개업의 3요소(의뢰·보수·업) vs 중개의 3요소(개업공인중개사·중개의뢰인·중개대상물)

▮ 판 례 ▮

[1] 타인의 의뢰에 의하여 일정한 수수료를 받고 부동산에 대하여 저당권등 담보물권의 설정에 관한 행위의 알선을 업으로 하는 것도 구 부동산중개업법(현 공인중개사법) 제2조 제3호 소정의 중개업에 '해당'하며, 그와 같은 저당권 등 담보물권의 설정에 관한 행위의 알선이 금전소비대차의 알선에 부수하여 이루어졌다고 하여 달리 볼 것은 아니다. [2000도837]

[2] 구 부동산중개업법(현 공인중개사법) 제2조 제3호에 규정된 중개업의 요건으로서 '업'으로 한다고 함은 반복·계속하여 영업으로 알선·중개를 하는 것을 가리키는 것이므로, 이러한 반복·계속성이나 영업성이 없이 우연한 기회에 타인간의 거래행위를 중개한 것에 불과한 경우에는 중개업에 해당하지 않는다. [91도1274]

[3] 구 부동산중개업법(현 공인중개사법) 제2조 제3호 소정의 "중개를 업으로 행하는 것 이라"함은 반복 계속하여 영업으로 알선·중개를 하는 것을 의미한다고 해석하여야 할 것이므로 알선·중개를 업으로 하였는지의 여부는 알선·중개행위의 반복 계속성, 영업성 등의 유무와 그 행위의 목적이나 규모, 회수, 기간, 태양 등 여러 사정을 종합적으로 고려하여 사회통념에 따라 판단하여야 할 것인 즉 우연한 기회에 단 1회 건물전세계약의 중개를 하고 수수료를 받은 사실만으로는 알선·중개를 업으로 한 것이라고 볼 수 없다(있다×). [88도998]

판 례

[4] 법 제2조 제3호가 **'중개업'** 이란 다른 사람의 의뢰에 의하여 일정한 **보수를 받고** 중개를 업으로 행하는 것을 말한다고 규정하고 있으므로, 중개대상물의 거래당사자들에게서 보수를 현실적으로 받지 아니하고 단지 보수를 받을 것을 약속하거나 요구하는 데 그친 경우에는 위 법조에서 정한 '중개업' 에 해당한다고 할 수 없어 법 제48조 제1호에 의한 처벌대상이 아니라고 할 것이고, 또한 위와 같은 보수의 약속 · 요구행위를 별도로 처벌하는 규정 또는 법 제48조 제1호 위반죄의 미수범을 처벌하는 규정도 존재하지 않으므로, **죄형법정주의**의 원칙상 중개사무소 개설등록을 하지 아니하고 부동산 거래를 중개하면서 그에 대한 보수를 약속 · 요구하는 행위를 위 법 위반죄로 처벌할 수는 없다(있다×). [2010도16970]

[5] 중개대상물의 거래당사자들로부터 수수료를 현실적으로 받지 아니하고 단지 **수수료를 받을 것을 약속하거나 거래당사자들에게 수수료를 요구하는 데 그친 경우**에는 구 부동산중개업법 제2조 제2호 소정의 '중개업' 에 해당한다고 할 수 없어 같은 법 제38조 제1항 제1호에 의한 처벌대상이 아니고, 또한 위와 같은 수수료 약속·요구행위를 별도로 처벌하는 규정 또는 같은 법 제38조 제1항 제1호 위반죄의 미수범을 처벌하는 규정도 존재하지 않으므로, 죄형법정주의의 원칙상 중개사무소 개설등록을 하지 아니하고 부동산 거래를 중개하면서 그에 대한 **수수료를 약속·요구하는 행위**를 구 부동산중개업법 위반죄로 처벌할 수는 없다. [2006도4842]

[6] 부동산 중개행위가 부동산 컨설팅 행위에 부수하여 이루어졌다고 하여 이를 구 부동산중개업법(2005. 7. 29. 법률 제7638호로 전문 개정되기 전의 것, 이하 같다) 제2조 제2호 소정의 중개업에 해당하지 않는다고 볼 것은 아니라(해당한다 ○, 해당하지 않는다×)고 할 것이다. [2006도7594]

2. 3단 비교표

<table>
<tr><th>법</th><th>시행령</th><th>시행규칙</th></tr>
<tr><td>

제2조 정의

이 법에서 사용하는 용어의 정의는 다음과 같다.

1. **중개**라 함은 제3조의 규정에 의한 (법정)중개대상물에 대하여 거래당사자간(중개의뢰인간 ○, 개업공인중개사간 ×)의 매매·교환·임대차 그 밖의 권리[지상권·지역권·전세권·(근)저당권 등]의 득실 변경(권리변동)에 관한 행위(법률행위)를 알선하는 것(업으로 하는것×)을 말한다.
2. **공인중개사**라 함은 이 법에 의한 공인중개사자격을 취득한 자(부동산중개업 개설등록을 한 자×)를 말한다.
3. **중개업**이라 함은 ① 다른 사람의 의뢰에 의하여 일정한 ② 보수를 받고 중개를 ③ 업(계속·반복)으로 행하는 것을 말한다.
→ 중개업이 되려면 ①②③, 3가지 요소를 모두 갖추어야 한다. 한 가지 요소라도 빠지면 중개업이 아니다.
4. **개업공인중개사**라 함은 이 법에 의하여 중개사무소의 개설등록을 한 자(공인중개사자격을 취득한 자×)를 말한다.
5. **소속공인중개사**라 함은 개업공인중개사에 소속된 공인중개사[개업공인중개사인 법인의 사원 또는 임원으로서 공인중개사인 자를 포함(제외×)한다]로서 중개업무를 수행하거나 개업공인중개사의 중개업무를 보조하는 자를 말한다.
6. **중개보조원**이라 함은 공인중개사가 아닌 자로서 개업공인중개사에 소속되어 중개대상물에 대한 현장안내 및 일반서무 등 개업공인중개사의 중개업무와 관련된 단순한 업무를 보조하는 자를 말한다.
→ '공인중개사가 아닌 자로서' 라는 말이 꼭 들어가야 됨

</td><td>–</td><td>–</td></tr>
</table>

함정 공인중개사법상 중개라 함은 제3조의 규정에 의한 중개대상물에 대하여 거래당사자가의 매매·교환·임대차 그 밖의 권리의 득실·변경에 관한 행위를 '알선하는 것을 업으로 하는 것'을 말한다(×). → '알선하는 것'(○)

- 부정한 방법으로 개설등록을 한 자도 개업공인중개사이다(○).
  → 단지, 절대적 등록취소·3-3(3년 이하의 징역 또는 3천만원 이하의 벌금)에 해당될 뿐이다.
- 개설등록증을 교부 받아야 개업공인중개사이다(×).
  → 중개사무소의 개설등록을 한 자면, 즉 중개사무소 등록대장에 등록된(글씨가 쓰여진) 자면 개업공인중개사이다.
- 소속공인중개사의 중개업무 수행의 의미
  ① 거래계약서, 중개대상물 확인·설명서 작성, 서명·날인
  ② 부동산거래 신고(전자신고는 제외)
  → 따라서 개업공인중개사처럼 소속공인중개사도 공인중개사자격증 게시의무, 인

함정 공인중개사 vs 소속공인중개사 vs 중개보조원

장 등록의무가 있다.

• 부동산 거래정보망 : 개업공인중개사 상호간(개업공인중개사와 중개의뢰인×) 정보공개·유통망

• 소속공인중개사란 중개업무를 보조하는 자를 말한다(×).
→중개업무를 보조하는 자는 중개보조원도 있으므로
→법조문 곧이 곧대로 읽기
→토씨 하나 틀리지 않게!

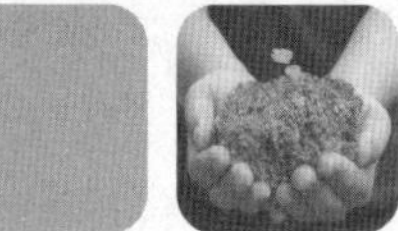

O · X · 지 · 문 · 학 · 습

01. 중개란 공인중개사법 제3조의 중개대상물에 대하여 거래당사자간의 매매·교환 또는 임대차 행위만을 알선하는 것을 말한다. [O, ×]

02. 거래의 쌍방이 아닌 일방 당사자의 중개의뢰에 의하여 중개대상물의 매매 등을 알선하는 경우에는 중개업에 포함되지 않는다. [O, ×]

03. 소속공인중개사란 개업공인중개사에 소속된 공인중개사로서 중개업무를 수행하거나 개업공인중개사의 중개업무를 보조하는 자를 말한다. [O, ×]

04. 개업공인중개사란 공인중개사법에 의하여 중개사무소의 개설등록을 신청한 자를 말한다. [O, ×]

05. 공인중개사법상 소정의 '알선·중개를 업으로 한다' 함은 반복 계속하여 영업으로 알선·중개를 하는 것을 의미하는 것으로 알선·중개를 업으로 하였는지의 여부는 알선·중개 행위의 반복 계속성, 영업성 등의 유무와 그 행위의 목적이나 규모, 회수, 기간, 태양 등 여러 사정을 종합적으로 고려하여 사회통념에 따라 판단하여야 한다. [O, ×]

06. 법인인 개업공인중개사가 다른 개업공인중개사를 대상으로 중개업의 경영정보를 제공하고 수수료를 받은 경우 이는 중개업에 해당된다. [O, ×]

07. 저당권 등의 담보물권 설정에 관한 행위의 알선이 금전 소비대차에 부수하여 이루어진 때에는 그것을 중개업이라고 볼 수 없다. [O, ×]

08. 공인중개사란 공인중개사 자격을 취득하고 개설등록을 한 자를 말한다. [O, ×]

정답 및 해설

01. × (매매·교환 또는 임대차 행위만을 → 매매·교환·임대차 그 밖의 권리의 득실·변경에 관한 행위를)
02. × (포함되지 않는다 → 포함된다)
03. O
04. × (개설등록을 신청한 자 → 개설등록을 한 자)
05. O (따라서 우연한 기회에 단 1회 건물전세계약의 중개를 하고 수수료를 받은 사실만으로 알선·중개를 업으로 한 것으로 볼 수 없다. 대판88도998)
06. × (해당된다 → 해당되지 않는다)
07. × (없다 → 있다)
08. × (공인중개사란 공인중개사 자격을 취득한 자를 말한다. 중개사무소의 개설등록을 한 경우는 개업공인중개사)

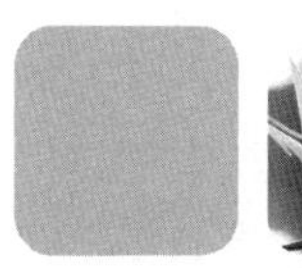

기·출·문·제·분·석

1. 공인중개사법령에서 사용하는 용어의 정의로 옳은 것은?

① 공인중개사는 이 법에 의한 공인중개사 자격을 취득하고 중개업을 영위하는 자를 말한다.
② 개업공인중개사는 이 법에 의하여 중개사무소의 개설등록을 한 공인중개사를 말한다.
③ 중개업은 다른 사람의 의뢰에 의하여 일정한 보수를 받고 중개를 업으로 행하는 것을 말한다.
④ 중개보조원은 공인중개사가 아닌 자로서 개업공인중개사에 소속되어 일반서무 및 중개업무를 수행하는 자를 말한다.
⑤ 소속공인중개사는 개업공인중개사에 소속된 공인중개사로서 개업공인중개사의 중개업무와 관련된 현장안내 및 단순한 업무를 보조하는 자를 말한다.

해설

① 공인중개사는 이 법에 의한 공인중개사 자격을 취득한 자를 말한다.
② 개업공인중개사는 이 법에 의하여 중개사무소의 개설등록을 한 자를 말한다.
④ 중개보조원은 공인중개사가 아닌 자로서 개업공인중개사에 소속되어 일반서무 등 단순한 업무를 보조를 하는 자를 말한다.
⑤ 소속공인중개사는 개업공인중개사에 소속된 공인중개사로서 업무를 수행하거나 개업공인중개사의 업무를 보조하는 자를 말한다.

2. 공인중개사법령상 용어와 관련된 설명으로 옳은 것은? (다툼이 있으면 판례에 의함)

① 법정지상권을 양도하는 행위를 알선하는 것은 중개에 해당한다.
② 반복 계속성이나 영업성 없이 단 1회 건물매매계약의 중개를 하고 보수를 받은 경우 중개를 업으로 한 것으로 본다.
③ 외국의 법에 따라 공인중개사 자격을 취득한 자도 공인중개사법에서 정의하는 공인중개사로 본다.
④ 소속공인중개사란 법인인 개업공인중개사에 소속된 공인중개사만을 말한다.
⑤ 중개보조원이란 공인중개사가 아닌 자로서 개업공인중개사에 소속되어 중개대상물에 대한 현장안내와 중개대상물의 확인 설명의무를 부담하는 자를 말한다.

해설

② 본다 → 볼 수 없다(대판88도998)
③ 외국의 법 → 이 법(공인중개사법)
④ 소속공인중개사는 개업공인중개사에 소속된 공인중개사(개업공인중개사인 법인의 사원 또는 임원으로서 공인중개사인 자를 포함)
⑤ 중개대상물의 확인 설명의무를 부담하는 자 → 일반서무 등 개업공인중개사의 중개업무와 관련된 단순한 업무를 보조하는 자

3. 공인중개사법령상 중개업에 관한 설명으로 옳은 것은? (다툼이 있는 경우 판례에 의함)

① 반복 계속성이나 영업성이 없이 우연한 기회에 타인간의 임야매매중개행위를 하고 보수를 받은 경우 중개업에 해당한다.
② 중개사무소의 개설등록을 하지 않은 자가 일정한 보수를 받고 중개를 업으로 행한 경우 중개업에 해당하지 않는다.
③ 일정한 보수를 받고 부동산 중개행위를 부동산 컨설팅 행위에 부수하여 업으로 하는 경우 중개업에 해당하지 않는다.
④ 보수를 받고 오로지 토지만의 중개를 업으로 하는 경우 중개업에 해당한다.
⑤ 타인의 의뢰에 의하여 일정한 보수를 받고 부

|정답| 1. ③ 2. ①

동산에 대한 저당권설정 행위의 알선을 업으로 하는 경우 그 행위의 알선이 금전소비대차의 알선에 부수하여 이루어졌다면 중개업에 해당하지 않는다.

해설

① 중개업에 해당한다. → 중개업에 해당하지 않는다.
② 중개업에 해당하지 않는다. → 무등록 중개업에 해당한다.
③ 등록 없이 행한 경우 무등록 중개업에 해당한다.
⑤ 중개업에 해당하지 않는다. → 중개업에 해당한다.

4. 공인중개사법령상 중개업에 관한 설명으로 틀린 것은?(다툼이 있는 경우 판례에 의함)

① 타인의 의뢰에 의하여 수수료를 받고 금전소비대차의 알선에 부수하여 부동산에 대한 저당권의 설정에 관한 행위의 알선을 업으로 한 경우 중개업에 해당한다.
② 개업공인중개사가 실제 계약당사자가 아닌 자에게 전세계약서를 작성·교부하여, 그가 이를 담보로 금전을 대여 받음으로써 대부업자에게 손해를 입힌 경우 주의의무 위반에 따른 손해배상책임이 있다.
③ 변호사가 중개업을 하고자 하는 경우 공인중개사법령상의 중개사무소 개설등록의 기준을 적용받아야 한다.
④ 우연한 기회에 1회 중개하고 수수료를 받은 사실만으로는 알선·중개를 업으로 한 것으로 볼 수 없다.
⑤ 중개사무소 개설등록을 하지 않고 부동산 거래를 중개한 자가 거래당사자들에게서 단지 보수를 받을 것을 약속하거나 요구하는데 그친 경우라도 공인중개사법령상 처벌대상이 된다.

해설

⑤ 된다 → 되지 않는다[공인중개사법 제9조 제1항(이하 '법'이라 한다)에 의하면 '중개업'을 영위하려는 자는 중개사무소를 두려는 지역을 관할하는 시장 · 군수 또는 구청장에게 중개사무소의 개설등록을 하여야 하며, 이러한 중개사무소의 개설등록을 하지 아니하고 '중개업'을 하는 행위는 법 제48조 제1호에 의하여 처벌의 대상이 된다. 그런데 법 제2조 제3호가 '중개업'이란 다른 사람의 의뢰에 의하여 일정한 보수를 받고 중개를 업으로 행하는 것을 말한다고 규정하고 있으므로, 중개대상물의 거래당사자들에게서 보수를 현실적으로 받지 아니하고 단지 보수를 받을 것을 약속하거나 요구하는데 그친 경우에는 위 법조에서 정한 '중개업'에 해당한다고 할 수 없어 법 제48조 제1호에 의한 처벌대상이 아니라고 할 것이고, 또한 위와 같은 보수의 약속·요구행위를 별도로 처벌하는 규정 또는 법 제48조 제1호 위반죄의 미수범을 처벌하는 규정도 존재하지 않으므로, 죄형법정주의의 원칙상 중개사무소 개설등록을 하지 아니하고 부동산 거래를 중개하면서 그에 대한 보수를 약속·요구하는 행위를 위 법 위반죄로 처벌할 수는 없다(2010도16970)].

|정답| 3. ④ 4. ⑤

★★★

중개대상

핵심

중개대상 —가능·불가능 '예'— 판례 / 타법 — 연계 이해

↓

민법(특히, 물권 부분), 민사특별법(주임법·상임법·집합건물법·실명법), 부동산공법(주택법·임대주택법), 입목에 관한 법률, 공장 및 광업재단저당법

기출 Point

중개가능 ↔ 중개불가능

1. 요약

(1) 중개 가능 요건

① 사유(私有)일 것 (↔ 국·공유는 중개 불가)

② 독립되어 거래가 가능할 것 (↔ 구거, 돌담, 축대, 교량 등은 중개 불가)

③ 중개(개입) 여지가 있을 것[즉, 법률행위일 것 ↔ 법률 규정에 의해 권리발생 시(예 : 법정지상권, 법정저당권 등)은 중개(개입)여지가 없으므로 중개가 불가능하다. 그러나 발생 시가 아닌 이전 시(= 법률행위 시)는 개입 여지가 있으므로 중개가 가능하다.]

출제자 의도

중개대상

문제에 주어진 '예'가 공인중개사법상 중개가 가능한지·불가능한지를 구별할 수 있는가?

(2) 중개 가능 vs 불가능

중개 가능(○)	중개 불가능(×)
• 토지[사도(私道), 도로예정지인 사유지, 농업진흥지역 내 농지] • 건물[장래 건물(아파트 당첨권, 분양권), 미등기·무허가 건물 포함] • 입목(= 등기된 수목의 집단), 명인방법을 갖춘 수목의 집단 • 광업재단 • 공장재단	• 국유[공도(公道), 무주의 부동산, 하천(하천으로 편입된 토지, 하천구역, 포락된 토지), 공용·공공용 건물, 미채굴 광물] • 아파트 입주권(→분양과 관련되는 증서로서 '주택법'상 '공급질서 교란 금지' 대상) • 나무 • 광업권 • 영업권 • 어업재단, 항만재단, 운송재단

무허가건축물, 미등기 건축물, 가압류된 건축물은 중개의 대상이 '되지 않는다.' (×) → '된다.' (○)

중개 가능 (○)	중개 불가능 (×)
• 소유권 • 용익물권(지상권·지역권·전세권) • 유치권 이전 시(→ '법률행위'에 따라 이전가능하므로) • 저당권 • 가등기담보권 • 환매권(설정)계약 시, 등기된 환매권 이전 시 • 부동산 임차권 • 가압류·가처분·가등기된 부동산 • 분묘기지권이 존재하는 임야 (→토지로서 중개 가능, 단지 주의를 요할 뿐임)	• 점유권 • 특수지역권(민법 제302조 : 양도×→개입 여지 : 없음) • 유치권 성립 시(→법률행위가 아닌 '법률규정'에 의해 성립되므로) • 질권(→부동산에 불가한 물권이므로) • 1필 토지 일부에 대한 저당권(→토지의 일부는 저당권의 객체가 될 수 없으므로) • 환매권 실행 시(= 환매권 행사 시, 환매권에 기한 재매매 시) • 일시적 부동산 임차권 • 분묘기지권 • (상가)권리금 • 선박 • 자동차

• **입주권**
특정 아파트에 입주할 수 있는 권리가 아니라, 아파트 추첨기일에 신청하여 당첨되면 아파트 분양예정자로 선정될 수 있는 지위(에 불과)
→ 입주권은 중개대상물인 건물이 아니다. 따라서 중개가 불가능하다. [90도1287]

• **① 입목 vs ② 수목**
① '입목에 관한 법률'상 입목등기부(관할 : 등기소)에 소유권 보존등기가 된 나무[→ 소유권보존등기가 가능한 수목의 집단은 입목등록원부(관할 시·군)에 등록된 것에 한함]
② 단순한 나무

• **① 광업재단 vs ② 광업권**
① 일단(한꾸러미)의 기업재산
② 광업재단의 한 구성부분

• **명인방법(明認方法)**
어떤 사물(수목의 집단, 미분리 과실 등)의 소유권이 누구것인지 명확하게 인식할 수 있도록 해주는 방법(예 : 표찰, 띠 등)

2. 3단 비교표

법	시행령	시행규칙
제3조 중개대상물의 범위 이 법에 의한 중개대상물은 다음 각 호와 같다. 1. 토지 2. 건축물 그 밖의 토지의 정착물 3. 그 밖에 대통령령이 정하는 재산권 및 물건	**제2조 중개대상물의 범위** 법 제3조제3호의 규정에 따른 중개대상물은 다음 각 호와 같다. 1. 「입목에 관한 법률」에 따른 입목 2. 「공장 및 광업재단 저당법」에 따른 공장재단 및 광업재단(광업권×)	–

• 입목

– 나무의 등기 여부는 토지등기부 표제부[해당구(갑구·을구)×]만 봐도 알 수 있다.

– 토지 소유권·지상권 처분의 효력은 입목에 미치지 아니한다(*why?* 별개의 독립된 소유권이 있으므로 – 입목법 제3조 제③항).

– 저당권의 효력은 벌채된 입목에도 미친다(→ 물상대위성 개념).

구분	임목(林木, 나무)	명인방법을 갖춘 수목의 집단	입목(立木, 등기된 나무·수목의 집단)
독립된 소유권의 객체 (중개 가능 여부)	×	○	○
저당권의 객체	×	×	○

■ 입목에 관한 법률

제3조 입목의 독립성

① 입목은 부동산으로 본다.

② 입목의 소유자는 토지와 분리하여 입목을 양도하거나 저당권의 목적으로 할 수 있다.

③ 토지소유권 또는 지상권 처분의 효력은 입목에 미치지 아니한다.

제4조 저당권의 효력

① 입목을 목적으로 하는 저당권의 효력은 입목을 베어 낸 경우에 그 토지로부터 분리된 수목에도 미친다.

② 저당권자는 채권의 기한이 되기 전이라도 제1항의 분리된 수목을 경매할 수 있다. 다만, 그 매각대금을 공탁하여야 한다.

③ 수목의 소유자는 상당한 담보를 공탁하고 제2항에 따른 경매의 면제를 신청할 수 있다.

경매개시결정등기가 된 부동산은 중개의 대상이 될 수 '없다'.(×) → '있다'(○)

수목의 집단은 소유권 및 저당권의 객체가 될 수 있다.(×) → 명인방법을 갖춘 수목집단은 소유권의 객체가 될 수 있지만 저당권의 객체는 될 수 없다.

■ 공장 및 광업재단 저당법

제10조 공장재단의 설정

① 공장 소유자는 하나 또는 둘 이상의 공장으로 공장재단을 설정하여 저당권의 목적으로 할 수 있다. 공장재단에 속한 공장이 둘 이상일 때 각 공장의 소유자가 다른 경우에도 같다.

② 공장재단의 구성물은 동시에 다른 공장재단에 속하게 하지 못한다.

제11조 공장재단의 소유권보존등기

① 공장재단은 공장재단등기부에 소유권보존등기를 함으로써 설정한다.

② 제1항에 따른 공장재단의 소유권보존등기의 효력은 소유권보존등기를 한 날부터 10개월(1개월×) 내에 저당권설정등기를 하지 아니하면 상실된다.

제12조 공장재단의 단일성 등

① 공장재단은 1개의 부동산으로 본다.

② 공장재단은 소유권과 저당권 외의 권리의 목적이 되지 못한다. 다만, 저당권자가 동의한 경우에는 임대차의 목적물로 할 수 있다.

제14조 공장재단 구성물의 양도 등 금지

공장재단의 구성물은 공장재단과 분리하여 양도하거나 소유권 외의 권리, 압류, 가압류 또는 가처분의 목적으로 하지 못한다. 다만, 저당권자가 동의한 경우에는 임대차의 목적물로 할 수 있다.

함정 광업권은 공인중개사법상 중개가 '가능' 하다.(×)
→'불가능'(○)
→광업재단이 중개가 능하다.

함정 중개대상물의 범위는 법, 시행령, 시행규칙으로 정하고 있다.(×)
→시행규칙으로는 정하고 있지 않다.(○)

함정 주택이 철거될 경우 일정한 요건하에 택지개발지구 내에 이주자택지를 공급받을 지위인 대토권도 중개대상물에 '해당한다.'(×)
→해당하지 않는다.(○)

판 례

중개대상물

[1] 영업용 건물의 영업시설·비품 등 유형물이나 거래처, 신용, 영업상의 노하우 또는 점포위치에 따른 영업상의 이점 등 **무형의 재산적 가치**는 같은 법 제3조, 같은 법 시행령 제2조에서 정한 중개대상물이라고 할 수 없으므로, 그러한 유·무형의 재산적 가치의 양도에 대하여 이른바 **"권리금"** 등을 수수하도록 중개한 것은 구 부동산중개업법이 규율하고 있는 중개행위에 해당하지 아니하고, 따라서 같은 법이 규정하고 있는 중개수수료의 한도액 역시 이러한 거래대상의 중개행위에는 적용되지 아니한다.

[2] 공인중개사가 토지와 건물의 임차권 및 **권리금**, 시설비의 교환계약을 중개하고 그 사례 명목으로 포괄적으로 지급받은 금원 중 어느 금액까지가 부동산중개업법(현 공인중개사법)의 규율대상인 중개수수료에 해당하는지를 특정할 수 없어 같은 법이 정한 한도를 초과하여 중개수수료를 지급받았다고 단정할 수 없다. [2005도6054]

[3] 구 부동산중개업법(2005. 7. 29. 법률 제7638호 공인중개사의 업무 및 부동산 거래신고에 관한 법률로 전문 개정되기 전의 것)과 공인중개사의 업무 및 부동산 거래신고에 관한 법률 각 제3조는 중개대상물의 범위에 관하여 토지와 '건축물 그 밖의 토지의 정착물' 등을 규정하고 있다. 여기서 말하는 '건축물'은, 위 각 법이 '부동산중개업을 건전하게 지도·육성하고 공정하고 투명한 부동산거래질서를 확립'을 목적으로 하고 있는 등 그 규율 대상이 부동산에 관한 것임을 명확히 하고 있는 점, 위 중개대상물의 범위에 관한 각 규정은 정착물의 한 예로 건축물을 들고 있는 외에는 부동산을 '토지 및 그 정착물'이라고 정의하고 있는 민법 제99조 제1항의 규정을 그대로 따르고 있는 점, 그 밖에 위 각 법의 입법취지 등에 비추어 볼 때, 민법상의 부동산에 해당하는 건축물에 한정된다.

[4] 콘크리트 지반 위에 볼트조립방식으로 철제 파이프 또는 철골 기둥을 세우고 지붕을 덮은 다음 삼면에 천막이나 유리를 설치한 **세차장구조물**이 민법상 부동산인 '토지의 정착물'에 해당하지 않는다.

[5] 영업용 건물의 영업시설·비품 등 유형물이나 거래처, 신용, 영업상의 노하우 또는 점포 위치에 따른 **영업상의 이점 등 무형의 재산적 가치**는 구 부동산중개업법(2005. 7. 29. 법률 제7638호 공인중개사의 업무 및 부동산 거래신고에 관한 법률로 전문 개정되기 전의 것)과 공인중개사의 업무 및 부동산 거래신고에 관한 법률 각 제3조에서 정한 '중개대상물'에 해당하지 않는다. [2008도9427]

[6] **대토권**은 이 사건 주택이 철거될 경우 일정한 요건하에 택지개발지구 내에 이주자택지를 공급받을 지위에 불과하고 특정한 토지나 건물 기타 정착물 또는 법 시행령이 정하는 재산권 및 물건에 해당한다고 볼 수 없으므로 법 제3조에서 정한 중개대상물에 해당하지 않는다고 볼 것이다. [2011다23682]

[7] 토지소유권의 상실원인이 되는 **포락**이라 함은 토지가 바닷물이나 하천법상의 적용하천의 물에 개먹어 무너져 바다나 적용하천에 떨어져 그 원상복구가 과다한 비용이 요하는 등 사회통념상 불가능한 상태에 이르렀을 때를 말하고, 그 원상회복의 불가능 여부는 포락 당시를 기준으로 결정되어야 한다. [94다25209]

→따라서 포락지는 소유권이라는 사권이 상실된 토지이므로 공인중개사법상 중개대상물이 될 수 없다(있다 ×). 왜냐하면 중개가능 요건 중 첫 번째 요건('사유일 것')이 결여되었기 때문이다. 또한 포락지가 나중에 다시 회복되어도 역시 중개대상물이 될 수 없다. 왜냐하면 이미 사권이 상실된 토지이기 때문이다.

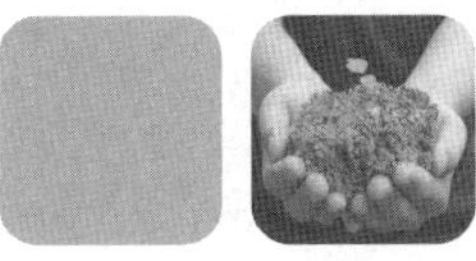

O · X · 지 · 문 · 학 · 습

01. 공인중개법상 1필의 토지의 일부에 대한 지상권 설정이나 담보가등기가 이미 설정된 건물에 대한 매매는 중개의 대상이 될 수 있다. [O, ×]

02. 주택의 일부에 대한 임차권 설정이나 토지에 대한 유치권 설정은 공인중개사법상 중개의 대상이 될 수 있다. [O, ×]

03. 도로예정지로 편입될 토지는 중개대상물로서 중개가 가능하다. [O, ×]

04. 광업재단과 광업권은 공인중개사법상 중개대상물의 범위에 포함된다. [O, ×]

05. 콘크리트 지반 위에 볼트로 조립되어 쉽게 분리철거가 가능하고 3면에 천막이나 유리를 설치하여 주벽이라고 할 만한 것이 없는 세차장구조물은 공인중개사법상 중개대상물에 해당되지 않는다. [O, ×]

06. 아파트 분양예정자로 선정될 수 있는 지위를 가리키는 아파트 입주권과 동 · 호수를 특정하여 분양계약이 체결된 미완성의 아파트는 중개대상물로 중개할 수 있다. [O, ×]

07. 상가 권리금이나 질권, 법정지상권, 특허권, 무허가건물도 공인중개사법상 중개대상물에 해당된다. [O, ×]

08. 개업공인중개사가 소정의 입목을 중개하는 경우 입목을 목적으로 하는 저당권의 효력은 입목을 벌채한 경우에 그 토지로부터 분리된 수목에 대하여 미치지 않는다. [O, ×]

정답 및 해설

01. × (1필 토지 일부에 대한 저당권은 중개의 대상이 아니다. 토지의 일부는 저당권의 객체가 될 수 없기 때문이다.)
02. × (유치권의 성립은 법률의 규정에 의하므로 개업공인중개사가 개입될 여지가 없다.)
03. ○
04. × (광업재단은 중개대상이지만 광업권은 대상이 아니다.)
05. ○
06. × [아파트 분양예정자로 선정될 수 있는 지위를 가리키는 데에 불과한 입주권은 중개대상물인 건축물에 해당한다고 보기 어렵다. (90도1287)], 미완성이라도 장래 건축될 건축물은 건축물로 본다.]
07. × (권리금이나 질권, 법정지상권, 특허권은 중개대상물에 해당되지 않는다.)
08. × [입목을 목적으로 하는 저당권의 효력은 벌채한 경우에 그 토지로부터 분리된 수목에 대하여도 미친다.(입목에 관한 법률 제4조)]

기 · 출 · 문 · 제 · 분 · 석

1. 공인중개사법령상 중개대상에 관한 설명으로 틀린 것은? (다툼이 있으면 판례에 의함)

① 중개대상물인 건축물에는 기존의 건축물뿐만 아니라 '장차 건축될 특정의 건물'도 포함될 수 있다.
② 공용폐지가 되지 아니 한 행정재산인 토지는 중개대상물에 해당하지 않는다.
③ 「입목에 관한 법률」에 따라 등기된 입목은 중개대상물에 해당한다.
④ 주택이 철거될 경우 일정한 요건하에 택지개발지구 내에 이주자 택지를 공급받을 지위인 대토권은 중개대상물에 해당하지 않는다.
⑤ 중개의 정의에서 말하는 "그 밖의 권리"에 저당권은 포함되지 않는다.

해설
저당권은 중개대상물에 해당된다.

2. 공인중개사법령상 중개대상물이 아닌 것은?(다툼이 있으면 판례에 의함)

① 신축 중인 건물로서 기둥과 지붕 그리고 주벽이 이루어진 미등기상태의 건물
② 거래처, 신용, 영업상의 노하우 등 무형의 재산적 가치
③ 토지에 부착된 수목의 집단으로서 소유권보존등기를 한 것
④ 동 · 호수가 특정되어 분양계약이 체결된 아파트 분양권
⑤ 가압류된 부동산

해설
② 무형의 재산적 가치는 중개대상물이 아니다.

3. 공인중개사법령상 중개대상물이 될 수 있는 것은 모두 몇 개인가? (다툼이 있으면 판례에 의함)

> ○ 주택이 철거될 경우 일정한 요건하에서 택지개발지구 내 이주자택지를 공급받을 수 있는 지위인 대토권
> ○ 분양계약이 체결되어 동, 호수가 특정된 장차 건축될 아파트
> ○ 아파트 추첨기일에 신청하여 당첨되면 아파트의 분양 예정자로 선정될 수 있는 지위인 입주권
> ○ 입목에 관한 법률에 따른 입목
> ○ 공장 및 광업재단 저당법에 따른 광업재단

① 1개 ② 2개 ③ 3개
④ 4개 ⑤ 5개

해설
대토권이나 단순한 입주권은 중개대상물이 아니다.

4. 공인중개사법령상 중개대상물이 될 수 없는 것은?(다툼이 있으면 판례에 의함)

> ㄱ. 20톤 이상의 선박
> ㄴ. 콘크리트 지반 위에 쉽게 분리 · 철거가 가능한 볼트조립 방식으로 철제 파이프 기둥을 세우고 지붕을 덮은 다음 3면에 천막을 설치한 세차장구조물
> ㄷ. 거래처, 신용, 영업상의 노하우 또는 점포위치에 따른 영업상의 이점 등 무형의 재산적 가치
> ㄹ. 주택이 철거될 경우 일정한 요건하에 택지개발지구 내에 이주자택지를 공급받을 지위인 대토권

① ㄱ, ㄴ ② ㄷ, ㄹ ③ ㄱ, ㄴ, ㄹ
④ ㄴ, ㄷ, ㄹ ⑤ ㄱ, ㄴ, ㄷ, ㄹ

해설
중개대상물은 법령상 규정이 있고, 사적 거래가 가능하여야 하며 중개행위의 개입 여지가 있어야 한다.

|정답| 1. ⑤ 2. ② 3. ③ 4. ⑤

인증번호 : V6HP-SD62

4

★★
공인중개사

핵심
- 공인중개사 시험제도
- 공인중개사 제재(사항)

행정처분 → 자격취소
행정처분 → 자격정지
행정처벌 → 행정형벌 : 1 – 1
행정처벌 → 행정질서벌 : 100

기출 Point

1. 시험실시권자
2. 시험위원회
3. 응시자격
4. 위반 시 제재사항 (특히, 자격취소 vs 자격정지)

출제자 의도

공인중개사

공인중개사의 자격 '취소'사유와 소속공인중개사의 자격 '정지'사유를 구별하여 알고 있는가?

1. 요약

(1) 개념(정의)

공인중개사자격을 취득한 자(법 제2조제2호)

(2) 시험실시권자(= 시험시행기관장)

→ 원칙 : 시·도지사(특별시장 · 광역시장 · 도지사 · 특별자치도지사)
→ 예외 : 국장(이하 '국토교통부장관' 축약어)
※ 공인중개사 자격증 교부권자 : 시·도지사 (국장×)

(3) 공인중개사 정책심의위원회

① 심의사항 : ㉠ 공인중개사의 시험 등 공인중개사의 자격취득에 관한 사항
㉡ 부동산 중개업의 육성에 관한 사항 ㉢ 중개보수 변경에 관한 사항
㉣ 손해배상책임의 보장 등에 관한 사항
② 위원의 임명·위촉권자 : 국토교통부장관(심의위원회 위원장×)
③ 위원수 : 7인 이상 11인 이내(위원장 포함)

④ 위원장 : 국토교통부 제1차관

⑤ 두는 곳 : 국토교통부(시험시행기관×)

(4) 시험응시 불가자

① 공인중개사 자격이 취소된 후 3년(5년×)이 경과되지 아니한 자

② 부정행위자로 처분이 있는 날부터 5년(3년×)이 경과되지 아니한 자

※ 개설등록 등의 결격사유자의 시험응시

┌가능 : 그 외(미성년자 등)

└불가능 : 결격사유 ⑥(공인중개사 자격이 취소된 후 3년이 경과되지 아니한 자)에 해당된 자

※ 공인중개사 자격이 취소된 후 3년이 경과되지 아니한 자

: 공인중개사 시험응시의 결격사유이면서 개설등록 등의 결격사유에도 해당된다.

(5) 위반 시 제재사항

① 행정처분

구분	자격취소	자격정지
대상	공인중개사	소속공인중개사
처분권자	자격증 교부 시·도지사	
성격	절대적(~하여야)	임의적(상대적)(~할 수)
해당사유	법률 제35조 제①항	법률 제36조제 ①항
(개설 등록 등) 결격사유	법률 제10조 제6호	법률 제10조 제7호
청문	→원칙 : 필요○(공인중개사법) →예외 : 필요×(행정절차법)	불필요

공인중개사란 공인중개사 자격을 취득한 '개업공인중개사'를 말한다. (×)
→ '자' (○)

미성년자는 행위제한 능력자로 공인중개사 자격시험에 응시할 수 '없다'.(×)
→ '있다' (○)

② 행정처벌

구분	행정형벌 (징역-벌금)	행정질서벌 (= 과태료)
	1년 - 1천만원	100만원↓
사유	① 자격증 양도·양수·대여 ② 유사명칭 사용	① 자격증 미반납 ② 자격증 미반납 사유서 미제출·거짓제출

자격정지기간 중인 소속공인중개사는 중개업무에 종사할 수는 없지만, 중개사무소 개설등록은 할 수 '있다.' (×)
→'없다.' (○)

(6) 관련 숫자

구 분	내용
시험공고	90일 전
합격자 공고	규정 없음
자격증 교부	1개월 이내(30일 이내 ×)

공인중개사자격증 취소권자는 '사무소관할 또는 자격증 교부' 시·도지사이다.(×)
→ '자격증 교부' (○)

구분	내용
자격취소 보고·통지	5일 이내
자격증 반납	7일 이내
시험시행	매년 1회 이상
시험응시 결격	3년
부정행위자 응시자격정지, 규정위반 출제위원 위촉제한	5년

2. 3단 비교표

법	시행령	시행규칙
제2조의2 공인중개사 정책심의위원회 ① 공인중개사의 업무에 관한 다음 각 호의 사항을 심의하기 위하여 국토교통부에 공인중개사 정책심의위원회를 둘 수 있다. 1. 공인중개사의 시험 등 공인중개사의 자격(취소×)취득에 관한 사항 2. 부동산 중개업의 육성에 관한 사항 3. 중개보수 변경에 관한 사항 4. 손해배상책임의 보장 등에 관한 사항 ② 공인중개사 정책심의위원회의 구성 및 운영 등에 관하여 필요한 사항은 대통령령으로 정한다. ③ 제1항에 따라 공인중개사 정책심의위원회에서 심의한 사항 중 제1호의 경우에는 특별시장·광역시장·도지사·특별자치도지사(이하 "시·도지사"라 한다)는 이에 따라야 한다. **제4조 자격시험** ① 공인중개사가 되려는 자는 시·도지사가 시행하는 공인중개사자격시험에 합격하여야 한다.(원칙) ② 국토교통부장관(시·도지사×)은 공인중개사자격시험 수준의 균형유지 등을 위하여 필요하다고 인정하는 때에는 대통령령(국토교통부령×)이 정하는 바에 따라 직접 시험문제를 출제하거나 시험을 시행할 수 (하여야×)있다.(예외) ③ 공인중개사자격시험의 시험과목·시험방법 및 시험의 일부면제 그 밖에 시험에 관하여 필요한 사항은 대통령령(국토교통부령×)으로 정한다. **제4조의3 부정행위자에 대한 제재** 제4조제1항 및 제2항에 따라 시험을 시행하는 시·도지사 또는 국토교통부장관(이하 "시험시행기관장"이라 한다)(등록관청×)은 시험에서 부정한 행위를 한	**제1조의2 공인중개사 정책심의위원회의 구성** ①「공인중개사법」(이하 "법"이라 한다) 제2조의2제1항에 따른 공인중개사 정책심의위원회(이하 "심의위원회"라 한다)는 위원장 1명을 포함하여 7명 이상 11명 이내의 위원으로 구성한다. ② 심의위원회 위원장은 국토교통부 제1차관이 되고, 위원은 다음 각 호의 어느 하나에 해당하는 사람 중에서 국토교통부장관이 임명하거나 위촉한다. 1. 국토교통부의 4급 이상 또는 이에 상당하는 공무원이나 고위공무원단에 속하는 일반직공무원 2.「고등교육법」 제2조에 따른 학교에서 부교수 이상의 직에 재직하고 있는 사람 3. 변호사 또는 공인회계사의 자격이 있는 사람 4. 법 제41조에 따른 공인중개사협회에서 추천하는 사람 5. 법 제45조에 따라 법 제4조에 따른 공인중개사 자격시험(이하 "시험"이라 한다)의 시행에 관한 업무를 위탁받은 기관의 장이 추천하는 사람 6.「비영리민간단체 지원법」 제4조에 따라 등록한 비영리민간단체에서 추천한 사람 7.「소비자 기본법」 제29조에 따라 등록한 소비자단체 또는 같은 법 제33조에 따른 한국소비자원의 임직원으로 재직하고 있는 사람 8. 그 밖에 부동산·금융 관련 분야에 학식과 경험이 풍부한 사람 ③ 제2항제2호부터 제8호까지의 규정에 따른 위원의 임기는 2년(3년×)으로 하되, 위원의 사임 등으로 새로 위촉된 위원의 임기는 전임위원 임기의 남은 기간으로 한다. **제1조의3 위원의 제척·기피·회피 등**	**제2조 응시원서** ①「공인중개사법 시행령」(이하 "영"이라 한다) 제8조제1항의 규정에 따른 공인중개사자격시험(이하 "시험"이라 한다)의 응시원서는 별지 제1호서식에 따른다. ② 영 제8조제2항의 규정에 따른 응시수수료(이하 "수수료"라 한다)의 반환기준은 다음 각 호와 같다. 1. 수수료를 과오납한 경우에는 그 과오납한 금액의 전부 2. 시험시행기관의 귀책사유로 시험에 응하지 못한 경우에는 납입한 수수료의 전부 3. 응시원서 접수기간 내에 접수를 취소하는 경우에는 납입한 수수료의 전부 4. 응시원서 접수

법	시행령	시행규칙
응시자에 대하여는 그 시험을 무효로 하고, 그 처분이 있은 날(시험시행일×, 부정행위적발일×)부터 5년간(3년간×) 시험응시자격을 정지한다. 이 경우 시험시행기관장은 지체 없이(7일 이내에×) 이를 다른 시험시행기관장에게 통보(보고×)하여야 한다. **제5조 자격증의 교부 등** ① 제4조제1항 및 제2항의 규정에 의하여 공인중개사자격시험을 시행하는 시험시행기관의 장은 공인중개사자격시험의 합격자가 결정된 때에는 이를 공고(개별통지×)하여야 한다. ② 시·도지사(국장×)는 제1항의 규정에 의한 합격자에게 국토교통부령(대통령령×)이 정하는 바에 따라 공인중개사자격증을 교부하여야 한다. ③ 제2항의 규정에 의하여 공인중개사자격증을 교부받은 자는 공인중개사자격증을 잃어버리거나 못쓰게 된 경우에는 국토교통부령이 정하는 바에 따라 시·도지사(국장×)에게 재교부를 신청할 수(하여야×) 있다 **제6조 결격사유** 제35조제1항의 규정에 의하여 공인중개사의 자격이 취소된 후 3년(5년×)이 경과되지 아니한 자는 공인중개사가 될 수 없다.	① 심의위원회의 위원이 다음 각 호의 어느 하나에 해당하는 경우에는 심의위원회의 심의 · 의결에서 제척된다. 1. 위원 또는 그 배우자나 배우자이었던 사람이 해당 안건의 당사자(당사자가 법인 · 단체 등인 경우에는 그 임원을 포함한다. 이하 이 호 및 제2호에서 같다)가 되거나 그 안건의 당사자와 공동권리자 또는 공동의무자인 경우 2. 위원이 해당 안건의 당사자와 친족이거나 친족이었던 경우 3. 위원이 해당 안건에 대하여 증언, 진술, 자문, 조사, 연구, 용역 또는 감정을 한 경우 4. 위원이나 위원이 속한 법인 · 단체 등이 해당 안건의 당사자의 대리인이거나 대리인이었던 경우 ② 해당 안건의 당사자는 위원에게 공정한 심의 · 의결을 기대하기 어려운 사정이 있는 경우에는 심의위원회에 기피 신청을 할 수 있고, 심의위원회는 의결로 이를 결정한다. 이 경우 기피 신청의 대상인 위원은 그 의결에 참여하지 못한다. ③ 위원 본인이 제1항 각 호에 따른 제척 사유에 해당하는 경우에는 스스로 해당 안건의 심의 · 의결에서 회피하여야 한다. ④ 국토교통부장관은 위원이 제1항 각 호의 어느 하나에 해당하는 데에도 불구하고 회피하지 아니한 경우에는 해당 위원을 해촉할 수 있다. **제1조의4 위원장의 직무** ① 위원장은 심의위원회를 대표하고, 심의위원회의 업무를 총괄한다. ② 위원장이 부득이한 사유로 직무를 수행할 수 없을 때에는 위원장이 미리 지명한 위원이 그 직무를 대행한다. **제1조의5 심의위원회의 운영** ① 위원장은 심의위원회의 회의를 소집하고, 그 의장이 된다. ② 심의위원회의 회의는 재적위원 과반수의 출석으로 개의하고, 출석위원 과반수의 찬성으로 의결한다. ③ 위원장은 심의위원회의 회의를 소집하려면 회의 개최 7일 전까지 회의의 일시, 장소 및 안건을 각 위원에게 통보하여야 한다. 다만, 긴급하게 개최하여야 하거나 부득이한 사유가 있는 경우에는 회의 개최 전날까지 통보할 수 있다. ④ 위원장은 심의에 필요하다고 인정하는 경우 관계 전문가를 출석하게 하여 의견을 듣거나 의견 제출을 요청할 수 있다. **제1조의6 간사** ① 심의위원회에 심의위원회의 사무를 처리할 간사 1명을 둔다. ② 간사는 심의위원회의 위원장이 국토교통부 소속 공무원 중에서 지명한다. **제1조의7 수당 등** 심의위원회에 출석한 위원 및 관계 전문가에게는 예산의 범위에서 수당과 여비를 지급할 수 있다. 다만, 공무원인 위원이 그 소관 업무와 직접적으로	마감일의 다음 날부터 7일 이내에 접수를 취소하는 경우에는 납입한 수수료의 100분의 60(100분의 50 ×) 5. 제4호에서 정한 기간을 경과한 날부터 시험시행일 10일 전까지 접수를 취소하는 경우에는 납입한 수수료의 100분의 50(100분의 30 ×) ③ 수수료의 반환절차 및 반환방법 등은 영 제7조제3항의 규정에 따른 시험시행공고에서 정하는 바에 따른다. **제3조 자격증의 교부 및 재교부** ① 특별시장·광역시장·도지사·특별자치도지사(이하 "시·도지사"라 한다)는 「공인중개사법」(이하 "법"이라 한다) 제5조제1항에 따른 시험합격자의 결정 공고일(결정일×, 시험 시행일×)부터 1개월(30일×) 이내에 시험합격자에 관한 사항을 별지 제2호서식의 공인중개사자격증교부대장에 기재한 후, 시험 합격자에게 별지 제3호서식의 공인중개사자격증

법	시행령	시행규칙
제7조 자격증 대여 등의 금지 ① 공인중개사는 다른 사람에게 자기의 성명을 사용하여 중개업무를 하게 하거나 자기의 공인중개사자격증을 양도 또는 대여하여서는 아니된다. ② 누구든지 다른 사람의 공인중개사자격증을 양수하거나 대여받아 이를 사용하여서는 아니된다. **제8조 유사명칭의 사용금지** 공인중개사가 아닌 자는 공인중개사 또는 이와 유사한 명칭을 사용하지 못한다. **제35조 자격의 취소** ① (공인중개사 자격증을 교부한)시·도지사(국장×, 등록관청×)는 공인중개사가 다음 각 호의 어느 하나에 해당하는 경우에는 그 자격을 취소하여야 한다.(할 수 있다×) 1. 부정한 방법으로 공인중개사의 자격을 취득한 경우 2. 제7조제1항의 규정을 위반하여 다른 사람에게 자기의 성명을 사용하여 중개업무를 하게 하거나 공인중개사 자격증을 양도(양수×) 또는 대여한 경우 3. 제36조의 규정에 의한 (소속공인중개사가) 자격정지처분을 받고 그 자격정지기간 중에 중개업무를 행한 경우(다른 개업공인중개사의 소속공인중개사·중개보조원 또는 법인인 개업공인중개사의 사원·임원이 되는 경우를 포함한다) 4. 이 법[타 법(도로교통법, 변호사법, 형법)×]을 위반하여 징역형(금고형×, 벌금형×)의 선고(선고유예×)를 받은 경우	관련되어 심의위원회에 출석하는 경우에는 그러하지 아니하다. **제1조의8 운영세칙** 이 영에서 규정한 사항 외에 심의위원회의 운영 등에 필요한 사항은 심의위원회 의결을 거쳐 위원장이 정한다. **제3조 국토교통부장관이 시행하는 자격시험** 국토교통부장관이 법 제4조제2항에 따라 직접 시험문제를 출제하거나 시험을 시행하려는 경우에는 심의위원회의 의결을 미리(사전○, 사후×) 거쳐야 한다. **제5조 시험방법 및 시험의 일부면제** ① 시험은 제1차시험 및 제2차시험으로 구분하여 시행한다. 이 경우 제2차시험은 제1차시험에 합격한 자를 대상으로 시행한다. ② 제1항의 규정에 불구하고 법 제4조제1항 또는 같은 조 제2항에 따라 시험을 시행하는 특별시장·광역시장·도지사·특별자치도지사(이하 "시·도지사"라 한다) 또는 국토교통부장관[이하 "시험시행기관장(= 시·도지사 또는 국장)"이라 한다]이 필요하다고 인정하는 경우에는 제1차시험과 제2차시험을 구분하되 동시에 시행할 수 있으며, 이 경우 제2차시험의 시험방법은 제4항에 따른다. ③ 제2항의 규정에 따라 제1차시험과 제2차시험을 동시에 시행하는 경우에는 제1차시험에 불합격한 자의 제2차시험은 무효로 한다. ④ 제1차시험은 선택형으로 출제하는 것을 원칙으로 하되, 주관식 단답형 또는 기입형(논문형×)을 가미할 수 있다. ⑤ 제2차시험은 논문형(선택형×)으로 출제하는 것을 원칙으로 하되, 주관식 단답형 또는 기입형을 가미할 수 있다. ⑥ 제1차시험에 합격한 자에 대하여는 다음 회의 시험(다음 응시 시험×)에 한하여 제1차시험을 면제한다. **제6조 시험과목** 제1차시험 및 제2차시험의 시험과목은 별표 1과 같다. **제7조 시험의 시행·공고** ① 시험은 매년(격년×) 1회 이상 시행한다. 다만, 시험시행기관장(국장×)은 시험을 시행하기 어려운 부득이한 사정이 있는 경우에는 심의위원회의 의결을 거쳐 당해연도의 시험을 시행하지 아니할 수 있다. ② 시험시행기관장은 법 제4조의 규정에 따라 시험을 시행하고자 하는 때에는 예정 시험일시·시험방법 등 시험시행에 관한 개략적인 사항을 매년 2월 28일까지 관보 및(또는×) 「신문 등의 진흥에 관한 법률」 제2조제1호가목에 따른 일반일간신문(이하 "일간신문"이라 한다)에 공고하여야 한다.(예비공고) ③ 시험시행기관장은 제2항의 규정에 따른 공고 후 시험을 시행하고자 하는 때에는 시험일시, 시험장소, 시험방법, 합격자 결정방법 및 응시수수	을 교부하여야 한다. ② 법 제5조제3항의 규정에 따라 공인중개사자격증의 재교부를 신청하는 자는 별지 제4호서식의 재교부신청서를 자격증을 교부한(주소지 관할×, 사무소 소재지 관할×) 시·도지사(국장×)에게 제출하여야 한다. ③ 제1항의 공인중개사자격증교부대장은 전자적 처리가 불가능한 특별한 사유가 없으면 전자적 처리가 가능한 방법으로 작성·관리하여야 한다. **제21조 공인중개사 자격증의 반납** 법 제35조제3항의 규정에 따라 공인중개사자격증을 반납하고자 하는 자는 자격취소처분을 받은 날(한 날×)부터 7일(5일×) 이내에 그 공인중개사자격증을 교부한(주소지 관할×, 사무소 소재지 관할×) 시·도지사(등록관청×)에게 공인중개사자격증을 반납하여야 한다.

법	시행령	시행규칙
② 시·도지사는 제1항의 규정에 의하여 공인중개사의 자격을 취소하고자 하는 경우에는 청문을 실시하여야(할 수×) 한다. ③ 제1항의 규정에 의하여 공인중개사의 자격이 취소된 자는 국토교통부령이 정하는 바에 따라 공인중개사자격증을 시·도지사(국장×)에게 반납하여야 한다. ④ 분실 등의 사유로 인하여 제3항의 규정에 따라 공인중개사자격증을 반납할 수 없는 자는 제3항의 규정에 불구하고 자격증 반납을 대신하여 그 이유를 기재한 사유서를 시·도지사에게 제출하여야 한다. **제36조 자격의 정지** ① 시·도지사(등록관청×)는 공인중개사가 소속공인중개사로서 업무를 수행하는 기간 중에 다음 각 호의 어느 하나에 해당하는 경우에는 6월의 범위 안에서 기간을 정하여 그 자격을 정지할 수(하여야×) 있다. 1. 제12조제2항의 규정을 위반하여 2 이상의 중개사무소에 소속된 경우(이중소속) 2. 제16조의 규정을 위반하여 인장등록을 하지 아니하거나 등록하지 아니한 인장을 사용한 경우 3. 제25조제1항의 규정을 위반하여 성실·정확하게 중개대상물의 확인·설명을 하지 아니하거나 설명의 근거자료를 제시하지 아니한 경우 4. 제25조제4항의 규정을 위반하여 중개대상물확인·설명서에 서명 및 날인(서명 또는 날인×)을 하지 아니한 경우 5. 제26조제2항의 규정을 위반하여 거래계약서에 서명 및 날인을 하지 아니한 경우 6. 제26조제3항의 규정을 위반하여 거래계약서에 거래금액 등 거래내용을 거짓으로 기재하거나 서로 다른 2 이상의 거래계약서를 작성한 경우 (이중계약서) 7. 제33조 각 호에 규정된 금지행위를 한 경우 ② 등록관청은 공인중개사가 제1항 각 호의 어느 하나에 해당하는 사실을 알게 된 때에는 지체 없이(5일이내×) 그 사실을 시·도지사(국장×)에게 통보하여야 한다. ③ 제1항의 규정에 의한 자격정지의 기준은	료의 반환에 관한 사항 등 시험의 시행에 관하여 필요한 사항을 시험시행일 90일(60일×) 전까지 관보 및(또는×) 일간신문에 공고하여야 한다.(본공고) **제8조 응시원서 등** ① 시험에 응시하고자 하는 자는 국토교통부령이 정하는 바에 따라 응시원서를 제출하여야 한다. ② 시험시행기관장은 응시수수료를 납부한 자가 다음 각호의 어느 하나에 해당하는 경우에는 국토교통부령으로 정하는 바에 따라 응시수수료의 전부 또는 일부를(전부를×) 반환하여야 한다. 1. 수수료를 과오납한 경우 2. 시험시행기관의 귀책사유로 시험에 응하지 못한 경우 3. 시험시행일 10일 전까지 응시원서 접수를 취소한 경우 **제9조 시험의 출제 및 채점** ① 시험시행기관장(국장×)은 부동산중개업무 및 관련 분야에 관한 학식과 경험이 풍부한 자 중에서 시험문제의 출제·선정·검토 및 채점을 담당할 자(이하 이 조 및 제11조에서 "출제위원"이라 한다)를 임명 또는 위촉한다. ② 제1항의 규정에 따라 출제위원으로 임명 또는 위촉된 자는 시험시행기관장이 요구하는 시험문제의 출제·선정·검토 또는 채점상의 유의사항 및 준수사항을 성실히 이행하여야 한다. ③ 시험시행기관장은 제2항의 규정을 위반함으로써 시험의 신뢰도를 크게 떨어뜨리는 행위를 한 출제위원이 있는 때에는 그 명단을 다른 시험시행기관장 및 그 출제위원이 소속하고 있는 기관의 장에게 통보하여야 한다. ④ 국토교통부장관 또는 시·도지사는 제3항의 규정에 따라 시험시행기관장이 명단을 통보한 출제위원에 대하여는 그 명단을 통보한 날(통보받은 날×)부터 5년(3년×)간 시험의 출제위원으로 위촉하여서는 아니 된다. **제10조 시험의 합격자 결정** ① 제1차시험에 있어서는 매과목 100점을 만점으로 하여 매과목 40점 이상, 전과목 평균 60점 이상 득점한 자를 합격자로 한다. ② 제2차시험에 있어서는 매과목 100점을 만점으로 하여 매과목 40점 이상, 전과목 평균 60점 이상 득점한 자를 합격자로 한다. 다만, 시험시행기관장이 공인중개사의 수급상 필요하다고 인정하여 심의위원회의 의결을 거쳐 선발예정인원을 미리 공고한 경우에는 매과목 40점 이상인 자 중에서 선발예정인원의 범위 안에서 전과목 총득점의 고득점자순	**제22조 자격정지의 기준** ① 법 제36조 제3항의 규정에 따른 자격정지의 기준은 별표 1과 같다. ② 시·도지사는 위반행위의 동기·결과 및 횟수 등을 참작하여 제1항의 규정에 따른 자격정지기간의 2분의 1의 범위 안에서 가중 또는 감경할 수(하여야×) 있다. 이 경우 가중하여 처분하는 때에도 자격정지기간은 6월(3월×)을 초과할 수 없다(있다×).

법	시행령
국토교통부령(대통령령×)으로 정한다. **제47조 수수료** ① 다음 각 호의 어느 하나에 해당하는 자는 당해 지방자치단체의 조례가 정하는 바에 따라 수수료를 납부하여야 한다. 다만, 공인중개사자격시험을 제4조제2항의 규정에 따라 국토교통부장관이 시행하는 경우 제1호에 해당하는 자는 국토교통부장관이 결정·공고하는 수수료를 납부하여야 한다. 1. 제4조의 규정에 의한 공인중개사자격시험에 응시하는 자 (시·도, 국장) 2. 제5조제3항의 규정에 의하여 공인중개사자격증의 재교부(교부×)를 신청하는 자 (시·도) 3. 제9조제1항의 규정에 의하여 중개사무소의 개설등록을 신청하는 자 (시·군·구) 4. 제11조제2항의 규정에 의하여 중개사무소등록증의 재교부를 신청하는 자 (시·군·구) 5. 제13조제3항의 규정에 의하여 분사무소설치의 신고를 하는 자 (시·군·구) 6. 제13조제5항의 규정에 의하여 분사무소설치신고필증의 재교부를 신청하는 자 (시·군·구) ② 제4조의 규정에 의한 공인중개사자격시험 또는 제5조제3항의 규정에 의한 공인중개사자격증 재교부업무를 제45조의 규정에 따라 위탁한 경우에는 당해 업무를 위탁받은 자가 위탁한 자의 승인을 얻어 결정·공고하는 수수료를 각각 납부하여야 한다.	으로 합격자를 결정한다. ③ 제2항 단서 및 제5항의 규정에 따라 합격자를 결정함에 있어서 동점자로 인하여 선발예정인원을 초과하는 경우에는 그 동점자 모두(고득점자×)를 합격자로 한다. ④ 시험시행기관장은 응시생의 형평성 확보 등을 위하여 필요하다고 인정하는 경우에는 심의위원회의 의결을 거쳐 최소선발인원 또는 응시자 대비 최소선발비율을 미리 공고할 수 있다. ⑤ 제4항의 규정에 따라 최소선발인원 또는 최소선발비율을 공고한 경우 제2차시험에서 매과목 40점 이상, 전과목 평균 60점 이상 득점한 자가 최소선발인원 또는 최소선발비율에 미달되는 경우에는 매과목 40점 이상인 자 중에서 최소선발인원 또는 최소선발비율의 범위 안에서 전과목 총득점의 고득점자순으로 합격자를 결정한다. **제11조 시험수당 등의 지급** 출제위원 및 시험시행업무 등에 종사하는 자에 대하여는 예산의 범위 안에서 수당 및 여비를 지급할 수(하여야×) 있다. **제29조 공인중개사의 자격취소 또는 자격정지** ① 법 제35조의 규정에 따른 공인중개사의 자격취소처분 및 법 제36조의 규정에 따른 자격정지처분은 그 공인중개사자격증(이하 "자격증"이라 한다)을 교부한(시험시행한×) 시·도지사(국장×)가 행한다. ② 자격증을 교부한 시·도지사와 공인중개사 사무소의 소재지를 관할하는 시·도지사가 서로 다른 경우에는 공인중개사 사무소의 소재지(주소지×)를 관할하는 시·도지사가 자격취소처분 또는 자격정지처분에 필요한 절차를 모두 이행한 후 자격증을 교부한 시·도지사에게 통보하여야 한다. ③ 시·도지사(시장·군수·구청장×,등록관청×, 국장×)는 공인중개사의 자격취소처분을 한(할×) 때에는 5일(7일×, 지체없이×) 이내에 이를 국토교통부장관에게 보고(통지×)하고 다른 시·도지사(등록관청×)에게 통지하여야 한다.

■ 소속공인중개사 자격정지의 기준 (시행규칙 제22조 제①항의 별표 1)

위반행위	자격정지
1. 2 이상의 중개사무소에 소속된 경우(이중소속)	6월
2. 인장등록을 하지 아니하거나 등록하지 아니한 인장을 사용한 경우	3월
3. 성실·정확하게 중개대상물의 확인·설명을 하지 아니하거나 설명의 근거자료를 제시하지 아니한 경우	3월
4. 중개대상물확인·설명서에 서명·날인을 하지 아니한 경우	3월
5. 거래계약서에 서명·날인을 하지 아니한 경우	3월
6. 거래계약서에 거래금액 등 거래내용을 거짓으로 기재하거나 서로 다른 2 이상의 거래계약서를 작성한 경우(거짓기재, 이중계약서)	6월
7. 금지행위를 한 경우	6월

판 례

[1] 구 부동산중개업법(2005. 7. 29. 법률 제7638호 공인중개사의 업무 및 부동산거래신고에 관한 법률로 전문 개정되기 전의 것) 제38조 제2항 제3호가 금지하고 있는 **'공인중개사자격증의 대여'**란 다른 사람이 그 자격증을 이용하여 공인중개사로 행세하면서 공인중개사의 업무를 행하려는 것을 알면서도 그에게 자격증 자체를 빌려주는 것을 말하므로, 만일 공인중개사가 무자격자로 하여금 그 공인중개사 명의로 개설등록을 마친 중개사무소의 경영에 관여하거나 자금을 투자하고 그로 인한 이익을 분배받도록 하는 경우라도 공인중개사 자신이 그 중개사무소에서 공인중개사의 업무인 부동산거래 중개행위를 수행하고 무자격자로 하여금 공인중개사의 업무를 수행하도록 하지 않는다면, 이를 가리켜 등록증·자격증 대여를 한 것이라고 말할 수는 없을(있을 ○) 것이고, 한편 **무자격자가 공인중개사의 업무를 수행하였는지 여부는 외관상 공인중개사가 직접 업무를 수행하는 형식을 취하였는지 여부**에 구애됨이 없이 실질적으로 무자격자가 공인중개사의 명의를 사용하여 업무를 수행하였는지 여부에 따라 판단하여야 한다.

[2] 공인중개사가 비록 스스로 몇 건의 중개업무를 직접 수행한 바 있다 하더라도, 적어도 무자격자가 성사시킨 거래에 관해서는 무자격자가 거래를 성사시켜 작성한 계약서에 자신의 인감을 날인하는 방법으로 자신이 직접 공인중개사 업무를 수행하는 형식만 갖추었을 뿐, 실질적으로는 무자격자로 하여금 자기 명의로 공인중개사 업무를 수행하도록 한 것이므로, 이는 구 부동산중개업법(2005. 7. 29. 법률 제7638호 공인중개사의 업무 및 부동산거래신고에 관한 법률로 전문 개정되기 전의 것)이 금지하는 공인중개사자격증의 대여행위에 해당한다.

[3] 구 부동산중개업법(2005. 7. 29. 법률 제7638호 공인중개사의 업무 및 부동산거래신고에 관한 법률로 전문 개정되기 전의 것) 및 같은 법 시행령(2005. 12. 30. 대통령령 제19248호 공인중개사의 업무 및 부동산거래신고에 관한 법률 시행령으로 전문 개정되기 전의 것)의 관련 규정에 의하면 중개사무소의 개설등록은 공인중개사 또는 법인만이 할 수 있도록 정하여져 있으므로, 중개사무소의 대표자를 가리키는 명칭은 일반인으로 하여금 그 명칭을 사용하는 자를 공인중개사로 오인하도록 할 위험성이 있는 것으로 같은 법 제28조가 사용을 금지하는 '공인중개사와 유사한 명칭'에 해당한다.

[4] **무자격자가 자신의 명함에 '부동산뉴스 대표'라는 명칭을 기재하여 사용한 것**이 공인중개사와 유사한 명칭을 사용한 것에 해당한다(하지 않는다×). [2006도9334]

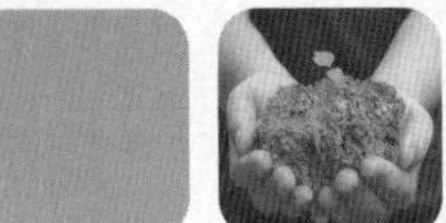

O·X·지·문·학·습

01. 공인중개사 자격시험에 부정하게 합격하여 이후 개설등록을 한 경우에도 등록이 취소된다. [O, ×]

02. 공인중개사 자격시험에 외국인이나 미성년자는 응시할 수 없다. [O, ×]

03. 공인중개사 자격시험은 원칙적으로 국토교통부장관이 주관하여 시행하지만, 예외적으로 해당 지역의 여건을 반영하여 특별시장·광역시장 또는 도지사가 직접 시행할 수 있다. [O, ×]

04. 징역 2년의 집행유예의 기간 중에 있는 자는 해당 유예기간 동안에는 공인중개사 자격시험에 응시할 수 없다. [O, ×]

05. 공인중개사 자격시험은 매년 1회 이상 시행하는 것이 원칙이지만 시험을 실시하기 어려운 부득이한 사유가 있는 경우에는 별도의 절차를 거칠 필요없이 국토교통부장관이 직권으로 시험을 시행하지 아니할 수 있다. [O, ×]

06. 소속공인중개사가 중개의뢰인에게 손해를 입힌 경우 해당 개업공인중개사는 과실이 없음에도 불구하고 책임을 질 수 있다. [O, ×]

07. 소속공인중개사는 경우에 따라서 거래계약서를 작성할 수 있지만, 중개보조원은 어떠한 경우에도 작성할 수는 없다. [O, ×]

08. 소속공인중개사와 중개보조원은 모두 인장을 등록할 필요가 없다. [O, ×]

정답 및 해설

01. ○
02. × (없다 → 있다. 공인중개사 시험 응시자격은 학력, 연령, 내외국인, 성별 등에 제한이 없다.)
03. × (공인중개사 시험 실시권자는 원칙은 시·도지사이지만 예외로 국토교통부장관이다.)
04. × (시험에 응시할 수는 있다. 다만, 결격사유에 해당되어 유예기간 중에는 부동산 중개업에 종사하지는 못한다.)
05. × (직권으로 → 정책심의위원회의 의결을 미리 거쳐)
06. ○
07. ○
08. × (소속공인중개사도 개업공인중개사와 같이 인장을 등록해야 한다.)

기·출·문·제·분·석

1. 공인중개사법령상 공인중개사 자격시험에 관한 설명으로 옳은 것을 모두 고른 것은?

> ㉠ 공인중개사정책심의위원회에서 시험에 관한 사항을 정하는 경우에는 시·도지사는 이에 따라야 한다.
> ㉡ 국토교통부장관이 직접 시험문제를 출제하려는 경우에는 공인중개사정책심의위원회의 사후의결을 거쳐야 한다.
> ㉢ 시험시행기관장은 시험을 시행하기 어려운 부득이한 사정이 있는 경우에는 공인중개사정책심의위원회의 의결을 거쳐 당해연도의 시험을 시행하지 않을 수 있다.
> ㉣ 국토교통부장관은 공인중개사시험의 합격자에게 공인중개사자격증을 교부하여야 한다.

① ㉠, ㉡　② ㉠, ㉢
③ ㉡, ㉢　④ ㉢, ㉣
⑤ ㉠, ㉢, ㉣

해설

㉡ 국토교통부장관이 직접 시험문제를 출제하려는 경우에는 사전에 공인중개사정책심의위원회의 의결을 거쳐야 한다.

㉣ 시·도지사는 공인중개사시험의 합격자에게 공인중개사 자격증을 교부하여야 한다.

2. 공인중개사법령상 공인중개사 자격시험 및 자격제도에 관한 설명으로 틀린 것은?

① 이 시험은 국토교통부장관이 시행하는 것이 원칙이나 예외적으로 시·도지사가 시행할 수 있다.
② 시험시행기관장은 응시수수료를 납부한 자가 시험시행일 10일 전까지 응시원서 접수를 취소하는 경우에는 응시수수료의 전부 또는 일부를 반환하여야 한다.
③ 이 시험은 매년 1회 이상 시행해야 하나 부득이한 사정이 있는 경우, 공인중개사정책심의위원회의 의결을 거쳐 당해 연도에는 시행하지 않을 수 있다.
④ 공인중개사정책심의위원회의 구성 및 운영 등에 관하여 필요한 사항은 대통령령으로 정한다.
⑤ 공인중개사 자격이 취소된 자는 그 자격이 취소된 후 3년이 경과되어야 공인중개사가 될 수 있다.

해설

원칙적으로 시·도지사가 시험시행기관장, 예외적으로 국토교통부장관

3. 공인중개사법령상 공인중개사 자격취소에 관한 설명으로 옳은 것은?

① 공인중개사가 폭행죄로 징역형을 선고받은 경우에는 자격취소 사유가 된다.
② 자격이 취소된 자는 그 자격증을 폐기하고, 그 사실을 시·도지사에게 고지해야 한다.
③ 자격취소처분을 받은 자는 그 취소처분을 안 날로부터 14일 이내에 그 자격증을 반납해야 한다.
④ 취소처분을 받은 자가 자격증을 분실한 경우에는 그 사유를 구두로 설명하는 것으로 자격증 반납에 갈음할 수 있다.
⑤ 공인중개사가 자격정지처분을 받고 그 기간 중에 다른 개업공인중개사의 소속공인중개사

|정답| 1. ② 2. ①

가 된 경우, 자격취소 사유가 된다.

해설

① 폭행죄로 징역형 → 공인중개사법 위반 징역형
② 자격증을 시 · 도지사에게 반납하여야 한다.
③ 안 날로부터 14일 → 받은 날로부터 7일 이내에
④ 분실사유를 기재한 사유서를 시 · 도지사에게 제출하여야 한다.

4. 개업공인중개사에 행한 지도·감독에 대한 설명 중 옳은 것은 모두 몇 개 인가?

㉠ 서울특별시장으로부터 공인중개사 자격증을 발급받고 수원시에 주소를 둔 자가 부정한 방법으로 공인중개사의 자격을 취득하였음을 이유로 하여 서울특별시장이 그 자격을 취소하였다.
㉡ 부산광역시 남구에 주소를 둔 개업공인중개사가 성실·정확하게 중개대상물의 확인·설명을 하지 아니하여 남구청장이 그 자격을 정지하였다.
㉢ 서울특별시 노원에 사무소를 둔 개업공인중개사가 거짓으로 중개사무소 개설등록한 것을 이유로 하여 노원구 청장이 6월의 업무정지처분을 하였다.
㉣ 전라북도 군산시에 사무소를 둔 개업공인중개사가 다른 사람에게 자기의 성명을 사용하여 중개업무를 하게 하여 군산시장이 그 개설등록을 취소하였다.
㉤ 강원도 춘천시에 사무소를 둔 개업공인중개사가 중개사무소 등록증 등을 게시하지 아니하여 강원도지사가 500만원의 과태료부과처분을 하였다.

① 1개 ② 2개 ③ 3개
④ 4개 ⑤ 5개

해설

㉡ 자격정지 → 업무정지
㉢ 업무정지 → 절대적 등록취소
㉤ 500만원 → 100만원

5. 공인중개사법령상 공인중개사에 관한 설명으로 틀린 것은?

① 시·도지사는 시험합격자의 결정 공고일부터 1개월 이내에 공인중개사자격증을 교부해야 한다.
② 공인중개사자격증교부대장은 전자적 처리가 불가능한 특별한 사유가 없으면 전자적 처리가 가능한 방법으로 작성·관리해야 한다.
③ 자격증 교부 시·도지사와 사무소 소재지 관할 시·도지사가 다른 경우 자격증 교부 시·도지사가 자격취소처분에 필요한 절차를 모두 이행한 후 사무소 소재지 관할 시·도지사에게 통보해야 한다.
④ 시·도지사가 공인중개사의 자격취소처분을 한 때에는 5일 이내에 이를 국토교통부장관에게 보고하고 다른 시·도지사에게 통지해야 한다.
⑤ 폐업신고 후 1년 이내에 중개사무소의 개설등록을 다시 신청하려는 자는 시·도지사가 실시하는 실무교육을 받지 않아도 된다.

해설

③ 거꾸로 설명하고 있다. (시행령 제29조제②항)

|정답| 3. ⑤ 4. ② 5. ③

인증번호 : ER85-B75F

5

★ 교육

핵심

실무교육 vs **연수교육** vs **직무교육** : 차이점

기출 Point

1. 실무·연수·직무교육
2. 개설등록 위한 실무교육 vs 매수신청대리인 등록 위한 실무교육

1. 요약

출제자 의도
- 실무교육의 대상자와 비대상자를 구별할 수 있는가?
- 관련 행정기관과 숫자를 구별할 수 있는가?

구분	실무교육 (개설등록 위한)	연수교육	직무교육	예방교육	실무교육(매수신청 대리인 등록 위한)
교육권자	시·도지사 (국장×, 등록관청×, 정부기관×)	시·도지사	시·도지사, 등록관청	국장,시·도지사,등록관청	법원행정처장 (지방법원장×)
위탁기관	• 학교 • 협회 • 공기업 • 준정부기관	• 학교 • 협회 • 공기업 • 준정부기관	• 학교 • 협회 • 공기업 • 준정부기관	–	• 학교 • 협회
대상자	• 개설등록을 신청하려는 자 (기존 개업공인중개사×, 종별 변경 개업공인중개사×) • 법인 (모든)사원·임원 • 분사무소의 책임자 • 소속공인중개사	• 개업공인중개사 • 소속공인중개사	중개보조원	개업공인중개사등(개업공인중개사,소속공인중개사,중개보조원,법인의 사원·임원	• 매수신청대리인 등록하고자 하는 개업공인중개사
의무	있음(받아야)	있음	있음	–	있음
목적	직무수행에 필요한 법률지식, 부동산중개 및 경영 실무, 직업윤리 등	부동산중개관련법·제도의 변경사항, 부동산중개 및 경영실무, 직업윤리 등	직무수행에 필요한 직업윤리 등	부동산거래사고 예방,부동산거래질서확립	직업윤리·민사소송법·민사집행법·경매실무 등
시기	개설등록 신청일전·고용신고일 전 1년 이내	실무교육 받은 후 2년 마다	고용신고일 전 1년 이내	–	등록신청일 전 1년 이내
시간	28시간 이상 32시간 이하	12시간 이상 16시간 이하	3시간 이상 4시간 이하	–	32시간 이상 44시간 이하
기타 필요사항	대통령령(국토교통부령×)으로 정한다.				–

※ 시험시행위탁기관 : ① 협회 ② 공기업 ③ 준정부기관(학교×)

2. 3단 비교표

법	시행령	시행규칙
제34조 개업공인중개사등의 교육 ① 제9조의 규정에 의하여 중개사무소의 개설등록을 신청하려는 자(법인의 경우에는 사원·임원을 말하며, 제13조제3항에 따라 분사무소의 설치신고를 하려는 경우에는 분사무소의 책임자를 말한다)는(항상×) 등록신청일(분사무소 설치신고의 경우에는 신고일을 말한다) 전(후×) 1년(6개월×) 이내에 시·도지사(국장×) 실시하는 (반드시×) **실무교육**을 받아야(받을 수×) 한다.(원칙) 다만, 다음 각 호의 어느 하나에 해당하는 자는 그러하지 아니하다.(예외) 1. 폐업신고 후 1년(3년×) 이내에 중개사무소의 개설등록을 다시 신청하려는 자 2. 소속공인중개사로서 고용관계 종료 신고 후 1년 이내에 중개사무소의 개설등록을 신청하려는 자 ② 소속공인중개사는 제15조제1항에 따른 고용 신고일 전 1년 이내에 시·도지사가 실시하는 실무교육을 받아야 한다. 다만, 다음 각 호의 어느 하나에 해당하는 자는 그러하지 아니하다. 1. 고용관계 종료 신고 후 1년 이내에 고용 신고를 다시 하려는 자 2. 개업공인중개사로서 폐업신고를 한 후 1년 이내에 소속공인중개사로 고용 신고를 하려는 자 ③ 중개보조원은 제15조제1항에 따른 고용 신고일 전 1년 이내에 시·도지사 또는(그리고×, 와×) 등록관청이 실시하는 **직무교육**을 받아야 한다. 다만, 고용관계 종료 신고 후 1년 이내에 고용 신고를 다시 하려는 자는 그러하지 아니하다. ④ 제1항 및 제2항에 따른 실무교육을 받은 개업공인중개사 및 소속공인중개사는 실무교육을 받은 후 2년(3년×)마다 시·도지사가 실시하는 **연수교육**을 받아야 한다(받을 수 있다×). ⑤ 국토교통부장관은 제1항부터 제4항까지의 규정에 따라 시·도지사가 실시하는 실무교육, 직무교육 및 연수교육의 전국적인 균형유지를 위하여 필요하다고 인정하면 해당 교육의 지침을 마련하여 시행할 수(하여야×) 있다. ⑥ 제1항부터 제5항까지의 규정에 따른 교육 및 교육지침에 관하여 필요한 사항은 대통령령(국토교통부령×)으로 정한다.	**제28조 개업공인중개사의 교육 등** ① 법 제34조제1항 및 제2항에 따른 실무교육의 내용 및 시간은 다음 각 호와 같다. 1. 교육내용 : 개업공인중개사 및 소속공인중개사의 직무수행에 필요한 법률 지식, 부동산 중개 및 경영 실무, 직업윤리 등 2. 교육시간 : 28시간 이상 32시간 이하 ② 법 제34조제3항에 따른 직무교육의 내용 및 시간은 다음 각 호와 같다. 1. 교육내용 : 중개보조원의 직무수행에 필요한 직업윤리 등 2. 교육시간 : 3시간 이상 4시간 이하 ③ 법 제34조제4항에 따른 연수교육의 내용 및 시간은 다음 각 호와 같다. 1. 교육내용 : 부동산중개 관련 법·제도의 변경사항, 부동산 중개 및 경영 실무, 직업윤리 등 2. 교육시간 : 12시간 이상 16시간 이하 ④ 시·도지사는 법 제34조제4항에 따른 연수교육을 실시하려는 경우 실무교육 또는 연수교육을 받은 후 2년이 되기 2개월 전까지 연수교육의 일시·장소·내용 등을 대상자에게 통지(고지×, 공고×)하여야 한다. ⑤ 법 제34조제5항에 따른 교육지침에는 다음 각 호의 사항이 포함되어야 한다. 1. 교육의 목적 2. 교육대상 3. 교육과목 및 교육시간 4. 강사(수강생×)의 자격 5. 수강료 6. 수강신청, 출결 확인, 교육평가, 교육수료증 발급 등 학사 운영 및 관리 7. 그 밖에 균형있는 교육의 실시에 필요한 기준과 절차	**제8조 개업공인중개사의 고용인의 신고** ① 개업공인중개사는 소속공인중개사 또는 중개보조원을 고용한(할×) 경우에는 법 제34조제2항 또는 제3항에 따른 교육을 받도록 한 후 법 제15조제1항에 따라 업무개시 전까지 등록관청(시·도지사×)에 신고하여야(허가받아야×) 한다. ② 제1항에 따른 고용 신고를 받은 등록관청은 법 제5조제2항에 따라 공인중개사 자격증을 발급한 시·도지사에게 그 소속공인중개사의 공인중개사 자격 확인을 요청하여야 한다. ③ 개업공인중개사는 소속공인중개사 또는 중개보조원과의 고용관계가 종료된 때에는 법 제15조제1항에 따라 고용관계가 종료된 날부터 10일(7일×) 이내에 등록관청에 신고하여야(할 수×) 한다. ④ 제1항 및 제3항에 따른 소속공인중개사 또는 중개보조원의 고용·고용관계 종료 신고는 별지 제11호 서식에 따른다. **제27조의2 교육기관의 인력 및 시설 기준** 영 제36조 제1항에서 "국토교통부령으로 정하는 인력 및 시설을 갖춘 기관 또는 단체"란 다음 각 목의 인력 및 시설을 갖춘 기관 또는 단체를 말한다.

법	시행령	시행규칙
제34조의2 개업공인중개사등에 대한 교육비 지원 등 ① 국토교통부장관, 시·도지사 및 등록관청은 개업공인중개사등이 부동산거래사고 **예방** 등을 위하여 **교육**을 받는 경우에는 대통령령으로 정하는 바에 따라 필요한 비용을 지원할 수(하여야×) 있다. ② 국토교통부장관, 시·도지사 및 등록관청은 필요하다고 인정하면 대통령령으로 정하는 바에 따라 개업공인중개사등의 부동산거래사고 예방을 위한 교육을 실시할 수(하여야×) 있다. **제45조 업무위탁** 국토교통부장관, 시·도지사 또는 등록관청은 대통령령이 정하는 바에 따라 그 업무의 일부(전부 또는 일부 ×)를 협회 또는 대통령령이 정하는 기관에 위탁할 수(하여야×) 있다.	**제28조의2 개업공인중개사 등 교육비 지원 등** ① 법 제34조의2제1항에 따라 개업공인중개사 등에 대한 부동산거래사고 예방 등의 교육을 위하여 지원할 수 있는 비용은 다음 각 호와 같다. 1. 교육시설 및 장비의 설치에 필요한 비용 2. 교육자료의 개발 및 보급에 필요한 비용 3. 교육 관련 조사 및 연구에 필요한 비용 4. 교육 실시에 따른 강사비 ② 국토교통부장관, 시·도지사 및 등록관청은 부동산 거래질서를 확립하고, 부동산거래사고로 인한 피해를 방지하기 위하여 법 제34조의2 제2항에 따른 부동산거래사고 예방을 위한 교육을 실시하려는 경우에는 교육일 10일(7일×) 전까지 교육일시·교육장소 및 교육내용, 그 밖에 교육에 필요한 사항을 공고하거나 교육대상자에게 통지(고지×, 공고×)하여야 한다. **제36조 업무의 위탁** ① 시·도지사는 법 제45조에 따라 법 제34조제1항부터 제4항까지의 규정에 따른 **실무교육, 직무교육** 및 **연수교육**에 관한 업무를 **위탁**하는 때에는 다음 각 호의 기관 또는 단체 중 국토교통부령으로 정하는 인력 및 시설을 갖춘 기관 또는 단체를 지정하여 위탁하여야 한다. 1. 부동산 관련 학과가 개설된 「고등교육법」 제2조에 따른 학교 2. 협회 3. 「공공기관의 운영에 관한 법률」 제5조제3항에 따른 공기업 또는 준정부기관 ② 시험시행기관장은 법 제45조에 따라 법 제4조에 따른 **시험**의 **시행**에 관한 업무를 「공공기관의 운영에 관한 법률」 제5조제3항에 따른 공기업, 준정부기관 또는 협회(학교×)에 **위탁**할 수(하여야×) 있다. ③ 시·도지사 또는 시험시행기관장은 제1항 및 제2항에 따라 업무를 위탁한(할×) 때에는 위탁받은 기관의 명칭·대표자 및 소재지와 위탁업무의 내용 등을 관보(일간신문×)에 고시하여야(할 수×) 한다.	1. 교육과목별로 다음 각 목의 어느 하나에 해당하는 사람을 강사로 확보할 것 가. 교육과목과 관련된 분야의 박사학위 소지자 나. 「고등교육법」 제2조에 따른 학교에서 전임강사 이상으로 교육과목과 관련된 과목을 2년 이상 강의한 경력이 있는 사람 다. 교육과목과 관련된 분야의 석사학위를 취득한 후 연구 또는 실무 경력이 3년 이상인 사람 라. 변호사 자격이 있는 사람으로서 실무 경력이 2년 이상인 사람 마. 7급 이상의 공무원으로 6개월 이상 부동산중개업 관련 업무를 담당한 경력이 있는 사람 바. 그 밖에 공인중개사·감정평가사·주택관리사·건축사·공인회계사·법무사 또는 세무사 등으로서 부동산 관련 분야에 근무한 경력이 3년 이상인 사람 2. 면적이 50제곱미터 이상인 강의실을 1개소 이상 확보할 것

실무교육은 28시간 이상 32시간 이하, 연수교육은 '3시간 이상 4시간 이하'로 한다.(×) → '12시간 이상 16시간 이하'(○)

실무교육을 실시하려는 경우, 시·도지사는 교육일 7일 전까지 교육의 일시·장소·내용 등을 그 대상자에게 통지하여야 한다.(×)
→실무교육은 통지 관련 규정이 없다.

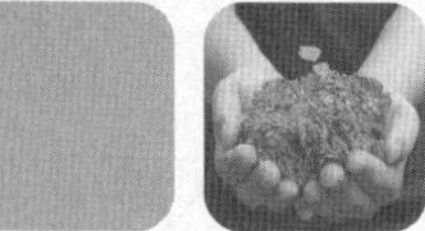

O · X · 지 · 문 · 학 · 습

01. 시·도지사는 개업공인중개사의 실무교육에 관한 업무를 위탁한 경우에는 위탁받은 교육기관의 명칭, 대표자 및 그 소재지와 위탁업무의 내용을 관보에 고시하여야 한다. [O, ×]

02. 공인중개사법상 개업공인중개사인 법인의 경우 실무교육의 대상은 임원 · 사원 전원이 실무교육을 받아야 하지만, 분사무소의 책임자는 실무교육을 받을 의무가 없다. [O, ×]

03. 실무교육을 위탁받은 협회는 그 회원만을 상대로 실무교육을 실시할 수 있다. [O, ×]

04. 중개사무소 개설등록을 하고자 하는 자는 등록신청일 전 1년 이내에 국토교통부장관이 실시하는 개업공인중개사에 대한 교육을 반드시 받아야 한다. [O, ×]

05. 실무교육을 받은 개업공인중개사 및 소속공인중개사는 실무교육을 받은 후 1년마다 시 · 도지사가 실시하는 연수교육을 받아야 한다. [O, ×]

06. 시·도지사가 실무교육에 대한 업무를 위탁한 경우에는 위탁받은 해당 교육기관의 명칭, 대표자, 소재지 및 위탁업무의 내용 등을 관보나 일간신문 등에 고시하여야 한다. [O, ×]

07. 시·도지사는 실무교육에 관한 업무를 국토교통부령으로 정하는 인력 및 시설을 갖춘 기관 또는 단체를 지정하여 위탁할 수 있다. [O, ×]

08. 중개보조원은 고용 신고일 전 3개월 이내에 시 · 도지사 또는 등록관청이 실시하는 직무교육을 받아야 한다. [O, ×]

정답 및 해설

01. O
02. × (없다 → 있다)
03. × (협회의 회원은 중개업 등록을 한 개업공인중개사만이다. 따라서 아직 중개업 등록을 하지 않은 공인중개사는 회원이 될 수 없다. 공인중개사는 누구나 협회에서 실무교육을 받을 수 있으며, 개설등록 이후 협회의 회원가입 여부는 자유이다.)
04. × (국토교통부장관이 → 시·도지사가, 개업공인중개사에 대한 교육 → 실무교육)
05. × (1년 → 2년)
06. × (관보나 일간신문 등 → 관보)
07. O (법률 제45조)
08. × (3개월 → 1년)

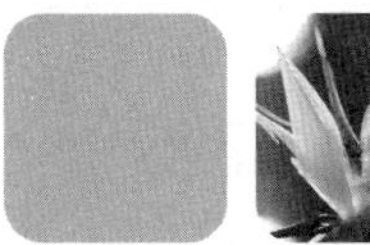

기 · 출 · 문 · 제 · 분 · 석

1. 공인중개사법령상 중개사무소 개설등록에 필요한 실무교육에 관한 설명으로 틀린 것은?

① 실무교육의 실시는 시·도지사가 한다.
② 실무교육시간은 28시간 이상 32시간 이하로 한다.
③ 폐업신고 후 2년이 지난 자는 다시 실무교육을 받아야 중개사무소 개설등록을 신청할 수 있다.
④ 개업공인중개사가 중개사무소를 이전하는 경우, 실무교육을 다시 받지 않아도 된다.
⑤ 법인이 중개사무소를 개설하는 경우에 그 임원 전원이 실무교육을 받아야 하지만, 사원(합명회사 또는 합자회사의 무한책임사원을 말함)은 실무교육을 받을 필요가 없다.

해설

⑤ 법인의 경우 실무교육의 대상은 임원·사원 전원이 실무교육을 받아야 한다.

2. 공인중개사법령상 개업공인중개사 등의 교육에 관한 설명으로 틀린 것은?

① 중개사무소의 개설등록을 신청하려는 공인중개사는 28시간 이상 32시간 이하의 실무교육을 받아야 한다.
② 폐업신고 후 1년 이내에 중개사무소의 개설등록을 다시 신청하려는 자는 실무교육이 면제된다.
③ 공인중개사가 중개사무소의 개설등록을 신청하려는 경우, 등록신청일 전 1년 이내에 법인인 개업공인중개사가 실시하는 실무교육을 받아야 한다.
④ 등록관청은 법령에 따른 부동산거래사고 예방을 위한 교육을 실시하려는 경우, 교육일 10일 전까지 교육일시·교육장소 및 교육내용을 교육대상자에게 통지해야 한다.
⑤ 분사무소 설치신고의 경우에는 그 분사무소의 책임자가 그 신고일 전 1년 이내에 실무교육을 받아야 한다.

해설

③ 법인인 개업공인중개사가 → 국토교통부령으로 정하는 인력 및 시설을 갖춘 기관 또는 단체(대학 또는 전문대학, 협회, 공기업 또는 준정부기관)

3. 다음 중 공인중개사법령상 실무교육을 의무적으로 받아야 하는 자를 고르면 모두 몇 개인가?

- 개업공인중개사의 중개보조원
- 중개사무소 개설등록을 하고자 하는 법인의 임원
- 중개사무소 개설등록을 하고자 하는 법인의 사원
- 법인인 개업공인중개사의 분사무소 책임자인 공인중개사
- 폐업신고 후 1년이 지난 뒤 중개사무소의 개설등록을 신청하려는 공인중개사

① 1개 ② 2개 ③ 3개 ④ 4개 ⑤ 5개

해설

첫번째를 제외하고는 모두 실무교육을 받아야 한다.

|정답| 1. ⑤ 2. ③ 3. ④

4. 공인중개사법령상 개업공인중개사 등의 교육에 관한 설명으로 틀린 것은?

① 실무교육과 연수교육은 시 · 도지사가 실시한다.

② 실무교육의 교육시간은 28시간 이상 32시간 이하이다.

③ 실무교육을 실시하려는 경우 교육실시기관은 교육일 7일전까지 교육의 일시 · 장소 · 내용 등을 대상자에게 통지해야 한다.

④ 실무교육을 받은 개업공인중개사 및 소속공인중개사는 실무교육을 받은 후 2년마다 12시간 이상 16시간 이하의 연수교육을 받아야 한다.

⑤ 중개보조원이 고용관계 종료 신고된 후, 1년 이내에 다시 고용신고 될 경우에는 직무교육을 받지 않아도 된다.

해설

③ 시 · 도지사는 법령에 따른 연수교육을 실시하려는 경우 실무교육 또는 연수교육을 받은 후 2년이 되기 2개월 전까지 연수교육의 일시 · 장소 · 내용 등을 대상자에게 통지하여야 한다. 그러나 실무교육과 직무교육은 사전통지 의무가 없다.

5. 공인중개사법령상 개업공인중개사 등의 교육에 관한 설명으로 옳은 것은?

① 실무교육을 받은 개업공인중개사는 실무교육을 받은 후 2년마다 시 · 도지사가 실시하는 직무교육을 받아야 한다.

② 분사무소의 책임자가 되고자 하는 공인중개사는 고용신고일 전 1년 이내에 시 · 도지사가 실시하는 연수교육을 받아야 한다.

③ 고용관계 종료 신고 후 1년 이내에 다시 중개보조원으로 고용신고의 대상이 된 자는 시 · 도지사 또는 등록관청이 실시하는 직무교육을 받지 않아도 된다.

④ 실무교육은 28시간 이상 32시간 이하, 연수교육은 3시간 이상 4시간 이하로 한다.

⑤ 국토교통부장관이 마련하여 시행하는 교육지침에는 교육대상 교육과목 및 교육시간 등이 포함되어야 하나, 수강료는 그러하지 않다.

해설

① 실무교육 → 연수교육

② 고용신고일 전 → 등록신청일 전, 연수교육 → 실무교육

④ 연수교육은 3시간 이상 4시간 이하 → 연수교육은 12시간 이상 16시간 이하

⑤ 수강료는 그러하지 않다. → 수강료는 포함되어여 한다.

|정답| 4. ③ 5. ③

인증번호 : GP52-P6Q2

★★★ 개설등록

무선 인터넷에서 스마트폰으로 QR코드를 찍으면 동영상 강의를 보실 수 있습니다.

핵심

등록절차 → **흐름도·관련내용** 이해
특히 등록기준(= 요건), 관련 숫자

기출 Point

1. 등록절차(도)상 관련 내용
2. 개설등록신청서
3. 특수법인
4. 종별 변경
5. 이중소속 금지
6. 무등록 개업공인중개사

출제자 의도

개설등록

법인인 개업공인중개사의 주사무소 개설등록 기준과 분사무소 설치기준을 구별하여 알고 있는가?

★★★ 1. 요약

(1) (개설)등록 ~ 업무개시 절차도

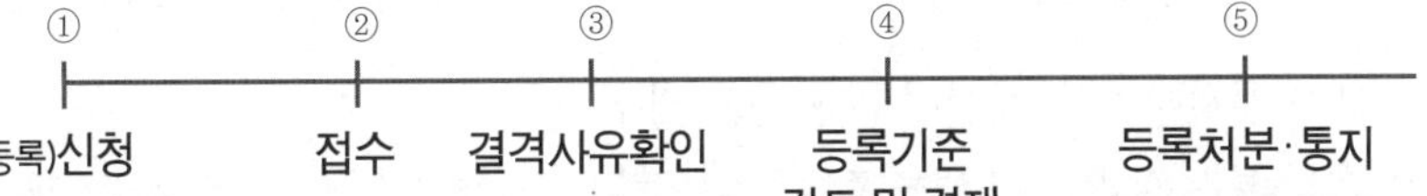

(등록)신청
① 결격사유
② 개별신청 (공동신청×)
③ 구비서류 [결격사유 비해당 입증서류× (↔ 예외 : 외국인은 제출해야), 법인의 정관×, 업무보증설정 증명서류×, 인감증명서×, 사업자등록증×]
④ 수수료 : 시·군·구 (시·도×, 국토교통부×) 조례
⑤ 종별변경 → 원칙 : (신규개설)등록신청 / → 예외 : 재교부신청

등록기준확인

등록처분·통지
① 접수일로부터 '7'일 이내 '서면'(구두×)으로
② 등록처분받은 시점부터 등록효과 발생 (즉, 이 시점에 비로소 '유' 등록 개업공인중개사가 된다.)
③ 통지 '후' 교부 '전' 단계에서 업무를 개시할 경우
　㉠ 무등록개업공인중개사는 아님
　㉡ '게시의무' 위반으로 100만원 이하 과태료
　㉢ 거래계약 : 유효

※ 신청전 구비요건
① 공인중개사 자격 취득
② 실무교육 수료
③ 사무소 확보(건축물대장 기재 요함, 면적 제한 없음)

※ **소공** : 등록신청 불가 → 이중소속금지

※ **분사무소** : 설치신고(개설등록×)

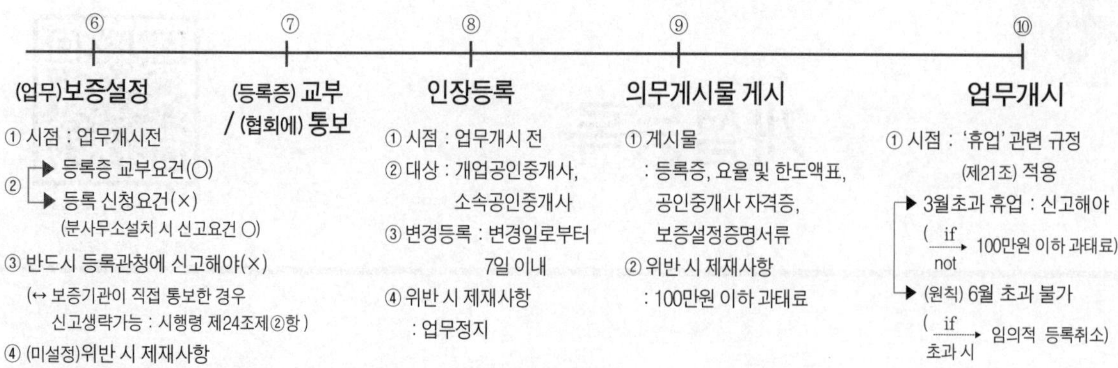

★★★ (2) 중개사무소 등록기준

① 공인중개사가 중개사무소를 개설하고자 하는 경우

㉠ 실무교육을 받았을 것

㉡ 건축물대장(가설건축물대장 제외)에 기재된 건물(준공검사, 준공인가, 사용승인, 사용검사 등을 받은 건물로서 건축물대장에 기재되기 전의 건물을 포함)에 중개사무소를 확보할 것 (소유 · 전세 · 임대차 또는 사용대차 등의 사용권 확보)

• 사무소 → 건축물 대장에 기재된 사무소(따라서 무허가 건물은 안됨)
→ 다른 용도로 사용중인 사무실의 일부도 가능(사용권만 확보해도됨)

② 법인이 중개사무소를 개설하고자 하는 경우

㉠ 상법상 회사(주식회사만×) 또는 협동조합 기본법 상 협동조합(사회적협동조합은 제외)으로서 자본금 5천만원(1억원×) 이상일 것

㉡ 법 제14조에 규정된 업무만(중개업만×)을 영위할 목적으로 설립된 법인일 것

㉢ 대표자는 공인중개사이어야 하며, 대표자를 제외한 임원 또는 사원(합명회사 또는 합자회사의 무한책임사원)의 3분의 1 이상은 공인중개사일 것

㉣ 대표자, 임원 또는 사원 전원 및 분사무소의 책임자가 실무교육을 받았을 것

㉤ 중개사무소를 확보할 것(소유 · 전세 · 임대차 또는 사용대차 등의 사용권 확보)

※ 위 등록기준은 다른 법률(농업협동조합법, 자본시장과 금융투자업에 관한 법률 등)에 따라 중개업을 할 수 있는 경우는 적용되지 않는다.

(3) 분사무소 설치기준

① 수제한 : 시·군·구별 1개 → 1개소 초과금지, 주사무소 속한 시·군·구 제외

② 책임자 : 공인중개사 → 타법 법인 분사무소 제외

• 상법상 회사
(상법 제170조)

①합명회사
모든 사원이 무한책임사원, 회사채권자에 대하여 직접·연대·무한 책임

②합자회사
일부 사원은 무한책임사원, 일부 사원은 유한책임사원, 유한책임사원은 회사채권자에 대하여 출자액 한도로 유한책임

③유한책임회사
출자한 금액을 한도로 유한책임, 유한책임사원

④주식회사
주식의 인수가액(금액)한도로 유한·간접책임

⑤유한회사
주식회사의 주주와 같은 책임이나 주식회사에 비해 합명회사처럼 간단

개설등록신청은 '주소지' 관할 등록관청에 한다.(×)
→ '사무소' 관할등록관청(○)

■ 중개사무소 개설 vs 분사무소 설치

구 분	중개사무소 개설	분사무소 설치
행정절차	등록 중개업을 영위하려는 자는 중개사무소를 두려는 지역을 관할하는 시장·군수 또는 구청장(등록관청)에게 중개사무소의 개설등록을 하여야 한다.	신고 분사무소의 설치신고(등록×)를 하려는 자는 주된 사무소의 소재지를 관할하는 등록관청에 제출하여야 한다.
	중개사무소 개설등록의 신청을 받은 등록관청은 다음 각 호의 개업공인중개사의 종별에 따라 구분하여 개설등록을 하고, 개설등록 신청을 받은 날부터 7일(10일×) 이내에 등록신청인에게 서면(구두×, 구두 또는 서면×)으로 통지하여야 한다.	분사무소 설치신고를 받은 등록관청은 그 신고내용이 적합한 경우에는 신고필증을 교부하고 지체 없이 그 분사무소설치예정지역을 관할하는 시장·군수 또는 구청장에게 이를 통보하여야 한다.
행정관청	사무소 소재지 관할 시장·군수·구청장	주된 사무소(분사무소×) 소재지 관할 시장·군수·구청장
설치가능개수	전국에 1개	주된 사무소의 소재지가 속한 시·군·구를 제외한 시·군·구별로 설치하되, 시·군·구별로 1개소를 초과할 수 없다.
구비서류	1. 부동산중개사무소 개설등록신청서 2. 실무교육의 수료확인증 사본(원본×)(영 제36조제1항에 따라 실무교육을 위탁받은 기관 또는 단체가 실무교육 수료 여부를 등록관청이 전자적으로 확인할 수 있도록 조치한 경우는 제외한다) 3. 여권용 사진 4. 건축물대장에 기재된 건물(준공검사, 준공인가, 사용승인, 사용검사 등을 받은 건물로서 건축물대장에 기재되기 전의 건물을 포함한다. 이하 같다)에 중개사무소를 확보(소유·전세·임대차 또는 사용대차 등의 방법에 의하여 사용권을 확보하여야 한다)하였음을 증명하는 서류. 다만, 건축물대장에 기재되지 아니한 건물에 중개사무소를 확보하였을 경우에는 건축물대장 기재가 지연되는 사유를 적은 서류도 함께 내야 한다. 5. 다음 각 목의 서류(외국인이나 외국에 주된 영업소를 둔 법인의 경우에 한한다) 가. 법 제10조제1항 각 호의 어느 하나에 해당되지 아니함을 증명하는 다음의 어느 하나에 해당하는 서류 1) 외국 정부나 그 밖에 권한 있는 기관이 발행한 서류 또는 공증인(법률에 따른 공증인의 자격을 가진 자만 해당한다. 이하 이 목에서 같다)이 공증한 신청인의 진술서로서 「재외공관 공증법」에 따라 그 국가에 주재하는 대한민국공관의 영사관이 확인한 서류 2) 「외국공문서에 대한 인증의 요구를 폐지하는 협약」을 체결한 국가의 경우에는 해당 국가의 정부나 공증인, 그 밖의 권한이 있는 기관이 발행한 것으로서 해당 국가의 아포스티유(Apostille) 확인서 발급 권한이 있는 기관이 그 확인서를 발급한 서류 나. 「상법」 제614조의 규정에 따른 영업소의 등기를 증명할 수 있는 서류 → '(업무)보증설정증명서류'는 구비서류에 해당하지 않는다.	1. 분사무소설치신고서 2. 분사무소 책임자의 실무교육의 수료확인증 사본(원본×) 3. (업무)보증의 설정을 증명할 수 있는 서류 4. 건축물대장에 기재된 건물에 분사무소를 확보(소유·전세·임대차 또는 사용대차 등의 방법에 의하여 사용권을 확보하여야 한다)하였음을 증명하는 서류. 다만, 건축물대장에 기재되지 아니한 건물에 분사무소를 확보하였을 경우에는 건축물대장 기재가 지연되는 사유를 적은 서류도 함께 내야 한다. → '여권용 사진'은 구비서류에 해당하지 않는다.
수수료	시·군·구 조례로 정하는 금액	

★★
(4) 특수법인

구분		지역농업협동조합	신탁업자(신탁회사)
① (개설)등록기준		×	×
② 등록 필요		× →등록 없이 중개 가능 →등록증 게시의무 : 없음	○ →등록 후 중개 가능 →등록증 게시의무 : 있음
③ (업무) 보증설정	필요	○	○
	금액	1천만원 ↑	2억원 ↑
	시기	업무개시 전	업무개시 전
	신고기관	등록관청(농협중앙회×)	등록관청(금융감독위원회×)
④ 중개가능대상물		농지(의 매매·교환·임대차)만	토지, 건물, 입목
⑤ 분사무소설치 요건 적용여부	주사무소 시·군·구 제외	○	○
	1개소 초과 금지	○	○
	책임자 공인중개사	×	×
⑥ 근거법		농업협동조합법	자본시장과금융투자업에관한법률(약칭:자본시장법)

※ 그 밖의 등록이 불필요한 특수법인

→ 지역산림조합 : 중개대상(임야, 입목–매매·교환·임대차), 근거법(산림조합법)

→ 산업단지관리기관 : 중개대상(산업단지 내 공장용지, 공장–중개), 근거법(산업집적활성화 및 공장설립에 관한 법률)

※ 그 밖의 등록이 필요하는 특수법인

→ 한국자산관리공사 : 중개대상(기업 비업무용·구조개선 자산–관리, 매각, 매매), 근거법(자산관리공사법)

★
(5) 종별 변경

① 개인(공인중개사)인 개업공인중개사 ──변경──▶ 법인인 개업공인중개사 : '신규등록'(재교부신청×) 해야

(→ 별도의 폐업신고·실무교육 불필요)

② 부칙상 개업공인중개사 ──변경──▶ 공인중개사인 개업공인중개사 :

▶ 관 '내' : '재교부신청'(신규등록×) 해야

(강남구 → 강남구) (→ 등록증 기재사항 변경 후 재교부)

▶ 관 '외' : '신규등록' 해야

(강남구 → 서초구)

(6) 등록관청의 협회에 통보

• 통보사항 : ㉠ 중개사무소 등록증 교부 ㉡ 분사무소 설치신고, 중개사무소 이전신고 ㉢ 등록취소·업무정지 처분 ㉣ 3월초과 휴업·휴업기간 변경·재개·폐업 신고 ㉤ 사용인 고용·해고신고

(7) 이중 금지

① 이중등록

금지(→ 위반 시 제재사항 : 절대적 등록취소 / 1년, 1천만 원)

② 이중소속

금지(→ 위반 시 제재사항 : 절대적 등록취소(개업공인중개사의 경우) / 1년, 1천만 원)

당해 개업공인중개사		다른 개업공인중개사
• 개업공인중개사 • 소속공인중개사 • 중개보조원 • 법인의 사원 · 임원	이중소속 ·········▶ '금지'	• 소속공인중개사 • 중개보조원 • 법인의 사원 · 임원

③ 이중사무소

금지(→ 위반 시 제재사항 : 임의적 등록취소 / 1년, 1천만 원)

④ 이중계약서

금지(→ 위반 시 제재사항 : 임의적 등록취소)

(8) 무등록

① 무등록 중개업 VS 유등록 중개업

'무등록' 중개업의 예	'유등록' 중개업의 예
㉠ 애초부터 무등록 중개업	㉠ 거짓·부정등록 중개업(→ 절대적 등록취소 : 3년, 3천만 원)
㉡ 등록취소 후 중개업	㉡ 이중등록 중개업(→ 절대적 등록취소 : 1년, 1천만 원)
㉢ 폐업신고 후 중개업	㉢ 등록통지받았으나 등록증 미수령 중개업(→ 100만 원 이하 과태료)
㉣ 사망·해산 후 중개업	㉣ 결격사유에 해당되면서 중개업

② 중개보수

의뢰인이 안 주면 못 받는다.

→ 즉, 개업공인중개사보수청구권 인정 안 됨 ; 부당이득○

→ 따라서 반환하여야 한다.

③ 거래계약 : 유효

④ 적발 시 제재사항 : 3년(이하의 징역) 또는 3천만 원(이하의 벌금)

(→ 행정형벌의 대상○, 행정처분의 대상×)

공인중개사(소속공인중개사를 '포함'한다) 또는 법인이 아닌 자는 중개사무소의 개설등록을 신청할 수 없다.(×)
→ '제외'(○)

지역농업협동조합 등과 같은 특수법인의 경우에는 중개업을 영위하려면 공인중개사법상 중개사무소 개설 등록의 기준을 갖춘 후 개설 등록을 하여야 한다.(×)
→ 특수법인의 경우에는 공인중개사법상 개설 등록 기준을 적용하지 않는다.

2. 3단 비교표

법	시행령	시행규칙
제9조 중개사무소의 개설등록 ① 중개업을 영위하려는 자는 국토교통부령이 정하는 바에 따라 중개사무소(법인의 경우에는 주된 중개사무소를 말한다)를 두려는 지역을 관할하는 시장(구가 설치되지 아니한 시의 시장과 특별자치도 행정시의 시장을 말한다. 이하 같다)군수 또는 구청장(이하 "등록관청"이라 한다)에게 중개사무소의 개설등록을 하여야 한다. ② 공인중개사[소속공인중개사를 제외(포함×)한다] 또는 법인이 아닌 자는 제1항의 규정에 의한 중개사무소의 개설등록을 신청할 수 없다. ③ 제1항의 규정에 의한 중개사무소 개설등록의 기준은 대통령령(국토교통부령×)으로 정한다. **제11조 등록증의 교부 등** ① 등록관청은 제9조의 규정에 의한 중개사무소의 개설등록을 한 자에 대하여 국토교통부령(대통령령×)이 정하는 바에 따라 중개사무소등록증을 교부하여야 한다. ② 제5조제3항의 규정은 중개사무소등록증의 재교부에 관하여 이를 준용한다.	**제13조 중개사무소 개설등록의 기준 등** ① 법 제9조제3항에 따른 중개사무소 개설등록의 기준은 다음 각 호와 같다.(원칙) 다만, 다른 법률(농업협동조합법, 자본시장법 등)의 규정에 따라 부동산중개업을 할 수 있는 경우에는 다음 각 호의 기준을 적용하지 아니한다.(예외) 1. 공인중개사가 중개사무소를 개설하고자 하는 경우 가. 법 제34조제1항의 규정에 따른 실무교육을 받았을 것 나. 건축물대장[「건축법」 제20조제5항에 따른 가설건축물대장은 제외(포함×)]에 기재된 건물[준공검사, 준공인가, 사용승인, 사용검사 등을 받은 건물로서 건축물대장에 기재되기 전의 건물을 포함(제외×)]에 중개사무소를 확보[소유·전세·임대차 또는 사용대차 등의 방법에 의하여 사용권(소유권×)을 확보하여야 한다.]할 것 2. 법인이 중개사무소를 개설하려는 경우 가. 「상법」상 회사 또는 「협동조합 기본법」 제2조제1호에 따른 협동조합[같은 조 제3호에 따른 사회적협동조합은 제외(포함×)]으로서 자본금이 5천만 원(1억 원×) 이상일 것 나. 법 제14조에 규정된 업무만을 영위할 목적으로 설립된 법인일 것 다. 대표자는 공인중개사이어야 하며, 대표자를 제외한(포함한×) 임원 또는 사원(합명회사·합자회사의 무한(유한×)책임사원을 말한다.)의 3분의 1(과반수×) 이상은 공인중개사일 것 라. 대표자, 임원 또는 사원 전원(과반수×) 및 분사무소의 책임자(법 제13조제3항에 따라 분사무소를 설치하려는 경우에만 해당한다)가 법 제34조제1항에 따른 실무교육(연수교육×)을 받았을 것 마. 건축물대장에 기재된 건물에 중개사무소를 확보(소유·전세·임대차 또는 사용대차 등의 방법에 의하여 사용권을 확보하여야 한다)할 것 ② 시장(구가 설치되지 아니한 시의 시장과 특별자치도의 행정시장을 말한다. 이하 같다)·군수 또는 구청장(이하 "등록관청"이라 한다)은 법 제9조에	**제4조 중개사무소 개설등록의 신청** ① 법 제9조제1항에 따라 중개사무소의 개설등록을 하려는 자는 별지 제5호서식의 부동산중개사무소 개설등록신청서에 다음 각 호의 서류(전자문서를 포함한다)를 첨부하여 중개사무소(법인의 경우에는 주된 중개사무소를 말한다)를 두고자 하는 지역을 관할하는 시장(구가 설치되지 아니한 시와 특별자치도의 행정시의 시장을 말한다. 이하 같다) · 군수 또는 구청장(이하 "등록관청"이라 한다)에게 신청하여야 한다. 이 경우 등록관청은 법 제5조제2항에 따라 공인중개사 자격증을 발급한 시·도지사에게 개설등록을 하려는 자(법인의 경우에는 대표자를 포함한 공인중개사인 임원 또는 사원을 말한다)의 공인중개사 자격 확인을 요청하여야(할 수×) 하고, 「전자정부법」 제36조제1항에 따라 행정정보의 공동이용을 통하여 법인 등기사항증명서(신청인이 법인인 경우에만 해당한다)와 건축물대장(「건축법」 제20조제5항에 따른 가설건축물대장은 제외한다. 이하 같다)을 확인하여야 한다. 1. 〈삭제〉 2. 〈삭제〉 3. 법 제34조제1항의 규정에 따른 실무교육의 수료확인증 사본(원본×)(영 제36조제1항에 따라 실무교육을 위탁받은 기관 또는 단체가 실무교육 수료 여부를 등록관청이 전자적으로 확인할 수 있도록 조치한 경우는 제외한다) 4. 여권용(반명함판×) 사진 5. 건축물대장에 기재된 건물(준공검사, 준공인가, 사용승인, 사용검사 등을 받은 건물로서 건축물대장에 기재되기 전의 건물을 포함한다. 이하 같다)에 중개사무소를 확보(소유·전세·임대차 또는 사용대차 등의 방법에 의하여 사용권을 확보하여야 한다)하였음을 증명하는 서류. 다만, 건축물대장에 기재되지 아니한 건물에 중개사무소를 확보하였을 경우에는 건축물대장 기재가 지연되는 사유를 적은 서류도 함께 내야 한다. 6. 다음 각 목의 서류(외국인이나 외국에 주된 영업소를 둔 법인의 경우에 한한다) 가. 법 제10조제1항 각 호의 어느 하나에 해당되지 아니함을 증명하는 다음의 어느 하나에 해당하는 서류

법	시행령	시행규칙
제12조 이중등록의 금지 등 ① 개업공인중개사는 이중으로 중개사무소의 개설등록을 하여 중개업을 할 수 없다. ② 개업공인중개사등은 다른 개업공인중개사의 소속공인중개사·중개보조원 또는 개업공인중개사인 법인의 사원·임원이 될 수 없다. **제19조 중개사무소등록증 대여 등의 금지** ① 개업공인중개사는 다른 사람에게 자기의 성명 또는 상호를 사용하여 중개업무를 하게 하거나 자기의 중개사무소등록증을 양도 또는 대여하는 행위를 하여서는 아니된다. ② 누구든지 다른 사람의 성명 또는 상호를 사용하여 중개업무를 하거나 다른 사람의 중개사무소등록증을 양수 또는 대여받아 이를 사용하는 행위를 하여서는 아니된다.	따른 개설등록 신청이 다음 각 호의 어느 하나에 해당하는 경우를 제외하고는 개설등록을 해 주어야(해 줄 수×) 한다. 1. 공인중개사 또는 법인이 아닌 자가 중개사무소의 개설등록을 신청한 경우 2. 중개사무소의 개설등록을 신청한 자가 법 제10조(결격사유)제1항 각 호의 어느 하나에 해당하는 경우 3. 제1항의 개설등록 기준에 적합하지 아니한 경우 4. 그 밖에 이 법 또는 다른 법령에 따른 제한에 위반되는 경우 **제14조 등록사항 등의 통보** 등록관청은 다음 각 호의 어느 하나에 해당하는 때에는 그 사실을 국토교통부령이 정하는 바에 따라 법 제41조에 따른 공인중개사협회(시·도지사×, 국장×)에 통보하여야(할 수×) 한다. 1. 법 제11조제1항의 규정에 따라 중개사무소등록증을 교부한 때 2. 법 제13조제3항(분사무소 설치 신고)·법 제20조제1항(이전 신고) 또는 법 제21조제1항(3월초과 휴업, 휴업기간 변경, 재개·폐업)의 규정에 따른 신고를 받은 때 3. 법 제15조제1항에 따라 소속공인중개사 또는 중개보조원의 고용이나 고용관계 종료의 신고를 받은 때 4. 법 제38조(등록취소) 또는 법 제39조(업무정지)의 규정에 따른 행정처분을 한(할×) 때 **제15조 분사무소의 설치** ① 법 제13조제3항에 따른 분사무소는 주된 사무소의 소재지가 속한 시(구가 설치되지 아니한 시와 특별자치도의 행정시를 말한다. 이하 이 조에서 같다)·군·구를 제외한(포함한×) 시·군·구별로 설치하되, 시·군·구별로 1개소를 초과할 수 없다. ② 제1항에 따른 분사무소에는 (원칙적으로○, 반드시×)공인중개사를 책임자로 두어야 한다.(원칙) 다만, 다른 법률의 규정에 따라 중개업을 할 수 있는 법인의 분사무소인 경우에는 그러하지 아니하다.(예외) ③ 법 제13조제3항에 따라 분사무소의 설치신	1) 외국 정부나 그 밖에 권한 있는 기관이 발행한 서류 또는 공증인(법률에 따른 공증인의 자격을 가진 자만 해당한다. 이하 이 목에서 같다)이 공증한 신청인의 진술서로서 「재외공관 공증법」에 따라 그 국가에 주재하는 대한민국공관의 영사관이 확인한 서류 2) 「외국공문서에 대한 인증의 요구를 폐지하는 협약」을 체결한 국가의 경우에는 해당 국가의 정부나 공증인, 그 밖의 권한이 있는 기관이 발행한 것으로서 해당 국가의 아포스티유(Apostille) 확인서 발급 권한이 있는 기관이 그 확인서를 발급한 서류 나. 「상법」 제614조의 규정에 따른 영업소의 등기를 증명할 수 있는 서류 ② 제1항의 규정에 따라 중개사무소 개설등록의 신청을 받은 등록관청은 다음 각 호의 개업공인중개사의 종별에 따라 구분하여 개설등록을 하고, 개설등록 신청을 받은 날부터 7일(10일×) 이내에 등록신청인에게 서면(구두×, 구두 또는 서면×)으로 통지하여야 한다. 1. 법인인 개업공인중개사 2. 공인중개사인 개업공인중개사 ③ 제2항의 규정에 따라 중개사무소의 개설등록을 한 개업공인중개사가 제2항 각 호의 종별을 달리하여 업무를 하고자 하는 경우에는 제1항의 규정에 따라 등록신청서를 다시 제출(재교부신청×)하여야 한다. 이 경우 종전에 제출한 서류 중 변동사항이 없는 서류는 제출하지 아니할 수 있으며, 종전의 등록증은 이를 반납하여야 한다. **제5조 등록증의 교부 및 재교부** ① 등록관청은 중개사무소의 개설등록을 한 자가 영 제24조제2항의 규정에 따른 보증(이하 "보증"이라 한다)을 설정하였는지 여부를 확인한 후 법 제11조제1항의 규정에 따라 별지 제6호서식의 중개사무소등록증을 지체 없이(7일 이내×) 교부하여야 한다. ② 제1항에 따라 등록관청이 중개사무소등록증을 교부하는 때에는 별지 제7호서식의 부동산중개사무소등록대장에 그 등록에 관한 사항을 기록한 후 중개사무소등록증을 교부하여야 한다.

법	시행령	시행규칙

고(등록×)를 하려는 자는 국토교통부령(대통령령×)이 정하는 분사무소설치신고서에 다음 각 호의 서류를 첨부하여 주된 사무소(분사무소×)의 소재지를 관할하는 등록관청에 제출하여야 한다. 이 경우 등록관청은 법 제5조제2항에 따라 공인중개사 자격증을 발급한 시·도지사에게 분사무소 책임자의 공인중개사 자격 확인을 요청하여야 하고, 「전자정부법」 제36조제1항에 따른 행정정보의 공동이용을 통하여 법인 등기사항증명서를 확인하여야 한다.

1. 삭제 2. 삭제
3. 분사무소 책임자의 법 제34조제1항의 규정에 따른 실무교육의 수료확인증 사본
4. 제25조의 규정에 따른 보증의 설정을 증명할 수 있는 서류(↔ 개설등록신청 시는 불필요)
5. 건축물대장에 기재된 건물에 분사무소를 확보(소유·전세·임대차 또는 사용대차 등의 방법에 의하여 사용권을 확보하여야 한다)하였음을 증명하는 서류. 다만, 건축물대장에 기재되지 아니한 건물에 분사무소를 확보하였을 경우에는 건축물대장 기재가 지연되는 사유를 적은 서류도 함께 내야 한다.

제16조 중개사무소의 공동사용

① 법 제13조제6항의 본문에 따라 중개사무소를 공동으로 사용하고자 하는 개업공인중개사(개인과개인, 법인과법인, 개인과법인 모두가능)는 법 제9조에 따른 중개사무소의 개설등록 또는 법 제20조에 따른 중개사무소의 이전신고를 하는 때에 그 중개사무소를 사용할 권리가 있는 다른 개업공인중개사(소유자×)의 승낙서(임대차 계약서×)를 첨부하여야 한다.

② 법 제39조에 따른 업무의 정지기간 중에 있는 개업공인중개사는 법 제13조제6항 단서에 따라 다음 각 호의 어느 하나에 해당하는 방법으로 다른 개업공인중개사와 중개사무소를 공동으로 사용할 수 없다.

1. 법 제39조에 따른 업무의 정지기간 중에 있는 개업공인중개사는 다른 개업공인중개사에게 중개사무소의 공동사용을 위하여 제1항에 따른 승낙서를 주는 방법. 다만, 법 제39조에 따른 업무의 정지기간 중에 있는 개업공인중개사가 영업정지 처분을 받기 전부터 중개사무소를 공동사용 중인 다른 개업공인중개사는 제외한다.
2. 법 제39조에 따른 업무의 정지기간 중에 있는 개업공인중개사가 다른 개업공인중개사의 중개사무소를 공동으로 사용하기 위하여 중개사무소의 이전신고를 하는 경우

③ 법 제11조제2항의 규정에 따른 중개사무소등록증의 재교부신청은 별지 제4호서식에 따른다.

④ 개업공인중개사가 등록증의 기재사항의 변경으로 인하여 다시 등록증을 교부받고자 하거나, 법 제7638호 부칙 제6조제2항의 규정에 따라 이 법에 따른 중개사무소의 개설등록을 한 것으로 보는 자(부칙상 개업공인중개사)가 공인중개사 자격을 취득하여 그 등록관청의 관할구역 안에서 공인중개사인 개업공인중개사(법인인 개업공인중개사×)로서 업무를 계속하고자 하는 경우에는 별지 제4호서식의 신청서에 이미 교부받은 등록증과 변경사항을 증명하는 서류를 첨부하여 등록증의 재교부를 신청(신청서 다시 제출×)하여야 한다.

⑤ 제2항의 부동산중개사무소등록대장은 전자적 처리가 불가능한 특별한 사유가 없으면 전자적 처리가 가능한 방법으로 작성·관리하여야 한다.

제6조 등록사항 등의 통지

등록관청은 영 제14조의 규정에 따라 매월(매년×, 매분기×) 중개사무소의 등록·행정처분 및 신고 등에 관한 사항을 별지 제8호서식의 중개사무소등록·행정처분등통지서에 기재하여 다음달(당해달×) 10일(7일×)까지 공인중개사협회(시·도지사×, 국장×)에 통보(신고×)하여야(할 수×) 한다.

제7조 분사무소설치신고서의 서식 등

① 영 제15조제3항의 규정에 따른 분사무소설치신고서는 별지 제9호서식에 따른다.

② 법 제13조제4항의 규정에 따른 분사무소설치신고필증은 별지 제10호서식에 따른다.

③ 법 제13조제5항의 규정에 따른 분사무소설치신고필증의 재교부신청은 별지 제4호서식에 따르되, 분사무소설치신고필증의 기재사항의 변경으로 인하여 재교부를 받고자 하는 때에는 분사무소설치신고필증을 첨부하여야 한다.

■ 부동산중개사무소 '개설등록 신청서·개업공인중개사 인장등록 신고서'

■ 공인중개사법 시행규칙[별지 제5호서식]

[ ] 부동산중개사무소 개설등록신청서
[ ] 개업공인중개사 인장등록 신고서

※ [ ]에는 해당하는 곳에 √표를 합니다.

접수번호	접수일	처리기간 7일

구분	내용	
신청인	성명(대표자)	주민등록번호(외국인등록번호)
	주소(체류지) (전화번호: 휴대전화:)	
	공인중개사 자격증 발급 시·도	
개업공인중개사 종별	[ ] 법인 [ ] 공인중개사	
사무소	명칭	전화번호(휴대전화)
	소재지	

「공인중개사법」 제9조·제16조 및 같은 법 시행규칙 제4조·제9조에 따라 위와 같이 [ ] 부동산중개사무소 개설등록 신청서를 [ ] 개업공인중개사 인장등록 신고서를 제출합니다.

년 월 일

신청인 (서명 또는 인)

시장·군수·구청장 귀하

구분	내용	수수료
신청인 제출서류	1. 「공인중개사법」 제34조제1항에 따른 실무교육의 수료확인증 사본 1부(영 제36조제1항에 따라 실무교육을 위탁받은 기관 또는 단체가 실무교육 수료 여부를 등록관청이 전자적으로 확인할 수 있도록 조치한 경우는 제외합니다) 2. 여권용(3.5cm×4.5cm) 사진 1매 3. 건축물대장(「건축법」 제20조제5항에 따른 가설건축물대장은 제외합니다)에 기재된 건물(준공검사, 준공인가, 사용승인, 사용검사 등을 받은 건물로서 건축물대장에 기재되기 전의 건물을 포함합니다)에 중개사무소를 확보하였음을 증명하는 서류 1부(건축물대장에 기재되지 않은 건물에 중개사무소를 확보하였을 경우에는 건축물대장 기재가 지연되는 사유를 적은 서류도 함께 내야 합니다). 4. 다음 각 목의 서류 각 1부(외국인이나 외국에 주된 영업소를 둔 법인의 경우로 한정합니다) 가. 「공인중개사법」 제10조제1항 각 호의 어느 하나에 해당되지 아니함을 증명하는 다음의 어느 하나에 해당하는 서류 1) 외국 정부나 그 밖의 권한 있는 기관이 발행한 서류 또는 공증인(법률에 따른 공증인의 자격을 가진 자만 해당합니다. 이하 이 목에서 같습니다)이 공증한 신청인의 진술서로서 「재외공관 공증법」에 따라 그 국가에 주재하는 대한민국공관의 영사관이 확인한 서류 2) 「외국공문서에 대한 인증의 요구를 폐지하는 협약」을 체결한 국가의 경우에는 해당 국가의 정부나 공증인, 그 밖의 권한이 있는 기관이 발행한 것으로서 해당 국가의 아포스티유(Apostille) 확인서 발급 권한이 있는 기관이 그 확인서를 발급한 서류 나. 「상법」 제614조에 따른 영업소의 등기를 증명할 수 있는 서류	수수료 시·군·구 조례로 정하는 금액
담당 공무원 확인사항	1. 법인 등기사항증명서 2. 건축물대장(「건축법」 제20조제5항에 따른 가설건축물대장은 제외합니다)	(등록인장 인)

유의사항

1. 시장·군수·구청장은 「공인중개사법」 제5조제2항에 따라 공인중개사 자격증을 발급한 시·도지사에게 개설등록을 하려는 자(법인의 경우에는 대표자를 포함한 공인중개사인 임원 또는 사원을 말합니다)의 공인중개사 자격 확인을 요청하여야 합니다.
2. 개설등록 통지 시 개업공인중개사는 손해배상책임 보증증명서류를 등록관청에 신고 후 등록증을 발급받습니다.

210mm×297mm[백상지 80g/㎡(재활용품)]

■ 분사무소 설치신고서

■ 공인중개사법 시행규칙[별지 제9호서식]

분사무소 설치신고서

접수번호	접수일	처리기간 7일

신고인	성명(대표자)	주민등록번호(외국인등록번호)
	주소(체류지) (전화번호:	휴대전화:)
본사	명칭	등록번호
	소재지 (전화번호:	휴대전화:)
분사무소	소재지	(전화번호:)
	책임자 성명	주민등록번호(외국인등록번호)
	책임자 주소(체류지)	공인중개사 자격증 발급 시·도

「공인중개사법」 제13조제3항 및 같은 법 시행령 제15조제3항에 따라 위와 같이 신고합니다.

년 월 일

신청인 (서명 또는 인)

시장·군수·구청장 귀하

신청인 제출서류	1. 분사무소 책임자의 「공인중개사법」 제34조제1항에 따른 실무교육의 수료확인증 사본 1부 2. 「공인중개사법 시행령」 제24조에 따른 보증의 설정을 증명할 수 있는 서류 1부 3. 건축물대장(「건축법」 제20조제5항에 따른 가설건축물대장은 제외합니다)에 기재된 건물(준공검사, 준공인가, 사용승인, 사용검사 등을 받은 건물로서 건축물대장에 기재되기 전의 건물을 포함합니다)에 분사무소를 확보(소유·전세·임대차 또는 사용대차 등의 방법에 의하여 사용권을 확보하여야 합니다)하였음을 증명하는 서류 1부(건축물대장에 기재되지 않은 건물에 분사무소를 확보하였을 경우에는 건축물대장 기재가 지연되는 사유를 적은 서류도 함께 내야 합니다).	수수료 시·군·구 조례로 정하는 금액
담당 공무원 확인사항	1. 법인 등기사항증명서 2. 건축물대장	

※ 시장·군수·구청장은 법 제5조제2항에 따라 공인중개사 자격증을 발급한 시·도지사에게 분사무소 책임자의 공인중개사 자격 확인을 요청하여야 합니다.

처리절차

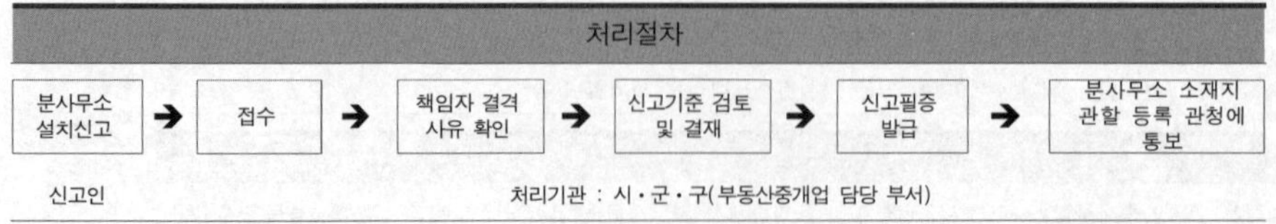

210㎜×297㎜[백상지 80g/㎡(재활용품)]

O · X · 지 · 문 · 학 · 습

01. 부동산중개사무소 개설등록관청은 신청인의 주소지를 관할하는 시장·군수·구청장이다. [O, ×]

02. 중개업을 영위하고자 하는 경우 등록관청에 중개사무소 개설등록 신청을 한 후 10일 이내에 업무보증을 설정하고 그 사항을 신고하여야 한다. [O, ×]

03. 개설 등록관청은 등록증을 교부하거나 분사무소 설치신고를 받은 경우에는 그 해당사항을 공인중개사협회에 10일 이내에 통보하여야 한다. [O, ×]

04. 기존의 개업공인중개사가 종별을 달리하여 업무를 계속 영위하고자 하는 경우에는 원칙적으로 등록신청서를 등록관청에 다시 제출하여야 한다. [O, ×]

05. 새로이 중개사무소의 개설등록을 신청하고자 하는 자는 공인중개사자격증을 교부받은 날로부터 1년 이내에 실무교육을 반드시 받아야 한다. [O, ×]

06. 중개사무소를 공동으로 사용하고자 하는 개업공인중개사는 중개사무소의 개설등록 또는 이전신고를 하는 때에 그 중개사무소를 사용할 권리가 있는 다른 개업공인중개사의 동의를 받아 임대차계약서를 첨부하여야 한다. [O, ×]

07. 등록관청은 소속공인중개사 또는 중개보조원의 고용이나 고용관계 종료의 신고를 받은 때 그 사실을 국토교통부령이 정하는 바에 따라 시·도지사에게 통보하여야 한다. [O, ×]

08. 법인이 중개사무소를 개설하려는 경우 「상법」상 회사 또는 「협동조합 기본법」상 협동조합으로서 자본금이 5천만원 이상이면 가능하다. [O, ×]

정답 및 해설

01. × (주소지 → 사무소 소재지)
02. × (개설등록 신청을 한 후 10일 이내 → 업무개시 전)
03. × (10일 이내 → 다음달 10일까지)　　04. ○
05. × (공인중개사자격증을 교부받은 날로부터 → 개설등록 신청일 전)
06. × (동의를 받아 임대차계약서를 첨부하여야 → 승낙서를 첨부하여야)
07. × (시·도지사 → 공인중개사협회)
08. ○ (또한 대표자는 공인중개사이어야 하며, 대표자를 제외한 임원 또는 사원의 3분의 1 이상이 공인중개사이어야 한다.)

기 · 출 · 문 · 제 · 분 · 석

1. 공인중개사법령상 중개사무소에 관한 설명으로 옳은 것은?

① 법인인 개업공인중개사는 주된 사무소가 소재하는 등록관청 관할구역 안에 분사무소를 둘 수 있다.

② 개업공인중개사는 천막 그 밖에 이동이 용이한 임시중개시설물을 설치할 수 있다.

③ 다른 법률의 규정에 따라 중개업을 할 수 있는 법인의 분사무소에도 공인중개사를 책임자로 두어야 한다.

④ 분사무소의 설치신고를 하려는 자는 분사무소 설치신고서를 주된 사무소의 소재지를 관할하는 등록관청에 제출해야 한다.

⑤ 개업공인중개사는 다른 개업공인중개사와 중개사무소를 공동으로 사용할 수 없다.

해설

① 관할구역 안에 → 관할구역을 제외한 ② 있다 → 없다

③ 다른 법률의 규정에 따라 중개업을 할 수 있는 법인(특수법인)의 분사무소에는 책임자가 공인중개사가 아니어도 된다.

⑤ 없다 → 있다

2. 공인중개사법령상 중개사무소의 개설등록을 반드시 취소해야 하는 사유가 아닌 것은?

① 개업공인중개사인 법인이 해산한 경우

② 거짓된 방법으로 중개사무소의 개설등록을 한 경우

③ 이중으로 중개사무소의 개설등록을 한 경우

④ 개업공인중개사가 다른 개업공인중개사의 중개보조원이 된 경우

⑤ 개업공인중개사가 천막 등 이동이 용이한 임시중개시설물을 설치한 경우

해설

⑤ 임시중개시설물을 설치한 경우 등록을 취소할 수 있는 상대적 등록취소사유에 해당된다. 1년 이하의 징역 또는 1천만원 이하의 벌금에 해당하는 벌칙을 받는다.

3. 공인중개사법령상 공인중개사 자격증이나 중개사무소 등록증의 교부에 관한 설명으로 틀린 것은?

① 자격증 및 등록증의 교부는 국토교통부령이 정하는 바에 따른다.

② 등록증은 중개사무소를 두려는 지역을 관할하는 시장(구가 설치되지 아니한 시의 시장과 특별자치도 행정시의 시장을 말함)·군수 또는 구청장이 교부한다.

③ 자격증 및 등록증을 잃어버리거나 못쓰게 된 경우에는 시·도지사에게 재교부를 신청한다.

④ 등록증을 교부한 관청은 그 사실을 공인중개사협회에 통보해야 한다.

⑤ 자격증의 재교부를 신청하는 자는 당해 지방자치단체의 조례가 정하는 바에 따라 수수료를 납부해야 한다.

해설

③ 시·도지사 → 시장·군수·구청장

4. 공인중개사법령상 중개사무소의 개설등록에 관한 설명으로 틀린 것은?(다만, 다른 법

|정답| 1. ④ 2. ⑤ 3. ③

률의 규정에 의하여 부동산중개업을 할 수 있는 경우를 제외함)

① 공인중개사무소 개설등록의 기준은 대통령령으로 정한다.
② 중개법인이 되려는 회사가 상법상 유한회사인 경우라도 자본금이 5천만원 이상이어야 한다.
③ 개업공인중개사는 중개사무소를 설치할 건물에 관한 소유권을 반드시 확보해야 하는 것은 아니다.
④ 부동산중개사무소 개설등록 신청과 인장등록 신고를 같이 할 수 있다.
⑤ 개업공인중개사의 결격사유 발생시 중개사무소의 개설등록의 효과는 당연 실효된다.

해설

⑤ 당연 실효된다. → 등록이 취소되어야 비로소 실효된다.

5. 공인중개사법령상 등록관청이 중개사무소의 개설등록 취소처분을 하고자 하는 경우, 청문을 실시하지 않아도 되는 것은?

① 개업공인중개사가 이중으로 중개사무소의 개설등록을 한 경우
② 개업공인중개사인 법인이 해산한 경우
③ 개업공인중개사가 중개의뢰인과 직접 거래를 한 경우
④ 개업공인중개사가 다른 사람에게 자기의 중개사무소등록증을 대여한 경우
⑤ 개업공인중개사가 서로 다른 2 이상의 거래계약서를 작성한 경우

해설

② 취소사유 중 개업공인중개사 개인의 사망이나 법인이 해산한 경우 청문을 실시하지 않는다.

6. 공인중개사법령상 중개사무소의 개설등록에 관한 설명으로 옳은 것은?(다른 법률에 의해 중개업을 할 수 있는 법인은 제외함)

① 공인중개사가 개설등록을 신청하려는 경우 연수교육을 받아야 한다.
② 개설등록을 하고자 하는 자가 사용대차한 건물에는 개설등록할 수 없다.
③ 「건축법」상 가설건축물대장에 기재된 건축물에 개설등록할 수 있다.
④ 법인의 경우 대표자는 공인중개사이어야 하며, 대표자를 포함한 임원 또는 사원의 3분의 1 이상은 공인중개사이어야 한다.
⑤ 외국에 주된 영업소를 둔 법인이 개설등록을 하기 위해서는 「상법」상 외국회사 규정에 따른 영업소의 등기를 증명할 수 있는 서류를 첨부해야 한다.

해설

① 연수교육 → 실무교육(법률 제34조 제①항)
② 없다 → 있다(시행령 제13조 제①항 1호 나목, 2호 마목)
③ 있다 → 없다(시행령 제13조 제①항 1호 나목, 2호 마목)
④ 포함한 → 제외한(시행령 제13조 제①항 2호 다목)
⑤ 시행규칙 제4조 제①항 6호 나목

|정답| 4.⑤ 5.② 6.⑤

인증번호 : SM96-K5Q8

7

★★★

결격사유

기출 Point

1. 결격사유 12가지 항목
2. 결격사유 벗어나는 (= 결격사유 해당되지 않는) 시점
3. 개업공인중개사가 결격사유 해당 시 제재 사항(→ 절대적 등록 취소)

출제자 의도

결격사유

'사례'를 통해 결격사유 해당 여부와 결격사유에서 벗어나는 시점을 판단할 수 있는가?

핵심

결격사유의 사례상 이해

1. 요약

결격사유	벗어나는 시점	주의
① 미성년자 ② 피성년후견인 또는 피한정후견인 ③ 파산선고 후 복권되지 않은 자 ④ 금고 이상의 실형 선고 받고 집행종료되거나 집행면제된 날부터 3년이 경과되지 아니한 자 ⑤ 금고 이상 형 집행유예(선고유예×)를 받고 유예기간 중에 있는 자 ⑥ 공인중개사의 자격이 취소된 후 3년이 경과되지 아니한 자 ⑦ 공인중개사의 자격이 정지된 자로서 자격정지기간 중에 있는 자 ⑧ 개설등록이 취소된 후 3년이 경과되지 아니한 자 ⑨ 업무정지처분을 받고 폐업신고를 한 자로서 업무정지기간이 경과되지 아니한 자 ⑩ 업무정지처분을 받은 개업공인중개사인 법인의 업무정지의 사유가 발생한 당시의 사원 또는 임원이었던 자로서 당해 개업공인중개사에 대한 업무정지기간이 경과되지 아니한 자 ⑪ 이 법(공인중개사법○, 도로교통법×)을 위반하여 300만원 이상의 벌금형의 선고(선고유예×)를 받고 3년(5년×)이 경과되지 아니한 자 ⑫ 사원 또는 임원 중 ①~⑪에 해당하는 자가 있는 법인	① 시간의 경과 (만 19세) ② (가정법원으로부터) 종료심판 ③ 복권결정의 처분 (복권신청 시×) /非사기파산 시 : 10년 경과 ④ 3년 경과 ⑤ 유예기간 경과 ⑥ 3년 경과 ⑦ 자격정지기간 경과 ⑧ 3년 경과 ⑨ 업무정지기간 경과 ⑩ 업무정지기간 경과 ⑪ 3년 경과 ⑫ 해소	① 법정대리인의 동의를 받거나 성년의 제되더라도 결격사유 못 벗어난다. ④ 다만, 가석방의 경우는 '잔형기 + 3년'의 경과

2. 3단 비교표

법	시행령	시행규칙
제10조 등록의 결격사유 등 ① 다음 각 호의 어느 하나에 해당하는 자는 중개사무소의 개설등록을 할 수 없다. 1. 미성년자(의제 성년자 포함) 2. 피성년후견인 또는 피한정후견인 3. 파산선고를 받고 복권되지 아니한 자 4. 금고(벌금×) 이상(모든 법령에 의한 금고, 징역)의 실형의 선고를 받고 그 집행이 종료(집행이 종료된 것으로 보는 경우를 포함한다)되거나 집행이 면제된 날부터 3년 (5년×)이 경과되지 아니한 자 5. 금고 이상의 형의 집행유예를 받고 그 유예기간 중에 있는 자 6. 제35조제1항의 규정에 의하여 공인중개사의 자격이 취소된 후 3년이 경과되지 아니한 자 7. 제36조제1항의 규정에 의하여 공인중개사의 자격이 정지된 자로서 자격정지기간 중에 있는 자 8. 제38조제1항제2호·제4호부터 제8호까지, 같은 조 제2항제2호부터 제11호까지에 해당하는 사유로 중개사무소의 개설등록이 취소된 후 3년(제40조제3항의 규정에 의하여 등록이 취소된 경우에는 3년에서 동항제1호의 규정에 의한 폐업기간을 공제한 기간을 말한다)이 경과되지 아니한 자 9. 제39조의 규정에 의하여 업무정지처분을 받고 제21조의 규정에 의한 폐업신고를 한 자로서 업무정지기간[(폐업에 불구하고 진행되는 것(되지 않는 것×) 으로 본다]이 경과되지 아니한 자 10. 제39조의 규정에 의하여 업무정지처분을 받은 개업공인중개사인 법인의 업무정지의 사유가 발생한 당시의 사원 또는 임원이었던 자로서 당해 개업공인중개사에 대한 업무정지기간이 경과되지 아니한 자 11. 이 법(다른 법×) 을 위반하여 300만원(100만원×) 이상의 벌금형의 선고를 받고 3년이 경과되지 아니한 자 12. 사원 또는 임원 중 제1호 내지 제11호의 어느 하나에 해당하는 자가 있는 법인 ② 제1항제1호 내지 제11호의 어느 하나에 해당하는 자는 소속공인중개사 또는 중개보조원이 될 수 없다. ③ 등록관청은 개업공인중개사 · 소속공인중개사 · 중개보조원 및 개업공인중개사인 법인의 사원 · 임원(이하 '개업공인중개사등'이라 한다)이 제1항제1호부터 제11호까지의 어느 하나에 해당하는지 여부를 확인하기 위하여 관계 기관에 조회할 수(하여야×) 있다.	–	–

- **집행이 종료**
  - 된 경우 : 만기석방 —(결격사유 벗어나는 시점)→ 만기석방일로부터 3년 경과
  - 된 것으로 보는 경우 : 가석방 —(결격사유 벗어나는 시점)→ 잔형기 + 3년 경과
- **사면**
  - 특별사면 —(결격사유 벗어나는 시점)→ 특별사면일로부터 3년 경과
  - 일반사면 —(결격사유 벗어나는 시점)→ 일반사면일로부터 즉시

- **일반사면(大赦) vs 특별사면(特赦)**

① 일반사면
범죄종류를 지정하여 이에 해당하는 모든 죄인에게 형을 사면하는 것. 죄를 범한 자 대상, 국회동의 요함
② 특별사면
형 선고받은 자 대상, 국회동의 불필요

- **집행유예(執行猶豫)**

단기의 형을 선고할 경우 정상을 참작하여 일정기간(1년 이상 ~ 5년이하) 그 형의 집행을 유예(미루는)하는 제도
→ 기간이 경과한 때 형의 선고는 효력을 잃지만, 기간 내 다시 죄를 범하면 유예는 취소되고 실형을 받아야 한다. (형법 제63조)

피한정후견인은 '등록취소일부터 3년이 경과하면' 결격사유에서 벗어난다.(×)
→ '후견종료심판을 받으면' (○)

파산선고를 받은 자는 '채무를 모두 변제하면' 결격사유에서 벗어난다.(×)
→ '법원의 복권결정 처분을 받으면' (○)

형법상 배임죄로 징역 1년의 실형을 선고받고 그 집행이 종료된 날로부터 '1년'이 경과하면 결격사유에서 벗어난다.(×)
→ '3년' (○)

■ 기간계산

초일 산입(포함) ─┬ ○ : 공인중개사법
　　　　　　　　└ × : 민법 (↔ 연령·형기 : ○)

■ 결격사유 → 벗어나는 시점 〈사례〉 ※ 원문자 : 결격사유 해당번호

① 1997. 10. 26(생) → 2016. 10. 26 (년도에 + 19)

⑤ 징역 1년에 집행유예 5년 → 5년 경과(1년 경과 ×)

┌ 6년이 경과하면 결격사유에서 벗어난다.(○)
└ 6년이 경과하여야 결격사유에서 벗어난다.(×)

④, ⑥, ⑧ 종합 결격사유

갑(甲) 개업공인중개사가 공인중개사법 위반으로,

④ 2010. 10. 1 징역 2년 선고 → 2015. 10. 1 [집행종료된 날 (2012. 10. 1)부터 3년 경과]

↓ 이 법 위반으로 징역형 선고받았으므로 / 이후

⑥ 2010. 10. 15 자격취소 → 2013. 10. 15 (3년 경과)

↓ 자격이 취소되었으므로 / 이후

⑧ 2010. 10. 26 등록취소 → 2013. 10. 26 (3년 경과)

∴ 위 경우 가장 빨리 결격사유에서 벗어나는 시점은? 2015. 10. 1
(모든 결격사유에서 모두 벗어나야 비로소 결격사유에서 벗어나므로)

- **결격사유자 불이익** (제재사항)
  ① 개설등록×
  ② 소공(소속공인중개사)·중개보조원×
  ③ 기등록 개업공인중개사 → 절대적 등록취소

- **결격사유 해당자(소공, 중개보조원) 고용시 개업공인중개사 제재사항**
  업무정지 (등록취소×)

O · X · 지 · 문 · 학 · 습

01. 공인중개사인 개업공인중개사 甲이 공인중개사법 위반으로 업무정지처분을 받고 그 기간이 아직 종료되지 않은 경우 개설등록 결격사유에 해당된다. [O, ×]

02. 공인중개사인 개업공인중개사 丙이 공인중개사법 위반으로 벌금을 선고받아 등록이 취소된 후 3년이 경과된 경우는 공인중개사법령상 결격사유에서 벗어난다. [O, ×]

03. 소속공인중개사 乙이 국가보안법 위반으로 징역 2년을 선고받고 복역하던 중에 특별사면으로 석방된 후 1년이 경과된 경우는 개설등록 결격사유에서 벗어난다. [O, ×]

04. 등록관청은 개업공인중개사 · 소속공인중개사 · 중개보조원 및 개업공인중개사인 법인의 사원 · 임원에 대해 개설등록 결격사유 여부를 확인하기 위하여 관계기관에 반드시 조회하여야 한다. [O, ×]

05. 개업공인중개사인 甲은 공인중개사법 위반으로 2012년 10월 1일 징역 2년의 선고를 받았고, 이후 동년 10월 15일에 공인중개사 자격이 취소되었으며 10월 26일에 등록이 취소되고 말았다. 이 경우 甲은 2017년 10월 1일에야 개설등록 결격사유에서 완전히 벗어날 수 있다. [O, ×]

06. 형법상 횡령죄로 300만 원 이상의 벌금형 선고를 받고 3년이 경과되지 아니한 자는 결격사유에 해당된다. [O, ×]

07. 丙이 과다한 채무로 법원의 파산선고를 받고 복권되지 아니한 경우에도 공인중개사법상 중개보조원으로 고용되어 일할 수 있다. [O, ×]

정답 및 해설

01. × [결격사유에 해당되지 않는다. 왜냐하면 폐업신고를 안 했기 때문이다. 업무정지처분만 받은 경우는 아직도 등록된 상태이다. 따라서 등록인 상태를 등록의 결격사유로 보는 것은 논리적으로 맞지 않다.)
02. ○
03. ×(1년 → 3년)
04. × (반드시 조회하여야 한다 → 조회할 수 있다)
05. ○
06. × [해당된다 → 해당되지 않는다. 형법이 아닌 이 법(공인중개사법) 위반으로 3년이 경과되지 아니한 경우는 해당된다.]
07. × (소속공인중개사나 중개보조원이 파산선고를 받고 복권되지 아니한 경우도 개설등록의 결격사유에 해당된다.)

기·출·문·제·분·석

1. 공인중개사법상 중개사무소의 개설등록을 할 수 있는 자만으로 묶인 것은?

> ㉠ 혼인을 한 미성년자
> ㉡ 법정대리인의 동의를 얻은 피한정후견인
> ㉢ 파산선고를 받고 복권된 후 1년이 경과한 자
> ㉣ 공인중개사법 위반으로 300만원 이상의 벌금형을 선고받고 1년이 경과한 자
> ㉤ 변호사법 위반으로 300만원 이상의 벌금형을 선고받은 자가 사원으로 있는 법인

① ㉠, ㉡ ② ㉠, ㉣ ③ ㉡, ㉢
④ ㉢, ㉤ ⑤ ㉣, ㉤

해설

㉠ 미성년자는 성년의제되더라도 결격사유에서 벗어나지 못한다.
㉡ 행위제한능력자(미성년자, 피한정후견인, 피성년후견인)는 법정대리인의 동의를 얻더라도 결격사유에서 벗어나지 못한다.
㉢ 복권되면 복권 즉시 결격사유에서 벗어난다.
㉣ 공인중개사법 위반으로 300만원 이상 벌금형의 선고를 받은 경우 3년이 경과하여야 결격사유에서 벗어난다.
㉤ 변호사법 → 공인중개사법

2. 2016년 10월 23일 현재 공인중개사법령상 중개사무소 개설등록 결격사유에 해당하는 자는? (주어진 조건만 고려함)

① 형의 선고유예 기간 중에 있는 자
② 2010년 4월 15일 파산선고를 받고 2016년 4월 15일 복권된 자
③ 「도로교통법」을 위반하여 2013년 11월 15일 벌금 500만원을 선고받은 자
④ 거짓으로 중개사무소의 개설등록을 하여 2013년 11월 15일에 개설등록이 취소된 자
⑤ 2016년 4월 15일 공인중개사 자격의 정지처분을 받은 자

해설

① 선고유예는 형의 선고를 하여야 할 경우에 그 선고를 유예해 두었다가 일정한 기간이 지나면 면소처리하는 것을 말한다. 법원은 형을 선고하지 않더라도 피고인이 '개전의 정상이 현저한 때' 이같은 결정을 내리며, 단지 형 집행을 유예하는 집행유예와는 구별된다.
⑤ 자격정지기간이 경과되면 결격사유에서 벗어난다.

3. 공인중개사법령상 중개사무소 개설등록의 결격사유에 해당하지 않는 자는?

① '집회 및 시위에 관한 법률' 위반으로 벌금형을 선고받고 3년이 경과되지 않은 자
② 법정대리인의 동의를 얻은 피성년후견인
③ 파산선고를 받고 복권되지 않은 자가 법인의 임원으로 있는 경우의 그 법인
④ 금고형의 집행유예를 받고 그 유예기간 중에 있는 자
⑤ 징역형의 실형 선고를 받고 그 집행이 종료된 날부터 3년이 경과되지 않은 자

해설

① '공인중개사법' 위반으로 벌금형 시 결격사유에 해당된다.

4. 공인중개사법령상 중개사무소의 개설등록을 할 수 있는 자는?

① 피한정후견인
② 징역형의 집행유예를 받고 그 유예기간 중에 있는 자
③ 법인인 개업공인중개사의 업무정지사유 발생 후 업무정지처분을 받기 전에 그 법인의 임원으로 선임되었던 자
④ 업무정지처분을 받고 폐업신고를 한 자로서

|정답| 1.④ 2.④ 3.①

업무정지기간이 경과되지 않은 자

⑤ 자신의 행위로 공인중개사법령을 위반하여 벌금형을 선고받고 3년이 경과되지 않은 자

해설

③ 법인인 개업공인중개사의 업무정지사유 발생 후 업무정지처분 사유 발생 당시의 법인의 임원이었던 자가 결격사유에 해당된다.

5. 개업공인중개사의 결격사유에 관한 설명 중 옳은 것으로 묶은 것은?

㉠ 1997년 10월 30일 오후7시에 출생한 자는 2016년 10월 30일 0시부터 개업공인중개사의 결격사유에서 벗어난다.
㉡ 심신이 박약하거나 재산의 낭비로 자기나 가족의 생활을 궁박하게 할 염려가 있는 자는 결격사유에 해당한다.
㉢ 2013년 11월 1일에 징역 1년 6월에 집행유예 3년을 선고받은 자는 2016년 11월 1일 이후에는 결격사유에서 벗어난다.(단, 유예가 실효되지 않음을 전제함)
㉣ 2016년 8월 11일에 금고 1년의 선고유예를 받은 자는 2018년 8월 11일 이후에는 결격사유에서 벗어난다(단, 유예가 실효되지 않음을 전제함)
㉤ 형법상 사기죄로 300만원의 벌금형을 선고 받고 3년이 경과되지 아니한 자는 결격사유에 해당한다.
㉥ 공인중개사법에 의하여 2015년 5월 15일 중개사무소개설등록 취소를 당한 자는 2017년 5월 15일 이후에는 결격사유에서 벗어난다.

① ㉠, ㉡, ㉢ ② ㉠, ㉢
③ ㉠, ㉢, ㉥ ④ ㉢, ㉣, ㉤
⑤ ㉠, ㉢, ㉤, ㉥

해설

㉡ 가정법원으로부터 피한정후견인·피성년후견인의 선고를 받아야 결격사유에 해당된다.
㉣ 선고유예 규정은 삭제됨
㉤ 형법 → 이 법
㉥ 3년이 지나야 결격사유에서 벗어난다.

6. 공인중개사법령상 중개사무소 개설등록의 결격사유에 해당하는 자를 모두 고른 것은?

㉠ 미성년자가 임원으로 있는 법인
㉡ 개인회생을 신청한 후 법원의 인가 여부가 결정되지 않은 공인중개사
㉢ 공인중개사의 자격이 취소된 후 4년이 된 자
㉣ 음주교통사고로 징역형을 선고받고 그 형의 집행유예기간 중인 공인중개사

① ㉠ ② ㉠, ㉣ ③ ㉡, ㉢
④ ㉠, ㉡, ㉣ ⑤ ㉡, ㉢, ㉣

해설

㉠ 미성년자는 결격사유 ㉡ 개인회생은 관련 없음
㉢ 3년이 지나면 됨 ㉣ 징역형의 집행유예가 끝나야 함

7. 공인중개사법령상 중개사무소 개설등록의 결격사유에 해당하지 않는 자는?

① 파산선고를 받고 복권되지 아니한 자
② 형의 선고유예를 받고 3년이 경과되지 아니한 자
③ 만 19세에 달하지 아니한 자
④ 공인중개사법을 위반하여 300만원 이상의 벌금형의 선고를 받고 3년이 경과되지 아니한 자
⑤ 금고 이상의 실형의 선고를 받고 그 집행이 종료되거나 집행이 면제된 날부터 3년이 경과되지 아니한 자

해설

② 선고유예는 형의 선고를 받지 않은 것이므로 결격사유에 해당되지 않는다.

|정답| 4. ③ 5. ② 6. ② 7. ②

인증번호 : FH52-5GW7

8

★★★

보증

핵심

개업공인중개사별 **업무보증설정**상 차이점

기출 Point

1. 업무보증 설정·재설정·변경 방법, 금액
2. 손해배상책임요건
3. 손해배상금 지급절차
4. 사용인에 대한 책임
5. 위반 시 제재사항
6. 관련 서식 : 손해배상책임보증 설정·변경 신고서

출제자 의도

보증

- 업무보증의 설정·재설정·재가입·변경의 방법과 시기를 구별하여 알고 있는가?
- 업무보증 설정의 최소 금액을 알고 있는가?

1. 요약

(1) 중개업 개설등록 ~ 업무개시 절차도상 이해

7번테마(등록절차) 참고

(2) 업무보증 방법·금액

① 설정방법 : 개업공인중개사 종별에 따라 업무보증 설정방법은 (모두○) 동일.
즉, 보증보험·공제·공탁 중 택1도 가능하고 모두 들어도 무방.
→ 설정시기 : 업무개시 전 (등록처분 ~ 등록증 교부 전)

※공탁금은 개업공인중개사가 폐업 또는 사망한 날부터 3년 이내에는 회수불가(법 제30조제④항) → 등록이 취소된 경우의 공탁금도 마찬가지로 이 규정이 적용된다. 왜냐하면 이 제도는 중개의뢰인(개업공인중개사×)을 보호하기 위한 것이기 때문이다. (국토교통부 유권해석)

② ┌재설정 방법 : 보증기간 만료일까지 다시 보증설정하고 등록관청에 신고해야 함(↔ 공탁은 재설정 규정× → 그냥 묻어있으므로)
└재가입 : 손해배상한 때 15일(10일×) 이내

③ 변경방법 : 이미 설정한 보증의 효력이 있는 기간 중에 다른 보증을 설정하고 등록관청에 신고해야 함

④ 금액

구분	금액	
	중개업	매수신청대리
법인인 개업공인중개사(신탁회사 포함)	2억원 이상	
분사무소, 개인인 개업공인중개사	1억원 이상(매수신청대리의 경우 부칙상 개업공인중개사는 제외)	
지역농업협동조합	1천만원 이상	–

※ 보증설정기간 : 명문규정 없음

(3) 손해배상책임요건

① 과실책임주의 : 법 제30조 제1항
② 무과실책임주의 : 법 제30조 제2항

(4) 손해배상금 지급절차

[특히 사용인(소속공인중개사, 중개보조원)의 업무상 행위로 중개의뢰인에게 재산상·정신상 손해를 끼친 경우]

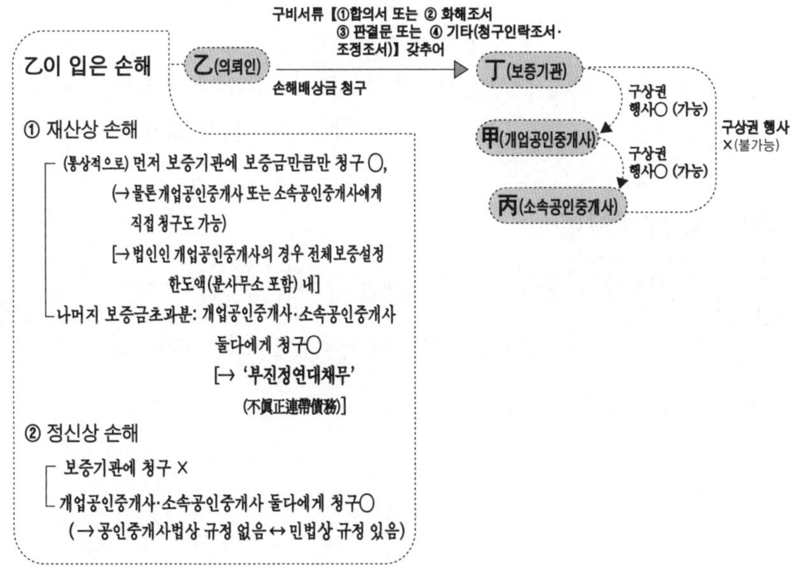

• 보증기관에 손해배상금 청구권자
중개의뢰인만(시행령 제26조 제①항) → 즉 개업공인중개사가 직접 의뢰인에게 손해배상한 후 보증보험 청구는 불가[94다47261]

• 손해배상청구권의 소멸시효 (민법 제766조)
사실을 안 날로부터 3년, 불법행위를 한 날로부터 10년

▌판례 손해배상의무▐

부동산중개계약에 따른 중개업자의 확인설명의무와 이에 위반한 경우의 **손해배상의무**는, 이와 성질이 유사한 민법상 위임계약에 있어서 무상위임의 경우에도 수임인이 수임사무의 처리에 관하여 선량한 관리자의 주의를 기울일 의무가 면제되지 않는 점과 부동산중개업법이 위 조항의 적용 범위를 특별히 제한하지 않고 있는 점 등에 비추어 볼 때, 중개의뢰인이 중개업자에게 소정의 수수료를 지급하지 아니하였다고 해서 당연히 소멸되는 것이 아니다 [2001다71484]

• **부진정연대채무**(不眞正連帶債務)
연대채무자의 의사와 관계없이 우연히 발생한 채무를 말한다. 즉 자신은 채무를 진 것도 없는데 진짜 채무자와 함께(연대해서) 채무를 떠안는 것을 말한다.

지역농업협동조합 등의 특수법인은 1천만원 이상의 업무보증을 설정하여야 한다.(×)
→ 지역농업협동조합만 1천만원 이상의 업무보증을 설정하고 그 외의 특수법인은 2억원 이상의 업무보증을 설정하여야 한다.

개업공인중개사는 중개의뢰인을 보호하기 위해 '중개를 개시하기 전'에 거래당사자에게 손해배상책임의 보장에 관한 설명을 하여야 한다.(×)
→ '중개가 완성된 때'(○)

'공제금 및 공탁금'은 개업공인중개사가 폐업 또는 사망한 날부터 3년 이내에는 회수할 수 없다.(×)
→ '공탁금'(○)

• 시행령 제26조 제②항 조문(부족하게 된 금액)의 사례

- 공인중개사인 개업공인중개사가 1억 5천만원을 공탁했는데
- 중개의뢰인의 재산상 손해가 8천만원인 경우

- 부족하게 된 금액 : 3천만원(1억 5천만원 − 8천만원 = 7천만원 → 개인인 개업공인중개사는 '1억원' 이상이므로 1억원 − 7천만원 = 3천만원)
  → 보전하여야 한다(○)
- 보상해 준 금액 : 8천만원 → 보전하여야 한다(×). 보전할 수 있다(○)

(5) 개업공인중개사(사용자)의 고용인에 대한 책임

① 고용(업무개시 전)·고용관계종료(10일 이내) : 임의사항[↔ 고용·고용관계종료 신고 : 의무사항]

② 고용책임

㉠ 사용인 행위범위 : 업무상 행위(모든 행위×) → (그를 고용한) 개업공인중개사의 행위로 본다(= 간주, 의제 ≠ 추정).

㉡ 책임범위 : ⓐ 민사책임(= 손해배상) : 부진정연대채무(즉 무과실책임주의 개념)

ⓑ 형사책임(= 양벌규정) :
- 사용인 → 징역 또는 벌금(과태료×)
  (소속공인중개사가 징역형일 경우 → 공인중개사 자격취소)
- 사용자 → 벌금(징역×)

ⓒ 행정책임(= 행정처분) : 사용자 → 업무정지(결격사유 해당 사용인 둔 경우 → 2개월이내 해소시는 없음)

(6) 위반 시 제재사항

업무보증
- 미설정 업무개시 : 임의적(상대적) 등록취소
- 관계증서 미설명·미교부, 사무소 내 미게시 : 100만원 이하 과태료

→ (행정형벌×)

• 업무보증 관계증서 사본 보관기간 : 규정 없음

2. 3단 비교표

법	시행령	시행규칙
제30조 손해배상책임의 보장 ① 개업공인중개사는 중개행위를 함에 있어서 고의 또는 과실[경과실+중과실(중과실만×)]로 인하여 거래당사자에게 재산상의 손해를 발생하게 한 때에는 그 손해를 배상할 책임이 있다. → 과실책임주의 ② 개업공인중개사는 자기의 중개사무소를 다른 사람의 중개행위의 장소로 제공함으로써 거래당사자에게 재산상의 손해를 발생하게 한 때에는 그 손해를 배상할 책임이 있다. → 무과실책임주의 ③ 개업공인중개사는 업무를 개시하기 전에 제1항 및 제2항의 규정에 의한 손해배상책임을 보장하기 위하여 대통령령이 정하는 바에 따라 **보증보험 또는**(그리고×, 과×) 제42조의 규정에 의한 **공제**에 **가입하거나**(하고×) **공탁**을 하여야(할 수×) 한다. ④ 제3항의 규정에 의하여 공탁한 공탁금(공제금×, 보증보험료×)은 개업공인중개사가 폐업 또는 사망한 날부터 3년(1년○, 2년○, 5년×) 이내에는 이를 회수할 수 없다. ⑤ 개업공인중개사는 중개가 완성된 때(중개를 개시하기 전×)에는 거래당사자에게 손해배상책임의 보장에 관한 다음 각 호의 사항을 설명하고 관계 증서의 사본(원본×)을 교부하거나(하고×) 관계 증서에 관한 전자문서를 제공하여야 한다(반드시 사본을 교부하여야 한다×). 1. 보장금액(보험료×) 2. 보증보험회사, 공제사업을 행하는 자, 공탁기관 및 그 소재지(담당자×) 3. 보장기간	**제24조 손해배상책임의 보장** ① 개업공인중개사는 법 제30조제3항의 규정에 따라 다음 각 호에 해당하는 금액을 보장하는 보증보험 또는(그리고×, 과×) 공제에 가입하거나(하고×) 공탁을 하여야 한다. 1. 법인인 개업공인중개사 : 2억원 이상(이하×). 다만, 분사무소를 두는 경우에는 분사무소마다 1억 원(5천만원 ×) 이상을 추가로 설정하여야 한다. 2. 법인이 아닌 개업공인중개사 : 1억원(5천만 원×) 이상 ② 개업공인중개사는 중개사무소 개설등록을 한 때에는 업무를 시작하기 전(10일 이내×)에 제1항의 규정에 따른 손해배상책임을 보장하기 위한 조치(이하 이 조 및 제25조에서 "보증"이라 한다)를 한 후 그 증명서류를 갖추어 등록관청에 (반드시×)신고(등록×)하여야 한다.(원칙) 다만, 보증보험회사·공제사업자 또는 공탁기관(이하 "보증기관"이라 한다)이 보증사실을 등록관청에 직접 통보한 경우에는 신고를 생략할 수 있다(없다×).(예외) ③「농업협동조합법」 제12조제1항 및 동법 제57조제1항제2호 바목의 규정에 따라 지역농업협동조합(그 밖의 특수법인×)이 부동산중개업을 하는 때에는 중개업무를 개시하기 전에 보장금액 1천만원(5천만원×) 이상의 보증을 보증기관에 설정하고(하거나×) 그 증명서류를 갖추어 등록관청(국장×,농협중앙회×)에 신고(등록×, 통지×)하여야(할 수×) 한다. **제25조 보증의 변경** ① 제24조의 규정에 따라 보증을 설정한 개업공인중개사는 그 보증을 다른 보증으로 **변경**하고자 하는 경우에는 이미 설정한 보증의 효력이 있는 기간 중(보증기간 만료 후 10일 이내×, 만료일 까지×)에 다른 보증을 설정하고 그 증명서류를 갖추어 등록관청에 신고(등록×)하여야 한다. ② 보증보험 또는 공제(공탁×)에 가입한 개업공인중개사로서 보증기간이 만료되어 다시 보증을 설정하고자 하는 자는 그 보증기간 만료일(만료일 다음날×)까지 다시 보증을 설정하고 그 증명서류를 갖추어 등록관청에 신고(등록×, 보고×)하여야 한다. ③ 제24조제2항 단서의 규정은 제1항 또는 제2항의 규정에 따른 신고에 관하여 이를 준용한다. **제26조 보증보험금의 지급 등** ① 중개의뢰인(개업공인중개사×)이 손해배상금으로 보증보험금·공제금 또는 공탁금을 지급받고자 하는 경우에는 그 중개의뢰인과 개업공인중개사간의 손해배상합의서·화해조서 또는(와×) 확정된 법원의 판결문 사본 그 밖에 이에 준하는 효력이 있는 서류(조정조서, 인낙조서, 중재판정서)를 첨부하여(등록관청을 거쳐서×) 보증기관에 손해배상금의 지급을 청구하여야 한다. ② 개업공인중개사는 보증보험금·공제금 또는 공탁금으로 손해배상을 한(할×) 때에는 15일(10일×, 14일×) 이내에 보증보험 또는 공제(공탁×)에 **다시 가입**하거나 **공탁금**(보험금×,공제금×) 중 부족하게 된 금액(보상해준 금액×)을 **보전**하여야 한다.	**제18조 보증의 설정신고** ① 영 제24조제2항의 규정에 따른 보증의 설정신고는 별지 제25호서식에 따른다. ② 영 제24조제2항에서 "증명서류"라 함은 다음 각 호의 어느 하나에 해당하는 서류[전자문서를 포함(제외×)한다]를 말한다. 1. 보증보험증서 사본 2. 공제증서 사본 3. 공탁증서 사본 **제19조 보증의 변경신고** 영 제25조의 규정에 따른 보증의 변경신고는 별지 제25호서식에 따른다.

판 례

업무보증·손해배상

- [1] 부동산중개업법 제2조 제1호는 '중개라 함은 중개대상물에 대하여 거래당사자간의 매매·교환·임대차 기타 권리의 득실·변경에 관한 행위를 알선하는 것을 말한다' 고 규정하고, 구 부동산중개업법(1999. 3. 31. 법률 제5957호로 개정되기 전의 것) 제19조 제2항은 '중개업자는 자기의 사무소를 다른 사람의 중개행위의 장소로 제공함으로써 거래당사자에게 재산상의 손해를 발생하게 한 때에는 그 손해를 배상할 책임이 있다' 고 규정하고 있는바, 여기서 어떠한 행위가 중개행위에 해당하는지 여부는 거래당사자의 보호에 목적을 둔 법규정의 취지에 비추어 중개한 자의 행위를 객관적으로 보아 사회통념상 거래의 알선, 중개를 위한 행위라고 인정되는지 여부에 의하여 결정하여야 한다.
  [2] 중개업자인 갑이 자신의 사무소를 을의 중개행위의 장소로 제공하여 을이 그 사무소에서 임대차계약을 중개하면서 거래당사자로부터 종전 임차인에게 임대차보증금의 반환금을 전달하여 달라는 부탁을 받고 금원을 수령한 후 이를 횡령한 경우, 갑은 구 부동산중개업법(1999. 3. 31. 법률 제5957호로 개정되기 전의 것) 제19조 제2항에 따라 거래당사자가 입은 손해를 배상할 책임이 있다(없다×). [2000다48098]

- [1] 동업관계에 있는 자들이 공동으로 처리하여야 할 업무를 동업자 중 1인에게 맡겨 그로 하여금 처리하도록 한 경우 다른 동업자는 그 업무집행자의 동업자인 동시에 사용자의 지위에 있다 할 것이므로, 업무집행과정에서 발생한 사고에 대하여 사용자로서 손해배상책임이 있다(없다×).
  [2] 구 부동산중개업법(2005. 7. 29. 법률 7638호 '공인중개사의 업무 및 부동산 거래신고에 관한 법률' 로 전문 개정되기 전의 것) 제19조 제2항은 중개업자는 자기의 중개사무소를 다른 사람의 중개행위의 장소로 제공함으로써 거래당사자에게 재산상의 손해를 발생하게 한 때에는 그 손해를 배상할 책임이 있다고 규정하고 있는바, 여기서 어떠한 행위가 중개행위에 해당하는지는 거래당사자의 보호에 목적을 둔 법규정의 취지에 비추어 중개한 자의 행위를 객관적으로 보아 사회통념상 거래의 알선·중개를 위한 행위라고 인정되는지 여부에 의하여 결정하여야 할 것이다. [2005다65562]

■ 손해배상책임 보증설정·변경 신고서

▮ 공인중개사법 시행규칙 [별지 제25호서식]

손해배상책임보증 [ ] 설정 [ ] 변경 신고서

※ 해당하는 곳 [ ]란에 v표를 하시기 바랍니다.

접수일	접수번호	처리기간 즉시

개업 공인중개사	종별	[ ] 법인 [ ] 공인중개사 [ ]법 제7638호 부칙 제6조제2항에 따른 개업공인중개사	
	성명(대표자)		생년월일
	주소(체류지)		
	전화번호		
중개사무소	명칭		등록번호
	소재지		
	전화번호		
보증	[ ]보증보험 [ ]공제 [ ]공탁	보증기관	설정일
		보장금액	보장기간
변경 전 보증내용			
변경 사유			

「공인중개사법 시행령」 제24조제2항 및 제25조에 따라 위와 같이 신고합니다.

년 월 일

신고인: (서명 또는 인)

시장 · 군수 · 구청장 귀하

첨부서류	보증보험증서 사본, 공제증서 사본 또는 공탁증서 사본	수수료 없음

변경 신고 시 작성방법

1. "보증"란에는 변경 후 보증내용을 적습니다.
2. "변경 전 보증내용"란에는 변경 전의 보증내용을 적습니다.

처리절차

신고서 작성	➔	접수	➔	검토	➔	결재	➔	완료
신청인		시·군·구 (부동산중개업 담당 부서)		시·군·구 (부동산중개업 담당 부서)		시·군·구 (부동산중개업 담당 부서)		시·군·구 (부동산중개업 담당 부서)

210㎜×297㎜[백상지 80g/㎡(재활용품)]

O · X · 지 · 문 · 학 · 습

01. 손해배상책임을 보장하기 위한 보증의 설정·신고 시에는 보증보험증서 사본·공제증서 사본·공탁증서 사본 중 1부를 구비하여 신고하여야 한다. [O, ×]

02. 중개의뢰인이 손해배상금으로 보증보험금·공제금 또는 공탁금을 지급받고자 하는 경우에는 당해 중개의뢰인과 개업공인중개사간의 손해배상합의서, 화해조서, 확정된 법원의 판결문 사본 또는 그 밖의 이에 준하는 효력이 있는 서류를 첨부하여 등록관청에 손해배상금의 지급을 청구하여야 한다. [O, ×]

03. 업무보증설정금액은 법인인 개업공인중개사의 분사무소의 경우 2억원 이상, 법인이 아닌 개업공인중개사의 경우 1억원 이상으로 각각 다르다. [O, ×]

04. 개업공인중개사 甲을 보조하는 공인중개사 乙이 업무상 과실로 의뢰인 丙에게 손해를 발생시킨 경우에는 개업공인중개사 甲에게도 손해배상책임이 있다. [O, ×]

05. 개업공인중개사는 손해배상책임의 보장을 위하여 보험회사의 보증보험, 공제조합에의 공제가입, 법원에의 공탁 중 하나만을 설정할 수 있다. [O, ×]

06. 보증으로 공탁한 공탁금을 개업공인중개사가 폐업 또는 사망한 날로부터 3년 이내에 이를 회수할 수 없도록 규정한 것은 개업공인중개사를 보호하기 위한 조치이다. [O, ×]

07. 개업공인중개사는 보증보험금·공제금 또는 공탁금으로 손해배상을 한 때에는 14일 이내에 보증보험 또는 공제에 다시 가입하거나 공탁금 중 부족하게 된 금액을 보전하여야 한다. [O, ×]

정답 및 해설

01. O
02. × (등록관청 → 보증기관)
03. × (법인의 분사무소나 법인이 아닌 개업공인중개사 모두 1억원 이상이다.)
04. O
05. × (하나만을 → 모두를)
06. × [개업공인중개사 → (중개)의뢰인]
07. × (14일 → 15일)

기·출·문·제·분·석

1. 공인중개사법령상 개업공인중개사의 손해배상책임 등에 관한 설명으로 옳은 것은?(다툼이 있으면 판례에 의함)

① 중개의뢰인에 대한 손해배상책임을 보장하기 위한 공탁은 중개업무 개시와 동시에 하여야 한다.
② 법인 아닌 개업공인중개사가 손해배상책임으로 보증해야 할 금액은 5천만 원 이상이어야 한다.
③ 공탁금으로 손해배상을 한 개업공인중개사는 30일 이내에 그 부족하게 된 금액을 보전해야 한다.
④ 지역농업협동조합이 부동산중개업을 하는 때에는 5백만 원 이상의 보증을 설정해야 한다.
⑤ 중개행위에 따른 확인 · 설명의무와 그 위반을 이유로 하는 손해배상의무는 중개의뢰인이 개업공인중개사에게 소정의 수수료를 지급하지 아니하였다고 해서 당연히 소멸되는 것은 아니다.

해설

① 개시와 동시에 → 개시 전에　② 5천만원 → 1억원
③ 30일 이내 → 15일 이내　④ 5백만원 → 1천만원

2. 공인중개사법령상 개업공인중개사의 손해배상책임 규정에 관한 설명으로 틀린 것은?(다툼이 있으면 판례에 의함)

① 개업공인중개사는 업무를 개시하기 전에 손해배상책임을 보장하기 위하여 보증보험 또는 공제에 가입하거나 공탁을 해야한다.
② 개업공인중개사가 손해배상책임의 보장을 위하여 가입한 보험은 이른바 타인을 위한 손해보험계약의 성질을 가진다.
③ 개업공인중개사가 자기의 중개사무소를 타인의 중개행위의 장소로 제공하여 거래당사자에게 재산상 손해를 입힌 경우 개업공인중개사에게 책임이 있다.
④ 개업공인중개사의 손해배상책임은 가입한 보증보험의 보장금액을 한도로 한다.
⑤ 중개의뢰인이 개업공인중개사에게 소정의 수수료를 지급하지 아니한 무상중개의 경우에 손해배상의무가 당연히 소멸되는 것은 아니다.

해설

④ 개업공인중개사의 손해배상책임은 의뢰인의 손해액 전부에 대해 책임을 진다.

3. 공인중개사법령에 관한 설명으로 옳은 것은?(다툼이 있으면 판례에 의함)

① 무자격자가 우연한 기회에 단 1회 거래행위를 중개한 경우, 과다하지 않은 중개수수료 지급약정도 무효이다.
② 지역농협협동조합이 부동산중개업을 하는 때에는 2천만 원 이상의 보증을 설정해야 한다.
③ 손해배상책임을 보장하기 위한 공탁금은 개업공인중개사가 폐업한 날부터 5년이 경과해야 회수될 수 있다.
④ 공인중개사가 자신 명의의 중개사무소에 무자격자로 하여금 자금을 투자하고 이익을 분배

|정답| 1. ⑤　2. ④　3. ⑤

받도록 하는 것만으로도 등록증 대여에 해당한다.

⑤ 분사무소 한 개를 설치한 법인인 개업공인중개사가손해배상 책임의 보장을 위해 공탁만을 하는 경우, 총 3억 원 이상을 공탁해야 한다.

해설

① 공인중개사 자격이 없는 자가 우연한 기회에 단 1회 타인 간의 거래행위를 중개한 경우 등과 같이 '중개를 업으로 한' 것이 아니라면 그에 따른 중개수수료 지급약정은 무효가 아니다. 다만, 그 중개수수료의 약정이 부당하게 과다하여 민법상 신의성실의 원칙이나 형평의 원칙에 반한다고 볼만한 사정이 있는 경우 그 상당하다고 인정되는 범위 내로 감액된 보수액을 청구할 수 있다.[대판2010다86525]

② 2천만 원 → 1천만 원 ③ 5년 → 3년

④ 해당한다 → 해당되지 않는다.(실질적으로 무자격자가 공인중개사의 명의를 사용하여 업무를 수행하였는지 여부를 판단해야 한다.[대판2006도9334])

4. 개업공인중개사 甲의 중개보조원 乙의 과실로 중개의뢰인 丙이 손해를 입었다. 이와 관련한 설명으로 옳은 것은? (다툼이 있으면 판례에 의함)

① 甲은 중개사무소 개설등록 이전에 손해배상책임을 보장하기 위해 보증보험 또는 공제에 가입하거나 공탁을 해야 한다.

② 乙의 업무상 행위는 그를 고용한 甲의 행위로 본다.

③ 甲은 乙의 모든 행위에 대하여 丙에게 손해배상책임을 진다.

④ 甲의 丙에 대한 책임이 인정되는 경우, 乙은 직접 丙에게 손해배상책임을 지지 않는다.

⑤ 甲의 책임이 인정되어 丙에게 손해배상책임을 이행한 공제사업자는 甲에게 구상권을 행사할 수 없다.

해설

① 개설등록 이전에 → 업무개시 전에 ③ 모든 행위 → 업무상 행위

④ 甲과 乙은 丙에게 연대하여 책임을 진다.

⑤ 丙에게 → 乙에게 구상권을 행사

5. 개업공인중개사가 중개행위를 함에 있어서 중개의뢰인에게 재산상 손해를 발생케 했을 경우 개업공인중개사의 손해배상책임에 대한 설명으로 틀린 것은?

① 사용인의 업무상 행위에 대하여도 개업공인중개사는 손해배상 책임을 진다.

② 농업협동조합이 부동산중개업을 하는 경우의 손해배상 보증설정금액은 중개법인과 동일하다.

③ 개업공인중개사 등에게 고의·과실이 있어야 한다.

④ 개업공인중개사가 그의 손해배상책임을 보장하기 위한 보증을 설정하지 아니하고 업무를 개시한 때에는 등록을 취소할 수 있다.

⑤ 법인인 개업공인중개사가 주된 사무소와 분사무소를 설치하는 경우에 분사무소에도 각각 보증을 설정하여야 한다.

해설

② 동일하다 → 다르다(중개법인 : 2억원 이상, 농업협동조합 : 1천만원 이상)

6. 개업공인중개사의 손해배상책임과 업무보증의 설정에 관한 설명으로 틀린 것은?

① 개업공인중개사가 중개행위를 함에 있어서 고의 또는 과실로 인하여 거래당사자자에게 재산상의 손해를 발생하게 한 때에는 그 손해를 배상할 책임이 있다.

② 개업공인중개사는 자기의 중개사무소를 다른 사람의 중개행위의 장소로 제공함으로써 거래당사자에게 재산상의 손해를 발생하게 한 때

|정답| 4. ② 5. ②

에는 그 손해를 배상할 책임이 있다.

③ 개업공인중개사는 손해배상책임을 보장하기 위하여 보증보험 또는 공제에 가입하거나 공탁을 하여야 한다.

④ 중개법인이 3개의 분사무소를 두는 경우에는 해당 중개법인은 최소 1억 5천만 원의 업무보증을 설정해야 한다.

⑤ 중개의뢰인의 손해가 보증기관의 보증금 지급한도를 초과하는 손해에 대해서도 개업공인중개사를 상대로 손해배상청구권을 행사할 수 있다.

해설

④의 경우 중개법인의 보증설정 최소금액 = 주사무소(2억 원) + 분사무소(1억 원×3개) = 5억 원

7. 공인중개사법령상 손해배상책임의 보장에 관한 설명으로 틀린 것은?(다툼이 있으면 판례에 의함)

① 공탁으로 업무보증을 하는 경우 개업공인중개사가 폐업 또는 사망한 날부터 3년 이내에는 공탁금을 회수하지 못한다.

② 개업공인중개사가 자기의 중개사무소를 다른 사람의 중개행위의 장소로 제공해 거래당사자에게 재산상의 손해를 발생하게 한때에는 그 손해를 배상할 책임이 있다.

③ 공제제도는 개업공인중개사가 그의 불법행위 또는 채무불이행으로 인하여 거래당사자에게 부담하게 되는 손해배상책임을 보증하는 보증보험적 성격을 가진 제도이다.

④ 지역종합협동조합이 부동산중개업을 하는 때에는 1천만원 이상의 보증을 설정해야 한다.

⑤ 확인·설명의무를 위반하여 개업공인중개사가 중개의뢰인에게 손해를 끼친 경우 중개의뢰인이 개업공인중개사에게 소정의 수수료를 지급하지 않았다면 개업공인중개사는 그에 따른 책임을 지지 않는다.

해설

⑤ 책임을 '지지 않는다' → 책임을 '진다'

8. 공인중개사법령상 손해배상책임과 업무의 보증에 관한 설명으로 틀린 것은?(다툼이 있으면 판례에 의함)

① 농업협동조합법에 따라 지역농업협동조합이 부동산중개업을 하는 때에는 업무를 개시하기 전에 업무보증을 설정하고 등록관청에 신고해야 한다.

② 개업공인중개사는 보증보험금·공제금 또는 공탁금으로 손해배상을 한 때에는 15일 이내에 보증보험 또는 공제에 다시 가입하거나 공탁금 중 부족하게 된 금액을 보전해야 한다.

③ 부동산 매매계약 체결을 중개하고 계약체결 후 계약금 및 중도금 지급에도 관여한 개업공인중개사가 잔금 중 일부를 횡령한 경우, '개업공인중개사가 중개행위를 함에 있어서 거래당사자에게 재산상의 손해를 발생하게 한 경우' 에 해당한다.

④ 개업공인중개사(사용인 포함)가 아닌 사람에게는 이 법령에 따른 손해배상책임이 발생하지 않는다.

⑤ 중개보조원이 중개업무에 관하여 고의로 인한 위법행위로 거래당사자에게 손해를 입힌 경우 개업공인중개사는 이 법령에 따른 손해배상책임을 지지 않는다.

해설

⑤ 지지 않는다 → 진다

|정답| 6. ④ 7. ⑤ 8. ⑤

★ 인장

기출 Point

1. 등록시점
2. 위반 시 제재사항

출제자 의도

인장

인장의 신규·변경 등록의 시점을 구별하여 알고 있는가?

핵심

인장 등록(신규·변경)의 **절차**상 내용

1. 요약

(1) 대상자

개업공인중개사, 소속공인중개사(중개보조원×, 분사무소책임자×, 법인의 대표자×, 사원×, 임원×)

(2) 기관

등록관청 [→ 분사무소 : 주사무소(분사무소×) 관할 등록관청]

(3) 시점

구분	시점
신규등록	업무개시 전(개설등록 신청 전×)
변경등록	변경 후 7일 이내

※ 등록증 교부와 인장등록은 무관하다. 즉, 인장을 등록해야지만 등록증을 교부해 주는 것은 아니다.

↔ 등록증 교부와 업무보증설정은 관련이 있다. (시행규칙 제5조 제①항)

(4) 방법

(법인인 개업공인중개사의 경우) 인감증명서 제출(로 갈음)

(5) 인장 비등록, 등록인장 비사용 시

┌ 제재사항 : 개업공인중개사 – 업무정지(등록취소×, 과태료×),
　　　　　　소속공인중개사 – 자격정지(자격취소×)
└ 거래계약 : 유효(무효×)

2. 3단 비교표

법	시행령	시행규칙
제16조 인장의 등록 ① 개업공인중개사 및 소속공인중개사는 국토교통부령이 정하는 바에 따라 중개행위(겸업행위×, 모든 행위×)에 사용할 인장을 등록관청에 등록(신고×)하여야 한다. 등록한 인장을 변경한 경우에도 또한 같다[등록(신고×)하여야 한다.]. ② 개업공인중개사 및 소속공인중개사는 중개행위(다른 행위×)를 함에 있어서는 제1항의 규정에 의하여 등록한 인장을 사용하여야 한다. → 따라서 중개행위가 아닌 행위(겸업)는 등록인장 사용의무가 없다.	–	**제9조 인장등록 등** ① 개업공인중개사 및 소속공인중개사는 법 제16조제1항의 규정에 따라 업무를 개시하기 전(등록신청 전×)에 중개행위에 사용할 인장을(사무소 관할○, 주소지 관할×) 등록관청에 등록(신고×)(전자문서에 의한 신고를 포함한다)하여야 한다. ② 제1항의 규정에 따라 등록한 인장을 변경한(할×) 경우에는 개업공인중개사 및 소속공인중개사는 변경일부터 7일(10일×, 15일×) 이내에(변경하기 전에×) 그 변경된 인장을 등록관청에 등록(신고×)(전자문서에 의한 신고를 포함한다)하여야 한다. ③ 제1항 및 제2항에 따라 개업공인중개사 및 소속공인중개사가 등록하여야 할 인장은 공인중개사인 개업공인중개사, 법 제7638호 부칙 제6조제2항에 규정된 개업공인중개사 및 소속공인중개사의 경우에는 「가족관계의 등록 등에 관한 법률」에 따른 가족관계등록부 또는 「주민등록법」(상업등기규칙×)에 따른 주민등록표에 기재되어 있는 성명이 나타난 인장으로서 그 크기가 가로·세로 각각 7(5×)밀리미터 이상 30(50×)밀리미터 이내(이상×)인 인장이어야 하며, 법인인 개업공인중개사의 경우에는 「상업등기규칙」(이 법×)에 따라 신고(등록×)한 법인의 인장(법인의 대표자가 보증하는 인장×)이어야 한다. 다만, 분사무소에서 사용할 인장의 경우에는 「상업등기규칙」 제35조제3항에 따라 법인의 대표자가 보증하는 인장(대표자의 인장×)을 등록(신고×)할 수(하여야×) 있다. ④ 법인인 개업공인중개사(공인중개사인 개업공인중개사·부칙상 개업공인중개사·소속공인중개사×)의 제1항 및 제2항에 따른 인장 등록은 「상업등기규칙」(공인중개사법 시행규칙×)에 따른 인감증명서의 제출로 갈음한다.

공인중개사 자격이 없는 법인의 임원·사원도 인장을 등록 '하여야 한다.' (×)
→ '할 필요 없다.' (○)

분사무소의 인장은 법인의 대표자가 보증하는 인장을 등록' 하여야 한다.(×)
→ '할 수' 있다.(○)

–	–	⑤ 제1항 및 제2항에 따른 인장의 등록은 별지 제11호의2 서식에 따른다. ⑥ 제1항에 따른 인장의 등록은 다음 각 호의 신청이나 신고와 같이 할 수 있다. 1. 제4조에 따른 중개사무소 개설등록신청 2. 제8조에 따른 소속공인중개사·중개보조원에 대한 고용신고

■ 등록인장 날인·서명 : 의무서식

구분	서명·날인 의무자	서명·날인
① (일반·전속) 중개계약서	개업공인중개사(소공×)	서명 또는(및×) 날인
② 중개대상물 확인·설명서	개업공인중개사· (당해 업무 수행한○, 모든×) 소속공인중개사	서명 및(또는 ×) 날인
③ 거래계약서		

• 약칭 '소공' → 소속공인중개사

O · X · 지 · 문 · 학 · 습

01. 개업공인중개사 및 소속공인중개사는 개설등록신청 시에 중개행위에 사용할 인장을 사무소 관할 등록관청에 신고하여야 한다. [O, ×]

02. 공인중개사인 개업공인중개사의 경우에는 인감증명법에 의해 신고한 개인의 인장을 등록하여야 하나, 합동사무소의 경우에는 대표자의 인장을 등록하면 된다. [O, ×]

03. 개업공인중개사가 등록한 인장을 사용하지 아니한 경우에는 6월 이내의 업무정지 처분 처분을 받게 된다. [O, ×]

04. 법인의 분사무소에서 사용할 인장은 상업등기처리규칙에 따라서 법인의 대표자가 보증하는 인장을 등록할 수 있다. [O, ×]

05. 개업공인중개사가 거래계약서에 등록된 인장을 사용하지 않은 경우 해당 계약서는 그 법적인 효력이 없다. [O, ×]

06. 등록한 인장을 변경할 경우에는 개업공인중개사 및 소속공인중개사는 변경일부터 15일 이내에 그 변경된 인장을 등록관청에 등록하여야 한다. [O, ×]

07. 개업공인중개사가 인장을 등록하지 아니한 경우에는 등록관청으로부터 개설등록증을 교부받을 수 없다. [O, ×]

08. 법인인 개업공인중개사의 경우 주된 사무소와 분사무소 모두 상업등기처리규칙에 따라 신고된 법인의 인장을 반드시 등록하여야 한다. [O, ×]

정답 및 해설

01. × (개설등록 시에 → 업무를 개시하기 전에, 신고 → 등록)
02. × (대표자 → 각각의 개업공인중개사)
03. ○ 04. ○ 05. × (없다 → 있다)
06. × (변경할 → 변경한, 15일 이내 → 7일 이내)
07. × (없다 → 있다. 개설 등록증 교부와 인장등록은 무관하다.)
08. × (분사무소의 인장은 법인의 대표자가 보증하는 인장을 등록할 수 있다.)

기 · 출 · 문 · 제 · 분 · 석

1. 공인중개사법령상 인장등록에 관한 설명으로 틀린 것은?

① 등록할 인장은 원칙적으로 가로 · 세로 각각 10mm 이상 40mm 이내인 인장이어야 한다.
② 개업공인중개사 및 소속공인중개사는 중개행위를 함에 있어 등록한 인장을 사용해야 한다.
③ 분사무소에서 사용할 인장의 경우 '상업등기규칙' 제36조제4항에 따라 법인의 대표자가 보증하는 인장을 등록할 수 있다.
④ 소속공인중개사의 인장등록신고는 당해 소속공인중개사의 고용신고와 같이 할 수 있다.
⑤ 개업공인중개사가 등록한 인장을 변경한 경우 변경일로부터 7일 이내에 그 변경된 인장을 등록관청에 등록해야 한다.

해설

① 10mm 이상 40mm 이내 → 7mm 이상 30mm 이내

2. 공인중개사법령상 인장등록에 관한 내용으로 틀린 것은?

① 법인인 개업공인중개사의 경우 등록할 인장은 법인 대표자의 인장이어야 한다.
② 법인의 분사무소에서 사용할 인장은 '상업등기규칙' 에 따라 법인의 대표자가 보증하는 인장을 등록할 수 있다.
③ 개업공인중개사가 등록하지 않은 인장을 중개행위에 사용한 것은 업무정지 사유에 해당한다.
④ 인장의 등록은 중개사무소 개설등록신청과 같이 할 수 있다.
⑤ 법인인 개업공인중개사의 인장등록은 " '상업등기규칙' 에 따른 인감증명서의 제출로 갈음한다."가 보증한 인장을 등록관청에 등록하여야 한다.

해설

① 법인인 개업공인중개사가 등록할 인장은 '상업등기규칙' 에 따라 신고한 인장이어야 한다.

3. 공인중개사법령상 인장의 등록에 관한 설명으로 틀린 것은?

① 개업공인중개사의 인장이 등록관청에 등록되어 있으면 소속공인중개사의 업무개시 후에 등록해도 된다.
② 개업공인중개사가 등록한 인장을 변경한 경우, 변경일로부터 7일 이내에 변경된 인장을 등록관청에 등록해야 한다.
③ 개업공인중개사의 인장등록은 중개보조원에 대한 고용신고와 같이 할 수 있다.
④ 법인인 개업공인중개사가 주된 사무소에서 사용할 인장을 등록할 때에는 '상업등기규칙' 에 따라 신고한 법인의 인장을 등록해야 한다.
⑤ 법인인 개업공인중개사의 인장등록은 '상업등기규칙' 에 따른 인감증명서의 제출로 갈음한다.

해설

① 업무개시 후에 → 업무개시 전에

|정답| 1.① 2.① 3.①

10

★★★ 사무소 설치 등

핵심

사무소 관련 **의무사항**(특히, 휴·폐업) —위반 시→ **제재사항**

> **기출 Point**
>
> 1. 설치원칙 위반 시 제재사항
> 2. 의무게시물
> 3. 이전순서
> 4. 이전, 휴·폐업 신고 위반 시 제재사항
> 5. 휴업 vs 업무정지

> **출제자 의도**
>
> 사무소
>
> - 법인인 개업공인중개사의 분사무소 설치와 관련된 내용을 알고 있는가?
> - 문제의 보기에서 주어진 '예'가 사무소내 의무게시물에 해당되는지·해당되지 않는지를 구별할 수 있는가?
> - 사무소의 이전과 휴·폐업·재개·휴업기간 변경의 시점을 구별할 수 있는가?

1. 요약

(1) 설치 ★★

→ **원칙 : 1등록 / 1사무소** (이중등록×) (2사무소×) ←위반시 제재사항→ [행정처분 : 절대적 등록취소 / 임의적 등록취소 / 행정처벌 : 1년이하 징역 or 1천만원 이하 벌금] 병과(동시적용)

→ 사무소 전용 의무(부동산 중개업만 해야 한다는 의무)규정 : 없음 (→ 따라서 중개업외의 업도 해당 법규 요건만 충족되면 병행이 가능하다.)

→ **예외 : 분사무소** → 1사무소의 예외 : 법인인 개업공인중개사는 2 이상의 중개사무소를 둘 수 있다.(O)

① 개수 : 주사무소 시·군·구 제외한 시·군·구에 1개소만

② 설치신고 : 주사무소 관할 등록관청

③ 임의사항 : 둘 수(두어야×)

④ 해당 : 법인인 개업공인중개사(개인인 개업공인중개사×)

⑤ 책임자 : 공인중개사(부칙상 개업공인중개사×) (↔ 예외 : 특수법인)

⑥ 근무인원 : 규정 없음 [→ 따라서 1인 (분사무소책임자) 만으로도 분사무소 설치 가능]

※ 이중 [등록·소속 : 항상 금지된다 O / 사무소 : 항상 금지된다 × (→ 법인인 개업공인중개사는 분사무소 가능)]

※ 공동사용 – 원칙 : 가능 ↔ 예외 : 불가능(업무정지 기간 중에 있는 경우)

(2) 게시 ★★

① 의무 게시물

㉠ 등록증(중개사무소 등록증 O, 매수신청 대리인 등록증 ×)

▶ 분사무소 신고필증 포함

공인중개사인 개업공인중개사의 공인중개사자격증이 게시된 경우 소속공인중개사의 공인중개사 자격증은 '게시할 필요가 없다'.(×)
→ '게시하여야 한다'.(○)

특수법인은 주된 사무소의 소재지가 속한 시·군·구를 제외한 시·군·구별로 분사무소를 설치할 수 '없다'.(×)
→ '있다'.(○)

분사무소는 주된 사무소의 소재지가 속한 시·군·구에 1개는 설치할 수 '있다'.(×)
→ '게시하여야 한다'.(○)

▶ 부칙상 개업공인중개사는 개설등록신청을 할 수 없지만, 구 기득권 특례로 그냥 나눠준 등록증을 게시해야 한다.

▶ 지역농업협동조합, 지역산림조합, 산업단지관리기관 : 게시의무 → 없음 vs 신탁회사, 자산관리공사 : 게시의무 → 있음

ⓛ 공인중개사 자격증

▶ 소속공인중개사의 공인중개사자격증 포함

▶ 부칙상 중개인인 개업공인중개사는 의무게시물이 아니다. 왜냐하면 애초에 공인중개사 자격증이 없으니까.

ⓒ 중개보수·실비의 요율 및 한도액표(매수신청대리 등 수수료표×)

→※ 주택: 국토교통부령이 정하는 범위 안에서 사무소 관할 시·도 조례(시·군·구 조례×)가 정한 것

※ 주택외: 국토교통부령으로 정하는것

→분사무소: 분사무소(주사무소×) 관할 시·도 조례가 정한 것

ⓔ (업무)보증설정 증명서류

▶ 특수법인 : 게시의무 → 있음

▶ 업무보증서 × → 구, 등록관청에서 개업공인중개사가 업무보증 들었을 경우 발급해 주었던 서류

※ 비(非)의무게시물 : 실무교육 수료확인증, 인장등록증, 거래정보망가입확인서, 협회회원등록증 등

② 게시 장소

중개사무소 안에 보기 쉬운 곳

③ 위반 시 제재사항

100만원 이하 과태료(업무정지처분×)

■ 의무보존 서식

구분	보존기간	위반 시 제재사항
① 전속(일반×)중개계약서	3년	업무정지
② 중개대상물확인설명서		
③ 거래계약서(거래계약신고필증×)	5년	

★ (3) 명칭

① '공인중개사사무소 또는 부동산중개' 문자사용 → 의무사항

↔ 위반 시 제재사항 : 100만원 이하 과태료

② 옥외광고물 : 개업공인중개사(분사무소 : 책임자) 성명표기 의무

③ 사무소 유사명칭 사용 금지 → 개업공인중개사가 아닌 자

↔ 위반 시 제재사항 : 1년 1천만원

④ 철거명령 : 규정 위반 간판 등에 대하여 철거를 명할 수(하여야 ×)
→ 이행불응 시 → 대집행할 수(하여야 ×)

(4) 이전(순서) ★★★

① 먼저 이전한다.
② 이전 후 10일(7일×) 이내 이전 후(전×) 등록관청에 이전 신고
③ 등록기준 적합여부 확인 후 등록증 변경사항 기재교부(→ 관할지역 내 이전 시)·재교부(→ 관할지역 외 이전 시)(이전 후 등록관청 → 개업공인중개사)
④ 서류송부 요청(이전 후 등록관청 → 이전 전 등록관청)
⑤ 서류송부(이전 전 등록관청 → 이전 후 등록관청)

(5) 이전, 3월 초과 휴·폐업 신고 위반 시 제재사항 ★★★

100만원 이하 과태료(업무정지×)
※특별한 사유없이 6월 초과 휴업시 → 임의적(상대적○, 절대적×) 등록취소

■ 신고

구분	이전	3월 초과휴업·폐업·재개·휴업기간변경
시점	사후(~한) 10일 이내	사전(~할)
방법	방문	방문, 단 재개·휴업기간 변경 → 전자문서신고도 가능

(6) 중개대상물 표시·광고

① 의뢰받은 중개대상물에 대한 표시 · 광고 시 중개사무소의 명칭, 소재지 및 연락처, 개업공인중개사의 성명(법인인 경우 대표자의 성명) 명시해야 한다.
② 개업공인중개사가 아닌 자는 중개대상물에 대한 표시 · 광고를 못 한다.

중개사무소를 등록관청의 관할지역 외의 지역으로 이전한 경우에는 이전 '전'의 중개사무소를 관할하는 등록관청에 신고하여야 한다.(×) → '후'(○)

(7) 간판 철거

① 다음의 경우 지체 없이(7일 이내×) 사무소의 간판을 철거해야 한다.
㉠ 중개사무소의 이전사실을 신고한 경우
㉡ 등록관청에 폐업사실을 신고한 경우
㉢ 중개사무소의 개설등록 취소처분을 받은 경우
② 개업공인중개사가 간판을 철거하지 않으면 등록관청은 「행정대집행법」에 따라 대집행할 수 있다.

개업공인중개사는 3월을 초과하여 휴업을 하거나 폐업을 '한' 경우에 신고를 하여야 한다.(×) → '할'(○)

(8) 휴업 vs 업무정지

구분	휴업	업무정지
① 기간제한	6월 범위 내(원칙)	6월 범위 내
② 사무소 이전	○	○ (아무리 업무정지처분 받았더라도 이전은 헌법상 자유)
③ 폐업	○	○
④ 폐업 후 신규개설 등록	○ (단, 부칙상 개업공인중개사×)	× [→결격사유(9호)에 해당]
⑤ 이중등록, 이중소속	×	×
⑥ 중개행위 시 유등록 개업공인중개사 해당여부	○	○
⑦ 사무소 유지 의무	○ (→개업공인중개사이므로 두어야 한다 : 민원질의에 대한 회신)	○ (→사무소를 두게해야 업무정지처분이라는 행정처분을 내린 의미가 있겠죠)
⑧ 업무보증설정 의무	×(→업무 중이 아니므로)	×
⑨ 등록증 반환	△ (3월 초과 휴업 시 반환한다 . →이후 재개하려면 등록증 반환받아야 가능. 3월 이하 휴업 시는 반환할 필요없다.)	× (안한다)
⑩ 기간 중 재개	○	×
⑪ 기간만료 시 즉시 재개	△ (3월 초과 휴업 후 재개 시 불가 → 등록증 반환받아야 가능. 3월 이하 휴업시 즉시 재개 가능)	○ (가능) (→등록증 반환 안했으니까, 기간만 끝나면 즉시 재개 가능)

개업공인중개사가 6개월을 초과하는 휴업신고를 한 경우에는 간판을 철거하여야 한다.(×) → 위 경우는 간판철거 사유에 해당하지 않는다.(○)

휴업중이거나 업무정지처분기간중에 있는 개업공인중개사는 폐업신고를 할 수 '없다'.(×)
→ '있다' (○)

중개사무소 재개신고를 받은 등록관청은 등록증을 '재교부' 하여야 한다.(×)
→ '반환' (○)

2. 3단 비교표

(1) 설치와 공동사용

법	시행령	시행규칙
제12조 이중등록의 금지 등 ① 개업공인중개사는 이중으로 중개사무소의 개설등록을 하여 중개업을 할 수 없다.(이중등록 금지) ② 개업공인중개사등은 다른 개업공인중개사의 소속공인중개사·중개보조원 또는 개업공인중개사인 법인의 사원·임원이 될 수 없다.(이중소속 금지) **제13조 중개사무소의 설치기준** ① 개업공인중개사는 그 등록관청의 관할 구역안에 중개사무소를 두되, 1개의 중개사무소만을 둘 수 있다.(이중사무소 금지) ② 개업공인중개사는 천막 그 밖에 이동이 용이한 임시 중개시설물을 설치하여서는 아니된다. ③ 제1항의 규정에 불구하고 법인인(개인인×) 개업공인중개사는 대통령령이 정하는 기준과 절차에 따라 등록관청에 신고(등록×)하고 그 관할 구역 외의 지역에 분사무소를 둘 수(두어야×) 있다. ④ 제3항의 규정에 의하여 분사무소 설치신고를 받은 등록관청은 그 신고내용이 적합한 경우에는 국토교통부령(대통령령×)이 정하는 신고필증을 교부하고 지체 없이(1월이내×) 그 분사무소설치예정지역을 관할하는 시장·군수 또는 구청장에게 이를 통보(보고×, 신고×)하여야(할 수×) 한다. ⑤ 제5조제3항의 규정은 제4항의 규정에 의한 신고필증의 재교부에 관하여 이를 **준용**한다. ⑥ 개업공인중개사는 그 업무의 효율적인 수행을 위하여 다른 개업공인중개사와 중개사무소를 **공동**으로 **사용**할 수 있다.(원칙) 다만 개업공인중개사가 제39조제1항에 따른 업무의 정지기간 중에 있는 경우로서 대통령으로 정하는 때에는 그러하지 아니하다.(예외×) ⑦ 중개사무소의 설치기준 및 운영 등에 관하여 필요한 사항은 대통령령(국토교통부령×)으로 정한다.	**제15조 분사무소의 설치** ① 법 제13조제3항에 따른 분사무소는 주된 사무소의 소재지가 속한 시(구가 설치되지 아니한 시와 특별자치도의 행정시를 말한다. 이하 이 조에서 같다)·군·구를 제외(포함×)한 시·군·구별로 설치하되, 시·군·구(시·도×)별로 1개소를 초과할 수 없다. ② 제1항의 규정에 따른 분사무소에는 (반드시×) 공인중개사(중개인×)를 책임자로 두어야(둘 수×) 한다.(원칙) 다만, 다른 법률의 규정에 따라 중개업을 할 수 있는 법인의 분사무소인 경우에는 그러하지 아니하다.(예외) ③ 법 제13조제3항에 따라 분사무소의 설치신고를 하고자 하는 자는 국토교통부령이 정하는 분사무소설치신고서에 다음 각 호의 서류를 첨부하여 주된 사무소(분사무소×)의 소재지를 관할하는 등록관청에 제출하여야 한다. 이 경우 등록관청은 법 제5조제2항에 따라 공인중개사 자격증을 발급한 시·도지사에게 분사무소 책임자의 공인중개사 자격 확인을 요청하여야 하고 「전자정부법」 제36조제1항에 따른 행정정보의 공동이용을 통하여 법인 등기사항증명서를 확인하여야 한다. 1. 삭제 2. 삭제 3. 분사무소 책임자(소속공인중개사×)의 법 제34조제1항의 규정에 따른 실무교육의 수료확인증 사본 4. 제25조의 규정에 따른 보증의 설정을 증명할 수 있는 서류(→ 개설등록 신청시 : 불필요) 5. 건축물대장에 기재된 건물에 분사무소를 확보(소유·전세·임대차 또는 사용대차 등의 방법에 의하여 사용권을 확보하여야 한다)하였음을 증명하는 서류 **제16조 중개사무소의 공동사용** 법 제13조제6항 본문에 따라 중개사무소를 공동으로 사용하고자 하는 개업공인중개사는 법 제9조에 따른 중개사무소의 개설등록 또는 법 제20조에 따른 중개사무소의 이전신고를 하는 때에 그 중개사무소를 사용할 권리가 있는 다른 개업공인중개사(중개사무소의 소유자×, 임대인×)의 승낙서를 첨부하여야 한다.	**제7조 분사무소설치신고서의 서식 등** ① 영 제15조제3항의 규정에 따른 분사무소설치신고서는 별지 제9호서식에 따른다. ② 법 제13조제4항의 규정에 따른 분사무소설치신고필증은 별지 제10호서식에 따른다. ③ 법 제13조제5항의 규정에 따른 분사무소설치신고필증의 재교부 신청은 별지 제4호서식에 따르되, 분사무소설치신고필증의 기재사항의 변경으로 인하여 재교부를 받고자 하는 때에는 분사무소설치신고필증을 첨부하여야 한다.

법	시행령	시행규칙
–	② 법 제39조에 따른 업무의 정지기간 중에 있는 개업공인중개사가 법 제13조제6항 단서에 따라 다음 각 호의 어느 하나에 해당하는 방법으로 다른 개업공인중개사와 중개사무소를 공동으로 사용할 수 없다.(있다×) 1. 법 제39조에 따른 업무의 정지기간 중에 있는 개업공인중개사가 다른 개업공인중개사에게 중개사무소의 공동사용을 위하여 제1항에 따른 승낙서를 주는 방법. 다만, 법 제39조에 따른 업무의 정지기간 중에 있는 개업공인중개사가 영업정지 처분을 받기 전부터 중개사무소를 공동사용 중인 다른 개업공인중개사는 제외한다. 2. 법 제39조에 따른 업무의 정지기간 중에 있는 개업공인중개사가 다른 개업공인중개사의 중개사무소를 공동으로 사용하기 위하여 중개사무소의 이전신고를 하는 방법	–

(2) 게시

법	시행령	시행규칙
제17조 중개사무소등록증 등의 게시 개업공인중개사는 중개사무소등록증·중개보수표 그 밖에 국토교통부령이 정하는 사항을 당해 중개사무소 안의 보기 쉬운 곳에 게시(비치×)하여야 한다.	–	**제10조 중개사무소등록증 등의 게시** 법 제17조에서 국토교통부령이 정하는 사항이란 다음 각 호의 사항을 말한다. 1. 중개사무소등록증 원본[법인인 개업공인중개사의 분사무소의 경우에는 분사무소설치신고필증 원본(사본×)을 말한다] 2. 중개보수·실비의 요율 및 한도액표 3. 개업공인중개사 및 소속공인중개사의 공인중개사자격증 원본(해당되는 자가 있는 경우로 한정한다) 4. 보증의 설정을 증명할 수 있는 서류

• 게시 (걸어두는 것) vs 비치 (꽂아두는 것) → 따라서 서로 의미가 다르다.

(3) 명칭

법	시행령	시행규칙
제18조 명칭 ① 개업공인중개사는 그 사무소의 명칭에 "공인중개사사무소" 또는 "부동산중개"라는 문자를 사용하여야(할 수×) 한다. ② 개업공인중개사가 아닌 자는 "공인중개사사무소", "부동산중개" 또는 이와 유사한 명칭을 사용하여서는 아니된다. ③ 개업공인중개사가 「옥외광고물 등의 관리와 옥외광고산업 진흥에 관한 법률」 제2조제1호에 따른 옥외광고물을 설치하는 경우 중개사무소등록증에 표기된 개업공인중개사[법인의 경우에는 대표자, 법인 분사무소의 경우에는 제13조제4항의 규정에 따른 신고필증에 기재된 책임자(법인의 대표자×, 소속공인중개사×)를 말한다]의 성명을 표기하여야 한다. ④ 제3항의 규정에 따른 개업공인중개사 성명의 표기방법 등에 대해서는 국토교통부령으로 정한다. ⑤ 등록관청(시장·군수·구청장○, 시·도지사×, 국장×)은 제1항 내지 제3항의 규정을 위반한 사무소의 간판 등에 대하여 철거를 명할 수(하여야×) 있다. 이 경우 그 명령을 받은 자가 철거를 이행하지 아니하는 경우에는 「행정대집행법」(공인중개사법×)에 의하여 대집행을 할 수(하여야×) 있다.	–	**제10조의2 성명의 표기방법 등** 개업공인중개사는 법 제18조제3항에 따라 옥외광고물을 설치하는 경우 「옥외광고물 등의 관리와 옥외광고산업 진흥에 관한 법률 시행령」 제3조에 따른 옥외광고물 중 가로형간판, 세로형간판, 돌출간판 또는 옥상간판에 개업공인중개사(법인의 경우에는 대표자, 법인 분사무소의 경우에는 법 제13조제4항에 따른 신고필증에 기재된 책임자를 말한다)의 성명을 인식할 수 있는 정도의 크기로 표기하여야 한다.

(4) 중개대상물의 표시 · 광고

법	시행령	시행규칙
제18조의2 중개대상물의 표시 · 광고 ① 개업공인중개사가 의뢰받은 중개대상물에 대하여 표시 · 광고(「표시 · 광고의 공정화에 관한 법률」 제2조에 따른 표시 · 광고를 말한다. 이하 같다)를 하려면 중개사무소, 개업공인중개사에 관한 사항으로서 대통령으로 정하는 사항을 명시하여야 한다. ② 개업공인중개사가 아닌 자는 중개대상물에 대한 표시 · 광고를 하여서는 아니 된다.	**제17조의2 중개대상물의 표시 · 광고** 법 제18조의2제1항에서 "대통령령으로 장하는 사항"이란 다음 각 호의 사항을 말한다. 1. 중개사무소의 명칭, 소재지 및 연락처 2. 개업공인중개사의 성명(주소×) (법인인 경우에는 대표자의 성명)	–

(5) 이전

법	시행령	시행규칙
제20조 중개사무소의 이전신고 ① 개업공인중개사는 중개사무소를 이전한(할×) 때에는 이전한(할×) 날부터 10일(7일×) 이내에 국토교통부령이 정하는 바에 따라 등록관청에 이전사실을 신고(신규 개설등록×)하여야(할 수×) 한다. 다만, 중개사무소를 등록관청의 관할 지역 외(내×)의 지역으로 이전한 경우에는 이전 후(이전 전×)의 중개사무소를 관할하는 시장·군수 또는 구청장(이하 이 조에서 "이전후 등록관청"이라 한다)에게 신고하여야(할 수×) 한다. ② 제1항 단서의 규정에 의하여 신고를 받은 이전후 등록관청은 종전의 등록관청에 관련 서류를 송부하여 줄 것을 요청하여야(할 수×) 한다. 이 경우 종전의 등록관청은 지체 없이(10일이내×) 관련 서류를 이전후 등록관청에 송부하여야 한다. ③ 제1항 단서의 규정에 의한 신고 전에 발생한 사유로 인한 개업공인중개사에 대한 행정처분은 이전 후(전×) 등록관청이 이를 행한다.	–	**제11조 중개사무소의 이전신고 등** ① 법 제20조제1항에 따라 중개사무소의 이전신고를 하고자 하는 자는 별지 제12호서식의 중개사무소이전신고서에 다음 각 호의 서류를 첨부하여 등록관청[분사무소의 경우에는 주된 사무소(분사무소×)의 소재지를 관할하는 등록관청을 말한다. 이하 이 조에서 같다]에 제출하여야 한다. 1. 중개사무소등록증(분사무소의 경우에는 분사무소설치신고필증을 말한다) 2. 건축물대장에 기재된 건물에 중개사무소를 확보(소유·전세·임대차 또는 사용대차 등의 방법에 의하여 사용권을 확보하여야 한다)하였음을 증명하는 서류. 다만, 건축물대장에 기재되지 아니한 건물에 중개사무소를 확보하였을 경우에는 건축물대장 기재가 지연되는 사유를 적은 서류도 함께 내야 한다. ② 제1항의 규정에 따라 중개사무소의 이전신고를 받은 등록관청은 그 내용이 적합한 경우에는 중개사무소등록증 또는 분사무소설치신고필증을 재교부하여야 한다. 다만, 개업공인중개사가 등록관청의 관할지역 내로 이전한 경우에는 등록관청은 중개사무소등록증 또는 분사무소설치신고필증에 변경사항을 기재하여 이를 교부할 수(하여야×) 있다. ③ (주사무소 관할)등록관청은 분사무소의 이전신고를 받은 때에는 지체 없이 그 분사무소의 이전 전 및(또는×) 이전 후의 소재지를 관할하는 시장·군수 또는 구청장에게 이를 통보(신고×)하여야 한다. ④ 법 제20조제2항의 규정에 따라 관련서류를 송부하여 줄 것을 요청받은 종전의 등록관청이 이전 후의 등록관청에 송부하여야 하는 서류는 다음 각 호와 같다. 1. 이전신고를 한 중개사무소의 부동산중개사무소등록대장 2. 부동산중개사무소 개설등록 신청서류(개설등록증×) 3. 최근 1년간(3년간×)의 행정처분 및 행정처분절차가 진행 중인 경우 그 관련서류

(6) 휴·폐업

법	시행령	시행규칙
제21조 휴업 또는 폐업의 신고 ① 개업공인중개사는 3월을 초과(이상×)하는 휴업(중개사무소의 개설등록 후 업무를 개시하지 아니하는 경우를 포함한다. 이하 같다), 폐업 또는 휴업한 중개업을 재개하고자 하는 때에는 등록관청에 그 사실을 신고(통보×)하여야 한다. 휴업기간을 변경하고자 하는 때에도 또한 같다.(신고하여야 한다 ○, 신고할 필요 없다×) ② 제1항의 규정에 의한 휴업은 (절대적으로×) 6월(3월×)을 초과할 수 없다.(원칙) 다만, 질병으로 인한 요양등 대통령령이 정하는 부득이한 사유가 있는 경우에는 그러하지 아니하다.(예외) ③ 제1항의 규정에 의한 신고의 절차 등에 관하여 필요한 사항은 대통령령(국토교통부령×)으로 정한다.	**제18조 휴업 또는 폐업의 신고 등** ① 개업공인중개사는 법 제21조제1항의 규정에 따라 3월을 초과하는 휴업(중개사무소의 개설등록 후 업무를 개시하지 아니하는 경우를 포함한다. 이하 같다), 폐업, 휴업한 중개업의 재개 또는 휴업기간의 변경을 하고자 하는 때에는 국토교통부령이 정하는 신고서에 중개사무소등록증을 첨부(휴업 또는 폐업의 경우에 한한다)하여 등록관청에 미리(사전○, 사후×) 신고[부동산중개업 재개·휴업기간 변경신고(휴업×, 폐업×)의 경우에는 전자문서에 의한 신고를 포함한다]하여야 한다. 법인인 개업공인중개사의 분사무소의 경우에도 또한 같다. ② 제1항의 규정에 따른 중개사무소재개신고를 받은 등록관청은 반납을 받은 중개사무소등록증을 즉시(지체 없이×, 7일 이내×) 반환(재교부×)하여야 한다. ③ 법 제21조제2항에서 "대통령령이 정하는 부득이한 사유"라 함은 다음 각 호의 어느 하나에 해당하는 사유를 말한다. 1. 질병으로 인한 요양 2. 징집으로 인한 입영 3. 취학 4. 그 밖에 제1호 내지 제3호에 준하는 부득이한 사유	**제12조 부동산중개업휴업신고서 등의 서식** 영 제18조제1항의 규정에 따른 부동산중개업휴업(폐업·재개·휴업기간변경)신고서는 별지 제13호서식에 따른다.

※ 휴업기간변경 · 재개 → 등록증×(미첨부)
휴업·폐업 → 전자문서 신고×(불가능)

※ 개업공인중개사 사망 시 세대를 같이하는 자의 폐업신고의무 : 삭제

(7) 간판 철거

법	시행령	시행규칙
제21조의2 간판의 철거 ① 개업공인중개사는 다음 각 호의 어느 하나에 해당하는 경우에는 지체 없이(10일 이내×) 사무소의 간판을 철거하여야 한다. 1. 제20조제1항에 따라 등록관청에 중개사무소의 이전사실을 신고한(할×) 경우 2. 제21조제1항에 따라 등록관청에 폐업사실을 신고한 경우 3. 제38조제1항 또는 제2항에 따라 중개사무소의 개설등록 취소(업무정지×)처분을 받은 경우 ② 등록관청(국장×, 시 · 도지사×)은 제1항에 따른 간판의 철거를 개업공인중개사가 이행하지 아니하는 경우에는 「행정대집행법」(공인중개사법×)에 따라 대집행을 할 수(하여야×) 있다.	–	–

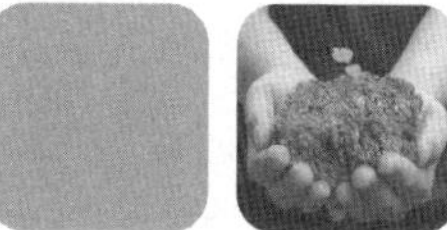

O · X · 지 · 문 · 학 · 습

01. 개인인 개업공인중개사는 2개 이상의 사무소를 설치하여서는 아니되지만 이동이 용이한 임시 중개시설물을 설치하는 것은 가능하다. [O, ×]

02. 서울특별시 강남구에 주된 사무소가 있고, 경기도 수원시에 분사무소가 설치된 경우 분사무소 내에 게시해야 하는 중개보수 및 실비요율표는 서울특별시가 정한 것이어야 한다. [O, ×]

03. 분사무소 설치신고를 받은 등록관청은 그 신고내용이 적합한 경우에는 신고필증을 교부하고 지체 없이 그 분사무소설치예정지역을 관할하는 시장·군수 또는 구청장에게 이를 통보하여야 한다. [O, ×]

04. 개업공인중개사는 그 업무의 효율적인 수행을 위하여 다른 개업공인중개사와 중개사무소를 공동으로 사용할 수 있다. [O, ×]

05. 모든 개업공인중개사의 사무소 내에는 업무보증관계증서가 게시되어 있어야 하는데, 이를 게시하지 않았을 경우에는 100만원 이하의 과태료 처분에 처해진다. [O, ×]

06. 1명의 공인중개사인 개업공인중개사와 3명의 부칙상 개업공인중개사가 공동으로 사무소를 사용하는 합동사무소 내에는 공인중개사자격증은 1부를 게시하면 된다. [O, ×]

07. 개업공인중개사는 중개사무소를 이전한 때에는 이전한 날부터 7일 이내에 대통령령이 정하는 바에 따라 등록관청에 이전사실을 신고하여야 한다. [O, ×]

08. 개업공인중개사가 등록관청에 폐업사실을 신고한 경우 10일 이내에 사무소의 간판을 철거하여야 한다. [O, ×]

정답 및 해설

01. × (설치하는 것은 가능하다. → 설치하여서는 아니된다.)
02. × (서울특별시가 정한 것 → 경기도가 정한 것)
03. O 04. O 05. O
06. O
07. × (7일 이내 → 10일 이내, 대통령령 → 국토교통부령)
08. × (10일 이내 → 지체 없이)

기 · 출 · 문 · 제 · 분 · 석

1. 공인중개사법령상 개업공인중개사가 중개사무소에 게시해야할 것으로 틀린 것은?

① 사업자등록증 원본
② 보증의 설정을 증명할 수 있는 서류
③ 중개보수·실비의 요율 및 한도액표
④ 공인중개사인 개업공인중개사 경우 공인중개사자격증 원본
⑤ 법인인 개업공인중개사의 분사무소의 경우 분사무소설치신고필증 원본

해설

① 사업자등록증 원본 → 중개사무소등록증 원본

2. 공인중개사법령상 개업공인중개사의 휴업 또는 폐업 신고에 관한 설명으로 틀린 것은?

① 징집으로 인한 입영으로 휴업하는 경우, 그 휴업기간은 6월을 초과할 수 있다.
② 중개사무소재개신고를 받은 등록관청은 반납받은 중개사무소등록증을 즉시 반환해야 한다.
③ 개업공인중개사의 폐업신고는 전자문서에 의하여 할 수 있다.
④ 휴업기간의 변경을 하고자 하는 때에는 등록관청에 미리 신고해야 한다.
⑤ 중개사무소의 개설등록 후 3월을 초과하여 업무를 개시하지 아니하고자 할 때에는 등록관청에 미리 신고해야 한다.

해설

③ 휴업, 폐업신고는 중개사무소등록증을 첨부하여야 하므로 반드시 신고서에 의한 신고를 하여야 한다.

3. 공인중개사법령상 중개사무소의 설치기준에 관한 설명으로 틀린 것은?

① 다른 법률의 규정에 따라 중개업을 할 수 있는 법인의 분사무소에는 공인중개사를 책임자로 두어야 한다.
② 개업공인중개사는 그 등록관청의 관할구역 안에 1개의 중개사무소만을 둘 수 있다.
③ 법인인 개업공인중개사의 주된 사무소와 그 분사무소는 같은 시·군·구에 둘 수 없다.
④ 분사무소 설치신고서는 주된 사무소의 소재지를 관할하는 등록관청에 제출해야 한다.
⑤ 개업공인중개사는 다른 개업공인중개사와 중개사무소를 공동으로 사용할 수 있다.

해설

① 다른 법률의 규정에 따라 중개업을 할 수 있는 법인(특수법인)의 분사무소에는 공인중개사를 책임자로 두지 않아도 된다.

4. 공인중개사법령상 등록관청 관할지역 외의 지역으로 중개사무소를 이전한 경우에 관한 설명으로 틀린 것은?

① 개업공인중개사는 이전 후의 중개사무소를 관할하는 등록관청에 이전사실을 신고해야 한다.
② 법인인 개업공인중개사가 분사무소를 이전한 경우 이전 후의 분사무소를 관할하는 등록관청에 이전사실을 신고해야 한다.
③ 등록관청은 중개사무소의 이전신고를 받은 때에는 그 사실을 공인중개사협회에 통보해야 한다.

|정답| 1. ① 2. ③ 3. ①

④ 이전신고 전에 발생한 사유로 인한 개업공인중개사에 대한 행정처분은 이전후 등록관청이 이를 행한다.
⑤ 업무정지 중이 아닌 다른 개업공인중개사의 중개사무소를 공동사용하는 방법으로 사무소의 이전을 할 수 있다.

해설

② 분사무소를 관할하는 → 주사무소를 관할하는

5. 중개사무소 이전신고에 관한 내용 중 틀린 것은?

① 甲군(郡)에 사무소를 둔 개업공인중개사 A는 2016년 1월 10일 乙군으로 사무소를 이전하고 같은 해 1월 18일에 乙군 군수에게 이전사실을 신고하였다.
② 중개법인 B의 분사무소 책임자 C는 분사무소를 이전하고, 그 분사무소를 관할하는 등록관청에 이전신고를 하였다.
③ 개업공인중개사 D는 중개사무소를 丙군에서 丁군으로 이전한 후 법정기간 내에 이전신고를 하지 않아 과태료 처분을 받았다.
④ 개업공인중개사 E는 중개사무소를 이전하고 공인중개사법령에 따라 등록관청에 신고하면서 중개사무소의 법적 요건을 갖춘 건물의 임대차계약서도 같이 제출하였다.
⑤ 개업공인중개사 F는 개업공인중개사 G가 사용중인 중개사무소로 이전하고 G의 승낙서와 필요한 서류를 첨부하여 공인중개사 법령에 따라 중개사무소 이전신고를 하였다.

해설

② 분사무소를 관할하는 등록관청 → 주사무소를 관할하는 등록관청

6. 공인중개사법령상 개업공인중개사의 성명과 사무소 명칭에 관한 설명으로 옳은 것은?

① 개업공인중개사는 그 사무소 명칭으로 '공인중개법률사무소'를 사용할 수 있다.
② 토지의 매매 등을 알선하는 무자격 개업공인중개사는 그 사무소에 '부동산중개'와 유사한 명칭을 사용할 수 있다.
③ 개업공인중개사가 설치한 옥외광고물에 성명을 거짓으로 표기한 경우에는 500만 원 이하의 과태료를 부과한다.
④ 법인인 개업공인중개사가 분사무소에 옥외광고물을 설치하는 경우 분사무소신고필증에 기재된 책임자의 성명을 그 광고물에 표기해야 한다.
⑤ 등록관청이 위법하게 설치된 사무소간판의 철거를 명하였음에도 이를 철거하지 않는 경우, 그 철거철자는 '민사집행법'에 따라야 한다.

해설

① 공인중개법률사무소 → 공인중개사사무소 또는 부동산중개
② 개업공인중개사가 아닌 자는 유사한 명칭을 사용 못함
③ 500만 원 → 100만 원
⑤ 민사집행법 → 행정대집행법

|정답| 4.② 5.② 6.④

★★★

개업공인중개사 · 고용인

무선 인터넷에서 스마트폰으로 QR코드를 찍으면 동영상 강의를 보실 수 있습니다.

기출 Point

1. 개업공인중개사 간 차이점
2. 분사무소 관련 중요사항
3. 특수법인의 비교
4. 개업공인중개사의 고용인에 대한 책임·신고

출제자 의도

법인인 개업공인중개사

- 중개업과 겸업할 수 있는 항목을 알고 있는가?
- 분사무소 관련 업무의 관할 행정기관을 구별할 수 있는가?

핵심

- **공인중개사**인 개업공인중개사 vs **부칙상** 개업공인중개사 vs **법인**인 개업공인중개사 : 차이점
- 소속공인중개사 vs 중개보조원 : 차이점

1. 요약

(1) 개업공인중개사 vs 고용인

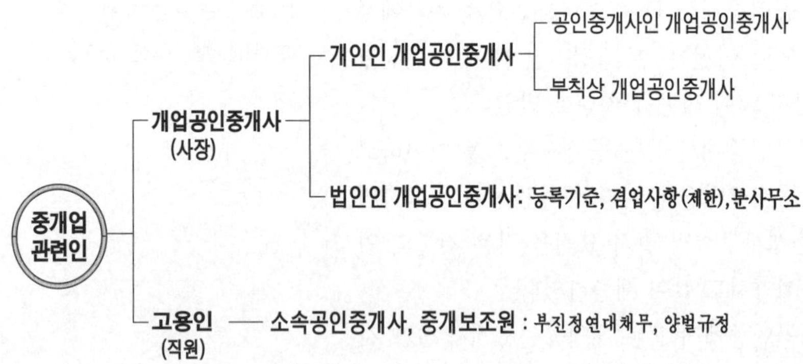

(2) ★개업공인중개사 간 공통점 vs 차이점

공통점	내용
① 중개대상물 종류	차이 없음 (다만, 특수법인은 차이 있음)
② 사무소 공동사용	가능 (개업공인중개사 종별 불문)
③ 사무소 이전	전국

차이점	내용
① 업무지역 범위	→ 공인중개사·법인인 개업공인중개사, 분사무소, 특수법인 : 전국 → 부칙상 개업공인중개사 ─ 원칙 : 사무소 관할(사무소 소재지 인접×, 주소지×) 특·광시,도 ↔ 위반시 제재사항 : 업무정지 ─ 예외 : 관할구역 外 → 가입한(모든×)부동산거래정보망에 공개된 중개대상물에 한함
② 겸업사항 제한	법인인 개업공인중개사만 구체적으로 제한(→ 경·공매 대리 : 부칙상 개업공인중개사는 불가)
③ 분사무소 설치	법인인 개업공인중개사만 가능
④ 업무보증 금액	→공인중개사인 개업공인중개사, 부칙상 개업공인중개사, 분사무소 : 1억원↑ →법인인 개업공인중개사 : 2억원↑
⑤ 폐업 후 신규개설 등록	→공인중개사인 개업공인중개사, 법인인 개업공인중개사 : 가능 →부칙상 개업공인중개사 : 불가능
⑥ 의무게시물 중 공인중개사자격증	→공인중개사인 개업공인중개사, 법인인 개업공인중개사 : 게시 필요 →부칙상 개업공인중개사 : 게시 불필요
⑦ 대표자 사망시	→개인인 개업공인중개사 : 무등록 중개업 →법인인 개업공인중개사 : 유등록 중개업(*why?* 대표자는 교체하면 되므로)

특수법인의 업무지역 범위는 법인인 개업공인중개사의 업무지역 범위와 '다르다'.(×) → '동일하다'.(○)

겸업의 범위는 개업공인중개사의 종별에 관계 없이 '동일하다'.(×) → '다르다'.(○)

(3) 고용인 간 공통점 vs 차이점

구분	소속공인중개사	중개보조원
① 공인중개사 자격증	○	×
② 업무	중개업무 수행·보조	단순보조
③ 의무	자격증 게시, 인장등록	×
④ 부동산거래신고 대리가능 여부	○	×
⑤ 고용·종료	고용은 업무개시전까지 vs 고용관계가 종료된 때는 고용관계가 종료된 날부터 10일 이내 등록관청에 신고	

소속공인중개사에 대한 고용신고는 전자문서에 의해서도 할 수 있지만, 중개보조원에 대한 고용신고는 전자문서로 할 수 '없다'.(×) → '있다'.(○)

법인인 개업공인중개사는 토지의 분양대행을 할 수 '있다'.(×) → '없다'.(○)

법인인 개업공인중개사가 공인중개사법상 겸업제한 규정을 위반한 경우, 등록관청은 중개사무소의 개설등록을 취소 '하여야 한다'.(×) → '할 수 있다'.(○)

★★★
(4) 분사무소

① 관할 차이 (주사무소등록관청 vs 분사무소등록관청)

구분 \ 관할	'주' 사무소 관할 등록관청	'분' 사무소 관할 등록관청(시·군·구)
㉠ 설치신고	○(관할)	×(비관할)
㉡ 신고필증재교부	○	×
㉢ 인장등록	○	×
㉣ 이전신고	○	×
㉤ 지도·감독	○	○

※ 사무소내 게시의무물 중 중개보수·실비의 요율 및 한도액표
→ '분사무소 (주사무소×)' 소재지 관할 '시·도(등록관청×, 시·군·구×)' 조례가 정한것

② 구비서류 차이(주사무소 개설등록 vs 분사무소 설치신고)

구분	'주' 사무소 개설등록 시	'분' 사무소 설치신고(개설등록×) 시
㉠ 여권용 사진 1매	○(구비 필요)	×(구비 불필요)
㉡ 업무보증설정 증명서류	×	○
㉢ 공인중개사자격증사본	×	×
㉣ 실무교육수료확인증사본	○	○
㉤ 사무소확보 증명서류	○	○

(5) 개업공인중개사의 고용인에 대한 책임

8번 테마(업무보증·손해배상) 중 (5)번 참고

(6) 개업공인중개사의 고용인 신고

① 소속공인중개사·중개보조원 고용
→ 등록관청에 업무개시 전까지 신고의무

② 소속공인중개사·중개보조원 고용관계 종료
→ 등록관청에 사후(사전×) 10일(7일×) 이내 신고의무

③ 소속공인중개사·중개보조원의 '업무상' 행위
→ 개업공인중개사의 행위로 본다.

※ 개업공인중개사가 결격사유자인 고용인을 2월 이내 미해고 시 → 업무정지

2. 3단 비교표

(1) 개업공인중개사의 겸업제한

법	시행령	시행규칙
제14조 개업공인중개사의 겸업제한 등 ① 법인(개인×)인 개업공인중개사는 다른 법률에 규정된 경우를 제외하고는 중개업 및 다음 각 호에 규정된 업무와 제2항에 규정된 업무 외에 다른 업무를 함께 할 수 없다. 1. 상업용(농업용×, 공업용×) 건축물 및 주택(토지×)의 임대관리 등 부동산의 관리대행(관리업×, 임대업×) 2. 부동산의 이용·개발 및 거래에 관한 상담(컨설팅) 3. 개업공인중개사(중개의뢰인×, 공인중개사×, 일반인×)를 대상으로 한 중개업의 경영기법 및 경영정보의 제공 4. 상업용(공업용×) 건축물(토지×) 및 주택의 분양대행 5. 그 밖에 중개업에 부수되는 업무로서 대통령령(국토교통부령×)이 정하는 업무 ② 개업공인중개사(부칙상 개업공인중개사×)는 「민사집행법」에 의한 경매 및 「국세징수법」 그 밖의 법령에 의한 공매대상 부동산에 대한 권리분석 및 취득의 알선과 매수신청 또는 입찰신청의 대리를 할 수(하여야×) 있다. ③ 개업공인중개사가 제2항의 규정에 따라 「민사집행법」에 의한 경매대상 부동산의 매수신청 또는 입찰신청의 대리를 하고자 하는 때에는 대법원규칙(국토교통부령×)이 정하는 요건을 갖추어 법원(등록관청×)에 등록(신고×)을 하고 그 감독을 받아야 한다.(→ 관련 법규 : 공인중개사의 매수신청대리인 등록 등에 관한 규칙·예규)	**제17조 법인인 개업공인중개사의 업무** ① 삭제 ② 법 제14조제1항제5호에서 "대통령령이 정하는 업무"라 함은 중개의뢰인의 의뢰에 따른(개업공인중개사의 자발적인×) 도배·이사업체의 소개 등 주거이전에 부수되는 용역의 알선(용역업×)을 말한다.	–

▶ 법인인 개업공인중개사의 겸업사항은 중개업 외의 업무이다. 즉, 중개업무가 아니다. 따라서 겸업과 관련된 인장등록 및 등록인장 사용의무도 없으며, 겸업에 따른 수수료는 중개보수가 아니므로 당사자 간 약정에 의한다(다만, 관련 법규의 제한이 있으면 그에 따른다).

(2) 개업공인중개사의 고용인의 신고

법	시행령	시행규칙
제15조 개업공인중개사의 고용인의 신고 등 ① 개업공인중개사는 소속공인중개사 또는 중개보조원을 고용하거나 고용관계가 종료된(될×) 때에는 국토교통부령(대통령령×)으로 정하는 바에 따라 등록관청(시·도지사×, 국장×)에 신고(등록×)하여야 한다. ② 소속공인중개사 또는 중개보조원의 업무상 행위(모든 행위×)는 그를 고용한 개업공인중개사의 행위로 본다(간주된다○, 추정한다×).	–	**제8조 개업공인중개사의 고용인의 신고** ① 개업공인중개사는 소속공인중개사 또는 중개보조원을 고용한(할×) 경우에는 법 제34조제2항(소속공인중개사 실무교육) 또는 제3항(중개보조원 직무교육)에 따른 교육을 받도록 한 후(하기 전에×) 법 제15조제1항에 따라 업무개시 전까지(10일 이내에×) 등록관청에 신고(통보×)(전자문서에 의한 신고를 포함한다)하여야 한다. ② 제1항에 따른 고용 신고를 받은 등록관청은 법 제5조제2항에 따라 공인중개사 자격증을 발급한 시·도지사(시·도지사 또는 국토교통부장관에게×)에게 그 소속공인중개사의 공인중개사 자격 확인을 요청하여야 한다. ③ 제1항에 따른 고용 신고를 받은 등록관청은 법 제10조제2항에 따른 결격사유 해당 여부와 법 제34조제2항 또는 제3항에 따른 교육 수료 여부를 확인하여야 한다. ④ 개업공인중개사는 소속공인중개사 또는 중개보조원과의 고용관계가 종료된 때에는 법 제15조제1항에 따라 고용관계가 종료된 날부터 10일(7일×) 이내에 등록관청에 신고하여야 한다. ⑤ 제1항 및 제4항에 따른 소속공인중개사 또는 중개보조원의 고용·고용관계종료 신고는 별지 제11호서식에 따른다. 이 경우 소속공인중개사 또는 중개보조원으로 외국인을 고용하는 경우에는 제4조제1항제6호가목의 서류를 첨부하여야 한다.

판 례

- 부동산중개업자가 **고용한 중개보조원이 고의 또는 과실로 거래당사자에게 재산상 손해를 입힌 경우**에 중개보조원은 당연히 불법행위자로서 거래당사자가 입은 손해를 배상할 책임을 지는 것이고, 구 부동산중개업법(2005. 7. 29. 법률 제7638호 공인중개사의 업무 및 부동산 거래신고에 관한 법률로 전부 개정되기 전의 것) 제6조 제5항은 이 경우에 그 중개보조원의 업무상 행위를 그를 고용한 중개업자의 행위로 본다고 정함으로써 중개업자 역시 거래당사자에게 손해를 배상할 책임을 지도록 하는 규정이다. 따라서 위 조항을 중개보조원이 고의 또는 과실로 거래당사자에게 손해를 입힌 경우에 그 중개보조원을 고용한 중개업자만이 손해배상책임을 지도록 하고 중개보조원에게는 손해배상책임을 지우지 않는다는 취지를 규정한 것으로 볼 수는 없다(있다×). [2011다78279]
- 동업관계에 있는 자들이 공동으로 처리하여야 할 업무의 집행을 위임받은 **동업자 중 1인이 업무집행과정에서 불법행위로 타인에게 손해를 가한 경우**, 동업관계에 있는 자들이 공동으로 처리하여야 할 업무를 동업자 중 1인에게 맡겨 그로 하여금 처리하도록 한 경우 다른 동업자는 그 업무집행자의 동업자인 동시에 사용자의 지위에 있다 할 것이므로, 업무집행과정에서 발생한 사고에 대하여 사용자로서 손해배상책임이 있다(없다×). [2005다65562]

O · X · 지 · 문 · 학 · 습

01. 모든 개업공인중개사는 경·공매 대상 부동산에 대한 권리분석 및 취득의 알선과 매수신청 또는 입찰신청의 대리를 할 수 있다. [O, ×]

02. 법인인 개업공인중개사는 상업용 건축물 및 주택의 임대관리 등 부동산의 관리대행과 부동산의 이용·개발 및 거래에 관한 상담을 할 수 있다. [O, ×]

03. 법인인 개업공인중개사의 업무범위에는 부동산중개업과 도배·이사업체의 소개 등 주거이전에 부수되는 용역의 알선, 중개의뢰인을 대상으로 한 중개업의 경영기법 및 경영정보의 제공 등을 할 수 있다. [O, ×]

04. 개업공인중개사는 소속공인중개사 또는 중개보조원을 해고한 때에는 해고일부터 10일 이내에 등록관청에 신고하여야 한다. [O, ×]

05. 개업공인중개사는 「민사집행법」에 의한 경매대상 부동산의 매수신청 또는 입찰신청의 대리를 하고자 하는 때에는 국토교통부령이 정하는 요건을 갖추어 법원에 등록하여야 한다. [O, ×]

06. 소속공인중개사 또는 중개보조원의 업무상 행위는 그를 고용한 개업공인중개사의 행위로 간주된다. [O, ×]

07. 등록관청은 고용 신고를 받은 경우 공인중개사 자격증을 발급한 시장·군수·구청장에게 그 소속공인중개사의 공인중개사 자격 확인을 요청하여야 한다. [O, ×]

08. 개업공인중개사는 소속공인중개사 또는 중개보조원을 고용한 경우에는 업무개시 전까지 등록관청에 신고하여야 한다. [O, ×]

정답 및 해설

01. × (모든 → 극단적 어구. 틀린 보기이다. 일정요건을 갖춘 개업공인중개사만 대리할 수 있다.)
02. ○
03. × (중개의뢰인을 → 개업공인중개사를)
04. ○
05. × (국토교통부령 → 대법원규칙)
06. ○
07. × (시장·군수·구청장 → 시·도지사)
08. ○

1. 공인중개사법령상 개업공인중개사의 겸업에 관한 설명으로 옳은 것은?

① 모든 개업공인중개사는 개업공인중개사를 대상으로 한 중개업의 경영기법의 제공업무를 겸업할 수 있다.
② 법인이 아닌 모든 개업공인중개사는 법인인 개업공인중개사에게 허용된 겸업업무를 모두 영위할 수 있다.
③ 법인인 개업공인중개사는 부동산의 이용·개발 및 거래에 관한 상담업무를 겸업해야 한다.
④ 법인인 개업공인중개사는 중개의뢰인의 의뢰에 따라 도배·이사업을 겸업할 수 있다.
⑤ 공인중개사인 개업공인중개사는 20호 미만으로 건설되는 단독주택의 분양대행업을 겸업할 수 없다.

해설

② 부칙 제6조 제2항의 개업공인중개사는 법인인 개업공인중개사에게 허용된 겸업업무 중 경 · 공매업무는 할 수 없다.
③ 겸업해야 → 겸업할 수
④ 도배·이사업체의 용역의 알선업이 가능 ⑤ 없다 → 있다

2. 공인중개사법령상 개업공인중개사의 고용인의 신고에 관한 설명으로 틀린 것은?

① 소속공인중개사 고용 신고를 받은 등록관청은 공인중개사 자격증을 발급한 시·도지사에게 그 소속공인중개사의 공인중개사 자격 확인을 요청해야 한다.
② 개업공인중개사가 중개보조원을 고용한 경우에는 업무개시 전까지 등록관청에 신고해야 한다.
③ 소속공인중개사의 업무상 행위는 그를 고용한 개업공인중개사의 행위로 본다.
④ 개업공인중개사가 소속공인중개사를 고용한 경우 소속공인중개사의 공인중개사 자격증 사본을 중개사무소에 게시해야 한다.
⑤ 개업공인중개사가 중개보조원을 해고한 경우에는 해고일부터 10일 이내에 등록관청에 신고해야 한다.

해설

④ 자격증 사본 → 자격증 원본

3. 공인중개사법령상 부동산중개와 관련된 설명으로 옳은 것(O)과 틀린 것(X)을 바르게 표시한 것은?

ㄱ. 법인인 개업공인중개사는 토지의 분양대행업무도 할 수 있다.
ㄴ. 법인이 아닌 개업공인중개사는 부동산의 개발에 관한 상담을 하고 의뢰인으로부터 합의된 보수를 받을 수 있다.
ㄷ. 개업공인중개사가 중개보조원을 해고한 때에는 지체없이 국토교통부령이 정하는 바에 따라 등록관청에 신고해야 한다.
ㄹ. 개업공인중개사 갑(甲)이 임차한 중개사무소를 개업공인중개사 을(乙)이 공동으로 사용하려는 경우 을(乙)은 개설등록신청시 건물주의 사용승낙서를 첨부해야 한다.

① ㄱ(X), ㄴ(O), ㄷ(X), ㄹ(X)
② ㄱ(X), ㄴ(X), ㄷ(O), ㄹ(O)

|정답| 1. ① 2. ④ 3. ①

③ ㄱ(X), ㄴ(O), ㄷ(O), ㄹ(X)
④ ㄱ(O), ㄴ(X), ㄷ(O), ㄹ(O)
⑤ ㄱ(O), ㄴ(O), ㄷ(X), ㄹ(X)

해설

ㄱ. 법인인 개업공인중개사는 토지의 분양대행업무를 할 수 없다.
ㄷ. 지체 없이 → 10일 이내에 ㄹ. 건물주 → 개업공인중개사 갑

4. 공인중개사법령상 법인인 개업공인중개사가 겸업할 수 있는 것은?

① 농업용 건축물에 대한 관리대행
② 토지에 대한 분양대행
③ 개업공인중개사가 아닌 공인중개사를 대상으로 한 중개업 경영기법의 제공행위
④ 부동산개발에 대한 상담
⑤ 의뢰인에게 경매대상 부동산을 취득시키기 위하여 개업공인중개사가 자신의 이름으로 직접 매수신청을 하는 행위

해설

법인인 개업공인중개사는 상업용 건축물에 관리대행과 주택의 임대관리, 개업공인중개사 대상 경영컨설팅, 경매물건 매수(입찰)신청 대리업무가 가능하다.

5. 개업공인중개사 甲의 중개보조원 乙의 과실로 중개의뢰인 丙이 손해를 입었다. 이와 관련한 설명으로 옳은 것은? (다툼이 있으면 판례에 의함)

① 甲은 중개사무소 개설등록 이전에 손해배상책임을 보장하기 위해 보증보험 또는 공제에 가입하거나 공탁을 해야 한다.
② 乙의 업무상 행위는 그를 고용한 甲의 행위로 본다.
③ 甲은 乙의 모든 행위에 대하여 丙에게 손해배상책임을 진다.
④ 甲의 丙에 대한 책임이 인정되는 경우, 乙은 직접 丙에게 손해배상책임을 지지 않는다.
⑤ 甲의 책임이 인정되어 丙에게 손해배상책임을 이행한 공제사업자는 甲에게 구상권을 행사할 수 없다.

해설

① 개업공인중개사 甲은 업무개시 전에 손해배상책임을 보장하기 위해 보증보험 또는 공제에 가입하거나 공탁해야 한다.
③ 개업공인중개사 甲은 乙의 중개행위에 대해 丙에게 책임을 지게 된다.
④ 甲과 乙은 丙에게 연대책임을 진다.
⑤ 甲이 丙에게 손해배상을 한 경우에는 乙에게 구상권을 행사할 수 있다.

6. 소속공인중개사에 대한 설명 중 옳은 것은?

① 법인이 아닌 개업공인중개사의 소속공인중개사도 실무교육을 이수하여야 한다.
② 소속공인중개사는 공인중개사법에 의한 부동산거래 신고 업무를 대리할 수 없다,
③ 중개보조원은 소속공인중개사가 될 수 없지만 소속공인중개사는 개업공인중개사가 될 수 있다.
④ 개업공인중개사의 과실로 중개의뢰인에게 재산상의 손해를 입힌 경우 양벌규정에 의해 소속공인중개사도 공동책임을 진다.
⑤ 소속공인중개사를 해고하는 경우 해고일로부터 10일 이내에 등록관청에 신고하여야 한다.

해설

② 없다 → 있다
③ 있다 → 없다(이중소속금지)
④ 진다 → 지지 않는다(개업공인중개사의 과실이므로 개업공인중개사만 책임지면 된다.)

|정답| 4. ④ 5. ② 6. ①, ⑤

7. 공인중개사법령상 개업공인중개사의 고용인과 관련된 설명으로 옳은 것은? (다툼이 있으면 판례에 의함)

① 소속공인중개사에 대한 고용신고를 받은 등록관청은 공인중개사 자격증을 발급한 시·도지사에게 그 자격 확인을 요청해야 한다.

② 개업공인중개사가 소속공인중개사를 고용한 경우 그 업무개시 후 10일 이내에 등록관청에 신고해야 한다.

③ 소속공인중개사는 고용신고일 전 1년 이내에 직무교육을 받아야 한다.

④ 중개보조원의 업무상 행위는 그를 고용한 개업공인중개사의 행위로 추정한다.

⑤ 중개보조원의 업무상 과실로 인한 불법행위로 의뢰인에게 손해를 입힌 경우 개업공인중개사가 손해배상책임을 지고 중개보조원은 그 책임을 지지 않는다.

해설

② 업무개시 후 → 업무개시 전 ③ 직무교육 → 실무교육

④ 추정한다 → 간주한다 ⑤ 중개보조원도 책임을 진다.

8. 공인중개사법령상 개업공인중개사의 겸업제한에 관한 설명으로 틀린 것은?

① 공인중개사인 개업공인중개사는 공인중개사법령 및 다른 법령에서 제한하지 않는 업무를 겸업할 수 있다.

② 법인이 아닌 모든 개업공인중개사는 민사집행법에 따른 경매대상 부동산의 매수신청대리를 할 수 있다.

③ 공인중개사인 개업공인중개사는 이사업체를 소개할 수 있다.

④ 공인중개사인 개업공인중개사는 주택법상 사업계획승인 대상이 아닌 주택의 분양대행을 할 수 있다.

⑤ 법인인 개업공인중개사가 겸업제한을 위반할 경우 중개사무소 개설등록을 취소할 수 있다.

해설

② 법인이 아닌 모든 개업공인중개사 → 부칙상 개업공인중개사를 제외한 개업공인중개사

9. 공인중개사법령상 개업공인중개사의 고용인에 관한 설명으로 옳은 것은?

① 개업공인중개사가 중개보조원을 고용한 경우 고용일부터 10일 이내에 등록관청에 신고해야 한다.

② 중개보조원의 모든 행위는 그를 고용한 개업공인중개사의 행위로 본다.

③ 개업공인중개사가 중개보조원을 해고하려고 하는 때에는 사전에 등록관청에 신고해야 한다.

④ 소속공인중개사를 고용한 경우에는 소속공인중개사 자격증 사본 1부를 첨부한 신고서를 등록관청에 제출해야 한다.

⑤ 소속공인중개사는 중개행위에 사용한 인장으로 「인감증명법」에 따라 신고한 인장을 등록해야 한다.

해설

① 고용일부터 10일 이내에 → 업무개시 전까지(시행규칙 제8조 제①항)

② 모든 행위 → 업무상 행위 (법률 제15조 제②항)

③ 사전에 → 고용관계 종료된 날부터 10일 이내에

④ 시행규칙 제8조 제③항, 별지 제11호 서식상 구비서류란

⑤ 틀린 보기(인장을 등록해야 한다는 것은 옳지만, '「인감증명법」에 따라 신고한' 이란 규정은 폐지되어 전체적으로 보면 틀린 보기이다. 법률 제16조, 시행규칙 제9조)

|정답| 7. ① 8. ② 9. ④

인증번호 : ZY39-S4V2

★★★

금지행위

핵심

금지행위의 사례상 이해

1. 요약

(1) 기본윤리

① 품위유지

② 신의성실 → 가장 기본의무

③ 공정중개

④ 비밀준수의무 —위반 시 제재사항→ 1년 1천만원
[↔ 반의사불벌죄(反意思不罰罪, 피해자의 의사에 반하여 처벌할 수 없는 죄)에 해당]

선관주의 의무

('판례'가 인정한 의무사항 → 공인중개사법상 명문규정 없음 → 가장 기본의무×)

① 등기부상 : 동일인 여부 확인 (→ 실제 동일 여부까지 확인해야 한다.) [대판 92다55350]

② 등기부상 근저당권 : 채권최고액 확인 (→ 실제 채무액까지 확인할 필요는 없다.)

↔ **판례** 그러나 실제 피담보채무액에 관한 그릇된 정보를 제대로 확인하지도 않은채, 마치 그것이 진실인 것처럼 의뢰인에게 그대로 전달하여, 의뢰인이 그 정보를 믿고 상대방과 계약에 이르게 되었다면 중개업자(현, 개업공인중개사)의 의무에 위반된다. [98도30667]

③ 가족관계등록부 : 상속인 여부 확인

기출 Point

1. 기본윤리 항목
2. 금지행위 항목
3. 위반 시 제재사항

출제자 의도

금지행위

문제에 주어진 '사례'가 금지행위에 해당되는지 여부를 판단할 수 있는가?

개업공인중개사의 선량한 관리자의 주의의무(선관주의 의무)는 중개의뢰인을 보호하기 위해서 공인중개사법상 명문으로 규정되어 '있다'.(×) → '없다'.(○)

(2) 금지행위

① (거짓된 언행 등으로)판단 그르치게 하는 행위
② 보수·실비를 초과해 금품 수수 행위
③ (무등록으로 중개업을 하는 사실을 알면서)의뢰받거나 명의를 이용케 하는 행위
④ 중개대상물의 매매를 업으로 하는 행위

→ 위반 시 제재사항 → 1년 1천만원

⑤ 증서(양도알선이 금지된)의 중개·매매를 업으로 하는 행위
⑥ 직접거래, 쌍방대리 행위 ↔ 일방대리는 가능
⑦ 투기조장 행위

→ 3년 3천만원

<행정처벌> <행정처분>

①~⑦ 위반 시 제재사항 → 임의적(절대적×) 등록취소 (소속공인중개사 : 자격정지)

※ '금지행위' 가 당연 '결격사유' 에 해당되는 것은 아니다.
→ 행정처분·처벌을 받아야 비로소 결격사유에 해당된다.

구분	④ (중개대상물) 매매업 vs	⑥ 직접거래
중개의뢰인	× (→중개의뢰인 없어야 매매업 성립)	○ (→중개의뢰인 있어야 직접 거래 성립)
업(계속성)	○ (→계속성 있어야 매매업 성립)	× (→계속성 없어도 직접 거래 성립)

분양권 매매 vs 입주권 매매

(1) (일반지구 내) 분양권 매매 → 업으로 하는 경우 ; 위 금지행위 중 ④에 해당 → 1년 1천만원
→ 분양권 '매매중개' 는 금지행위에 해당되지 않는다.
(2) (투기과열지구 내) 분양권 매매 → 위 금지행위 중 ⑦에 해당 → 3년 3천만원
(3) 입주권 중개·매매 → 위 금지행위 중 ⑤에 해당 → 3년 3천만원

▌판례 분양권▐

'분양권' 정의 : 장래 건축될 예정 '건물' → 따라서 ④의 중개대상물에 해당(↔ ⑤의 증서 아님) [89도1885]

▌판례 금지행위▐

② 관련 : • 중개와 구별되는 이른바 '분양대행' 과 관련하여 교부받은 보수는 공인중개사법 제33조제3호에 의하여 초과 수수가 금지되는 금원이 '아니다' [98도1914]
• 공인중개사법 제33조제3호의 금지규정은 강행(효력)법규이므로 초과부분은 무효이고 부당이득이므로 반환해야 한다. [2000다54406]

⑤ 관련 : '상가분양계약서' 는 상가의 매매계약서일 뿐 (구)부동산중개업법 제15조제4호 소정의 부동산 임대, 분양 등과 관련이 있는 증서라고 볼 수 '없다' [93도773]

⑥ 관련 : • 직접거래의 대상이 되는 '중개의뢰인' 의 범위에는 중개대상물의 '소유자' 와 그로부터 거래에 관한 대리권을 수여받은 '대리인' 이나 거래에 관하여 사무처리를 위탁받은 '수임인' 등도 포함된다. [90도1872]
• 중개업자가 다른 중개업자의 중개로 부동산을 매수하여 매수중개의뢰를 받은 또 다른 중개업자의 중개로 매도한 경우, '직접거래' 행위에 해당하지 '않는다' . [90도2958]

⑦ 관련 : 전매차익을 노린 의뢰인의 미등기 전매를 중개한 경우, 비록 '전매차익이 발생하지 않았다 할지라도' , 부동산 투기를 조장하는 행위에 '해당' 한다고 볼 수 있다. [90누4464]

2. 3단 비교표

(1) 기본윤리

법	시행령	시행규칙
제29조 개업공인중개사 등의 기본윤리 ① 개업공인중개사 및 소속공인중개사(중개보조원×)는 전문직업인으로서의 품위를 유지하고 신의와 성실로써 공정하게 중개 관련 업무를 수행하여야 한다. ② 개업공인중개사등은 이 법 및 다른 법률에 특별한 규정이 있는 경우를 제외하고는(언제나×) 그 업무상 알게 된 비밀을 누설하여서는 아니된다. 개업공인중개사등이 그 업무를 떠난 후에도(업무 중에만×) 또한 같다. → 비밀준수의무	–	–

(2) 금지행위

법	시행령	시행규칙
제33조 금지행위 개업공인중개사등은 다음 각 호의 행위를 하여서는 아니된다. 1. 제3조의 규정에 의한 법정 중개대상물(그외 물건×)의 매매(교환×, 임대차×, 알선×)를 업(매매×, 매매중개×, 중개업×, 임대차업×)으로 하는 행위 2. 제9조의 규정에 의한 중개사무소의 개설등록을 하지 아니하고 중개업을 영위하는 자인 사실을 알면서(모르면서×) 그를 통하여 중개를 의뢰받거나 그에게 자기의 명의를 이용하게 하는 행위 3. 사례·증여 그 밖의 어떠한 명목으로도 제32조에 따른 보수 또는 실비를 초과하여 금품을 받는 행위 4. 당해 중개대상물의 거래상의 중요사항에 관하여 거짓된 언행 그 밖의 방법으로 중개의뢰인의 판단을 그르치게 하는 행위 [→ 부작위(알려주어야 할 사실을 알려주지 않는 것, 즉 침묵)도 포함] 5. 관계 법령에서 양도·알선 등이 금지된 부동산의 분양·임대 등과 관련 있는 증서 등의 매매·교환 등을 중개하거나 그 매매를 업으로 하는 행위 6. 중개의뢰인(대리인○, 수임인○, 非중개의뢰인×)과 직접(간접×) 거래를 하거나 거래당사자 쌍방을 대리(일방대리×)하는 행위 7. 탈세 등 관계 법령을 위반할 목적으로 소유권보존등기 또는 이전등기를 하지 아니한 부동산이나 관계 법령의 규정에 의하여 전매 등 권리의 변동이 제한된 부동산의 매매를 중개하는 등 부동산투기를 조장하는 행위	–	–

• 부동산의 분양·임대 등과 관련있는 '증서' 예

청약저축통장, 국민주택청약예금증서, 재개발·철거지역의 입주권, 주택상환사채 등

법정 중개보수·실비에 미달되거나 무상인 경우도 금지행위에 '해당된다'.(×)
→ '해당되지 않는다' (○)

중개의뢰인이 부동산을 단기 전매하여 세금을 포탈하려는 것을 알고도 개업공인중개사가 이에 동조하여 그 전매를 중개한 행위는 금지행위에 '해당하지 않는다'.(×)
→ '해당한다'.(○)(부동산 투기조장행위로 금지행위에 해당한다.)

판 례

금지행위

1. 중개대상물의 **매매**를 **업**으로 하는 행위

부동산의 거래행위가 부가가치세의 과세요건인 부동산**매매업**에 해당하는지 여부는 그 거래행위가 수익을 목적으로 하고, 그 규모, 횟수, 태양 등에 비추어 사업활동으로 볼 수 있는 정도의 계속성과 반복성이 있는지 여부 등을 고려하여 사회통념에 비추어 가려져야 한다. [96누10881]

2. 사례·증여 그 밖의 어떠한 명목으로도 **중개보수** 또는 **실비**를 **초과**하여 금품을 받는 행위

- 구 부동산중개업법(현, 공인중개사법) 제20조에 의하면, 중개업자(현, 개업공인중개사)는 중개업무에 관하여 중개의뢰인으로부터 소정의 수수료(현, 중개보수)를 받을 수 있고(제1항), 위 수수료의 한도 등에 관하여 필요한 사항은 구 건설교통부령이 정하는 범위 내에서 특별시·광역시 또는 도의 조례로 정하도록 규정하고 있으며(제3항), 구 부동산중개업법 시행규칙(2000. 7. 29. 건설교통부령 제250호로 개정되어 2000. 10. 1.부터 시행되기 전의 것) 제23조의2 제1항에 의하면, 부동산중개업법 제20조 제3항의 규정에 의한 수수료는 중개의뢰인 쌍방으로부터 각각 받되 그 한도는 매매·교환의 경우에는 거래가액에 따라 0.15%(위 개정 후에는 0.2%)에서 0.9% 이내로 하도록 규정되어 있고, 한편 구 부동산중개업법 제15조 제2호는 중개업자가 같은 법 제20조 제3항의 규정에 의한 수수료를 초과하여 금품을 받거나 그 외에 사례·증여 기타 어떠한 명목으로라도 금품을 받는 행위를 할 수 없도록 금지하고, 위와 같은 금지행위를 한 경우 등록관청이 중개업 등록을 취소할 수 있으며(같은 법 제22조 제2항 제3호), 위와 같은 금지규정을 위반한 자는 1년 이하의 징역 또는 1천만원 이하의 벌금에 처하도록 규정하고 있는바(같은 법 제38조 제2항 제5호), 부동산중개업법이 '부동산중개업자의 공신력을 높이고 공정한 부동산 거래질서를 확립하여 국민의 재산권 보호에 기여함'을 목적으로 하고 있는 점(같은 법 제1조), 위 규정들이 위와 같은 금지행위의 결과에 의하여 경제적 이익이 귀속되는 것을 방지하려는 데에도 그 입법 취지가 있다고 보이는 점, 그와 같은 위반행위에 대한 일반사회의 평가를 감안할 때 위와 같은 금지행위 위반은 반사회적이거나 반도덕적으로 보아야 할 것인 점, 위반행위에 대한 처벌만으로는 부동산중개업법의 실효를 거둘 수 없다고 보이는 점 등을 종합하여 보면, 위와 같은 규정들은 부동산중개의 수수료(현, **중개보수**) **약정 중 소정의 한도액을 초과하는 부분**에 대한 사법상의 효력을 제한함으로써 국민생활의 편의를 증진하고자 함에 그 목적이 있는 것이므로 이른바, 강행법규에 속하는 것으로서 그 한도액을 초과하는 부분은 **무효**(유효×)라고 보아야 한다. [2000다54406, 54413]

- [1] 부동산중개업법 제15조 제2호는 중개업자 등이 "제20조 제3항의 규정에 의한 수수료 또는 실비를 초과하여 금품을 받거나 그 외에 사례·증여 기타 어떠한 명목으로라도 금품을 받는 행위"를 하여서는 아니 된다고 규정하고 있으므로, 중개업자 등이 부동산의 거래를 중개한 후 수수료는 물론 사례비나 수고비 등의 명목으로 금품을 받은 경우 그 금품의 가액이 **소정의 수수료를 초과**하는 때에는 위 규정을 위반한 행위에 해당한다(하지 않는다×).

  [2] 부동산중개업법 제15조 제2호의 금지규정에 위반한 행위는 같은 법 제38조 제2항 제5호에 의하여 처벌의 대상이 되는데, 이러한 범죄의 본질은 중개업자 등이 중개의뢰인으로부터 수수료 등의 명목으로 법정의 한도를 초과하는 금품을 취득함에 있는 것이지 중개의뢰인에게 현실적으로 그 한도 초과액 상당의 재산상 손해가 발생함을 요건으로 하는 것이 아니고, 한편 당좌수표는 그 자체가 재산적 가치를 지닌 유가증권이므로, 중개업자 등이 중개의뢰인으로부터 수수료 등의 명목으로 **소정의 한도를 초과**하는 액면금액의 당좌수표를 교부받은 경우에는 그 취득 당시 보충할 수 없는 수표요건이 흠결되어 있는 이른바 불완전수표와 같이 그 당좌수표 자체에 이를 무효로 하는 사유의 기재가 있는 등의 특별한 사정이 없는 한 그 당좌수표를 교부받는 단계에서 곧바로 위 죄의 기수가 되는 것이고, 비록 그 후 그 당좌수표가 **부도처리**되었다거나 또는 중개의뢰인에게 그대로 **반환**되었더라도 위 죄의 성립에는 아무런 영향이 없다 [즉, 금지행위에 해당한다(하지 않는다×).] [2004도4136]

- [1] 구 부동산중개업법(2005. 7. 29. 법률 제7638호 공인중개사의 업무 및 부동산 거래신고에 관한 법률로 전문 개정되기 전의 것) 제2조 제1호, 제3조, 같은 법 시행령 제2조의 규정을 종합하여 보면, 영업용 건물의 영업시설·비품 등 유형물이나 거래처, 신용, 영업상의 노하우 또는 점포 위치에 따른 영업상의 이점 등 무형의 재산적 가치는 같은 법 제3조, 같은 법 시행령 제2조에서 정한 중개대상물이라고 할 수 없으므로, 그러한 유·무형의 재산적 가치의 양도에 대하여 이른바 "권리금" 등을 수수하도록 중개한 것은 구 부동산중개업법이 규율하고 있는 중개행위에 해당하지 아니하고, 따라서 같은 법이 규정하고 있는 중개수수료의 한도액 역시 이러한 거래대상의 중개행위에는 적용되지 아니한다.

판 례

[2] 개업공인중개사가 토지와 건물의 임차권 및 **권리금**, 시설비의 교환계약을 중개하고 그 사례 명목으로 포괄적으로 지급받은 금원 중 어느 금액까지가 구 부동산중개업법(2005. 7. 29. 법률 제7638호 공인중개사의 업무 및 부동산 거래신고에 관한 법률로 전문 개정되기 전의 것)의 규율대상인 중개수수료에 해당하는지를 특정할 수 없어 같은 법이 정한 한도를 초과하여 중개수수료를 지급받았다고 단정할 수 없다 [2005도6054]

3. 당해 중개대상물의 거래상의 중요사항에 관하여 거짓된 언행 그 밖의 방법으로 **중개의뢰인의 판단을 그르치게** 하는 행위

- 부동산중개업법 제15조 제1호가 중개업자 등에게 당해 중개대상물의 거래상의 중요사항에 관하여 거짓된 언행 기타의 방법으로 중개의뢰인의 판단을 그르치게 하는 행위를 못하도록 금지하고 있고 같은 법 제38조 제2항은 이를 위반한 자를 처벌하도록 규정하고 있는 점에 비추어 중개인 등이 서로 짜고 매도의뢰가액을 **숨긴** 채 이에 비하여 무척 높은 가액으로 중개의뢰인에게 부동산을 매도하고 그 차액을 취득한 행위가 민사상의 **불법행위**를 구성한다(구성하지 않는다×). [91다25963]
- 피고가 매수한 부동산이 개발제한 구역으로 결정되어 가격이 떨어지고 매수하려는 사람도 없어 상당한 가격으로 현금화하기가 어려운데도 원고에게 바로 비싼 값에 전매할 수 있다고 기망하여 매매계약을 체결하였다면 이는 **불법행위**로 되고(되지 않는다×), 그로 인하여 원고가 입은 손해는 다른 사정이 없는 한 매수가격과 매수 당시의 싯가와의 차액 상당액이다. [79다1746]

→ 불법행위 관련 민법 조문 : 제750조(불법행위의 내용) 고의 또는 과실로 인한 위법행위로 타인에게 손해를 가한 자는 그 손해를 배상할 책임이 있다.

4. **양도·알선 등이 금지된** 부동산의 분양·임대 등과 관련 있는 **증서 등의 매매·교환 등을 중개**하거나 그 **매매를 업**으로 하는 행위

상가 전부를 매도할 때 사용하려고 매각조건 등을 기재하여 인쇄해 놓은 양식에 매매대금과 지급기일 등 해당사항을 기재한 **분양계약서**는 상가의 매매계약서일 뿐 부동산중개업법 제15조 제4호 소정의 부동산 임대, 분양 등과 관련이 있는 증서라고 볼 수 없다(있다×). [93도773]

5. 중개의뢰인과 **직접 거래**를 하거나 거래당사자 **쌍방**을 **대리**하는 행위

- [1] 부동산중개업법 제15조 제5호는 중개인이 중개의뢰인과 직접 거래를 하는 행위를 금지하고 있는바, 중개인에 대하여 이 규정을 적용하기 위해서는 먼저 중개인이 중개의뢰인으로부터 중개의뢰를 받았다는 점이 전제되어야만 하고, 위 규정에서 금지하고 있는 **'직접거래'** 란 중개인이 중개의뢰인으로부터 의뢰받은 매매·교환·임대차 등과 같은 권리의 득실·변경에 관한 행위의 직접 상대방이 되는 경우를 의미한다.

  [2] 중개인이 토지 소유자와 사이에 중개인 자신의 비용으로 토지를 택지로 조성하여 분할한 다음 토지 중 일부를 중개인이 임의로 정한 매매대금으로 타에 매도하되, 토지의 소유자에게는 그 매매대금의 수액에 관계없이 확정적인 금원을 지급하고 그로 인한 손익은 중개인에게 귀속시키기로 하는 약정을 한 경우, 이는 단순한 중개의뢰 약정이 아니라 위임 및 도급의 복합적인 성격을 가지는 약정으로서, 중개인이 토지 소유자로부터 토지에 관한 중개의뢰를 받았다고 할 수 없으며, 토지에 대한 권리의 득실·변경에 관한 행위의 직접 상대방이 되었다고 보기도 어렵다(된다×)[→ 따라서 직접거래가 아니므로 금지행위에 해당하지 않는다(해당한다×)]. [2005도4494]
- 부동산중개업법이 제15조 제5호에서 중개업자 등이 "중개의뢰인과 직접 거래를 하거나 거래당사자 쌍방을 대리하는 행위"를 하지 못하도록 금지한 취지가, 이를 허용할 경우 중개업자 등이 거래상 알게 된 정보 등을 자신의 이익을 꾀하는데 이용함으로써 중개의뢰인의 이익을 해하는 일이 없도록 중개의뢰인을 보호하고자 함에 있는 점에 비추어 볼 때, 위 법조 소정의 **'중개의뢰인'** 에는 중개대상물의 소유자뿐만 아니라 그 소유자로부터 거래에 관한 대리권을 수여받은 대리인이나 거래에 관한 사무의 처리를 위탁받은 수임인 등도 포함된다(되지 않는다×)고 보아야 한다. [90도1872]
- 중개업자가 매도인으로부터 매도중개의뢰를 받은 다른 중개업자의 중개로 부동산을 매수하여 매수중개의뢰를 받은 또 다른 중개업자의 중개로 매도한 경우 부동산중개업법 제15조 제5호[현, 공인중개사법 제33조 제6호(중개의뢰인과 **직접 거래**를 하거나 거래당사자 **쌍방**을 **대리**하는 행위)에 해당하지 아니한다(한다×)]. [90도2858]

▌판 례▐

• 개업공인중개사가 자신의 소유가 아닌 **배우자 소유의 부동산을 중개의뢰인에게 매각**한 경우, 이는 중개의뢰인과의 직접거래에 해당하지 아니한다(해당한다×)[→ 따라서 직접거래가 아니므로 금지행위에 해당하지 않는다(해당한다×)].

[국토교통부 유권해석 58307-668]

6. 탈세 등 관계 법령을 위반할 목적으로 소유권보존등기 또는 이전등기를 하지 아니한 부동산이나 관계 법령의 규정에 의하여 전매 등 권리의 변동이 제한된 부동산의 매매를 중개하는 등 **부동산투기**를 **조장**하는 행위

부동산을 매수할 자력이 없는 갑이 전매차익을 노려 을로부터 이 사건 부동산을 매수하여 계약금만 걸어 놓은 다음 중간생략등기의 방법으로 단기전매하여 각종 세금을 포탈하려는 것을 부동산중개인인 원고의 중개보조인 병이 알고도 이에 동종하여 그 전매를 중개하였는데, 중도금 지급기일이 임박하도록 전매차익이 생길 만한 가액으로 위 부동산을 매수하겠다는 원매자가 나타나지 아니하자 계약이행을 하지 못하여 계약금을 몰취 당하는 등의 손실을 방지하기 위하여 매수대금보다 싼 값에 전매하게 된 것이라면 갑이 결과적으로 전매차익을 올리지 못하고 말았다고 할지라도 병의 위 전매중개는 부동산중개업법 제15조 제6호 소정의 탈세를 목적으로 이전등기를 하지 아니한 부동산의 매매를 중개하여 부동산투기를 조장하는 행위에 해당한다(해당하지 아니한다×)[→ 따라서 금지행위에 해당한다(해당하지 않는다×)]. [90누4464]

O·X·지·문·학·습

01. 개업공인중개사는 중개의뢰인으로부터 자기대리, 쌍방대리를 허락받아도 그러한 행위를 할 수 없으며, 그러한 경우 공인중개사법 위반으로 처벌받는다. [O, ×]

02. 개업공인중개사 A는 사업을 하는 임대의뢰인 B와 임차의뢰인 C로부터 바쁘다는 이유로 양 당사자로부터 전권을 위임받고 아파트 임대차계약을 체결한 경우 개업공인중개사 등의 금지행위에 해당된다. [O, ×]

03. 개업공인중개사가 전매차익을 노린 중개의뢰인의 미등기 전매를 중개한 경우, 전매차익이 발생하지 않았을 경우 부동산투기를 조장하는 행위에 해당되지 않는다. [O, ×]

04. 개업공인중개사(甲)가 매도인으로부터 매도중개의뢰를 받은 다른 개업공인중개사(乙)의 중개로 부동산을 매수하여, 매수중개의뢰를 받은 또 다른 개업공인중개사(丙)의 중개로 매도한 경우는 금지규정을 위반한 것이 아니다. [O, ×]

05. 개업공인중개사는 중개의뢰인으로부터 자기대리, 쌍방대리를 허락받아도 그러한 행위를 할 수 없으며, 그러한 경우 공인중개사법 위반으로 처벌받는다. [O, ×]

06. 개업공인중개사 A는 중개의뢰인 B와 C 간의 매매계약을 중개함에 있어서 B가 갑자기 출장 중이어서 B의 위임을 받고 의뢰인 C와 매매계약을 체결한 경우 금지행위에 해당되지 않는다. [O, ×]

07. 개업공인중개사는 공인중개사법 및 다른 법률에 특별한 규정이 있는 경우를 제외하고 업무상 알게 된 비밀을 누설하여서는 아니되지만 폐업 이후에는 가능하다. [O, ×]

정답 및 해설

01. ○
02. ○ (중개의뢰인과 직접 거래를 하거나 거래당사자 쌍방을 대리하는 행위를 금지하고 있다.)
03. × [비록 '전매차익이 발생하지 않았다 할지라도', 부동산투기를 조장하는 행위에 해당된다.(대판90누4464)]
04. ○
05. ○
06. ○ (일방대리는 가능하다.)
07. × (폐업 이후에는 가능하다. → 그 업무를 떠난 후에도 누설하여서는 아니된다.)

기·출·문·제·분·석

1. 공인중개사인 개업공인중개사가 다음의 행위를 한 경우, 공인중개사법령상 피해자의 명시한 의사에 반하여 처벌할 수 없는 것은?

① 거짓 그 밖의 부정한 방법으로 중개사무소의 개설등록을 한 경우
② 임시중개시설물을 설치한 경우
③ 2 이상의 중개사무소를 둔 경우
④ 업무상 알게 된 비밀을 누설한 경우
⑤ 중개대상물의 매매를 업으로 한 경우

해설

④ 업무상 알게 된 비밀을 누설한 경우 그 처벌은 피해자의 명시한 의사에 반하여 처벌할 수 없다.

2. 공인중개사법령상 개업공인중개사의 금지행위에 해당하는 것은? (다툼이 있으면 판례에 의함)

① 공인중개사인 개업공인중개사가 중개업과 별도로 문구점의 운영을 업으로 하는 행위
② 법인인 개업공인중개사가 상가분양 대행과 관련하여 법령상의 한도액을 초과한 금원을 받는 행위
③ 개업공인중개사가 중개의뢰인으로부터 매도의뢰 받은 주택을 직접 자기 명의로 매수하는 행위
④ 개업공인중개사가 자신의 자(子)가 거주할 주택을 다른 개업공인중개사의 중개로 임차하는 행위
⑤ 개업공인중개사가 거래당사자 일방을 대리하는 행위

해설

③ 직접거래는 금지행위에 해당된다.

3. 공인중개사법령상 중개업자의 금지행위에 해당하지 않는 것은? (다툼이 있으면 판례에 의함)

① 토지 또는 건축물의 매매를 업으로 하는 행위
② 중개의뢰인이 부동산을 단기 전매하여 세금을 포탈하려는 것을 알고도 중개업자가 이에 동조하여 그 전매를 중개한 행위
③ 공인중개사가 매도의뢰인과 서로 짜고 매도의뢰가격을 숨긴 채 이에 비하여 무척 높은 가격으로 매수의뢰인에게 부동산을 매도하고 그 차액을 취득한 행위
④ 개업공인중개사가 소유자로부터 거래에 관한 대리권을 수여받은 대리인과 직접 거래한 행위
⑤ 매도인으로부터 매도중개의뢰를 받은 개업공인중개사 乙의 중개로 X부동산을 매수한 개업공인중개사 甲이, 매수중개의뢰를 받은 다른 개업공인중개사 丙의 중개로 X부동산을 매도한 행위

해설

⑤ 앞의 개업공인중개사는 다른 개업공인중개사의 중개의뢰인에 해당하므로 금지행위에 해당되지 않는다. [90도 2858]

4. 공인중개사법령상 공인중개사인 개업공인중개사의 금지행위가 아닌 것은?

① 토지의 매매를 업으로 하는 행위
② 등기된 입목의 매매를 업으로 하는 행위

|정답| 1. ④ 2. ③ 3. ⑤

③ 중개의뢰인과 직접 중개대상물을 거래하는 행위
④ 건축물의 매매를 업으로 하는 행위
⑤ 일방의 중개의뢰인을 대리하여 타인에게 중개대상물을 임대하는 행위

해설

중개대상물 매매업은 금지행위에 해당된다.

5. 다음 중 개업공인중개사의 금지행위에 해당하는 것을 모두 고른 것은?

> ㉠ 개업공인중개사 갑(甲)이 의뢰인 을(乙)에게서 임야의 매수의뢰를 받고 경기도 광주시에 있는 특정한 임야를 매수하면 1년 내에 2배의 가격으로 되팔아주겠다고 제안하였다.
> ㉡ 개업공인중개사 갑(甲)은 중개대상물의 매매를 주된 업으로 하였다.
> ㉢ 개업공인중개사 갑(甲)이 을(乙), 병(丙)간의 매매계약을 중개하면서 을(乙), 병(丙)이 모두 출장 중인 관계로 양당사자의 위임을 받고 매매계약을 체결하였다.
> ㉣ 개업공인중개사 갑(甲)은 의뢰인 을(乙)이 매수 의뢰한 매수대상물의 매매계약을 성사시킨 대가로 법정수수료 외에 매매대상물에 관한 공유지분을 받았다.

① ㉡, ㉢, ㉣
② ㉠, ㉢, ㉣
③ ㉠, ㉡, ㉣
④ ㉠, ㉡, ㉢
⑤ ㉠, ㉡, ㉢, ㉣

해설

모두 금지행위에 해당된다.

6. 개업공인중개사의 의무에 관한 설명 중 틀린 것은? (판례 등에 의함)

① 개업공인중개사 등이 서로 짜고 매도의뢰가격을 숨긴 채 매우 높은 가액으로 중개의뢰인에게 부동산을 매도하고 그 차액을 취득한 경우에는 중개의뢰인의 판단을 그르치게 한 행위로서 금지행위에 해당된다는 것이 판례의 입장이다.
② 중개의뢰인이 매도가격을 미리 정하지 않고 그 이상 금액을 보수로 인정하는 순가중개계약의 경우 이에 대한 보수는 법정수수료를 초과할 수 없다.
③ 공인중개사법 중개대상물의 매매를 업으로 하는 행위는 금지되므로 일회적인 매매에 관여하는 것은 허용된다고 볼 수 있다. 이때 매매를 업으로 하였는지에 대한 판단은 그 매매가 수익을 목적으로 하고 있는지, 계속성과 반복성이 있는지 등의 사정을 고려하여 사회통념에 비추어 결정해야 한다는 것이 판례의 입장이다.
④ 상가전체를 매도할 때 사용하려고 매각조건 등을 기재하여 인쇄해 놓은 양식에 매매대금과 지급기일 등을 기재한 분양계약서는 상가의 분양계약서일 뿐 구 부동산중개업법 제15조 제4호 소정의 부동산 임대, 분양 등과 관련이 있는 증서라고 볼 수 없다는 것이 판례의 입장이다.
⑤ 개업공인중개사가 직접 중개행위를 하지 않고 다른 개업공인중개사에게 매수를 의뢰하여 부동산을 매수한 후 또 개업공인중개사에게 의뢰하여 그 부동산을 매각한 경우 이것은 직접거래에 해당한다는 것이 판례의 입장이다.

해설

⑤ 해당한다 → 해당되지 않는다

|정답| 4. ⑤ 5. ⑤ 6. ⑤

7. 개업공인중개사는 물론 소속공인중개사, 중개보조원 및 중개업인 법인의 사원·임원에게도 적용되는 것은?

① 중개사무소등록증 등의 게시의무
② 중개사무소 이중 개설등록의 금지
③ 인장등록의무
④ 품위유지 및 공정의무
⑤ 비밀누설금지의무

해설

①, ② 개업공인중개사에게 적용
③, ④ 개업공인중개사·소속공인중개사에게 적용

8. 개업공인중개사의 금지행위에 해당되는 것은 모두 몇 개인가? (다툼이 있으면 판례에 의함)

㉠ 개업공인중개사 A는 자기의 인척 B 소유 주택을 매수의뢰인인 C에게 매도하는 계약을 중개하였다.
㉡ 개업공인중개사 D는 매도의뢰인 E를 대리하여 매수의뢰인 F와 거래계약을 체결하였다.
㉢ 중개의뢰인과 체결한 순가중개계약의 내용을 준수하였으나, 법정 중개보수를 초과하여 금품을 받았다.
㉣ 상가분양을 대행하면서 주택 외의 중개대상물에 대한 법정 중개보수를 초과하여 금품을 받았다.
㉤ 무허가건축물의 매매를 중개하였다.

① 1개 ② 2개 ③ 3개
④ 4개 ⑤ 5개

해설

㉢만이 금지행위에 해당된다.

9. 공인중개사법령상 개업공인중개사의 금지행위에 해당하지 않는 것은?(다툼이 있으면 판례에 의함)

① 중개대상물의 매매를 업으로 하는 행위
② 중개를 의뢰한 거래당사자 쌍방을 대리하는 행위
③ 개업공인중개사가 중개의뢰인의 대리인과 직접 거래하는 행위
④ 전매제한을 받지 않는 아파트 거래를 중개하는 행위
⑤ 개업공인중개사가 무등록중개업자임을 알면서 자기의 명의를 이용하게 하는 행위

해설

④는 금지행위에 해당되지 않는다. (법 제33조)

10. 공인중개사법령상 개업공인중개사의 금지행위에 관한 설명으로 틀린 것은?(다툼이 있으면 판례에 의함)

① 개업공인중개사는 건축물의 매매를 업으로 해서는 안된다.
② 개업공인중개사는 부동산거래에서 거래당사자 쌍방을 대리해서는 안된다.
③ 개업공인중개사는 사례비 명목으로 공인중개사법령상의 보수 또는 실비를 초과하여 금품을 받아서는 안된다.
④ 공인중개사법 등 관련 법령에서 정한 한도를 초과하는 부동산 중개보수 약정은 그 전부가 무효이다.
⑤ 등록관청은 개업공인중개사가 금지행위를 한 경우에는 중개사무소의 개설등록을 취소할 수 있다.

해설

④ 전부 → 일부(즉, 초과한 부분) [2005다32159]

|정답| 7. ⑤ 8. ① 9. ④ 10. ④

인증번호 : 34SD-K5S3

13

★★★
행정처분·행정(처)벌·포상금

핵심

각 **항목**의 암기 및 사례상 이해

1. 요약

[1] 행정처분(취소·정지) ★★★

구분	기관	대상	내용	성격			청문
행정처분(취소·정지)	등록관청(시·군·구)	개업공인중개사	등록취소	절대적	절대적 : ~하여야		있음(다만, 사망·해산 시 : 없음)
				임의적			
			업무정지	임의적	임의적 : ~할 수		없음 (↔ 의견 진술 : 있음)
	(자격증교부) 시·도지사	공인중개사	자격취소	절대적			있음
		소속공인중개사	자격정지	임의적			없음
	국장	거래정보사업자	지정취소	임의적			있음

※ 중개보조원 : 행정처분의 대상이 아니다.(*why?* 가진 '증'이 없으므로)

(1) 절대적(= 필요적) 등록취소 (= 당연취소, 기속취소 → 취소해야○, 취소할 수×)

① 개인인 개업공인중개사의 사망, 개업공인중개사인 법인의 해산
② 거짓 그 밖의 부정한 방법 개설등록
③ 개설등록 결격사유
④ 중개사무소 이중등록
⑤ 이중소속
⑥ 타인에게 자기 성명 또는 상호로 중개업무를 하게 하거나 중개사무소등록증 양도·대여
⑦ 업무정지기간 중 업무 또는 자격정지된 소속공인중개사에게 중개업무
⑧ 최근 1년 이내 2회 이상 업무정지처분 받고 다시 업무정지처분

기출 Point

1. 행정처분 : 절대적 등록 취소 vs 임의적 등록취소 vs 업무정지
2. 행정형벌(징역-벌금) : 3년 - 3천만 원 vs 1년 - 1천만 원
3. 행정질서벌(과태료) : 500 vs 100
4. 병과되는 경우(양벌)
5. 과태료 부과·징수절차
6. 행정처분의 소멸시효 제도
7. 행정제재처분효과의 승계제도
8. 포상금

출제자 의도

행정 처분·처벌

문제에 주어진 '사례'가 어떤 행정 처분·처벌에 해당되는지 구별할 수 있는가?

(2) 임의적(= 상대적) 등록취소 (= 재량취소 → 취소할 수○ , 취소해야×)

① 등록기준 미달
② 2 이상의 중개사무소 둠(이중 사무소)
③ 임시 중개시설물 설치
④ 겸업
⑤ 6월 초과 휴업
⑥ 정보공개 의무위반(정보 미공개 시, 비공개요청에 정보 공개 시)
⑦ 거래계약서 금액·내용 거짓기재, 서로 다른 2 이상의 거래계약서(이중계약서) 작성
⑧ 업무보증 설정하지 않고 업무개시
⑨ 금지행위
⑩ 최근 1년 이내 3회 이상 업무정지 또는 과태료 처분을 받고 다시 업무정지 과태료(→ 절대적 등록취소 사유 ⑧은 제외)
⑪ 개업공인중개사가 조직한 사업자단체 또는 그 구성원인 개업공인중개사가 「독점규제 및 공정거래에 관한 법률」에 따른 처분을 최근 2년 이내에 2회 이상 받은 경우

※ 임의적 등록취소는 등록취소하지 않고 업무정지처분해도 무방하다(○, 법 제39조 제1항 제11호)

(3) 업무정지 [→ 임의적(상대적) → 할 수○ , 하여야×]

① 결격사유에 해당하는 소속공인중개사 또는 중개보조원으로 둔 경우(2월 이내 사유 해소 시 제외)
② 인장 미등록·미등록인장 사용
③ (전속중개계약 체결시) 전속중개계약서 미사용·미보존
④ 중개대상물 정보 거짓공개, 거래정보사업자에 거래완성사실 미통보
⑤ 중개대상물확인·설명서를 미교부·미보존
⑥ 중개대상물확인·설명서에 미서명·미날인
⑦ 거래계약서를 미작성·미교부·미보존
⑧ 거래계약서에 미서명·미날인
⑨ 보고, 자료의 제출, 조사 또는 검사를 거부·방해 또는 기피하거나 그 밖의 명령을 이행하지 아니하거나 거짓으로 보고 또는 자료제출
⑩ 임의적 등록취소사유를 최근 1년 이내 1회 위반
⑪ 최근 1년 이내 2번 이상 업무정지 또는 과태료 처분을 받고 다시 과태료 처분

- **행정처분**(行政處分)
행정 주체가 법규에 따라 구체적 사실에 대해 법 집행으로서 하는 공법상의 단독행위를 말한다.

- **행정벌**(行政罰)
행정법상의 목적을 위해 설정된 명령이나 금지에 위반한 자에 대하여 일반 통치권에 따라 제재로서 가해지는 벌을 말한다. 행정벌에는 형법에 형명(刑名)이 있는 행정형벌과 행정질서벌(과태료)로 구분된다.

- **행정형벌**(行政刑罰)
행정상의 의무 위반에 대하여 형법상의 형벌을 과하는 행정벌을 말한다.

- **행정질서벌**(行政秩序罰)
간접적으로 행정상의 질서에 장해를 줄 위험성이 있는 정도의 단순한 의무태만에 대해 제재를 가하는것을 말한다. 행정상의 질서유지를 위하여 과하는 과태료(過怠料)가 이에 해당된다.

- **기속처분 vs 재량처분**

기속처분(羈束處分)
처분권자의 재량의 여지가 전혀 허용되지 않고 법규에 정한 그대로 처분해야 하는 것(= 기속행위)

재량처분(裁量處分)
처분권자의 재량권이 어느 정도 허용되는 처분(=재량행위)

- **청문**
= 의견진술 + 증거조사
→ 청문통지
① 시기 : 청문개시 10일(7일×) 전
② 생략 가능한 경우
㉠ 공공위한 긴급처분 필요 시
㉡ 자격상실이 법원재판 등에 의해 증명될 시
③ 관련 법 : 행정절차법

⑫ 개업공인중개사가 조직한 사업자단체 또는 그 구성원인 개업공인중인중개사의 금지행위를 위반해 '독점규제 및 공정법' 상 시정조치 또는 과징금 부과 처분
⑬ 부칙상 개업공인중개사의 업무지역범위 제한 위반
⑭ 그 밖의 명령·처분의 위반

(4) 행정제재처분효과의 승계

폐업신고 후 재개설등록 시 폐업신고 전의 처분일부터 1년간 지위승계

(5) 공인중개사 자격취소 vs 소속공인중개사 자격정지

1장 4번째 테마(공인중개사) 참고

(6) 거래정보사업자 지정취소

2장 2번째 테마(거래정보망) 참고

행정처분 중 공인중개사 자격취소는 '재량처분'에 해당하지만, 소속공인중개사 자격정지는 '기속처분'에 해당한다.(×)
→ '기속처분', '재량처분'(○)

개업공인중개사가 자격정지처분을 받은 소속공인중개사로 하여금 자격정지기간 중에 중개업무를 하게 한 경우 개설등록을 취소 '할 수' 있다.(×)
→ '하여야'.(○)

개업공인중개사가 천막 등 이동이 용이한 임시 중개시설물을 설치한 경우 개설등록을 취소 '하여야' 한다.(×)
→ '할 수'(○)

전속중개계약서에 의하지 아니하고 전속중개계약을 체결한 경우 '개설등록을 취소할 수 있다'.(×)
→ '업무의 정지를 명할 수 있다'.(○)

★★★
[2] 행정(처)벌

구분	기관	내용	
행정처벌	법원	행정형벌 (벌칙)	징역
			벌금
	행정관청(국장, 시·도지사, 등록관청)	행정질서벌	과태료

(1) 행정형벌(징역 또는 벌금)

개업공인중개사 등이 거래당사자 쌍방을 대리하는 행위는 '1년 이하의 징역 또는 1천만원 이하의 벌금'에 해당한다.(×)
→ '3년 이하의 징역 또는 3천만원 이하의 벌금'(○)

- **3년 3천만 원**(3년 이하의 징역 또는 3천만 원 이하의 벌금)

① 무등록으로 중개업을 한 자
② 거짓·부정한 방법 중개사무소 개설등록
③ 증서의 중개·매매업
④ 직접거래·쌍방대리 ┐
⑤ 투기조장 ┘ 금지행위 ⑤, ⑥, ⑦

공인중개사 자격증을 대여한 경우 '3년 이하의 징역 또는 3천만원 이하의 벌금'에 해당한다.(×)
→ '1년 이하의 징역 또는 1천만원 이하의 벌금'(○)

- **1년 1천만 원**(1년 이하의 징역 또는 1천만 원 이하의 벌금)

① 다른 사람에게 자기의 성명을 사용하여 중개업무를 하게 하거나 공인중개사자격증을 양도·대여하거나 다른 사람 공인중개사자격증을 양수·대여받은 자
② 공인중개사가 아닌 자로서 공인중개사 또는 이와 유사한 명칭을 사용
③ 이중 개설등록, 2 이상의 중개사무소에 소속(이중소속)
④ 2 이상의 중개사무소 둠(이중사무소)
⑤ 임시 중개시설물 설치
⑥ 개업공인중개사가 아닌 자로서 '공인중개사사무소', '부동산중개' 또는 이와 유사한 명칭을 사용한 자
⑦ 개업공인중개사가 아닌 자로서 중개업을 하기 위해 중개대상물에 대한 표시·광고를 한 자
⑧ 다른 사람에게 자기의 성명 또는 상호를 사용하여 중개업무를 하게 하거나 중개사무소등록증을 다른 사람에게 양도·대여하거나 다른 사람의 성명·상호를 사용하여 중개업무를 하거나 중개사무소등록증을 양수·대여받은 자
⑨ 거래정보사업자가 중개대상물 정보 다르게 공개하거나 차별적 정보 공개
⑩ 업무상 비밀 누설
→ 반의사불벌죄(反意思不罰罪) : 피해자의 명시한 의사에 반하여 벌하지 아니한다.
⑪ 거짓된 언행 등으로 중개의뢰인의 판단을 그르치게 하는 행위 ┐
⑫ 보수 또는 실비를 초과하여 금품을 받는 행위 ┘ 금지행위 ①②③④

⑬ 중개사무소의 개설등록을 하지 아니하고 중개업을 영위하는 자인 사실을 알면서 그를 통해 중개를 의뢰받거나 그에게 자기의 명의를 이용하게 하는 행위
⑭ 중개대상물의 매매를 업으로 하는 행위

금지행위 ①②③④

(2) 행정질서벌(= 과태료)

• **500만 원 이하 과태료**(과태료 부과권자 : 국토교통부장관)

① 운영규정의 승인 또는 변경승인을 얻지 아니하거나 운영규정의 내용에 위반하여 부동산거래정보망을 운영한 자
② 연수교육을 정당한 사유 없이 받지 아니한 자(과태료 부과권자 : 시 · 도지사)
③ 보고, 자료의 제출, 조사 또는 검사를 거부·방해 또는 기피하거나 그 밖의 명령을 이행하지 아니하거나 거짓으로 보고 또는 자료제출을 한 거래정보사업자
④ 공제사업 운용실적을 공시하지 아니한 자
⑤ 공제업무의 개선명령을 이행하지 아니한 자
⑥ 임원에 대한 징계·해임의 요구를 이행하지 아니하거나 시정명령을 이행하지 아니한 자
⑦ 협회 관련 보고, 자료의 제출, 조사 또는 검사를 거부·방해 또는 기피하거나 그 밖의 명령을 이행하지 아니하거나 거짓으로 보고 또는 자료제출을 한 자
⑧ 성실·정확하게 중개대상물의 확인·설명을 하지 아니하거나 설명의 근거자료를 제시하지 아니한 자

• **100만 원 이하 과태료**(과태료 부과권자 : 등록관청)

① 중개사무소등록증 등을 미게시
② 사무소의 명칭에 공인중개사사무소, 부동산중개라는 문자 미사용, 옥외광고물에 성명 미표기·거짓표기
③ 법정 명시사항 규정을 위반하여 중개대상물의 중개에 관한 표시·광고를 한 자
④ 중개사무소의 이전신고를 미신고
⑤ 휴업, 폐업, 휴업한 중개업의 재개 또는 휴업기간의 변경신고의 미신고
⑥ 손해배상책임에 관한 사항 미설명, 관계 증서의 사본 또는 관계 증서에 관한 전자문서 미교부
⑦ 공인중개사자격증 미반납, 미반납 사유서 미제출, 거짓으로 미반납 사유서 제출(과태료 부과권자 : 시 · 도지사)
⑧ 중개사무소등록증 미반납

연수교육을 정당한 사유 없이 받지 아니한 자는 '100만원' 이하의 과태료를 부과한다.(×)
→ '500만원' (○)

개업공인중개사가 사무소의 명칭에 '공인중개사사무소' 또는 '부동산중개'라는 문자를 사용하지 아니한 경우 '500만원' 이하의 과태료 사유에 해당한다.(×)
→ '100만원' (○)

■ 행정처분과 행정형벌이 병과(동시적용)되는 경우

구분	행정처분	행정형벌
① 거짓·부정 개설등록	절대적 등록취소	3년 3천만원
② 2중등록, 2중소속	절대적 등록취소	1년 1천만원
③ 2 이상 사무소(이중사무소)	임의적 등록취소	
④ 중개사무소등록증 양도·대여	절대적 등록취소	
⑤ (공인중개사)자격증 양도·대여	절대적 자격취소	
⑥ 거래정보사업자의 다르게·차별 정보공개	임의적 지정취소	

※ 금지행위 위반시도 병과되므로 함께 체킹 요함(13번 테마 참고)

■ 서류 의무

구분	일반중개 계약서	전속중개 계약서	중개대상물 확인·설명서	거래 계약서	매수신청대리 사건카드	매수신청대리 대상물 확인설명서
보존의무기간	–	3년	3년	5년	5년	5년
작성의무	×	○	○	○	○	○
(법정)서식 유무	○	○	○	×	○	○

★ [3] 포상금

(1) 신고·고발대상

① 중개사무소의 개설등록을 하지 아니하고 중개업을 한 자
② 거짓 그 밖의 부정한 방법으로 중개사무소의 개설등록을 한 자
③ 중개사무소등록증 또는 공인중개사자격증을 다른 사람에게 양도·대여하거나 다른 사람으로부터 양수·대여받은 자

(2) 신고·고발기관

등록관청, 수사기관

(3) 금액

(딱) 50만 원(이하×)

(4) 지급기한

1월 이내

(5) 국고보조

50% 이내

(6) 피지급자

① 균등배분 : 하나의 사건에 2인 이상이 (공동으로) 신고·고발한 경우
② 최초자 : 하나의 사건에 2건 이상이 신고·고발된 경우

출제자 의도
지급절차상 내용을 알고 있는가?

중개사무소의 명칭을 표시하지 아니하고 중개대상물의 표시·광고를 한 자를 신고한 자는 포상금 지급대상에 '해당한다'.(×)
→ '해당하지 않는다'.(○)

포상금의 지급에 소요되는 비용은 그 '전부 또는 일부'를 국고에서 보조할 수 있다.(×)
→ '일부'(○)

포상금지급신청서를 제출받은 등록관청은 포상금의 지급을 결정한 날로부터 1월 이내에 포상금을 지급 '할 수 있다'.(×)
→ '하여야 한다'(○)

2. 3단 비교표

(1) 등록취소

법	시행령	시행규칙
제38조 등록의 취소 ① 등록관청은 개업공인중개사가 다음 각 호의 어느 하나에 해당하는 경우에는 중개사무소의 개설등록을 취소하여야(할 수×) 한다. → 절대적 등록취소(→ 기속처분○, 재량처분×) 1. 개인인 개업공인중개사가 사망하거나 개업공인중개사인 법인이 해산한 경우 2. 거짓 그 밖의 부정한 방법으로 중개사무소의 개설등록을 한 경우 3. 제10조제1항 제2호 내지 제6호·제11호·제12호의 규정에 의한 결격사유에 해당하게 된 경우. 다만, 동항 제12호의 규정에 의한 결격사유에 해당하는 경우로서 그 사유가 발생한 날부터 2월(3월×)이내에 그 사유를 해소한 경우에는 그러하지 아니하다. 4. 제12조제1항의 규정을 위반하여 이중으로 중개사무소의 개설등록을 한 경우(이중등록) 5. 제12조제2항의 규정을 위반하여 다른 개업공인중개사의 소속공인중개사·중개보조원 또는 개업공인중개사인 법인의 사원·임원이 된 경우(이중소속) 6. 제19조제1항의 규정을 위반하여 다른 사람에게 자기의 성명 또는 상호를 사용하여 중개업무를 하게 하거나 중개사무소등록증을 양도 또는 대여한 경우 7. 업무정지기간 중에 중개업무를 하거나 자격정지처분을 받은 소속공인중개사(중개보조원×)로 하여금 자격정지기간 중에 중개업무를 하게 한 경우 8. 최근 1년 이내에 이 법(타법×)에 의하여 2회(1회×)이상 업무정지처분을 받고 다시 업무정지처분에 해당하는 행위를 한 경우 ② 등록관청은 개업공인중개사가 다음 각 호의 어느 하나에 해당하는 경우에는 중개사무소의 개설등록을 취소할 수(하여야×) 있다. → 임의적 등록취소(→ 재량처분○, 기속처분×) 1. 제9조제3항의 규정에 의한 등록기준에 미달하게 된 경우 2. 제13조제1항의 규정을 위반하여 2 이상의 중개사무소를 둔 경우(이중사무소) 3. 제13조제2항의 규정을 위반하여 임시 중개시설물을 설치한 경우 4. 제14조제1항의 규정을 위반하여 겸업을 한 경우 5. 제21조제2항의 규정을 위반하여 계속하여 6월을 초과하여 휴업한 경우 6. 제23조제3항의 규정을 위반하여 중개대상물에 관한 정보를 공개하지 아니하거나 중개의뢰인의 비공개요청에도 불구하고 정보를 공개한 경우 7. 제26조제3항의 규정을 위반하여 거래계약서에 거래금액 등 거래내용을 거짓으로 기재하거나 서로 다른 2 이상의 거래계약서를 작성한 경우(이중계약서) 8. 제30조제3항의 규정에 의한 손해배상책임을 보장하기 위한 조치를 이행하지 아니하고 업무를 개시한 경우 9. 제33조 각 호에 규정된 금지행위를 한 경우 10. 최근 1년 이내에 이 법에 의하여 3회 이상 업무정지 또는 과태료의 처분을 받고 다시 업무정지 또는 과태료의 처분에 해당하는 행위를 한 경우(제1항제8호에 해당하는 경우를 제외한다) 11. 개업공인중개사가 조직한 사업자단체(「독점규제 및 공정거래에 관한 법률」 제2조제4호의 사업자단체를 말한다. 이하 같다) 또는 그 구성원인 개업공인중개사가 「독점규제 및 공정거래에 관한 법률」 제26조를 위반하여 같은 법 제27조 또는 제28조에 따른 처분을 최근 2년 이내에 2회 이상 받은 경우	–	**제24조 중개사무소등록증의 반납** ① 법 제38조제4항의 규정에 따라 중개사무소등록증을 반납하고자 하는 자는 등록취소처분을 받은 날부터 7일(10일×) 이내에 등록관청에 그 중개사무소등록증을 반납하여야 한다. ② 법 제38조제1항제1호의 규정에 따라 중개사무소의 개설등록이 취소된 경우로서 법인인 개업공인중개사가 해산한 경우에는 그 법인의 대표자(대표자 또는 임원 ×)이었던 자(대표자×)가 등록취소처분을 받은 날부터 7일 이내에 등록관청에 중개사무소등록증을 반납하여야 한다.

법	시행령	시행규칙
③ 등록관청은 제1항 제2호 내지 제8호 및 제2항 각 호의 사유로 중개사무소의 개설등록을 취소하고자 하는 경우에는 청문을 실시하여야(할 수×) 한다. ④ 제1항 또는 제2항의 규정에 의하여 중개사무소의 개설등록이 취소된 자는 국토교통부령(대통령령×)이 정하는 바에 따라 중개사무소등록증을 등록관청에 반납하여야 한다.	–	–

(2) 업무정지

법	시행령	시행규칙
제39조 업무의 정지 ① 등록관청은 개업공인중개사(소공×, 거래정보사업자×)가 다음 각 호의 어느 하나에 해당하는 경우에는 6월의 범위 안에서 기간을 정하여 업무의 정지를 명할 수(하여야×) 있다. 이 경우 법인인 개업공인중개사에 대하여는 법인 또는 분사무소별로 업무의 정지를 명할 수 있다. 1. 제10조제2항의 규정을 위반하여 동조제1항제1호 내지 제11호의 어느 하나(결격사유)에 해당하는 자를 소속공인중개사 또는 중개보조원으로 둔 경우. 다만, 그 사유가 발생한 날부터 2월(3월×) 이내에 그 사유를 해소한 경우에는 그러하지 아니하다. 2. 제16조의 규정을 위반하여 인장등록을 하지 아니하거나 등록하지 아니한 인장을 사용한 경우 3. 제23조제2항의 규정을 위반하여 국토교통부령(대통령령×)이 정하는 전속중개계약서에 의하지 아니하고 전속중개계약을 체결하거나 계약서를 보존하지 아니한 경우 4. 제24조제7항의 규정을 위반하여 중개대상물에 관한 정보를 거짓으로 공개하거나 거래정보사업자에게 공개를 의뢰한 중개대상물의 거래가 완성된 사실을 당해 거래정보사업자에게 통보하지 아니한 경우 5. 〈삭 제〉 6. 제25조제3항의 규정을 위반하여 중개대상물확인·설명서를 교부하지 아니하거나 보존하지 아니한 경우 7. 제25조제4항의 규정을 위반하여 중개대상물확인·설명서에 서명 및 날인을 하지 아니한 경우 8. 제26조제1항의 규정을 위반하여 적정하게 거래계약서를 작성·교부하지 아니하거나 보존하지 아니한 경우 9. 제26조제2항의 규정을 위반하여 거래계약서에 서명 및 날인을 하지 아니한 경우 10. 제37조제1항의 규정에 의한 보고, 자료의 제출, 조사 또는 검사를 거부·방해 또는 기피하거나 그 밖의 명령을 이행하지 아니하거나 거짓으로 보고 또는 자료제출을 한 경우 11. 제38조제2항 각 호의 어느 하나(임의적 등록취소)에 해당하는 경우 12. 최근 1년 이내에 이 법에 의하여 2회 이상 업무정지 또는 과태료의 처분을 받고 다시 과태료의 처분에 해당하는 행위를 한 경우 13. 개업공인중개사가 조직한 사업자단체 또는 그 구성원인 개업공인중개사가 「독점규제 및 공정거래에 관한 법률」 제26조를 위반하여 같은 법 제27조 또는 제28조에 따른 처분을 받은 경우 14. 그 밖에 이 법 또는 이 법에 의한 명령이나 처분을 위반한 경우	–	**제25조 업무정지의 기준** ① 법 제39조제2항 및 법 제7638호 부칙 제6조 제7항의 규정에 따른 업무정지의 기준은 별표 2와 같다. ② 등록관청은 위반행위의 동기·결과 및 횟수 등을 참작하여 제1항의 규정에 따른 업무정지기간의 2분의 1의 범위 안에서 가중 또는 감경(가중만×)할 수 있다. 이 경우 가중하여 처분하는 경우에도 업무정지기간은 6월(3월×)을 초과할 수 없다(있다×).

법	시행령	시행규칙
② 제1항의 규정에 의한 업무의 정지에 관한 기준은 국토교통부령(대통령령×)으로 정한다. ③ 제1항의 규정에 따른 업무정지(등록취소×)처분은 동항 각 호의 어느 하나에 해당하는 사유가 발생한 날(적발한 날×)로부터 3년(2년×)이 경과한 때에는 이를 할 수 없다. **제39조의2 자료제공의 요청** 국토교통부장관, 시·도지사 및 등록관청은 제38조제2항제11호 또는 제39조제1항제13호에 따라 처분하고자 하는 경우(처분한 경우×)에는 미리(나중에×) 공정거래위원회(금융감독위원회×)에 처분과 관련된 자료의 제공을 요청할 수 있으며 공정거래위원회는 특별한 사유가 없으면 이에 따라야 한다.	–	–

■ 개업공인중개사 업무정지의 기준 (시행규칙 제25조 관련 별표 2)

위반행위	법조문	업무정지 기준
1. 법 제10조제2항의 규정을 위반하여 동조제1항제1호 내지 제11호의 어느 하나에 해당하는 자를 소속공인중개사 또는 중개보조원으로 둔 경우. 다만, 그 사유가 발생한 날부터 2월 이내에 그 사유를 해소한 경우에는 업무정지 대상에서 제외한다.	법 제39조 제1항제1호	업무정지 6월
2. 법 제16조의 규정을 위반하여 인장등록을 하지 아니하거나 등록하지 아니한 인장을 사용한 경우	법 제39조 제1항제2호	업무정지 3월
3. 법 제23조제2항의 규정을 위반하여 국토교통부령이 정하는 전속중개계약서에 의하지 아니하고 전속중개계약을 체결하거나 계약서를 보존하지 아니한 경우	법 제39조 제1항제3호	업무정지 3월
4. 법 제24조제7항의 규정을 위반하여 중개대상물에 관한 정보를 거짓으로 공개한 경우	법 제39조 제1항제4호	업무정지 6월
5. 법 제24조제7항의 규정을 위반하여 거래정보사업자에게 공개를 의뢰한 중개대상물의 거래가 완성된 사실을 그 거래정보사업자에게 통보하지 아니한 경우	법 제39조 제1항제4호	업무정지 3월
6. 〈삭 제〉		
7. 법 제25조제3항의 규정을 위반하여 중개대상물확인·설명서를 교부하지 아니하거나 보존하지 아니한 경우	법 제39조 제1항제6호	업무정지 3월
8. 법 제25조제4항의 규정을 위반하여 중개대상물확인·설명서에 서명·날인을 하지 아니한 경우	법 제39조 제1항제7호	업무정지 3월
9. 법 제26조제1항의 규정을 위반하여 적정하게 거래계약서를 작성·교부하지 아니하거나 보존하지 아니한 경우	법 제39조 제1항제8호	업무정지 3월

위반행위	법조문	업무정지 기준
10. 법 제26조제2항의 규정을 위반하여 거래계약서에 서명 · 날인을 하지 아니한 경우	법 제39조 제1항제9호	업무정지 3월
11. 법 제37조제1항의 규정에 다른 보고, 자료의 제출, 조사 또는 검사를 거부·방해 또는 기피하거나 그 밖의 명령을 이행하지 아니하거나 거짓으로 보고 또는 자료제출을 한 경우	법 제39조 제1항제10호	업무정지 3월
12. 법 제38조제2항 각 호의 어느 하나를 최근 1년 이내에 1회 위반한 경우	법 제39조 제1항제11호	업무정지 6월
13. 최근 1년 이내에 이 법에 의하여 2회 이상 업무정지 또는 과태료의 처분을 받고 다시 과태료의 처분에 해당하는 행위를 한 경우	법 제39조 제1항제12호	업무정지 6월
13의2. 개업공인중개사가 조직한 사업자단체 또는 그 구성원인 개업공인중개사가 다음 각 목에 따라 「독점규제 및 공정거래에 관한 법률」 제26조를 위반하여 같은 법 제27조 또는 제28조에 따른 처분을 받은 경우	법 제39조 제1항제13호	
가. 「독점규제 및 공정거래에 관한 법률」 제26조제1항제1호를 위반하여 같은 법 제27조에 따른 처분을 받은 경우		업무정지 3월
나. 「독점규제 및 공정거래에 관한 법률」 제26조제1항제1호를 위반하여 같은 법 제28조에 따른 처분을 받은 경우 또는 같은 법 제27조와 제28조에 따른 처분을 동시에 받은 경우		업무정지 6월
다. 「독점규제 및 공정거래에 관한 법률」 제26조제1항제2호 또는 제4호를 위반하여 같은 법 제27조에 따른 처분을 받은 경우		업무정지 1월
라. 「독점규제 및 공정거래에 관한 법률」 제26조제1항제2호 또는 제4호를 위반하여 같은 법 제28조에 따른 처분을 받은 경우 또는 같은 법 제27조와 제28조에 따른 처분을 동시에 받은 경우		업무정지 2월
마. 「독점규제 및 공정거래에 관한 법률」 제26조제1항제3호를 위반하여 같은 법 제27조에 따른 처분을 받은 경우		업무정지 2월
바. 「독점규제 및 공정거래에 관한 법률」 제26조제1항제3호를 위반하여 같은 법 제28조에 따른 처분을 받은 경우 또는 같은 법 제27조와 제28조에 따른 처분을 동시에 받은 경우		업무정지 4월
14. 법 제7638호 부칙 제6조제6항에 규정된 업무지역의 범위를 위반하여 중개행위를 한 경우	법 제7638호 부칙 제6조제7항	업무정지 3월
15. 그 밖에 이 법 또는 이 법에 의한 명령이나 처분에 위반한 경우로서 위의 각 호에 해당되지 아니하는 경우	법 제39조 제1항제14호	업무정지 1월

(3) 행정제재처분효과의 승계

법	시행령	시행규칙
제40조 행정제재처분효과의 승계 등 ① 개업공인중개사가 제21조의 규정에 의한 폐업신고 후 제9조의 규정에 의하여 다시 중개사무소의 개설등록을 한 때에는 폐업신고 전의 개업공인중개사의 지위를 승계한다. ② 제1항의 경우 폐업신고 전의 개업공인중개사에 대하여 제39조(업무정지)제1항 각 호, 제51조(과태료)제1항 각 호, 동조제2항 각 호 및 동조제3항 각 호의 위반행위를 사유로 행한 행정처분의 효과는 그 처분일(사유발생일×, 폐업일×)부터 1년(3년×)간 다시 중개사무소의 개설등록을 한 자(이하 이 조에서 "재등록 개업공인중개사"라 한다)에게 승계된다. ③ 제1항의 경우 재등록 개업공인중개사에 대하여 폐업신고 전의 제38조제1항 각 호, 동조제2항 각 호 및 제39조제1항 각 호의 위반행위에 대한 행정처분을 할 수 있다. 다만, 다음 각 호의 어느 하나에 해당하는 경우를 제외한다. 1. 폐업신고를 한 날부터 다시 중개사무소의 개설등록을 한 날까지의 기간(이하 제2호에서 "폐업기간"이라 한다)이 3년(1년×)을 초과(이상×)한 경우 2. 폐업신고 전의 위반행위에 대한 행정처분이 업무정지에 해당하는 경우로서 폐업기간이 1년(3년×)을 초과한 경우 ④ 제3항의 규정에 의하여 행정처분을 함에 있어서는 폐업기간과 폐업의 사유 등을 고려하여야(할 수×) 한다. ⑤ 개업공인중개사인 법인의 대표자에 관하여는 제1항부터 제4항까지를 준용한다. 이 경우 "개업공인중개사"는 "법인의 대표자"로 본다.	–	–

(4) 행정형벌

법	시행령	시행규칙
제48조 벌칙 다음 각 호의 어느 하나에 해당하는 자는 **3년 이하의 징역 또는 3천만원 이하의 벌금**에 처한다. 1. 제9조의 규정에 의한 중개사무소의 개설등록을 하지 아니하고 중개업을 한 자 2. 거짓 그 밖의 부정한 방법으로 중개사무소의 개설등록을 한 자 3. 제33조제5호 내지 제7호의 규정을 위반한 자 **제49조 벌칙** ① 다음 각 호의 어느 하나에 해당하는 자는 **1년 이하의 징역 또는 1천만원 이하의 벌금**에 처한다. 1. 제7조의 규정을 위반하여 다른 사람에게 자기의 성명을 사용하여 중개업무를 하게 하거나 공인중개사자격증을 양도·대여한 자 또는 다른 사람의 공인중개사자격증을 양수·대여받은 자 2. 제8조의 규정을 위반하여 공인중개사가 아닌 자로서 공인중개사 또는 이와 유사한 명칭을 사용한 자 3. 제12조의 규정을 위반하여 이중으로 중개사무소의 개설등록을 하거나 2 이상의 중개사무소에 소속된 자 4. 제13조제1항의 규정을 위반하여 2 이상의 중개사무소를 둔 자 5. 제13조제2항의 규정을 위반하여 임시 중개시설물을 설치한 자 6. 제18조제2항의 규정을 위반하여 개업공인중개사가 아닌 자로서 "공인중개사사무소", "부동산중개" 또는 이와 유사한 명칭을 사용한 자 6의2. 제18조의2제2항의 규정을 위반하여 개업공인중개사가 아닌 자로서 중개업을 하기 위하여 중개대상물에 대한 표시·광고를 한 자	–	–

법	시행령	시행규칙
7. 제19조의 규정을 위반하여 다른 사람에게 자기의 성명 또는 상호를 사용하여 중개업무를 하게 하거나 중개사무소등록증을 다른 사람에게 양도·대여한 자 또는 다른 사람의 성명·상호를 사용하여 중개업무를 하거나 중개사무소등록증을 양수·대여받은 자 8. 제24조제4항의 규정을 위반하여 정보를 공개한 자 9. 제29조제2항의 규정을 위반하여 업무상 비밀을 누설한 자 10. 제33조제1호 내지 제4호의 규정을 위반한 자 ② 제29조제2항의 규정에 위반한 자는 피해자의 명시한 의사에 반하여 벌하지 아니한다.**(반의사불벌죄)** **제50조 양벌규정** 소속공인중개사·중개보조원 또는 개업공인중개사인 법인의 사원·임원이 중개업무에 관하여 제48조 또는 제49조의 규정에 해당하는 위반행위를 한 때에는 그 행위자를 벌하는 외에 그 개업공인중개사에 대하여도 해당 조에 규정된(동일한×) 벌금형(금고형×, 징역형×)을 과한다. 다만, 그 개업공인중개사가 그 위반행위를 방지하기 위하여 해당 업무에 관하여 상당한 주의와 감독을 게을리하지 아니한 경우에는 그러하지 아니하다. **제10조의2 벌금형의 분리 선고** 「형법」 제38조에도 불구하고 제48조 및 제49조에 규정된 죄와 다른 죄의 경합범(競合犯)에 대하여 벌금형을 선고하는 경우에는 이를 분리 선고하여야(할 수×) 한다.	–	–

(5) 행정질서벌

법	시행령	시행규칙
제51조 과태료 ① <삭제> ② 다음 각 호의 어느 하나에 해당하는 자는 **500만원 이하의 과태료**를 부과한다. 1. 제24조제3항을 위반하여 운영규정의 승인 또는 변경승인을 얻지 아니하거나 운영규정의 내용에 위반하여 부동산거래정보망을 운영한 자 1의2. 제25조제1항을 위반하여 성실 · 정확하게 중개대상물의 확인 · 설명을 하지 아니하거나 설명의 근거자료를 제시하지 아니한 자 2. 〈삭제〉 3. 〈삭제〉 4. 〈삭제〉 5. 〈삭제〉 5의2. 제34조제4항에 따른 연수교육(실무교육×, 직무교육×)을 정당한 사유 없이 받지 아니한 자 6. 제37조제1항에 따른 보고, 자료의 제출, 조사 또는 검사를 거부·방해 또는 기피하거나 그 밖의 명령을 이행하지 아니하거나 거짓으로 보고 또는 자료제출을 한 거래정보사업자 7. 제42조제5항을 위반하여 공제사업 운용실적을 공시하지 아니한 자 8. 제42조의4에 따른 공제업무의 개선명령을 이행하지 아니한 자 8의2. 제42조의5에 따른 임원에 대한 징계·해임의 요구를 이행하지 아니하거나 시정명령을 이행하지 아니한 자 9. 제42조의3 또는 제44조제1항에 따른 보고, 자료의 제출, 조사 또는 검사를 거부·방해 또는 기피하거나 그 밖의 명령을 이행하지 아니하거나 거짓으로 보고 또는 자료제출을 한 자 10. 〈삭제〉 ③ 다음 각 호의 어느 하나에 해당하는 자는 **100만원 이하의 과태료**를 부과한다. 1. 제17조의 규정을 위반하여 중개사무소등록증 등을 게시하지 아니한 자 2. 제18조제1항 또는 제3항의 규정을 위반하여 사무소의 명칭에 "공인중개사사무소", "부동산중개"라는 문자를 사용하지 아니한 자 또는 옥외 광고물에 성명을 표기하지 아니하거나 거짓	**제38조 과태료의 부과·징수** ① 법 제51조제1항부터 제4항까지 및 법 제7638호 부칙 제6조제5항에 따른 과태료의 부과기준은 별표 2와 같다. ② <삭제>	–

법	시행령	시행규칙
으로 표기한 자 2의2. 제18조의2제1항을 위반하여 중개대상물의 중개에 관한 표시·광고를 한 자 3. 제20조제1항을 위반하여 중개사무소의 이전신고를 하지 아니한 자 4. 제21조제1항을 위반하여 휴업, 폐업, 휴업한 중개업의 재개 또는 휴업기간의 변경신고를 하지 아니한 자 5. 제30조제5항을 위반하여 손해배상책임에 관한 사항을 설명하지 아니하거나 관계 증서의 사본(원본×) 또는 관계 증서에 관한 전자문서를 교부하지 아니한 자 6. 제35조제3항 또는 제4항의 규정을 위반하여 공인중개사자격증을 반납하지 아니하거나 공인중개사자격증을 반납할 수 없는 사유서를 제출하지 아니한 자 또는 거짓으로 공인중개사자격증을 반납할 수 없는 사유서를 제출한 자 7. 제38조제4항의 규정을 위반하여 중개사무소등록증을 반납하지 아니한 자 → 등록증 분실·훼손 : 과태료 대상× ④ <삭제> ⑤ 제2항부터 제3항까지에 따른 과태료는 대통령령(국토교통부령×)으로 정하는 바에 따라 다음 각 호의 자가 각각 **부과·징수**한다. 1. 제2항제1호, 제6호부터 제8호까지, 제8호의2 및 제9호의 경우 : 국토교통부장관 2. 제2항제5호의2 및 제3항제6호의 경우 : 시·도지사 3. 〈삭제〉 4. 제2항제1호의2, 제3항제1호·제2호·제2호의2, 제3호부터 제5호까지 및 제7호의 경우 : 등록관청 ⑥ ~ ⑩ <삭제>		—

(6) 포상금

법	시행령	시행규칙
제46조 포상금 ① 등록관청(수사기관×)은 다음 각 호의 어느 하나에 해당하는 자를 등록관청이나 수사기관에(등록관청에만×) 신고 또는 고발한 자에 대하여 대통령령이 정하는 바에 따라 포상금을 지급할 수(하여야×) 있다. 1. 제9조의 규정에 의한 중개사무소의 개설등록을 하지 아니하고 중개업을 한 자 2. 거짓 그 밖의 부정한 방법으로 중개사무소의 개설등록을 한 자 3. 중개사무소등록증 또는 공인중개사자격증을 다른 사람에게 양도·대여하거나 다른 사람으로부터 양수·대여받은 자	**제37조 포상금** ① 법 제46조제1항의 규정에 따른 포상금은 **1건당 50만원**(100만원×,50만원 이하×)으로 한다. ② 제1항의 규정에 따른 포상금은 법 제46조제1항 각 호의 어느 하나에 해당하는 자가 행정기관에 의하여 발각되기 전(후×)에 등록관청이나 수사기관에 신고 또는 고발한 자에게 그 신고 또는 고발사건에 대하여 검사가 공소제기 또는 기소유예(기소중지×)의 결정을 한 경우에 한하여 지급한다. ③ 법 제46조제2항의 규정에 따라 포상금의 지급에 소요되는 비용 중 국고에서 보조할 수 있는 비율은 100분의 50(100분의 100×)이내로 한다.	**제28조 포상금의 지급** ① 영 제37조의 규정에 따른 포상금을 지급받고자 하는 자는 별지 제28호서식의 포상금지급신청서를 등록관청(등록관청 또는 수사기관×)에 제출하여야 한다. ② 제1항의 규정에 따라 포상금지급신청서를 제출받은 등록관청(수사기관×)은 그 사건에 관한 수사기관의 처분내용을 조회한 후 포상금의 지급을 결정하고, 그 결정일[신청(서 제출)일×]부터 1월(3월×) 이내에 포상금을 지급하여야(할 수×) 한다. ③ 등록관청은 하나의 사건에 대하여 2인 이상이 공동으로 신고 또는 고발한 경우에는 영 제37조제1항의 규정에 따른 포상금을 (항상×, 반드시×) 균등하게 배분하여 지급한다.(원칙)

법	시행령	시행규칙
② 제1항의 규정에 의한 포상금의 지급에 소요되는 비용은 대통령령(국토교통부령×)이 정하는 바에 따라 그 일부(전부 또는 일부×)를 국고에서 보조할 수(하여야×) 있다.	④ 그 밖에 포상금의 지급방법 및 절차 등에 관하여 필요한 사항은 국토교통부령(대통령령×)으로 정한다.	다만, 포상금을 지급받을 자가 배분방법에 관하여 미리 합의하여 포상금의 지급을 신청한 경우에는 그 합의된 방법에 따라 지급한다.(예외) ④ 등록관청은 하나의 사건에 대하여 2건 이상의 신고 또는 고발이 접수된 경우에는 최초로 신고 또는 고발한 자에게 포상금을 지급한다.

- **공소제기**(公訴提起) : 검사가 피의자(죄를 범한 사람)를 처벌해 달라고 법원에 청구하는 것
- **기소유예**(起訴猶豫) : 공소(公訴)를 제기하지 않는 검사의 처분
- **기소중지**(起訴中止) : 수사를 일시적으로 중지하는 검사의 처분

(7) 규제의 재검토

법	시행령	시행규칙
-	**제37조의3 규제의 재검토** 국토교통부장관은 다음 각 호의 사항에 대하여 다음 각 호의 기준일을 기준으로 3년마다(매 3년이 되는 해의 기준일과 같은 날 전까지를 말한다) 그 타당성을 검토하여 개선 등의 조치를 하여야 한다. 1. 삭제 2. 제17조에 따른 중개업에 부수되는 업무 : 2014년 1월 1일 3. 제28조에 따른 개업공인중개사 등의 교육 등 : 2014년 1월 1일 4. 제32조에 따른 협회의 보고의무 : 2014년 1월 1일 5. 제38조에 따른 과태료의 부과·징수 : 2014년 1월 1일	**제29조 규제의 재검토** 국토교통부장관은 다음 각 호의 사항에 대하여 2017년 1월 1일을 기준으로 3년마다(매 3년이 되는 해의 기준일과 같은 날 전까지를 말한다) 그 타당성을 검토하여 개선 등의 조치를 하여야 한다. 1. 제4조에 따른 중개사무소 개설등록의 신청 2. 제8조에 따른 개업공인중개사의 고용인의 신고 3. 제9조에 따른 개업공인중개사 및 소속공인중개사의 인장등록 등 4. 제10조에 따른 개업공인중개사가 게시하여야 하는 사항 5. 제10조의2에 따른 성명의 표기방법 등 6. 제18조에 따른 보증의 설정신고 7. 제20조에 따른 중개보수 및 실비의 한도 등 8. 제22조 및 별표 1에 따른 자격정지의 기준 9. 별표 2 제13호의2에 따른 업무정지 기준

O · X · 지 · 문 · 학 · 습

01. A는 향후 부동산경기가 호전될 것으로 기대하여 B가 소지하고 있는 공인중개사 자격증을 빌려 부동산 중개업 등록을 하여 영업을 하고 있는 경우 공인중개사법상 임의적 등록취소 처분사유에 해당된다. [O, ×]

02. A는 강남에서 중개업을 하면서 강북에 다시 중개사무소를 개설등록을 하여 양 업소를 오가면서 영업을 하고 있는 경우 절대적 등록취소 처분사유에 해당된다. [O, ×]

03. 개업공인중개사 A는 2016년 1월과 3월에 등록된 인장을 사용하지 않았다는 이유로 각각 1개월과 2개월의 업무정지처분을 받고 같은 해 6월에 업무범위의 제한을 위반한 것을 이유로 1개월의 업무정지처분을 받은 경우 임의적 등록취소 처분사유에 해당된다. [O, ×]

04. 개업공인중개사 A는 중개대상물의 정보를 허위로 공개한 이유로 2월의 업무정지처분을 받고, 부동산경기가 호전되자 사무실의 문을 닫아놓고 집에서 영업을 계속해 온 경우 공인중개법상 절대적 등록취소에 헤당된다. [O, ×]

05. 공인중개사가 아닌 자가 공인중개사 또는 이와 유사한 명칭을 사용한 때는 1년 이하의 징역 또는 1천만원 이하의 벌금에 처한다. [O, ×]

06. 개업공인중개사인 법인의 종업원이 중개업무에 관하여 행정형벌에 처할 수 있는 위반행위를 한 때에는 그 행위자를 벌하는 외에 그를 고용한 법인인 개업공인중개사에 대하여도 벌금형을 과한다. [O, ×]

07. 과태료 처분에 불복이 있는 개업공인중개사는 그 처분의 고지를 받은 날로부터 30일 이내에 관할법원에 이의를 제기하여야 한다. [O, ×]

정답 및 해설

01. × (부정등록 → 절대적 등록취소)
02. ○ (이중등록으로 절대적 등록취소 사유에 해당된다.)
03. × (1년 이내에 2번 이상 업무정지처분과 다시 업무정지처분을 받으면 절대적 등록취소 사유에 해당된다.)
04. ○ (업무정지기간 중 중개업무는 절대적 등록취소 사유에 해당된다.)
05. ○
06. ○
07. × (관할법원 → 처분권자)

기·출·문·제·분·석

1. 공인중개사법령상 포상금에 관한 설명으로 틀린 것은?

① 포상금의 지급결정은 포상금지급신청서를 제출받은 등록관청이 한다.
② 신고 또는 고발사건에 대하여 검사가 공소제기 또는 기소유예의 결정을 한 경우에 한하여 지급한다.
③ 하나의 사건에 대하여 2인 이상이 공동으로 신고한 경우 공인중개사법령이 정한 균등배분방법은 공동포상금을 수령할 자가 합의한 배분방법에 우선하여 적용된다.
④ 포상금의 지급에 소요되는 비용 중 국고에서 보조할 수 있는 비율은 100분의 50 이내로 한다.
⑤ 포상금지급신청서를 제출받은 등록관청은 포상금의 지급결정일부터 1월 이내에 포상금을 지급해야 한다.

해설

③ 하나의 사건에 대하여 2인 이상이 공동으로 신고한 경우 균등배분이 원칙. 다만 배분방법을 미리 합의해 신청한 경우 그 합의방법에 따라 지급한다.

2. 공인중개사법령상 과태료를 부과하는 경우, 부과대상자와 부과기관의 연결이 틀린 것은?

① 연수교육을 정당한 사유 없이 받지 아니한 자 – 국토교통부장관
② 공제사업 운용실적을 공시하지 아니한 자 – 국토교통부장관
③ 중개사무소의 개설등록이 취소되었음에도 중개사무소등록증을 반납하지 아니한 자 – 등록관청
④ 중개사무소등록증을 게시하지 아니한 자 – 등록관청
⑤ 공인중개사 자격이 취소되었음에도 공인중개사자격증을 반납하지 아니한 자 – 시·도지사

해설

① 국토교통부장관 → 시 · 도지사

3. 공인중개사법령상 개업공인중개사에 대한 업무정지처분에 관한 설명으로 옳은 것은?

① 광역시장은 업무정지기간의 2분의 1 범위 안에서 가중할 수 있다.
② 업무정지기간을 가중 처분하는 경우, 그 기간은 9월을 한도로 한다.
③ 최근 1년 이내에 이 법에 의하여 2회 이상 업무정지처분을 받은 개업공인중개사가 다시 업무정지처분에 해당하는 행위를 한 경우, 6월의 업무정지처분을 받을 수 있다.
④ 업무정지처분은 해당사유가 발생한 날부터 2년이 된 때에는 이를 할 수 없다.
⑤ 개업공인중개사가 중개대상물에 관한 정보를 거짓으로 공개한 경우, 등록관청은 위반행위의 동기 등을 참작하여 4월의 업무정지처분을 할 수 있다.

해설

① 광역시장 → 등록관청
② 9월 → 6월
③ 6월의 업무정지처분 → 중개사무소의 개설등록취소
④ 2년이 된 때 → 3년이 경과한 때

|정답| 1. ③ 2. ① 3. ⑤

4. 공인중개사법령상 포상금제도에 관한 설명으로 틀린 것은?

① 불법중개행위를 한 개설등록 개업공인중개사, 실거래가 신고의무 위반자는 신고대상이다.

② 하나의 사건에 대해 2인 이상이 공동으로 신고 또는 고발한 경우에는 균분 지급을 원칙으로 한다.

③ 포상금을 지급받을 자가 배분방법에 관하여 미리 합의하여 포상금의 지급을 신청한 경우에는 그 합의된 방법에 따라 지급한다.

④ 하나의 사건에 대하여 2건 이상의 신고 또는 고발이 접수된 경우에는 최초로 신고 또는 고발한 자에게 포상금을 지급한다.

⑤ 등록관청은 포상금 지급을 결정한 날부터 1월 이내에 포상금을 지급해야 한다.

해설

① 신고대상이다 → 신고대상이 아니다 (법 제46조 제①항)

5. 공인중개사법령상 과태료 부과대상자와 부과기관의 연결이 옳은 것은?

① 중개대상물의 중개에 관한 표시·광고를 한 자 – 시·도지사

② 거짓으로 공인중개사자격증을 반납할 수 없는 사유서를 제출한 자 – 등록관청

③ 중개사무소등록증을 게시하지 아니한 자 – 국토교통부장관

④ 공제사업 운용실적을 공시하지 아니한 자 – 시·도지사

⑤ 옥외광고물에 성명을 표기하지 아니한 자 – 등록관청

해설

① 등록관청 ② 시 · 도지사 ③ 등록관청 ④ 국토교통부장관

|정답| 4. ① 5. ⑤

2

중개실무

Point

- 중개실무상
  개업공인중개사 등의 행위제한과 제재사항
  [출제비율] 30%, 12문항

인증번호 : H2WS-RT78

★★★

중개계약

무선 인터넷에서 스마트폰으로 QR코드를 찍으면 동영상 강의를 보실 수 있습니다.

기출 Point

1. 중개계약 종류·성격
2. 전속 중개계약
   ① 서식상 기재사항
   ② 개업공인중개사 - 중개의뢰인 의무
   ③ (정보) 공개사항
   ④ 중개업무 절차
   ⑤ 위반 시 제재사항

출제자 의도

중개계약

- 일반중개계약과 전속중개계약의 내용상·서식상 차이점을 구별할 수 있는가?
- 전속중개계약상 정보공개사항과 중개업무상 중개대상물의 확인·설명사항을 구별할 수 있는가?

핵심

일반 중개계약 vs **전속 중개계약** : 차이점(내용 - 서식)

1. 요약

(1) 중개(의뢰)계약 종류

구 분	내 용
① 일반 (보통, 경쟁)	가장 빨리 거래를 성사시킨 개업공인중개사에게 중개보수를 지급 우리나라의 일반적 유형, 일반중개계약서 → 작성의무 : 없음
② 전속	특정 개업공인중개사 1인에게 중개의뢰하는 계약 이 경우 전속 중개계약서를 작성해야 한다. → 계약 여부 : 임의사항 → 계약체결 시 계약서 작성 : 절대사항(의무사항) → 전속중개계약서를 작성하지 않더라도 전속 중개계약은 유효 (민법상 불요식계약이므로)
③ 독점	특정 개업공인중개사 1인에게 중개의뢰 후에 누구나 거래를 성사시키더라도 그 독점 개업공인중개사에게 중개보수를 지급
④ 공동	전속 중개계약과 독점 중개계약의 보완 개업공인중개사간 중개대상물의 정보공유
⑤ 순가	법정 보수를 초과한 경우 그 순가중개계약은 무효 그러나 거래 당사자간 거래계약은 유효

- vs
  - 중개계약 : 개업공인중개사와 중개의뢰인간의 계약
  - 거래계약 : (권리이전) 중개의뢰인과 (권리취득) 중개의뢰인간의 계약

- 중개실무 : 중개(의뢰)계약~거래계약 (→ 중개의뢰가 개업공인중개사의 업무활동상 출발점)

(2) 중개계약 성격(민법상)

① 유상·쌍무 계약

② 낙성 계약

③ 불요식(요식×) 계약 → 서면으로 체결한다 할지라도

④ 비전형(전형×) 계약 [무명(유명×)계약]

⑤ 임의 계약 → 계약체결이 강제되지 않는다는 의미

⑥ 혼합 계약 → 위임계약 + 도급계약

★★★ (3) (전속 중개계약상) 개업공인중개사 의무 vs 중개의뢰인 의무

개업공인중개사의 의무	중개의뢰인의 의무
① 전속 중개계약서 2통 작성, 3년 보존 ② 정보공개 : ㉠ 부동산거래정보망 또는(과×) 일간신문 : 1회 이상, 7일 이내 ㉡ 공개사항 : 9가지(기벽시입환, 권공거공) ③ 공개내용 통지 : 개업공인중개사→ 중개의뢰인, 지체 없이, 문서로(서면으로○, 구두로×) ④ 업무처리상황 통지 : 개업공인중개사→ 중개의뢰인, 2주일(1주일×)에 1회 이상, 문서로 ⑤거래사실 통보 : 개업공인중개사 → 거래정보사업자, 지체 없이, 양식규정 없음(구두○, 문서○) ⑥ 중개대상물 확인·설명의무 성실이행	① 위약금 지불 : 유효기간 (중개보수 전액, 100%) ㉠ 다른 개업공인중개사 ㉡ 배제 시 ② 소요된 비용(실비) 지불 : (중개보수 50% 범위 내) 스스로 발견 (→사례상 계산 문제) ③ 협조(의무)

- '소요된 비용'의 개념 : 사회통념상 상당하다고 인정되는 비용을 말한다.

★★ (4) 전속 중개계약상 정보공개사항 vs 중개대상물 확인·설명사항

전속 중개계약상 공개사항	중개대상물 확인·설명사항	중개실무상 확인방법
㉮기 (기본사항)	㉮기	▶ 지적공부(대장, 도면 등), 건축물대장 등
(벽) (벽면·도배 상태)	(벽)	▶ 현장답사(임장활동)
(시) (시설상태)	(시)	
(입)·(환) (입지조건, 환경조건)	(입)·(환)	
(권) (권리관계 → 단, 인적사항 공개불가)	(권) (→ 단서 없음)	▶ 등기부 등
(공) (공법상 이용제한 및 거래규제)	(공)	▶ 토지이용계획확인서 (→ 소유자는 기재안됨)
(거)·(공) [거래예정금액(거래금액×) 공시지가(→ 임대차 : 공개아니할 수)]	(거)·(보) (거래예정금액, 보수·실비)	▶ (거)→ 시장조사 등 (공)→ 대장, 공시지가확인원 등
	(조) (취득시 조세 종류·세율)	▶ 세액=과세표준×세율
시행령 제20조②항	시행령 제21조①항	–

※ 전속 중개계약상 정보공개 사항은 중개의뢰인의 비공개 요청 시는 공개해서는 안된다.

■ 전속중개계약상 정보공개사항과 중개대상물 확인·설명사항의 차이점

구 분	전속중개계약상 정보공개사항	중개대상물 확인·설명사항
권리관계	단서조항 : ○(있음)	단서조항 : ×(없음)
공시지가	○	×
보수·실비	×	○
조세	×	○

(5) 전속 중개계약에 따른 중개업무 절차

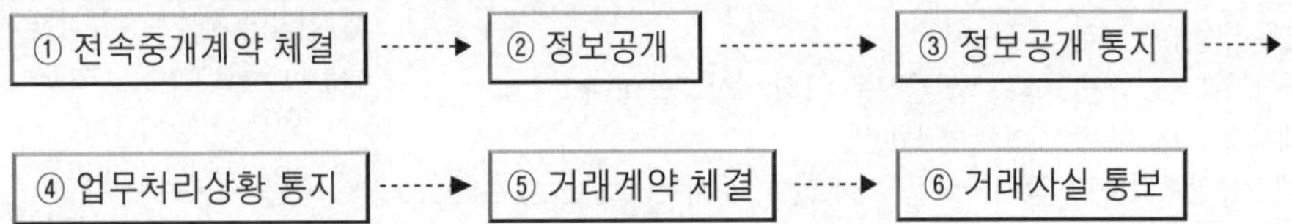

(6) 위반 시 제재사항

- 임의적 등록취소 : ① 정보미공개 ② 비공개요청불구 정보공개
- 업무정지 : ① 전속중개계약서 미사용·미보존 ② 정보 거짓공개 ③ 거래사실 미통보

※ 임의적 등록취소 사유에 해당되는 경우, 임의적 등록 취소 대신에 업무정지에 처할 수도 있다.(법 제39조 제①항 제11호)

■ 일반 중개계약서 VS 전속 중개계약서

구 분	일반 중개계약서	전속 중개계약서
계약체결 의무	×	×
법정 표준서식 유무	○	○
계약체결 시 표준서식 사용의무	×	○
표준서식 사용 시 보존의무 / 보존기간	× / ×	○ / 3년
계약체결 시 정보공개 의무	×	○
계약 유효기간	3(개)월로 한다. 다만, 당사자 간에 다른 약정이 있는 경우에는 그 약정에 따른다.	

2. 3단 비교표

(1) 일반 중개계약

법	시행령	시행규칙
제22조 일반 중개계약 중개의뢰인(개업공인중개사×)은 중개의뢰내용을 명확하게 하기 위하여 필요한 경우(반드시×)에는 개업공인중개사(중개의뢰인×)에게 다음 각호의 **사항**을 **기재**한 일반중개계약서의 작성을 요청할 수(하여야×) 있다. 1. 중개대상물의 위치 및 규모(상태×) 2. 거래예정가격(거래가격×) 3. 거래예정가격에 대하여 제32조의 규정에 의하여 정한 중개보수(실비×) 4. 그 밖에 개업공인중개사(소공×, 중개보조원×)와 중개의뢰인이 준수하여야 할 사항 → 입지조건·환경조건 : 없음	**제19조 일반 중개계약** 국토교통부장관(시·도시사×, 등록관청×)은 법 제22조의 규정에 따른 일반중개계약의 표준이 되는 서식을 정하여 그 사용을 권장할 수(하여야×) 있다.	**제13조 일반 중개계약서의 서식** 영 제19조의 규정에 따른 일반중개계약서는 별지 제14호서식에 따른다.

(2) 전속 중개계약

법	시행령	시행규칙
제23조 전속 중개계약 ① 중개의뢰인은 중개대상물의 중개를 의뢰함에 있어서 특정한 개업공인중개사를 정하여 그 개업공인중개사에 한하여 당해 중개대상물을 중개하도록 하는 계약(이하 "전속중개계약"이라 한다)을 체결할 수(하여야×) 있다. ② 제1항의 규정에 의한 전속중개계약은 국토교통부령(대통령령×, 협회×)이 정하는 계약서(전속중개계약서)에 의하여야(할 수×) 하며, 개업공인중개사는 전속중개계약(일반중개계약×)을 체결한 때에는 당해 계약서를 국토교통부령이 정하는 기간[3년(5년×)] 동안 보존(게시×)하여야 한다. ③ 개업공인중개사는 전속 중개계약을 체결한 때에는 제24조의 규정에 의한 부동산거래정보망 또는(그리고×, 과×) 일간신문(관보×)에 당해 중개대상물에 관한 **정보**를 (반드시×) **공개하여야**(할 수×) 한다.(원칙) 다만, 중개의뢰인이 비공개를 요청한 경우에는(매각을 위해서라도) 이를 공개하여서는 아니된다(해도 된다×).(예외) ④ 전속 중개계약의 유효기간, 공개하여야 할 정보의 내용 그 밖에 필요한 사항은 대통령령(국토교통부령×)으로 정한다.	**제20조 전속 중개계약** ① 법 제23조제1항의 규정에 따른 전속 중개계약의 유효기간은 (반드시×) 3월(3년×)로 한다.(원칙) 다만, 당사자간에 다른 약정이 있는 경우에는 그 약정에 따른다.(예외) ② 전속 중개계약을 체결한 개업공인중개사가 법 제23조제3항의 규정에 따라 공개하여야 할 중개대상물에 관한 정보의 내용은 다음 각 호와 같다. 1. 중개대상물의 종류, 소재지, 지목 및 면적, 건축물의 용도·구조 및 건축연도 등 중개대상물을 특정하기 위하여 필요한 사항 2. 벽면 및 도배의 상태 3. 수도·전기·가스·소방·열공급·승강기 설비, 오수·폐수·쓰레기 처리시설 등의 상태 4. 도로 및 대중교통수단과의 연계성, 시장·학교 등과의 근접성, 지형 등 입지조건, 일조(日照)·소음·진동 등 환경조건 5. 소유권·전세권·저당권·지상권 및 임차권 등 중개대상물의 권리관계에 관한 사항. 다만, 각 권리자의 주소·성명 등 인적 사항에 관한 정보는 공개하여서는 아니된다(매각을 위해서라면 공개하여도 된다×). 6. 공법상의 이용제한 및 거래규제에 관한 사항 7. 중개대상물의 거래예정금액(거래금액×) 및 공시지가. 다만, 임대차의 경우에는 '공시지가'를 공개하지 아니할 수 있다	**제14조 전속 중개계약서의 서식 등** ① 법 제23조제2항의 규정에 따른 전속중개계약서는 별지 제15호서식에 따른다. ② 법 제23조제2항에서 "국토교통부령이 정하는 기간"이라 함은 3년(5년×)을 말한다.

■ '일반' 중개계약서

▮ 공인중개사법 시행규칙 [별지 제14호서식]

(앞쪽)

일 반 중 개 계 약 서
([ ] 매도 [ ] 매수 [ ] 임대 [ ] 임차 [ ] 그 밖의 계약( ))

※ 해당하는 곳의 [ ]란에 v표를 하시기 바랍니다.

중개의뢰인(갑)은 이 계약서에 의하여 뒤쪽에 표시한 중개대상물의 중개를 개업공인중개사(을)에게 의뢰하고 을은 이를 승낙한다.

1. 을의 의무사항

을은 중개대상물의 거래가 조속히 이루어지도록 성실히 노력하여야 한다.

2. 갑의 권리 · 의무 사항

1) 갑은 이 계약에도 불구하고 중개대상물의 거래에 관한 중개를 다른 개업공인중개사에게도 의뢰할 수 있다.

2) 갑은 을이 「공인중개사법」(이하 "법"이라 한다) 제25조에 따른 중개대상물의 확인 · 설명의무를 이행하는데 협조하여야 한다.

3. 유효기간

이 계약의 유효기간은 년 월 일까지로 한다.

※ 유효기간은 3개월을 원칙으로 하되, 갑과 을이 합의하여 별도로 정한 경우에는 그 기간에 따른다.

4. 중개보수

중개대상물에 대한 거래계약이 성립한 경우 갑은 거래가액의 ( )%(또는 원)을 중개보수로 을에게 지급한다.

※ 뒤쪽 별표의 요율을 넘지 않아야 하며, 실비는 별도로 지급한다.

5. 을의 손해배상 책임

을이 다음의 행위를 한 경우에는 갑에게 그 손해를 배상하여야 한다.

1) 중개보수 또는 실비의 과다수령: 차액 환급

2) 중개대상물의 확인 · 설명을 소홀히 하여 재산상의 피해를 발생하게 한 경우: 손해액 배상

6. 그 밖의 사항

이 계약에 정하지 않은 사항에 대하여는 갑과 을이 합의하여 별도로 정할 수 있다.

이 계약을 확인하기 위하여 계약서 2통을 작성하여 계약 당사자 간에 이의가 없음을 확인하고 각자 서명 또는 날인한 후 쌍방이 1통씩 보관한다.

년 월 일

계약자

중개의뢰인 (갑)	주소(체류지)		성명	(서명 또는 인)
	생년월일		전화번호	
개업 공인중개사 (을)	주소(체류지)		성명 (대표자)	(서명 또는 인)
	상호(명칭)		등록번호	
	생년월일		전화번호	

210㎜×297㎜[일반용지 60g/㎡(재활용품)]

(뒤쪽)

중개대상물의 거래내용이 권리를 이전(매도·임대 등)하려는 경우에는 「Ⅰ. 권리이전용(매도·임대 등)」에 적고, 권리를 취득(매수·임차 등)하려는 경우에는 「Ⅱ. 권리취득용(매수·임차 등)」에 적습니다.

Ⅰ. 권리이전용 (매도·임대 등)

	[ ] [ ] 임대 [ ] 그 밖의 사항( )				
소유자 및 등기명의인	성명			생년월일	
	주소				
중개대상물의 표시	건축물	소재지		건축연도	
		면적 ㎡	구조	용도	
	토지	소재지		지 목	
		면적 ㎡	지역·지구 등	현재 용도	
	은행융자·권리금·제세공과금 등(또는 월임대료·보증금·관리비 등)				
권리관계					
거래규제 및 공법상 제한사항					
중개의뢰 금액					
그 밖의 사항					

Ⅱ. 권리취득용 (매수·임차 등)

구분	[ ] 매수 [ ] 임차 [ ] 그 밖의 사항( )	
항목	내용	세부 내용
희망물건의 종류		
취득 희망가격		
희망 지역		
그 밖의 희망조건		

첨부서류	중개보수 요율표(「공인중개사법」 제32조제4항 및 같은 법 시행규칙 제20조에 따른 요율표를 수록합니다) ※ 해당 내용을 요약하여 수록하거나, 별지로 첨부합니다.

유의사항

[위법행위 신고안내]

개업공인중개사가 중개보수 과다수령 등 위법행위 시 시·군·구 부동산중개업 담당 부서에 신고할 수 있으며, 시·군·구에서는 신고사실을 조사한 후 적정한 조치를 취하게 됩니다.

■ '전속' 중개계약서

▌ 공인중개사법 시행규칙 [별지 제15호서식]

전 속 중 개 계 약 서
([ ] 매도 [ ] 매수 [ ] 임대 [ ] 임차 [ ] 그 밖의 계약( ))

※ 해당하는 곳의 [ ]란에 v표를 하시기 바랍니다. (앞쪽)

중개의뢰인(갑)은 이 계약서에 의하여 뒤쪽에 표시한 중개대상물의 중개를 개업공인중개사(을)에게 의뢰하고 을은 이를 승낙한다.

1. 을의 의무사항
   ① 을은 갑에게 계약체결 후 2주일에 1회 이상 중개업무 처리상황을 문서로 통지하여야 한다.
   ② 을은 이 전속중개계약 체결 후 7일 이내 「공인중개사법」(이하 "법"이라 한다) 제24조에 따른 부동산거래정보망 또는 일간신문에 중개대상물에 관한 정보를 공개하여야 하며, 중개대상물을 공개한 때에는 지체 없이 갑에게 그 내용을 문서로 통지하여야 한다. 다만, 갑이 비공개를 요청한 경우에는 이를 공개하지 아니한다. (공개 또는 비공개 여부:)
   ③ 법 제25조 및 같은 법 시행령 제21조에 따라 중개대상물에 관한 확인·설명의무를 성실하게 이행하여야 한다.
2. 갑의 권리·의무 사항
   ① 다음 각 호의 어느 하나에 해당하는 경우에는 갑은 그가 지불하여야 할 중개보수에 해당하는 금액을 을에게 위약금으로 지불하여야 한다. 다만, 제3호의 경우에는 중개보수의 50퍼센트에 해당하는 금액의 범위에서 을이 중개행위를 할 때 소요된 비용(사회통념에 비추어 상당하다고 인정되는 비용을 말한다)을 지불한다.
      1. 전속중개계약의 유효기간 내에 을 외의 다른 개업공인중개사에게 중개를 의뢰하여 거래한 경우
      2. 전속중개계약의 유효기간 내에 을의 소개에 의하여 알게 된 상대방과 을을 배제하고 거래당사자 간에 직접 거래한 경우
      3. 전속중개계약의 유효기간 내에 갑이 스스로 발견한 상대방과 거래한 경우
   ② 갑은 을이 법 제25조에 따른 중개대상물 확인·설명의무를 이행하는데 협조하여야 한다.
3. 유효기간
   이 계약의 유효기간은 년 월 일까지로 한다.
   ※ 유효기간은 3개월을 원칙으로 하되, 갑과 을이 합의하여 별도로 정한 경우에는 그 기간에 따른다.
4. 중개보수
   중개대상물에 대한 거래계약이 성립한 경우 갑은 거래가액의 ( )%(또는 원)을 중개보수로 을에게 지급한다.
   ※ 뒤쪽 별표의 요율을 넘지 않아야 하며, 실비는 별도로 지급한다.
5. 을의 손해배상 책임
   을이 다음의 행위를 한 경우에는 갑에게 그 손해를 배상하여야 한다.
   1) 중개보수 또는 실비의 과다수령: 차액 환급
   2) 중개대상물의 확인·설명을 소홀히 하여 재산상의 피해를 발생하게 한 경우: 손해액 배상
6. 그 밖의 사항
   이 계약에 정하지 않은 사항에 대하여는 갑과 을이 합의하여 별도로 정할 수 있다.

이 계약을 확인하기 위하여 계약서 2통을 작성하여 계약 당사자 간에 이의가 없음을 확인하고 각자 서명 또는 날인한 후 쌍방이 1통씩 보관한다.

년 월 일

계약자

중개의뢰인 (갑)	주소(체류지)		성명	(서명 또는 인)
	생년월일		전화번호	
개업 공인중개사 (을)	주소(체류지)		성명 (대표자)	(서명 또는 인)
	상호(명칭)		등록번호	
	생년월일		전화번호	

210㎜×297㎜[일반용지 60g/㎡(재활용품)]

(뒤쪽)

※ 중개대상물의 거래내용이 권리를 이전(매도·임대 등)하려는 경우에는 「Ⅰ. 권리이전용(매도·임대 등)」에 적고, 권리를 취득(매수·임차 등)하려는 경우에는 「Ⅱ. 권리취득용(매수·임차 등)」에 적습니다.

Ⅰ. 권리이전용(매도·임대 등)

구분	[ ] 매도 [ ] 임대 [ ] 그 밖의 사항( )					
소유자 및 등기명의인	성명				생년월일	
	주소					
중개대상물의 표시	건축물	소재지			건축연도	
		면 적 ㎡	구 조		용 도	
	토지	소재지			지 목	
		면 적 ㎡	지역·지구 등		현재 용도	
	은행융자·권리금·제세공과금 등(또는 월임대료·보증금·관리비 등)					
권리관계						
거래규제 및 공법상 제한사항						
중개의뢰 금액	원					
그 밖의 사항						

Ⅱ. 권리취득용(매수·임차 등)

구분	[ ] 매수 [ ] 임차 [ ] 그 밖의 사항( )	
항목	내용	세부내용
희망물건의 종류		
취득 희망가격		
희망 지역		
그 밖의 희망조건		

첨부서류	중개보수 요율표(「공인중개사법」 제32조제4항 및 같은 법 시행규칙 제20조에 따른 요율표를 수록합니다) ※ 해당 내용을 요약하여 수록하거나, 별지로 첨부합니다.

유의사항

[개업공인중개사 위법행위 신고안내]

개업공인중개사가 중개보수 과다수령 등 위법행위 시 시·군·구 부동산중개업 담당 부서에 신고할 수 있으며, 시·군·구에서는 신고사실을 조사한 후 적정한 조치를 취하게 됩니다.

판 례

중개계약

[1] **중개계약**이란 중개의뢰인이 중개업자[(현) 개업공인중개사]에게 토지, 건물 그 밖의 토지의 정착물에 대한 매매· 교환·임대차 그 밖의 권리의 득실변경에 관한 행위에 대한 중개행위를 의뢰하고 그 목적의 중개완성에 대하여 중개수수료[(현) 중개보수]를 지급할 것을 약속하는 합의를 말한다. [94구12069]

[2] 가. **부동산중개업자와 중개의뢰인과의 법률관계**는 민법상의 **위임관계(위임계약)**와 같으므로 중개업자는 중개의뢰의 본지에 따라 선량한 관리자의 주의로써 의뢰받은 중개업무를 처리하여야 할 의무가 있을 뿐 아니라 구 부동산중개업법(1989.12.30. 법률 제4153호로 개정되기 전의 것) 제16조에 의하여 신의와 성실로써 공정하게 중개행위를 하여야 할 의무를 부담하고 있는바, 같은 법 제17조 제1항은 중개의뢰를 받은 중개업자는 중개물건의 권리관계, 법령의 규정에 의한 거래 또는 이용제한사항 등을 확인하여 중개의뢰인에게 설명할 의무가 있음을 명시하고 있고 위 권리관계 중에는 중개대상물의 권리자에 관한 사항도 포함되어 있다고 할 것이므로, 중개업자는 선량한 관리자의 주의와 신의성실로써 매도 등 처분을 하려는 자가 진정한 권리자와 동일인인지의 여부를 부동산등기부와 주민등록증 등에 의하여 조사·확인할 의무가 있다(없다 ×).

나. 등기권리증은 소유권이전등기단계에서 뿐 아니라 그 이전의 거래에 있어서도 당사자 본인의 증명이나 처분권한의 유무의 확인 등을 위하여 중요한 자료가 되는 것이므로 중개업자로서는 매도의뢰인이 알지 못하는 사람인 경우 필요할 때에는 등기권리증의 소지 여부나 그 내용을 확인·조사하여 보아야 할 주의의무가 있다. [92다55350]

[3] 가. 민법상의 **위임계약**은 그것이 유상계약이든 무상계약이든 당사자 쌍방의 특별한 대인적 신뢰관계를 기초로 하는 위임계약의 본질상 각 당사자는 언제든지 이를 해지할 수 있고(없다 ×), 그로 말미암아 상대방이 손해를 입는 일이 있어도 그것을 배상할 의무를 부담하지 않는 것이 원칙이며,(원칙) 다만 상대방이 불리한 시기에 해지한 때에는 그 해지가 부득이 한 사유에 의한 것이 아닌 한 그로 인한 손해를 배상하여야 하나 그 배상의 범위는 위임이 해지되었다는 사실로부터 생기는 손해가 아니라 적당한 시기에 해지되었더라면 입지 아니하였을 손해에 한한다고 볼 것이다.(예외)

나. 건물임대중개의 완료를 조건으로 중개료 상당의 보수를 지급받기로 하는 내용의 계약과 같은 유상위임계약에 있어서는 시기여하에 불문하고 중개완료 이전에 계약이 해지되면 당연히 그에 대한 보수청구권을 상실하는 것으로 계약 당시에 예정되어 있어 특별한 사정이 없는 한 해지에 있어서의 불리한 시기란 있을 수 없으므로, 수임인의 사무처리 완료 전에 위임계약을 해지한 것만으로 수임인에게 불리한 시기에 해지한 것이라고 볼 수는 없어 중개인은 임대중개 의뢰를 받은 건물 전체에 대한 중개가 가능하였음을 전제로 기대중개료 상당의 손해배상청구를 할 수 없다. [90다18968]

[4] 구 부동산중개업법(2005. 7. 29. 법률 제7638호 공인중개사의 업무 및 부동산 거래신고에 관한 법률로 전문 개정되기 전의 것) 제19조 제1항에 정한 **중개행위에 해당하는지 여부**는 거래당사자의 보호에 목적을 둔 법 규정의 취지에 비추어 볼 때 중개업자가 진정으로 거래당사자를 위하여 거래를 알선·중개하려는 의사를 갖고 있었느냐 하는 중개업자의 주관적 의사를 기준으로 판단할 것이 아니라 중개업자의 행위를 객관적(주관적 ×)으로 보아 사회통념상 거래의 알선·중개를 위한 행위라고 인정되는지 아닌지에 따라 판단하여야 한다. 따라서 임대차계약을 알선한 중개업자가 계약 체결 후에도 보증금의 지급, 목적물의 인도, 확정일자

일반중개계약의 유효기간은 '6개월'을 원칙으로 하되, 중개의뢰인과 개업공인중개사가 합의하여 별도로 정한 경우에는 그 기간에 따른다.(×)
→ '3개월'(○)(→ 일반 중개계약서 서식 참조)

일반중개계약서와 전속중개계약서는 3년간 '보존'하여야 한다.(×)
→ 일반중개계약서의 보존기간에 대한 규정은 없다.

전속중개계약서는 3년 동안 '게시'하여야 한다.(×) → '보존'(○)

개업공인중개사는 국토교통부장관이 정한 일반 중개계약의 표준이 되는 서식을 사용 '하여야' 한다.(×)
→ 단지, 권장할 수 있을 뿐이다. 그러나 전속 중개계약의 경우 법정 전속 중개계약서를 사용하여야 한다.

판 례

의 취득 등과 같은 거래당사자의 계약상 의무의 실현에 관여함으로써 계약상 의무가 원만하게 이행되도록 주선할 것이 예정되어 있는 때에는 그러한 중개업자의 행위는 객관적으로 보아 사회통념상 거래의 알선·중개를 위한 행위로서 중개행위의 범주에 포함된다(되지 않는다 ×) [2005다55008]

O · X · 지 · 문 · 학 · 습

01. 전속중개계약은 서면계약에 따라 정해진 중개대상물에 대하여 중개 완성을 목적으로 하며, 개업공인중개사에게 유리한 계약형태이다. [O, ×]

02. 개업공인중개사 甲과 중개의뢰인 乙간에 전속중개계약이 이루어진 경우 반드시 법령에 정해진 전속중개계약서를 사용해야 한다. [O, ×]

03. 개업공인중개사는 거래당사자의 안전한 중개 거래를 위해 부동산거래정보망에 중개대상물의 소재지·면적·권리자의 성명·주소를 공개할 수 있다. [O, ×]

04. 개업공인중개사 甲은 의뢰인 乙과의 계약에 있어서 계약기간은 일반적으로 3개월로 하고 개업공인중개사 甲은 작성된 전속중개계약서를 작성일로부터 3년간 보관하여야 한다. [O, ×]

05. 개업공인중개사는 전속중개를 요청한 甲이 조상 대대로 물려받은 문전옥답의 매각을 의뢰하며 중개 대상물의 정보공개를 원하지 않은 상황이었지만 빠른 거래 성사를 위해서 매수희망자인 乙의 요청이 있는 경우에는 해당 정보를 공개할 수 있다. [O, ×]

06. 국토교통부장관은 건전한 부동산 거래 관행을 위해 일반중개계약의 표준이 되는 서식을 정하여 그 사용을 권장하여야 한다. [O, ×]

07. 전속중개계약을 체결한 개업공인중개사는 중개의뢰인에게 서면으로 업무처리 상황을 보고할 의무는 없다. [O, ×]

정답 및 해설

01. ○ 02. ○
03. × (개업공인중개사는 부동산거래정보망에 중개대상 물건 권리자의 인적사항을 공개해서는 안 된다.)
04. ○
05. × (전속중개계약은 공개를 원칙으로 하나 중개의뢰인이 비공개를 요청하는 경우 개업공인중개사는 부동산거래정보망에 중개대상물건의 정보를 공개해서는 안 된다.)
06. × (권장하여야 → 권장할 수)
07. × (없다 → 있다)

기·출·문·제·분·석

1. 공인중개사법령상 전속중개계약을 체결할 때 중개의뢰인이 비공개를 요청하지 않는 한 개업공인중개사가 공개해야할 중개대상물에 관한 정보내용이 아닌 것은?

① 지형 등 입지조건
② 중개대상물의 종류
③ 공법상 이용제한에 관한 사항
④ 도로 및 대중교통수단과의 연계성
⑤ 소유권의 주소·성명 등 인적사항에 관한 정보

해설

⑤ 인적사항 공개는 불가하다.

2. 공인중개사법령상 일반중개계약서와 전속중개계약서에 관한 설명으로 틀린 것은?

① 일반중개계약서, 전속중개계약서 서식은 모두 별지 서식으로 정해져 있다.
② 일반중개계약이든 전속중개계약이든 중개계약이 체결된 경우 모두 법정서식을 사용해야 한다.
③ 일반중개계약서의 보존기간에 관한 규정은 없다.
④ 일반중개계약서 서식에는 중개의뢰인의 권리·의무사항이 기술되어 있다.
⑤ 일반중개계약서와 전속중개계약서 서식상의 개업공인중개사의 손해배상책임에 관한 기술내용은 동일하다.

해설

② 일반중개의 경우 중개계약서 작성의무는 없다.

3. ( )안에 들어갈 의무 보존기간이 옳게 나열된 것은?

공인중개사법령상 전속중개계약서는 (㉠) 이상, 중개대상물확인·설명서 사본은 (㉡) 이상, 거래계약서 사본은 (㉢) 이상 보존해야 한다.

① ㉠ : 3년, ㉡ : 5년, ㉢ : 3년
② ㉠ : 3년, ㉡ : 3년, ㉢ : 5년
③ ㉠ : 3년, ㉡ : 5년, ㉢ : 5년
④ ㉠ : 5년, ㉡ : 3년, ㉢ : 3년
⑤ ㉠ : 5년, ㉡ : 3년, ㉢ : 5년

해설

② 서류보존 기간은 전속중개계약서는 3년, 확인·설명서 사본은 3년, 거래계약서 사본은 5년이다.

4. 공인중개사법령상 중개계약에 관한 설명으로 옳은 것은?

① 국토교통부장관이 일반중개계약의 표준이 되는 서식을 정하고 있으므로, 개업공인중개사는 그 서식을 반드시 사용해야 한다.
② 전속중개계약을 체결할 경우 당사자 간에 다른 약정이 없으면 그 유효기간은 6월로 한다.
③ 개업공인중개사가 국토교통부령이 정하는 전속중개계약서에 의하지 않고 전속중개계약을 체결한 경우, 개설등록이 취소된다.
④ 전속중개계약서 서식에는 개업공인중개사가 중개대상물의 확인·설명의무를 이행하는데 중개의뢰인이 협조해야 함을 명시하고 있다.
⑤ 전속중개계약을 체결한 중개의뢰인이 그 유효기간 내에 스스로 발견한 제3자와 직접 매매

|정답| 1. ⑤ 2. ② 3. ②

계약을 체결한 경우 그 매매계약은 무효가 된다.

해설

① 일반중개계약서의 작성·교부할 의무는 없다. ② 6월 → 3월
③ 개설등록이 취소 → 업무정지처분 사유
⑤ 매매계약은 무효가 된다.→ 중개보수 50% 범위내에서 소요된 비용을 지불하면 된다.

5. 전속중개계약에 관한 설명으로 옳은 것은?

① 중개의뢰인은 전속중개계약의 유효기간 내에 전속중개계약을 체결한 개업공인중개사 이외의 개업공인중개사에게 의뢰하여 거래한 경우에는 중개보수에 해당하는 금액을 전속중개계약을 체결한 개업공인중개사에게 지불하여야 한다.
② 개업공인중개사는 전속중개계약을 체결하고자 할 경우 전속중개계약서를 사용하고 3월간 보존하여야 한다.
③ 전속중개계약을 체결한 개업공인중개사는 중개대상물에 관한 정보를 공개하여야 하며, 중개대상물에 대한 모든 정보공개 여부를 중개의뢰인에게 사전에 동의를 받아야 한다.
④ 중개의뢰인은 중개대상물의 중개를 의뢰함에 있어서 특정한 개업공인중개사를 정하여 당해 중개대상물을 중개하도록 하는 전속중개계약을 체결하여야 한다.
⑤ 중개의뢰인이 전속중개계약의 유효기간 내에 중개의뢰인이 스스로 발견한 상대방과 거래한 경우에는 중개보수의 범위 내에서 개업공인중개사의 소요된 비용을 지불해야 한다.

해설

② 3월 → 3년
③ 모든 → 극단적 어구 → 틀린 보기
④ 체결하여야 → 체결할 수
⑤ 중개보수의 범위내에서 → 중개보수 50% 범위내에서

6. 공인중개사법령상 중개계약에 관한 설명으로 옳은 것(O)과 틀린 것(X)을 바르게 짝지은 것은?

> ㄱ. 일반중개계약을 체결하는 경우, 국토교통부장관이 관련 법령에 의하여 정한 표준서식의 중개계약서를 사용해야 한다.
> ㄴ. 전속중개계약을 체결하는 경우, 특별한 약정이 없는 한 중개계약의 유효기간은 3월이다.
> ㄷ. 전속중개계약을 체결하는 경우, 개업공인중개사는 당해 계약서를 3년간 보존해야 한다.

① ㄱ(X), ㄴ(O), ㄷ(O) ② ㄱ(X), ㄴ(X), ㄷ(O)
③ ㄱ(X), ㄴ(O), ㄷ(X) ④ ㄱ(O), ㄴ(X), ㄷ(O)
⑤ ㄱ(O), ㄴ(X), ㄷ(X)

해설

ㄱ. 일반중개계약 시 표준서식 사용 강제의무는 없다. 국토부장관은 서식 사용을 권장할 수 있을 뿐이다.

7. 공인중개사법령상 중개계약과 관련한 설명으로 틀린 것은?

① 전속중개계약서에는 개업공인중개사의 사무소 소재지가 기재되어야 한다.
② 공동상속부동산의 교환계약을 중개하는 경우, 개업공인중개사는 상속인 전원의 동의 유무를 확인해야 한다.
③ 주거용 건축물의 중개대상물 확인·설명서에서 권리관계와 승강기 유무는 개업공인중개사의 기본 확인사항이다.
④ 전속중개계약의 유효기간 내에 중개의뢰인이 스스로 발견한 상대방과 거래한 경우, 중개의

|정답| 4. ④ 5. ① 6. ①

의뢰인은 중개보수의 50퍼센트에 해당하는 금액의 범위 안에서 중개를 위해 소요된 비용을 지불해야 한다.

⑤ 주택거래계약신고서상 신고대상에는 주택의 소재지, 면적, 실제 거래가격도 포함된다.

해설

③ 승강기 → 개업공인중개사의 세부 확인사항이다.

8. 공인중개사법령상 중개계약에 관한 설명으로 틀린 것은?

① 개업공인중개사는 전속중개계약을 체결한 때, 중개의뢰인이 당해 중개대상물에 관한 정보의 비공개를 요청한 경우에는 부동산거래정보망과 일간신문에 이를 공개해서는 아니 된다.

② 전속중개계약을 체결한 개업공인중개사는 부동산거래정보망에 중개대상물의 정보를 공개할 경우 권리자의 주소, 성명을 공개해야 한다.

③ 당사자 간에 다른 약정이 없는 한 전속중개계약의 유효기간은 3월로 한다.

④ 중개의뢰인은 개업공인중개사에게 거래예정가격을 기재한 일반중개계약서의 작성을 요청할 수 있다.

⑤ 개업공인중개사는 전속중개계약을 체결한 때에는 당해 계약서를 3년간 보존해야 한다.

해설

② 개업공인중개사는 전속중개계약을 체결한 때에는 7일 이내에 부동산거래정보망 또는 일간신문에 당해 중개대상물에 관한 정보를 공개하여야 한다. 다만, 중개의뢰인이 비공개를 요청한 경우에는 이를 공개하여서는 아니 된다. 공개 대상은 중개대상물건에 대한 정보이지 개인정보를 공개하는 것은 아니다.

9. 甲은 2015년 10월 10일 자기 소유의 주택 매매와 관련하여 개업공인중개사 乙과 유효기간 5월의 전속중개계약을 체결하였다. 공인중개사법령상 옳은 설명은?

① 전속중개계약의 유효기간은 3월이므로 甲과 乙 간의 전속중개계약의 기간은 3월로 단축된다.

② 乙이 전속중개계약서를 보존해야 하는 기간은 5년이다.

③ 乙이 일간신문에 중개대상물에 관한 정보를 공개한 경우 지체 없이 甲에게 그 내용을 문서로써 통지해야 한다.

④ 甲이 비공개를 요청하지 않는 한 乙은 2015년 10월 20일 이내에 중개대상물에 관한 정보를 공개해야 한다.

⑤ 乙은 甲에게 계약체결 후 2주일에 1회 이상 중개업무처리상황을 통지해야 하며, 그 방법에는 제한이 없다.

해설

③이 옳은 보기이다. 전속중개계약서 서식상 을(개업공인중개사)의 의무사항 중 2번째에 해당된다.

|정답| 7. ③ 8. ② 9. ③

인증번호 : DV76-2TS9

2

★★

(부동산)거래정보망

핵심

부동산거래정보망 관련 거래정보사업자·개업공인중개사 **의무**

기출 Point

1. 지정 ~ 운영 단계
2. 위반 시 제재사항

출제자 의도

거래정보망

부동산거래정보망의 이용체계도를 이해하고 있는가?

1. 요약

(1) 거래정보사업자의 「지정 ~ 운영」 단계

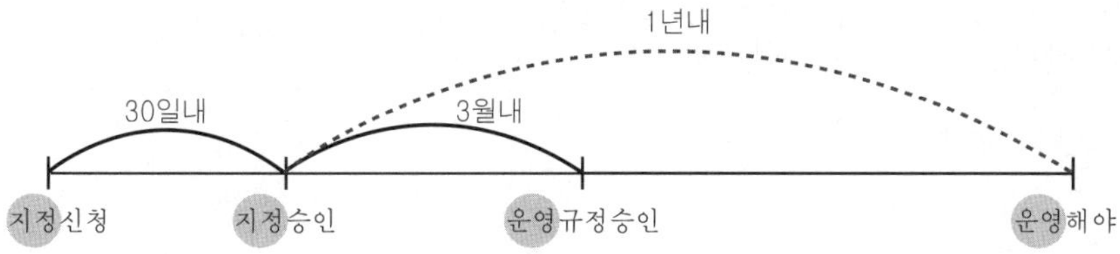

부동산거래정보망을 설치·운영하고자 하는 자가 지정신청을 하는 경우 국토교통부장관은 지정신청받은 날부터 30일(3월×) 이내에 지정기준의 적합 여부를 검토하여 적합한 경우 승인을 한다.
이후 지정을 받은 거래정보사업자는 3월(30일×) 이내에 운영규정의 승인을 얻어서 지정받은 날부터 1년(6개월×) 이내에 부동산거래정보망을 설치·운영하여야 한다.

법인인 개업공인중개사도 부동산거래정보사업자의 지정요건을 구비하여 국토교통부장관에게 거래정보사업자로 지정을 받을 수 '있다'. (×)
→ '없다' (법인인 개업공인중개사는 일부 업무를 제외하고는 겸업을 할 수 없다.)

★★
(2) 이용체계도

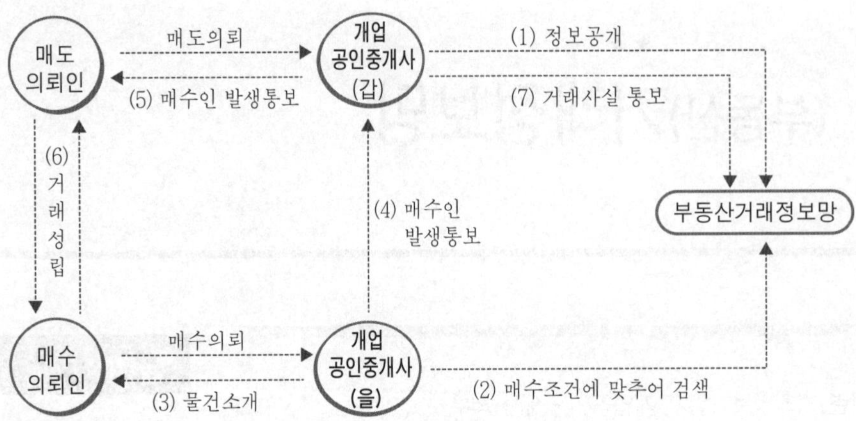

(3) 위반 시 제재사항

해당자	위반사항	제재사항	제재기관
거래정보사업자	다르게 정보공개 차별적 정보공개	→행정처분 : (임의적) 지정취소 →행정형벌 : 1년 1천	→국장 →사법부
개업공인중개사	정보 거짓공개 거래사실 미통보	→행정처분 : 업무정지 →행정형벌 : 없음	등록관청

※ 지정받지 않고 거래정보사업 : 이 법상 제재 없음

2. 3단 비교표

법	시행규칙
제24조 부동산거래정보망의 지정 및 이용 ① 국토교통부장관은 개업공인중개사(중개의뢰인×) 상호간에 부동산매매 등에 관한 정보의 공개와 유통을 촉진하고 공정한 부동산거래질서(부동산중개질서×)를 확립하기 위하여 부동산거래정보망을 설치·운영할 자를 **지정할 수**(하여야×) 있다. ② 제1항의 규정에 의하여 지정을 받을 수 있는 자는 「전기통신사업법」(공인중개사법×)의 규정에 의한 부가통신사업자로서 국토교통부령(대통령령×)이 정하는 요건을 갖춘 자(법인○, 개인도○)로 한다. ③ 제1항의 규정에 의하여 지정을 받은 자(이하 "거래정보사업자"라 한다)는 지정받은 날부터 3월(30일×) 이내에 부동산거래정보망의 이용 및 정보제공방법 등에 관한 운영규정(이하 "운영규정"이라 한다)을 정하여 국토교통부장관(등록관청×)의 **승인**(신고×)을 얻어야 한다. 이를 변경하고자 하는 때에도 또한 같다.	**제15조 거래정보사업자의 지정 등** ① 법 제24조제1항에 따라 부동산거래정보망을 설치·운영할 자로 지정받으려는 자는 별지 제16호서식의 거래정보사업자지정신청서에 다음 각 호의 서류를 첨부하여 국토교통부장관(등록관청×)에게 제출하여야 한다. 이 경우 국토교통부장관은 「전자정부법」 제36조제1항에 따라 행정정보의 공동이용을 통하여 법인등기부 등본(신청인이 법인인 경우로 한정한다)을 확인하여야(할 수×) 한다. 1. 삭제 2. 제2항제1호에 따른 수 이상의 개업공인중개사(중개의뢰인×)로부터 받은 별지 제17호서식의 부동산거래정보망가입·이용신청서 및 그 개업공인중개사의 중개사무소등록증 사본(인감증명서×) 3. 정보처리기사(정보처리기능사×) 자격증 사본

법	시행규칙
④ 거래정보사업자는 개업공인중개사(중개의뢰인×)로부터 공개를 의뢰받은 중개대상물의 정보에 한하여 이를 부동산거래정보망에 **공개**하여야 하며, 의뢰받은 내용과 다르게 정보를 공개하거나 어떠한 방법으로든지 개업공인중개사에 따라 정보가 차별적으로 공개되도록 하여서는 아니된다.(→ 위반 시 제재사항 : 1-1) ⑤ 국토교통부장관은 거래정보사업자가 다음 각 호의 어느 하나에 해당하는 경우에는 그 **지정**을 **취소**할 수(하여야×) 있다.(→ 재량처분○, 기속처분×) 1. 거짓 그 밖의 부정한 방법으로 지정을 받은 경우 2. 제3항의 규정을 위반하여 운영규정의 승인 또는 변경승인을 받지 아니하거나(미승인) 운영규정에 위반하여 부동산거래정보망을 운영한 경우 (→ 벌과 : 500↓) 3. 제4항의 (공개)규정을 위반하여 정보를 공개한 경우 4. 정당한 사유없이 지정받은 날(운영규정 승인받은 날×)부터 1년(3년×) 이내에 부동산거래정보망을 설치·운영하지 아니한 경우(미설치 · 미운영) 5. 개인인 거래정보사업자의 사망 또는 법인인 거래정보사업자의 해산 그 밖의 사유로 부동산거래정보망의 계속적인 운영이 불가능한 경우 ⑥ 국토교통부장관은 제5항제1호 내지 제4호(제5호×) 의 규정에 의하여 거래정보사업자 지정을 취소하고자 하는 경우에는 청문을 실시하여야(할 수×) 한다. ⑦ 개업공인중개사(당해 업무를 수행한 소공×)는 부동산거래정보망에 중개대상물에 관한 정보를 거짓으로 공개하여서는 아니되며, 당해 중개대상물의 거래가 완성된(될×) 때에는 지체 없이(1월 이내×) 이를 당해 거래정보사업자에게 통보하여야 한다. ⑧ 거래정보사업자의 지정절차, 운영규정에 정할 내용 그 밖에 필요한 사항은 국토교통부령(대통령령×)으로 정한다.	4. 공인중개사 자격증 사본(원본×) 5. 주된 컴퓨터의 용량 및 성능 등을 확인할 수 있는 서류 6. 「전기통신사업법」(공인중개사법×)에 따라 부가통신사업 신고서를 제출하였음을 확인할 수 있는 서류 ② 제1항에 따라 부동산거래정보망을 설치·운영할 자로 **지정**받으려는 자는 다음 각 호의 **요건**을 갖추어야 한다. 1. 그 부동산거래정보망의 가입·이용신청을 한 개업공인중개사의 수가 5백명 이상이고 2개 이상의 특별시·광역시·도 및 특별자치도(이하 "시·도"라 한다)에서 각각 30인 이상의 개업공인중개사가 가입·이용신청을 하였을 것 2. 정보처리기사 1명 이상을 확보할 것 3. 공인중개사 1명 이상을 확보할 것 4. 부동산거래정보망의 가입자가 이용하는데 지장이 없는 정도로서 국토교통부장관이 정하는 용량 및 성능을 갖춘 컴퓨터설비를 확보할 것 ③ 국토교통부장관은 제1항의 규정에 따라 지정신청을 받은 때에는 지정신청을 받은 날부터 30일(7일×) 이내에 이를 검토하여 지정기준에 적합하다고 인정되는 경우에는 거래정보사업자로 지정하고, 다음 각 호의 사항을 별지 제18호서식의 거래정보사업자지정대장에 기재한 후에 별지 제19호서식의 거래정보사업자지정서를 교부하여야 한다. 1. 지정 번호 및 지정 연월일 2. 상호 또는 명칭 및 대표자의 성명 3. 사무소의 소재지 4. 주된 컴퓨터설비의 내역 5. 전문자격자의 보유에 관한 사항 ④ 법 제24조제3항의 규정에 따른 **운영규정**에는 다음 각 호의 사항을 정하여야 한다. 1. 부동산거래정보망에의 등록절차 2. 자료의 제공 및 이용방법에 관한 사항 3. 가입자에 대한 회비 및 그 징수에 관한 사항 4. 거래정보사업자 및 가입자의 권리·의무에 관한 사항 5. 그 밖에 부동산거래정보망의 이용에 관하여 필요한 사항 ⑤ 제3항의 거래정보사업자지정대장은 전자적 처리가 불가능한 특별한 사유가 없으면(반드시×) 전자적 처리가 가능한 방법으로 작성·관리하여야(할 수×) 한다.

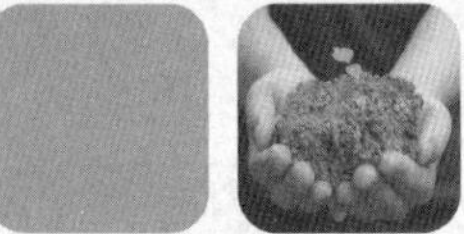

O · X · 지 · 문 · 학 · 습

01. 거래정보사업자는 정보처리기능사 1명 이상, 공인중개사 1명 이상을 확보하고 부동산거래정보망의 가입자가 이용하는데 지장이 없는 정도로서 국토교통부장관이 정하는 용량 및 성능을 갖춘 컴퓨터 설비를 확보해야 한다. [O, ×]

02. 거래정보사업자는 개업공인중개사로부터 의뢰받은 중개대상물의 정보에 한하여 이를 공개하여야 하며, 의뢰받은 내용과 다르게 정보를 공개해서는 안된다. [O, ×]

03. 거래정보사업자로 지정된 때부터 6월 이내에 부동산거래정보망을 설치·운영하지 아니하면 거래정보업자지정을 취소할 수 있다. [O, ×]

04. 거래정보사업자지정대장은 전자적 처리가 불가능한 특별한 사유가 없으면 전자적 처리가 가능한 방법으로 작성·관리할 수 있다. [O, ×]

05. 부동산거래정보망사업자는 「전기통신사업법」의 규정에 의한 부가통신사업자로서 국토교통부령이 정하는 요건을 갖춘 법인에 한한다. [O, ×]

06. 거래정보사업자는 운영규정을 정하여 특별시장·광역시장 또는 도지사의 승인을 얻어야 한다. [O, ×]

07. 개업공인중개사는 당해 중개대상물의 거래가 완성된 때에는 14일 이내에 이를 당해 거래정보사업자에게 통보하여야 한다. [O, ×]

08. 부동산거래정보망을 설치·운영할 자로 지정받고자 하는 자는 전국적으로 5백명 이상, 2개 이상의 시·도에서 각각 30명 이상의 가입·이용신청을 한 개업공인중개사의 중개사무소등록증 사본을 신청서에 첨부하여야 한다. [O, ×]

정답 및 해설

01. × (정보처리기능사 → 정보처리기사)
02. ○
03. × (6월 → 1년)　　04. × (할 수 있다 → 하여야 한다)
05. × (법인뿐만 아니라 개인도 가능하다.)
06. × (특별시장·광역시장 또는 도지사 → 국토교통부장관)
07. × (14일 이내 → 지체 없이)
08. ○

기 · 출 · 문 · 제 · 분 · 석

1. 공인중개사법령상 부동산거래정보망의 지정 및 이용 등에 관한 설명으로 옳은 것은?

① 거래정보사업자로 지정받으려는 자는 지정받기 전에 운영규정을 정하여 국토교통부장관의 승인을 얻어야 한다.

② 거래정보사업자로 지정받으려는 자는 그 부동산거래정보망의 가입·이용신청을 한 개업공인중개사가 1천명 이상이고 10개 이상의 시·도에서 각각 30인 이상의 개업공인중개사가 가입·이용신청을 하였을 것이라는 요건을 갖추어야 한다.

③ 거래정보사업자로 지정받으려는 자는 부동산거래정보망의 가입자가 이용하는데 지장이 없는 정도로서 국토교통부장관이 정하는 용량 및 성능을 갖춘 컴퓨터설비를 확보해야 한다.

④ 거래정보사업자가 정당한 사유 없이 지정받은 날로부터 1년 이내에 부동산거래정보망을 설치·운영하지 아니한 경우 국토교통부장관은 그 지정을 취소해야 한다.

⑤ 거래정보사업자가 개업공인중개사로부터 의뢰받은 정보와 다른 정보를 공개한 경우에는 5백만원 이하의 과태료가 부과된다.

해설

① 지정받은 날부터 3월 이내에 운영규정을 정해 국토교통부장관에 승인을 받는다.
② 1천명 이상이고 10개 이상의 → 5백명 이상이고 2개 이상의
④ 취소해야 한다 → 취소할 수 있다
⑤ 5백만원 이상의 과태료 부과 → 그 지정을 취소할 수 있다. 행정형벌로 1년 이하의 징역 또는 1천만 원 이하의 벌금 부과

2. 공인중개사법령상 부동산거래정보망의 지정 및 이용에 관한 설명으로 틀린 것은?

① 국토교통부장관은 부동산거래정보망을 설치·운영할 자를 지정할 수 있다.

② 부동산거래정보망은 개업공인중개사 상호 간에 부동산매매 등에 관한 정보의 공개와 유통을 촉진하고 공정한 부동산거래 질서를 확립하기 위한 것이다.

③ 거래정보사업자는 지정받은 날부터 3월 이내에 부동산거래정보망의 운영규정을 정하여 지정권자의 승인을 얻어야 한다.

④ 거래정보사업자가 정당한 사유 없이 지정받은 날부터 1년 이내에 부동산거래정보망을 설치·운영하지 않은 경우, 지정권자는 그 지정을 취소할 수 있다.

⑤ 부동산거래정보망에 중개대상물에 관한 거래의 중요한 정보를 거짓으로 공개한 개업공인중개사는 500만원 이하의 과태료에 처한다.

해설

⑤ 부동산거래정보망에 중개대상물에 관한 거래의 중요한 정보를 거짓으로 공개한 개업공인중개사에게 6월 이내의 업무정지처분을 명할 수 있다.

3. 공인중개사법령상 부동산거래정보망에 관한 설명으로 틀린 것은?

① 거래정보사업자는 의뢰받은 내용과 다르게 정보를 공개해서는 아니된다.

② 거래정보사업자는 개업공인중개사로부터 공개를 의뢰받은 중개대상물의 정보에 한하여 이를 부동산거래정보망에 공개해야 한다.

③ 거래정보사업자가 정당한 사유없이 지정받은

|정답| 1. ③ 2. ⑤

날부터 1년 이내에 부동산거래정보망을 설치·운영하지 아니한 경우에는 그 지정을 취소해야 한다.

④ 거래정보사업자는 지정받은 날부터 3월 이내에 부동산거래정보망의 이용 및 정보제공방법 등에 관한 운영규정을 정하여 국토교통부장관의 승인을 얻어야 한다.

⑤ 개업공인중개사는 당해 중개대상물의 거래가 완성된 때에는 지체 없이 이를 당해 거래정보사업자에게 통보해야 한다.

해설

③ 취소해야 한다. → 취소할 수 있다.

4. 공인중개사법령상 부동산거래정보망에 관한 설명으로 옳은 것은?

① 거래정보사업자로 지정받기 위하여 신청서를 제출하는 경우, 공인중개사 자격증 원본을 첨부해야 한다.

② 국토교통부장관은 거래정보사업자 지정신청을 받은 날부터 14일 이내에 이를 검토하여 그 지정여부를 결정해야 한다.

③ 전속중개계약을 체결한 개업공인중개사가 부동산거래정보망에 임대 중인 중개대상물 정보를 공개하는 경우, 임차인의 성명을 공개해야 한다.

④ 거래정보사업자로 지정받은 법인이 해산하여 부동산거래정보망사업의 계속적인 운영이 불가능한 경우, 국토교통부장관은 청문을 거치지 않고 사업자 지정을 취소할 수 있다.

⑤ 거래정보사업자는 개업공인중개사로부터 의뢰받은 중개대상물의 정보뿐만 아니라 의뢰인의 이익을 위해 직접 조사한 중개대상물의 정보도 부동산거래정보방에 공개할 수 있다.

해설

① 원본 → 사본
② 14일 이내 → 30일 이내
③ 권리관계는 공개 가능하나 인적사항은 공개불가
⑤ 개업공인중개사로부터 공개를 의뢰받은 중개대상물의 정보에 한해 공개 가능하다.

5. 공인중개사법령상 부동산거래정보망의 지정 및 이용에 관한 설명으로 틀린 것은?

① 거래정보사업자로 지정을 받으려면 그 부동산거래정보망의 가입·이용신청을 한 개업공인중개사의 총수는 5백명 이상이어야 한다.

② 부동산거래정보망을 설치·운영할 자로 지정받으려는 자는 공인중개사와 정보처리기사를 각각 1명 이상 확보해야 한다.

③ 법인인 개업공인중개사는 거래정보사업자로 지정받을 수 없다.

④ 부동산거래정보망에 가입하지 않은 개업공인중개사가 전속중개계약을 체결한 경우 중개의뢰인이 비공개를 요청하지 않는 한 일간신문에 당해 중개대상물의 정보를 공개해야 한다.

⑤ 거래정보사업자가 개업공인중개사로부터 의뢰받은 내용과 다르게 정보를 공개한 경우 국토교통부장관은 그 사업자 지정을 취소해야 한다.

해설

⑤ 취소해야 한다 → 취소할 수 있다 (법 제24조제⑤항)

|정답| 3. ③ 4. ④ 5. ⑤

인증번호 : FG78-W7S9

★★★

중개대상물 조사·확인·설명

핵심

중개대상물 조사·확인·설명 관련 **의무사항** —위반 시→ **제재사항**

기출 Point

1. 중개대상물 확인·설명사항 vs 전속중개계약상 공개사항
   각 ↓ 사항의
   중개실무상 조사·확인 방법
2. 중개대상물 확인·설명서 기재사항
3. 위반 시 제재사항

출제자 의도

중개대상물 조사·확인 설명

- 중개대상물 확인·설명사항을 알고 있는가?
- 중개실무상 중개대상물 조사·확인방법을 알고 있는가?
- 중개대상물 확인·설명서의 구체적 기재사항과 작성방법을 알고 있는가?

1. 요약

(1) 중개대상물 확인·설명사항 vs 전속 중개계약상 공개사항 ★★★

각 ↓ 사항의

중개실무상 **조사·확인방법** ★★★ → 14번 테마 (4) 참고

구분	공적장부	임장활동(현장답사)
사실관계	지적공부(토지대장, 임야대장 등) 건축물대장, 무허가건축물관리대장	지질, 지세 건축물의 설비·방향
권리관계	토지등기부(등기사항증명서) 건물등기부(등기사항증명서)	점유권, 법정지상권, 관습법상 법정지상권, 분묘기지권, 유치권, 미등기임차권, 소유권보존등기가 안된 신축건물의 소유권
기타관계 (공법상 제한 등)	• 토지이용계획확인서(일부 제한사항 확인 ↔ 건폐율·용적률,소유자 등은 확인 불가) • 시·군조례(건폐율·용적률 상한 확인) • 농지법(농지 소유자·면적 제한 확인) • 환지예정지지정증명원(환지예정지 지목·면적 확인) • 법인등기사항증명서(법인격의 구비여부, 대표자의 처분권한)	-

※ 대장(토지대장, 임야대장, 건축물대장)과 등기부(등기사항증명서)의 우선순위 : 면적(사실관계)이 다른 경우 대장이 우선하고, 소유자(권리관계)가 다른 경우 등기가 우선한다.

※ 무허가건물이라도 중개할 수 있고 또한 확인·설명의무가 있다(없다×).

※ 피성년후견인·피한정후견인 여부는 후견등기사항증명서(가족관계증명서×)를 통해 확인할 수 있다.(→ 발급처 : 법원)

도로 및 대중교통수단과의 연계성, 시장·학교와의 근접성 등 중개대상물의 입지조건은 개업공인중개사가 중개의뢰인에게 확인·설명해야 하는 사항에 '해당하지 않는다'. (×)
→ '해당한다' (○)

개업공인중개사는 중개대상물의 상태에 관한 자료요구에 매도의뢰인이 불응한 경우, 중개대상물확인·설명서에 기재'할 수' 있다. (×)
→ '하여야' (○)

전속중개계약서와 중개대상물확인·설명서는 모두 서명 '및' 날인하여 3년간 보존하여야 한다. (×)
→ 전속중개계약서는 서명 '또는' 날인한다.

★★★

(2) 중개대상물 확인·설명서 기재사항, 기재방법(작성방법)

대분류 항목에서 소분류 항목까지 꼼꼼히 확인해야 함. → 관련 서식 참고

① 중개대상물 확인·설명서 Ⅰ : 주거용 건축물
② 중개대상물 확인·설명서 Ⅱ : 비주거용 건축물
③ 중개대상물 확인·설명서 Ⅲ : 토지
④ 중개대상물 확인·설명서 Ⅳ : 입목·광업재단·공장재단

(3) 위반 시 제재사항

위반사항	제재사항	
	개업공인중개사	소속공인중개사
① 확인·설명서 교부 아니한 경우 ② 서명·날인 아니한 경우 ③ 3년(5년×)보존 아니한 경우	┌→행정처분 : 업무정지 └→행정(처)벌 : 없음	┌→행정처분 : 자격정지 (②의 경우) └→행정처벌 : 없음

■ **확인·설명 vs 확인·설명서 작성**

구분	확인·설명	확인·설명서 작성
대상	취득(일방 ○, 이전 ×) 중개의뢰인	취득·이전(쌍방) 중개의뢰인
의무자	개업공인중개사	개업공인중개사(법인 : 대표자, 분사무소 : 책임자)
시기	중개완성 전	거래계약서 작성 시
서면	근거 자료	법정서식
서명 및 날인	−	○ ┌ 개업공인중개사 └ 당해 중개행위를 한 소속공인중개사

(4) 개업공인중개사의 중개의뢰인 신분 확인

개업공인중개사는 중개업무의 수행을 위하여 필요한 경우에는 중개의뢰인에게 주민등록증 등 신분을 확인할 수 있는 증표를 제시할 것을 요구할 수 있다.

2. 3단 비교표

법	시행령	시행규칙
제25조 중개대상물의 확인·설명 ① 개업공인중개사(소속공인중개사×)는 중개를 의뢰받은 경우에는 중개가 완성되기 전(후×)에 다음 각 호의 사항을 확인하여 이를 당해 중개대상물에 관한 권리를 취득(이전×)하고자 하는 중개의뢰인에게 성실·정확하게 설명하고, 토지대장등본 또는 부동산종합증명서·등기사항증명서 등 설명의 근거자료를 제시하여야(할 수×) 한다. 1. 당해 중개대상물의 상태·입지 및 권리관계 2. 법령의 규정에 의한 거래 또는 이용제한사항 3. 그 밖에 대통령령이 정하는 사항 ② 개업공인중개사는 제1항의 규정에 의한 확인·설명을 위하여 필요한 경우에는 중개대상물의 매도(매수×)의뢰인·임대(임차×)의뢰인 등에게 당해 중개대상물의 상태에 관한 자료를 요구할 수(하여야×) 있다. ③ 개업공인중개사는 중개가 완성되어 거래계약서를 작성하는 때에는 제1항의 규정에 의한 확인·설명사항을 대통령령이 정하는 바에 따라 서면으로 작성하여 거래당사자에게 교부하고 대통령령이 정하는 기간(3년)(5년×) 동안 그 원본, 사본 또는 전자문서를 보존하여야 한다. 다만, 확인·설명사항이 「전자문서 및 전자거래 기본법」 제2조제9호에 따른 공인전자문서센터(이하 '공인전자문서센터'라 한다)에 보관된 경우에는 그러하지 아니하다. ④ 제3항의 규정에 의한 확인·설명서에는 개업공인중개사[법인인 경우에는 대표자(임원×)를 말하며, 법인에 분사무소가 설치되어 있는 경우에는 분사무소의 책임자를 말한다]가 서명 및(또는×) 날인하되, 당해 중개행위를 한 소속공인중개사(모든 소공×)가 있는 경우에는 소속공인중개사가 함께 서명 및(또는×) 날인(확인·설명×)하여야(할 수×) 한다. → 공동중개시 모든 개업공인중개사 함께 서명 및 날인 필요 → 국토교통부 유권해석 **제25조의2 소유자 등의 확인** 개업공인중개사는 중개업무의 수행을 위하여 필요한 경우에는 중개의뢰인에게 주민등록증 등 신분을 확인할 수 있는 증표를 제시할 것을 요구할 수(하여야×) 있다.	**제21조 중개대상물의 확인·설명** ① 법 제25조제1항의 규정에 따라 개업공인중개사가 **확인·설명**하여야 하는 **사항**은 다음 각 호와 같다. 1. 중개대상물의 종류·소재지·지번·지목·면적·용도·구조 및 건축연도 등 중개대상물에 관한 기본적인 사항 2. 소유권·전세권·저당권·지상권 및 임차권 등 중개대상물의 권리관계에 관한 사항 3. 거래예정금액(거래금액×, 실지거래가액×)·중개보수 및 실비의 금액과 그 산출내역 4. 토지이용계획, 공법상의 거래규제 및 이용제한에 관한 사항 5. 수도·전기·가스·소방·열공급·승강기 및 배수 등 시설물의 상태 6. 벽면 및 도배의 상태 7. 일조·소음·진동 등 환경조건 8. 도로 및 대중교통수단과의 연계성, 시장·학교와의 근접성 등 입지조건 9. 중개대상물에 대한 권리를 취득(보유×, 양도×)함에 따라 부담하여야 할 조세의 종류 및 세율(납부세액×) ② 개업공인중개사는 매도의뢰인·임대의뢰인 등이 법 제25조제2항의 규정에 따른 중개대상물의 상태에 관한 자료요구에 불응한 경우에는 그 사실을 매수의뢰인·임차의뢰인 등에게 설명하고(하거나×), 제3항의 규정에 따른 중개대상물확인·설명서에 기재하여야(할 수×) 한다. ③ 개업공인중개사는 국토교통부령이 정하는 중개대상물확인·설명서에 제1항 각 호의 사항을 기재하여 거래당사자(권리취득중개의뢰인에게만×)에게 교부하고 그 사본(원본×)을 3년(5년×)보존하여야 한다.	**제16조 중개대상물의 확인·설명서의 서식** 영 제21조제3항에 따른 중개대상물 확인·설명서(영문서식을 포함한다)는 다음 각 호의 구분에 따른다. 1. 중개대상물 확인·설명서[Ⅰ] (주거용 건축물) : 별지 제20호서식 2. 중개대상물 확인·설명서[Ⅱ] (비주거용 건축물) : 별지 제20호의2서식 3. 중개대상물 확인·설명서[Ⅲ] (토지) : 별지 제20호의3서식 4. 중개대상물 확인·설명서[Ⅳ] (입목·광업재단·공장재단) : 별지 제20호의4 서식

▶ 중개대상물 확인·설명시 제시하는 근거자료

지적공부, 건축물대장, 등기사항증명서, 토지이용계획확인서, 환지예정지 지정증명원, 체비지지정증명원, 공시지가확인원, 주민등록등·초본, 법인등기사항증명서 등 (보증설정증명서류×)

■ 공인중개사법 시행규칙 [별지 제20호서식] (3쪽 중 제1쪽)

중개대상물 확인 · 설명서[I] (주거용 건축물)

([ ] 단독주택 [ ] 공동주택 [ ] 매매 · 교환 [ ] 임대)

※ [ ]에는 해당하는 곳에 √표를 합니다.

확인 · 설명 자료	확인 · 설명 근거자료 등	[ ] 등기권리증 [ ] 등기사항증명서 [ ] 토지대장 [ ] 건축물대장 [ ] 지적도 [ ] 임야도 [ ] 토지이용계획확인서 [ ] 그 밖의 자료( )
	대상물건의 상태에 관한 자료요구 사항	

유의사항	
개업공인중개사의 확인 · 설명 의무	개업공인중개사는 중개대상물에 관한 권리를 취득하려는 중개의뢰인에게 성실 · 정확하게 설명하고, 토지대장 등본, 등기사항증명서 등 설명의 근거자료를 제시하여야 합니다.
실제거래가격 신고	「부동산 거래신고 등에 관한 법률」 제3조 및 같은 법 시행령 제3조제1항제5호에 따른 실제 거래가격은 매수인이 매수한 부동산을 양도하는 경우 「소득세법」 제97조제1항 및 제7항과 같은 법 시행령 제163조제11항제2호에 따라 취득 당시의 실제 거래가액으로 보아 양도차익이 계산될 수 있음을 유의하시기 바랍니다.

I. 개업공인중개사 기본 확인사항

① 대상물건의 표시	토 지	소재지				
		면적(㎡)		지 목	공부상 지목	
					실제이용 상태	
	건축물	전용면적(㎡)			대지지분(㎡)	
		준공년도 (증개축년도)		용도	건축물대장상 용도	
					실제 용도	
		구조			방향	(기준:)
		내진설계 적용여부			내진능력	
		건축물대장상 위반건축물 여부	[ ] 위반 [ ] 적법	위반내용		

② 권리관계	등기부 기재사항	소유권에 관한 사항		소유권 외의 권리사항	
		토지		토지	
		건축물		건축물	
	민간임대 등록여부	[ ] 장기일반민간임대주택 [ ] 공공지원민간임대주택 [ ] 단기민간임대주택			

③ 토지이용계획, 공법상 이용제한 및 거래규제에 관한 사항(토지)	지역 · 지구	용도지역		건폐율 상한	용적률 상한
		용도지구		%	%
		용도구역			
	도시 · 군계획 시설		허가 · 신고 구역 여부	[ ] 토지거래허가구역	
			투기지역 여부	[ ] 토지투기지역 [ ] 주택투기지역 [ ] 투기과열지구	
	지구단위계획구역, 그 밖의 도시 · 군관리계획		그 밖의 이용제한 및 거래규제사항		

④ 입지조건	도로와의 관계	(m× m)도로에 접함 [ ] 포장 [ ] 비포장	접근성 [ ] 용이함 [ ] 불편함
	대중교통	버스	( ) 정류장, 소요시간: ([ ] 도보 [ ] 차량) 약 분
		지하철	( ) 역, 소요시간: ([ ] 도보 [ ] 차량) 약 분
	주차장	[ ] 없음 [ ] 전용주차시설 [ ] 공동주차시설 [ ] 그 밖의 주차시설( )	
	교육시설	초등학교	( ) 학교, 소요시간: ([ ] 도보 [ ] 차량) 약 분
		중학교	( ) 학교, 소요시간: ([ ] 도보 [ ] 차량) 약 분
		고등학교	( ) 학교, 소요시간: ([ ] 도보 [ ] 차량) 약 분
	판매 및 의료시설	백화점 및 할인매장	( ), 소요시간: ([ ] 도보 [ ] 차량) 약 분
		종합의료시설	( ), 소요시간: ([ ] 도보 [ ] 차량) 약 분

⑤ 관리에 관한사항	경비실	[ ] 있음 [ ] 없음	관리주체	[ ] 위탁관리 [ ] 자체관리 [ ] 그 밖의 유형

210㎜×297㎜[백상지(80g/㎡) 또는 중질지(80g/㎡)]

(3쪽 중 제2쪽)

⑥ 비선호시설(1km이내)	[ ] 없음 [ ] 있음(종류 및 위치:)		
⑦ 거래예정금액 등	거래예정금액		
	개별공시지가(㎡당)	건물(주택)공시가격	

⑧ 취득 시 부담할 조세의 종류 및 세율	취득세	%	농어촌 특별세	%	지방교육세	%
	※ 재산세는 6월 1일 기준 대상물건 소유자가 납세의무를 부담					

II. 개업공인중개사 세부 확인사항

⑨ 실제권리관계 또는 공시되지 않은 물건의 권리 사항

⑩ 내부·외부 시설물의 상태 (건축물)			
	수도	파손 여부	[ ] 없음 [ ] 있음(위치:)
		용수량	[ ] 정상 [ ] 부족함(위치:)
	전기	공급상태	[ ] 정상 [ ] 교체 필요(교체할 부분:)
	가스(취사용)	공급방식	[ ] 도시가스 [ ] 그 밖의 방식( )
	소방	단독경보형감지기	[ ] 없음 [ ] 있음(수량: 개) ※「화재예방, 소방시설 설치·유지 및 안전관리에 관한 법률」 제8조 및 같은 법 시행령 제13조에 따른 주택용 소방시설로서 아파트(주택으로 사용하는 층수가 5개층 이상인 주택을 말한다)를 제외한 주택의 경우만 작성합니다.
	난방방식 및 연료공급	공급방식	[ ] 중앙공급 [ ] 개별공급 / 시설작동: [ ] 정상 [ ] 수선 필요( )
		종류	[ ] 도시가스 [ ] 기름 [ ] 프로판가스 [ ] 연탄 [ ] 그 밖의 종류( )
	승강기	[ ] 있음 ([ ] 양호 [ ] 불량) [ ] 없음	
	배수	[ ] 정상 [ ] 수선 필요( )	
	그 밖의 시설물		

⑪ 벽면 및 도배상태			
	벽면	균열	[ ] 없음 [ ] 있음(위치:)
		누수	[ ] 없음 [ ] 있음(위치:)
	도배	[ ] 깨끗함 [ ] 보통임 [ ] 도배 필요	

⑫ 환경조건				
	일조량	[ ] 풍부함 [ ] 보통임 [ ] 불충분(이유:)		
	소음	[ ] 미미함 [ ] 보통임 [ ] 심한 편임	진동	[ ] 미미함 [ ] 보통임 [ ] 심한 편임

III. 중개보수 등에 관한 사항

⑬ 중개보수 및 실비의 금액과 산출내역			
	중개보수		<산출내역> 중개보수: 실비: ※ 중개보수는 시·도 조례로 정한 요율에 따르거나, 시·도 조례로 정한 요율한도에서 중개의뢰인과 개업공인중개사가 서로 협의하여 결정하도록 한 요율에 따르며 부가가치세는 별도로 부과될 수 있습니다.
	실비		
	계		

「공인중개사법」 제25조제3항 및 제30조제5항에 따라 거래당사자는 개업공인중개사로부터 위 중개대상물에 관한 확인·설명 및 손해배상책임의 보장에 관한 설명을 듣고, 같은 법 시행령 제21조제3항에 따른 본 확인·설명서와 같은 법 시행령 제24조제2항에 따른 손해배상책임 보장 증명서류(사본 또는 전자문서)를 수령합니다.

년 월 일

매도인 (임대인)	주소		성명	(서명 또는 날인)
	생년월일		전화번호	
매수인 (임차인)	주소		성명	(서명 또는 날인)
	생년월일		전화번호	
개업 공인중개사	등록번호		성명 (대표자)	(서명 및 날인)
	사무소 명칭		소속 공인중개사	(서명 및 날인)
	사무소 소재지		전화번호	
개업 공인중개사	등록번호		성명 (대표자)	(서명 및 날인)
	사무소 명칭		소속 공인중개사	(서명 및 날인)
	사무소 소재지		전화번호	

210mm×297mm[백상지(80g/㎡) 또는 중질지(80g/㎡)]

작성방법(주거용 건축물)

<작성일반>

1. "[ ]" 있는 항목은 해당하는 "[ ]" 안에 √로 표시합니다.
2. 세부항목 작성 시 해당 내용을 작성란에 모두 작성할 수 없는 경우에는 별지로 작성하여 첨부하고, 해당란에는 "별지 참고"라고 적습니다.

<세부항목>

1. 「확인·설명자료」 항목의 "확인·설명 근거자료 등"에는 개업공인중개사가 확인·설명 과정에서 제시한 자료를 적으며, "대상물건의 상태에 관한 자료요구 사항"에는 매도(임대)의뢰인에게 요구한 사항 및 그 관련 자료의 제출 여부와 ⑨ 실제권리관계 또는 공시되지 않은 물건의 권리사항부터 ⑫ 환경조건까지의 항목을 확인하기 위한 자료의 요구 및 그 불응 여부를 적습니다.
2. ① 대상물건의 표시부터 ⑧ 취득 시 부담할 조세의 종류 및 세율까지는 개업공인중개사가 확인한 사항을 적어야 합니다.
3. ① 대상물건의 표시는 토지대장 및 건축물대장 등을 확인하여 적고, 건축물의 방향은 주택의 경우 거실이나 안방 등 주실(主室)의 방향을, 그 밖의 건축물은 주된 출입구의 방향을 기준으로 남향, 북향 등 방향을 적고 방향의 기준이 불분명한 경우 기준(예: 남동향 - 거실앞 발코니 기준)을 표시하여 적습니다.
4. ② 권리관계의 "등기부기재사항"은 등기사항증명서를 확인하여 적습니다.
5. ② 권리관계의 "민간임대 등록여부"는 대상물건이 「민간임대주택에 관한 특별법」에 따라 등록된 민간임대주택인지 여부를 같은 법 제60조에 따른 임대주택정보체계에 접속하여 확인하거나 임대인에게 확인하여 "[ ]" 안에 √로 표시하고, 민간임대주택인 경우 「민간임대주택에 관한 특별법」에 따른 권리·의무사항을 임차인에게 설명해야 합니다.

> * 민간임대주택은 「민간임대주택에 관한 특별법」 제5조에 따른 임대사업자가 등록한 주택으로서, 임대인과 임차인간 임대차 계약(재계약 포함)시 다음과 같은 사항이 적용됩니다.
>   ① 같은 법 제44조에 따라 임대의무기간 중 임대료 증액청구는 5퍼센트의 범위에서 주거비 물가지수, 인근 지역의 임대료 변동률 등을 고려하여 같은 법 시행령으로 정하는 증액비율을 초과하여 청구할 수 없으며, 임대차계약 또는 임대료 증액이 있은 후 1년 이내에는 그 임대료를 증액할 수 없습니다.
>   ② 같은 법 제45조에 따라 임대사업자는 임차인이 의무를 위반하거나 임대차를 계속하기 어려운 경우 등에 해당하지 않으면 임대의무기간동안 임차인과의 계약을 해제·해지하거나 재계약을 거절할 수 없습니다.

6. ③ 토지이용계획, 공법상 이용제한 및 거래규제에 관한 사항(토지)의 "건폐율 상한 및 용적률 상한"은 시·군의 조례에 따라 적고, "도시·군계획시설", "지구단위계획구역, 그 밖의 도시·군관리계획"은 개업공인중개사가 확인하여 적으며, "그 밖의 이용제한 및 거래규제사항"은 토지이용계획확인서의 내용을 확인하고, 공부에서 확인할 수 없는 사항은 부동산종합정보망 등에서 확인하여 적습니다(임대차의 경우에는 생략할 수 있습니다).
7. ⑦ 거래예정금액 등의 "거래예정금액"은 중개가 완성되기 전 거래예정금액을, "개별공시지가(㎡당)" 및 "건물(주택)공시가격"은 중개가 완성되기 전 공시된 공시지가 또는 공시가격을 적습니다[임대차계약의 경우에는 "개별공시지가(㎡당)" 및 "건물(주택)공시가격"을 생략할 수 있습니다].
8. ⑧ 취득 시 부담할 조세의 종류 및 세율은 중개가 완성되기 전 「지방세법」의 내용을 확인하여 적습니다(임대차의 경우에는 제외합니다).
9. ⑨ 실제권리관계 또는 공시되지 않은 물건의 권리 사항은 매도(임대)의뢰인이 고지한 사항(법정지상권, 유치권, 「주택임대차보호법」에 따른 임대차, 토지에 부착된 조각물 및 정원수 등)을 적습니다. 「건축법 시행령」 별표 1 제2호에 따른 공동주택(기숙사는 제외합니다) 중 분양을 목적으로 건축되었으나 분양되지 않아 보존등기만 마쳐진 상태인 공동주택에 대하여 임대차계약을 알선하는 경우에는 이를 임차인에게 설명해야 합니다.
   ※ 임대차계약의 경우 임대보증금, 월 단위의 차임액, 계약기간, 장기수선충당금의 처리 등을 확인하고, 근저당 등이 설정된 경우 채권최고액을 확인하여 적습니다. 그 밖에 경매 및 공매 등의 특이사항이 있는 경우 이를 확인하여 적습니다.
10. ⑩ 내부·외부 시설물의 상태(건축물), ⑪ 벽면 및 도배상태 ⑫ 환경조건까지는 중개대상물에 대하여 개업공인중개사가 매도(임대)의뢰인에게 자료를 요구하여 확인한 사항을 적고, ⑩ 내부·외부 시설물의 상태(건축물)의 "그 밖의 시설물"은 가정자동화 시설(Home Automation 등 IT 관련 시설)의 설치 여부를 적습니다.
11. ⑬ 중개보수 및 실비는 개업공인중개사와 중개의뢰인이 협의하여 결정한 금액을 적되 "중개보수"는 거래예정금액을 기준으로 계산하고, "산출내역"은 "거래예정금액(임대차의 경우에는 임대보증금 + 월 단위의 차임액 × 100) × 중개보수 요율"과 같이 적습니다.
12. 공동중개 시 참여한 개업공인중개사(소속공인중개사를 포함합니다)는 모두 서명·날인하여야 하며, 2명을 넘는 경우에는 별지로 작성하여 첨부합니다.

210mm×297mm[백상지(80g/㎡) 또는 중질지(80g/㎡)]

■ Enforcement Rules of Licensed Real Estate Agents Act [Annex No. 20]

(p.1)

Explanation Manual for Verifying the Premises [I] (Residential Building)

([ ] Single-family housing [ ] Multi-family Housing [ ] Purchase·Sale/Exchange [ ] Lease)

※ Check √ at an appropriate bracket [ ]

Materials for verification·explanation		
Materials for verification·explanation	Verification/ Explanation Evidence, etc.	[ ] Registration certificate [ ] Certified Copy of Register [ ] Land ledger [ ] Building ledger [ ] Cadastral map [ ] Forest Land Cadastral map [ ] Certificate of Land Use Planning [ ] Others ( )
	Matters of requesting References for Condition of Premises	

Cautions	
Licensed real estate agent's obligation to verify·explain	Agent shall explain faithfully and accurately to the client who is acquiring the right of premises and shall present evidence of explanation such as land ledger, certified copy of register, etc.
Report of actual transaction price	In accordance with the Paragraph 1 and Paragraph 7 of the Article 97 of the Income Tax Act and the Subparagraph 2 of the Paragraph 11 of the Article 163 of the Enforcement Decree of the same Act, in case a person who acquired a real estate transfers it, the "actual transaction price" set under the Article 3 of the Act on Real Estate Transaction Report and the Subparagraph 5 of the Paragraph 1 of the Article 3 of the Enforcement Decree of the same Act, is presumed to be the price at which the real estate was transacted at the time of its acquisition and can be subject to calculation of transfer gains.

I. Basic matters confirmed by licensed real estate agent

① Description of premises	Land	Location				
		Area(㎡)		Land Category	Category on the ledger	
					Actual status	
	Building	Net area(㎡)			Land share(㎡)	
		Year of completion (year of addition/remodeling)		Use	Use on building ledger	
					Actual use	
		Structure		Direction		(based on:)
		Seismic design		Seismic capacity		
		Legal status under building ledger	[ ] Illegal [ ] Legal	Matters of violation		

② Legal rights relationship	Matters written on the register	Matters related to ownership		Matters other than ownership	
		Land		Land	
		Building		Building	
	Private rental housing registration	[ ] Long-term rental housing [ ] Quasi-public rental housing [ ] Short-term rental housing			

③ Matters of land use planning, use restrictions and transaction regulations on public law (land)	Zoning district	Use area		Building coverage ratio limit	Floor area ratio limit
		Use district			
		Use zone		%	%
	City/*Gun* planning facilities		Permission, report zone	[ ] Land transaction permitted zone	
			Speculative area	[ ] Land speculative area [ ] Housing speculative area [ ] Speculation-ridden district	
	District unit planning area, other city/*Gun* management planning		Other use restrictions and transaction regulations		

④ Site condition	Relations with roads	(m × m) from road [ ] paved road [ ] unpaved road		Accessibility	[ ] easy [ ] inconvenient
	Public transportation	Bus	( )Stop, Time required: ([ ] on foot [ ] by car) approximately min.		
		Subway	( )Station, Time required: ([ ] on foot [ ] by car) approximately min.		
	Parking lot	[ ] none [ ] private parking [ ] public parking [ ] others ( )			
	Educational facilities	Elementary school	( ) School, Time required:([ ] on foot [ ] by car) approximately min.		
		Middle school	( ) School, Time required:([ ] on foot [ ] by car) approximately min.		
		High school	( ) School, Time required:([ ] on foot [ ] by car) approximately min.		
	Shopping mall and Medical facilities	Department store and Outlet	( ), Time required:([ ] on foot [ ] by car) approximately min.		
		General medical center	( ), Time required:([ ] on foot [ ] by car) approximately min.		

⑤ Matters of management	Security Office	[ ] Yes [ ] No	Management	[ ] Outsourcing [ ] Self-management [ ] Others

210mm×297mm[General paper 80g/㎡(Recycled)]

(p.2)

⑥ Undesirable facilities (within 1km)	[ ] No [ ] Yes (type and location:)		
⑦ Expected transaction amount, etc.	Expected transaction amount		
	Individual land price recorded on the register(per ㎡)	building(housing) price recorded on the register	

⑧ Type of taxes and rates acquiring premises	Acquisition tax	%	Special tax for rural and fishing villages	%	Local education tax	%
	※ All who have real estate on June 1 must pay property tax					

II. Detailed matters confirmed by licensed real estate agent

⑨ Actual legal right relationship or matters of rights not recorded on the register	

⑩ Interior and exterior conditions of the facility (building)						
	Water	whether damage or not	[ ] No [ ] yes (location:)			
		Water capacity	[ ] normal [ ] insufficient (location:)			
	Electricity	Supply condition	[ ] normal [ ] needs to be replaced (parts to be replaced:)			
	Gas (for cooking)	Supply method	[ ] gas [ ] others ( )			
	Firefighting	Stand-alone fire alarm detector	[ ] no [ ] yes (Quantity: ea)	※ As Only houses except for apartments(houses with five or more floors to be used as housing) are designated as residential fire-fighting facilities specified in Article 8 of the Act on Installation, Maintenance, and Safety Control of Fire-Fighting Systems and Article 13 of the Enforcement Decree of the same Act.		
	Method of heating and fueling	Supply method	[ ] central supply [ ] individual supply	Operation	[ ] normal [ ] needs to be repaired	
		Type	[ ] gas [ ] oil [ ] propane gas [ ] coal briquettes [ ] others ( )			
	Elevator	[ ] yes [ ] good [ ] not good [ ] no				
	Drainage	[ ] normal [ ] needs to be repaired( )				
	Other facilities					

⑪ Condition of wall surface and wallpaper	Wall surface	crack	[ ] no [ ] yes (location:)
		water leak	[ ] no [ ] yes (location:)
	Wallpaper	[ ] clean [ ] normal [ ] need to be redone	

⑫ Environmental condition	Sunshine	[ ] sufficient [ ] normal [ ] insufficient (reason:)		
	Noise	[ ] slight [ ] normal [ ] serious	vibration	[ ] slight [ ] normal [ ] serious

III. Matters related to commission, etc.

⑬ Commission, Actual expense and Details of Calculation	Commission		Details of Calculation
	Actual expense		Commission: Actual expense: ※ Commission comply with fixed rates by the Municipal · Province Ordinance or mutual consentient rate within fixed rates by the Municipal · Province Ordinance. Value added tax may be imposed.
	Total		

In accordance with Article 25 Paragraph 3 and Article 30 Paragraph 5 of the Licensed Real Estate Agents Act, the parties to transaction shall be provided with the verification · explanation on the above premises and the guarantee of damage compensation liability, and take this explanation note for verifying the premises prepared and issued by the agent and documentary evidence of damage compensation liability guarantee such as a certificate(copy or electronic document) in accordance with Article 21 Paragraph 3 and Article 24 Paragraph 2 of the Enforcement Decree of the said Act.

Year Month Day

Seller (Lessor)	Address		Name	signature or seal
	Date of Birth		Telephone No.	
Buyer (Lessee)	Address		Name	signature or seal
	Date of Birth		Telephone No.	
Licensed real estate agent	Brokerage registration No.		Name (Representative)	signature and seal
	Office name		Employed certified public realtor	signature and seal
	Office location		Telephone No.	
Licensed real estate agent	Brokerage registration No.		Name (Representative)	signature and seal
	Office name		Employed certified public realtor	signature and seal
	Office location		Telephone No.	

210mm×297mm[General paper 80g/㎡(Recycled)]

(p.3)

Guideline for filling out (Residential Building)

<General>

1. For items with brackets "[ ]", please check √ where appropriate.
2. In case there is not enough space when writing down detailed items, attach additional pages and write in the specific item space: "See attached.

<Detailed Items>

1. In "Verification·Explanation Evidence, etc." of category 「Materials for Verification·Explanation」, write down any supporting materials that a licensed real estate agent presented during Verification·explanation process, and for "Matters of requesting References for Condition of Premises", write down any matters that were requested to client who is a seller(lessor) and whether such related materials are presented and write down material request and whether to respond or not to confirm categories from ⑨ (Actual legal right relationship or matters of rights not recorded on the register) to ⑫ (Environmental condition).
2. From section ① (Description of premises) to section ⑧ (Type of taxes and rates acquiring premises), write down matters confirmed by the licensed real estate agent.
3. For ① (Description of premises), write down, after confirming it from land ledger and building ledger, etc.; the direction of the building; in case of the housing, write down the compass direction that the main room faces,(such as the living room or the master bedroom in case of housing), or in case of the other buildings, write down the compass direction that the main entrance faces. If the direction is unclear, write down the point where it is seen from(e.g.: southeast -- seen from balcony in front of living room).
4. For "Matters written on the register" in section ② (Legal rights relationship): write down after confirming them by the certified copy of register.
5. For "Private rental housing registration" of the section ② on "Legal rights relationship", a licensed real estate agent shall check the register status of the private rental housing based on either the search result at Rental Housing Information System, the official rental register set up and run by the Ministry of Land, Information and Transport of Korea in accordance with the Article 60 of the Special Act on Private Rental Housing or confirmation of the relevant fact with the landlord and explain the tenant the rights and obligations of the tenant prescribed under the Special Act on Private Rental Housing.

> * In case a rental agreement, including a lease extension contract, is concluded between a landlord and tenant, a private rental house, a house registered for renting by a housing rental business entity under the Article 5 of the Special Act on Private Rental Housing, will be subject to the following.
> ① Under the Article 44 of the Special Act on Private Rental Housing, when a lessor requests rent increase during the mandatory rental period, the rate of the increase may not exceed the rate determined by the Enforcement Decree of the Special Act on Private Rental Housing within a five percent per annum range, taking into account the house price index, fluctuations of rental rates in the adjacent area, etc., however, such a request may not be made if the rental contract or agreement on rent increase was concluded less than one year ago.
> ② Under the Article 45 of the Special Act on Private Rental Housing, a rental business entity may not revoke, terminate, nor refuse to renew a rental agreement during the mandatory rental period unless the lessee violates any of his/her obligations or it is impractical to continue the relevant lease.

6. For "Building coverage Ratio limit and floor area ratio limit" of section ③ [Matters of land use planning, use restrictions and transaction regulations on public law(land)]:it shall be written down pursuant to the rules of the city or district. The licensed real estate agent shall confirm them and write "District unit planning area, other city management planning" and other matters shall be written after confirming them from the Certificate of land use planning; or, if they cannot be confirmed by means of a public document, they can be confirmed from the real estate total network etc. (These items can be omitted in case of leases).
7. For section ⑦ (Expected transaction amount, etc.), write down the anticipated transaction amount before the deal is completed, and for "Individual land price recorded on the register" and "building(housing) price recorded on the register", write down posted land price, building(housing) price that is posted before completion of brokerage. [If you are dealing with a leasing agreement, "Individual land price recorded on the register" and "building(housing) price recorded on the register" can be omitted].
8. For section ⑧ (Type of taxes and rates acquiring premises), types of taxes and rates applied shall be written based on reference to 「Local Tax Act」 before completing brokerage(These items can be omitted in a leasing agreement).
9. For section ⑨ (Actual legal right relationship or matters of rights not recorded on the register), write down matters as notified by the client who sells(leases) the real estate (surface rights, lien, lease agreement pursuant to 「Housing Lease Protection Act」, number of sculptures and gardens attached to the land, etc.). For a multi-family housing unit, categorized as such under Paragraph 2 of the Appendix 1 of the Enforcement Decree of the Building Act(except for dormitory housing), which was built for the purpose of sale but remains unsold with only preservation registration completed, a licensed real estate agent should explain such status to a prospective tenant when brokering the lease.
   ※ In case of leasing agreement, lease deposits, monthly rents, agreement period and an arrangement on long range repair costs shall be confirmed and written. If the premise up for lease is put up as a collateral, the maximum amount of the mortgaged credits shall be confirmed and written down. If there are extraordinary matters such as auction or public sale, such matters shall be confirmed and written down.
10. For sections ⑩ [Interior and exterior conditions of the facility (building)], ⑪ (Condition of wall surface and wallpaper), and ⑫ (Environmental condition), the agent shall request the seller(lessor) to submit related materials and write down those matters as confirmed, and for "other facilities" of section ⑩ [Interior and exterior conditions of the facility(building)], write down whether there are IT related facilities such as Home Automation etc.
11. For section ⑬ (Commission, Actual expense and Details of Calculation), write down the amount determined upon consultation between agent and client, provided that "Commission" shall be calculated on the basis of the expected transaction amount, and "Details of Calculation" shall be written down as "expected transaction amount(in case of lease, leasing deposit + monthly rent× 100) × rate of commission.
12. In case of joint brokerage, all participating licensed real estate agents (including an employed certified public realtor) shall sign and if there are more than two parties, all the parties shall be named in a separate document, which should be attached.

210mm×297mm[General paper 80g/㎡(Recycled)]

■ 공인중개사법 시행규칙 [별지 제20호의2서식]

(3쪽 중 제1쪽)

중개대상물 확인·설명서[Ⅱ] (비주거용 건축물)

([ ] 업무용 [ ] 상업용 [ ] 공업용 [ ] 매매·교환 [ ] 임대 [ ] 그 밖의 경우)

※ [ ]에는 해당하는 곳에 √표를 합니다.

확인·설명 자료	확인·설명 근거자료 등	[ ] 등기권리증 [ ] 등기사항증명서 [ ] 토지대장 [ ] 건축물대장 [ ] 지적도 [ ] 임야도 [ ] 토지이용계획확인서 [ ] 그 밖의 자료( )
	대상물건의 상태에 관한 자료요구 사항	

유의사항	
개업공인중개사의 확인·설명 의무	개업공인중개사는 중개대상물에 관한 권리를 취득하려는 중개의뢰인에게 성실·정확하게 설명하고, 토지대장 등본, 등기사항증명서 등 설명의 근거자료를 제시하여야 합니다.
실제거래가격 신고	「부동산 거래신고 등에 관한 법률」 제3조 및 같은 법 시행령 제3조제1항제5호에 따른 실제 거래가격은 매수인이 매수한 부동산을 양도하는 경우 「소득세법」 제97조제1항 및 제7항과 같은 법 시행령 제163조제11항제2호에 따라 취득 당시의 실제 거래가액으로 보아 양도차익이 계산될 수 있음을 유의하시기 바랍니다.

Ⅰ. 개업공인중개사 기본 확인사항

① 대상물건의 표시	토지	소재지				
		면적(㎡)		지목	공부상 지목	
					실제이용 상태	
	건축물	전용면적(㎡)			대지지분(㎡)	
		준공년도(증개축년도)		용도	건축물대장상 용도	
					실제 용도	
		구조		방향		(기준:)
		내진설계 적용여부		내진능력		
		건축물대장상 위반건축물 여부	[ ] 위반 [ ] 적법	위반내용		

② 권리관계	등기부 기재사항	소유권에 관한 사항		소유권 외의 권리사항	
		토지		토지	
		건축물		건축물	
	민간임대 등록여부	[ ] 장기일반민간임대주택 [ ] 공공지원민간임대주택 [ ] 단기민간임대주택			

③ 토지이용계획, 공법상 이용제한 및 거래규제에 관한 사항(토지)	지역·지구	용도지역		건폐율 상한	용적률 상한
		용도지구		%	%
		용도구역			
	도시·군계획시설		허가·신고 구역 여부	[ ] 토지거래허가구역	
			투기지역 여부	[ ] 토지투기지역 [ ] 주택투기지역 [ ] 투기과열지구	
	지구단위계획구역, 그 밖의 도시·군관리계획		그 밖의 이용제한 및 거래규제사항		

④ 입지조건	도로와의 관계	(m × m)도로에 접함 [ ] 포장 [ ] 비포장	접근성	[ ] 용이함 [ ] 불편함
	대중교통	버스	( ) 정류장, 소요시간: ([ ] 도보 [ ] 차량) 약 분	
		지하철	( ) 역, 소요시간: ([ ] 도보 [ ] 차량) 약 분	
	주차장	[ ] 없음 [ ] 전용주차시설 [ ] 공동주차시설 [ ] 그 밖의 주차시설 ( )		

⑤ 관리에 관한사항	경비실	[ ] 있음 [ ] 없음	관리주체	[ ] 위탁관리 [ ] 자체관리 [ ] 그 밖의 유형

210㎜×297㎜[백상지(80g/㎡) 또는 중질지(80g/㎡)]

(3쪽 중 제2쪽)

⑥ 거래예정금액 등	거래예정금액			
	개별공시지가(㎡당)		건물(주택)공시가격	

⑦ 취득 시 부담할 조세의 종류 및 세율	취득세 %	농어촌특별세 %	지방교육세 %
	※ 재산세는 6월 1일 기준 대상물건 소유자가 납세의무를 부담		

Ⅱ. 개업공인중개사 세부 확인사항

⑧ 실제권리관계 또는 공시되지 않은 물건의 권리 사항

⑨ 내부·외부 시설물의 상태(건축물)	항목	세부	내용
	수도	파손 여부	[ ] 없음 [ ] 있음(위치:)
		용수량	[ ] 정상 [ ] 부족함(위치:)
	전기	공급상태	[ ] 정상 [ ] 교체 필요(교체할 부분:)
	가스(취사용)	공급방식	[ ] 도시가스 [ ] 그 밖의 방식( )
	소방	소화전	[ ] 없음 [ ] 있음(위치:)
		비상벨	[ ] 없음 [ ] 있음(위치:)
	난방방식 및 연료공급	공급방식	[ ] 중앙공급 [ ] 개별공급 / 시설작동 [ ] 정상 [ ] 수선 필요( )
		종류	[ ] 도시가스 [ ] 기름 [ ] 프로판가스 [ ] 연탄 [ ] 그 밖의 종류( )
	승강기	[ ] 있음 ([ ] 양호 [ ] 불량 [ ] 없음	
	배수	[ ] 정상 [ ] 수선 필요( )	
	그 밖의 시설물		

⑩ 벽면	벽면	균열	[ ] 없음 [ ] 있음(위치:)
		누수	[ ] 없음 [ ] 있음(위치:)

Ⅲ. 중개보수 등에 관한 사항

⑪ 중개보수 및 실비의 금액과 산출내역	중개보수		<산출내역> 중개보수: 실비: ※ 중개보수는 거래금액의 1천분의 9 이내에서 중개의뢰인과 개업공인중개사가 서로 협의하여 결정하며 부가가치세는 별도로 부과될 수 있습니다.
	실비		
	계		

「공인중개사법」 제25조제3항 및 제30조제5항에 따라 거래당사자는 개업공인중개사로부터 위 중개대상물에 관한 확인·설명 및 손해배상책임의 보장에 관한 설명을 듣고, 같은 법 시행령 제21조제3항에 따른 본 확인·설명서와 같은 법 시행령 제24조제2항에 따른 손해배상책임 보장 증명서류(사본 또는 전자문서)를 수령합니다.

년 월 일

매도인(임대인)	주소		성명	(서명 또는 날인)
	생년월일		전화번호	
매수인(임차인)	주소		성명	(서명 또는 날인)
	생년월일		전화번호	
개업 공인중개사	등록번호		성명(대표자)	(서명 및 날인)
	사무소 명칭		소속 공인중개사	(서명 및 날인)
	사무소 소재지		전화번호	
개업 공인중개사	등록번호		성명(대표자)	(서명 및 날인)
	사무소 명칭		소속 공인중개사	(서명 및 날인)
	사무소 소재지		전화번호	

210mm× 297mm[백상지(80g/㎡) 또는 중질지(80g/㎡)]

작성방법(비주거용 건축물)

<작성일반>

1. “[ ]” 있는 항목은 해당하는 “[ ]” 안에 √로 표시합니다.
2. 세부항목 작성 시 해당 내용을 작성란에 모두 작성할 수 없는 경우에는 별지로 작성하여 첨부하고, 해당란에는 “별지 참고”라고 적습니다.

<세부항목>

1. 「확인 · 설명자료」 항목의 “확인 · 설명 근거자료 등”에는 개업공인중개사가 확인 · 설명 과정에서 제시한 자료를 적으며, “대상물건의 상태에 관한 자료요구 사항”에는 매도(임대)의뢰인에게 요구한 사항 및 그 관련 자료의 제출 여부와 ⑧ 실제권리관계 또는 공시되지 않은 물건의 권리 사항부터 ⑩ 벽면까지의 항목을 확인하기 위한 자료의 요구 및 그 불응 여부를 적습니다.
2. ① 대상물건의 표시부터 ⑧ 취득 시 부담할 조세의 종류 및 세율까지는 개업공인중개사가 확인한 사항을 적어야 합니다.
3. ① 대상물건의 표시는 토지대장 및 건축물대장 등을 확인하여 적습니다.
4. ② 권리관계의 “등기부기재사항”은 등기사항증명서를 확인하여 적습니다.
5. ② 권리관계의 “민간임대 등록여부”는 대상물건이 「민간임대주택에 관한 특별법」에 따라 등록된 민간임대주택인지 여부를 같은 법 제60조에 따른 임대주택정보체계에 접속하여 확인하거나 임대인에게 확인하여 “[ ]” 안에 √로 표시하고, 민간임대주택인 경우 「민간임대주택에 관한 특별법」에 따른 권리 · 의무사항을 임차인에게 설명해야 합니다.

> ＊ 민간임대주택은 「민간임대주택에 관한 특별법」 제5조에 따른 임대사업자가 등록한 주택으로서, 임대인과 임차인간 임대차 계약(재계약 포함)시 다음과 같은 사항이 적용됩니다.
> ① 같은 법 제44조에 따라 임대의무기간 중 임대료 증액청구는 5퍼센트의 범위에서 주거비 물가지수, 인근 지역의 임대료 변동률 등을 고려하여 같은 법 시행령으로 정하는 증액비율을 초과하여 청구할 수 없으며, 임대차계약 또는 임대료 증액이 있은 후 1년 이내에는 그 임대료를 증액할 수 없습니다.
> ② 같은 법 제45조에 따라 임대사업자는 임차인이 의무를 위반하거나 임대차를 계속하기 어려운 경우 등에 해당하지 않으면 임대의무기간동안 임차인과의 계약을 해제 · 해지하거나 재계약을 거절할 수 없습니다.

6. ③ 토지이용계획, 공법상 이용제한 및 거래규제에 관한 사항(토지)의 “건폐율 상한 및 용적률 상한”은 시 · 군의 조례에 따라 적고, “도시 · 군계획시설”, “지구단위계획구역, 그 밖의 도시 · 군관리계획”은 개업공인중개사가 확인하여 적으며, “그 밖의 이용제한 및 거래규제사항”은 토지이용계획확인서의 내용을 확인하고, 공부에서 확인할 수 없는 사항은 부동산종합정보망 등에서 확인하여 적습니다(임대차의 경우에는 생략할 수 있습니다).
7. ⑥ 거래예정금액 등의 “거래예정금액”은 중개가 완성되기 전 거래예정금액을, “개별공시지가(㎡당)” 및 “건물(주택)공시가격”은 중개가 완성되기 전 공시된 공시지가 또는 공시가격을 적습니다[임대차계약의 경우에는 “개별공시지가(㎡당)” 및 “건물(주택)공시가격”을 생략할 수 있습니다].
8. ⑦ 취득 시 부담할 조세의 종류 및 세율은 중개가 완성되기 전 「지방세법」의 내용을 확인하여 적습니다(임대차의 경우에는 제외합니다).
9. ⑧ 실제권리관계 또는 공시되지 않은 물건의 권리 사항은 매도(임대)의뢰인이 고지한 사항(법정지상권, 유치권, 「상가건물 임대차보호법」에 따른 임대차, 토지에 부착된 조각물 및 정원수 등)을 적습니다.
   ※ 임대차계약이 있는 경우 임대보증금, 월 단위의 차임액, 계약기간, 장기수선충당금의 처리 등을 확인하고, 근저당 등이 설정된 경우 채권최고액을 확인하여 적습니다. 그 밖에 경매 및 공매 등의 특이사항이 있는 경우 이를 확인하여 적습니다.
10. ⑨ 내부 · 외부의 시설물의 상태(건축물), ⑩ 벽면은 중개대상물에 대하여 개업공인중개사가 매도(임대)의뢰인에게 자료를 요구하여 확인한 사항을 적고, ⑨ 내부 · 외부의 시설물의 상태(건축물)의 “그 밖의 시설물”은 상업용은 오수 · 정화시설용량, 공업용은 전기용량, 오수정화시설용량, 용수시설 내용을 개업공인중개사가 매도(임대)의뢰인에게 자료를 요구하여 확인한 사항을 적습니다.
11. ⑪ 중개보수 및 실비의 금액과 산출내역의 “중개보수”는 거래예정금액을 기준으로 계산하고, “산출내역”은 “거래예정금액(임대차의 경우에는 임대보증금 + 월 단위의 차임액 × 100) × 중개보수 요율”과 같이 적습니다.
12. 공동중개 시 참여한 개업공인중개사(소속공인중개사를 포함합니다)는 모두 서명 · 날인하여야 하며, 2명을 넘는 경우에는 별지로 작성하여 첨부합니다.

210㎜×297㎜[백상지(80g/㎡) 또는 중질지(80g/㎡)]

■ Enforcement Rules of Licensed Real Estate Agents Act [Annex No. 20-2]

(p.1)

Explanation Manual for Verifying the Premises [II] (Non-Residential Building)

([ ] Business [ ] Commercial [ ] Industrial [ ] Purchase·Sale/Exchange [ ] Lease [ ]Others)

※ Check √ at an appropriate bracket [ ]

Materials for verification·explanation	Verification/ Explanation Evidence, etc.	[ ] Registration certificate [ ] Certified Copy of Register [ ] Land ledger [ ] Building ledger [ ] Cadastral map [ ] Forest Land Cadastral map [ ] Certificate of Land Use Planning [ ] Others ( )
	Matters of requesting References for Condition of Premises	

Cautions:	
Licensed real estate agent's obligation to verify·explain	Agent shall explain faithfully and accurately to the client who is acquiring the right of premises and shall present evidence of explanation such as land ledger, certified copy of register, etc.
Report of actual transaction price	In accordance with the Paragraph 1 and Paragraph 7 of the Article 97 of the Income Tax Act and the Subparagraph 2 of the Paragraph 11 of the Article 163 of the Enforcement Decree of the same Act, in case a person who acquired a real estate transfers it, the "actual transaction price" set under the Article 3 of the Act on Real Estate Transaction Report and the Subparagraph 5 of the Paragraph 1 of the Article 3 of the Enforcement Decree of the same Act, is presumed to be the price at which the real estate was transacted at the time of its acquisition and can be subject to calculation of transfer gains.

Ⅰ. Basic matters confirmed by licensed real estate agent

① Description of premises	Land	Location				
		Area (㎡)		Land Category	Category on the ledger	
					Actual status	
	Building	Net area(㎡)			Land share(㎡)	
		Year of completion (year of addition/remodeling)		Use	Use on building ledger	
					Actual use	
		Structure		Direction		(based on:)
		Seismic design		Seismic capacity	*	
		illegal building or not on building ledger	[ ] Illegal [ ] Legal	Matters of violation		

② Legal rights relationship	Matters written on the register	Matters related to ownership		Matters other than ownership	
		Land		Land	
		Building		Building	
	Private rental housing registration	[ ] Long-term rental housing [ ] Quasi-public rental housing [ ] Short-term rental housing			

③ Matters of land use planning, use restrictions and transaction regulations on public law (land)	Zoning district	Use area		Building coverage Ratio limit	Floor area ratio limit
		Use district			
		Use zone		%	%
	City/*Gun* planning facilities		Permission, report zone	[ ] Land transaction permitted zone	
			Speculative area	[ ] Land speculative area [ ] Housing speculative area [ ] Speculation-ridden district	
	District unit planning area, other city/*Gun* management planning		Other use restrictions and transaction regulations		

④ Site condition	Relations with roads	(m × m) from road [ ] paved road [ ] unpaved road	Accessibility	[ ] easy [ ] inconvenient
	Public transportation	Bus	( )Stop, Time required: ([ ] on foot [ ] by car) approximately min.	
		Subway	( )Station, Time required: ([ ] on foot [ ] by car) approximately min.	
	Parking lot	[ ] none [ ] private parking [ ] public parking [ ] others ( )		

⑤ Matters of management	Security Office	[ ] Yes [ ] No	Management	[ ] Outsourcing [ ] Self-management [ ]Others

210mm×297mm[General paper 80g/㎡(Recycled)]

(p.2)

⑥ Expected transaction amount, etc.	Expected transaction amount			
	Individual land price recorded on the register(per ㎡)		building(housing) price recorded on the register	

⑦ Type of taxes and rates acquiring premises	Acquisition tax	%	Special tax for rural and fishing villages	%	Local education tax	%
	※ All who have real estate on June 1 must pay property tax					

II. Detailed matters confirmed by licensed real estate agent

⑧ Actual legal right relationship or matters of rights not recorded on the register	

⑨ Interior and exterior conditions of the facility (building)					
	Water	whether damage or not	[ ] No [ ] yes (location:)		
		Water capacity	[ ] normal [ ] insufficient (location:)		
	Electricity	Supply condition	[ ] normal [ ] needs to be replaced (parts to be replaced:)		
	Gas (for cooking)	Supply method	[ ] gas [ ] others ( )		
	Firefighting	Fire plug	[ ] no [ ] yes (location:)		
		Emergency bell	[ ] no [ ] yes (location:)		
	Method of heating and fueling	Supply method	[ ] central supply [ ] individual supply	Operation	[ ] normal [ ] needs to be repaired
		Type	[ ] gas [ ] oil [ ] propane gas [ ] coal briquettes [ ] others ( )		
	Elevator	[ ] yes [ ] good [ ] not good [ ] no			
	Drainage	[ ] normal [ ] needs to be repaired( )			
	Other facilities				

⑩ Condition of wall surface	Wall surface	Crack	[ ] no [ ] yes (location:)
		Water leak	[ ] no [ ] yes (location:)

III. Matters related to commission, etc.

⑪ Commission, Actual expense and Details of Calculation	Commission		Details of Calculation
	Actual expense		Commission: Actual expense: ※ Commission comply with fixed rates by the Municipal·Province Ordinance or mutual consentient rate within fixed rates by the Municipal·Province Ordinance. Value added tax may be imposed.
	Total		

In accordance with Article 25 Paragraph 3 and Article 30 Paragraph 5 of the Licensed Real Estate Agents Act, the parties to transaction shall be provided with the verification·explanation on the above premises and the guarantee of damage compensation liability, and take this explanation note for verifying the premises prepared and issued by the agent and documentary evidence of damage compensation liability guarantee such as a certificate(copy or electronic document) in accordance with Article 21 Paragraph 3 and Article 24 Paragraph 2 of the Enforcement Decree of the said Act.

Year Month Day

Seller (Lessor)	Address		Name	signature or seal
	Date of Birth		Telephone No.	
Buyer (Lessee)	Address		Name	signature or seal
	Date of Birth		Telephone No.	
Licensed real estate agent	Brokerage registration No.		Name (Representative)	signature and seal
	Office name		Employed certified public realtor	signature and seal
	Office location		Telephone No.	
Licensed real estate agent	Brokerage registration No.		Name (Representative)	signature and seal
	Office name		Employed certified public realtor	signature and seal
	Office location		Telephone No.	

210mm×297mm[General paper 80g/㎡(Recycled)]

(p.3)

Guideline for filling out (Non-Residential Building)

<General>

1. For items with brackets "[ ]", please check √ where appropriate.
2. In case there is not enough space when writing down detailed items, attach additional pages and write in the specific item space: "See attached".

<Detailed Items>

1. In "Verification·Explanation Evidence, etc." of category 「Materials for Verification·Explanation」, write down any supporting materials that a licensed real estate agent presented during Verification·explanation process, and for "Matters of requesting References for Condition of Premises", write down any matters that were requested to client who is a seller(lessor) and whether such related materials are presented and write down material request and whether to respond or not to confirm categories from ⑧ (Actual legal right relationship or matters of rights not recorded on the register) to ⑩ (Condition of wall surface).
2. From section ① (Description of premises) to section ⑧ (Type of taxes and rates acquiring premises), write down matters confirmed by the licensed real estate agent.
3. For ① (Description of premises), write down, after confirming it from land ledger and building ledger, etc.
4. For "Matters written on the register" in section ② (Legal rights relationship): write down after confirming them by the certified copy of register.
5. For "Private rental housing registration" of the section ② on "Legal rights relationship", a licensed real estate agent shall check the register status of the private rental housing based on either the search result at Rental Housing Information System, the official rental register set up and run by the Ministry of Land, Information and Transport of Korea in accordance with the Article 60 of the Special Act on Private Rental Housing or confirmation of the relevant fact with the landlord and explain the tenant the rights and obligations of the tenant prescribed under the Special Act on Private Rental Housing.

   * In case a rental agreement, including a lease extension contract, is concluded between a landlord and tenant, a private rental house, a house registered for renting by a housing rental business entity under the Article 5 of the Special Act on Private Rental Housing, will be subject to the following.
   ① Under the Article 44 of the Special Act on Private Rental Housing, when a lessor requests rent increase during the mandatory rental period, the rate of the increase may not exceed the rate determined by the Enforcement Decree of the Special Act on Private Rental Housing within a five percent per annum range, taking into account the house price index, fluctuations of rental rates in the adjacent area, etc., however, such a request may not be made if the rental contract or agreement on rent increase was concluded less than one year ago.
   ② Under the Article 45 of the Special Act on Private Rental Housing, a rental business entity may not revoke, terminate, nor refuse to renew a rental agreement during the mandatory rental period unless the lessee violates any of his/her obligations oı it is impractical to continue the relevant lease.

6. For "Building coverage Ratio limit and floor area ratio limit" of section ③ [Matters of land use planning, use restrictions and transaction regulations on public law(land)]:it shall be written down pursuant to the rules of the city or district. The licensed real estate agent shall confirm them and write "District Unit planning area, other city management planning" and other matters shall be written after confirming them from the Certificate of land use planning; or, if they cannot be confirmed by means of a public document, they can be confirmed from the real estate total network etc.(These items can be omitted in case of leases).
7. For section ⑥ (Expected transaction amount, etc.), write down the anticipated transaction amount before the deal is completed, and for "Individual land price recorded on the register" and "building(housing) price recorded on the register", write down posted land price, building(housing) price that is posted before completion of brokerage[If you are dealing with a leasing agreement, "Individual land price recorded on the register" and "building(housing) price recorded on the register" can be omitted].
8. For section ⑦ (Type of taxes and rates acquiring premises), types of taxes and rates applied shall be written based on reference to 「Local Tax Act」 before completing brokerage(These items can be omitted in a leasing agreement).
9. For section ⑧ (Actual legal right relationship or matters of rights not recorded on the register), write down matters as notified by the client who sells(leases) the real estate (surface rights, lien, lease agreement pursuant to 「Housing Lease Protection Act」, number of sculptures and gardens attached to the land, etc.).
   ※ In case of leasing agreement, lease deposits, monthly rents, agreement period and an arrangement on long range repair costs shall be confirmed and written. If the premise up for lease is put up as a collateral, the maximum amount of the mortgaged credits shall be confirmed and written down. If there are extraordinary matters such as auction or public sale, such matters shall be confirmed and written down.
10. For section ⑨ [Interior and exterior conditions of the facility (building)] and ⑩ (Condition of wall surface), the agent shall request materials for subject in brokerage to client who is the seller(lessor) to submit related materials and write down those matters as confirmed, and for "other facilities" of section ⑨ [Interior and exterior conditions of the facility (building)], write down sewage facility capacity for commercial sewage, electricity capacity, sewage facility capacity, water facility for industrial by requesting materials to client who is seller(lease) and confirming it.
11. The "Commission" of the ⑪ (Commission, Actual expense and Details of Calculation) shall be calculated on the basis of the expected transaction price and "Details of Calculation" shall be written down as "expected transaction amount(in case of lease, leasing deposit + monthly rent× 100) × rate of commission".
12. In case of joint brokerage, all agents that participating licensed real estate agents (including an employed certified public realtor) shall sign and if there are more than two parties, all the parties shall be named in a separate document, which should be attached.

210mm×297mm[General paper 80g/㎡(Recycled)]

■ 공인중개사법 시행규칙[별지 제20호의3서식]

(3쪽 중 제1쪽)

중개대상물 확인 · 설명서[III] (토지)

([ ] 매매 · 교환 [ ] 임대)

※ [ ]에는 해당하는 곳에 √표를 합니다.

확인 · 설명 자료	확인 · 설명 근거자료 등	[ ] 등기권리증 [ ] 등기사항증명서 [ ] 토지대장 [ ] 건축물대장 [ ] 지적도 [ ] 임야도 [ ] 토지이용계획확인서 [ ] 그 밖의 자료( )
	대상물건의 상태에 관한 자료요구 사항	

유의사항	
개업공인중개사의 확인 · 설명 의무	개업공인중개사는 중개대상물에 관한 권리를 취득하려는 중개의뢰인에게 성실 · 정확하게 설명하고, 토지대장등본, 등기사항증명서 등 설명의 근거자료를 제시하여야 합니다.
실제 거래가격 신고	「부동산 거래신고 등에 관한 법률」 제3조 및 같은 법 시행령 제3조제1항제5호에 따른 실제 거래가격은 매수인이 매수한 부동산을 양도하는 경우 「소득세법」 제97조제1항 및 제7항과 같은 법 시행령 제163조제11항제2호에 따라 취득 당시의 실제 거래가액으로 보아 양도차익이 계산될 수 있음을 유의하시기 바랍니다.

Ⅰ. 개업공인중개사 기본 확인사항

①대상물건의 표시	토지	소재지				
		면적(㎡)		지목	공부상 지목	
					실제이용 상태	

		소유권에 관한 사항		소유권 외의 권리사항	
②권리관계	등기부 기재사항	토지		토지	

③토지이용계획, 공법상 이용제한 및 거래규제에 관한 사항 (토지)	지역 · 지구	용도지역			건폐율 상한	용적률 상한
		용도지구			%	%
		용도구역				
	도시 · 군계획 시설		허가 · 신고 구역 여부	[ ] 토지거래허가구역		
			투기지역 여부	[ ] 토지투기지역 [ ] 주택투기지역 [ ] 투기과열지구		
	지구단위계획구역, 그 밖의 도시 · 군관리계획		그 밖의 이용제한 및 거래규제사항			

④입지조건	도로와의 관계	(m× m)도로에 접함 [ ] 포장 [ ] 비포장		접근성	[ ] 용이함 [ ] 불편함
	대중교통	버스	( ) 정류장,	소요시간: ([ ] 도보, [ ] 차량) 약 분	
		지하철	( ) 역,	소요시간: ([ ] 도보, [ ] 차량) 약 분	

⑤비선호시설(1km이내)	[ ] 없음 [ ] 있음(종류 및 위치:)

⑥거래예정금액 등	거래예정금액			
	개별공시지가(㎡당)		건물(주택)공시가격	

⑦취득 시 부담할 조세의 종류 및 세율	취득세	%	농어촌특별세	%	지방교육세	%
	※ 재산세는 6월 1일 기준 대상물건 소유자가 납세의무를 부담					

210㎜×297㎜[백상지 80g/㎡(재활용품)]

II. 개업공인중개사 세부 확인사항

⑧실제권리관계 또는 공시되지 않은 물건의 권리 사항	

III. 중개보수 등에 관한 사항

⑨중개보수 및 실비의 금액과 산출내역	중개보수		<산출내역> 중개보수: 실비: ※ 중개보수는 거래금액의 1천분의 9 이내에서 중개의뢰인과 개업공인중개사가 서로 협의하여 결정하며, 부가가치세는 별도로 부과될 수 있습니다.
	실비		
	계		

「공인중개사법」 제25조제3항 및 제30조제5항에 따라 거래당사자는 개업공인중개사로부터 위 중개대상물에 관한 확인·설명 및 손해배상책임의 보장에 관한 설명을 듣고, 같은 법 시행령 제21조제3항에 따른 본 확인·설명서와 같은 법 시행령 제24조제2항에 따른 손해배상책임 보장 증명서류(사본 또는 전자문서)를 수령합니다.

년 월 일

매도인 (임대인)	주소		성명	(서명 또는 날인)
	생년월일		전화번호	
매수인 (임차인)	주소		성명	(서명 또는 날인)
	생년월일		전화번호	
개업 공인중개사	등록번호		성명 (대표자)	(서명 및 날인)
	사무소 명칭		소속공인중개사	(서명 및 날인)
	사무소 소재지		전화번호	
개업 공인중개사	등록번호		성명 (대표자)	(서명 및 날인)
	사무소 명칭		소속공인중개사	(서명 및 날인)
	사무소 소재지		전화번호	

(3쪽 중 제3쪽)

작성방법(토지)

<작성일반>

1. " [ ] "있는 항목은 해당하는 " [ ] "안에 √로 표시합니다.

2. 세부항목 작성 시 해당 내용을 작성란에 모두 작성할 수 없는 경우에는 별지로 작성하여 첨부하고, 해당란에는 "별지 참고"라고 적습니다.

<세부항목>

1. 「확인·설명자료」 항목의 "확인·설명 근거자료 등"에는 개업공인중개사가 확인·설명 과정에서 제시한 자료를 적으며, "대상물건의 상태에 관한 자료요구 사항"에는 매도(임대)의뢰인에게 요구한 사항 및 그 관련 자료의 제출 여부와 ⑧실제권리관계 또는 공시되지 않은 물건의 권리사항의 항목을 확인하기 위한 자료요구 및 그 불응 여부를 적습니다.

2. ①대상물건의 표시부터 ⑦취득 시 부담할 조세의 종류 및 세율까지는 개업공인중개사가 확인한 사항을 적어야 합니다.

3. ①대상물건의 표시는 토지대장 등을 확인하여 적습니다.

4. ②권리관계의 "등기부기재사항"은 등기사항증명서를 확인하여 적습니다.

5. ③토지이용계획, 공법상 이용제한 및 거래규제에 관한 사항(토지)의 "건폐율 상한 및 용적률 상한"은 시·군의 조례에 따라 적고, "도시·군계획시설", "지구단위계획구역, 그 밖의 도시·군관리계획"은 개업공인중개사가 확인하여 적으며, 그 밖의 사항은 토지이용계획확인서의 내용을 확인하고, 공부에서 확인할 수 없는 사항은 부동산종합정보망 등에서 확인하여 적습니다(임대차의 경우에는 생략할 수 있습니다).

6. ⑥거래예정금액 등의 "거래예정금액"은 중개가 완성되기 전 거래예정금액을, "개별공시지가"는 중개가 완성되기 전 공시가격을 적습니다(임대차계약의 경우에는 "개별공시지가" 를 생략할 수 있습니다).

7. ⑦취득 시 부담할 조세의 종류 및 세율은 중개가 완성되기 전 「지방세법」의 내용을 확인하여 적습니다(임대차의 경우에는 제외합니다).

8. ⑧실제권리관계 또는 공시되지 않은 물건의 권리에 관한 사항은 매도(임대)의뢰인이 고지한 사항(임대차, 지상에 점유권 행사여부, 구축물, 적치물, 진입로, 경작물 등)을 적습니다.
   ※ 임대차계약이 있는 경우 임대보증금, 월 단위의 차임액, 계약기간 등을 확인하고, 근저당 등이 설정된 경우 채권최고액을 확인하여 적습니다. 그 밖에 경매 및 공매 등의 특이사항이 있는 경우 이를 확인하여 적습니다.

9. ⑨중개보수 및 실비의 금액과 산출내역의 "중개보수"는 거래예정금액을 기준으로 계산하고, "산출내역"은 "거래예정금액(임대차의 경우에는 임대보증금 + 월 단위의 차임액 × 100) × 중개보수 요율"과 같이 적습니다.

10. 공동중개 시 참여한 개업공인중개사(소속공인중개사를 포함합니다)는 모두 서명·날인하여야 하며, 2명을 넘는 경우에는 별지로 작성하여 첨부합니다.

■Enforcement Rules of Licensed Real Estate Agents Act [Annex No. 20-3]

(p.1)

Explanation Manual for Verifying the Premises [III] (LAND)

([ ] Purchase · Sale/Exchange [ ] Lease)

※ Check mark √ at appropriate blank [ ]

Materials for verification · explanation	Verification/ Explanation Evidence, etc.	[ ] Registration certificate [ ] Certified Copy of Register [ ] Land ledger [ ] Building ledger [ ] Cadastral map [ ] Forest Land Cadastral map [ ] Certificate of Land Use Planning [ ] Others ( )
	Matters of requesting References for Condition of Premises	

Cautions:	
Licensed real estate agent's obligation to verify · explain	Agent shall explain faithfully and accurately to the client who is acquiring the right of premises and shall present evidence of explanation such as land ledger, certified copy of register, etc.
Report of Actual Transaction Price	In case the buyer transfers the properties purchased, be aware that the actual transaction price pursuant to Article 3 of the Act on Real Estate Transactions Report and Article 3 (1), 5, of the Enforcement Decree of the same Act may be subject to calculation of "transfer gain" by applying the actual transaction price at the acquired time in accordance with Article 97, Paragraphs 1 and 7 of the Income Tax Act and Article 163, Paragraph 11, Subparagraph 2 of the Enforcement Decree of the said Act.

Ⅰ. Basic matters confirmed by licensed real estate agent

① Description of premises	Land	Location				
		Area(㎡)		Land Category	Category on the ledger	
					Actual status	

② Legal rights relationship	Matters written on the register	Matters related to ownership		Matters other than ownership	
		Land		Land	

③ Matters of land use planning, use restrictions and transaction regulations on public law (land)	Zoning district	Use area		Building coverage Ratio limit	Floor area ratio limit
		Use district		%	%
		Use zone			
	City/*Gun* planning facilities		Permission, report zone	[ ] Land transaction permitted zone [ ] Housing transaction reporting area	
			Speculative area	[ ] Land speculative area [ ] Housing speculative area [ ] Speculation-ridden district	
	District unit planning area, other city/*Gun* management planning		Other use restrictions and transaction regulations		

④ Site condition	Relations with roads	(m × m) from road [ ] paved road [ ] unpaved road	Accessibility	[ ] easy [ ] inconvenient
	Public transportation	Bus	( )Stop, Time required: ([ ] on foot, [ ] by car) approximately min.	
		Subway	( )Station, Time required: ([ ] on foot, [ ] by car) approximately min.	

⑤ Undesirable facilities (within 1km)	[ ] No [ ] Yes (Type and location:)

⑥ Expected transaction amount, etc.	Expected transaction amount			
	Individual land price recorded on the register(per ㎡)		building(housing) price recorded on the register	

⑦ Type of taxes and rates acquiring premises	Acquisition tax	%	Special tax for rural and fishing villages	%	Local education tax	%
	※ All who have real estate on June 1 must pay property tax					

210mm×297mm[General paper 80g/㎡(Recycled)]

(p.2)

II. Detailed matters confirmed by licensed real estate agent

⑧ Actual legal right relationship or matters of rights not recorded on the register	

III. Matters related to commission, etc.

⑨ Commission, Actual expense and Details of Calculation	Commission		Details of Calculation Commission: Actual expense: ※ Commission comply with fixed rates by the Municipal · Province Ordinance or mutual consentient rate within fixed rates by the Municipal · Province Ordinance. Value added tax may be imposed.
	Actual expense		
	Total		

In accordance with Article 25 Paragraph 3 and Article 30 Paragraph 5 of the Licensed Real Estate Agents Act, the parties to transaction shall be provided with the verification · explanation on the above premises and the guarantee of damage compensation liability, and take this explanation note for verifying the premises prepared and issued by the agent and documentary evidence of damage compensation liability guarantee such as a certificate(copy or electronic document) in accordance with Article 21 Paragraph 3 and Article 24 Paragraph 2 of the Enforcement Decree of the said Act.

Year Month Day

Seller (Lessor)	Address		Name	signature or seal
	Date of Birth		Telephone No.	
Buyer (Lessee)	Address		Name	signature or seal
	Date of Birth		Telephone No.	
Licensed real estate agent	Brokerage registration No.		Name (Representative)	signature and seal
	Office name		Employed certified public realtor	signature and seal
	Office location		Telephone No.	
Licensed real estate agent	Brokerage registration No.		Name (Representative)	signature and seal
	Office name		Employed certified public realtor	signature and seal
	Office location		Telephone No.	

(p.3)

Guideline for filling out (Land)

<General>

1. For items which have brackets ([ ]), please put check mark √ within the brackets ([ ]).
2. In case there is not enough space when writing down detailed items, attach additional pages and write in the specific item space: "See attached".

<Detailed Items>

1. In "Verification·Explanation Evidence, etc." of category 「Materials for Verification·Explanation」, write down any supporting materials that a licensed real estate agent presented during Verification·explanation process, and for "Matters of requesting References for Condition of Premises", write down any matters that were requested to client who is a seller(lessor) and whether such related materials are presented and write down material request and whether to respond or not to confirm categories of ⑧ (Actual legal right relationship or matters of rights not recorded on the register).

2. From section ① (Description of premises) to section ⑦ (Type of taxes and rates acquiring premises), write down matters confirmed by the licensed real estate agent.

3. For ① (Description of premises), write down, after confirming it from land ledger, etc.

4. For "Matters written on the register" in section ② (Legal Rights relationship): write down after confirming them by the certified copy of register.

5. For "Building coverage Ratio limit and floor area ratio limit" of section ③ (Matters of land use planning, use restrictions and transaction regulations on public law (land)):it shall be written down pursuant to the rules of the city or district. The licensed real estate agent shall confirm them and write "District Unit planning area, other city management planning" and other matters shall be written after confirming them from the Certificate of land use planning; or, if they cannot be confirmed by means of a public document, they can be confirmed from the real estate total network etc. (These items can be omitted in case of leases.)

6. For section ⑥ (Expected transaction amount, etc.), write down the anticipated transaction amount before the deal is completed, and for "Individual land price recorded on the register", write down posted land price, building(housing) price that is posted before completion of brokerage. (If you are dealing with a leasing agreement, Individual land price recorded on the register" can be omitted.)

7. For section ⑦ (Type of taxes and rates acquiring premises), write down by confirming them from 「Local Tax Act」 before completing brokerage. (These items can be omitted in a leasing agreement.)

8. For ⑧ (Actual legal right relationship or matters of rights not recorded on the register), write down matters as notified by client who is a seller(lessor) (lease, whether to exercise possessory right on ground, structure, piled things, access road, farm products, etc.).
   ※In case of leasing agreement, lease deposit, monthly rent, agreement period shall be confirmed, and in case of mortgage, the maximum amount of the mortgaged credits shall be confirmed and written down. If there are extraordinary matters such as auction or public biddings, such shall be confirmed and written down.

9. The "Commission" of the ⑨ (Commission, Actual expense and Details of Calculation) shall be calculated on the basis of the expected transaction price and "Details of Calculation" shall be written down as " expected transaction amount(in case of lease, leasing deposit + monthly rent× 100) × rate of Commission".

10. In case of joint brokerage, all participating licensed real estate agents (including an employed certified public realtor) shall sign and if there are more than two parties, all the parties shall be named in a separate document, which should be attached.

■ 공인중개사법 시행규칙[별지 제20호의4서식]

(3쪽 중 제1쪽)

중개대상물 확인 · 설명서[Ⅳ](입목 · 광업재단 · 공장재단)

([ ] 매매 · 교환 [ ] 임대)

※ [ ]에는 해당하는 곳에 √표를 합니다.

확인 · 설명 자료	확인 · 설명 근거자료 등	[ ] 등기권리증 [ ] 등기사항증명서 [ ] 토지대장 [ ] 건축물대장 [ ] 지적도 [ ] 임야도 [ ] 토지이용계획확인서 [ ] 그 밖의 자료( )
	대상물건의 상태에 관한 자료요구 사항	

유의사항	
개업공인중개사의 확인·설명 의무	개업공인중개사는 중개대상물에 관한 권리를 취득하려는 중개의뢰인에게 성실·정확하게 설명하고, 토지대장등본, 등기사항증명서 등 설명의 근거자료를 제시하여야 합니다.
실제 거래가격 신고	「부동산 거래신고 등에 관한 법률」 제3조 및 같은 법 시행령 제3조제1항제5호에 따른 실제 거래가격은 매수인이 매수한 부동산을 양도하는 경우 「소득세법」 제97조제1항 및 제7항과 같은 법 시행령 제163조제11항제2호에 따라 취득 당시의 실제 거래가액으로 보아 양도차익이 계산될 수 있음을 유의하시기 바랍니다.

Ⅰ. 개업공인중개사 기본 확인사항

①대상물건의 표시	토지	대상물 종별	[ ] 입목 [ ] 광업재단 [ ] 공장재단	
		소재지 (등기·등록지)		
②권리관계	등기부 기재사항	소유권에 관한 사항	성명	
			주소	
		소유권 외의 권리사항		
③재단목록 또는 입목의 생육상태				
④그 밖의 참고사항				

210㎜×297㎜[백상지 80g/㎡(재활용품)]

(3쪽 중 제2쪽)

⑤거래예정금액 등	거래예정금액					
	개별공시지가(㎡당)			건물(주택)공시가격		
⑥취득 시 부담할 조세의 종류 및 세율	취득세	%	농어촌특별세	%	지방교육세	%
	※ 재산세는 6월 1일 기준 대상물건 소유자가 납세의무를 부담					

II. 개업공인중개사 세부 확인사항

⑦실제권리관계 또는 공시되지 않은 물건의 권리 사항	

III. 중개보수 등에 관한 사항

⑧중개보수 및 실비의 금액과 산출내역	중개보수		<산출내역> 중개보수: 실비: ※ 중개보수는 거래금액의 1천분의 9 이내에서 중개의뢰인과 개업공인중개사가 서로 협의하여 결정하며 부가가치세는 별도로 부과될 수 있습니다.
	실비		
	계		

「공인중개사법」 제25조제3항 및 제30조제5항에 따라 거래당사자는 개업공인중개사로부터 위 중개대상물에 관한 확인·설명 및 손해배상책임의 보장에 관한 설명을 듣고, 같은 법 시행령 제21조제3항에 따른 본 확인·설명서와 같은 법 시행령 제24조제2항에 따른 손해배상책임 보장 증명서류(사본 또는 전자문서)를 수령합니다.

년 월 일

매도인 (임대인)	주소		성명	(서명 또는 날인)
	생년월일		전화번호	
매수인 (임차인)	주소		성명	(서명 또는 날인)
	생년월일		전화번호	
개업 공인중개사	등록번호		성명 (대표자)	(서명 및 날인)
	사무소 명칭		소속공인중개사	(서명 및 날인)
	사무소 소재지		전화번호	
개업 공인중개사	등록번호		성명 (대표자)	(서명 및 날인)
	사무소 명칭		소속공인중개사	(서명 및 날인)
	사무소 소재지		전화번호	

작성방법(입목 · 광업재단 · 공장재단)

<작성일반>

1. " [ ] "있는 항목은 해당하는 " [ ] "안에 √로 표시합니다.

2. 세부항목 작성 시 해당 내용을 작성란에 모두 작성할 수 없는 경우에는 별지로 작성하여 첨부하고, 해당란에는 "별지 참고"라고 적습니다.

<세부항목>

1. 「확인 · 설명자료」 항목의 "확인 · 설명 근거자료 등"에는 개업공인중개사가 확인 · 설명 과정에서 제시한 자료를 적으며, "대상물건의 상태에 관한 자료요구 사항"에는 매도(임대)의뢰인에게 요구한 사항 및 그 관련 자료의 제출 여부와 ⑦실제권리관계 또는 공시되지 않은 물건의 권리사항의 항목을 확인하기 위한 자료요구 및 그 불응 여부를 적습니다.

2. ①대상물건의 표시부터 ⑥취득 시 부담할 조세의 종류 및 세율까지는 개업공인중개사가 확인한 사항을 적어야 합니다.

3. ①대상물건의 표시는 대상물건별 등기사항증명서 등을 확인하여 적습니다.

4. ②권리관계의"등기부기재사항"은 등기사항증명서를 확인하여 적습니다.

5. ③재단목록 또는 입목의 생육상태는 공장재단에 있어서는 공장재단목록과 공장재단 등기사항증명서를, 광업재단에 있어서는 광업재단목록과 광업재단 등기사항증명서를, 입목에 있어서는 입목등록원부와 입목 등기사항증명서를 확인하여 적습니다.

6. ⑤거래예정금액 등의 "거래예정금액"은 중개가 완성되기 전의 거래예정금액을 적으며, "개별공시지가" 및 "건물(주택)공시가격"은 해당하는 경우에 중개가 완성되기 전 공시된 공시지가 또는 공시가격을 적습니다[임대차계약의 경우에는 "개별공시지가" 및 "건물(주택)공시가격"을 생략할 수 있습니다].

7. ⑥취득 시 부담할 조세의 종류 및 세율은 중개가 완성되기 전 「지방세법」의 내용을 확인하여 적습니다(임대차의 경우에는 제외합니다).

8. ⑦실제권리관계 또는 공시되지 않은 물건의 권리에 관한 사항은 매도(임대)의뢰인이 고지한 사항(임대차, 법정지상권, 법정저당권, 유치권 등)을 적습니다.
   ※ 임대차계약이 있는 경우 임대보증금, 월 단위의 차임액, 계약기간 등을 확인하고, 근저당 등이 설정된 경우 채권최고액을 확인하여 적습니다. 그 밖에 경매 및 공매 등의 특이사항이 있는 경우 이를 확인하여 적습니다.

9. ⑧중개보수 및 실비의 금액과 산출내역의 "중개보수"는 거래예정금액을 기준으로 계산하고, "산출내역"은 "거래예정금액(임대차의 경우에는 임대보증금 + 월 단위의 차임액 × 100) × 중개보수 요율"과 같이 적습니다.

10. 공동중개 시 참여한 개업공인중개사(소속공인중개사를 포함합니다)는 모두 서명 · 날인하여야 하며, 2명을 넘는 경우에는 별지로 작성하여 첨부합니다.

■ Enforcement Rules of Licensed Real Estate Agents Act [Annex No. 20-4]

(p.1)

Explanation Manual for Verifying the Premises [Ⅳ] (Standing tree, Mining foundation, Factory Foundation)

([ ] Purchase · Sale/Exchange [ ] Lease)

※ Check mark √ at appropriate blank [ ]

Materials for Verification · Explanation	Verification/ Explanation Evidence, etc.	[ ] Registration certificate [ ] Certified Copy of Register [ ] Land ledger [ ] Building ledger [ ] Cadastral map [ ] Forest Land Cadastral map [ ] Certificate of Land Use Planning [ ] Others ( )
	Matters of requesting References for Condition of Premises	

Cautions:	
Licensed real estate agent's obligation to verify · explain	Agent shall explain faithfully and accurately to the client who is acquiring the right of premises and shall present evidence of explanation such as land ledger, certified copy of register, etc.
Report of Actual Transaction Price	In case the buyer transfers the properties purchased, be aware that the actual transaction price pursuant to Article 3 of the Act on Real Estate Transactions Report and Article 3 (1), 5, of the Enforcement Decree of the same Act may be subject to calculation of "transfer gain" by applying the actual transaction price at the acquired time in accordance with Article 97, Paragraphs 1 and 7 of the Income Tax Act and Article 163, Paragraph 11, Subparagraph 2 of the Enforcement Decree of the said Act.

Ⅰ. Basic matters confirmed by licensed real estate agent

① Description of premises	Land	Category of subject	[ ] Standing tree [ ] Mining foundation [ ] Factory Foundation	
		Location (location of registry, registration)		
② Legal rights relationship	Matters written on the register	Matters related to ownership	name	
			address	
		Matters other than ownership		
③ List of foundation or condition of standing tree				
④ Other remarks				

210mm×297mm[General paper 80g/㎡(Recycled)]

(p.2)

⑤ Expected transaction amount, etc.	Expected transaction amount			
	Individual land price announced by government(per ㎡)		building(housing) price announced by government	

⑥ Type of taxes and rates acquiring premises	Acquisition tax	%	Special tax for rural and fishing villages	%	Local education tax	%
	※ All who have real estate on June 1 must pay property tax					

II. Detailed matters confirmed by licensed real estate agent

⑦ Actual legal right relationship or matters of rights not recorded on the register	

III. Matters related to commission, etc.

⑧ Commission, Actual expense and Details of Calculation	Commission		Details of Calculation Commission: Actual expense: ※ Commission comply with fixed rates by the Municipal · Province Ordinance or mutual consentient rate within fixed rates by the Municipal · Province Ordinance. Value added tax may be imposed.
	Actual expense		
	Total		

In accordance with Article 25 Paragraph 3 and Article 30 Paragraph 5 of the Licensed Real Estate Agents Act, the parties to transaction shall be provided with the verification · explanation on the above premises and the guarantee of damage compensation liability, and take this explanation note for verifying the premises prepared and issued by the agent and documentary evidence of damage compensation liability guarantee such as a certificate(copy or electronic document) in accordance with Article 21 Paragraph 3 and Article 24 Paragraph 2 of the Enforcement Decree of the said Act.

Year Month Day

Seller (Lessor)	Address		Name	signature or seal
	Date of Birth		Telephone No.	
Buyer (Lessee)	Address		Name	signature or seal
	Date of Birth		Telephone No.	
Licensed real estate agent	Brokerage registration No.		Name (Representative)	signature and seal
	Office name		Employed certified public realtor	signature and seal
	Office location		Telephone No.	
Licensed real estate agent	Brokerage registration No.		Name (Representative)	signature and seal
	Office name		Employed certified public realtor	signature and seal
	Office location		Telephone No.	

(p.3)

Guideline for filling out (Land)

<General>

1. For items which have brackets ([ ]), please put check mark √ within the brackets ([ ]).
2. In case there is not enough space when writing down detailed items, attach additional pages and write in the specific item space: "See attached".

<Detailed Items>

1. In "Verification · Explanation Evidence, etc." of category 「Materials for Verification · Explanation」, write down any supporting materials that a licensed real estate agent presented during Verification · explanation process, and for "Matters of requesting References for Condition of Premises", write down any matters that were requested to client who is a seller(lessor) and whether such related materials are presented and write down material request and whether to respond or not to confirm categories of ⑧ (Actual legal right relationship or matters of rights not recorded on the register).

2. From section ① (Description of premises) to section ⑦ (Type of taxes and rates acquiring premises), write down matters confirmed by the licensed real estate agent.

3. For ① (Description of premises), write down, after confirming it from land ledger, etc..

4. For "Matters written on the register" in section ② (Legal Rights relationship): write down after confirming them by the certified copy of register.

5. For "Building coverage Ratio limit and floor area ratio limit" of section ③ (Matters of land use planning, use restrictions and transaction regulations on public law (land)):it shall be written down pursuant to the rules of the city or district. The licensed real estate agent shall confirm them and write "District Unit planning area, other city management planning" and other matters shall be written after confirming them from the Certificate of land use planning; or, if they cannot be confirmed by means of a public document, they can be confirmed from the real estate total network etc.

6. For section ⑥ (Expected transaction amount, etc.), write down the anticipated transaction amount before the deal is completed, and for "Individual land price recorded on the register", write down posted land price, building(housing) price that is posted before completion of brokerage.(If you are dealing with a leasing agreement, Individual land price recorded on the register" can be omitted.)

7. For section ⑦ (Type of taxes and rates acquiring premises), write down by confirming them from 「Local Tax Act」 before completing brokerage. (These items can be omitted in a leasing agreement.)

8. For ⑧ (Actual legal right relationship or matters of rights not recorded on the register), write down matters as notified by client who is a seller(lessor) (lease, whether to exercise possessory right on ground, structure, piled things, access road, farm products, etc.).
   ※In case of leasing agreement, lease deposit, monthly rent, agreement period shall be confirmed, and in case of mortgage, the maximum amount of the mortgaged credits shall be confirmed and written down. If there are extraordinary matters such as auction or public biddings, such shall be confirmed and written down.

9. The "Commission" of the ⑨ (Commission, Actual expense and Details of Calculation) shall be calculated on the basis of the expected transaction price and "Details of Calculation" shall be written down as " expected transaction amount(in case of lease, leasing deposit + monthly rent× 100) × rate of Commission".

10. In case of joint brokerage, all participating licensed real estate agents (including an employed certified public realtor) shall sign and if there are more than two parties, all the parties shall be named in a separate document, which should be attached.

지적도·임야도를 통해 토지의 '지형, 지질, 지세, 경계, 지목' 등을 확인할 수 있다.(×)
→ '지형, 경계, 지목' (O)

지적도상에 경계와 실제 경계가 일치하지 않은 경우 특별한 사정이 없는 한 '실제' 경계를 기준으로 한다.(×)
→ '지적도상의 경계' (O)

부동산의 권리관계는 '지적공부'를 기준으로 하고 사실관계는 '등기사항증명서'를 기준으로 한다.(×)
→ '등기사항증명서', '지적공부' (O)

함정 점유권, 법정지상권, 분묘기지권, 유치권 등은 '등기사항증명서와 현장조사'를 통해 확인할 수 있다.(×)
→ '현장조사' (O)

판례

중개대상물 조사· 확인·설명(서) 등

[1] 가. 토지의 개수는 지적법에 의한 지적공부상의 토지의 필수를 표준으로 하여 결정되는 것으로서 1필지의 토지를 수필의 토지로 분할하여 등기하려면 지적법이 정하는 바에 따라 먼저 지적공부 소관청에 의하여 지적측량을 하고 그에 따라 필지마다 지번, 지목, 경계 또는 좌표와 면적이 정하여진 후 지적공부에 등록되는 등 분할의 절차를 밟아야 되고, 가사 등기부에만 분필의 등기가 이루어졌다고 하여도 이로써 분필의 효과가 발생할 수는 없다.

나. 일정한 토지가 **지적공부**에 1필의 토지로 등록된 경우, 그 토지의 소재지번, 지목, 지적 및 경계는 일응 그 등록으로써 특정되고[→ 따라서 지적공부에 1필의 토지로 등록되면, 그 지적공부(구체적으로 지적도·임야도)상의 경계가 현실의 실제경계와 다른 경우 특별한 사정이 없는 한 **그 경계는 지적공부(지적도·임야도)(현실의 경계 ×, 실제경계 ×)를 기준**으로 한다.] 그 토지의 소유권의 범위는 지적공부상의 경계에 의하여 확정된다.

다. 등기부상만으로 어떤 토지 중 일부가 분할되고 그 분할된 토지에 대하여 지번과 지적이 부여되어 등기되어 있어도 지적공부 소관청에 의한 지번, 지적, 지목, 경계확정 등의 분필절차를 거친 바가 없다면 그 등기가 표상하는 목적물은 특정되었다고 할 수는 없으니, 그 등기부에 소유자로 등기된 자가 그 등기부에 기재된 면적에 해당하는 만큼의 토지를 특정하여 점유하였다고 하더라도, 그 등기는 그가 점유하는 토지부분을 표상하는 등기로 볼 수 없어 그 점유자는 등기부취득시효의 요건인 '부동산의 소유자로 등기한 자'에 해당하지 아니하므로 그가 점유하는 부분에 대하여 등기부시효취득을 할 수는 없다. [94다4615]

[2] 지적법(현, 공간정보의 구축 및 관리 등에 관한 법률)에 의하여 어떤 토지가 지적공부에 1필지의 토지로 등록되면 그 토지의 소재, 지번, 지목, 지적 및 경계는 다른 특별한 사정이 없는 한 이 등록으로써 특정되고 소유권의 범위는 현실의 경계와 관계없이 공부상의 경계에 의하여 확정되는 것이나, 지적도를 작성함에 있어서 기점을 잘못 선택하는 등 기술적인 착오로 말미암아 지적도상의 경계선이 진실한 경계선과 다르게 작성되었다는 등과 같은 **특별한 사정이 있는 경우**에는 그 토지의 경계는 **실제의 경계**(지적도상의 경계 ×)에 의하여야 할 것이다. [92다52887]

[3] 가. 토지매매계약서에서 등기부상 1필 또는 수필의 토지를 매매목적물로 표시한 경우에는 특단의 사정이 없는 한 매매의 대상은 그 1필 또는 수필의 토지 전체라고 보는 것이 타당하고, 매매당사자가 매매 당시 현장답사를 하여 담장등으로 사실상 경계표시가 된 토지의 일부분을 매매목적물의 전체로 잘못 알고 매매계약을 체결하였다고 하여도 이러한 사실만으로 현장답사에서 확인한 토지부분만이 매매의 대상이 된다고는 할 수 없다.

나. 중개업자(현, 개업공인중개사)는 토지매매에 있어서 특단의 사정이 없는 한 매수인에게 측량 또는 지적도와의 대조 등 방법으로 매매목적물이 지적도상의 그것과 정확히 일치하는지의 여부를 미리 확인하여야 할 주의의무가 있다고 볼 수 없다(있다 ×).

다. 민법 제582조 소정의 매도인의 하자담보책임에 관한 매수인의 권리행사기간은 재판상 또는 재판외의 권리행사기간이고 재판상 청구를 위한 출소기간은 아니다.

라. 토지와 그 지상건물 및 시설 등을 일괄하여 매매대금을 정한 경우에 그것이 토지와 건물 및 시설 등의 각 시가액을 합산하여 정한 금액이라면 모르되 그렇지 않으면 그 매매대금액 중 토지대금 상당액을 가려내는 방법은 토지와 건물 및 시설물의 각 시가를 개별적으로 평가하여 그 비율을 알아낸 다음 그 비율에 의하여 매매대금액 중 토지대금상당액을 산출하는 것이 가장 합리적이다. [84다카2344]

판 례

[4] 부동산 중개업자와 중개의뢰인과의 법률관계는 민법상의 위임관계와 같으므로 민법 제681조에 의하여 중개업자는 중개의뢰의 본지에 따라 선량한 관리자의 주의로써 의뢰받은 중개업무를 처리하여야 할 의무가 있을 뿐 아니라 부동산중개업법 제16조에 의하여 신의와 성실로써 공정하게 중개행위를 하여야 할 의무를 부담하고 있는바, 부동산중개업법 제17조 제1항은 중개의뢰를 받은 중개업자는 당해 중개대상물의 권리관계, 법령의 규정에 의한 거래 또는 이용제한사항 기타 대통령령이 정하는 사항을 확인하여 중개의뢰인에게 설명할 의무가 있음을 명시하고 있고 위 권리관계 중에는 당해 중개대상물의 권리자에 관한 사항도 포함되어 있다고 할 것이므로, 중개업자는 선량한 관리자의 주의와 신의·성실로써 **매도 등 처분을 하려는 자가 진정한 권리자와 동일인인지의 여부**를 부동산등기부와 주민등록증 등에 의하여 조사·확인할 의무가 있다(없다 ×). [91다36239]

[5] 가. 부동산중개업자와 중개의뢰인과의 법률관계는 민법상의 위임관계와 같으므로 중개업자는 중개의뢰의 본지에 따라 선량한 관리자의 주의로써 의뢰받은 중개업무를 처리하여야 할 의무가 있을 뿐 아니라 구 부동산중개업법(1989.12.30. 법률 제4153호로 개정되기 전의 것) 제16조에 의하여 신의와 성실로써 공정하게 중개행위를 하여야 할 의무를 부담하고 있는바, 같은 법 제17조 제1항은 중개의뢰를 받은 중개업자는 중개물건의 권리관계, 법령의 규정에 의한 거래 또는 이용제한사항 등을 확인하여 중개의뢰인에게 설명할 의무가 있음을 명시하고 있고 위 권리관계 중에는 중개대상물의 권리자에 관한 사항도 포함되어 있다고 할 것이므로, 중개업자는 선량한 관리자의 주의와 신의성실로써 매도 등 처분을 하려는 자가 진정한 권리자와 동일인인지의 여부를 부동산등기부와 주민등록증 등에 의하여 조사확인할 의무가 있다.

나. **등기권리증**은 소유권이전등기단계에서 뿐 아니라 그 이전의 거래에 있어서도 당사자 본인의 증명이나 처분권한의 유무의 확인 등을 위하여 중요한 자료가 되는 것이므로 중개업자로서는 매도의뢰인이 알지 못하는 사람인 경우 필요할 때에는 등기권리증의 소지 여부나 그 내용을 **확인조사**하여 보아야 할 **주의의무**가 있다(없다 ×). [92다55350]

[6] 부동산 중개인이 중개 의뢰인의 요구에 따라 잔금 지급일에 거래계약서를 재작성함에 있어 중개 의뢰인의 확인 요청에 따라 그 시점에서의 제한물권 상황을 다시 기재하게 되었으면 중개 대상물의 권리관계를 다시 **확인**하여 보거나 적어도 중개 의뢰인에게 이를 확인하여 본 후 잔금을 지급하라고 주의를 환기시킬 **의무**가 있다(없다 ×). [2000다44904]

[7] 부동산중개업법 제17조 제1항은 중개업자가 중개의뢰를 받은 경우에는 당해 중개대상물의 상태·입지·권리관계·법령의 규정에 의한 거래 또는 이용제한사항 기타 대통령령이 정하는 사항을 확인하여 이를 당해 중개대상물에 관한 권리를 취득하고자 하는 중개의뢰인에게 서면으로 제시하고 성실·정확하게 설명하여야 한다고 규정하고, 같은 법 제19조 제1항은, 중개업자가 중개행위를 함에 있어서 고의 또는 과실로 인하여 거래 당사자에게 재산상의 손해를 발생하게 한 때에는 그 손해를 배상할 책임이 있다고 규정하고 있는바, 부동산중개계약에 따른 **중개업자의 확인·설명의무와 이에 위반한 경우의 손해배상의무**는, 이와 성질이 유사한 민법상 위임계약에 있어서 무상위임의 경우에도 수임인이 수임사무의 처리에 관하여 선량한 관리자의 주의를 기울일 의무가 면제되지 않는 점과 부동산중개업법이 위 조항의 적용 범위를 특별히 제한하지 않고 있는 점 등에 비추어 볼 때, 중개의뢰인이 중개업자에게 소정의 수수료를 지급하지 아니하였다고 해서 당연히 소멸되는 것이 아니다[즉, 무상의 중개행위의 경우에도 개업공인중개사는 확인·설명의무와 이에 위반한 경우의 손해배상의무가 있다(없다 ×)]. [2001다71484]

판 례

[8] 가. 공인중개사의 업무 및 부동산거래 신고에 관한 법률 제26조 제2항, 제25조 제4항에서 정하는 (**중개대상물 확인·설명서**)의 **'서명·날인'**은 서명과 날인을 모두 하여야 한다는 서명 및(또는 ×) 날인의 의미로 해석해야 하고, 또한 같은 법 제39조 제1항 제9호는 같은 법 제26조 제2항, 제25조 제4항에 정한 거래계약서에 서명·날인의무를 위반한 경우를 업무정지사유로 규정하고 있으므로, 위 제39조 제1항 제9호에 정한 '서명·날인을 하지 아니한 경우'란 서명과 날인 모두를 하지 아니한 경우뿐만 아니라 서명과 날인 중 어느 한 가지를 하지 않은 경우도 포함한다 (→따라서 중개대상물 확인·설명서에 서명만 하였거나 날인만 한 경우, 개업공인중개사는 업무정지처분의 행정처분을, 당해 중개행위를 한 소속공인중개사는 자격정지처분의 행정처분을 받을 수 있다.)

나. 공인중개사가 부동산 거래계약서에 날인을 하지 않은 것은 공인중개사의 업무 및 부동산거래 신고에 관한 법률 제39조 제1항 제9호에서 업무정지사유로 규정한 '거래계약서에 서명·날인을 하지 아니한 경우'에 해당한다. [2008두16698]

O · X · 지 · 문 · 학 · 습

01. 권리이전 중개의뢰인이 개업공인중개사에게 중개대상물의 권리관계 등의 확인을 요청한 경우에 개업공인중개사는 중개대상물의 권리관계 등의 확인에 소요되는 비용을 권리이전 중개의뢰인에게 거래계약 체결과는 무관하게 청구할 수 있다. [O, ×]

02. 개업공인중개사는 반드시 중개대상물의 상태에 관한 자료를 권리이전 중개의뢰인에게 요청하여야 하며, 중개의뢰인은 이에 반드시 응해야 한다. [O, ×]

03. 중개대상물 확인·설명서에 포함된 사항 중 기재하여야 할 사항을 개업공인중개사가 임의로 누락시켜 작성하지 아니한 경우에는 6월 이내의 업무정지처분 사유에 해당되며 이로 인하여 재산상의 손해가 발생한 때에는 민사상의 책임까지 진다. [O, ×]

04. 주거용 건축물의 중개대상물 확인·설명서에 개업공인중개사의 등록번호, 권리관계, 벽면 및 도배상태, 거래예정금액, 취득 시 부담할 조세의 세액을 기재해야 한다. [O, ×]

05. 개업공인중개사는 정확하고 안전한 중개업무의 수행을 위하여 중개의뢰인에게 주민등록증 등 신분을 확인할 수 있는 증표를 반드시 확인해야 한다. [O, ×]

06. 개업공인중개사는 중개가 완성되어 거래계약서를 작성하는 때에 중개대상물 확인·설명사항을 서면으로 작성하고 그 원본을 5년간 보존하여야 한다 [O, ×]

07. 중개대상물 확인·설명서에는 개업공인중개사가 아닌 당해 중개행위를 직접한 소속공인중개사가 서명 및 날인하여야 한다. [O, ×]

08. 개업공인중개사는 권리를 취득하려는 중개의뢰인에게 중개대상물 설명 시 그 근거자료를 제시해야 한다. [O, ×]

정답 및 해설

01. ○
02. × (개업공인중개사는 권리이전 중개의뢰인에게 자료를 요청할 수 있을 뿐이며, 중개의뢰인도 이에 반드시 응해야 하는 것은 아니다.)
03. ○
04. × (취득 시 부담할 조세의 '세액'이 아니라 '종류 및 세율'이 기재된다.)
05. × (개업공인중개사는 필요 시 중개의뢰인에게 신분을 확인할 수 있는 증표를 제시할 것을 요구할 수 있다.)
06. × (원본 → 사본, 5년간 → 3년간)
07. × (개업공인중개사가 서명 및 날인하되, 중개행위를 한 소속공인중개사가 있는 경우 함께 서명 및 날인하여야 한다.)
08. ○

기·출·문·제·분·석

1. 개업공인중개사가 비주거용 건축물의 중개대상물 조사·확인설명서를 작성할 때 조사·확인 방법으로 틀린 것은?

① 소유권 – 등기부등본
② 지목 – 토지대장 등본
③ 용적률·건폐율 상한 – 토지이용계획확인서
④ 공부에서 확인할 수 없는 사항 – 부동산종합정보망 등
⑤ 공시되지 아니한 물건의 권리사항 – 매도(임대)의뢰인 고지한 사항

해설

③ 공법상 제한사항인 용적률·건폐율 상한은 시·군·의 조례를 확인해야 한다.

2. 공인중개사법령상 개업공인중개사의 중개대상물 확인·설명서 작성에 관한 설명으로 틀린 것은?

① 개업공인중개사 기본 확인사항은 개업공인중개사가 확인한 사항을 적어야 한다.
② 권리관계의 등기부기재사항은 등기사항증명서를 확인하여 적는다.
③ 매매의 경우 취득시 부담할 조세의 종류 및 세율은 중개가 완성되기 전에 지방세법의 내용을 확인하여 적는다.
④ 당해 중개행위를 한 소속공인중개사가 있는 경우, 확인·설명서에 개업공인중개사와 소속공인중개사가 함께 서명 또는 날인해야 한다.
⑤ 중개 보수는 거래예정금액을 기준으로 계산하여 적는다.

해설

④ 중개행위를 한 소속공인중개사가 있는 경우, 확인·설명서에 개업공인중개사와 소속공인중개사가 함께 서명 및 날인해야 한다.

3. 개업공인중개사가 농지를 거래하고자 하는 의뢰인에게 설명한 내용으로 틀린 것은?

① 농업경영이란 농업인이나 농업법인이 자기의 계산과 책임으로 농업을 영위하는 것을 말한다.
② 농지소유자와 농업경영을 하려는 자 사이의 농지에 관한 임대차계약은 서면 계약을 원칙으로 한다.
③ 농지소유자는 3개월 이상 국외 여행 중인 경우 소유농지를 위탁경영할 수 있다.
④ 토지거래허가구역에 있는 농지를 취득하는 경우 토지거래계약허가 외에 별도의 농지취득자격증명의 발급을 요한다.
⑤ 주말·체험영농을 하려는 자는 총 1천평방미터 미만의 농지를 소유할 수 있되, 이 경우 면적 계산은 그 세대원 전부가 소유하는 총면적으로 한다.

해설

④ 토지거래허가구역 내 농지를 토지거래허가를 받은 경우 농지취득자격증명을 받은 것으로 간주한다(국토법 제126조제1항).

4. 공인중개사법령상 주거용 건축물의 중개대상물 확인·설명서 작성방법에 관한 설명으로 옳은 것은?

① 대상물건이 위반건축물인지 여부는 등기부등

|정답| 1. ③ 2. ④ 3. ④

본을 확인하여 기재한다.

② 환경조건의 "비선호시설", 입지조건 및 관리에 관한 사항은 매도(임대)의뢰인에게 자료를 요구하여 확인한 사항을 기재한다.

③ 매매의 경우 "도시계획시설", "지구단위계획구역, 그 밖의 도시관리계획"은 중개업자가 확인하여 기재한다.

④ 임대차의 경우 "개별공시지가" 및 "건물(주택)공시가격"을 반드시 기재해야 한다.

⑤ 취득시 부담할 조세의 종류 및 세율은 중개가 완성되기 전 '지방세법'의 내용을 확인하여 적어야 하며, 임대차의 경우에도 적어야 한다.

해설

① 등기부등본 → 건축물관리대장등본
② 매도(임대)의뢰인에게 자료를 요구하여 → 개업공인중개사가 직접
④ 반드시 → 임대차의 경우 생략할 수 있다.
⑤ 임대차의 경우 제외다.

5. 공인중개사법령상 중개대상물의 확인·설명에 관한 설명으로 틀린 것은(다툼이 있으면 판례에 의함)

① 개업공인중개사가 중개를 의뢰받은 경우 중개대상물에 대한 확인·설명은 중개가 완성되기 전에 해야 한다.

② 개업공인중개사의 중개대상물에 대한 확인·설명은 당해 중개대상물에 대한 권리를 취득하고자 하는 중개의뢰인에게 해야한다.

③ 개업공인중개사는 중개가 완성되어 거래계약서를 작성하는 때에는 중개대상물 확인·설명서를 작성하여 거래당사자에게 교부해야 한다.

④ 중개의뢰인이 개업공인중개사에게 소정의 보수를 지급하지 아니하였다고 해서 개업공인중개사의 확인·설명의무 위반에 따른 손해배상 책임이 당연히 소멸되는 것이 아니다.

⑤ 주거용 건축물의 경우 소음·진동은 개업공인중개사가 확인하기 곤란하므로 확인·설명할 사항에 해당하지 않는다.

해설

⑤ 주거용 건축물의 일조·소음·진동 등 환경조건은 매도(임대)의뢰인에게 자료를 요구하여 확인한 후 취득(임차)의뢰인에게 설명해야 한다.

6. 공인중개사법령상 주거용 건축물의 중개대상물 확인·설명서의 '개업공인중개사 기본 확인사항'이 아닌 것은?

① 권리관계 ② 입지조건
③ 비선호시설(1km 이내) ④ 내·외부시설물의 상태
⑤ 취득 시 부담할 조세의 종류 및 세율

해설

④ 내·외부시설물의 상태는 개업공인중개사의 세부 확인사항이다.

7. 중개대상물의 확인·설명에 관한 내용으로 틀린 것은?

① 중개대상물 확인·설명서 서식은 4종이 있다.

② 개업공인중개사는 권리를 취득하려는 중개의뢰인에게 중개대상물 설명 시 그 근거자료를 제시해야 한다.

③ 개업공인중개사의 중개대상물의 상태에 관한 자료요구에 매도의뢰인이 불응할 경우 개업공인중개사는 이를 매수의뢰인에게 설명하고 중개대상물 확인·설명서에 기재해야 한다.

④ 중개대상물 확인·설명서 사본은 개업공인중개사가 3년간 보존해야 한다.

⑤ 개업공인중개사는 중개가 완성된 때 중개대상

|정답| 4. ③ 5. ⑤ 6. ④

물 확인·설명서를 작성하여 거래당사자 일방에게만 교부하면 된다.

해설

⑤ 일방에게만 → 거래당사자에게 (법 제25조 제③항)

8. 공인중개사법령상 개업공인중개사의 중개대상물 확인·설명으로 틀린 것은? (다툼이 있으면 판례에 의함)

① 지적공부와 등기부상 토지의 지목이 다른 경우 지적공부를 기준으로 확인·설명해야 한다.
② 건물의 소유자는 건물과 법정지상권 중 건물만을 처분하는 것은 가능하다.
③ 건물소유를 목적으로 한 토지임차인이 그 지상건물에 대해 소유권보존등기를 하면 제3자에 대하여 임대차의 효력이 생긴다.
④ 법정지상권의 경우 특약이 없는 한 지료를 지급해야 한다.
⑤ 토지에 저당권이 설정된 후 토지소유자가 그 위에 건물을 건축하였다가 경매로 인하여 그 토지와 지상 건물의 소유가 달라진 경우 토지소유자는 관습상의 법정지상권을 취득한다.

해설

⑤ 취득한다 → 취득하지 못한다
(Why? 애초부터, 즉 저당권이 설정되기 전부터 토지와 건물이 함께 있어야 되는데 그 요건을 구비하지 못했으므로 관습법상 법정지상권은 성립하지 않는다.)

9. 공인중개사법령상 주택매매 시 작성하는 '중개대상물의 확인·설명서'에 관한 설명으로 틀린 것은?

① '건폐율 상한 및 용적률 상한'은 '주택법'에 따라 기재한다.
② 권리관계의 '등기부기재사항'은 등기사항증명서를 확인하여 적는다.
③ '도시·군계획시설'과 '지구단위계획구역'은 개업공인중개사가 확인하여 적는다.
④ '환경조건'은 개업공인중개사의 세부 확인사항이다.
⑤ 주택 취득 시 부담할 조세의 종류 및 세율은 개업공인중개사가 확인한 사항을 적는다.

해설

① 용적률·건폐율 상한은 주택법이 아니고 시·군의 조례를 확인하여 기재해야 한다.

10. 공인중개사법령상 비주거용 건축물 중개대상물 확인 · 설명서 작성시 개업공인중개사의 '세부확인사항'이 아닌 것은?

① 벽면의 균열 유무
② 승강기의 유무
③ 주차장의 유무
④ 비상벨의 유무
⑤ 가스(취사용)의 공급방식

해설

③ 주차장 유무는 기본확인사항에서 입지조건에 해당된다.

|정답| 7. ⑤ 8. ⑤ 9. ① 10. ③

인증번호 : GM85-D8C5

4 거래계약 ★★

핵심
- **거래계약서**와 **검인계약서**의 비교·연계 이해
- 전자계약의 절차 이해

기출 Point
1. 거래계약서 기재사항 vs 검인계약서 기재사항
2. 계약서 '검인제도'
3. 위반 시 제재사항
4. 민법 중 거래계약 관련 내용

출제자 의도
거래계약
- 거래계약서 기재사항을 알고 있는가?
- 문제에서 주어진 '예'가 검인대상에 해당되는지·해당되지 않는지 구별할 수 있는가?

1. 요약

(1) 기재사항 ★★

구분	거래계약서	검인계약서
내용	① **거**래당사자(개업공인중개사×)의 인적사항 ② **물**건의 표시 ③ **계**약일 ④ **거**래금액·계약금액 및 그 지급일자 등 지급에 관한 사항 ⑤ **물**건의 인도일시 ⑥ **권**리이전의 내용 ⑦ **계**약의 조건이나 기한이 있는 경우에는 그 조건 또는 기한 ⑧ **중**개대상물확인 · 설명서 교부일자 ⑨ **그** 밖의 약정내용 → 공법상 이용제한×	① **당**사자 ② **목**적부동산 ③ **계**약년월일 ④ **대**금 및 그 지급일자 등 지급에 관한 사항 또는 평가액 및 그 차액의 정산에 관한 사항 - - - - - - - - • **개**업공인중개사 → 있을 때는 반드시 기재 • **조**건·기한 → 있을 때는 반드시 기재

※ '검인계약서'의 기재사항은 공인중개사법이 아닌 '부동산등기특별조치법'에서 규정하고 있다.

(2) 계약서 '검인제도' ★★

① 목적 : 탈세(취득세·양도소득세 등) 방지

② 대상 : '계약(㉠)'을 원인으로 하는 '소유권이전등기(㉡)' 신청(원칙 : ㉠ + ㉡)

③ 검인권자 : 부동산소재지(주소지×) 관할 시장·군수·구청장 또는 권한 위임 받은 자

④ 검인계약서 제출하는 곳 : 부동산 소재지 관할 등기소

⑤ 관련법 : 부동산등기특별조치법

⑥ 검인의제 : 부동산 거래신고, 토지거래허가(부동산 거래신고 등에 관한 법률)

검인 필요	검인 불필요	비고
① 매매, 교환, 증여	① 지상권·전세권·저당권설정, 임대차	• 증여 → 토지거래허가 : 불필요(무상계약이므로)
② 판결서, 화해조서, 인낙조서	② 민법 제187조 법률규정에 의한 취득 (상속, 경매, 공매, 공용수용 등 → 등기 불필요 → 따라서 검인도 불필요 ↔ 단, 판결은 제외)	• 경매 → 토지거래허가 : 불필요 → 농지취득자격증명 : 필요 (경락허가일까지)
③ 소유권이전 가등기에 기한 본등기	③ 부동산 거래신고하여 신고필증 발급받은 경우(부동산 거래신고 등에 관한 법률 제3조 제⑤항) 토지거래허가받은 경우(부동산 거래신고 등에 관한 법률 제20조 제②항)	• 토지거래허가받은 경우 → 농지취득자격증명 : 불필요
④ 분양권 전매	④ 선박, 입목, 재단등기 (이 등기들은 본질적으로 양도차익 목적이 아니라, 저당권 설정 목적이므로 검인 불필요)	
⑤ 무허가건물 매매	⑤ 국가·지방자치단체 등의 경우 ⑥ 가등기원인증서	

※ **부동산등기특별조치법에 따른 '대법원규칙'**

'2개 이상'의 시·군·구에 있는 수개의 부동산의 소유권이전을 내용으로 하는 계약서 또는 판결서 등을 검인받고자 하는 경우에는 그 중 '1개'의 시·군·구를 관할하는 시장 등에게 검인을 신청할 수(하여야×) 있다(모든 시·군·구에 검인신청해야×). 이 경우 검인을 한 시장 등은 그 각 부동산의 소재지를 관할하는 세무서장에게 그 계약서 또는 판결서 등의 사본1통을 각각 송부하여야 한다.

(3) 위반 시 제재사항

위반사항	제재사항
① 거래계약서 미작성·미교부 ② 미서명·미날인 ③ 5년(3년×) 미보존	→ 행정처분 : 업무정지(등록취소×) → 행정(처)벌 : 없음 ※ 소속공인중개사가 ②에 해당되는 경우 : 자격정지
이중계약서 작성(거래계약서 허위작성)	→ 개업공인중개사 : 임의적(절대적×) 등록취소 → 소속공인중개사 : 자격정지

(4) 부동산등기특별조치법상 제재사항

위반사항	제재사항
탈세·법령제한회피 목적으로 중간생략, 등기원인 허위기재한 경우	3년 – 1억원
위 경우 외의 비검인	1년 – 3천만원
소유권이전등기 60일 이내× ① 쌍무계약 : 반대급부의 이행이 완료된 날(즉, 잔급지급일)로 부터 ② 편무계약 : 계약의 효력이 발생한 날(즉, 계약체결일)로 부터	「지방세법」 제10조의 과세표준에 같은 법 제11조 제1항의 표준세율에서 1천분의 20을 뺀 세율을 적용하여 산출한 금액의 5배↓

(5) 기타

• 등기부상 소유자와 실제 소유자가 다른 경우
실제 소유자(등기부상 소유자×)와 계약하고 계약서에는 그 사실을 기재한다.
→ 우리나라 등기는 공신력은 없고 공시력만 있을 뿐이기 때문.

• 자연인 중 행위 제한능력자와의 거래계약
① 미성년자, 피한정후견인 : 법정대리인 또는 (법정대리인 동의 시) 미성년자, 피한정후견인과 거래계약
② 피성년후견인 : (반드시)법정대리인과 거래계약
※ 위 경우 외의 (행위) 제한능력자와 거래계약 시, 행위 제한능력자는 취소권(민법 제140조)을 가지므로 상대방은 취소를 당할 수 있으므로 유의 하여야 한다.

• 법인과의 거래계약
: 법인등기사항증명서(법인 정관×)을 보고 상대방의 처분권한의 유무(有無) 등을 확인하여야 한다.

• 공동소유 부동산의 경우의 거래계약
: 공유·합유·총유별 차이점에 유의하여야 한다.

• 거래계약서를 작성해야 계약이 성립하는 것은 아니다(○).
→ 구두약정만으로도 성립한다.

• 매매비용

① 포함 여부 ┬ 중개보수 : ○
　　　　　　└ 등기비용 : × (등기비용은 매매비용에 포함되지 않으므로 권리취득중개의뢰인이 부담한다.)

② 부담비율 ┬ 원칙 : 균분부담
　　　　　　└ 예외 : 약정

• 국토교통부장관(약칭 '국장')은 거래계약서에 관하여 표준이 되는 서식을 정하여 이의 사용을 권장할 수(하여야×) 있다. ↔ 그러나 그 서식은 아직 입법불비 상태

■ **중개대상물확인·설명서 vs 거래계약서**

구분	중개대상물확인·설명서	거래계약서
법정 서식	있음	없음 (단, 국장이 표준서식을 정하여 사용을 권장할 수 있음)
작성 의무자	개업공인중개사	
교부 대상자	거래 양 당사자	
작성 시점	중개가 완성된 때	
보존 기간	3년	5년
위반 시 제재사항	업무정지 / 임의적 등록취소(이중계약서 작성 시)	

2. 3단 비교표

법	시행령	시행규칙
제26조 거래계약서의 작성 등 ① 개업공인중개사는 중개대상물에 관하여 중개가 완성된(될×) 때에는 대통령령이 정하는 바에 따라 거래계약서를 작성하여 (서명 및 날인) 거래당사자에게 교부하고 대통령령이 정하는 기간(5년)(3년×) 동안 그 원본, 사본 또는 전자문서를 보존하여야(할 수×) 한다. 다만, 거래계약서가 공인전자문서센터에 보관된 경우에는 그러하지 아니하다. ② 제25조제4항의 규정(서식상 서명 및 날인 원 규정)은 제1항의 규정에 의한 거래계약서의 작성에 관하여 이를 **준용**한다. ③ 개업공인중개사는 제1항의 규정에 의하여 거래계약서를 작성하는 때에는 거래금액 등 거래내용을 거짓으로 기재하거나 서로 다른 2 이상의 거래계약서를 작성하여서는 아니된다.(이중계약서 작성금지)	**제22조 거래계약서 등** ① 법 제26조제1항의 규정에 따른 거래계약서에는 다음 각 호의 **사항**을 **기재**하여야 한다. 1. 거래당사자(개업공인중개사×)의 인적 사항 2. 물건의 표시 3. 계약일 4. 거래금액(거래예정금액×)·계약금액 및 그 지급일자 등 지급에 관한 사항 5. 물건의 인도일시 6. 권리이전의 내용 7. 계약의 조건이나 기한이 있는 경우에는 그 조건 또는 기한 8. 중개대상물확인·설명서(중개계약서×) 교부(작성×) 일자 9. 그 밖의 약정내용 ② 법 제26조제1항에서 "대통령령이 정하는 기간"이라 함은 5년(3년×)을 말한다. ③ 국토교통부장관(시·도지사×, 등록관청×, 협회×)은 개업공인중개사가 작성하는 거래계약서의 표준이 되는 서식을 정하여 그 사용을 권장할 수(하여야×) 있다.(표준이 되는 서식을 정해 놓고 있다×)	–

3. 부동산거래 전자계약

국토교통부 부동산거래 전자계약시스템(https://irts.molit.go.kr) 참조

부동산거래 전자계약시스템 퀵가이드

1. 부동산거래 전자계약시스템 소개

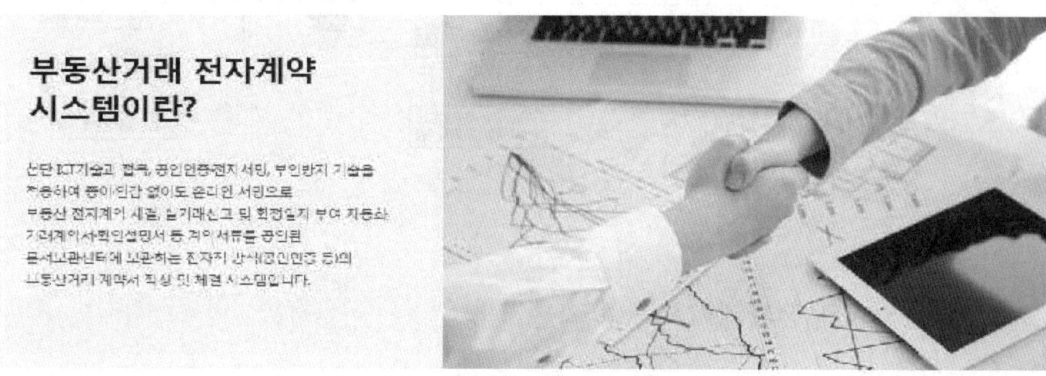

2. 부동산거래 전자계약시스템 구성도

[출처 : 국토교통부 부동산거래 전자계약시스템 매뉴얼]

3. 부동산거래 전자계약시스템 전체 흐름도

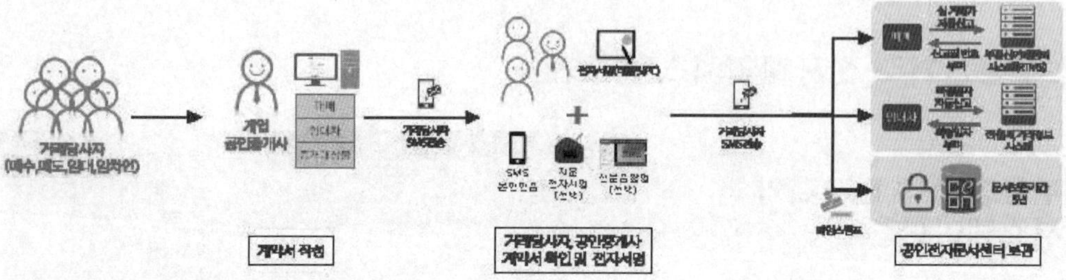

4. 부동산거래 전자계약시스템 적용기술

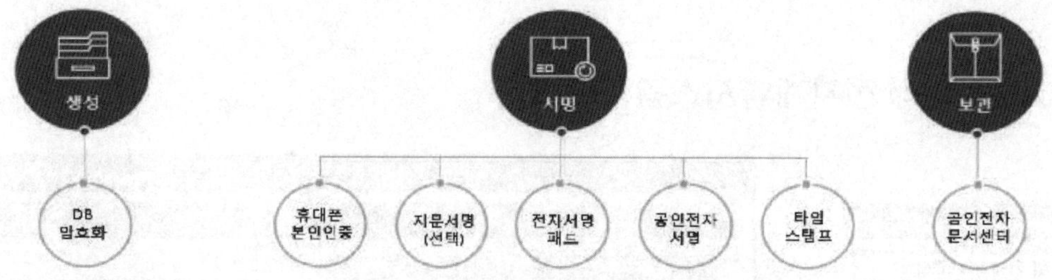

기능설명

- DB암호화 : 전자계약서 생성시 사용자 주민등록번호 뒷자리(7자리) 암호화가 적용됩니다.
- 휴대폰 본인인증 : 전자서명 시 휴대폰본인인증을 통하여 본인확인을 합니다.
- 지문서명(선택사항) : 태블릿PC에 지문인식기를 통하여 거래당사자의 지문정보를 저장합니다.
- 전자서명패드 : 스마트폰 또는PC 서명란을 클릭하여 전자서명을 합니다.
- 공인전자서명 : 거래당사자의 서명이 완료되면 개업공인중개사는 PC를 이용하여 부동산거래 전자계약시스템에 로그인 후 공인전자서명을 합니다.
- 타임스탬프 : 개업공인중개사 서명이 완료되면 타임스탬프를 이용하여 전자문서에 대한 위·변조 방지를 합니다.
- 공인전자문서센터 : 타임스탬프가 반영된 전자계약서를 공인전자문서센터에 보존기간 동안 보관합니다.

국토교통부 NIA 한국정보화진흥원 2 ICTWAY 컨소시엄

[출처 : 국토교통부 부동산거래 전자계약시스템 매뉴얼]

부동산거래 전자계약시스템 퀵가이드

5. 부동산거래 전자계약시스템 이용방법

5.1 로그인

사용자는 부동산거래 전자계약시스템(https://irts.molit.go.kr) 접속 후 로그인합니다.

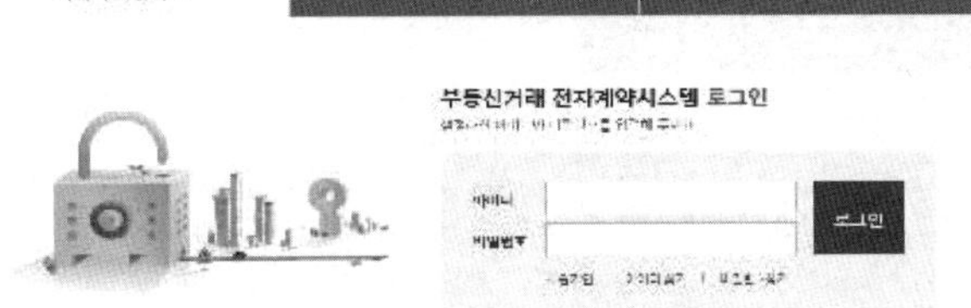

- 전자계약시스템은 3가지 로그인 방식을 지원합니다.

로그인(아이디/비밀번호)

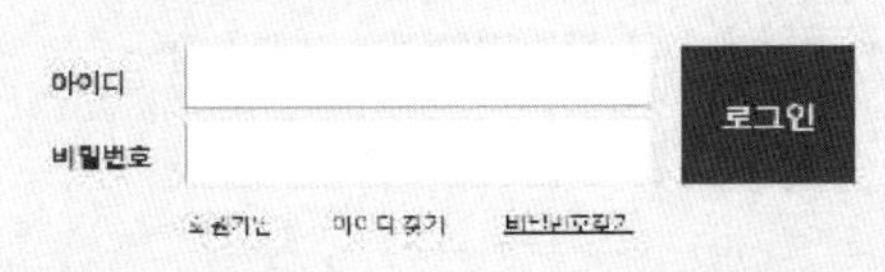

- 공인중개사는 회원가입 이후 ID/PW를 이용하여 로그인합니다.

로그인(공인인증서)

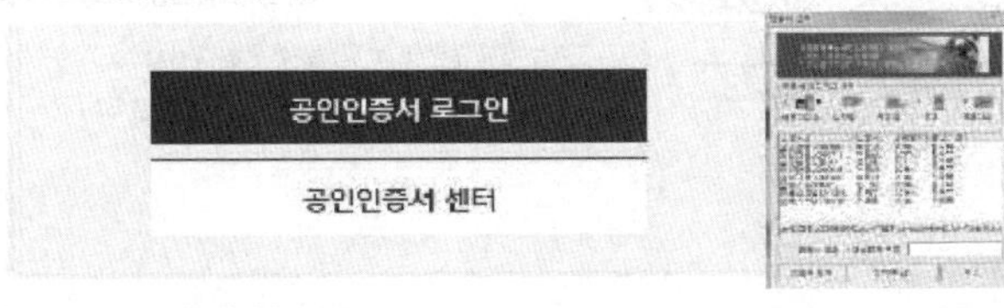

- 공인중개사는 회원가입 시 등록한 공인인증서를 이용하여 공인인증 로그인합니다. (공인인증등록 방법 목차 5.8 회원가입 참조)

로그인(휴대폰 로그인)

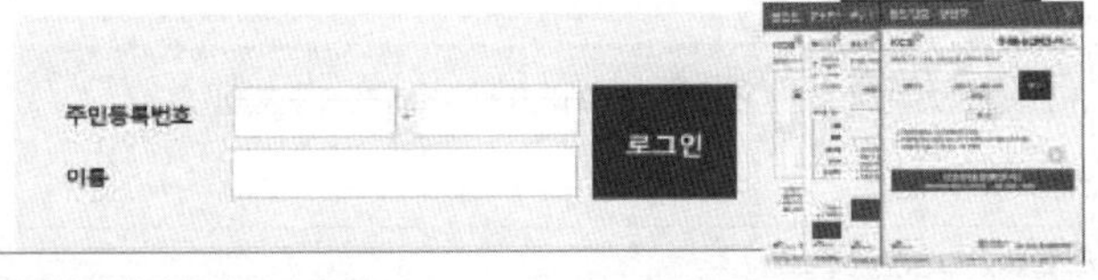

- 일반사용자(거래당사자)는 주민등록번호, 이름을 이용하여 휴대폰본인 확인을 통해 로그인합니다.

아이디 / 비밀번호 찾기

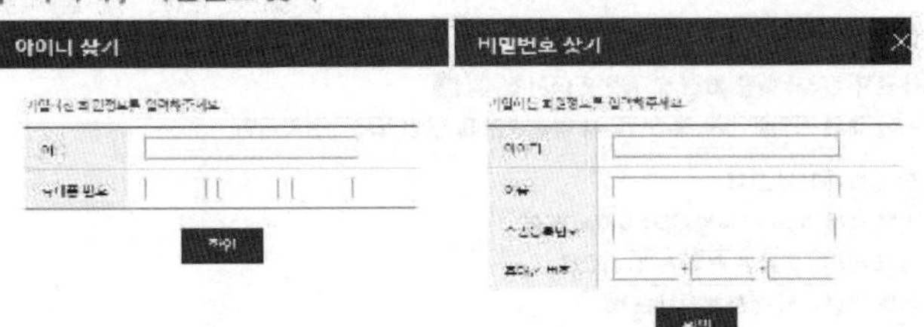

- 사용자는 ID/PW 분실시 이름, 휴대폰번호를 이용하여 아이디를 찾을 수 있으며, 가입된 주민번호와 휴대폰번호를 이용하여 임시비밀번호를 발급해드립니다. (임시비밀번호를 발급받으신 경우 회원정보관에서 비밀번호 수정을 해주시길 바랍니다.)

3 ICTWAY 컨소시엄

[출처 : 국토교통부 부동산거래 전자계약시스템 매뉴얼]

5.2 마이 페이지

사용자는 부동산거래 전자계약시스템(https://irts.molit.go.kr) 마이 페이지에서 부동산거래 계약에 대한 모든 업무를 진행합니다.

마이 페이지

기능설명

① 공인중개사 매매/임대차 계약작성 기능
② 계약상태 별 계약 건수 조회
③ 지도를 이용한 부동산 물건위치 조회
④ 공인중개사가 작성중인 계약서 조회
⑤ 거래당사자 정보 및 서명진행상태 조회
⑥ 공인중개사 계약내용 최종확인 및 서명
⑦ 서명완료(계약당사자+공인중개사)계약서 조회
⑧ 확정일자, 실거래가 자동신고 후 계약상태변경
[매매 : 계약완료 → 거래신고완료]
[임대차 : 계약완료 → 확정일자완료]

거래당사자 및 서명진행상태 조회

거래당사자 정보

NO.	구분	성명	핸드폰번호	서명여부
1	임대인	김	010-	N
2	임시인	당	010-	N
3	계약작성자	임	010-	N

• 사용자는 진행버튼을 통해 거래당사자 및 계약작성자의 서명진행상태확인이 가능합니다.

마이 페이지 계약상태

계약상태	기능설명
계약서작성 중	수정 : 작성중인 계약 건 조회 및 수정
서명진행 중	서명 : 계약당사자 서명 진행 중 서명 : 계약당사자 서명가능 계약서조회 진행 : 계약당사자 서명진행상태 조회
확정대기 중	확정대기중 : 공인중개사 전자계약서 최종 확인 및 공인인증서 전자서명 해지확정대기중 : 해제계약 건에 대해 공인중개사 해제합의서 최종확인 및 공인인증서 전자서명
계약완료	계약완료 : 계약 완료된 전자계약서 조회 계약해제완료 : 해제계약 건에 대해 해제 완료된 전자계약서 조회 거래신고완료 : 실거래가 신고처리가 완료된 전자계약서 조회 확정일자완료 : 확정일자 부여가 완료된 전자계약서 조회

4 ICTWAY 컨소시엄

[출처 : 국토교통부 부동산거래 전자계약시스템 매뉴얼]

부동산거래 전자계약시스템 퀵가이드

5.3 계약작성(매매/임대차)

공인중개사는 매매/임대차 거래에 대한 내역을 작성합니다.

매매/임대차계약서 계약유형 선택

- 공인중개사는 작성하고자 하는 계약서 유형을 선택합니다.

매매/임대차계약서 작성

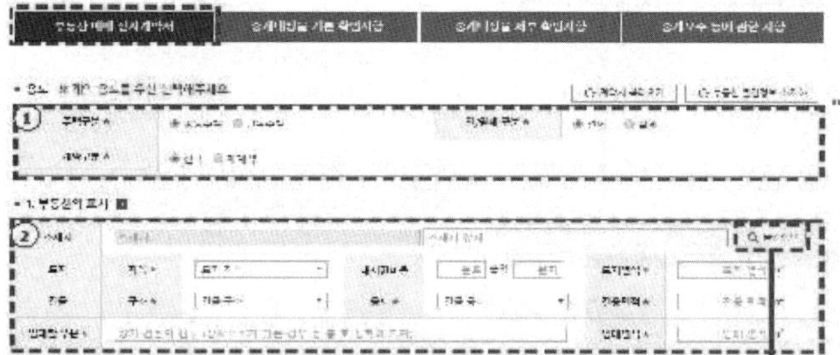

- 공인중개사는 매매/임대차계약서의 계약사항을 작성합니다.

기능설명

① 공인중개사는 물건소재지 입력 이전에 계약용도를 우선적으로 선택합니다.

- 임대차 계약의 경우 전/월세 구분에 따라 금액란의 서식내역이 다르게 표기됩니다.

전세(보증금, 계약금, 1,2차 중도금, 잔금)

월세(보증금, 계약금, 1,2차 중도금, 잔금, 차임)

부동산 물건정보 조회

"서울특별시 서소구 서소동 1648 2 서소아파트 101동 201호"

② 공인중개사는 물건정보버튼을 해당소재지의 대장내역을 조회합니다.

1) 건축물대장상에 있는 지번주소를 입력합니다. (등기부 등본상 주소로 입력이 안될경우 대표지번으로 검색하여 물건조회를 합니다.)

2) 지번주소와 일치하는 도로명 주소 선택합니다.(임대차 계약의 경우 확정일자 주민센터 추가 선택)

3) 해당 물건지에 건물 동·호 정보가 나오는 경우 동·호 선택하여 해당 물건의 토지, 건축물대장 정보 확인합니다.

4) 물건선택 버튼을 누릅니다. 조회된 내용이 이상 없을경우 물건등록 버튼을 이용하여 계약서에 반영합니다.

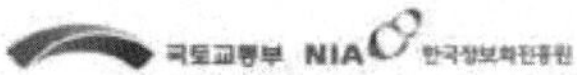

5

ICTWAY 컨소시엄

[출처 : 국토교통부 부동산거래 전자계약시스템 매뉴얼]

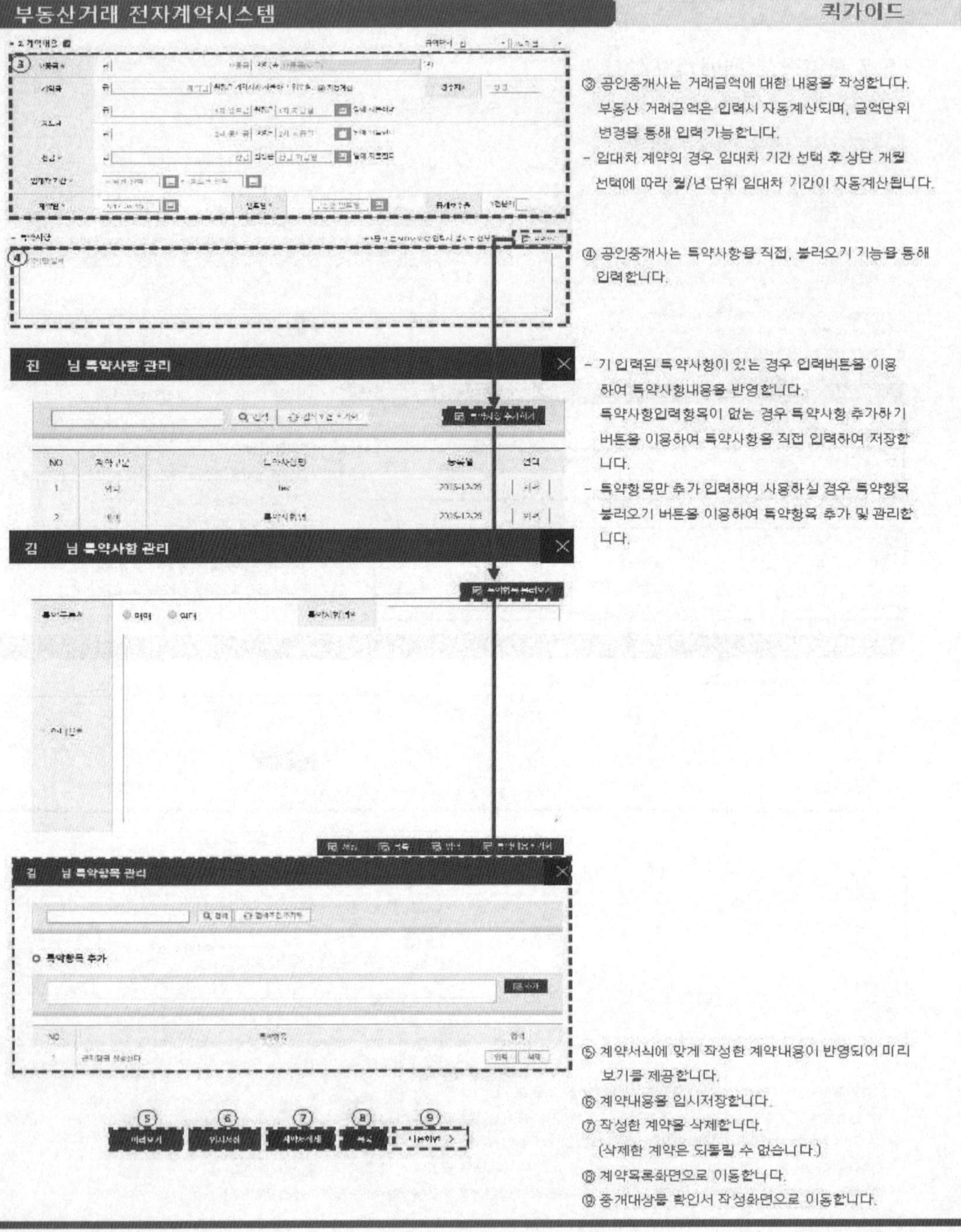

부동산거래 전자계약시스템 퀵가이드

③ 공인중개사는 거래금액에 대한 내용을 작성합니다.
부동산 거래금액은 입력시 자동계산되며, 금액단위 변경을 통해 입력 가능합니다.

- 임대차 계약의 경우 임대차 기간 선택 후 상단 개월 선택에 따라 월/년 단위 임대차 기간이 자동계산됩니다.

④ 공인중개사는 특약사항을 직접, 불러오기 기능을 통해 입력합니다.

- 기 입력된 특약사항이 있는 경우 입력버튼을 이용하여 특약사항내용을 반영합니다.
특약사항입력항목이 없는 경우 특약사항 추가하기 버튼을 이용하여 특약사항을 직접 입력하여 저장합니다.
- 특약항목만 추가 입력하여 사용하실 경우 특약항목 불러오기 버튼을 이용하여 특약항목 추가 및 관리합니다.

⑤ 계약서식에 맞게 작성한 계약내용이 반영되어 미리보기를 제공합니다.
⑥ 계약내용을 임시저장합니다.
⑦ 작성한 계약을 삭제합니다.
(삭제한 계약은 되돌릴 수 없습니다.)
⑧ 계약목록화면으로 이동합니다.
⑨ 중개대상물 확인서 작성화면으로 이동합니다.

국토교통부 NIA 한국정보화진흥원 6 ICTWAY 컨소시엄

[출처 : 국토교통부 부동산거래 전자계약시스템 매뉴얼]

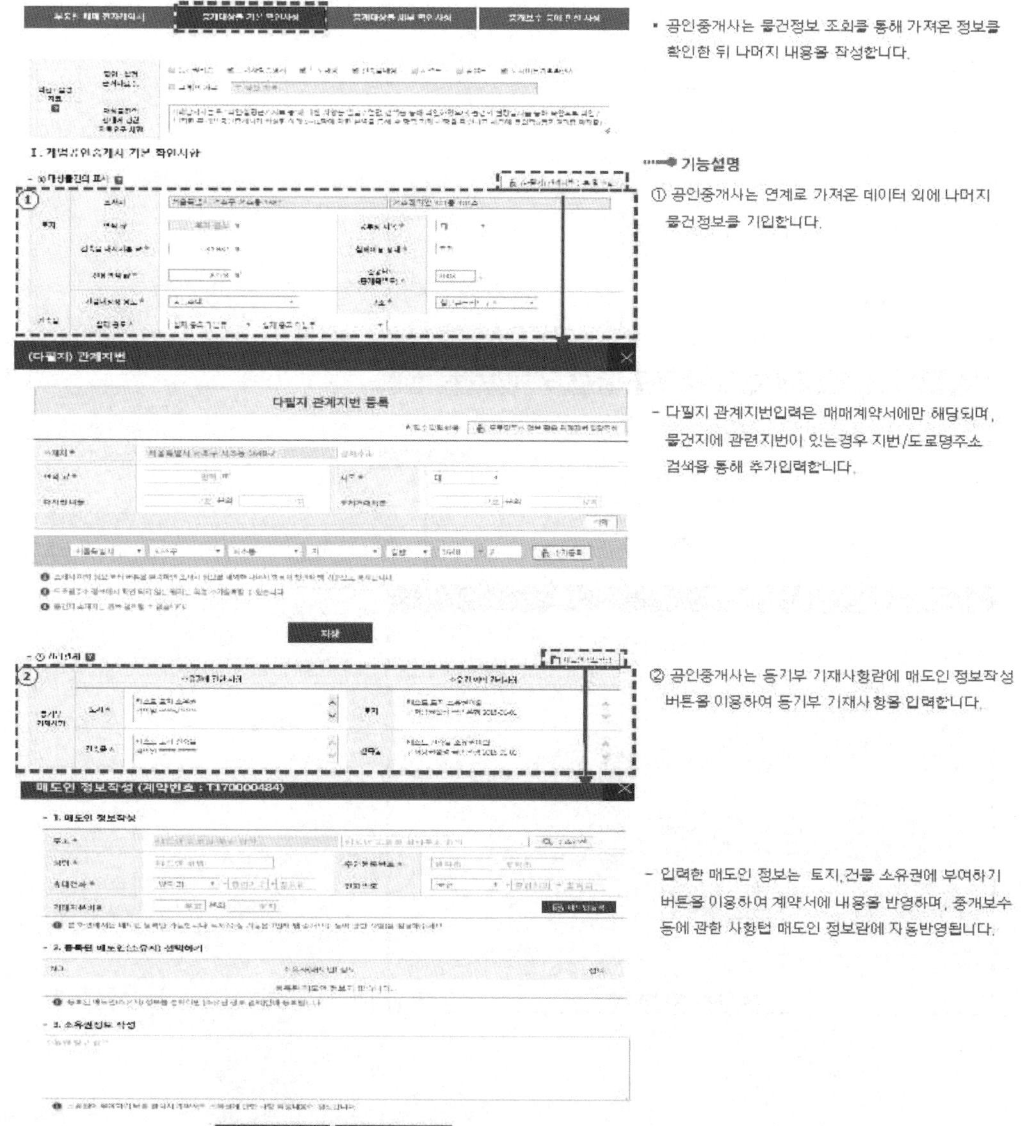

부동산거래 전자계약시스템 퀵가이드

5.3 계약서 작성(중개대상물 확인설명서)

공인중개사는 부동산거래 계약서(매매, 임대차) 작성 이후 중개대상물 확인설명서를 작성합니다.

중개대상물확인설명서 기본 확인사항 작성

- 공인중개사는 물건정보 조회를 통해 가져온 정보를 확인한 뒤 나머지 내용을 작성합니다.

기능설명

① 공인중개사는 연계로 가져온 데이터 외에 나머지 물건정보를 기입합니다.

- 다필지 관계지번입력은 매매계약서에만 해당되며, 물건지에 관련지번이 있는경우 지번/도로명주소 검색을 통해 추가입력합니다.

② 공인중개사는 등기부 기재사항란에 매도인 정보작성 버튼을 이용하여 등기부 기재사항을 입력합니다.

- 입력한 매도인 정보는 토지,건물 소유권에 부여하기 버튼을 이용하여 계약서에 내용을 반영하며, 중개보수 등에 관한 사항란 매도인 정보란에 자동반영됩니다.

국토교통부 NIA 한국정보화진흥원 7 ICTWAY 컨소시엄

[출처 : 국토교통부 부동산거래 전자계약시스템 매뉴얼]

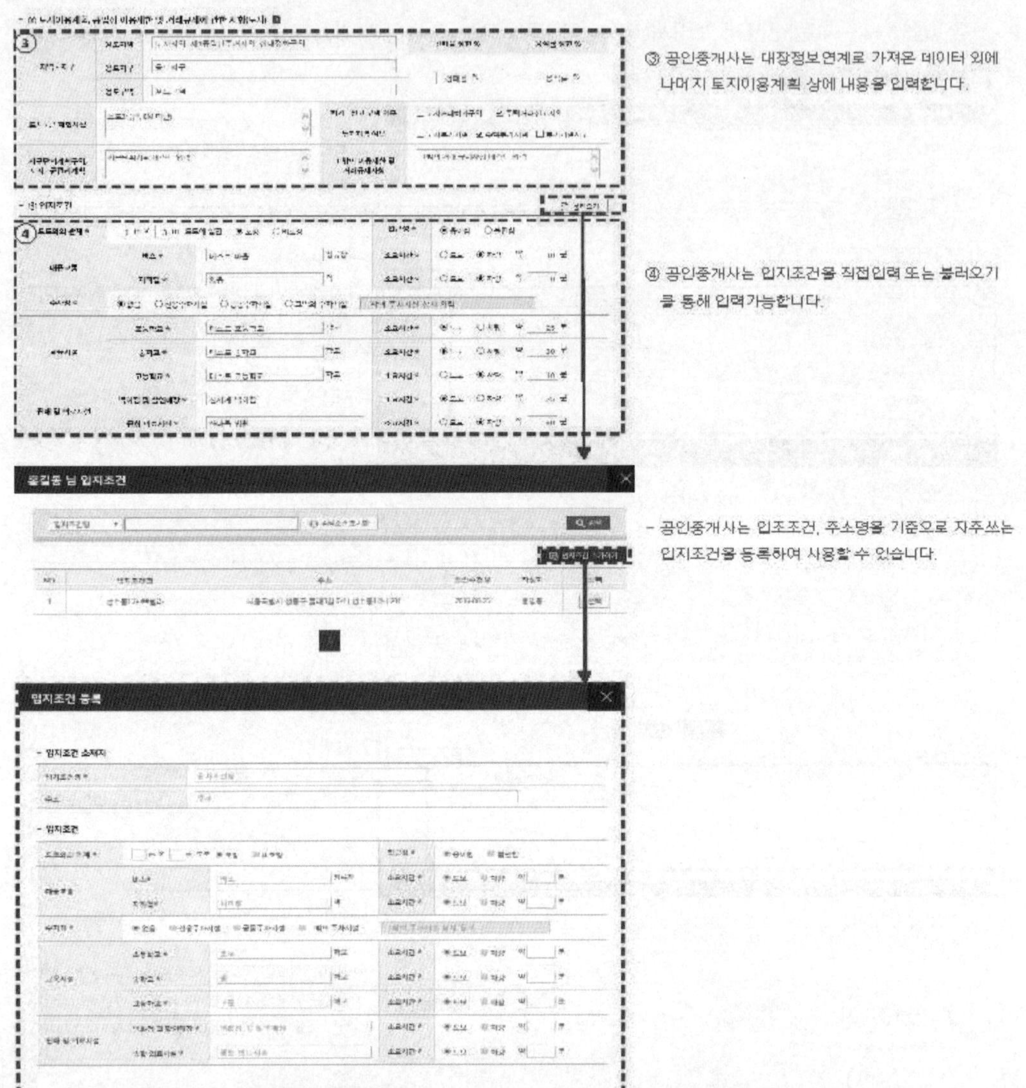

부동산거래 전자계약시스템
퀵가이드
③ 공인중개사는 대장정보연계로 가져온 데이터 외에 나머지 토지이용계획 상에 내용을 입력합니다.
④ 공인중개사는 입지조건을 직접입력 또는 불러오기를 통해 입력가능합니다.
- 공인중개사는 입조조건, 주소명을 기준으로 자주쓰는 입지조건을 등록하여 사용할 수 있습니다.
입지조건 등록
8
ICTWAY 컨소시엄

[출처 : 국토교통부 부동산거래 전자계약시스템 매뉴얼]

부동산거래 전자계약시스템 퀵가이드

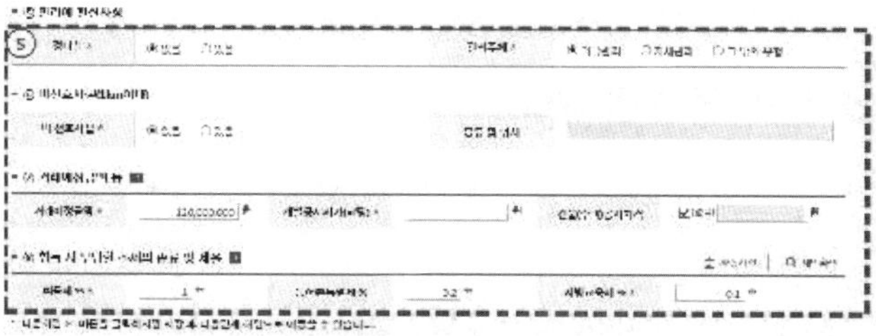

⑤ 공인중개사는 나머지 물건입력사항을 입력합니다. 매매계약서의 경우 취득세 입력을 필수로 하며, 자동계산을 통해 세율 및 세액확인이 가능합니다.

▌중개대상물확인설명서 세부 확인사항 작성

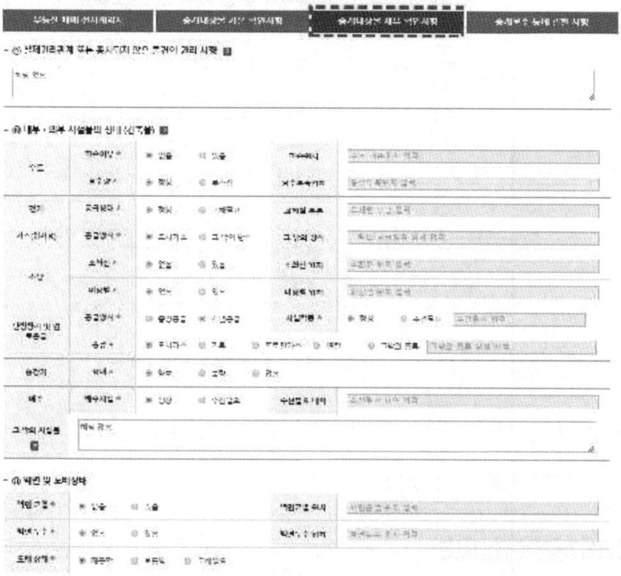

- 공인중개사는 중개대상물 확인설명서(세부사항)를 작성합니다.

기능설명

① 중개대상물확인서 기본사항 화면으로 이동합니다
② 작성 내용 전자계약서로 미리 보기합니다
③ 현재까지 작성한 계약내역을 임시저장합니다.
④ 작성중인 계약서를 삭제합니다.
⑤ 계약목록화면으로 이동합니다.
⑥ 작성된 계약내역을 저장 후 화면이동을 합니다.

국토교통부 NIA 한국정보화진흥원 9 ICTWAY 컨소시엄

[출처 : 국토교통부 부동산거래 전자계약시스템 매뉴얼]

부동산거래 전자계약시스템 퀵가이드

5.3 계약서 작성(거래당사자 및 공인중개사)

매매/임대차 거래에 대한 중개보수 입력과 거래당사자 내역을 검색, 입력, 수정, 삭제 합니다.

▌중개보수 및 거래인 검색/입력/추가/삭제

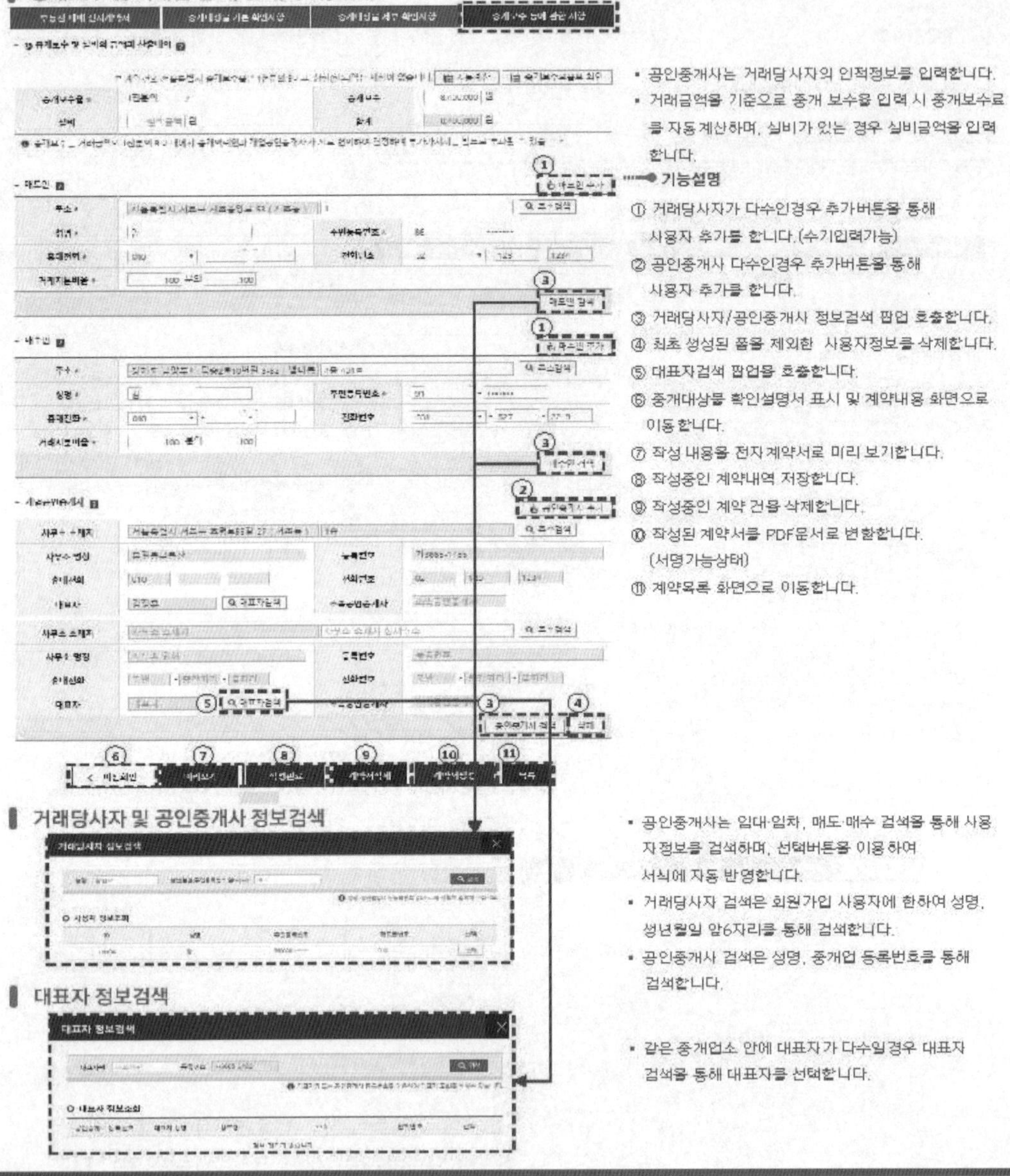

- 공인중개사는 거래당사자의 인적정보를 입력합니다.
- 거래금액을 기준으로 중개 보수를 입력 시 중개보수료를 자동계산하며, 실비가 있는 경우 실비금액을 입력합니다.

기능설명

① 거래당사자가 다수인경우 추가버튼을 통해 사용자 추가를 합니다.(수기입력가능)
② 공인중개사 다수인경우 추가버튼을 통해 사용자 추가를 합니다.
③ 거래당사자/공인중개사 정보검색 팝업 호출합니다.
④ 최초 성성된 폼을 제외한 사용자정보를 삭제합니다.
⑤ 대표자검색 팝업을 호출합니다.
⑥ 중개대상물 확인설명서 표시 및 계약내용 화면으로 이동합니다.
⑦ 작성 내용을 전자계약서로 미리 보기합니다.
⑧ 작성중인 계약내역 저장합니다.
⑨ 작성중인 계약 건을 삭제합니다.
⑩ 작성된 계약서를 PDF문서로 변환합니다. (서명가능상태)
⑪ 계약목록 화면으로 이동합니다.

▌거래당사자 및 공인중개사 정보검색

- 공인중개사는 임대·임차, 매도·매수 검색을 통해 사용자정보를 검색하며, 선택버튼을 이용하여 서식에 자동 반영합니다.
- 거래당사자 검색은 회원가입 사용자에 한하여 성명, 생년월일 앞6자리를 통해 검색합니다.
- 공인중개사 검색은 성명, 중개업 등록번호를 통해 검색합니다.

▌대표자 정보검색

- 같은 중개업소 안에 대표자가 다수일경우 대표자 검색을 통해 대표자를 선택합니다.

국토교통부 NIA 한국정보화진흥원 10 ICTWAY 컨소시엄

[출처 : 국토교통부 부동산거래 전자계약시스템 매뉴얼]

부동산거래 전자계약시스템 퀵가이드

5.4 계약진행(모바일앱)

공인중개사는 거래당사자들과 태블릿PC를 이용하여 계약내역을 확인하고 서명을 진행합니다.

1.스마트폰 또는 태블릿PC 로그인

- 공인중개사는 스마트폰 또는 태블릿PC를 이용하여 부동산 거래 전자계약시스템에 로그인합니다.
  (공인인증서 로그인은 공인인증서를 스마트폰, 테블릿 PC로 옮긴 상태에서 진행가능 목차 5.10 공인인증서 등록하기 참조)

2.부동산 거래계약 내역 확인

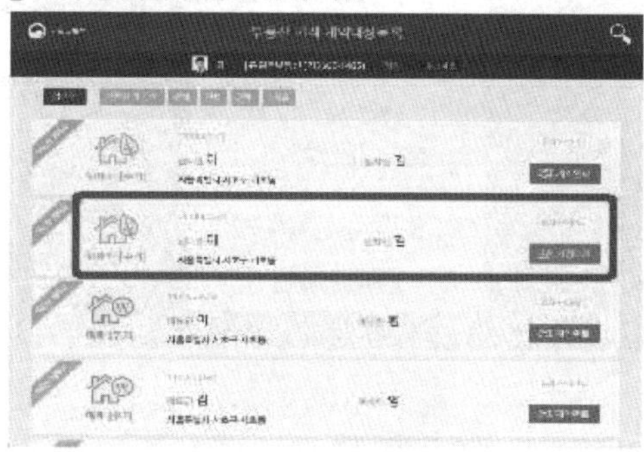

- 공인중개사는 계약 건을 거래유형, 진행상태, 조회내용, 조회기간별 계약서 조회가 가능합니다.
- 공인중개사는 부동산거래 계약대상목록에서 서명 진행할 계약건을 선택합니다.

3.거래당사자 정보확인

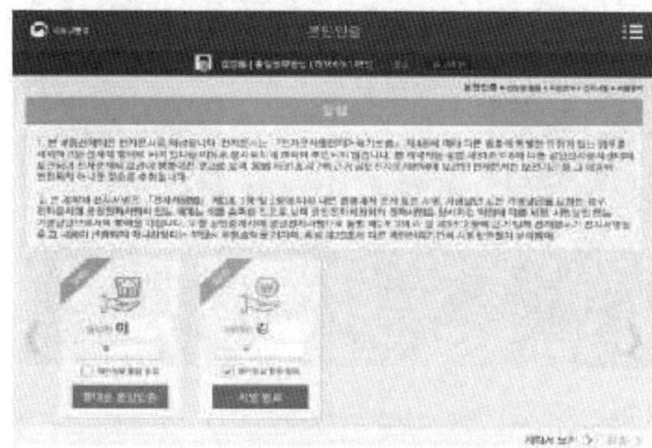

- 공인중개사는 거래내용 요약사항을 통해 물건정보 및 거래당사자 정보를 확인 후 개인정보 활용 동의란에 체크를 합니다.

4.공인중개사 신원확인

- 거래당사자는 서명/인증 시 공인중개사 사진을 통해 신원을 확인합니다.

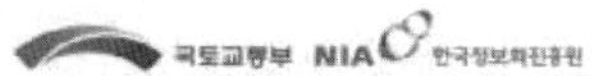

11

ICTWAY 컨소시엄

[출처 : 국토교통부 부동산거래 전자계약시스템 매뉴얼]

5. 안내문구

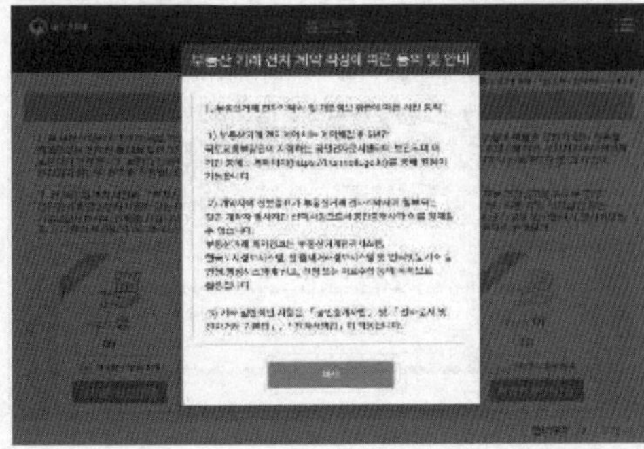

- 거래당사자는 수기서명 이전에 부동산 거래 전자계약 작성에 따른 동의안내 문구를 확인합니다.

6. 거래당사자 휴대폰 본인인증

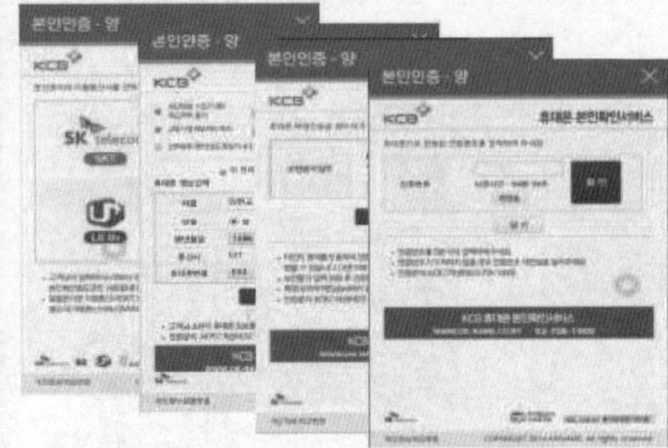

- 거래당사자는 휴대폰본인인증을 통해 본인확인을 진행합니다.
- 휴대폰본인인증은 통신사 선택 → 휴대폰정보 입력 → 보안문자입력 → 인증번호 입력 순으로 이뤄지며 휴대폰정보의 경우 계약서에 입력된 거래당사자 정보가 자동 기입됩니다.(대리거래 불가)

법무대리인선택(매매계약) – 매수자 선택사항

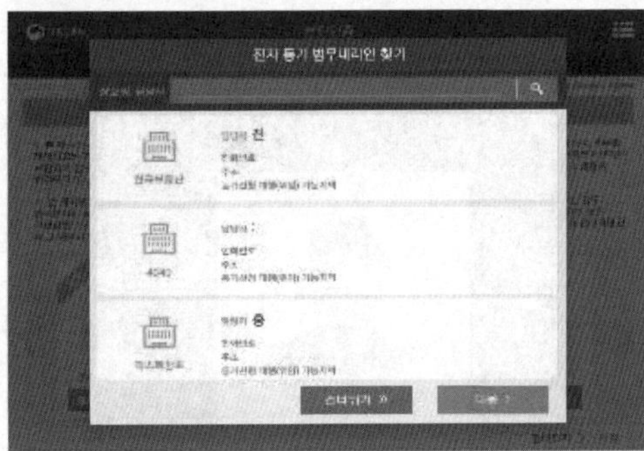

- 매수자는 부동산거래 전자계약시스템에 등록되어 있는 법무대리인을 선택할 수 있습니다.

법무대리인변경(매매계약) – 매수자 선택사항

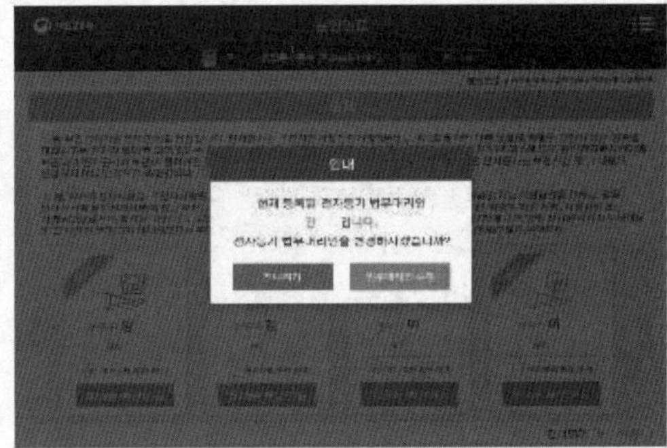

- 매수자가 다수인 경우 협의를 통해 법무대리인을 선택하며, 선등록된 법무대리인이 있는 경우 법무대리인 변경이 가능합니다. (단, 다수의 법무대리인은 등록 불가 한 물건에 하나의 법무대리인만 가능)

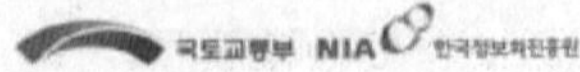

12

ICTWAY 컨소시엄

[출처 : 국토교통부 부동산거래 전자계약시스템 매뉴얼]

부동산거래 전자계약시스템 퀵가이드

▌7-1. 신분증 사진첨부(앞면) - 선택사항

▪ 공인중개사는 거래당사자의 신분증을 촬영할 수 있으며, 불필요한 경우 건너뛰기를 합니다.

▌7-2.지문생체정보 등록 - 선택사항

▪ 공인중개사는 거래당사자의 지문인식을 할 수 있으며, 불필요한 경우 건너뛰기를 합니다.

▌지문생체정보 등록순서(장치연결)

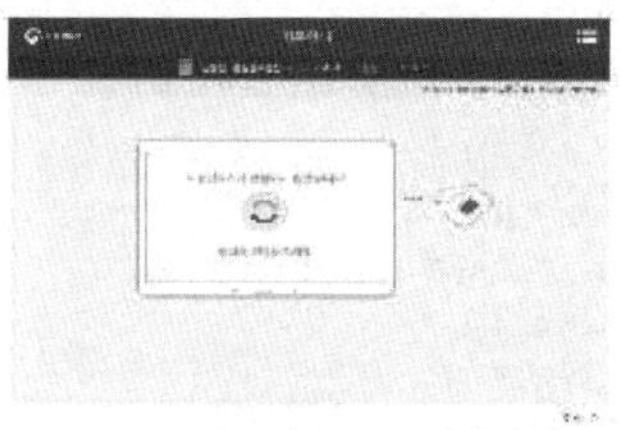

〈 1.지문인식기 장치 연결 〉

〈 2.지문인식기 장비인증 〉

〈 3.지문인식기 비밀번호 인증 〉

〈 4.지문인증 〉

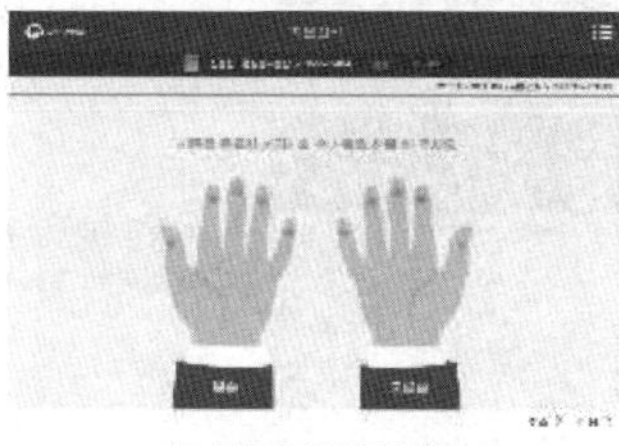

〈 5.지문손가락 선택 〉

〈 6.지문등록 〉

▪ 공인중개사는 지문인식기를 이용하여 지문정보를 등록합니다.

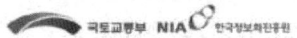

국토교통부 NIA 한국정보화진흥원 ICTWAY 컨소시엄

[출처 : 국토교통부 부동산거래 전자계약시스템 매뉴얼]

8.거래당사자 계약내용 확인 및 전자수기서명

- 거래당사자는 작성된 계약내용을 확인 후 서명란을 클릭하여 전자수기서명을 진행합니다.(거래당사자 수만큼 같은 방법진행)

9.거래당사자 전자서명 저장

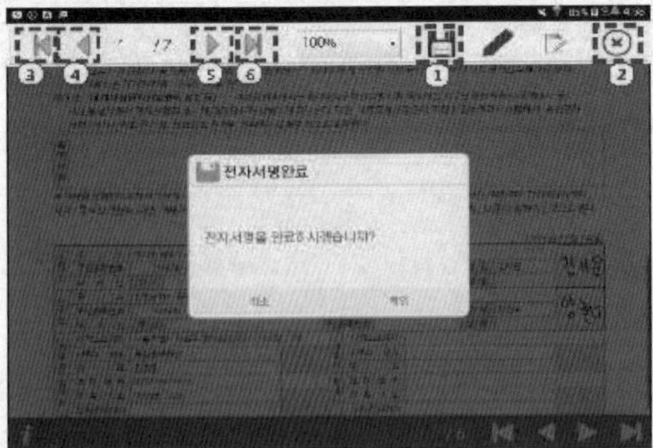

- 공인중개사는 거래당사자 서명이 완료되면 우측상단 저장버튼을 이용하여 거래계약서를 저장합니다.
- 거래당사자의 전자서명이 완료되면 해당 계약 건은 확정대기 중 상태가 됩니다.
- 공인중개사 서명이 완료된 후 계약내역을 조회할 수 있습니다.

기능설명

① 서명 완료 된 전자문서를 저장합니다.
② 진행중인 계약 건을 취소하고 목록화면으로 이동합니다.
③ 계약서 첫 페이지로 이동합니다.
④ 계약서 이전페이지로 이동합니다.
⑤ 계약서 다음페이지로 이동합니다.
⑥ 계약서 끝 페이지로 이동합니다.

10.거래당사자 전자서명 완료

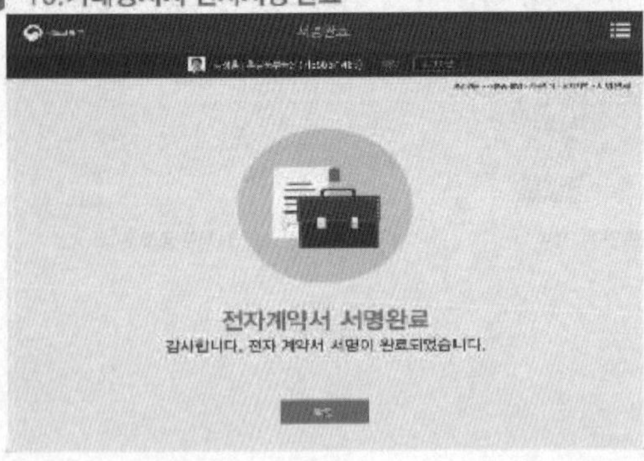

- 거래당사자의 전자서명이 완료되면 해당 계약 건은 확정대기 중 상태가 됩니다.

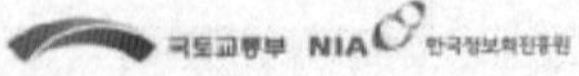

14

ICTWAY 컨소시엄

[출처 : 국토교통부 부동산거래 전자계약시스템 매뉴얼]

부동산거래 전자계약시스템 퀵가이드

5.5 전자서명(공인중개사-모바일앱)

공인중개사는 모바일앱 또는 부동산거래 전자계약시스템(https://irts.molit.go.kr)에서 거래당사자간 거래내역을 최종확인 후 전자서명을 진행합니다.

1. 공인중개사 모바일 전자서명 목록조회

- 공인중개사는 모바일 앱 로그인후 계약건이 확정대기중인 상태의 계약건에 대해서 공인인증 서명을 진행합니다.
- 공인인증서 서명을 하기 위해서는 반드시 공인인증서가 모바일/테블릿PC에 저장되어 있어야 하며, 인증서를 가져올경우 목차 5.10 공인인증서 등록하기 매뉴얼을 참조하시길 바랍니다.

2. 인증서 선택

- 공인중개사는 로그인한 ID의 인증서와 일치하는 인증서를 선택합니다.(불일치시 서명 불가)

3. 공인인증서 비밀번호 입력

- 모바일/테블릿PC에 공인인증서를 가져올때 설정한 비밀번호를 입력합니다.

4. 공인인증서 서명완료

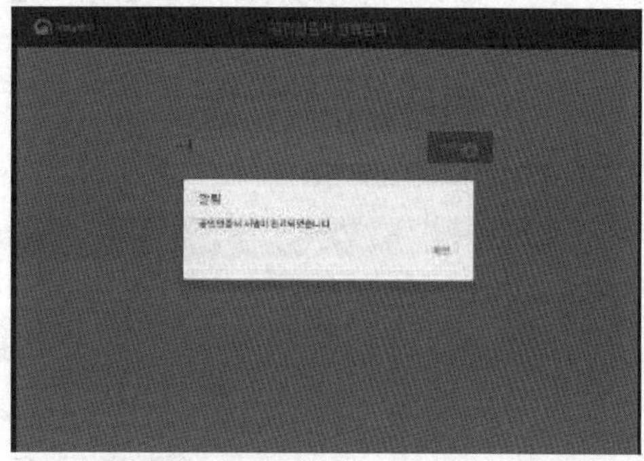

- 서명이 완료되면 계약목록 조회화면으로 이동되고, 공인중개사 서명한 계약은 계약완료 상태가 됩니다.

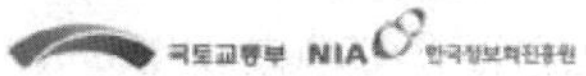

15 ICTWAY 컨소시엄

[출처 : 국토교통부 부동산거래 전자계약시스템 매뉴얼]

5.5 전자서명(공인중개사-웹)

공인중개사 계약 확인(확정대기 중)

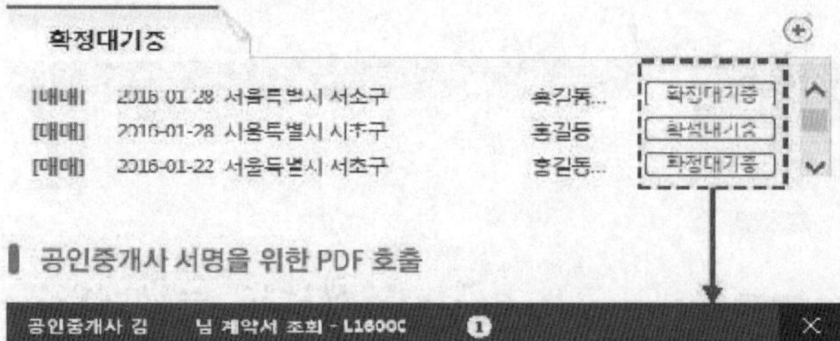

- 공인중개사는 로그인후 마이 페이지 확정대기 중 탭에서 계약을 확인합니다.
- 공인중개사는 확정대기 중 버튼을 눌러 최종서명을 진행합니다.

공인중개사 서명을 위한 PDF 호출

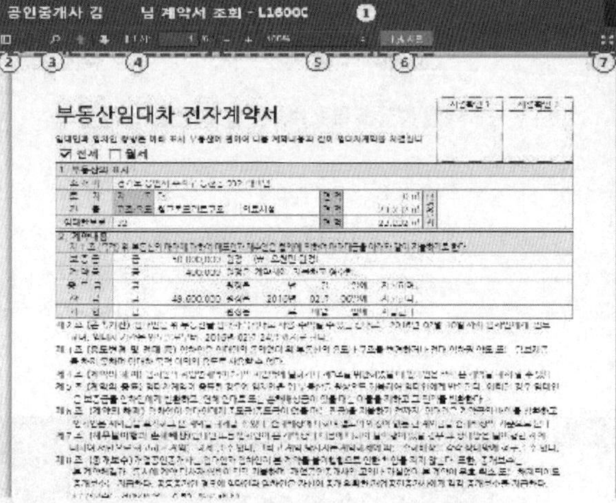

- 공인중개사는 거래당사자의 서명여부 및 계약 내용을 확인하고 서명버튼을 이용하여 계약서에 서명을 진행합니다.
- 공인중개사 서명 시 휴대폰 본인인증을 진행하며, 공인인증서를 이용한 전자서명 후 계약이 완료됩니다.

기능설명

1) 계약작성자(공인중개사)이름 및 계약번호 표기
2) 화면 별 조회
3) 계약서 내 단어 검색
4) 번호, 아이콘을 이용하여 화면 이동
4) 확대비율, 아이콘을 이용하여 화면 확대 축소
5) 휴대폰 본인인증 → 공인인증전자서명 실시
6) 발표 모드로 전환
7) 전자계약서 인쇄

공인중개사 휴대폰 본인인증

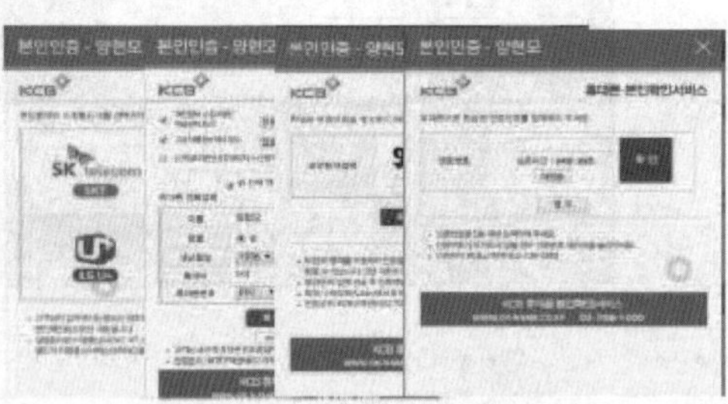

- 공인중개사는 휴대폰본인인증을 통해 본인확인을 진행합니다.
- 휴대폰본인인증은 통신사 선택 → 휴대폰정보 입력 →보안문자입력 → 인증번호 입력 순으로 이뤄지며 휴대폰정보의 경우 계약서에 입력된 공인중개사 정보가 자동 기입됩니다. (대리거래 불가)

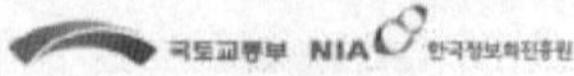

16 ICTWAY 컨소시엄

[출처 : 국토교통부 부동산거래 전자계약시스템 매뉴얼]

5.5 전자서명(공인중개사-웹)

공인중개사 전자서명

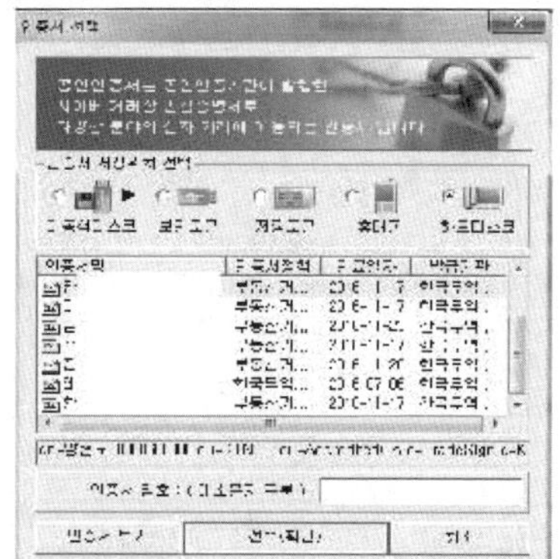

- 공인중개사는 자신의 공인인증서를 이용하여 공인전자서명을 진행합니다.
  (범용(사업자), 부동산거래(특수목적용) 인증서 외 타인증서는 사용 불가)
- 공인중개사는 회원정보에서 공인인증서를 등록해야 인증서 서명이 가능합니다.
  인증서 등록은 목차 5.8 회원가입란 참조

공인중개사 전자서명 확인

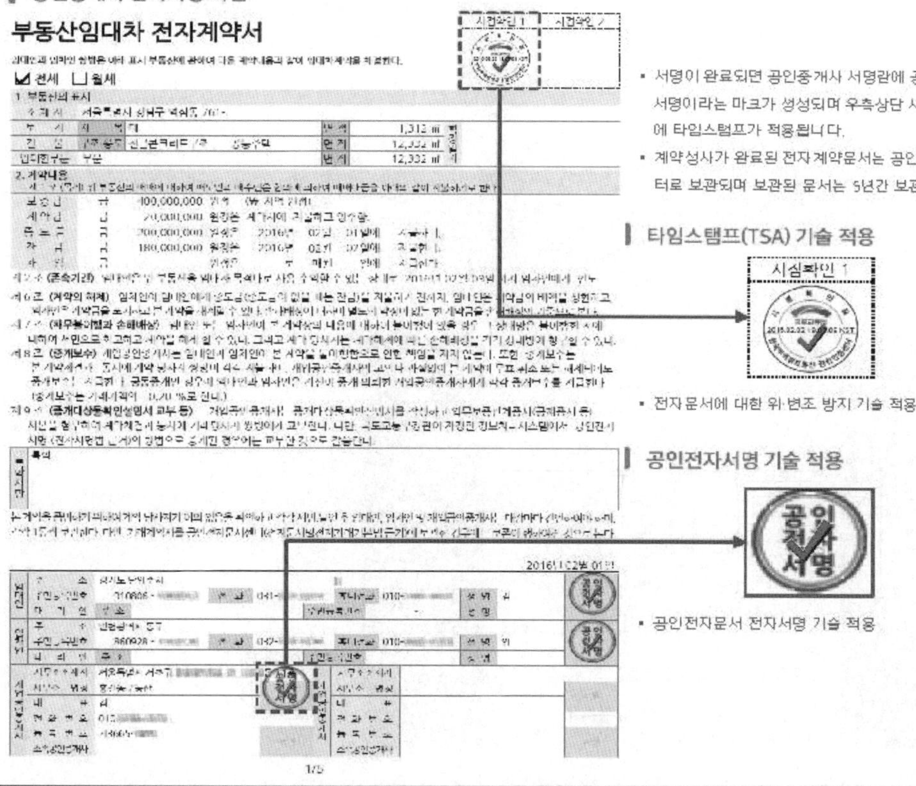

부동산임대차 전자계약서

☑ 전세 ☐ 월세

1. 부동산의 표시

2. 계약내용

시점확인 1 | 시점확인 2

- 서명이 완료되면 공인중개사 서명란에 공인전자서명이라는 마크가 생성되며 우측상단 시점확인란에 타임스탬프가 적용됩니다.
- 계약성사가 완료된 전자계약문서는 공인전자문서센터로 보관되며 보관된 문서는 5년간 보관됩니다.

타임스탬프(TSA) 기술 적용

시점확인 1

- 전자문서에 대한 위·변조 방지 기술 적용

공인전자서명 기술 적용

공인전자서명

- 공인전자문서 전자서명 기술 적용

[출처 : 국토교통부 부동산거래 전자계약시스템 매뉴얼]

부동산거래 전자계약시스템 퀵가이드

5.6 계약완료 및 실거래가/확정일자 자동신고 확인

공인중개사 및 거래당사자는 부동산거래 전자계약시스템(https://irts.molit.go.kr)에 로그인하여 계약완료 및 실거래가 신고현황 조회(신고필증)가 가능합니다.

계약완료 문건조회(매매계약서)

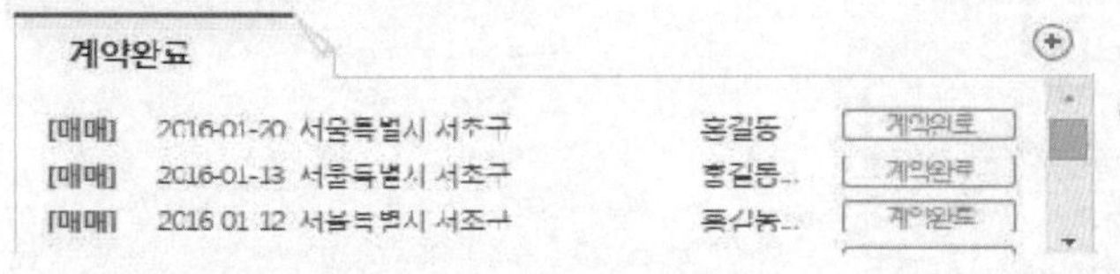

- 공인중개사 및 계약당사자들은 부동산거래 전자계약시스템 로그인하여 거래완료 계약문건을 조회합니다.

실거래가완료 문건조회(매매계약서)

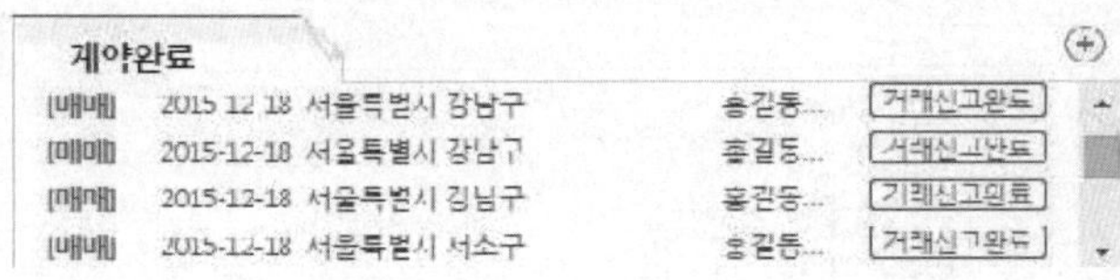

- 공인중개사 및 계약당사자들은 부동산거래 전자계약시스템 로그인하여 실거래가 신고완료 매매계약문건을 조회합니다.
- 계약성사가 완료된 전자계약문서는 공인전자문서센터로 보관되며 보관된 문서는 5년간 보관됩니다

실거래가 신고필증 조회

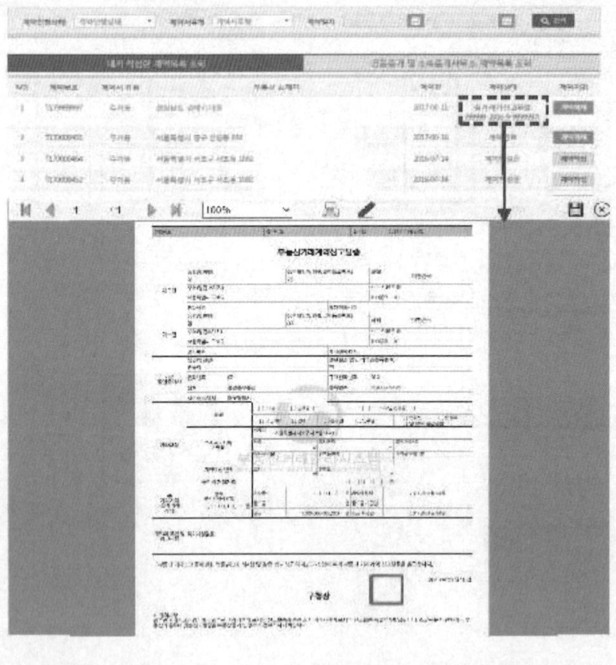

- 공인중개사 및 계약당사자들은 부동산거래 전자계약시스템 로그인하여 계약현황 → 매매계약 조회에서 실거래가 신고번호를 확인하고, 실거래 신고필증 조회 및 출력이 가능합니다.

국토교통부 NIA 한국정보화진흥원 18 ICTWAY 컨소시엄

[출처 : 국토교통부 부동산거래 전자계약시스템 매뉴얼]

부동산거래 전자계약시스템 퀵가이드

5.6 계약완료 및 실거래가/확정일자 자동신고 확인

공인중개사 및 거래당사자는 부동산거래 전자계약시스템(https://irts.molit.go.kr)에 로그인하여 계약완료 및 확정일자가 부여된 전자계약문서를 확인합니다.

▌ 확정일자부여 문건조회(임대차계약서)

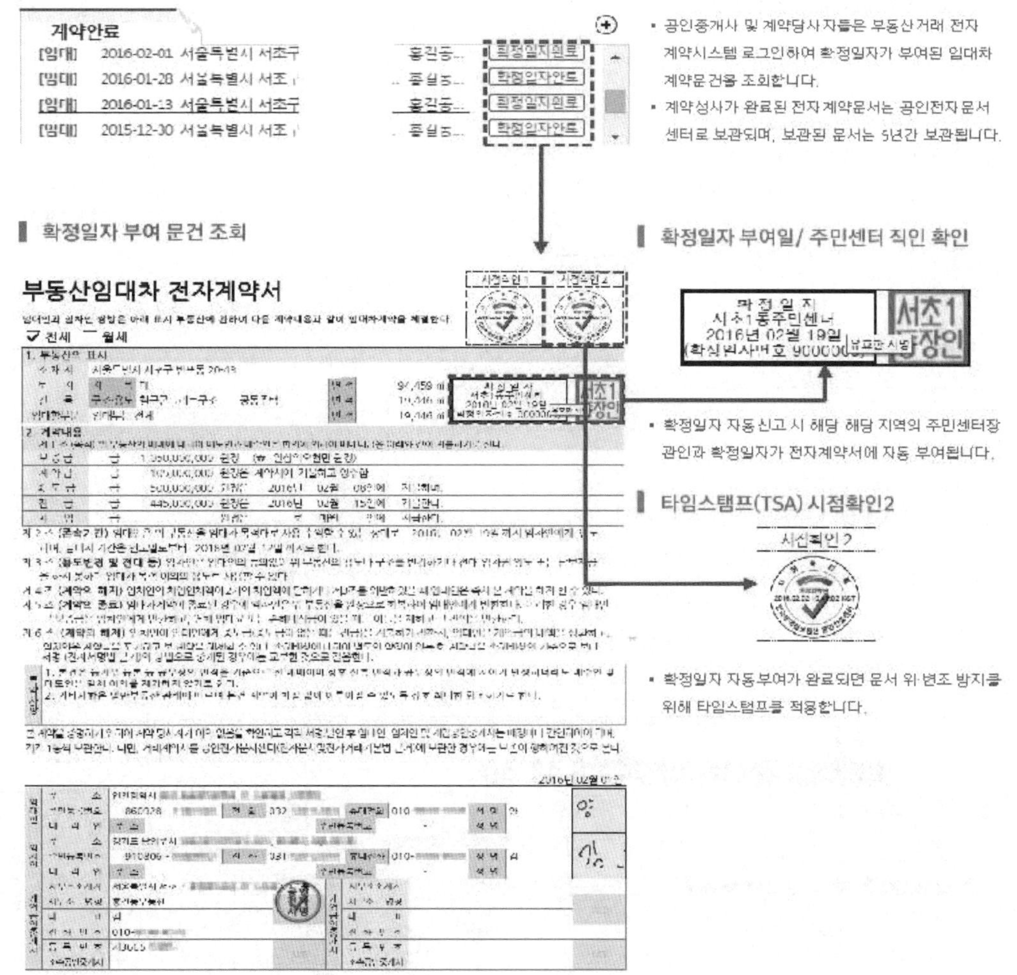
계약완료
[임대] 2016-02-01 서울특별시 서초구 ... 홍길동... 확정일자완료
[임대] 2016-01-28 서울특별시 서초 ... 홍길동... 확정일자안료
[임대] 2016-01-13 서울특별시 서초구 ... 홍길동... 확정일자완료
[임대] 2015-12-30 서울특별시 서초 ... 홍길동... 확정일자안료
• 공인중개사 및 계약당사자들은 부동산거래 전자계약시스템 로그인하여 확정일자가 부여된 임대차 계약문건을 조회합니다.
• 계약성사가 완료된 전자계약문서는 공인전자문서센터로 보관되며, 보관된 문서는 5년간 보관됩니다.
▌ 확정일자 부여 문건 조회
부동산임대차 전자계약서
시점확인1
시점확인2
▌ 확정일자 부여일/ 주민센터 직인 확인
확정일자
서초1동주민센터
2016년 02월 19일
서초1 동장인
• 확정일자 자동신고 시 해당 해당 지역의 주민센터장 관인과 확정일자가 전자계약서에 자동 부여됩니다.
▌ 타임스탬프(TSA) 시점확인2
시점확인2
• 확정일자 자동부여가 완료되면 문서 위·변조 방지를 위해 타임스탬프를 적용합니다.

국토교통부 NIA 한국정보화진흥원 19 ICTWAY 컨소시엄

[출처 : 국토교통부 부동산거래 전자계약시스템 매뉴얼]

부동산거래 전자계약시스템 퀵가이드

5.7 계약해제

공인중개사는 부동산거래 전자계약시스템에 로그인 후 계약완료 된 계약 건에 대해 계약해제 합의서를 작성 또는 직권해제를 합니다. (해제신청 외 나머지 업무절차는 기존 매매/임대차 계약서와 동일)

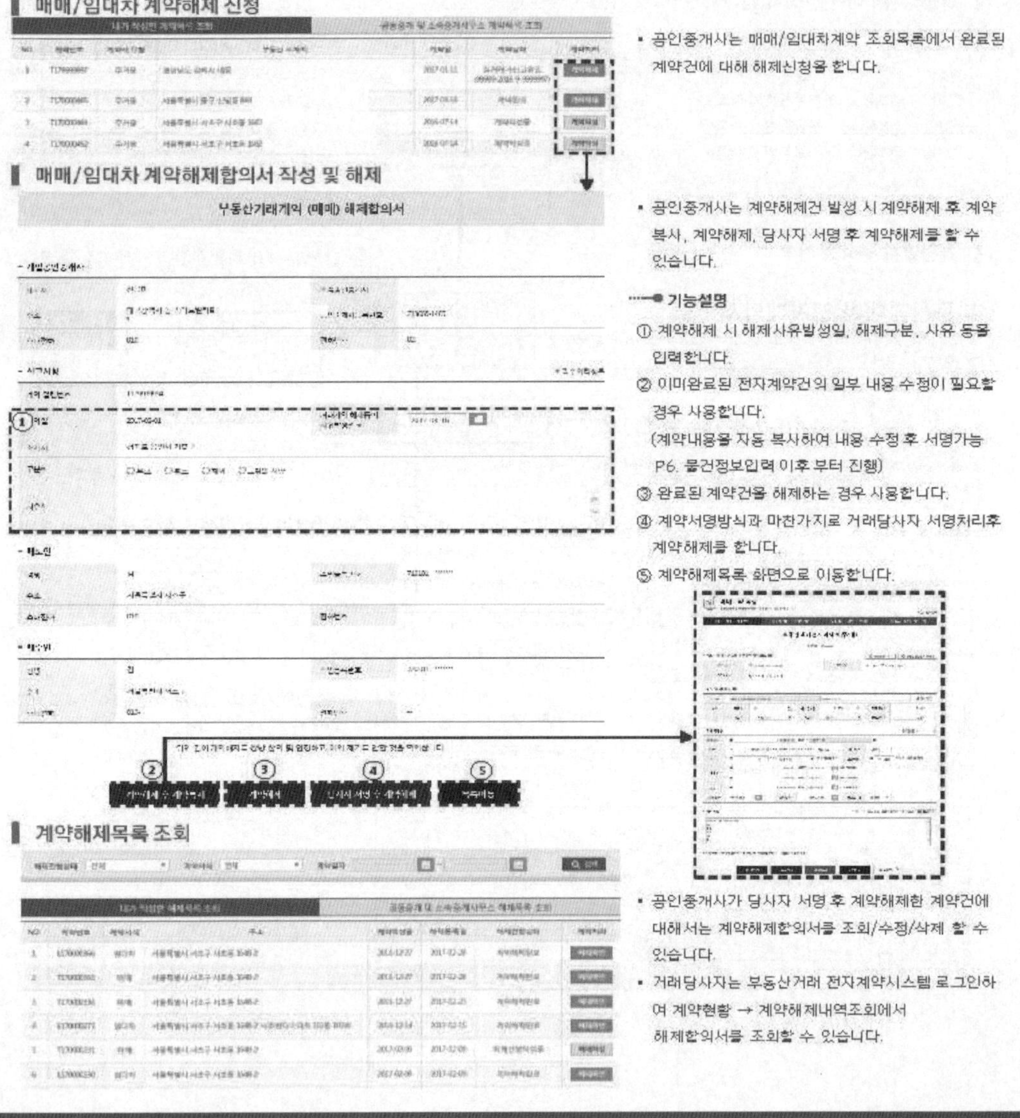

매매/임대차 계약해제 신청

- 공인중개사는 매매/임대차계약 조회목록에서 완료된 계약건에 대해 해제신청을 합니다.

매매/임대차 계약해제합의서 작성 및 해제

부동산거래계약 (매매) 해제합의서

- 공인중개사는 계약해제건 발생 시 계약해제 후 계약복사, 계약해제, 당사자 서명 후 계약해제를 할 수 있습니다.

기능설명

① 계약해제 시 해제사유발생일, 해제구분, 사유 등을 입력합니다.

② 이미완료된 전자계약건의 일부 내용 수정이 필요할 경우 사용합니다. (계약내용을 자동 복사하여 내용 수정 후 서명가능 P6. 물건정보입력 이후 부터 진행)

③ 완료된 계약건을 해제하는 경우 사용합니다.

④ 계약서명방식과 마찬가지로 거래당사자 서명처리후 계약해제를 합니다.

⑤ 계약해제목록 화면으로 이동합니다.

계약해제목록 조회

- 공인중개사가 당사자 서명 후 계약해제한 계약건에 대해서는 계약해제합의서를 조회/수정/삭제 할 수 있습니다.
- 거래당사자는 부동산거래 전자계약시스템 로그인하여 계약현황 → 계약해제내역조회에서 해제합의서를 조회할 수 있습니다.

국토교통부 NIA 한국정보화진흥원 20 ICTWAY 컨소시엄

[출처 : 국토교통부 부동산거래 전자계약시스템 매뉴얼]

부동산거래 전자계약시스템 퀵가이드

5.7 계약해제

계약해제합의서 조회

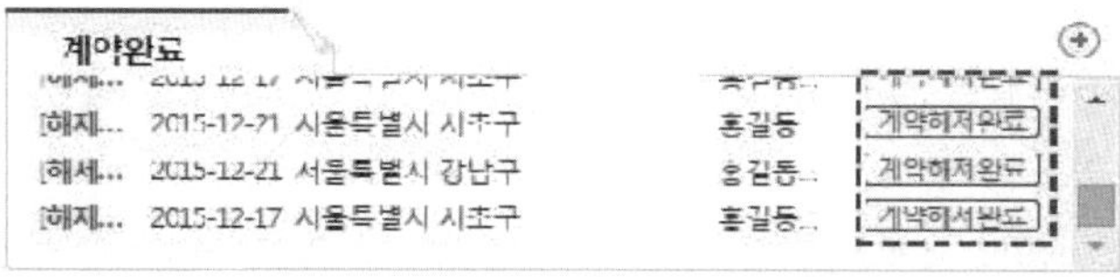

- 서명이 완료된 계약해제합의서는 마이 페이지에서 조회합니다.
- 계약성사가 완료된 전자계약문서는 공인전자문서센터로 보관되며 보관된 문서는 5년간 보관됩니다.

계약해제 합의서 서명내역 확인(당사자 서명 후 계약해제시)

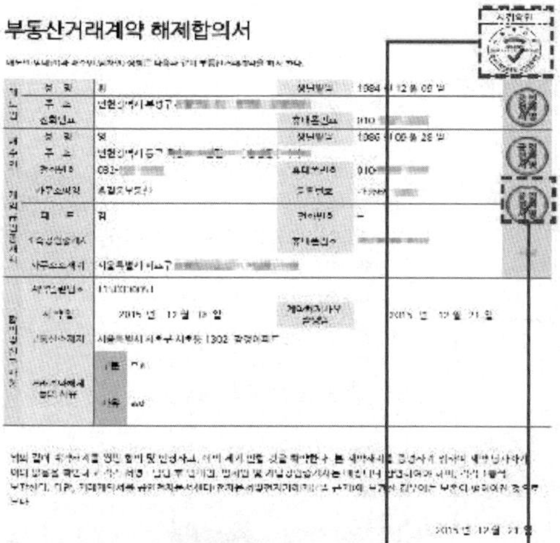

타임스탬프(TSA) 기술 적용

- 전자문서에 대한 위·변조 방지 기술 적용

공인전자서명 기술 적용

- 공인전자문서 전자서명 기술 적용

기존계약 해제Stamp 처리

- 해제서명이 완료된 기존 계약 건은 계약해제Stamp 처리합니다.

국토교통부 NIA 한국정보화진흥원 21 ICTWAY 컨소시엄

[출처 : 국토교통부 부동산거래 전자계약시스템 매뉴얼]

부동산거래 전자계약시스템 퀵가이드

5.8 회원가입

사용자는 부동산거래 전자계약시스템(https://irts.molit.go.kr) 접속 후 회원가입 합니다.

Step1. 약관동의 및 회원유형 선택

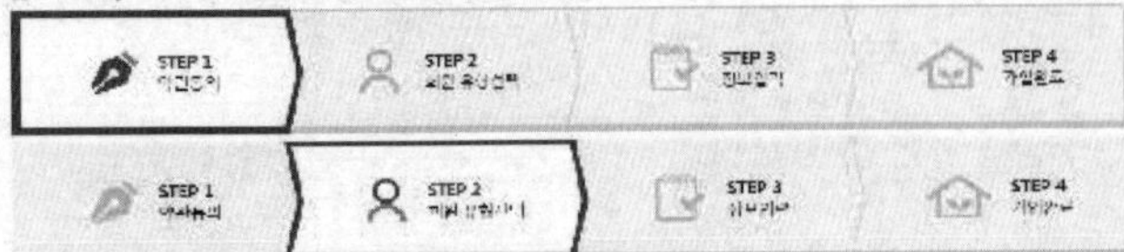

- 사용자는 회원약관을 확인한 뒤 약관동의를 통해 회원가입을 진행합니다. (약관동의 필수 체크)
- 사용자는 업무에 맞는 회원 유형을 선택하여 회원가입을 진행합니다.

Step2. 회원정보입력

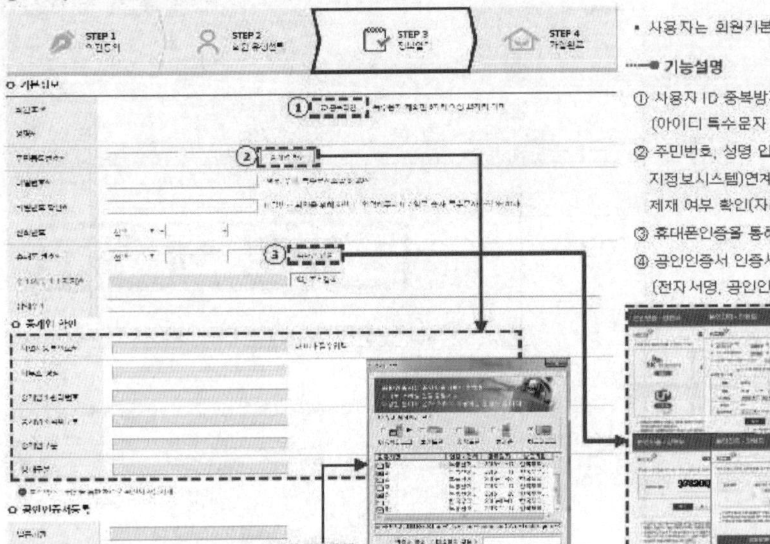

- 사용자는 회원기본정보를 입력합니다.

기능설명

① 사용자 ID 중복방지
(아이디 특수문자 제외 6자리 이상~16자리 이하)

② 주민번호, 성명 입력 후 중개업 확인 시 KLIS(한국토지정보시스템)연계를 통해 공인중개사 중개업, 행정제재 여부 확인(자동기입)

③ 휴대폰인증을 통해 본인확인

④ 공인인증서 인증서 선택 호출 후 공인인증서 등록
(전자서명, 공인인증 로그인시 사용)

Step3. 전자결제서비스 이용 등록(선택사항)

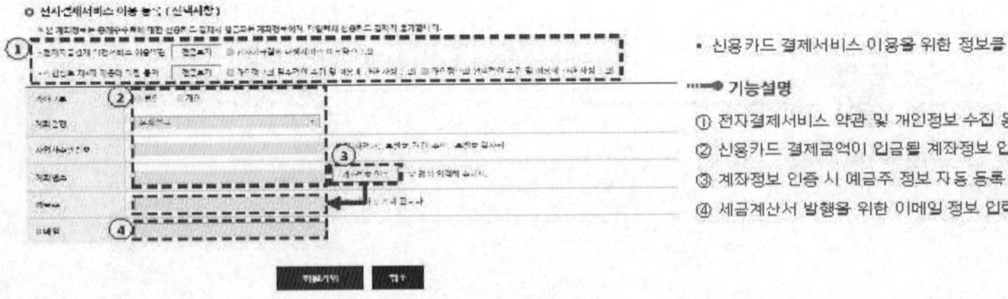

- 신용카드 결제서비스 이용을 위한 정보를 입력합니다.

기능설명

① 전자결제서비스 약관 및 개인정보 수집 동의

② 신용카드 결제금액이 입금될 계좌정보 입력

③ 계좌정보 인증 시 예금주 정보 자동 등록

④ 세금계산서 발행을 위한 이메일 정보 입력

국토교통부 NIA 한국정보화진흥원 22 ICTWAY 컨소시엄

[출처 : 국토교통부 부동산거래 전자계약시스템 매뉴얼]

부동산거래 전자계약시스템 퀵가이드

5.9 공인인증서 신청 및 발급

사용자가 부동산거래 전자계약시스템 이용 시 사이트(https://irts.molit.go.kr) 접속 후 인증서 신청 및 발급합니다.

▌메인화면

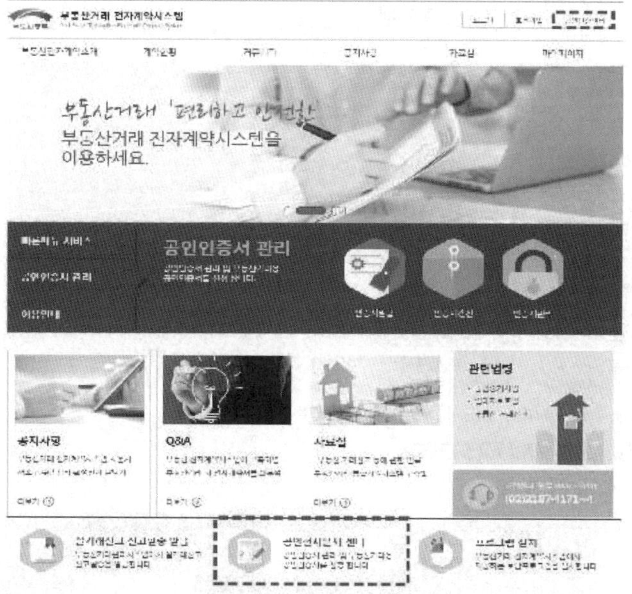

- 사용자는 메인 화면에 표기된 공인인증 메뉴를 이용하여 공인인증센터에 접속합니다.

▌공인인증센터

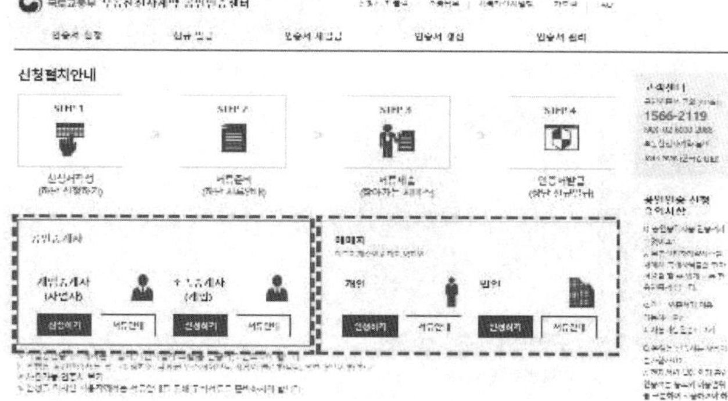

- 사용자는 공인중개사 신청하기 버튼을 이용하여 공인인증서 발급을 진행합니다.

※ 법용인증서, 부동산거래(특수목적용) 인증서 외 타인증서는 사용 불가

국토교통부 NIA 한국정보화진흥원 23 ICTWAY 컨소시엄

[출처 : 국토교통부 부동산거래 전자계약시스템 매뉴얼]

부동산거래 전자계약시스템 퀵가이드

5.10 공인인증서 등록하기(PC -> 모바일 앱)

사용자는 부동산거래 전자계약시스템에서 등록한 인증서를 모바일 앱으로 등록가능합니다.

▌인증서 가져오기

- 사용자는 부동산거래 전자계약시스템 회원정보란으로 이동하여 인증서 관리 버튼을 누릅니다.

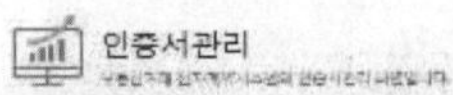

- 웹페이지 안내에 따라 인증서 관리 프로그램을 설치한 뒤 사용목적에 따라 인증서 내보내기/가져오기를 진행합니다.

① [인증서 내보내기] 버튼을 클릭하여 전자계약 웹에서 사용할 인증서를 선택한 후 인증서 암호를 입력합니다.
② 전자계약 앱을 실행한 후 [인증서 등록 > 인증서 요청 > 인증번호 요청] 버튼을 클릭하여 인증번호를 확인합니다.
③ 인증번호를 입력하면 인증서 내보내기가 완료됩니다.
④ 전자계약 앱에서 [PC에서 가져오기] 버튼을 클릭하면 PC에서 내보내기한 인증서를 저장할 수 있습니다.

프로그램 다운로드 › | 인증서 내보내기 › | 인증서 가져오기 ›

▌인증서 내보내기 순서

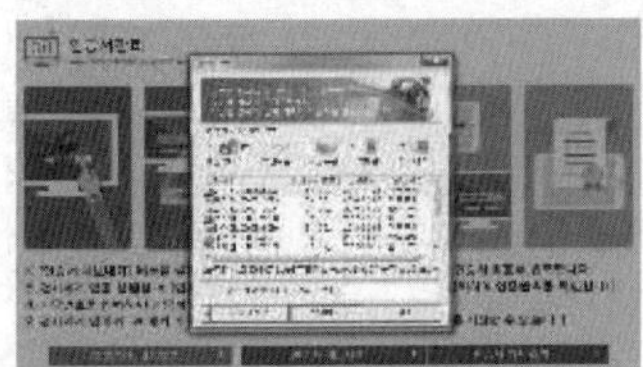

〈 1. 내보기할 인증서 선택 〉

〈 2. 업실행(공인인증서 등록) 〉

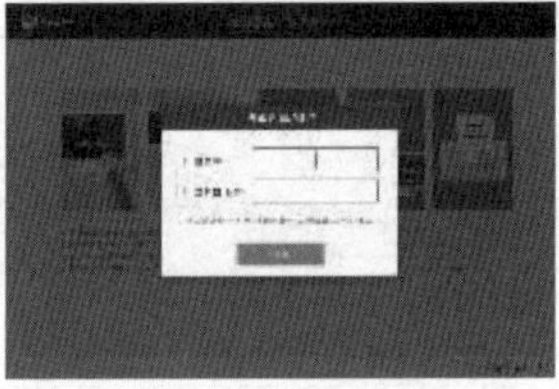

〈 3. 비밀번호 등록〉

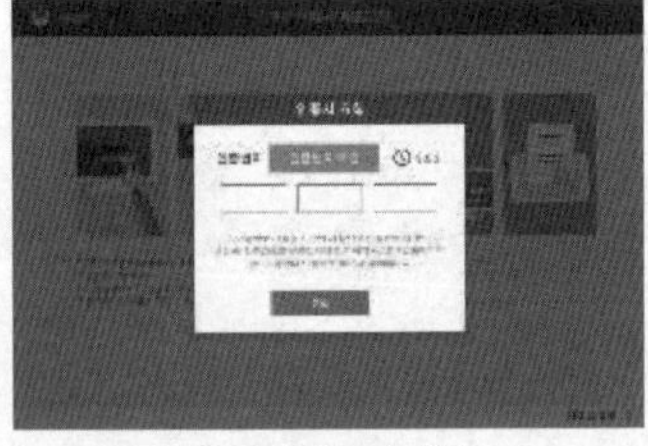

〈 4. 인증번호 요청) 〉

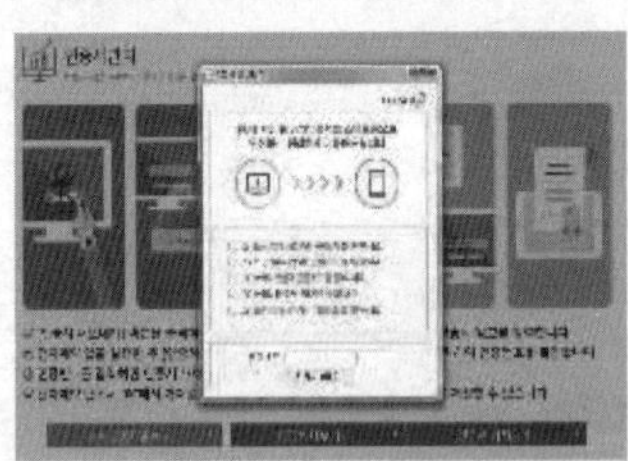

〈 4. 인증번호 입력) 〉

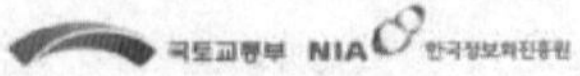

24 ICTWAY 컨소시엄

[출처 : 국토교통부 부동산거래 전자계약시스템 매뉴얼]

판 례

거래계약서

[1] 공인중개사의 업무 및 부동산거래 신고에 관한 법률 제26조 제2항, 제25조 제4항에서 정하는 (중개대상물 확인·설명서)의 '서명·날인'은 서명과 날인을 모두 하여야 한다는 서명 및(또는 ×) 날인의 의미로 해석해야 하고, 또한 같은 법 제39조 제1항 제9호는 같은 법 제26조 제2항, 제25조 제4항에 정한 거래계약서에 서명·날인의무를 위반한 경우를 업무정지사유로 규정하고 있으므로, 위 제39조 제1항 제9호에 정한 '서명·날인을 하지 아니한 경우'란 서명과 날인 모두를 하지 아니한 경우뿐만 아니라 서명과 날인 중 어느 한 가지를 하지 않은 경우도 포함한다.

[2] 공인중개사가 부동산 **거래계약서**에 날인을 하지 않은 것은 공인중개사의 업무 및 부동산거래 신고에 관한 법률 제39조 제1항 제9호에서 업무정지사유로 규정한 '거래계약서에 서명·날인을 하지 아니한 경우'에 해당한다(해당하지 않는다 ×).(→ 따라서 거래계약서에 서명만 하였거나 날인만 한 경우, 개업공인중개사는 업무정지처분의 행정처분을, 당해 중개행위를 한 소속공인중개사는 자격정지처분의 행정처분을 받을 수 있다.) [2008두16698]

국토교통부장관은 중개의뢰인을 보호하기 위하여 거래계약의 표준이 되는 서식을 정하여 그 사용을 권장하고 있다.(×)
→ 관련 규정은 없다.

중개대상물확인·설명서 교부일자는 거래계약서 기재사항에 '해당하지 않는다.'(×)
→ '해당한다.'(○)

공동중개의 경우, 참여한 개업공인중개사 모두 거래계약서에 서명 '또는' 날인하여야 한다.(×)
→ '및'(○)

O · X · 지 · 문 · 학 · 습

01. 거래계약서의 법정 표준서식은 없으며, 거래계약서를 작성하는 때에는 거래금액 등 거래내용을 허위로 기재해서는 아니된다. [O, ×]

02. 국토교통부장관은 개업공인중개사가 작성하는 계약서에 관하여 표준이 되는 서식을 정하여 이의 사용을 권장할 수 있다. [O, ×]

03. 개업공인중개사는 중개대상물의 중개가 완성된 때에는 거래당사자의 인적사항, 물건의 표시, 물건의 인도, 권리이전의 내용, 거래대금과 계약금액 및 그 지급방법, 그 밖의 약정내용을 빠뜨리지 아니하고 확인하여 작성하고 이에 서명·날인하여야 한다. [O, ×]

04. 개업공인중개사는 법인과의 거래계약 시 법인 인감증명서와 법인 정관을 보고 상대방의 처분권한의 유무 등을 확인하여야 한다. [O, ×]

05. 검인계약서에는 당사자, 목적부동산, 계약년월일, 물건의 인도일시, 권리이전의 내용을 반드시 기재되어야 한다. [O, ×]

06. 개업공인중개사는 작성된 거래계약서를 거래당사자에게 교부하고 3년 동안 그 원본을 보존하여야 한다. [O, ×]

07. 개업공인중개사는 중개대상물의 매매계약에 있어 등기부상 소유자와 실제 소유자가 다른 경우 등기부상 소유자와 계약하여야 하며, 계약서에도 그 사실을 기재하여야 한다. [O, ×]

08. 공인중개사협회가 거래계약서 서식을 별도로 정하고자 하는 경우 국토교통부장관의 승인을 얻어야 한다. [O, ×]

정답 및 해설

01. O 02. O 03. O

04. × (법인 인감증명서와 법인 정관 → 법인등기사항증명서)

05. × (물건의 인도일시, 권리이전의 내용은 거래계약서 기재사항이며, 대금 및 그 지급일자등 지급에 관한 사항 또는 평가액 및 그 차액의 정산에 관한 사항이 검인계약서에 기재되어야 한다.)

06. × (3년 → 5년, 원본 → 사본)

07. × (등기부상 소유자 → 실제 소유자)

08. × (해당 법 규정이 없다.)

기·출·문·제·분·석

1. 공인중개사법령상 거래계약서의 작성에 관한 설명으로 틀린 것은 모두 몇 개인가?

- 개업공인중개사는 그 원본을 3년 동안 보존해야 한다.
- 거래당사자가 원할 때에는 매수인의 성명을 공란으로 둘 수 있다.
- 개업공인중개사는 반드시 정해진 서식을 사용해야 한다.
- 개업공인중개사가 거래금액을 거짓으로 기재하면 중개사무소 등록이 취소될 수 있다.

① 0개 ② 1개 ③ 2개
④ 3개 ⑤ 4개

해설

- 1번째 보기 : × (원본 → 사본, 3년 → 5년)
- 2번째 보기 : × (있다 → 없다)
- 3번째 보기 : × (시행령 제22조 제③항)
- 4번째 보기 : ○ (법률 제38조 제②항 제7호)

2. 공인중개사법령상 거래계약서의 작성에 관한 설명으로 틀린 것은?

① 개업공인중개사는 중개대상물에 관하여 중개가 완성된 때에는 거래계약서를 작성하여 거래당사자에게 교부한다.
② 개업공인중개사는 거래계약서에 서명 및 날인해야 한다.
③ 국토교통부장관은 개업공인중개사가 작성하는 거래계약서의 표준이 되는 서식을 정하여 그 사용을 권장할 수 있으나, 공인중개사법령에는 별지서식이 정해져 있지 않다.
④ 물건의 인도일시는 거래계약서에 기재할 사항이다.
⑤ 중개대상물 확인·설명서 교부일자는 거래계약서에 기재할 사항이 아니다.

해설

⑤ 중개대상물 확인·설명서 교부일자는 거래계약서의 필수적 기재사항이다.

3. 공인중개사법령상 거래계약서와 별지 서식을 작성하는 방법에 관한 설명으로 틀린 것은?

① 개업공인중개사는 거래계약서에 서명 및 날인해야 한다.
② 개업공인중개사는 중개대상물 확인·설명서에 서명 및 날인해야 한다.
③ 개업공인중개사는 전속중개계약서에 서명 및 날인해야 한다.
④ 중개대상물 확인·설명서에는 거래당사자가 서명 또는 날인하는 란이 있다.
⑤ 거래당사자는 거래당사자간 직접거래의 경우 부동산 거래계약서에 공동으로 서명 또는 날인(전자인증 방법 포함)하는 것이 원칙이다.

해설

③ 개업공인중개사는 전속중개계약서에 서명 또는 날인하면 된다.

|정답| 1. ④ 2. ⑤ 3. ③

거래신고 등
(부동산 거래신고 등에 관한 법률)

기출 Point

1. 부동산 거래신고의 절차
2. 신고사항
3. 위반 시 제재사항

출제자 의도

부동산 거래신고
- 신고대상을 알고 있는가?
- 신고사항 vs 정정사항 vs 변경사항을 구별할 수 있는가?
- 외국인의 토지 취득에 따른 신고제와 허가제의 내용상 차이점을 구별할 수 있는가?
- 토지거래 허가절차상 내용을 알고 있는가?

공인중개사법령상 중개대상물에 해당하면 모두 부동산 거래신고의 대상이 '된다.' (×)
→ '되는 것은 아니다.' (O)

핵심

- 부동산 거래신고 절차
- 외국인의 국내 토지 취득(행위) 제한(신고 vs 허가 절차)
- 토지거래 허가 절차

1. 요약

★★★
[1] 부동산 거래의 신고

(1) 부동산 거래 신고

① 신고대상 : 토지·건축물·(도시 및 주거환경정비법상, 주택법상)입주자로 선정된 지위의 매매계약 – 부동산 또는 부동산을 취득할 수 있는 권리

② 신고사항 : 실제 거래가격 등 대통령령으로 정하는 사항

③ 신고의무자 : 거래당사자(공동 vs 단독) 또는 개업공인중개사(단독, 대리 : 소속공인중개사)

④ 신고기관 : 부동산 소재지 관할 시장·군수·구청장

⑤ 신고기간 : 거래계약 체결일부터 60일

⑥ 타법 의제 : 검인 의제(부동산등기 특별조치법)

(2) 신고가격 검증 및 보고

① 목적 : 공정하고 투명한 부동산 거래질서 확립

② 검증체계 구축·운영자 : 국토교통부장관

③ 검증자·신고내역 조사권자 : 시장·군수·구청장

④ 검증보고 : 시장·군수·구청장(등록관청) → 특별시장·광역시장·도지사·특별자치도지사(시·도지사) → 국토교통부장관

(3) 신고절차

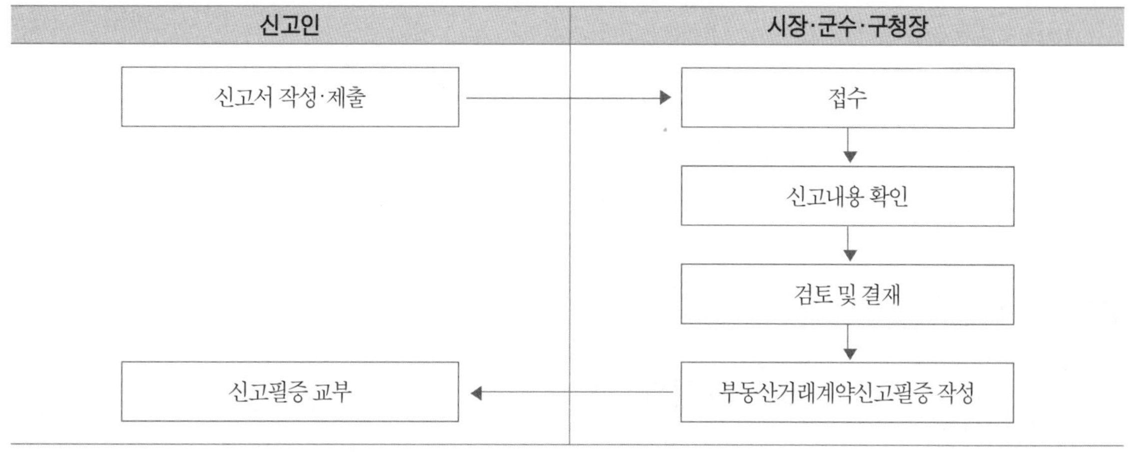

(4) 위반 시 제재사항

위반사항	제재사항
거래대금지급증명자료를 미제출하거나 거짓으로 제출한 자, 그 밖의 필요한 조치 미이행자	3천만 원↓ 과태료 (법 제28조 제1항)
거래 미신고자, 개업공인중개사로 하여금 부동산거래신고를 하지 아니하게 하거나 거짓된 내용을 신고하도록 요구한 자, 공동신고를 거부한 자, 거래대금지급증명자료 외 자료 미제출하거나 거짓으로 제출한 자, 거짓 신고행위를 조장하거나 방조한 자	500만 원↓ 과태료 (법 제28조 제2항)
거래 거짓신고자	부동산 등의 취득가액의 100분의 5↓ 과태료 (법 제28조 제3항)

★★★

[2] 외국인 등의 부동산 등의 취득

(1) 신고 vs 허가

구분	신고		허가
	계약(소유권) 취득 신고	계약 외 취득·계속보유 신고	
기한	계약체결일(잔금지급일×)부터 60일(6월×)이내	취득한 날부터·외국인으로 변경된 날부터 6개월(60일×)이내	계약체결하기 전(후×)
위반 시 제재사항	300만원(500만 원×) 이하의 과태료	100만 원 이하의 과태료	2년(3년×) 이하의 징역 또는 2천만 원 이하의 벌금
관련기관	(토지 소재지)시장·군수·구청장(국장×, 시·도지사×)		

※ 허가·불허가 : 허가신청을 받은날로부터 15일(30일×, 60일×, 6월×) 이내 허가 또는 불허가 처분해야 한다.

외국인이 대한민국에 소재하는 건물에 대한 저당권을 취득하는 경우에는 이 법이 적용될 여지가 '있다.' (×)
→ '없다.' (O)

※ 의제 ┬ 신고의제 : 부동산 거래신고(부동산 거래신고 등에 관한 법률)
　　　 └ 허가의제 : 토지거래 허가(국토법)

(2) 외국인의 토지 취득 시 허가를 요하는 구역·지역

① 군사기지, 군사시설 보호구역
② 지정문화재와 이를 위한 보호물 또는 보호구역
③ 생태·경관보전지역
④ 야생생물 특별보호구역

외국인 등이 상속에 의하여 국내 부동산을 취득한 경우 그 취득한 날로부터 '60일' 이내에 신고하여야 한다.(×)
→ '6개월' (O)

★★★
[3] 토지거래 허가

구 분	토지거래허가제
대상계약	토지의 소유권·지상권 이전·설정 계약
대상지역	토지거래허가구역
신고시점	계약체결 전
신고의무자	거래대상자
신고기관	토지소재지 관할 시장·군수 구청장
위반 시 제재사항	2년 이하의 징역 또는 계약 체결 당시의 개별공시지가에 따른 해당 토지가격의 100분의 30에 해당하는 금액 이하의 벌금
타법 의제	농지취득자격증명 의제(농지법), 검인 의제(부동산등기특별조치법)

허가구역의 지정은 그 지정을 공고한 날부터 '지체 없이' 그 효력이 발생한다.(×)
→ '5일 후에' (O)

(1) 내용

경매의 경우에도 허가구역 내 토지거래에 대한 허가의 규정이 적용 '된다.' (×)
→ '되지 않는다.' (O)

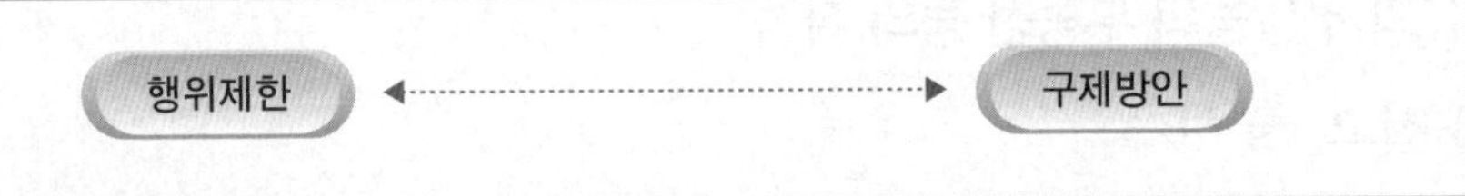

(1) 허가제
　① 허가구역 지정권자 vs 허가권자
　② 허가대상 / 허가기준
(2) 선매제
　[선매자지정권자(허가권자 : 시장·군수·구청장)
　vs 선매자(국가~공공단체), 선매기준]
(3) 이행강제금

(1) 이의신청
(2) 매수청구
　매수청구의 대상자
　(허가권자 : 시장·군수·구청장)
　vs 매수자(국가~공공단체)

(2) 절차

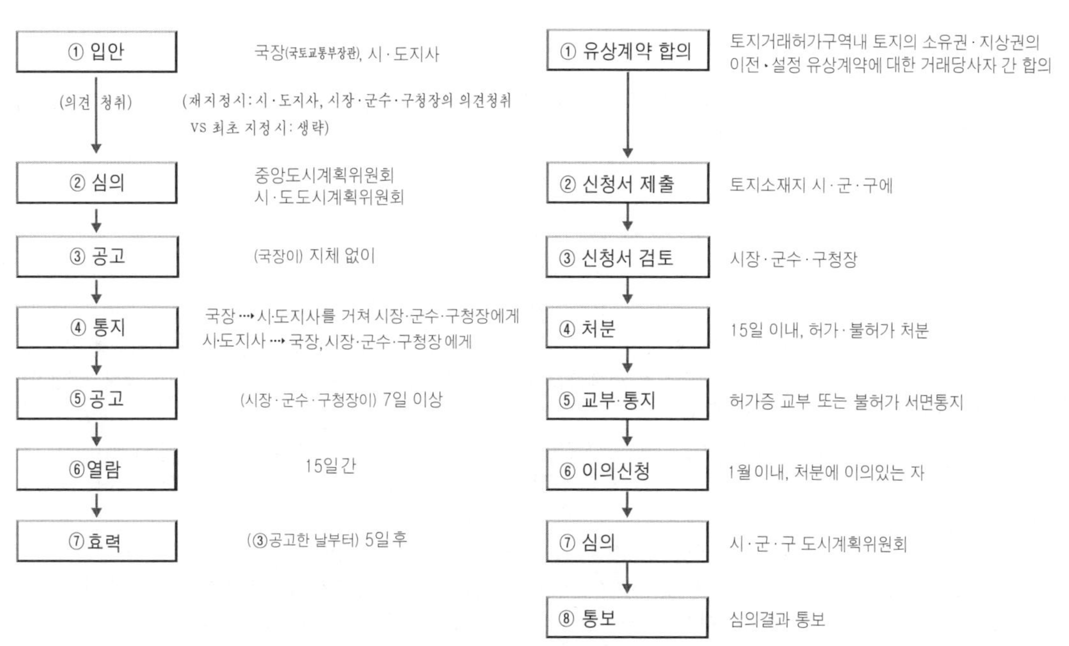

■ 허가 vs 인가

구분	허가	인가	토지거래 '허가'의 성질
내용	• 일반적·상대적 금지행위의 해제 • 자연적 권리의 회복행위 • 무허가 행위 : 유효 • 처벌 : ○ • 예 : 음식점 영업 허가	• 불완전한 법률행위의 보충 • 보충적 행위 • 무인가 행위 : 무효 • 처벌 : × • 예 : 토지거래 허가	• 인가+허가 : 혼합적 행정행위 • 판례 : 인가로 봄

■ ★ 허가 불필요 기준면적

구분		기준면적 (단위 : m² 이하)
도시지역	주거지역	180
	상업지역	200
	공업지역	660
	녹지지역	100
	미지정구역	90
도시지역 외 지역	기타	250
	농지	500
	임야	1,000

자기의 거주용 주택용지로 이용할 목적으로 토지거래계약을 허가받은 자는 대통령령으로 정하는 사유가 있는 경우 외에는 토지 취득일부터 '3년' 간 그 토지를 허가받은 목적대로 이용하여야 한다.(×)
→ '2년' (○)

토지의 이용의무를 이행하지 않아 이행명령을 받은 자가 그 명령을 이행하는 경우에는 새로운 이행강제금의 부과를 즉시 중지하고, 명령을 이행하기 전에 이미 부과된 이행강제금은 징수 '하지 않는다.' (×)
→ '하여야 한다.' (○)

신고관청의 요구에도 거래대금 지급을 증명할 수 있는 자료를 제출하지 아니한 자에게는 해당 부동산에 대한 '500만원' 이하의 과태료 대상이 된다.(×)
→ '3천만원' (○)

■ 허가기준

시장·군수 또는 구청장은 허가신청이 다음 각 호의 어느 하나에 해당하는 경우를 제외하고는 허가하여야 한다.

1. 토지거래계약을 체결하려는 자의 토지이용 목적이 다음 각 목의 어느 하나에 해당되지 아니하는 경우

가. 자기의 거주용 주택용지로 이용하려는 것인 경우

나. 허가구역을 포함한 지역의 주민을 위한 복지시설 또는 편익시설로서 관할 시장·군수 또는 구청장이 확인한 시설의 설치에 이용하려는 것인 경우

다. 허가구역에 거주하는 농업인·임업인·어업인 또는 대통령령으로 정하는 자가 그 허가구역에서 농업·축산업·임업 또는 어업을 경영하기 위하여 필요한 것인 경우

라. 「공익사업을 위한 토지 등의 취득 및 보상에 관한 법률」이나 그 밖의 법률에 따라 토지를 수용하거나 사용할 수 있는 사업을 시행하는 자가 그 사업을 시행하기 위하여 필요한 것인 경우

마. 허가구역을 포함한 지역의 건전한 발전을 위하여 필요하고 관계 법률에 따라 지정된 지역·지구·구역 등의 지정목적에 적합하다고 인정되는 사업을 시행하는 자나 시행하려는 자가 그 사업에 이용하려는 것인 경우

바. 허가구역의 지정 당시 그 구역이 속한 특별시 · 광역시 · 특별자치시 · 시(「제주특별자치도 설치 및 국제자유도시 조성을 위한 특별법」 제10조제2항에 따른 행정시를 포함한다. 이하 이 조에서 같다) · 군 또는 인접한 특별시 · 광역시 · 특별자치시 · 시 · 군에서 사업을 시행하고 있는 자가 그 사업에 이용하려는 것인 경우나 그 자의 사업과 밀접한 관련이 있는 사업을 하는 자가 그 사업에 이용하려는 것인 경우

사. 허가구역이 속한 특별시 · 광역시 · 특별자치시 · 시 또는 군에 거주하고 있는 자의 일상생활과 통상적인 경제활동에 필요한 것 등으로서 대통령령으로 정하는 용도에 이용하려는 것인 경우

2. 토지거래계약을 체결하려는 자의 토지이용 목적이 다음 각 목의 어느 하나에 해당되는 경우

가. 도시·군계획이나 그 밖에 토지의 이용 및 관리에 관한 계획에 맞지 아니한 경우

나. 생태계의 보전과 주민의 건전한 생활환경 보호에 중대한 위해(危害)를 끼칠 우려가 있는 경우

3. 그 면적이 그 토지의 이용목적으로 보아 적합하지 아니하다고 인정되는 경우

■ 토지이용 의무기간

토지이용 의무기간	해당사유	
2년	① 거주용 주택용지 ③ 농업·축산업·임업·어업 영위 목적	② 주민위한 목적 ④ 대체취득
4년	① 사업이용 목적	
5년	① 현상보존 목적	② 기타

2. 3단 비교표

법	시행령	시행규칙
제1장 총칙	**제1장 총칙**	
제1조 목적 이 법은 부동산 거래 등의 신고 및 허가에 관한 사항을 정하여 건전하고 투명한 부동산 거래질서를 확립하고 국민경제에 이바지함을 목적으로 한다.	**제1조 목적** 이 영은 「부동산 거래신고 등에 관한 법률」에서 위임된 사항과 그 시행에 필요한 사항을 규정함을 목적으로 한다.	**제1조 목적** 이 규칙은 「부동산 거래신고 등에 관한 법률」 및 같은 법 시행령에서 위임된 사항과 그 시행에 필요한 사항을 규정함을 목적으로 한다.
제2조 정의 이 법에서 사용하는 용어의 뜻은 다음과 같다. 1. "부동산"이란 토지 또는 건축물을 말한다. 2. "부동산등"이란 부동산 또는 부동산을 취득할 수 있는 권리를 말한다. 3. "거래당사자"란 부동산등의 매수인과 매도인을 말하며, 제4호에 따른 외국인등을 포함한다. 4. "외국인등"이란 다음 각 목의 어느 하나에 해당하는 개인·법인 또는 단체를 말한다. 가. 대한민국의 국적을 보유하고 있지 아니한 개인 나. 외국의 법령에 따라 설립된 법인 또는 단체 다. 사원 또는 구성원의 2분의 1 (3분의 1 ×) 이상이 가목에 해당하는 자인 법인 또는 단체 라. 업무를 집행하는 사원이나 이사 등 임원의 2분의 1 이상이 가목에 해당하는 자인 법인 또는 단체 마. 가목에 해당하는 사람이나 나목에 해당하는 법인 또는 단체가 자본금의 2분의 1 이상이나 의결권의 2분의 1 이상을 가지고 있는 법인 또는 단체 바. 외국 정부 사. 대통령령으로 정하는 국제기구	**제2조 외국인등에 해당하는 국제기구** 「부동산 거래신고 등에 관한 법률」(이하 "법"이라 한다) 제2조제4호사목에서 "대통령령으로 정하는 국제기구"란 다음 각 호의 어느 하나에 해당하는 기구를 말한다. 1. 국제연합과 그 산하기구·전문기구 2. 정부간 기구 3. 준정부간 기구 4. 비정부간 국제기구	

법

제2장 부동산 거래의 신고

제3조 부동산 거래의 신고

① 거래당사자는 다음 각 호의 어느 하나에 해당하는 계약을 체결한 경우 그 실제 거래가격 등 대통령령으로 정하는 사항을 거래계약의 체결일(잔금지급일×)부터 60일(30일×) 이내에그 권리의 대상인 부동산등(권리에 관한 계약의 경우에는 그 권리의 대상인 부동산을 말한다)의 소재지(거래당사자의 주소지×, 부동산중개사무소의 소재지×)를 관할하는 시장(구가 설치되지 아니한 시의 시장 및 특별자치시장과 특별자치도 행정시의 시장을 말한다)·군수 또는 구청장[이하 "신고관청"이라 한다.(시도지사×, 등록관청×)]에게 공동으로 **신고**하여야 한다. 다만, 거래당사자 중 일방이 국가, 지방자치단체, 대통령령으로 정하는 자의 경우(이하 "국가등"이라 한다)에는 국가등이 **신고**를 하여야(할 수×) 한다.

1. 부동산의 매매(교환×, 임대차×, 증여×)계약
2. 「택지개발촉진법」, 「주택법」 등 대통령령으로 정하는 법률에 따른 부동산에 대한 공급계약
3. 다음 각 목의 어느 하나에 해당하는 지위의 매매계약
   가. 제2호에 따른 계약을 통하여 부동산을 공급받는 자로 선정된 지위
   나. 「도시 및 주거환경정비법」 제74조에 따른 관리처분계획의 인가 및 「빈집 및 소규모주택 정비에 관한 특례법」 제29조에 따른 사업시행계획인가로 취득한 입주자로 선정된 지위

② 제1항에도 불구하고 거래당사자 중 일방이 신고를 거부하는 경우에는 국토교통부령(대통령령×)으로 정하는 바에 따라 단독으로 **신고**할 수(하여야×) 있다.

③ 「공인중개사법」 제2조제4호에 따른 개업공인중개사(이하 "개업공인중개사"라 한다)가 같은 법 제26조제1항에 따라 거래계약서를 작성·교부한 경우에는 제1항에도 불구하고 해당 개업공인중개사(소속공인중개사×)가 같은 항에 따른 **신고**를 하여야 한다.

시행령

제2장 부동산 거래의 신고

제3조 부동산 거래의 신고

① 법 제3조제1항 각 호 외의 부분 본문에서 "그 실제 거래가격 등 대통령령으로 정하는 사항"이란 다음 각 호의 사항을 말한다. 다만, 제5호의2 및 제5호의3은 「주택법」 제63조에 따라 지정된 투기과열지구에 소재하는 주택(「주택법」 제2조제1호의 주택을 말한다. 이하 이 조에서 같다)으로서 실제 거래가격이 3억원 이상인 주택의 거래계약을 체결한 경우(거래당사자 중 매수인이 법 제3조제1항 단서에 따른 국가등인 경우는 제외한다)에만 적용한다.

1. 거래당사자의 인적사항
2. 계약 체결일, 중도금 지급일 및 잔금 지급일
3. 거래대상 부동산등(부동산을 취득할 수 있는 권리에 관한 계약의 경우에는 그 권리의 대상인 부동산을 말한다)의 소재지·지번·지목 및 면적(경계×, 좌표×)
4. 거래대상 부동산등의 종류(부동산을 취득할 수 있는 권리에 관한 계약의 경우에는 그 권리의 종류를 말한다)
5. 실제 거래가격

5의2. 거래대상 주택의 취득에 필요한 자금의 조달계획

5의3. 거래대상 주택에 매수자 본인이 입주할지 여부와 입주 예정 시기

6. 계약의 조건이나 기한이 있는 경우에는 그 조건 또는 기한
7. 「공인중개사법」 제2조제4호에 따른 개업공인중개사(이하 "개업공인중개사"라 한다)가 거래계약서를 작성·교부한 경우에는 다음 각 목의 사항
   가. 개업공인중개사의 인적사항
   나. 개업공인중개사가 「공인중개사법」 제9조에 따라 개설등록한 중개사무소의 상호·전화번호 및 소재지

② 법 제3조제1항 각 호 외의 부분 단서에서 "대통령령으로 정하는 자"란 다음 각 호의 기관을 말한다.

1. 「공공기관의 운영에 관한 법률」에 따른 공공기관
2. 「지방공기업법」에 따른 지방직영기업·지방공사 또는 지방공단

시행규칙

제2조 부동산 거래의 신고

① 「부동산 거래신고 등에 관한 법률」(이하 "법"이라 한다) 제3조제1항 각 호의 어느 하나에 해당하는 계약(이하 "부동산 거래계약"이라 한다)을 체결하고 같은 항 본문에 따라 해당 거래계약을 신고하려는 거래당사자는 별지 제1호서식의 **부동산거래계약 신고서**(이하 "부동산거래계약 신고서"라 한다)에 공동으로 서명 또는(및×) 날인하여 법 제3조제1항에 따른 신고관청(이하 "신고관청"이라 한다)에 제출하여야 한다.

② 법 제3조제1항 단서에 따라 단독으로 부동산 거래계약을 신고하려는 국가, 지방자치단체 또는 「부동산 거래신고 등에 관한 법률 시행령」(이하 "영"이라 한다) 제3조제2항 각 호의 기관은 부동산거래계약 신고서에 단독으로 서명 또는 날인하여 신고관청에 제출하여야 한다.

③ 법 제3조제2항에 따라 단독으로 부동산 거래계약을 신고하려는 자는 부동산거래계약 신고서에 단독으로 서명 또는 날인한 후 다음 각 호의 서류를 첨부하여 신고관청에 제출하여야 한다. 이 경우 신고관청은 단독신고 사유에 해당하는지 여부를 확인하여야 한다.

1. 부동산 거래계약서 사본
2. 단독신고사유서

④ 법 제3조제3항에 따라 부동산 거래계약을 신고하려는 개업공인중개사(「공인중개사법」 제2조제4호에 따른 개업공인중개사를 말한다. 이하 같다)는 부동산거래계약 신고서에 서명 또는 날인하여 신고관청에 제출하여야 한다. 이 경우 같은 항 후단에 따라 신고하는 경우에는 해당 개업공인중개사가 공동으로 서명 또는 날인하여야 한다.

법

이 경우 공동으로 중개를 한 경우에는 해당 개업공인중개사가 공동으로 **신고**하여야(할 수×) 한다.

④ 제1항부터 제3항까지에 따라 신고를 받은 신고관청은 그 신고 내용을 확인한 후 신고인에게 신고필증을 지체 없이(7일 이내×) **발급**하여야 한다.

⑤ 부동산등의 매수인은 신고인이 제4항에 따른 신고필증을 발급받은 때에 「부동산등기 특별조치법」 제3조제1항에 따른 **검인**을 받은 것으로 본다.

⑥ 제1항부터 제5항까지에 따른 신고의 절차와 그 밖에 필요한 사항은 국토교통부령으로 정한다.

시행령

③ 법 제3조제1항 제2호에서 "「택지개발촉진법」, 「주택법」 등 대통령령으로 정하는 법률"이란 다음 각 호의 법률을 말한다.

1. 「건축물의 분양에 관한 법률」
2. 「공공주택 특별법」
3. 「도시개발법」
4. 「도시 및 주거환경정비법」
5. 「산업입지 및 개발에 관한 법률」
6. 「주택법」
7. 「택지개발촉진법」

④ 법 제3조제1항에 따른 신고관청(이하 "신고관청"이라 한다)은 같은 조에 따라 외국인등이 부동산등의 취득을 신고한 내용을 매 분기 종료일부터 1개월 이내에 특별시장·광역시장·도지사 또는 특별자치도지사에게 제출(「전자서명법」 제2조제1호에 따른 전자문서에 의한 제출을 포함한다)하여야 한다. 다만, 특별자치시장은 직접 국토교통부장관에게 제출하여야 한다.

시행규칙

⑤ 영 제3조제1항 각 호 외의 부분 단서에 따라 같은 항 제5호의2 및 제5호의3을 신고하여야 하는 경우에는 제1항부터 제4항까지의 규정에 따라 신고서를 제출할 때 매수인이 단독으로 서명 또는 날인한 별지 제1호의2서식의 주택취득자금 조달 및 입주계획서(이하 "자금조달 · 입주계획서"라 한다)를 신고관청에 함께 제출하여야 한다.

⑥ 제5항에도 불구하고 매수인이 자금조달 · 입주계획서를 부동산거래계약 신고서와 분리하여 제출하기를 희망하는 경우 매수인은 자금조달 · 입주계획서를 별도로 제출할 수 있다.

⑦ 제1항부터 제4항까지의 규정에 따라 부동산거래계약을 신고하려는 자 중 매수인 외의 자가 자금조달 · 입주계획서를 제출하는 경우 매수인은 부동산거래계약을 신고하려는 자에게 거래계약의 체결일부터 50일(60일×) 이내에 자금조달 · 입주계획서를 제공하여야 하며, 이 기간 내에 제공하지 아니한 경우에는 매수인이 별도로 자금조달 · 입주계획서를 제출하여야 한다.

⑧ 제1항부터 제7항까지의 규정에 따라 신고를 하려는 사람은 주민등록증, 운전면허증, 여권 등 본인의 신분을 증명할 수 있는 증명서(이하 "신분증명서"라 한다)를 신고관청에 보여주어야 한다.

⑨ 법 제3조제4항에 따라 신고관청은 부동산거래계약 신고서(제5항부터 제7항까지의 규정에 따라 자금조달 · 입주계획서를 제출하여야 하는 경우에는 자금조달 · 입주계획서를 포함한다. 이하 같다)가 제출된 때 별지 제2호서식의 신고필증을 발급한다.

⑩ 법 제25조에 따라 구축된 부동산 거래계약 관련 정보시스템(이하 "**부동산거래계약시스템**"이라 한다)을 통하여 부동산 거래계약을 체결한 경우에는 부동산 거래계약이 체결된 때에 제1항, 제2항 또는 제4항(제3항×)의 부동산거래계약 신고서를 제출한 것으로 본다.(추정한다×)

제3조 부동산거래계약 신고서 등의 제출 대행

① 제2조제1항 및 제2항(제3항×)의 거래당사자 또는 같은 조 제6항 및 제7항의 매수인의 위임을 받은 사람은 부동산거래계약 신고서의 제출을 **대행**할 수 있다. 이 경우 부동산거래계약 신고서의 제출을 대행하는 사람은 신분증명서를 신고관청에 보여주고, 다음 각 호의 서류를 함께 제출하여야 한다.

1. 신고서의 제출을 위임한 거래당사자의 자필서명(및 날인×)(법인의 경우에는 법인인감을 말한다. 이하 같다)이 있는 위임장
2. 신고서의 제출을 위임한 거래당사자의 신분증명서 사본

② 제2조제4항의 개업공인중개사의 위임을 받은 소속공인중개사(중개보조원×)(「공인중개사법」 제2조제5호에 따른 소속공인중개사를 말한다. 이하 같다)는 부동산거래계약 신고서의 제출을 **대행**할 수 있다. 이 경우 소속공인중개사는 신분증명서(위임장×)를 신고관청에 보여주어야 한다.

제4조 부동산등에 관한 거래계약의 해제 등의 신고

① 제2조제1항부터 제4항까지의 규정에 따라 부동산거래계약 신고서를 제출한 후 해당 부동산 거래계약이 무효, 취소 또는 해제(이하 "해제등"이라 한다)된 경우 거래당사자 또는 개업공인중개사는 별지 제3호서식의 부동산거래계약 해제등 신고서에 서명 또는 날인하여 신고관청에 제출할 수(하여야×) 있다.

② 제1항에 따른 신고를 받은 신고관청은 그 내용을 확인한 후 별지 제4호서식의 부동산거래계약 해제등 확인서를 신고인에게 지체 없이(7일 이내×) 발급하여야(할 수×) 한다.

③ 부동산거래계약시스템을 통하여 부동산 거래계약 해제등을 한 경우에는 부동산 거래계약 해제등이 이루어진 때에 제1항의 부동산거래계약 해제등 신고서를 제출한 것으로 본다.

법	시행령	시행규칙
제4조 금지행위 누구든지 제3조에 따른 신고에 관하여 다음 각 호의 어느 하나에 해당하는 행위를 하여서는 아니 된다. 1. 개업공인중개사에게 제3조에 따른 신고를 하지 아니하게 하거나 거짓으로 신고하도록 요구하는 행위 2. 제3조에 따른 신고 의무자가 아닌 자가 거짓으로 같은 조에 따른 신고를 하는 행위 3. 거짓으로 제3조에 따른 신고를 하는 행위를 조장하거나 방조하는 행위	⑤ 제4항 본문에 따라 신고내용을 제출받은 특별시장·광역시장·도지사 또는 특별자치도지사는 제출받은 날부터 1개월 이내에 그 내용을 국토교통부장관에게 제출하여야 한다.	**제5조 부동산 거래계약 신고 내용의 정정 및 변경** ① 거래당사자 또는 개업공인중개사는 부동산 거래계약 신고 내용 중 다음 각 호의 어느 하나에 해당하는 사항이 잘못 기재된 경우에는 신고관청에 신고 내용의 **정정**을 신청할 수(하여야×) 있다. 1. 거래당사자의 주소 · 전화번호(주민등록번호×) 또는(및×) 휴대전화번호 2. 거래 지분 비율 3. 개업공인중개사의 전화번호 · 상호 또는 사무소 소재지 4. 거래대상 건축물의 종류 5. 거래대상 부동산등(부동산을 취득할 수 있는 권리에 관한 계약의 경우에는 그 권리의 대상인 부동산을 말한다. 이하 같다)의 지목, 면적, 거래 지분 및 대지권 비율(소재지×, 지번×) ② 제1항에 따른 정정신청을 하려는 거래당사자 또는 개업공인중개사는 법 제3조제4항에 따라 발급받은 신고필증에 정정사항을 표시하고 해당 정정 부분에 서명 또는 날인을 하여 신고관청에 제출하여야 한다. 다만, 제1항제1호의 사항을 정정하는 경우에는 해당 거래당사자 일방이 단독으로 서명 또는 날인하여 정정을 신청할 수 있다. ③ 거래당사자 또는 개업공인중개사는 부동산 거래계약 신고 내용 중 다음 각 호의 어느 하나에 해당하는 사항이 변경된 경우에는 「부동산등기법」에 따른 부동산에 관한 등기신청 전(후×)에 신고관청(등기소×)에 신고 내용의 **변경**을 신고할 수 있다. 1. 거래 지분 비율 2. 거래 지분 3. 거래대상 부동산등의 면적 4. 계약의 조건 또는 기한 5. 거래가격 6. 중도금 · 잔금 및 지급일 7. 공동매수의 경우 일부 매수인의 변경(매수인 중 일부가 제외되는 경우만 해당한다) 8. 거래대상 부동산등이 다수인 경우 일부 부동산등의 변경[거래대상 부동산등 중 일부가 제외(추가×, 교체×)되는 경우만 해당한다)] ④ 제3항에 따른 변경신고를 하는 거래당사자 또는 개업공인중개사는 별지 제5호서식의 부동산거래계약 변경 신고서에 서명 또는 날인하여 신고관청에 제출하여야 한다. 다만, 부동산등의 면적 변경이 없는 상태에서 거래가격이 변경된 경우에는 거래계약서 사본 등 그 사실을 증명할 수 있는 서류를 첨부하여야 한다. ⑤ 제2항에 따른 정정신청 또는 제4항에 따른 변경신고를 받은 신고관청은 정정사항 또는 변경사항을 확인한 후 지체 없이 해당 내용을 정정 또는 변경하고, 정정사항 또는 변경사항을 반영한 신고필증을 재발급하여야 한다.

법

제5조 신고 내용의 검증

① 국토교통부장관(시·도지사×, 시장·군수·구청장×, 신고관청×)은 제3조에 따라 신고받은 내용, 「부동산 가격공시 및 감정평가에 관한 법률」에 따라 공시된 토지 및 주택의 가액, 그 밖의 부동산 가격정보를 활용하여 부동산거래가격 검증체계를 **구축·운영**하여야(할 수×) 한다.

② 신고관청은 제3조에 따른 신고를 받은 경우 제1항에 따른 부동산거래가격 검증체계를 활용하여 그 적정성을 **검증**하여야 한다.

③ 신고관청은 제2항에 따른 검증 결과를 해당 부동산의 소재지를 관할하는 세무관서의 장에게 **통보**하여야 하며, 통보받은 세무관서의 장은 해당 신고 내용을 국세 또는 지방세 부과를 위한 과세자료로 활용할 수(하여야×) 있다.

④ 제1항부터 제3항까지에 따른 검증의 절차, 검증체계의 구축·운영, 그 밖에 필요한 세부 사항은 국토교통부장관(대통령×, 시·도지사×, 시장·군수·구청장×, 신고관청×)이 정한다.

제6조 신고 내용의 조사 등

① 신고관청은 제5조에 따른 검증 등의 결과 제3조에 따라 신고받은 내용이 누락되어 있거나 정확하지 아니하다고 판단하는 경우에는 국토교통부령으로 정하는 바에 따라 신고인에게 신고 내용을 보완하게 하거나 신고한 내용의 사실 여부를 확인하기 위하여 소속공무원으로 하여금 거래당사자 또는 개업공인중개사에게 거래계약서, 거래대금 지급을 증명할 수 있는 자료 등 관련 자료의 제출을 요구하는 등 필요한 조치를 취할 수(하여야×) 있다.

② 제1항에 따라 신고 내용을 조사한 경우 신고관청은 조사 결과를 특별시장, 광역시장, 특별자치시장, 도지사, 특별자치도지사[이하 "시 · 도지사"(국토교통부장관×)라 한다]에게 보고하여야 하며, 시·도지사는 이를 국토교통부령으로 정하는 바에 따라 국토교통부장관에게 보고하여야 한다.

시행령

제4조 부동산거래가격 검증체계의 구축·운영

국토교통부장관은 법 제5조제1항에 따른 부동산거래가격 검증체계(이하 "검증체계"라 한다)의 구축 · 운영을 위하여 다음 각 호의 사항에 관한 자료를 제출할 것을 신고관청에 요구할 수 있다.

1. 법 제5조제2항에 따른 신고가격의 적정성 검증결과
2. 법 제6조에 따른 신고내용의 조사결과
3. 그 밖에 검증체계의 구축·운영을 위하여 필요한 사항

시행규칙

제6조 신고 내용의 조사 등

① 신고관청은 법 제6조제1항에 따라 신고 내용을 조사하기 위하여 거래당사자 또는 개업공인중개사에게 다음 각 호의 자료를 제출하도록 요구할 수 있다.

1. 거래계약서 사본
2. 거래대금의 지급을 확인할 수 있는 입금표 또는 통장 사본
3. 매수인이 거래대금의 지급을 위하여 다음 각 목의 행위를 하였음을 증명할 수 있는 자료
   가. 대출
   나. 정기예금 등의 만기수령 또는 해약
   다. 주식 · 채권 등의 처분
4. 매도인이 매수인으로부터 받은 거래대금을 예금 외의 다른 용도로 지출한 경우 이를 증명할 수 있는 자료
5. 그 밖에 신고 내용의 사실 여부를 확인하기 위하여 필요한 자료

② 제1항에 따른 자료제출 요구는 요구사유, 자료의 범위와 내용, 제출기한 등을 명시한 서면으로 하여야 한다.

③ 제1항 및 제2항에서 규정한 사항 외에 신고 내용의 조사에 필요한 세부사항은 국토교통부장관(신고관청×)이 정한다.

④ 특별시장, 광역시장, 특별자치시장, 도지사 또는 특별자치도지사는 법 제6조제2항에 따라 신고관청이 보고한 내용을 취합하여 매월 1회 국토교통부장관에게 보고[「전자서명법」 제2조제1호에 따른 전자문서(이하 "전자문서"라 한다)에 의한 보고 또는 법 제25조에 따른 부동산정보체계에 입력하는 것을 포함한다]하여야 한다.

법	시행령	시행규칙
제3장 외국인등의 부동산 취득 등에 관한 특례 **제7조 상호주의** 국토교통부장관은 대한민국국민, 대한민국의 법령에 따라 설립된 법인 또는 단체나 대한민국정부에 대하여 자국(自國) 안의 토지의 취득 또는 양도를 금지하거나 제한하는 국가의 개인·법인·단체 또는 정부에 대하여 대통령령으로 정하는 바에 따라 대한민국 안의 토지의 취득 또는 양도를 금지하거나 제한할 수 있다. 다만, 헌법과 법률에 따라 체결된 조약의 이행에 필요한 경우에는 그러하지 아니하다.	**제3장 외국인등의 부동산 취득 등에 관한 특례**	
제8조 외국인등의 부동산 취득·보유 신고 ① 외국인등이 대한민국 안의 부동산등(부동산 또는 부동산을 취득할 수 있는 권리)을 취득하는 계약[제3조제1항 각 호에 따른 계약은 제외(포함×)한다]을 체결하였을 때에는 계약체결일(잔금지급일×)부터 60일(30일×) 이내에 대통령령(국토교통부령×)으로 정하는 바에 따라 신고관청에 **신고**하여야(할 수×)한다. ② 외국인등이 상속·경매, 그 밖에 대통령령으로 정하는 계약 외의 원인으로 대한민국 안의 부동산등을 취득한 때에는 부동산등을 취득한 날(상속 : 피상속인 사망일, 경매 : 매각대금납부일)부터 6개월(60일×) 이내에 대통령령으로 정하는 바에 따라 신고관청에 **신고**하여야 한다. ③ 대한민국 안의 부동산등을 가지고 있는 대한민국국민이나 대한민국의 법령에 따라 설립된 법인 또는 단체가 외국인등으로 변경된 경우 그 외국인등이 해당 부동산등을 계속보유하려는 경우에는 외국인등으로 변경된 날부터 6개월(60일×) 이내에 대통령령으로 정하는 바에 따라 신고관청에 **신고**하여야 한다.	**제5조 외국인등의 부동산 취득 신고 등** ① 법 제8조에 따라 부동산등의 취득 또는 계속보유에 관한 신고를 하려는 외국인등은 신고서에 국토교통부령으로 정하는 서류를 첨부하여 신고관청에 제출하여야 한다. ② 법 제8조제2항에서 "대통령령으로 정하는 계약 외의 원인"이란 다음 각 호의 어느 하나에 해당하는 사유를 말한다. 1. 「공익사업을 위한 토지 등의 취득 및 보상에 관한 법률」 및 그 밖의 법률에 따른 환매권의 행사 2. 법원의 확정판결 3. 법인의 합병 ③ 신고관청은 법 제8조에 따른 신고내용을 매 분기 종료일부터 1개월 이내에 특별시장·광역시장·도지사 또는 특별자치도지사에게 제출[「전자서명법」 제2조제1호에 따른 전자문서에 의한 제출을 포함(제외×)한다]하여야 한다. 다만, 특별자치시장은 직접 국토교통부장관에게 제출하여야 한다. ④ 제3항 본문에 따라 신고내용을 제출받은 특별시장·광역시장·도지사 또는 특별자치도지사는 제출받은 날부터 1개월(6개월×) 이내에 그 내용을 국토교통부장관에게 제출하여야 한다.	**제7조 외국인등의 부동산 취득 신고 등** ① 법 제8조에 따른 부동산등 취득 · 계속보유 신고 또는 법 제9조에 따른 토지 취득 허가 신청을 하려는 외국인등은 별지 제6호서식의 **외국인 부동산등 취득·계속보유 신고서 또는 외국인 토지 취득 허가신청서**에 서명 또는(및×) 날인한 후 다음 각 호의 구분에 따른 서류를 첨부하여 신고관청에 제출하여야 한다. 1. 부동산등 취득 신고를 하는 경우 : 취득 원인에 따른 다음 각 목의 서류 가. 증여의 경우 : 증여계약서 나. 상속의 경우 : 상속인임을 증명할 수 있는 서류 다. 경매의 경우 : 경락결정서 라. 환매권 행사의 경우 : 환매임을 증명할 수 있는 서류 마. 법원의 확정판결의 경우 : 확정판결문 바. 법인의 합병의 경우 : 합병사실을 증명할 수 있는 서류 2. 부동산등 계속보유 신고를 하는 경우 : 대한민국국민이나 대한민국의 법령에 따라 설립된 법인 또는 단체가 외국인등으로 변경되었음을 증명할 수 있는 서류 3. 토지 취득 허가를 신청하는 경우 : 토지 거래계약 당사자 간의 합의서 ② 제1항에 따른 신고 또는 신청을 받은 신고관청은 「전자정부법」 제36조제1항에 따라 행정정보의 공동이용을 통하여 토지등기사항증명서 및 건물등기사항증명서를 확인하여야 한다.

법	시행령	시행규칙

법

제9조 외국인등의 토지거래 허가

① 제3조 및 제8조에도 불구하고 외국인등이 취득하려는 토지가 다음 각 호의 어느 하나에 해당하는 구역·지역 등에 있으면 토지를 취득하는 계약(이하 "토지취득계약"이라 한다)을 체결하기 전에 대통령령으로 정하는 바에 따라 신고관청으로부터 토지취득의 **허가**를 받아야 한다.(원칙) 다만, 제11조에 따라 토지거래계약에 관한 허가를 받은 경우에는 그러하지 아니하다.(예외)

1. 「군사기지 및 군사시설 보호법」 제2조제6호에 따른 군사기지 및 군사시설 보호구역, 그 밖에 국방목적을 위하여 외국인등의 토지취득을 특별히 제한할 필요가 있는 지역으로서 대통령령으로 정하는 지역
2. 「문화재보호법」 제2조제2항에 따른 지정문화재와 이를 위한 보호물 또는 보호구역
3. 「자연환경보전법」 제2조제12호에 따른 생태·경관보전지역
4. 「야생생물 보호 및 관리에 관한 법률」 제27조에 따른 야생생물 특별보호구역

② 신고관청은 관계 행정기관의 장과 협의를 거쳐 외국인등이 제1항 각 호의 어느 하나에 해당하는 구역·지역 등의 토지를 취득하는 것이 해당 구역·지역 등의 지정목적 달성에 지장을 주지 아니한다고 인정하는 경우에는 제1항에 따른 허가를 하여야(할 수×) 한다.

③ 제1항을 위반하여 체결한 토지취득계약은 그 효력이 발생하지 아니한다.

시행령

제6조 외국인등의 토지거래 허가

① 법 제9조제1항에 따라 토지취득의 허가를 받으려는 외국인등은 신청서에 국토교통부령(대통령령×)으로 정하는 서류를 첨부하여 신고관청에 제출하여야 한다.

② 법 제9조제1항제1호에서 "대통령령으로 정하는 지역"이란 국방목적상 필요한 섬 지역으로서 국토교통부장관이 국방부장관 등 관계 중앙행정기관의 장과 협의하여 고시하는 지역을 말한다.

③ 제1항에 따른 신청서를 받은 신고관청은 신청서를 받은 날부터 15일(지체없이×, 30일×, 60일×, 6개월×) 이내에 허가 또는 불허가 처분을 하여야 한다.

④ 신고관청은 법 제9조에 따른 허가내용을 매 분기 종료일부터 1개월 이내에 특별시장·광역시장·도지사 또는 특별자치도지사에게 제출(「전자서명법」 제2조제1호에 따른 전자문서에 의한 제출을 포함한다)하여야 한다. 다만, 특별자치시장은 직접 국토교통부장관에게 제출하여야 한다.

⑤ 제4항 본문에 따라 허가내용을 제출받은 특별시장·광역시장·도지사 또는 특별자치도지사는 제출받은 날부터 1개월 이내에 그 내용을 국토교통부장관에게 제출하여야 한다.

시행규칙

③ 제1항에 따른 신고 또는 신청을 받은 신고관청은 제출된 첨부서류를 확인한 후 별지 제7호서식의 외국인 부동산등 취득 · 계속보유 신고확인증 또는 외국인 토지 취득 허가증을 발급하여야 한다.

④ 제1항의 외국인등의 위임을 받은 사람은 외국인 부동산등 취득 · 계속보유 신고서 또는 외국인 토지 취득 허가신청서의 작성 및 제출을 대행할 수 있다. 이 경우 다음 각 호의 서류를 함께 제출하여야 한다.

1. 신고서 또는 신청서 제출을 위임한 외국인등의 서명 또는 날인이 있는 위임장
2. 신고서 또는 신청서 제출을 위임한 외국인등의 신분증명서 사본

⑤ 제1항에 따른 신고·신청을 하려는 사람 또는 제4항에 따라 신고·신청을 대행하려는 사람은 본인의 신분증명서를 신고관청에 보여주어야 한다.

법	시행령	시행규칙

법

제4장 토지거래허가구역 등

제10조 토지거래허가구역의 지정

① 국토교통부장관 또는 시·도지사(시장·군수·구청장×)는 국토의 이용 및 관리에 관한 계획의 원활한 수립과 집행, 합리적인 토지 이용 등을 위하여 토지의 투기적인 거래가 성행하거나 지가(地價)가 급격히 상승하는 지역과 그러한 우려가 있는 지역으로서 대통령령으로 정하는 지역에 대해서는 다음 각 호의 구분에 따라 5년(10년×, 3년 ○) 이내의 기간을 정하여 제11조제1항에 따른 토지거래계약에 관한 허가구역(이하 "허가구역"이라 한다)으로 **지정**할 수(하여야×) 있다.

1. 허가구역이 둘 이상의 시·도의 관할구역에 걸쳐 있는 경우 : 국토교통부장관(시·도지사×)이 지정
2. 허가구역이 동일한 시·도 안의 일부지역인 경우 : 시·도지사가 지정.(원칙) 다만, 국가가 시행하는 개발사업 등에 따라 투기적인 거래가 성행하거나 지가가 급격히 상승하는 지역과 그러한 우려가 있는 지역 등 대통령령으로 정하는 경우에는 국토교통부장관이 지정할 수 있다.(예외)

② 국토교통부장관 또는 시·도지사는 제1항에 따라 허가구역을 지정하려면 「국토의 계획 및 이용에 관한 법률」 제106조에 따른 중앙도시계획위원회(이하 "중앙도시계획위원회"라 한다) 또는 같은 법 제113조제1항에 따른 시·도도시계획위원회(이하 "시·도도시계획위원회"라 한다)의 **심의**를 거쳐야 한다. 다만, 지정기간이 끝나는 허가구역을 계속하여 다시 허가구역으로 지정하려면 중앙도시계획위원회 또는 시·도도시계획위원회의 심의 전에 미리 시·도지사(국토교통부장관이 허가구역을 지정하는 경우만 해당한다) 및 시장·군수 또는 구청장의 의견을 들어야 한다.

③ 국토교통부장관 또는 시·도지사는 제1항에 따라 허가구역으로 지정한(할×) 때에는 지체 없이(5일 이내×) 대통령령으로 정하는 사항을 **공고**하고, 그 공고 내용을 국토교통부장관은 시·도지사를 거쳐 시장·군수 또는 구청장에게 **통지**하고, 시·도지사는 국토교통부장관, 시장·군수 또는 구청장에게 통지하여야 한다.

④ 제3항에 따라 통지를 받은 시장·군수 또는 구청장은 지체 없이 그 공고 내용을 그 허가구역을 관할하는 등기소의 장에게 **통지**하여야 하며, 지체 없이 그 사실을 7일 이상(7일간×) **공고**하고, 그 공고 내용을 15일간(15일 이상×) 일반이 **열람**할 수 있도록 하여야 한다.

⑤ 허가구역의 지정은 제3항에 따라 허가구역의 지정을 공고한 날(지정한 날×)부터 5일(3일×) 후에 그 **효력**이 발생한다.

⑥ 국토교통부장관 또는 시·도지사는 허가구역의 지정 사유가 없어졌다고 인정되거나 관계 시·도지사, 시장·군수 또는 구청장으로부터 받은 허가구역의 지정 해제 또는 축소 요청이 이유 있다고 인정되면 지체 없이 허가구역의 지정을 **해제**하거나 지정된 허가구역의 일부를 **축소**하여야(할 수×) 한다.

시행령

제4장 토지거래허가구역 등

제7조 허가구역의 지정

① 법 제10조제1항 각 호 외의 부분에서 "대통령령으로 정하는 지역"이란 다음 각 호의 어느 하나에 해당하는 지역을 말한다.

1. 「국토의 계획 및 이용에 관한 법률」에 따른 광역도시계획, 도시·군기본계획, 도시·군관리계획 등 토지이용계획이 새로 수립되거나 변경되는 지역
2. 법령의 제정·개정 또는 폐지나 그에 따른 고시·공고로 인하여 토지이용에 대한 행위제한이 완화(강화×)되거나 해제되는 지역
3. 법령에 따른 개발사업이 진행 중이거나 예정되어 있는 지역과 그 인근지역
4. 그 밖에 국토교통부장관 또는 특별시장·광역시장·특별자치시장·도지사·특별자치도지사(이하 "시·도지사"라 한다)가 투기우려가 있다고 인정하는 지역 또는 관계 행정기관의 장이 특별히 투기가 성행할 우려가 있다고 인정하여 국토교통부장관 또는 시·도지사에게 요청하는 지역

② 법 제10조제1항제2호 단서에서 "투기적인 거래가 성행하거나 지가가 급격히 상승하는 지역과 그러한 우려가 있는 지역 등 대통령령으로 정하는 경우"란 다음 각 호의 요건을 모두 충족하는 경우를 말한다.

1. 국가 또는 「공공기관의 운영에 관한 법률」에 따른 공공기관이 관련 법령에 따른 개발사업을 시행하는 경우일 것
2. 해당 지역의 지가변동률 등이 인근지역 또는 전국 평균에 비하여 급격히 상승하거나 상승할 우려가 있는 경우일 것

③ 법 제10조제3항에서 "대통령령으로 정하는 사항"이란 다음 각 호의 사항을 말한다.

1. 법 제10조제1항에 따른 토지거래계약에 관한 허가구역(이하 "허가구역"이라 한다)의 지정기간
2. 허가구역 내 토지의 소재지·지번·지목·면적 및 용도지역(「국토의 계획 및 이용에 관한 법률」 제36조에 따른 용도지역을 말한다. 이하 같다)
3. 허가구역에 대한 축척 5만분의 1 또는 2만5천분의 1(500분의 1×)의 지형도(지적도×)
4. 제9조제1항에 따른 허가 면제 대상 토지면적

시행규칙

제8조 토지거래허가구역의 공고

법 제10조제3항에 따른 공고는 별지 제8호 서식에 따른다.

법	시행령	시행규칙
⑦ 제6항에 따른 해제 또는 축소의 경우에는 제2항 본문, 제3항 및 제4항을 준용한다.		
제11조 허가구역 내 토지거래에 대한 허가 ① 허가구역에 있는 토지에 관한 소유권·지상권[소유권·지상권의 취득을 목적으로 하는 권리를 포함(제외×)한다]을 이전하거나 설정(대가를 받고 이전하거나 설정하는 경우만 해당한다)하는 계약[예약을 포함(제외×)한다. 이하 "토지거래계약"이라 한다]을 체결하려는 당사자는 공동(단독×)으로 대통령령으로 정하는 바에 따라 시장·군수 또는 구청장의 **허가**를 받아야 한다. 허가받은 사항을 변경하려는 경우에도 또한 같다. ② 경제 및 지가의 동향과 거래단위면적 등을 종합적으로 고려하여 대통령령으로 정하는 용도별 면적 이하의 토지에 대한 토지거래계약에 관하여는 제1항에 따른 허가가 필요하지 아니하다. ③ 제1항에 따른 허가를 받으려는 자는 그 **허가신청서**에 계약내용과 그 토지의 이용계획, 취득자금 조달계획 등을 적어 시장·군수 또는 구청장에게 제출하여야 한다. 이 경우 토지이용계획, 취득자금 조달계획 등에 포함되어야 할 사항은 국토교통부령으로 정한다. 다만, 시장·군수 또는 구청장에게 제출한 취득자금 조달계획이 변경된 경우에는 취득토지에 대한 등기일까지 시장·군수 또는 구청장에게 그 변경 사항을 제출할 수 있다.	**제8조 토지거래계약의 허가절차** ① 법 제11조제1항 전단에 따른 토지거래계약(이하 "토지거래계약"이라 한다)의 허가를 받으려는 자는 공동으로 다음 각 호의 사항을 기재한 신청서에 국토교통부령으로 정하는 **서류**를 **첨부**하여 허가관청(법 제11조제1항에 따른 허가권자를 말한다. 이하 같다)에 제출하여야 한다. 1. 당사자의 성명 및 주소(법인인 경우에는 법인의 명칭 및 소재지와 대표자의 성명 및 주소) 2. 토지의 지번·지목·면적·이용현황 및 권리설정현황 3. 토지의 정착물인 건축물·공작물 및 입목 등에 관한 사항 4. 이전 또는 설정하려는 권리의 종류 5. 계약예정금액(계약금액×) 6. 토지의 이용에 관한 계획 7. 토지를 취득(토지에 관한 소유권·지상권 또는 소유권·지상권의 취득을 목적으로 하는 권리를 이전하거나 설정하는 것을 말한다. 이하 같다)하는 데 필요한 자금조달계획 ② 법 제11조제1항 후단에 따른 토지거래계약 변경허가를 받으려는 자는 공동으로 다음 각 호의 사항을 기재한 신청서에 국토교통부령으로 정하는 서류를 첨부하여 허가관청에 제출하여야 한다. 1. 제1항제1호부터 제3호까지의 사항 2. 토지거래계약 허가번호 3. 변경내용 4. 변경사유 ③ 제1항 또는 제2항에 따른 신청서를 받은 허가관청은 지체 없이 필요한 조사를 하고 신청서를 받은 날부터 15일 이내에 허가·변경허가 또는 불허가 처분을 하여야 한다. **제9조 토지거래계약허가 면제 대상 토지면적 등** ① 법 제11조제2항에서 "대통령령으로 정하는 용도별 면적"이란 다음 각 호의 구분에 따른 면적을 말한다. 다만, 국토교통부장관 또는 시·도지사가 허가구역을 지정할 당시 해당 지역에서의 거래실태 등을 고려하여 다음 각 호의 면적으로 하는 것이 타당하지 아니하다고 인정하여 해당 기준면적의 10퍼센트(5퍼센트×) 이상 300퍼센트(500퍼센트×) 이하의 범위에서 따로 정하여 공고한 경우에는 그에 따른다.	**제9조 토지거래계약 허가신청** ① 영 제8조제1항 각 호 외의 부분에 따른 신청서는 별지 제9호서식과 같다. ② 영 제8조제1항 각 호 외의 부분에서 "국토교통부령으로 정하는 서류"란 다음 각 호의 서류를 말한다. 1. 제11조제1항 각 호의 사항이 기재된 토지이용계획서(「농지법」 제8조에 따라 농지취득자격증명을 발급받아야 하는 농지의 경우에는 같은 조 제2항에 따른 농업경영계획서를 말한다) 2. 별지 제10호서식의 토지취득자금조달계획서 ③ 영 제8조제2항 각 호 외의 부분에 따른 신청서는 별지 제11호 서식과 같다. ④ 영 제8조제2항 각 호 외의 부분에서 "국토교통부령으로 정하는 서류"란 별지 제10호서식을 말한다. ⑤ 영 제8조제2항에 따른 토지거래계약 변경허가를 신청하는 경우 제4항에 따른 서류는 계약예정금액을 변경하려는 경우에만 첨부한다. ⑥ 영 제8조제1항 및 제2항에 따른 신청을 받은 허가관청(법 제11조제1항에 따른 허가권자를 말한다. 이하 같다)은 「전자정부법」 제36조제1항에 따른 행정정보의 공동이용을 통하여 토지등기사항증명서를 확인하여야 한다. **제10조 토지현황사진의 보관** 허가관청은 영 제8조제3항에 따라 토지거래계약에 관하여 필요한 조사를 하는 경우에는 허가를 신청한 토지에 대한 현황을 파악할 수 있는 사진을 촬영·보관하여야(할수×) 한다.

법	시행령	시행규칙
④ 시장·군수 또는 구청장은 제3항에 따른 허가신청서를 받으면 「민원 처리에 관한 법률」에 따른 처리기간에 허가 또는 불허가의 처분을 하고, 그 신청인에게 허가증을 발급하거나 불허가처분 사유를 서면(구두×)으로 알려야 한다. 다만, 제15조에 따라 선매협의(先買協議) 절차가 진행 중인 경우에는 위의 기간 내에 그 사실을 신청인에게 알려야 한다. ⑤ 제4항에 따른 기간에 허가증의 발급 또는 불허가처분 사유의 통지가 없거나 선매협의 사실의 통지가 없는 경우에는 그 기간이 끝난 날의 다음날(끝난 날)×)에 제1항에 따른 허가(불허가×)가 있는 것으로 본다. 이 경우 시장·군수 또는 구청장은 지체 없이 신청인에게 허가증(불허가증×)을 발급하여야 한다. ⑥ 제1항에 따른 허가를 받지 아니하고 체결한 토지거래계약은 그 효력이 발생하지 아니한다. ⑦ 제2항에 따른 토지의 면적 산정방법에 관하여 필요한 사항은 대통령령으로 정한다.	**제9조 토지거래계약허가 면제 대상 토지면적 등** ① 법 제11조제2항에서 "대통령령으로 정하는 용도별 면적"이란 다음 각 호의 구분에 따른 면적을 말한다. 다만, 국토교통부장관 또는 시·도지사가 허가구역을 지정할 당시 해당 지역에서의 거래실태 등을 고려하여 다음 각 호의 면적으로 하는 것이 타당하지 아니하다고 인정하여 해당 기준면적의 10퍼센트(5퍼센트×) 이상 300퍼센트(500퍼센트×) 이하의 범위에서 따로 정하여 공고한 경우에는 그에 따른다. 1. 「국토의 계획 및 이용에 관한 법률」 제36조제1항제1호에 따른 도시지역(이하 "도시지역"이라 한다) : 다음 각 목의 세부 용도지역별 구분에 따른 면적 가. 주거지역 : 180제곱미터 나. 상업지역 : 200제곱미터 다. 공업지역 : 660제곱미터 라. 녹지지역 : 100제곱미터 마. 가목부터 라목까지의 구분에 따른 용도지역의 지정이 없는 구역 : 90제곱미터 2. 도시지역 외의 지역 : 250제곱미터. 다만, 농지(「농지법」 제2조제1호에 따른 농지를 말한다. 이하 같다)의 경우에는 500제곱미터로 하고, 임야의 경우에는 1천제곱미터로 한다. ② 제1항에 따른 면적을 산정할 때 일단(一團)의 토지이용을 위하여 토지거래계약을 체결한 날부터 1년(2년×, 3년×) 이내에 일단의 토지 일부에 대하여 토지거래계약을 체결한 경우에는 그 일단의 토지 전체에 대한 거래로 본다. ③ 허가구역 지정 당시 제1항에 따른 면적을 초과하는 토지가 허가구역 지정 후에 분할(「국토의 계획 및 이용에 관한 법률」에 따른 도시·군계획사업의 시행 등 공공목적으로 인한 분할은 제외한다)로 제1항에 따른 면적 이하가 된 경우 분할된 해당 토지에 대한 분할 후 최초(최후×)의 토지거래계약은 제1항에 따른 면적을 초과하는 토지거래계약으로 본다. 허가구역 지정 후 해당 토지가 공유지분으로 거래되는 경우에도 또한 같다.	**제11조 토지이용계획 등에 포함할 사항** ① 법 제11조제3항에 따라 토지이용계획 등에 포함되어야 할 사항은 다음 각 호와 같다. 1. 토지를 주거용 · 복지시설용 · 사업용 건축물 또는 공작물을 건축(신축 · 증축 · 개축 또는 재축만 해당한다)하는데 이용하는 경우 또는 그 밖의 형질변경을 수반하는 용도로 이용하는 경우 가. 토지의 개발 및 이용계획(착공일 · 준공일 등 추진일정을 포함한다) 나. 소요자금의 개략적인 산출내역 2. 토지를 축산업 또는 어업용으로 이용하고자 하는 경우 가. 토지의 개발 및 이용계획(착공일 · 준공일 등 추진일정을 포함한다) 나. 시설의 설치 또는 기계 · 기구의 구입이 필요한 경우에는 그 내역 및 설치 · 구입 일정 다. 소요자금의 개략적인 산출내역 3. 토지를 임업용으로 이용하고자 하는 경우 가. 토지에 대한 2년 이상의 산림경영계획(반기별로 구체적인 작업일정을 포함하여야 한다) 나. 소요자금의 개략적인 산출내역 4. 토지를 제1호부터 제3호까지 외의 용도로 이용하고자 하는 경우 가. 토지의 이용 및 관리계획(필요한 경우 추진일정을 포함한다) 나. 소요자금의 개략적인 산출내역 ② 제1항제1호가목 및 제2호가목에 따른 토지의 개발 및 이용계획 중 착공일은 토지를 취득한 날부터 2년을 초과하지 아니하는 범위 내에서만 정할 수 있다. 이 경우 관계 법령에 따른 허가·인가·승인 또는 심의 등에 소요되는 기간은 산입하지 아니한다. **제12조 토지거래계약 허가 및 불허가 통지** ① 법 제11조제4항 본문에 따른 허가증은 별지 제12호서식과 같다. ② 법 제11조제4항 본문에 따른 불허가처분 사유의 통지는 별지 제13호서식에 따른다. ③ 허가관청은 제1항에 따른 허가증을 발급한 경우에는 해당 토지의 소재지·지번·지목 및 이용목적을 해당 기관의 인터넷 홈페이지에 게재하여야 한다.

법

제12조 허가기준

시장·군수 또는 구청장은 제11조에 따른 허가신청이 다음 각 호의 어느 하나에 해당하는 경우를 제외하고는 허가하여야 한다.

1. 토지거래계약을 체결하려는 자의 토지이용목적이 다음 각 목의 어느 하나에 해당되지 아니하는 경우
   가. 자기의 거주용 주택용지로 이용하려는 경우
   나. 허가구역을 포함한 지역의 주민을 위한 복지시설 또는 편익시설로서 관할 시장·군수 또는 구청장이 확인한 시설의 설치에 이용하려는 경우
   다. 허가구역에 거주하는 농업인·임업인·어업인 또는 대통령령으로 정하는 자가 그 허가구역에서 농업·축산업·임업 또는 어업을 경영하기 위하여 필요한 경우
   라. 「공익사업을 위한 토지 등의 취득 및 보상에 관한 법률」이나 그 밖의 법률에 따라 토지를 수용하거나 사용할 수 있는 사업을 시행하는 자가 그 사업을 시행하기 위하여 필요한 경우
   마. 허가구역을 포함한 지역의 건전한 발전을 위하여 필요하고 관계 법률에 따라 지정된 지역·지구·구역 등의 지정목적에 적합하다고 인정되는 사업을 시행하는 자나 시행하려는 자가 그 사업에 이용하려는 경우
   바. 허가구역의 지정 당시 그 구역이 속한 특별시·광역시·특별자치시·시(「제주특별자치도 설치 및 국제자유도시 조성을 위한 특별법」 제10조제2항에 따른 행정시를 포함한다. 이하 이 조에서 같다)·군 또는 인접한 특별시·광역시·특별자치시·시·군에서 사업을 시행하고 있는 자가 그 사업에 이용하려는 경우나 그 자의 사업과 밀접한 관련이 있는 사업을 하는 자가 그 사업에 이용하려는 경우
   사. 허가구역이 속한 특별시·광역시·특별자치시·시 또는 군에 거주하고 있는 자의 일상생활과 통상적인 경제활동에

시행령

제10조 허가기준

① 법 제12조제1호다목에서 "대통령령으로 정하는 자"란 다음 각 호의 어느 하나에 해당하는 자를 말한다.

1. 다음 각 목의 어느 하나에 해당하는 사람(이하 "농업인등"이라 한다)으로서 본인이 거주하는 특별시·광역시(광역시의 관할구역에 있는 군은 제외한다)·특별자치시·특별자치도·시 또는 군(광역시의 관할구역에 있는 군을 포함한다)에 소재하는 토지를 취득하려는 사람
   가. 「농업·농촌 및 식품산업 기본법」 제3조제2호에 따른 농업인
   나. 「수산업·어촌 발전 기본법」 제3조제3호에 따른 어업인
   다. 「임업 및 산촌 진흥촉진에 관한 법률」 제2조제2호에 따른 임업인
2. 농업인등으로서 본인이 거주하는 주소지로부터 30(50×, 100×)킬로미터 이내에 소재하는 토지를 취득하려는 사람
3. 다음 각 목의 어느 하나에 해당하는 농업인등으로서 협의양도하거나 수용된 날부터 3년(5년×) 이내에 협의양도하거나 수용된 농지를 대체하기 위하여 본인이 거주하는 주소지로부터 80(100×)킬로미터 안에 소재하는 농지[행정기관의 장이 관계 법령에서 정하는 바에 따라 구체적인 대상을 정하여 대체농지의 취득을 알선하는 경우를 제외하고는 종전의 토지가액(「부동산 가격공시에 관한 법률」에 따른 개별공시지가를 기준으로 하는 가액을 말한다. 이하 같다) 이하인 농지로 한정한다]를 취득하려는 사람
   가. 「공익사업을 위한 토지 등의 취득 및 보상에 관한 법률」 또는 그 밖의 법령에 따라 공익사업용으로 농지를 협의양도하거나 농지

시행규칙

제13조 허가기준

① 영 제10조제1항제4호에서 "국토교통부령으로 정하는 요건을 갖춘 자"란 다음 각 호의 어느 하나에 해당하는 자를 말한다.

1. 농업을 영위하기 위하여 토지를 취득하려는 경우: 「농지법」 제8조에 따른 농지취득자격증명을 발급받았거나 그 발급요건에 적합한 사람으로서 다음 각 목의 어느 하나에 해당하는 사람
   가. 다음의 요건을 모두 충족하는 사람
      1) 세대주를 포함한 세대원(세대주와 동일한 세대별 주민등록표상에 등재되어 있지 아니한 세대주의 배우자와 미혼인 직계비속을 포함하되, 세대주 또는 세대원 중 취학·질병요양·근무지 이전 또는 사업상 형편 등 불가피한 사유로 인하여 해당 지역에 거주하지 아니하는 자는 제외한다. 이하 같다) 전원이 해당 토지가 소재하는 지역[특별시·광역시(광역시의 관할구역에 있는 군은 제외한다)·특별자치시·특별자치도·시 또는 군(광역시의 관할구역에 있는 군을 포함한다)을 말한다. 이하 이 조에서 같다]에 주민등록이 되어 있을 것
      2) 세대주를 포함한 세대원 전원이 실제로 해당 토지가 소재하는 지역에 거주할 것
   나. 해당 토지가 소재하는 지역 또는 그와 연접한 지역에 사무소가 있는 농업법인(「농지법」 제2조제3호에 따른 농업법인을 말한다. 이하 이 조에서 같다)
2. 축산업·임업 또는 어업을 영위하기 위하여 토지를 취득하려는 경우 : 다음 각 목의 어느 하나에 해당하는 사람
   가. 다음의 요건을 모두 충족하는 사람
      1) 세대주를 포함한 세대원 전원이 해당 토지가 소재하는 지역에 주민등록이 되어 있을 것
      2) 세대주를 포함한 세대원 전원이 실제로 해당 토지가 소재하는 지역에 거주할 것
      3) 축산업·임업 또는 어업을 자영할 수 있을 것
   나. 해당 토지가 소재하는 지역 또는 그와 연접한 지역에 사무소가 있는 농업법인
   다. 해당 토지가 소재하는 지역 또는 그와 연접한 지역에 사무소가 있는 어업법인(「농어업경영체 육성 및 지원에 관한 법률」 제2조제5호에 따른 어업법인을 말한다)

② 영 제10조제2항제2호에서 "국토교통부령으로 정하는 토지"란 다음 각 호의 토지를 말한다.

1. 나대지 · 잡종지 등의 토지(임야 및 농지는 제외한다. 이하 같다)로서 「건축법」 제18조에 따른 건축허가

법률	시행령	시행규칙
필요한 것 등으로서 대통령령으로 정하는 용도에 이용하려는 경우 2. 토지거래계약을 체결하려는 자의 토지이용 목적이 다음 각 목의 어느 하나에 해당되는 경우 가. 「국토의 계획 및 이용에 관한 법률」 제2조제2호에 따른 도시·군계획이나 그 밖에 토지의 이용 및 관리에 관한 계획에 맞지 아니한 경우 나. 생태계의 보전과 주민의 건전한 생활환경 보호에 중대한 위해(危害)를 끼칠 우려가 있는 경우 3. 그 면적이 그 토지의 이용목적에 적합하지 아니하다고 인정되는 경우 **제13조 이의신청** ① 제11조에 따른 처분에 이의가 있는 자는 그 처분을 받은 날부터 1개월 이내에 시장·군수 또는 구청장에게 이의를 신청할 수 있다. ② 제1항에 따른 이의신청을 받은 시장·군수 또는 구청장은 「국토의 계획 및 이용에 관한 법률」 제113조제2항에 따른 시·군·구도시계획위원회의 심의를 거쳐 그 결과를 이의신청인에게 알려야 한다.	가 수용된 사람(실제 경작자로 한정한다) 나. 가목에 해당하는 농지를 임차하거나 사용차(使用借)하여 경작하던 사람으로서 「공익사업을 위한 토지 등의 취득 및 보상에 관한 법률」에 따른 농업의 손실에 대한 보상을 받은 사람 4. 제1호부터 제3호까지에 해당하지 아니하는 자로서 그 밖에 거주지·거주기간 등에 관하여 국토교통부령으로 정하는 요건을 갖춘 자 ② 법 제12조제1호사목에서 "대통령령으로 정하는 용도에 이용하려는 경우"란 다음 각 호의 어느 하나에 해당하는 경우를 말한다. 1. 「공익사업을 위한 토지 등의 취득 및 보상에 관한 법률」 또는 그 밖의 법령에 따라 농지 외의 토지를 공익사업용으로 협의양도하거나 수용된 사람이 그 협의양도하거나 수용된 날부터 3년 이내에 그 허가구역에서 협의양도하거나 수용된 토지에 대체되는 토지(종전의 토지가액 이하인 토지로 한정한다)를 취득하려는 경우 2. 관계 법령에 따라 개발·이용행위가 제한되거나 금지된 토지로서 국토교통부령으로 정하는 토지에 대하여 현상 보존의 목적으로 토지를 취득하려는 경우 3. 「민간임대주택에 관한 특별법」 제2조제7호에 따른 임대사업자 등 관계 법령에 따라 임대사업을 할 수 있는 자가 임대사업을 위하여 건축물과 그에 딸린 토지를 취득하려는 경우	의 제한 등 관계 법령에 따라 건축물 또는 공작물의 설치행위가 금지되는 토지 2. 나대지 · 잡종지 등의 토지로서 「국토의 계획 및 이용에 관한 법률」 제63조에 따른 개발행위허가의 제한 등 관계 법령에 따라 형질변경이 금지되거나 제한되는 토지 3. 「국토의 계획 및 이용에 관한 법률」 제2조제7호에 따른 도시·군계획시설에 편입되어 있는 토지로서 그 사용 · 수익이 제한되는 토지 **제14조 이의신청서** 법 제13조제1항에 따른 이의신청은 별지 제14호서식에 따른다.
제14조 국가 등의 토지거래계약에 관한 특례 등 ① 제11조제1항을 적용할 때에 그 당사자의 한쪽 또는 양쪽이 국가, 지방자치단체, 「한국토지주택공사법」에 따른 한국토지주택공사(이하 "한국토지주택공사"라 한다), 그 밖에 대통령령으로 정하는 공공기관 또는 공공단체인 경우에는 그 기관의 장이 시장·군수 또는 구청장과 협의할 수 있고, 그 협의가 성립된 때에는 그 토지거래계약에 관한 허가를 받은 것으로 본다.(허가의제) ② 다음 각 호의 경우에는 제11조를 적용하지 아니한다. 1. 「공익사업을 위한 토지 등의 취득 및 보상에 관한 법률」에 따른 토지의 수용 2. 「민사집행법」에 따른 경매 3. 그 밖에 대통령령으로 정하는 경우	**제11조 국가 등의 토지거래계약에 관한 특례** ① 법 제14조제1항에서 "대통령령으로 정하는 공공기관 또는 공공단체"란 다음 각 호의 기관 또는 단체를 말한다. 1. 「한국농수산식품유통공사법」에 따른 한국농수산식품유통공사 2. 「대한석탄공사법」에 따른 대한석탄공사 3. 「한국토지주택공사법」에 따른 한국토지주택공사 4. 「한국관광공사법」에 따른 한국관광공사 5. 「한국농어촌공사 및 농지관리기금법」에 따른 한국농어촌공사 6. 「한국도로공사법」에 따른 한국도로공사 7. 「한국석유공사법」에 따른 한국석유공사 8. 「한국수자원공사법」에 따른 한국수자원공사 9. 「한국전력공사법」에 따른 한국전력공사 10. 「한국철도공사법」에 따른 한국철도공사	

법	시행령	시행규칙
	11. 「산림조합법」에 따른 산림조합 및 산림조합중앙회 12. 「농업협동조합법」에 따른 농업협동조합 · 축산업협동조합 및 농업협동조합중앙회 13. 「수산업협동조합법」에 따른 수산업협동조합 및 수산업협동조합중앙회 14. 「중소기업진흥에 관한 법률」에 따른 중소기업진흥공단 15. 「한국은행법」에 따른 한국은행 16. 「지방공기업법」에 따른 지방공사와 지방공단 17. 「공무원연금법」에 따른 공무원연금공단 18. 「인천국제공항공사법」에 따른 인천국제공항공사 19. 「국민연금법」에 따른 국민연금공단 20. 「사립학교교직원 연금법」에 따른 사립학교교직원연금공단 21. 「금융회사부실자산 등의 효율적 처리 및 한국자산관리공사의 설립에 관한 법률」에 따른 한국자산관리공사(이하 "한국자산관리공사"라 한다) 22. 「항만공사법」에 따른 항만공사 ② 「국유재산법」 제2조제10호에 따른 총괄청 또는 같은 조 제11호에 따른 중앙관서의 장등이 같은 법 제9조에 따른 국유재산종합계획에 따라 국유재산을 취득하거나 처분하는 경우로서 법 제12조에 따른 허가기준에 적합하게 취득하거나 처분한 후 허가관청에 그 내용을 통보한 때에는 법 제14조제1항에 따른 협의가 성립된 것으로 본다. ③ 법 제14조제2항제3호에서 "대통령령으로 정하는 경우"란 다음 각 호의 어느 하나에 해당하는 경우를 말한다. 1. 「공익사업을 위한 토지 등의 취득 및 보상에 관한 법률」에 따라 토지를 협의취득 · 사용하거나 환매하는 경우 2. 「국유재산법」 제9조에 따른 국유재산종합계획에 따라 국유재산을 일반경쟁입찰로 처분하는 경우 3. 「공유재산 및 물품 관리법」 제10조에 따른 공유재산의 관리계획에 따라 공유재산을 일반경쟁입찰로 처분하는 경우 4. 「도시 및 주거환경정비법」 제48조에 따른 관리처분계획에 따라 분양하거나 보류지 등을 매각하는 경우 5. 「도시개발법」 제26조에 따른 조성토지등의 공급계획에 따라 토지를 공급하는 경우, 같은 법 제35조에 따라 환지 예정지로 지정된 종전 토지를 처분하는 경우, 같은 법 제40조에 따른 환지처분을 하는 경우 또는 같은 법 제44조에 따라 체비지 등을 매각하는 경우 6. 「주택법」 제15조에 따른 사업계획의 승인을 받아 조성한 대지를 공급하는 경우 또는 같은 법 제54조에 따라 주택(부대시설 및 복리시설을 포함하며, 주택과 주택 외의 시설을 동일 건축물로 건축하여 공급하는 경우에는 그 주택 외의 시설을 포함한다)을 공급하는 경우 7. 「택지개발촉진법」 제18조에 따라 택지를 공급하는 경우 8. 「산업입지 및 개발에 관한 법률」 제2조제9호에 따른 산업단지개발사업 또는 같은 조 제12호에 따른 준산업단지를 개발하기 위한 사업으로 조성된 토지를 같은 법 제16조에 따른 사업시행자(같은 법 제38조에 따라 사업시행자로부터 분양에 관한 업무를 위탁받은 산업단지관리공단을 포함한다)가 분양하는 경우 9. 「농어촌정비법」 제25조 또는 제26조에 따른 환지계획에 따라 환지처분을 하는 경우 또는 같은 법 제43조에 따라 농지 등의 교환·분할·합병을 하는 경우 10. 「농어촌정비법」에 따른 사업시행자가 농어촌정비사업을 시행하기 위하여 농지를 매입하는 경우 11. 「상법」 제3편제4장제10절 · 제11절, 「채무자 회생 및 파산에 관한 법률」의 절차에 따라 법원의 허가를 받아 권리를 이전하거나 설정하는 경우	

법	시행령	시행규칙
	12. 국세 및 지방세의 체납처분 또는 강제집행을 하는 경우 13. 국가 또는 지방자치단체가 법령에 따라 비상재해시 필요한 응급조치를 위하여 권리를 이전하거나 설정하는 경우 14. 「한국농어촌공사 및 농지관리기금법」에 따라 한국농어촌공사가 농지의 매매 · 교환 및 분할을 하는 경우 15. 법 제9조에 따라 외국인등이 토지취득의 허가를 받은 경우 16. 한국자산관리공사가 「금융회사부실자산 등의 효율적 처리 및 한국자산관리공사의 설립에 관한 법률」 제4조 또는 제5조에 따라 토지를 취득하거나 경쟁입찰을 거쳐서 매각하는 경우 또는 한국자산관리공사에 매각이 의뢰되어 3회 이상 공매하였으나 유찰된 토지를 매각하는 경우 17. 「국토의 계획 및 이용에 관한 법률」 제47조 또는 「개발제한구역의 지정 및 관리에 관한 특별조치법」 제17조에 따라 매수청구된 토지를 취득하는 경우 18. 「신행정수도 후속대책을 위한 연기 · 공주지역 행정중심복합도시 건설을 위한 특별법」, 「공공기관 지방이전에 따른 혁신도시 건설 및 지원에 관한 특별법」 또는 「기업도시개발 특별법」에 따라 조성된 택지 또는 주택을 공급하는 경우 19. 「건축물의 분양에 관한 법률」에 따라 건축물을 분양하는 경우 20. 「산업집적활성화 및 공장설립에 관한 법률」 제28조의4에 따라 지식산업센터를 분양하는 경우 21. 법령에 따라 조세 · 부담금 등을 토지로 물납하는 경우	
제15조 선매 ① 시장·군수 또는 구청장은 제11조제1항에 따른 토지거래계약에 관한 허가신청이 있는 경우 다음 각 호의 어느 하나에 해당하는 토지에 대하여 국가, 지방자치단체, 한국토지주택공사, 그 밖에 대통령령으로 정하는 공공기관 또는 공공단체가 그 매수를 원하는 경우에는 이들 중에서 해당 토지를 매수할 자[이하 "선매자(先買者)"라 한다]를 지정하여 그 토지를 협의 매수하게 할 수 있다. 1. 공익사업용 토지 2. 제11조제1항에 따른 토지거래계약허가를 받아 취득한 토지를 그 이용목적대로 이용하고 있지 아니한 토지 ② 시장·군수 또는 구청장은 제1항 각 호의 어느 하나에 해당하는 토지에 대하여 토지거래계약 허가신청이 있는	**제12조 선매** ① 법 제15조제1항 각 호 외의 부분에서 "대통령령으로 정하는 공공기관 또는 공공단체"란 제11조제1항제1호부터 제10호까지의 기관 또는 단체를 말한다. ② 법 제15조제1항에 따라 선매자(先買者)로 지정된 자는 같은 조 제2항에 따른 지정 통지를 받은 날부터 15일(30일×) 이내에 매수가격 등 선매조건을 기재한 서면을 토지소유자에게 통지하여 선매협의를 하여야 하며, 지정 통지를 받은 날부터 1개월(3개월×, 30일×) 이내에 국토교통부령으로 정하는 바에 따라 선매협의조서를 허가관청에 제출하여야 한다.	**제15조 선매협의조서** ① 영 제12조제2항에 따른 선매협의조서는 별지 제15호서식과 같다. ② 영 제12조제2항에 따라 제1항의 선매협의조서를 제출하는 자는 거래계약서 사본을 첨부(선매협의가 이루어진 경우로 한정한다)하여야 한다.

법	시행령	시행규칙
경우에는 그 신청이 있는 날부터 1개월 이내에 선매자를 지정하여 토지 소유자에게 알려야 하며, 선매자는 지정 통지를 받은 날(한 날×)부터 1개월(3개월×) 이내에 그 토지 소유자와 대통령령으로 정하는 바에 따라 선매협의를 끝내야 한다. ③ 선매자가 제1항과 제2항에 따라 토지를 매수할 때의 가격은 「부동산 가격공시 및 감정평가에 관한 법률」에 따라 감정평가업자가 감정평가한 감정가격(개별공시지가×)을 기준으로 하되, 토지거래계약 허가신청서에 적힌 가격이 감정가격보다 낮은(높은×) 경우에는 허가신청서에 적힌 가격(감정가격×)으로 할 수(하여야×) 있다. ④ 시장·군수 또는 구청장은 제2항에 따른 선매협의가 이루어지지 아니한 경우에는 지체 없이 허가 또는 불허가의 여부를 결정하여 통보하여야 한다.		
제16조 불허가처분 토지에 관한 매수 청구 ① 제11조제1항에 따른 허가신청에 대하여 불허가(허가×, 허가 또는 불허가×)처분을 받은(한×) 자는 그 통지를 받은 날부터 1개월(30일×) 이내에 시장·군수 또는 구청장(국토교통부장관×, 시·도지사×)에게 해당 토지에 관한 권리의 매수를 청구할 수(하여야×) 있다. ② 제1항에 따른 매수 청구를 받은 시장·군수 또는 구청장은 국가, 지방자치단체, 한국토지주택공사, 그 밖에 대통령령으로 정하는 공공기관 또는 공공단체 중에서 매수할 자를 지정하여, 매수할 자로 하여금 예산의 범위에서 공시지가(감정가격×, 실제거래가격×)를 기준으로 하여 해당 토지를 매수하게 하여야 한다. 다만, 토지거래계약 허가신청서에 적힌 가격이 공시지가보다 낮은(높은×) 경우에는 허가신청서에 적힌 가격(공시지가×)으로 매수할 수(하여야×) 있다.	**제13조 토지에 관한 매수청구** ① 법 제16조제1항에 따라 토지의 매수청구를 하려는 자는 다음 각 호의 사항을 기재한 청구서를 허가관청에 제출하여야 한다. 1. 토지에 관한 권리의 종류 및 내용 2. 토지의 면적 3. 그 밖에 국토교통부령으로 정하는 사항 ② 법 제16조제2항에서 "대통령령으로 정하는 공공기관 또는 공공단체"란 제11조제1항제1호부터 제10호까지의 기관 또는 단체를 말한다.	**제16조 토지매수청구서 등** ① 영 제13조제1항에 따른 청구서는 별지 제16호서식과 같다. ② 영 제13조제1항제3호에서 "국토교통부령으로 정하는 사항"이란 다음 각 호의 사항을 말한다. 1. 토지 소유자의 성명 및 주소 2. 토지의 소재지 · 지번 · 지목 · 면적 · 용도지역 및 이용현황 3. 토지에 있는 공작물의 종류 · 내용 및 매수청구에 관계되는 권리 4. 토지에 소유자 외의 권리가 있는 경우에는 그 권리의 종류 및 내용, 권리자의 성명 및 주소
제17조 토지 이용에 관한 의무 등 ① 제11조에 따라 토지거래계약을 허가받은 자는 대통령령으로 정하는 사유가 있는 경우 외에는 5년의 범위에서 대통령령으로 정하는 기간에 그 토지를 허가받은 목적대로 이용하여야 한다.	**제14조 토지 이용에 관한 의무 등** ① 법 제17조제1항에서 "대통령령으로 정하는 사유가 있는 경우"란 다음 각 호의 어느 하나에 해당하는 경우를 말한다. 1. 토지를 취득한 후 「국토의 계획 및 이용에 관한 법률」 또는 관계 법령에 따라 용도지역 등 토지의 이용 및 관리에 관한 계획이 변경됨으로써 「국토의 계획 및 이용에 관한 법률」 또는 관계 법령에 따른 행위제한으로 인하여 당초의 목적대로 이용할 수 없게 된 경우	**제17조 토지 이용에 관한 의무등** ① 영 제14조제1항제2호에서 "국토교통부령으로 정하는 사유"란 다음 각 호의 어느 하나에 해당하는 경우를 말한다.

법	시행령	시행규칙
② 시장·군수 또는 구청장은 토지거래계약을 허가받은 자가 허가받은 목적대로 이용하고 있는지를 국토교통부령으로 정하는 바에 따라 조사하여야 한다. ③ <삭제> ④ <삭제>	2. 토지를 이용하기 위하여 관계 법령에 따른 허가 · 인가 등을 신청하였으나 국가 또는 지방자치단체가 국토교통부령으로 정하는 사유로 일정 기간 허가 · 인가 등을 제한하는 경우로서 그 제한기간 내에 있는 경우 3. 법 제12조에 따른 허가기준에 맞게 당초의 이용목적을 변경하는 경우로서 허가관청의 승인을 받은 경우 4. 다른 법률에 따른 행위허가를 받아 법 제12조에 따른 허가기준에 맞게 당초의 이용목적을 변경하는 경우로서 해당 행위의 허가권자가 이용목적 변경에 관하여 허가관청과 협의를 한 경우 5. 「해외이주법」 제6조에 따라 이주하는 경우 6. 「병역법」 제18조에 따라 복무하는 경우 7. 「자연재해대책법」 제2조제1호에 따른 재해로 인하여 허가받은 목적대로 이행하는 것이 불가능한 경우 8. 공익사업의 시행 등 토지거래계약허가를 받은 자에게 책임 없는 사유로 허가받은 목적대로 이용하는 것이 불가능한 경우 9. 다음 각 목의 건축물을 취득하여 실제로 이용하는 자가 해당 건축물의 일부를 임대하는 경우 가. 「건축법 시행령」 별표 1 제1호의 단독주택[다중주택 및 공관(公館)은 제외한다] 나. 「건축법 시행령」 별표 1 제2호의 공동주택(기숙사는 제외한다) 다. 「건축법 시행령」 별표 1 제3호의 제1종 근린생활시설 라. 「건축법 시행령」 별표 1 제4호의 제2종 근린생활시설 10. 「산업집적활성화 및 공장설립에 관한 법률」 제2조제1호에 따른 공장을 취득하여 실제로 이용하는 자가 해당 공장의 일부를 임대하는 경우 11. 그 밖에 토지거래계약허가를 받은 자가 불가피한 사유로 허가받은 목적대로 이용하는 것이 불가능하다고 「국토의 계획 및 이용에 관한 법률」 제113조제2항에 따른 시·군·구도시계획위원회에서 인정한 경우 ② 법 제17조제1항에서 "대통령령으로 정하는 기간"이란 다음 각 호의 구분에 따른 기간을 말한다. 1. 법 제12조제1호가목부터 다목까지의 목적으로 허가를 받은 경우 : 토지 취득일부터 2년(3년×) 2. 법 제12조제1호라목부터 바목까지의 목적으로 허가를 받은 경우 : 토지 취득일부터 4년. 다만, 분양을 목적으로 허가를 받은 토지로서 개발에 착수한 후 토지 취득일부터 4년 이내에 분양을 완료한 경우에는 분양을 완료한 때에 4년이 지난 것으로 본다. 3. 제10조제2항제1호에 따라 대체토지를 취득하기 위하여 허가를 받은 경우 : 토지 취득일부터 2년 4. 제10조제2항제2호에 따라 현상보존의 목적으로 토지를 취득하기 위하여 허가를 받은 경우 : 토지 취득일부터 5년 5. 제1호부터 제4호까지의 경우 외의 경우 : 토지 취득일부터 5년 **제15조** <삭제>	1. 「건축법」 제18조에 따른 건축허가의 제한으로 인하여 건축을 할 수 없는 경우 2. 건축자재의 수급조절 등을 위한 행정지도에 따라 착공 또는 시공이 제한된 경우 ② 영 제14조제1항제3호에 따른 토지 이용목적의 변경승인신청은 별지 제17호서식에 따르며, 토지의 이용에 관한 변경계획서를 첨부하여야 한다. ③ 허가관청은 제2항에 따른 신청을 받은 때에는 신청일부터 15일 이내에 승인여부를 결정하여 신청인에게 서면으로 통지(전자문서에 의한 통지를 포함한다)하여야 한다. **제18조 토지의 개발 · 이용 등의 실태조사** ① 허가관청은 법 제17조제2항에 따라 매년 1회 이상 토지의 개발 및 이용 등의 실태를 조사하여야 한다. ② 제1항에서 규정한 사항 외에 토지의 개발 및 이용 등의 실태조사에 필요한 사항은 국토교통부장관이 정한다. **제19조** <삭제>
제18조 이행강제금 ① 시장·군수 또는 구청장(국토교통부장관×, 시·도지사×)은 제17조제1항에 따른 토지	**제16조 이행강제금의 부과** ① 법 제18조제1항 본문에 따른 이행명령은 문서(구두×, 구두 또는 문서×)로 하여야 하며, 이행기간은 3개월(6개월×) 이내로 정하여야 한다. ② 법 제18조제1항 단서에서 "대통령령으로 정하는 사유"란 「농지법」 제10조제1항제1호부터 제4호까지 어느 하나를 위반하여 같은 법 제62조	

법	시행령	시행규칙
의 이용 의무를 이행하지 아니한 자에 대하여는 상당한 기간을 정하여 토지의 이용 의무를 이행하도록 명할 수 있다(하여야×). 다만, 대통령령으로 정하는 사유가 있는 경우에는 이용 의무의 이행을 명하지 아니할 수 있다. ② 시장·군수 또는 구청장은 제1항에 따른 이행명령이 정하여진 기간에 이행되지 아니한 경우에는 토지 취득가액의 100분의 10(20×)의 범위에서 대통령령으로 정하는 금액의 이행강제금을 부과한다. ③ 시장·군수 또는 구청장은 최초의 이행명령이 있었던 날을 기준으로 1년(3년×)에 한 번씩(두 번씩×) 그 이행명령이 이행될 때까지 반복하여 제2항에 따른 이행강제금을 부과·징수할 수 있다(없다×). ④ 시장·군수 또는 구청장은 제17조제1항에 따른 이용 의무기간이 지난 후에는 이행강제금을 부과할 수 없다(있다×). ⑤ 시장·군수 또는 구청장은 제1항에 따른 이행명령을 받은 자가 그 명령을 이행하는 경우에는 새로운 이행강제금의 부과를 즉시 중지하되, 명령을 이행하기 전에 이미 부과된 이행강제금은 징수하여야(할 수×) 한다(하여서는 아니된다×). ⑥ 제2항에 따른 이행강제금의 부과처분에 불복하는 자는 시장·군수 또는 구청장에게 이의를 제기할 수(하여야×) 있다. ⑦ 제2항 및 제3항에 따라 이행강제금 부과처분을 받은 자가 이행강제금을 납부기한까지 납부하지 아니한 경우에는 국세 체납처분의 예 또는 「지방세외수입금의 징수 등에 관한 법률」에 따라 징수한다. ⑧ 이행강제금의 부과, 납부, 징수 및 이의제기 방법 등에 필요한 사항은 대통령령으로 정한다.	에 따른 이행강제금을 부과한 경우를 말한다. ③ 법 제18조제2항에서 "대통령령으로 정하는 금액"이란 다음 각 호의 구분에 따른 금액을 말한다. 1. 토지거래계약허가를 받아 토지를 취득한 자가 당초의 목적대로 이용하지 아니하고 방치한 경우 : 토지 취득가액의 100분의 10에 상당하는 금액 2. 토지거래계약허가를 받아 토지를 취득한 자가 직접 이용하지 아니하고 임대한 경우 : 토지 취득가액의 100분의 7에 상당하는 금액 3. 토지거래계약허가를 받아 토지를 취득한 자가 제14조제1항제3호에 따른 허가관청의 승인 없이 당초의 이용목적을 변경하여 이용하는 경우 : 토지 취득가액의 100분의 5에 상당하는 금액 4. 제1호부터 제3호까지에 해당하지 아니하는 경우 : 토지 취득가액의 100분의 7에 상당하는 금액 ④ 제3항 각 호에 따른 토지 취득가액은 실제 거래가격으로 한다. 다만, 실제 거래가격이 확인되지 아니하는 경우에는 취득 당시를 기준으로 가장 최근에 발표된 개별공시지가(「부동산 가격공시에 관한 법률」에 따른 개별공시지가를 말한다)를 기준으로 산정한다. ⑤ 허가관청은 법 제18조제2항에 따른 이행강제금을 부과하기 전에 이행기간 내에 이행명령을 이행하지 아니하면 이행강제금을 부과 · 징수한다는 뜻을 미리 문서로 계고(戒告)하여야 한다. ⑥ 법 제18조제2항에 따른 이행강제금을 부과하는 경우에는 이행강제금의 금액·부과사유·납부기한 및 수납기관, 이의제기방법 및 이의제기기관 등을 명시한 문서로 하여야 한다. ⑦ 제6항에 따른 이행강제금 부과처분을 받은 자는 법 제18조제6항에 따라 이의를 제기하려는 경우에는 부과처분을 고지받은(한×) 날부터 30일(1개월×) 이내에 하여야 한다.	
제19조 지가 동향의 조사 국토교통부장관이나 시·도지사(시장·군수·구청장×)는 토지거래허가 제도를 실시하거나 그 밖에 토지정책을 수행하기 위한 자료를 수집하기 위하여 대통령령으로 정하는 바에 따라 지가의 동향과 토지거래의 상황을 조사하여야(할 수×) 하며, 관계 행정기관이나 그 밖의 필요한 기관에 이에 필요한 자료를 제출하도록 요청할 수(하여야×) 있다.	**제17조 지가동향조사 등** ① 국토교통부장관(시·도지사×, 시장·군수·구청장×)은 법 제19조에 따라 연 1회(3회×) 이상 전국의 지가변동률을 조사하여야(할수×) 한다. ② 국토교통부장관은 필요한 경우에는 「한국감정원법」에 따른 한국감정원의 원장으로 하여금 매월 1회 이상 지가동향, 토지거래상황 및 그 밖에 필요한 자료를 제출하게 할 수(하여야×) 있다. 이 경우 실비의 범위에서 그 소요 비용을 지원하여야(할수×) 한다.	**제20조 지가동향조사 등의 방법** 시·도지사는 영 제17조제3항에 따라 다음 각 호의 순서대로 지가동향 및 토지거래상황을 조사하여야 한다.

법	시행령	시행규칙
이 경우 자료 제출을 요청받은 기관은 특별한 사유가 없으면 요청에 따라야 한다. **제20조 다른 법률에 따른 인가·허가 등의 의제** ① 농지에 대하여 제11조에 따라 토지거래계약 허가를 받은 경우에는 「농지법」 제8조에 따른 농지취득자격증명을 받은 것으로 본다. 이 경우 시장·군수 또는 구청장은 「농업·농촌 및 식품산업 기본법」 제3조제5호에 따른 농촌(「국토의 계획 및 이용에 관한 법률」에 따른 도시지역의 경우에는 같은 법에 따른 녹지지역만 해당한다)의 농지에 대하여 토지거래계약을 허가하는 경우에는 농지취득자격증명의 발급 요건에 적합한지를 확인하여야 하며, 허가한 내용을 농림축산식품부장관에게 통보하여야 한다. ② 제11조제4항 및 제5항에 따라 허가증을 발급받은 경우에는 「부동산등기 특별조치법」 제3조에 따른 검인을 받은 것으로 본다. **제21조 제재처분 등** 국토교통부장관, 시·도지사, 시장·군수 또는 구청장은 다음 각 호의 어느 하나에 해당하는 자에게 제11조에 따른 허가 취소 또는 그 밖에 필요한 처분을 하거나 조치를 명할 수 있다. 1. 제11조에 따른 토지거래계약에 관한 허가 또는 변경허가를 받지 아니하고 토지거래계약 또는 그 변경계약을 체결한 자 2. 제11조에 따른 토지거래계약에 관한 허가를 받은 자가 그 토지를 허가받은 목적대로 이용하지 아니한 자 3. 부정한 방법으로 제11조에 따른 토지거래계약에 관한 허가를 받은 자 **제22조 권리·의무의 승계 등** ① 제10조부터 제20조까지에 따라 토지의 소유권자, 지상권자 등에게 발생되거나 부과된 권리·의무는 그 토지 또는 건축물에 관한 소유권이나 그 밖의 권리의 변동과 동시에 그 승계인에게 이전한다. ② 이 법 또는 이 법에 따른 명령에 의한 처분, 그 절차 및 그 밖의 행위는 그 행위와 관련된 토지 또는 건축물에 대하여 소유권이나 그 밖의 권리를 가진 자의 승계인에 대하여 효력을 가진다. **제23조 청문** 국토교통부장관, 시·도지사, 시장·군수 또는 구청장은 제21조에 따라 토지거래계약 허가의 취소 처분을 하려면 청문을 하여야 한다.	③ 시·도지사(시장·군수·구청장×)는 관할구역의 지가동향 및 토지거래상황을 국토교통부령으로 정하는 바에 따라 조사하여야 하며, 그 결과 허가구역을 지정·축소하거나 해제할 필요가 있다고 인정하는 경우에는 국토교통부장관에게 그 구역의 지정·축소 또는 해제를 요청할 수 있다. ④ 국토교통부장관은 필요한 경우에는 행정자치부장관에게 「공간정보의 구축 및 관리 등에 관한 법률」 제70조제2항에 따른 자료의 제공을 요청할 수 있다. 이 경우 행정자치부장관은 특별한 사유가 없으면 요청에 따라야 한다.	1. 개황조사 : 관할구역 안의 토지거래상황을 파악하기 위하여 분기별로 1회 이상 개괄적으로 실시하는 조사 2. 지역별조사 : 제1호의 개황조사를 실시한 결과 등에 따라 법 제10조제1항에 따른 토지거래계약에 관한 허가구역(이하 "허가구역"이라 한다)의 지정요건을 충족시킬 수 있는 개연성이 높다고 인정되는 지역에 대하여 지가동향 및 토지거래상황을 파악하기 위하여 매월 1회 이상 실시하는 조사 3. 특별집중조사 : 제2호의 지역별조사를 실시한 결과 허가구역의 지정요건을 충족시킬 수 있는 개연성이 특히 높다고 인정되는 지역에 대하여 지가동향 및 토지거래상황을 파악하기 위하여 실시하는 조사

법	시행령	시행규칙
제5장 부동산 정보 관리 **제24조 부동산정책 관련 자료 등 종합관리** ① 국토교통부장관 또는 시장·군수·구청장(시·도지사×)은 적절한 부동산정책의 수립 및 시행을 위하여 부동산 거래상황, 외국인 부동산 취득현황, 부동산 가격 동향 등 이 법에 규정된 사항에 관한 정보를 종합적으로 관리하고, 이를 관련 기관·단체 등에 제공할 수 있다. ② 국토교통부장관 또는 시장·군수·구청장은 제1항에 따른 정보의 관리를 위하여 관계 행정기관이나 그 밖에 필요한 기관에 필요한 자료를 요청할 수 있다. 이 경우 관계 행정기관 등은 특별한 사유가 없으면 요청에 따라야 한다. ③ 제1항 및 제2항에 따른 정보의 관리·제공 및 자료요청은 「개인정보 보호법」에 따라야 한다.	**제5장 부동산 정보 관리** **제18조 고유식별정보의 처리** 국토교통부장관, 신고관청 및 허가관청은 다음 각 호의 사무를 수행하기 위하여 불가피한 경우 「개인정보 보호법 시행령」 제19조제1호·제2호 또는 제4호에 따른 주민등록번호, 여권번호 또는 외국인등록번호가 포함된 자료를 처리할 수 있다 1. 법 제3조에 따른 부동산 거래신고 2. 법 제5조에 따른 신고내용의 검증 3. 법 제6조에 따른 신고내용의 조사 등 4. 법 제8조에 따른 외국인등의 부동산 취득·보유신고 5. 법 제9조에 따른 외국인등의 토지거래 허가 6. 법 제11조에 따른 허가구역 내 토지거래에 대한 허가 7. 법 제25조에 따른 부동산정보체계 운영	**제20조의2 포상금의 지급절차 및 방법** ① 영 제19조의3제1항에서 "국토교통부령으로 정하는 신고서"란 별지 제17호의2서식의 신고서를 말한다. ② 영 제19조의3제4항에서 "국토교통부령으로 정하는 포상금 지급신청서"란 별지 제17호의3서식의 신청서를 말한다. ③ 신고관청 또는 허가관청은 하나의 위반행위에 대하여 2명 이상이 공동으로 신고 또는 고발한 경우에는 영 제19조의2제1항에 따른 포상금을 균등하게 배분하여 지급한다. 다만, 포상금을 지급받을 사람이 배분방법에 관하여 미리 합의하여 포상금의 지급을 신청한 경우에는 그 합의된 방법에 따라 지급한다. ④ 신고관청 또는 허가관청은 하나의 위반행위에 대하여 2명 이상이 각각 신고 또는 고발한 경우에는 최초로 신고 또는 고발한 사람에게 포상금을 지급한다. ⑤ 신고관청 또는 허가관청은 자체조사 등에 따라 법 제25조의2제1항 각 호의 위반행위를 알게 된 때에는 지체 없이 그 내용을 법 제25조에 따른 부동산정보체계에 기록하여야 한다. **제21조 자진 신고 서류 등** ① 영 제21조제1항을 적용할 때에 조사가 시작된 시점은 신고관청이 거래당사자 또는 개업공인중개사 등에게 자료 제출 등을 요구하는 서면을 발송한 때로 한다. ② 영 제21조제3항에서 "국토교통부령으로 정하는 신고서"란 별지 제18호서식을 말한다. ③ 영 제21조제3항에 따른 위반행위를 입증할 수 있는 서류는 다음 각 호의 어느 하나에 해당하는 자료로 한다. 1. 계약서, 거짓신고 합의서, 입출금 내역서 등 위반사실을 직접적으로 입증할 수 있는 자료 2. 진술서, 확인서, 그 밖에 위반행위를 할 것을 논의하거나 실행한 사실을 육하원칙에 따라 기술한 자료 3. 당사자 간 의사연락을 증명할 수 있는 전자우편, 통화기록, 팩스 수·발신 기록, 수첩 기재내용 등 4. 그 밖에 위반행위를 입증할 수 있는 자료 ④ 신고관청은 영 제21조제3항에 따라 자진 신고를 한 자에 대하여 과태료 감경 또는 면제 대상에 해당하는지 여부, 감경 또는 면제의 내용 및 사유를 통보하여야 한다. ⑤ 신고관청의 담당 공무원은 자진 신고자 등의 신원이나 제보 내용, 증거자료 등을 해당 사건의 처리를 위한 목적으로만 사용하여야 하며 제3자에게 누설하여서는 아니 된다.
제25조 부동산정보체계의 구축·운영 국토교통부장관은 효율적인 정보의 관리 및 국민편의 증진을 위하여 대통령령으로 정하는 바에 따라 부동산거래의 계약·신고·허가·관리 등의 업무와 관련된 정보체계를 구축·운영할 수 있다.	**제19조 부동산정보체계의 구축·운영** ① 국토교통부장관은 법 제25조에 따라 효율적인 정보의 관리 및 국민편의 증진을 위하여 다음 각 호의 정보를 관리할 수 있는 정보체계를 구축·운영할 수 있다. 1. 법 제3조에 따른 부동산거래 신고 정보 2. 검증체계 관련 정보 3. 법 제8조에 따른 외국인등의 부동산 취득·보유 신고 자료 및 관련 정보 4. 토지거래계약의 허가 관련 정보	

법	시행령	시행규칙
	5. 「부동산등기 특별조치법」 제3조에 따른 검인 관련 정보 6. 부동산 거래계약 등 부동산거래 관련 정보 ② 국토교통부장관은 정보체계에 구축되어 있는 정보를 수요자에게 제공할 수 있다. 이 경우 정보체계 운영을 위하여 불가피한 사유가 있거나 개인정보의 보호를 위하여 필요하다고 인정할 때에는 제공하는 정보의 종류와 내용을 제한할 수 있다. ③ 제1항과 제2항에서 규정한 사항 외에 정보체계의 구축·운영 및 이용에 필요한 사항은 국토교통부장관이 정한다.	**제22조 업무의 전자적 처리** ① 다음 각 호의 어느 하나에 해당하는 신고서 또는 신청서는 신고관청 또는 허가관청에 전자문서를 접수하는 방법으로 제출할 수 있다. 1. 제2조제1항 · 제2항 및 제4항부터 제7항까지의 규정에 따른 부동산거래계약 신고서 2. 제4조제1항에 따른 부동산 거래계약의 해제등 신고서 3. 제5조제2항에 따른 신고필증 4. 제5조제4항 본문에 따른 부동산 거래계약 변경 신고서(같은 항 단서에 따라 신고서를 제출하는 경우는 제외한다) 5. 제7조제1항에 따른 외국인등의 부동산등 취득·계속보유 신고서 또는 외국인 토지취득 허가신청서 6. 제9조제1항에 따른 토지거래계약허가신청서 또는 제9조제3항에 따른 토지거래계약변경허가신청서 7. 제14조에 따른 이의신청서 8. 제16조제1항에 따른 토지매수청구서 9. 제17조제2항에 따른 취득토지의 이용목적변경 승인신청서 ② 다음 각 호의 어느 하나에 해당하는 경우에는 신고관청 또는 허가관청에 제출하여야 하는 서류를 전자문서로 제출할 수 있다. 1. 제7조제1항에 따른 외국인등의 부동산등 취득·계속보유 신고 또는 토지취득 허가 신청을 하는 경우. 다만, 외국인등이 제7조제1항에 따른 서류를 전자문서로 제출하기 곤란한 경우에는 신고일 또는 신청일부터 14일 이내에 우편 또는 모사전송의 방법으로 제출할 수 있으며, 이 경우 신고관청은 별지 제7호서식의 신고확인증 또는 허가증을 신고인에게 송부하여야 한다. 2. 제9조제1항 또는 제2항에 따른 토지거래계약 허가 또는 변경허가 신청을 하는 경우 ③ 제1항 각 호의 신고서 또는 신청서를 제출하는 경우에는 「전자서명법」 제2조제8호에 따른 공인인증서를 통한 본인확인(이하 "전자인증"이라 한다)의 방법으로 서명 또는 날인을 할 수 있다. ④ 다음 각 호의 어느 하나에 해당하는 경우에는 전자인증의 방법으로 신분을 증명할 수 있다. 1. 제2조제1항·제2항 및 제4항부터 제7항까지의 규정에 따른 부동산 거래계약의 신고를 하는 경우 2. 제7조제1항에 따른 외국인등의 부동산등 취득·계속보유 신고 또는 토지취득 허가 신청을 하는 경우

법	시행령	시행규칙
제5장의2 보칙	제5장의2 보칙	
제25조의2 신고포상금의 지급 ① 시장·군수 또는 구청장은 다음 각 호의 어느 하나에 해당하는 자를 관계 행정기관이나 수사기관에 신고하거나 고발한 자에게 예산의 범위에서 포상금을 지급할 수 있다. 1. 제3조제1항부터 제3항까지 또는 제4조제2호를 위반하여 부동산등의 실제 거래가격을 거짓으로 신고한 자 2. 제11조제1항에 따른 허가 또는 변경허가를 받지 아니하고 토지거래계약을 체결한 자 또는 거짓이나 그 밖의 부정한 방법으로 토지거래계약허가를 받은 자 3. 토지거래계약허가를 받아 취득한 토지에 대하여 제17조제1항을 위반하여 허가받은 목적대로 이용하지 아니한 자 ② 제1항에 따른 포상금의 지급에 드는 비용은 시·군이나 구의 재원으로 충당한다. ③ 제1항에 따른 포상금 지급의 대상·기준·방법 및 절차 등에 관한 구체적인 사항은 대통령령으로 정한다.	**제19조의2 포상금 지급대상 및 기준** ① 신고관청 또는 허가관청은 다음 각 호의 어느 하나에 해당하는 경우에는 법 제25조의2제1항에 따른 포상금을 지급하여야 한다. 1. 신고관청이 적발하기 전에 법 제25조의2제1항제1호에 해당하는 자를 신고하고 이를 입증할 수 있는 증거자료를 제출한 경우로서 그 신고사건에 대하여 법 제28조제3항에 따른 과태료가 부과된 경우 2. 허가관청 또는 수사기관이 적발하기 전에 법 제25조의2제1항제2호에 해당하는 자를 신고하거나 고발한 경우로서 그 신고 또는 고발사건에 대한 공소제기 또는 기소유예 결정이 있는 경우 3. 허가관청이 적발하기 전에 법 제25조의2제1항제3호에 해당하는 자를 신고한 경우로서 그 신고사건에 대한 허가관청의 이행명령이 있는 경우 ② 제1항에도 불구하고 다음 각 호의 어느 하나에 해당하는 경우에는 포상금을 지급하지 아니할 수 있다. 1. 공무원이 직무와 관련하여 발견한 사실을 신고하거나 고발한 경우 2. 해당 위반행위를 하거나 위반행위에 관여한 자가 신고하거나 고발한 경우 3. 익명이나 가명으로 신고 또는 고발하여 신고인 또는 고발인을 확인할 수 없는 경우 ③ 제1항에 따른 포상금은 신고 또는 고발 건별로 다음 각 호의 구분에 따라 지급한다. 1. 법 제25조의2제1항제1호에 따른 포상금의 경우: 법 제28조제3항에 따라 부과되는 과태료의 100분의 20(30×)에 해당하는 금액. 이 경우 지급한도액은 1천만원(3천만원×)으로 한다. 2. 법 제25조의2제1항제2호 또는 제3호에 따른 포상금의 경우 : 50만원. 이 경우 같은 목적을 위하여 취득한 일단의 토지에 대한 신고 또는 고발은 1건으로 본다. **제19조의3 포상금 지급절차** ① 법 제25조의2제1항 각 호의 어느 하나에 해당하는 자를 신고하려는 자는 국토교통부령으로 정하는 신고서 및(또는×) 증거자료(같은 항 제1호에 해당하는 자를 신고하는 경우만 해당한다)를 신고관청 또는(및×) 허가관청(국토교통부장관×)에 제출하여야 한다. ② 수사기관은 법 제25조의2제1항제2호에 해당하는 자에 대한 신고 또는 고발 사건을 접수하여 수사를 종료하거나 공소제기 또는 기소유예의 결정을 하였을 때에는 지체 없이(7일 이내×) 허가관청에 통보하여야 한다. ③ 제1항에 따라 신고서를 제출받거나 제2항에 따라 수사기관의 통보를 받은 신고관청 또는 허가관청은 제19조의2에 따라 포상금 지급 여부를 결정하고 이를 신고인 또는 고발인에게 알려야 한다. ④ 제3항에 따라 포상금 지급 결정을 통보받은 신고인 또는 고발인은 국토교통부령으로 정하는 포상금 지급신청서를 작성하여 신고관청 또는 허가관청에 제출하여야 한다. ⑤ 신고관청 또는 허가관청은 제4항에 따른 신청서가 접수된 날부터 2개월(3개월×) 이내에 포상금을 지급하여야(할 수×) 한다. ⑥ 하나의 사건에 대하여 신고 또는 고발한 사람이 2명 이상인 경우에는 국토교통부령으로 정하는 바에 따라 포상금을 배분하여 지급한다. ⑦ 제1항부터 제6항까지에서 규정한 사항 외에 포상금의 지급절차 및 방법 등에 관하여 필요한 사항은 국토교통부령(대통령령×)으로 정한다.	

법	시행령	시행규칙
제25조의3 권한 등의 위임 및 위탁 ① 이 법에 따른 국토교통부장관의 권한은 그 일부를 대통령령으로 정하는 바에 따라 시·도지사, 시장·군수 또는 구청장에게 위임할 수 있다. ② 국토교통부장관은 제5조의 부동산거래가격 검증체계 구축·운영 및 제25조의 부동산정보체계의 구축·운영 업무를 대통령령으로 정하는 바에 따라 부동산시장 관련 전문성이 있는 공공기관에 위탁할 수 있다.	**제19조의4 업무의 위탁** 국토교통부장관은 법 제25조의3제2항에 따라 다음 각 호의 업무를 「한국감정원법」에 따른 한국감정원에 위탁한다. 1. 1법 제5조제1항에 따른 부동산거래가격 검증체계의 구축 · 운영 2. 법 제25조에 따른 부동산정보체계의 구축 · 운영	

법	시행령	시행규칙
제6장 벌칙 **제26조 벌칙** ① 제9조제1항에 따른 허가를 받지 아니하고 토지취득계약을 체결하거나 부정한 방법으로 허가를 받아 토지취득계약을 체결한 외국인등은 2년 이하의 징역 또는 2천만원 이하의 벌금에 처한다. ② 제11조제1항에 따른 허가 또는 변경허가를 받지 아니하고 토지거래계약을 체결하거나, 속임수나 그 밖의 부정한 방법으로 토지거래계약 허가를 받은 자는 2년 이하의 징역 또는 계약 체결 당시의 개별공시지가에 따른 해당 토지가격의 100분의 30에 해당하는 금액 이하의 벌금에 처한다. ③ 제21조에 따른 허가 취소, 처분 또는 조치명령을 위반한 자는 1년 이하의 징역 또는 1천만원 이하의 벌금에 처한다. **제27조 양벌규정** 법인의 대표자나 법인 또는 개인의 대리인, 사용인, 그 밖의 종업원이 그 법인 또는 개인의 업무에 관하여 제26조의 위반행위를 하면 그 행위자를 벌하는 외에 그 법인 또는 개인에게도 해당 조문의 벌금형을 과(科)한다. 다만, 법인 또는 개인이 그 위반행위를 방지하기 위하여 해당 업무에 관하여 상당한 주의와 감독을 게을리하지 아니한 경우에는 그러하지 아니하다	**제6장 벌칙** **제20조 과태료의 부과기준** 법 제28조제1항부터 제5항까지의 규정에 따른 과태료의 부과기준은 별표와 같다. **제21조 자진 신고자에 대한 감경 또는 면제의 기준 등** ① 법 제29조에 따른 과태료의 감경 또는 면제 기준은 다음 각 호와 같다. 1. 법 제6조제1항에 따른 신고관청의 조사(이하 "조사"라 한다)가 시작되기 전에 자진 신고한 자로서 다음 각 목의 요건을 모두 충족한 경우: 과태료 면제 가. 자진 신고한 위반행위가 법 제28조제2항제2호·제3호 또는 같은 조 제3항부터 제5항까지의 어느 하나에 해당할 것 나. 신고관청에 단독으로 신고한 최초의 자일 것 다. 위반사실 입증에 필요한 자료 등을 제공하는 등 조사가 끝날 때까지 성실하게 협조하였을 것 2. 조사가 시작된 후 자진 신고한 자로서 다음 각 목의 요건을 모두 충족한 경우: 과태료의 100분의 50 감경 가. 제1호가목부터 다목까지에 해당할 것 나. 신고관청이 허위신고 사실 입증에 필요한 증거를 충분히 확보하지 못한 상태에서 조사에 협조하였을 것 ② 제1항에도 불구하고 다음 각 호의 어느 하나에 해당하는 경우에는 과태료를 감경·면제하지 아니한다. 1. 자진 신고하려는 부동산등의 거래계약과 관련하여 「국세기본법」 또는 「지방세법」 등 관련 법령을 위반한 사실 등이 관계기관으로부터 신고관청에 통보된 경우 2. 자진 신고한 날부터 과거 1년 이내에 제1항제1호 및 제2호에 따른 자진 신고를 하여 3회 이상 과태료의 감경 또는 면제를 받은 경우 ③ 법 제29조에 따라 자진 신고를 하려는 자는 국토교통부령으로 정하는 신고서 및 위반행위를 입증할 수 있는 서류를 신고관청에 제출하여야 한다. ④ 제1항부터 제3항까지에서 규정한 사항 외에 자진 신고자에 대한 과태료의 감경 또는 면제에 대한 세부운영절차 등은 국토교통부령으로 정한다.	

■ 부동산 거래신고 등에 관한 법률 시행규칙 [별지 제1호서식]

부동산거래계약 신고서

※ 뒤쪽의 유의사항·작성방법을 읽고 작성하시기 바라며, [ ]에는 해당하는 곳에 √ 표를 합니다. (앞쪽)

접수번호	접수일시	처리기간	지체없이

구분			
① 매도인	성명(법인명)	주민등록번호(법인·외국인등록번호)	국적
	주소(법인소재지)		거래지분 비율 (분의)
	전화번호	휴대전화번호	
② 매수인	성명(법인명)	주민등록번호(법인·외국인등록번호)	국적
	주소(법인소재지)		거래지분 비율 (분의)
	전화번호	휴대전화번호	
	③ 자금조달 및 입주 계획	[ ]제출 [ ]매수인 별도제출 [ ]해당 없음	
	외국인의 부동산등 매수용도	[ ]주거용(아파트) [ ]주거용(단독주택) [ ]주거용(그 밖의 주택) [ ]레저용 [ ]상업용 [ ]공업용 [ ]그 밖의 용도	
개업 공인중개사	성명(법인명)	주민등록번호(법인·외국인등록번호)	
	전화번호	휴대전화번호	
	상호	등록번호	
	사무소 소재지		

거래대상				
종류	④ [ ]토지 [ ]건축물 ( ) [ ]토지 및 건축물 ( )			
	⑤ [ ]공급계약 [ ]전매	[ ]분양권 [ ]입주권	[ ]준공전 [ ]준공후 [ ]임대주택 분양전환	
⑥ 소재지/지목/면적	소재지			
	지목	토지면적 ㎡	토지 거래지분 (분의)	
	대지권비율 (분의)	건축물면적 ㎡	건축물 거래지분 (분의)	
⑦ 계약대상 면적	토지 ㎡	건축물 ㎡		
⑧ 물건별 거래가격		원		
	공급계약 또는 전매	공급가액 원	발코니등 옵션비용 원	추가지불액 등 원

⑨ 총 실제 거래가격 (전체)				
합계 원	계약금	원	계약 체결일	
	중도금	원	중도금 지급일	
	잔금	원	잔금 지급일	

⑩ 종전 부동산				
소재지/지목/면적	소재지			
	지목	토지면적 ㎡	토지 거래지분 (분의)	
	대지권비율 (분의)	건축물면적 ㎡	건축물 거래지분 (분의)	
계약대상 면적	토지 ㎡	건축물 ㎡	건축물 유형( )	
거래금액	합계 원	추가지불액 원	권리가격 원	
	계약금 원	중도금 원	잔금 원	

⑪ 계약의 조건 및 참고사항

「부동산 거래신고 등에 관한 법률」 제3조제1항부터 제3항 및 같은 법 시행규칙 제2조제1항부터 제5항까지의 규정에 따라 위와 같이 부동산거래계약 내용을 신고합니다.

년 월 일

신고인
매도인 : (서명 또는 인)
매수인 : (서명 또는 인)
개업공인중개사(소속공인중개사×) : (서명 또는 인)
(개업공인중개사 중개 시)

시장·군수·구청장 귀하

210mm× 297mm[백상지(80g/㎡) 또는 중질지(80g/㎡)]

(뒤쪽)

첨부서류	1. 부동산 거래계약서 사본(「부동산 거래신고 등에 관한 법률」 제3조제2항에 따라 단독으로 부동산거래의 신고를 하는 경우에만 해당합니다) 2. 단독신고사유서(「부동산 거래신고 등에 관한 법률」 제3조제2항에 따라 단독으로 부동산거래의 신고를 하는 경우에만 해당합니다)

유의사항

1. 「부동산 거래신고 등에 관한 법률」 제3조 및 같은 법 시행령 제3조의 실제 거래가격은 매수인이 매수한 부동산을 양도하는 경우 「소득세법」 제97조제1항·제7항 및 같은 법 시행령 제163조제11항제2호에 따라 취득 당시의 실제 거래가격으로 보아 양도차익이 계산될 수 있음을 유의하시기 바랍니다.
2. 거래당사자 간 직접거래의 경우에는 공동으로 신고서에 서명 또는 날인을 하여 거래당사자 중 일방이 신고서를 제출하고, 중개거래의 경우에는 개업공인중개사가 신고서를 제출해야 하며, 거래당사자 중 일방이 국가 및 지자체, 공공기관인 경우(국가등)에는 국가등이 신고하여야 합니다.
3. 부동산거래계약 내용을 기간 내에 신고하지 않거나, 거짓으로 신고하는 경우 법 제28조제2항 또는 제3항에 따라 과태료가 부과됩니다.
4. 담당 공무원은 법 제6조에 따라 거래당사자 또는 개업공인중개사에게 거래계약서, 거래대금지급 증명 자료 등 관련 자료의 제출을 요구할 수 있으며, 이 경우 자료를 제출하지 않거나, 거짓으로 자료를 제출하거나, 그 밖의 필요한 조치를 이행하지 않으면 법 제28조제1항 또는 제2항에 따라 과태료가 부과됩니다.
5. 거래대상의 종류가 공급계약(분양) 또는 전매계약(분양권, 입주권)인 경우 ⑧ 물건별 거래가격 및 ⑨ 총 실제거래가격에 부가가치세를 포함한 금액을 적고, 그 외의 거래대상의 경우 부가가치세를 제외(포함×)한 금액을 적습니다.

작성방법

①·② 거래당사자가 다수인 경우 매도인 또는 매수인의 주소란에 ⑥의 거래대상별 거래 지분을 기준으로 각자의 거래 지분 비율(매도인과 매수인의 거래 지분 비율은 일치해야 합니다)을 표시하고, 거래당사자가 외국인인 경우 거래당사자의 국적을 반드시 기재하여야 하며, 외국인이 부동산등을 매수하는 경우 매수용도란의 주거용(아파트), 주거용(단독주택), 주거용(그 밖의 주택), 레저용, 상업용, 공장용, 그 밖의 용도 중 하나에 √ 표시를 합니다.

③ 자금조달 및 입주 계획란은 투기과열지구에 소재한 주택으로서 실제 거래가격이 3억원 이상인 주택을 거래하는 경우(주택을 포함한 다수 부동산를 거래하는 경우 각 주택의 거래가격이 3억원 이상인 경우를 포함한다) 별지 제1호의2서식의 계획서를 이 신고서와 함께 제출하는지 또는 매수인이 별도 제출하는지를 √ 표시하고, 그 밖의 경우에는 해당 없음에 √ 표시를 합니다.

④ 부동산 매매의 경우 "종류"에는 토지, 건축물 또는 토지 및 건축물(복합부동산의 경우)에 √ 표시를 하고, 해당 부동산이 "건축물" 또는 "토지 및 건축물"인 경우에는 ( )에 건축물의 종류를 "아파트, 연립, 다세대, 단독, 다가구, 오피스텔, 근린생활시설, 사무소, 공장 등" 「건축법 시행령」 별표 1에 따른 용도별 건축물의 종류를 적습니다.

⑤ 공급계약은 시행사 또는 건축주등이 최초로 부동산을 공급(분양)하는 계약을 말하며, 준공전과 준공후 계약 여부에 따라 √ 표시하고, "임대주택 분양전환"은 임대주택사업자 (법인으로 한정)가 임대기한이 완료되어 분양전환하는 주택인 경우에 √ 표시합니다. 전매(공급계약×)는 부동산을 취득할 수 있는 권리의 매매로서, "분양권" 또는 "입주권"에 √ 표시를 합니다.

⑥ 소재지는 지번(아파트 등 집합건축물의 경우에는 동·호수)까지, 지목/면적은 토지대장상의 지목·면적, 건축물대장상의 건축물 면적(집합건축물의 경우 호수별 전용면적, 그 밖의 건축물의 경우 연면적), 등기사항증명서상의 대지권 비율, 각 거래대상의 토지와 건축물에 대한 거래 지분을 정확하게 적습니다.

⑦ 계약대상 면적에는 실제 거래면적을 계산하여 적되, 건축물 면적은 집합건축물의 경우 전용면적(연면적×)을 적고, 그 밖의 건축물의 경우 연면적(전용면적×)을 적습니다.

⑧ 물건별 거래가격란에는 각각의 부동산별 거래가격을 적습니다. 최초 공급계약(분양) 또는 전매계약(분양권, 입주권)의 경우 공급가격(분양가액 등), 발코니 등 옵션비용(발코니 확장비용, 시스템에어컨 설치비용 등) 및 추가지불액(프리미엄 등 공급가액을 초과 또는 미달하는 금액)을 각각 적습니다. 이 경우 각각의 비용에 부가가치세가 있는 경우 부가가치세를 포함(제외×)한 금액으로 적습니다.

⑨ 총 실제 거래가격란에는 전체 거래가격(둘 이상의 부동산을 함께 거래하는 경우 각각의 부동산별 거래가격의 합계 금액)을 적고, 계약금/중도금/잔금 및 그 지급일을 적습니다.

⑩ 종전 부동산란은 입주권(분양권×) 매매의 경우에만 작성하고, 거래금액란에는 추가지불액(프리미엄 등 공급가액을 초과 또는 미달하는 금액) 및 권리가격, 합계 금액, 계약금, 중도금, 잔금을 적습니다.

⑪ 계약의 조건 및 참고사항란은 부동산 거래계약 내용에 계약조건이나 기한을 붙인 경우, 거래와 관련한 참고내용이 있을 경우에 적습니다.

※ 다수의 부동산, 관련 필지, 매도·매수인, 개업공인중개사 등 기재사항이 복잡한 경우에는 다른 용지에 작성하여 간인 처리한 후 첨부합니다.

※ 소유권이전등기 신청은 「부동산등기특별조치법」 제2조제1항 각 호의 정하여진 날부터 60일(30일×) 이내에 신청하여야 하며, 이를 해태한 때에는 같은 법 제11조에 따라 과태료가 부과될 수 있사오니 유의하시기 바랍니다.

처리절차

신고서 작성 (인터넷, 방문신고)	⇨	접수	⇨	신고처리	⇨	신고필증 발급
신고인		처리기관: 시·군·구(담당부서)				

■ 부동산 거래신고 등에 관한 법률 시행규칙 [별지 제1호의2 서식]

주택취득 자금조달 및 입주 계획서 (해당자만 기재)

제출인 (매수인)	성명(법인명)	주민등록번호(법인 · 외국인등록번호)
	주소(법인소재지)	(휴대)전화번호

① 자금 조달계획			
	자기 자금	② 금융기관 예금액 원	③ 부동산매도액 등 원
		④ 주식 · 채권 매각대금 원	⑤ 보증금 등 승계 원
		⑥ 현금 등 기타 원	⑦ 소계 원
	차입금등	⑧ 금융기관 대출액 원	⑨ 사채 원
		⑩ 기타 원	⑪ 소계 원
	⑫ 합계		원

⑬ 입주 계획	[ ]본인 입주 [ ]본인 외 가족 입주 (입주 예정 시기 : 년 월)	[ ]임대(전 · 월세)

「부동산 거래신고 등에 관한 법률」 시행령 제3조제1항, 같은 법 시행규칙 제2조 제5항부터 제7항까지의 규정에 따라 위와 같이 주택취득자금 조달 및 입주 계획을 신고합니다.

년 월 일

제출인 (서명 또는 인)

시장 · 군수 · 구청장 귀하

유의사항

1. 제출하신 자금조달 및 입주 계획서는 국세청 등에 관계기관에 통보되어, 신고내역 조사 및 관련 세법에 따른 조사 시 참고자료로 활용됩니다.
2. 자금조달 및 입주 계획서를 계약체결일로부터 60일 이내에 제출하지 않거나, 거짓으로 작성하는 경우 법 제28조제2항 또는 제3항에 따라 과태료가 부과되오니 이점 유의하시기 바랍니다.
3. 본 서식은 부동산거래계약 신고서 접수 전에는 제출이 불가하오니 별도 제출하는 경우에는 미리 부동산거래계약 신고서의 제출여부를 해당 신고서 제출자 또는 신고관청에 확인하시기 바랍니다.

작성방법

1. ① 자금조달계획란에는 해당 주택의 취득에 소요되는 자금의 조달계획에 대하여 기재하고, 매수인이 다수인 경우에는 각 매수인별로 작성하며, 각 매수인별 금액을 합산한 총 금액과 거래신고 된 실제 거래금액이 일치하여야 합니다.
2. ② ~ ⑥에는 자기자금을 종류별로 구분하여 중복되지 아니하게 기재합니다.
3. ② 금융기관 예금액란에는 금융기관에 예치되어 있는 본인명의의 예금(적금 등)을 통해 조달하고자 하는 자금을 기재합니다.
4. ③ 부동산매도액 등란에는 본인 소유 부동산의 매도를 통해 조달하고자 하는 자금 또는 재건축, 재개발시 발생한 종전부동산 권리가액 등을 기재합니다.
5. ④ 주식 · 채권 매각대금란에는 본인명의 주식 · 채권 및 각종 유가증권 매각 등을 통해 조달하고자 하는 자금을 기재합니다.
6. ⑤ 보증금 등 승계란에는 임차인의 보증금 등 승계하는 자금을 기재합니다. (대출금 승계는 제외)
7. ⑥ 현금 등 기타란에는 현금으로 보유하고 있는 자금 및 ② ~ ⑤에 포함되지 않는 기타 본인의 자산을 통해 조달하고자 하는 자금(금융기관 예금액 이외의 각종 금융상품 및 간접투자상품을 통해 조달하고자 하는 자금 포함)을 기재합니다.
8. ⑧ ~ ⑩에는 자기자금을 제외한 외부 차입금 등을 종류별로 구분하여 중복되지 아니하게 기재합니다.
9. ⑧ 금융기관 대출액란에는 금융기관으로부터의 각종 대출을 통해 조달하고자 하는 자금 또는 매도인의 대출금 승계 자금을 기재합니다.
10. ⑨ 사채란에는 금융기관 이외의 법인 또는 개인사업자 등으로부터 차입을 통해 조달하고자 하는 자금을 기재합니다.
11. ⑩ 기타란에는 ⑧ ~ ⑨에 포함되지 않는 그 밖의 차입금 등을 기재합니다.
12. ⑦에는 ② ~ ⑥의 합계액을, ⑪에는 ⑧ ~ ⑩의 합계액을, ⑫에는 ⑦과 ⑪의 합계액을 기재하며, 부동산거래계약 신고서의 실제 거래금액과 일치하여야 합니다.
13. ⑬ 입주계획란에는 해당 주택의 거래계약을 체결한 이후 첫 번째 입주자 기준으로 기재하며, 본인입주란 매수인 및 주민등록상 동일세대원이 함께 입주하는 경우, 본인 외 가족입주란 매수인과 주민등록상 세대가 분리된 가족이 입주하는 경우를 말하며, 이 경우에는 입주 예정 시기를 기재합니다. 또한 첫 번째 입주자가 다세대, 다가구 등 2세대 이상인 경우에는 해당 항목별로 중복하여 기재합니다.

210㎜× 297㎜[백상지(80g/㎡) 또는 중질지(80g/㎡)]

■ 부동산 거래신고 등에 관한 법률 시행규칙 [별지 제6호서식]

[ ] 외국인 부동산등 취득 신고서
[ ] 외국인 부동산등 계속보유 신고서
[ ] 외국인 토지 취득 허가신청서

※ 뒤쪽의 유의사항·작성방법을 읽고 작성하시기 바라며, [ ]에는 해당하는 곳에 √표를 합니다.

(앞쪽)

접수번호	접수일시	처리기간 신고: 즉시 / 허가신청: 15일

신고인 (신청인)	성명(법인명)	외국인(법인)등록번호
	국적	①국적 취득일자
	생년월일(법인 설립일자)	(휴대)전화번호
	②주소(법인소재지) (거래지분 : 분의)	

신고 (신청) 사항	③취득 원인	④상세 원인	
	⑤원인 발생일자	⑥취득 가액(원)	
	⑦종류	[ ]토지 [ ]건축물 [ ]토지 및 건축물	
		[ ]공급계약 [ ]전매 | [ ]분양권 [ ]입주권 | [ ]준공전 [ ]준공후	
	⑧소재지		
	⑨토지	(지목 :)/(취득면적: ㎡)/(지분: 분의) (대지권비율: 분의)	
	⑩건축물	(용도 :)/(취득면적: ㎡)/(지분: 분의)	
	⑪취득 용도		

「부동산 거래신고 등에 관한 법률」 제8조 및 제9조제1항, 같은 법 시행령 제5조제1항 및 제6조제1항, 같은 법 시행규칙 제7조제1항에 따라 위와 같이 신고(허가를 신청)합니다.

년 월 일

신고인(신청인) (서명 또는 인)

시장·군수·구청장 귀하

첨부서류	뒤쪽 참조	수수료 없음

210㎜×297㎜[백상지(80g/㎡) 또는 중질지(80g/㎡)]

(뒤쪽)

신고인 (신청인) 제출서류	부동산등 취득 신고의 경우	다음의 구분에 따른 서류 1. 증여의 경우: 증여계약서 2. 상속의 경우: 상속인임을 증명할 수 있는 서류 3. 경매의 경우: 경락결정서 4. 환매권 행사의 경우: 환매임을 증명할 수 있는 서류 5. 법원의 확정판결의 경우: 확정판결문 6. 법인의 합병의 경우: 합병사실을 증명할 수 있는 서류
	부동산등 계속보유 신고의 경우	대한민국국민이나 대한민국의 법령에 따라 설립된 법인 또는 단체가 외국인등으로 변경되었음을 증명할 수 있는 서류
	토지취득 허가 신청의 경우	토지거래계약 당사자 간의 합의서
담당 공무원 확인사항	1. 토지등기사항증명서 2. 건물등기사항증명서	

유의사항

1. 신고서나 허가신청서를 제출할 때에는 여권 등 신고인(신청인)의 신분을 확인할 수 있는 신분증명서를 제시하여야 하고, 전자문서로 신고할 때에는 전자인증의 방법으로 신고인의 신분을 확인하게 됩니다.
2. 전자문서로 신고 또는 허가신청을 할 때에는 증명서류를 첨부하여야 하고 첨부가 곤란한 경우에는 그 사본을 우편 또는 모사전송의 방법으로 신고(허가) 관청에 따로 제출하여야 합니다.
   * 이 경우 신고확인증은 제출된 서류를 확인한 후 지체 없이 송부합니다.

작성방법

① "국적 취득일자"란은 토지계속보유 신고의 경우에는 반드시 적어야 합니다.
② "주소"란의 거래지분에는 공동 취득한 경우의 소유지분을 적습니다.
③ "취득 원인"란에는 계약, 계약 외, 계속보유 중에서 하나를 적습니다.
④ "상세 원인"란에는 매매, 교환, 증여, 상속, 경매, 환매권 행사, 법원의 확정판결, 법인의 합병, 국적 변경 중에서 하나를 적습니다.
⑤ "원인 발생일자"란에는 계약 체결일, 증여결정일, 상속일(피상속인의 사망일), 경락결정일, 환매계약일, 확정판결일, 합병일, 국적변경일 중에서 하나를 적습니다.
⑥ 증여, 상속 등에 따라 취득 가액 산출이 곤란한 경우에는 신고 원인 발생 년도의 공시지가 등을 참고하여 기재할 수 있으며, 참고할 수 있는 가격이 없는 경우 "취득 가액"란의 작성을 생략할 수 있습니다.
⑦ "종류"란에는 토지, 건축물 또는 토지 및 건축물(복합부동산의 경우) 해당란에 √표시합니다. 공급계약은 시행사 또는 건축주등이 최초로 부동산을 공급(분양)하는 계약이고, 전매는 부동산을 취득할 수 있는 권리의 매매를 말하며 이 경우에는 해당란에 √표시를 하고, 세부항목 분양권, 입주권, 준공전, 준공후 각 해당란에도 √표시를 합니다.
⑧ "소재지"란에는 부동산의 소재지・지번(아파트 등 집합건물인 경우에는 동・호까지)을 적습니다.
⑨ "토지"란에는 법정지목, 취득면적을 정확하게 적고, 지분 또는 집합건물 대지권을 취득하는 경우에는 지분 또는 대지권 비율을 적습니다.
⑩ "건축물"란에는 아파트, 단독주택 등 「건축법 시행령」 별표 1에 따른 용도별 건축물의 종류와 취득면적을 정확하게 적고, 지분을 취득하는 경우에는 지분을 적습니다.
⑪ "취득 용도"란에는 주거용(아파트), 주거용(단독주택), 주거용(그 밖의 주택), 레저용, 상업용, 공장용, 그 밖의 용도 중에서 하나를 적고, 취득 용도가 정해지지 아니한 경우에는 현재의 용도를 적습니다.

※ 부동산, 관계 필지 등이 다수인 경우에는 다른 용지에 작성하여 간인 처리한 후 첨부합니다.

처리절차

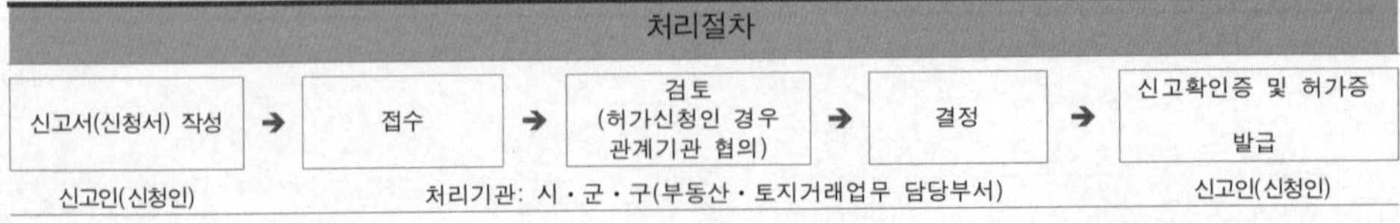

■ 부동산 거래신고 등에 관한 법률 시행규칙 [별지 제9호서식]

토지거래계약 허가 신청서

※ 뒤쪽의 유의사항·작성방법을 읽고 작성하시기 바라며, 색상이 어두운 란은 신청인이 작성하지 않습니다. (앞쪽)

접수번호	접수일시	처리기간 15일

매도인	①성명(법인명)	②주민등록번호(법인·외국인등록번호)
	③주소(법인소재지)	(휴대)전화번호
매수인	④성명(법인명)	⑤주민등록번호(법인·외국인등록번호)
	⑥주소(법인소재지)	(휴대)전화번호

⑦허가신청하는 권리	[ ] 소유권 [ ] 지상권 (지역권×, 전세권×, 유치권×, 저당권×)

	번호	⑧소재지	⑨지 번	지 목 ⑩법정	⑪현실	⑫면적(㎡)	⑬용도지역·용도지구	⑭이용현황
토지에 관한 사항	1 2 3							
	⑮권 리 설 정 현 황							

	번호	⑯종 류	⑰정착물의 내용	이전 또는 설정에 관한 권리 ⑱종 류	⑲내 용
토지의 정착물에 관한 사항	1 2 3				

	번호	⑳소유권의 이전 또는 설정의 형태	그 밖의 권리의 경우 ㉑존 속 기 간	㉒지대(연액)	㉓특 기 사 항
이전 또는 설정하는 권리의 내용에 관한 사항	1 2 3				

	번호	토지 ㉔지목(현실)	㉕면적(㎡)	㉖단가(원/㎡)	㉗예정금액(원)	정착물 ㉘종류	㉙예정금액(원)	㉚예정금액합계(원)(㉗+㉙)
계약예정금액 (계약금액×) 에 관한 사항	1 2 3							
			계	평균	계		계	계

「부동산 거래신고 등에 관한 법률」 제11조제1항, 같은 법 시행령 제9조제1항 및 같은 법 시행규칙 제9조에 따라 위와 같이 허가를 신청합니다.

년 월 일

매도인 (서명 또는 인)

매수인 (서명 또는 인)

시장·군수·구청장 귀하

신청인 제출서류	1. 「부동산 거래신고 등에 관한 법률 시행규칙」 제11조제1항 각 호의 사항을 적은 토지이용계획서 (토지등기사항증명서×)(「농지법」제8조에 따라 농지취득자격증명을 발급받아야 하는 농지의 경우에는 같은 조 제2항에따른 농업경영계획서를 말합니다) 2. 「부동산 거래신고 등에 관한 법률 시행규칙」 제9조제2항에 따른 별지 제10호서식의 토지취득자금조달계획서	수수료 없음 (있음×)
담당 공무원 확인사항	토지(건물×)등기사항증명서	

210㎜× 297㎜[백상지(80g/㎡) 또는 중질지(80g/㎡)]

(뒤 쪽)

유의사항

1. 「부동산 거래신고 등에 관한 법률」 제11조제1항에 따른 허가를 받지 아니하고 체결한 토지거래계약은 그 효력을 발생하지 아니합니다.
2. 「부동산 거래신고 등에 관한 법률」 제11조제1항에 따라 허가 또는 변경허가를 받지 아니하고 토지거래계약을 체결하거나 거짓, 그 밖의 부정한 방법으로 토지거래계약허가를 받은 자는 2년(3년×)이하의 징역 또는 계약체결 당시의 개별공시지가(공시지가×)에 따른 해당토지가격의 100분의 30(10×,20×)에 상당하는 금액 이하의 벌금이 부과됩니다.
3. 「부동산 거래신고 등에 관한 법률」 제11조제1항에 따라 토지거래계약허가를 받아 취득한 토지를 허가받은 목적대로 이용하지 아니한 경우에는 토지 취득가액의 100분의 10(30×)의 범위 안에서 이행강제금이 부과됩니다.

※ 허가 신청사항이 많은 경우에는 다른 용지에 작성하여 간인 처리한 후 첨부할 수(하여야×) 있습니다.

작성방법

1. ①④란에는 법인인 경우는 법인의 명칭을 기재합니다.
2. ⑦란에는 해당하는 권리에 √ 표시합니다.
3. ⑩⑪란에는 전・답・대・잡종지・임야 등으로 기재합니다.
4. ⑰란에는 건축물 및 공작물의 경우에는 연면적・구조・사용년수 등을, 입목의 경우에는 수종・본수・수령 등을 기재합니다.
5. ⑱⑲란에는 권리가 이전 또는 설정되는 정착물의 종류와 내용을 기재합니다.
6. ⑳란에는 매매・교환 등의 등기원인의 구분에 따라 기재합니다.

처리절차

이 신청서는 아래와 같이 처리됩니다.

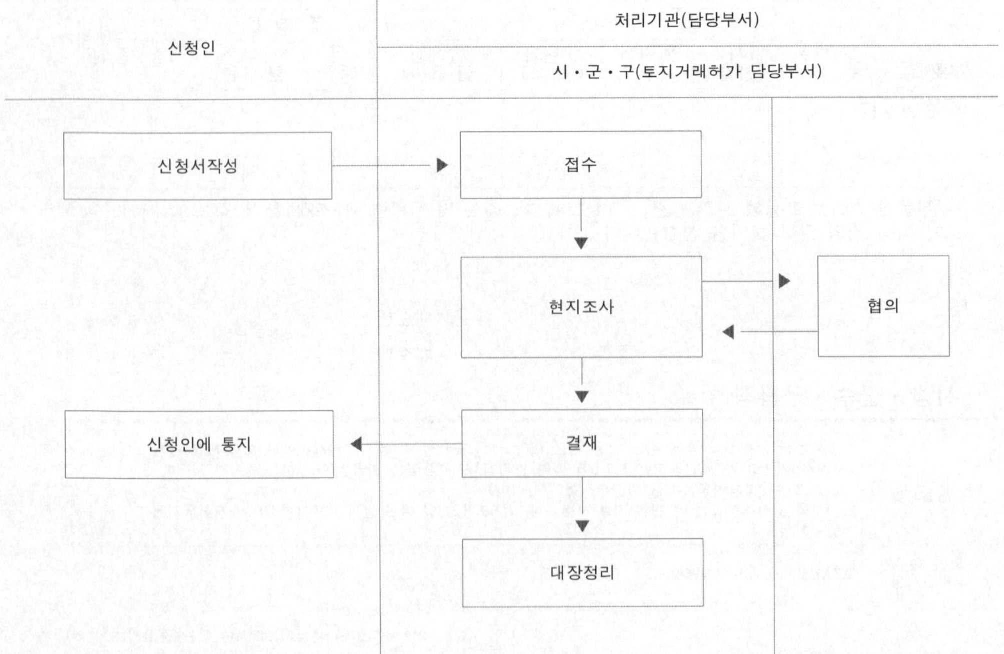

O · X · 지 · 문 · 학 · 습

01. 부동산거래 신고를 받은 등록관청은 그 신고내용을 확인한 후 신고인에게 신고필증을 7일 이내에 발급하여야 한다. [O, ×]

02. 매수인은 자금조달계획이 개업공인중개사에게 공개되는 것을 원하지 아니하는 경우에는 봉인 등 필요한 조치를 할 수 있다. [O, ×]

03. 시장·군수·구청장은 부동산거래 신고를 받은 등록관청의 신고가격 검증 결과를 매월 1회 국토교통부장관에게 보고하여야 한다. [O, ×]

04. 개업공인중개사에게 부동산 거래 신고를 하지 아니하게 하거나 거짓으로 신고를 하는 행위를 조장하거나 방조하는 경우 3,000만원 이하의 과태료가 부과된다. [O, ×]

05. 시·도지사는 공정하고 투명한 부동산 중개질서를 확립하기 위하여 신고받은 내용과 공시된 토지 및 주택의 가액 및 그 밖의 부동산 가격정보를 활용하여 부동산거래가격 검증체계를 구축 · 운영할 수 있다. [O, ×]

06. 거래당사자는 부동산등에 관한 매매계약을 체결한 경우 그 실제 매매가격 등 대통령령으로 정하는 사항을 잔금납부일로부터 30일 이내에 부동산 소재지 관할 시장·군수·구청장에게 신고하여야 한다. [O, ×]

07. 부동산 거래신고 법령상 거래신고 시 매도인 및 매수인의 인적사항, 잔금 지급일, 거래대상 부동산의 종류, 거래대상 부동산의 지목, 거래예정가격 등을 기재해야 한다. [O, ×]

08. 개업공인중개사가 공인중개사법에 따라 거래계약서를 작성 · 교부한 경우에는 부동산 거래 신고를 하여야 한다. [O, ×]

정답 및 해설

01. × (7일 이내 → 지체 없이)
02. O
03. × (시장·군수·구청장 → 특별시장, 광역시장, 도지사, 특별자치도지사)
04. × (3,000만 원 → 500만 원)
05. × (시·도지사 → 국토교통부장관, 중개질서 → 거래질서, 할 수 있다 → 하여야 한다)
06. × (잔금납부일 → 거래계약의 체결일, 30일 → 60일)
07. × (거래예정가격 → 실제거래가격)
08. O

O · X · 지 · 문 · 학 · 습

09. 외국인이 경매로 대한민국 안의 토지를 취득한 때에는 취득한 날부터 6개월 이내에 이를 신고해야 한다. [O, ×]

10. 외국인에 대한민국 안의 토지를 취득하는 계약을 체결 한 경우에는 원칙적으로 계약체결일부터 60일 이내에 토지소재지를 관할하는 시장·군수·구청장에게 신고해야 한다. [O, ×]

11. 외국인이 상속으로 국내 토지를 취득한 때에, 이를 신고하지 않거나 거짓으로 신고한 경우 100만원 이하의 과태료가 부과된다. [O, ×]

12. 대한민국 안의 토지를 가지고 있는 대한민국 국민이 외국인으로 변경된 경우 그 외국인이 해당 토지를 계속 보유하려는 경우에는 외국인으로 변경된 날부터 3개월 이내에 국토교통부장관에게 신고해야 한다. [O, ×]

13. 토지거래계약허가구역 내의 허가대상 토지의 매매계약은 관할관청의 허가를 받기 전에는 효력이 발생하지 않는다. [O, ×]

14. 토지거래계약허가구역 내의 허가대상 토지의 매매계약은 당사자 쌍방이 허가 신청을 하지 아니하기로 의사표시를 명백히 한 때에는 확정적으로 무효가 된다. [O, ×]

15. 토지거래계약허가구역 내의 허가대상 토지의 매매계약에 있어서 허가신청에 이르기 전에 매매계약을 일방적으로 철회하는 경우 상대방에게 일정한 손해액을 배상하기로 하는 약정은 그 효력이 없다. [O, ×]

정답 및 해설

09. O　　10. O　　11. O

12. × (3개월 이내에 국토교통부장관에게 → 6개월 이내에 시장·군수 또는 구청장에게)

13. O　　14. O

15. × [없다 → 있다 (토지거래허가 구역 내의 토지에 대하여 관할 관청의 허가를 받기 전 유동적 무효 상태에 있는 계약을 체결한 당사자는 쌍방이 그 계약이 효력이 있는 것으로 완성될 수 있도록 서로 협력할 의무가 있는 것이므로, 이러한 매매계약을 체결할 당시 당사자 사이에 당사자 일방이 토지거래허가를 받기 위한 협력 자체를 이행하지 아니하거나 허가신청에 이르기 전에 매매계약을 철회하는 경우 상대방에게 일정한 손해액을 배상하기로 하는 약정을 유효하게 할 수 있다. 96다49933)]

기 · 출 · 문 · 제 · 분 · 석

1. 토지를 매수하면서 부동산거래계약신고를 하는 경우 다음 설명 중 옳은 것은?

① 이 신고는 탈세 및 투기를 방지하기 위한 것이므로, 관할세무서에 신고를 해야 한다.
② 개업공인중개사가 거래계약서를 작성·교부한 경우 거래당사자가 이 신고를 하면 개업공인중개사의 신고의무는 없다.
③ 외국인은 신고서 작성 시 대한민국 국민과 달리 토지매수용도를 표시해야 한다.
④ 신고서의 신고사항에는 실제거래가격 및 기준시가가 포함되어야 한다.
⑤ 2 이상의 부동산을 함께 거래하는 경우 신고서의 물건거래금액란에는 합산액을 기재한다.

해설

① 세무서가 아닌 토지 소재지 관할 시장·군수 또는 구청장에게 신고하여야 한다.
② 중개거래이므로 중개업자에게 신고의무가 있다.
④ 기준시가는 신고사항이 아니다.
⑤ 합산액이 아닌 각각의 부동산별 거래금액을 적는다.

2. 부동산 거래신고에 관한 설명으로 옳은 것은?

① 부동산거래신고는 부동산의 증여계약을 체결한 경우에도 해야 한다.
② 개업공인중개사 중개를 완성하여 거래계약서를 작성·교부한 때에는 거래당사자와 개업공인중개사가 공동으로 신고해야 한다.
③ 농지의 매매계약을 체결한 경우 농지법상의 농지취득자격증명을 받으면 부동산거래신고를 한 것으로 본다.
④ 시장·군수 또는 구청장은 부동산거래가격 검증체계를 구축·운영해야 한다.
⑤ 부동산거래계약 신고필증을 교부받은 때에는 매수인은 '부동산등기 특별조치법'에 따른 검인을 받은 것으로 본다.

해설

① 부동산 거래신고는 매매계약이 대상이며, 증여계약은 신고대상이 아니다.
② 중개거래 시 개업공인중개사가 신고하여야 한다. 거래당사자는 신고의무가 없다.
③ 농지의 매매계약을 체결한 경우 농지법상의 농지취득자격증명을 받더라도 부동산거래신고를 하여야 한다.
④ 시장·군수 또는 구청장 → 국토교통부장관

3. 부동산 거래신고에 관한 법령상 부동산거래신고에 관한 설명으로 틀린 것은?

① 「도시 및 주거환경정비법」에 따른 관리처분계획의 인가로 취득한 입주자로 선정된 지위에 관한 매매계약을 체결한 경우 거래신고를 해야 한다.
② 공인중개사법령상 중개대상물에 해당한다고 하여 모두 부동산거래 신고의 대상이 되는 것은 아니다.
③ 거래의 신고를 받은 등록관청은 그 신고내용을 확인한 후 신고인에게 부동산거래계약 신고필증을 지체 없이 발급해야 한다.
④ 거래의 신고를 하려는 개업공인중개사는 부동산거래계약신고서에 서명 또는 날인하여 중개사무소 소재지 등록관청에 제출해야 한다.
⑤ 거래의 신고를 해야 하는 개업공인중개사의 위임을 받은 소속공인중개사는 부동산거래계약 신고서의 제출을 대행할 수 있다.

해설

④ 중개사무소 소재지 → 부동산 등 소재지

|정답| 1. ③ 2. ⑤ 3. ④

기·출·문·제·분·석

4. 개업공인중개사가 대한민국 내 토지를 취득하려는 외국인에게 설명한 내용 중 틀린 것은?

① 외국인이 야생생물 특별보호구역의 토지를 취득하고자 할 때에는 계약체결에 앞서 허가를 받아야 한다.

② 외국인이 허가 없이 문화재보호구역 내의 토지를 취득하는 계약을 체결한 경우 그 효력이 발생하지 아니한다.

③ 외국인이 토지계약을 체결한 경우에는 계약체결일로부터 60일 이내에 신고하여야 한다.

④ 외국인이 허가를 받아야 함에도 불구하고 허가를 받지 아니하고 토지취득계약을 체결한 경우에는 징역형 또는 벌금형의 대상이 된다.

⑤ 외국인이 토지의 취득신고를 하지 아니한 경우에는 벌금형의 대상이 된다.

해설

⑤ 벌금 → 과태료

5. 개업공인중개사가 대한민국 내의 토지를 취득하고자 하는 외국인에게 한 설명으로 옳은 것은?

① 대한민국 안의 토지를 가지고 있는 대한민국 국민이 외국인으로 변경된 경우 그 외국인이 해당 토지를 계속 보유하려는 경우에는 외국인으로 변경된 날부터 3개월 이내에 국토교통부장관에게 신고해야 한다.

② 국토교통부장관은 토지의 취득신고를 하지 않은 외국인에게 과태료를 부과·징수한다.

③ 외국인이 경매로 대한민국 안의 토지를 취득한 때에는 토지를 취득한 날부터 6개월 이내에 시장·군수 또는 구청장에게 신고해야 한다.

④ 국토교통부장관은 토지거래계액을 허가받은 외국인이 허가받은 목적대로 해당 토지를 이용하고 있는지 조사해야 한다.

⑤ 시장·군수 또는 구청장은 토지취득신고 등의 내용을 관리대장에 기록하여 관리해야 하고 그 내용을 국토교통부장관에게 직접 통보해야 한다.

해설

① 3개월 → 6개월

② 시장·군수·구청장이 토지의 취득신고를 하지 않은 외국인에게 과태료를 부과한다.

④ 국토교통부장관 → 시장·군수·구청장

⑤ 시장·군수·구청장은 토지신고 등의 내용을 관리대장에 기록하여 관리하여야 하며, 그 내용을 매 종기 종료일부터 1개월 이내에 시·도지사에게 통보하여야 한다.

|정답| 4. ⑤ 5. ③

인증번호 : SY75-R2T6

6 보수 ★★

무선 인터넷에서 스마트폰으로 QR코드를 찍으면 동영상 강의를 보실 수 있습니다.

핵심

중개보수 : 계산

기출 Point

1. 중개보수 발생시기 vs 행사시기 vs 지급시기
2. 중개보수 계산
3. 중개보수 관련 판례
4. 위반 시 제재사항

출제자 의도

중개보수

각 계약(특히, 임대차)별 중개보수 금액을 '계산'할 수 있는가?

1. 요약

(1) 중개보수

① 발생시기 vs 행사시기 vs 지급시기

발생시기	'중개계약' 체결 시(잔금지불 시×)	※ 보수 받을 수 없는 경우 : 개업공인중개사의 고의 또는 과실로 거래행위가 무효·취소·해제된 경우
행사시기	'거래계약' 체결 시	
지급시기	당사자간 약정에 따름. 약정이 없으면 거래대금 지급이 완료된 날(거래계약이 체결된 날×)	

※ **서울특별시 주택 중개보수 등에 관한 조례**

[제2조] 중개보수

중개보수는 중개의뢰인과 개업공인중개사가 중개계약으로 정한 금액으로 한다.

② 기준 및 계산 ★★★

㉠ 기준

구분	거래금액 및 요율
주택 (부속토지, 주택 분양권 포함. 복합건축물은 주택면적이 ½ 이상인 경우)	(사무소 관할)시·도 (시·군·구×)조례 ↓ 분사무소 : 분사무소관할 (주사무소×) → 매매·교환 : 거래금액의 0.9% 이내, 시·도 상한요율 **[9억 원 이상]** [→분양권 전매 시 거래금액 : 실납입금+프리미엄(총분양가×) →교환의 거래금액 : 거래금액이 큰 중개대상물의 가액)] → 임대차 : 거래금액의 0.8% 이내, 시·도 상한요율 **[6억 원 이상]** (차임이 있는 거래금액 : → 원칙 : 보증금 + 차임 × 100 → 예외 : 보증금 + 차임 ×70(→ 원칙상 거래금액이 5천만원 미만인 경우)
• 매매·교환의 경우 • 임대차의 경우	→ 5천만원 미만 : 0.6%(25만원) / 5천만원~2억원 미만 : 0.5%(80만원) / 2~6억원 미만 : 0.4% / 6~9억원 미만 : 0.5% → 5천만원 미만 : 0.5%(20만원) / 5천만원~1억원 미만 : 0.4%(80만원) / 1~3억원 미만 : 0.3% / 3~6억원 미만 : 0.4% [서울시 조례 기준]

오피스텔 (부엌·화장실·목욕시설 갖춘 전용면적 85㎡ 이하 오피스텔)	매매·교환 : 0.5%, 임대차 : 0.4% 한도
그 외 (복합건축물은 주택면적이 ½ 미만인 경우 포함)	상호 협의(거래금액의 0.9% 이내)

※ 중개보수에 부가가치세는 별도임
※ 권리금 → 거래금액에 비포함

ⓛ 계산

산출가 = 거래금액 × 요율

(i) 산출가 > 한도액 : '한도액(보다 작은 금액)' 이 중개의뢰인 **일방**에게서 받는 **중개보수**

(ii) 산출가 < 한도액 : '산출가(보다 작은 금액)' 가 중개의뢰인 **일방**에게서 받는 **중개보수**

(총) 중개보수 = 일방중개보수 × 2

※ **무등록개업공인중개사의 중개보수**

6번 테마 (개설등록), 요약, '(8)무등록' 참고

※ 중개보수 영수증 : 법정서식×

※ 중개보수가 기재되는 서식 : 중개계약서, 중개대상물 확인설명서(거래계약서×, 거래신고서×)

(2) 실비

구분	청구대상자	실비기준	지불시기
① 중개대상물의 권리관계등의 확인	권리 이전(취득×) 중개의뢰인	(사무소 관할) 시·도 조례 (한도 : 확인·소요비용)	중개대상물에 대한 확인·설명을 마친 때
② 계약금등의 반환채무 이행보장	권리 취득(이전×) 중개의뢰인		계약금을 지급하거나 반환하는 때

(3) 위반 시 제재사항

위반사항	제재사항
중개보수·실비 초과 수수 [→금지행위(②번째)에 해당]	행정처분 : 임의적 등록취소 행정형벌 : 1년 1천만 원

2. 3단 비교표

법	시행령	시행규칙
제32조 중개보수 등 ① 개업공인중개사는 중개업무에 관하여 중개의뢰인으로부터 소정의 **보수**를 받는다. 다만, 개업공인중개사(중개의뢰인×)의 고의 또는 과실로 인하여 중개의뢰인간의 거래행위가 무효·취소 또는 해제된 경우에는 그러하지 아니하다. ② 개업공인중개사는 중개의뢰인으로부터 제25조제1항의 규정에 의한 중개대상물의 권리관계 등의 확인 또는 제31조의 규정에 의한 계약금 등의 반환채무이행 보장에 소요되는 **실비**를 받을 수 있다. ③ 제1항에 따른 보수의 지급시기는 대통령령(국토교통부령×)으로 한다. ④ **주택**[부속토지를 포함(제외×)한다. 이하 이 항에서 같다]의 중개에 대한 보수와 제2항에 따른 실비의 한도 등에 관하여 필요한 사항은 국토교통부령이 정하는 범위 안에서 특별시·광역시·도 또는 특별자치도(이하 "시·도"라 한다)의 조례(시·군·구 조례×)로 정하고, 주택 외의 중개대상물의 중개에 대한 보수는 국토교통부령(시·도 조례×, 대통령령×, 국토교통부령으로 정하는 범위 내에서 시·도 조례×)으로 정한다.	**제27조의2 중개보수의 지급시기** 법 제32조 제3항에 따른 중개보수의 지급시기는 개업공인중개사와 중개의뢰인간의 **약정**에 따르되, 약정이 없을 때에는 중개대상물의 거래대금 지급이 완료된 날로 한다.	**제20조 중개보수 및 실비의 한도 등** ① 법 제32조제4항의 규정에 따른 **주택**의 중개에 대한 보수는 중개의뢰인 쌍방(일방×)으로부터 각각(균분하여×, 똑같은 금액을×) 받되, 그 일방(쌍방×)으로부터 받을 수 있는 한도는 매매·교환의 경우에는 거래금액의 1천분의 9(0.9% ○, 1천분의 8 ×)이내로 하고, 임대차 등의 경우에는 거래금액의 1천분의 8(0.8% ○, 1천분의 9 ×)이내로 한다. ② 법 제32조제4항의 규정에 따른 실비의 한도는 중개대상물의 권리관계 등의 확인 또는 계약금 등의 반환채무이행 보장에 드는 비용으로 하되, 개업공인중개사가 영수증 등을 첨부하여 매도·임대(매수·임차×)그 밖의 권리를 이전(취득×)하고자 하는 중개의뢰인[계약금 등의 반환채무이행 보장에 소요되는 실비의 경우에는 매수·임차(매도·임대×) 그 밖의 권리를 취득(이전×)하고자 하는 중개의뢰인을 말한다]에게 청구할 수 있다(없다×). ③ 제1항 및 제2항의 경우에 중개대상물의 소재지와 중개사무소의 소재지가 다른 경우에는 개업공인중개사는 중개사무소의 소재지(중개대상물의 소재지×)를 관할하는 시·도(시·군·구×, 등록관청×)의 조례에서 정한 기준에 따라 중개보수 및 실비를 받아야(받을 수×) 한다. ④ 법 제32조제4항의 규정에 따라 **주택 외**의 중개대상물에 대한 중개보수는 다음 각 호의 구분에 따른다. 1. 「건축법 시행령」 별표 1 제14호나목2)에 따른 **오피스텔**(다음 각 목의 요건을 모두 갖춘 경우에 한정한다) : 중개의뢰인 쌍방으로부터 각각 받되, 별표 3의 요율(**매매 · 교환은 0.5%, 임대차 0.4%**) 범위에서 중개보수를 결정한다. 가. 전용면적이 85(95×) 제곱미터 이하일 것 나. 상 · 하수도 시설이 갖추어진 전용입식 부엌, 전용수세식 화장실 및 목욕시설(전용수세식 화장실에 목욕시설을 갖춘 경우를 포함한다)을 갖출 것 2. 제1호 외의 경우 : 중개의뢰인 쌍방으로부터 각각 받되, 거래금액의 1천분의 9(0.8×) 이내에서 중개의뢰인과 개업공인중개사가 서로 협의하여 결정한다. ⑤ 제1항 및 제4항의 경우 **거래금액**의 **계산**은 다음 각 호에 따른다. 1. **임대차** 중 보증금 외에 차임이 있는 경우에는 월 단위의 차임액에 100(50×)을 곱한 금액을 보증금에 합산한 금액을 거래금액으로 한다. 다만, 본문의 규정에 따라 합산한 금액(보증금×)이 5천만원(1억원×) 미만(이하×)인 경우에는 본문의 규정에 불구하고 월 단위의 차임액에 70(80×)을 곱한 금액과 보증금을 합산한 금액을 거래금액으로 한다. 2. **교환**계약의 경우에는 교환대상 중개대상물 중 거래금액이 큰 중개대상물의 가액을 거래금액으로 한다. 3. **동일**한 중개대상물에 대하여 **동일** 당사자간에 매매를 포함한 둘 이상의 거래가 동일 기회에 이루어지는 경우에는 매매(교환×)계약에 관한 거래금액만을 적용한다.(3가지 동일 모두 충족된 경우) ⑥ 중개대상물인 건축물 중 주택의 면적이 2분의 1(3분의 1×)이상인 경우에는 제1항(주택)의 규정을 적용하고, 주택의 면적이 2분의 1미만(이하×)인 경우에는 제4항(주택 외)의 규정을 적용한다. ⑦ 개업공인중개사는 주택 외의 중개대상물에 대하여 제4항의 규정에 따른 중개보수 요율의 범위 안에서 실제 자기가 받고자 하는 중개보수의 상한요율을 제10조 제2호의 규정에 따른 중개보수·실비의 요율 및 한도액표에 명시하여야 하며, 이를 초과하여 중개보수를 받아서는 아니된다.

개업공인중개사와 중개의뢰인 간의 약정이 없는 경우, 중개보수의 지급시기는 '거래계약이 체결된 날'로 한다.(×)
→ '거래대금 지급이 완료된 날'(O)

동일한 중개대상물에 대하여 동일한 당사자 간에 매매와 임대차가 동일 기회에 이루어진 경우, '매매계약과 임대차계약의 거래금액을 합산한 금액'을 기준으로 중개보수를 산정한다.(×)
→ '매매계약에 관한 거래금액'(O)

권리관계 등 확인에 드는 실비는 매수·임차 그 밖의 권리를 '취득'하고자 하는 중개의뢰인에게 청구할 수 있다.(×)
→ '이전'(O)

판 례

중개보수

[1] 부동산중개업법 제20조에 의하면, 중개업자는 중개업무에 관하여 중개의뢰인으로부터 소정의 수수료를 받을 수 있고(제1항), 위 수수료의 한도 등에 관하여 필요한 사항은 건설교통부령이 정하는 범위 내에서 특별시·광역시 또는 도의 조례로 정하도록 규정하고 있으며(제3항), 구 부동산중개업법시행규칙(2000. 7. 29. 건설교통부령 제250호로 개정되어 2000. 10. 1.부터 시행되기 전의 것) 제23조의2 제1항에 의하면, 부동산중개업법 제20조 제3항의 규정에 의한 수수료는 중개의뢰인 쌍방으로부터 각각 받되 그 한도는 매매·교환의 경우에는 거래가액에 따라 0.15%(위 개정 후에는 0.2%)에서 0.9% 이내로 하도록 규정되어 있고, 한편 부동산중개업법 제15조 제2호는 중개업자가 같은 법 제20조 제3항의 규정에 의한 수수료를 초과하여 금품을 받거나 그 외에 사례·증여 기타 어떠한 명목으로라도 금품을 받는 행위를 할 수 없도록 금지하고, 위와 같은 금지행위를 한 경우 등록관청이 중개업등록을 취소할 수 있으며(같은 법 제22조 제2항 제3호), 위와 같은 금지규정을 위반한 자는 1년 이하의 징역 또는 1천만 원 이하의 벌금에 처하도록 규정하고 있는바(같은 법 제38조 제2항 제5호), 부동산중개업법이 '부동산중개업자의 공신력을 높이고 공정한 부동산 거래질서를 확립하여 국민의 재산권 보호에 기여함'을 목적으로 하고 있는 점(같은 법 제1조), 위 규정들이 위와 같은 금지행위의 결과에 의하여 경제적 이익이 귀속되는 것을 방지하려는 데에도 그 입법 취지가 있다고 보이는 점, 그와 같은 위반행위에 대한 일반사회의 평가를 감안할 때 위와 같은 금지행위 위반은 반사회적이거나 반도덕적으로 보아야 할 것인 점, 위반행위에 대한 처벌만으로는 부동산중개업법의 실효를 거둘 수 없다고 보이는 점 등을 종합하여 보면, 위와 같은 규정들은 **부동산중개의 수수료** 약정 중 소정의 **한도액을 초과하는 부분**에 대한 사법상의 효력을 제한함으로써 국민생활의 편의를 증진하고자 함에 그 목적이 있는 것이므로 이른바, 강행법규에 속하는 것으로서 그 한도액을 초과하는 부분은 무효(유효×)라고 보아야 한다. [2000다54406,54413]

[2] 가. 구 부동산중개업법(2005. 7. 29. 법률 제7638호 공인중개사의 업무 및 부동산 거래신고에 관한 법률로 전문 개정되기 전의 것) 제2조 제1호, 제3조, 같은 법 시행령 제2조의 규정을 종합하여 보면, 영업용 건물의 영업시설·비품 등 유형물이나 거래처, 신용, 영업상의 노하우 또는 점포위치에 따른 영업상의 이점 등 무형의 재산적 가치는 같은 법 제3조, 같은 법 시행령 제2조에서 정한 중개대상물이라고 할 수 없으므로, 그러한 유·무형의 재산적 가치의 양도에 대하여 이른바 '권리금' 등을 수수하도록 중개한 것은 구 부동산중개업법이 규율하고 있는 중개행위에 해당하지 아니하고, 따라서 같은 법이 규정하고 있는 중개수수료의 한도액 역시 이러한 거래대상의 중개행위에는 적용되지 아니한다.

나. 개업공인중개사가 토지와 건물의 임차권 및 **권리금**, 시설비의 교환계약을 중개하고 그 사례 명목으로 포괄적으로 지급받은 금원 중 어느 금액까지가 구 부동산중개업법(2005. 7. 29. 법률 제7638호 공인중개사의 업무 및 부동산 거래신고에 관한 법률로 전문 개정되기 전의 것)의 규율대상인 중개수수료(현, 중개보수)에 해당하는지

판 례

를 특정할 수 없어 같은 법이 정한 한도를 초과하여 중개수수료를 지급받았다고 단정할 수 없다(있다 ×). [2005도6054]

[3] 매매계약의 성립에 결정적인 기여를 한 중개업자(현, 개업공인중개사)가 그의 귀책사유 없이 매매계약에 관여하지 못하였다하더라도, 중개업자는 중개수수료(현, 중개보수)를 청구할 권리가 있다(없다 ×). [서울동부지원. 1987. 2. 20]

01. 부동산중개에 대한 보수요율과 한도액은 공인중개사법에 구체적으로 명시되어 있다. [O, ×]

02. 개업공인중개사의 고의·과실로 이미 성립된 거래행위가 무효가 된 때에는 중개보수를 받을 수 없다. [O, ×]

03. 거래가 성립된 후 거래당사자간 사정변경으로 계약이 해제되어도 중개보수는 반환하지 아니한다. [O, ×]

04. 개업공인중개사는 중개보수 이외에 별도의 실비를 받을 수 있으며, 그 한도는 중개대상물의 권리관계 등의 확인 또는 계약금 등의 반환채무이행 보장에 드는 비용으로 한다. [O, ×]

05. 개업공인중개사는 주택의 중개대상물에 대하여 공인중개사법 중개보수 요율의 범위 안에서 실제 자기가 받고자 하는 중개보수의 상한요율을 중개보수·실비의 요율 및 한도액표에 명시하여야 한다. [O, ×]

06. 주택(부속토지를 포함)의 중개에 대한 보수와 실비의 한도 등에 관하여 필요한 사항은 국토교통부령이 정한다. [O, ×]

07. 중개보수의 지급시기는 개업공인중개사와 중개의뢰인간의 약정에 따르되, 약정이 없을 때에는 중개대상물의 거래계약서에 거래당사자가 서명 및 날인하는 날로 한다. [O, ×]

정답 및 해설

01. × (공인중개사법 → 시·도 조례)
02. ○
03. ○
04. ○
05. × (주택의 중개대상물 → 주택 외의 중개대상물)
06. × (국토교통부령 → 국토교통부령이 정하는 범위 안에서 시·도 조례로 정한다. 반면 주택 외의 중개대상물의 중개에 대한 보수는 국토교통부령으로 정한다.)
07. × (거래당사자가 서명 및 날인하는 날 → 거래대금 지급이 완료된 날)

1. 공인중개사법령상 중개보수에 관련된 설명으로 틀린 것을 모두 고른 것은?

> ㉠ 중개대상물인 주택의 소재지와 중개사무소의 소재지가 다른 경우, 개업공인중개사는 중개사무소 소재지를 관할하는 시·도의 조례에서 정한 기준에 따라 보수를 받아야 한다.
> ㉡ 교환계약의 경우 교환대상 중개대상물 중 거래금액이 큰 중개대상물의 가액을 거래금액으로 하여 보수를 산정한다.
> ㉢ 사례·증여 기타 어떤 명목으로든 법에서 정한 보수를 초과하여 금품을 받는 행위는 반드시 개설등록을 취소하여야 하는 사유에 해당한다.
> ㉣ 동일한 중개대상물에 대하여 동일한 당사자 간에 매매와 임대차가 동일 기회에 이루어지는 경우, 매매계약과 임대차계약의 거래금액을 합산한 금액을 기준으로 보수를 산정한다.

① ㉠, ㉡　　② ㉠, ㉣
③ ㉡, ㉢　　④ ㉡, ㉣
⑤ ㉢, ㉣

해설

㉢ 사례·증여 기타 어떤 명목으로든 법에서 정한 보수를 초과하여 금품을 받는 행위는 상대적 취소사유로 등록이 취소될 수 있다.

㉣ 동일한 중개대상물에 대하여 동일한 당사자 간에 매매와 임대차가 동일한 기회에 이루어지는 경우, 매매계약에 관한 금액을 기준으로 중개보수를 산정한다.

2. A는 분양금액 3억 원인 아파트를 분양받아 계약금 3천만 원, 1차 중도금 3천만 원을 납부하였다. 그런데 이 아파트에 2천만 원의 프리미엄이 붙어 A는 B에게 분양권을 전매하였다. 만약 개업공인중개사가 이 분양권매매를 중개하였다면 받을 수 있는 중개보수 총액은 얼마인가? (단, 거래가액 5천만 원 이상 2억 원 미만인 경우 요율 0.5%, 한도 80만 원이며, 거래가액 2억 원 이상 6억 원 미만인 경우 요율 0.4%, 한도액은 없는 것으로 간주한다)

① 1,000,000원　　② 1,600,000원
③ 800,000원　　④ 1,200,000원
⑤ 400,000원

해설

$80,000,000\times\frac{5}{10,000}$ = 400,000(한도액 : 80만 원)

∴ 중개보수 = 400,000×2 = 800,000(원)

3. (　　) 안에 들어갈 내용으로 옳은 것은?

> 공인중개사법령상 중개의뢰인 일방으로부터 받을 수 있는 주택(부속토지 포함)의 중개보수의 한도는 매매·교환의 경우에는 거래금액의 (㉠) 이내, 임대차 등의 경우에는 거래금액의 (㉡) 이내의 범위 안에서 시·도의 조례로 정한다.

① ㉠ : 1천분의 8, ㉡ : 1천분의 7
② ㉠ : 1천분의 8, ㉡ : 1천분의 8
③ ㉠ : 1천분의 8, ㉡ : 1천분의 9
④ ㉠ : 1천분의 9, ㉡ : 1천분의 8
⑤ ㉠ : 1천분의 9, ㉡ : 1천분의 9

해설

④ 공인중개사법령상 중개의뢰인 일방으로부터 받을 수 있는 주택(부속토지 포함)의 중개보수의 한도는 매매·교환의 경우 거래금액의 (1천분의 9) 이내, 임대차의 경우에는 거래금액의 (1천분의 8) 이내의 범위 안에서 시·도의 조례로 정한다.

|정답| 1. ⑤　2. ③　3. ④

인증번호 : 85GS-7XT2

예치

기출 Point

1. 예치금
2. 예치 명의자 vs 예치 기관 vs 지급보증서 발행기관
3. 예치 관련 개업공인중개사의 의무사항

출제자 의도

계약금등의 반환채무 이행의 보장

개업공인중개사와 관련된 내용을 이해하고 있는가?

공탁금을 예치받은 법원은 예치명의자에 '해당한다'.(×)
→ '해당하지 않는다' (○)

개업공인중개사는 계약금 등을 자기이름으로 예치하여서는 '아니된다'.(×)
→ '된다' (○)

핵심

예치제도 관련 **행위제한**

1. 요약

(1) 목적

거래의 안전보장

(2) 예치금

계약금 등(계약금·중도금·잔금)

(3) 예치 명의자 · 예치 기관 · 지급보증서 발행기관

예치 명의자	예치 기관	지급보증서 발행기관
① 개업공인중개사 ② 은행 ③ 보험회사 ④ 신탁업자 ⑤ 체신관서 ⑥ 공제사업자 ⑦ 전문회사	① 금융기관 (체신관서 포함) ② 공제사업자 ③ 신탁업자	① 금융기관 ② 보증보험회사

※ 예치제도는 미국의 'Escrow' 개념과 유사하다.

2. 3단 비교표

법	시행령	시행규칙
제31조 계약금등의 반환채무이행의 보장 ① 개업공인중개사는 거래의 안전을 보장하기 위하여 필요하다고 인정하는 경우에는 거래계약의 이행이 완료될 때까지(거래계약서 작성이 완료될때까지×) 계약금·중도금 또는 잔금(이하 이 조에서 "계약금등"이라 한다)을 개업공인중개사 또는 대통령령(국토교통부령×) 이 정하는 자의 **명의**로 금융기관, 제42조의 규정에 의하여 공제사업을 하는 자 또는 「자본시장과 금융투자업에 관한 법률」에 따른 신탁업자 등에 **예치**하도록 거래당사자에게 권고할 수(하여야×) 있다. ② 제1항의 규정에 의하여 계약금등을 예치한 경우 매도인·임대인 등 계약금등을 수령할 수 있는 권리가 있는 자는 당해 계약을 해제한(할×) 때에 계약금등의 반환을 보장하는 내용의 금융기관 또는(과×) 보증보험회사가 발행하는 **보증서**를 계약금등의 예치명의자에게 교부하고 계약금등을 미리 수령할 수 있다(없다×). ③ 제1항의 규정에 의하여 예치한 계약금등의 관리·인출 및 반환절차 등에 관하여 필요한 사항은 대통령령(국토교통부령×)으로 정한다.	**제27조 계약금등의 예치·관리 등** ① 법 제31조제1항에서 "대통령령이 정하는 자"라 함은 다음 각 호의 자를 말한다. 1. 「은행법」에 따른 은행 2. 「보험업법」에 따른 보험회사 3. 「자본시장과 금융투자업에 관한 법률」에 따른 신탁업자 4. 「우체국예금·보험에 관한 법률」에 따른 체신관서 5. 법 제42조의 규정에 따라 공제사업을 하는 자 6. 부동산 거래계약의 이행을 보장하기 위하여 계약금·중도금 또는 잔금(이하 이 조에서 "계약금등"이라 한다) 및 계약 관련서류를 관리하는 업무를 수행하는 전문회사 ② 개업공인중개사는 거래당사자가 법 제31조제1항의 규정에 따라 계약금등을 개업공인중개사의 명의로 금융기관 등에 예치할 것을 의뢰하는 경우에는 계약이행의 완료 또는 계약해제 등의 사유로 인한 계약금등의 인출에 대한 거래당사자의 동의 방법, 법 제32조제3항의 규정에 따른 반환채무이행 보장에 소요되는 실비 그 밖에 거래안전을 위하여 필요한 사항을 약정하여야(할 수×) 한다. ③ 개업공인중개사는 제2항의 규정에 따라 거래계약과 관련된 계약금 등을 자기 명의로 금융기관 등에 예치하는 경우에는 자기 소유의 예치금과 (반드시○)분리(함께×)하여 **관리**될 수 있도록 하여야 하며, 예치된 계약금등은 거래당사자의 동의 없이 인출하여서는 아니된다(동의가 있는 경우 인출할 수 있다). ④ 개업공인중개사는 제2항의 규정에 따라 계약금등을 자기 명의로 금융기관 등에 예치하는 경우에는 그 계약금등을 거래당사자에게 지급할 것을 보장하기 위하여 예치대상이 되는 계약금등에 해당하는 금액을 보장하는 **보증보험** 또는(그리고×, 과×) 법 제42조의 규정에 따른 **공제**에 가입하거나(하고×) **공탁**을 하여야(할 수×) 하며, 거래당사자에게 관계증서의 사본(원본×)을 교부하거나(하고×) 관계증서에 관한 전자문서를 제공하여야(할 수×) 한다.	–

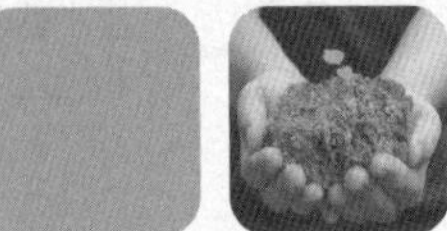

O · X · 지 · 문 · 학 · 습

01. 개업공인중개사는 계약금 이외에 중도금이나 잔금도 예치하도록 거래당사자에게 권고할 수 있다. [O, ×]

02. 계약금 등을 개업공인중개사 명의로 금융기관 등에 예치하는 경우, 개업공인중개사는 거래당사자의 동의 없이 이를 인출할 수 있다. [O, ×]

03. 계약금 등을 예치하는 경우 매도인 명의로 금융기관에 예치할 수 있다. [O, ×]

04. 금융기관에 예치하는데 소요되는 실비는 특별한 약정이 없는 한 매도인이 부담한다. [O, ×]

05. 개업공인중개사는 예치된 계약금을 거래당사자의 동의 없이 임의로 인출하여서는 안 된다. [O, ×]

정답 및 해설

01. O (법 제31조제①항))
02. × [있다 → 없다 (영 제27조제③항)]
03. × [있다 → 없다 (법 제31조제①항, 영 제27조제①항)]
04. × [매도인 → 매수인 (칙 제20조제②항)]
05. O (영 제27조제③항)

기·출·문·제·분·석

1. 개업공인중개사의 중개로 매매계약이 체결된 후 계약금 등의 반환채무이행을 보장하기 위해 매수인이 낸 계약금을 개업공인중개사 명의로 금융기관에 예치하였다. 공인중개사법령상 이에 관한 설명으로 틀린 것은?

① 금융기관에 예치하는데 소요되는 실비는 특별한 약정이 없는 한 매도인이 부담한다.
② 개업공인중개사는 계약금 이외에 중도금이나 잔금도 예치하도록 거래당사자에게 권고할 수 있다.
③ 개업공인중개사는 예치된 계약금에 해당하는 금액을 보장하는 보증보험 또는 공제에 가입하거나 공탁을 해야 한다.
④ 개업공인중개사는 예치된 계약금이 자기소유의 예치금과 분리하여 관리될 수 있도록 해야 한다.
⑤ 개업공인중개사는 예치된 계약금을 거래당사자의 동의 없이 임의로 인출하여서는 안 된다.

해설
① 계약금 등의 반환채무이행에 관련된 실비는 매수인·임차인에게 청구할 수 있다.

2. 공인중개사법령상 계약금 등의 반환채무이행의 보장에 관한 설명으로 틀린 것은?

① 개업공인중개사가 거래당사자에게 계약금 등을 예치하도록 권고할 법률상 의무는 없다.
② 계약금 등을 예치하는 경우 「우체국예금·보험에 관한 법률」에 따른 체신관서 명의로 공제사업을 하는 공인중개사협회에 예치할 수도 있다.
③ 계약금 등을 예치하는 경우 「보험업법」에 따른 보험회사 명의로 금융기관에 예치할 수 있다.
④ 계약금 등을 예치하는 경우 매도인 명의로 금융기관에 예치할 수 있다.
⑤ 계약금 등의 예치는 거래계약의 이행이 완료될 때까지로 한다.

해설
④ 매도인 → 개업공인중개사 또는 대통령령이 정하는 자(법률 제31조 제①항)

3. 공인중개사법령상 개업공인중개사는 계약금등을 대통령령이 정하는 자의 명의로 금융기관등에 예치하도록 거래당사자에게 권고할 수 있는데, 그 명의자에 속하지 않는 것은?

① 「보험업법」에 따른 보험회사
② 공제사업을 하는 공인중개사협회
③ 공탁금을 예치받는 법원
④ 「우체국·예금보험에 관한 법률」에 따른 체신관서
⑤ 「자본시장과 금융투자업에 관한 법률」에 따른 신탁업자

해설
③ 예치 명의자에는 이외에 개업공인중개사, 은행, 전문회사 등이다.

|정답| 1.① 2.④ 3.③

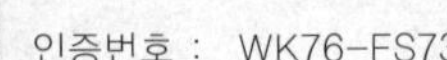

★ 감독

기출 Point

1. 감독권자
2. 감독대상
3. 위반 시 제재사항

출제자 의도

각각의 감독권자를 구별할 수 있는가?

핵심

개업공인중개사·거래정보사업자 감독 vs **협회 감독** : 차이점 구별

1. 요약

구분	개업공인중개사·거래정보사업자 감독	협회 감독	매수신청대리업무감독
감독권자	국토교통부장관, 시·도지사, 등록관청	국장만	–개업공인중개사 : 지방법원장 –협회 : 법원행정처장 –협회의 시·도지부 : 지방법원장
대상	개업공인중개사, 거래정보사업자 (→ 분사무소, 무등록개업공인중개사 포함 ↔ 소속공인중개사, 중개보조원 불포함) ※ 무등록개업공인중개사 ┌출입·조사·검사·질문 대상 ○ └보고·자료제출·명령 대상 ×	협회, 지부, 지회	
불응 시 제재	┌개업공인중개사 : 업무정지 └거래정보사업자 : 500만 원 ↓ 과태료	500만 원 ↓ 과태료	

2. 3단 비교표

법	시행령	시행규칙
제37조 감독상의 명령 등 ① 국토교통부장관, 시·도지사 및 등록관청(법인인 개업공인중개사의 분사무소 소재지의 시장·군수 또는 구청장을 포함한다. 이하 이 조에서 같다)은 다음 각 호의 어느 하나의 경우에는 개업공인중개사 또는 거래정보사업자(소속공인중개사×, 중개보조원×, 무등록개업공인중개사×)에 대하여 그 업무에 관한 사항을 보고하게 하거나 자료의 제출 그 밖에 필요한 **명령**을 할 수 있으며, 소속 공무원으로 하여금 중개사무소[제9조의 규정에 의한 중개사무소의 개설등록을 하지 아니하고 중개업을 하는 자(무등록 개업공인중개사)의 사무소를 포함(제외×)한다]에 출입하여 장부·서류 등을 **조사** 또는 **검사**하게 할 수(하여야×) 있다. 1. 삭제 2. 삭제 3 부동산투기 등 거래동향의 파악을 위하여 필요한 경우 4. 이 법 위반행위의 확인, 공인중개사의 자격취소·정지 및 개업공인중개사에 대한 등록취소·업무정지 등 행정처분을 위하여 필요한 경우 ② 제1항에 따라 출입·검사 등을 하는 공무원은 국토교통부령(대통령령×)으로 정하는 증표를 지니고 상대방에게 이를 (반드시○) 내보여야 한다. ③ 국토교통부장관, 시·도지사 및 등록관청은 불법 중개행위 등에 대한 단속을 함에 있어서 필요한 때에는 제41조에 따른 공인중개사협회 및 관계 기관에 협조를 요청할 수(하여야×) 있다. 이 경우 공인중개사협회(공인중개사협회 및 관계 기관은×)는 특별한 사정이 없는 한 이에 따라야 한다. **제44조 지도·감독 등** ① 국토교통부장관(시·도지사×, 등록관청×)은 협회와 그 지부 및 지회에 대하여 감독상 필요한 때에는 그 업무에 관한 사항을 보고하게 하거나 자료의 제출 그 밖에 필요한 명령을 할 수(하여야×) 있으며, 소속 공무원으로 하여금 그 사무소에 출입하여 장부·서류 등을 조사 또는 검사하게 할 수(하여야×) 있다. ② 제1항의 규정에 의하여 출입·검사 등을 하는 공무원은 국토교통부령(대통령령×)이 정하는 증표를 지니고 상대방에게 이를 내보여야 한다.	–	**제23조 출입·검사 시 공무원의 증표** 법 제37조제2항에서 "국토교통부령이 정하는 증표"라 함은 공무원증 및 별지 제26호 서식의 중개사무소조사·검사증명서를 말한다. **제27조 출입·검사시 공무원의 증표** 법 제44조제2항에서 "국토교통부령이 정하는 증표"라 함은 공무원증 및 별지 제27호 서식의 공인중개사협회조사·검사증명서를 말한다.

무등록개업공인중개사는 감독의 대상에 '해당하지 않는다'.(×) → '해당한다'(○)

지도·감독에 불응한 개업공인중개사는 '500만원 이하의 과태료' 대상에 해당한다.(×) → '업무정지'(○)

O · X · 지 · 문 · 학 · 습

01. 공인중개사법령상 공인중개사, 공인중개사인 개업공인중개사, 부칙상 개업공인중개사, 법인인 개업공인중개사의 분사무소의 책임자, 무등록 개업공인중개사 모두 감독대상에 해당된다. [O, ×]

02. 중개사무소에 출입·조사하고자 하는 자는 조사·검사 증명서를 공무원 신분증과 함께 내보여야 한다. [O, ×]

03. 중개사무소 조사·검사 증명서에는 조사·검사자의 인적사항, 조사·검사기간, 대상지역을 기재하여야 한다. [O, ×]

04. 개업공인중개사 및 거래정보사업자에 대한 지도·감독권자는 국토교통부장관, 시·도지사, 등록관청이다. [O, ×]

05. 시·도지사는 협회와 그 지부 및 지회에 대하여 감독상 필요한 때에는 그 업무에 관한 사항을 보고하게 하거나 자료의 제출 그 밖에 필요한 명령을 할 수 있다. [O, ×]

06. 조사·검사·질문에 불응할 경우 개업공인중개사는 6월 이하의 업무정지처분, 거래정보사업자는 100만원 이하의 과태료에 처하게 된다. [O, ×]

07. 국토교통부장관, 시·도지사가 불법 중개행위 등에 대한 단속을 함에 있어서 협조를 요청할 때 공인중개사협회는 반드시 이에 따라야 한다. [O, ×]

08. 등록관청은 개업공인중개사에 대한 등록취소·업무정지 등의 행정처분을 위하여 중개사무소에 출입하여 장부·서류 등을 조사 또는 검사할 수 있다. [O, ×]

정답 및 해설

01. × (공인중개사는 감독대상에 해당되지 않는다.)
02. ○
03. ○
04. ○
05. × (시·도지사 → 국토교통부장관)
06. × (100만원 → 500만원)
07. × (반드시 → 특별한 사정이 없는 한)
08. ○

기 · 출 · 문 · 제 · 분 · 석

1. 다음은 개업공인중개사 등에 대한 감독권에 관한 설명이다. 타당한 것은?

① 개업공인중개사에 대한 감독관청은 국토교통부장관, 시·도지사, 등록관청이다.
② 분사무소 소재지 등록관청은 법인의 분사무소에 대한 감독권이 없다.
③ 중개사무소 개설등록을 한 후부터 개업공인중개사에 대한 지도·감독권을 행사할 수 있다.
④ 등록관청은 행정처분을 하기 전에 반드시 중개사무소에 출입하여 조사하여야 한다.
⑤ ④의 출입공무원은 그 권한을 나타내는 증표를 당해 개업공인중개사에게 내보여야 하는 것은 아니다.

해설

② 없다 → 있다
③ 무등록개업공인중개사에 대해서도 감독할 수 있다.
④ 반드시 그럴 필요는 없다.
⑤ 내보여야 하는 것은 아니다 → 내보여야 한다

2. 개업공인중개사에 행한 지도·감독에 대한 설명 중 옳은 것은 모두 몇 개 인가?

㉠ 서울특별시장으로부터 공인중개사 자격증을 발급받고 수원시에 주소를 둔 자가 부정한 방법으로 공인중개사의 자격을 취득하였음을 이유로 하여 서울특별시장이 그 자격을 취소하였다.
㉡ 부산광역시 남구에 주소를 둔 개업공인중개사가 결격사유에 있는 소속공인중개사를 고용하여 남구청장이 그 자격을 정지하였다.
㉢ 서울특별시 노원에 사무소를 둔 개업공인중개사가 거짓으로 중개사무소 개설등록한 것을 이유로 하여 노원구 청장이 6월의 업무정지처분을 하였다.
㉣ 전라북도 군산시에 사무소를 둔 개업공인중개사가 다른 사람에게 자기의 성명을 사용하여 중개업무를 하게 하여 군산시장이 그 개설등록을 취소하였다.
㉤ 강원도 춘천시에 사무소를 둔 개업공인중개사가 중개사무소 등록증 등을 게시하지 아니하여 등록관청이 500만 원의 과태료부과처분을 하였다.

① 1개 ② 2개 ③ 3개
④ 4개 ⑤ 5개

해설

㉡ 자격정지 → 업무정지
㉢ 업무정지 → 절대적 등록취소
㉤ 500만 원 → 100만 원

|정답| 1. ① 2. ②

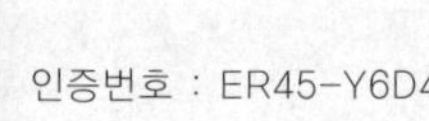

9

★★
협회

기출 Point

1. 필수사항 vs 임의사항
2. 설립요건
3. 공제사업

출제자 의도

공인중개사협회
- 협회의 성립요건을 알고 있는가?
- 협회의 업무 내용을 이해하고 있는가?
- 관련 행정기관 (국장 vs 시도지사 vs 등록관청 vs 금융감독원장)을 구별할 수 있는가?

핵심

협회의 설립절차·업무

1. 요약

(1) 필수사항 vs 임의사항

구분	필수사항	임의사항
내용	① 주된 사무소 설치 ② 총회 ③ 운영위원회	① 협회설립 ② 지부·지회 설치 ③ 회원가입 ④ 공제사업
	┌두어야 한다 (= 둔다) ○ └둘 수 있다 ×	┌둘 수 (할 수) 있다 ○ └두어야 (하여야) 한다 ×

■ **설립절차**

1 정관작성 ⇨ 2 창립총회의결 ⇨ 3 인가 ⇨ 4 설립등기 ⇨ 5 협회성립(설립)

- 정관작성: 회원 300인 이상 발기인
- 인가: 인가권자 : 국장
- 설립등기: 협회의 성립요건

■ **인가 vs 승인 vs 신고 vs 보고**

구분	인가	승인	신고	보고	관련기관
협회설립	○				국장
공제규정 제정·변경		○			국장
지부설치			○		시·도지사
지회설치			○		등록관청
총회 의결내용				○	국장

(2) 위반 시 제재사항

- 공제사업 운용실적 미공시
- 시정명령 미이행

→ 500만원 ↓ 과태료

(3) 기타

- 공인중개사는 협회에 가입하여야 한다.(×)
- 개업공인중개사는 협회에 가입하여야 한다.(×)

※ 협회 가입의무는 없다.

- 공인중개사는 협회에 가입할 수 있다.(×)
- 개업공인중개사인 공인중개사(부칙상 개업공인중개사 포함)는 협회에 가입할 수 있다.(○)

※ 협회 가입은 개업공인중개사와 부칙상 개업공인중개사만 할 수 있다.

2. 3단 비교표

법	시행령	시행규칙
제41조 협회의 설립 ① 개업공인중개사인 공인중개사[부칙 제6조제2항의 규정에 의하여 이 법에 의한 중개사무소의 개설등록을 한 것으로 보는 자(부칙상 개업공인중개사)를 포함한다](개업공인중개사인 공인중개사만×, 공인중개사×)는 그 자질향상 및 품위유지와 중개업에 관한 제도의 개선 및 운용에 관한 업무를 효율적으로 수행하기 위하여 공인중개사협회(이하 "협회"라 한다)를 설립할 수(하여야×) 있다. ② 협회는 법인(사법인O, 비영리사단법인O, 공법인×)으로 한다. ③ 협회는 회원 300인(500인×, 600인×) 이상이 발기인이 되어 정관을 작성하여 창립총회의 의결을 거친 후 국토교통부장관(시·도지사×) 의 인가(허가×)를 받아 그 주된 사무소의 소재지(주소지×)에서 설립등기를 함으로써(인가를 받음으로써×) **성립**한다. ④ 협회는 정관으로 정하는 바에 따라 시·도에 지부를, 시(구가 설치되지 아니한 시와 특별자치도의 행정시를 말한다)·군·구(시·도×) 에 지회를 둘 수(두어야×) 있다. ⑤ 협회의 설립 및 설립인가의 신청 등에 관하여 필요한 사항은 대통령령으로 정한다.	**제30조 협회의 설립** ① 법 제41조제1항의 규정에 따른 공인중개사협회(이하 "협회"라 한다)를 설립하고자 하는 때에는 발기인이 작성하여 서명·날인한 정관에 대하여 회원 600인(500인×, 100인×) 이상이 출석한 창립총회에서 출석한 회원(전체회원×) 과반수(반수×)의 동의를 얻어 국토교통부장관(법무부장관×)의 설립인가를 받아야 한다. ② 제1항의 규정에 따른 창립총회에는 서울특별시에서는 100인(600인×) 이상, 광역시·도 및 특별자치도에서는 각각 20인(50인×) 이상의 회원이 참여하여야 한다. ③ 협회의 설립인가신청에 필요한 서류는 국토교통부령으로 정한다. **제31조 협회의 업무** 협회는 법 제41조제1항의 규정에 따른 목적을 달성하기 위하여 다음 각 호의 업무를 수행할 수(하여야×) 있다. 1. 회원의 품위유지를 위한 업무 2. 부동산중개제도의 연구·개선에 관한 업무 3. 회원의 자질향상을 위한 지도 및 교육·연수에 관한 업무 4. 회원의 윤리헌장 제정 및 그 실천에 관한 업무 5. 부동산 정보제공에 관한 업무 6. 법 제42조의 규정에 따른 공제사업. 이 경우 공제사업은 비영리사업(영리사업×)으로서 회원간의 상호부조를 목적으로 한다.	**제26조 협회의 설립인가신청 시 제출서류** 영 제30조제1항의 규정에 따라 공인중개사협회의 설립인가를 신청할 때에 제출하여야 하는 서류는 「국토교통부장관 소관 비영리법인의 설립 및 감독에 관한 규칙」 제3조의 규정에 따른 서류로 한다. 이 경우 "설립허가신청서"는 이를 "설립인가신청서"로 본다.

법	시행령	시행규칙
제42조 공제사업 ① 협회는 제30조의 규정에 의한 개업공인중개사의 손해배상책임을 보장하기 위하여 공제사업을 할 수(하여야×) 있다. ② 협회는 제1항의 규정에 의한 공제사업을 하고자 하는 때에는 공제규정을 제정하여 국토교통부장관(시·도지사×)의 승인(허가×, 신고×)을 얻어야 한다. 공제규정을 변경하고자 하는 때에도 또한 같다(승인을 얻어야 한다○, 신고하여야 한다×). ③ 제2항의 공제규정에는 대통령령이 정하는 바에 따라 공제사업의 범위, 공제계약의 내용, 공제금, 공제료, 회계기준 및 책임준비금의 적립비율 등 공제사업의 운용에 관하여 필요한 사항을 정하여야 한다. ④ 협회는 공제사업을 다른 회계와 구분하여 별도(함께×)의 회계로 관리하여야 하며, 책임준비금을 다른 용도로 사용하고자 하는 경우에는 국토교통부장관의 승인을 얻어야 한다. ⑤ 협회는 대통령령이 정하는 바에 따라 매년도(매분기×)의 공제사업 운용실적을 일간신문·협회보(관보×) 등을 통하여 공제계약자(공인중개사×, 일반인×)에게 공시하여야(할 수×) 한다. → 미공시 : 500만원 ↓ 과태료 **제42조의2 운영위원회** ① 제42조제1항에 따른 공제사업에 관한 사항을 심의하고 그 업무집행을 감독하기 위하여 협회에 운영위원회를 둔다(두어야 한다○, 둘 수 있다×). ② 운영위원회의 위원은 협회의 임원, 중개업 · 법률 · 회계 · 금융 · 보험 · 부동산 분야 전문가, 관계 공무원 및 그 밖에 중개업 관련 이해관계자로 구성하되, 그 수는 19명 이내(20명 이내×)로 한다. ③ 운영위원회의 구성과 운영에 필요한 세부 사항은 대통령령으로 정한다. **제42조의3 조사 또는 검사** 「금융위원회의 설치 등에 관한 법률」에 따른 금융감독원의 원장(국장×)은 국토교통부장관의 요청이 있는 경우에는 공제사업에 관하여 조사 또는 검사를 할 수(하여야×) 있다.	7. 그 밖에 협회의 설립목적 달성을 위하여 필요한 업무 **제32조 협회의 보고의무** ① 협회는 총회의 의결내용을 지체 없이(10일 이내 ×) 국토교통부장관(등록관청×)에게 보고(신고×)하여야(할 수×) 한다. ② 협회가 그 지부 또는 지회를 설치한(할×) 때에는 그 지부는 시·도지사(등록관청×)에게, 지회는 등록관청(시·도지사×)에 신고(보고×) 하여야(할 수×) 한다. **제33조 공제사업의 범위** 법 제42조제1항의 규정에 따라 협회가 할 수 있는 공제사업의 범위는 다음 각 호와 같다. 1. 법 제30조의 규정에 따른 손해배상책임을 보장하기 위한 공제기금의 조성 및 공제금의 지급에 관한 사업 2. 공제사업의 부대업무로서 공제규정으로 정하는 사업 **제34조 공제규정** 법 제42조제3항의 규정에 따라 공제규정에는 다음 각 호의 사항을 정하여야 한다. 1. 공제계약의 내용 : 협회의 공제책임, 공제금, 공제료, 공제기간, 공제금의 청구와 지급절차, 구상 및 대위권, 공제계약의 실효 그 밖에 공제계약에 필요한 사항을 정한다. 이 경우 공제료는 공제사고 발생률, 보증보험료 등을 종합적으로 고려하여 결정한 금액으로 한다. 2. 회계기준 : 공제사업을 손해배상기금과 복지기금으로 구분하여 각 기금별 목적 및 회계원칙에 부합되는 세부기준을 정한다. 3. 책임준비금의 적립비율 : 공제사고 발생률 및 공제금 지급액 등을 종합적으로 고려하여 정하되, 공제료 수입액(총수입액×)의 100분의 10(5×) 이상으로 정한다. **제35조 공제사업 운용실적의 공시** 협회는 법 제42조제5항에 따라 다음 각 호의 사항을 매 회계연도 종료 후(전×) 3개월(6개월×) 이내에 일간신문 또는(그리고×, 과×) 협회보(관보×)에 공시하고(하거나×) 협회의 인터넷 홈페이지에 게시하여야(할 수×) 한다. 1. 결산서인 요약 대차대조표, 손익계산서 및 감사보고서 2. 공제료 수입액, 공제금 지급액, 책임준비금 적립액 3. 그 밖에 공제사업의 운용과 관련된 참고사항 **제35조의2 운영위원회** ① 법 제42조의2에 따른 운영위원회(이하 "운영위원회"라 한다)는 공제사업에 관하여 다음 각 호의 사항을 심의하며 그 업	

법	시행령
제42조의4 공제사업 운영의 개선명령 국토교통부장관(금융감독원장×)은 협회의 공제사업 운영이 적정하지 아니하거나 자산상황이 불량하여 중개사고 피해자 및 공제 가입자 등의 권익을 해칠 우려가 있다고 인정하면 다음 각 호의 조치를 명할 수 있다. 1. 업무집행방법의 변경 2. 자산예탁기관의 변경 3. 자산의 장부가격의 변경 4. 불건전한 자산에 대한 적립금의 보유 5. 가치가 없다고 인정되는 자산의 손실 처리 6. 그 밖에 이 법 및 공제규정을 준수하지 아니하여 공제사업의 건전성을 해할 우려가 있는 경우 이에 대한 개선명령 **제42조의5 임원에 대한 제재 등** 국토교통부장관(금융감독원장×)은 협회의 임원이 다음 각 호의 어느 하나에 해당하여 공제사업을 건전하게 운영하지 못할 우려가 있는 경우 그 임원에 대한 징계·해임을 요구하거나 해당 위반행위를 시정하도록 명할 수(하여야×) 있다. 1. 제42조제2항에 따른 공제규정을 위반하여 업무를 처리한 경우 2. 제42조의4에 따른 개선명령을 이행하지 아니한 경우 3. 제42조의6에 따른 재무건전성 기준을 지키지 아니한 경우 **제42조의6 재무건전성의 유지** 협회는 공제금 지급능력과 경영의 건전성을 확보하기 위하여 다음 각 호의 사항에 관하여 대통령령으로 정하는 재무건전성 기준을 지켜야 한다. 1. 자본의 적정성에 관한 사항 2. 자산의 건전성에 관한 사항 3. 유동성의 확보에 관한 사항 **제43조 민법의 준용** 협회에 관하여 이 법에 규정된 것 외(포함×)에는 「민법」중 사단법인(재단법인×)에 관한 규정을 적용한다.	무집행을 감독한다. 1. 사업계획·운영 및 관리에 관한 기본 방침 2. 예산 및 결산에 관한 사항 3. 차입금에 관한 사항 4. 주요 예산집행에 관한 사항 5. 공제약관·공제규정의 변경과 공제와 관련된 내부규정의 제정·개정 및 폐지에 관한 사항 6. 공제금, 공제가입금, 공제료 및 그 요율에 관한 사항 7. 정관으로 정하는 사항 8. 그 밖에 위원장이 필요하다고 인정하여 회의에 부치는 사항 ② 운영위원회는 성별을 고려하여 다음 각 호의 사람으로 구성한다. 이 경우 제2호 및 제3호에 해당하는 위원의 수는 전체 위원 수의 3분의 1(2분의 1×) 미만(이하×)으로 한다. 1. 국토교통부장관이 소속 공무원 중에서 지명하는 사람 1명 2. 협회의 회장 3. 협회 이사회가 협회의 임원 중에서 선임하는 사람 4. 다음 각 목의 어느 하나에 해당하는 사람으로서 협회의 회장이 추천하여 국토교통부장관의 승인을 받아 위촉하는 사람 가. 대학 또는 정부출연연구기관에서 부교수 또는 책임연구원 이상으로 재직하고 있거나 재직하였던 사람으로서 부동산 분야 또는 법률·회계·금융·보험 분야를 전공한 사람 나. 변호사·공인회계사 또는 공인중개사의 자격이 있는 사람 다. 금융감독원 또는 금융기관에서 임원 이상의 직에 있거나 있었던 사람 라. 공제조합 관련 업무에 관한 학식과 경험이 풍부한 사람으로서 해당 업무에 5년 이상 종사한 사람 마. 「소비자기본법」 제29조에 따라 등록한 소비자단체 및 같은 법 제33조에 따른 한국소비자원의 임원으로 재직 중인 사람 ③ 제2항제3호 및 제4호에 따른 위원의 임기는 2년으로 하되 1회(2회×)에 한하여 연임할 수 있으며, 보궐위원의 임기는 전임자 임기의 남은 기간으로 한다. ④ 운영위원회에는 위원장과 부위원장 각각 1명을 두되, 위원장 및 부위원장은 위원 중에서 각각 호선(互選)한다. ⑤ 운영위원회의 위원장(국장×)은 운영위원회의 회의를 소집하며 그 의장이 된다. ⑥ 운영위원회의 부위원장은 위원장을 보좌하며, 위원장이 부득이한 사유로 그 직무를 수행할 수 없을 때에는 그 직무를 대행한다. ⑦ 운영위원회의 회의는 재적위원(출석위원×) 과반수(반수×)의 출석으로 개의(開議)하고, 출석위원(재적위원×) 과반수의 찬성으로 심의사항을 의결한다. ⑧ 운영위원회의 사무를 처리하기 위하여 간사 및 서기를 두되, 간사 및 서기는 공제업무를 담당하는 협회의 직원 중에서 위원장이 임명한다. ⑨ 간사(위원장×)는 회의 때마다 회의록을 작성하여 다음 회의에 보고하고 이를 보관하여야 한다. ⑩ 제1항부터 제9항까지에 규정된 사항 외에 운영위원회의 운영에 필요한

법	시행령
	사항은 운영위원회의 심의를 거쳐 위원장(국장×)이 정한다. **제35조의3 재무건전성 기준** ① 법 제42조의6에 따라 협회는 다음 각 호의 재무건전성기준을 모두 준수하여야 한다. 1. 지급여력비율은 100분의 100이상(100분의 50×)을 유지할 것 2. 구상채권 등 보유자산의 건전성을 정기적으로 분류하고 대손충당금을 적립할 것 ② 제1항제1호에 따른 지급여력비율은 제1호에 따른 지급여력금액(지급여력기준금액×)을 제2호에 따른 지급여력기준금액(지급여력금액×)으로 나눈 비율로 하며, 지급여력금액과 지급여력기준금액은 다음 각 호와 같다. 1. 지급여력금액 : 자본금, 대손충당금, 이익잉여금, 그 밖에 이에 준하는 것으로서 국토교통부장관이 정하는 금액을 합산한 금액에서 영업권, 선급비용 등 국토교통부장관이 정하는 금액을 뺀 금액 2. 지급여력기준금액 : 공제사업을 운영함에 따라 발생하게 되는 위험을 국토교통부장관이 정하는 방법에 따라 금액으로 환산한 것 ③ 국토교통부장관(금융감독원장×)은 제1항 및 제2항에 따른 재무건전성 기준에 관하여 필요한 세부기준을 정할 수(하여야×) 있다.

(공인중개사)협회는 국토교통부장관의 설립 '인가'를 받음으로써 성립한다.(×) → 협회는 설립 '등기'함으로써 성립한다.(○)

협회가 지회를 설치한 때에는 '시·도지사'에게 신고하여야 한다.(×) → '등록관청'(○)

협회는 총회의 의결내용을 지체 없이 '시·도지사'에게 보고하여야 한다.(×) → '국토교통부장관'(○)

협회는 공제규정을 제정하고자 하는 때에는 국토교통부장관의 승인을 얻어야 하지만 사소한 변경을 하고자 하는 때에는 '승인'을 얻을 필요가 없다.(×) → '승인을 얻어야 한다'(○)

공제 관련 책임준비금의 적립비율은 협회 '총수입액'의 100분의 10 이상으로 정한다.(×) → '공제료 수입액'(○)

O · X · 지 · 문 · 학 · 습

01. 협회는 회원 300인 이상이 발기인이 되어 정관을 작성하여 창립총회의 의결을 거친 후 국토교통부장관의 인가를 받아 그 주된 사무소의 소재지에서 설립등기를 함으로써 성립한다. [O, ×]

02. 협회가 공제사업을 하고자 하는 때에는 공제규정을 제정하여 국토교통부장관의 승인을 얻어야 한다. [O, ×]

03. 협회가 그 지부 또는 지회를 설치할 때에는 그 지부는 시·도지사에게, 지회는 등록관청에 신고하여야 한다. [O, ×]

04. 협회는 총회의 의결내용을 10일 이내에 국토교통부장관에게 보고해야 한다. [O, ×]

05. 협회에 관하여 공인중개사법령에 규정된 것 외에는 「민법」 중 재단법인에 관한 규정을 적용한다. [O, ×]

06. 책임준비금의 적립비율은 협회 총수입액의 100분의 10 이상으로 정해야 한다. [O, ×]

07. 운영위원회의 회의는 재적위원 과반수의 찬성으로 심의사항을 의결한다. [O, ×]

정답 및 해설

01. O (법 제41조제③항)
02. O (법 제42조제②항)
03. × (설치할 때 → 설치한 때) (영 제32조제②항)
04. × (10일 이내에 → 지체 없이) (영 제32조제①항)
05. × (재단법인 → 사단법인) (법 제43조)
06. × (협회 총수입액 → 공제료 수입액) (영 제34조제3호)
07. × (재적위원 → 출석위원) (영 제35조의2제⑦항)

기 · 출 · 문 · 제 · 분 · 석

1. 공인중개사법령상 국토교통부장관이 공인중개사협회의 공제사업 운영에 대하여 개선조치로서 명할 수 있는 것으로 명시되지 않은 것은?

① 자산예탁기관의 변경
② 자산의 장부가격의 변경
③ 업무집행방법의 변경
④ 공제사업의 양도
⑤ 불건전한 자산에 대한 적립금의 보유

해설

④ 국토교통부장관은 협회의 공제사업 운영이 적정하지 아니하거나 자산상황이 불량하여 중개사고 피해자 및 공제 가입자 등의 권익을 해칠 우려가 있다고 인정하면 조치를 명할 수 있다(법 제42조의4). 공제사업의 양도는 해당되지 않는다.

2 공인중개사법령상 공제사업에 관한 설명으로 틀린 것은?(다툼이 있으면 판례에 의함)

① 협회가 공제사업을 하고자 하는 때에는 공제규정을 제정하여 국토교통부장관의 승인을 얻어야 한다.
② 협회의 공제사업은 비영리사업으로서 회원간의 상호부조를 목적으로 한다.
③ 공제규정에는 공제사업의 범위 등 공제사업의 운용에 관하여 필요한 사항을 정해야 한다.
④ 개업공인중개사가 자기의 중개사무소를 다른 사람의 중개행위의 장소로 제공함으로써 발생한 거래당사자에 대한 재산상의 손해배상책임은 공제사업의 대상이 아니다.
⑤ 공제규정에서 정해야 할 책임준비금의 적립비율은 공제사고 발생률 및 공제금 지급액 등을 종합적으로 고려하여 공제료 수입액의 100분의 10이상으로 정한다.

해설

④ 대상이 아니다 → 대상이다

3. 공인중개사법령상 공인중개사협회에 관한 설명으로 틀린 것은?

① 협회는 회원 300인 이상이 발기인이 되어 정관을 작성하여 창립총회의 의결을 거친 후 국토교통부장관의 인가를 받아 그 주된 사무소의 소재지에서 설립등기를 함으로써 성립한다.
② 창립총회에는 서울특별시에서는 100인 이상, 광역시·도 및 특별자치도에서는 각각 20인 이상의 회원이 참여해야 한다.
③ 이 법에서는 협회에 시·도 지부를 둘 의무를 부과하고 있다.
④ 협회는 부동산 정보제공에 관한 업무를 수행할 수 있다.
⑤ 협회는 총회의 의결내용을 지체 없이 국토교통부장관에게 보고해야 한다.

해설

③ 지부·지회 설치는 임의사항이다.(법률 제41조제④항)

|정답| 1. ④ 2. ④ 3. ③

인증번호 : BM92-M6R2

★★★ 중개실무 관련 민법 및 민사특별법

무선 인터넷에서 스마트폰으로 QR코드를 찍으면 동영상 강의를 보실 수 있습니다.

핵심

민법 및 민사특별법의 중개실무상 이해

기출 Point

1. 법정지상권
2. 관습법상 법정지상권
3. 분묘기지권
4. 대항력
5. 우선변제

출제자 의도

법정지상권

'사례'를 통해서 법정지상권의 성립여부와 각 당사자의 법률관계를 이해할 수 있는가?

★★★ 1. 법률규정에 의한 지상권(법정지상권)

법정지상권은 법률규정에 의해 발생(취득)되므로 발생(취득) 시에는 등기를 요하지 않고(제187조 본문) 등기없이도 대항이 가능하지만, 처분 시에는 등기를 요한다(제187조 단서).

(1) (협의의) 법정지상권

① 정의·성립요건

[저당권등이 설정(실행×)될 당시에] ①토지와 건물(또는 입목)이 ②동일 소유자에게 속하였다가 나중에 (일반)경매 등의 사유로 토지와 건물(또는 입목)의 ③소유자가 달라진 경우 건물소유자(또는 입목소유자)가 **법률규정**에 의하여 타인의 토지를 사용할 수 있는 권리를 말한다.

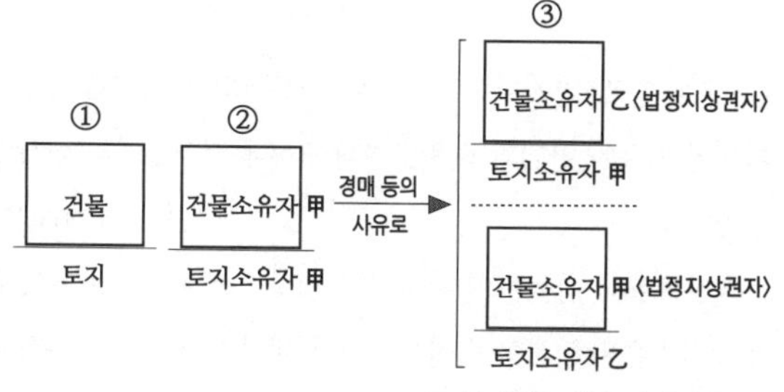

• 토지소유자는 건물소유자에게
- 건물철거·대지인도청구× (why? 건물소유자에게는 법정지상권이 있으므로, 제213조 단서)
- 지료지급청구○ (why? 토지점유사용으로 인해 얻은 이익은 부당이득이므로)

건물이 없는 토지 위에 저당권이 설정된 후, 저당권설정자가 그 토지 위에 건물을 건축한 경우에는 법정지상권이 '인정된다.' (×)
→'인정되지 않는다.' (○)

법정지상권은 등기 없이 당사자의 약정만으로 승계취득할 수 '있다.' (×)
→'없다.' (○)
[제187조 단서, 제186조, 94다39925]

법정지상권이 인정되기 위해서 건물은 '적법한 건물이어야 한다.' (×)
→'적법한 건물일 필요는 없다.' (○)(무허가·미등기건물도 관계없다.)

함정

관습법상 법정지상권을 포기하는 특약은 '무효'이다.(×)
→'유효' (○)

② 중요내용

- 관련 조문 : 민법(제305조, 제366조), 가담법(제10조), 입목법(제6조)
- 강행규정에 해당되어 당사자의 특약으로 배제할 수 없다(있다×).

↔ 관습법상 법정지상권은 당사자의 특약으로 배제할 수 있다(없다×). 즉, 당사자에 의해 포기될 수 있다.

③ 판례

- (토지에 단독)저당권설정 당시 건물이 존재한 이상, 그 이후 개축, 증축하는 경우는 물론이고, 건물이 멸실되거나 철거된 후 재축, 신축하는 경우에도 법정지상권이 성립한다(성립하지 않는다×). 이경우 법정지상권의 내용인 존속기간, 범위 등은 구 건물(신 건물×)을 기준(→ *why?* 저당권자의 손실을 방지하기 위해)으로 하여 그 이용에 일반적으로 필요한 범위 내로 제한되는 것이다. [90다카6399]

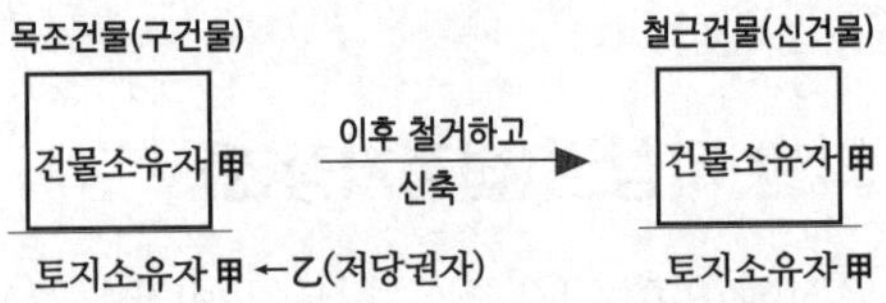

- 동일인의 소유에 속하는 토지 및 그 지상건물에 관하여 공동저당권이 설정된 후, 그 지상 건물이 철거되고 새로운 건물이 신축된 경우에는 그 신축건물의 소유자가 토지의 소유자와 동일하고 토지의 저당권자에게 신축건물에 관하여 토지의 저당권과 동일한 순위의 공동저당권을 설정해 주는 등 특별한 사정이 없는 한 저당물의 경매로 인하여 그 신축건물이 다른 소유자에 속하게 되더라도 그 신축건물을 위한 법정지상권은 성립하지 않는다(성립한다×). [98다43601]

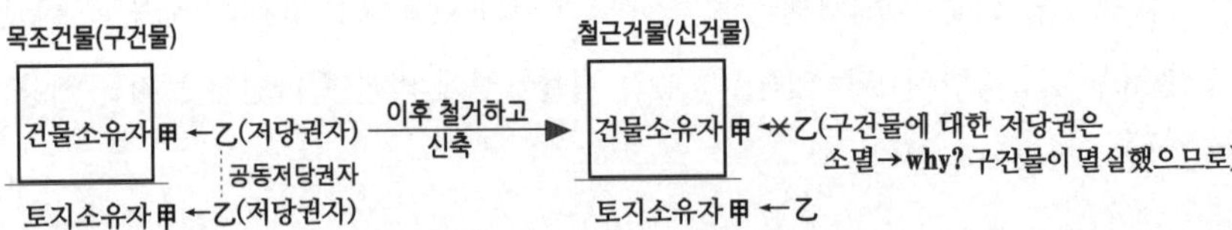

- 대지소유자는 법정지상권자에게 임료상당(즉, 지료)의 부당이득반환을 청구할 수 있다(없다×).[87다카1604] 이 경우 지체된 지료가 판결확정 전후(후에만×)에 걸쳐 2년분 이상일 경우, 지상권의 소멸을 청구할 수 있다. [제287조, 2005다37208]
- 법정지상권을 가진 건물소유자로부터 건물을 양수하면서 지상권까지 양도받기로 한 사람에게 대지소유자는 자기의 대지소유권에 기하여 건물철거나 대지의 인도를 청구할 수 없다(있다×). (→ *why?* '신의성실의 원칙' 상 허용될 수 없다.) [87다카279]
- 민법 제366조 소정의 **법정지상권이나 관습상의 법정지상권이 성립한 후에 건물을 개축 또는 증축하는 경우**는 물론 **건물이 멸실되거나 철거된 후에 신축하는 경우**에도 법정지상권은

성립하나, 다만 그 법정지상권의 범위는 구건물(신축건물 ×)을 기준으로 하여 그 유지 또는 사용을 위하여 일반적으로 필요한 범위 내의 대지 부분에 한정된다. [96다40080]

- [1] **법정지상권**의 경우 당사자 사이에 **지료**에 관한 협의가 있었다거나 법원에 의하여 지료가 결정되었다는 아무런 입증이 없다면, 법정지상권자가 지료를 지급하지 않았다고 하더라도 지료 지급을 지체한 것으로는 볼 수 없으므로(있다 ×) 법정지상권자가 2년 이상의 지료를 지급하지 아니하였음을 이유로 하는 토지소유자의 지상권소멸청구는 이유가 없고, 지료액 또는 그 지급시기 등 지료에 관한 약정은 이를 등기하여야만 제3자에게 대항할 수 있는 것이고, 법원에 의한 지료의 결정은 당사자의 지료결정청구에 의하여 형식적 형성소송인 지료결정판결로 이루어져야 제3자에게도 그 효력이 미친다.
[2] 민법 제287조가 토지소유자에게 지상권소멸청구권을 부여하고 있는 이유는 지상권은 성질상 그 존속기간 동안은 당연히 존속하는 것을 원칙으로 하는 것이나, 지상권자가 2년 이상의 지료를 연체하는 때에는 토지소유자로 하여금 지상권의 소멸을 청구할 수 있도록 함으로써 토지소유자의 이익을 보호하려는 취지에서 나온 것이라고 할 것이므로, 지상권자가 그 권리의 목적이 된 토지의 특정한 소유자에 대하여 2년분 이상의 지료를 지불하지 아니한 경우에 그 특정의 소유자는 선택에 따라 지상권의 소멸을 청구할 수 있으나, 지상권자의 지료 지급 연체가 토지소유권의 양도 전후에 걸쳐 이루어진 경우 토지양수인에 대한 연체기간이 2년이 되지 않는다면 양수인은 지상권소멸청구를 할 수 없다. [99다17142]

★★★ (2) 관습(법)상 법정지상권

출제자 의도: '사례'를 통해서 관습법상 법정지상권의 성립 여부와 각 당사자의 법률관계를 이해할 수 있는가?

① 정의·성립요건

애초에는(처분당시에) ①토지와 건물이 ②동일소유자에게 속하였다가 나중에 매매 등의 사유로 토지와 건물의 ③소유자가 달라진 경우 (단, 건물철거특약은 없어야) 건물소유자가 법률행위(약정)가 아닌 법률규정(법정)에 의하여 타인의 토지를 사용할 수 있는 권리를 말한다.

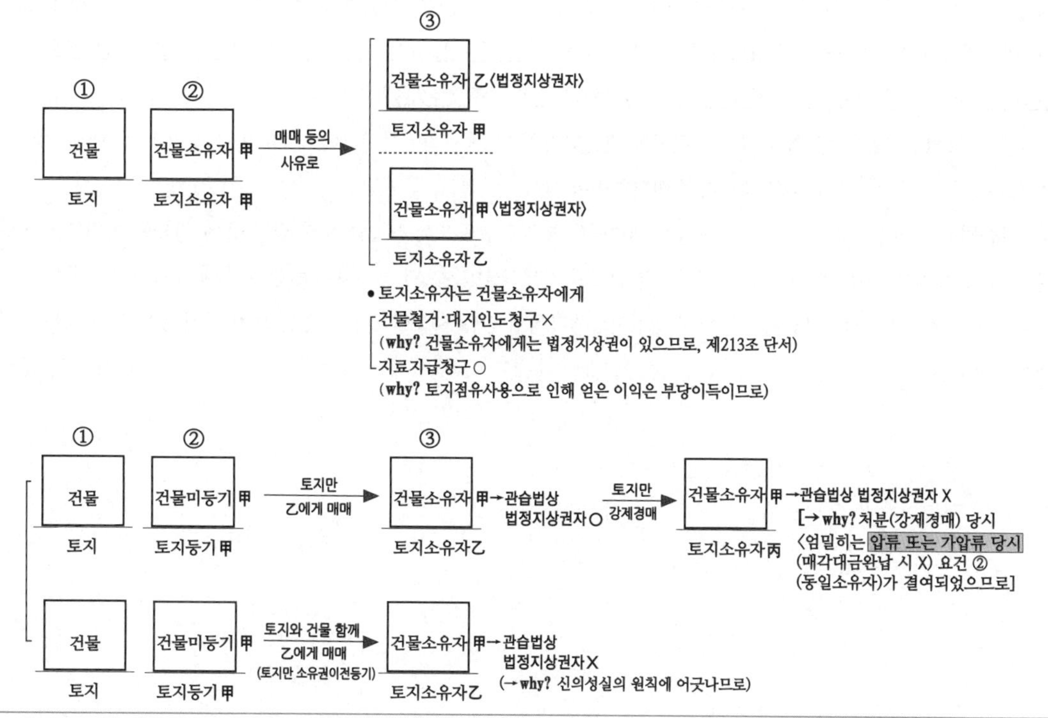

※ 건물철거 특약이 있는 경우는 관습법상 법정지상권이 성립하지 않는다. 즉, 관습법상 법정지상권의 배제특약은 유효하다. 그러나 제366조의 법정지상권의 배제특약은 무효이다. 즉, 제366조는 강행규정 중 효력 법규에 해당된다.

② 해당 사유 vs 비해당 사유

해당사유	비해당사유
① 증여 / 매매 ② 공유지 분할 ③ 건물공유 매매 ④ (강제)경매·(국세징수에 의한)공매 ⑤ 대물변제	① 토지공유지분 양도 ② 원인무효로 소유자가 바뀌는 것 ③ 명의신탁해지 ④ 환지처분

③ 판례

- 미등기 건물을 그 대지와 함께 양수한 사람이 그 대지에 관하여서만 소유권이전등기를 넘겨받고 건물에 대하여는 그 등기를 이전받지 못하고 있는 상태에서 그 대지가 경매되어 소유자가 달라지게 된 경우에는, 미등기 건물의 양수인은 미등기 건물을 처분할 수 있는 권리는 있을지언정 소유권은 가지고 있지 아니하므로 대지와 건물이 동일인의 소유에 속한 것이라고 볼 수 없어 법정지상권이 발생할 수 없다. [98다4798]
- 강제경매로 인하여 관습상의 법정지상권이 성립되기 위하여는 경락 당시에 토지와 그 지상건물이 소유자를 같이하고 있으면 족하고 강제경매를 위한 압류가 있은 때로부터 경락에 이르는 기간중 계약하여 그 소유자를 같이하고 있음을 요하는 것은 아니다. [70다1454]
- 미등기·무허가 건물도 관습법상 법정지상권이 적용된다. [87다카2404]
- 관습법상 법정지상권자인 건물 소유자가 토지소유자와 건물소유목적으로 토지임대차계약을 체결한 경우, 관습법상 법정지상권을 포기한 것으로 본다. 따라서 이 경우는 관습법상 법정지상권이 성립하지 않는다. [92다3984]
- 가. **관습법상의 법정지상권**이 **성립**되기 위하여는 토지와 건물 중 어느 하나가 처분될 당시에 토지와 그 지상건물이 동일인의 소유에 속하였으면 족하고 원시적으로 동일인의 소유였을 필요는 없다(있다 ×).

  나. 민법 제280조 제1항 제1호가 정하는 견고한 건물인가의 여부는 그 건물이 갖는 물리·화학적 외력, 화재에 대한 저항력 또는 건물 해체의 난이도 등을 종합하여 판단하여야 한다.

  다. 관습법상의 법정지상권이 성립된 토지에 대하여는 법정지상권자가 건물의 유지 및 사용에 필요한 범위를 벗어나지 않은 한 그 토지를 자유로이 사용할 수 있는 것이므로, 지상건물이 법정지상권이 성립한 이후에 증축되었다 하더라도 그 건물이 관습법상의 법정지상권이 성립하여 법정지상권자에게 점유·사용할 권한이 있는 토지 위에 있는 이상 이를 철거할 의무는 없다. [95다9075, 9082]

■ (협의의) 법정지상권 vs 관습법상 법정지상권

구 분	(협의의) 법정지상권	관습법상 법정지상권
공통점	성립요건	
차이점	• 관련 법조문 : 있음 • 배제특약 : 무효 → why? 법정지상권 관련 법조문은 강행규정이므로	• 관련 법조문 : 없음 • 배제특약 : 유효 → why? 관습법상 법정지상권은 임의규정적 성격이므로

법정지상권자는 그 지상권을 등기하지 않으면, 지상권을 취득할 당시의 토지소유자로부터 토지를 양수한 제3자에게 대항할 수 '없다.' (×) →'있다.' (○)

동일인 소유의 토지와 건물에 관하여 공동저당권이 설정된 후 그 건물이 철거되고 제3자 소유의 건물이 새로이 축조된 다음, 토지에 관한 저당권 실행으로 토지와 건물의 소유자가 달라진 경우 법정지상권이 '인정된다.' (×) →'인정되지 않는다.' (○)

(3) 분묘기지권 ★

출제자 의도 관련 '판례'의 결론을 알고 있는가?

① 정의

남의 토지에 분묘(무덤)을 설치한 자가 그것을 소유하기 위해 그 기지부분의 남의 토지를 사용할 수 있는 권리로서 법정지상권의 일종이다.

② 성립요건

㉠ 토지소유자의 승낙 또는
㉡ 20년간 평온·공연 점유 또는
㉢ 자기소유토지에 분묘설치 후 소유권 유보 (또는) 분묘이전약정 없음

→ 분묘가 인식 + 가능(즉, 봉분있어야)

③ 판례

• 분묘기지권도 취득시효에 의한 취득이 가능하다. [68다1927, 1928]
• 시효취득한 분묘기지권은 지료지급 필요 없다.
→ why? 시효취득은 원시취득이므로 [94다37912]
• 분묘기지권은 등기 없이도 취득된다. [96다14036]
• 분묘기지권의 '존속기간' 은 분묘의 수호와 봉사를 계속하며 그 분묘가 존속하고 있는 동안이다.
• 분묘기지권이 '미치는 범위' 분묘의 수호 및 제사에 필요한 범위 내에서 분묘의 기지 주위의 공지를 포함한 지역에까지 미친다. [94다28970]
• 분묘기지권의 '권리제한'
㉠ 반드시 그 사성 부분을 포함한 지역에 까지 분묘기지권이 미치는 것은 아니다.
㉡ 기존의 분묘 외에 새로운 분묘를 신설할 권능은 포함되지 아니한다. [95다29086, 29093]
㉢ 다른 곳으로 이장할 권능(권리)은 포함되지 않는다. [2007다16885]
• 소멸 : 권리자의 포기 의사표시만으로도 소멸한다. 즉, 점유까지 포기해야 하는 것은 아니다.

㉠ 분묘기지권이 미치는 범위 내 이장 시, 이장된 분묘의 분묘기지권의 효력은 상실되지 않는다. [94다15530]

㉡ 분묘가 일시적으로 멸실하더라도, 분묘기지권은 소멸하지 않는다. [2005다44114]

㉢ 총유임야에 분묘 설치 시, 사원총회 결의를 요한다. [2007다16885]

• [1] **타인의 토지 위에 분묘를 설치·소유하는 자**는 다른 특별한 사정이 없는 한 그 분묘의 보존·관리에 필요한 범위 내에서만 타인의 토지를 점유하는 것이므로 점유의 성질상 소유의 의사가 추정되지 않는다(추정된다×).

→ 따라서 분묘기지권자의 점유는 타주점유(자주점유×)에 해당한다.

[2] 분묘기지권은 분묘를 수호하고 봉제사하는 목적을 달성하는 데 필요한 범위 내에서 타인의 토지를 사용할 수 있는 권리를 의미하는 것으로서, 분묘기지권은 분묘의 기지 자체뿐만 아니라 그 분묘의 설치 목적인 분묘의 수호 및 제사에 필요한 범위 내에서 분묘의 기지 주위의 공지를 포함한 지역에까지 미치는 것이고, 그 확실한 범위는 각 구체적인 경우에 개별적으로 정하여야 한다. [97다3651,3668]

• 임야의 소유권에 터잡아 분묘의 철거를 청구하려면 분묘의 설치를 누가 하였건 그 분묘의 관리처분권을 가진 자를 상대로 하여야 할 것이고, 구 관습법상 종손이 있는 경우라면 그가 제사를 주재하는 자의 지위를 유지할 수 없는 특별한 사정이 있는 경우를 제외하고는 일반적으로 **선조의 분묘를 수호·관리하는 권리**는 그 종손에게 있다고 봄이 타당하고, 제사주재자는 우선적으로 망인의 공동상속인들 사이의 협의에 의해 정하여야 한다는 대법원 2008. 11. 20. 선고 2007다27670 전원합의체 판결은 위 판결 선고일 이전에 제사용 재산의 승계가 이루어진 이 사건에는 적용되지 않으며, 종가의 종손이 사망하여 절가가 된 경우에는 그 차종손이 종가의 제사상속을 하고 차종손도 절후가 된 경우에는 순차 차종손에 의하여 종가 및 조상의 제사와 분묘수호권이 상속된다. [2009다1092]

• [1] 분묘의 수호 관리나 봉제사에 대하여 현실적으로 또는 관습상 호주상속인인 종손이 그 권리를 가지고 있다면 그 권리는 종손에게 전속하는 것이고 종손이 아닌 다른 후손이나 종중에서 관여할 수는 없다고 할 것이나, 공동선조의 후손들로 구성된 종중이 선조 분묘를 수호 관리하여 왔다면 분묘의 수호 관리권 내지 분묘기지권은 종중에 귀속한다.

[2] 토지소유자의 승낙을 얻어 분묘가 설치된 경우 분묘소유자는 분묘기지권을 취득하고, 분묘기지권의 존속기간에 관하여는 당사자 사이에 약정이 있는 등 특별한 사정이 있으면 그에 따를 것이나, 그러한 사정이 없는 경우에는 권리자가 분묘의 수호와 봉사를 계속하며 그 분묘가 존속하고 있는 동안 존속한다고 해석함이 타당하다. 또, **분묘가 멸실된 경우**라고 하더라도 유골이 존재하여 분묘의 원상회복이 가능하여 일시적인 멸실에 불과하다면 분묘기지권은 소멸하지 않고(소멸한다×) 존속하고 있다고 해석함이 상당하다. [2005다44114]

• 가. 분묘란 그 내부에 사람의 유골, 유해, 유발 등 시신을 매장하여 사자를 안장한 장소를 말하고, 장래의 묘소로서 설치하는 등 그 내부에 시신이 안장되어 있지 않은 것은 분묘라고 할 수 없다.

나. **분묘기지권이 성립**하기 위하여는 봉분 등 외부에서 분묘의 존재를 인식할 수 있는 형태를 갖추고 있어야 하고, 평장되어 있거나 암장되어 있어 객관적으로 인식할 수 있는 외형을 갖추고 있지 아니한 경우에는 분묘기지권이 인정되지 아니한다(인정된다×). [91다18040]

• [1] 토지를 매수·취득하여 점유를 개시함에 있어서 매수인이 인접 토지와의 경계선을 정확하게 확인해 보지 아니하고 착오로 인접 토지의 일부를 그가 매수·취득한 토지에 속하는 것으로 믿고서 점유하고 있다면 인접 토지의 일부에 대한 점유는 소유의 의사에 기한 것으로 보아야 하며, 이 경우 그 인접 토지의 점유 방법이 분묘를 설치·관리하는 것이었다고 하여 점유자의 소유 의사를 부정할 것은 아니다(부정한다×).

[2] 타인 소유의 토지에 관하여 구 부동산 소유권이전등기 등에 관한 특별조치법(1992. 11. 30. 법률 제4502호, 실효)에 따라 소유권보존등기를 마친 자는 그 보존등기에 의하여 비로소 소유자로 되는 것이고, 그 등기가 마쳐지기 전에 그 토지를 점

유하는 자의 취득시효 기간이 경과하였다면 특별한 사정이 없는 한 등기명의인은 점유자의 시효 완성 후의 새로운 이해관계자라 할 것이므로 점유자로서는 취득시효 완성으로 그 등기명의인에 대항할 수 없다.

[3] 점유로 인한 소유권취득시효 완성 당시 미등기로 남아 있던 토지에 관하여 소유권을 가지고 있던 자가 취득시효 완성 후에 그 명의로 소유권보존등기를 마쳤다 하더라도 이는 소유권의 변경에 관한 등기가 아니므로 그러한 자를 그 취득시효 완성 후의 새로운 이해관계인으로 볼 수 없고, 또 그 미등기 토지에 대하여 소유자의 상속인 명의로 소유권보존등기를 마친 것도 시효취득에 영향을 미치는 소유자의 변경에 해당하지 않으므로, 이러한 경우에는 그 등기명의인에게 취득시효 완성을 주장할 수 있다.

[4] 분묘기지권은 분묘의 기지 자체(봉분의 기저 부분)뿐만 아니라 그 분묘의 설치 목적인 분묘의 수호 및 제사에 필요한 범위 내에서 분묘의 기지 주위의 공지를 포함한(제외한×) 지역에까지 미치는 것이고, 그 확실한 범위는 각 구체적인 경우에 개별적으로 정하여야 한다. [2006다84423]

• (가) 대법원은 분묘기지권의 시효취득을 우리 사회에 오랜 기간 지속되어 온 관습법의 하나로 인정하여, 20년 이상의 장기간 계속된 사실관계를 기초로 형성된 분묘에 대한 사회질서를 법적으로 보호하였고, 민법 시행일인 1960. 1. 1.부터 50년 이상의 기간 동안 위와 같은 관습에 대한 사회 구성원들의 법적 확신이 어떠한 흔들림도 없이 확고부동하게 이어져 온 것을 확인하고 이를 적용하여 왔다.

대법원이 오랜 기간 동안 사회 구성원들의 법적 확신에 의하여 뒷받침되고 유효하다고 인정해 온 관습법의 효력을 사회를 지배하는 기본적 이념이나 사회질서의 변화로 인하여 전체 법질서에 부합하지 않게 되었다는 등의 이유로 부정하게 되면, 기존의 관습법에 따라 수십 년간 형성된 과거의 법률관계에 대한 효력을 일시에 뒤흔드는 것이 되어 법적 안정성을 해할 위험이 있으므로, 관습법의 법적 규범으로서의 효력을 부정하기 위해서는 관습을 둘러싼 전체적인 법질서 체계와 함께 관습법의 효력을 인정한 대법원 판례의 기초가 된 사회 구성원들의 인식·태도나 사회적·문화적 배경 등에 의미 있는 변화가 뚜렷하게 드러나야 하고, 그러한 사정이 명백하지 않다면 기존의 관습법에 대하여 법적 규범으로서의 효력을 유지할 수 없게 되었다고 단정하여서는 아니 된다.

(나) 우선 2001. 1. 13.부터 시행된 장사 등에 관한 법률(이하 개정 전후를 불문하고 '장사법'이라 한다)의 시행으로 분묘기지권 또는 그 시효취득에 관한 관습법이 소멸되었다거나 그 내용이 변경되었다는 주장은 받아들이기 어렵다. 2000. 1. 12. 법률 제6158호로 매장 및 묘지 등에 관한 법률을 전부 개정하여 2001. 1. 13.부터 시행된 장사법[이하 '장사법(법률 제6158호)'이라 한다] 부칙 제2조, 2007. 5. 25. 법률 제8489호로 전부 개정되고 2008. 5. 26.부터 시행된 장사법 부칙 제2조 제2항, 2015. 12. 29. 법률 제13660호로 개정되고 같은 날 시행된 장사법 부칙 제2조에 의하면, 분묘의 설치기간을 제한하고 토지 소유자의 승낙 없이 설치된 분묘에 대하여 토지 소유자가 이를 개장하는 경우에 분묘의 연고자는 토지 소유자에 대항할 수 없다는 내용의 규정들은 **장사법**(법률 제6158호) **시행 후** 설치된 분묘에 관하여만 적용한다고 명시하고 있어서, **장사법**(법률 제6158호)의 **시행 전**에 설치된 분묘에 대한 **분묘기지권의 존립 근거**가 위 법률의 시행으로 상실되었다고 볼 수 없다(있다×). 또한 분묘기지권을 둘러싼 전체적인 법질서 체계에 중대한 변화가 생겨 분묘기지권의 시효취득에 관한 종래의 관습법이 헌법을 최상위 규범으로 하는 전체 법질서에 부합하지 아니하거나 정당성과 합리성을 인정할 수 없게 되었다고 보기도 어렵다. 마지막으로 화장률 증가 등과 같이 전통적인 장사방법이나 장묘문화에 대한 사회 구성원들의 의식에 일부 변화가 생겼더라도 여전히 우리 사회에 분묘기지권의 기초가 된 매장문화가 자리 잡고 있고 사설묘지의 설치가 허용되고 있으며, 분묘기지권에 관한 관습에 대하여 사회 구성원들의 법적 구속력에 대한 확신이 소멸하였다거나 그러한 관행이 본질적으로 변경되었다고 인정할 수 없다.

분묘기지권을 시효취득한 자는 지료를 '지급하여야 한다.' (×) → '지급할 필요 없다.' (○)

(다) 그렇다면 타인 소유의 토지에 분묘를 설치한 경우에 20년간 평온, 공연하게 분묘의 기지를 점유하면 지상권과 유사한 관습상의 물권인 분묘기지권을 시효로 취득한다는 점은 오랜 세월 동안 지속되어 온 관습 또는 관행으로서 법적 규범으로 승인되어 왔고, 이러한 법적 규범이 **장사법**(법률 제6158호) 시행일인 2001. 1. 13. **이전에 설치된 분묘**에 관하여 현재까지 유지되고 있다(유지되지 않는다×)고 보아야 한다. [2013다17292]

출제자 의도

주택임대차보호법·상가건물임대차보호법
- 실무상 대항력을 이해하고 있는가?
- 경매와 연계하여 이해하고 있는가?

★★★
2. 주택임대차보호법·상가건물임대차보호법

(1) 주택·상가 임차인 보호제도

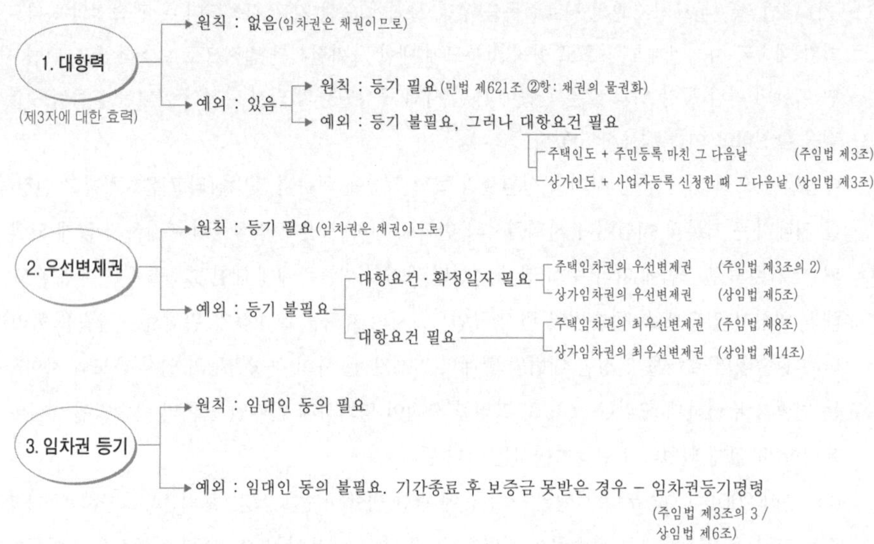

(2) 주택임대차보호법 vs 상가건물임대차보호법

구분		주택임대차보호법	조문	상가건물임대차보호법	조문
적용대상		모든 자연인(외국인 ○), 일부 법인의 (모든)주거용건물	제2조	모든 사람(법인포함)의 일부(모든×) 상가건물	제2조
대항력		• 요건 : 주택인도 + 주민등록 마친 그 다음날 부터	제3조	• 요건 : 상가건물 인도 + 사업자등록신청(등록×) 마친 그 다음날부터	제3조
우선변제권 (경락 시 후순위권리자·기타 채권자보다 상대적으로)		• 요건 : 대항력 + 확정일자 (관할등기소, 읍·면·동 주민센터)	제3조의2	• 요건 : 대항력 + 확정일자 (관할 세무서)	제5조
최우선변제권 (경락 시 다른 모든 담보물권자보다 절대적으로)		• 요건 : 대항력(단, 경매신청등기 전에 갖추어야) ↔ 임차권등기 경료 주택 이후 임차인은 해당 없음 • 최우선변제금액기준 : 주택가액의 1/2 (대지가액 포함)	제8조	• 요건 : 좌동(左同) • 최우선변제금액기준 : 상가건물가액의 1/2 (대지가액 포함)	제14조
숫자차이	임대차 기간	기간의 정함이 없거나 2년 미만인 경우 2년으로 본다.	제4조	기간의 정함이 없거나 1년 미만인 경우 1년으로 본다.	제9조
숫자차이	차임 증액	$\frac{1}{20}$ 즉, 5%/년 초과×	제7조	$\frac{5}{100}$ 즉, 5%/년 초과×	제11조
숫자차이	차임 증액	둘다 증액 있은 후 1년 이내에는 하지 못한다.			
숫자차이	월차임전환산정율	1할, 즉 10%/년 한국은행 기준금리+3.5%/년 중 낮은 것	제7조의 2	1할 2푼, 즉 12%/년 한국은행 기준금리의 4.5배 중 낮은 것	제12조
법정갱신 (= 묵시적 갱신)		있음(이 경우 존속기간은 2년으로 본다)	제6조 제①항, 제②항, 제6조의2	있음(이 경우 존속기간은 1년으로 본다)	제10조 제④항
계약갱신 규정 적용 안 되는 경우		① 2기 차임 연체 시 ② 임차인으로서의 의무를 현저히 위반한 경우	제6조제③항	① 3기차임 연체 시 ② 부정임차 시 ③ 쌍방합의 보상제공 시 ④ 불법전대 시 ⑤ 고의 또는 중대한 과실로 파손 시 ⑥ 건물 멸실로 목적달성 불가 시 ⑦ 철거·재건축 시 ⑧ 임차인의 현저한 의무위반 시 ⑨ 중대사유로 임대차 존속 어려울 시	제10조 제①항 단서
임차인의 계약갱신요구권		주택임차인 : 없음		상가임차인 : 있음	제10조 제①항본문
정보제공		있음	제3조의6	있음	제4조
임차권 승계		있음	제9조	없음	–
차임연체와 해지규정		없음 → 따라서 민법규정(제640조) 적용 : 2기		있음 : 3기	제10조의8

O · X · 지 · 문 · 학 · 습

01. 분묘의 특성상, 타인의 승낙 없이 분묘를 설치한 경우에도 즉시 분묘기지권을 취득한다. [O, ×]

02. 외형상 분묘의 형태만 갖추었을 뿐 시신이 안장되어 있지 아니한 경우에는 분묘기지권이 생기지 않는다. [O, ×]

03. 대항력을 갖춘 상가 임차인이 관할 구청장에게 확정일자를 받은 경우에 임차상가 건물이 경매되면 그 순위에 따라 보증금은 우선적으로 변제받을 수 있다. [O, ×]

04. 분묘기지권이 시효취득 된 경우 사망자의 연고자는 종손이 분묘를 관리할 수 있는 때에도 토지소유자에 대하여 분묘기지권을 주장할 수 있다. [O, ×]

05. 분묘기지권을 시효취득 하는 경우에는 지료에 관한 약정이 없는 이상 지료를 지급할 필요가 없다. [O, ×]

06. 계약기간을 1년으로 정한 경우 임대인이 2년을 주장하더라도 임차인은 1년으로 항변할 수 있다. [O, ×]

07. 임차인은 선순위의 저당권자에 의하여 경매가 이루어진 경우 보증금을 모두 변제받을 때까지 임차권의 존속을 주장할 수 있다. [O, ×]

08. 임대인이 계약해제로 인하여 주택의 소유권을 상실하게 되었다면, 임차인이 그 계약이 해제되기 전에 대항력을 갖춘 경우에도 새로운 소유자에게 대항할 수 없다. [O, ×]

정답 및 해설

01. × (즉시 → 20년간 평온·공연하게 분묘의 기지를 점유한 경우)　　02. O

03. × [구청장 → 세무서장 (상가건물임대차보호법 제5조제②항)]

04. × (관리할 수 있는 때 → 관리할 수 없는 때)【 91다30491 】사망자의 연고자는 종손이 분묘를 관리할 수 없는 특별한 사정이 있는 때에만 토지소유자에 대하여 분묘기지권을 주장할 수 있다.

05. O【 94다37912 】지상권에 있어서 지료의 지급은 그 요소가 아니어서 지료에 관한 약정이 없는 이상 지료의 지급을 구할 수 없는 점에 비추어 보면, 분묘기지권을 시효취득하는 경우에도 지료를 지급할 필요가 없다.

06. O (주택임대차보호법 제4조제①항 단서)

07. × [있다 → 없다) [why? 임차인이 저당권보다 후순위인 경우 임차권은 경락에 의해 소멸되므로(소제주의)]

08. × (없다 → 있다)【 2007다38908 】

1. 개업공인중개사가 주택임대차계약을 중개하면서 설명한 내용으로 틀린 것은?

① 당사자의 합의로 임대차계약기간을 1년으로 정한 경우에 임차인은 그 기간이 유효함을 주장할 수 있다.
② 주택의 미등기 전세계약에 관하여는 '주택임대차보호법'을 준용한다.
③ '주택임대차보호법'에 따라 임대차계약이 묵시적으로 갱신된 경우 임차인은 언제든지 임대인에게 계약해지를 통지할 수 있다.
④ '주택임대차보호법'에 위반된 약정으로서 임차인에게 불리한 것은 그 효력이 없다.
⑤ 임차인이 대항력을 취득하려면 주민등록전입신고 이외에 임대차계약증서에 확정일자도 받아야 한다.

해설

⑤ 임차인이 대항력을 취득하려면 입주와 주민등록전입신고를 하면 된다. 임대차계약서의 확정일자는 우선변제권을 취득하기 위한 요건이다.

2. 개업공인중개사가 중개의뢰인에게 '상가건물 임대차보호법'의 적용을 받는 상가건물 임대차에 관하여 설명한 것으로 옳은 것은?(다툼이 있으면 판례에 의함)

① 서울의 경우 현재 보증금액이 2억 6천 1백만원(월차임 환산금액 포함)인 경우에는 '상가건물 임대차보호법'이 적용되지 않는다.
② 임차인이 상가건물의 일부를 임차하는 경우 대항력을 갖추기 위한 요건의 하나로 사업자등록 신청시 임차부분을 표시한 도면을 첨부해야 한다.
③ 임차권등기명령제도는 상가건물 임대차의 경우에는 적용되지 않는다.
④ 상가건물을 임차하고 사업자등록을 한 사업자가 폐업신고를 하였다가 다시 같은 상호 및 등록번호로 사업자등록을 했다면 기존의 대항력은 존속된다.
⑤ 2기의 차임액을 연체한 임차인에 대해 임대인은 이를 이유로 계약갱신의 요구를 거절할 수 있다.

해설

① 서울특별시의 경우 4억원 이하의 임차보증금은 상가건물 임대차보호법의 적용대상이 된다.
③ 임차권등기명령제도는 상가건물 임대차의 경우에도 적용된다.
④ 폐업신고 후 다시 같은 상호 및 등록번호로 사업자등록을 하였다고 해서 「상가건물 임대차보호법」상의 대항력 및 우선변제권이 그대로 존속하는 것이 아니다.
⑤ 2기 → 3기

3. 개업공인중개사가 주택임차 의뢰인에게 설명한 '주택임대차보호법'상 대항력의 내용으로 옳은 것은?(다툼이 있으면 판례에 의함)

① 2011년 9월 5일에 주택의 인도와 주민등록을 마친 임차인에게 대항력이 생기는 때는 2011년 9월 6일 오전 0시이다.
② 한 지번에 다가구용 단독주택 1동만 있는 경우, 임차인이 전입신고시 그 지번만 기재하고 편의상 부여된 호수를 기재하지 않았다면 대항력을 취득하지 못한다.
③ 임차인이 전입신고를 올바르게 하고 입주했으나, 공무원이 착오로 지번을 잘못기재하였다

|정답| 1. ⑤ 2. ②

면 정정될 때까지 대항력이 생기지 않는다.

④ 중소기업에 해당하는 법인이 소속 직원의 주거용으로 주택을 임차하면서 그 소속직원의 명의로 주민등록을 하고 확정일자를 구비한 경우에도 '주택임대차보호법'이 적용되지 않는다.

⑤ 임차인이 별도로 전세권설정등기를 마쳤다면 세대원 전원이 다른 곳으로 이사를 가더라도 이미 취득한 대항력은 유지된다.

해설

② 다가구주택은 지번만 기재하면 대항력을 취득한다.

③ 임차인이 전입신고를 올바르게 하고 입주하였다면 공무원의 착오로 지번을 잘못기재 되었어도 대항요건을 갖춘 것이 된다.

④ 중소기업기본법상 중소기업에 해당하는 법인의 경우이 소속 직원의 주거용으로 주택을 임차한 경우 주택임대차보호법의 적용을 받는다.

⑤ 임차인이 별도로 전세권설정등기 후 세대원 전원이 다른 곳으로 이사를 가면 이미 취득한 대항력은 상실된다.

4. 개업공인중개사가 중개의뢰인에게 중개대상물에 관한 법률관계를 설명한 내용으로 틀린 것은? (다툼이 있으면 판례에 의함)

① 건물 없는 토지에 저당권이 설정된 후, 저당권설정자가 건물을 신축하고 저당권의 실행으로 인하여 그 토지와 지상건물이 소유자를 달리하게 된 경우에 법정지상권이 성립한다.

② 대지와 건물이 동일소유자에게 속한 경우, 건물에 전세권을 설정한 때에는 그 대지소유권의 특별승계인은 전세권설정자에 대하여 지상권을 설정한 것으로 본다.

③ 지상권자가 약정된 지료를 2년 이상 지급하지 않은 경우, 지상권설정자는 지상권의 소멸을 청구할 수 있다.

④ 지상권자가 지상물의 소유자인 경우, 지상권자는 지상권을 유보한 채 지상물 소유권만을 양도할 수 있다.

⑤ 지상권의 존속기간은 당사자가 설정행위에서 자유롭게 정할 수 있으나, 다만 최단기간의 제한이 있다.

해설

① 건물 없는 토지에 저당권이 설정된 후 저당권설정자가 그 위에 건물을 건축하였다가 담보권의 실행을 위한 경매절차에서 경매로 인하여 그 토지와 지상 건물이 소유자를 달리하였을 경우에는 법정지상권이 성립되지 않는다.

5. 개업공인중개사가 甲소유의 X주택을 乙에게 임대하는 임대차 계약을 중개하면서 양당사자에게 설명한 내용으로 옳은 것은? (다툼이 있으면 판례에 의함)

① 乙이 X주택의 일부를 주거 외의 목적으로 사용하면 주택임대차보호법의 적용을 받지 못한다.

② 임차권등기명령에 따라 등기되었더라도 X주택의 점유를 상실하면 乙은 대항력을 잃는다.

③ 乙이 X주택에 대한 대항력을 취득하려면 확정일자를 요한다.

④ 乙이 대항력을 취득한 후 X주택이 丙에게 매도되어 소유권이전등기가 경료된 다음에 乙이 주민등록을 다른 곳으로 옮겼다면, 丙의 임차보증금반환채무는 소멸한다.

⑤ 乙이 경매를 통해 X주택의 소유권을 취득하면 甲과 乙사이의 임대차계약은 원칙적으로 종료한다.

해설

① 받지 못한다 → 받는다

② 잃는다 → 잃지 않는다

③ 요한다 → 요하지 않는다

④ 소멸한다 → 소멸하지 않는다

|정답| 3. ① 4. ① 5. ⑤

인증번호 : FD85-F8H6

11 ★★★ 경매·공매

핵심

경매절차상 내용 이해 [특히, **권리분석**(소제주의 vs 인수주의)]

기출 Point

1. 경매와 공매의 차이점
2. 경매 진행절차
3. 권리분석 (소제주의 vs 인수주의)
4. 배당순위
5. 매수신청 대리 규칙·예규

출제자 의도

경매

- 경매 '사례'를 통해 권리분석을 할 수 있는가?
- 배당순위를 알고 있는가?
- 경매대리법규의 내용(특히, 지방법원장과 법원행정처장 업무의 구별)을 알고 있는가?

1. 경매 vs 공매

구분	경매(競賣)	공매(公賣)
정의	개인(경매권자)이 매수신청인(입찰자)을 경쟁시켜서 최고가격 매수신청인에게 매매하는 것 →경매 : 학자 입장의 용어 →입찰 : 참가자 입장의 용어 →매각 : 법원 입장의 용어	국가·지자체·공공기관(대표적 : 한국자산관리공사) 등이 매수신청인을 경쟁시켜서 최고가격 매수신청인에게 매매하는 것
종류	① 임의경매(= 담보권 실행 등을 위한 경매) 전세권·유치권·질권·저당권·담보가등기 등이 가지고 있는 경매권에 의해 실행되는 경매 ② 강제경매(= 강제집행) 집행력 있는 집행권원(채무명의) 정본을 가진 채권자의 신청에 의해 실행되는 경매	-
주관	법원	한국자산관리공사
낙찰가	(일반적으로) 싸다	(일반적으로) 비싸다
대금납부	일시불(일시납)	분할가능(분납) (↔ 단, 국세징수법·지방세법상 압류부동산 공매는 불가)

안전성	불안 [→ 명도책임을 매수인(낙찰자)이 지기 때문]	안전 [→ 원칙적으로 명도책임을 국가 등이 지기 때문 ↔ 압류부동산 : 매수인(낙찰자)]
가격 인하율 (유찰 시 저감율)	20% (또는 30%)	10%

■ 경매부동산 vs 공매부동산

<table>
<tr><th rowspan="2">구분</th><th rowspan="2">경매부동산</th><th colspan="4">공매부동산</th></tr>
<tr><th>1. 유입자산
(= 유입부동산)</th><th>2. 비업무용재산
(= 수탁부동산)</th><th>3. 압류재산</th><th>4. 국유
부동산</th></tr>
<tr><td>① 소유자</td><td>채무자/물상보증인</td><td>한국자산관리공사</td><td>금융기관</td><td>체납자</td><td rowspan="8">국가소유의 잡종재산 중 한국자산관리공사에 위탁한 부동산</td></tr>
<tr><td>② 매각금액 결정기준</td><td>감정가격</td><td>한국자산관리공사 유입가격</td><td>감정가격</td><td>감정가격</td></tr>
<tr><td>③ 유찰 시 수의계약 가부</td><td>×</td><td>○(다음 공매공고 전일까지)</td><td>○</td><td>×</td></tr>
<tr><td>④ 매수자 명의변경</td><td>×</td><td>○</td><td>○</td><td>×</td></tr>
<tr><td>⑤ 명도책임</td><td>매수인</td><td>한국자산관리공사</td><td>금융기관</td><td>매수인</td></tr>
<tr><td>⑥ 세금면제</td><td>없음</td><td>취득세 면제</td><td>없음</td><td>없음</td></tr>
<tr><td>⑦ 토지거래허가 면제
(토지거래허가구역 내)</td><td>○
(면제)</td><td>×
(비면제)</td><td>△(3회이상
유찰시 면제)</td><td>○</td></tr>
<tr><td>⑧ 농지취득자격증명 면제</td><td>×</td><td>×</td><td>×</td><td>×</td></tr>
</table>

2. 경매절차

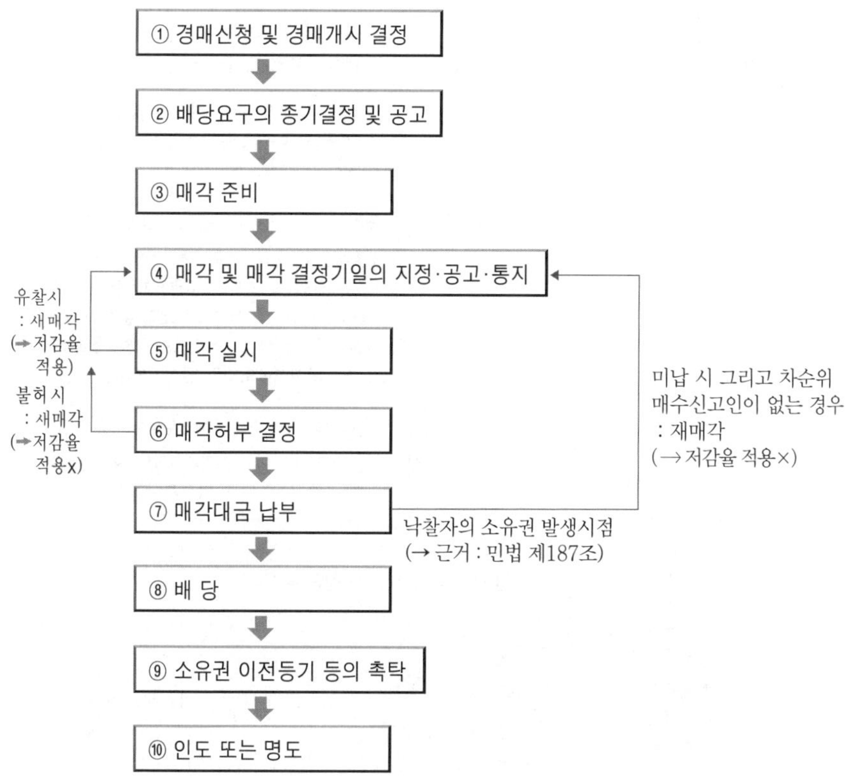

★★★
3. 권리분석 (소제주의 vs 인수주의)

① 소제주의(소멸주의) : 경매가 끝났을 때 권리가 소멸(말소)되는 것을 말하며, '소멸주의' 라고도 한다.

→ 소멸되는 권리는 낙찰자가 부담하지 않는다.

② 인수주의 : 경매가 끝났을때 권리가 소멸되지 않고 낙찰자에게 인수되는 것을 말한다.

→ 인수되는 권리는 낙찰자가 부담한다.

③ 말소되는 권리 vs 인수되는 권리

- 말소되는 권리 : 말소기준권리, (말소기준권리보다)후순위 권리, (말소기준권리보다 선순위이지만)배당요구한 전세권
- 인수되는 권리 : 말소되는 권리 이외의 권리, (압류효력 발생 전에 발생한)유치권, 법정지상권

• 경매참가 불가자 (매수신청금지자)

① 행위 제한능력자
② 채무자 ↔ 채권자, 물상보증인은 참가가능
③ 집행관 또는 그의 친족
④ 경매부동산 감정인 또는 그의 친족
⑤ 집행법원을 구성하는 법관, 담당 법원주사
⑥ 재경매(재매각)의 경우 종전 경락인

• 채무명의(債務名義) (= 집행명의, 집행권원)

국가의 강제력에 의하여 실현될 청구권의 존재와 범위를 표시하고 또한 집행력이 부여된 공정증서(公正證書)
→ 예 : 판결문, 화해조서, 인낙조서, 조정조서, 확정된 지급명령, 가압류·가처분명령, 집행증서 등

• 소제(掃除)

쓸어서 제거(소멸)하는 것

• 경매상 위험이 가장 적은 부동산

권리의 소제(소멸)가 가장 많이 되는 부동산

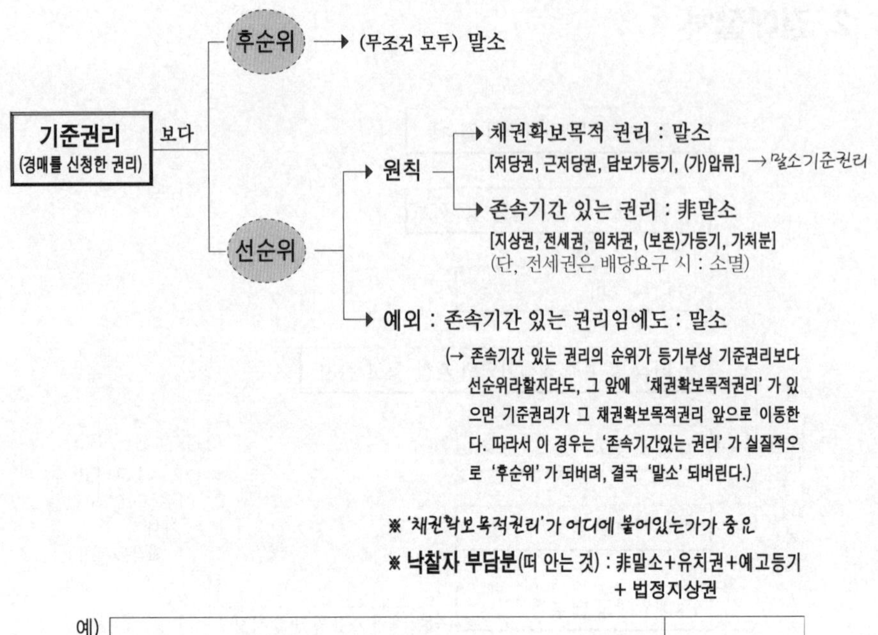
후순위
(무조건 모두) 말소
기준권리
(경매를 신청한 권리)
보다
채권확보목적 권리 : 말소
[저당권, 근저당권, 담보가등기, (가)압류] → 말소기준권리
원칙
존속기간 있는 권리 : 非말소
[지상권, 전세권, 임차권, (보존)가등기, 가처분]
(단, 전세권은 배당요구 시 : 소멸)
선순위
예외 : 존속기간 있는 권리임에도 : 말소
(→ 존속기간 있는 권리의 순위가 등기부상 기준권리보다 선순위라할지라도, 그 앞에 '채권확보목적권리'가 있으면 기준권리가 그 채권확보목적권리 앞으로 이동한다. 따라서 이 경우는 '존속기간있는 권리'가 실질적으로 '후순위'가 되버려, 결국 '말소' 되버린다.)
※ '채권확보목적권리'가 어디에 붙어있는가가 중요
※ 낙찰자 부담분(떠 안는 것) : 非말소+유치권+예고등기 + 법정지상권

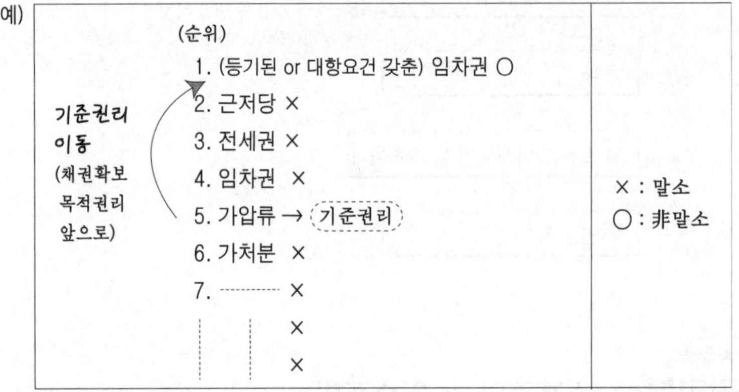
예)
(순위)
1. (등기된 or 대항요건 갖춘) 임차권 ○
2. 근저당 ×
3. 전세권 ×
4. 임차권 ×
5. 가압류 → 기준권리
6. 가처분 ×
7. ×
×
×
기준권리 이동 (채권확보 목적권리 앞으로)
× : 말소
○ : 非말소

★★
4. 배당순위

① 경매실행비용(법원이 경매를 붙이는데 들어간 돈, 실무상 '0순위'라고 부른다.)

② 제3취득자 비용상환청구 금액

③ 최우선변제 금액(주택임대차보호법, 상가건물임대차보호법상 소액보증금중 일정액의 보호) 최종 3월분 임금, 최종 3년간 퇴직금, 재해보상금(근로기준법)

④ 당해세(當該稅, 집행목적물에 부과된 세금 → 재산세, 종합부동산세 등)

⑤ 당해세 외 세금, 우선변제 금액(주택임대차보호법, 상가건물임대차보호법, 전세권, 저당권, 담보가등기상 우선변제권이 있는 자의 우선변제금액)

⑥ 일반 임금채권

⑦ 보험료(국민건강보험법, 산재보험법, 국민연금법), 공과금

⑧ 일반채권(경매당하는 사람에게 그냥 빌려준 돈 → 채권자평등주의 적용 : 비율에 따라 변제)

■ 가압류의 배당

가압류자는 금전 채권자이므로 채권자평등주의에 따라 안분배당한다.

- 가압류 〉 근저당 (가압류가 근저당보다 순위가 빠른 경우) : 안분배당
- 가압류 〈 근저당 (가압류가 근저당보다 순위가 느린 경우) : 후순위 배당

예) 안분배당

권리순위	내용	소멸(×) vs 인수(○)	배당
1	(2013. 1 1) 가압류 3,000	×	X
2	(2013. 5 1) 근저당 5,000	×	y
3	(2013. 10 . 31) (근저당권자의) 경매신청(등기)	–	총 6,000

- X(가압류권자)
  : $6,000 \times \frac{3,000}{3,000 + 5,000} = 2,250$(만원)
- y(근저당권자)
  : $6,000 \times \frac{5,000}{3,000 + 5,000} = 3,750$(만원)

5. 경매제도 특징

(1) 입찰방법

① 기일입찰제 : 경매 기일(날짜)을 정해놓고 경매에 붙이는 것

② 기간입찰제 : 경매 기간을 정해놓고 경매에 붙이는 것 → 많은 참가자 유도 목적

③ 호가제(呼價制) : 경매참가자들이 자기가 원하는 낙찰가격을 소리내어 부르는 것

※ 다양한 입찰방법 (↔ 구 민사소송법상 기일입찰제 뿐이었음)

부동산 경매에 있어서 매각부동산의 후순위저당권자가 경매신청을 하여 매각된 경우 선순위저당권은 매각으로 '소멸되지 않는다'.(×)
→'소멸된다'(○)

기일입찰에서 매수신청인은 보증금으로 '매수가격'의 10분의 1에 해당하는 금액을 집행관에게 제공하여야 한다.(×)
→'최저매각가격'(○)

중개사무소의 개설등록을 하지 않은 공인중개사라도 매수신청대리인으로 등록할 수 '있다'.(×)
→'없다'(○)

소속공인중개사는 매수신청대리인 등록을 할 수 '있다'.(×)
→'없다'(○)

(2) 매수신청보증금

법원(경매참가자×)이 정한 최저매각가격(최고매각가격×)의 10%

(3) 항고제도

① 의무 : 항고이유제출, 항고보증금(→ 매각대금의 1/10) 공탁
② 항고기각시 : 보증금 몰수

※ 재판방식

① 판결 —(불복시)→ 항소 → 상고
② 명령 ┐
③ 결정 ┘→ 항고 → 재항고

(4) 배당요구 종기(終期)

첫 매각기일이전(후×)(입찰기일, 낙찰기일×)

★★★

■ 공인중개사의 매수신청대리인 등록 등에 관한 「규칙과 예규」

- 규칙(規則) : 헌법이나 법률에 근거하여 정립되는 성문법의 한 형식
- 예규(例規) : 집단(관청이나 회사)에서 내부의 사무에 관한 기준(본보기)을 보이기 위하여 정한 규칙

규 칙	예 규
제1장 총칙	
제1조 목적 이 규칙은 「공인중개사법」(이하 "법"이라 한다)이 대법원규칙에 위임한 개업공인중개사의 매수신청대리인 등록 및 감독에 관한 사항과 그 시행에 관하여 필요한 사항을 규정함을 목적으로 한다. **제2조 매수신청대리권의 범위** 법원에 매수신청대리인으로 등록된 개업공인중개사가 매수신청대리의 위임을 받은 경우 다음 각 호의 행위를 할 수 있다. 1. 「민사집행법」 제113조의 규정에 따른 매수신청 보증의 제공 2. 입찰표의 작성 및 제출 3. 「민사집행법」 제114조의 규정에 따른 차순위매수신고 4. 「민사집행법」 제115조제3항, 제142조제6항의 규정에 따라 매수신청의 보증을 돌려 줄 것을 신청하는 행위 5. 「민사집행법」 제140조의 규정에 따른 공유자의 우선매수신고 6. 구「임대주택법」(법률 제13499호로 전면 개정되기 전의 것) 제22조의 규정에 따른 임차인의 임대주택 우선매수신고 7. 공유자 또는 임대주택 임차인의 우선매수신고에 따라 차순위매수신고인으로 보게 되는 경우 그 차순위매수신고인의 지위를 포기하는 행위 **제3조 매수신청대리의 대상물** 이 규칙에 의한 매수신청대리의 대상물은 다음 각 호와 같다. 1. 토지 2. 건물 그 밖의 토지의 정착물 3. 「입목에 관한 법률」에 따른 입목 4. 「공장 및 광업재단 저당법」에 따른 공장재단, 광업재단 5. <삭제> → 공인중개사법상 중개대상물과 매수신청대리의 대상물은 동일하다.	**제1조 목적** 이 예규는 「공인중개사의 매수신청대리인 등록 등에 관한 규칙」(이하 "규칙"이라 한다)이 위임한 사항 및 그 시행에 관하여 필요한 사항을 규정함을 목적으로 한다.
제2장 매수신청대리인 등록	
제4조 매수신청대리인 등록 매수신청대리인이 되고자 하는 개업공인중개사는 중개사무소(법인인 개업공인중개사의 경우에는 주된 중개사무소를 말한다)가 있는 곳을 관할하는 지방법원의 장(이하 "지방법원장"이라 한다)(법원행정처장×, 시장·군수·구청장×)에게 매수신청대리인 등록을 하여야 한다. **제5조 등록요건** 공인중개사가 매수신청대리인으로 등록하기 위한 요건은 다음 각 호와 같다. 1. 개업공인중개사(소속공인중개사×)이거나 법인인 개업공인중개사일 것 2. 제10조의 규정에 따라 부동산경매에 관한 실무교육을 이수하였을 것 3. 제11조제2항의 규정에 따라 보증보험 또는 공제에 가입하였거나 공탁을 하였을 것	**제2조 매수신청대리인 등록의 신청 등** ① 규칙 제4조의 규정에 따라 매수신청대리인으로 등록하고자 하는 자는 매수신청대리인 등록신청서(별지 제1호 양식)에 다음 각 호의 서류를 첨부하여 중개사무소(법인의 경우에는 주된 중개사무소를 말한다)가 있는 곳을 관할하는 지방법원의 장[이하 "지방법원장(법원행정처장×)"이라 한다]에게 신청하여야 한다. 1. 공인중개사 자격증 사본(원본×) 2. 법인의 등기사항증명서(법인인 경우에 한한다) 다만, 「전자정부법」제38조제1항의 규정에 따른 행정정보의 공동이용을 통하여 그 서류에 대한 정보를 확인할 수 있는 경우에는 그 확인으로 갈음할 수 있다.

규 칙	예 규

제6조 등록의 결격사유

다음 각 호의 어느 하나에 해당하는 자는 매수신청대리인 등록을 할 수 없다.

1. 매수신청대리인 등록이 취소된 후 3년이 지나지 아니한 자. 단, 제21조제1항제2호에 의한 등록 취소는 제외한다.
2. 「민사집행법」 제108조제4호에 해당하는 자
3. 제22조의 규정에 의하여 매수신청대리업무정지처분을 받고 법 제21조의 규정에 의한 폐업신고를 한 자로서 업무정지기간(폐업에 불구하고 진행되는 것으로 본다)이 경과되지 아니한 자
4. 제22조의 규정에 의하여 매수신청대리업무정지처분을 받은 개업공인중개사인 법인의 업무정지의 사유가 발생한 당시의 사원 또는 임원이었던 자로서 당해 개업공인중개사에 대한 업무정지기간이 경과되지 아니한 자
5. 제1호부터 제4호까지 중 어느 하나에 해당하는 자가 사원 또는 임원으로 있는 법인인 개업공인중개사

제7조 행정정보의 제공요청

① 법원행정처장은 국토교통부장관, 시장・군수・구청장 또는 공인중개사협회(이하 "협회"라 한다)가 보유・관리하고 있는 개업공인중개사에 관한 행정정보가 필요한 경우에는 국토교통부장관, 시장・군수・구청장 또는 협회에게 이용목적을 밝혀 당해 행정정보의 제공, 정보통신망의 연계, 행정정보의 공동이용 등의 협조를 요청할 수 있다.

② 제1항의 규정에 따른 협조요청을 받은 국토교통부장관, 시장・군수・구청장 또는 협회는 정당한 사유가 없는 한 이에 응하여야 한다.

(예규)

3. 중개사무소등록증 사본
4. 실무교육 이수증 사본
5. 여권용사진 (3.5cm×4.5cm) 2매(1매×)
6. 규칙 제11조제2항에 따라 보증을 제공하였음을 증명하는 보증보험증서 사본, 공제증서 사본 또는 공탁증서 사본

② 매수신청대리인 등록신청 수수료는 공인중개사의 경우 20,000원(30,000원×), 법인의 경우 30,000원이고, 정부수입인지(현금×)로 납부하여야 한다.

③ 매수신청대리인 등록신청을 받은 지방법원장은 14일(7일×) 이내에 다음 각 호의 개업공인중개사의 종별에 따라 구분하여 등록을 하여야 한다.

1. 개업공인중개사
2. 법인인 개업공인중개사

④ 매수신청대리인 등록을 한 개업공인중개사가 종별을 달리하여 업무를 하고자 하는 경우에는 제1항의 규정에 따라 등록신청서를 다시 제출하여야 한다. 이 경우 종전에 제출한 서류는 이를 제출하지 아니할 수 있으며, 종전의 등록증은 이를 반납하여야 한다.

제8조 등록증의 교부 등

① 지방법원장은 제4조의 규정에 따른 매수신청대리인 등록을 한 자에 대해서는 매수신청대리인 등록증(이하 "등록증"이라 한다)을 교부하여야 한다.

② 제1항의 규정에 따라 등록증을 교부받은 자가 등록증을 잃어버리거나 못쓰게 된 경우와 등록증의 기재사항의 변경으로 인하여 다시 등록증을 교부받고자 하는 경우에는 재교부를 신청할 수 있다.

제3조 등록증의 교부 등

① 지방법원장은 매수신청대리인 등록을 한 자에게 규칙 제8조 제1항의 규정에 따라 매수신청대리인등록증(이하 "등록증"이라 한다. 별지 제2-1호 양식)을 교부하고, 매수신청대리인등록대장(별지 제3호 양식)에 그 등록에 관한 사항을 기록・유지하여야 한다.

② 등록번호는 법원별 고유번호 두 자리 숫자, 서기 연도의 뒤 두 자리 숫자, 진행번호인 아라비아 숫자로 표시하고, 진행번호는 등록증을 발급한 시간순서에 따라 일련번호로써 부여한다.

③ 규칙 제8조 제2항의 규정에 따른 등록증의 재교부신청은 매수신청대리인등록증 재교부신청서(별지 제4호 양식)에 의한다.

④ 개업공인중개사가 등록증의 기재사항의 변경으로 인하여 다시 등록증을 교부받고자 하는 경우에는 매수신청대리인등록증 재교부신청서에 이미 교부받은 등록증과 변경사항을 증명하는 서류를 첨부하여야 한다.

제9조 등록증 등의 게시

개업공인중개사는 등록증・매수신청대리 등 보수표 그 밖에 예규가 정하는 사항을 당해 중개사무소 안의 보기 쉬운 곳에 게시하여야 한다.

제5조 등록증 등의 게시

규칙 제9조의 규정에 따라 개업공인중개사가 당해 사무소 안에 게시하여야 할 사항은 다음 각 호와 같다.

규 칙	예 규
제10조 실무교육 ① 매수신청대리인 등록을 하고자 하는 개업공인중개사(다만, 법인인 개업공인중개사의 경우에는 공인중개사인 대표자를 말한다)는 등록신청일 전 1년(3년×) 이내에 법원행정처장(지방법원장×, 시장·군수·구청장×)이 지정하는 교육기관에서 부동산 경매에 관한 실무교육을 이수하여야 한다.(원칙) 다만, 제13조의2제1항 및 제18조제4항제2호의 규정에 따른 폐업신고 후 1년 이내에 다시 등록신청을 하고자 하는 자는 그러하지 아니하다.(예외) ② 제1항의 규정에 따른 실무교육에는 평가가 포함되어야 하며, 교육시간, 교육과목 및 교육기관 지정에 관한 사항은 예규(국토교통부령×)로 정한다. **제11조 손해배상책임의 보장** ① 매수신청대리인이 된 개업공인중개사는 매수신청대리를 함에 있어서 고의 또는 과실로 인하여 위임인에게 재산상 손해를 발생하게 한 때에는 그 손해를 배상할 책임이 있다. ② 매수신청대리인이 되고자 하는 개업공인중개사는 제1항의 규정에 따른 손해배상책임을 보장하기 위하여 보증보험 또는 협회의 공제에 가입하거나 공탁(이하 "보증"이라 한다)을 하여야 한다. ③ 제2항의 규정에 따라 공탁한 공탁금(보증보험금×, 공제금×)은 매수신청대리인이 된 개업공인중개사가 폐업, 사망 또는 해산한 날부터 3년(2년×) 이내에는 이를 회수할 수 없다. ④ 매수신청의 위임을 받은 개업공인중개사는 매수신청인에게 손해배상책임의 보장에 관한 다음 각 호의 사항을 설명하고 관계증서의 사본을 교부하거나 관계증서에 관한 전자문서를 제공하여야 한다. 1. 보장금액 2. 보증보험회사, 공제사업을 행하는 자, 공탁기관 및 그 소재지 3. 보장기간 **제12조 공제사업** ① 법 제41조의 규정에 따라 설립된 협회는 제11조의 규정에 따른 개업공인중개사의 손해배상책임을 보장하기 위하여 공제사업을 할 수(하여야×) 있다. ② 협회는 제1항의 규정에 따른 공제사업을 하고자 하는 때에는 공제규정을 제정하여 법원행정처장(지방법원장×)의 승인(신고×)을 얻어야 한다. 공제규정을 변경하고자 하는 때에도 또한 같다(승인을 얻을 필요없다×). ③ 제2항의 공제규정에는 예규에 정하는 바에 따라 공제사업의 범위, 공제계약의 내용, 공제금, 공제료, 회계기준 및 책임준비금의 적립비율 등 공제사업의 운용에 관하여 필요한 사항을 정하여야 한다. ④ 협회는 공제사업을 다른 회계와 구분하여 별도의 회계로 관리하여야 하며, 책임준비금을 다른 용도로 사용하고자 하는 경우에는 법원행정처장의 승인을 얻어야 한다. ⑤ 협회는 예규에 정하는 바에 따라 매년도의 공제사업 운용실	1. 등록증 2. 규칙 제17조의 규정에 따른 매수신청대리 등 보수표 3. 규칙 제11조제2항의 규정에 따른 보증의 설정을 증명할 수 있는 서류 **제6조 교육시간 등** ① 교육시간은 32시간 이상 44시간 이내로 한다. ② 실무교육은 직업윤리, 민사소송법, 민사집행법, 경매실무 등 필수과목 및 교육기관이 자체적으로 정한 부동산경매 관련과목의 수강과 교육과목별 평가로 한다. ③ 실무교육에 필요한 전문인력 및 교육시설을 갖추고 객관적 평가기준을 마련한 다음 각 호의 기관 또는 단체는 법원행정처장에게 그 지정승인을 요청할 수 있다. 1. 「고등교육법」에 따라 설립된 대학 또는 전문대학으로서 부동산관련 학과가 개설된 학교 2. 「공인중개사법」(이하 "법"이라 한다) 제41조의 규정에 따라 설립된 공인중개사협회(이하 "협회"라 한다) **제10조 보증의 변경** ① 규칙 제11조제2항의 규정에 따라 보증을 설정한 개업공인중개사가 그 보증을 다른 보증으로 변경하고자 하는 경우에는 이미 설정한 보증의 효력이 있는 기간 중에 다른 보증을 설정하고, 그 증빙서를 갖추어 관할 지방법원장(법원행정처장×)에게 제출하여야 한다. ② 보증보험 또는 공제에 가입한 개업공인중개사로서 보증기간의 만료로 인하여 다시 보증을 설정하고자 하는 자는 당해 보증기간 만료일까지 다시 보증을 설정하고, 관할 지방법원장에게 제출하여야 한다. **제11조 보증보험금의 지급 등** ① 매수신청인이 손해배상금으로 보증보험금, 공제금 또는 공탁금을 지급받고자 하는 경우에는 당해 매수신청인과 매수신청대리인이 된 개업공인중개사와의 손해배상합의서, 화해조서, 확정된 법원의 판결서 사본 또는 기타 이에 준하는 효력이 있는 서류를 첨부하여 보증기관에 손해배상금의 지급을 청구하여야 한다. ② 매수신청대리인이 된 개업공인중개사가 보증보험금, 공제금 또는 공탁금으로 손해배상을 한 때에는 15일(7일×) 이내에 보증보험 또는 공제에 다시 가입하거나 공탁금 중 부족하게 된 금액을 보전하여야 한다. **제11조의2 휴업 또는 폐업의 신고 등** ① 규칙 제13조의2제1항에 따라 매수신청대리업을 휴업, 폐업,휴업한 매수신청대리업의 재개 또는 휴업기간의 변경을 하고자 하는 때에는 예규에서 정하는 신고서에 매수신청대리인등록증을 첨부(휴업 또는 폐업의 경우에 한한다)하여 감독법원에 미리 신고하여야 한다. 법인인 개업공인중개사의 매수신청대리인의 분사무소의 경우에도 같다. ② 제1항에 따른 신고는 별지 제14호 양식에 의한다. **제7조 공제사업의 범위** 규칙 제12조의 규정에 따라 협회가 할 수 있는 공제사업의 범위는 다음 각 호와 같다.

규칙	예규

적을 일간신문 또는 협회보 등을 통하여 공제계약자에게 공시하여야 한다.

⑥ 법원행정처장은 협회가 이 규칙 및 공제규정을 준수하지 아니하여 공제사업의 건전성을 해할 우려가 있다고 인정되는 경우에는 이에 대한 시정을 명할 수 있다.

⑦ 「금융위원회의 설치 등에 관한 법률」에 따른 금융감독원의 원장은 법원행정처장으로부터 요청이 있는 경우에는 협회의 공제사업에 관하여 검사를 할 수 있다.

제13조 보증금액

① 개업공인중개사가 제11조제2항의 규정에 따른 손해배상책임을 보장하기 위한 보증을 설정하여야 하는 금액은 다음 각 호와 같다.

1. 법인인 개업공인중개사 : 2억 원 이상. 다만, 분사무소를 두는 경우에는 분사무소마다 1억 원 이상을 추가로 설정하여야 한다.
2. 개업공인중개사 : 1억 원 이상

② 보증기간의 만료로 인한 새로운 보증의 설정 및 다른 보증으로 변경하고자 하는 경우의 보증설정방법 등 보증의 변경에 관한 사항은 예규로 정한다.

③ 제1항의 보증금액을 지급받는 방법은 예규로 정한다.

제13조의2 휴업 또는 폐업의 신고

① 매수신청대리인은 매수신청대리업을 휴업(3월을 초과하는 경우), 폐업 또는 휴업한 매수신청대리업을 재개하고자 하는 때에는 감독법원(시장·군수·구청장×)에 그 사실을 미리(사후×) 신고하여야 한다. 휴업기간을 변경하고자 하는 때에도 같다.

② 제1항의 규정에 의한 휴업은 6월을 초과할 수 없다.

1. 규칙 제11조의 규정에 따른 손해배상책임을 보장하기 위한 공제기금의 조성 및 공제금의 지급에 관한 사업
2. 공제사업의 부대업무로서 공제규정으로 정하는 사업

제8조 공제규정

규칙 제12조제3항의 규정에 따른 공제규정은 다음 각 호의 기준에 따라야 한다.

1. 공제계약의 내용 : 협회의 공제책임, 공제금, 공제료, 공제기간, 공제금의 청구와 지급절차, 구상 및 대위권, 공제계약의 실효 그 밖에 공제계약에 필요한 사항
2. 공제금 : 규칙 제13조제1항의 규정에 따른 손해배상책임 보장금액
3. 공제료 : 공제사고 발생률, 보증보험료 등을 종합적으로 고려하여 결정한 금액
4. 회계기준 : 공제사업을 손해배상기금과 복지기금으로 구분하여 각 기금별 목적 및 회계원칙에 부합되는 세부기준을 규정
5. 책임준비금의 적립비율 : 공제사고 발생률 및 공제금 지급액 등을 종합적으로 고려하여 결정하되, 공제료 수입액의 100분의 10(5×) 이상으로 규정

제9조 공제사업 운용실적의 공시

협회는 다음 각 호의 규정에 따른 공제사업 운용실적을 매회계년도 종료 후 3개월(2개월×) 이내에 일간신문 또는 협회보에 공시하고 협회 홈페이지에 게시하여야 한다.

1. 결산서인 요약 대차대조표, 손익계산서 및 감사보고서
2. 공제료 수입액, 공제금 지급액, 책임준비금 적립액
3. 그 밖에 공제사업 운용과 관련된 참고사항

제3장 매수신청대리행위

제14조 대리행위의 방식

① 개업공인중개사는 제2조 각 호에 규정된 대리행위를 하는 경우 각 대리행위마다 대리권을 증명하는 문서(본인의 인감증명서가 첨부된 위임장과 대리인등록증 사본 등)를 제출하여야 한다. 다만, 같은 날 같은 장소에서 제2조 각 호에 규정된 대리행위를 동시에 하는 경우에는 하나의 서면으로 갈음할 수 있다.

② 법인인 개업공인중개사의 경우에는 제1항에 규정된 문서 이외에 대표자의 자격을 증명하는 문서를 제출하여야 한다.

③ 개업공인중개사는 제2조의 규정에 따른 대리행위를 함에 있어서 매각장소 또는 집행법원에 직접 **출석**하여야 한다.

제15조 사건카드의 작성·보존

① 개업공인중개사는 매수신청대리 사건카드를 **비치**하고, 사건을 위임받은 때에는 사건카드에 위임받은 순서에 따라 일련번호, 경매사건번호, 위임받은 연월일, 보수액과 위임인의 주소·성명 기타 필요한 사항을 **기재**하고, 서명날인 한 후 5년간 이를 **보존**하여야 한다.

② 제1항의 서명날인에는 법 제16조의 규정에 따라 등록한 인장을 사용하여야 한다.

제12조 대리행위의 방식

① 규칙 제14조제1항·제3항에 규정된 문서는 매 사건마다 제출하여야 한다. 다만, 개별매각의 경우에는 매 물건번호마다 제출하여야 한다.

② 위임장에는 사건번호, 개별매각의 경우 물건번호, 대리인의 성명과 주소, 위임내용, 위임인의 성명과 주소를 기재하고, 위임인의 인감도장을 날인하고 인감증명서를 첨부하거나 위임인이 위임장에 서명하고 본인서명사실확인서 또는 전자본인서명확인서의 발급증을 첨부하여야 한다.

③ 본인서명사실확인서의 서명방법 또는 전자본인서명확인서의 확인절차 등은 「본인서명사실 확인 등에 관한 법률에 따른 재판사무 등 처리지침」 및 「부동산등에 대한 경매절차 처리지침」에 따른다.

제13조 사건카드

규칙 제15조에 규정된 매수신청대리 사건카드는 별지 제7호 양식과 같다.

규 칙	예 규
제16조 매수신청대리 대상물의 확인·설명 ① 개업공인중개사가 매수신청대리를 위임받은 경우 매수신청대리 대상물의 권리관계, 경제적 가치, 매수인이 부담하여야 할 사항 등에 대하여 위임인에게 성실·정확하게 설명하고 등기사항증명서 등 설명의 근거자료를 제시하여야 한다. ② 개업공인중개사는 위임계약을 체결한 경우 제1항의 확인·설명 사항을 서면으로 작성하여 서명날인한 후 위임인에게 교부하고, 그 사본을 사건카드에 철하여 5년(3년×) 간 보존하여야 한다. ③ 제2항의 서명날인에는 제15조제2항의 규정을 준용한다.	**제14조 확인·설명서** ① 규칙 제16조의 확인·설명사항은 다음과 같다. 1. 당해 매수신청대리 대상물의 표시 및 권리관계 2. 법령의 규정에 따른 제한사항 3. 당해 매수신청대리 대상물의 경제적 가치 4. 당해 매수신청대리 대상물에 관한 소유권을 취득함에 따라 부담·인수하여야 할 권리 등 사항 ② 규칙 제16조제2항의 매수신청대상물 확인·설명서는 별지 제8호 양식과 같다.
제17조 보수, 영수증 ① 개업공인중개사는 매수신청대리에 관하여 위임인으로부터 예규에서 정한 보수표의 범위 안에서 소정의 보수를 받는다. 이때 보수 이외의 명목으로 돈 또는 물건을 받거나 예규에서 정한 보수 이상을 받아서는 아니된다. ② 개업공인중개사는 제1항의 보수표와 보수에 대하여 이를 위임인에게 위임계약 전(후×) 에 설명하여야(할 수×) 한다. ③ 개업공인중개사는 제1항의 규정에 따라 보수를 받은 경우 예규에서 정한 양식에 의한 영수증을 작성하여 서명날인한 후 위임인에게 교부하여야 한다. ④ 제3항의 서명날인에는 제15조제2항의 규정을 준용한다. ⑤ 보수의 지급시기는 매수신청인과 매수신청대리인의 약정에 따르며, 약정이 없을 때에는 매각대금의 지급기한일로 한다.	**제15조 매수신청대리 보수 및 실비** ① 규칙 제17조제1항의 매수신청대리 등 보수표는 별지 제9호 양식과 같다. ② 개업공인중개사는 위임인으로부터 매수신청대리 대상물의 권리관계 등의 확인 또는 매수신청대리의 실행과 관련하여 발생하는 별도의 실비를 받을 수 있다. 다만, 매수신청대리에 필요한 통상의 실비(확인·설명을 위한 등기기록 열람 비용 등)는 보수에 포함된 것으로 본다. ③ 규칙 제17조제3항의 보수 영수증은 별지 제10호 양식과 같다.
제18조 의무, 금지행위 ① 개업공인중개사는 신의와 성실로써 공정하게 매수신청대리업무를 수행하여야 한다. ② 개업공인중개사는 다른 법률에서 특별한 규정이 있는 경우를 제외하고는 그 업무상 알게 된 비밀을 누설하여서는 아니된다. 개업공인중개사가 그 업무를 떠난 경우에도 같다. ③ 개업공인중개사는 매각절차의 적정과 매각장소의 질서유지를 위하여 「민사집행법」의 규정 및 집행관의 조치에 따라야 한다. ④ 개업공인중개사는 다음 각 호의 어느 하나에 해당하는 경우에는 그 사유가 발생한 날로부터 10일 이내에 지방법원장에게 그 사실을 신고하여야 한다. 1. 중개사무소를 이전한 경우 2. 중개업을 휴업 또는 폐업한 경우 3. 법 제35조의 규정에 따라 공인중개사 자격이 취소된 경우 4. 법 제36조의 규정에 따라 공인중개사 자격이 정지된 경우 5. 법 제38조의 규정에 따라 중개사무소 개설등록이 취소된 경우 6. 법 제39조의 규정에 따라 중개업무가 정지된 경우 7. 법 제13조의 규정에 따라 분사무소를 설치한 경우 ⑤ 개업공인중개사는 다음 각 호의 행위를 하여서는 아니된다.(금지행위) 1. 이중으로 매수신청대리인 등록신청을 하는 행위 2. 매수신청대리인이 된 사건에 있어서 매수신청인으로서 매수신청을 하는 행위	**제4조 중개사무소이전신고 등** ① 규칙 제18조제4항의 규정에 따른 신고를 하는 경우 중개사무소의 이전신고는 중개사무소이전신고서(별지 제5호 양식), 그 외의 사항에 대한 신고는 신고서(별지 제6호 양식)에 등록증을 첨부하여 관할 지방법원장(법원행정처장×)에게 제출하여야 한다. 다만, 중개사무소 이전으로 관할이 바뀌는 경우에는 새로운 중개사무소(기존 중개사무소×) 소재지를 관할하는 지방법원장에게 이전신고를 하여야 한다. ② 제1항 단서에 따라 중개사무소이전신고를 받은 지방법원장은 그 내용이 적합한 경우에는 새로운 등록증(별지 제2-2호 양식)을 교부하여야 한다. ③ 제2항의 지방법원장은 종전 중개사무소 소재지 관할 지방법원장에게 관련서류를 송부하여 줄 것을 요청하고, 이 경우 종전 중개사무소 소재지 관할 지방법원장은 지체 없이 다음 각 호의 서류를 송부하여야 한다. 1. 매수신청대리인등록대장 2. 매수신청대리인 등록신청서류 3. 최근 1년간의 행정처분서류 및 행정처분절차가 진행중인 경우 그 관련서류 ④ 제3항의 규정에 따라 관련서류를 송부 받은 지방법원장은 이전등록을 하여야 하고, 이전신고 전에 발생한 사유로 인하여 개업공인중개사에 대한 행정처분을 하여야 할 경우에는 이를 행한다.

규 칙	예 규
3. 동일 부동산에 대하여 이해관계가 다른 2인 이상의 대리인이 되는 행위 4. 명의대여를 하거나 등록증을 대여 또는 양도하는 행위 5. 다른 개업공인중개사의 명의를 사용하는 행위 6. 「형법」 제315조에 규정된 경매·입찰방해죄에 해당하는 행위 7. 사건카드 또는 확인·설명서에 허위기재하거나 필수적 기재사항을 누락하는 행위 8. 그 밖에 다른 법령에 따라 금지되는 행위	
제4장 지도 및 감독	
제19조 협회·개업공인중개사 등의 감독 ① 법원행정처장(지방법원장×)은 매수신청대리업무에 관하여 협회를 감독한다. ② 지방법원장(법원행정처장×)은 매수신청대리업무에 관하여 관할 안에 있는 협회의 시 · 도지부와 매수신청대리인 등록을 한 개업공인중개사를 감독한다. ③ 지방법원장은 매수신청대리업무에 대한 감독의 사무를 지원장과 협회의 시·도지부에 위탁할 수 있고, 이를 위탁받은 지원장과 협회의 시·도지부는 그 실시 결과를 지체 없이 지방법원장에게 보고하여야 한다. ④ 지방법원장은 법규를 위반하였다고 인정되는 개업공인중개사에 대하여 해당법규에 따른 상당한 처분을 하여야 한다. ⑤ 협회는 등록관청으로부터 중개사무소의 개설등록, 휴업 · 폐업의 신고, 자격의 취소, 자격의 정지, 등록의 취소, 업무의 정지 등에 관한 사항을 통보받은 후 10일 이내에 법원행정처장에게 통지하여야 한다.	**제16조 통지** ① 법원행정처장은 규칙 제19조제5항의 규정에 따라 협회로부터 통지받은 내용 중 행정처분이 필요한 사항을 관할 지방법원장에게 통지한다. ② 지방법원장은 매월 매수신청대리인등록·행정처분 및 신고된 사항을 별지 제11호 양식에 의하여 다음달 10일(15일×)까지 법원행정처장에게 통지하여야 한다. ③ 법원행정처장은 매월 매수신청대리인등록·행정처분 및 신고된 사항을 별지 제11호 양식에 의하여 다음달 15일(10일×)까지 공인중개사협회에 통지하여야 한다.
제20조 감독상의 명령 ① 지방법원장 또는 제19조제3항의 규정에 따라 감독의 사무를 행하는 지원장은 매수신청대리인 등록을 한 개업공인중개사에게 매수신청대리업무에 관한 사항에 대하여 보고하게 하거나 자료의 제출 그 밖에 필요한 명령을 할 수 있고, 소속공무원으로 하여금 중개사무소에 출입하여 장부 · 서류 등을 조사 또는 검사하게 할 수 있다. ② 제19조제3항의 규정에 따라 감독의 사무를 행하는 협회의 시·도지부는 제1항의 규정에 따른 중개사무소 출입·조사 또는 검사를 할 수 있다.	**제17조 조사권한증명서의 제시** 규칙 제20조제1항의 규정에 따라 중개사무소에 출입하여 장부·서류 등을 조사하는 공무원은 공무원증과 매수신청대리업무조사권한증명서(별지 제12호 양식), 규칙 제20조제2항의 규정에 따라 중개사무소에 출입하여 장부·서류 등을 조사하는 자는 신분증과 협회의 시·도지부 대표자가 발급한 조사권한증명서를 각 지니고, 상대방에게 이를 내보여야 한다.
제21조 등록취소 사유 등 ① 지방법원장은 다음 각 호의 어느 하나에 해당하는 경우에는 매수신청대리인 등록을 취소하여야(할 수×) 한다. 1. 법 제10조제1항 각 호의 어느 하나에 해당하는 경우 2. 법 제21조 또는 이 규칙 제13조의2제1항의 규정에 따라 폐업신고를 한 경우 3. 법 제35조의 규정에 따라 공인중개사 자격이 취소된 경우 4. 법 제38조의 규정에 따라 중개사무소 개설등록이 취소된 경우 5. 등록당시 제5조에 규정된 등록요건을 갖추지 않았던 경우 6. 등록당시 제6조에 규정된 결격사유가 있었던 경우 ② 지방법원장은 다음 각 호의 어느 하나에 해당하는 경우에는 매수신청대리인 등록을 취소할 수(하여야×) 있다.	**제18조 등록취소 등** ① 지방법원장은 매수신청대리인 등록을 한 개업공인중개사에 대하여 등록취소, 업무정지의 처분을 할 경우에는 당해 위반행위를 조사·확인한 후 위반사실, 징계처분의 내용과 그 기간 등을 서면(구두×)으로 명시하여 통지하여야 한다. ② 지방법원장은 등록취소, 업무정지처분을 하고자 하는 때에는 10일(7일×) 이상의 기간을 정하여 개업공인중개사에게 구술 또는 서면(전자문서를 포함한다)(서면만×)의한 의견진술의 기회를 주어야 한다. 이 경우 지정된 기일까지 의견진술이 없는 때에는 의견이 없는 것으로 본다. ③ 지방법원장은 규칙 제21조 또는 제22조의 규정에 따라 등록취소 또는 업무정지처분을 한 때에는 등록취소·업무정지 관

규 칙	예 규
1. 등록 후 제5조에 규정된 등록요건을 갖추지 못하게 된 경우 2. 등록 후 제6조에 규정된 결격사유가 있게 된 경우 3. 제15조제1항의 규정을 위반하여 사건카드를 작성하지 아니하거나 보존하지 아니한 경우 4. 제16조제2항의 규정을 위반하여 확인·설명서를 교부하지 아니하거나 보존하지 아니한 경우 5. 제17조제1항 · 제3항의 규정을 위반하여 보수 이외의 명목으로 돈 또는 물건을 받은 경우, 예규에서 정한 보수를 초과하여 받은 경우, 보수의 영수증을 교부하지 아니한 경우 6. 제18조제2항·제3항·제5항의 규정을 위반한 경우 7. 제20조제1항의 규정에 따른 감독상의 명령이나 중개사무소의 출입, 조사 또는 검사에 대하여 기피, 거부 또는 방해하거나 거짓으로 보고 또는 제출한 경우 8. 최근 1년 이내에 이 규칙에 따라 2회 이상 업무정지처분을 받고 다시 업무정지처분에 해당하는 행위를 한 경우 ③ 매수신청대리인 등록이 취소된 자는 등록증을 관할 지방법원장에게 반납하여야 한다. **제22조 업무정지 사유 등** ① 지방법원장은 개업공인중개사(이 경우 분사무소를 포함한다)가 다음 각 호의 어느 하나에 해당하는 경우에는 기간을 정하여 매수신청대리업무를 정지하는 처분을 하여야(할 수×) 한다. 1. 법 제21조 또는 이 규칙 제13조의2제1항의 규정에 따라 휴업하였을 경우 2. 법 제36조의 규정에 위반하여 공인중개사 자격을 정지당한 경우 3. 법 제39조의 규정에 위반하여 업무의 정지를 당한 경우 4. 제21조제2항제1호 내지 제6호 또는 제8호 중 어느 하나에 해당하는 경우 ② 지방법원장은 매수신청대리인 등록을 한 개업공인중개사(이 경우 분사무소를 포함한다)가 다음 각 호의 어느 하나에 해당하는 경우에는 기간을 정하여 매수신청대리업무의 정지를 명할 수 있다. 1. 「민사집행법」 제108조제1호 내지 제3호 중 어느 하나에 해당하는 경우 2. 제9조의 규정을 위반하여 등록증 등을 게시하지 아니한 경우 3. 제15조제2항, 제16조제3항 또는 제17조제4항의 규정을 위반한 경우 4. 제18조제4항의 규정을 위반하여 사무소 이전 등의 신고를 하지 아니한 경우 5. 제21조제2항제7호의 규정에 해당하는 경우 6. 제23조제1항의 규정을 위반하여 "법원"의 명칭이나 휘장 등을 표시하였을 경우 7. 그 밖에 이 규칙에 따른 명령이나 처분에 위반한 경우 ③ 제1항 또는 제2항의 업무정지기간은 1월(1년×) 이상 2년(3년×) 이하로 한다. **제23조 명칭의 표시 등** ① 매수신청대리인 등록을 한 개업공인중개사는 그 사무소의 명칭이나 간판에 고유한 지명 등 법원행정처장이 인정하는 특별한 경우를 제외하고는 "법원"의 명칭이나 휘장 등을 표시하여서는 아니된다. ② 개업공인중개사는 매수신청대리인 등록이 취소된 때에는 사무실 내 · 외부에 매수신청대리업무에 관한 표시 등을 제거하여야 하며, 업무정지처분을 받은 때에는 업무정지사실을 당해 중개사사무소의 출입문에 표시하여야 한다. **제24조 민감정보 등의 처리** 지방법원장 및 제19조제3항에 의하여 감독업무를 위탁받은 지원장과 협회(중앙회 및 시 · 도지부)는 매수신청대리인 등록 및 감독업무 수행을 위하여 「개인정보보호법」제23조의 민감정보, 제24조의 고유식별정보, 제24조의2의 주민등록번호 및 그 밖의 개인정보를 처리할 수 있다.	리대장(별지 제13호 양식)에 기재하여 5년(3년×)간 보존하여야 한다. ④ 제1항의 규정에 따라 등록취소처분을 받은 개업공인중개사는 처분을 받은 날로부터 7일(10일×) 이내에 관할 지방법원장에게 등록증을 반납하여야 한다. ⑤ 법 제38조제1항제1호의 규정에 따라 중개사무소의 개설등록이 취소된 경우로서 개인인 개업공인중개사가 사망한 경우에는 그 개업공인중개사와 세대를 같이 하고 있는 자, 법인인 개업공인중개사가 해산한 경우에는 당해 법인인 개업공인중개사의 대표자 또는 임원이었던 자가 등록취소처분을 받은 날로부터 7일(10일×) 이내에 등록증을 관할 지방법원장에게 반납하여야 한다.

■ 매수신청대리 등 보수표

[별지 제9호]

매수신청대리 등 보수표

(1) 상담 및 권리분석 보수

① 보수 : **50만원의 범위 안**에서 당사자의 합의(시·도의 조례×)에 의하여 결정한다.

② 주의사항

- **4개**(3개×) 부동산 이상의 일괄매각의 경우에는 3개를 초과하는 것부터 1부동산 당 **5만원의 범위 안**에서 상한선을 증액할 수 있다(예를 들어 5개 부동산의 일괄매각의 경우 3개를 초과하는 2개 때문에 60만원까지로 보수의 상한선 범위를 증액될 수 있음).
- 개별매각의 여러 물건을 함께 분석하는 경우에는 1부동산당 **5만원**의 범위 안에서 상한선을 증액할 수 있다.
- 위 보수에 대하여 위임계약 체결 전에 위임인에게 미리 설명하여야 하며, 이를 사건카드에 반드시 기록하여야 한다.

(2) 매수신청대리 보수

(가) 매각허가결정이 확정되어 매수인으로 된 경우

① 보수

감정가의 1% 이하 또는 최저매각가격의 1.5% 이하의 범위 안에서의 당사자의 합의에 의하여 결정한다.

② 주의사항

위 보수에 대하여 위임계약 체결 전에 위임인에게 미리 설명하여야 하며, 이를 사건카드에 반드시 기록하여야 한다.

(나) 최고가매수신고인 또는 매수인으로 되지 못한 경우

① 보수 요율

50만원의 범위 안에서 당사자의 합의에 의하여 결정한다.

② 주의사항

위 보수에 대하여 위임계약 체결 전에 위임인에게 미리 설명하여야 하며, 이를 사건카드에 반드시 기록하여야 한다.

(3) 실비

① 보수

30만원(50만원×)**의 범위 안**에서 당사자의 합의에 의하여 결정한다.

② 주의사항

- 실비는 매수신청대리와 관련하여 발생하는 특별한 비용(원거리 출장비, 원거리 교통비 등)으로써 개업공인중개사는 이에 관한 영수증 등을 첨부하여 청구하여야 한다.
- 매수신청대리와 관련하여 발생하는 통상의 비용(등기사항증명서 비용, 근거리 교통비 등)은 위 보수에 당연히 포함된 것으로 보고 별도로 청구하지 않는다.
- 실비에 대하여 위임계약 체결 전에 위임인에게 미리 설명하여야 하며, 이를 사건카드에 반드시 기록하여야 한다.

O · X · 지 · 문 · 학 · 습

01. 임의경매에서는 경매신청 전에 저당권 등 담보권에 부존재·무효 등의 사유가 있는 때에는 매수인이 매각대금을 완납했다고 하더라도 소유권을 취득할 수 없다. [O, ×]

02. 강제경매란 저당권, 전세권, 가등기담보권 등 담보물권 실행을 위한 경매이며, 임의경매란 확정판결 등 집행권원에 의한 경매이다. [O, ×]

03. 강제경매의 경우 공신력이 있는 관계로 경매절차상의 하자를 이유로 해서는 항고를 제기할 수 없다. [O, ×]

04. 경매개시결정을 한 때에는 법원은 지체 없이 직권으로 경매개시결정 취지를 등기부에 기입할 것을 소관 등기공무원에게 촉탁하여야 한다. [O, ×]

05. 법원은 경매개시결정을 경매신청채권자, 소유자, 공유자, 채무자 등에게 송달해야 되는데, 특히 이 중에서 채무자에게 송달되지 않으면 더이상 경매절차를 진행시킬 수 없으며, 만일 진행된다면 집행방법이의의 대상이 된다. [O, ×]

06. 경매사건의 이해관계인은 매각대금이 완납될 때가지 경매개시결정에 대하여 이의신청할 수 있다. [O, ×]

07. 경매개시결정에 대한 이의신청이나 그 이의신청 재판에 대한 즉시항고는 경매진행절차를 정지시키는 효력이 없으므로 만일 경매절차를 정지시키고자 하는 이해관계인은 경매절차정지가처분신청을 하여 청구이의소 또는 제3자이의소를 제기해야 한다. [O, ×]

08. 채권자는 채무자가 경매목적부동산을 파손시키고 있다는 것을 이유로 경매부동산 침해행위 방지조치명령을 법원에 신청할 수 없다. [O, ×]

정답 및 해설

01. ○
02. × (강제경매 → 임의경매, 임의경매 → 강제경매)
03. × (경매절차상의 하자를 이유로 해서는 임의경매나 강제경매나를 불문하고 항고를 제기할 수 있다.)
04. ○
05. × (경매의 진행에 대해서 가장 이해관계가 대립되는 사람은 소유자이므로 소유자에게 경매개시결정이 송달되지 않으면 더 이상 경매를 진행시킬 수 없다.)
06. ○
07. ○
08. × (없다 → 있다)

기·출·문·제·분·석

1. 개업공인중개사가 부동산경매에 관하여 의뢰인에게 설명한 내용으로 옳은 것은?

① 기일입찰에서 매수신청의 보증금액은 매수신고가격의 10분의 1로 한다.
② 차순위매수신고는 그 신고액이 최고가매수신고액에서 그 보증액을 뺀 금액을 넘는 때에만 할 수 있다.
③ 매수인은 매각대금이 지급되어 법원사무관 등이 소유권이전등기를 촉탁한 때에 매각의 목적인 권리를 취득한다.
④ 매각허가결정이 확정되면 매수인은 법원이 정한 대금지급기일에 매각대금을 지급해야 한다.
⑤ 재매각절차에서 전(前)의 매수인은 매수신청을 할 수 있다.

해설

① 매수신고가격 → 최저매각가격
③ 소유권이전등기를 촉탁한 때에 → 매각대금을 완납한 경우에
④ 대금지급기일에 → 대금지급기한까지
⑤ 재매각절차에서 종전의 매수인은 매수신청을 할 수 없다.

2. 공인중개사의 매수신청대리인 등록 등에 대한 규칙에 관한 설명으로 틀린 것은?

① 매수신청대리인이 되고자 하는 공인중개사인 개업공인중개사는 중개사무소가 있는 곳을 관할하는 지방법원장에게 매수신청대리인 등록을 해야 한다.
② 매수신청대리인으로 등록된 개업공인중개사가 매수신청대리의 위임을 받은 경우, 「민사집행법」의 규정에 따른 차순위매수신고를 할 수 있다.
③ 매수신청대리인이 된 개업공인중개사가 손해배상책임을 보장하기 위하여 공탁한 공탁금은 그가 폐업, 사망 또는 해산한 날부터 3년 이내에는 회수할 수 없다.
④ 「공인중개사법령」상 중개사무소 개설등록에 필요한 실무교육을 이수하고 1년이 경과되지 않은 자는 매수신청대리인으로 등록하기 위하여 부동산경매에 관한 실무교육을 별도로 받지 않아도 된다.
⑤ 개업공인중개사가 매수신청대리를 위임받은 경우 매수신청대리 대상물의 경제적 가치도 위임인에게 확인·설명해야 한다.

해설

④ 공인중개사법령상의 실무교육을 받았더라도 부동산 경매에 관한 실무교육은 별도로 받아야 한다.

3. 개업공인중개사의 매수신청대리에 관한 설명으로 틀린 것은?

① 모든 개업공인중개사가 매수신청대리인으로 등록할 수 있는 것은 아니다.
② 공인중개사인 개업공인중개사는 매수신청대리인으로 등록하지 않더라도 경매대상 부동산에 대한 권리분석 및 알선을 할 수 있다.
③ 매수신청대리인은 부도임대주택의 경매에 있어서 「임대주택법」의 규정에 따른 임차인의 임대주택 우선매수 신고를 대리할 수 있다.
④ 매수신청대리인은 매수신청대리 대상물의 권리관계, 경제적 가치, 매수인이 부담해야 할 사항 등에 대하여 위임인에게 성실·정확하게

|정답| 1. ② 2. ④

설명하고 등기사항증명서 등 설명의 근거자료를 제시해야 한다.

⑤ 「입목에 관한 법률」에 따른 입목은 중개대상물이 될 수 있으나 매수신청대리의 대상물이 될 수 없다.

해설

⑤ 없다 → 있다(규칙 제3조)

4. 공인중개사의 매수신청대리인 등록 등에 관한 규칙상 매수신청대리업무를 수행하는 개업공인중개사의 금지행위에 해당하지 않는 것은?

① 명의를 대여하는 행위
② 매수신청대리인 등록증을 대여하는 행위
③ 다른 개업공인중개사의 명의를 사용하는 행위
④ 이중으로 매수신청대리인 등록신청을 하는 행위
⑤ 「임대주택법」에 따른 임차인의 임대주택 우선매수신고를 하는 행위

해설

⑤ 임차인의 임대주택 우선매수신고를 하는 행위는 개업공인중개사의 매수신청대리업무 중의 하나다. 개업공인중개사 금지행위에는 경매·입찰방해죄에 해당하는 행위나 사건카드 또는 확인·설명서에 허위기재하거나 필수적 기재사항을 누락하는 행위 등도 있다.

5. 공인중개사의 매수신청대리인 등록 등에 관한 규칙상 매수신청대리인으로 등록된 개업공인중개사가 매수신청대리의 위임을 받아 할 수 없는 행위는?

① 입찰표의 작성 및 제출
② 매각기일변경신청
③ 「민사집행법」 에 따른 차순위매수신고
④ 「민사집행법」 에 따른 매수신청 보증의 제공
⑤ 「민사집행법」 에 따른 공유자의 우선매수신고

해설

② 매각기일변경신청은 개업공인중개사의 매수신청대리권의 범위에 해당하지 않는다.

6. 개업공인중개사가 법원의 부동산경매에 관하여 의뢰인에게 설명한 내용으로 틀린 것은?

① 기일입찰에서 매수신청의 보증금액은 매수신고가격의 10분의 1로 한다.
② 차순위매수신고는 그 신고액이 최고가매수신고액에서 그 보증액을 뺀 금액을 넘는 때에만 할 수 있다.
③ 매수인은 매각대금을 다 낸 때에 매각의 목적인 권리를 취득한다.
④ 가압류채권에 대항할 수 있는 전세권은 그 전세권자가 배당요구를 하면 매각으로 소멸된다.
⑤ 재매각절차에서 전(前)의 매수인은 매수신청을 할 수 없으며, 매수신청의 보증을 돌려줄 것을 요구하지 못한다.

해설

① 매수신청의 보증금액은 최저매각가격의 10분의 1이다

|정답| 3. ⑤ 4. ⑤ 5. ② 6. ①

인증번호 : 85HA-S7F0

12 ★ 중개실무 관련 등기법

기출 Point

1. 명의신탁 약정상 관련자간 법률관계
2. 명의신탁약정 비대상으로 유효한 경우
3. 위반 시 제재사항

핵심

명의신탁 약정 → 법률효과 → 법률관계

1. 부동산등기법

→ 제3부 부동산공시법 중 '부동산등기법' 참고

2. 부동산등기특별조치법

→ 제1부 공인중개사 법령 및 중개실무 중 '거래계약(서)' 편 참고

3. 부동산 실권리자명의 등기에 관한 법률

(1) 목적

부동산에 관한 소유권과 그 밖의 물권을 실체적 권리관계와 일치하도록 실권리자 명의로 등기하게 함으로써 부동산등기제도를 악용한 투기·탈세·탈법행위 등 반사회적 행위를 방지하고 부동산 거래의 정상화와 부동산 가격의 안정을 도모하여 국민 경제의 건전한 발전에 이바지함이다.

(2) 명의신탁약정 대상 vs 비대상

구분	대상	비대상
명의 신탁 약정	부동산에 관한 소유권·기타 물권(전세권, 저당권등) ↓ 그 가등기도 포함 ↕ 임차권은 채권이므로 제외	① 양도담보 ② 가등기담보 ③ 상호명의신탁 ④ 신탁등기 → 부동산실명법의 적용이 배제되는 경우

- 종중 외의 자의 명의등기
- 배우자 명의등기
- 종교단체 명의등기

→ 부동산실명법이 (일부) 적용되나 무효는 아닌 경우
(즉, 유효 ↔ 그 목적이 조세포탈, 강제집행면탈, 법령상 제한 회피일 경우에는 무효)

(3) 명의신탁상 법률관계(도)

① 2자간(양자간, 두사람 사이) 명의신탁(= 이전형 명의신탁)

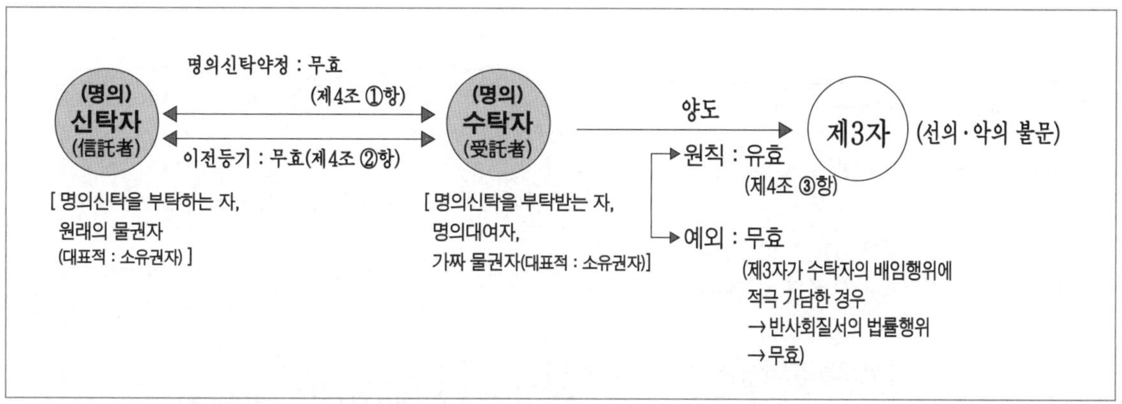

② 3자간(세 사람 사이) 명의신탁 [= 중간생략(형) 명의신탁, 등기명의신탁]

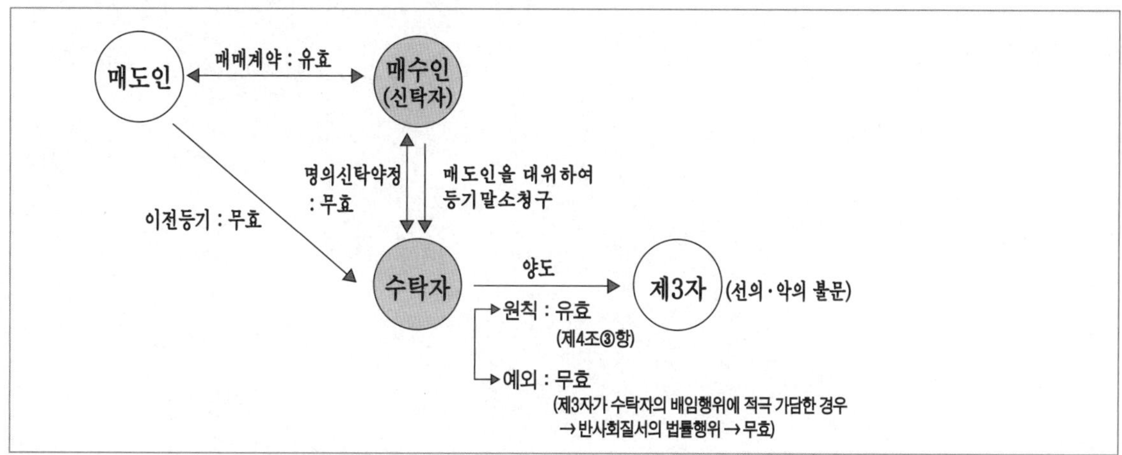

③ 계약 명의신탁 (= 위임형 명의신탁)

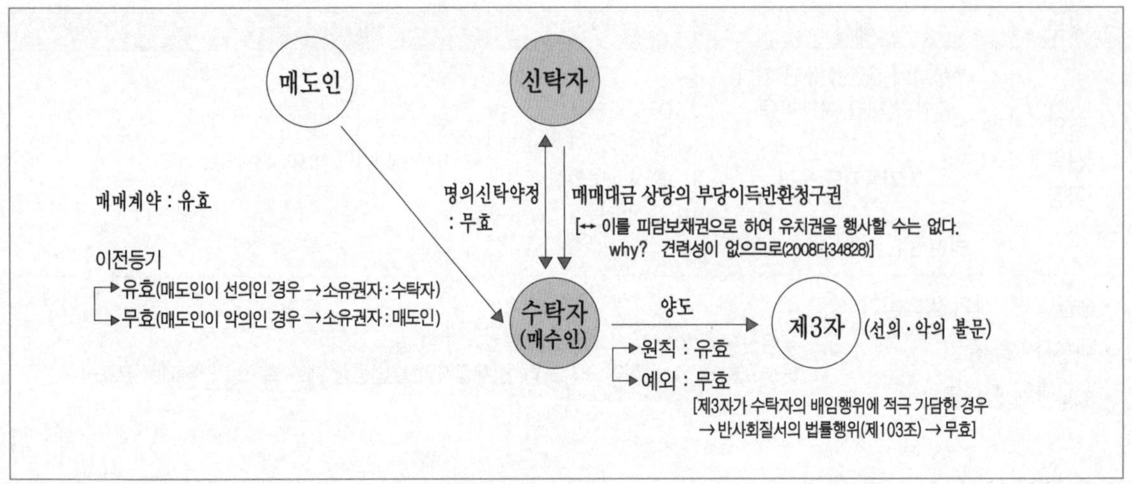

(4) 위반 시 제재사항

구분	내용	해당자
과징금	부동산가격의 100분의 30 범위안	① 명의신탁자 ② 채권자 ③ 실채무자(서면에 채무자를 거짓기재 제출하게 한)
이행 강제금	부동산평가액의 100분의 10 (1년차) 부동산평가액의 100분의 20 (2년차)	과징금 부과받았는데 지체 없이 자신의 명의로 등기하지 아니한 자
벌칙	5년 이하의 징역 또는 2억원 이하의 벌금	① 명의신탁자 ② 채권자 ③ 실채무자(서면에 채무자를 거짓기재 제출하게 한)
	3년 이하의 징역 또는 1억원 이하의 벌금	① 명의수탁자

O · X · 지 · 문 · 학 · 습

01. 명의신탁약정의 무효는 제3자에게 대항할 수 있다. [O, ×]

02. 부동산의 위치와 면적을 특정하여 2인 이상이 구분소유하기로 약정하고 그 구분소유자의 공유로 등기하는 것은 명의신탁에 해당되지 아니한다. [O, ×]

03. 부동산 소유자로부터 명의수탁을 받은 자가 이를 임의로 처분하였다면 명의신탁자에 대한 횡령죄가 성립한다. [O, ×]

04. 종교단체의 명의로 그 산하조직이 보유한 부동산에 관한 물권을 등기한 경우, 그 등기는 언제나 무효이다. [O, ×]

05. 명의수탁자로부터 신탁재산을 매수한 제3자가 명의수탁자의 배임행위에 적극적으로 가담한 경우, 대외적으로 명의수탁자와 제3자 사이의 매매계약은 유효하다. [O, ×]

06. 위법한 명의신탁약정에 따라 수탁자명의로 등기한 명의신탁자는 5년 이하의 징역 또는 2억원 이하의 벌금에 처한다. [O, ×]

07. 조세포탈 등을 목적으로 하지 아니하는 경우에 사실혼 관계에 있는 배우자 간의 명의신탁약정은 효력이 있다. [O, ×]

정답 및 해설

01. × (있다 → 없다) (이 때 제3자는 선악을 불문한다. 즉 악의의 제3자에게도 대항할 수 없다.)
02. ○ (상호명의신탁약정, 즉 구분소유적 공유는 명의신탁으로 보지 않는다.)
03. ○ (부동산에 관하여 신탁자가 수탁자와 명의신탁약정을 맺고 신탁자가 매매계약의 당사자가 되어 매도인과 매매계약을 체결하되 다만 등기를 매도인으로부터 수탁자 앞으로 직접 이전하는 방법으로 명의신탁을 한 경우 명의수탁자가 그 부동산을 임의로 처분하였다면 횡령죄가 성립한다. 2002도2926)
04. × [언제나 무효이다 → 언제나 무효인 것은 아니다 (조세포탈 등의 경우가 아니라면 유효하다.) (법 제8조)]
05. × [유효 → 무효 (제3자가 명의수탁자의 배임행위에 적극적으로 가담한 경우는 민법 제103조 반사회질서의 법률행위에 해당되어 절대적 무효이다. 91다29842)]
06 ○ (부동산 실권리자 명의등기에 관한 법률 제7조제①항제1호) 07. × (사실혼 → 법률혼)

기·출·문·제·분·석

1. 다음은 개업공인중개사가 중개의뢰인에게 부동산 실권리자 명의 등기에 관한 법률에 대하여 설명한 내용이다. 바르게 설명하지 못한 것은?

① 누구든지 부동산에 관한 물권을 명의신탁약정에 의하여 명의수탁자의 명의로 등기하여서는 안된다고 설명하였다.
② 명의신탁자 A가 명의수탁자 B의 명의로 가장매매하여 등기를 이전한 경우에는 그 등기이전은 무효가 되고 소유권은 A에게 귀속된다고 설명하였다.
③ 이 법은 등기명의신탁이나 계약명의신탁의 경우에도 선의·악의를 불문하고 제3자에게 대항하지 못한다고 설명하였다.
④ 매도인 A가 명의신탁자 B와 명의수탁자 C 사이에 명의신탁약정이 있다는 사실을 모르고 명의수탁자 C와 매매계약을 체결하고 소유권이전등기가 완료된 경우 소유권이전등기는 무효라고 설명하였다.
⑤ 소유권보존등기를 타인명의로 한 경우에도 명의신탁약정은 무효가 되며 명의신탁에 의한 소유권보존등기도 무효가 된다고 설명하였다.

해설
④ 무효 → 유효 (제4조 제②항)

2. 다음은 부동산 실권리자 명의 등기에 관한 설명이다. 틀린 것은?

① 명의신탁약정의 금지에 위반한 명의신탁자와 그 교사자에 대하여는 5년 이하의 징역 또는 3억 원 이하의 벌금에 처한다.
② 명의신탁약정의 무효와 명의신탁약정에 따라 행하여진 등기에 의한 부동산에 관한 물권변동의 무효는 제3자에게 대항하지 못한다.
③ 배우자 명의로 부동산에 관한 물권을 등기한 경우에는 조세포탈, 강제집행의 면탈 또는 법령상의 제한의 회피를 목적으로 하지 아니하는 한 명의신탁약정의 효력 및 과징금·벌칙의 규정이 적용되지 아니한다.
④ 양도담보, 가등기담보, 부동산구분소유자의 공유등기등은 명의신탁약정에 해당되지 아니한다.
⑤ 부동산 소유자로부터 명의수탁을 받은 자가 이를 임의로 처분하였다면 명의신탁자에 대한 횡령죄가 성립한다고 대법원은 판시하고 있다.

해설
① 3억 원 → 2억 원
⑤ 부동산에 관하여 신탁자가 수탁자와 명의신탁약정을 맺고 신탁자가 매매계약의 당사자가 되어 매도인과 매매계약을 체결하되 다만 등기를 매도인으로부터 수탁자 앞으로 직접 이전하는 방법으로 명의신탁을 한 경우 명의수탁자가 그 부동산을 임의로 처분하였다면 횡령죄가 성립한다. [대판2002도2926]

3. 다음 중 중개실무에 관한 설명으로서 올바른 것은?

① 임차인은 임차권등기명령의 신청 및 그에 따른 임차권등기와 관련하여 소요된 비용을 임대인에게 청구할 수 없다.
② 부동산등기특별조치법에 위반하여 소유권이전을 내용으로 계약을 체결하고 60일 이내에 소유권이전등기를 신청하지 아니한 경우에는

|정답| 1.④ 2.①

그 거래계약은 무효다.

③ 대항력을 갖춘 주택임차인은 계약기간 중 주택의 소유자가 변경되는 경우에는 임차권을 주장할 수 없다.

④ 부동산의 위치와 면적을 특정하여 2인 이상이 구분소유하기로 약정하고 그 구분소유자의 공유로 등기하는 것은 부동산 실권리자 명의등기에 관한 법률에 위반되는 명의신탁에 해당되지 아니한다.

⑤ 2개 이상의 시·군·구에 있는 수개의 부동산의 소유권이전을 내용으로 하는 계약서에 검인을 받고자 하는 경우에는 모든 시·군·구청에서 검인을 받아야 한다.

해설

① 없다 → 있다 ② 무효 → 유효

③ 없다 → 있다 ⑤ 모든 → 그 중 1개

4. 부동산 실권리자 명의 등기에 관한 법률의 내용으로 옳은 것의 묶음은?

㉠ 명의신탁약정의 무효는 제3자에게 대항할 수 있다. ㉡ 부동산의 위치와 면적을 특정하여 2인 이상이 구분소유하기로 하는 약정을 하고 그 구분소유자의 공유로 등기하는 경우에는 규제의 대상에서 제외된다. ㉢ 명의신탁의 금지범위는 소유권에 한한다. ㉣ 신탁법에 의한 신탁재산인 사실을 등기한 경우에는 규제의 대상에서 제외된다. ㉤ 조세포탈 등을 목적으로 하지 아니하는 경우에 사실혼관계에 있는 배우자 간의 명의신탁약정은 효력이 있다.

① ㉠, ㉡, ㉢ ② ㉡, ㉣, ㉤

③ ㉠, ㉢ ④ ㉡, ㉣

⑤ ㉣, ㉤

해설

㉠ 있다 → 없다 (이때 제3자는 선의·악의를 불문한다.)

㉢ 소유권 → 소유권 그 밖의 물권

㉤ 사실혼 → 법률혼

5. 공인중개사가 중개행위를 하면서 부동산 실권리자 명의 등기에 관한 법령에 대하여 설명한 내용으로 옳은 것은?

① 위법한 명의신탁약정에 따라 수탁명의로 등기한 명의신탁자는 5년 이하의 징역 또는 2억원 이하의 벌금에 처한다.

② 무효인 명의신탁약정에 따라 수탁자명의로 등기한 명의신탁자에게 해당 부동산 가액의 100분의 30에 해당하는 확정금액의 과징금을 부과한다.

③ 위법한 명의신탁의 신탁자라도 이미 실명등기를 하였을 경우에는 과징금을 부과하지 않는다.

④ 명의신탁을 이유로 과징금을 부과받은 자에게 과징금부과일부터 부동산평가액의 100분의 20에 해당하는 금액을 매년 이행강제금으로 부과한다.

⑤ 종교단체의 명의로 그 산하조직이 보유하나 부동산에 관한 물권을 등기한 경우, 그 등기는 언제나 무효이다.

해설

① 실명법 위반 명의신탁자나 채권자 및 같은 항에 따른 서면에 채무자를 거짓으로 적어 제출하게 한 실채무자에게 5년 이하의 징역 또는 2억원 이하의 벌금에 처한다(법 제7조 제1항).

|정답| 3. ④ 4. ④ 5. ①

6. 개업공인중개사가 중개한 계약 중 '부동산 등기 특별조치법'에 따른 검인을 받아야 하는 것은?

① 지상권설정계약서
② 증여계약서
③ 임대차계약서
④ 전세권설정계약서
⑤ 저당권설정계약서

해설

② 검인은 계약이나 판결 등의 원인으로 토지 및 건축물에 대한 소유권이전에 대한 본등기를 신청하는 경우에 필요하다.

7. A 종중은 그 소유토지를 종중원의 한 사람인 B와 협의 하에 편의상 B의 명의로 등기하였다. 판례에 따를 때 다음 중 옳은 설명은?

① 제3자가 그 토지를 불법점유하는 경우 A는 소유자로서 그 방해배제를 직접 청구할 수는 없다.
② A와 B의 소유권이전행위는 허위표시로서 무효이다.
③ A가 등기를 회복하기까지는 B는 모든 사람에 대하여 그 소유권을 주장할 수 있다.
④ B가 제3자에게 그 토지를 처분한 경우 제3자가 악의이면 그는 소유권을 취득하지 못한다.
⑤ A의 B에 대한 소유권에 따른 등기청구권은 시효로 소멸할 수 있다.

해설

① 신탁자 A는 수탁자 B를 대위함이 없이는 직접 제3자에게 침해의 배제를 청구할 수 없다. [77다1079]
② 종중의 재산을 그 종중등 개인의 명의로 등기해 둔 경우로서 조세포탈, 강제집행의 면탈 또는 법령상 제한의 회피를 목적으로 하지 않는 경우에 그 명의신탁은 유효하다. (제8조 제①항)
③ A에 대하여는 주장하지 못한다.
④ 판례는 제3자는 선의·악의에 관계없이 소유권을 취득한다고 일관되게 판시하고 있다. [63다388]
⑤ 소유권은 시효소멸의 대상이 되지 않는다.

|정답| 6. ② 7. ①

인증번호 : SG71-K3D9

13

★★★

중개실무 관련 부동산 공법

핵심

부동산 공법 중 → **거래제한**(규제) : 관련 규정

최근의 공인중개사법 및 중개실무의 문제는 해당 법에만 한정되지 않고 민법 ~ 부동산공법까지 광범위하게 출제되고 있다. 따라서 **전과목**의 유기적 **'연계학습'** 이 절실하다.

부동산 공법 중 중개실무와 연계될 수 있는 부분은 다음과 같다.

1. 도시개발법 중 **환지(예정지)**
2. 건축법 중 **건폐율·용적률** 개념
3. 주택법 중 **입주자저축, 분양가상한제, 분양가공개**
4. 농지법 중 **소유제한(소유자제한·소유상한·농지취득자격증명**★★★**)** 규정

→ 특히 4. 중요

→ 세부내용은 부동산 공법에서 다루기로 한다.

■ 농지 소유면적 상한

구분	소유 면적 상한
상속으로 농지를 취득한 자로서 농업경영을 하지 아니하는 자는	상속 농지 중에서 총 1만제곱미터까지만 소유할 수 있다. ↔ 농지를 한국농어촌공사 등에 임대하거나 사용대하는 경우에는 소유 상한을 초과할지라도 그 기간에는 그 농지를 계속 소유할 수 있다.
8년 이상 농업경영을 한 후 **이농**한 자	이농 당시 소유 농지 중에서 총 1만제곱미터까지만 소유할 수 있다. ↔ 농지를 한국농어촌공사 등에 임대하거나 사용대하는 경우에는 소유 상한을 초과할지라도 그 기간에는 그 농지를 계속 소유할 수 있다.
주말·체험영농을 하려는 자	총 1천제곱미터 미만의 농지를 소유할 수 있다. 이 경우 면적 계산은 그 세대원 전부가 소유하는 총 면적으로 한다.

기출 Point

1. 농지소유 제한

출제자 의도

농지취득자격증명 非대상을 알고 있는가?

■ 농지취득자격증명(원) VS 농업경영계획서

<table>
<tr><th>구분</th><th>농지취득자격증명 발급 요(○) VS 불요(×)</th><th>농업경영계획서 작성 요(○) VS 불요(×)</th></tr>
<tr><td>상속으로 농지를 취득하여 소유하는 경우</td><td>×</td><td rowspan="4">×</td></tr>
<tr><td>주말·체험영농하려고 농지를 소유하는 경우</td><td>○</td></tr>
<tr><td>농지전용 허가를 받거나 농지전용 신고를 한 자가 그 농지를 소유하는 경우</td><td>○</td></tr>
<tr><td>농지전용 협의를 마친 농지를 소유하는 경우</td><td>×</td></tr>
</table>

■ 토지이용계획확인서

[별지 제2호 서식]

발급번호 : 발행매수 : 0/0 발급일 : 0000/00/00 (앞쪽)

토지이용계획확인서					처리기간 1일
신청인	성명		주소		
			전화번호		
신청토지	소재지		지번	지목	면적(㎡)
지역·지구등 지정여부	「국토의 계획 및 이용에 관한 법률」에 따른 지역·지구등				
	다른 법령 등에 따른 지역·지구				
	시행령 부칙 제3조에 따른 추가기재 확인내용				
「토지이용규제 기본법 시행령」 제9조제4항 각 호에 해당되는					
확인도면					범례 / 축척 /
「토지이용규제 기본법」 제10조제1항에 따라 귀하의 신청토지에 대한 현재의 토지이용계획을 위와 같이 확인합니다. 년 월 일 시장·군수·구청장 (인)					수입증지 붙이는 곳 / 수입증지 금액 (지방자치단체의 조례로 정함)

발급번호 : 발행매수 : 0/0 발급일 : 0000/00/00 (뒷쪽)

유의사항	1. 토지이용계획확인서는 「토지이용규제 기본법」 제5조 각 호에 따른 지역·지구등의 지정내용과 그 지역·지구등 안에서의 행위제한내용, 그리고 동법 시행령 제9조제4항에서 정하는 사항을 확인하여 드리는 것으로서 지역·지구·구역 등의 명칭을 쓰는 모든 것을 확인하여 드리는 것은 아닙니다. 2. 「토지이용규제 기본법」 제8조제2항 단서에 따라 지형도면을 작성·고시하지 아니하는 경우로서 철도보호지구·하천구역 등과 같이 별도의 지정절차 없이 법령 또는 자치법규에 따라 지역·지구등의 범위가 직접 지정되는 경우에는 당해 지역·지구등의 지정여부를 확인하여 드리지 못합니다. 3. 「토지이용규제 기본법」 제8조제3항 단서에 따라 지역·지구등의 지정시 지형도면등의 고시가 곤란한 경우로서 「토지이용규제 기본법 시행령」 제7조제4항 각 호에 해당되는 경우에는 그 지형도면등의 고시 전에 해당 지역·지구등의 지정여부를 확인하여 드리지 못합니다. 4. "확인도면"은 해당필지에 지정된 지역·지구등의 지정여부를 확인하기 위한 참고도면으로서 법적 효력이 없고, 측량, 그 밖의 목적으로 사용할 수 없습니다. 5. 지역·지구등 안에서의 행위제한내용은 신청인의 편의를 도모하기 위하여 관계 법령 및 자치법규에 규정된 내용을 그대로 제공해 드리는 것으로서 신청인이 신청한 경우에 한하여 제공되며, 신청토지에 대하여 제공된 행위제한내용 외의 모든 개발행위가 법적으로 보장되는 것은 아닙니다.
지역·지구등 안에서의 행위제한 내용	※ 지역·지구등 안에서의 행위제한내용은 신청인이 확인신청한 경우에만 기재되며, 지구단위계획구역에 해당하는 경우에는 담당과를 방문하여 토지이용과 관련한 계획을 별도로 확인하셔야 합니다.

O · X · 지 · 문 · 학 · 습

01. 농지전용협의를 마친 농지를 매수하는 경우에도 농지취득자격증명이 필요하다. [O, ×]

02. 경매로 농지를 매수하려면 매수신청 시 농지취득자격증명을 함께 제출해야 한다. [O, ×]

03. 주말·체험영농을 위해 농지를 취득하고자 하는 자는 도시민의 경우 남편이 660㎡, 세대원인 부인이 550㎡를 각각 취득할 수 있다. [O, ×]

04. 주말·체험영농의 목적인 경우에도 농지취득 자격증명을 발급받아야 한다. [O, ×]

05. 주말·체험영농을 하려는 자는 총 1천㎡ 미만의 농지를 소유할 수 있되, 이 경우 면적 계산은 그 세대원 전부가 소유하는 총 면적으로 한다. [O, ×]

06. 공유농지의 분할을 원인으로 농지를 취득하는 경우 농지취득자격증명을 요하지 않는다. [O, ×]

07. 농지소유자는 6개월 이상 국외여행 중인 경우에 한하여 소유농지를 위탁경영하게 할 수 있다. [O, ×]

정답 및 해설

01. × [필요하다 → 필요하지 않다 (농지법 제8조제①항)]
02. × (매수신청 시 → 매각결정기일까지)
03. × [취득할 수 있다 → 취득할 수 없다 (why? 합산하면 1천㎡ 이상이 되어 농지 소유상한제에 걸린다.) (농지법 제7조제③항)]
04. O
05. O
06 O
07. × [6개월 → 3개월 (농지법 제9조제2호)]

기·출·문·제·분·석

1. 개업공인중개사가 농지를 매수하려는 의뢰인에게 설명한 내용 중 옳은 것은?(다툼이 있으면 판례에 의함)

① 농지에도 전세권을 설정할 수 있다.
② 농지전용협의를 마친 농지를 매수하는 경우에도 농지취득자격증명이 필요하다.
③ 경매로 농지를 매수하려면 매수신청시 농지취득자격증명을 함께 제출해야 한다.
④ 농지매매가 유효하려면 농지를 구입한 후 1년 안에 농지소재지로부터 20km 이내로 전가족이 이사를 와야 한다.
⑤ 농지취득자격증명은 농지취득의 원인이 되는 법률행위의 효력발생요건이 아니다.

해설

① 농지에는 전세권을 설정할 수 없다.
② 농지취득자격증명이 필요하지 않다.
③ 매수신청시 농지취득자격증명을 함께 제출을 요하지 않는다.
④ 구 농지임대차관리법 시행령 제23조상 농지매매를 위한 해당 요건이나 현행 삭제되었다.
⑤ 농지취득자격증명은 농지의 소유권 취득 시에 첨부해야 할 서면이지 농지매매의 유효요건이 아니다.

2. 농지를 매수하고자 하는 의뢰인(법인 제외)에게 개업공인중개사가 설명한 내용으로 틀린 것은?

① 주말·체험영농의 목적으로 농지를 소유하는 경우, 세대원 전부가 소유하는 총면적이 1천 제곱미터 미만이어야 한다.
② 주말·체험영농의 목적인 경우에도 농지취득자격증명을 발급받아야 한다.
③ 농지임대가 예외적으로 허용되어 농업경영을 하려는 자에게 임대하는 경우, 그 임대차계약은 서면계약을 원칙으로 한다.
④ 임대농지를 양수하는 자는 '농지법'에 따른 임대인의 지위를 승계한 것으로 본다.
⑤ 5년간 농업경영을 하다가 이농(離農)하는 경우, 총 1만 제곱미터까지만 소유할 수 있다.

해설

⑤ 8년간 농업경영을 하다가 이농(離農)하는 경우, 총 1만 제곱미터까지만 소유할 수 있다.

3. 개업공인중개사가 토지거래계약허가구역 내의 허가대상 토지매매를 중개하면서 당사자에게 설명한 내용으로 틀린 것은?(다툼이 있으면 판례에 의함)

① 이 매매계약은 관할 관청의 허가를 받기 전에는 효력이 발생하지 않는다.
② 관할 관청의 허가가 있기 전에는 매수인은 그 계약내용에 따른 대금의 지급의무가 없다.
③ 허가신청에 이르기 전에 매매계약을 일방적으로 철회하는 경우, 상대방에게 일정한 손해액을 배상하기로 하는 약정은 그 효력이 없다.
④ 매도인이 허가신청절차에 협력하지 않으면, 매수인은 매도인에게 협력의무의 이행을 소로써 구할 수 있다.
⑤ 이 매매계약은 당사자 쌍방이 허가신청을 하지 아니하기로 의사표시를 명백히 한 때에는 확정적으로 무효가 된다.

해설

③ 허가신청에 이르기 전에 매매계약을 일방적으로 철회하는 경우, 상대방에게 일정한 손해액을 배상하기로 하는 약정은 그 효력이 있다.

|정답| 1.⑤ 2.⑤ 3.③

4. 농지매매를 중개할 때 중개의뢰인에게 설명한 것으로 가장 옳은 것은?

① 개업공인중개사는 주말·체험영농을 위해 농지를 취득하고자 하는 서울특별시 거주자 A에게 도시민 경우에는 1,000㎡ 미만의 농지를 취득할 수 있다고 설명하였다.

② 개업공인중개사는 농지전용을 위해 관할관청에 농지전용허가를 신청한 경우 관할관청의 불허가 등의 통지가 별도로 없는 경우에는 허가를 득한 것으로 볼 수 있다고 설명하였다.

③ 개업공인중개사는 현재 농작물을 경작하고 있지 않더라도 공부상 지목이 전, 답, 과수원으로 표시되어 있는 경우에는 농지법상의 농지로 취득할 수 있다고 설명하였다.

④ 개업공인중개사는 '공간정보의 구축 및 관리에 관한 법률' 상의 지목이 임야인 토지인 경우에는 형질변경을 하지 않더라도 다년생식물 재배에 이용된다면 농지로 취득할 수 있다고 설명하였다.

⑤ 개업공인중개사는 농지를 취득하기 위해서는 농지소재지 관할군수가 발급한 농지취득자격증명서를 첨부하면 취득할 수 있다고 설명하였다.

해설

② 농지법 제36조, 제37조　③ 농지법 제2조 제1호
④ 농지법 제2조, 제6조　⑤ 농지법 제6조

|정답| 4. ①

인증번호 : CF63-9JH3

14

★ 장사 등에 관한 법률

핵심

분묘 관련 **제한**(규정)

기출 Point

1. 점유면적 제한
2. 설치기간 제한

1. 분묘 점유면적

① 개인 묘지 : 30(60×)㎡(한도)

② 공설·가족·종중·문중·법인 묘지 : 10(30×)㎡(단, 합장 : 15㎡)

출제자 의도

분묘에 대한 행위제한의 내용을 알고 있는가?

2. 분묘 설치

① ┌사후 신고 : 개인묘지를 설치한 자는 설치 후(전×) 30일 이내 매장지 관할시장 등(특별자치시장, 특별자치도지사, 시장·군수·구청장)에게 신고하여야
└사전 허가 : 가족·종중·문중·법인 묘지는 시장 등의 사전(사후×) 허가를 받아야

② 기간 ┌ 원칙 : 30년(공설묘지, 사설묘지)
└ 예외 : 60년(최장기간, 왜냐하면 연장 – 30년씩 1회 한하므로)

③ 기간종료 시 : 1년 이내 화장 또는 봉안

④ 설치제한 지역 : 녹지지역, 상수원보호구역, 문화재보호구역, 그 밖에 대통령령으로 정하는 지역

함정 개인묘지는 '20㎡'를 초과할 수 없다.(×)
→'30㎡'(○)

함정 가족묘지의 면적은 '1,000㎡' 이하여야 한다.(×)
→'100㎡'(○)

■ 각종 사설묘지 공통점 vs 차이점

구 분	개인묘지	가족묘지	종중·문중묘지	법인묘지
설치절차(신고 vs 허가)	사후 신고(설치 후 30일 이내)	사전 허가		
설치면적	$30m^2$ 이하	$100m^2$ 이하	$1,000m^2$ 이하	10만m^2 이하
설치기간	30년(1회에 한하여 30년 연장)			
관할기관	특별자치시장·특별자치도지사·시장·군수·구청장			

■ 자연장지

구 분	개인	가족	종중·문중	종교단체	공공법인·재단법인
설치절차(신고 vs 허가)	사후 신고(설치 후 30일이내)	사전 신고		사전 허가	
설치면적	$30m^2$ 미만	$100m^2$ 미만	$2,000m^2$ 이하	4만m^2 이하	5만m^2 이상
관할기관	특별자치시장·특별자치도지사·시장·군수·구청장				

01. 장사 등에 관한 법률 시행 후 토지소유자의 승낙을 얻어 분묘를 설치한 경우 그 분묘의 설치기간은 제한을 받는다. [O, ×]

02. 개인묘지를 설치할 경우 30㎡를 초과해서는 아니 된다. [O, ×]

03. 가족묘지 1기 및 그 시설물의 총면적은 합장하는 경우 20㎡까지 가능하다. [O, ×]

04. 토지소유자의 승낙 없이 타인 소유의 토지에 자연장을 한 자는 토지소유자에 대하여 시효취득을 이유로 자연장의 보존을 위한 권리를 주장할 수 없다. [O, ×]

05. 문중 자연장지를 조성하려는 자는 관할 시장 등의 허가를 받아야 한다. [O, ×]

06. 남편의 분묘구역 내에 처의 분묘를 추가로 설치한 경우, 추가설치 후 30일 이내에 해당 묘지의 관할 시장 등에게 신고해야 한다. [O, ×]

정답 및 해설

01. ○
02. ○ (장사 등에 관한 법률 제18조제②항)
03. × (20㎡ → 15㎡) (장사 등에 관한 법률 제18조제①항)
04. ○ (장사 등에 관한 법률 제27조제④항)
05. × (허가를 받아야 한다 → 신고하여야 한다) (장사 등에 관한 법률 제16조제③항)
06 ○ (장사 등에 관한 법률 제8조제①항)

기 · 출 · 문 · 제 · 분 · 석

1. 개업공인중개사가 분묘가 있는 토지에 관하여 중개의뢰인에게 설명한 내용으로 틀린 것은? (다툼이 있으면 판례에 의함)

① 문중자연장지를 조성하려는 자는 관할 시장등의 허가를 받아야 한다.
② 남편의 분묘구역 내에 처의 분묘를 추가로 설치하는 경우, 추가설치 후 30일 이내에 해당 묘지의 관할 시장등에게 신고해야 한다.
③ 분묘기지권은 분묘의 수호와 봉사에 필요한 범위 내에서 타인의 토지를 사용할 수 있는 권리이다.
④ 분묘기지권은 특별한 사정이 없는 한, 분묘의 수호와 봉사가 계속되고 그 분묘가 존속하는 동안 인정된다.
⑤ 가족묘지의 면적은 10제곱미터 이하여야 한다.

해설

① 관할 시장 등의 허가 → 관할 시장 등에게 신고

2. 개업공인중개사가 묘지가 있는 토지를 매수하려는 중개의뢰인에게 설명한 내용 중 틀린 것은? (다툼이 있으면 판례에 의함)

① 장사 등에 관한 법률의 규정에서 말하는 분묘의 점유면적은 분묘의 기지면적만을 가리킨다.
② 분묘기지권의 효력이 미치는 범위 내에서 기존의 분묘에 단분(單墳)형태로 합장(合葬)하여 새로운 분묘를 설치하는 것은 허용되지 않는다.
③ 분묘기지권이 시효취득된 경우 사망자의 연고자는 종손이 분묘를 관리할 수 있는 때에도 토지소유자에 대하여 분묘기지권을 주장할 수 있다.
④ 분묘기지권을 시효취득하는 경우에는 지료에 관한 약정이 없는 이상 지료를 지급할 필요가 없다.
⑤ 분묘가 멸실된 경우 유골이 존재하여 분묘의 원상회복이 가능한 정도의 일시적인 멸실에 불과하다면 분묘기지권은 존속하고 있다.

해설

③ 있다 → 없다

|정답| 1. ① 2. ③

★★★ 필수 암기사항 시험직전 꼭 암기하세요

■ 서식상 필요적 기재사항

1. 일반중개 계약서	2. 전속중개 계약서	3. 중개대상물 확인설명서	4. 거래계약서	5. 검인계약서
1. **중**개 대상물의 위치 및 규모 2. **거**래예정가격 3. **중**개보수 : 거래예정 가격에 대한 4. **그** 밖에 개업공인중개사와 중개의뢰인이 준수하여야 할 사항	1. **기**본사항 2. **벽**면·도배상태 3. **시**설상태 4. **입**지조건·**환**경조건 5. **권**리관계 6. **공**법상 이용제한 및 거래규제 7. **거**래예정가격·**공**시지가	1. 표시란(**기**본사항) 2. **벽**면·도배상태란 3. **시**설물상태란 4. **입**지조건란·**환**경조건란 5. **권**리관계란 6. **공**법상 이용제한 및 거래규제 7. **거**래예정금액란 8. **보**수·실비란 9. **조**세란 10. **관**리란	1. **거**래당사자의 인적사항 2. **물**건의 표시 3. **계**약일 4. **거**래금액 5. **물**건의 인도일시 6. **권**리이전 내용 7. **계**약의 조건이나 기한 8. **중**개대상물 확인설명서 교부일자 9. **그** 밖의 약정 내용	1. **당**사자 2. **목**적부동산 3. **계**약년월일 4. **대**금 및 그 지급일자 등 - 개업공인중개사 - 조건·기한
중거중그	기벽시 입환권공 거공	기벽시 입환권공 거보조 관	거물은 개꺼고 물권은 개먹은 중꺼라	당목아지와 개대가리

■ 결격사유 (제10조)

※ 등록관청은 개업공인중개사가 다음에 해당하는 경우에는 중개사무소의 개설등록을 취소하여야 한다.

※ ①~⑪에 해당하는 자는 소공 또는 중개보조원이 될 수 없다.

① 미성년자
② 피성년후견인, 피한정후견인
③ 파산선고를 받고 복권되지 아니한 자
④ 금고 이상의 실형신고를 받고 집행종료(집행이 종료된 것으로 보는 경우 포함)되거나 집행면제된 날부터 3년이 경과되지 아니한 자
⑤ 금고 이상 형 집행유예(선고유예×)를 받고 유예기간 중에 있는 자
⑥ 공인중개사의 자격이 취소된 후 3년이 경과되지 아니한 자
⑦ 공인중개사의 자격이 정지된 자로서 자격정지기간 중에 있는 자
⑧ 개설등록이 취소된 후 3년이 경과되지 아니한 자
⑨ 업무정지처분을 받고 폐업신고를 한 자로서 업무정지기간이 경과되지 아니한 자
⑩ 업무정지처분을 받은 개업공인중개사인 법인의 업무정지의 사유가 발생한 당시의 사원 또는 임원이었던 자로서 당해 개업공인중개사에 대한 업무정지기간이 경과되지 아니한 자
⑪ 이 법(공인중개사법○, 도로교통법×)을 위반하여 300만원 이상의 벌금형의 선고(선고유예×)를 받고 3년이 경과되지 아니한 자
⑫ 사원 또는 임원 중 ① ~ ⑪의 어느 하나에 해당하는 자가 있는 법인

■ 금지행위 (행정처분 – 행정형벌) (제33조) → 병과적용

① (거짓된 언행으로) 판단 그르치게 하는 행위
② 수수료·실비 초과
③ (무등록개업공인중개사인줄 알면서) 의뢰받거나 명의 이용케 하는 행위
④ 중개대상물 매매업
⑤ 증서의 중개·매매업
⑥ 직접거래, 쌍방대리
⑦ 투기조장(탈세목적 소유권 보존등기·이전등기하지 아니한 부동산 매매 등)

〈행정처벌〉 〈행정처분〉

- ① ~ ④ → 1년 1천
- ⑤ ~ ⑦ → 3년 3천

→ 임의적 등록취소(소·공 : 자격정지)

■ 자격증(처분권자 : 시·도지사) vs 등록증(처분권자 : 등록관청)

자격취소 (제35조)	자격정지 (제36조)	절대적 등록취소 (제38조①항)	임의적 등록취소 (제38조②항)	업무정지 (제39조)
① 부정취득 ② 성명 사용케하거나 자격증 양도·대여 ③ 자격정지기간 중 중개업무 ④ 이법(타법×) 위반 징역형(벌금형×)	① 이중소속(6월) ② 인장 미등록, 등록인장 미사용 ③ 확인설명 아니하거나, 근거자료 미제시 ④ 확인설명서 서명날인 아니한 ⑤ 거래계약서에 서명날인 아니한 ⑥ 2중계약서–거짓계약서(6월) ⑦ 금지행위(6월) *시·도지사는 자격정지기간의 ½ 범위 내에서 가중 또는 감경할 수 있다. 6월을 초과할 수 없다.	① 사망, 해산 ② 거짓, 부정등록 ③ 결격사유(10조 ② ~ ⑥, ⑪, ⑫) ④ 이중등록 ⑤ 이중소속 ⑥ 등록증 양도 · 대여 ⑦ 업무정지기간 중 중개업무 자격정지된 소공에게 중개업무 ⑧ 1년 이내 2↑㉺+㉺	① 등록기준 미달 ② 2이상의 사무소 ③ 임시중개 시설물 ④ 겸업 ⑤ 6월 초과 휴업 ⑥ 정보공개의무위반(정보 비공개 또는 비공개요청불구 정보공개) ⑦ 2중계약서 – 거짓계약서 ⑧ 업무보증설정 않고 업무개시 ⑨ 금지행위 ⑩ 1년 이내 3↑㉺ 또는 ㉶+㉺또는 ㉶(절대적 사유 제외) ⑪ 개업공인중개사 사업자 단체 2년 이내 2↑	① 결격사유 해당하는 소공 또는 중개보조원 둔 경우 ② 인장 미등록·등록인장 미사용 ③ 전속중개계약서 미사용·미보존 ④ 정보 거짓공개, 거래사실 미통보 ⑤ <삭제> ⑥ 확인설명서 미교부·미보존 ⑦ 확인설명서 미서명·미날인 ⑧ 거래계약서 미작성·미교부·미보존 ⑨ 거래계약서 미서명·미날인 ⑩ 보고, 자료 제출, 조사 또는 검사를 방해 거부 또는 기피하거나 명령이행 아니하거나 거짓으로 보고 또는 자료 제출 ⑪ 임의적 등록취소 해당 ⑫ 1년 이내 2↑㉺ 또는 ㉶+㉶ ⑬ 명령·처분 위반 ⑭ 중개인의 업무지역 범위 위반

■ 행정형벌 vs 행정질서벌

행정형벌	행정질서벌
• **3년 3천만원** (제48조) ① 무등록 중개업을 한 자 ② 거짓, 부정등록 ③ 증서의 중개·매매업 ④ 직접거래·쌍방대리 ⑤ 투기조장 • **1년 1천만원** (제49조) ① 자기 성명 사용케하여 중개업무를 하게 하거나 공인중개사 자격증 양도·대여 또는 양수·피대여 ② 공인중개사 아닌 자로서 공인중개사 또는 이와 유사한 명칭을 사용 ③ 이중등록, 이중소속 ④ 2 이상의 중개사무소 ⑤ 임시중개시설물 설치 ⑥ 개업공인중개사가 아닌 자로서 공인중개사 사무소, 부동산중개 또는 이와 유사한 명칭 사용, 중개대상물에 대한 표시·광고를 한 자 ⑦ 다른 사람에게 자기의 성명 또는 상호를 사용하여 중개업무를 하게 하거나 등록증을 양도·대여 또는 양수·피대여 ⑧ 거래정보사업자의 다르게 정보공개 ⑨ 비밀누설 → 반의사불벌죄 ⑩ 판단을 그르치게 하는 행위 ⑪ 중개보수·실비 초과 ⑫ (무등록개업공인중개사인줄 알면서) 의뢰받거나 명의이용케 하는 행위 ⑬ 중개대상물 매매업 • **양벌규정** (제50조) 소공·중개보조원 또는 개업공인중개사인 법인의 사원·임원이 중개업무에 관하여 48조 또는 49조의 규정에 해당하는 위반행위를 한 때에는 그 행위자를 벌하는 외에 그 개업공인중개사에 대하여도 해당조에 규정된 벌금형(금고형×, 징역형×)을 과한다.	• **500만원 이하 과태료** (제51조 제②항) ① 운영규정 승인 또는 변경승인 얻지 아니하거나 운영규정 내용위반 부동산거래정보망을 운영한 자 ② 성실·정확하게 중개대상물의 확인·설명을 하지 아니하거나 설명의 근거자료를 제시하지 아니한 자 ③ 정당한 사유 없이 연수교육을 받지 아니한 자 ④ 보고, 자료의 제출, 조사 또는 검사를 거부·방해 또는 기피하거나 그 밖의 명령을 이행하지 아니하거나 거짓으로 보고 또는 자료제출을 한 거래정보사업자 ⑤ 공제사업 운용실적을 공시하지 아니한 자 ⑥ 공제업무의 개선명령을 이행하지 아니한 자 ⑦ 임원에 대한 징계·해임의 요구를 이행하지 아니하거나 시정명령을 이행하지 아니한 자 ⑧ 협회 관련 보고, 자료의 제출, 조사 또는 검사를 거부·방해 또는 기피하거나 그 밖의 명령을 이행하지 아니하거나 거짓으로 보고 또는 자료제출을 한 자 • **100만원이하 과태료** (제51조 제③항) ① 중개사무소 등록증 등을 미게시 ② 사무소의 명칭에 공인중개사무소, 부동산중개라는 문자 미사용, 옥외광고물에 성명 미표기, 거짓표기 ③ 개업공인중개사가 아닌 자인데, 중개대상물의 중개에 관한 표시·광고를 한 자 ④ 중개사무소 이전 미신고 ⑤ 휴업·폐업, 휴업한 중개업의 재개 또는 휴업기간의 변경 미신고 ⑥ 손해배상책임에 관한 사항 미설명, 관계증서의 사본 또는 관계증서에 관한 전자문서 미교부 ⑦ 공인중개사 자격증 미반납 ⑧ 중개사무소 등록증 미반납

■ 행정처분과 행정형벌 병과적용

<table>
<tr><th>구분</th><th>행정처분</th><th>행정형벌</th></tr>
<tr><td>① 허위·부정 개설등록</td><td>절대적 등록취소</td><td>3-3</td></tr>
<tr><td>② 이중등록 이중소속</td><td>절대적 등록취소</td><td rowspan="5">1-1</td></tr>
<tr><td>③ 2 이상의 사무소</td><td>임의적 등록취소</td></tr>
<tr><td>④ 등록증 양도·대여</td><td>절대적 등록취소</td></tr>
<tr><td>⑤ 자격증 양도·대여</td><td>절대적 등록취소</td></tr>
<tr><td>⑥ 거래정보사업자의 다르게 정보공개</td><td>임의적 지정취소</td></tr>
<tr><th colspan="3">금지행위 병과적용</th></tr>
<tr><td>① 판단그르치게 하는 행위</td><td rowspan="7">임의적 등록취소</td><td rowspan="4">1-1</td></tr>
<tr><td>② 보수·실비초과</td></tr>
<tr><td>③ 의뢰받거나 명의이용케 하는 행위</td></tr>
<tr><td>④ 중개대상물 매매업</td></tr>
<tr><td>⑤ 증서의 중개·매매업</td><td rowspan="3">3-3</td></tr>
<tr><td>⑥ 직접거래·쌍방대리</td></tr>
<tr><td>⑦ 투기조장</td></tr>
</table>

■ 공인중개사법 '일자' 총정리

일자	해당사항	일자	일자
업무개 '전'	• (업무)보증설정 • 인장(신규)등록 • 사용인 고용신고	1월	• 공인중개사자격증 교부 • 포상금 지급
사전에 미리	• 3월초과 휴업, 폐업, 휴업기간변경, 재개의 신고 • 계약에 의한 외국인의 허가대상 토지취득 허가신청	2월	• 협회의 매수신청대리관련 공제사업 운영실적 공시 • 연수교육통지
지체 없이, 즉시	• 시험부정행위자 제재 시 해당시험기관장의 다른 시험시행기관장에게 통보 • 분사무소 설치 시 주사무소 등록관청의 분사무소설치 예정지역 관할 등록관청에 통보 • 중개사무소 이전 시 종전의 등록관청의 이전후 등록관청에 관련 서류 송부 • 과태료 이의제기 시 과태료부과권자의 관할 법원 통보 • 전속중개계약 시 개업공인중개사의 중개의뢰인에게 정보공개내용 통지 • 중개대상물 거래완성 시 개업공인중개사의 거래정보사업자에게 그 사실 통보 • 협회의 총회 의결내용의 국장에 보고 • 재개 시 등록증 반환(즉시)	3월	• 협회의 중개업 관련 공제사업 운영실적 공시 • 신고의무 휴업기간(3월 초과휴업) • 전속중개계약 유효기간(당사자간 약정없는 경우) • 거래정보사업자 운영규정 승인 및 변경
5일	• 공인중개사자격 취소 시 국장에 보고 및 다른 시도지사에 통지	6월	• 휴업초과 불가기간 • 업무정지 기간한도 • 계약외 외국인 토지취득 신고 • 외국인으로 변경시 토지계속 보유신고
7일	• 개설등록 통지 • 인장변경 등록 • 공인중개사자격증 반납 • 전속중개계약상 정보공개 의무기간	1년	• 개설등록일 기준 실무교육 유효기간 • 행정제재처분효과의 승계기간 • 부동산거래정보망 운영시한
10일	• 중개사무소 이전 신고 • 사용인 해고 신고 • 과태료 부과 시 의견진술 기회 • 중개사무소 등록, 행정처분사항의 협회통보(다음달) • 청문개시 통보(행정법상)	2년	• 연수교육 기간단위
		3년	• 공인중개사자격시험 응시결격사유 • 등록등 결격사유 – 금고 이상 실형선고 후 집행종료, 집행면제 – 공인중개사 자격취소 후, 등록취소 후 – 이 법 위반 벌금형 선고 후 • 보존기간 – 전속중개계약서 – 중개대상물확인설명서 • 공탁금 회수불가 기간 • 업무정지처분 행사기간 • 손해배상청구권 소멸시효(사실을 안 날로부터)
14일	• 매수신청대리인 등록신청을 받은 지방법원장의 등록	5년	• 공인중개사시험 부정행위자 응시자격 정지 • 규정위반 공인중개사시험 출제위원 위촉제한 • 보존기간 – 거래계약서 – 매수신청대리 사건카드
2주일	• 전속중개계약상 중개의뢰인에게 업무처리상황 통지	10년	• 손해배상청구권 소멸시효(불법행위 한 날로부터)
15일	• 손해보상 후 보증설정의 보존 또는 재가입 • 외국인 토지매수의 허가, 불허가 처분		
30일	• 과태료 이의신청 • 거래정보사업자 지정승인		
60일	• 일반적인 부동산거래신고 • 계약에 의한 외국인의 토지취득 신고 • 소유권이전등기 신청		
90일	• 공인중개사자격시험 공고		

제2부

부동산 공법

■ 학습목적

법률적 관점(특히, 공법적 관점)에서 부동산을 제대로 중개하기 위해서, 더 나아가 부동산의 가치를 제대로 판단하여 고객에게 제시하기 위해서 부동산 공법을 배웁니다.

■ 나무

공인중개사라는 산의 마지막 여섯번째 숲인 부동산 공법은 국토법(국토의 계획 및 이용에 관한 법률)·개발법(도시개발법)·정비법(도시 및 주거환경정비법)·건축법·주택법·농지법이라는 6개의 나무로 구성되어 있습니다.

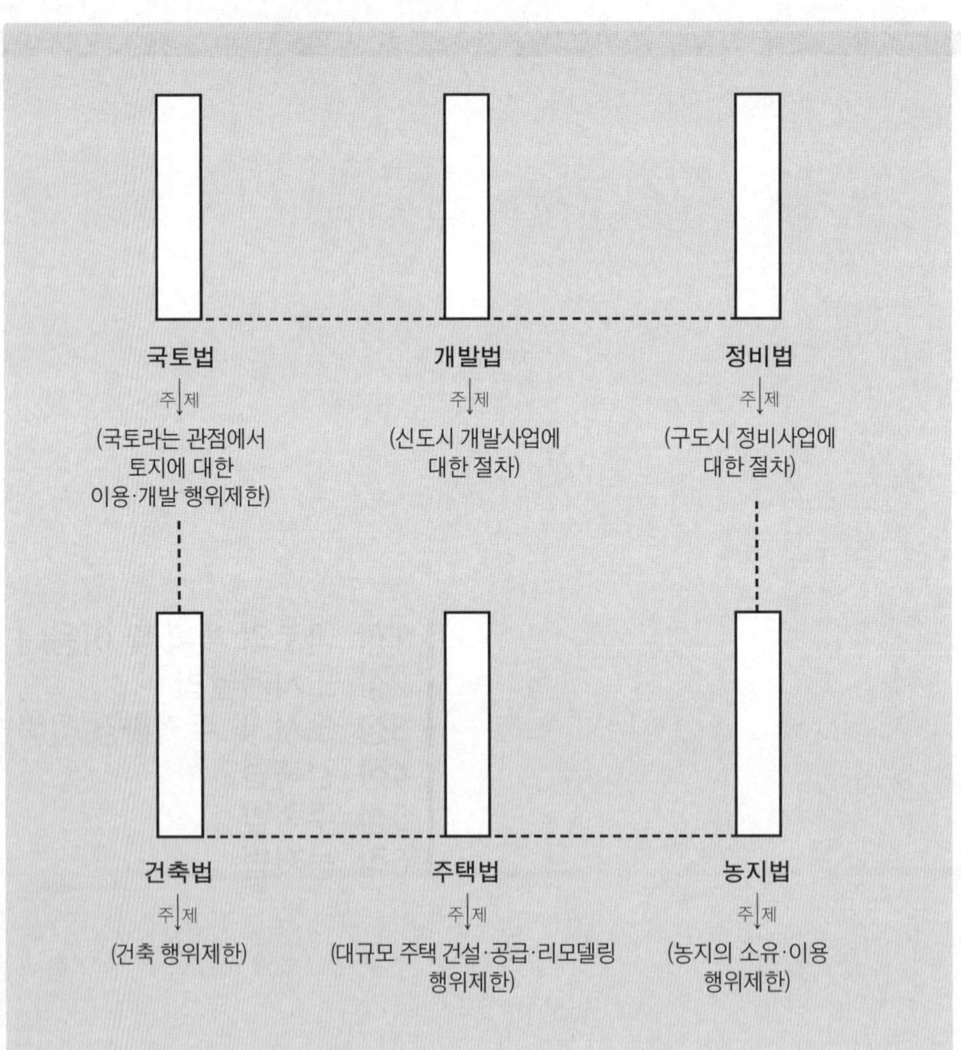

■ 핵심

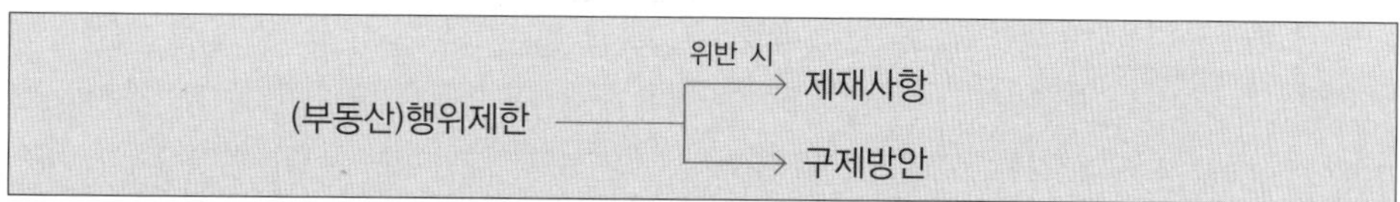

※ 각 나무(법)의 나무가지와 구체적인 핵심은 각 법 조문을 통해 살펴보아야 합니다.

1 국토법

이 법은 부동산 공법의 토대가 되는 법으로 가장 중요하다. 핵심은 다음 2가지이다.

1. 계획 : 광역도시계획, 도시·군계획(도시·군기본계획, 도시·군관리계획)
2. 사업 : 도시·군계획시설사업, 개발행위

〈이 법은 평균 12문제가 출제된다.〉

2 개발법

이 법은 국토법에서 규정한 도시·군계획사업(도시·군계획시설사업, 도시개발사업, 정비사업) 중 도시개발사업의 구체적인 시행절차를 규정한 법으로 국토법의 연장이다. 핵심은 다음 2가지이다.

1. 구역 : 도시개발구역의 지정절차
2. 사업 : 수용·사용방식에 의한 도시개발사업의 시행절차, 환지방식에 의한 도시개발사업의 시행절차

〈이 법은 평균 6문제가 출제된다.〉

3 정비법

이 법은 국토법에서 규정한 도시·군계획사업(도시·군계획시설사업, 도시개발사업, 정비사업) 중 정비사업의 구체적인 시행절차를 규정한 법으로 국토법의 연장이다. 핵심은 다음 2가지이다.

1. 구역 : 정비구역 지정절차
2. 사업 : 정비사업의 시행방법, 관리처분방식에 의한 정비사업의 시행절차

〈이 법은 평균 6문제가 출제된다.〉

4 건축법

이 법은 건축행위 등에 대한 제한을 규정한 법으로 건축 등에 관한 일반법이다. 핵심은 다음 2가지이다.

1. 대지 : 대지에 관한 행위제한(분할제한, 조경, 공개공지, 건축선 등)
2. 건축 : 건축에 관한 행위제한(건축 · 대수선 · 용도변경에 대한 허가, 신고 등)

〈이 법은 평균 7문제가 출제된다.〉

5 주택법

이 법은 대규모 주택의 건설·공급·리모델링에 대한 제한을 규정한 법으로 건축법에 대한 특별법이다. 핵심은 다음 2가지이다.

1. 건설 : 건설 등에 관한 행위제한(주택건설사업자 등록, 사업계획의 승인 등)
2. 공급 : 공급 등에 관한 행위제한(공급질서교란 금지, 저당권권설정 등 제한, 분양가상한제 등)

〈이 법은 평균 7문제가 출제된다.〉

6 농지법

이 법은 농지의 소유·보존·이용 등에 관하여 규정한 법이다. 핵심은 다음 2가지이다.

1. 소유 : 농지의 소유에 관한 행위제한(소유자 제한, 소유면적 제한, 농지취득자격증명제, 농업경영계획서 등)
2. 이용 : 농지의 다른 용도로의 이용인 전용에 관한 행위제한(허가, 협의, 신고 등)

〈이 법은 평균 2문제가 출제된다.〉

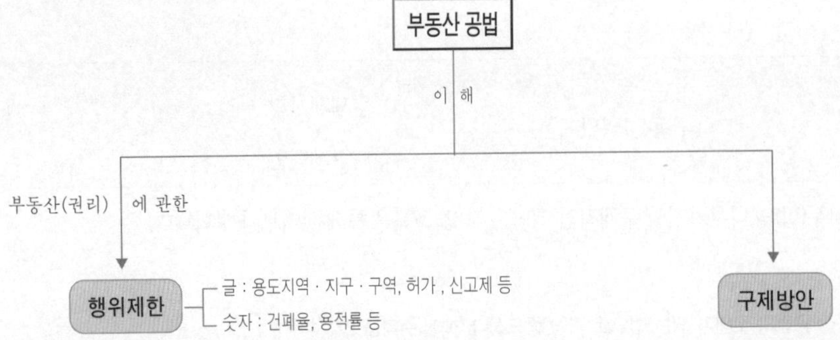

구분	행위제한	구제방안
1. 국토법	이용·개발 : ① 도시·군관리계획 – 입안·결정절차, 내용 ② 도시·군계획시설사업 – 시행절차, 이행보증금 ③ 개발행위 – 허가·신고, 이행보증금, 개발밀도관리구역, 기반시설부담금, 건축제한, 건폐율·용적률	실효, 손실보상 실효, 매수청구, 손실보상, 행정심판 허가불요 관련 인·허가 의제
2. 개발법	도시개발사업 – 시행절차(특히, 환지방식)	청문(인·허가 취소 시) 행정쟁송(이의신청, 행정심판, 행정소송)
3. 정비법	정비사업 – 시행절차[특히, 환권(=관리처분)방식]	
4. 건축법	허가·신고, 용도, 건폐율·용적률, 건축선, 대지분할제한, 높이제한, 이행강제금	
5. 주택법	분양가상한제, 공급질서교란금지, 전매행위제한	
6. 농지법	소유제한, 전용제한, 이행강제금	비농업인 소유

■ 법 체계도

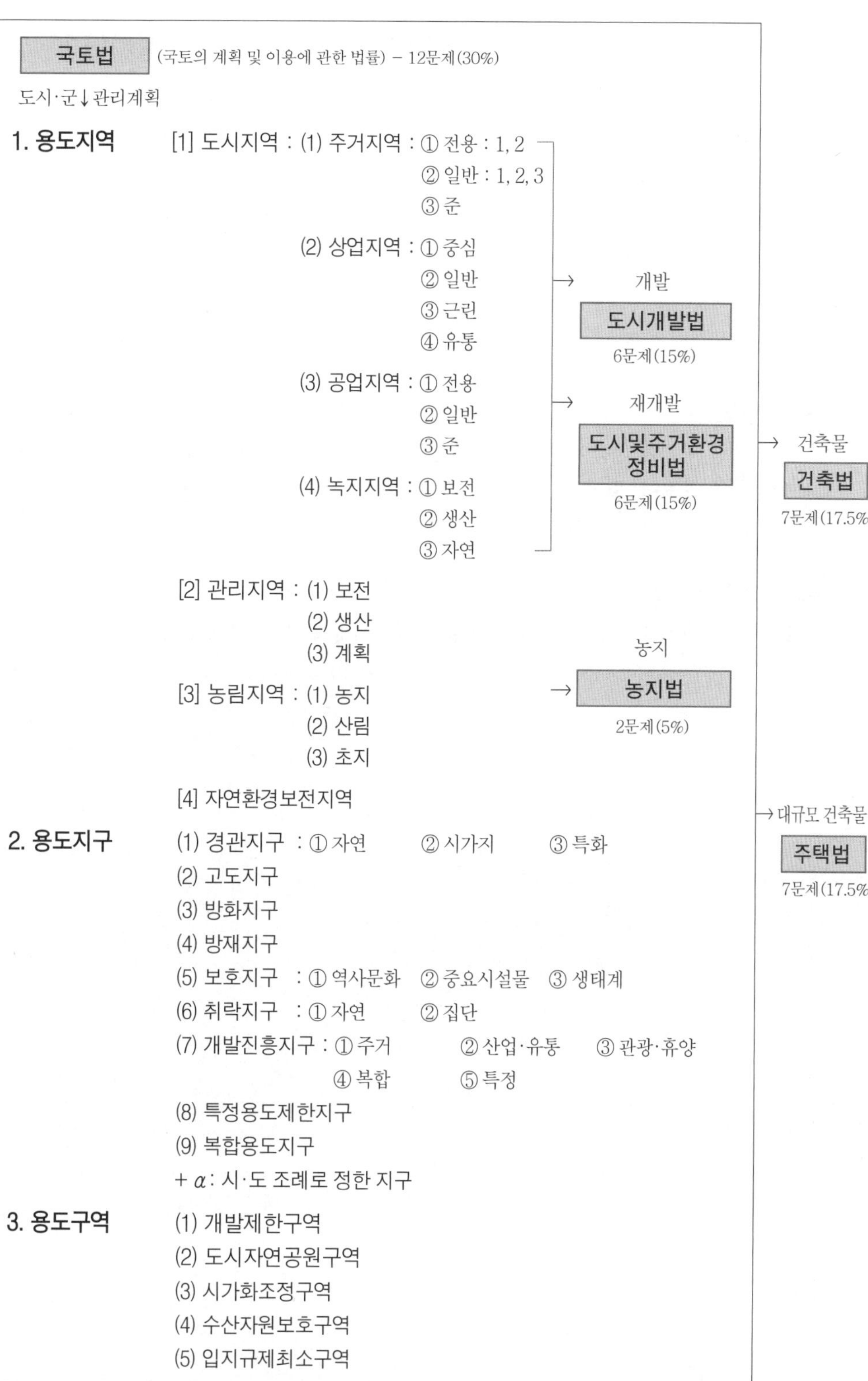

국토법 (국토의 계획 및 이용에 관한 법률) – 12문제(30%)
도시·군↓관리계획
1. 용도지역
[1] 도시지역 : (1) 주거지역 : ① 전용 : 1, 2
② 일반 : 1, 2, 3
③ 준
(2) 상업지역 : ① 중심
② 일반
③ 근린
④ 유통
(3) 공업지역 : ① 전용
② 일반
③ 준
(4) 녹지지역 : ① 보전
② 생산
③ 자연
[2] 관리지역 : (1) 보전
(2) 생산
(3) 계획
[3] 농림지역 : (1) 농지
(2) 산림
(3) 초지
[4] 자연환경보전지역
→ 개발
도시개발법
6문제(15%)
→ 재개발
도시및주거환경정비법
6문제(15%)
→ 건축물
건축법
7문제(17.5%)
→ 농지
농지법
2문제(5%)
→ 대규모 건축물
주택법
7문제(17.5%)
2. 용도지구
(1) 경관지구 : ① 자연 ② 시가지 ③ 특화
(2) 고도지구
(3) 방화지구
(4) 방재지구
(5) 보호지구 : ① 역사문화 ② 중요시설물 ③ 생태계
(6) 취락지구 : ① 자연 ② 집단
(7) 개발진흥지구 : ① 주거 ② 산업·유통 ③ 관광·휴양
④ 복합 ⑤ 특정
(8) 특정용도제한지구
(9) 복합용도지구
+ α : 시·도 조례로 정한 지구
3. 용도구역
(1) 개발제한구역
(2) 도시자연공원구역
(3) 시가화조정구역
(4) 수산자원보호구역
(5) 입지규제최소구역

■ 출제경향

구분	평균 출제문항수	문제 출제유형
1. 국토의 계획 및 이용에 관한 법률	12	① 각 법의 전체흐름(체계) ② 조문상 항목 4개 이상 ③ 조문상 단어 4개 이상 ④ 조문상 숫자 ⑤ 조문상 사람·행정기관 ⑥ 일상평어
2. 도시개발법	6	
3. 도시 및 주거환경 정비법	6	
4. 건축법	7	
5. 주택법	7	
6. 농지법	2	

■ 학습전략

부동산 공법은 학습할 내용이 방대하므로 전략적 학습이 꼭 필요합니다. 즉, 출제 비중이 가장 높은 **'국토법'** 은 꼼꼼히 '법조문' 을 읽으면서 이해하고, '나머지 법' 은 기출된 '핵심내용' 을 중심으로 학습하도록 하여야 합니다.

출제자 의도

조문을 문제의 보기로 출제했을 때 조문과 틀리게 기술된 부분을 찾아낼 수 있는가?

1

국토의 계획 및 이용에 관한 법률

1. 총칙
2. 광역도시계획
3. 도시·군기본계획
4. 도시·군관리계획
5. 개발행위의 허가 등
6. 용도지역·지구 및 용도구역에서의 행위 제한
7. 도시·군계획시설사업의 시행
8. 비용
9. 도시계획위원회
10. 보칙
11. 벌칙

Point

- 3계획(광역도시·도시·군기본·도시·군관리 계획)의 비교 이해 (▶ 특히 도시·군관리계획은 이 법의 핵심)
- 도시·군계획시설사업의 절차 이해
- 개발행위에 따른 행위제한(허가제·신고제) 이해

[출제비율] 30%, 12문항

■ 학습목적

국토법이라는 부동산 공법적 측면에서의 부동산과 관련된 행위제한을 이해해서 부동산을 제대로 중개하기 위해서 이 법을 배웁니다.

■ 나무

부동산 공법의 첫 번째 나무인 국토법은 계획과 사업이라는 2개의 나무 가지로 구성되어 있습니다.

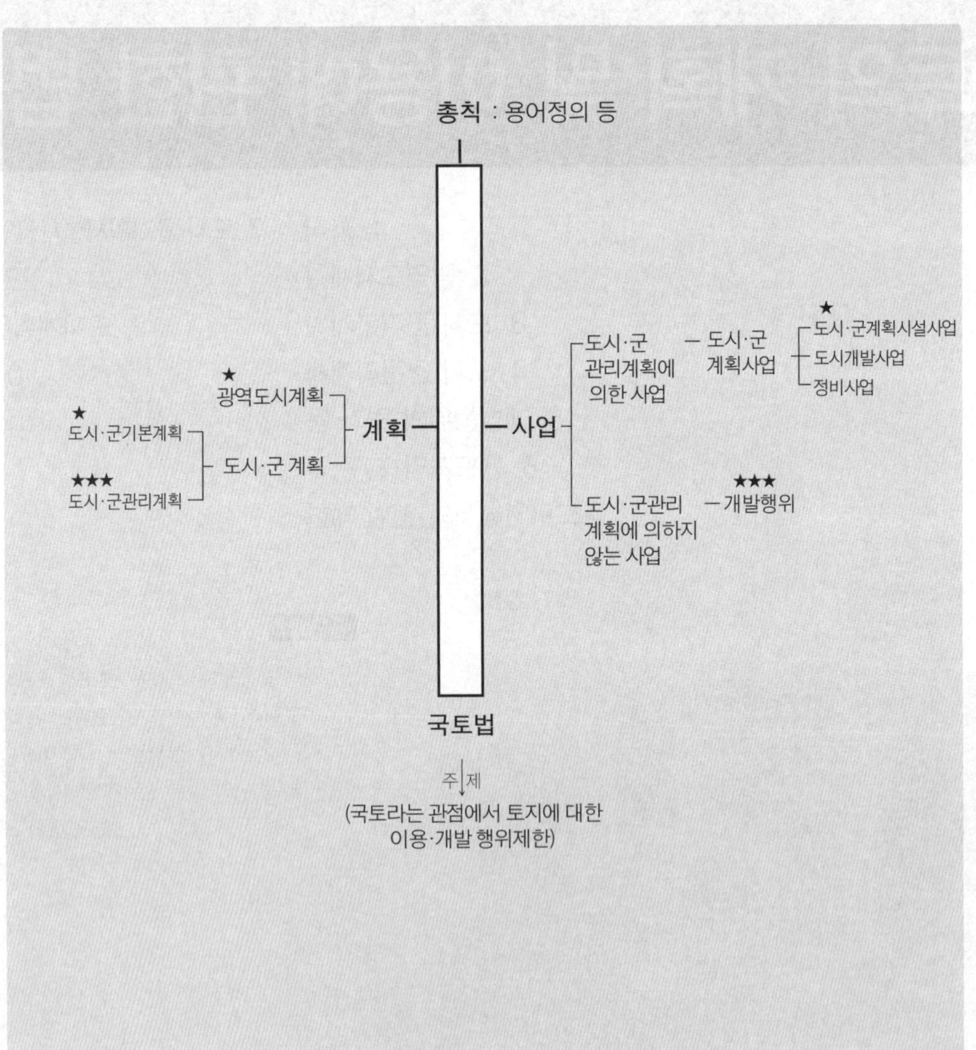

■ 핵심

(토지 관련) 행위제한	⟷	구제방안

- 이용·개발 행위
  - 도시·군관리계획 : 수립절차, 내용
  - 도시·군계획시설사업 : 시행절차
  - 개발행위 : 허가·신고제

1 계획

1. **3가지 계획** : 수립절차상 내용

2. **도시·군관리계획** : 세부 '예' 적인 내용

3. **도시·군관리계획** : 가. 용도지역·용도지구 – 정의, 세분

4. **도시·군관리계획** : 나. 용도구역 – 시가화조정구역내 행위제한

5. **도시·군관리계획** : 마. 지구단위계획·구역 – 임의 vs 필수

6. **도시·군관리계획** : 바. 입지규제최소구역 – 지정대상

2 사업

1. **도시·군계획시설사업** : 시행절차상 내용(특히, 매수청구)

2. **개발행위** : 허가 불필요대상 개발행위, 허가기준, 허가제한의 내용

3. **개발행위** : 세부 용도지역별 건축(물 종류)제한

4. **개발행위** : 세부 용도지역별 건폐율·용적률(숫자)

5. **개발행위** : 2 이상 걸치는 경우 적용기준 – '사례' 를 통한 이해

3 기타

1. **용어 정의** : 조문상 정의 – 일상평어 유의

2. **타인토지출입** : 가능한 행위, 절차상 내용

3. **청문** : 해당사유 항목

4. **벌칙** : 해당사유 항목 – 구별

인증번호 : 78HS-2F9E

1 국토의 계획 및 이용에 관한 법률

무선 인터넷에서 스마트폰으로 QR코드를 찍으면 동영상 강의를 보실 수 있습니다.

기출 Point

1. 용어정의
2. 계획 : (수립·입안) 절차, 내용
3. 장소(권, 구역) 지정권자
4. 용도지역·용도지·용도구역의 정의 및 세분, 용도지역의 입안·결정절차 특례, 그 안에서의 행위제한
5. 도시·군계획시설사업 : 절차·관련 행위제한, 도시·군계획시설부지의 매수청구
6. 지구단위계획
7. 개발밀도관리구역 vs 기반시설 부담금
8. 개발행위 : 허가대상 vs 신고대상, 건폐율 vs 용적률

핵심

	행위제한	구제방안
이용·개발 :	① 도시·군관리계획 – 입안·결정절차, 내용	실효
	② 도시·군계획시설사업 – 시행절차, 이행보증금	실효, 매수청구, 손실보상, 행정심판
	③ 개발행위 – 허가·신고, 이행보증금, 개발밀도관리구역, 기반시설부담구역, 건축제한, 건폐율·용적률	허가불요, 관련 인·허가의제

국토의 계획 및 이용에 관한 법률(약칭하여 '국토법')의 핵심은 토지 관련 행위인, 이용행위·개발행위에 대한 제한규정입니다.
이용행위·개발행위에 대한 제한규정으로서 특히, 도시·군관리계획의 내용이 중요합니다.
국토법은 과거 도시지역에 대한 행위제한법인 도시계획법(계획·사업이 핵심)과 비도시지역에 대한 행위제한법인 국토이용관리법이 통합된 것으로서 도시지역과 비도시지역을 구분하지 않고 우리나라 전 국토에 대하여 선(先)계획·후(後)개발을 바탕으로 하고 있습니다.

1. 계획 (제2조~제54조)

(1) 종류

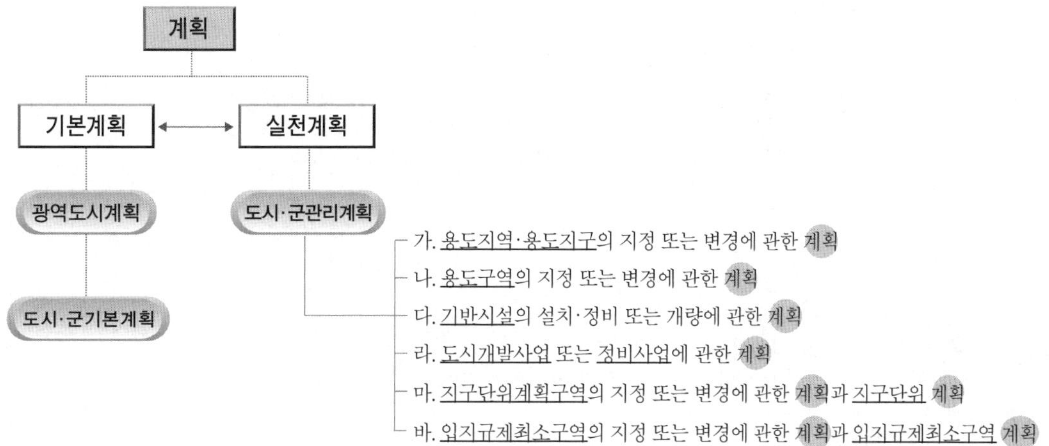

- **기본계획** : 큰 틀을 만드는 계획, 방향계획 → 대외적 구속력 없음 : 계획짜는 안쪽(행정기관 자기네들 끼리)만 구속
- **실천계획** : 큰 틀에 맞춰 세부적으로 실천하는 계획, 집행계획

  → 대외적 구속력 있음 : 일반국민에 대한 구속력이 있다. 따라서 행정쟁송도 가능
- **행정쟁송**
  ① 이의신청 – 처분청 ┐ 행정부
  ② 행정심판 – 직상급 관청 ┘
  ③ 행정소송 – 행정법원 ──── 사법부

■ 행정구제 제도

구분	내용		
사전적 행정구제	행정절차	–	–
사후적 행정구제	손해전보	손실보상	–
		손해배상	–
	원상회복	공법상결과 제거청구권	–
	행정쟁송	행정심판	대상 : 행정청의 위법·부당한 처분 기관 : 행정심판위원회
		행정소송	대상 : 행정청의 위법한 처분 기관 : 법원

(2) 절차

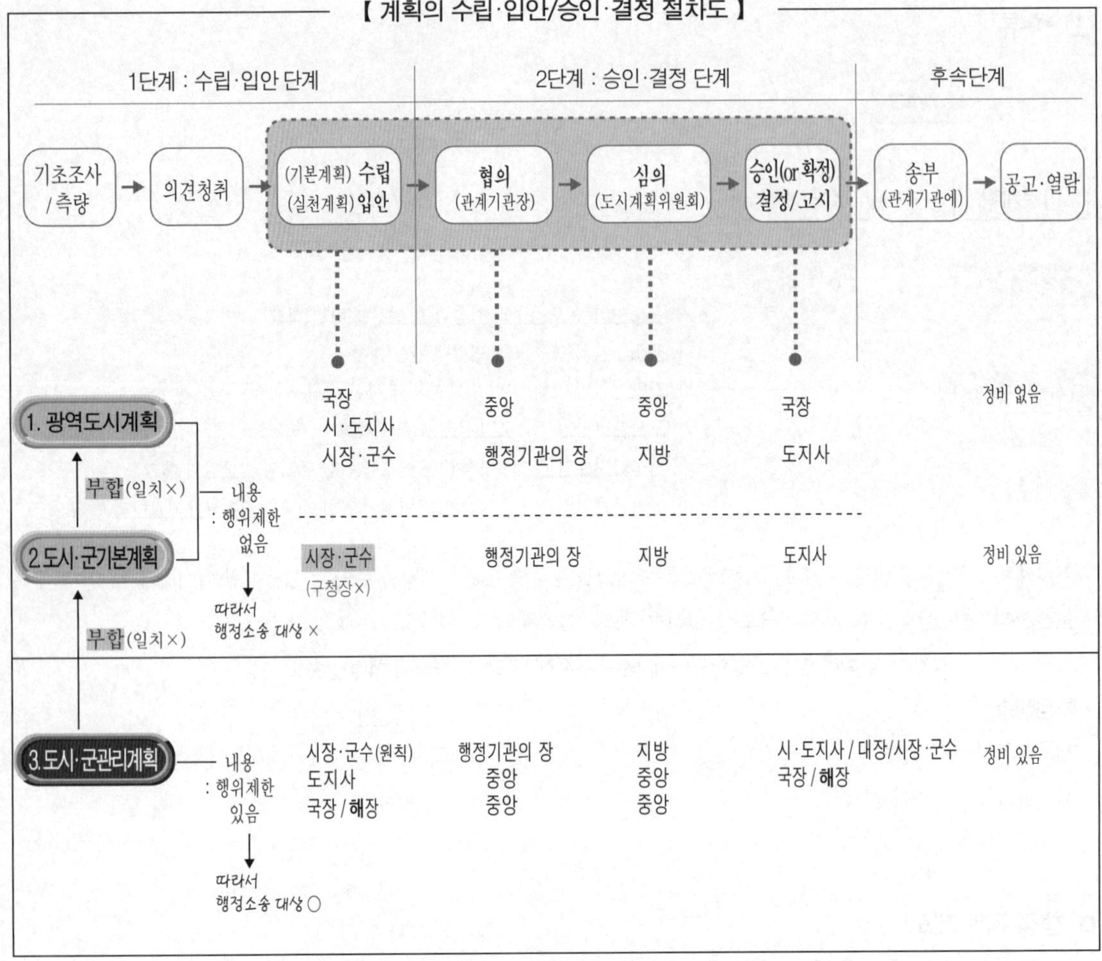

- **의견청취** : 1. 주민 의견 – ① 공청회 (대외적 구속력 없을 때, 즉 기본계획일 경우)
  ② 의견청취 (대외적 구속력 있을 때, 즉 실천계획일 경우)
  2. (하부)행정기관 의견
  3. 의회 의견
- 국장 : 국토교통부장관의 약칭(본문상)
- 해장 : 해양수산부장관의 약칭(본문상)
- 대장 : 대도시 시장의 약칭(본문상)

2. 사업(공사) (제56조~제100조)

(1) 종류

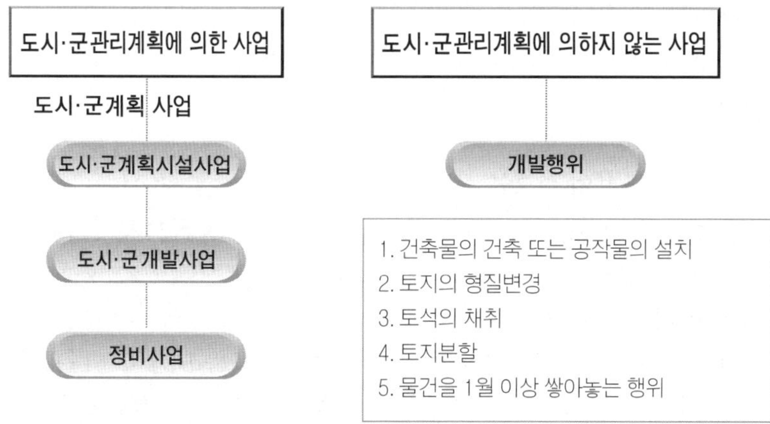

(2) (시행)절차

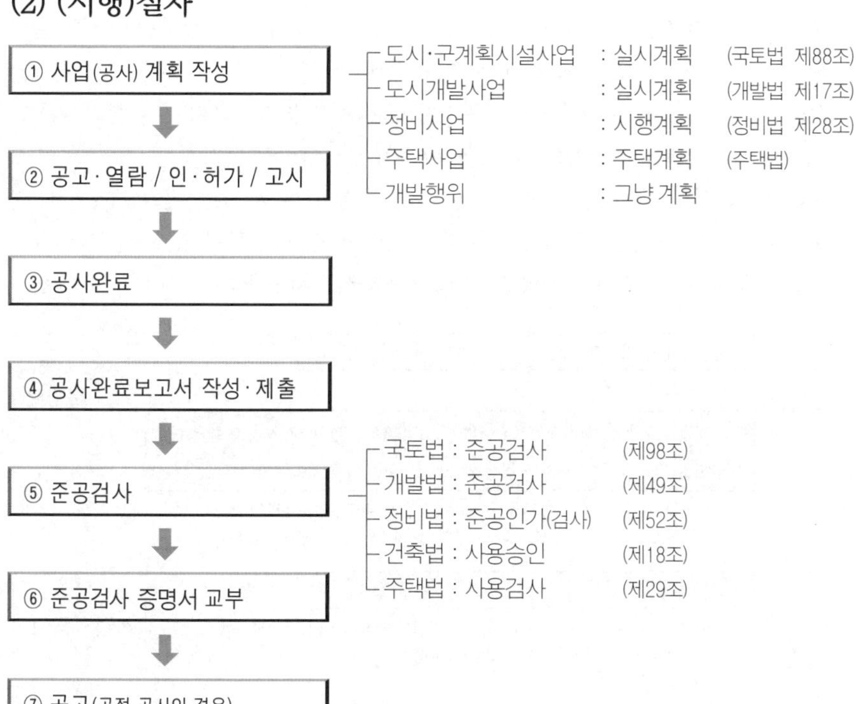

▌제1장 핵심▐

1. 용어 정의 (제2조)
① 조문상 '일상평어' 유의 (특히, 음영부분)
② '도시·군관리계획'의 세부항목의 사례
③ '기반시설' 항목 7가지

출제자 의도

용어 정의

법조문상 비교되는 용어의 정의를 구별할 수 있는가?

제1장 총칙

제1조 목적

국토의 이용·개발과 보전을 위한 **계획의 수립 및 집행** 등에 필요한 사항을 정하여 공공복리를 증진시키고 국민의 삶의 질을 향상시키는 것을 목적으로 한다.

★★ 제2조 정의

이 법에서 사용하는 **용어**의 **뜻은** 다음과 같다.

1. **광역도시계획**이란 제10조(광역계획권의 지정)에 따라 지정된 광역계획권(2 이상의 시 또는 군)(광역시×)의 장기발전방향을 제시하는 계획을 말한다.
   → **제2장 광역도시계획**에서 자세히 다룸
2. **도시·군계획**이란 특별시·광역시·특별자치시·특별자치도·시 또는 군[광역시의 관할구역 안에 있는 군을 제외(포함×)한다. 이하 같다]의 관할구역에 대하여 수립하는 공간구조와 발전방향에 대한 계획으로서 도시·군기본계획과 도시·군관리계획(광역도시계획×)으로 구분한다.
3. **도시·군기본계획**이란 특별시·광역시·특별자치시·특별자치도·시 또는 군(광역시의 관할구역에 있는 군은 제외. 이와 같다)의 관할구역에 대하여 기본적인 공간구조와 장기발전방향을 제시하는 종합계획으로서 도시·군관리계획(광역도시계획×) 수립의 지침이 되는 계획을 말한다. → **제3장 도시·군기본계획**에서 자세히 다룸
4. **도시·군관리계획**이란 특별시·광역시·특별자치시·특별자치도·시 또는 군의 개발·정비 및 보전을 위하여 수립하는 토지이용, 교통, 환경, 경관, 안전, 산업, 정보통신, 보건, 복지, 안보, 문화 등에 관한 다음 각 목의 계획을 말한다. → **제4장 도시·군관리계획**에서 자세히 다룸

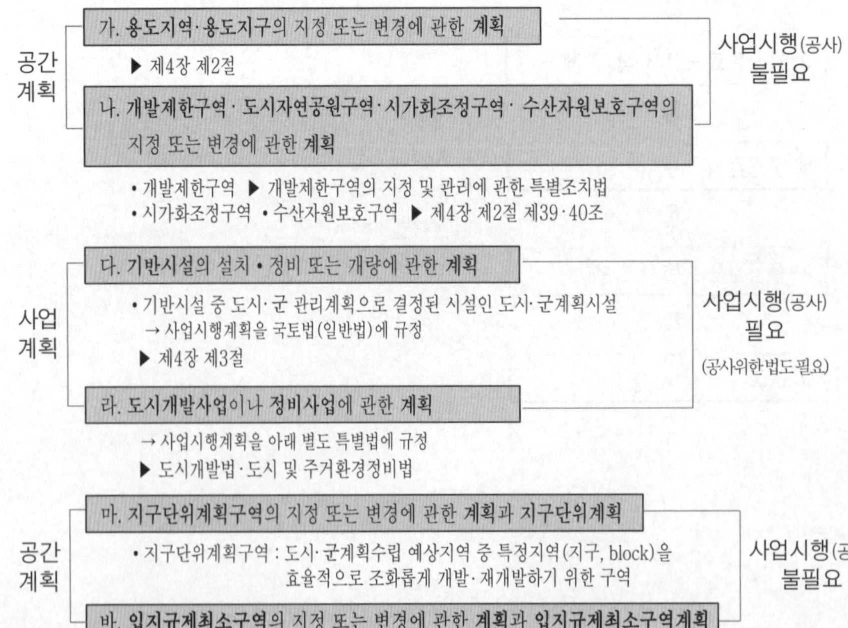

▶ 가, 나, 다, 라, 마, 바 중에서 다, 마는 주민·이해관계자가 도시·군관리계획 입안의 제안(입안×) 할 수 있다.

▶ 가, 나, 다, 라, 마, 바 외(즉, 개발행위)는 도시·군관리계획에 의하지 않고 단지 허가만 받으면 할 수 있다.

→ 제5장 개발행위의 허가 참고

5. **지구단위계획**이란 도시·군계획(광역도시계획×) 수립대상 지역의 일부(전부 또는 일부×)에 대하여 토지이용을 합리화하고 그 기능을 증진시키며 미관(경관×)을 개선(유지×)하고 양호한 환경을 확보하며, 그 지역을 체계적·계획적으로 관리하기 위하여 수립하는 도시·군관리계획(도시·군기본계획×, 광역도시계획×)을 말한다.

5의2. **입지규제최소구역계획**이란 입지규제최소구역에서의 토지의 이용 및 건축물의 용도·건폐율·용적률·높이 등의 제한에 관한 사항 등 입지규제최소구역의 관리에 필요한 사항을 정하기 위하여 수립하는 도시·군관리계획(도시·군기본계획×, 광역도시계획×)을 말한다.

6. **기반시설**이란 다음 각 목의 시설로서 대통령령으로 정하는 시설을 말한다.

■ 기반시설

가 **교통시설** : 도로·철도·항만·공항·주차장·자동차정류장·궤도·운하, 자동차 및 건설기계검사시설, 자동차 및 건설기계 운전학원

나. **공간시설** : 광장·공원·녹지·유원지·공공공지

다. **유통·공급시설** : 유통업무설비, 수도·전기·가스·열공급설비, 방송·통신시설, 공동구·시장, 유류저장 및 송유설비

라. **공공·문화체육시설** : 학교·공공청사·문화시설·공공필요성이 인정되는 체육시설·도서관·연구시설·사회복지시설·공공직업훈련시설·청소년수련시설

마. **방재시설** : 하천·유수지·저수지·방화설비·방풍설비·방수설비·사방설비·방조설비

바. **보건위생시설** : 도축장·종합의료시설

사. **환경기초시설** : 하수도·폐기물처리 및 재활용시설·빗물저장 및 이용시설·수질오염방지시설·폐차장

→ 공장시설, 국방시설은 기반시설에 해당되지 않음

기반시설중 도로·자동차정류장 및 광장은 다음 각호와 같이 세분할 수 있다.

1. 도로

가. 일반도로 나. 자동차전용도로 다. 보행자전용도로 라. 자전거전용도로 마. 고가도로 바. 지하도로

2. 자동차정류장

가. 여객자동차터미널 나. 화물터미널 다. 공영차고지 라. 공동차고지

3. 광장

가. 교통광장 나. 일반광장 다. 경관광장 라. 지하광장 마. 건축물부설광장

7. **도시·군계획시설**(공공시설×)이란 기반시설 중 도시·군관리계획(도시·군기본계획×)으로 결정된 시설을 말한다.

8. **광역시설**이란 기반시설 중 광역적인 정비체계가 필요한 다음 각 목의 시설로서 대통령령으로 정하는 시설을 말한다.
   가. 둘 이상의 특별시·광역시·특별자치시·특별자치도·시 또는 군의 관할 구역에 걸쳐 있는 시설
   나. 둘 이상의 특별시·광역시·특별자치시·특별자치도·시 또는 군이 공동으로 이용하는 시설

9. **공동구**란 전기·가스·수도 등의 공급설비, 통신시설, 하수도시설 등 지하매설물을 공동 수용함으로써 미관의 개선, 도로구조의 보전 및 교통의 원활한 소통을 위하여 지하에 설치하는 시설물을 말한다.

10. **도시·군계획시설사업**이란 도시·군계획시설(기반시설×)을 설치·정비 또는 개량하는 사업을 말한다.

11. **도시·군계획사업**이란 도시·군관리계획을 시행하기 위한 다음 각 목의 사업을 말한다.
   가. 도시·군계획시설사업
   나. 「도시개발법」에 따른 도시개발사업
   다. 「도시 및 주거환경정비법」에 따른 정비사업

함정 기반시설 중 하수도는 '방재시설'에 해당된다'.(×) → '환경기초시설'(○)

12. **도시·군계획사업시행자**란 이 법 또는 다른 법률에 따라 도시·군계획사업을 하는 자를 말한다.
13. **공공시설**이란 도로·공원·철도·수도, 그 밖에 대통령령으로 정하는 공공용 시설을 말한다.
14. **국가계획**이란 중앙행정기관이 법률에 따라 수립하거나 국가의 정책적인 목적을 이루기 위하여 수립하는 계획 중 제19조제1항제1호부터 제9호까지에 규정된 사항이나 도시·군관리계획(광역도시계획×)으로 결정하여야 할 사항이 포함된 계획을 말한다.
15. **용도지역**이란 토지의 이용 및 건축물의 용도, 건폐율(「건축법」 제55조의 건폐율을 말한다. 이하 같다), 용적률(「건축법」 제56조의 용적률을 말한다. 이하 같다), 높이 등을 제한함으로써 토지를 경제적·효율적으로 이용하고 공공복리의 증진을 도모하기 위하여 서로 중복되지 아니하게(중복되게×) 도시·군관리계획(도시·군기본계획×)으로 결정하는 지역을 말한다.
16. **용도지구**란 토지의 이용 및 건축물의 용도·건폐율·용적률·높이 등에 대한 용도지역(용도구역×)의 제한을 강화하거나 완화하여 적용함으로써 용도지역의 기능을 증진시키고 경관·안전 등을 도모하기 위하여 도시·군관리계획으로 결정하는 지역을 말한다.
17. **용도구역**이란 토지의 이용 및 건축물의 용도·건폐율·용적률·높이 등에 대한 용도지역 및 용도지구의 제한을 강화하거나 완화하여 따로 정함으로써 시가지의 무질서한 확산방지, 계획적이고 단계적인 토지이용의 도모, 토지이용의 종합적 조정·관리 등을 위하여 도시·군관리계획으로 결정하는 지역을 말한다.
18. **개발밀도관리구역**이란 개발로 인하여 기반시설이 부족할 것으로 예상되나 기반시설을 설치하기 곤란한 지역을 대상으로 건폐율이나 용적률을 강화(완화×, 강화 또는 완화×)하여 적용하기 위하여 제66조에 따라 지정하는 구역을 말한다.
19. **기반시설부담구역**이란 개발밀도관리구역 외의 지역으로서 개발로 인하여 도로, 공원, 녹지 등 대통령령으로 정하는 기반시설의 설치가 필요한(곤란한×) 지역을 대상으로 기반시설을 설치하거나 그에 필요한 용지를 확보하게 하기 위하여 제67조에 따라 지정·고시하는 구역을 말한다.
20. **기반시설설치비용**이란 단독주택 및 숙박시설 등 대통령령으로 정하는 시설의 신·증축 행위로 인하여 유발되는 기반시설을 설치하거나 그에 필요한 용지를 확보하기 위하여 제69조에 따라 부과·징수하는 금액을 말한다.

함정 개발밀도관리구역과 기반시설부담구역의 지정 또는 변경에 관한 계획은 도시·군관리계획으로 '결정한다'.(×) → '결정하지 않는다'(○)' → why? 기반시설부담구역의 지정 또는 변경에 관한 계획은 도시·군관리계획의 내용이 아니므로.

제3조 국토 이용 및 관리의 기본원칙

국토는 자연환경의 보전과 자원의 효율적 활용을 통하여 환경적으로 건전하고 지속가능한 발전을 이루기 위하여 다음 각 호의 목적을 이룰 수 있도록 이용되고 관리되어야 한다.

1. 국민생활과 경제활동에 필요한 토지 및 각종 시설물의 효율적 이용과 원활한 공급
2. 자연환경 및 경관의 보전과 훼손된 자연환경 및 경관의 개선 및 복원

3. 교통·수자원·에너지 등 국민생활에 필요한 각종 기초 서비스 제공
4. 주거 등 생활환경 개선을 통한 국민의 삶의 질 향상
5. 지역의 정체성과 문화유산의 보전
6. 지역 간 협력 및 균형발전을 통한 공동번영의 추구
7. 지역경제의 발전과 지역 및 지역 내 적절한 기능 배분을 통한 사회적 비용의 최소화
8. 기후변화에 대한 대응 및 풍수해 저감을 통한 국민의 생명과 재산의 보호

제3조의2 도시의 지속가능성 및 생활인프라 수준 평가

① 국토교통부장관(시·도지사×, 시장·군수×)은 도시의 지속가능하고 균형 있는 발전과 주민의 편리하고 쾌적한 삶을 위하여 도시의 지속가능성 및 생활인프라(교육시설, 문화·체육시설, 교통시설 등의 시설로서 국토교통부장관이 정하는 것을 말한다) 수준을 평가할 수(하여야×) 있다.

② 제1항에 따른 평가를 위한 절차 및 기준 등에 관하여 필요한 사항은 대통령령(국토교통부령×)으로 정한다.

③ 국가와 지방자치단체는 제1항에 따른 평가 결과를 도시·군계획의 수립 및 집행에 반영하여야(할 수×) 한다.

제4조 국가계획, 광역도시계획 및 도시·군계획의 관계 등

① 도시·군계획은 특별시·광역시·특별자치시·특별자치도·시 또는 군의 관할 구역에서 수립되는 다른 법률에 따른 토지의 이용·개발 및 보전에 관한 계획의 기본(상위×)이 된다.

② 광역도시계획 및 도시·군계획은 국가계획에 부합(일치×)되어야 하며, 광역도시계획 또는 도시·군계획의 내용이 국가계획의 내용과 다를 때에는 국가계획의 내용이 우선한다. 이 경우 국가계획을 수립하려는 중앙행정기관의 장은 미리 지방자치단체의 장의 의견을 듣고 충분히 협의하여야 한다.

③ 광역도시계획이 수립되어 있는 지역에 대하여 수립하는 도시·군기본계획은 그 광역도시계획에 부합되어야 하며, 도시·군기본계획의 내용이 광역도시계획의 내용과 다를 때에는 광역도시계획(도시·군기본계획×)의 내용이 우선한다.

④ 특별시장·광역시장·특별자치시장·특별자치도지사·시장 또는 군수(광역시의 관할 구역에 있는 군의 군수는 제외한다. 이하 같다. 다만, 제8조제2항 및 제3항, 제113조, 제117조부터 제124조까지, 제124조의2, 제125조, 제126조, 제133조, 제136조, 제138조제1항, 제139조제1항·제2항에서는 광역시의 관할 구역에 있는 군의 군수를 포함한다)가 관할 구역에 대하여 다른 법률에 따른 환경·교통·수도·하수도·주택 등에 관한 부문별 계획을 수립할 때에는 도시·군기본계획(광역도시계획×)의 내용에 부합(일치×)되게 하여야 한다.

제5조 도시·군계획 등의 명칭

① 행정구역의 명칭이 특별시·광역시·특별자치시·특별자치도·시인 경우 도시·군계획, 도시·군기본계획, 도시·군관리계획, 도시·군계획시설, 도시·군계획시설사업, 도시·군계획사업 및 도시·군계

획상임기획단의 명칭은 각각 "도시계획", "도시기본계획", "도시관리계획", "도시계획시설", "도시계획시설사업", "도시계획사업" 및 "도시계획상임기획단"으로 한다.

② 행정구역의 명칭이 군인 경우 도시·군계획, 도시·군기본계획, 도시·군관리계획, 도시·군계획시설, 도시·군계획시설사업, 도시·군계획사업 및 도시·군계획상임기획단의 명칭은 각각 "군계획", "군기본계획", "군관리계획", "군계획시설", "군계획시설사업", "군계획사업" 및 "군계획상임기획단"으로 한다.

③ 제113조제2항에 따라 군에 설치하는 도시계획위원회의 명칭은 "군계획위원회"로 한다.

제6조 국토의 용도구분

국토는 토지의 이용실태 및 특성, 장래(현재만×)의 토지 이용 방향, 지역 간 균형발전 등을 고려하여 다음과 같은 **용도지역**으로 구분한다.

용도지역	지정목적
1. 도시지역	인구와 산업이 밀집되어 있거나 밀집이 예상되어 그 지역에 대하여 체계적인 개발·정비·관리·보전 등이 필요한 지역
2. 관리지역	도시지역의 인구와 산업을 수용하기 위하여 도시지역에 준하여 체계적으로 관리하거나 농림업의 진흥, 자연환경 또는 산림의 보전을 위하여 농림지역 또는 자연환경보전지역에 준하여 관리할 필요가 있는 지역
3. 농림지역	도시지역에 속하지 아니하는 「농지법」에 따른 농업진흥지역 또는 「산지관리법」에 따른 보전산지 등으로서 농림업을 진흥시키고 산림을 보전하기 위하여 필요한 지역
4. 자연환경보전지역	자연환경·수자원·해안·생태계·상수원 및 문화재의 보전과 수산자원의 보호·육성 등을 위하여 필요한 지역

제7조 용도지역별 관리 의무

국가나 지방자치단체(토지소유자×, 사용자×)는 제6조에 따라 정하여진 용도지역의 효율적인 이용 및 관리를 위하여 다음 각 호에서 정하는 바에 따라 그 용도지역에 관한 개발·정비 및 보전에 필요한 조치를 마련하여야 한다.

1. 도시지역 : 이 법 또는 관계 법률에서 정하는 바에 따라 그 지역이 체계적이고 효율적으로 개발·정비·보전될 수 있도록 미리 계획을 수립하고 그 계획을 시행하여야 한다.
2. 관리지역 : 이 법 또는 관계 법률에서 정하는 바에 따라 필요한 보전조치를 취하고 개발이 필요한 지역에 대하여는 계획적인 이용과 개발을 도모하여야 한다.
3. 농림지역 : 이 법 또는 관계 법률에서 정하는 바에 따라 농림업의 진흥과 산림의 보전·육성에 필요한 조사와 대책을 마련하여야 한다.

4. 자연환경보전지역 : 이 법 또는 관계 법률에서 정하는 바에 따라 환경오염 방지, 자연환경·수질·수자원·해안·생태계 및 문화재의 보전과 수산자원의 보호·육성을 위하여 필요한 조사와 대책을 마련하여야 한다.

제8조 다른 법률에 따른 토지 이용에 관한 구역 등의 지정 제한 등

① 중앙행정기관의 장이나 지방자치단체의 장은 다른 법률에 따라 토지 이용에 관한 지역·지구·구역 또는 구획 등(이하 이 조에서 "구역등"이라 한다)을 지정하려면 그 구역등의 지정목적이 이 법에 따른 용도지역·용도지구 및 용도구역의 지정목적에 부합(일치×)되도록 하여야 한다.

② 중앙행정기관의 장이나 지방자치단체의 장은 다른 법률에 따라 지정되는 구역등 중 대통령령으로 정하는 면적 이상의 구역등을 지정하거나 변경하려면 중앙행정기관의 장은 국토교통부장관과 협의하여야 하며 지방자치단체의 장은 국토교통부장관의 승인을 받아야 한다.

③ 지방자치단체의 장이 제2항에 따라 승인을 받아야 하는 구역등 중 대통령령으로 정하는 면적 미만의 구역등을 지정하거나 변경하려는 경우 특별시장 · 광역시장 · 특별자치시장 · 도지사 · 특별자치도지사(이하 "시 · 도지사"라 한다)는 제2항에도 불구하고 국토교통부장관의 승인을 받지 아니하되, 시장 · 군수 또는 구청장(자치구의 구청장을 말한다. 이하 같다)은 시 · 도지사의 승인을 받아야 한다.

④ 제2항 및 제3항에도 불구하고 다음 각 호의 어느 하나에 해당하는 경우에는 국토교통부장관과의 협의를 거치지 아니하거나 국토교통부장관 또는 시 · 도지사의 승인을 받지 아니한다.

1. 다른 법률에 따라 지정하거나 변경하려는 구역등이 도시 · 군기본계획에 반영된 경우
2. 제36조에 따른 보전관리지역 · 생산관리지역 · 농림지역 또는 자연환경보전지역에서 다음 각 목의 지역을 지정하려는 경우
   가. 「농지법」 제28조에 따른 농업진흥지역
   나. 「한강수계 상수원수질개선 및 주민지원 등에 관한 법률」 등에 따른 수변구역
   다. 「수도법」 제7조에 따른 상수원보호구역
   라. 「자연환경보전법」 제12조에 따른 생태 · 경관보전지역
   마. 「야생생물 보호 및 관리에 관한 법률」 제27조에 따른 야생생물 특별보호구역
   바. 「해양생태계의 보전 및 관리에 관한 법률」 제25조에 따른 해양보호구역
3. 군사상 기밀을 지켜야 할 필요가 있는 구역등을 지정하려는 경우
4. 협의 또는 승인을 받은 구역등을 대통령령으로 정하는 범위에서 변경하려는 경우

⑤ 국토교통부장관 또는 시 · 도지사는 제2항 및 제3항에 따라 협의 또는 승인을 하려면 제106조에 따른 중앙도시계획위원회(이하 "중앙도시계획위원회"라 한다) 또는 제113조제1항에 따른 시 · 도도시계획위원회(이하 "시 · 도도시계획위원회"라 한다)의 심의를 거쳐야 한다. 다만, 다음 각 호의 경우에는 그러하지 아니하다.

1. 보전관리지역이나 생산관리지역에서 다음 각 목의 구역등을 지정하는 경우
   가. 「산지관리법」 제4조제1항제1호에 따른 보전산지
   나. 「야생동·식물보호법」 제33조에 따른 시·도 야생동식물보호구역
   다. 「습지보전법」 제8조에 따른 습지보호지역
   라. 「토양환경보전법」 제17조에 따른 토양보전대책지역
2. 농림지역이나 자연환경보전지역에서 다음 각 목의 구역등을 지정하는 경우
   가. 제1호 각 목의 어느 하나에 해당하는 구역등
   나. 「자연공원법」 제4조에 따른 자연공원
   다. 「자연환경보전법」 제34조제1항제1호에 따른 생태·자연도 1등급 권역
   라. 「독도 등 도서지역의 생태계보전에 관한 특별법」 제4조에 따른 특정도서
   마. 「문화재보호법」 제25조 및 제27조에 따른 명승 및 천연기념물과 그 보호구역
   바. 「해양생태계의 보전 및 관리에 관한 법률」 제12조제1항제1호에 따른 해양생태도 1등급 권역

⑥ 중앙행정기관의 장이나 지방자치단체의 장은 다른 법률에 따라 지정된 토지 이용에 관한 구역등을 변경하거나 해제하려면 제24조에 따른 도시 · 군관리계획의 입안권자의 의견을 들어야 한다. 이 경우 의견 요청을 받은 도시 · 군관리계획의 입안권자는 이 법에 따른 용도지역 · 용도지구 · 용도구역의 변경이 필요하면 도시 · 군관리계획에 반영하여야 한다.

⑦ 시 · 도지사가 다음 각 호의 어느 하나에 해당하는 행위를 할 때 제6항 후단에 따라 도시 · 군관리계획의 변경이 필요하여 시 · 도도시계획위원회의 심의를 거친 경우에는 해당 각 호에 따른 심의를 거친 것으로 본다.

1. 「농지법」 제31조제1항에 따른 농업진흥지역의 해제 : 「농업 · 농촌 및 식품산업 기본법」 제15조에 따른 시 · 도 농업 · 농촌 및 식품산업정책심의회의 심의
2. 「산지관리법」 제6조제3항에 따른 보전산지의 지정해제 : 「산지관리법」 제22조제2항에 따른 지방산지관리위원회의 심의

제9조 다른 법률에 따른 도시·군관리계획의 변경 제한

중앙행정기관의 장이나 지방자치단체의 장은 다른 법률에서 이 법에 따른 도시 · 군관리계획의 결정을 의제(擬制)하는 내용이 포함되어 있는 계획을 허가 · 인가 · 승인 또는 결정하려면 대통령령으로 정하는 바에 따라 중앙도시계획위원회 또는 제113조에 따른 지방도시계획위원회(이하 "지방도시계획위원회"라 한다)의 심의를 받아야 한다. 다만, 다음 각 호의 어느 하나에 해당하는 경우에는 그러하지 아니하다.

1. 제8조제2항 또는 제3항에 따라 국토교통부장관과 협의하거나 국토교통부장관 또는 시 · 도지사의 승인을 받은 경우
2. 다른 법률에 따라 중앙도시계획위원회나 지방도시계획위원회의 심의를 받은 경우
3. 그 밖에 대통령령으로 정하는 경우

■ 국토법상 3가지 계획

<table>
<tr><th rowspan="2">구분</th><th rowspan="2">광역도시계획</th><th colspan="2">도시·군계획</th></tr>
<tr><th>도시·군기본계획</th><th>도시·군관리계획</th></tr>
<tr><td>정의</td><td>광역계획권(특별시×, 광역시×)의 장기발전방향을 제시하는 계획</td><td>특별시·광역시·특별자치시·특별자치도·시 또는 군의 관할 구역에 대하여 기본적인 공간구조와 장기발전방향을 제시하는 종합계획으로서 도시·군관리계획 수립의 지침이 되는 계획</td><td>특별시·광역시·특별자치시·특별자치도·시 또는 군의 개발·정비 및 보전을 위하여 수립하는 토지 이용, 교통, 환경, 경관, 안전, 산업, 정보통신, 보건, 복지, 안보, 문화 등에 관한 계획</td></tr>
<tr><td>내용</td><td>1. 광역계획권의 공간구조와 기능분담에 관한 사항
2. 광역계획권의 녹지관리체계와 환경보전에 관한 사항
3. 광역시설의 배치·규모·설치에 관한 사항
4. 경관계획에 관한 사항
5. 그 밖에 광역계획권에 속하는 특별시·광역시·특별자치시·특별자치도·시 또는 군 상호간의 기능연계에 관한 사항으로서 대통령령이 정하는 사항</td><td>1. 지역적 특성 및 계획의 방향·목표에 관한 사항
2. 공간구조, 생활권의 설정 및 인구의 배분에 관한 사항
3. 토지의 이용 및 개발에 관한 사항
4. 토지의 용도별 수요 및 공급에 관한 사항
5. 환경의 보전 및 관리에 관한 사항
6. 기반시설에 관한 사항
7. 공원·녹지에 관한 사항
8. 경관에 관한 사항
8의2. 기후변화 대응 및 에너지절약에 관한 사항
8의3. 방재 및 안전에 관한 사항
9. 제2호부터 제8호까지, 제8호의2 및 제8호의3에 규정된 사항의 단계별 추진에 관한 사항
10. 그 밖에 대통령령이 정 하는 사항</td><td>가. 용도지역·용도지구의 지정 또는 변경에 관한 계획
나. 개발제한구역·도시자연공원구역·시가화조정구역·수산자원보호구역의 지정 또는 변경에 관한 계획
다. 기반시설의 설치·정비 또는 개량에 관한 계획
라. 도시개발사업 또는 정비사업에 관한 계획
마. 지구단위계획구역의 지정 또는 변경에 관한 계획과 지구단위계획
바. 입지규제최소구역의 지정 또는 변경에 관한 계획과 입지규제최소구역계획</td></tr>
<tr><td>수립·입안권자</td><td>국장, 시·도지사, 시장·군수</td><td>특·광·특장·특사, 시장·군수</td><td>특·광·특장·특사, 시장·군수, 도지사, 국장, 해장</td></tr>
<tr><td>수립기준정하는권자</td><td>국장</td><td>국장</td><td>국장</td></tr>
<tr><td>공청회</td><td>○</td><td>○</td><td>×</td></tr>
<tr><td>승인·결정권자</td><td>국장, 도지사</td><td>도지사</td><td>시·도지사, 대장, 시장·군수,국장, 해장</td></tr>
<tr><td>기초조사 생략</td><td>×</td><td>×</td><td>○</td></tr>
<tr><td>정비 (5년 타당성 재검토)</td><td>×</td><td>○</td><td>○</td></tr>
<tr><td>대외적 구속력 (→ 효력규정, 실효규정, 지형도면 규정)</td><td>×</td><td>×</td><td>○</td></tr>
<tr><td>행정소송</td><td>×</td><td>×</td><td>○</td></tr>
<tr><td>수립입안 기한단위</td><td>×</td><td>×</td><td>×</td></tr>
</table>

※ 약칭 – • 국장 : 국토교통부장관 • 해장 : 해양수산부장관 • 특장 : 특별자치시장 • 대장 : 대도시시장 • 특사 : 특별자치도지사

▌제2장 핵심▐
1. 광역계획권의 지정권자 (제10조)
2. 광역도시계획
① 수립·승인 절차 (제13조 ~ 16조)
② 내용 (제12조) (vs 도시·군기본계획 vs 도시·군관리계획)
3. 광역도시계획의 특징
① 비구속적 계획
② 장기계획
③ 타당성 재검토, 실효제도 규정 : 없음
4. 타계획과 비교연계 공통점 vs 차이점

출제자 의도

광역도시계획
- 광역도시계획의 수립 절차상 내용을 알고 있는가?
- 광역계획원의 지정절차를 알고 있는가?
- 광역도시계획과 도시·군기본계획, 도시·군관리계획의 공통점과 차이점을 구별하고 그 (우선)관계를 알고 있는가?

★

제2장 광역도시계획

광역도시계획이란 제10조(광역계획권의 지정)에 따라 지정된 광역계획권(2 이상의 시 또는 군)의 장기발전방향을 제시하는 계획을 말한다.

■ 광역계획권

지정권자	국토교통부장관, 도지사 (시·도지사×)
요청권자	중앙행정기관의 장, 시·도지사, 시장·군수
지정목적	둘 이상의 특별시·광역시·특별자치시·특별자치도·시 또는 군의 ① 공간구조 및 기능을 상호 연계 ② 환경보전 ③ 광역시설의 체계적 정비
지정지역	인접한 둘 이상의 특별시·광역시·특별자치시·특별자치도·시 또는 군의 관할 구역 전부 또는 일부(전부만×)

제10조 광역계획권의 지정

① 국토교통부장관 또는 도지사(국장만×)는 둘 이상의 특별시·광역시·특별자치시·특별자치도·시 또는 군의 공간구조 및 기능을 상호 연계시키고 환경을 보전하며 광역시설을 체계적으로 정비하기 위하여 필요한 경우에는 다음 각 호의 구분에 따라 인접한 둘 이상의 특별시·광역시··특별자치시·특별자치도·시 또는 군의 관할 구역 전부 또는 일부(전부만×)를 대통령령으로 정하는 바에 따라 광역계획권으로 **지정**할 수(하여야×) 있다.

1. 광역계획권이 둘 이상의 특별시·광역시·특별자치시·도 또는 특별자치도(이하 "시·도"라 한다)의 관할 구역에 걸쳐 있는 경우 : 국토교통부장관이 지정
2. 광역계획권이 도의 관할 구역에 속하여 있는 경우 : 도지사가 지정

② 중앙행정기관의 장, 시·도지사, 시장 또는 군수는 국토교통부장관이나 도지사에게 광역계획권의 지정 또는 변경을 **요청**할 수(하여야×) 있다.

③ 국토교통부장관은 광역계획권을 지정하거나 변경하려면 관계 시·도지사, 시장 또는 군수의 의견을 들은 후(전×) 중앙도시계획위원회의 **심의**를 거쳐야(거칠 수×) 한다.

④ 도지사가 광역계획권을 지정하거나 변경하려면 관계 중앙행정기관의 장, 관계 시·도지사, 시장 또는 군수의 의견을 들은 후 지방도시계획위원회의 **심의**를 거쳐야 한다.

⑤ 국토교통부장관 또는 도지사는 광역계획권을 지정하거나 변경하면 지체없이(7일 이내×) 관계 시·도지사, 시장 또는 군수에게 그 사실을 **통보**하여야 한다.

■ 광역도시계획 수립절차

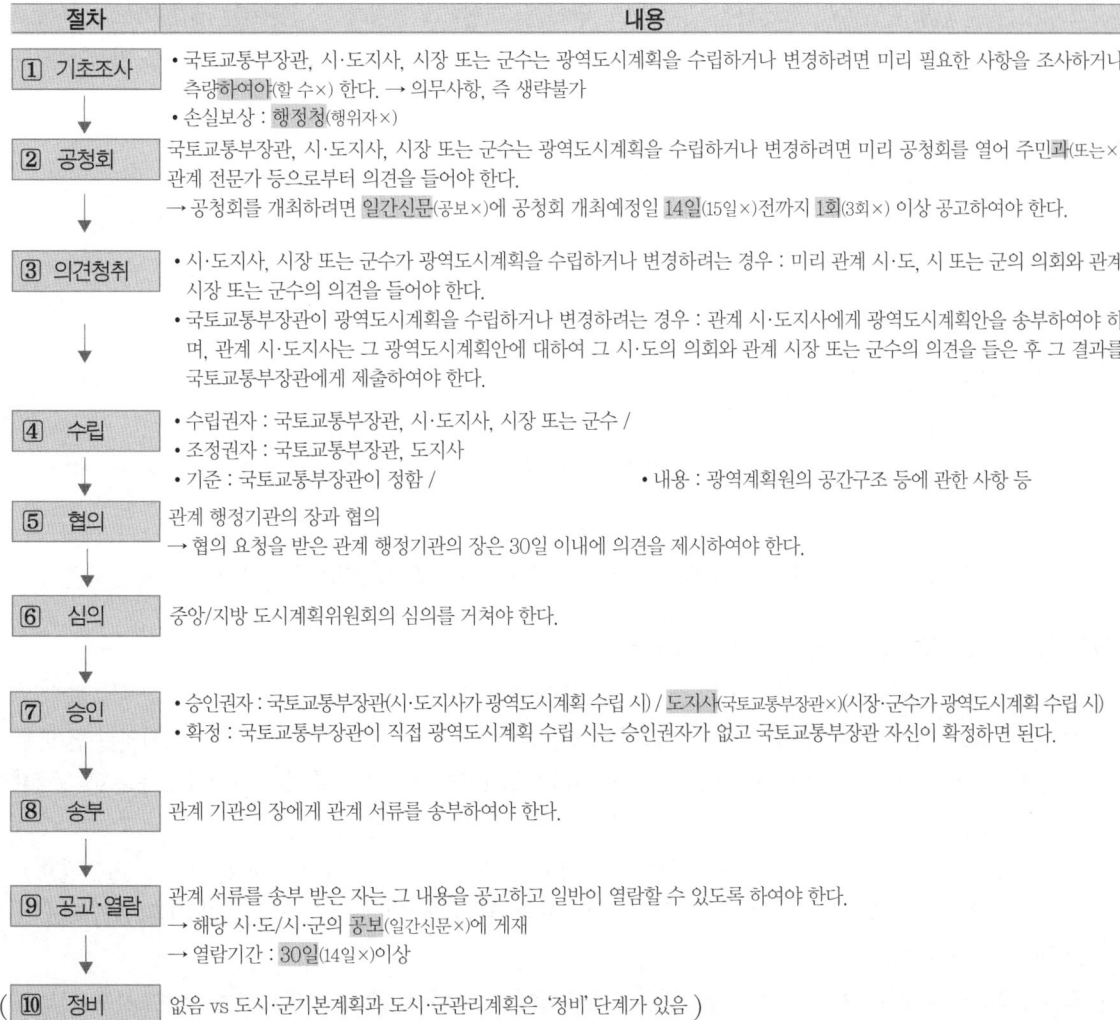

절차	내용
① 기초조사	• 국토교통부장관, 시·도지사, 시장 또는 군수는 광역도시계획을 수립하거나 변경하려면 미리 필요한 사항을 조사하거나 측량하여야(할 수×) 한다. → 의무사항, 즉 생략불가 • 손실보상 : 행정청(행위자×)
② 공청회	국토교통부장관, 시·도지사, 시장 또는 군수는 광역도시계획을 수립하거나 변경하려면 미리 공청회를 열어 주민과(또는×) 관계 전문가 등으로부터 의견을 들어야 한다. → 공청회를 개최하려면 일간신문(공보×)에 공청회 개최예정일 14일(15일×)전까지 1회(3회×) 이상 공고하여야 한다.
③ 의견청취	• 시·도지사, 시장 또는 군수가 광역도시계획을 수립하거나 변경하려는 경우 : 미리 관계 시·도, 시 또는 군의 의회와 관계 시장 또는 군수의 의견을 들어야 한다. • 국토교통부장관이 광역도시계획을 수립하거나 변경하려는 경우 : 관계 시·도지사에게 광역도시계획안을 송부하여야 하며, 관계 시·도지사는 그 광역도시계획안에 대하여 그 시·도의 의회와 관계 시장 또는 군수의 의견을 들은 후 그 결과를 국토교통부장관에게 제출하여야 한다.
④ 수립	• 수립권자 : 국토교통부장관, 시·도지사, 시장 또는 군수 / • 조정권자 : 국토교통부장관, 도지사 • 기준 : 국토교통부장관이 정함 / • 내용 : 광역계획원의 공간구조 등에 관한 사항 등
⑤ 협의	관계 행정기관의 장과 협의 → 협의 요청을 받은 관계 행정기관의 장은 30일 이내에 의견을 제시하여야 한다.
⑥ 심의	중앙/지방 도시계획위원회의 심의를 거쳐야 한다.
⑦ 승인	• 승인권자 : 국토교통부장관(시·도지사가 광역도시계획 수립 시) / 도지사(국토교통부장관×)(시장·군수가 광역도시계획 수립 시) • 확정 : 국토교통부장관이 직접 광역도시계획 수립 시는 승인권자가 없고 국토교통부장관 자신이 확정하면 된다.
⑧ 송부	관계 기관의 장에게 관계 서류를 송부하여야 한다.
⑨ 공고·열람	관계 서류를 송부 받은 자는 그 내용을 공고하고 일반이 열람할 수 있도록 하여야 한다. → 해당 시·도/시·군의 공보(일간신문×)에 게재 → 열람기간 : 30일(14일×)이상
(⑩ 정비	없음 vs 도시·군기본계획과 도시·군관리계획은 '정비' 단계가 있음)

제11조 광역도시계획의 ❹수립 권자

① 국토교통부장관, 시·도지사, 시장 또는 군수는 다음 각 호의 구분에 따라 광역도시계획을 **수립**하여야(할 수 ×) 한다.

> 1. 광역계획권이 같은 도의 관할 구역에 속하여 있는 경우 : 관할 시장 또는 군수가 공동으로 수립
> 2. 광역계획권이 둘 이상의 시·도의 관할 구역에 걸쳐 있는 경우 : 관할 시·도지사가 공동으로 수립
> 3. 광역계획권을 지정한 날부터 3년(2년×)이 지날 때까지 관할 시장 또는 군수로부터 제16조제1항에 따른 광역도시계획의 승인 신청이 없는 경우 : 관할 도지사가 수립
> 4. 국가계획과 관련된 광역도시계획의 수립이 필요한 경우나 광역계획권을 지정한 날부터 3년(2년×)이 지날 때까지 관할 시·도지사로부터 제16조제1항에 따른 광역도시계획의 승인 신청이 없는 경우 : 국토교통부장관이 수립

② 국토교통부장관은 시·도지사가 요청하는 경우와 그 밖에 필요하다고 인정되는 경우에는 제1항에도 불구하

고 관할 시·도지사와 **공동**으로 광역도시계획을 수립할 수(하여야×) 있다(없다×).

③ 도지사는 시장 또는 군수가 요청하는 경우와 그 밖에 필요하다고 인정하는 경우에는 제1항에도 불구하고 관할 시장 또는 군수와 공동으로 광역도시계획을 수립할 수 있으며, 시장 또는 군수가 협의를 거쳐 요청하는 경우에는 단독으로 광역도시계획을 수립할 수 있다.

제12조 광역도시계획의 내용

① 광역도시계획에는 다음 각 호의 사항 중 그 광역계획권의 지정목적을 이루는 데 필요한 **사항**에 대한 정책 방향이 **포함**되어야 한다.

1. 광역계획권의 공간 구조와 기능 분담에 관한 사항
2. 광역계획권의 녹지관리체계와 환경 보전에 관한 사항
3. 광역시설의 배치·규모·설치에 관한 사항
4. 경관계획에 관한 사항
5. 그 밖에 광역계획권에 속하는 특별시·광역시·특별자치시·특별자치도·시 또는 군 상호 간의 기능 연계에 관한 사항으로서 대통령령으로 정하는 사항

② 광역도시계획의 수립기준 등은 대통령령으로 정하는 바에 따라 국토교통부장관(시·도지사×)이 정한다.

제13조 광역도시계획의 수립을 위한 ❶기초조사

① 국토교통부장관, 시·도지사, 시장 또는 군수는 광역도시계획을 수립하거나 변경하려면 미리 인구, 경제, 사회, 문화, 토지 이용, 환경, 교통, 주택, 그 밖에 대통령령으로 정하는 사항 중 그 광역도시계획의 수립 또는 변경에 필요한 사항을 대통령령으로 정하는 바에 따라 **조사**하거나(하고×) **측량**(이하 "**기초조사**"라 한다)하여야(할 수×) 한다.

② 국토교통부장관, 시·도지사, 시장 또는 군수는 관계 행정기관의 장에게 제1항에 따른 기초조사에 필요한 자료를 제출하도록 요청할 수 있다. 이 경우 요청을 받은 관계 행정기관의 장은 특별한 사유가 없으면 그 요청에 따라야 한다.

③ 국토교통부장관, 시·도지사, 시장 또는 군수는 효율적인 기초조사를 위하여 필요하면 기초조사를 전문기관에 의뢰할 수(하여야×) 있다.

④ 국토교통부장관, 시·도지사, 시장 또는 군수가 기초조사를 실시한 경우에는 해당 정보를 체계적으로 관리하고 효율적으로 활용하기 위하여 기초조사정보체계를 **구축·운영**하여야(할 수×) 한다.

⑤ 국토교통부장관, 시·도지사, 시장 또는 군수가 제4항에 따라 기초조사정보체계를 구축한 경우에는 등록된 정보의 현황을 5년(10년×)마다 확인하고 변동사항을 반영하여야(할 수×) 한다.

⑥ 제4항 및 제5항에 따른 기초조사정보체계의 구축·운영에 필요한 사항은 대통령령(국토교통부령×)으로 정한다.

제14조 ❷공청회의 개최

① 국토교통부장관, 시·도지사, 시장 또는 군수는 광역도시계획을 수립하거나 변경하려면 미리 공청회를 열어 주민과(또는×) 관계 전문가 등으로부터 **의견**을 들어야 하며, 공청회에서 제시된 의견이 타당하다고 인정하면 광역도시계획에 반영하여야(할 수×) 한다.

② 제1항에 따른 공청회의 개최에 필요한 사항은 대통령령으로 정한다.

■ 광역도시계획의 수립을 위한 공청회 (시행령 제12조)

① 국토교통부장관, 시·도지사, 시장 또는 군수는 법 제14조제1항에 따라 공청회를 개최하려면 다음 각 호의 사항을 해당 광역계획권에 속하는 특별시·광역시·특별자치시·특별자치도·시 또는 군의 지역을 주된 보급지역으로 하는 일간신문에 공청회 개최예정일 14일(15일×)전까지 1회(3회×) 이상 공고하여야 한다.

1. 공청회의 개최목적
2. 공청회의 개최예정일시 및 장소
3. 수립 또는 변경하고자 하는 광역도시계획의 개요
4. 그 밖에 필요한 사항

② 법 제14조제1항의 규정에 의한 공청회는 광역계획권 단위로 개최하되, 필요한 경우에는 광역계획권을 수개의 지역으로 구분하여 개최할 수 있다.

③ 법 제14조제1항에 따른 공청회는 국토교통부장관, 시·도지사, 시장 또는 군수가 지명하는 사람이 주재한다.

④ 제1항부터 제3항까지에서 규정한 사항 외에 공청회의 개최에 관하여 필요한 사항은 그 공청회를 개최하는 주체에 따라 국토교통부장관이 정하거나 특별시·광역시·특별자치시·도·특별자치도(이하 "시·도"라 한다), 시 또는 군의 도시·군계획에 관한 조례(이하 "도시·군계획조례"라 한다)로 정할 수 있다.

제15조 지방자치단체의 ❸의견청취

① 시·도지사, 시장 또는 군수는 광역도시계획을 수립하거나 변경하려면 미리 관계 시·도, 시 또는 군의 의회(시·군·구 의회×)와 관계 시장 또는 군수의 **의견**을 들어야 한다.

② 국토교통부장관은 광역도시계획을 수립하거나 변경하려면 관계 시·도지사에게 광역도시계획안을 송부하여야 하며, 관계 시·도지사는 그 광역도시계획안에 대하여 그 시·도의 의회와 관계 시장 또는 군수의 의견을 들은 후 그 결과를 국토교통부장관에게 제출하여야 한다.

③ 제1항과 제2항에 따른 시·도, 시 또는 군의 의회와 관계 시장 또는 군수는 특별한 사유가 없으면 30일 이내에 시·도지사, 시장 또는 군수에게 의견을 제시하여야 한다.

제16조 광역도시계획의 승인

① 시·도지사는 광역도시계획을 수립하거나 변경하려면 국토교통부장관의 **승인**을 받아야 한다. 다만, 제11조제3항에 따라 도지사가 수립하는 광역도시계획은 그러하지 아니하다.

② 국토교통부장관은 제1항에 따라 광역도시계획을 승인하거나 직접 광역도시계획을 수립 또는 변경(시·도지사와 공동으로 수립하거나 변경하는 경우를 포함한다)하려면 관계 중앙행정기관과 ❺**협의**한 후 중앙도시계획위원회의 ❻**심의**를 거쳐야 한다.

③ 제2항에 따라 협의 요청을 받은 관계 중앙행정기관의 장은 특별한 사유가 없는 한 그 요청을 받은 날부터 30일 이내(지체없이×, 1월 이내에×)에 국토교통부장관에게 **의견**을 **제시**하여야 한다.

④ 국토교통부장관은 직접 광역도시계획을 수립 또는 변경하거나 ❼**승인**하였을 때에는 관계 중앙행정기관의 장과 시·도지사에게 관계 서류를 ❽**송부**하여야 하며, 관계 서류를 받은 시·도지사는 대통령령으로 정하는 바에 따라 그 내용을 ❾**공고**하고 일반이 ❾**열람**[→ 열람기간 : 30일 이상(시행령 제13조제③항)]할 수 있도록 하여야 한다.

⑤ 시장 또는 군수는 광역도시계획을 수립하거나 변경하려면 도지사(국토교통부장관×)의 **승인**을 받아야 한다.

⑥ 도지사가 제5항에 따라 광역도시계획을 승인하거나 제11조제3항에 따라 직접 광역도시계획을 수립 또는 변경(시장·군수와 공동으로 수립하거나 변경하는 경우를 포함한다)하려면 제2항부터 제4항까지의 규정을 준용한다. 이 경우 "국토교통부장관"은 "도지사"로, "중앙행정기관의 장"은 "행정기관의 장(국토교통부장관을 포함한다)"으로, "중앙도시계획위원회"는 "지방도시계획위원회"로 '시·도지사"는 "시장 또는 군수"로 본다.

⑦ 제1항부터 제6항까지에 규정된 사항 외에 광역도시계획의 수립 및 집행에 필요한 사항은 대통령령으로 정한다.

제17조 광역도시계획의 조정

① 제11조제1항제2호에 따라 광역도시계획을 공동으로 수립하는 시·도지사는 그 내용에 관하여 서로 협의가 되지 아니하면 공동이나 단독으로(공동으로만×) 국토교통부장관에게 조정을 신청할 수(하여야×) 있다.

② 국토교통부장관은 제1항에 따라 단독으로 조정신청을 받은 경우에는 기한을 정하여 당사자 간에 다시 **협의**를 하도록 **권고**할 수 있으며, 기한 내에 협의가 이루어지지 아니하는 경우에는 **직접 조정**(수립×)할 수(하여야×) 있다.

③ 국토교통부장관은 제1항에 따른 조정의 신청을 받거나 제2항에 따라 직접 조정하려는 경우에는 중앙도시계획위원회의 심의를 거쳐 광역도시계획의 내용을 조정하여야(할 수×) 한다. 이 경우 이해관계를 가진 지방자치단체의 장은 중앙도시계획위원회의 회의에 출석하여 의견을 진술할 수(하여야×) 있다.

④ 광역도시계획을 수립하는 자는 제3항에 따른 조정 결과를 광역도시계획에 반영하여야(할 수×) 한다.

⑤ 제11조제1항제1호에 따라 광역도시계획을 공동으로 수립하는 시장 또는 군수는 그 내용에 관하여 서로 협의가 되지 아니하면 공동이나 단독(반드시 공동×)으로 도지사(국토교통부장관×)에게 조정을 신청할 수(하여야×) 있다.

⑥ 제5항에 따라 도지사가 광역도시계획을 조정하는 경우에는 제2항부터 제4항까지의 규정을 준용한다. 이 경우 "국토교통부장관"은 "도지사"로, "중앙도시계획위원회"는 "도의 지방도시계획위원회"로 본다.

제17조의2 광역도시계획협의회의 구성 및 운영

① 국토교통부장관, 시·도지사, 시장 또는 군수는 제11조제1항제1호·제2호, 같은 조 제2항 및 제3항에 따라 광역도시계획을 공동으로 수립할 때에는 광역도시계획의 수립에 관한 협의 및 조정이나 자문 등을 위하여 광역(중앙×)도시계획협의회를 구성하여 운영할 수(하여야×) 있다.

② 제1항에 따라 광역도시계획협의회에서 광역도시계획의 수립에 관하여 협의·조정을 한 경우에는 그 조정 내용을 광역도시계획에 반영하여야(할 수×) 하며, 해당 시·도지사, 시장 또는 군수는 이에 따라야 한다.

③ 제1항 및 제2항에서 규정한 사항 외에 광역도시계획협의회의 구성 및 운영에 필요한 사항은 대통령령으로 정한다.

★★

제3장 도시·군기본계획

출제자 의도: 도시·군기본계획의 수립절차상 내용을 알고 있는가?(특히, 다른 2가지 계획과 공통점 vs 차이점)

▌제3장 핵심▐

1. 도시·군기본계획 미수립 가능지역 (제18조)
2. 도시·군기본계획의 내용 (제19조)
3. 타 계획과 비교 연계

도시·군기본계획이란 특별시·광역시·특별자치시·특별자치도·시 또는 군(광역시의 관할구역에 있는 군은 제외. 이와 같다)의 관할구역에 대하여 기본적인 공간구조와 장기발전방향을 제시하는 종합계획으로서 도시·군관리계획 수립의 지침이 되는 계획을 말한다.

■ 도시·군기본계획 수립절차

절차	내용
① 기초조사	특별시장·광역시장·특별자치시장·특별자치도지사·시장 또는 군수는 도시·군기본계획을 수립하거나 변경하려면 미리 필요한 사항을 조사하거나 측량하여야(할 수×) 한다. → 의무사항, 즉 생략불가 → 포함사항 : 토지적성평가와 재해취약성분석(환경성 검토×)[→ 도시·군기본계획 입안일부터 5년(10년×) 이내에 토지적성평가를 실시한 경우에는 토지적성평가와 재해취약성분석을 하지 아니할 수 있다.]
↓	
② 공청회	특별시장·광역시장·특별자치시장·특별자치도지사·시장 또는 군수는 도시·군기본계획을 수립하거나 변경하려면 미리 공청회를 열어 주민과(또는×) 관계 전문가 등으로부터 의견을 들어야 한다. → 공청회를 개최하려면 일간신문(공보×)에 공청회 개최예정일 14일(15일×)전까지 1회(3회×) 이상 공고하여야 한다.
↓	
③ 의견청취	특별시장·광역시장·특별자치시장·특별자치도지사·시장 또는 군수는 도시·군기본계획을 수립하거나 변경하려면 미리 그 특별시·광역시·특별자치시·특별자치도·시 또는 군 의회의 의견을 들어야 한다. → 의회는 특별한 사유가 없으면 30일 이내에 의견을 제시하여야 한다.
↓	
④ 수립	• 수립권자 : 특별시장·광역시장·특별자치시장·특별자치도지사·시장 또는 군수(구청장×, 국토교통부장관×) • 수립하지 아니할 수 있는 지역 ① 수도권에 속하지 아니하고 광역시와 경계를 같이하지 아니한 시 또는 군으로서 인구 10만명 이하인 시 또는 군 ② 관할구역 전부에 대하여 광역도시계획이 수립되어 있는 시 또는 군으로서 당해 광역도시계획에 도시·군기본계획의 사항이 모두 포함되어 있는 시 또는 군 • 기준 : 국토교통부장관이 정함 • 내용 : 지역적 특성 등에 관한 사항 등
↓	
⑤ 협의	관계 행정기관의 장과 협의 → 협의 요청을 받은 관계 행정기관의 장은 30일 이내에 의견을 제시하여야 한다.
↓	
⑥ 심의	지방도시계획위원회의 심의를 거쳐야 한다.
↓	
⑦ 승인	• 승인권자 : 도지사(국토교통부장관×)(시장·군수가 도시·군기본계획 수립 시) • 확정 : 특별시장·광역시장·특별자치시장·특별자치도지사가 직접 도시·군기본계획 수립 시는 승인권자가 없고 자신이 확정하면 된다.
↓	
⑧ 송부	관계 행정기관의 장에게 관계 서류를 송부하여야 한다.
↓	
⑨ 공고·열람	특별시장·광역시장·특별자치시장·특별자치도지사·시장 또는 군수는 그 계획을 공고하고 일반인이 열람할 수 있도록 하여야 한다. → 해당 특별시·광역시 특별자치시·특별자치도의 공보(일간신문×)에 게재 → 열람기간 : 30일(14일×) 이상
↓	
⑩ 정비	특별시장·광역시장·특별자치시장·특별자치도지사·시장 또는 군수는 5년(3년×)마다 관할구역의 도시·군기본계획에 대하여 그 타당성 여부를 전반적으로 재검토하여 정비하여야 한다.

제18조 도시·군기본계획의 수립 권자와 대상지역

① **특별시장·광역시장·특별자치시장·특별자치도지사·시장 또는 군수**는 관할 구역에 대하여 도시·군기본계획을 수립하여야(할 수×) 한다.(원칙) 다만, 시 또는 군의 위치, 인구의 규모, 인구감소율 등을 고려하여 대통령령으로 정하는 시 또는 군은 도시·군기본계획을 수립하지 아니할 수 있다.(예외)

> 1. 「수도권정비계획법」 제2조제1호의 규정에 의한 수도권(이하 "수도권"이라 한다)에 속하지 아니하고 광역시와 경계를 같이하지 아니한 시 또는 군으로서 인구 10만명 이하인 시 또는 군
> 2. 관할구역 전부(일부×, 전부 또는 일부×)에 대하여 광역도시계획이 수립되어 있는 시 또는 군으로서 당해 광역도시계획에 법 제19조제1항 각호의 사항이 모두(일부×) 포함되어 있는 시 또는 군

② 특별시장·광역시장·특별자치시장·특별자치도지사·시장 또는 군수는 지역 여건상 필요하다고 인정되면 인접한 특별시·광역시·특별자치시·특별자치도·시 또는 군의 관할 구역 전부 또는 일부를 포함하여 도시·군기본계획을 **수립**할 수 있다(없다×).

③ 특별시장·광역시장·특별자치시장·특별자치도지사·시장 또는 군수는 제2항에 따라 인접한 특별시·광역시·특별자치시·특별자치도·시 또는 군의 관할 구역을 포함하여 도시·군기본계획을 수립하려면 미리 그 특별시장·광역시장·특별자치시장·특별자치도지사·시장 또는 군수와 **협의**하여야 한다.

제19조 도시·군기본계획의 내용

① 도시·군기본계획에는 다음 각 호의 사항에 대한 정책 방향이 포함되어야 한다.

> 1. 지역적 특성 및 계획의 방향·목표에 관한 사항
> 2. 공간구조, 생활권의 설정 및 인구의 배분에 관한 사항
> 3. 토지의 이용 및 개발에 관한 사항
> 4. 토지의 용도별 수요 및 공급에 관한 사항
> 5. 환경의 보전 및 관리에 관한 사항
> 6. 기반시설에 관한 사항
> 7. 공원·녹지에 관한 사항
> 8. 경관에 관한 사항
> 8의2. 기후변화 대응 및 에너지절약에 관한 사항
> 8의3. 방재·방범 등 안전에 관한 사항
> 9. 제2호부터 제8호까지, 제8호의2 및 제8호의3에 규정된 사항의 단계별 추진에 관한 사항
> 10. 그 밖에 대통령령으로 정하는 사항

② 〈삭제〉

③ 도시·군기본계획의 수립기준 등은 대통령령(국토교통부령×)으로 정하는 바에 따라 국토교통부장관(시·도지사×)이 정한다.

제20조 도시·군기본계획 수립을 위한 ❶기초조사 및 ❷공청회

① 도시 · 군기본계획을 수립하거나 변경하는 경우에는 제13조와 제14조를 준용한다. 이 경우 "국토교통부장관, 시 · 도지사, 시장 또는 군수"는 "특별시장 · 광역시장 · 특별자치시장 · 특별자치도지사 · 시장 또는 군수"로, "광역도시계획"은 "도시 · 군기본계획"으로 본다.

② 시 · 도지사, 시장 또는 군수는 제1항에 따른 기초조사의 내용에 국토교통부장관(대통령×)이 정하는 바에 따라 실시하는 토지의 토양, 입지, 활용가능성 등 토지의 적성에 대한 평가(이하 "**토지적성평가**"라 한다)와 재해 취약성에 관한 분석(이하 "재해취약성분석"이라 한다)을 포함하여야(할 수×) 한다.

③ 도시 · 군기본계획 입안일(승인일×, 공고일×)부터 5년(10년×) 이내에 토지적성평가를 실시한 경우 등 대통령령(국토교통부령×)으로 정하는 경우에는 제2항에 따른 토지적성평가 또는 재해취약성분석을 하지 아니할 수 있다(반드시 하여야 한다×).

제21조 지방의회의 ❸의견청취

① 특별시장·광역시장·특별자치시장·특별자치도지사·시장 또는 군수는 도시·군기본계획을 수립하거나 변경하려면 미리 그 특별시·광역시·특별자치시·특별자치도·시 또는 군 의회의 의견을 들어야 한다.

② 제1항에 따른 특별시·광역시·특별자치시·특별자치도·시 또는 군의 의회는 특별한 사유가 없으면 30일(1월×) 이내에 특별시장·광역시장·특별자치시장·특별자치도지사·시장 또는 군수에게 의견을 제시하여야(할 수×) 한다.

제22조 특별시·광역시·특별자치시·특별자치도의 도시·군기본계획의 확정

① 특별시장·광역시장·특별자치시장 또는 특별자치도지사는 도시·군기본계획을 수립하거나 변경하려면 관계 행정기관의 장(국토교통부장관을 포함한다. 이하 이 조 및 제22조의2에서 같다)과 ❺협의한 후 지방도시계획위원회의 ❻심의를 거쳐야 한다.

② 제1항에 따라 협의 요청을 받은 관계 행정기관의 장은 특별한 사유가 없으면 그 요청을 받은 날부터 30일 이내에 특별시장·광역시장·특별자치시장 또는 특별자치도지사에게 의견을 제시하여야 한다.

③ 특별시장·광역시장·특별자치시장 또는 특별자치도지사는 도시·군기본계획을 수립하거나 변경한 경우에는 관계 행정기관의 장에게 관계 서류를 ❽송부하여야 하며, 대통령령으로 정하는 바에 따라 그 계획을 ❾공고하고 일반인이 ❾열람할 수 있도록 하여야 한다.

제22조의2 시·군 도시·군기본계획의 ❼승인

① 시장 또는 군수는 도시·군기본계획을 수립하거나 변경하려면 대통령령으로 정하는 바에 따라 도지사(국토교통부장관×)의 승인을 받아야 한다.

② 도지사는 제1항에 따라 도시·군기본계획을 승인하려면 관계 행정기관의 장과 협의한 후 지방도시계획위원회의 심의를 거쳐야 한다.

③ 제2항에 따른 협의에 관하여는 제22조제2항을 준용한다. 이 경우 "특별시장·광역시장·특별자치시장 또는 특별자치도지사"은 "도지사"로 본다.

④ 도지사는 도시·군기본계획을 승인하면 관계 행정기관의 장과 시장 또는 군수에게 관계 서류를 송부하여야 하며, 관계 서류를 받은 시장 또는 군수는 대통령령으로 정하는 바에 따라 그 계획을 공고하고 일반인이 열람할 수 있도록 하여야 한다.

제22조의3 <삭제>

제23조 도시·군기본계획의 정비

① 특별시장·광역시장·특별자치시장·특별자치도지사·시장 또는 군수는 5년(1월×, 3년×) 마다 관할 구역의 도시·군기본계획에 대하여 그 타당성 여부를 전반적으로 재검토하여 정비하여야 한다.

② 특별시장·광역시장·특별자치시장·특별자치도지사·시장 또는 군수는 제4조제2항 및 제3항에 따라 도시·군기본계획의 내용에 우선하는 광역도시계획의 내용 및 도시·군기본계획에 우선하는 국가계획의 내용을 도시·군기본계획에 반영하여야 한다.

★★★
제4장 도시·군관리계획

도시·군관리계획이란 특별시·광역시·특별자치시·특별자치도·시 또는 군의 개발·정비 및 보전을 위하여 수립하는 토지이용, 교통, 환경, 경관, 안전, 산업, 정보통신, 보건, 복지, 안보, 문화 등에 관한 다음 각 목의 계획을 말한다.

■ 도시·군관리계획 입안절차

절차	내용
① 기초조사 ↓	특별시장·광역시장·특별자치시장·특별자치도지사·시장 또는 군수, 도지사, 국토교통부장관, 해양수산부장관은 도시·군관리계획을 입안하거나 변경하려면 미리 필요한 사항을 원칙적으로 조사하거나 측량하여야 한다. → 포함사항 : 환경성 검토, 토지적성평가, 재해취약성분석 → 생략가능 : 도시·군관리계획으로 입안하려는 지역이 도심지에 위치하거나 개발이 끝나 나대지가 없는 등 대통령령으로 정하는 요건에 해당하면 기초조사, 환경성 검토, 토지적성평가, 재해취약성분석을 하지 아니할 수 있다.
② (주민)의견청취 ↓	• 원칙 : 국토교통부장관(수산자원보호구역의 경우 해양수산부장관), 시·도지사, 시장 또는 군수는 도시·군관리계획을 입안할 때에는 주민의 의견을 들어야 한다. → 열람 : 도시·군관리계획안의 주요내용을 전국 또는 해당 특별시·광역시·특별자치시·특별자치도·시 또는 군의 지역을 주된 보급지역으로 하는 2(3×) 이상의 일간신문과(또는×) 해당 특별시·광역시·특별자치시·특별자치도·시 또는 군의 인터넷 홈페이지 등에 공고하고(하거나×) 도시·군관리계획안을 14일(15일×) 이상 일반이 열람할 수 있도록 하여야 한다. • 예외 : 국방상 또는 국가안전보장상 기밀을 지켜야 할 필요가 있는 사항이거나 대통령령으로 정하는 경미한 사항인 경우에는 주민의 의견을 듣지 않아도 된다.
③ (의회)의견청취 ↓	국토교통부장관, 시·도지사, 시장 또는 군수는 도시·군관리계획을 입안하려면 대통령령으로 정하는 사항(용도지역·용도지구 또는 용도구역의 지정 또는 변경지정, 광역도시계획에 포함된 광역시설의 설치·정비 또는 개량에 관한 도시·군관리계획의 결정 또는 변경결정 등)에 대하여 해당 지방의회의 의견을 들어야 한다. → 의무사항, 즉 생략불가
④ 입안 ↓	• 입안권자 : ┌ 원칙 : 특별시장·광역시장·특별자치시장·특별자치도지사·시장 또는 군수 └ 예외 : 도지사, 국토교통부장관, 해양수산부장관 • 입안제안자 : 주민, 이해관계자 • 입안제안 가능한 사항 : ① 기반시설의 설치·정비 또는 개량에 관한 사항 ② 지구단위계획구역의 지정 및 변경과 지구단위계획의 수립 및 변경에 관한 사항 ③ 개발진흥지구의 지정 및 변경에 관한 사항 • 내용 : 용도지역 등에 관한 계획
⑤ 협의 ↓	관계 행정기관의 장과 협의 → 협의 요청을 받은 관계 행정기관의 장은 30일 이내에 의견을 제시하여야 한다.
⑥ 심의 ↓	도시계획위원회의 심의를 거쳐야 한다.
⑦ 결정·고시 ↓	• 결정권자 : ┌ 원칙 : 시·도지사, 대도시 시장, 시장·군수 └ 예외 : 국토교통부장관, 해양수산부장관 • 결정의 효력시점 : 지형도면(지적도×)을 고시한 날(날의 다음날×)(광역도시계획과 도시·군기본계획은 대외적 구속력이 없으므로 효력규정이 없음)
⑧ 송부 ↓	국토교통부장관이나 도지사는 관계 서류를 관계 특별시장·광역시장·특별자치시장·특별자치도지사·시장 또는 군수에게 송부하여 일반이 열람할 수 있도록 하여야 하며, 특별시장·광역시장·특별자치시장·특별자치도지사는 관계 서류를 일반이 열람할 수 있도록 하여야 한다.
⑨ 열람 ↓	열람기간 : 제한없음(30일 이상×)
⑩ 정비	특별시장·광역시장·특별자치시장·특별자치도지사·시장 또는 군수는 5년(3년×)마다 관할구역의 도시·군관리계획에 대하여 그 타당성 여부를 전반적으로 재검토하여 정비하여야 한다.

▌제4장 핵심▐

1. 도시·군관리계획의 내용 (제2조 4호)
2. 주민·이해관계자의 입안제안 가능 사항 (제26조)
3. 도시·군관리계획의 내용 중 국토교통부장관만이 결정권자인 것 (제29조)
4. 도시·군관리계획결정의 효력 (제31조)
① 시점
② 시가화조정구역·수산자원보호구역 신고기한
③ 실효
5. 지형도면 (제32조)
① 작성자
② 실효
6. 용도지역
① 용어정의(제2조15호)
② 구분(제36조)
③ 지정특례(제41·42조)
④ 건폐율·용적률 (제77·78조)
⑤ 미지정·미세분 지역에서의 행위제한(제79조)
7. 용도지구
① 용어정의(제2조16호)
② 구분(제37조, 특히 미관·보존·시설보호 지구)
8. 용도구역
특히, 시가화조정구역
① 시가화유보기간(제39조)
② 행위제한(금지 vs 허가)(제81조)
9. 2이상의 용도지역·지구·구역에 걸치는 토지에 대한 적용기준 (제84조)
10. 도시·군계획시설부지의 매수청구 (제47조)
① 청구자 vs 피청구자
② 대금지급 절차
11. 지구단위계획
① 필수 vs 임의 (제51조)
② 실효(제53조)

■ 도시·군관리계획 내용 (법 제2조제4호)

도시·군관리계획이란 특별시·광역시·특별자치시·특별자치도·시 또는 군의 개발·정비 및 보전을 위하여 수립하는 토지 이용, 교통, 환경, 경관, 안전, 산업, 정보통신, 보건, 복지, 안보, 문화 등에 관한 다음 각 목의 계획을 말한다.

가. **용도지역** (도시지역, 관리지역, 농림지역, 자연환경보전지역)·
용도지구 (경관지구, 미관지구, 고도지구, 방화지구, 방재지구, 보존지구, 시설보호지구, 취락지구, 개발진흥지구, 특정용도제한지구)의 지정 또는 변경에 관한 계획
나. **용도구역** (개발제한구역, 도시자연공원구역, 시가화조정구역, 수산자원보호구역)의 지정 또는 변경에 관한 계획
다. **기반시설** 의 설치·정비 또는 개량에 관한 계획
라. **도시개발사업** 이나 **정비사업** 에 관한 계획
마. **지구단위계획구역** 의 지정 또는 변경에 관한 계획과 지구단위계획
바. **입지규제최소구역** 의 지정 또는 변경에 관한 계획과 입지규제최소구역계획

[제1절] 도시·군관리계획의 수립절차

제24조 도시·군관리계획의 입안권자

① 특별시장·광역시장·특별자치시장·특별자치도지사·시장 또는 군수는 관할 구역에 대하여 도시·군관리계획을 **입안**하여야(할 수×) 한다.

② 특별시장·광역시장·특별자치시장·특별자치도지사·시장 또는 군수는 다음 각 호의 어느 하나에 해당하면 인접한 특별시·광역시·특별자치시·특별자치도·시 또는 군의 관할 구역 전부 또는 일부를 포함하여 도시·군관리계획을 입안할 수 있다(없다×).

1. 지역여건상 필요하다고 인정하여 미리 인접한 특별시장·광역시장·특별자치시장·특별자치도지사·시장 또는 군수와 협의한 경우
2. 제18조제2항에 따라 인접한 특별시·광역시·특별자치시·특별자치도·시 또는 군의 관할 구역을 포함하여 도시·군기본계획을 수립한 경우

③ 제2항에 따른 인접한 특별시·광역시·특별자치시·특별자치도·시 또는 군의 관할 구역에 대한 도시·군관리계획은 관계 특별시장·광역시장·특별자치시장·특별자치도지사·시장 또는 군수가 **협의**하여 공동으로 입안하거나 입안할 자를 정한다.

④ 제3항에 따른 협의가 성립되지 아니하는 경우 도시·군관리계획을 입안하

려는 구역이 같은 도의 관할 구역에 속할 때에는 관할 **도지사**가, 둘 이상의 시·도의 관할 구역에 걸쳐 있을 때에는 국토교통부장관(제40조에 따른 수산자원보호구역의 경우 해양수산부장관을 말한다. 이하 이 조에서 같다)이 입안할 자를 **지정**하고 그 사실을 **고시**하여야 한다.

⑤ **국토교통부장관**은 제1항이나 제2항에도 불구하고 다음 각 호의 어느 하나에 해당하는 경우에는 직접 또는 관계 중앙행정기관의 장의 요청에 의하여 도시·군관리계획을 **입안**할 수(하여야×) 있다. 이 경우 국토교통부장관은 관할 시·도지사 및 시장·군수의 의견을 들어야(들을 수×)한다.

> 1. 국가계획과 관련된 경우
> 2. 둘 이상의 시·도에 걸쳐 지정되는 용도지역·용도지구 또는 용도구역과 둘 이상의 시·도에 걸쳐 이루어지는 사업의 계획 중 도시·군관리계획으로 결정하여야 할 사항이 있는 경우
> 3. 특별시장·광역시장·특별자치시장·특별자치도지사·시장 또는 군수가 제138조에 따른 기한까지 국토교통부장관의 도시·군관리계획 조정 요구에 따라 도시·군관리계획을 정비하지 아니하는 경우

⑥ **도지사**는 제1항이나 제2항에도 불구하고 다음 각 호의 어느 하나의 경우에는 직접 또는 시장이나 군수의 요청에 의하여 도시·군관리계획을 입안할 수(하여야×) 있다. 이 경우 도지사는 관계 시장 또는 군수(지방의회×, 주민×)의 **의견**을 들어야 한다.

> 1. 둘 이상의 시·군에 걸쳐 지정되는 용도지역·용도지구 또는 용도구역과 둘 이상의 시·군에 걸쳐 이루어지는 사업의 계획 중 도시·군관리계획으로 결정하여야 할 사항이 포함되어 있는 경우
> 2. 도지사가 직접 수립하는 사업의 계획으로서 도시·군관리계획으로 결정하여야 할 사항이 포함되어 있는 경우

제25조 도시·군관리계획의 입안 ④

① 도시·군관리계획은 광역도시계획과 도시·군기본계획에 부합(일치×)되어야 한다.

② 국토교통부장관(제40조에 따른 수산자원보호구역의 경우 **해양수산부장관**을 말한다. 이하 이 조에서 같다), 시·도지사, 시장 또는 군수는 도시관리계획을 입안할 때에는 대통령령으로 정하는 바에 따라 **도시·군관리계획도서**(계획도와 계획조서를 말한다. 이하 같다)와 이를 보조하는 **계획설명서**(기초조사결과·재원조달방안 및 경관계획 등을 포함한다. 이하 같다)를 작성하여야 한다.

출제자 의도

도시·군관리계획
- 도시·군관리계획의 입안절차상 내용을 알고 있는가?
- 용도지역의 세분항목을 구별할 수 있는가?
- 용도지역 관련 행위제한의 내용을 알고 있는가?
- 용도지구의 세분항목을 구별할 수 있는가?
- 용도지구 관련 행위제한의 내용을 알고 있는가?
- 용도구역 중 시가화조정구역 내에서의 행위제한의 내용을 알고 있는가?
- 도시·군계획시설 부지의 매수청구의 절차상 내용을 이해하고 있는가?
- 지구단위계획구역의 임의적 지정대상지역과 필수적 지정대상지역을 구별할 수 있는가?
- 지구단위계획의 내용(포함사항)을 알고 있는가?

③ 도시·군관리계획은 계획의 상세 정도, 도시·군관리계획으로 결정하여야 하는 기반시설의 종류 등에 대하여 도시 및 농·산·어촌 지역의 인구밀도, 토지 이용의 특성 및 주변 환경 등을 종합적으로 고려하여 차등을 두어(균등하게×) 입안하여야 한다.

④ 도시·군관리계획의 수립기준, 도시·군관리계획도서 및 계획설명서의 작성기준·작성방법 등은 대통령령(국토교통부령×)으로 정하는 바에 따라 국토교통부장관(도지사×, 시장·군수×)이 정한다.

제26조 도시·군관리계획 입안의 제안

① 주민[이해관계자(주민만×)를 포함한다. 이하 같다]은 다음 각 호의 사항에 대하여 제24조에 따라 도시·군관리계획을 입안할 수 있는 자에게 도시·군관리계획의 입안을 제안(입안×)할 수 있다. 이 경우 제안서에는 도시·군관리계획도서와 계획설명서를 첨부하여야 한다.

> 1. 기반시설의 설치·정비 또는 개량에 관한 사항 → 도시·군관리계획의 '다' 목
> 2. 지구단위계획구역의 지정 및 변경과 지구단위계획의 수립 및 변경에 관한 사항 → 도시·군관리계획의 '마' 목
> 3. 다음 각 목의 어느 하나에 해당하는 용도지구의 지정 및 변경에 관한 사항
>   가. 개발진흥지구 중 공업기능 또는 유통물류기능 등을 집중적으로 개발 · 정비하기 위한 개발진흥지구로서 대통령령으로 정하는 개발진흥지구 → 도시·군관리계획의 '가' 목 중 일부
>   나. 제37조에 따라 지정된 용도지구 중 해당 용도지구에 따른 건축물이나 그 밖의 시설의 용도·종류 및 규모 등의 제한을 지구단위계획으로 대체하기 위한 용도지구

② 제1항에 따라 도시·군관리계획의 입안을 제안받은 자는 그 처리 결과를 제안자에게 알려야 한다.

③ 제1항에 따라 도시·군관리계획의 입안을 제안받은 자는 제안자와 협의하여 제안된 도시·군관리계획의 입안 및 결정에 필요한 비용의 전부 또는 일부(일부×)를 제안자에게 부담시킬 수 있다(시켜야 한다×).

④ 제1항제3호에 따른 개발진흥지구의 지정 제안을 위하여 충족하여야 할 지구의 규모, 용도지역 등의 요건은 대통령령으로 정한다.

⑤ 제1항부터 제4항까지에 규정된 사항 외에 도시 · 군관리계획의 제안, 제안을 위한 토지소유자의 동의 비율, 제안서의 처리 절차 등에 필요한 사항은 대통령령으로 정한다.

■ 도시·군관리계획 입안의 제안 (시행령 제19조의2)

> ① 법 제26조제1항제3호가목에서 "대통령령으로 정하는 개발진흥지구"란 제31조제2항제8호나목에 따른 산업·유통개발진흥지구를 말한다.
> ② 법 제26조제1항에 따라 도시·군관리계획의 입안을 제안하려는 자는 다음 각 호의 구분에 따라 토지소유자의 동의를 받아야 한다. 이 경우 동의 대상 토지 면적에서 국·공유지는 제외한다.
> 1. 법 제26조제1항제1호의 사항(기반시설의 설치·정비 또는 개량에 관한 사항)에 대한 제안의 경우
> : 대상 토지 면적의 5분의 4 이상(3분의 2 이상×)
> 2. 법 제26조제1항제2호 및 제3호(지구단위계획구역의 지정 및 변경과 지구단위계획의 수립 및 변경에 관한 사항, 개발진흥지구 중 공업기능 또는 유통·물류기능 등을 집중적으로 개발·정비하기 위한 개발진흥지구로서 대통령령으로 정하는 개발진흥지구의 지정 및 변경에 관한 사항)의 사항에 대한 제안의 경우
> : 대상 토지 면적의 3분의 2 이상(2분의 1 이상×)
> ③ 법 제26조제4항에 따라 같은 조 제1항에 따른 산업·유통개발진흥지구의 지정을 제안할 수 있는 대상지역은 다음 각 호의 요건을 모두 갖춘 지역으로 한다.
> 1. 지정 대상 지역의 면적은 1만제곱미터 이상 3만제곱미터(5만제곱미터×) 미만(이하×)일 것

2. 지정 대상 지역이 자연녹지지역·계획관리지역 또는 생산관리지역일 것. 다만, 계획관리지역에 있는 기존 공장의 증축이 필요한 경우로서 해당 공장이 도로·철도·하천·건축물·바다 등으로 둘러싸여 있어 증축을 위해서는 불가피하게 보전관리지역을 포함하여야 하는 경우에는 전체 면적의 20퍼센트 이하의 범위에서 보전관리지역을 포함하되, 다음 각 목의 어느 하나에 해당하는 경우에는 20퍼센트 이상으로 할 수 있다.
가. 보전관리지역의 해당 토지가 개발행위허가를 받는 등 이미 개발된 토지인 경우
나. 보전관리지역의 해당 토지를 개발하여도 주변지역의 환경오염·환경훼손 우려가 없는 경우로서 해당 도시계획위원회의 심의를 거친 경우
3. 지정 대상 지역의 전체 면적에서 계획관리지역의 면적이 차지하는 비율이 100분의 50(100분의 30×) 이상일 것. 이 경우 자연녹지지역 또는 생산관리지역 중 도시·군기본계획에 반영된 지역은 계획관리지역(보전관리지역×)으로 보아 산정한다.
4.지정 대상 지역의 토지특성이 과도한 개발행위의 방지를 위하여 국토교통부장관이 정하여 고시하는 기준에 적합할 것
④ 법 제26조제4항에 따라 이 조 제1항제3호나목에 따른 도시·군관리계획의 입안을 제안하려는 경우에는 다음 각 호의 요건을 모두 갖추어야 한다.
1. 둘 이상의 용도지구가 중첩하여 지정되어 해당 행위제한의 내용을 정비하거나 통합적으로 관리할 필요가 있는 지역을 대상지역으로 제안할 것
2. 해당 용도지구에 따른 건축물이나 그 밖의 시설의 용도·종류 및 규모 등의 제한을 대체하는 지구단위계획구역의 지정 및 변경과 지구단위계획의 수립 및 변경에 관한 사항을 동시에 제안할 것
⑤ 제1항부터 제4항까지에서 규정한 사항 외에 도시·군관리계획 입안 제안의 세부적인 절차는 국토교통부장관(대통령×)이 정하여 고시한다.

■ **제안서의 처리절차** (시행령 제20조)

① 법 제26조제1항의 규정에 의하여 도시·군관리계획입안의 제안을 받은 국토교통부장관, 시·도지사, 시장 또는 군수는 제안일부터 45일(30일×, 60일×) 이내에 도시·군관리계획입안에의 반영여부를 제안자에게 통보하여야 한다. 다만, 부득이한 사정이 있는 경우에는 1회에 한하여 30일(20일×)을 연장할 수(하여야×) 있다.
② 국토교통부장관, 시·도지사, 시장 또는 군수는 법 제26조제1항의 규정에 의한 제안을 도시·군관리계획입안에 반영할 것인지 여부를 결정함에 있어서 필요한 경우에는 중앙도시계획위원회 또는 당해 지방자치단체에 설치된 지방도시계획위원회의 자문을 거칠 수 있다.
③ 국토교통부장관, 시·도지사, 시장 또는 군수는 법 제26조제1항의 규정에 의한 제안을 도시·군관리계획입안에 반영하는 경우에는 제안서에 첨부된 도시·군관리계획도서와 계획설명서를 도시·군관리계획의 입안에 활용할 수 있다.

제27조 도시·군관리계획의 입안을 위한 기초조사 등

① 도시·군관리계획을 입안하는 경우에는 제13조를 준용한다. 다만, 대통령령으로 정하는 경미한 사항을 입안하는 경우에는 그러하지 아니하다.

② 국토교통부장관(제40조에 따른 수산자원보호구역의 경우 해양수산부장관을 말한다. 이하 이 조에서 같다), 시·도지사, 시장 또는 군수는 제1항에 따른 기초조사의 내용에 도시·군관리계획이 환경에 미치는 영향 등에 대한 **환경성 검토**를 **포함**하여야(할 수×) 한다.

③ 국토교통부장관, 시 · 도지사, 시장 또는 군수는 제1항에 따른 기초조사의 내용에 **토지적성평가**와 **재해취약성분석**을 **포함**하여야(할 수×) 한다.

④ 도시 · 군관리계획으로 입안하려는 지역이 도심지에 위치하거나 개발이 끝나 나대지가 없는 등 대통령령(시행령제21조제②항)으로 정하는 요건에 해당하면 제1항부터 제3항까지의 규정에 따른 기초조사, 환경성 검토, 토지적성평가 또는 재해취약성분석을 하지 아니할 수 있다(없다×).

■ 도시·군관리계획의 입안을 위한 기초조사 면제(생략가능)사유 등 (시행령 제21조)

① 법 제27조제1항 단서에서 "대통령령으로 정하는 경미한 사항"이란 제25조제3항 각 호 및 같은 조 제4항 각 호의 사항을 말한다.

② 법 제27조제4항에서 "대통령령으로 정하는 요건"이란 다음 각 호의 구분에 따른 요건을 말한다.

1. **기초조사를 실시하지 아니할 수 있는 요건** : 다음 각 목의 어느 하나에 해당하는 경우
   가. 해당 지구단위계획구역이 도심지(상업지역과 상업지역에 연접한 지역을 말한다)에 위치하는 경우
   나. 해당 지구단위계획구역 안의 나대지 면적이 구역면적의 2퍼센트(3퍼센트×)에 미달하는 경우
   다. 해당 지구단위계획구역 또는 도시·군계획시설부지가 다른 법률에 따라 지역·지구 등으로 지정되거나 개발계획이 수립된 경우
   라. 해당 지구단위계획구역의 지정목적이 해당 구역을 정비 또는 관리하고자 하는 경우로서 지구단위계획의 내용에 너비 12미터 이상 도로의 설치계획이 없는 경우
   마. 기존의 용도지구를 폐지하고 지구단위계획을 수립 또는 변경하여 그 용도지구에 따른 건축물이나 그 밖의 시설의 용도·종류 및 규모 등의 제한을 그대로 대체하려는 경우
   바. 해당 도시·군계획시설의 결정을 해제하려는 경우
   사. 그 밖에 국토교통부령으로 정하는 요건에 해당하는 경우
2. **환경성 검토를 실시하지 아니할 수 있는 요건** : 다음 각 목의 어느 하나에 해당하는 경우
   가. 제1호가목부터 사목까지의 어느 하나에 해당하는 경우
   나. 「환경영향평가법」 제9조에 따른 전략환경영향평가 대상인 도시·군관리계획을 입안하는 경우
3. **토지적성평가를 실시하지 아니할 수 있는 요건** : 다음 각 목의 어느 하나에 해당하는 경우
   가. 제1호가목부터 사목까지의 어느 하나에 해당하는 경우
   나. 도시·군관리계획 입안일부터 5년(10년×) 이내에 토지적성평가를 실시한 경우
   다. 주거지역·상업지역 또는 공업지역에 도시·군관리계획을 입안하는 경우
   라. 법 또는 다른 법령에 따라 조성된 지역에 도시·군관리계획을 입안하는 경우
   마. 「개발제한구역의 지정 및 관리에 관한 특별조치법 시행령」 제2조제3항제1호·제2호 또는 제6호(같은 항 제1호 또는 제2호에 따른 지역과 연접한 대지로 한정한다)의 지역에 해당하여 개발제한구역에서 조정 또는 해제된 지역에 대하여 도시·군관리계획을 입안하는 경우
   바. 「도시개발법」에 따른 도시개발사업의 경우
   사. 지구단위계획구역 또는 도시·군계획시설부지에서 도시·군관리계획을 입안하는 경우
   아. 다음의 어느 하나에 해당하는 용도지역·용도지구·용도구역의 지정 또는 변경의 경우
      1) 주거지역·상업지역·공업지역 또는 계획관리지역의 그 밖의 용도지역으로의 변경(계획관리지역을 자연녹지지역으로 변경하는 경우는 제외한다)
      2) 주거지역·상업지역·공업지역 또는 계획관리지역 외의 용도지역 상호간의 변경(자연녹지지역으로 변경하는 경우는 제외한다)
      3) 용도지구·용도구역의 지정 또는 변경(개발진흥지구의 지정 또는 확대지정은 제외한다)
   자. 다음의 어느 하나에 해당하는 기반시설을 설치하는 경우
      1) 제55조제1항 각 호에 따른 용도지역별 개발행위규모에 해당하는 기반시설
      2) 도로·철도·궤도·수도·가스 등 선형(線型)으로 된 교통시설 및 공급시설
      3) 공간시설(체육공원·묘지공원 및 유원지는 제외한다)
      4) 방재시설 및 환경기초시설(폐차장은 제외한다)
      5) 개발제한구역 안에 설치하는 기반시설
4. **재해취약성분석을 실시하지 아니할 수 있는 요건** : 다음 각 목의 어느 하나에 해당하는 경우
   가. 제1호가목부터 사목까지의 어느 하나에 해당하는 경우
   나. 도시·군관리계획 입안일부터 5년(10년×) 이내에 재해취약성분석을 실시한 경우
   다. 제3호아목의 어느 하나에 해당하는 경우(방재지구의 지정·변경은 제외한다)
   라. 다음의 어느 하나에 해당하는 기반시설을 설치하는 경우
      1) 제3호자목1)의 기반시설
      2) 제3호자목2)의 기반시설(도시지역에서 설치하는 것은 제외한다)
      3) 공간시설 중 녹지·공공공지

제28조 주민과 지방의회의 의견 청취

❷, ❸

① 국토교통부장관(제40조에 따른 수산자원보호구역의 경우 해양수산부장관을 말한다. 이하 이 조에서 같다), 시·도지사, 시장 또는 군수는 제25조에 따라 도시·군관리계획을 입안할 때에는 주민의 **의견**을 들어야 하며, 그 의견이 타당하다고 인정되면 도시·군관리계획안에 반영하여야 한다. 다만, 국방상 또는 국가안전보장상 기밀을 지켜야 할 필요가 있는 사항(관계 중앙행정기관의 장이 요청하는 것만 해당한다)이거나 대통령령으로 정하는 경미한 사항인 경우에는 그러하지 아니하다.

② 국토교통부장관이나 도지사는 제24조제5항 및 제6항에 따라 도시·군관리계획을 입안하려면 주민의 의견 청취 기한을 밝혀 도시·군관리계획안을 관계 특별시장·광역시장·특별자치시장·특별자치도지사·시장 또는 군수에게 송부하여야 한다.

③ 제2항에 따라 도시·군관리계획안을 받은 특별시장·광역시장·특별자치시장·특별자치도지사·시장 또는 군수는 명시된 기한까지 그 도시·군관리계획안에 대한 주민의 의견을 들어 그 결과를 국토교통부장관이나 도지사에게 제출하여야 한다.

④ 제1항에 따른 주민의 의견 청취에 필요한 사항은 대통령령으로 정하는 기준에 따라 해당 지방자치단체의 조례(대통령령×)로 정한다.

⑤ 국토교통부장관, 시·도지사, 시장 또는 군수는 도시·군관리계획을 입안하려면 대통령령으로 정하는 사항에 대하여 해당 지방의회의 **의견**을 들어야 한다.

⑥ 국토교통부장관이나 도지사가 제5항에 따라 지방의회의 의견을 듣는 경우에는 제2항과 제3항을 준용한다. 이 경우 "주민"은 "지방의회"로 본다.

⑦ 특별시장·광역시장·특별자치시장·특별자치도지사·시장 또는 군수가 제5항에 따라 지방의회의 의견을 들으려면 의견 제시 기한을 밝혀 도시·군관리계획안을 송부하여야 한다. 이 경우 해당 지방의회는 명시된 기한까지 특별시장·광역시장·특별자치시장·특별자치도지사·시장 또는 군수에게 의견을 제시하여야 한다.

제29조 도시·군관리계획의 결정권자

① 도시·군관리계획은 시·도지사가 직접 또는 시장·군수의 신청에 따라 결정한다. 다만, 「지방자치법」 제175조에 따른 서울특별시와 광역시 및 특별자치시를 제외한 인구 50만 이상의 대도시(이하 "대도시"라 한다)의 경우에는 해당 시장(이하 "대도시 시장"이라 한다)이 직접 결정하고, 다음 각호의 도시 · 군관리계획은 해당 시장 또는 군수가 직접 결정한다.

1. 시장 또는 군수가 입안한 지구단위계획구역의 지정 · 변경과 지구단위계획의 수립 · 변경에 관한 도시 · 군관리계획
2. 제52조제1항제1호의2에 따라 지구단위계획으로 대체하는 용도지구 폐지에 관한 도시·군관리계획[해당 시장(대도시 시장은 제외한다) 또는 군수가 도지사와 미리 협의한 경우에 한정한다]

② 제1항에도 불구하고 다음 각 호의 도시·군관리계획은 국토교통부장관이 결정한다. 다만, 제4호의 도시·군관리계획은 해양수산부장관이 결정한다.

1. 제24조제5항에 따라 국토교통부장관이 입안한 도시·군관리계획
2. 제38조에 따른 개발제한구역의 지정 및 변경에 관한 도시·군관리계획
3. 제39조제1항 단서에 따른 시가화조정구역의 지정 및 변경에 관한 도시·군관리계획
4. 제40조에 따른 수산자원보호구역의 지정 및 변경에 관한 도시·군관리계획
5. 제40조의2에 따른 입지규제최소구역의 지정 및 변경과 입지규제최소구역계획에 관한 도시 · 군관리계획

제30조 도시·군관리계획의 결정

① 시·도지사는 도시·군관리계획을 결정하려면 관계 행정기관의 장과 미리 **협의**하여야 하며, 국토교통부장관(제40조에 따른 수산자원보호구역의 경우 해양수산부장관을 말한다. 이하 이 조에서 같다)이 도시·군관리계획을 결정하려면 관계 중앙행정기관의 장과 미리 협의하여야 한다. 이 경우 협의 요청을 받은 기관의 장은 특별한 사유가 없으면 그 요청을 받은 날(한×)부터 30일 이내에 의견을 제시하여야 한다.

② 시·도지사는 제24조제5항에 따라 국토교통부장관이 입안하여 결정한 도시·군관리계획을 변경하거나 그 밖에 대통령령으로 정하는 중요한 사항에 관한 도시·군관리계획을 결정하려면 미리(사전○, 사후×) 국토교통부장관과 **협의**하여야 한다.

③ 국토교통부장관은 도시·군관리계획을 결정하려면 중앙도시계획위원회의 **심의**를 거쳐야 하며, 시·도지사가 도시·군관리계획을 결정하려면 시·도도시계획위원회의 심의를 거쳐야 한다. 다만, 시·도지사가 지구단위계획(지구단위계획과 지구단위계획구역을 동시에 결정할 때에는 지구단위계획구역의 지정 또는 변경에 관한 사항을 포함할 수 있다)이나 제52조제1항제1호의2에 따라 지구단위계획을 대체하는 용도지구 폐지에 관한 사항을 결정하려면 대통령령으로 정하는 바에 따라 「건축법」 제4조에 따라 시·도에 두는 건축위원회와 도시계획위원회가 공동으로 하는 심의를 거쳐야 한다.

④ 국토교통부장관이나 시·도지사는 국방상 또는 국가안전보장상 기밀을 지켜야 할 필요가 있다고 인정되면(관계 중앙행정기관의 장이 요청할 때만 해당된다) 그 도시·군관리계획의 전부 또는 일부에 대하여 제1항부터 제3항까지의 규정에 따른 절차(협의, 심의)[주민의견청취○(법제28조제①항단서), 기초조사×]를 **생략**할 수 있다(없다×).

⑤ 결정된 도시·군관리계획을 변경하려는 경우에는 제1항부터 제4항까지의 규정을 준용한다. 다만, 대통령령으로 정하는 경미한 사항을 변경하는 경우에는 그러하지 아니하다.

⑥ 국토교통부장관이나 시·도지사는 도시·군관리계획을 결정하면 대통령령으로 정하는 바에 따라 그 **결정**을 **고시**하고, 국토교통부장관이나 도지사는 관계 서류를 관계 특별시장·광역시장·특별자치시장·특별자치도지사·시장 또는 군수에게 **송부**하여 일반이 열람할 수 있도록 하여야 하며, 특별시장·광역시장·특별자치시장·특별자치도지사는 관계 서류를 일반이 **열람**할 수 있도록 하여야 한다.

⑦ 시장 또는 군수가 도시 · 군관리계획을 결정하는 경우에는 제1항부터 제6항까지의 규정을 준용한다. 이 경우 "시 · 도지사"는 "시장 또는 군수"로, "시 · 도도시계획위원회"는 "제113조제2항에 따른 시 · 군 · 구도시계획위원회"로, "「건축법」 제4조에 따라 시 · 도에 두는 건축위원회"는 "「건축법」 제4조에 따라 시 또는 군에 두는 건축위원회"로, "특별시장 · 광역시장 · 특별자치시장 · 특별자치도지사"는 "시장 또는 군수"로 본다.

제31조 도시·군관리계획 결정의 효력

① 도시·군관리계획 결정의 **효력**은 제32조제4항에 따라 지형도면을 고시한 날(다음날×)부터 **발생**한다.

② 도시·군관리계획 **결정 당시 이미 사업이나 공사에 착수한 자**(이 법 또는 다른 법률에 따라 허가·인가·승인 등을 받아야 하는 경우에는 그 허가·인가·승인 등을 받아 사업이나 공사에 착수한 자를 말한다)는 그 도시

·군관리계획 결정에 관계없이 그 사업이나 공사를 계속할 수 있다. 다만, 시가화조정구역이나 수산자원보호구역의 지정에 관한 도시·군관리계획 결정이 있는 경우에는 대통령령으로 정하는 바에 따라 특별시장·광역시장·특별자치시장·특별자치도지사·시장 또는 군수에게 신고하고(허가받고×)(신고없이×) 그 사업이나 공사를 계속할 수 있다. → 기득권 특례

③ 제1항에서 규정한 사항 외에 도시·군관리계획 결정의 효력 발생 및 **실효**[지형도면 등의 고시가 없는 경우, 그 2년(3년×)이 되는 날의 다음날(되는 날×)부터 그 지정의 효력은 잃는다.] 등에 관하여는 「토지이용규제 기본법」 제8조제3항부터 제5항까지의 규정에 따른다.

제32조 도시·군관리계획에 관한 ★지형도면의 고시 등

① 특별시장·광역시장·특별자치시장·특별자치도지사·시장 또는 군수는 제30조에 따른 도시·군관리계획 결정(이하 "도시 · 군관리계획결정"이라 한다)이 고시되면 지적(地籍)이 표시된 지형도(지적도×)에 도시·군관리계획에 관한 사항을 자세히 밝힌 도면을 **작성**하여야 한다.

② 시장(대도시 시장은 제외한다)이나 군수(대도시시장×)는 제1항에 따른 지형도에 도시·군관리계획(지구단위계획구역의 지정·변경과 지구단위계획의 수립·변경에 관한 도시·군관리계획은 제외한다)에 관한 사항을 자세히 밝힌 도면(이하 "지형도면"이라 한다)을 작성하면 도지사의 **승인**을 받아야 한다. 이 경우 지형도면의 승인 신청을 받은 도지사는 그 지형도면과 결정·고시된 도시·군관리계획을 대조하여 착오가 없다고 인정되면 대통령령으로 정하는 기간(30일 이내)에 그 지형도면을 승인하여야 한다.

③ 국토교통부장관 이나 도지사는 도시·군관리계획을 직접 입안한 경우에는 제1항과 제2항에도 불구하고 관계 특별시장·광역시장·특별자치시장·특별자치도지사·시장 또는 군수의 의견을 들어 직접 지형도면을 작성할 수 있다.

④ 국토교통부장관, 시·도지사, 시장 또는 군수는 직접 지형도면을 작성하거나 지형도면을 승인한 경우에는 이를 **고시**하여야 한다.

⑤ 제1항 및 제3항에 따른 지형도면의 작성기준 및 방법과 제4항에 따른 지형도면의 고시방법 및 절차 등에 관하여는 「토지이용규제 기본법」 제8조제2항 및 제6항부터 제9항까지의 규정에 따른다.

제33조 <삭제>

제34조 도시·군관리계획의 ⑩정비

① 특별시장·광역시장·특별자치시장·특별자치도지사·시장 또는 군수는 5년(3년×)마다 관할 구역의 도시·군관리계획에 대하여 대통령령으로 정하는 바에 따라 그 타당성 여부를 전반적으로 재검토하여 **정비**하여야(할 수×) 한다.

② 특별시장·광역시장·특별자치시장·특별자치도지사·시장 또는 군수는 제48조제1항에 따른 도시·군계획시설 결정의 실효에 대비하여 설치 불가능한 도시·군계획시설결정을 해제하는 등 관할 구역의 도시·군관리계획을 대통령령으로 정하는 바에 따라 2016년 12월 31일까지 전반적으로 재검토하여 정비하여야 한다.

제35조 도시·군관리계획 입안의 특례

① 국토교통부장관, 시·도지사, 시장 또는 군수는 도시·군관리계획을 조속히 입안하여야 할 필요가 있다고 인정되면 광역도시계획이나 도시·군기본계획을 수립할 때에 도시·군관리계획을 **함께 입안**할 수 있다(없다×).

② 국토교통부장관(제40조에 따른 수산자원보호구역의 경우 해양수산부장관을 말한다), 시 · 도지사, 시장 또는 군수는 필요하다고 인정되면 도시 · 군관리계획을 입안할 때에 제30조제1항에 따라 협의하여야 할 사항에 관하여 관계 중앙행정기관의 장이나 관계 행정기관의 장과 협의할 수(하여야×) 있다. 이 경우 시장이나 군수는 도지사에게 그 도시 · 군관리계획(지구단위계획구역의 지정 · 변경과 지구단위계획의 수립 · 변경에 관한 도시 · 군관리계획은 제외한다)의 결정을 신청할 때에 관계 행정기관의 장과의 협의 결과를 첨부하여야 한다.

③ 제2항에 따라 미리 협의한 사항에 대하여는 제30조제1항에 따른 협의를 생략할 수 있다.

★★★

[제2절] 용도지역·용도지구·용도구역

구분		내용
용도지역	정의	토지의 이용 및 건축물의 용도, 건폐율(「건축법」 제55조의 건폐율을 말한다. 이하 같다), 용적률(「건축법」 제56조의 용적률을 말한다. 이하 같다), 높이 등을 제한함으로써 토지를 경제적·효율적으로 이용하고 공공복리의 증진을 도모하기 위하여 서로 중복되지 아니하게 도시·군관리계획으로 결정하는 지역을 말한다.
	종류	[1] 도시지역 : (1) 주거지역 : ① 전용 : 1, 2, ② 일반 : 1, 2, 3, ③ 준 (2) 상업지역 : ① 중심 ② 일반 ③ 근린 ④ 유통 (3) 공업지역 : ① 전용 ② 일반 ③ 준 (4) 녹지지역 : ① 보전 ② 생산 ③ 자연 [2] 관리지역 : (1) 보전 (2) 생산 (3) 계획 [3] 농림지역 [4] 자연환경보전지역
용도지구	정의	토지의 이용 및 건축물의 용도·건폐율·용적률·높이 등에 대한 용도지역의 제한을 강화하거나 완화하여 적용함으로써 용도지역의 기능을 증진시키고 경관·안전 등을 도모하기 위하여 도시·군관리계획으로 결정하는 지역을 말한다.
	종류	(1) 경관지구 : ① 자연 ② 시가지 ③ 특화 (2) 고도지구 (3) 방화지구 (4) 방재지구 (5) 보호지구 : ① 역사문화환경 ② 중요시설물 ③ 생태계 (6) 취락지구 : ① 자연 ② 집단 (7) 개발진흥지구 : ① 주거 ② 산업·유통 ③ 관광·휴양 ④ 복합 ⑤ 특정 (8) 특정용도제한지구 (9 복합용도지구 + α: 시·도 조례로 정한 지구
용도구역	정의	토지의 이용 및 건축물의 용도·건폐율·용적률·높이 등에 대한 용도지역 및 용도지구의 제한을 강화하거나 완화하여 따로 정함으로써 시가지의 무질서한 확산방지, 계획적이고 단계적인 토지이용의 도모, 토지이용의 종합적 조정·관리 등을 위하여 도시·군관리계획으로 결정하는 지역을 말한다.
	종류	(1) 개발제한구역 (2) 도시자연공원구역 (3) 시가화조정구역 (4) 수산자원보호구역 (5) 입지규제최소구역

★★ 제36조 용도지역의 지정

① 국토교통부장관, 시·도지사 또는 대도시 시장(→ 지정권자)은 다음 각 호의 어느 하나에 해당하는 용도지역의 지정 또는 변경을 **도시·군관리계획**(도시·군기본계획×, 도시·군계획×, 광역도시계획×)으로 결정한다.

1. **도시지역** : 다음 각 목의 어느 하나로 구분하여 지정한다.
   가. 주거지역 : 거주의 안녕과 건전한 생활환경의 보호를 위하여 필요한 지역
   나. 상업지역 : 상업이나 그 밖의 업무의 편익을 증진하기 위하여 필요한 지역
   다. 공업지역 : 공업의 편익을 증진하기 위하여 필요한 지역
   라. 녹지지역 : 자연환경·농지 및 산림의 보호, 보건위생, 보안과 도시의 무질서한 확산을 방지하기 위하여 녹지의 보전이 필요한 지역
2. **관리지역** : 다음 각 목의 어느 하나로 구분하여 지정한다.
   가. 보전관리지역 : 자연환경 보호, 산림 보호, 수질오염 방지, 녹지공간 확보 및 생태계 보전 등을 위하여 보전이 필요하나, 주변 용도지역과의 관계 등을 고려할 때 자연환경보전지역으로 지정하여 관리하기가 곤란한 지역
   나. 생산관리지역 : 농업·임업·어업 생산 등을 위하여 관리가 필요하나, 주변 용도지역과의 관계 등을 고려할 때 농림지역으로 지정하여 관리하기가 곤란한 지역
   다. 계획관리지역 : 도시지역으로의 편입이 예상되는 지역이나 자연환경을 고려하여 제한적인 이용·개발을 하려는 지역으로서 계획적·체계적인 관리가 필요한 지역
3. **농림지역**
4. **자연환경보전지역**

② 국토교통부장관, 시·도지사 또는 대도시 시장은 대통령령으로 정하는 바에 따라 제1항 각 호 및 같은 항 각 호 각 목의 용도지역을 도시·군관리계획 결정으로 다시 세분하여 지정하거나 변경할 수 있다.

■ 용도지역의 세분 (시행령 제30조)

국토교통부장관, 시·도지사 또는 「지방자치법」 제175조에 따른 서울특별시·광역시 및 특별자치시를 제외한 인구 50만 이상 대도시(이하 "대도시"라 한다)의 시장(이하 "대도시 시장"이라 한다)은 법 제36조제2항에 따라 도시·군관리계획결정으로 주거지역·상업지역·공업지역 및 녹지지역을 다음 각 호와 같이 세분하여 지정할 수 있다.

1. **주거지역**
   가. 전용주거지역 : 양호한 주거환경을 보호하기 위하여 필요한 지역
      (1) **제1종**전용주거지역 : 단독주택 중심의 양호한 주거환경을 보호하기 위하여 필요한 지역
      (2) **제2종**전용주거지역 : 공동주택 중심의 양호한 주거환경을 보호하기 위하여 필요한 지역
   나. 일반주거지역 : 편리한 주거환경을 조성하기 위하여 필요한 지역
      (1) **제1종**일반주거지역 : 저층주택을 중심으로 편리한 주거환경을 조성하기 위하여 필요한 지역
      (2) **제2종**일반주거지역 : 중층주택을 중심으로 편리한 주거환경을 조성하기 위하여 필요한 지역
      (3) **제3종**일반주거지역 : 중고층주택을 중심으로 편리한 주거환경을 조성하기 위하여 필요한 지역
   다. 준주거지역 : 주거기능을 위주로 이를 지원하는 일부 상업기능 및 업무기능을 보완하기 위하여 필요한 지역
2. **상업지역**
   가. 중심상업지역 : 도심·부도심의 상업기능 및 업무기능의 확충을 위하여 필요한 지역
   나. 일반상업지역 : 일반적인 상업기능 및 업무기능을 담당하게 하기 위하여 필요한 지역
   다. 근린상업지역 : 근린지역에서의 일용품 및 서비스의 공급을 위하여 필요한 지역
   라. 유통상업지역 : 도시내 및 지역간 유통기능의 증진을 위하여 필요한 지역

3. 공업지역

가. ㉢전용공업지역 : 주로 중화학공업, 공해성 공업 등을 수용하기 위하여 필요한 지역

나. ㉢일반공업지역 : 환경을 저해하지 아니하는(저해하는×) 공업의 배치를 위하여 필요한 지역

다. ㉢준공업지역 : 경공업 그 밖의 공업을 수용하되, 주거기능·상업기능 및 업무기능의 보완이 필요한 지역

4. 녹지지역

가. ㉢보전녹지지역 : 도시의 자연환경·경관·산림 및 녹지공간을 보전할 필요가 있는 지역

나. ㉢생산녹지지역 : 주로 농업적 생산을 위하여 개발을 유보할 필요가 있는 지역

다. ㉢자연녹지지역 : 도시의 녹지공간의 확보, 도시확산의 방지, 장래 도시용지의 공급 등을 위하여 보전할 필요가 있는 지역으로서 불가피한 경우에 한하여 제한적인 개발이 허용되는 지역

★★★

제37조 용도지구의 지정

① 국토교통부장관, 시·도지사 또는 대도시 시장은 다음 각 호의 어느 하나에 해당하는 용도지구의 지정 또는 변경을 **도시·군관리계획**으로 결정한다.

1. 경관지구 : 경관의 보전·관리 및 형성을 위하여 필요한 지구
2. 고도지구 : 쾌적한 환경 조성 및 토지의 효율적 이용을 위하여 건축물 높이의 최고(최저×)한도를 규제할 필요가 있는 지구
3. 방화지구 : 화재의 위험을 예방하기 위하여 필요한 지구
4. 방재지구 : 풍수해, 산사태, 지반의 붕괴, 그 밖의 재해를 예방하기 위하여 필요한 지구
5. 보호지구 : 문화재, 중요 시설물(항만, 공항 등 대통령령으로 정하는 시설물을 말한다) 및 문화적·생태적으로 보존가치가 큰 지역의 보호와 보존을 위하여 필요한 지구
6. 취락지구 : 녹지지역·관리지역·농림지역·자연환경보전지역·개발제한구역 또는 도시자연공원구역의 취락을 정비하기 위한 지구
7. 개발진흥지구 : 주거기능·상업기능·공업기능·유통물류기능·관광기능·휴양기능 등을 집중적으로 개발·정비할 필요가 있는 지구
8. 특정용도제한지구 : 주거 및 교육 환경 보호나 청소년 보호 등의 목적으로 오염물질 배출시설, 청소년 유해시설 등 특정시설의 입지를 제한할 필요가 있는 지구
9. 복합용도지구 : 지역의 토지 이용 상황, 개발 수요 및 주변 여건 등을 고려하여 효율적이고 복합적인 토지이용을 도모하기 위하여 특정시설의 입지를 완화(강화×, 완화 또는 강화×)할 필요가 있는 지구
10. 그 밖에 대통령령으로 정하는 지구

② 국토교통부장관, 시·도지사 또는 대도시 시장은 필요하다고 인정되면 대통령령으로 정하는 바에 따라 제1항 각 호의 용도지구를 도시·군관리계획결정으로 다시 세분하여 지정하거나 변경할 수 있다.

③ 시·도지사 또는 대도시 시장은 지역여건상 필요하면 대통령령으로 정하는 기준에 따라 그 시·도 또는 대도시의 조례로 용도지구의 명칭 및 지정목적, 건축이나 그 밖의 행위의 금지 및 제한에 관한 사항 등을 정하여 제1항 각 호의 용도지구 외의 용도지구의 지정 또는 변경을 도시·군관리계획으로 결정할 수 있다.

④ 시·도지사 또는 대도시 시장은 연안침식이 진행 중이거나 우려되는 지역 등 대통령령으로 정하는 지역에 대해서는 제1항제5호의 방재지구의 지정 또는 변경을 도시·군관리계획으로 결정하여야

한다. 이 경우 도시·군관리계획의 내용에는 해당 방재지구의 재해저감대책을 포함하여야 한다.

■ **용도지구의 지정** (시행령 제31조)

① 법 제37조제1항제5호에서 "항만, 공항 등 대통령령으로 정하는 시설물"이란 항만, 공항, 공용시설(공공업무시설, 공공필요성이 인정되는 문화시설, 집회시설·운동시설 및 그 밖의 이와 유사한 시설로서 도시·군계획조례로 정하는 시설을 말한다), 교정시설·군사시설을 말한다.

② 국토교통부장관, 시·도지사 또는 대도시 시장은 법 제37조제2항에 따라 도시·군관리계획결정으로 경관지구·방재지구·보호지구·취락지구 및 개발진흥지구를 다음 각 호와 같이 **세분**하여 **지정**할 수 있다.

1. **경관지구**

가. 자연경관지구 : 산지·구릉지 등 자연경관을 보호하거나 유지하기 위하여 필요한 지구

나. 시가지경관지구 : 지역 내 주거지, 중심지 등 시가지의 경관을 보호 또는 유지하거나 형성하기 위하여 필요한 지구

다. 특화경관지구 : 지역 내 주요 수계의 수변 또는 문화적 보존가치가 큰 건축물 주변의 경관 등 특별한 경관을 보호 또는 유지하거나 형성하기 위하여 필요한 지구

2. 〈삭제〉

3. 〈삭제〉

4. **방재지구**

가. 시가지방재지구 : 건축물·인구가 밀집되어 있는 지역으로서 시설 개선 등을 통하여 재해 예방이 필요한 지구

나. 자연방재지구 : 토지의 이용도가 낮은 해안변, 하천변, 급경사지 주변 등의 지역으로서 건축 제한 등을 통하여 재해 예방이 필요한 지구

5. **보호지구**

가. 역사문화환경보호지구 : 문화재·전통사찰 등 역사·문화적으로 보존가치가 큰 시설 및 지역의 보호와 보존을 위하여 필요한 지구

나. 중요시설물보호지구 : 중요시설물(제1항에 따른 시설물을 말한다. 이하 같다)의 보호와 기능의 유지 및 증진 등을 위하여 필요한 지구

다. 생태계보호지구 : 야생동식물서식처 등 생태적으로 보존가치가 큰 지역의 보호와 보존을 위하여 필요한 지구

6. 〈삭제〉

7. **취락지구**

가. 자연취락지구 : 녹지지역·관리지역·농림지역 또는 자연환경보전지역안의 취락을 정비하기 위하여 필요한 지구

나. 집단취락지구(자연취락지구×) : 개발제한구역안의 취락을 정비하기 위하여 필요한 지구

8. **개발진흥지구**

가. 주거개발진흥지구 : 주거기능을 중심으로 개발·정비할 필요가 있는 지구

나. 산업·유통개발진흥지구 : 공업기능 및 유통·물류기능을 중심으로 개발·정비할 필요가 있는 지구

다. 〈삭제〉

라. 관광·휴양개발진흥지구 : 관광·휴양기능을 중심으로 개발·정비할 필요가 있는 지구

마. 복합개발진흥지구 : 주거기능, 공업기능, 유통·물류기능 및 관광·휴양기능 중 2 이상의 기능을 중심으로 개발·정비할 필요가 있는 지구

바. 특정개발진흥지구 : 주거기능, 공업기능, 유통·물류기능 및 관광·휴양기능 외의 기능을 중심으로 특정한 목적을 위하여 개발·정비할 필요가 있는 지구

③ 시·도지사 또는 대도시시장은 지역여건상 필요한 때에는 해당 시·도 또는 대도시의 도시·군계획조례(도시·군관리계획×)로 정하는 바에 따라 ① 경관지구를 추가적으로 세분하거나 ② 중요시설물보호지구 및 ③ 특정용도제한지구를 세분하여 지정할 수 있다.

⑤ 시·도지사 또는 대도시 시장(국토교통부장관×)은 대통령령으로 정하는 주거지역(일반주거지역)·공업

지역(일반공업지역)·관리지역(계획관리지역)(상업지역×, 농림지역×, 자연환경보전지역×)에 복합용도지구(개발진흥지구×, 특정용도제한지구×)를 지정할 수(하여야×) 있으며, 그 지정기준 및 방법 등에 필요한 사항은 대통령령(국토교통부령×)으로 정한다.

★★
■ 용도구역

용도구역	지정권자	지정목적	행위제한 법
개발제한구역	국토교통부장관	① 도시의 무질서한 확산을 방지하고 도시주변의 자연환경을 보전하여 도시민의 건전한 생활환경을 확보하기 위하여 도시의 개발을 제한 ② 국방부장관의 요청이 있어 보안상 도시의 개발을 제한	타법(개발제한구역의 지정 및 관리에 관한 특별조치법)
도시자연공원구역	시·도지사, 대도시시장	도시의 자연환경 및 경관을 보호하고 도시민에게 건전한 여가·휴식공간을 제공하기 위하여 도시지역 안에서 식생이 양호한 산지의 개발을 제한	타법 (도시공원 및 녹지 등에 관한 법률)
시가화조정구역	시·도지사, 국토교통부장관	도시지역과 그 주변지역의 무질서한 시가화를 방지하고 계획적 단계적인 개발을 도모하기 위하여 시가화를 유보 → 시가화 유보기간 : 5년 ~ 20년 → 가능행위 : ① 도시·군계획사업 : 국방상 또는 공익상 시가화조정구역안에서의 사업시행이 불가피한 것으로서 관계 중앙행정기관의 장의 요청에 의하여 국토교통부장관(시 도지사×)이 시가화조정구역의 지정목적달성에 지장이 없다고 인정하는 도시·군계획사업 ② 비도시·군계획사업 : 특별시장·광역시장·특별자치시장·특별자치도지사·시장 또는 군수의 허가를 받은 행위(사업)	이법 (국토의 계획 및 이용에 관한 법률)
수산자원보호구역	해양수산부장관	수산자원을 보호·육성	타법 (수산자원관리법)
입지규제최소구역	국토교통부장관	도시지역에서 복합적인 토지이용을 증진시켜 도시 정비를 촉진하고 지역 거점을 육성할 필요 → 지정대상 지역 : 다음의 지역과 그 주변지역의 전부 또는 일부 ① 도시·군기본계획(광역도시계획×)에 따른 도심·부도심 또는 생활권의 중심지역 ② 철도역사, 터미널, 항만, 공공청사, 문화시설 등의 기반시설 중 지역의 거점 역할을 수행하는 시설을 중심으로 주변지역을 집중적으로 정비할 필요가 있는 지역 ③ 세 개(두 개×) 이상의 노선이 교차하는 대중교통 결절지로부터 1킬로미터(10킬로미터×) 이내에 위치한 지역 ④ 「도시 및 주거환경정비법」에 따른 노후불량건축물이 밀집한 주거지역 또는 공업지역(상업지역×)으로 정비가 시급한 지역 ⑤ 「도시재생 활성화 및 지원에 관한 특별법」 에 따른 도시재생활성화지역 중 도시경제기반형 활성화계획을 수립하는 지역 → 시·도지사가 결정할 수 있는 경우 : ① 입지규제최소구역 면적의 10퍼센트(20퍼센트×) 이내의 변경 및 동 변경지역 안에서의 입지규제최소구역계획을 변경하는 경우 ② 입지규제최소구역의 지정 목적을 저해하지 아니하는 범위에서 시·도지사가 필요하다고 인정하여 입지규제최소구역계획을 변경하는 경우. 다만, 건폐율용적률의 최대한도의 경우 20퍼센트(30퍼센트×) 이내의 변경에 한정한다.	이법 (국토의 계획 및 이용에 관한 법률)

→ 지구단위계획구역, 개발밀도 관리구역, 기반시설부담구역은 이 법상 용도구역에 해당되지 않는다.

제38조 개발제한구역의 지정

① 국토교통부장관(시·도지사×, 대도시 시장×)은 도시의 무질서한 확산을 방지하고 도시주변의 자연환경을 보전하여 도시민의 건전한 생활환경을 확보하기 위하여 도시의 개발을 제한할 필요가 있거나 국방부장관의 요청이 있어 보안상 도시의 개발을 제한할 필요가 있다고 인정되면 개발제한구역의 지정 또는 변경을 **도시·군관리계획**(도시·군기본계획×, 도시·군계획×)으로 결정할 수(하여야×) 있다.

② 개발제한구역의 지정 또는 변경에 필요한 사항은 따로 법률(개발제한구역의 지정 및 관리에 관한 특별조치법)로 정한다.

제38조의2 도시자연공원구역의 지정

① 시·도지사 또는 대도시 시장(국토교통부장관×)은 도시의 자연환경 및 경관을 보호하고 도시민에게 건전한 여가·휴식공간을 제공하기 위하여 도시지역 안에서 식생(植生)이 양호한 산지(山地)의 개발을 제한할 필요가 있다고 인정하면 도시자연공원구역의 지정 또는 변경을 **도시·군관리계획**으로 결정할 수 있다.

② 도시자연공원구역의 지정 또는 변경에 필요한 사항은 따로 법률(도시공원 및 녹지 등에 관한 법률)(이 법×)로 정한다.

★★ 제39조 시가화조정구역의 지정

① 시 · 도지사(대도시 시장×)는 직접 또는 관계 행정기관의 장의 요청을 받아 도시지역과 그 주변지역의 무질서한 시가화를 방지하고 계획적 · 단계적인 개발을 도모하기 위하여 대통령령으로 정하는 기간(시가화 유보기간 : 5년 이상 20년 이내) 동안 시가화를 유보할 필요가 있다고 인정되면 시가화조정구역의 지정 또는 변경을 **도시 · 군관리계획**으로 결정할 수 있다.(원칙) 다만, 국가계획(다른 계획×)과 연계하여 시가화조정구역의 지정 또는 변경이 필요한 경우에는 국토교통부장관(시·도지사×)이 직접 시가화조정구역의 지정 또는 변경을 도시 · 군관리계획으로 **결정**할 수(하여야×) 있다.(예외)

② 시가화조정구역의 지정에 관한 도시 · 군관리계획의 결정은 제1항에 따른 시가화 유보기간이 끝난 날의 다음날(끝난 날×)부터 그 효력을 잃는다.(실효) 이 경우 국토교통부장관 또는 시 · 도지사(대도시 시장×, 시장·군수·구청장×)는 대통령령으로 정하는 바에 따라 그 사실을 **고시**하여야(할 수×) 한다.

제40조 수산자원보호구역의 지정

해양수산부장관(국토교통부장관×)은 직접 또는 관계 행정기관의 장의 요청을 받아 수산자원을 보호·육성하기 위하여 필요한 공유수면이나 그에 인접한 토지에 대한 수산자원보호구역의 지정 또는 변경을 **도시·군관리계획**으로 결정할 수(하여야×) 있다.

제40조의2 입지규제최소구역의 지정 등

① 국토교통부장관(시·도지사×, 대도시 시장×)은 도시지역(관리지역×, 농림지역×, 자연환경보전지역×)에서 복합적인 토지이용을 증진시켜 도시 정비를 촉진하고 지역 거점을 육성할 필요가 있다고 인정되면 다

음 각 호의 어느 하나에 해당하는 지역과 그 주변지역(해당하는 지역만×)의 전부 또는 일부(일부만×)를 **입지규제최소구역**으로 **지정**할 수(하여야×) 있다.

1. 도시 · 군기본계획에 따른 도심 · 부도심 또는 생활권의 중심지역
2. 철도역사, 터미널, 항만, 공공청사, 문화시설 등의 기반시설 중 지역의 거점 역할을 수행하는 시설을 중심으로 주변지역을 집중적으로 정비할 필요가 있는 지역
3. 세 개(두 개×) 이상의 노선이 교차하는 대중교통 결절지로부터 1킬로미터(10킬로미터×) 이내에 위치한 지역
4. 「도시 및 주거환경정비법」 제2조제3호에 따른 노후·불량건축물이 밀집한 주거지역 또는 공업지역(상업지역×, 녹지지역×)으로 정비가 시급한 지역
5. 「도시재생 활성화 및 지원에 관한 특별법」 제2조제1항제5호에 따른 도시재생활성화지역 중 같은 법 제2조제1항제6호에 따른 도시경제기반형 활성화계획을 수립하는 지역

② **입지규제최소구역계획**에는 입지규제최소구역의 지정 목적을 이루기 위하여 다음 각 호에 관한 **사항**이 **포함**되어야 한다.

1. 건축물의 용도·종류 및 규모 등에 관한 사항
2. 건축물의 건폐율·용적률·높이에 관한 사항
3. 간선도로 등 주요 기반시설의 확보에 관한 사항
4. 용도지역·용도지구, 도시·군계획시설 및 지구단위계획의 결정에 관한 사항
5. 제83조의2제1항 및 제2항에 따른 다른 법률 규정 적용의 완화 또는 배제(강화×)에 관한 사항
6. 그 밖에 입지규제최소구역의 체계적 개발과 관리에 필요한 사항

③ 제1항에 따른 입지규제최소구역의 지정 및 변경과 제2항에 따른 입지규제최소구역계획은 다음 각 호의 **사항**을 종합적으로 **고려**하여 도시·군관리계획(도시·군기분계획×, 광역도시계획×)으로 **결정**한다.

1. 입지규제최소구역의 지정 목적
2. 해당 지역의 용도지역 · 기반시설 등 토지이용 현황
3. 도시·군기본계획(광역도시계획×)과의 부합성
4. 주변 지역의 기반시설, 경관, 환경 등에 미치는 영향 및 도시환경 개선·정비 효과
5. 도시의 개발 수요(공급×) 및 지역에 미치는 사회적·경제적(정책적×) 파급효과

④ 입지규제최소구역계획 수립 시 용도, 건폐율, 용적률 등의 건축제한 완화는 기반시설의 확보 현황 등을 고려하여 적용할 수 있도록 계획하고, 시·도지사, 시장, 군수 또는 구청장(국토교통부장관×)은 입지규제최소구역에서의 개발사업 또는 개발행위에 대하여 입지규제최소구역계획에 따른 기반시설 확보를 위하여 필요한 부지 또는 설치비용의 전부 또는 일부(일부만×)를 **부담**시킬 수(시켜야×) 있다. 이 경우 기반시설의 부지 또는 설치비용의 부담은 건축제한의 완화에 따른 토지가치상승분(「감정평가 및 감정평가사에 관한 법률」에 따른 감정평가업자가 건축제한 완화 전·후에 대하여 각각 감정평가한 토지가액의 차이를 말한다)을 초과하지 아니하도록 한다.

⑤ 국토교통부장관(시·도지사×, 시장·군수·구청장×)이 제3항에 따른 도시·군관리계획을 결정하기 위하여 제30조제1항에 따라 관계 행정기관의 장과 협의하는 경우 협의 요청을 받은 기관의 장은 그 요청을 받은(한×) 날부터 10일(근무일 기준)(7일×, 지체 없이×) 이내에 의견을 회신하여야 한다.

⑥ 제3항에 따른 도시·군관리계획의 다음 각 호에 해당하는 사항을 변경하는 경우에는 제1항 및 제2항에도 불구하고 해당 시·도지사(국토교통부장관×)가 **결정**할 수(하여야×) 있다.

1. 입지규제최소구역 면적의 10퍼센트(20퍼센트×) 이내의 변경 및 동 변경지역 안에서의 입지규제최소구역계획을 변경하는 경우
2. 입지규제최소구역의 지정 목적을 저해하지 아니하는 범위에서 시·도지사가 필요하다고 인정하여 입지규제최소구역계획을 변경하는 경우. 다만, 건폐율·용적률의 최대한도의 경우 20퍼센트(30퍼센트×) 이내의 변경에 한정한다.

⑦ 다른 법률에서 제30조에 따른 도시·군관리계획의 결정을 의제하고 있는 경우에도 이 법에 따르지 아니하고 입지규제최소구역의 지정과 입지규제최소구역계획을 **결정**할 수 없다(있다×).

⑧ 입지규제최소구역계획의 **수립기준** 등 입지규제최소구역의 지정 및 변경과 입지규제최소구역계획의 수립 및 변경에 관한 세부적인 사항은 국토교통부장관(시·도지사×)이 정하여 **고시**한다.

제41조 공유수면매립지에 관한 용도지역의 지정

① 공유수면(바다만 해당한다)(호수×)의 매립 목적이 그 매립구역과 이웃하고 있는 용도지역의 내용과 같으면 제25조와 제30조에도 불구하고 도시·군관리계획의 입안 및 결정(고시×) 절차 없이 그 매립준공구역은 그 매립의 준공인가일(준공인가일 다음날×)부터 이와 이웃하고 있는 용도지역(도시지역×)으로 **지정**(고시×)된 것으로 본다(추정한다×). 이 경우 관계 특별시장·광역시장·특별자치시장·특별자치도지사·시장 또는 군수는 그 사실을 지체 없이 **고시**하여야 한다(고시된 것으로 본다×).

② 공유수면의 매립 목적이 그 매립구역과 이웃하고 있는 용도지역의 내용과 다른 경우 및 그 매립구역이 둘 이상의 용도지역에 걸쳐 있거나 이웃하고 있는 경우 그 매립구역이 속할 용도지역은 도시·군관리계획결정으로 **지정**하여야 한다.

③ 관계 행정기관의 장은 「공유수면 관리 및 매립에 관한 법률」에 따른 공유수면 매립의 준공검사를 하면 국토교통부령으로 정하는 바에 따라 지체 없이(10일 이내에×) 관계 특별시장·광역시장·특별자치시장·특별자치도지사·시장 또는 군수에게 **통보**하여야 한다.

★★ 제42조 다른 법률에 따라 지정된 지역의 용도지역 지정 등의 의제

① 다음 각 호의 어느 하나의 구역 등으로 지정·고시된 지역은 이 법에 따른 **도시지역**(이웃하고 있는 용도지역×)으로 **결정·고시**된 것으로 본다(추정한다×).

1. 「항만법」 제2조제4호에 따른 항만구역으로서 도시지역에 연접한 공유수면
2. 「어촌·어항법」 제17조제1항에 따른 어항구역으로서 도시지역에 연접한 공유수면
3. 「산업입지 및 개발에 관한 법률」 제2조제8호가목부터 다목까지의 규정에 따른 국가산업단지, 일반산업단지 및 도시첨단산업단지(농공단지×)
4. 「택지개발촉진법」 제3조에 따른 택지개발지구
5. 「전원개발촉진법」 제5조 및 같은 법 제11조에 따른 전원개발사업구역 및 예정구역[(수력발전소 또는 송·변전설비만을 설치하기 위한 전원개발사업구역 및 예정구역은 제외(포함×)한다. 이하 이 조에서 같다)]

② 관리지역에서 「농지법」에 따른 농업진흥지역(농업진흥지역 외의 지역×)으로 지정·고시된 지역은 이 법에 따른 **농림지역**(자연환경보전지역×)으로, 관리지역의 산림 중 「산지관리법」에 따라 보전산지(준보전산지×)로 지정·고시된 지역은 그 고시에서 구분하는 바에 따라 이 법에 따른 **농림지역 또는 자연환경보전지역**으로 **결정·고시**된 것으로 본다.

③ 관계 행정기관의 장은 제1항과 제2항에 해당하는 항만구역, 어항구역, 산업단지, 택지개발지구, 전원개발사업구역 및 예정구역, 농업진흥지역 또는 보전산지를 지정한 경우에는 국토교통부령으로 정하는 바에 따라 제32조에 따라 고시된 지형도면 또는 지형도에 그 지정 사실을 표시하여 그 지역을 관할하는 특별시장·광역시장·특별자치시장·특별자치도지사·시장 또는 군수에게 **통보**하여야 한다.

④ 제1항에 해당하는 구역·단지·지구 등(이하 이 항에서 "구역등"이라 한다)이 **해제**되는 경우(개발사업의 완료로 해제되는 경우는 제외한다) 이 법 또는 다른 법률에서 그 구역등이 어떤 용도지역에 해당되는지를 따로 정하고 있지 아니한 경우에는 이를 지정하기 이전의 용도지역으로 **환원**된 것으로 본다. 이 경우 지정권자는 용도지역이 환원된 사실을 대통령령으로 정하는 바에 따라 고시하고, 그 지역을 관할하는 특별시장·광역시장·특별자치시장·특별자치도지사·시장 또는 군수에게 통보하여야 한다.

⑤ 제4항에 따라 용도지역이 환원되는 당시 이미 사업이나 공사에 착수한 자(이 법 또는 다른 법률에 따라 허가·인가·승인 등을 받아야 하는 경우에는 그 허가·인가·승인 등을 받아 사업이나 공사에 착수한 자를 말한다)는 그 용도지역의 환원에 관계없이 그 사업이나 공사를 계속할 수 있다(없다×).

★ [제3절] 도시·군계획시설

제43조 도시·군계획시설의 설치·관리

① 지상·수상·공중·수중 또는 지하에 기반시설을 설치하려면 그 시설의 종류·명칭·위치·규모 등을 미리 도시·군관리계획(도시·군기본계획×)으로 결정하여야 한다.(원칙) 다만, 용도지역·기반시설의 특성 등을 고려하여 대통령령으로 정하는 경우에는 그러하지 아니하다(도시·군관리계획으로 결정하지 않고 설치할 수 있다.)(예외)

■ **도시·군관리계획으로 결정하지 않고 설치할 수 있는 기반시설** (시행령 제35조제①항)

법 제43조제1항 단서에서 "대통령령으로 정하는 경우"란 다음 각 호의 경우를 말한다.

1.도시지역 또는 지구단위계획구역에서 다음 각 목의 기반시설을 설치하고자 하는 경우
  가. 주차장, 자동차 및 건설기계검사시설, 자동차 및 건설기계운전학원, 공공공지, 열공급설비, 방송 통신시설, 시장 공공청사 문화시설 공공필요성이 인정되는 체육시설 연구시설 사회 복지시설 공공직업 훈련시설 청소년수련시설 저수지 방화설비 방풍설비 방수설비 사방설비 방조설 장례식장 종합의료시설 폐차장
  나. 「도시공원 및 녹지 등에 관한 법률」의 규정에 의하여 점용허가대상이 되는 공원안의 기반시설
  다. 그 밖에 국토교통부령으로 정하는 시설
2. 도시지역 및 지구단위계획구역외의 지역에서 다음 각목의 기반시설을 설치하고자 하는 경우
  가. 제1호 가목 및 나목의 기반시설
  나. 궤도 및 전기공급설비
  다. 그 밖에 국토교통부령이 정하는 시설

② 도시·군계획시설의 결정·구조 및 설치의 기준 등에 필요한 사항은 국토교통부령(대통령령×)으로 정하고, 그 세부사항은 국토교통부령으로 정하는 범위에서 시·도(시·군·구×)의 조례로 정할 수 있다. 다만, 다른 법률에 특별한 규정이 있는 경우에는 그 법률에 따른다.

③ 제1항에 따라 설치한 도시·군계획시설의 관리에 관하여 이 법 또는 다른 법률에 특별한 규정이 있는 경우 외에는 국가가 관리하는 경우에는 대통령령으로, 지방자치단체가 관리하는 경우에는 그 지방자치단체의 조례로 도시·군계획시설의 관리에 관한 사항을 정한다.

제44조 공동구의 설치

① 다음 각 호에 해당하는 지역·지구·구역 등(이하 이 항에서 "지역등"이라 한다)이 대통령령으로 정하는 규모[200만(100만×) 제곱미터]를 초과(이상×)하는 경우에는 해당 지역등에서 개발사업을 시행하는 자(이하 이 조에서 "사업시행자"라 한다)는 공동구를 설치하여야(할 수×) 한다.

1. 「도시개발법」 제2조제1항에 따른 도시개발구역
2. 「택지개발촉진법」 제2조제3호에 따른 택지개발지구
3. 「경제자유구역의 지정 및 운영에 관한 특별법」 제2조제1호에 따른 경제자유구역
4. 「도시 및 주거환경정비법」 제2조제1호에 따른 정비구역
5. 그 밖에 대통령령으로 정하는 지역(「공공주택 특별법」에 따른 공공주택지구, 「도청이전을 위한 도시건설 및 지원에 관한 특별법」에 따른 도청이전신도시)

② 「도로법」 제23조에 따른 도로 관리청(국토교통부장관×)은 지하매설물의 빈번한 설치 및 유지관리 등의 행위로 인하여 도로구조의 보전과 안전하고 원활한 도로교통의 확보에 지장을 초래하는 경우에는 공동구 설치의 타당성을 검토하여야 한다. 이 경우 재정여건 및 설치 우선순위 등을 감안하여 단계적으로 공동구가 설치될 수 있도록 하여야 한다.

③ 공동구가 설치된 경우에는 대통령령(국토교통부령×)으로 정하는 바에 따라 공동구에 수용하여야 할 시설이 모두 수용되도록 하여야(할 수×) 한다.

■ 공동구 수용시설 (시행령 제35조의3)

공동구가 설치된 경우에는 법 제44조제3항에 따라 제1호부터 제6호까지의 시설을 공동구에 수용하여야(할 수×) 하며, 제7호 및 제8호의 시설은 법 제44조의2제4항에 따른 공동구협의회(이하 "공동구협의회"라 한다)의 심의를 거쳐 수용할 수(하여야×) 있다.

1. 전선로
2. 통신선로
3. 수도관
4. 열수송관
5. 중수도관
6. 쓰레기수송관
7. 가스관 → 공동구협의회 심의를 거쳐 수용할 수 있는 시설
8. 하수도관, 그 밖의 시설 → 공동구협의회 심의를 거쳐 수용할 수 있는 시설

④ 제1항에 따른 개발사업의 계획을 수립할 경우에는 공동구 설치에 관한 계획을 포함하여야 한다. 이 경우 제3항에 따라 공동구에 수용되어야 할 시설을 설치하고자 공동구를 점용하려는 자(이하 이 조에서 "공동구 점용예정자"라 한다)와 설치 노선 및 규모 등에 관하여 미리 협의한 후 제44조의2제4항에 따른 공동구협의회(도시계획위원회×)의 **심의**를 거쳐야 한다.

⑤ 공동구의 설치(개량하는 경우를 포함한다)에 필요한 비용은 이 법 또는 다른 법률에 특별한 규정이 있는 경우를 제외하고는 공동구 점용예정자와 사업시행자(사업시행자만×)가 부담한다. 이 경우 공동구 점용예정자는 해당 시설을 개별적으로 매설할 때 필요한 비용의 범위에서 대통령령으로 정하는 바에 따라 부담한다.

⑥ 제5항에 따라 공동구 점용예정자와 사업시행자가 공동구 설치비용을 부담하는 경우 국가, 특별시장·광역시장·특별자치시장·특별자치도지사·시장 또는 군수는 공동구의 원활한 설치를 위하여 그 비용의 일부를 보조 또는 융자할 수 있다.

⑦ 제3항에 따라 공동구에 수용되어야 하는 시설물의 설치기준 등은 다른 법률에 특별한 규정이 있는 경우를 제외하고는 국토교통부장관(시·도지사×)이 정한다.

제44조의2 공동구의 관리·운영 등

① 공동구는 특별시장·광역시장·특별자치시장·특별자치도지사·시장 또는 군수(국토교통부장관×)(이하 이 조 및 제44조의3에서 **"공동구관리자"**라 한다)가 관리한다. 다만, 공동구의 효율적인 관리·운영을 위하여 필요하다고 인정하는 경우에는 대통령령으로 정하는 기관에 그 관리·운영을 위탁할 수 있다.

② 공동구관리자(국토교통부장관×)는 5년(3년×)마다 해당 공동구의 안전 및 유지관리계획을 대통령령으로 정하는 바에 따라 수립·시행하여야(할 수×) 한다.

③ 공동구관리자는 대통령령으로 정하는 바에 따라 1년에 1회(2회×) 이상 공동구의 안전점검을 실시하여야 하며, 안전점검결과 이상이 있다고 인정되는 때에는 지체 없이(1년 이내×) 정밀안전진단·보수·보강 등 필요한 조치를 하여야 한다.

④ 공동구관리자는 공동구의 설치·관리에 관한 주요 사항의 심의 또는 자문을 하게 하기 위하여 공동구협의회를 둘 수(두어야×) 있다. 이 경우 공동구협의회의 구성·운영 등에 필요한 사항은 대통령령으로 정한다.

⑤ 국토교통부장관(공동구관리자×)은 공동구의 관리에 필요한 사항을 정할 수 있다.

제44조의3 공동구의 관리비용 등

① 공동구의 관리에 소요되는 비용은 그 공동구를 점용하는 자(관리하는 자×)가 함께 부담하되, 부담비율은 점용면적을 고려하여 공동구관리자(국토교통부장관×)가 정한다.

② 공동구 설치비용을 부담하지 아니한 자(부담액을 완납하지 아니한 자를 포함한다)가 공동구를 점용하거나 사용하려면 그 공동구를 관리하는 공동구관리자의 허가(신고×)를 받아야 한다.

③ 공동구를 점용하거나 사용하는 자는 그 공동구를 관리하는 특별시·광역시·특별자치시·특별자치도·시 또는 군의 조례로 정하는 바에 따라 점용료 또는 사용료를 납부하여야 한다.

■ 공동구의 관리비용 (시행령 제39조의3)

> 공동구관리자는 법 제44조의3제1항에 따른 공동구의 관리에 드는 비용을 연 2회(3회×)로 분할하여 납부하게 하여야(할 수×) 한다.

제45조 광역시설의 설치·관리 등

① 광역시설의 설치 및 관리는 제43조에 따른다.

② 관계 특별시장·광역시장·특별자치시장·특별자치도지사·시장 또는 군수는 협약을 체결하거나 협의회 등을 구성하여 광역시설을 설치·관리할 수 있다. 다만, 협약의 체결이나 협의회 등의 구성이 이루어지지 아니하는 경우 그 시 또는 군이 같은 도에 속할 때에는 관할 도지사가 광역시설을 설치·관리할 수 있다.

③ 국가계획으로 설치하는 광역시설은 그 광역시설의 설치·관리를 사업목적 또는 사업종목으로 하여 다른 법률에 따라 설립된 법인이 설치·관리할 수 있다.

④ 지방자치단체는 환경오염이 심하게 발생하거나 해당 지역의 개발이 현저하게 위축될 우려가 있는 광역시설을 다른 지방자치단체의 관할 구역에 설치할 때에는 대통령령으로 정하는 바에 따라 환경오염 방지를 위한 **사업**이나 해당 지역 주민의 편익을 증진시키기 위한 사업을 해당 지방자치단체와 **함께 시행**하거나 이에 필요한 자금을 해당 지방자치단체에 **지원**하여야 한다. 다만, 다른 법률에 특별한 규정이 있는 경우에는 그 법률에 따른다.

제46조 도시·군계획시설의 공중 및 지하 설치기준과 보상 등

도시·군계획시설을 공중·수중·수상 또는 지하에 설치하는 경우 그 높이나 깊이의 기준과 그 설치로 인하여 토지나 건물의 소유권 행사에 제한을 받는 자에 대한 보상 등에 관하여는 따로 법률로 정한다.

제47조 ★★★ 도시·군계획시설 부지의 매수청구

■ 도시·군계획시설부지 매수청구

구분	내용	법조문
대상	도시·군계획시설의 부지로 되어 있는 토지 중 지목이 대인 토지·건축물·정착물(도시·군계획시설결정 고시일부터 10년 이내에 당해 도시·군계획시설의 설치에 관한 도시·군계획시설사업이 시행되지 아니하는 경우)	제47조제①항
매수 의무자	원칙 : 특별시장·광역시장·특별자치시장·특별자치도지사·시장·군수 예외 : 사업사행자, 설치·관리의무자	
절차	1. 매수청구 → (6개월 이내) 2. 매수여부 결정·통지 → (2년 이내) 3. 매수	제47조제⑥항
방법	원칙 : 현금 예외 : 채권(도시·군계획시설채권)→ 매수의무자가 지방자치단체인 경우	제47조제②항

① 도시·군계획시설에 대한 도시·군관리계획의 결정(이하 "도시·군계획시설결정"이라 한다)의 고시일(고시한 다음 날×, 결정일×)부터 10년(20년×) 이내에 그 도시·군계획시설의 설치에 관한 도시·군계획시설사업이 시행되지 아니하는 경우(제88조에 따른 실시계획의 인가나 그에 상당하는 절차가 진행된 경우는 제외한다. 이하 같다) 그 도시·군계획시설의 부지로 되어 있는 토지 중 지목(地目)이 대(垈)인 토지[(그 토지에 있는 건축물 및 정착물을 포함(제외×)한다. 이하 이 조에서 같다)]의 **소유자**는 대통령령으로 정하는 바에 따라 **특별시장·광역시장·특별자치시장·특별자치도지사·시장 또는 군수**에게 그 토지의 매수를 청구할 수(하여야×) 있다.(원칙) 다만, 다음 각 호의 어느 하나에 해당하는 경우에는 그에 해당하는 자(특별시장·광역시장·특별자치시장·특별자치도지사·시장 또는 군수를 포함한다. 이하 이 조에서 **"매수의무자"**라 한다)에게 그 토지의 매수를 청구할 수 있다.(예외)

1. 이 법에 따라 해당 도시·군계획시설사업의 시행자가 정하여진 경우에는 그 시행자
2. 이 법 또는 다른 법률에 따라 도시·군계획시설을 설치하거나 관리하여야 할 의무가 있는 자가 있으면 그 의무가 있는 자. 이 경우 도시·군계획시설을 설치하거나 관리하여야 할 의무가 있는 자가 서로 다른 경우에는 설치하여야 할 의무가 있는 자에게 매수 청구하여야 한다.

② 매수의무자는 제1항에 따라 매수 청구를 받은 토지를 매수할 때에는 현금으로 그 대금을 지급한다. 다만, 다음 각 호의 어느 하나에 해당하는 경우로서 매수의무자가 지방자치단체인 경우에는 채권(이하 **"도시·군계획시설채권"**이라 한다)을 발행하여 지급할 수 있다.

1. 토지 소유자가 원하는 경우
2. 대통령령으로 정하는 부재부동산 소유자의 토지 또는 비업무용(업무용×) 토지로서 매수대금이 대통령령으로 정하는 금액[3천만원](1천만원×)을 초과(이상×)하여 그 초과하는 금액을 지급하는 경우

③ 도시·군계획시설채권의 상환기간은 10년 이내로 하며, 그 이율은 채권 발행 당시 「은행법」에 따른 인가를 받은 은행 중 전국을 영업으로 하는 은행이 적용하는 1년(3년×) 만기 정기예금금리의 평균 이상이어야 하며, 구체적인 상환기간과 이율은 특별시·광역시·특별자치시·특별자치도·시 또는 군의 조례(지방재정법×)로 정한다.

④ 매수 청구된 토지의 매수가격·매수절차 등에 관하여 이 법에 특별한 규정이 있는 경우 외에는 「공익사업을 위한 토지 등의 취득 및 보상에 관한 법률」(지방재정법×)을 준용한다.

⑤ 도시·군계획시설채권의 발행절차나 그 밖에 필요한 사항에 관하여 이 법에 특별한 규정이 있는 경우 외에는 「지방재정법」(조례×)에서 정하는 바에 따른다.

⑥ 매수의무자는 제1항에 따른 매수 청구를 받은 날부터 6개월(2년×) 이내에 매수 여부를 결정하여 토지 소유자와 특별시장·광역시장·특별자치시장·특별자치도지사·시장 또는 군수(매수의무자가 특별시장·광역시장·특별자치시장·특별자치도지사·시장 또는 군수인 경우는 제외한다)에게 알려야 하며, 매수하기로 결정한 토지는 매수 결정을 알린 날부터 2년(3년×) 이내에 매수하여야 한다.

⑦ 제1항에 따라 매수 청구를 한 토지의 소유자는 다음 각 호의 어느 하나에 해당하는 경우 제56조에 따른 허가(신고×)를 받아(없이×) 대통령령으로 정하는 건축물 또는 공작물을 설치할 수 있다. 이 경우 제54조, 제58조와 제64조는 적용하지 아니한다.

1. 제6항에 따라 매수하지 아니하기로 결정한 경우
2. 제6항에 따라 매수 결정을 알린 날부터 2년(1년×)이 지날 때까지 해당 토지를 매수하지 아니하는 경우

■ **도시군계획시설부지의 매수거부·지연시 설치할 수 있는 건축물 등** (시행령 제41조제⑤항)

법 제47조제7항 각 호 외의 부분 전단에서 "대통령령으로 정하는 건축물 또는 공작물"이란 다음 각 호의 것을 말한다. 다만, 다음 각 호에 규정된 범위에서 특별시·광역시·특별자치시·특별자치도·시 또는 군의 도시·군계획조례로 따로 허용범위를 정하는 경우에는 그에 따른다.
1. 「건축법 시행령」 별표 1 제1호 가목의 단독주택으로서 3층(5층×) 이하(미만×)인 것
2. 「건축법 시행령」 별표 1 제3호의 제1종근린생활시설로서 3층 이하인 것
2의2. 「건축법 시행령」 별표 1 제4호의 제2종근린생활시설(같은 호 거목, 더목 및 러목은 제외한다)로서 3층 이하인 것
3. 공작물

제48조 도시·군계획시설결정의 실효 ★

① 도시·군계획시설결정이 고시된 도시·군계획시설에 대하여 그 고시일부터 20년(10년×)이 지날 때까지 그 시설의 설치에 관한 도시·군계획시설사업이 시행되지 아니하는 경우 그 도시·군계획시설결정은 그 고시일(결정일×)부터 20년이 되는 날의 다음날(20년이 되는 날×)에 그 효력을 잃는다.

② 시·도지사 또는 대도시 시장은 제1항에 따라 도시·군계획시설결정이 효력을 잃으면 대통령령으로 정하는 바에 따라 **지체 없이** 그 사실을 **고시**하여야 한다.

③ 특별시장·광역시장·특별자치시장·특별자치도지사·시장 또는 군수는 도시·군계획시설결정이 고시된 도시·군계획시설[국토교통부장관이 결정·고시한 도시·군계획시설 중 관계 중앙행정기관의 장이 직접 설치하기로 한 시설은 제외(포함×)한다. 이하 이 조에서 같다]을 설치할 필요성이 없어진 경우 또는 그 고시일부터 10년(5년×)이 지날 때까지 해당 시설의 설치에 관한 도시·군계획시설사업이 시행되지 아니하는 경우에는 대통령령으로 정하는 바에 따라 그 현황과 제85조에 따른 단계별 집행계획(실시계획×)을 해당 지방의회(국토교통부장관×)에 **보고**하여야(할 수×) 한다.

④ 제3항에 따라 보고를 받은 지방의회는 대통령령으로 정하는 바에 따라 해당 특별시장·광역시장·특별자치시장·특별자치도지사·시장 또는 군수에게 도시·군계획시설결정의 **해제**를 **권고**할 수(하여야×) 있다.

⑤ 제4항에 따라 도시·군계획시설결정의 해제를 권고받은 특별시장·광역시장·특별자치시장·특별자치도지사·시장 또는 군수는 특별한 사유가 없으면 대통령령으로 정하는 바에 따라 그 도시·군계획

시설결정의 해제를 위한 도시·군관리계획을 결정하거나 도지사(국토교통부장관×)에게 그 결정을 신청하여야 한다. 이 경우 신청을 받은 도지사는 특별한 사유가 없으면 그 도시·군계획시설결정의 해제를 위한 도시·군관리계획을 결정하여야(할 수×) 한다.

제48조의2 도시 · 군계획시설결정의 해제 신청 등

① 도시 · 군계획시설결정의 고시일부터 10년(5년×) 이내에 그 도시 · 군계획시설의 설치에 관한 도시 · 군계획시설사업이 시행되지 아니한 경우로서 제85조제1항에 따른 단계별 집행계획상 해당 도시 · 군계획시설의 실효 시까지 집행계획이 없는 경우에는 그 도시 · 군계획시설 부지로 되어 있는 토지의 소유자(토지의 소유자 및 이해관계인×)는 대통령령으로 정하는 바에 따라 해당 도시 · 군계획시설에 대한 도시 · 군관리계획 입안권자(결정권자×)에게 그 토지의 도시 · 군계획시설결정 **해제**를 위한 도시 · 군관리계획 입안을 신청할 수 있다.

② 도시 · 군관리계획 입안권자는 제1항에 따른 신청을 받은 날부터 3개월(2개월×) 이내에 입안 여부를 결정하여 토지 소유자에게 알려야 하며, 해당 도시 · 군계획시설결정의 실효 시까지 설치하기로 집행계획을 수립하는 등 대통령령으로 정하는 특별한 사유가 없으면 그 도시 · 군계획시설결정의 해제를 위한 도시 · 군관리계획을 입안하여야(할 수×) 한다.

③ 제1항에 따라 신청을 한 토지 소유자는 해당 도시 · 군계획시설결정의 해제를 위한 도시 · 군관리계획이 입안되지 아니하는 등 대통령령으로 정하는 사항에 해당하는 경우에는 해당 도시 · 군계획시설에 대한 도시 · 군관리계획 결정권자(입안권자×)에게 그 도시 · 군계획시설결정의 해제를 신청할 수 있다.

④ 도시 · 군관리계획 결정권자는 제3항에 따른 신청을 받은 날부터 2개월(3개월×) 이내에 결정 여부를 정하여 토지 소유자에게 알려야 하며, 특별한 사유가 없으면 그 도시 · 군계획시설결정을 해제하여야 한다.

⑤ 제3항에 따라 해제 신청을 한 토지 소유자는 해당 도시 · 군계획시설결정이 해제되지 아니하는 등 대통령령으로 정하는 사항에 해당하는 경우에는 국토교통부장관(시·도지사×)에게 그 도시 · 군계획시설결정의 해제 **심사**를 신청할 수(하여야×) 있다.

⑥ 제5항에 따라 신청을 받은 국토교통부장관(시·도지사×)은 대통령령으로 정하는 바에 따라 해당 도시 · 군계획시설에 대한 도시 · 군관리계획 결정권자에게 도시 · 군계획시설결정의 해제를 권고(해제×)할 수(하여야×) 있다.

⑦ 제6항에 따라 해제를 권고받은 도시 · 군관리계획 결정권자는 특별한 사유가 없으면 그 도시 · 군계획시설결정을 **해제**하여야(할 수×) 한다.

⑧ 제2항에 따른 도시 · 군계획시설결정 해제를 위한 도시 · 군관리계획의 입안 절차와 제4항 및 제7항에 따른 도시 · 군계획시설결정의 해제 절차는 대통령령(국토교통부령×)으로 정한다.

[제4절] 지구단위계획 ★★

■ 지구단위계획 정의

'지구단위계획' 이란 도시·군계획(광역도시계획×) 수립 대상지역의 일부(전부×, 일부 또는 전부×)에 대하여 토지 이용을 합리화하고 그 기능을 증진시키며 미관을 개선하고 양호한 환경을 확보하며, 그 지역을 체계적·계획적으로 관리하기 위하여 수립하는 도시·군관리계획(도시·군계획×, 도시·군기본계획×)을 말한다.

■ 지구단위계획구역 구분·지정

임의적(재량적) 지구단위계획구역 → 지정할 수	필수적(의무적) 지구단위계획구역 → 지정하여야
① 용도지구 ② 도시개발구역 ③ 정비구역 ④ 택지개발지구 ⑤ 대지조성사업지구 ⑥ 산업단지, 준산업단지 ⑦ 관광단지, 관광특구 ⑧ 개발제한구역·도시자연공원구역·시가화조정구역 또는 공원에서 해제(지정×)되는 구역, 녹지지역에서 주거·상업·공업지역으로 변경되는 구역과 새로 도시지역으로 편입되는 구역 중 계획적인 개발 또는 관리가 필요한 지역 ⑨ 도시지역 내 주거·상업·업무 등의 기능을 결합하는 등 복합적인 토지 이용을 증진시킬 필요가 있는 지역 ⑩ 도시지역 내 유휴토지를 효율적으로 개발하거나 교정시설, 군사시설, 그 밖에 대통령령으로 정하는 시설을 이전 또는 재배치하여 토지 이용을 합리화하고, 그 기능을 증진시키기 위하여 집중적으로 정비가 필요한 지역 ⑪ 도시지역의 체계적 계획적인 관리 또는 개발이 필요한 지역 ⑫ 그 밖에 양호한 환경의 확보나 기능 및 미관의 증진 등을 위하여 필요한 지역	① 정비구역(도시개발구역×), 택지개발지구에서 시행되는 사업이 끝난 후(시작된 후×) 10년(5년×)이 지난 지역 ② 시가화조정구역 또는 공원에서 해제되는 지역으로 면적이 30만제곱미터(10만제곱미터×) 이상(이하×)인 지역 ③ 녹지지역에서 주거지역·상업지역 또는 공업지역으로 변경되는 지역으로 면적이 30만제곱미터 이상인 지역

제49조 지구단위계획의 구분

① 지구단위계획은 다음 각 호의 **사항**을 **고려**하여 수립한다.

1. 도시의 정비·관리·보전·개발 등 지구단위계획구역의 지정 목적
2. 주거·산업·유통·관광휴양·복합 등 지구단위계획구역의 중심기능
3. 해당 용도지역의 특성
4. 그 밖에 대통령령으로 정하는 사항

② 지구단위계획의 **수립기준** 등은 대통령령으로 정하는 바에 따라 국토교통부장관(시·도지사×)이 정한다.

제50조 지구단위계획구역 및 지구단위계획의 결정

지구단위계획구역 및 지구단위계획은 **도시·군관리계획**(도시·군기본계획×, 도시·군계획×)으로 결정한다.

제51조 지구단위계획구역의 지정 등

① 국토교통부장관, 시·도지사, 시장 또는 군수는 다음 각 호의 어느 하나에 해당하는 지역의 전부 또는 일부(전부만×, 일부만×)에 대하여 지구단위계획구역을 **지정할 수**(하여야×) 있다.

> 1. 제37조에 따라 지정된 용도지구
> 2. 「도시개발법」 제3조에 따라 지정된 도시개발구역
> 3. 「도시 및 주거환경정비법」 제8조에 따라 지정된 정비구역
> 4. 「택지개발촉진법」 제3조에 따라 지정된 택지개발지구
> 5. 「주택법」 제15조에 따른 대지조성사업지구
> 6. 「산업입지 및 개발에 관한 법률」 제2조제8호의 산업단지와 같은 조 제12호의 준산업단지
> 7. 「관광진흥법」 제52조에 따라 지정된 관광단지와 같은 법 제70조에 따라 지정된 관광특구
> 8. 개발제한구역·도시자연공원구역·시가화조정구역 또는 공원에서 해제되는 구역(안의 구역×), 녹지지역에서 주거·상업·공업지역으로 변경되는 구역과 새로 도시지역으로 편입되는 구역 중 계획적인 개발 또는 관리가 필요한 지역
> 8의2. 도시지역 내 주거·상업·업무 등의 기능을 결합하는 등 복합적인 토지 이용을 증진시킬 필요가 있는 지역으로서 대통령령으로 정하는 요건에 해당하는 지역
> 8의3. 도시지역 내 유휴토지를 효율적으로 개발하거나 교정시설, 군사시설, 그 밖에 대통령령으로 정하는 시설을 이전 또는 재배치하여 토지 이용을 합리화하고, 그 기능을 증진시키기 위하여 집중적으로 정비가 필요한 지역으로서 대통령령으로 정하는 요건에 해당하는 지역[5천제곱미터(3천제곱미터×) 이상으로서 도시·군계획조례로 정하는 면적 이상의 유휴토지 또는 대규모 시설의 이전부지로서 다음 각 호의 어느 하나에 해당하는 지역을 말한다. 1. 대규모 시설의 이전에 따라 도시기능의 재배치 및 정비가 필요한 지역 2. 토지의 활용 잠재력이 높고 지역거점 육성이 필요한 지역 3. 지역경제 활성화와 고용창출의 효과가 클 것으로 예상되는 지역]
> 9. 도시지역의 체계적·계획적인 관리 또는 개발이 필요한 지역
> 10. 그 밖에 양호한 환경의 확보나 기능 및 미관의 증진 등을 위하여 필요한 지역으로서 대통령령으로 정하는 지역

② 국토교통부장관, 시 · 도지사, 시장 또는 군수는 다음 각 호의 어느 하나에 해당하는 지역은 지구단위계획구역으로 **지정하여야**(할 수×) 한다. 다만, 관계 법률에 따라 그 지역에 토지 이용과 건축에 관한 계획이 수립되어 있는 경우에는 그러하지 아니하다.

> 1. 제1항제3호 및 제4호의 지역[정비구역, 택지개발지구(도시개발구역×)]에서 시행되는 사업이 끝난 후 10년(5년×)이 지난 지역
> 2. 제1항 각 호 중 체계적·계획적인 개발 또는 관리가 필요한 지역으로서 대통령령으로 정하는 지역

■ 지구단위계획구역으로 지정하여야 하는 지역 (시행령 제43조제⑤항)

> 법 제51조제2항제2호에서 "대통령령이 정하는 지역"이라 함은 다음 각호의 지역으로서 그 면적이 30만제곱미터(10만제곱미터×) 이상인 지역을 말한다.
> 1. 시가화조정구역 또는 공원에서 해제되는 지역
> 다만, 녹지지역으로 지정 또는 존치되거나 법 또는 다른 법령에 의하여 도시·군계획사업 등 개발계획이 수립되지 아니하는 경우를 제외한다.
> 2. 녹지지역에서 주거·지역·상업지역 또는 공업지역으로 변경되는 지역

③ 도시지역 외의 지역을 지구단위계획구역으로 지정하려는 경우 다음 각 호의 어느 하나에 해당하여야 한다.

1. 지정하려는 구역 면적의 100분의 50(100분의 30×) 이상이 제36조에 따라 지정된 계획관리지역으로서 대통령령으로 정하는 요건에 해당하는 지역
2. 제37조에 따라 지정된 개발진흥지구로서 대통령령으로 정하는 요건에 해당하는 지역
3. 제37조에 따라 지정된 용도지구를 폐지하고 그 용도지구에서의 행위 제한 등을 지구단위계획으로 대체하려는 지역

■ 도시지역 외 지역에서의 지구단위계획구역 지정대상지역 (시행령 제44조)

① 법 제51조제3항제1호에서 "대통령령으로 정하는 요건"이란 다음 각 호의 요건을 말한다.
1. 계획관리지역 외에 지구단위계획구역에 포함하는 지역은 생산관리지역 또는 보전관리지역일 것
1의2. 지구단위계획구역에 보전관리지역을 포함하는 경우 해당 보전관리지역의 면적은 다음 각 목의 구분에 따른 요건을 충족할 것. 이 경우 개발행위허가를 받는 등 이미 개발된 토지와 해당 토지를 개발하여도 주변지역의 환경오염·환경훼손 우려가 없는 경우로서 해당 도시계획위원회 또는 제25조제2항에 따른 공동위원회의 심의를 거쳐 지구단위계획구역에 포함되는 토지의 면적은 다음 각 목에 따른 보전관리지역의 면적 산정에서 제외한다.
가. 전체 지구단위계획구역 면적이 10만제곱미터 이하인 경우 : 전체 지구단위계획구역 면적의 20퍼센트 이내
나. 전체 지구단위계획구역 면적이 10만제곱미터를 초과하는 경우 : 전체 지구단위계획구역 면적의 10퍼센트 이내
2. 지구단위계획구역으로 지정하고자 하는 토지의 면적이 다음 각목의 어느 하나에 규정된 면적 요건에 해당할 것
가. 지정하고자 하는 지역에 「건축법 시행령」 별표 1 제2호의 공동주택중 아파트 또는 연립주택의 건설계획이 포함되는 경우에는 30만제곱미터 이상일 것. 이 경우 다음 요건에 해당하는 때에는 일단의 토지를 통합하여 하나의 지구단위계획구역으로 지정할 수 있다.
(1) 아파트 또는 연립주택의 건설계획이 포함되는 각각의 토지의 면적이 10만제곱미터(30만제곱미터×) 이상이고, 그 총면적이 30만제곱미터(10만제곱미터×) 이상일 것
(2) (1)의 각 토지는 국토교통부장관이 정하는 범위안에 위치하고, 국토교통부장관이 정하는 규모 이상의 도로로 서로 연결되어 있거나 연결도로의 설치가 가능할 것
나. 지정하고자 하는 지역에「건축법시행령」별표 1 제2호의 공동주택중 아파트 또는 연립주택의 건설계획이 포함되는 경우로서 다음의 어느 하나에 해당하는 경우에는 10만제곱미터 이상일 것
(1) 지구단위계획구역이「수도권정비계획법」제6조제1항제3호의 규정에 의한 자연보전권역인 경우
(2) 지구단위계획구역 안에 초등학교 용지를 확보하여 관할 교육청의 동의를 얻거나 지구단위계획구역 안 또는 지구단위계획구역으로부터 통학이 가능한 거리에 초등학교가 위치하고 학생수용이 가능한 경우로서 관할 교육청의 동의를 얻은 경우
다. 가목 및 나목의 경우를 제외하고는 3만제곱미터 이상일 것
3. 당해 지역에 도로·수도공급설비·하수도 등 기반시설을 공급할 수 있을 것
4. 자연환경·경관·미관 등을 해치지 아니하고 문화재의 훼손우려가 없을 것

② 법 제51조제3항제2호에서 "대통령령이 정하는 요건"이라 함은 다음 각 호의 요건을 말한다.
1. 제1항제2호부터 제4호까지의 요건에 해당할 것
2. 당해 개발진흥지구가 다음 각 목의 지역에 위치할 것
가. 주거개발진흥지구, 복합개발진흥지구(주거기능이 포함된 경우에 한한다) 및 특정개발진흥지구 : 계획관리지역
나. 산업·유통개발진흥지구 및 복합개발진흥지구(주거기능이 포함되지 아니한 경우에 한한다) : 계획관리지역·생산관리지역 또는 농림지역
다. 관광·휴양개발진흥지구 : 도시지역외의 지역

③ 국토교통부장관은 지구단위계획구역이 합리적으로 지정될 수 있도록 하기 위하여 필요한 경우에는 제1항 각호 및 제2항 각호의 지정요건을 세부적으로 정할 수 있다.

제52조 지구단위계획의 내용

① 지구단위계획구역의 지정목적을 이루기 위하여 지구단위계획에는 다음 각 호의 사항 중 제2호와 제4호의 사항(→ 필수 포함사항)을 **포함**한 둘 이상의 **사항**이 포함되어야 한다. 다만, 제1호의2를 내용으로 하는 지구단위계획의 경우에는 그러하지 아니하다.

> 1. 용도지역이나 용도지구를 대통령령으로 정하는 범위에서 세분하거나 변경하는 사항
> 1의2. 기존의 용도지구를 폐지하고 그 용도지구에서의 건축물이나 그 밖의 시설의 용도·종류 및 규모 등의 제한을 대체하는 사항
> 2. 대통령령으로 정하는 기반시설의 배치와 규모
> 3. 도로로 둘러싸인 일단의 지역 또는 계획적인 개발·정비를 위하여 구획된 일단의 토지의 규모와 조성계획
> 4. 건축물의 용도제한, 건축물의 건폐율 또는 용적률, 건축물 높이의 최고한도 또는 최저한도
> 5. 건축물의 배치·형태·색채 또는 건축선에 관한 계획
> 6. 환경관리계획 또는 경관계획
> 7. 교통처리계획
> 8. 그 밖에 토지 이용의 합리화, 도시나 농·산·어촌의 기능 증진 등에 필요한 사항으로서 대통령령으로 정하는 사항

② 지구단위계획은 도로, 상하수도 등 대통령령으로 정하는 도시·군계획시설의 처리·공급 및 수용능력이 지구단위계획구역에 있는 건축물의 연면적, 수용인구 등 개발밀도와 적절한 조화를 이룰 수 있도록 하여야(할 수×) 한다.

③ 지구단위계획구역에서는 제76조부터 제78조까지의 규정(제76조 용도지역 및 용도지구에서의 ❶건축물의 용도 종류 및 규모 등의 제한에, 제77조 용도지역의 ❷건폐율, 제78조 용도지역에서의 ❸용적률)과 「건축법」 제42조(❹대지의 조경)·제43조(❺공개공지 등의 확보)·제44조(❻대지와 도로의 관계)·제60조(❼건축물의 높이제한) 및 제61조(❽일조 등의 확보를 위한 높이제한), 「주차장법」 제19조(❾부설주차장) 및 제19조의2(❿부설주차장 설치계획도)를 대통령령으로 정하는 범위에서 지구단위계획으로 정하는 바에 따라 **완화**(강화×, 완화 또는 강화×)하여 **적용**할 수(하여야×) 있다.

■ **지구단위계획구역에서 완화하여 적용되는 건폐율·용적률 한도** (시행령 제46조)

> ⑥ 지구단위계획구역의 지정목적이 다음 각호의 1에 해당하는 경우에는 법 제52조제3항의 규정에 의하여 지구단위계획으로 「주차장법」 제19조제3항의 규정에 의한 **주차장 설치기준**을 100퍼센트(120퍼센트×)까지 완화하여 적용할 수(하여야×) 있다.
> 1. 한옥마을을 보존하고자 하는 경우
> 2. 차 없는 거리를 조성하고자 하는 경우(지구단위계획으로 보행자전용도로를 지정하거나 차량의 출입을 금지한 경우를 포함한다)
> 3. 그 밖에 국토교통부령이 정하는 경우
>
> ⑦ 다음 각호의 1에 해당하는 경우에는 법 제52조제3항의 규정에 의하여 지구단위계획으로 당해 용도지역에 적용되는 **용적률**의 120퍼센트 이내에서(100퍼센트 이내에서만×) 용적률을 완화하여 적용할 수 있다.
> 1. 도시지역에 개발진흥지구를 지정하고 당해 지구를 지구단위계획구역으로 지정한 경우
> 2. 다음 각목의 1에 해당하는 경우로서 특별시장·광역시장·특별자치시장·특별자치도지사·시장 또는 군수의 권고에 따라 공동개발을 하는 경우
>   가. 지구단위계획에 2필지 이상의 토지에 하나의 건축물을 건축하도록 되어 있는 경우
>   나. 지구단위계획에 합벽건축을 하도록 되어 있는 경우
>   다. 지구단위계획에 주차장·보행자통로 등을 공동으로 사용하도록 되어 있어 2필지 이상의 토지에 건축물을 동시에 건축할 필요가 있는 경우

⑧ 도시지역에 개발진흥지구를 지정하고 당해 지구를 지구단위계획구역으로 지정한 경우에는 법 제52조제3항에 따라 지구단위계획으로 「건축법」 제60조에 따라 제한된 **건축물높이**의 120퍼센트 이내에서(100퍼센트 이내에서만×) 높이제한을 완화하여 적용할 수 있다.

⑨ 제1항제1호나목(제1항제2호 및 제2항에 따라 적용되는 경우를 포함한다), 제3항제1호 및 제7항은 다음 각 호의 어느 하나에 해당하는 경우에는 적용하지 아니한다.

1. 개발제한구역·시가화조정구역·녹지지역 또는 공원에서 해제되는 구역과 새로이 도시지역으로 편입되는 구역중 계획적인 개발 또는 관리가 필요한 지역인 경우
2. 기존의 용도지역 또는 용도지구가 용적률이 높은 용도지역 또는 용도지구로 변경되는 경우로서 기존의 용도지역 또는 용도지구의 용적률을 적용하지 아니하는 경우

⑩ 제1항 내지 제4항 및 제7항의 규정에 의하여 완화하여 적용되는 건폐율 및 용적률은 당해 용도지역 또는 용도지구에 적용되는 **건폐율**의 150퍼센트(100퍼센트×) 및 **용적률**의 200퍼센트(150퍼센트×)를 각각 초과할 수 없다.

제53조 지구단위계획구역의 지정에 관한 도시·군관리계획 결정의 실효 등

① 지구단위계획구역의 지정에 관한 도시·군관리계획 결정의 고시일(결정일×)부터 3년 이내에 그 지구단위계획구역에 관한 지구단위계획이 결정·고시되지 아니하면 그 3년이 되는 날의 다음날(3년이 되는 날×)에 그 지구단위계획구역의 지정에 관한 도시·군관리계획 결정은 **효력을 잃는다**. 다만, 다른 법률에서 지구단위계획의 결정(결정된 것으로 보는 경우를 포함한다)에 관하여 따로 정한 경우에는 그 법률에 따라 지구단위계획을 결정할 때까지 지구단위계획구역의 지정은 그 효력을 유지한다.

② 지구단위계획(제26조제1항에 따라 주민이 입안을 제안한 것에 한정한다)에 관한 도시 · 군관리계획결정의 고시일부터 5년(10년×) 이내에 이 법 또는 다른 법률에 따라 허가 · 인가 · 승인 등을 받아 사업이나 공사에 착수하지 아니 하면 그 5년이 된 날의 다음날(5년이 된 날×)에 그 지구단위계획에 관한 도시 · 군관리계획결정은 **효력을 잃는다**. 이 경우 지구단위계획과 관련한 도시 · 군관리계획결정에 관한 사항은 해당 지구단위계획구역 지정 당시의 도시 · 군관리계획으로 환원된 것으로 본다(추정한다×).

③ 국토교통부장관, 시·도지사, 시장 또는 군수는 제1항 및 제2항에 따른 지구단위계획구역 지정 및 지구단위계획 결정이 효력을 잃으면 대통령령으로 정하는 바에 따라 지체 없이(10일 이내에×) 그 사실을 **고시**하여야 한다.

제54조 지구단위계획구역에서의 건축 등

지구단위계획구역에서 건축물을 건축 또는 용도변경하거나 공작물을 설치하려면 그 지구단위계획에 맞게 하여야 한다. 다만, 지구단위계획이 수립되어 있지 아니한 경우에는 그러하지 아니하다.

제55조 <삭제>

▌제5장 핵심▐

1. 허가대상 vs 신고대상 (제56조)
2. 허가기준 (제58조)
3. 허가제한 (제63조)
4. 개발밀도관리구역 (제66조)
5. 기반시설부담구역 (제67조)

출제자 의도

개발행위
- 허가대상 여부를 구별할 수 있는가?(특히, 허가不要)
- 허가절차상 내용을 이해하고 암기하고 있는가?
- 허가제한상 내용을 이해하고 암기하고 있는가?
- 개발밀도관리구역과 기반시설부담구역의 내용을 구별할 수 있는가?

★★★

제5장 개발행위의 허가 등

■ 허가 여부

구분	허가 필요	허가 불필요
대상	1. 건축물 건축, 공작물 설치 2. 토지 형질변경 3. 토석 채취 4. 토지 분할 5. 물건을 1월 이상 쌓아놓는 행위	1. 도시·군계획사업 (도시·군계획시설사업·도시개발사업·정비사업) 2. 응급조치(신고 필요) 3. 경작을 위한 토지의 형질변경 4. 「건축법」에 의하여 신고하고 설치할 수 있는 건축물의 개축·증축·재축과 이에 필요한 범위안에서의 토지의 형질변경 5. 경미한 행위

■ 허가 절차

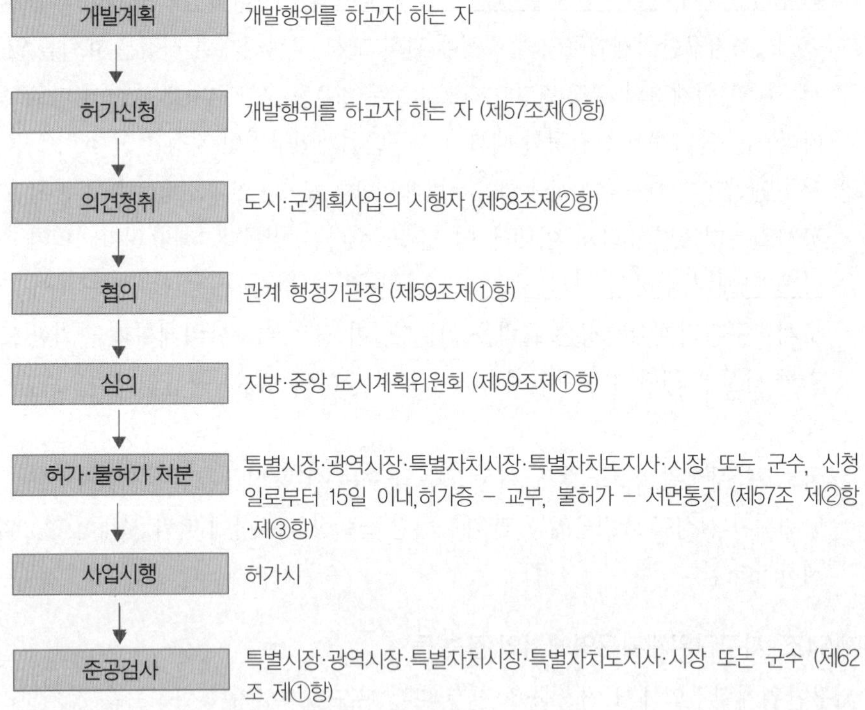

[제1절] 개발행위의 허가

★★★

제56조 개발행위의 허가(대상·권자)

① 다음 각 호의 어느 하나에 해당하는 행위로서 대통령령으로 정하는 행위(이하 "개발행위"라 한다)를 하려는 자는 특별시장·광역시장·특별자치시장·특별자치도

지사·시장 또는 군수(국토교통부장관×)의 **허가**(이하 "개발행위허가"라 한다)를 받아야 한다.(원칙) 다만, 도시·군계획사업(도시·군계획시설사업·도시개발사업·정비사업)(다른 법률에 따라 도시·군계획사업을 의제한 사업을 포함한다.)에 의한 행위는 그러하지 아니하다.(예외)

1. 건축물의 건축 또는 공작물의 설치
2. 토지의 형질 변경(경작을 위한 경우로서 대통령령으로 정하는 토지의 형질 변경은 제외한다)
3. 토석의 채취
4. 토지 분할(건축물이 있는 대지의 분할은 제외한다)
5. 녹지지역·관리지역 또는 자연환경보전지역에 물건을 1개월 이상 쌓아놓는 행위

■ **개발행위허가의 대상** (시행령 제51조)

① 법 제56조제1항에 따라 개발행위허가를 받아야 하는 행위는 다음 각 호와 같다.
1. 건축물의 건축 : 「건축법」 제2조제1항제2호에 따른 건축물의 건축
2. 공작물의 설치 : 인공을 가하여 제작한 시설물(「건축법」 제2조제1항제2호에 따른 건축물을 제외한다)의 설치
3. 토지의 형질변경 : 절토·성토·정지·포장 등의 방법으로 토지의 형상을 변경하는 행위와 공유수면의 매립(경작을 위한 토지의 형질변경을 제외한다)
4. 토석채취 : 흙·모래·자갈·바위 등의 토석을 채취하는 행위. 다만, 토지의 형질변경을 목적으로 하는 것을 제외한다.
5. 토지분할 : 다음 각 목의 어느 하나에 해당하는 토지의 분할(「건축법」 제57조에 따른 건축물이 있는 대지는 제외한다)
가. 녹지지역·관리지역·농림지역 및 자연환경보전지역 안에서 관계법령에 따른 허가·인가 등을 받지 아니하고 행하는 토지의 분할
나. 「건축법」 제57조제1항에 따른 분할제한면적 미만으로의 토지의 분할
다. 관계 법령에 의한 허가·인가 등을 받지 아니하고 행하는 너비 5미터(10미터×) 이하로의 토지의 분할
6. 물건을 쌓아놓는 행위 : 녹지지역(주거지역×, 상업지역×, 공업지역×)·관리지역 또는 자연환경보전지역(농림지역×)안에서 건축물의 울타리안(적법한 절차에 의하여 조성된 대지에 한한다)에 위치하지 아니한 토지에 물건을 1월 이상 쌓아놓는 행위

② 법 제56조제1항제2호에서 "대통령령으로 정하는 토지의 형질변경"이란 조성이 끝난 농지에서 농작물 재배, 농지의 지력 증진 및 생산성 향상을 위한 객토나 정지작업, 양수·배수시설 설치를 위한 토지의 형질변경으로서 다음 각 호의 어느 하나에 해당하지 아니하는 경우의 형질변경을 말한다.
1. 인접토지의 관개 배수 및 농작업에 영향을 미치는 경우
2. 재활용 골재, 사업장 폐토양, 무기성 오니 등 수질오염 또는 토질오염의 우려가 있는 토사 등을 사용하여 성토하는 경우
3. 지목의 변경을 수반하는 경우[전·답 사이의 변경은 제외(포함×)한다]

② 개발행위허가를 받은 사항을 변경하는 경우에는 제1항을 **준용**한다.(원칙) 다만, 대통령령(시행령제52조제1항)으로 정하는 경미한 사항을 변경하는 경우에는 그러하지 아니하다.(예외)

③ 제1항에도 불구하고 제1항제2호 및 제3호의 개발행위 중 도시지역과 계획관리지역의 산림에서의 임도(林道) 설치와 사방사업에 관하여는 「산림자원의 조성 및 관리에 관한 법률」과 「사방사업법」에 따르고, 보전관리지역·생산관리지역·농림지역 및 자연환경보전지역의 산림에서의 제1항제2호(농업·임업·어업을 목적으로 하는 토지의 형질 변경만 해당한다) 및 제3호의 개발행위에 관하여는 「산지관리법」에 따른다.

④ 다음 각 호의 어느 하나에 해당하는 행위는 제1항에도 불구하고 개발행위**허가를 받지 아니하고** 할 수 있다. 다만, 제1호의 응급조치를 한 경우에는 1개월 이내(지체 없이×)에 특별시장·광역시장·특별

자치시장·특별자치도지사·시장 또는 군수에게 **신고**하여야(할 수×) 한다.

1. 재해복구나 재난수습을 위한 응급조치
2. 「건축법」에 따라 신고하고 설치할 수 있는 건축물의 개축·증축 또는 재축과 이에 필요한 범위에서의 토지의 형질변경(도시·군계획시설사업이 시행되지 아니하고 있는 도시·군계획시설의 부지인 경우만 가능하다)
3. 그 밖에 대통령령으로 정하는 경미한 행위

■ 허가를 받지 아니하여도 되는 경미한 행위 (시행령 제53조)

법 제56조제4항제3호에서 "대통령령으로 정하는 경미한 행위"란 다음 각 호의 행위를 말한다. 다만, 다음 각 호에 규정된 범위에서 특별시·광역시·특별자치시·특별자치도·시 또는 군의 도시계획조례로 따로 정하는 경우에는 그에 따른다.

1. **건축물의 건축** : 「건축법」 제11조제1항에 따른 건축허가 또는 같은 법 제14조제1항에 따른 건축신고 대상에 해당하지 아니하는 건축물의 건축

2. **공작물의 설치**
   가. 도시지역 또는 지구단위계획구역에서 무게가 50톤 이하, 부피가 50세제곱미터 이하, 수평투영면적이 50제곱미터 이하인 공작물의 설치. 다만, 「건축법 시행령」 제118조제1항 각호의 1에 해당하는 공작물(통신용 철탑은 용도지역에 관계없이 이를 포함한다)의 설치를 제외한다.
   나. 도시지역·자연환경보전지역 및 지구단위계획구역외의 지역에서 무게가 150톤 이하, 부피가 150세제곱미터 이하, 수평투영면적이 150제곱미터 이하인 공작물의 설치. 다만, 「건축법 시행령」 제118조제1항 각호의 1에 해당하는 공작물(통신용 철탑은 용도지역에 관계없이 이를 포함한다)의 설치를 제외한다.
   다. 녹지지역·관리지역 또는 농림지역안에서의 농림어업용 비닐하우스(비닐하우스안에 설치하는 육상어류양식장을 제외한다)의 설치

3. **토지의 형질변경**
   가. 높이 50센티미터 이내 또는 깊이 50센티미터 이내의 절토·성토·정지 등(포장을 제외하며, 주거지역·상업지역 및 공업지역외의 지역에서는 지목변경을 수반하지 아니하는 경우에 한한다)
   나. 도시지역·자연환경보전지역 및 지구단위계획구역 외의 지역에서 면적이 660제곱미터 이하인 토지에 대한 지목변경을 수반하지 아니하는 절토·성토·정지·포장 등(토지의 형질변경 면적은 형질변경이 이루어지는 당해 필지의 총면적을 말한다. 이하 같다)
   다. 조성이 완료된 기존 대지에 건축물이나 그 밖의 공작물을 설치하기 위한 토지의 형질변경(절토 및 성토는 제외한다)
   라. 국가 또는 지방자치단체가 공익상의 필요에 의하여 직접 시행하는 사업을 위한 토지의 형질변경

4. **토석채취**
   가. 도시지역 또는 지구단위계획구역에서 채취면적이 25제곱미터 이하인 토지에서의 부피 50세제곱미터 이하의 토석채취
   나. 도시지역·자연환경보전지역 및 지구단위계획구역외의 지역에서 채취면적이 250제곱미터 이하인 토지에서의 부피 500세제곱미터 이하의 토석채취

5. **토지분할**
   가. 「사도법」에 의한 사도개설허가를 받은 토지의 분할
   나. 토지의 일부를 공공용지 또는 공용지로 하기 위한 토지의 분할
   다. 행정재산중 용도폐지되는 부분의 분할 또는 일반재산을 매각·교환 또는 양여하기 위한 분할
   라. 토지의 일부가 도시·군계획시설로 지형도면고시가 된 당해 토지의 분할
   마. 너비 5미터 이하로 이미 분할된 토지의 「건축법」 제57조제1항에 따른 분할제한면적 이상으로의 분할

6. 물건을 쌓아놓는 행위
   가. 녹지지역 또는 지구단위계획구역에서 물건을 쌓아놓는 면적이 25제곱미터 이하인 토지에 전체무게 50톤 이하, 전체부피 50세제곱미터 이하로 물건을 쌓아놓는 행위
   나. 관리지역(지구단위계획구역으로 지정된 지역을 제외한다)에서 물건을 쌓아놓는 면적이 250제곱미터 이하인 토지에 전체무게 500톤 이하, 전체부피 500세제곱미터 이하로 물건을 쌓아놓는 행위

★★ 제57조 개발행위허가의 절차

① 개발행위를 하려는 자는 그 개발행위에 따른 기반시설의 설치나 그에 필요한 용지의 확보, 위해(危害) 방지, 환경오염 방지, 경관, 조경 등에 관한 **계획서**를 첨부한 신청서를 개발행위허가권자에게 **제출**하여야 한다. 이 경우 개발밀도관리구역(기반시설부담구역×) 안에서는 기반시설의 설치나 그에 필요한 용지의 확보에 관한 계획서를 제출하지 아니한다(제출하여야 한다×). 다만, 제56조제1항제1호의 행위 중 「건축법」의 적용을 받는 건축물의 건축 또는 공작물의 설치를 하려는 자는 「건축법」에서 정하는 절차에 따라 신청서류를 제출하여야 한다.

② 특별시장·광역시장·특별자치시장·특별자치도지사·시장 또는 군수는 제1항에 따른 개발행위허가의 신청에 대하여 특별한 사유가 없으면 대통령령으로 정하는 기간(15일)(30일×) 이내에 **허가 또는 불허가의 처분**을 하여야 한다.

③ 특별시장·광역시장·특별자치시장·특별자치도지사·시장 또는 군수는 제2항에 따라 허가 또는 불허가의 처분을 할(한×) 때에는 지체 없이(7일 이내×) 그 신청인에게 허가내용이나 불허가처분의 사유를 서면 또는 제128조에 따른 국토이용정보체계(서면으로만×)를 통하여 알려야 한다.

④ 특별시장·광역시장·특별자치시장·특별자치도지사·시장 또는 군수는 개발행위허가를 하는 경우에는 대통령령으로 정하는 바에 따라 그 개발행위에 따른 기반시설의 설치 또는 그에 필요한 용지의 확보, 위해 방지, 환경오염 방지, 경관, 조경 등에 관한 조치를 할 것을 조건으로 개발행위허가를 할 수 있다(없다×). → 조건부 허가

★ 제58조 개발행위허가의 기준

① 특별시장·광역시장·특별자치시장·특별자치도지사·시장 또는 군수는 개발행위**허가**의 신청 내용이 다음 각 호의 **기준**에 맞는 경우에만 개발행위허가 또는 변경허가를 하여야 한다.

1. 용도지역별 특성을 고려하여 대통령령으로 정하는 개발행위의 규모에 적합할 것. 다만, 개발행위가 「농어촌정비법」 제2조제4호에 따른 농어촌정비사업으로 이루어지는 경우 등 대통령령으로 정하는 경우에는 개발행위 규모의 제한을 받지 아니한다.
2. 도시 · 군관리계획 및 제4항에 따른 성장관리방안의 내용에 어긋나지 아니할 것
3. 도시 · 군계획사업의 시행에 지장이 없을 것
4. 주변지역의 토지이용실태 또는 토지이용계획, 건축물의 높이, 토지의 경사도, 수목의 상태, 물의 배수, 하천 · 호소 · 습지의 배수 등 주변환경이나 경관과 조화를 이룰 것
5. 해당 개발행위에 따른 기반시설의 설치나 그에 필요한 용지의 확보계획이 적절할 것

■ **개발행위허가의 규모** (시행령 제55조)

① 법 제58조제1항제1호 본문에서 "대통령령으로 정하는 개발행위의 규모"란 다음 각호에 해당하는 토지의 형질변경면적을 말한다. 다만, 관리지역 및 농림지역에 대하여는 제2호 및 제3호의 규정에 의한 면적의 범위안에서 당해 특별시·광역시·특별자치시·특별자치도·시 또는 군의 도시·군계획조례로 따로 정할 수 있다.

구분		규모 (단위 : ㎡ 미만)
1. 도시지역	① 주거지역·상업지역·자연녹지지역·생산녹지지역	1만
	② 공업지역	3만
	③ 보전녹지지역	5천
2. 관리지역		3만
3. 농림지역		3만
4. 자연환경보전지역		5천

② 제1항의 규정을 적용함에 있어서 개발행위허가의 대상인 토지가 2 이상의 용도지역에 걸치는 경우에는 각각의 용도지역에 위치하는 토지부분에 대하여 각각의 용도지역의 개발행위의 규모에 관한 규정을 적용한다. 다만, 개발행위허가의 대상인 토지의 총면적이 당해 토지가 걸쳐 있는 용도지역중 개발행위의 규모가 가장 큰 용도지역의 개발행위의 규모를 초과하여서는 아니된다.

③ 법 제58조제1항제1호 단서에서 "개발행위가 「농어촌정비법」 제2조제4호에 따른 농어촌정비사업으로 이루어지는 경우 등 대통령령으로 정하는 경우"란 다음 각 호의 어느 하나에 해당하는 경우를 말한다.

1. 지구단위계획으로 정한 가구 및 획지의 범위안에서 이루어지는 토지의 형질변경으로서 당해 형질변경과 관련된 기반시설이 이미 설치되었거나 형질변경과 기반시설의 설치가 동시에 이루어지는 경우
2. 해당 개발행위가 「농어촌정비법」 제2조제4호에 따른 농어촌정비사업으로 이루어지는 경우

2의2. 해당 개발행위가 「국방·군사시설 사업에 관한 법률」 제2조제2호에 따른 국방·군사시설사업으로 이루어지는 경우

3. 초지조성, 농지조성, 영림 또는 토석채취를 위한 경우

3의2. 해당 개발행위가 다음 각 목의 어느 하나에 해당하는 경우. 이 경우 특별시장·광역시장·특별자치시장·특별자치도지사·시장 또는 군수는 그 개발행위에 대한 허가를 하려면 시·도도시계획위원회 또는 법 제113조제2항에 따른 시·군·구도시계획위원회(이하 "시·군·구도시계획위원회"라 한다) 중 대도시에 두는 도시계획위원회의 심의를 거쳐야 하고, 시장(대도시 시장은 제외한다) 또는 군수(특별시장·광역시장의 개발행위허가 권한이 법 제139조제2항에 따라 조례로 군수 또는 자치구의 구청장에게 위임된 경우에는 그 군수 또는 자치구의 구청장을 포함한다)는 시·도도시계획위원회에 심의를 요청하기 전에 해당 지방자치단체에 설치된 지방도시계획위원회에 자문할 수 있다.

가. 하나의 필지(법 제62조에 따른 준공검사를 신청할 때 둘 이상의 필지를 하나의 필지로 합칠 것을 조건으로 하여 허가하는 경우를 포함하되, 개발행위허가를 받은 후에 매각을 목적으로 하나의 필지를 둘 이상의 필지로 분할하는 경우는 제외한다)에 건축물을 건축하거나 공작물을 설치하기 위한 토지의 형질변경

나. 하나 이상의 필지에 하나의 용도에 사용되는 건축물을 건축하거나 공작물을 설치하기 위한 토지의 형질변경

4. 건축물의 건축, 공작물의 설치 또는 지목의 변경을 수반하지 아니하고 시행하는 토지복원사업
5. 그 밖에 국토교통부령이 정하는 경우

② 특별시장·광역시장·특별자치시장·특별자치도지사·시장 또는 군수는 개발행위허가 또는 변경허가를 하려면 그 개발행위가 도시·군계획사업의 시행에 지장을 주는지에 관하여 해당 지역에서 시행되는 도시·군계획사업의 시행자(주민×, 지방의회×)의 **의견**을 들어야 한다.

③ 제1항에 따라 허가할 수 있는 경우 그 허가의 기준은 지역의 특성, 지역의 개발상황, 기반시설의 현황 등을 고려하여 다음 각 호의 구분에 따라 대통령령으로 정한다.

1. 시가화 용도 : 토지의 이용 및 건축물의 용도·건폐율·용적률·높이 등에 대한 용도지역의 제한에 따라 개발행위허가의 기준을 적용하는 주거지역·상업지역 및 공업지역
2. 유보 용도 : 제59조에 따른 도시계획위원회의 심의를 통하여 개발행위허가의 기준을 강화 또는 완화하여 적용할 수 있는 계획관리지역·생산관리지역 및 녹지지역 중 대통령령으로 정하는 지역
3. 보전 용도 : 제59조에 따른 도시계획위원회의 심의를 통하여 개발행위허가의 기준을 강화하여 적용할 수 있는 보전관리지역·농림지역·자연환경보전지역 및 녹지지역 중 대통령령으로 정하는 지역

④ 특별시장 · 광역시장 · 특별자치시장 · 특별자치도지사 · 시장 또는 군수는 난개발 방지와 지역특성을 고려한 계획적 개발을 유도하기 위하여 필요한 경우 대통령령으로 정하는 바에 따라 개발행위의 발생 가능성이 높은 지역을 대상지역으로 하여 기반시설의 설치 · 변경, 건축물의 용도 등에 관한 관리방안(이하 "성장관리방안"이라 한다)을 **수립**할 수(하여야×) 있다.

⑤ 특별시장 · 광역시장 · 특별자치시장 · 특별자치도지사 · 시장 또는 군수는 성장관리방안을 수립하거나 변경하려면 대통령령으로 정하는 바에 따라 주민과 해당 지방의회의 **의견**을 들어야 하며, 관계 행정기관과의 협의 및 지방도시계획위원회의 **심의**를 거쳐야 한다. 다만, 대통령령으로 정하는 경미한 사항을 변경하는 경우에는 그러하지 아니하다.

⑥ 특별시장 · 광역시장 · 특별자치시장 · 특별자치도지사 · 시장 또는 군수는 성장관리방안을 수립하거나 변경한 경우에는 관계 행정기관의 장에게 관계 서류를 송부하여야 하며, 대통령령으로 정하는 바에 따라 이를 고시하고 일반인이 열람할 수 있도록 하여야 한다.

제59조 개발행위에 대한 도시계획위원회의 심의

① 관계 행정기관의 장은 제56조제1항제1호부터 제3호까지의 행위 중 어느 하나에 해당하는 행위로서 대통령령으로 정하는 행위를 이 법에 따라 허가 또는 변경허가를 하거나 다른 법률에 따라 인가 · 허가 · 승인 또는 협의를 하려면 대통령령으로 정하는 바에 따라 중앙도시계획위원회나 지방도시계획위원회의 **심의**를 거쳐야 한다.(원칙)

② 제1항에도 불구하고 다음 각 호의 어느 하나에 해당하는 개발행위는 중앙도시계획위원회와 지방도시계획위원회의 심의를 거치지 아니한다.(예외)

1. 제8조, 제9조 또는 다른 법률에 따라 도시계획위원회의 심의를 받는 구역에서 하는 개발행위
2. 지구단위계획 또는 성장관리방안을 수립한 지역에서 하는 개발행위
3. 주거지역 · 상업지역 · 공업지역에서 시행하는 개발행위 중 특별시 · 광역시 · 특별자치시 · 특별자치도 · 시 또는 군의 조례로 정하는 규모 · 위치 등에 해당하지 아니하는 개발행위
4. 「환경영향평가법」에 따라 환경영향평가를 받은 개발행위
5. 「도시교통정비 촉진법」에 따라 교통영향평가에 대한 검토를 받은 개발행위
6. 「농어촌정비법」 제2조제4호에 따른 농어촌정비사업 중 대통령령으로 정하는 사업을 위한 개발행위
7. 「산림자원의 조성 및 관리에 관한 법률」에 따른 산림사업 및 「사방사업법」에 따른 사방사업을 위한 개발행위

③ 국토교통부장관이나 지방자치단체의 장은 제2항에도 불구하고 같은 항 제4호 및 제5호에 해당하는 개발행위가 도시·군계획에 포함되지 아니한 경우에는 관계 행정기관의 장에게 대통령령으로 정하는 바에 따라 중앙도시계획위원회나 지방도시계획위원회의 심의를 받도록 요청할 수 있다. 이 경우 관계 행정기관의 장은 특별한 사유가 없으면 요청에 따라야 한다.

제60조 개발행위허가의 이행 보증 등

① 특별시장·광역시장·특별자치시장·특별자치도지사·시장 또는 군수(국토교통부장관×)는 기반시설의 설치나 그에 필요한 용지의 확보, 위해 방지, 환경오염 방지, 경관, 조경 등을 위하여 필요하다고 인정되는 경우로서 대통령령으로 정하는 경우에는 이의 이행을 보증하기 위하여 개발행위허가(다른 법률에 따라 개발행위허가가 의제되는 협의를 거친 인가·허가·승인 등을 포함한다. 이하 이 조에서 같다)를 받는 자로 하여금 **이행보증금**을 예치하게 할 수(하여야×) 있다.(원칙) 다만, 다음 각 호의 어느 하나에 해당하는 경우에는 그러하지 아니하다.(예외)

1. 국가나 지방자치단체가 시행하는 개발행위
2. 「공공기관의 운영에 관한 법률」에 따른 공공기관(이하 "공공기관"이라 한다) 중 대통령령으로 정하는 기관[공기업, 위탁집행형(기금관리형×) 준정부기관]이 시행하는 개발행위
3. 그 밖에 해당 지방자치단체의 조례로 정하는 공공단체가 시행하는 개발행위

② 제1항에 따른 이행보증금의 산정 및 예치방법 등에 관하여 필요한 사항은 대통령령(국토교통부령×)으로 정한다.

③ 특별시장·광역시장·특별자치시장·특별자치도지사·시장 또는 군수는 개발행위허가를 받지 아니하고 개발행위를 하거나 허가내용과 다르게 개발행위를 하는 자에게는 그 토지의 **원상회복**을 명할 수(하여야×) 있다.

④ 특별시장·광역시장·특별자치시장·특별자치도지사·시장 또는 군수는 제3항에 따른 원상회복의 명령을 받은 자가 원상회복을 하지 아니하면 「행정대집행법」에 따른 **행정대집행**에 따라 원상회복을 할 수(하여야×) 있다. 이 경우 행정대집행에 필요한 비용은 제1항에 따라 개발행위허가를 받은 자가 예치한 이행보증금을 사용할 수(하여야×) 있다.

제61조 관련 인·허가등의 의제

① 개발행위허가 또는 변경허가를 할 때에 특별시장 · 광역시장 · 특별자치시장 · 특별자치도지사 · 시장 또는 군수가 그 개발행위에 대한 다음 각 호의 인가 · 허가 · 승인 · 면허 · 협의 · 해제 · 신고 또는 심사 등(이하 "인 · 허가등"이라 한다)에 관하여 제3항에 따라 미리 관계 행정기관의 장과 협의한 사항에 대하여는 그 인 · 허가등을 받은 것으로 본다.

1. 「공유수면 관리 및 매립에 관한 법률」 제8조에 따른 공유수면의 점용 · 사용허가, 같은 법 제17조에 따른 점용 · 사용 실시계획의 승인 또는 신고, 같은 법 제28조에 따른 공유수면의 매립면허 및 같은 법 제38조에 따른 공유수면매립실시계획의 승인
2. 〈삭제〉
3. 「광업법」 제42조에 따른 채굴계획의 인가
4. 「농어촌정비법」 제23조에 따른 농업생산기반시설의 사용허가

> 5. 「농지법」 제34조에 따른 농지전용의 허가 또는 협의, 같은 법 제35조에 따른 농지전용의 신고 및 같은 법 제36조에 따른 농지의 타용도 일시사용의 허가 또는 협의
> 6. 「도로법」 제36조에 따른 도로관리청이 아닌 자에 대한 도로공사 시행의 허가, 같은 법 제52조에 따른 도로와 다른 시설의 연결허가 및 같은 법 제61조에 따른 도로의 점용 허가
> 7. 「장사 등에 관한 법률」 제27조제1항에 따른 무연분묘의 개장 허가
> 8. 「사도법」 제4조에 따른 사도 개설의 허가
> 9. 「사방사업법」 제14조에 따른 토지의 형질 변경 등의 허가 및 같은 법 제20조에 따른 사방지 지정의 해제
> 9의 2. 「산업집적활성화 및 공장설립에 관한 법률」 제13조에 따른 공장설립등의 승인
> 10. 「산지관리법」 제14조 · 제15조에 따른 산지전용허가 및 산지전용신고, 같은 법 제15조의2에 따른 산지일시사용허가 · 신고, 같은 법 제25조제1항에 따른 토석채취허가, 같은 법 제25조제2항에 따른 토사채취신고 및 「산림자원의 조성 및 관리에 관한 법률」 제36조제1항 · 제4항에 따른 입목벌채 등의 허가 · 신고
> 11. 「소하천정비법」 제10조에 따른 소하천공사 시행의 허가 및 같은 법 제14조에 따른 소하천의 점용 허가
> 12. 「수도법」 제52조에 따른 전용상수도 설치 및 같은 법 제54조에 따른 전용공업용수도설치의 인가
> 13. 「연안관리법」 제25조에 따른 연안정비사업실시계획의 승인
> 14. 「체육시설의 설치 · 이용에 관한 법률」 제12조에 따른 사업계획의 승인
> 15. 「초지법」 제23조에 따른 초지전용의 허가, 신고 또는 협의
> 16. 「공간정보의 구축 및 관리 등에 관한 법률」 제15조제3항에 따른 지도등의 간행 심사
> 17. 「하수도법」 제16조에 따른 공공하수도에 관한 공사시행의 허가 및 같은 법 제24조에 따른 공공하수도의 점용허가
> 18. 「하천법」 제30조에 따른 하천공사 시행의 허가 및 같은 법 제33조에 따른 하천 점용의 허가
> 19. 「도시공원 및 녹지 등에 관한 법률」 제24조에 따른 도시공원의 점용허가 및 같은 법 제38조에 따른 녹지의 점용허가

② 제1항에 따른 인 · 허가등의 의제를 받으려는 자는 개발행위허가 또는 변경허가를 신청할 때에 해당 법률에서 정하는 관련 서류를 함께 제출하여야 한다.

③ 특별시장 · 광역시장 · 특별자치시장 · 특별자치도지사 · 시장 또는 군수는 개발행위허가 또는 변경허가를 할 때에 그 내용에 제1항 각 호의 어느 하나에 해당하는 사항이 있으면 미리 관계 행정기관의 장과 **협의**하여야 한다.

④ 제3항에 따라 협의 요청을 받은 관계 행정기관의 장은 요청을 받은 날부터 20일(30일×) 이내에 의견을 제출하여야 하며, 그 기간 내에 의견을 제출하지 아니하면 협의가 이루어진(이루어지지 아니한×) 것으로 본다.

⑤ 국토교통부장관(허가권자×)은 제1항에 따라 의제되는 인 · 허가등의 처리기준을 관계 중앙행정기관으로부터 제출받아 통합하여 **고시**하여야 한다.

제61조의2 개발행위복합민원 일괄협의회

① 특별시장 · 광역시장 · 특별자치시장 · 특별자치도지사 · 시장 또는 군수(국토교통부장관×)는 제61조제3항에 따라 관계 행정기관의 장과 협의하기 위하여 대통령령으로 정하는 바에 따라 개발행위복합민원 일괄협의회를 개최하여야(할 수×) 한다.

② 제61조제3항에 따라 협의 요청을 받은 관계 행정기관의 장은 소속 공무원을 제1항에 따른 개발행위복합민원 일괄협의회에 참석하게 하여야(할 수×) 한다.

제62조 준공검사

① 제56조제1항제1호부터 제3호까지의 행위에 대한 개발행위허가를 받은 자는 그 개발행위를 마치면 국토교통부령으로 정하는 바에 따라 특별시장 · 광역시장 · 특별자치시장 · 특별자치도지사 · 시장 또는 군수의 **준공검사**를 받아야 한다. 다만, 같은 항 제1호의 행위에 대하여 「건축법」 제22조에 따른 건축물의 사용승인을 받은 경우에는 그러하지 아니하다.

② 제1항에 따른 준공검사를 받은 경우에는 특별시장 · 광역시장 · 특별자치시장 · 특별자치도지사 · 시장 또는 군수가 제61조에 따라 의제되는 인 · 허가등에 따른 준공검사 · 준공인가 등에 관하여 제4항에 따라 관계 행정기관의 장과 협의한 사항에 대하여는 그 준공검사 · 준공인가 등을 받은 것으로 본다.

③ 제2항에 따른 준공검사 · 준공인가 등의 의제를 받으려는 자는 제1항에 따른 준공검사를 신청할 때에 해당 법률에서 정하는 관련 서류를 함께 제출하여야 한다.

④ 특별시장 · 광역시장 · 특별자치시장 · 특별자치도지사 · 시장 또는 군수는 제1항에 따른 준공검사를 할 때에 그 내용에 제61조에 따라 의제되는 인 · 허가등에 따른 준공검사 · 준공인가 등에 해당하는 사항이 있으면 미리 관계 행정기관의 장과 협의하여야 한다.

⑤ 국토교통부장관은 제2항에 따라 의제되는 준공검사 · 준공인가 등의 처리기준을 관계 중앙행정기관으로부터 제출받아 통합하여 고시하여야 한다.

★★
■ 개발행위허가 제한권자 및 제한절차

제한권자	시장·군수	내용	제한권자	국토교통부장관, 시·도지사	내용
①		의견청취 없음	①	의견청취	관할하는 시장 또는 군수(주민×, 지방의회×)의 의견을 들어야
②	심의	지방도시계획위원회	②	심의	국토교통부장관 : 중앙도시계획위원회 시·도지사 : 지방도시계획위원회
③	고시	지방자치단체의 공보(관보×) 및 인터넷 홈페이지에 게재	③	고시	국토교통부장관 : 관보(공보×)및 인터넷 홈페이지에 게재 시·도지사 : 지방자치단체의 공보(관보×)및 인터넷 홈페이지에 게재

제63조 개발행위허가의 제한(권자·지역·기간·절차)

① 국토교통부장관, 시·도지사, 시장 또는 군수는 다음 각 호의 어느 하나에 해당되는 지역으로서 도시·군관리계획(도시·군기본계획×)상 특히 필요하다고 인정되는 지역에 대해서는 대통령령으로 정하는 바에 따라 중앙도시계획위원회나 지방도시계획위원회의 **심의**를 거쳐 한 차례(두 차례×, 세 차례×)만 3년 이내의 기간 동안 개발행위허가를 **제한**할 수 있다.(원칙) 다만, 제3호부터 제5호까지에 해당하는 지역에 대해서는 중앙도시계획위원회나 지방도시계획위원회의 심의를 거치지 아니하고 한 차례만 2년(3년×) 이내의 기간 동안 개발행위허가의 제한을 **연장**할 수 있다.(예외)

> 1. 농지지역이나 계획관리지역으로서 수목이 집단적으로 자라고 있거나 조수류 등이 집단적으로 서식하고 있는 지역 또는 우량 농지 등으로 보전할 필요가 있는 지역
> 2. 개발행위로 인하여 주변의 환경 · 경관 · 미관 · 문화재 등이 크게 오염되거나 손상될 우려가 있는 지역
> 3. 도시 · 군기본계획이나 도시 · 군관리계획(광역도시계획×)을 수립하고 있는 지역으로서 그 도시 · 군기본계획이나 도시 · 군관리계획이 결정될 경우 용도지역 · 용도지구 또는 용도구역의 변경이 예상되고 그에 따라 개발행위허가의 기준이 크게 달라질 것으로 예상되는 지역
> 4. 지구단위계획구역으로 지정된 지역
> 5. 기반시설부담구역(개발밀도관리구역×)으로 지정된 지역

② 국토교통부장관, 시·도지사, 시장 또는 군수는 제1항에 따라 개발행위허가를 제한하려면 대통령령으로 정하는 바에 따라 ❶제한지역·❷제한사유·❸제한대상행위 및 ❹제한기간을 미리 (제한) **고시**하여야(할 수×) 한다.

③ 개발행위허가를 제한하기 위하여 제2항에 따라 개발행위허가 제한지역 등을 고시한 국토교통부장관, 시·도지사, 시장 또는 군수는 해당 지역에서 개발행위를 제한할 사유가 없어진 경우에는 그 제한기간이 끝나기 전이라도 지체 없이 개발행위허가의 제한을 **해제**하여야 한다. 이 경우 국토교통부장관, 시·도지사, 시장 또는 군수는 대통령령으로 정하는 바에 따라 해제지역 및 해제시기를 (해제) **고시**하여야 한다.

■ **개발행위허가의 제한** (시행령 제60조)

> ① 법 제63조제1항의 규정에 의하여 개발행위허가를 제한하고자 하는 자가 국토교통부장관인 경우에는 중앙도시계획위원회의 심의를 거쳐야 하며, 시·도지사 또는 시장·군수인 경우에는 당해 지방자치단체에 설치된 지방도시계획위원회의 심의를 거쳐야 한다.
> ② 법 제63조제1항의 규정에 의하여 개발행위허가를 제한하고자 하는 자가 국토교통부장관 또는 시·도지사인 경우에는 제1항의 규정에 의한 중앙도시계획위원회 또는 시·도도시계획위원회의 심의 전에 미리 제한하고자 하는 지역을 관할하는 시장 또는 군수(주민×, 지방의회×)의 **의견**을 들어야 한다.
> ③ 법 제63조제2항에 따른 개발행위허가의 제한 및 같은 조 제3항 후단에 따른 개발행위허가의 제한 해제에 관한 **고시**는 국토교통부장관이 하는 경우에는 관보(공보×)에, 시·도지사 또는 시장·군수가 하는 경우에는 당해 지방자치단체의 공보(관보×)에 게재하는 방법에 의한다.
> ④ 국토교통부장관, 시·도지사, 시장 또는 군수는 제3항에 따라 고시한 내용을 해당 기관의 인터넷 홈페이지에도 게재하여야(할 수×) 한다.

제64조 도시·군계획시설 부지에서의 개발행위

① 특별시장·광역시장·특별자치시장·특별자치도지사·시장 또는 군수는 도시·군계획시설의 설치 장소로 결정된 지상·수상·공중·수중 또는 지하는 그 도시·군계획시설이 아닌 건축물의 건축이나 공작물의 설치를 **허가**하여서는 **아니 된다**. 다만, 대통령령(시행령 제61조)으로 정하는 경우(→도시·군계획시설에 지장이 없는 경우)에는 그러하지 아니하다.

② 특별시장·광역시장·특별자치시장·특별자치도지사·시장 또는 군수는 도시·군계획시설결정의 고시일부터 2년(3년×)이 지날 때까지 그 시설의 설치에 관한 사업이 시행되지 아니한 도시·군계획시설 중 제85조에 따라 단계별 집행계획이 수립되지 아니하거나 단계별 집행계획에서 제1단계(제2단계×) 집행계획(단계별 집행계획을 변경한 경우에는 최초의 단계별 집행계획을 말한다)에 포함되지 아니한 도시·군계획시설의 부지에 대하여는 제1항

에도 불구하고 다음 각 호의 개발행위를 허가할 수 있다.

1. 가설건축물의 건축과 이에 필요한 범위에서의 토지의 형질 변경
2. 도시·군계획시설의 설치에 지장이 없는 공작물의 설치와 이에 필요한 범위에서의 토지의 형질 변경
3. 건축물의 개축 또는 재축과 이에 필요한 범위에서의 토지의 형질 변경(제56조제4항제2호에 해당하는 경우는 제외한다)

③ 특별시장·광역시장·특별자치시장·특별자치도지사·시장 또는 군수는 제2항제1호 또는 제2호에 따라 가설건축물의 건축이나 공작물의 설치를 허가한 토지에서 도시·군계획시설사업이 시행되는 경우에는 그 시행예정일 3개월(1개월×, 30일×)전까지 가설건축물이나 공작물 소유자(허가권자×, 도시·군계획시설 사업시행자×)의 부담으로 그 가설건축물이나 공작물의 철거 등 **원상회복**에 필요한 조치를 명하여야(할 수×) 한다. 다만, 원상회복이 필요하지 아니하다고 인정되는 경우에는 그러하지 아니하다.

④ 특별시장·광역시장·특별자치시장·특별자치도지사·시장 또는 군수는 제3항에 따른 원상회복의 명령을 받은 자가 원상회복을 하지 아니하면 「행정대집행법」에 따른 행정대집행에 따라 **원상회복**을 할 수 있다.

제65조 개발행위에 따른 공공시설 등의 귀속

① 개발행위허가(다른 법률에 따라 개발행위허가가 의제되는 협의를 거친 인가 · 허가 · 승인 등을 포함한다. 이하 이 조에서 같다)를 받은 자가 행정청인 경우 개발행위허가를 받은 자가 새로 공공시설을 설치하거나 기존의 공공시설에 대체되는 공공시설을 설치한 경우에는 「국유재산법」과 「공유재산 및 물품 관리법」에도 불구하고 새로 설치된 공공시설은 그 시설을 관리할 관리청에 무상으로 귀속되고, 종래의 공공시설은 개발행위허가를 받은 자에게 무상(유상×)으로 귀속된다.

② 개발행위허가를 받은 자가 행정청이 아닌 경우 개발행위허가를 받은 자가 새로 설치한 공공시설은 그 시설을 관리할 관리청에 무상(유상×)으로 귀속되고, 개발행위로 용도가 폐지되는 공공시설은 「국유재산법」과 「공유재산 및 물품 관리법」에도 불구하고 새로 설치한 공공시설의 설치비용에 상당하는 범위(전부×)에서 개발행위허가를 받은 자에게 무상(유상×)으로 양도할 수 있다.

③ 특별시장 · 광역시장 · 특별자치시장 · 특별자치도지사 · 시장 또는 군수는 제1항과 제2항에 따른 공공시설의 귀속에 관한 사항이 포함된 개발행위허가를 하려면 미리 해당 공공시설이 속한 관리청의 의견을 들어야 한다. 다만, 관리청이 지정되지 아니한 경우에는 관리청이 지정된 후 준공되기 전에 관리청의 의견을 들어야 하며, 관리청이 불분명한 경우에는 도로 · 하천 등에 대하여는 **국토교통부장관**(기획재정부장관×)을 **관리청**으로 보고, 그 외의 재산에 대하여는 기획재정부장관(시·도지사×)을 **관리청**으로 본다.

④ 특별시장·광역시장·특별자치시장·특별자치도지사·시장 또는 군수가 제3항에 따라 관리청의 의견을 듣고 개발행위허가를 한 경우 개발행위허가를 받은 자는 그 허가에 포함된 공공시설의 점용 및 사용에 관하여 관계 법률에 따른 승인·허가 등을 받은 것으로 보아 개발행위를 할 수 있다. 이 경우 해당 공공시설의 점용 또는 사용에 따른 점용료 또는 사용료는 면제된 것으로 본다.

⑤ 개발행위허가를 받은 자가 행정청인 경우 개발행위허가를 받은 자는 개발행위가 끝나 준공검사를 마친

때에는 해당 시설의 관리청에 공공시설의 종류와 토지의 세목을 통지하여야 한다. 이 경우 공공시설은 그 통지한 날에 해당 시설을 관리할 관리청과 개발행위허가를 받은 자에게 각각 귀속된 것으로 본다.

⑥ 개발행위허가를 받은 자가 행정청이 아닌 경우 개발행위허가를 받은 자는 제2항에 따라 관리청에 귀속되거나 그에게 양도될 공공시설에 관하여 개발행위가 끝나기 전에 그 시설의 관리청에 그 종류와 토지의 세목을 통지하여야 하고, 준공검사를 한 특별시장·광역시장·특별자치시장·특별자치도지사·시장 또는 군수는 그 내용을 해당 시설의 관리청에 통보하여야 한다. 이 경우 공공시설은 준공검사를 받음으로써 그 시설을 관리할 관리청과 개발행위허가를 받은 자에게 각각 귀속되거나 양도된 것으로 본다.

⑦ 제1항부터 제3항까지, 제5항 또는 제6항에 따른 공공시설을 등기할 때에 「부동산등기법」에 따른 등기원인을 증명하는 서면은 제62조제1항에 따른 준공검사를 받았음을 증명하는 서면으로 갈음한다.

⑧ 개발행위허가를 받은 자가 행정청(비행정청×)인 경우 개발행위허가를 받은 자는 제1항에 따라 그에게 귀속된 공공시설의 처분으로 인한 수익금을 도시·군계획사업 외의 목적에 사용하여서는 아니 된다.

⑨ 공공시설의 귀속에 관하여 다른 법률에 특별한 규정이 있는 경우에는 이 법률의 규정에도 불구하고 그(이×) 법률에 따른다.

[제2절] 개발행위에 따른 기반시설의 설치

■ ★개발밀도관리구역 vs 기반시설부담구역

구분	개발밀도관리구역	기반시설부담구역
정의	개발로 인하여 기반시설이 부족할 것으로 예상되나 기반시설을 설치하기 곤란한 지역을 대상으로 건폐율이나 용적률을 강화(완화×, 강화 또는 완화×)하여 적용하기 위하여 제66조에 따라 지정하는 구역을 말한다.	개발밀도관리구역 외의 지역으로서 개발로 인하여 도로, 공원, 녹지 등 대통령령으로 정하는 기반시설의 설치가 필요한(곤란한×) 지역을 대상으로 기반시설을 설치하거나 그에 필요한 용지를 확보하게 하기 위하여 제67조에 따라 지정·고시하는 구역을 말한다.
지정권자	특별시장·광역시장·특별자치시장·특별자치도지사·시장 또는 군수	
지정지역	주거지역·상업지역·공업지역(녹지지역×, 관리지역×, 농림지역×, 자연환경보전지역×)에서의 개발행위로 기반시설의 처리·공급 또는 수용능력이 부족할 것으로 예상되는 지역 중 기반시설의 설치가 곤란한 지역	① 이 법 또는 다른 법령의 제정·개정으로 인하여 행위제한이 완화(강화×)되거나 해제되는 지역 ② 이 법 또는 다른 법령에 따라 지정된 용도지역 등이 변경되거나 해제되어 행위 제한이 완화되는 지역 ③ 해당 지역의 전년도 개발행위허가 건수가 전전년도 개발행위허가 건수보다 20퍼센트(10퍼센트×) 이상 증가(감소×)한 지역 ④ 해당 지역의 전년도 인구증가율이 그 지역이 속하는 특별시·광역시·특별자치시·특별자치도·시 또는 군의 전년도 인구증가율보다 20퍼센트(10퍼센트×) 이상 높은(낮은×) 지역
지정기준	① 당해 지역의 도로서비스 수준이 매우 낮아 차량통행이 현저하게 지체되는 지역 ② 당해 지역의 도로율이 국토교통부령이 정하는 용도지역별 도로율에 20퍼센트(10퍼센트×) 이상 미달하는 지역 ③ 향후 2년(3년×) 이내에 당해 지역의 수도에 대한 수요량이 수도시설의 시설용량을 초과할 것으로 예상되는 지역 ④ 향후 2년 이내에 당해 지역의 하수발생량이 하수시설의 시설용량을 초과할 것으로 예상되는 지역 ⑤ 향후 2년 이내에 당해 지역의 학생수가 학교수용능력을 20퍼센트 이상 초과할 것으로 예상되는 지역	① 기반시설부담구역은 기반시설이 적절하게 배치될 수 있는 규모로서 최소(최대×) 10만 제곱미터(5만 제곱미터×) 이상의 규모가 되도록 지정할 것 ② 소규모 개발행위가 연접하여 시행될 것으로 예상되는 지역의 경우에는 하나의 단위구역으로 묶어서 기반시설부담구역을 지정할 것 ③ 기반시설부담구역의 경계는 도로, 하천, 그 밖의 특색 있는 지형지물을 이용하는 등 경계선이 분명하게 구분되도록 할 것
지정절차	지방도시계획위원회 심의 ⇨ 지정·변경 ⇨ 고시	(주민)의견청취 ⇨ 지방도시계획위원회 심의 ⇨ 지정·변경 ⇨ 고시

구분	개발밀도관리구역	기반시설부담구역
지정 효과	건폐율·용적률 강화 적용[범위 : 당해 용도지역에 적용되는 용적률의 최대한도의 50퍼센트(100퍼센트×)]	기반시설설치계획을 수립하여야 하며, 이를 도시·군관리계획(국가계획×, 광역도시계획×, 도시·군계획×, 도시·군기본계획×)에 반영하여야
기타		**기반시설 표준시설비용** : 국토교통부장관(시·도지사×, 시장·군수×)은 매년 1월 1일을 기준으로 한 기반시설 표준시설비용을 매년 6월 10일(6월 30일×, 12월 31일×)까지 고시하여야 한다.
		물납 : 기반시설설치비용은 현금, 신용카드 또는 직불카드로 납부하도록 하되, 부과대상 토지 및 이와 비슷한 토지로 하는 납부(물납)를 인정할 수 있다. 물납을 신청하려는 자는 납부기한 20일 전(30일 전×)까지 기반시설설치비용, 물납 대상 토지의 면적 및 위치, 물납신청 당시 물납 대상 토지의 개별공시지가 등을 적은 물납신청서를 특별시장·광역시장·특별자치시장·특별자치도지사·시장 또는 군수에게 제출하여야 한다. 특별시장·광역시장·특별자치시장·특별자치도지사·시장 또는 군수는 물납신청서를 받은 날부터 10일 이내(15일 이내×)에 신청인에게 수납 여부를 서면(구두 또는 서면×)으로 알려야 한다.[↔ 특별시장·광역시장·특별자치시장·특별자치도지사·시장 또는 군수는 납부 기일 연기신청서 또는 분할 납부 신청서를 받은 날부터 15일 이내(10일 이내×)에 납부 기일의 연기 또는 분할 납부 여부를 서면으로 알려야 한다.

★ 제66조 개발밀도관리구역

① 특별시장·광역시장·특별자치시장·특별자치도지사·시장 또는 군수[국토교통부장관×, (일반)도지사×]는 주거·상업 또는 공업지역(녹지지역×, 도시지역×)에서의 개발행위로 기반시설(도시·군계획시설을 포함한다)의 처리·공급 또는 수용능력이 부족할 것으로 예상되는 지역 중 기반시설의 설치가 곤란한 지역을 **개발밀도관리구역**으로 지정할 수(하여야×) 있다.

② 특별시장·광역시장·특별자치시장·특별자치도지사·시장 또는 군수는 개발밀도관리구역에서는 대통령령으로 정하는 범위[당해 용도지역에 적용되는 용적률의 최대한도의 50퍼센트(범위 안에서)]에서 제77조나 제78조에 따른 건폐율 또는 용적률을 강화(강화 또는 완화×)하여 적용한다.

③ 특별시장·광역시장·특별자치시장·특별자치도지사·시장 또는 군수는 제1항에 따라 개발밀도관리구역을 지정하거나 변경하려면 다음 각 호의 **사항**을 **포함**하여 해당 지방자치단체에 설치된 지방도시계획위원회(중앙도시계획위원회×)의 **심의**를 거쳐야 한다.

1. 개발밀도관리구역의 명칭
2. 개발밀도관리구역의 범위
3. 제77조나 제78조에 따른 건폐율 또는 용적률의 강화 범위

④ 특별시장·광역시장·특별자치시장·특별자치도지사·시장 또는 군수는 제1항에 따라 개발밀도관리구역을 지정하거나 변경한 경우에는 그 사실을 대통령령으로 정하는 바에 따라 **고시**하여야 한다.

⑤ 개발밀도관리구역의 지정기준, 개발밀도관리구역의 관리 등에 관하여 필요한 사항은 대통령령으로 정하는 바에 따라 국토교통부장관(시·도지사×, 시장·군수×)이 정한다.

■ 개발밀도관리구역의 지정기준 및 관리방법 (시행령 제63조)

국토교통부장관은 법 제66조제5항의 규정에 의하여 개발밀도관리구역의 지정기준 및 관리방법을 정할 때에는 다음 각 호의 사항을 종합적으로 고려하여야 한다.

1. 개발밀도관리구역은 도로·수도공급설비·하수도·학교 등 기반시설의 용량이 부족할 것으로 예상되는 지역중 기반시설의 설치가 곤란한 지역으로서 다음 각목의 1에 해당하는 지역에 대하여 지정할 수 있도록 할 것
   가. 당해 지역의 도로서비스 수준이 매우 낮아 차량통행이 현저하게 지체되는 지역. 이 경우 도로서비스 수준의 측정에 관하여는 「도시교통정비 촉진법」에 따른 교통영향평가의 예에 따른다.
   나. 당해 지역의 도로율이 국토교통부령이 정하는 용도지역별 도로율에 20퍼센트(10퍼센트×) 이상 미달하는 지역
   다. 향후 2년(3년×) 이내에 당해 지역의 수도에 대한 수요량이 수도시설의 시설용량을 초과할 것으로 예상되는 지역
   라. 향후 2년 이내에 당해 지역의 하수발생량이 하수시설의 시설용량을 초과할 것으로 예상되는 지역
   마. 향후 2년 이내에 당해 지역의 학생수가 학교수용능력을 20퍼센트 이상 초과할 것으로 예상되는 지역
2. 개발밀도관리구역의 경계는 도로·하천 그 밖에 특색 있는 지형지물을 이용하거나 용도지역의 경계선을 따라 설정하는 등 경계선이 분명하게 구분되도록 할 것
3. 용적률의 강화범위는 제62조제1항의 규정에 의한 범위안에서 제1호 각목에 규정된 기반시설의 부족정도를 감안하여 결정할 것
4. 개발밀도관리구역안의 기반시설의 변화를 주기적으로(즉시×) 검토하여 용적률을 강화 또는 완화하거나 개발밀도관리구역을 해제하는 등 필요한 조치를 취하도록 할 것

제67조 기반시설부담구역의 지정

① 특별시장·광역시장·특별자치시장·특별자치도지사·시장 또는 군수(국토교통부장관×)는 다음 각 호의 어느 하나에 해당하는 지역에 대하여는 **기반시설부담구역**으로 지정하여야(할 수×) 한다. 다만, 개발행위가 집중되어 특별시장·광역시장·특별자치시장·특별자치도지사·시장 또는 군수가 해당 지역의 계획적 관리를 위하여 필요하다고 인정하면 다음 각 호에 해당하지 아니하는 경우라도 기반시설부담구역으로 지정할 수(하여야×)있다.

1. 이 법 또는 다른 법령의 제정·개정으로 인하여 행위 제한이 완화되거나 해제(완화되거나 강화×)되는 지역
2. 이 법 또는 다른 법령에 따라 지정된 용도지역 등이 변경되거나 해제되어 행위 제한이 완화(강화×)되는 지역
3. 개발행위허가 현황 및 인구증가율 등을 고려하여 대통령령(시행령 제64조)으로 정하는 지역

② 특별시장·광역시장·특별자치시장·특별자치도지사·시장 또는 군수는 기반시설부담구역을 지정 또는 변경하려면 주민(의회×)의 **의견**을 들어야 하며, 해당 지방자치단체에 설치된 지방도시계획위원회의 **심의**를 거쳐 대통령령으로 정하는 바에 따라 이를 **고시**하여야 한다.

③ 〈삭제〉

④ 특별시장·광역시장·특별자치시장·특별자치도지사·시장 또는 군수는 제2항에 따라 기반시설부담구역이 지정되면 대통령령으로 정하는 바에 따라 기반시설설치계획을 **수립**하여야 하며, 이를 도시·군관리계획(도시·군기본계획×)에 **반영**하여야 한다.

⑤ 기반시설부담구역의 지정기준 등에 관하여 필요한 사항은 대통령령으로 정하는 바에 따라 국토교통부장관이 정한다.

■ **기반시설부담구역의 지정기준** (시행령 제66조)

> 국토교통부장관은 법 제67조제5항에 따라 기반시설부담구역의 지정기준을 정할 때에는 다음 각 호의 사항을 종합적으로 고려하여야 한다.
> 1. 기반시설부담구역은 기반시설이 적절하게 배치될 수 있는 규모로서 최소 10만제곱미터(100만 제곱미터×) 이상의 규모가 되도록 지정할 것
> 2. 소규모 개발행위가 연접하여 시행될 것으로 예상되는 지역의 경우에는 하나의 단위구역으로 묶어서 기반시설부담구역을 지정할 것
> 3. 기반시설부담구역의 경계는 도로, 하천, 그 밖의 특색 있는 지형지물을 이용하는 등 경계선이 분명하게 구분되도록 할 것

제68조 기반시설설치비용의 부과대상 및 산정기준

① 기반시설부담구역에서 기반시설설치비용의 부과대상인 건축행위는 제2조제20호에 따른 시설로서 200제곱미터(100 제곱미터×)(기존 건축물의 연면적을 포함한다)를 초과하는 건축물의 신축·증축 행위로 한다. 다만, 기존 건축물을 철거하고 신축하는 경우에는 기존 건축물의 건축연면적을 초과하는 건축행위만 부과대상으로 한다.

② 기반시설설치비용은 기반시설을 설치하는 데 필요한 기반시설 표준시설비용과 용지비용을 합산한 금액에 제1항에 따른 부과대상 건축연면적과 기반시설 설치를 위하여 사용되는 총 비용 중 국가·지방자치단체의 부담분을 제외하고 민간 개발사업자가 부담하는 부담률을 곱한 금액으로 한다. 다만, 특별시장·광역시장·특별자치시장·특별자치도지사·시장 또는 군수가 해당 지역의 기반시설 소요량 등을 고려하여 대통령령으로 정하는 바에 따라 기반시설부담계획을 수립한 경우에는 그 부담계획에 따른다.

③ 제2항에 따른 기반시설 표준시설비용은 기반시설 조성을 위하여 사용되는 단위당 시설비로서 해당 연도의 생산자물가상승률 등을 고려하여 대통령령으로 정하는 바에 따라 국토교통부장관이 고시한다.

④ 제2항에 따른 **용지비용**은 부과대상이 되는 건축행위가 이루어지는 토지를 대상으로 다음 각 호의 기준을 곱하여 산정한 가액(價額)으로 한다.

> 1. 지역별 기반시설의 설치 정도를 고려하여 0.4(0.5×) 범위에서 지방자치단체의 조례로 정하는 **용지환산계수**
> 2. 기반시설부담구역의 개별공시지가 평균 및 대통령령으로 정하는 건축물별 **기반시설유발계수**

■ **기반시설유발계수** (법 제68조제④항제2호, 시행령 제69조제②항)

> 1. 단독주택 : 0.7
> 2. 공동주택 : 0.7
> 3. 제1종 근린생활시설 : 1.3
> 4. **제2종 근린생활시설 : 1.6**
> 5. 문화 및 집회시설 : 1.4
> 6. 종교시설 : 1.4
> 7. 판매시설 : 1.3
> 8. 운수시설 : 1.4
> 9. 의료시설 : 0.9
> 10. 교육연구시설 : 0.7
> 11. 노유자시설 : 0.7
> 12. 수련시설 : 0.7
> 13. 운동시설 : 0.7
> 14. 업무시설 : 0.7
> 15. 숙박시설 : 1.0
> 16. **위락시설 : 2.1**
> 17. 공장
>
> 가. 목재 및 나무제품 제조공장(가구제조공장은 제외한다): 2.1
> 나. 펄프, 종이 및 종이제품 제조공장: 2.5

다. 비금속 광물제품 제조공장 : 1.3
라. 코크스, 석유정제품 및 핵연료 제조공장 : 2.1
마. 가죽, 가방 및 신발제조공장 : 1.0
바. 전자부품, 영상, 음향 및 통신장비 제조공장 : 0.7
사. 음·식료품 제조공장 : 0.5
아. 화합물 및 화학제품 제조공장 : 0.5
자. 섬유제품 제조공장(봉제의복 제조공장은 제외한다) : 0.4
차. 봉제의복 및 모피제품 제조공장 : 0.7
카. 가구 및 그 밖의제품 제조공장 : 0.3
타. 그 밖의 전기기계 및 전기 변환장치 제조공장 : 0.3
파. 조립금속제품 제조공장(기계 및 가구공장을 제외한다) : 0.3
하. 출판, 인쇄 및 기록매체 복제공장 : 0.4
거. 의료, 정밀, 광학기기 및 시계 제조공장 : 0.4
너. 제1차 금속 제조공장 : 0.3
더. 컴퓨터 및 사무용기기 제조공장 : 0.4
러. 재생용 가공원료 생산공장 : 0.3
머. 고무 및 플라스틱 제품 제조공장 : 0.4
버. 그 밖의 운송장비 제조공장 : 0.4
서. 그 밖의 기계 및 장비 제조공장 : 0.4
어. 자동차 및 트레일러 제조공장 : 0.3
저. 담배제조공장 : 0.3

18. 창고시설 : 0.5
19. 위험물저장 및 처리시설 : 0.7
20. 자동차관련시설 : 0.7
21. 동물 및 식물관련시설 : 0.7
22. 자원순환 관련 시설 : 1.4
23. 교정 및 군사시설 : 0.7
24. 방송통신시설 : 0.8
25. 발전시설 : 0.7
26. 묘지 관련 시설 : 0.7
27. **관광휴게시설 : 1.9**
28. 장례시설 : 0.7

⑤ 제2항에 따른 민간 개발사업자가 부담하는 부담률은 100분의 20(100분의 25×)으로 하며, 특별시장·광역시장·특별자치시장·특별자치도지사·시장 또는 군수가 건물의 규모, 지역 특성 등을 고려하여 100분의 25(100분의 20×)의 범위에서 부담률을 가감할 수 있다.

⑥ 제69조제1항에 따른 납부의무자가 다음 각 호의 어느 하나에 해당하는 경우에는 이 법에 따른 기반시설설치비용에서 감면한다.

1. 제2조제19호에 따른 기반시설을 설치하거나 그에 필요한 용지를 확보한 경우
2. 「도로법」 제91조에 따른 원인자 부담금 등 대통령령으로 정하는 비용을 납부한 경우

⑦ 제6항에 따른 감면기준 및 감면절차와 그 밖에 필요한 사항은 대통령령으로 정한다.

제69조 기반시설설치비용의 납부 및 체납처분

① 제68조제1항에 따른 건축행위를 하는 자(건축행위의 위탁자 또는 지위의 승계자 등 대통령령으로 정하는 자를 포함한다. 이하 "납부의무자"라 한다)는 기반시설설치비용을 내야 한다.

② 특별시장·광역시장·특별자치시장·특별자치도지사·시장 또는 군수는 납부의무자가 국가 또는 지방자치단체로부터 건축허가(다른 법률에 따른 사업승인 등 건축허가가 의제되는 경우에는 그 사업승인)를 받은 날부터 2개월 이내에 기반시설설치비용을 부과하여야 하고, 납부의무자는 사용승인(다른 법률에 따라 준공검사 등 사용승인이 의제되는 경우에는 그 준공검사) 신청 시까지 이를 내야 한다.

③ 특별시장·광역시장·특별자치시장·특별자치도지사·시장 또는 군수는 납부의무자가 제2항에서 정한 때까지 기반시설설치비용을 내지 아니하는 경우에는 「지방세외수입금의 징수 등에 관한 법률」에 따라 징수할 수 있다.

④ 특별시장·광역시장·특별자치시장·특별자치도지사·시장 또는 군수는 기반시설설치비용을 납부한 자가 사용승인 신청 후 해당 건축행위와 관련된 기반시설의 추가 설치 등 기반시설설치비용을 환급하

여야 하는 사유가 발생하는 경우에는 그 사유에 상당하는 기반시설설치비용을 환급하여야 한다.

⑤ 그 밖에 기반시설설치비용의 부과절차, 납부 및 징수방법, 환급사유 등에 관하여 필요한 사항은 대통령령으로 정할 수 있다.

제70조 기반시설설치비용의 관리 및 사용 등

① 특별시장·광역시장·특별자치시장·특별자치도지사·시장 또는 군수는 기반시설설치비용의 관리 및 운용을 위하여 기반시설부담구역별로 특별회계를 설치하여야 하며, 그에 필요한 사항은 지방자치단체의 조례로 정한다.

② 제69조제2항에 따라 납부한 기반시설설치비용은 해당 기반시설부담구역에서 제2조제19호에 따른 기반시설의 설치 또는 그에 필요한 용지의 확보 등을 위하여 사용하여야 한다. 다만, 해당 기반시설부담구역에 사용하기가 곤란한 경우로서 대통령령으로 정하는 경우에는 해당 기반시설부담구역의 기반시설과 연계된 기반시설의 설치 또는 그에 필요한 용지의 확보 등에 사용할 수 있다.

③ 기반시설설치비용의 관리, 사용 등에 필요한 사항은 대통령령으로 정하는 바에 따라 국토교통부장관이 정한다.

제71조 ~ 제75조 <삭제>

제6장 용도지역·용도지구 및 용도구역에서의 행위제한

제76조 용도지역 및 용도지구에서의 건축물의 건축 제한 등

① 제36조에 따라 지정된 용도지역에서의 건축물이나 그 밖의 시설의 용도·종류 및 규모 등의 제한에 관한 사항은 **대통령령**으로 정한다.

★★
■ 용도지역 안에서의 건축제한 (시행령 제71조 – 별표 2~22)

법 제76조제1항에 따른 용도지역안에서의 건축물의 용도·종류 및 규모 등의 제한(이하 "건축제한"이라 한다)은 다음 각호와 같다.

1. 제1종전용주거지역안에서 건축할 수 있는 건축물 : 별표 2에 규정된 건축물
2. 제2종전용주거지역안에서 건축할 수 있는 건축물 : 별표 3에 규정된 건축물
3. 제1종일반주거지역안에서 건축할 수 있는 건축물 : 별표 4에 규정된 건축물
4. 제2종일반주거지역안에서 건축할 수 있는 건축물 : 별표 5에 규정된 건축물
5. 제3종일반주거지역안에서 건축할 수 있는 건축물 : 별표 6에 규정된 건축물
6. 준주거지역안에서 건축할 수 없는 건축물 : 별표 7에 규정된 건축물
7. 중심상업지역안에서 건축할 수 없는 건축물 : 별표 8에 규정된 건축물
8. 일반상업지역안에서 건축할 수 없는 건축물 : 별표 9에 규정된 건축물
9. 근린상업지역안에서 건축할 수 없는 건축물 : 별표 10에 규정된 건축물
10. 유통상업지역안에서 건축할 수 없는 건축물 : 별표 11에 규정된 건축물
11. 전용공업지역안에서 건축할 수 있는 건축물 : 별표 12에 규정된 건축물
12. 일반공업지역안에서 건축할 수 있는 건축물 : 별표 13에 규정된 건축물
13. 준공업지역안에서 건축할 수 없는 건축물 : 별표 14에 규정된 건축물
14. 보전녹지지역안에서 건축할 수 있는 건축물 : 별표 15에 규정된 건축물
15. 생산녹지지역안에서 건축할 수 있는 건축물 : 별표 16에 규정된 건축물
16. 자연녹지지역안에서 건축할 수 있는 건축물 : 별표 17에 규정된 건축물
17. 보전관리지역안에서 건축할 수 있는 건축물 : 별표 18에 규정된 건축물
18. 생산관리지역안에서 건축할 수 있는 건축물 : 별표 19에 규정된 건축물
19. 계획관리지역안에서 건축할 수 없는 건축물 : 별표 20에 규정된 건축물
20. 농림지역안에서 건축할 수 있는 건축물 : 별표 21에 규정된 건축물
21. 자연환경보전지역안에서 건축할 수 있는 건축물 : 별표 22에 규정된 건축물

(1) 건축할 수 있는 건축물

용도지역	건축가능 건축물
제1종일반주거지역	단독주택, 공동주택(아파트 제외), 제1종 근린생활시설, 교육연구시설 중 유치원·초등학교·중학교·고등학교(대학교×), 노유자시설, 도시·군계획조례가 정하는 바에 의하여 건축할 수 있는 건축물(4층 이하의 건축물에 한한다. 다만, 4층 이하의 범위안에서 도시·군계획조례로 따로 층수를 정하는 경우에는 그 층수 이하의 건축물에 한한다)
제2종일반주거지역 제3종일반주거지역	제1종일반주거지역에서 건축할 수 있는 건축물 + 공동주택(아파트 포함) + 종교시설
자연환경보전지역	단독주택으로서 현저한 자연훼손을 가져오지 아니하는 범위 안에서 건축하는 농어가주택, 교육연구시설 중 초등학교(유치원·중학교·고등학교·대학교×), 도시·군계획조례가 정하는 바에 의하여 건축할 수 있는 건축물

▌제6장 핵심▐

1. 건축제한(건축물 종류) (제76조 제①항)
2. 건폐율·용적률 (제77조·제78조)
3. 대지가 2이상의 용도지역등에 걸치는 경우 적용기준 (제84조)

출제자 의도

용도지역·용도지구·용도구역에서의 행위제한

- 용도지역·용도지구별 건축 가능·불가능한 건축물을 구별할 수 있는가?
- 세분 용도지역별 건폐율·용적률의 최대수치를 알고 있는가?
- 용도구역별 행위제한의 규제법과 행위제한의 내용을 알고 있는가?(특히, 시가화조정구역)
- 둘 이상의 용도지역·용도지구·용도구역에 걸치는 대지에 대한 적용기준의 원칙과 예외를 사례를 통해서 이해할 수 있는가?

※ 용도지역 건축물 종류 제한

- **단독주택 전면적 건축금지 용도지역**

유통상업지역, 전용공업지역

- **아파트 전면적 건축금지 용도지역**

도시지역중 제1종전용주거지역, 제1종일반주거지역, 유통상업지역, 전용공업지역, 일반공업지역, 녹지지역, 관리지역, 농림지역, 자연환경보전지역

- **자연환경보전지역내 건축 가능 건축물**

농어가 단독주택, 초등학교(도시·군계획조례상으로는 제1종 근생도 가능)

- **모든 용도지역 건축가능 건축물**

제1종 근린생활시설

(2) 건축할 수 없는 건축물

용도지역	건축불가능 건축물
준주거지역	제2종 근린생활시설 중 단란주점, 의료시설 중 격리병원, 숙박시설, 위락시설, 위험물 저장 및 처리 시설 중 시내버스차고지 외의 지역에 설치하는 액화석유가스 충전소 및 고압가스 충전소·저장소, 자동차 관련 시설 중 폐차장, 동물 및 식물 관련 시설 중 축사·도축장·도계장, 자원순환 관련 시설, 묘지 관련 시설, 지역 여건 등을 고려하여 도시·군계획조례로 정하는 바에 따라 건축할 수 없는 건축물

② 제37조에 따라 지정된 용도지구에서의 건축물이나 그 밖의 시설의 용도·종류 및 규모 등의 제한에 관한 사항은 **이 법** 또는 **다른 법률**에 특별한 규정이 있는 경우 외에는 대통령령으로 정하는 기준에 따라 특별시·광역시·특별자치시·특별자치도·시 또는 군의 **조례**로 정할 수 있다.

■ **용도지구에서의 (건축)행위제한 법규** (시행령 72조 ~ 제82조)

원칙	도시·군계획조례		
예외	고도지구		도시·군관리계획
	시설보호지구 중 공항시설보호지구		항공법
	취락지구	자연취락지구	국토의 계획 및 이용에 관한 법률
	취락지구	집단취락지구	개발제한구역의 지정 및 관리에 관한 특별조치법
	개발진흥지구		지구단위계획 또는 개발계획

③ 제1항과 제2항에 따른 건축물이나 그 밖의 시설의 용도·종류 및 규모 등의 제한은 해당 용도지역과 용도지구의 지정목적에 적합하여야 한다.

④ 건축물이나 그 밖의 시설의 용도·종류 및 규모 등을 변경하는 경우 변경 후의 건축물이나 그 밖의 시설의 용도·종류 및 규모 등은 제1항과 제2항에 맞아야 한다.

⑤ 다음 각 호의 어느 하나에 해당하는 경우의 건축물이나 그 밖의 시설의 용도·종류 및 규모 등의 제한에 관하여는 제1항부터 제4항까지의 규정에도 불구하고 각 호에서 정하는 바에 따른다.

1. 제37조제1항제6호에 따른 취락지구에서는 취락지구의 지정목적 범위에서 대통령령으로 따로 정한다. → 다음표 참고
1의2. 제37조제1항제7호에 따른 개발진흥지구에서는 개발진흥지구의 지정목적 범위에서 대통령령으로 따로 정한다.
1의3. 제37조제1항제9호에 따른 복합용도지구의 지정목적 범위에서 대통령령으로 따로 정한다.
2. 「산업입지 및 개발에 관한 법률」 제2조제5호라목에 따른 농공단지에서는 같은 법에서 정하는 바에 따른다.
3. 농림지역 중 농업진흥지역, 보전산지 또는 초지인 경우에는 각각 「농지법」, 「산지관리법」 또는 「초지법」에서 정하는 바에 따른다.
4. 자연환경보전지역 중 「자연공원법」에 따른 공원구역, 「수도법」에 따른 상수원보호구역, 「문화재보호법」에 따라 지정된 지정문화재 또는 천연기념물과 그 보호구역, 「해양생태계의 보전 및 관리에 관한 법률」에 따른 해양보호구역인 경우에는 각각 「자연공원법」, 「수도법」 또는 「문화재보호법」 또는 「해양생태계의 보전 및 관리에 관한 법률」에서 정하는 바에 따른다.
5. 자연환경보전지역 중 수산자원보호구역인 경우에는 「수산자원관리법」에서 정하는 바에 따른다.

■ **용도지구 중 취락지구 안에서 건축할 수 있는 건축물** (시행령 제78조 – 별표 23)

용도지구	건축가능 건축물
자연취락지구	단독주택, 제1종 근린생활시설, 일부 제2종 근린생활시설, 운동시설, 창고(농업·임업·축산업·수산업용만 해당한다), 동물 및 식물관련시설, 교정 및 국방·군사시설, 방송통신시설, 발전시설, 도시·군계획조례가 정하는 바에 의하여 건축할 수 있는 건축물 → 4층 이하의 건축물에 한한다.
집단취락지구	집단취락지구안에서의 건축제한에 관하여는 개발제한구역의 지정 및 관리에 관한 특별조치법령이 정하는 바에 의한다.

⑥ 보전관리지역이나 생산관리지역에 대하여 농림축산식품부장관 · 해양수산부장관 · 환경부장관 또는 산림청장이 농지 보전, 자연환경 보전, 해양환경 보전 또는 산림 보전에 필요하다고 인정하는 경우에는 「농지법」, 「자연환경보전법」, 「야생생물 보호 및 관리에 관한 법률」, 「해양생태계의 보전 및 관리에 관한 법률」 또는 「산림자원의 조성 및 관리에 관한 법률」에 따라 건물이나 그 밖의 시설의 용도 · 종류 및 규모 등을 제한할 수 있다. 이 경우 이 법에 따른 제한의 취지와 형평을 이루도록 하여야 한다.

■ **건폐율 · 용적률 · 층수**

건폐율 = 건축면적 / 대지면적 (×100%) 건축면적 : 건축물 외벽(내벽×)의 중심선(안×, 밖×)으로 둘러싸인 부분의 면적

용적률 = 연면적 / 대지면적 (×100%) (단, 용적률상 연면적 계산시 지하층, 지상층의 주차용, 주민공동시설, 피난안전구역의 면적은 제외됨)

층 수 = 연면적 / 건축면적

→ 용적률에서 구할 수 있다 : 연면적 = 대지면적×용적률

→ 건폐율에서 구할 수 있다 : 건축면적 = 대지면적×건폐율

★★

제77조 용도지역의 건폐율

① 제36조에 따라 지정된 용도지역에서 건폐율의 최대한도는 관할 구역의 면적과 인구 규모, 용도지역의 특성 등을 고려하여 다음 각 호의 범위에서 대통령령으로 정하는 기준에 따라 특별시·광역시·특별자치시·특별자치도·시 또는 군의 조례(도시·군계획조례○, 도시·군관리계획×)로 정한다.

1. 도시지역

가. 주거지역 : 70퍼센트 이하

나. 상업지역 : 90퍼센트 이하

다. 공업지역 : 70퍼센트 이하

라. 녹지지역 : 20퍼센트 이하

2. 관리지역
　가. 보전관리지역 : 20퍼센트 이하
　나. 생산관리지역 : 20퍼센트 이하
　다. 계획관리지역 : 40퍼센트 이하
3. 농림지역 : 20퍼센트 이하
4. 자연환경보전지역 : 20퍼센트 이하

② 제36조제2항에 따라 세분된 용도지역에서의 건폐율에 관한 기준은 제1항 각 호의 범위에서 대통령령으로 따로 정한다.

■ 용도지역안에서의 건폐율 (시행령 제84조)

① 법 제77조제1항 및 제2항의 규정에 의한 건폐율은 다음 각호의 범위안에서 특별시·광역시·특별자치시·특별자치도·시 또는 군의 도시·군계획조례가 정하는 비율을 초과하여서는 아니된다.

1. 제1종전용주거지역 : 50퍼센트 이하
2. 제2종전용주거지역 : 50퍼센트 이하
3. 제1종일반주거지역 : 60퍼센트 이하
4. 제2종일반주거지역 : 60퍼센트 이하
5. 제3종일반주거지역 : 50퍼센트 이하
6. 준주거지역 : 70퍼센트 이하
7. 중심상업지역 : 90퍼센트 이하
8. 일반상업지역 : 80퍼센트 이하
9. 근린상업지역 : 70퍼센트 이하
10. 유통상업지역 : 80퍼센트 이하
11. 전용공업지역 : 70퍼센트 이하
12. 일반공업지역 : 70퍼센트이하
13. 준공업지역 : 70퍼센트 이하
14. 보전녹지지역 : 20퍼센트 이하
15. 생산녹지지역 : 20퍼센트 이하
16. 자연녹지지역 : 20퍼센트 이하
17. 보전관리지역 : 20퍼센트 이하
18. 생산관리지역 : 20퍼센트 이하
19. 계획관리지역 : 40퍼센트 이하
20. 농림지역 : 20퍼센트 이하
21. 자연환경보전지역 : 20퍼센트 이하

② 제1항의 규정에 의하여 도시·군계획조례로 용도지역별 건폐율을 정함에 있어서 필요한 경우에는 당해 지방자치단체의 관할구역을 세분하여 건폐율을 달리 정할 수 있다.

③ 법 제77조제3항제2호에서 "대통령령으로 정하는 용도지역"이란 자연녹지지역을 말한다.

④ 법 제77조제3항에 따라 다음 각 호의 지역에서의 건폐율은 각 호에서 정한 범위에서 특별시·광역시·특별자치시·특별자치도·시 또는 군의 도시·군계획조례로 정하는 비율을 초과하여서는 아니된다.

1. 취락지구 : 60퍼센트 이하(집단취락지구에 대하여는 개발제한구역의 지정 및 관리에 관한 특별조치법령이 정하는 바에 의한다)
2. 개발진흥지구 : 다음 각 목에서 정하는 비율 이하
　가. 도시지역 외의 지역에 지정된 경우 : 40퍼센트
　나. 자연녹지지역에 지정된 경우 : 30퍼센트
3. 수산자원보호구역 : 40퍼센트 이하
4. 「자연공원법」에 따른 자연공원 : 60퍼센트 이하
5. 「산업입지 및 개발에 관한 법률」 제2조제8호 라목의 규정에 따른 농공단지 : 70퍼센트 이하
6. 공업지역에 있는 「산업입지 및 개발에 관한 법률」 제2조제8호가목부터 다목까지의 규정에 따른 국가산업단지·일반산업단지·도시첨단산업단지 및 같은 조 제12호에 따른 준산업단지: 80퍼센트 이하

④ 특별시장·광역시장·특별자치시장·특별자치도지사·시장 또는 군수가 법 제77조제4항제1호의 규정에 의하여 도시지역에서 토지이용의 과밀화를 방지하기 위하여 건폐율을 낮추어야 할 필요가 있다고 인정하여 당해 지방자치단체에 설치된 도시계획위원회의 심의를 거쳐 정한 구역안에서의 건축물의 경우에는 그 건폐율은 그 구역에 적용할 건폐율의 최대한도의 40퍼센트 이상의 범위안에서 특별시·광역시·특별자치시·특별자치도·시 또는 군의 도시·군계획조례가 정하는 비율을 초과하여서는 아니된다.

③ 다음 각 호의 어느 하나에 해당하는 지역에서의 건폐율에 관한 기준은 제1항과 제2항에도 불구하고 80퍼센트 이하의 범위에서 대통령령으로 정하는 기준에 따라 특별시·광역시·특별자치시·특별자치도·시 또는 군의 조례로 따로 정한다.

1. 제37조제1항제6호에 따른 취락지구
2. 제37조제1항제7호에 따른 개발진흥지구(도시지역 외의 지역 또는 대통령령으로 정하는 용도지역만 해당한다.)
3. 제40조에 따른 수산자원보호구역
4. 「자연공원법」에 따른 자연공원
5. 「산업입지 및 개발에 관한 법률」 제2조제5호라목에 따른 농공단지
6. 공업지역에 있는 「산업입지 및 개발에 관한 법률」 제2조제5호가목부터 다목까지의 규정에 따른 국가산업단지, 일반산업단지 및 도시첨단산업단지와 같은 조 제7호에 따른 준산업단지

④ 다음 각 호의 어느 하나에 해당하는 경우로서 대통령령으로 정하는 경우에는 제1항에도 불구하고 대통령령으로 정하는 기준에 따라 특별시·광역시·특별자치시·특별자치도·시 또는 군의 조례로 건폐율을 따로 정할 수 있다.

1. 토지이용의 과밀화를 방지하기 위하여 건폐율을 강화할 필요가 있는 경우
2. 주변 여건을 고려하여 토지의 이용도를 높이기 위하여 건폐율을 완화할 필요가 있는 경우
3. 녹지지역, 보전관리지역, 생산관리지역, 농림지역 또는 자연환경보전지역에서 농업용·임업용·어업용 건축물을 건축하려는 경우
4. 보전관리지역, 생산관리지역, 농림지역 또는 자연환경보전지역에서 주민생활의 편익을 증진시키기 위한 건축물을 건축하려는 경우

⑤ 계획관리지역 · 생산관리지역 및 대통령령으로 정하는 녹지지역에서 성장관리방안을 수립한 경우에는 제1항에도 불구하고 50퍼센트(80퍼센트×) 이하의 범위에서 대통령령으로 정하는 기준에 따라 특별시 · 광역시 · 특별자치시 · 특별자치도 · 시 또는 군의 조례로 건폐율을 따로 정할 수(하여야×) 있다.

제78조 용도지역에서의 용적률 ★★

① 제36조에 따라 지정된 용도지역에서 용적률의 최대한도는 관할 구역의 면적과 인구 규모, 용도지역의 특성 등을 고려하여 다음 각 호의 범위에서 **대통령령**으로 정하는 기준에 따라 특별시 · 광역시 · 특별자치시 · 특별자치도 · 시 또는 군의 **조례**로 정한다.

1. 도시지역
- 가. 주거지역 : 500퍼센트 이하
- 나. 상업지역 : 1천500퍼센트 이하
- 다. 공업지역 : 400퍼센트 이하
- 라. 녹지지역 : 100퍼센트 이하

2. 관리지역
- 가. 보전관리지역 : 80퍼센트 이하
- 나. 생산관리지역 : 80퍼센트 이하
- 다. 계획관리지역 : 100퍼센트 이하. 다만, 성장관리방안을 수립한 지역의 경우 해당 지방자치단체의 조례로 125퍼센트 이내에서 완화하여 적용할 수 있다.

3. 농림지역 : 80퍼센트 이하

4. 자연환경보전지역 : 80퍼센트 이하

■ 용도지역 안에서의 용적률 (시행령 제85조)

① 법 제78조제1항 및 제2항의 규정에 의한 용적률은 다음 각호의 범위안에서 관할구역의 면적, 인구규모 및 용도지역의 특성 등을 감안하여 특별시· 광역시·특별자치시·특별자치도·시 또는 군의 도시·군계획조례가 정하는 비율을 초과하여서는 아니된다.

1. 제1종전용주거지역 : 50퍼센트 이상 100퍼센트 이하
2. 제2종전용주거지역 : 100퍼센트 이상 150퍼센트 이하
3. 제1종일반주거지역 : 100퍼센트 이상 200퍼센트 이하
4. 제2종일반주거지역 : 150퍼센트 이상 250퍼센트 이하
5. 제3종일반주거지역 : 200퍼센트 이상 300퍼센트 이하
6. 준주거지역 : 200퍼센트 이상 500퍼센트 이하
7. 중심상업지역 : 400퍼센트 이상 1천500퍼센트 이하
8. 일반상업지역 : 300퍼센트 이상 1천300퍼센트 이하
9. 근린상업지역 : 200퍼센트 이상 900퍼센트 이하
10. 유통상업지역 : 200퍼센트 이상 1천100퍼센트 이하
11. 전용공업지역 : 150퍼센트 이상 300퍼센트 이하
12. 일반공업지역 : 200퍼센트 이상 350퍼센트 이하
13. 준공업지역 : 200퍼센트 이상 400퍼센트 이하
14. 보전녹지지역 : 50퍼센트 이상 80퍼센트 이하
15. 생산녹지지역 : 50퍼센트 이상 100퍼센트 이하
16. 자연녹지지역 : 50퍼센트 이상 100퍼센트 이하
17. 보전관리지역 : 50퍼센트 이상 80퍼센트 이하
18. 생산관리지역 : 50퍼센트 이상 80퍼센트 이하
19. 계획관리지역 : 50퍼센트 이상 100퍼센트 이하
20. 농림지역 : 50퍼센트 이상 80퍼센트 이하
21. 자연환경보전지역 : 50퍼센트 이상 80퍼센트 이하

② 제1항의 규정에 의하여 도시·군계획조례로 용도지역별 용적률을 정함에 있어서 필요한 경우에는 당해 지방자치단체의 관할구역을 세분하여 용적률을 달리 정할 수 있다.

③ 제1항에도 불구하고 다음 각 호의 어느 하나에 해당하는 경우에는 해당 지역의 용적률을 다음 각 호의 구분에 따라 완화할 수 있다.

1. 제1항제1호부터 제6호까지의 지역에서 임대주택(「민간임대주택에 관한 특별법」에 따른 민간임대주택 또는 「공공주택 특별법」에 따른 공공임대주택으로서 각각 임대의무기간이 8년 이상인 경우에 한정한다)을 건설하는 경우: 제1항제1호부터 제6호까지에 따른 용적률의 120퍼센트 이하의 범위에서 도시·군계획조례로 정하는 비율
2. 다음 각 목의 어느 하나에 해당하는 자가 「고등교육법」 제2조에 따른 학교의 학생이 이용하도록 해당 학교 부지 외에 「건축법 시행령」 별표 1 제2호라목에 따른 기숙사(이하 이 항에서 "기숙사"라 한다)를 건설하는 경우: 제1항 각 호에 따른 용도지역별 최대한도의 범위에서 도시·군계획조례로 정하는 비율

가. 국가 또는 지방자치단체
나. 「사립학교법」에 따른 학교법인
다. 「한국사학진흥재단법」에 따른 한국사학진흥재단
라. 「한국장학재단 설립 등에 관한 법률」에 따른 한국장학재단

마. 가목부터 라목까지의 어느 하나에 해당하는 자가 단독 또는 공동으로 출자하여 설립한 법인
3. 「고등교육법」 제2조에 따른 학교의 학생이 이용하도록 해당 학교 부지에 기숙사를 건설하는 경우: 제1항 각 호에 따른 용도지역별 최대한도의 범위에서 도시 ·군계획조례로 정하는 비율
4. 「영유아보육법」 제14조제1항에 따른 사업주가 같은 법 제10조제4호의 직장어린이집을 설치하기 위하여 기존 건축물 외에 별도의 건축물을 건설하는 경우: 제1항 각 호에 따른 용도지역별 최대한도의 범위에서 도시· 군계획조례로 정하는 비율
5. 제10항 각 호의 어느 하나에 해당하는 시설을 국가 또는 지방자치단체가 건설하는 경우 : 제1항 각 호에 따른 용도지역별 최대한도의 범위에서 도시·군계획조례로 정하는 비율

④ 제3항의 규정은 제46조제9항 각 호의 어느 하나에 해당되는 경우에는 이를 적용하지 아니한다.

⑤ 제1항에도 불구하고 법 제37조제4항 후단에 따른 방재지구의 재해저감대책에 부합하게 재해예방시설을 설치하는 건축물의 경우 제1항제1호부터 제13호까지의 용도지역에서는 해당 용적률의 120퍼센트 이하의 범위에서 도시·군계획조례로 정하는 비율로 할 수 있다.

⑥ 법 제78조제3항의 규정에 의하여 다음 각 호의 지역 안에서의 용적률은 각 호에서 정한 범위 안에서 특별시·광역시·특별자치시·특별자치도·시 또는 군의 도시·군계획조례가 정하는 비율을 초과하여서는 아니된다.
1. 도시지역외의 지역에 지정된 개발진흥지구 : 100퍼센트 이하
2. 수산자원보호구역 : 80퍼센트 이하
3. 「자연공원법」에 따른 자연공원: 100퍼센트 이하
4. 「산업입지 및 개발에 관한 법률」 제2조제8호라목에 따른 농공단지(도시지역외의 지역에 지정된 농공단지에 한한다) : 150퍼센트 이하

⑦ 법 제78조제4항의 규정에 의하여 준주거지역·중심상업지역·일반상업지역 ·근린상업지역·전용공업지역·일반공업지역 또는 준공업지역안의 건축물로서 다음 각호의 1에 해당하는 건축물에 대한 용적률은 경관·교통·방화 및 위생상 지장이 없다고 인정되는 경우에는 제1항 각호의 규정에 의한 해당 용적률의 120퍼센트 이하의 범위안에서 특별시·광역시·특별자치시·특별자치도·시 또는 군의 도시·군계획조례가 정하는 비율로 할 수 있다.
1. 공원·광장(교통광장을 제외한다. 이하 이 조에서 같다)·하천 그 밖에 건축이 금지된 공지에 접한 도로를 전면도로로 하는 대지안의 건축물이나 공원·광장·하천 그 밖에 건축이 금지된 공지에 20미터 이상 접한 대지안의 건축물
2. 너비 25미터 이상인 도로에 20미터 이상 접한 대지안의 건축면적이 1천제곱미터 이상인 건축물

⑧ 법 제78조제4항의 규정에 의하여 다음 각호의 지역·지구 또는 구역안에서 건축물을 건축하고자 하는 자가 그 대지의 일부를 공공시설부지로 제공하는 경우에는 당해 건축물에 대한 용적률은 제1항 각호의 규정에 의한 해당 용적률의 200퍼센트 이하의 범위안에서 대지면적의 제공비율에 따라 특별시·광역시·특별자치시·특별자치도·시 또는 군의 도시·군계획조례가 정하는 비율로 할 수 있다.
1. 상업지역
2. 〈삭제〉
3. 「도시 및 주거환경정비법」에 따른 재개발사업 및 재건축사업을 시행하기 위한 정비구역

⑨ 법 제78조제5항에서 "창고 등 대통령령으로 정하는 용도의 건축물 또는 시설물"이란 창고를 말한다.

⑩ 법 제78조제6항 전단에서 "대통령령으로 정하는 시설"이란 다음 각 호의 시설을 말한다.
1. 「영유아보육법」 제2조제3호에 따른 어린이집

2. 「노인복지법」 제36조제1항제1호에 따른 노인복지관
3. 그 밖에 특별시장·광역시장·특별자치시장·특별자치도지사·시장 또는 군수가 해당 지역의 사회복지시설 수요를 고려하여 도시·군계획조례로 정하는 사회복지시설

⑪ 제1항에도 불구하고 건축물을 건축하려는 자가 법 제78조제6항 전단에 따라 그 대지의 일부에 사회복지시설을 설치하여 기부하는 경우에는 기부하는 시설의 연면적의 2배 이하의 범위에서 도시·군계획조례로 정하는 바에 따라 추가 건축을 허용할 수 있다. 다만, 해당 용적률은 다음 각 호의 기준을 초과할 수 없다.
1. 제1항에 따라 도시·군계획조례로 정하는 용적률의 120퍼센트
2. 제1항 각 호의 구분에 따른 용도지역별 용적률의 최대한도

⑫ 국가나 지방자치단체는 법 제78조제6항 전단에 따라 기부 받은 사회복지시설을 제10항 각 호에 따른 시설 외의 시설로 용도변경하거나 그 주요 용도에 해당하는 부분을 분양 또는 임대할 수 없으며, 해당 시설의 면적이나 규모를 확장하여 설치장소를 변경(지방자치단체에 기부한 경우에는 그 관할 구역 내에서의 설치장소 변경을 말한다)하는 경우를 제외하고는 국가나 지방자치단체 외의 자에게 그 시설의 소유권을 이전할 수 없다.

② 제36조제2항에 따라 세분된 용도지역에서의 용적률에 관한 기준은 제1항 각 호의 범위에서 대통령령으로 따로 정한다.

③ 제77조제3항제2호부터 제5호까지의 규정에 해당하는 지역에서의 용적률에 대한 기준은 제1항과 제2항에도 불구하고 200퍼센트 이하의 범위에서 대통령령으로 정하는 기준에 따라 특별시·광역시·특별자치시·특별자치도·시 또는 군의 조례로 따로 정한다.

■ 용적률의 완화 한도 (시행령 제85조제⑥항)

법 제78조제3항의 규정에 의하여 다음 각 호의 지역 안에서의 용적률은 각 호에서 정한 범위 안에서 특별시·광역시·특별자치시·특별자치도·시 또는 군의 도시·군계획조례가 정하는 비율을 초과하여서는 아니된다.
1. 도시지역외의 지역에 지정된 개발진흥지구 : 100퍼센트 이하
2. 수산자원보호구역 : 80퍼센트(100퍼센트×) 이하
3. 「자연공원법」에 따른 자연공원 : 100퍼센트 이하
4. 「산업입지 및 개발에 관한 법률」 제2조제8호라목에 따른 농공단지(도시지역외의 지역에 지정된 농공단지에 한한다) : 150퍼센트(100퍼센트×) 이하

★★
■ 건폐율 vs 용적률

구분				건폐율	용적률
도시지역	주거지역	전용주거지역	제1종	50% 이하	50 ~ 100%
			제2종		100 ~ 150%
		일반주거지역	제1종	60% 이하	100 ~ 200%
			제2종		150 ~ 250%
			제3종	50% 이하	200 ~ 300%
		준주거지역		70% 이하	200 ~ 500%
	상업지역	중심상업지역		90% 이하	400 ~ 1,500%
		일반상업지역		80% 이하	300 ~ 1,300%
		근린상업지역		70% 이하	200 ~ 900%
		유통상업지역		80% 이하	200 ~ 1,100%
	공업지역	전용공업지역		70% 이하	150 ~ 300%
		일반공업지역			200 ~ 350%
		준공업지역			200 ~ 400%
	녹지지역	보전녹지지역		20% 이하	50 ~ 80%
		생산녹지지역			50 ~ 100%
		자연녹지지역			50 ~ 100%
	미세분지역				50 ~ 80%
관리지역	보전관리지역				50 ~ 80%
	생산관리지역				50 ~ 80%
	계획관리지역			40% 이하	50 ~ 100%
	미세분지역			20% 이하	50 ~ 80%
농림지역					50 ~ 80%
자연환경보전지역					50 ~ 80%
미지정지역					50 ~ 80%

④ 건축물의 주위에 공원·광장·도로·하천 등의 공지가 있거나 이를 설치하는 경우에는 제1항에도 불구하고 대통령령으로 정하는 바에 따라 특별시·광역시·특별자치시·특별자치도·시 또는 군의 조례로 용적률을 따로 정할 수 있다.

⑤ 제1항과 제4항에도 불구하고 제36조에 따른 도시지역(녹지지역만 해당한다), 관리지역에서는 창고 등 대통령령으로 정하는 용도의 건축물 또는 시설물은 특별시·광역시·특별자치시·특별자치도·시 또는 군의 조례로 정하는 높이로 규모 등을 제한할 수 있다.

⑥ 제1항에도 불구하고 건축물을 건축하려는 자가 그 대지의 일부에 「사회복지사업법」 제2조제4호에 따른 사회복지시설 중 대통령령으로 정하는 시설을 설치하여 국가 또는 지방자치단체에 기부채납하는 경우에는 특별시 · 광역시 · 특별자치시 · 특별자치도 · 시 또는 군의 조례로 해당 용도지역에 적용되는 용적률을 완화할 수 있다. 이 경우 용적률 완화의 허용범위, 기부채납의 기준 및 절차 등에 필요한 사항은 대통령령으로 정한다.

제79조 용도지역 미지정 또는 미세분 지역에서의 행위제한 등

① 도시지역, 관리지역, 농림지역 또는 자연환경보전지역으로 용도가 지정되지 아니한 지역에 대하여는 제76조부터 제78조까지의 규정을 적용할 때에 자연환경보전지역(관리지역×)에 관한 규정을 적용한다.

② 제36조에 따른 도시지역 또는 관리지역이 같은 조 제1항 각 호 각 목의 세부 용도지역으로 지정되지 아니한 경우에는 제76조부터 제78조까지의 규정을 적용할 때에 해당 용도지역이 도시지역인 경우에는 녹지지역 중 대통령령으로 정하는 지역[보전녹지지역(자연녹지지역×)]에 관한 규정을 적용하고, 관리지역인 경우에는 보전관리지역(계획관리지역×)에 관한 규정을 적용한다.

■ 용도지역 미지정 또는 미세분 지역 행위제한 적용규정

구분	적용규정
용도지역 미지정	자연환경보전지역
도시지역 미세분 지역	보전녹지지역
관리지역 미세분 지역	보전관리지역

제80조 개발제한구역에서의 행위제한 등

개발제한구역에서의 행위 제한이나 그 밖에 개발제한구역의 관리에 필요한 사항은 따로 법률(개발제한구역의 지정 및 관리에 관한 특별조치법)로 정한다.

제80조의2 도시자연공원구역에서의 행위제한 등

도시자연공원구역에서의 행위 제한 등 도시자연공원구역의 관리에 필요한 사항은 따로 법률(도시공원 및 녹지 등에 관한 법률)로 정한다.

제80조의3 입지규제최소구역에서의 행위 제한

입지규제최소구역에서의 행위 제한은 용도지역 및 용도지구에서의 토지의 이용 및 건축물의 용도 · 건폐율 · 용적률 · 높이 등에 대한 제한을 강화하거나 완화하여 따로 입지규제최소구역계획으로 정한다.

제81조 시가화조정구역에서의 행위제한 등

① 제39조에 따라 지정된 시가화조정구역에서의 도시·군계획사업은 대통령령으로 정하는 사업만 시행할 수 있다.

■ **시가화조정구역안에서 시행할 수 있는 도시·군계획사업** (시행령 제87조)

법 제81조 제1항에서 "대통령령이 정하는 사업"이라 함은 국방상 또는 공익상 시가화조정구역안에서의 사업시행이 불가피한 것으로서 관계 중앙행정기관의 장의 요청에 의하여 국토교통부장관(시·도지사×)이 시가화조정구역의 지정목적달성에 지장이 없다고 인정하는 도시·군계획사업을 말한다.

② 시가화조정구역에서는 제56조와 제76조에도 불구하고 제1항에 따른 도시·군계획사업의 경우 외에는 다음 각 호의 어느 하나에 해당하는 행위에 한정하여 특별시장·광역시장·특별자치시장·특별자치도지사·시장 또는 군수의 허가를 받아 그 행위를 할 수 있다.

1. 농업·임업 또는 어업용의 건축물 중 대통령령으로 정하는 종류와 규모의 건축물이나 그 밖의 시설을 건축하는 행위
2. 마을공동시설, 공익시설·공공시설, 광공업 등 주민의 생활을 영위하는 데에 필요한 행위로서 대통령령으로 정하는 행위
3. 입목의 벌채, 조림, 육림, 토석의 채취, 그 밖에 대통령령으로 정하는 경미한 행위

③ 특별시장·광역시장·특별자치시장·특별자치도지사·시장 또는 군수는 제2항에 따른 허가를 하려면 미리 다음 각 호의 어느 하나에 해당하는 자와 협의하여야 한다.

1. 제5항 각 호의 허가에 관한 권한이 있는 자
2. 허가대상행위와 관련이 있는 공공시설의 관리자
3. 허가대상행위에 따라 설치되는 공공시설을 관리하게 될 자

④ 시가화조정구역에서 제2항에 따른 허가를 받지 아니하고 건축물의 건축, 토지의 형질 변경 등의 행위를 하는 자에 관하여는 제60조제3항 및 제4항을 준용한다.

⑤ 제2항에 따른 허가가 있는 경우에는 다음 각 호의 허가 또는 신고가 있는 것으로 본다.

1. 「산지관리법」 제14조·제15조에 따른 산지전용허가 및 산지전용신고, 같은 법 제15조2에 따른 산지일시사용허가·신고
2. 「산림자원의 조성 및 관리에 관한 법률」 제36조제1항·제4항에 따른 입목벌채 등의 허가·신고

⑥ 제2항에 따른 허가의 기준 및 신청 절차 등에 관하여 필요한 사항은 대통령령으로 정한다.

제82조 기존 건축물에 대한 특례

법령의 제정·개정이나 그 밖에 대통령령으로 정하는 사유로 기존 건축물이 이 법에 맞지 아니하게 된 경우에는 대통령령으로 정하는 범위에서 증축, 개축, 재축 또는 용도변경을 할 수 있다.

제83조 도시지역에서의 다른 법률의 적용 배제

도시지역에 대하여는 다음 각 호의 법률 규정을 적용하지 아니한다.

1. 「도로법」 제40조에 따른 접도구역
2. 삭제
3. 「농지법」 제8조에 따른 농지취득자격증명. 다만, 녹지지역의 농지로서 도시·군계획시설사업에 필요하지 아니한 농지에 대하여는 그러하지 아니하다.

제83조의2 입지규제최소구역에서의 다른 법률의 적용 특례

① 입지규제최소구역에 대하여는 다음 각 호의 법률 규정을 적용하지 아니할 수 있다.

1. 「주택법」 제35조에 따른 주택의 배치, 부대시설 · 복리시설의 설치기준 및 대지조성기준
2. 「주차장법」 제19조에 따른 부설주차장의 설치
3. 「문화예술진흥법」 제9조에 따른 건축물에 대한 미술작품의 설치

② 입지규제최소구역계획에 대한 도시계획위원회 심의 시 「학교보건법」 제6조제1항에 따른 학교환경위생정화위원회 또는 「문화재보호법」 제8조에 따른 문화재위원회(같은 법 제70조에 따른 시 · 도지정문화재에 관한 사항의 경우 같은 법 제71조에 따른 시 · 도문화재위원회를 말한다)와 공동으로 심의를 개최하고, 그 결과에 따라 다음 각 호의 법률 규정을 완화하여 적용할 수 있다. 이 경우 다음 각 호의 완화 여부는 각각 학교환경위생정화위원회와 문화재위원회의 의결에 따른다.

1. 「학교보건법」 제6조에 따른 학교환경위생 정화구역에서의 행위제한
2. 「문화재보호법」 제13조에 따른 역사문화환경 보존지역에서의 행위제한

③ 입지규제최소구역으로 지정된 지역은 「건축법」 제69조에 따른 특별건축구역으로 지정된 것으로 본다.

④ 시 · 도지사 또는 시장 · 군수 · 구청장은 「건축법」 제70조에도 불구하고 입지규제최소구역에서 건축하는 건축물을 「건축법」 제73조에 따라 건축기준 등의 특례사항을 적용하여 건축할 수 있는 건축물에 포함시킬 수 있다.

★★ 제84조 둘 이상의 용도지역·용도지구·용도구역에 걸치는 대지에 대한 (개발행위제한) 적용 기준

① **하나의 대지가 둘 이상의 용도지역 · 용도지구 또는 용도구역**(이하 이 항에서 "용도지역등"이라 한다)**에 걸치는 경우**로서 각 용도지역 등에 걸치는 부분 중 가장 작은 부분의 규모가 대통령령으로 정하는 규모 이하(시행령 : 330제곱미터 다만, 도로변에 띠 모양으로 지정된 상업지역에 걸쳐 있는 토지의 경우에는 660제곱미터)인 경우에는 전체 대지의 건폐율 및 용적률은 각 부분이 전체 대지 면적에서 차지하

는 비율을 고려하여 다음 각 호의 구분에 따라 각 용도지역등별 건폐율 및 용적률을 가중평균한 값을 적용하고, 그 밖의 건축 제한 등에 관한 사항은 그 대지 중 가장 넓은 면적이 속하는 용도지역등에 관한 규정을 적용한다. 다만, 건축물이 고도지구(미관지구×)에 걸쳐 있는 경우에는 그 건축물 및 대지의 전부에 대하여 고도지구의 건축물 및 대지에 관한 규정을 적용한다.

1. 가중평균한 건폐율 = (f1x1 + f2x2 + … + fnxn) / 전체 대지 면적. 이 경우 f1부터 fn까지는 각 용도지역등에 속하는 토지 부분의 면적을 말하고, x1부터 xn까지는 해당 토지 부분이 속하는 각 용도지역등의 건폐율을 말하며, n은 용도지역등에 걸치는 각 토지 부분의 총 개수를 말한다.
2. 가중평균한 용적률 = (f1x1 + f2x2 + … + fnxn) / 전체 대지 면적. 이 경우 f1부터 fn까지는 각 용도지역등에 속하는 토지 부분의 면적을 말하고, x1부터 xn까지는 해당 토지 부분이 속하는 각 용도지역등의 용적률을 말하며, n은 용도지역등에 걸치는 각 토지 부분의 총 개수를 말한다.

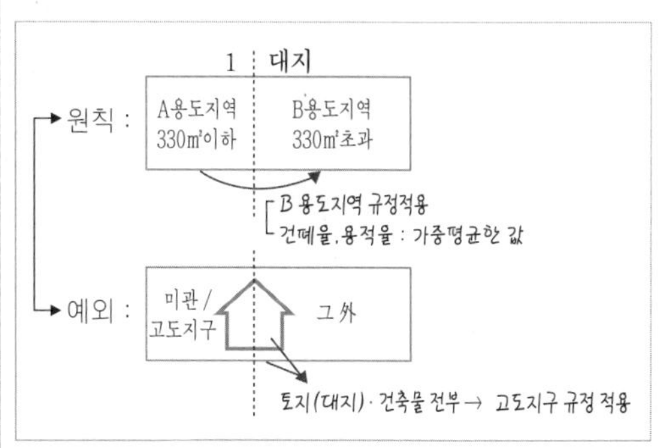

② **하나의 건축물이 방화지구와 그 밖의 용도지역·용도지구 또는 용도구역에 걸쳐 있는 경우**에는 제1항에도 불구하고 그(건축물 ○, 대지×) 전부에 대하여 방화지구의 건축물에 관한 규정을 적용한다. 다만, 그 건축물이 있는 방화지구와 그 밖의 용도지역·용도지구 또는 용도구역의 경계가 「건축법」 제50조제2항에 따른 방화벽으로 구획되는 경우 그 밖의 용도지역·용도지구 또는 용도구역에 있는 부분에 대하여는 그러하지 아니하다.

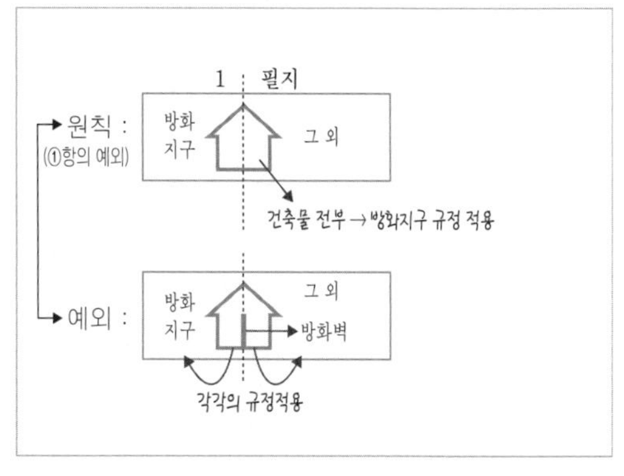

③ **하나의 대지가 녹지지역과 그 밖의 용도지역·용도지구 또는 용도구역에 걸쳐 있는 경우**(규모가 가장 작은 부분이 녹지지역으로서 해당 녹지지역이 제1항에 따라 대통령령으로 정하는 규모 이하인 경우에는 제외한다)에는 제1항에도 불구하고 각각의 용도지역·용도지구 또는 용도구역의 건축물 및 토지에 관한 규정(녹지지역의 규정×)을 적용한다. 다만, 녹지지역의 건축물이 고도지구 또는 방화지구에 걸쳐 있는 경우에는 제1항 단서나 제2항에 따른다.

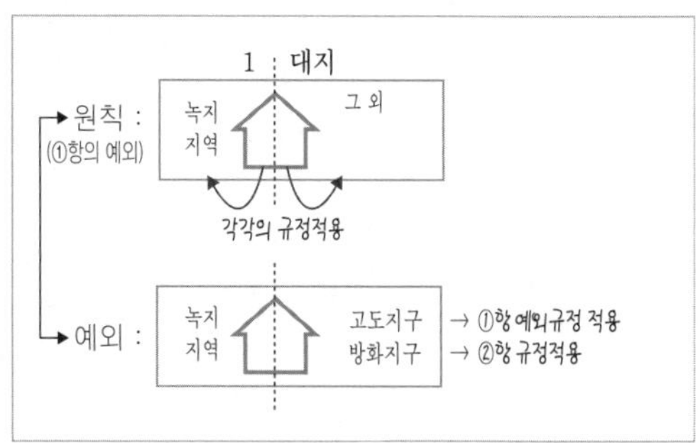

★★
■ 둘 이상의 용도지역 등(용도지역·용도지구·용도구역)에 걸치는 대지에 대한 적용기준

구분	적용기준
가장 작은 부분의 규모가 330제곱미터 이하인 경우	① 전체 대지의 건폐율 및 용적률은 각 부분이 전체 대지 면적에서 차지하는 비율을 고려하여 각 용도지역등별 건폐율 및 용적률을 가중평균(산술평균×)한 값을 적용 ② 그 밖의 건축 제한 등에 관한 사항은 그 대지 중 가장 넓은 면적(평균면적×)이 속하는 용도지역 등에 관한 규정 적용
건축물이 고도지구에 걸쳐 있는 경우	건축물 및 대지(건축물만×)의 전부에 대하여 고도지구 규정 적용
건축물이 방화지구에 걸쳐 있는 경우	건축물(대지×)의 전부에 대하여 방화지구 규정 적용 ↔ 방화벽으로 구획되는 경우 : 적용 안됨
대지가 녹지지역에 걸쳐 있는 경우	각각의 규정 적용

제7장 도시·군계획시설사업의 시행

■ 도시·군계획시설사업

구분	내용	조문
단계별 집행계획	1. 수립자 : 특·광·특장·특사·시장·군수, 도지사, 국장 2. 공고자 : 특·광·시장·군수 3. 종류 : 제1단계, 제2단계 4. 수립기한 : 도시·군계획시설결정의 고시일부터 3개월(예외 : 2년 이내) 이내	제85조
도시·군계획 시설사업	1. 시행자 : 행정청(특·광·특장·특사·시장·군수, 도지사, 국장), 비행정청(지정받은 자) 2. 시행절차 ① 도시·군관리계획에 의한 도시·군계획시설 결정고시 → ② 단계별집행계획 → ③ 실시계획 작성 → ④ 실시계획 공고·열람, 인가·고시 → ⑤ 사업시행 → ⑥ 공사완료 → ⑦ 공사완료보고서 작성·제출 → ⑧ 준공검사 → ⑨ 준공검사증명서 발급 → ⑩ 공고	제86조 ~ 제98조

『제7장 핵심』

1. 단계별 집행계획(제85조)
   ① 수립권자
   ② 종류
2. 도시·군계획시설사업
   ① 시행자(제86조)
   ② 시행절차 (제88조~제98조)

출제자 의도

도시·군계획시설사업

도시·군계획시설사업의 시행절차상 내용을 알고 있는가?

제85조 단계별 집행계획의 수립

① ❶특별시장·광역시장·특별자치시장·특별자치도지사·시장 또는 군수는 도시·군계획시설에 대하여 도시·군계획시설결정의 고시일(도시·군계획시설결정일×)부터 3개월(2개월×, 2년×) 이내에 대통령령으로 정하는 바에 따라 재원조달계획, 보상계획 등을 포함하는 단계별 집행계획을 수립하여야(할 수×) 한다. 다만, 대통령령으로 정하는 법률에 따라 도시·군관리계획의 결정이 의제되는 경우에는 해당 도시·군계획시설결정의 고시일부터 2년(3년×) 이내에 단계별 집행계획을 **수립**할 수(하여야×) 있다.

② ❷국토교통부장관이나 ❸도지사가 직접 입안한 도시·군관리계획인 경우 국토교통부장관이나 도지사는 단계별 집행계획을 **수립**하여 해당 특별시장·광역시장·특별자치시장·특별자치도지사·시장 또는 군수에게 **송부**할 수 있다.

③ 단계별 집행계획은 **제1단계 집행계획과 제2단계 집행계획**으로 구분하여 수립하되, 3년(2년×) 이내에 시행하는 도시·군계획시설사업은 제1단계 집행계획에, 3년(2년×) 후에 시행하는 도시·군계획시설사업은 제2단계 집행계획에 포함되도록 하여야(할 수×) 한다.

④ 특별시장·광역시장·특별자치시장·특별자치도지사·시장 또는 군수는 제1항이나 제2항에 따라 단계별 집행계획을 수립하거나 받은 때에는 대통령령으로 정하는 바에 따라 지체 없이 그 사실을 **공고**하여야 한다.

⑤ 공고된 단계별 집행계획을 변경하는 경우에는 제1항부터 제4항까지의 규정을 준용한다. 다만, 대통령령으로 정하는 경미한 사항을 변경하는 경우에는 그러하지 아니하다.

★★ 제86조 도시·군계획시설사업의 시행자 (❶❷❸ : 행정청, ❹ : 비행정청)

① ❶특별시장·광역시장·특별자치시장·특별자치도지사·시장 또는 군수는 이 법 또는 다른 법률에 특별한 규정이 있는 경우 외에는 관할 구역의 도시·군계획시설사업을 **시행**한다. → 원칙적인 시행자

② 도시·군계획시설사업이 둘 이상의 특별시·광역시·특별자치시·특별자치도·시 또는 군의 관할구역에 걸쳐 시행되게 되는 경우에는 관계 특별시장·광역시장·특별자치시장·특별자치도지사·시장 또는 군수가 서로 **협의**하여 시행자를 정한다.

③ 제2항에 따른 협의가 성립되지 아니하는 경우 도시·군계획시설사업을 시행하려는 구역이 같은 도의 관할 구역에 속하는 경우에는 관할 도지사가 시행자를 지정하고, 둘 이상의 시·도의 관할 구역에 걸치는 경우에는 국토교통부장관(시장·군수×)이 시행자를 **지정**한다.

④ 제1항부터 제3항까지의 규정에도 불구하고 ❷국토교통부장관은 국가계획과 관련되거나 그 밖에 특히 필요하다고 인정되는 경우에는 관계 특별시장·광역시장·특별자치시장·특별자치도지사·시장 또는 군수의 의견을 들어 직접 도시·군계획시설사업을 **시행**할 수 있으며, ❸도지사는 광역도시계획(도시·군기본계획×)과 관련되거나 특히 필요하다고 인정되는 경우에는 관계 시장 또는 군수의 의견을 들어 **직접** 도시·군계획시설사업을 **시행**할 수 있다. → 예외적인 시행자

⑤ 제1항부터 제4항까지의 규정에 따라 시행자가 될 수 있는 자 ❹외의 자는 대통령령으로 정하는 바에 따라 국토교통부장관, 시·도지사, 시장 또는 군수로부터 시행자로 **지정을 받아** 도시·군계획시설사업을 **시행**할 수 있다. → 예외적인 시행자 : 비행정청(지정받은 민간사업시행자)

⑥ 국토교통부장관, 시·도지사, 시장 또는 군수는 제2항·제3항 또는 제5항에 따라 도시·군계획시설사업의 시행자를 지정한 경우에는 국토교통부령으로 정하는 바에 따라 그 지정 내용을 **고시**하여야 한다.

⑦ 다음 각 호에 해당하지 아니하는 자가 제5항에 따라 도시·군계획시설사업의 시행자로 지정을 받으려면 도시·군계획시설사업의 대상인 토지(국공유지는 제외한다)의 소유 면적 및 토지 소유자의 동의 비율에 관하여 대통령령(시행령 제96조제2항)으로 정하는 요건을 갖추어야 한다.(↔ 다음 각 호에 해당하는 자는 동의요건을 갖출 필요가 없다.)

1. 국가 또는 지방자치단체
2. 대통령령(한국토지주택공사 등 10개 공사, 시행령 제96조제3항)으로 정하는 공공기관
3. 그 밖에 대통령령(지방공사, 지방공단 등, 시행령 제96조제4항)으로 정하는 자

■ 시행자의 지정 (시행령 제96조)

① 법 제86조제5항의 규정에 의하여 도시·군계획시설사업의 시행자로 지정받고자 하는 자는 다음 각호의 사항을 기재한 신청서를 국토교통부장관, 시·도지사 또는 시장·군수에게 제출하여야 한다.

1. 사업의 종류 및 명칭
2. 사업시행자의 성명 및 주소(법인인 경우에는 법인의 명칭 및 소재지와 대표자의 성명 및 주소)
3. 토지 또는 건물의 소재지·지번·지목 및 면적, 소유권과 소유권외의 권리의 명세 및 그 소유자·권리자의 성명·주소
4. 사업의 착수예정일 및 준공예정일

5. 자금조달계획

② 법 제86조제7항 각 호외의 부분 중 "대통령령으로 정하는 요건"이란 도시계획시설사업의 대상인 토지(국·공유지를 제외한다. 이하 이 항에서 같다)면적의 3분의 2 이상(2분의 1 이상×)에 해당하는 토지를 소유하고, 토지소유자 총수의 2분의 1 이상(3분의 2 이상×)에 해당하는 자의 **동의**를 얻는 것을 말한다.

③ 법 제86조제7항제2호에서 "대통령령으로 정하는 공공기관"이란 다음 각 호의 어느 하나에 해당하는 기관을 말한다.

1. 「한국농수산식품유통공사법」에 따른 한국농수산식품유통공사
2. 「대한석탄공사법」에 따른 대한석탄공사
3. 「한국토지주택공사법」에 따른 한국토지주택공사
4. 「한국관광공사법」에 따른 한국관광공사
5. 「한국농어촌공사 및 농지관리기금법」에 따른 한국농어촌공사
6. 「한국도로공사법」에 따른 한국도로공사
7. 「한국석유공사법」에 따른 한국석유공사
8. 「한국수자원공사법」에 따른 한국수자원공사
9. 「한국전력공사법」에 따른 한국전력공사
10. 「한국철도공사법」에 따른 한국철도공사

④ 법 제86조제7항제3호에서 "대통령령으로 정하는 자"란 다음 각 호의 어느 하나에 해당하는 자를 말한다.

1. 「지방공기업법」에 의한 지방공사 및 지방공단
2. 다른 법률에 의하여 도시·군계획시설사업이 포함된 사업의 시행자로 지정된 자
3. 법 제65조의 규정에 의하여 공공시설을 관리할 관리청에 무상으로 귀속되는 공공시설을 설치하고자 하는 자
4. 「국유재산법」 제13조 또는 「공유재산 및 물품관리법」 제7조에 따라 기부를 조건으로 시설물을 설치하려는 자

⑤ 당해 도시·군계획시설사업이 다른 법령에 의하여 면허·허가·인가 등을 받아야 하는 사업인 경우에는 그 사업시행에 관한 면허·허가·인가 등의 사실을 증명하는 서류의 사본을 제1항의 신청서에 첨부하여야 한다. 다만, 다른 법령에서 도시·군계획시설사업의 시행자지정을 면허·허가·인가 등의 조건으로 하는 경우에는 관계 행정기관의 장의 의견서로 갈음할 수 있다.

제87조 도시·군계획시설사업의 분할 시행

도시 · 군계획시설사업의 시행자는 도시 · 군계획시설사업을 효율적으로 추진하기 위하여 필요하다고 인정되면 사업시행대상지역 또는 대상시설을 둘 이상으로 분할하여 도시 · 군계획시설사업을 시행할 수 있다(없다×).

제88조 ★실시계획의 작성 및 인가 등

① 도시 · 군계획시설사업의 (모든)시행자는 대통령령으로 정하는 바에 따라 그 도시 · 군계획시설사업에 관한 실시계획(이하 "실시계획"이라 한다)을 **작성**하여야 한다.

② 도시 · 군계획시설사업의 시행자(국토교통부장관, 시 · 도지사와 대도시 시장은 제외한다. 이하 제3항에서 같다)는 제1항에 따라 실시계획을 작성하면 대통령령으로 정하는 바에 따라 국토교통부장관, 시 · 도지사 또는 대도시 시장의 **인가**를 받아야 한다. 다만, 제98조에 따른 준공검사를 받은 후에 해당 도시 · 군계획시설사업에 대하여 국토교통부령으로 정하는 경미한 사항을 변경하기 위하여 실시계획을 작성하는 경우에는 국토교통부장관, 시 · 도지사 또는 대도시 시장의 인가를 받지 아니한다.

③ 국토교통부장관, 시 · 도지사 또는 대도시 시장은 도시 · 군계획시설사업의 시행자가 작성한 실시계획이 제43조제2항에 따른 도시 · 군계획시설의 결정 · 구조 및 설치의 기준 등에 맞다고 인정하는 경우에는 실시계획을 인가하여야 한다. 이 경우 국토교통부장관, 시 · 도지사 또는 대도시 시장은 기반시설의 설치나 그에 필요한 용지의 확보, 위해 방지, 환경오염 방지, 경관 조성, 조경 등의

조치를 할 것을 **조건**으로 실시계획을 **인가**할 수 있다.

④ 인가받은 실시계획을 변경하거나 폐지하는 경우에는 제2항 본문을 준용한다.(즉, **인가**를 받아야 한다.) 다만, 국토교통부령으로 정하는 경미한 사항을 변경하는 경우에는 그러하지 아니하다.

⑤ 실시계획에는 사업시행에 필요한 설계도서, 자금계획, 시행기간, 그 밖에 대통령령으로 정하는 사항(제4항에 따라 실시계획을 변경하는 경우에는 변경되는 사항에 한정한다)을 자세히 밝히거나 첨부하여야 한다.

⑥ 제1항·제2항 및 제4항에 따라 실시계획이 작성(도시·군계획시설사업의 시행자가 국토교통부장관, 시·도지사 또는 대도시 시장인 경우를 말한다) 또는 인가된 때에는 그 실시계획에 반영된 제30조제5항 단서에 따른 경미한 사항의 범위에서 도시·군관리계획(도시·군기본계획×)이 변경된 것으로 본다(추정한다×). 이 경우 제30조제6항 및 제32조에 따라 도시·군관리계획의 변경사항 및 이를 반영한 지형도면(지적도×)을 **고시**하여야 한다.

■ **경미한 사항의 변경** (시행규칙 제16조)

① 법 제88조제2항 단서에서 "국토교통부령으로 정하는 경미한 사항을 변경하기 위하여 실시계획을 작성하는 경우"란 다음 각 호의 경우를 위하여 실시계획을 작성하는 경우를 말한다.
1. 사업명칭을 변경하는 경우
2. 구역경계의 변경이 없는 범위 안에서 행하는 건축물의 연면적(바닥면적×) 10퍼센트(15퍼센트×) 미만(이하×)의 변경과 「학교시설사업 촉진법」에 의한 학교시설의 변경인 경우
2의2. 다음 각 목의 공작물을 설치하는 경우
가. 도시지역 또는 지구단위계획구역에서 무게가 50톤 이하이거나 부피가 50세제곱미터 이하 또는 수평투영면적이 50제곱미터 이하인 공작물
나. 도시지역·자연환경보전지역 및 지구단위계획구역 외의 지역에서 무게가 150톤 이하이거나 부피가 150세제곱미터 이하 또는 수평투영면적이 150제곱미터 이하인 공작물
3. 기존 시설의 용도변경을 수반하지 아니하는 대수선·재축 및 개축인 경우
4. 도로의 포장 등 기존 도로의 면적·위치 및 규모의 변경을 수반하지 아니하는 도로의 개량인 경우

② 법 제88조제4항 단서에서 "국토교통부령으로 정하는 경미한 사항을 변경하는 경우"란 제1항 각 호의 경우를 말한다.

제89조 도시·군계획시설사업의 이행 담보

① 특별시장·광역시장·특별자치시장·특별자치도지사·시장 또는 군수는 기반시설의 설치나 그에 필요한 용지의 확보, 위해 방지, 환경오염 방지, 경관 조성, 조경 등을 위하여 필요하다고 인정되는 경우로서 대통령령으로 정하는 경우에는 그 이행을 담보하기 위하여 도시·군계획시설사업의 시행자에게 **이행보증금**을 예치하게 할 수(하여야×) 있다. 다만, 다음 각 호의 어느 하나에 해당하는 자에 대하여는 그러하지 아니하다.

1. 국가 또는 지방자치단체
2. 대통령령으로 정하는 공공기관
3. 그 밖에 대통령령으로 정하는 자

② 제1항에 따른 이행보증금의 산정과 예치방법 등에 관하여 필요한 사항은 대통령령(국토교통부령×)으로 정한다.

③ 특별시장·광역시장·특별자치시장·특별자치도지사·시장 또는 군수는 제88조제2항 본문 또는 제4항 본문에 따른 실시계획의 인가 또는 변경인가를 받지 아니하고 도시·군계획시설사업을 하거나 그 인가 내용과 다르게 도시·군계획시설사업을 하는 자에게 그 토지의 **원상회복**을 명할 수(하여야×) 있다.

④ 특별시장·광역시장·특별자치시장·특별자치도지사·시장 또는 군수는 제3항에 따른 원상회복의 명령을 받은 자가 원상회복을 하지 아니하는 경우에는 「행정대집행법」에 따른 **행정대집행**에 따라 원상회복을 할 수(하여야×) 있다. 이 경우 행정대집행에 필요한 비용은 제1항에 따라 도시·군계획시설사업의 시행자가 예치한 이행보증금으로 충당할 수(하여야×) 있다.

제90조 서류의 열람 등

① 국토교통부장관, 시·도지사 또는 대도시 시장은 제88조제3항에 따라 실시계획을 인가하려면 미리 대통령령으로 정하는 바에 따라 그 사실을 **공고**하고(하거나×), 관계 서류의 사본(원본×)을 14일(15일×) 이상 일반이 **열람**할 수 있도록 하여야(할 수×) 한다.

② 도시·군계획시설사업의 시행지구의 토지·건축물 등의 소유자 및 이해관계인은 제1항에 따른 열람기간 이내에 국토교통부장관, 시·도지사, 대도시 시장 또는 도시·군계획시설사업의 시행자에게 의견서를 제출할 수 있으며, 국토교통부장관, 시·도지사, 대도시 시장 또는 도시·군계획시설사업의 시행자는 제출된 의견이 타당하다고 인정되면 그 의견을 실시계획에 반영하여야 한다.

③ 국토교통부장관, 시·도지사 또는 대도시 시장이 실시계획을 작성하는 경우에 관하여는 제1항과 제2항을 준용한다.

제91조 실시계획의 고시

국토교통부장관, 시·도지사 또는 대도시 시장은 제88조에 따라 실시계획을 작성 또는 변경작성하거나 인가 또는 변경인가한 경우에는 대통령령으로 정하는 바에 따라 그 내용을 고시하여야 한다.

제92조 관련 인·허가등의 의제

① 국토교통부장관, 시 · 도지사 또는 대도시 시장이 제88조에 따라 실시계획을 작성 또는 변경작성하거나 인가 또는 변경인가를 할 때에 그 실시계획에 대한 다음 각 호의 인 · 허가등에 관하여 제3항에 따라 관계 행정기관의 장과 협의한 사항에 대하여는 해당 인 · 허가등을 받은 것으로 보며, 제91조에 따른 실시계획을 고시한 경우에는 관계 법률에 따른 인 · 허가등의 고시 · 공고 등이 있은 것으로 본다.

1. 「건축법」 제11조에 따른 건축허가, 같은 법 제14조에 따른 건축신고 및 같은 법 제20조에 따른 가설건축물 건축의 허가 또는 신고
2. 「산업집적활성화 및 공장설립에 관한 법률」 제13조에 따른 공장설립등의 승인
3. 「공유수면 관리 및 매립에 관한 법률」 제8조에 따른 공유수면의 점용 · 사용허가, 같은 법 제17조에 따른 점용 · 사용 실시계획의 승인 또는 신고, 같은 법 제28조에 따른 공유수면의 매립면허, 같은 법 제35조에 따른 국가 등이 시행하는 매립의 협의 또는 승인 및 같은 법 제38조에 따른 공유수면매립실시계획의 승인
4. 〈삭제〉
5. 「광업법」 제42조에 따른 채굴계획의 인가
6. 「국유재산법」 제30조에 따른 사용 · 수익의 허가
7. 「농어촌정비법」 제23조에 따른 농업생산기반시설의 사용허가
8. 「농지법」 제34조에 따른 농지전용의 허가 또는 협의, 같은 법 제35조에 따른 농지전용의 신고 및 같은 법 제36조에 따른 농지의 타용도 일시사용의 허가 또는 협의
9. 「도로법」 제36조에 따른 도로관리청이 아닌 자에 대한 도로공사 시행의 허가 및 같은 법 제61조에 따른 도로의 점용 허가
10. 「장사 등에 관한 법률」 제27조제1항에 따른 무연분묘의 개장허가
11. 「사도법」 제4조에 따른 사도 개설의 허가

12. 「사방사업법」 제14조에 따른 토지의 형질 변경 등의 허가 및 같은 법 제20조에 따른 사방지 지정의 해제
13. 「산지관리법」 제14조 · 제 15조에 따른 산지전용허가 및 산지전용신고, 같은 법 제15조의2에 따른 산지일시사용허가 · 신고, 같은 법 제25조제1항에 따른 토석채취허가, 같은 법 제25조제2항에 따른 토사채취신고 및 「산림자원의 조성 및 관리에 관한 법률」 제36조제1항 · 제4항에 따른 입목벌채 등의 허가 · 신고
14. 「소하천정비법」 제10조에 따른 소하천공사 시행의 허가 및 같은 법 제14조에 따른 소하천의 점용허가
15. 「수도법」 제17조에 따른 일반수도사업 및 같은 법 제49조에 따른 공업용수도사업의 인가, 같은 법 제52조에 따른 전용상수도 설치 및 같은 법 제54조에 따른 전용공업용수도 설치의 인가
16. 「연안관리법」 제25조에 따른 연안정비사업실시계획의 승인
17. 「에너지이용 합리화법」 제8조에 따른 에너지사용계획의 협의
18. 「유통산업발전법」 제8조에 따른 대규모점포의 개설등록
19. 「공유재산 및 물품 관리법」 제20조제1항에 따른 사용 · 수익의 허가
20. 「공간정보의 구축 및 관리 등에 관한 법률」 제86조제1항에 따른 사업의 착수 · 변경 또는 완료의 신고
21. 「집단에너지사업법」 제4조에 따른 집단에너지의 공급 타당성에 관한 협의
22. 「체육시설의 설치 · 이용에 관한 법률」 제12조에 따른 사업계획의 승인
23. 「초지법」 제23조에 따른 초지전용의 허가, 신고 또는 협의
24. 「공간정보의 구축 및 관리 등에 관한 법률」 제15조제3항에 따른 지도등의 간행 심사
25. 「하수도법」 제16조에 따른 공공하수도에 관한 공사시행의 허가 및 같은 법 제24조에 따른 공공하수도의 점용허가
26. 「하천법」 제30조에 따른 하천공사 시행의 허가, 같은 법 제33조에 따른 하천 점용의 허가
27. 「항만법」 제9조제2항에 따른 항만공사 시행의 허가 및 같은 법 제10조제2항

② 제1항에 따른 인 · 허가등의 의제를 받으려는 자는 실시계획 인가 또는 변경인가를 신청할 때에 해당 법률에서 정하는 관련 서류를 함께 제출하여야 한다.

③ 국토교통부장관, 시 · 도지사 또는 대도시 시장은 실시계획을 작성 또는 변경작성하거나 인가 또는 변경인가할 때에 그 내용에 제1항 각 호의 어느 하나에 해당하는 사항이 있으면 미리 관계 행정기관의 장과 협의하여야 한다.

④ 국토교통부장관은 제1항에 따라 의제되는 인 · 허가등의 처리기준을 관계 중앙행정기관으로부터 받아 통합하여 고시하여야 한다.

제93조 관계 서류의 열람 등

도시·군계획시설사업의 시행자는 도시·군계획시설사업을 시행하기 위하여 필요하면 등기소나 그 밖의 관계 행정기관의 장에게 필요한 서류의 열람 또는 복사나 그 등본 또는 초본의 발급을 무료로 청구할 수 있다.

제94조 서류의 송달

① 도시·군계획시설사업의 시행자는 이해관계인에게 서류를 송달할 필요가 있으나 이해관계인의 주소 또는 거소(居所)가 불분명하거나 그 밖의 사유로 서류를 송달할 수 없는 경우에는 대통령령으로 정하는 바에 따라 그 서류의 송달을 갈음하여 그 내용을 공시할 수 있다.

② 제1항에 따른 서류의 공시송달에 관하여는 「민사소송법」의 공시송달의 예에 따른다.

제95조 토지 등의 수용 및 사용

① 도시·군계획시설사업의 시행자는 도시·군계획시설사업에 필요한 다음 각 호의 물건 또는 권리를

수용하거나 사용할 수 있다.

1. 토지·건축물 또는 그 토지에 정착된 물건
2. 토지·건축물 또는 그 토지에 정착된 물건에 관한 소유권 외의 권리

② 도시·군계획시설사업의 시행자는 사업시행을 위하여 특히 필요하다고 인정되면 도시·군계획시설에 인접한 다음 각 호의 물건 또는 권리를 일시 사용(수용하거나 사용×)할 수 있다.

1. 토지·건축물 또는 그 토지에 정착된 물건
2. 토지·건축물 또는 그 토지에 정착된 물건에 관한 소유권 외의 권리

제96조 「공익사업을 위한 토지 등의 취득 및 보상에 관한 법률」의 준용

① 제95조에 따른 수용 및 사용에 관하여는 이 법에 특별한 규정이 있는 경우 외에는 「공익사업을 위한 토지 등의 취득 및 보상에 관한 법률」을 준용한다.

② 제1항에 따라 「공익사업을 위한 토지 등의 취득 및 보상에 관한 법률」을 준용할 때에 제91조에 따른 실시계획을 고시한 경우에는 같은 법 제20조제1항과 제22조에 따른 사업인정 및 그 고시가 있었던 것으로 본다. 다만, 재결 신청은 같은 법 제23조제1항과 제28조제1항에도 불구하고 실시계획에서 정한 도시·군계획시설사업의 시행기간에 하여야 한다.

제97조 국공유지의 처분 제한

① 제30조제6항에 따라 도시·군관리계획 결정을 고시한 경우에는 국공유지로서 도시·군계획시설사업에 필요한 토지는 그 도시·군관리계획으로 정하여진 목적 외의 목적으로 매각하거나 양도할 수 없다(있다×).

② 제1항을 위반한 행위는 무효로 한다.

제98조 공사완료의 공고 등

① 도시·군계획시설사업의 시행자(국토교통부장관, 시·도지사와 대도시 시장은 제외한다)는 도시·군계획시설사업의 공사를 마친 때에는 국토교통부령으로 정하는 바에 따라 **공사완료보고서를 작성**하여 시·도지사나 대도시 시장(국토교통부장관×)의 **준공검사**를 받아야 한다.

② 시·도지사나 대도시 시장은 제1항에 따른 공사완료보고서를 받으면(공사를 마치면×) 지체 없이(7일 이내×) 준공검사를 하여야(할 수×) 한다.

③ 시·도지사나 대도시 시장은 제2항에 따른 준공검사를 한 결과 실시계획대로 완료되었다고 인정되는 경우에는 도시·군계획시설사업의 시행자에게 준공검사증명서를 발급하고 공사완료 **공고**를 하여야 한다.

④ 국토교통부장관, 시·도지사 또는 대도시 시장인 도시·군계획시설사업의 시행자는 도시·군계획시설사업의 공사를 마친 때에는 공사완료 공고를 하여야 한다.

⑤ 제2항에 따라 준공검사를 하거나 제4항에 따라 공사완료 공고를 할 때에 국토교통부장관, 시·도지사 또는 대도시 시장이 제92조에 따라 의제되는 인·허가등에 따른 준공검사·준공인가 등에 관하여 제7항에 따라 관계

행정기관의 장과 협의한 사항에 대하여는 그 준공검사·준공인가 등을 받은 것으로 본다.

⑥ 도시·군계획시설사업의 시행자(국토교통부장관, 시·도지사와 대도시 시장은 제외한다)는 제5항에 따른 준공검사·준공인가 등의 의제를 받으려면 제1항에 따른 준공검사를 신청할 때에 해당 법률에서 정하는 관련 서류를 함께 제출하여야 한다.

⑦ 국토교통부장관, 시·도지사 또는 대도시 시장은 제2항에 따른 준공검사를 하거나 제4항에 따라 공사완료 공고를 할 때에 그 내용에 제92조에 따라 의제되는 인·허가등에 따른 준공검사·준공인가 등에 해당하는 사항이 있으면 미리 관계 행정기관의 장과 **협의**하여야 한다.

⑧ 국토교통부장관은 제5항에 따라 의제되는 준공검사·준공인가 등의 처리기준을 관계 중앙행정기관으로부터 받아 통합하여 **고시**하여야(할수×) 한다.

제99조 공공시설 등의 귀속

도시·군계획시설사업에 의하여 새로 공공시설을 설치하거나 기존의 공공시설에 대체되는 공공시설을 설치한 경우에는 제65조를 준용한다. 이 경우 제65조제5항 중 "준공검사를 마친 때"는 "준공검사를 마친 때(시행자가 국토교통부장관, 시·도지사 또는 대도시 시장인 경우에는 제98조제4항에 따른 공사완료 공고를 한 때를 말한다)"로 보고, 같은 조 제7항 중 "제62조제1항에 따른 준공검사를 받았음을 증명하는 서면"은 "제98조제3항에 따른 준공검사증명서(시행자가 국토교통부장관, 시·도지사 또는 대도시 시장인 경우에는 같은 조 제4항에 따른 공사완료 공고를 하였음을 증명하는 서면을 말한다)"로 본다.

제100조 다른 법률과의 관계

도시·군계획시설사업으로 조성된 대지와 건축물 중 국가나 지방자치단체의 소유에 속하는 재산을 처분하려면 「국유재산법」과 「공유재산 및 물품 관리법」에도 불구하고 대통령령으로 정하는 바에 따라 다음 각 호의 순위에 따라 처분할 수 있다.

1. 해당 도시·군계획시설사업의 시행으로 수용된 토지 또는 건축물 소유자에의 양도
2. 다른 도시·군계획시설사업에 필요한 토지와의 교환

제8장 비용

제101조 비용 부담의 원칙

광역도시계획 및 도시·군계획의 수립과 도시·군계획시설사업에 관한 비용은 이 법 또는 다른 법률에 특별한 규정이 있는 경우 외에는 국가가 하는 경우에는 국가예산에서, 지방자치단체가 하는 경우에는 해당 지방자치단체가, 행정청이 아닌 자가 하는 경우에는 그 자가 부담함을 원칙으로 한다.

제102조 지방자치단체의 비용 부담

① 국토교통부장관이나 시 · 도지사는 그가 시행한 도시 · 군계획시설사업으로 현저히 이익을 받는 시 · 도, 시 또는 군이 있으면 대통령령으로 정하는 바에 따라 그 도시 · 군계획시설사업에 든 비용의 일부를 그 이익을 받는 시 · 도, 시 또는 군에 부담시킬 수 있다. 이 경우 국토교통부장관은 시 · 도, 시 또는 군에 비용을 부담시키기 전에 행정안전부장관과 협의하여야 한다.

② 시 · 도지사는 제1항에 따라 그 시 · 도에 속하지 아니하는 특별시 · 광역시 · 특별자치시 · 특별자치도 · 시 또는 군에 비용을 부담시키려면 해당 지방자치단체의 장과 협의하되, 협의가 성립되지 아니하는 경우에는 행정안전부장관(국토교통부장관×)이 결정하는 바에 따른다.

③ 시장이나 군수는 그가 시행한 도시 · 군계획시설사업으로 현저히 이익을 받는 다른 지방자치단체가 있으면 대통령령으로 정하는 바에 따라 그 도시 · 군계획시설사업에 든 비용의 일부를 그 이익을 받는 다른 지방자치단체와 협의하여 그 지방자치단체에 부담시킬 수 있다.

④ 제3항에 따른 협의가 성립되지 아니하는 경우 다른 지방자치단체가 같은 도에 속할 때에는 관할 도지사가 결정하는 바에 따르며, 다른 시 · 도에 속할 때에는 행정안전부장관이 결정하는 바에 따른다.

제103조 <삭제>

제104조 보조 또는 융자

① 시·도지사, 시장 또는 군수가 수립하는 광역도시계획 또는 도시·군계획에 관한 기초조사나 제32조에 따른 지형도면의 작성에 드는 비용은 대통령령으로 정하는 바에 따라 그 비용의 전부 또는 일부를 국가예산에서 보조할 수 있다.

② 행정청이 시행하는 도시·군계획시설사업에 드는 비용은 대통령령으로 정하는 바에 따라 그 비용의 전부 또는 일부(일부만×)를 국가예산에서(국가 또는 지방자치단체가×) 보조하거나 융자할 수(하여야×) 있으며, 행정청이 아닌 자가 시행하는 도시·군계획시설사업에 드는 비용의 일부(전부 또는 일부×)는 대통령령으로 정하는 바에 따라 국가 또는 지방자치단체가 보조하거나 융자할 수 있다. 이 경우 국가 또는 지방자치단체는 다음 각 호의 어느 하나에 해당하는 지역을 우선 지원할 수 있다.

1. 도로, 상하수도 등 기반시설이 인근지역에 비하여 부족한 지역
2. 광역도시계획에 반영된 광역시설이 설치되는(되지 아니한×) 지역
3. 개발제한구역(집단취락만 해당한다)에서 해제된(으로 지정된×) 지역
4. 도시·군계획시설결정의 고시일(도시·군계획시설결정일×)부터 10년(20년×)이 경과할 때까지 그 도시·군계획시설의 설치에 관한 도시·군계획시설사업이 시행되지 아니한 경우로서 해당 도시·군계획시설의 설치 필요성이 높은(낮은×) 지역

제105조 취락지구에 대한 지원

국가나 지방자치단체는 대통령령으로 정하는 바에 따라 취락지구 주민의 생활 편익과 복지 증진 등을 위한 사업을 시행하거나 그 사업을 지원할 수 있다.

제105조의2 방재지구에 대한 지원

국가나 지방자치단체는 이 법률 또는 다른 법률에 따라 방재사업을 시행하거나 그 사업을 지원하는 경우 방재지구에 우선적으로 지원할 수 있다.

제9장 도시계획위원회

제106조 중앙도시계획위원회

다음 각 호의 업무를 수행하기 위하여 국토교통부에 중앙도시계획위원회를 둔다.

1. 광역도시계획·도시·군계획·토지거래계약허가구역 등 국토교통부장관의 권한에 속하는 사항의 심의
2. 이 법 또는 다른 법률에서 중앙도시계획위원회의 심의를 거치도록 한 사항의 심의
3. 도시·군계획에 관한 조사·연구

제107조 조직

① 중앙도시계획위원회는 위원장·부위원장 각 1명을 포함(제외×)한 25명(20명×) 이상 30명 이하의 위원으로 구성한다.

② 중앙도시계획위원회의 위원장과 부위원장은 위원 중에서 국토교통부장관이 임명하거나 위촉한다.

③ 위원은 관계 중앙행정기관의 공무원과 토지 이용, 건축, 주택, 교통, 공간정보, 환경, 법률, 복지, 방재, 문화, 농림 등 도시·군계획과 관련된 분야에 관한 학식과 경험이 풍부한 자 중에서 국토교통부장관이 임명하거나 위촉한다.

④ 공무원이 아닌 위원의 수는 10명 이상으로 하고, 그 임기는 2년(3년×)으로 한다.

⑤ 보궐위원의 임기는 전임자 임기의 남은 기간으로 한다.

제108조 위원장 등의 직무

① 위원장은 중앙도시계획위원회의 업무를 총괄하며, 중앙도시계획위원회의 의장이 된다.

② 부위원장은 위원장을 보좌하며, 위원장이 부득이한 사유로 그 직무를 수행하지 못할 때에는 그 직무를 대행한다.

③ 위원장과 부위원장이 모두 부득이한 사유로 그 직무를 수행하지 못할 때에는 위원장이 미리 지명한 위원이 그 직무를 대행한다.

제109조 회의의 소집 및 의결 정족수

① 중앙도시계획위원회의 회의는 국토교통부장관이나 위원장이 필요하다고 인정하는 경우에 국토교통부장관이나 위원장이 소집한다.

② 중앙도시계획위원회의 회의는 재적위원 과반수의 출석으로 개의(開議)하고, 출석위원 과반수의 찬성으로 의결한다.

제110조 분과위원회

① 다음 각 호의 사항을 효율적으로 심의하기 위하여 중앙도시계획위원회에 분과위원회를 둘 수 있다.

1. 제8조제2항에 따른 토지 이용에 관한 구역등의 지정·변경 및 제9조에 따른 용도지역 등의 변경계획에 관한 사항 2. 제59조에 따른 심의에 관한 사항 3. 제117조에 따른 허가구역의 지정에 관한 사항 4. 중앙도시계획위원회에서 위임하는 사항

② 분과위원회의 심의는 중앙도시계획위원회의 심의로 본다. 다만, 제1항제4호의 경우에는 중앙도시계획위원회가 분과위원회의 심의를 중앙도시계획위원회의 심의로 보도록 하는 경우만 해당한다.

제111조 전문위원

① 도시·군계획 등에 관한 중요사항을 조사·연구하기 위하여 중앙도시계획위원회에 전문위원을 둘 수 있다.

② 전문위원은 위원장 및 중앙도시계획위원회나 분과위원회의 요구가 있을 때에는 회의에 출석하여 발언할 수 있다.

③ 전문위원은 토지 이용, 건축, 주택, 교통, 공간정보, 환경, 법률, 복지, 방재, 문화, 농림 등 도시·군계획과 관련된 분야에 관한 학식과 경험이 풍부한 자 중에서 국토교통부장관이 임명한다.

제112조 간사 및 서기

① 중앙도시계획위원회에 간사와 서기를 둔다.

② 간사와 서기는 국토교통부 소속 공무원 중에서 국토교통부장관이 임명한다.

③ 간사는 위원장의 명을 받아 중앙도시계획위원회의 서무를 담당하고, 서기는 간사를 보좌한다.

제113조 지방도시계획위원회

① 다음 각 호의 심의를 하게 하거나 자문에 응하게 하기 위하여 시·도에 시·도도시계획위원회를 둔다.

1. 시 · 도지사가 결정하는 도시 · 군관리계획의 심의 등 시 · 도지사의 권한에 속하는 사항과 다른 법률에서 시 · 도도시계획위원회의 심의를 거치도록 한 사항의 심의 2. 국토교통부장관의 권한에 속하는 사항 중 중앙도시계획위원회의 심의 대상에 해당하는 사항이 시 · 도지사에게 위임된 경우 그 위임된 사항의 심의 3. 도시 · 군관리계획과 관련하여 시 · 도지사가 자문하는 사항에 대한 조언 4. 그 밖에 대통령령으로 정하는 사항에 관한 심의 또는 조언

② 도시 · 군관리계획과 관련된 다음 각 호의 심의를 하게 하거나 자문에 응하게 하기 위하여 시 · 군(광역시의 관할 구역에 있는 군을 포함한다. 이하 이 조에서 같다) 또는 구(자치구를 말한다. 이하 같다)에 각각 시 · 군 · 구도시계획위원회를 둔다.

1. 시장 또는 군수가 결정하는 도시 · 군관리계획의 심의와 국토교통부장관이나 시 · 도지사의 권한에 속하는 사항 중 시 · 도도시계획위원회의 심의대상에 해당하는 사항이 시장 · 군수 또는 구청장에게 위임되거나 재위임된 경우 그 위임되거나 재위임된 사항의 심의
2. 도시 · 군관리계획과 관련하여 시장 · 군수 또는 구청장이 자문하는 사항에 대한 조언
3. 제59조에 따른 개발행위의 허가 등에 관한 심의
4. 그 밖에 대통령령으로 정하는 사항에 관한 심의 또는 조언

③ 시·도도시계획위원회나 시·군·구도시계획위원회의 심의 사항 중 대통령령으로 정하는 사항을 효율적으로 심의하기 위하여 시·도도시계획위원회나 시·군·구도시계획위원회에 분과위원회를 둘 수 있다.

④ 분과위원회에서 심의하는 사항 중 시·도도시계획위원회나 시·군·구도시계획위원회가 지정하는 사항은 분과위원회의 심의를 시·도도시계획위원회나 시·군·구도시계획위원회의 심의로 본다.

⑤ 도시·군계획 등에 관한 중요 사항을 조사 · 연구하기 위하여 지방도시계획위원회에 전문위원을 둘 수 있다.

⑥ 제5항에 따라 지방도시계획위원회에 전문위원을 두는 경우에는 제111조제2항 및 제3항을 준용한다. 이 경우 "중앙도시계획위원회"는 "지방도시계획위원회"로, "국토교통부장관"은 "해당 지방도시계획위원회가 속한 지방자치단체의 장"으로 본다.

제113조의2 회의록의 공개

중앙도시계획위원회 및 지방도시계획위원회의 심의 일시·장소·안건·내용·결과 등이 기록된 회의록은 1년의 범위에서 대통령령으로 정하는 기간이 지난 후에는 공개 요청이 있는 경우 대통령령으로 정하는 바에 따라 공개하여야 한다. 다만, 공개에 의하여 부동산 투기 유발 등 공익을 현저히 해칠 우려가 있다고 인정하는 경우나 심의·의결의 공정성을 침해할 우려가 있다고 인정되는 이름·주민등록번호 등 대통령령으로 정하는 개인 식별 정보에 관한 부분의 경우에는 그러하지 아니하다.

제113조의3 위원의 제척·회피

① 중앙도시계획위원회의 위원 및 지방도시계획위원회의 위원은 다음 각 호의 어느 하나에 해당하는 경우에 심의·자문에서 제척(除斥)된다.

1. 자기나 배우자 또는 배우자이었던 자가 당사자이거나 공동권리자 또는 공동의무자인 경우
2. 자기가 당사자와 친족관계이거나 자기 또는 자기가 속한 법인이 당사자의 법률·경영 등에 대한 자문·고문 등으로 있는 경우
3. 자기 또는 자기가 속한 법인이 당사자 등의 대리인으로 관여하거나 관여하였던 경우
4. 그 밖에 해당 안건에 자기가 이해관계인으로 관여한 경우로서 대통령령으로 정하는 경우

② 위원이 제1항 각 호의 사유에 해당하는 경우에는 스스로 그 안건의 심의·자문에서 회피할 수 있다.

제113조의4 벌칙 적용 시의 공무원 의제

중앙도시계획위원회의 위원·전문위원 및 지방도시계획위원회의 위원·전문위원 중 공무원이 아닌 위원이나 전문위원은 그 직무상 행위와 관련하여 「형법」 제129조부터 제132조까지의 규정을 적용할 때에는 공무원으로 본다.

제114조 운영 세칙

① 중앙도시계획위원회와 분과위원회의 설치 및 운영에 필요한 사항은 대통령령으로 정한다.

② 지방도시계획위원회와 분과위원회의 설치 및 운영에 필요한 사항은 대통령령으로 정하는 범위에서 해당 지방자치단체의 조례로 정한다.

제115조 위원 등의 수당 및 여비

중앙도시계획위원회의 위원이나 전문위원, 지방도시계획위원회의 위원에게는 대통령령이나 조례로 정하는 바에 따라 수당과 여비를 지급할 수 있다.

제116조 도시·군계획상임기획단

지방자치단체의 장이 입안한 광역도시계획·도시·군기본계획 또는 도시·군관리계획을 검토하거나 지방자치단체의 장이 의뢰하는 광역도시계획·도시·군기본계획 또는 도시·군관리계획에 관한 기획·지도 및 조사·연구를 위하여 해당 지방자치단체의 조례로 정하는 바에 따라 지방도시계획위원회에 제113조제5항에 따른 전문위원 등으로 구성되는 도시·군계획상임기획단을 둔다.

제10장 토지거래의 허가 등

제117조~제126조 〈삭제〉

제11장 보칙

『제11장 핵심』
1. 시범도시 (제127조)
2. 타인토지출입 (제130조)
3. 손실보상 (제131조)
4. 청문 (제136조)

제127조 시범도시의 지정·지원

① 국토교통부장관(시·도지사×, 시장·군수×) 은 도시의 경제·사회·문화적인 특성을 살려 개성 있고 지속가능한 발전을 촉진하기 위하여 필요하면 직접 또는 관계 중앙행정기관의 장이나 시·도지사(시장·군수·구청장×)의 요청에 의하여 경관, 생태, 정보통신, 과학, 문화, 관광, 그 밖에 대통령령으로 정하는 분야별로 시범도시(시범지구나 시범단지를 포함한다)를 **지정**할 수(하여야×) 있다.

② 국토교통부장관, 관계 중앙행정기관의 장 또는 시·도지사는 제1항에 따라 지정된 시범도시에 대하여 예산·인력 등 필요한 지원을 할 수 있다.

③ 국토교통부장관은 관계 중앙행정기관의 장이나 시·도지사에게 시범도시의 지정과 지원에 필요한 자료를 제출하도록 요청할 수 있다.

④ 시범도시의 지정 및 지원의 기준·절차 등에 관하여 필요한 사항은 대통령령으로 정한다.

제128조 국토이용정보체계의 활용

① 국토교통부장관, 시 · 도지사, 시장 또는 군수 가 「토지이용규제 기본법」 제12조에 따라 국토이용정보체계를 구축하여 도시 · 군계획에 관한 정보를 관리하는 경우에는 해당 정보를 도시 · 군계획을 수립하는 데에 활용하여야 한다.

② 특별시장 · 광역시장 · 특별자치시장 · 특별자치도지사 · 시장 또는 군수(국토교통부장관×)는 개발행위허가 민원 간소화 및 업무의 효율적인 처리를 위하여 국토이용정보체계를 활용하여야(할 수×) 한다.

제129조 전문기관에 자문 등

① 국토교통부장관은 필요하다고 인정하는 경우에는 광역도시계획이나 도시·군기본계획의 승인, 그 밖에 도시·군계획에 관한 중요 사항에 대하여 도시계획에 관한 전문기관에 자문을 하거나 조사·연구를 의뢰할 수 있다.

② 국토교통부장관은 제1항에 따라 자문을 하거나 조사·연구를 의뢰하는 경우에는 그에 필요한 비용을 예산의 범위에서 해당 전문기관에 지급할 수 있다.

★ 제130조 (타인)토지에의 출입 등

출제자 의도
타인 토지에의 출입 등
그 절차상 내용을 이해하고 있는가?

① 국토교통부장관, 시·도지사, 시장 또는 군수나 도시·군계획시설사업의 시행자(개발행위자×)는 다음 각 호의 행위를 하기 위하여 필요하면 타인의 토지에 출입하거나 타인의 토지를 재료 적치장 또는 임시통로로 일시 사용할 수 있으

며, 특히 필요한 경우에는 나무, 흙, 돌, 그 밖의 장애물을 변경하거나 제거할 수 있다.

1. 도시·군계획·광역도시계획에 관한 기초조사
2. 개발밀도관리구역, 기반시설부담구역 및 제67조제4항에 따른 기반시설설치계획에 관한 기초조사
3. 지가의 동향 및 토지거래의 상황에 관한 조사
4. 도시·군계획시설사업에 관한 조사·측량 또는 시행

② 제1항에 따라 타인의 토지에 출입하려는 자는 특별시장·광역시장·특별자치시장·특별자치도지사·시장 또는 군수의 **허가**를 받아야 하며, 출입하려는 날의 7일(3일×, 30일×) 전까지 그 토지의 소유자·점유자 또는 관리인에게 그 일시와 장소를 알려야 한다. 다만, 행정청인 도시·군계획시설사업의 시행자는 **허가를 받지 아니하고** 타인의 토지에 출입할 수 있다.

③ 제1항에 따라 타인의 토지를 재료 적치장 또는 임시통로로 일시사용하거나 나무, 흙, 돌, 그 밖의 장애물을 변경 또는 제거하려는 자는 토지의 소유자 ·점유자 또는 관리인의 **동의**를 받아야 한다.

④ 제3항의 경우 토지나 장애물의 소유자·점유자 또는 관리인이 현장에 없거나 주소 또는 거소가 불분명하여 그 동의를 받을 수 없는 경우에는 행정청인 도시·군계획시설사업의 시행자는 관할 특별시장·광역시장·특별자치시장·특별자치도지사·시장 또는 군수에게 그 사실을 통지하여야 하며, 행정청이 아닌 도시·군계획시설사업의 시행자는 미리 관할 특별시장·광역시장·특별자치시장·특별자치도지사·시장 또는 군수의 허가를 받아야 한다.

⑤ 제3항과 제4항에 따라 토지를 일시 사용하거나 장애물을 변경 또는 제거하려는 자는 토지를 사용하려는 날이나 장애물을 변경 또는 제거하려는 날의 3일(5일×, 7일×) 전까지 그 토지나 장애물의 소유자·점유자 또는 관리인에게 알려야 한다.

⑥ 일출 전이나 일몰 후에는 그 토지 점유자의 승낙 없이 택지나 담장 또는 울타리로 둘러싸인 타인의 토지에 출입할 수 없다.

⑦ 토지의 점유자는 정당한 사유 없이 제1항에 따른 행위를 방해하거나 거부하지 못한다.

⑧ 제1항에 따른 행위를 하려는 자는 그 권한을 표시하는 증표와 허가증을 지니고 이를 관계인에게 내보여야 한다.

⑨ 제8항에 따른 증표와 허가증에 관하여 필요한 사항은 국토교통부령으로 정한다.

제131조 토지에의 출입 등에 따른 손실보상

① 제130조제1항에 따른 행위로 인하여 손실을 입은 자가 있으면 그 행위자가 속한 행정청이나 도시·군계획시설사업의 시행자(행위자×)가 그 **손실**을 **보상**하여야 한다.

② 제1항에 따른 손실 보상에 관하여는 그 손실을 보상할 자와 손실을 입은 자가 **협의**하여야 한다.

③ 손실을 보상할 자나 손실을 입은 자는 제2항에 따른 협의가 성립되지 아니하거나 협의를 할 수 없는 경우에는 관할 토지수용위원회에 **재결**을 신청할 수 있다.

④ 관할 토지수용위원회의 재결에 관하여는 「공익사업을 위한 토지 등의 취득 및 보상에 관한 법률」 제83조부터 제87조까지의 규정을 준용한다.

■ 손실보상 vs 손해배상

구분	내용
손실보상	적법행위에 대한 보상
손해배상	위법행위에 대한 배상

제132조 <삭제>

제133조 법률 등의 위반자에 대한 처분

① 국토교통부장관, 시·도지사, 시장·군수 또는 구청장은 다음 각 호의 어느 하나에 해당하는 자에게 이 법에 따른 허가·인가 등의 취소, 공사의 중지, 공작물 등의 개축 또는 이전, 그 밖에 필요한 **처분**을 하거나 **조치**를 명할 수 있다.

1. 제31조제2항 단서에 따른 신고를 하지 아니하고 사업 또는 공사를 한 자
2. 도시·군계획시설을 제43조제1항에 따른 도시·군관리계획의 결정 없이 설치한 자
3. 제44조의3제2항에 따른 공동구의 점용 또는 사용에 관한 허가를 받지 아니하고 공동구를 점용 또는 사용하거나 같은 조 제3항에 따른 점용료 또는 사용료를 내지 아니한 자
4. 제54조에 따른 지구단위계획구역에서 해당 지구단위계획에 맞지 아니하게 건축물을 건축 또는 용도변경을 하거나 공작물을 설치한 자
5. 제56조에 따른 개발행위허가 또는 변경허가를 받지 아니하고 개발행위를 한 자

5의2. 제56조에 따라 개발행위허가 또는 변경허가를 받고 그 허가받은 사업기간 동안 개발행위를 완료하지 아니한 자

6. 제60조제1항에 따른 이행보증금을 예치하지 아니하거나 같은 조 제3항에 따른 토지의 원상회복명령에 따르지 아니한 자
7. 개발행위를 끝낸 후 제62조에 따른 준공검사를 받지 아니한 자

7의2. 제64조제3항 본문에 따른 원상회복명령에 따르지 아니한 자

8. 제76조(같은 조 제5항제2호부터 제4호까지의 규정은 제외한다)에 따른 용도지역 또는 용도지구에서의 건축 제한 등을 위반한 자
9. 제77조에 따른 건폐율을 위반하여 건축한 자
10. 제78조에 따른 용적률을 위반하여 건축한 자
11. 제79조에 따른 용도지역 미지정 또는 미세분 지역에서의 행위 제한 등을 위반한 자
12. 제81조에 따른 시가화조정구역에서의 행위 제한을 위반한 자
13. 제84조에 따른 둘 이상의 용도지역 등에 걸치는 대지의 적용 기준을 위반한 자
14. 제86조제5항에 따른 도시·군계획시설사업시행자 지정을 받지 아니하고 도시·군계획시설사업을 시행한 자
15. 제88조에 따른 도시·군계획시설사업의 실시계획인가 또는 변경인가를 받지 아니하고 사업을 시행한 자

15의2. 제88조에 따라 도시·군계획시설사업의 실시계획인가 또는 변경인가를 받고 그 실시계획에서 정한 사업기간 동안 사업을 완료하지 아니한 자

15의3. 제88조에 따른 실시계획의 인가 또는 변경인가를 받은 내용에 맞지 아니하게 도시·군계획시설을 설치하거나 용도를 변경한 자

16. 제89조제1항에 따른 이행보증금을 예치하지 아니하거나 같은 조 제3항에 따른 토지의 원상회복명령에 따르지 아니한 자
17. 도시·군계획시설사업의 공사를 끝낸 후 제98조에 따른 준공검사를 받지 아니한 자

18. 〈삭제〉
19. 〈삭제〉
20. 제130조를 위반하여 타인의 토지에 출입하거나 그 토지를 일시사용한 자
21. 부정한 방법으로 다음 각 목의 어느 하나에 해당하는 허가 · 인가 · 지정 등을 받은 자
    가. 제56조에 따른 개발행위허가 또는 변경허가
    나. 제62조에 따른 개발행위의 준공검사
    다. 제81조에 따른 시가화조정구역에서의 행위허가
    라. 제86조에 따른 도시 · 군계획시설사업의 시행자 지정
    마. 제88조에 따른 실시계획의 인가 또는 변경인가
    바. 제98조에 따른 도시 · 군계획시설사업의 준공검사
    사. 〈삭제〉
22. 사정이 변경되어 개발행위 또는 도시 · 군계획시설사업을 계속적으로 시행하면 현저히 공익을 해칠 우려가 있다고 인정되는 경우의 그 개발행위허가를 받은 자 또는 도시 · 군계획시설사업의 시행

② 국토교통부장관, 시·도지사, 시장·군수 또는 구청장은 제1항제22호에 따라 필요한 처분을 하거나 조치를 명한 경우에는 이로 인하여 발생한 **손실**을 **보상**하여야 한다.

③ 제2항에 따른 손실 보상에 관하여는 제131조제2항부터 제4항까지의 규정을 준용한다.

제134조 행정심판

이 법에 따른 도시·군계획시설사업 시행자의 처분에 대하여는 「행정심판법」에 따라 행정심판을 제기할 수 있다. 이 경우 행정청이 아닌 시행자의 처분에 대하여는 제86조제5항에 따라 그 시행자를 지정한 자(시행자×)에게 행정심판을 제기하여야 한다.

제135조 권리·의무의 승계 등

① 다음 각 호에 해당하는 권리·의무는 그 토지 또는 건축물에 관한 소유권이나 그 밖의 권리의 변동과 동시에 그 승계인에게 이전한다.

1. 토지 또는 건축물에 관하여 소유권이나 그 밖의 권리를 가진 자의 도시·군관리계획에 관한 권리·의무
2. 〈삭제〉

② 이 법 또는 이 법에 따른 명령에 의한 처분, 그 절차 및 그 밖의 행위는 그 행위와 관련된 토지 또는 건축물에 대하여 소유권이나 그 밖의 권리를 가진 자의 승계인에 대하여 효력을 가진다.

★ 제136조 청문

국토교통부장관, 시·도지사, 시장·군수 또는 구청장은 제133조제1항에 따라 다음 각 호의 어느 하나에 해당하는 처분을 하려면 **청문**을 하여야(할 수×) 한다.

1. 개발행위허가의 취소
2. 제86조제5항에 따른 도시·군계획시설사업의 시행자 지정의 취소
3. 실시계획인가의 취소
4. 〈삭제〉

> 출제자 의도
> 청문
> 해당 사유를 암기하고 있는가?

제137조 보고 및 검사 등

① 국토교통부장관(제40조에 따른 수산자원보호구역의 경우 해양수산부장관을 말한다), 시·도지사, 시장 또는 군수는 필요하다고 인정되는 경우에는 개발행위허가를 받은 자나 도시·군계획시설사업의 시행자에 대하여 감독상 필요한 보고를 하게 하거나 자료를 제출하도록 명할 수 있으며, 소속 공무원으로 하여금 개발행위에 관한 업무 상황을 검사하게 할 수 있다.

② 제1항에 따라 업무를 검사하는 공무원은 그 권한을 표시하는 증표를 지니고 이를 관계인에게 내보여야 한다.

③ 제2항에 따른 증표에 관하여 필요한 사항은 국토교통부령으로 정한다.

제138조 도시·군계획의 수립 및 운영에 대한 감독 및 조정

① 국토교통부장관(제40조에 따른 수산자원보호구역의 경우 해양수산부장관을 말한다. 이하 이 조에서 같다)은 필요한 경우에는 시·도지사 또는 시장·군수에게, 시·도지사는 시장·군수에게 도시·군기본계획과 도시·군관리계획의 수립 및 운영실태에 대하여 감독상 필요한 보고를 하게 하거나 자료를 제출하도록 명할 수 있으며, 소속 공무원으로 하여금 도시·군기본계획과 도시·군관리계획에 관한 업무 상황을 검사하게 할 수 있다.

② 국토교통부장관은 도시·군기본계획과 도시·군관리계획이 국가계획 및 광역도시계획의 취지에 부합하지 아니하거나 도시·군관리계획이 도시·군기본계획의 취지에 부합하지 아니하다고 판단하는 경우에는 특별시장·광역시장·특별자치시장·특별자치도지사·시장 또는 군수에게 기한을 정하여 도시·군기본계획과 도시·군관리계획의 조정을 요구할 수 있다. 이 경우 특별시장·광역시장·특별자치시장·특별자치도지사·시장 또는 군수는 도시·군기본계획과 도시·군관리계획을 재검토하여 정비하여야 한다.

③ 도지사는 시·군 도시·군관리계획이 광역도시계획이나 도시·군기본계획의 취지에 부합하지 아니하다고 판단되는 경우에는 시장 또는 군수에게 기한을 정하여 그 도시·군관리계획의 조정을 요구할 수 있다. 이 경우 시장 또는 군수는 그 도시·군관리계획을 재검토하여 정비하여야 한다.

제139조 권한의 위임 및 위탁

① 이 법에 따른 국토교통부장관(제40조에 따른 수산자원보호구역의 경우 해양수산부장관을 말한다. 이하 이 조에서 같다)의 권한은 그 일부를 대통령령으로 정하는 바에 따라 시·도지사에게 위임할 수 있으며, 시·도지사는 국토교통부장관의 승인을 받아 그 위임받은 권한을 시장·군수 또는 구청장에게 재위임할 수 있다.

② 이 법에 따른 시·도지사의 권한은 시·도의 조례로 정하는 바에 따라 시장·군수 또는 구청장에게 위임할 수 있다. 이 경우 시·도지사는 권한의 위임사실을 국토교통부장관에게 보고하여야 한다.

③ 제1항이나 제2항에 따라 권한이 위임되거나 재위임된 경우 그 위임되거나 재위임된 사항 중 다음 각 호의 사항에 대하여는 그 위임 또는 재위임받은 기관이 속하는 지방자치단체에 설치된 지방도시계획위원회의 심의 또는 시·도의 조례로 정하는 바에 따라 「건축법」 제4조에 의하여 시·군·구에 두는 건축위원회와 도시계획위원회가 공동으로 하는 심의를 거쳐야 하며, 해당 지방의회의 의견을 들어야 하는 사항에 대하여는 그 위임 또는 재위임받은 기관이 속하는 지방자치단체의 의회의 의견을 들어야 한다.

1. 중앙도시계획위원회·지방도시계획위원회의 심의를 거쳐야 하는 사항
2. 「건축법」 제4조에 따라 시·도에 두는 건축위원회와 지방도시계획위원회가 공동으로 하는 심의를 거쳐야 하는 사항

④ 이 법에 따른 국토교통부장관, 시·도지사, 시장 또는 군수의 사무는 그 일부를 대통령령이나 해당 지방자치단체의 조례로 정하는 바에 따라 다른 행정청이나 행정청이 아닌 자에게 위탁할 수 있다.

⑤ 〈삭제〉

⑥ 제4항에 따라 위탁받은 사무를 수행하는 자(행정청이 아닌 자로 한정한다)나 그에 소속된 직원은 「형법」이나 그 밖의 법률에 따른 벌칙을 적용할 때에는 공무원으로 본다.

★

제12장 벌칙

출제자 의도

벌칙·과태료

각각의 세부항목을 구별할 수 있는가?

제140조 벌칙

다음 각 호의 어느 하나에 해당하는 자는 **3년 이하의 징역** 또는 **3천만원 이하의 벌금**에 처한다.

1. 제56조제1항 또는 제2항을 위반하여 허가 또는 변경허가를 받지 아니하거나, 속임수나 그 밖의 부정한 방법으로 허가 또는 변경허가를 받아 개발행위를 한 자
2. 시가화조정구역에서 허가를 받지 아니하고 제81조제2항 각 호의 어느 하나에 해당하는 행위를 한 자

제140조의2 벌칙

기반시설설치비용을 면탈·경감할 목적 또는 면탈·경감하게 할 목적으로 거짓 계약을 체결하거나 거짓 자료를 제출한 자는 **3년 이하의 징역** 또는 면탈·경감하였거나 면탈·경감하고자 한 기반시설설치**비용의 3배**(3천만원×) **이하에 상당하는 벌금**에 처한다.

제141조 벌칙

다음 각 호의 어느 하나에 해당하는 자는 **2년 이하의 징역** 또는 **2천만원**(제5호에 해당하는 자는 계약 체결 당시의 개별공시지가에 의한 해당 토지가격의 100분의 30에 해당하는 금액) **이하의 벌금**에 처한다.

1. 제43조제1항을 위반하여 도시·군관리계획의 결정이 없이 기반시설을 설치한 자
2. 제44조제3항을 위반하여 공동구에 수용하여야 하는 시설을 공동구에 수용하지 아니한 자
3. 제54조를 위반하여 지구단위계획에 맞지 아니하게 건축물을 건축하거나 용도를 변경한 자
4. 제76조(같은 조 제5항제2호부터 제4호까지의 규정은 제외한다)에 따른 용도지역 또는 용도지구에서의 건축물이나 그 밖의 시설의 용도·종류 및 규모 등의 제한을 위반하여 건축물을 건축하거나 건축물의 용도를 변경한 자
5. 〈삭제〉

제142조 벌칙

제133조제1항에 따른 허가·인가 등의 취소, 공사의 중지, 공작물 등의 개축 또는 이전 등의 처분 또는 조치명령을 위반한 자는 **1년 이하의 징역** 또는 **1천만원 이하의 벌금**에 처한다.

제143조 양벌규정

법인의 대표자나 법인 또는 개인의 대리인, 사용인, 그 밖의 종업원이 그 법인 또는 개인의 업무에 관하여 제140조부터 제142조까지의 어느 하나에 해당하는 위반행위를 하면 그 행위자를 벌할 뿐만 아니라 그 법인 또는 개인에게도 해당 조문의 벌금형을 과한다. 다만, 법인 또는 개인이 그 위반행위를 방지하기 위하여 해당 업무에 관하여 상당한 주의와 감독을 게을리하지 아니한 경우는 그러하지 아니하다.

제144조 과태료

① 다음 각 호의 어느 하나에 해당하는 자에게는 **1천만원 이하의 과태료**를 부과한다.

1. 제44조의3제2항에 따른 허가를 받지 아니하고 공동구를 점용하거나 사용한 자
2. 정당한 사유 없이 제130조제1항에 따른 행위를 방해하거나 거부한 자
3. 제130조제2항부터 제4항까지의 규정에 따른 허가 또는 동의를 받지 아니하고 같은 조 제1항에 따른 행위를 한 자
4. 제137조제1항에 따른 검사를 거부·방해하거나 기피한 자

② 다음 각 호의 어느 하나에 해당하는 자에게는 **500만원 이하의 과태료**를 부과한다.

1. 제56조제4항 단서에 따른 신고를 하지 아니한 자
2. 제137조제1항에 따른 보고 또는 자료 제출을 하지 아니하거나, 거짓된 보고 또는 자료 제출을 한 자

③ 제1항과 제2항에 따른 과태료는 대통령령으로 정하는 바에 따라 다음 각 호의 자가 각각 부과·징수한다.

1. 제1항제2호·제4호 및 제2항제2호의 경우 : 국토교통부장관(제40조에 따른 수산자원보호구역의 경우 해양수산부장관을 말한다), 시·도지사, 시장 또는 군수
2. 제1항제1호·제3호 및 제2항제1호의 경우 : 특별시장·광역시장·특별자치시장·특별자치도지사·시장 또는 군수(국토교통부장관×)

O · X · 지 · 문 · 학 · 습

01. 도시·군계획이란 특별시·광역시·특별자치시·특별자치도·시 또는 군의 관할구역에 대하여 수립하는 공간구조와 발전방향에 대한 계획으로서 광역도시계획과 도시·군기본계획으로 구분한다. [O, ×]

02. 도시·군계획은 특별시·광역시·특별자치시·특별자치도·시 또는 군의 관할구역에서 수립되는 다른 법률에 따른 토지의 이용·개발 및 보전에 관한 계획의 기본이 된다. [O, ×]

03. 국토교통부장관 또는 도지사는 광역계획권을 지정하거나 변경하면 7일 이내 관계 시·도지사, 시장 또는 군수에게 그 사실을 통보하여야 한다. [O, ×]

04. 국토교통부장관은 광역도시계획을 시·도지사와 공동으로 수립하거나 변경하는 경우 관계 중앙행정기관과 사전 협의만 거치면 된다. [O, ×]

05. 도시·군관리계획은 계획의 상세 정도, 도시·군관리계획으로 결정하여야 하는 기반시설의 종류 등에 대하여 도시 및 농·산·어촌 지역의 인구밀도, 토지 이용의 특성 및 주변 환경 등을 종합적으로 고려, 균등하게 입안하여야 한다. [O, ×]

06. 도시·군관리계획을 조속히 입안하여야 할 필요가 있다고 인정되면 광역도시계획이나 도시·군기본계획을 수립할 때에 도시·군관리계획을 함께 입안할 수 있다. [O, ×]

07. 국토교통부장관은 국가계획과 연계하여 시가화조정구역의 지정이 필요한 경우 직접 시가화조정구역의 지정을 도시 · 군관리계획으로 결정할 수 있다. [O, ×]

08. 공동구를 개량하는 경우에 필요한 비용은 법률에 특별한 규정이 있는 경우를 제외하고는 사업시행자가 부담한다. [O, ×]

정답 및 해설

01. × (광역도시계획과 도시·군기본계획 → 도시·군기본계획과 도시·군관리계획)
02. ○
03. × (7일 이내 → 지체 없이)
04. × (관계 중앙행정기관과 협의한 후 중앙도시계획위원회의 심의를 거쳐야 한다.)
05. × (종합적으로 고려하되 차등을 두어 입안하여야 한다.)
06. ○
07. ○
08. × (사업시행자 → 공동구 점용예정자와 사업시행자)

O · X · 지 · 문 · 학 · 습

09. 도시·군계획시설결정의 고시일부터 5년 이내에 도시·군계획시설사업이 시행되지 아니하는 경우 그 도시·군계획시설의 부지에 있는 건축물 및 정착물의 소유자는 이의 매수를 청구할 수 있다. [O, ×]

10. 도시·군계획시설결정이 고시된 도시·군계획시설이 고시일부터 20년이 지날 때까지 사업이 시행되지 아니하는 경우 그 도시·군계획시설결정은 그 고시일부터 20년이 되는 날에 그 효력을 잃는다. [O, ×]

11. 시장 또는 군수는 도시·군계획시설의 설치 장소로 결정된 지상공간에 그 도시·군계획시설이 아닌 건축물의 건축이나 공작물의 설치를 필요에 따라 허가할 수 있다. [O, ×]

12. 특별시장·광역시장·특별자치시장·특별자치도지사·시장 또는 군수는 주거·상업 또는 공업지역에서의 개발행위로 도시·군계획시설의 처리·공급 또는 수용능력이 부족할 것으로 예상되는 지역 중 기반시설의 설치가 곤란한 지역을 개발밀도관리구역으로 지정할 수 있다. [O, ×]

13. 국토법상 용도지역 안에서의 제2종전용주거지역의 용적률은 100퍼센트 이상 180퍼센트 이하이다. [O, ×]

14. 용적률의 최대한도는 관할 구역의 면적과 인구 규모, 용도지역의 특성 등을 고려하여 도시지역 중 주거지역의 경우 500퍼센트 이하이다. [O, ×]

15. 중앙도시계획위원회는 위원장·부위원장 각 1명을 포함한 25명 이상 30명 이내의 위원으로 구성한다. [O, ×]

정답 및 해설

09. × (5년 이내 → 10년 이내)
10. × (20년이 되는 날에 → 20년이 되는 날의 다음날에)
11. × (도시·군계획시설의 설치 장소로 결정된 지상·수상·공중·수중 또는 지하는 그 도시·군계획시설이 아닌 건축물의 건축이나 공작물의 설치를 허가하여서는 아니 된다.)
12. O
13. × (100퍼센트 이상 180퍼센트 → 100퍼센트 이상 150퍼센트)
14. O
15. × (30명 이내 → 30명 이하)

1. 「국토의 계획 및 이용에 관한 법령」상 용도지역 및 용도구역에서의 행위제한에 관한 설명으로 옳은 것은?

① 도시지역, 관리지역, 농림지역 또는 자연환경보전지역으로 용도가 지정되지 아니한 지역에 대하여는 도시지역에 관한 규정을 적용한다.
② 도시지역이 세부 용도지역으로 지정되지 아니한 경우에는 생산녹지지역에 관한 규정을 적용한다.
③ 관리지역이 세부 용도지역으로 지정되지 아니한 경우에는 보전관리지역에 관한 규정을 적용한다.
④ 시가화조정구역에서의 도시·군계획사업은 도시개발법에 의한 민간제안 도시개발사업만 시행할 수 있다.
⑤ 시가화조정구역에서는 도시·군계획사업에 의한 행위가 아닌 경우, 모든 개발행위를 허가할 수 없다.

해설

① 자연환경보전지역에 관한 규정 적용
② 보전녹지지역에 관한 규정 적용
④ 법 제81조제①항, 영 제87조 참조
⑤ 없다 → 있다

2. 「국토의 계획 및 이용에 관한 법령」상 지구단위계획구역으로 지정하는 등의 도시·군관리계획을 입안하는 경우, 환경성 검토를 하여야 하는 경우는?(단, 법령에서 정한 경미한 사항을 입안하는 경우가 아님)

① 개발제한구역 안에 기반시설을 설치하는 경우
② 해당 지구단위계획구역 안의 나대지 면적이 구역면적의 2%에 미달하는 경우
③ 해당 지구단위계획구역의 지정목적이 해당 구역을 정비하고자 하는 경우로서 지구단위계획의 내용에 너비 12m 이상 도로의 설치계획이 없는 경우
④ 해당 지구단위계획구역이 다른 법률에 의하여 지역·지구·구역·단지 등으로 지정된 경우
⑤ 해당 지구단위계획구역이 도심지(상업지역과 상업지역에 연접한 지역)에 위치하는 경우

해설

① 개발제한구역 안에 기반시설을 설치하는 경우 토지적성평가는 실시하지 아니할 수 있지만, 환경성 검토는 하여야 한다.(법 제27조제④항, 영 제21조제②항)

3. 국토의 계획 및 이용에 관한 법령상 도시·군계획시설사업(이하 "사업")에 관한 설명으로 틀린 것은?

① 같은 도의 관할 구역에 속하는 둘 이상의 시·군에 걸쳐 시행되는 사업의 시행자를 정함에 있어 관계 시장·군수간 협의가 성립되지 않는 경우에는 관할 도지사가 시행자를 지정한다.
② 도지사는 광역도시계획과 관련되는 경우 관계 시장 또는 군수의 의견을 들어 직접 사업을 시행할 수 있다.
③ 시행자는 사업을 효율적으로 추진하기 위하여 필요하다고 인정되면 사업시행대상지역을 분할하여 사업을 시행할 수 있다.
④ 도시·군관리계획 결정을 고시한 경우 사업에 필요한 국·공유지는 그 도시·군관리계획으로

|정답| 1. ③ 2. ①

정해진 목적 외의 목적으로 양도할 수 없다.

⑤ 한국토지주택공사가 사업의 시행자로 지정을 받으려면 사업대상인 사유토지의 소유자 총수의 2분의 1 이상의 동의를 받아야 한다.

해설

⑤ 국가 또는 지방자치단체, 공공기관, 그 밖에 대통령령으로 정하는 자 이외의 자가 도시·군계획시설사업의 시행자로 지정을 받으려면 도시·군계획시설사업의 대상인 토지[국·공유지를 제외함]면적의 3분의 2 이상에 해당하는 토지를 소유하고, 토지소유자 총수의 2분의 1 이상에 해당하는 자의 동의를 얻어야 한다(법 제86조제⑦항, 영 제96조제②항).

4. 국토의 계획 및 이용에 관한 법령상 광역도시계획에 관한 설명으로 틀린 것은?

① 동일 지역에 대하여 수립된 광역도시계획의 내용과 도시·군기본계획의 내용이 다를 때에는 광역도시계획의 내용이 우선한다.

② 광역계획권은 광역시장이 지정할 수 있다.

③ 도지사는 시장 또는 군수가 협의를 거쳐 요청하는 경우에는 단독으로 광역도시계획을 수립할 수 있다.

④ 광역도시계획을 수립하려면 광역도시계획의 수립권자는 미리 공청회를 열어야 한다.

⑤ 국토교통부장관이 조정의 신청을 받아 광역도시계획의 내용을 조정하는 경우 중앙도시계획위원회의 심의를 거쳐야 한다.

해설

② 광역계획권은 국토교통부장관과 도지사가 지정한다.

5. 국토의 계획 및 이용에 관한 법률상의 지구단위계획에 대한 설명으로 옳은 것은?

① 자연녹지지역에 지정된 10만㎡ 규모의 근린공원이 해제된 경우 당해지역은 지구단위계획구으로 지정하여야 한다.

② 지구단위계획은 원칙적으로 시장·군수 또는 구청장이 결정하지만 광역도시계획과 관련되는 경우 등 필요시에는 국토교통부장관과 시·도지사가 결정할 수 있다.

③ 생산관리지역에 지정된 주거개발진흥지구는 지구단위계획을 수립하여 개발할 수 있다.

④ 기반시설부담구역이 지정되면 당해지역은 지구단위계획구역으로 지정·고시된 것으로 본다.

⑤ 지구단위계획수립을 통해서 복합개발진흥지구를 산업개발진흥지구로 변경할 수 있다.

해설

① 10만㎡ → 30만㎡

② 지구단위계획도 도시·군관리계획의 내용이므로 도시·군관리계획의 입안-결정 절차를 거친다. 따라서 도시·군관리계획의 결정권자는 시·도지사, 국토교통부장관이다.

③ 생산관리지역 → 계획관리지역

④ 설명이 거꾸로 되어있다.

6. 국토의 계획 및 이용에 관한 법령상 매수의무자인 지방자치단체가 매수청구를 받은 장기미집행 도시·군계획시설 부지 중 지목이 대(垈)인 토지를 매수할 때에 관한 설명으로 틀린 것은?

① 토지소유자가 원하면 도시·군계획시설채권을 발행하여 매수대금을 지급할 수 있다.

② 도시·군계획시설채권의 상환기간은 10년 이내에서 정해진다.

③ 매수청구된 토지의 매수가격·매수절차 등에 관하여 「국토의 계획 및 이용에 관한 법률」에 특별한 규정이 있는 경우 외에는 「공익사업을 위한 토지 등의 취득 및 보상에 관한 법률」을 준용한다.

|정답| 3. ⑤ 4. ② 5. ⑤

④ 비업무용 토지로서 매수대금이 2천만원을 초과하는 경우 매수의무자는 그 초과하는 금액에 대해서 도시 · 군계획시설채권을 발행하여 지급할 수 있다.

⑤ 매수의무자가 매수하기로 결정한 토지는 매수 결정을 알린 날부터 2년 이내에 매수하여야 한다.

해설

④ 부재부동산 소유자의 토지 또는 비업무용토지로서 매수대금이 3천만원을 초과하는 경우 그 초과하는 금액에 대하여 지급하는 경우에 도시 · 군계획시설채권을 지급할 수 있다.

7. 국토의 계획 및 이용에 관한 법률상 조례로 정할 수 있는 건폐율의 최대한도가 다음 중 가장 큰 용도지역은 ?

① 준주거지역 ② 일반상업지역
③ 근린상업지역 ④ 전용공업지역
⑤ 제3종일반주거지역

해설

시행령 제84조 용도지역안에서의 건폐율 참고

8. 국토의 계획 및 이용에 관한 법령상 개발제한구역 안에서만 지정할 수 있는 용도지구는?

① 집단취락지구 ② 자연취락지구
③ 역사문화미관지구 ④ 특정용도제한지구
⑤ 자연경관지구

해설

개발제한구역안의 취락을 정비하기 위하여 필요한 용도지구는 집단취락지구이다. (법률 제37조, 시행령 제31조제②항 제6호 나목)

9. 1필지의 면적이 500㎡인 토지에 건축물을 건축하고자 하는 경우 국토의 계획 및 이용에 관한 법령상 지상에 건축할 수 있는 건물의 최대 연면적은(주차장 면적은 제외함)? (다만, 당해 토지의 40%는 제1종전용주거지역, 60%는 자연녹지지역에 걸쳐 있으며, 조례상 제1종전용주거지역의 용적률은 80%이하, 자연녹지지역의 용적률은 50%이하이다. 그 외의 조건은 고려하지 아니한다.)

① 150㎡ ② 160㎡ ③ 250㎡
④ 310㎡ ⑤ 400㎡

해설

1필지	(500㎡)
200㎡ 제1종 전용 주거지역	300㎡ 자연 녹지지역

위와 같은 경우는 각각의 규정을 적용한다(제84조제③항, 본문).
연면적 = 대지면적×용적률
따라서 최대연면적 = (200㎡×80%) + (300㎡×50%) = 310㎡

10. 국토의 계획 및 이용에 관한 법령상 공유수면(바다로 한정함) 매립지의 용도지역 지정에 관한 설명으로 틀린 것은?

① 용도지역이란 도시지역, 관리지역, 농림지역, 자연환경보전지역을 말한다.

② 매립목적이 그 매립구역과 이웃하고 있는 용도지역의 내용과 같은 경우 그 매립준공구역은 이웃 용도지역으로 도시·군관리계획을 입안·결정하여야 한다.

③ 매립목적이 그 매립구역과 이웃하고 있는 용도지역의 내용과 다른 경우 그 매립구역이 속할 용도지역은 도시·군관리계획 결정으로 지

|정답| 6. ④ 7. ② 8. ① 9. ④

정하여야 한다.

④ 매립구역이 둘 이상의 용도지역에 걸쳐 있는 경우 그 매립구역이 속할 용도지역은 도시·군관리계획 결정으로 지정하여야 한다.

⑤ 매립구역이 둘 이상의 용도지역과 이웃하고 있는 경우 그 매립구역이 속할 용도지역은 도시·군관리계획 결정으로 지정하여야 한다.

해설

② 입안·결정하여야 한다 → 입안·결정할 필요가 없다 (제41조 제①항)

11. 국토의 계획 및 이용에 관한 법령상 자연취락지구안에 건축할 수 있는 건축물에 해당하지 않는 것은? (단, 4층 이하의 건축물에 한하고, 조례는 고려하지 않음)

① 단독주택

② 노래연습장

③ 축산업용 창고

④ 방송국

⑤ 정신병원

해설

⑤ 정신병원은 의료시설로서 자연취락지구 안에 건축할 수 없다.

|정답| 10. ② 11. ⑤

2

도시개발법

1. 구역의 지정 등
2. 사업의 시행
3. 비용부담 등

Point

도시개발사업 시행방식
(① 수용 또는 사용방식, ② 환지방식, ③ 혼용방식)
별 절차상 내용의 이해

[출제비율] 15%, 6문항

■ 학습목적

개발법, 정비법이라는 부동산 공법적 측면에서의 부동산과 관련된 행위제한을 이해해서 부동산을 제대로 중개하기 위해서 이 법을 배웁니다.

■ 나무

부동산 공법의 두 번째 나무인 개발법은 수용·사용방식과 환지방식이라는 2개의 나무 가지로, 세 번째 나무인 정비법은 수용·사용방식, 환지방식, 개량방식 및 관리처분방식이라는 4개의 나무 가지로 각각 구성되어 있습니다.

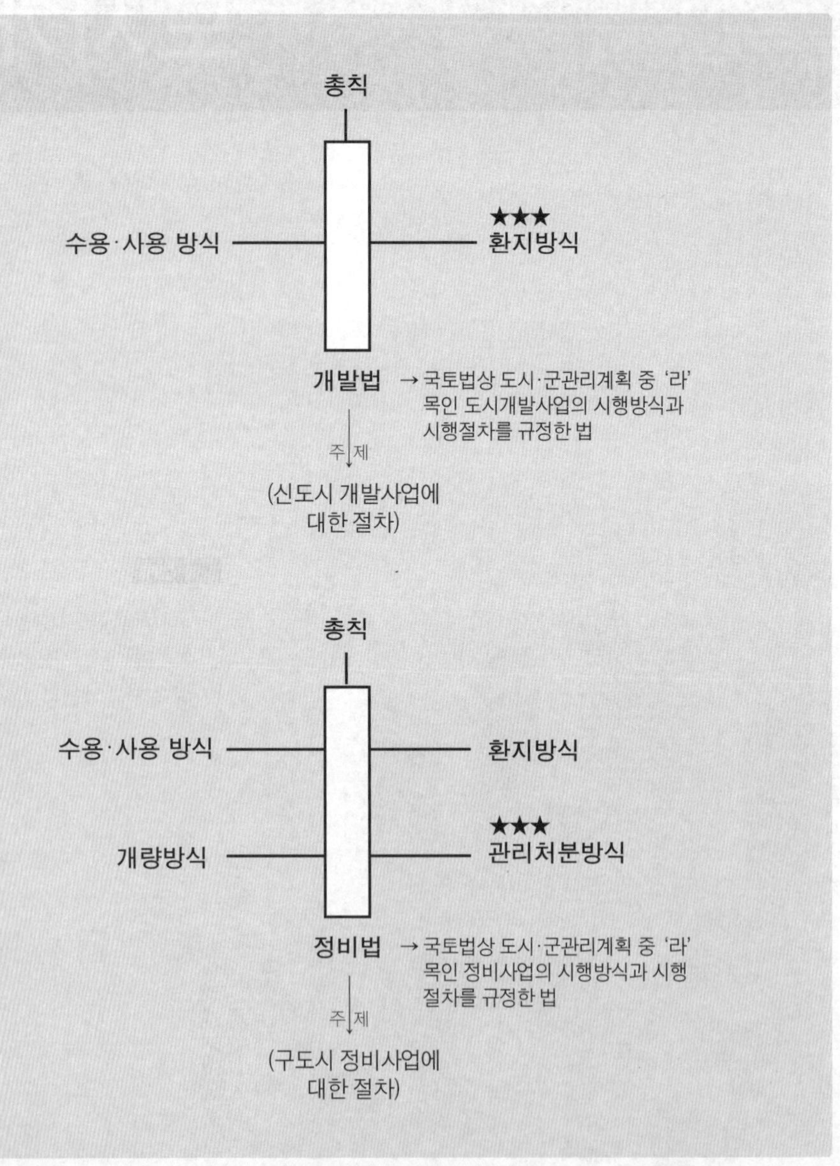

■ 개발법·정비법 핵심

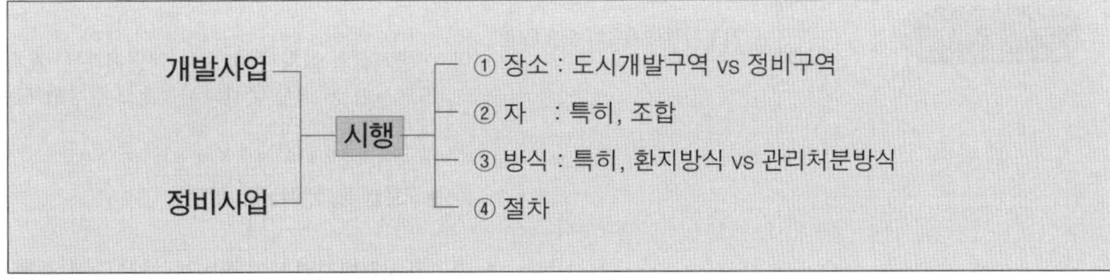

■ 개발법

1 수용·사용방식

1. 시행절차 : 내용

2 환지방식

1. 시행절차 : 내용
2. 환지예정지 : 지정효과
3. 환지 : 처분효과

3 기타

1. 도시개발구역 : 대상지역별 규모, 구역안 허가 불필요 개발행위
2. 조합 : 조문상 관련 숫자·기관

■ 정비법

1 관리처분방식

1. 시행절차 : 내용

2 기타

1. 정비사업 : 종류별 시행자와 시행방법 등
2. 조합 : 설립절차상 내용
3. (정비)기본계획 vs 정비계획 : 포함사항
4. 정비구역 : 지정절차상 내용, 구역 안에서 행위제한, 구역안에서 허가 불필요 행위
5. 용어정의 : 조문상 정의

■ 도시개발사업·정비사업의 위치

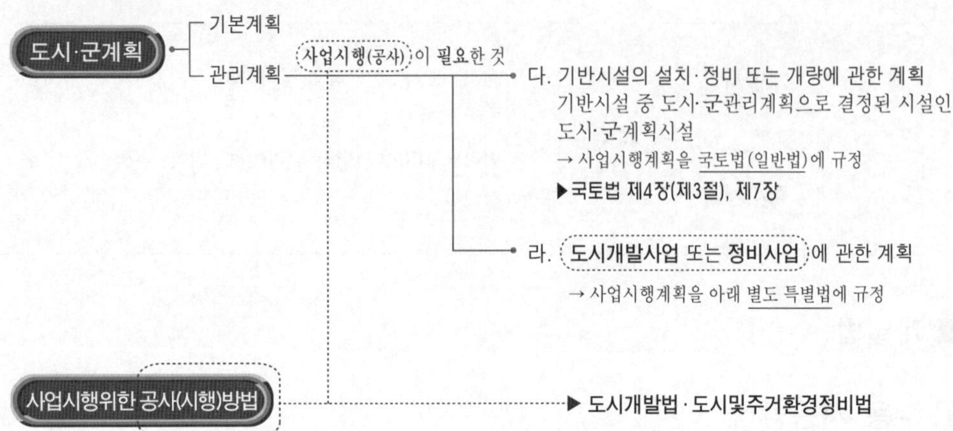

도시·군계획
기본계획
관리계획
사업시행(공사)이 필요한 것
다. 기반시설의 설치·정비 또는 개량에 관한 계획
기반시설 중 도시·군관리계획으로 결정된 시설인
도시·군계획시설
→ 사업시행계획을 국토법(일반법)에 규정
▶국토법 제4장(제3절), 제7장
라. 도시개발사업 또는 정비사업에 관한 계획
→ 사업시행계획을 아래 별도 특별법에 규정
사업시행위한 공사(시행)방법
▶ 도시개발법 · 도시및주거환경정비법

■ 도시·군계획사업 시행절차

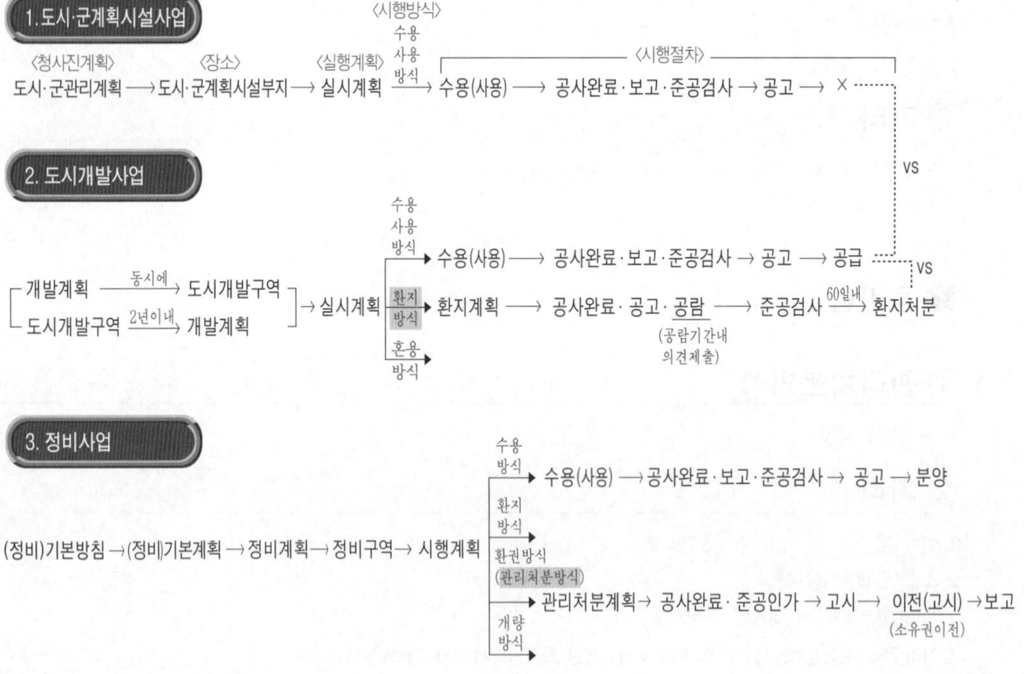

1. 도시·군계획시설사업
〈시행방식〉
수용
사용
방식
〈청사진계획〉
〈장소〉
〈실행계획〉
〈시행절차〉
도시·군관리계획 → 도시·군계획시설부지 → 실시계획 → 수용(사용) → 공사완료·보고·준공검사 → 공고 → ×
VS
2. 도시개발사업
개발계획 동시에 → 도시개발구역
도시개발구역 2년이내 → 개발계획
→ 실시계획
수용 사용 방식 → 수용(사용) → 공사완료·보고·준공검사 → 공고 → 공급
환지 방식 → 환지계획 → 공사완료·공고·공람 → 준공검사 60일내 → 환지처분
(공람기간내 의견제출)
혼용 방식
VS
3. 정비사업
(정비)기본방침 → (정비)기본계획 → 정비계획 → 정비구역 → 시행계획
수용 방식 → 수용(사용) → 공사완료·보고·준공검사 → 공고 → 분양
환지 방식
환권방식 (관리처분방식) → 관리처분계획 → 공사완료·준공인가 → 고시 → 이전(고시) → 보고
(소유권이전)
개량 방식

■ 환지 흐름도

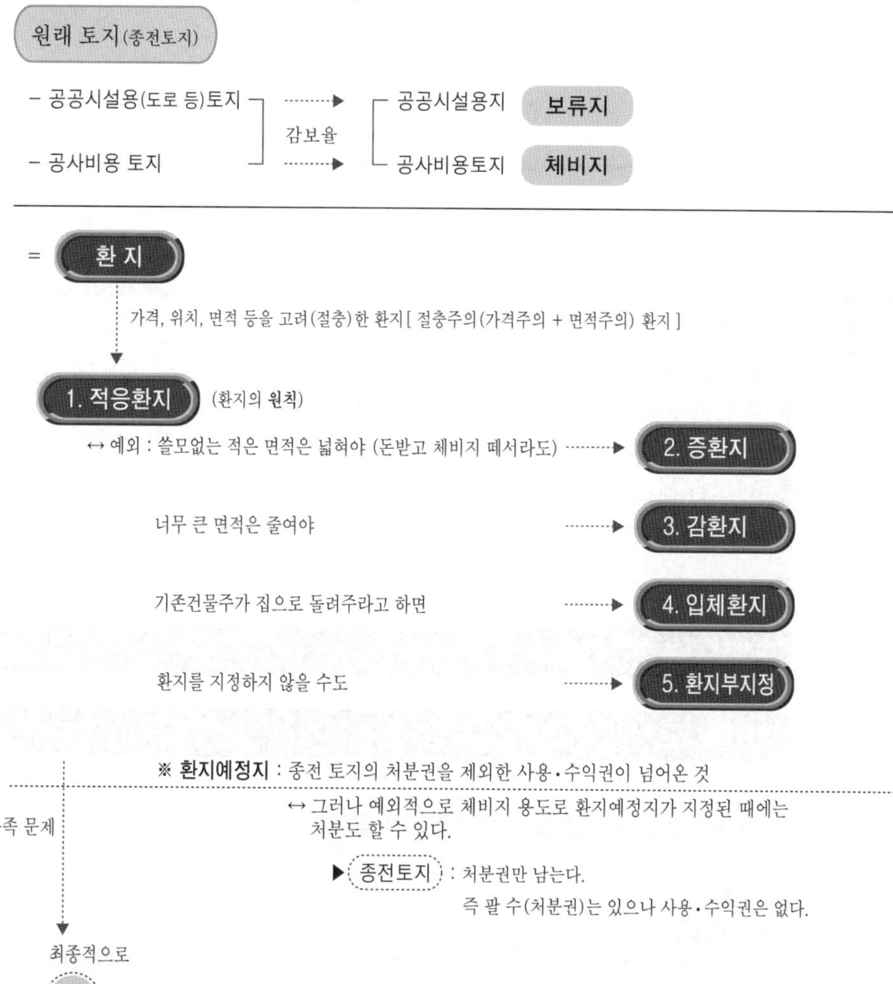

원래 토지(종전토지)
– 공공시설용(도로 등)토지
– 공사비용 토지
감보율
공공시설용지
보류지
공사비용토지
체비지
= 환 지
가격, 위치, 면적 등을 고려(절충)한 환지[절충주의(가격주의 + 면적주의) 환지]
1. 적응환지
(환지의 원칙)
↔ 예외 : 쓸모없는 적은 면적은 넓혀야 (돈받고 체비지 떼서라도)
2. 증환지
너무 큰 면적은 줄여야
3. 감환지
기존건물주가 집으로 돌려주라고 하면
4. 입체환지
환지를 지정하지 않을 수도
5. 환지부지정
※ 환지예정지 : 종전 토지의 처분권을 제외한 사용·수익권이 넘어온 것
↔ 그러나 예외적으로 체비지 용도로 환지예정지가 지정된 때에는 처분도 할 수 있다.
과부족 문제
▶ 종전토지 : 처분권만 남는다.
즉 팔 수(처분권)는 있으나 사용·수익권은 없다.
최종적으로
청산 필요

원칙 : **사후**청산
↔ **예외** : **사전**청산(5.환지부지정의 경우)

인증번호 : 78GS-8S6W

1

무선 인터넷에서 스마트폰으로 QR코드를 찍으면 동영상 강의를 보실 수 있습니다.

도시개발법

기출 Point

1. 도시개발구역의 지정
   ① 지정권자
   ② 지정규모
   ③ 해제
2. 개발계획 수립절차
3. 시행자
4. 조합
5. 도시개발사업 시행방식(특히, 환지방식)
   ① 환지예정지 지정의 효과
   ② 환지처분의 효과
   ③ 청산금 vs 감가보상금
6. 토지상환채권 vs 도시개발채권

출제자 의도

도시개발구역
- 지정권자를 알고 있는가?
- 지정대상 지역별 규모를 알고 있는가?

핵심

환지방식에 의한 도시개발사업 : 시행절차상 내용

도시개발사업은 국토법상 도시·군관리계획 중 라목에 해당됩니다. 이 사업의 구체적인 시행절차를 규정한 법이 도시개발법입니다.

이 법의 핵심은 **도시개발사업의 시행방식**(수용·사용방식, 환지방식, 혼용방식)별 **절차상 내용**을 이해하는 것이며, 특히 환지방식이 중요합니다.

제1장 총칙 〈생략〉

제2장 도시개발구역의 지정 등

■ 도시개발구역 지정 및 개발계획 수립절차

절차	내용
① 구역지정	• 지정권자 : 시·도지사, 대도시 시장, 국토교통부장관 • 요청권자 : 시장·군수·구청장 • 제안권자 : 공공기관 등(법 제11조제5항)
↓	
② 기초조사	임의적 절차 → 즉, 조사하거나 측량할 수(하여야×) 있는 것이지 하여야 하는 것은 아니다.
↓	
③ 의견청취	• 공람이나 공청회를 통하여 주민이나 관계 전문가 등으로부터 의견을 들어야 한다. • 둘(하나×) 이상의 일간신문과(또는×) 해당 시·군 또는 구의 인터넷 홈페이지에 공고하고 14일(15일×) 이상 일반인에게 공람시켜야 한다. 다만, 도시개발구역의 면적이 10만 제곱미터(100만 제곱미터×) 미만(이하×)인 경우에는 일간신문에 공고하지 아니하고 공보(관보×)와(나×) 해당 시·군 또는 구의 인터넷 홈페이지에 공고할 수 있다. • 도시개발사업을 시행하려는 구역의 면적이 100만 제곱미터(10만 제곱미터×) 이상인 경우에는 공람기간이 끝난 후에 공청회를 개최하여야 한다.
↓	
④ 협의	지정권자는 관계 행정기관의 장과 협의
↓	
⑤ 심의	• 국토교통부장관 → 중앙도시계획위원회 • 시·도지사 → 시·도도시계획위원회의 • 대도시 시장 → 대도시도시계획위원회의 심의를 거쳐야
↓	

⑥ 지정·고시	• 지정권자→ 관보나 공보에 • 지정·고시 효과 : 도시개발구역이 지정·고시된 경우 해당 도시개발구역은 도시지역과 지구단위계획구역으로 결정되어 고시된 것으로 본다. (↔ 지구단위계획구역 및 취락지구로 지정된 지역인 경우는 제외)
↓	
⑦ 공람	대도시 시장이 아닌 지정권자는 해당 도시개발구역을 관할하는 시장(대도시 시장을 제외한다)·군수 또는 구청장에게 관계 서류의 사본을 보내야 하며, 지정권자인 특별자치도지사와 관계 서류를 송부받은 시장(대도시 시장을 제외한다)·군수 또는 구청장은 해당 관계 서류를 일반인에게 공람시켜야

★★ 제3조 도시개발구역의 지정 등

① 다음 각 호의 어느 하나에 해당하는 자는 계획적인 도시개발이 필요하다고 인정되는 때에는 도시개발구역을 지정할 수(하여야×) 있다.

1. 특별시장·광역시장·도지사·특별자치도지사(이하 "시·도지사"라 한다)
2. 「지방자치법」 제175조에 따른 서울특별시와 광역시를 제외한 인구 50만 이상의 대도시의 시장(이하 "대도시 시장"이라 한다)

■ 도시개발구역의 지정대상지역 및 규모 (시행령 제2조)

① 「도시개발법」(이하 "법"이라 한다) 제3조에 따라 도시개발구역으로 지정할 수 있는 대상 지역 및 규모는 다음과 같다.

1. **도시지역**
   가. 주거지역 및 상업지역 : 1만 제곱미터 이상
   나. 공업지역 : 3만 제곱미터 이상
   다. 자연녹지지역 : 1만 제곱미터 이상
   라. 생산녹지지역(생산녹지지역이 도시개발구역 지정면적의 100분의 30 이하인 경우만 해당된다) : 1만 제곱미터 이상
2. **도시지역 외의 지역** : 30만 제곱미터 이상. 다만, 「건축법 시행령」 별표 1 제2호의 공동주택 중 아파트 또는 연립주택의 건설계획이 포함되는 경우로서 다음 요건을 모두 갖춘 경우에는 10만 제곱미터 이상으로 한다.
   가. 도시개발구역에 초등학교용지를 확보(도시개발구역 내 또는 도시개발구역으로부터 통학이 가능한 거리에 학생을 수용할 수 있는 초등학교가 있는 경우를 포함한다)하여 관할 교육청과 협의한 경우
   나. 도시개발구역에서 「도로법」 제12조부터 제15조까지의 규정에 해당하는 도로 또는 국토교통부령으로 정하는 도로와 연결되거나 4차로 이상의 도로를 설치하는 경우

② 자연녹지지역, 생산녹지지역 및 도시지역 외의 지역에 도시개발구역을 지정하는 경우에는 광역도시계획 또는 도시·군기본계획에 의하여 개발이 가능한 지역에서만 국토교통부장관이 정하는 기준에 따라 지정하여야 한다. 다만, 광역도시계획 및 도시·군기본계획이 수립되지 아니한 지역인 경우에는 자연녹지지역 및 계획관리지역에서만 도시개발구역을 지정할 수 있다.

③ 다음 각 호의 어느 하나에 해당하는 지역으로서 법 제3조에 따라 도시개발구역을 지정하는 자(이하 "지정권자"라 한다)가 계획적인 도시개발이 필요하다고 인정하는 지역에 대하여는 제1항 및 제2항에 따른 제한을 적용하지 아니한다.

1. 「국토의 계획 및 이용에 관한 법률」 제37조제1항에 따른 취락지구 또는 개발진흥지구로 지정된 지역
2. 「국토의 계획 및 이용에 관한 법률」 제51조에 따른 지구단위계획구역으로 지정된 지역
3. 국토교통부장관이 국가균형발전을 위하여 관계 중앙행정기관의 장과 협의하여 도시개발구역으로 지정하려는 지역(「국토의 계획 및 이용에 관한 법률」 제6조제4호에 따른 자연환경보전지역은 제외한다)

④ 도시개발구역으로 지정하려는 지역이 둘 이상의 용도지역에 걸치는 경우에는 국토교통부령으로 정하는 기준에 따라 도시개발구역을 지정하여야 한다.

⑤ 같은 목적으로 여러 차례에 걸쳐 부분적으로 개발하거나 이미 개발한 지역과 붙어 있는 지역을 개발하는 경우에 국토교통부령으로 정하는 기준에 따라 도시개발구역을 지정하여야 한다.

② 도시개발사업이 필요하다고 인정되는 지역이 둘 이상의 특별시·광역시·도·특별자치도(이하 "시·도"라 한다) 또는 「지방자치법」 제175조에 따른 서울특별시와 광역시를 제외한 인구 50만 이상의 대도시(이하 이 조 및 제8조에서 "대도시"라 한다)의 행정구역에 걸치는 경우에는 관계 시·도지사 또는 대도시 시장이 협의하여 도시개발구역을 지정할 자를 정한다.

③ 국토교통부장관은 다음 각 호의 어느 하나에 해당하면 제1항과 제2항에도 불구하고 도시개발구역을 **지정**할 수(하여야×) 있다.

> 1. 국가가 도시개발사업을 실시할 필요가 있는 경우
> 2. 관계 중앙행정기관(시장·군수·구청장×)의 장이 요청하는 경우
> 3. 제11조제1항제2호에 따른 공공기관의 장 또는 같은 항 제3호에 따른 정부출연기관의 장이 대통령령으로 정하는 규모 이상으로서 국가계획과 밀접한 관련이 있는 도시개발구역의 지정을 제안하는 경우
> 4. 제2항에 따른 협의가 성립되지 아니하는 경우
> 5. 그 밖에 대통령령으로 정하는 경우

④ 시장[대도시 시장을 제외(포함×)한다]·군수 또는 구청장(자치구의 구청장을 말한다. 이하 같다)은 대통령령으로 정하는 바에 따라 시·도지사(국토교통부장관×)에게 도시개발구역의 지정을 **요청**할 수 있다.

⑤ 제1항에 따라 도시개발구역을 지정하거나 그 지정을 요청하는 경우 도시개발구역의 지정대상 지역 및 규모, 요청 절차, 제출 서류 등에 필요한 사항은 대통령령으로 정한다.

제3조의2 도시개발구역의 분할 및 결합

① 제3조에 따라 도시개발구역을 지정하는 자(이하 "지정권자"라 한다)는 도시개발사업의 효율적인 추진과 도시의 경관 보호 등을 위하여 필요하다고 인정하는 경우에는 도시개발구역을 둘 이상의 사업시행지구로 분할하거나 서로 떨어진 둘 이상의 지역을 결합하여 하나의 도시개발구역으로 지정할 수 있다(없다×).

② 제1항에 따라 도시개발구역을 분할 또는 결합하여 지정하는 요건과 절차 등에 필요한 사항은 대통령령으로 정한다.

★★

제4조 개발계획의 수립 및 변경

① 지정권자는 도시개발구역을 지정하려면 해당 도시개발구역에 대한 도시개발사업의 계획(이하 "**개발계획**"이라 한다)을 **수립**하여야(할 수×) 한다. 다만, 제2항에 따라 개발계획을 공모하거나 대통령령으로 정하는 지역에 도시개발구역을 지정할 때에는 도시개발구역을 지정한 후에 개발계획을 수립할 수(하여야×) 있다.

출제자 의도

개발계획
- 도시개발구역을 지정한 후에 개발계획을 수립할 수 있는 경우를 알고 있는가?
- 그 내용의 해당 여부를 구별할 수 있는가?

■ **개발계획의 단계적 수립** (시행령 제6조)

① 법 제4조제1항 단서에서 "대통령령으로 정하는 지역"이란 다음 각 호의 어느 하나에 해당하는 지역을 말한다.
1. 자연녹지지역
2. 제2조제1항제1호라목에 해당하는 생산녹지지역
3. 도시지역 외의 지역
4. 제2조제3항제3호에 해당하는 지역(국토교통부장관이 국가균형발전을 위하여 중앙행정기관의 장과 협의하여 도시개발구역으로 지정하려는 지역)
5. 해당 도시개발구역에 포함되는 주거지역·상업지역·공업지역의 면적의 합계가 전체 도시개발구역 지정 면적의 100분의 30(100분의 50×) 이하(이상×)인 지역

② 지정권자는 창의적이고 효율적인 도시개발사업을 추진하기 위하여 필요한 경우에는 대통령령으로 정하는 바에 따라 개발계획안을 공모하여 선정된 안을 개발계획에 반영할 수 있다. 이 경우 선정된 개발계획안의 응모자가 제11조제1항에 따른 자격 요건을 갖춘 자인 경우에는 해당 응모자를 우선하여 시행자로 지정할 수 있다.

③ 지정권자는 직접 또는 제3조제3항제2호 및 같은 조 제4항에 따른 관계 중앙행정기관의 장 또는 시장(대도시 시장을 제외한다)·군수·구청장 또는 제11조제1항에 따른 도시개발사업의 시행자의 요청을 받아 개발계획을 변경할 수 있다.

④ 지정권자는 환지방식(수용·사용방식×)의 도시개발사업에 대한 개발계획을 수립하려면 환지 방식이 적용되는 지역의 토지면적의 3분의 2 이상에 해당하는 토지 소유자와 그 지역의 토지 소유자 총수의 2분의 1 이상의 **동의**를 받아야 한다. 환지 방식으로 시행하기 위하여 개발계획을 변경(대통령령으로 정하는 경미한 사항의 변경은 제외한다)하려는 경우에도 또한 같다.

⑤ 지정권자는 도시개발사업을 환지 방식으로 시행하려고 개발계획을 수립하거나 변경할 때에 도시개발사업의 시행자가 제11조제1항제1호에 해당하는 자이면 제4항에도 불구하고 토지 소유자의 동의를 받을 필요가 없다.

⑥ 지정권자가 도시개발사업의 전부를 환지 방식으로 시행하려고 개발계획을 수립하거나 변경할 때에 도시개발사업의 시행자가 제11조제1항제6호의 조합에 해당하는 경우로서 조합이 성립된 후 총회에서 도시개발구역의 토지면적의 3분의 2 이상에 해당하는 조합원과 그 지역의 조합원 총수의 2분의 1 이상의 찬성으로 수립 또는 변경을 의결한 개발계획을 지정권자에게 제출한 경우에는 제4항에도 불구하고 토지 소유자의 동의를 받은 것으로 본다.

⑦ 제4항에 따른 동의자 수의 산정방법, 동의절차, 그 밖에 필요한 사항은 대통령령으로 정한다.

제5조 개발계획의 내용

① 개발계획에는 다음 각 호의 **사항**이 **포함**되어야 한다. 다만, 제13호부터 제16호까지의 규정에 해당하는 사항은 도시개발구역을 지정한 후에 개발계획에 포함시킬 수 있다(없다×).

1. 도시개발구역의 명칭·위치 및 면적
2. 도시개발구역의 지정 목적과 도시개발사업의 시행기간
3. 제3조의2에 따라 도시개발구역을 둘 이상의 사업시행지구로 분할하거나 서로 떨어진 둘 이상의 지역을 하나의 구역으로 결합하여 도시개발사업을 시행하는 경우에는 그 분할이나 결합에 관한 사항
4. 도시개발사업의 시행자에 관한 사항
5. 도시개발사업의 시행방식
6. 인구수용계획
7. 토지이용계획
7의2. 제25조의2에 따라 원형지로 공급될 대상 토지 및 개발 방향
8. 교통처리계획
9. 환경보전계획
10. 보건의료시설 및 복지시설의 설치계획
11. 도로, 상하수도 등 주요 기반시설의 설치계획
12. 재원조달계획
13. 도시개발구역 밖의 지역에 기반시설을 설치하여야 하는 경우에는 그 시설의 설치에 필요한 비용의 부담 계획
14. 수용(收用) 또는 사용의 대상이 되는 토지·건축물 또는 토지에 정착한 물건과 이에 관한 소유권 외의 권리, 광업권, 어업권, 물의 사용에 관한 권리(이하 "토지등"이라 한다)가 있는 경우에는 그 세부목록
15. 임대주택(「민간임대주택에 관한 특별법」에 따른 민간임대주택 및 「공공주택 특별법」에 따른 공공임대주택을 말한다. 이하 같다)건설계획 등 세입자 등의 주거 및 생활 안정 대책
16. 제21조의2에 따른 순환개발 등 단계적 사업추진이 필요한 경우 사업추진 계획 등에 관한 사항
17. 그 밖에 대통령령으로 정하는 사항

② 국토의 계획 및 이용에 관한 법률에 의한 광역도시계획 또는 도시·군기본계획이 수립되어 있는 지역에 대하여 개발계획을 수립하고자 하는 때에는 **개발계획**의 내용이 당해 광역도시계획 또는 도시·군기본계획(도시·군관리계획×)에 들어맞도록 하여야 한다.

③ 제4조제1항 단서의 규정에 의하여 도시개발구역의 지정후에 개발계획을 수립하는 경우에는 도시개발구역의 지정시 지정목적·시행방식 및 인구수용계획 등 대통령령이 정하는 사항에 관한 계획을 수립하여야 한다.

■ **도시개발구역의 지정 시 포함내용 등** (시행령 제9조)

① 법 제5조제3항에서 "대통령령으로 정하는 사항"이란 다음 각 호의 사항을 말한다.

1. 도시개발구역의 명칭·위치 및 면적
2. 도시개발구역의 지정 목적
3. 도시개발사업의 시행 방식
4. 시행자에 관한 사항
5. 개략적인 인구수용계획
6. 개략적인(상세한×) 토지이용계획

② 제1항제5호 및 제6호에 따른 계획의 작성기준은 국토교통부장관이 정한다.
③ 법 제5조제4항에서 "대통령령으로 정하는 규모"란 330만 제곱미터를 말한다.

④ 대통령령이 정하는 규모(330만㎡ 이상)(300만㎡ 이상×)인 도시개발구역에 관한 개발계획을 수립함에 있어서는 당해 구역안에서 주거·생산·교육·유통·위락 등의 **기능**이 **상호 조화**를 이루도록 노력하여야 한다.

⑤ 개발계획의 작성의 기준 및 방법은 국토교통부장관이 이를 정한다.

제6조 기초조사 등

① 도시개발사업의 시행자나 시행자가 되려는 자는 도시개발구역을 지정하거나 도시개발구역의 지정을 요청 또는 제안하려고 할 때에는 도시개발구역으로 지정될 구역의 토지, 건축물, 공작물, 주거 및 생활실태, 주택수요 그 밖에 필요한 사항에 관하여 대통령령으로 정하는 바에 따라 조사하거나 측량할 수(하여야×) 이상 있다.

② 제1항에 따라 조사나 측량을 하려는 자는 관계 행정기관, 지방자치단체, 「공공기관의 운영에 관한 법률」에 따른 공공기관(이하 "공공기관"이라 한다), 정부출연기관, 그 밖의 관계 기관의 장에게 필요한 자료의 제출을 요청할 수 있다. 이 경우 자료 제출을 요청받은 기관의 장은 특별한 사유가 없으면 요청에 따라야 한다.

제7조 주민 등의 의견청취

① 제3조에 따라 국토교통부장관, 시·도지사 또는 대도시 시장이 도시개발구역을 지정(대도시 시장이 아닌 시장·군수 또는 구청장의 요청에 의하여 지정하는 경우를 제외한다)하고자 하거나 대도시 시장이 아닌 시장·군수 또는 구청장이 도시개발구역의 지정을 요청하려고 하는 경우에는 **공람**이나 **공청회**를 통하여 주민이나 관계 전문가 등으로부터 **의견**을 들어야 하며, 공람이나 공청회에서 제시된 의견이 타당하다고 인정되면 이를 반영하여야 한다. 도시개발구역을 변경(대통령령으로 정하는 경미한 사항은 제외한다)하려는 경우에도 또한 같다.

② 제1항에 따른 공람의 대상 또는 공청회의 개최 대상 및 주민의 의견청취 방법 등에 필요한 사항은 대통령령으로 정한다.

■ **주민의 의견청취** (시행령 제11조)

① 국토교통부장관 또는 특별시장·광역시장·도지사·특별자치도지사(이하 "시 도지사"라 한다)는 법 제7조에 따라 도시개발구역의 지정에 관한 주민의 의견을 청취하려면 관계 서류 사본을 시장·군수 또는 구청장에게 송부하여야 한다.

② 시장·군수 또는 구청장은 제1항에 따라 관계 서류 사본을 송부받거나 법 제7조에 따라 주민의 의견을 청취하려는 경우에는 다음 각 호의 사항을 전국 또는 해당 지방을 주된 보급지역으로 하는 둘(하나×) 이상의 일간신문과(또는×) 해당 시·군 또는 구의 인터넷 홈페이지에 공고하고 14일(15일×) 이상 일반인에게 공람시켜야 한다. 다만, 도시개발구역의 면적이 10만 제곱미터(100만 제곱미터×) 미만(이하×)인 경우에는 일간신문에 공고하지 아니하고 공보(관보×)와(나×) 해당 시·군 또는 구의 인터넷 홈페이지에 공고할 수 있다.

1. 입안할 도시개발구역의 지정 및 개발계획의 개요
2. 시행자 및 도시개발사업의 시행방식에 관한 사항
3. 공람기간
4. 그 밖에 국토교통부령으로 정하는 사항

③ 제2항에 따라 공고된 내용에 관하여 의견이 있는 자는 제2항제3호의 공람기간(이하 이 조 및 제13조에서 "공람기간"이라 한다)에 도시개발구역의 지정에 관한 공고를 한 자에게 의견서를 제출할 수 있다.

④ 시장·군수 또는 구청장은 제3항에 따라 제출된 의견을 종합하여 국토교통부장관(제1항에 따라 국토교통부장관이 시장·군수·구청장에게 송부한 경우에만 해당한다. 이하 이 조에서 같다), 시·도지사에게 제출하여야 하며, 제출된 의견이 없으면 그 사실을 국토교통부장관, 시·도지사에게 통보하여야 한다. 다만, 대도시 시장이 지정권자인 경우에는 그러하지 아니하다.
⑤ 국토교통부장관, 시·도지사, 시장·군수 또는 구청장은 제3항에 따라 제출된 의견을 공고한 내용에 반영할 것인지를 검토하여 그 결과를 공람기간이 끝난 날부터 30일 이내에 그 의견을 제출한 자에게 통보하여야 한다.

■ **공청회** (시행령 제13조)

① 국토교통부장관, 시·도지사, 시장·군수 또는 구청장은 도시개발사업을 시행하려는 구역의 면적이 100만 제곱미터(10만 제곱미터×) 이상인 경우(법 제4조제3항에 따른 도시개발계획의 변경 후의 면적이 100만 제곱미터 이상인 경우를 포함한다)에는 공람기간이 끝난 후에 법 제7조에 따른 공청회를 개최하여야 한다.
② 국토교통부장관, 시·도지사, 시장·군수 또는 구청장은 제1항에 따라 공청회를 개최하려면 다음 각 호의 사항을 전국 또는 해당 지방을 주된 보급지역으로 하는 일간신문과 인터넷 홈페이지에 공청회 개최 예정일 14일 전까지 1회 이상 공고하여야 한다. 다만, 제11조제2항에 따른 공고 시 다음 각 호의 사항을 이미 공고한 경우에는 그러하지 아니하다.
1. 공청회의 개최목적
2. 공청회의 개최예정일시 및 장소
3. 입안하고자 하는 도시개발구역지정 및 개발계획의 개요
4. 의견발표의 신청에 관한 사항
5. 그 밖에 국토교통부령으로 정하는 사항

③ 공청회가 국토교통부장관, 시·도지사, 시장·군수 또는 구청장이 책임질 수 없는 사유로 2회에 걸쳐 개최되지 못하거나 개최는 되었으나 정상적으로 진행되지 못한 경우에는 공청회를 생략할 수 있다. 이 경우 공청회를 생략하게 된 사유와 달리 의견을 제출할 수 있는 의견 제출의 시기 및 방법 등에 관한 사항을 제2항에 따른 방법으로 공고함으로써 주민의 의견을 듣도록 하여야 한다.
④ 공청회는 공청회를 개최하는 자가 지명하는 자가 주재한다.
⑤ 제1항부터 제4항까지에서 규정한 사항 외에 공청회의 개최에 필요한 사항은 그 공청회를 개최하는 주체에 따라 국토교통부장관이 정하거나 해당 지방자치단체의 조례로 정할 수 있다.

제8조 도시계획위원회의 심의 등

① 지정권자는 도시개발구역을 지정하거나 제4조제1항 단서에 따라 개발계획을 수립하려면 관계 행정기관의 장과 **협의**한 후 「국토의 계획 및 이용에 관한 법률」 제106조에 따른 중앙도시계획위원회 또는 같은 법 제113조에 따른 시·도 도시계획위원회나 대도시에 두는 대도시도시계획위원회의 **심의**를 거쳐야 한다. 변경하는 경우에도 또한 같다. 다만, 대통령령으로 정하는 경미한 사항을 변경하는 경우에는 그러하지 아니하다.

② 「국토의 계획 및 이용에 관한 법률」 제49조에 따른 지구단위계획에 따라 도시개발사업을 시행하기 위하여 도시개발구역을 지정하는 경우에는 제1항에 따른 중앙도시계획위원회 또는 시·도도시계획위원회나 대도시에 두는 대도시도시계획위원회의 심의를 거치지 아니한다.

③ 지정권자는 제1항에 따라 관계 행정기관의 장과 협의하는 경우 지정하려는 도시개발구역이 일정 규모 이상 또는 국가계획과 관련되는 등 대통령령으로 정하는 경우에 해당하면 국토교통부장관과 **협의**하여야 한다.

★★ 제9조 도시개발구역지정의 고시 등(지정효과)

출제자 의도

도시개발구역의 지정효과

허가 필요와 허가 불필요의 행위를 구별할 수 있는가?

① 지정권자는 도시개발구역을 지정하거나 제4조제1항 단서에 따라 개발계획을 수립한 경우에는 대통령령으로 정하는 바에 따라 이를 관보나(와×) 공보(일간신문×)에 **고시**하고, 대도시 시장인 지정권자는 관계 서류를 일반에게 **공람**시켜야 하며, 대도시 시장이 아닌 지정권자는 해당 도시개발구역을 관할하는 시장(대도시 시장을 제외한다)·군수 또는 구청장에게 관계 서류의 사본을 보내야 하며, 지정권자인 특별자치도지사와 관계 서류를 송부받은 시장(대도시 시장을 제외한다)·군수 또는 구청장은 해당 관계 서류를 일반인에게 공람시켜야 한다. 변경하는 경우에도 또한 같다.

② **도시개발구역이 지정·고시된 경우** 해당 도시개발구역은 「국토의 계획 및 이용에 관한 법률」에 따른 도시지역과 대통령령으로 정하는 지구단위계획구역으로 결정되어 고시된 것으로 본다. 다만, 「국토의 계획 및 이용에 관한 법률」 제51조 제3항에 따른 지구단위계획구역 및 같은 법 제37조제1항제6호에 따른 취락지구로 지정된 지역인 경우에는 그러하지 아니하다.

③ 시·도지사 또는 대도시 시장이 도시개발구역을 지정·고시한 경우에는 국토교통부장관에게 그 내용을 통보하여야 한다.

④ 제2항에 따라 결정·고시된 것으로 보는 사항에 대하여 「국토의 계획 및 이용에 관한 법률」 제32조에 따른 도시·군관리계획에 관한 지형도면의 고시는 같은 법 제33조에도 불구하고 제5조제1항제2호의 도시개발사업의 시행 기간에 할 수 있다.

⑤ 제7조제1항에 따라 도시개발구역지정에 관한 주민 등의 의견청취를 위한 공고가 있는 지역 및 도시개발구역에서 ❶건축물의 건축, ❷공작물의 설치, ❸토지의 형질변경, ❹토석의 채취, ❺토지 분할, ❻물건을 쌓아놓는 행위, ❼죽목의 벌채 및 식재 등 대통령령으로 정하는 행위(결국 도시개발사업에 저촉될 우려가 있는 행위)를 하려는 자는 특별시장·광역시장·특별자치도지사·시장 또는 군수의 **허가를 받아야** 한다. 허가받은 사항을 변경하려는 경우에도 또한 같다.

⑥ 다음 각 호의 어느 하나에 해당하는 행위는 제5항에도 불구하고 **허가를 받지 아니하고** 할 수 있다.

1. 재해 복구 또는 재난 수습에 필요한 응급조치를 위하여 하는 행위
2. 그 밖에 대통령령(시행령 제16조제3항)으로 정하는 행위

⑦ 제5항에 따라 허가를 받아야 하는 행위로서 도시개발구역의 지정 및 고시 당시 이미 관계 법령에 따라 행위 허가를 받았거나 허가를 받을 필요가 없는 행

위에 관하여 그 공사나 사업에 착수한 자는 대통령령으로 정하는 바에 따라 특별시장·광역시장·특별자치도지사·시장 또는 군수에게 **신고**한 후 이를 계속 시행할 수 있다.

⑧ 특별시장·광역시장·특별자치도지사·시장 또는 군수는 제5항을 위반한 자에게 원상회복을 명할 수 있다. 이 경우 명령을 받은 자가 그 의무를 이행하지 아니하는 경우에는 특별시장·광역시장·특별자치도지사·시장 또는 군수는 「행정대집행법」에 따라 이를 대집행할 수 있다.

⑨ 제5항에 따른 허가에 관하여 이 법으로 규정한 것 외에는 「국토의 계획 및 이용에 관한 법률」 제57조부터 제60조까지 및 제62조를 준용한다.

⑩ 제5항에 따라 허가를 받으면 「국토의 계획 및 이용에 관한 법률」 제56조에 따라 허가를 받은 것으로 본다.

■ **행위허가의 대상 등** (시행령 제16조)

① 법 제9조제5항에 따라 특별시장·광역시장·특별자치도지사·시장 또는 군수의 허가를 받아야 하는 행위는 다음 각 호와 같다.

1. 건축물의 건축 등 : 「건축법」 제2조제1항제2호에 따른 건축물(가설건축물을 포함한다)의 건축, 대수선(大修繕) 또는 용도 변경
2. 공작물의 설치 : 인공을 가하여 제작한 시설물(「건축법」 제2조제1항제2호에 따른 건축물은 제외한다)의 설치
3. 토지의 형질변경 : 절토·성토·정지·포장 등의 방법으로 토지의 형상을 변경하는 행위, 토지의 굴착 또는 공유수면의 매립
4. 토석의 채취 : 흙·모래·자갈·바위 등의 토석을 채취하는 행위. 다만, 토지의 형질 변경을 목적으로 하는 것은 제3호에 따른다.
5. 토지분할
6. 물건을 쌓아놓는 행위 : 옮기기 쉽지 아니한 물건을 1개월 이상 쌓아놓는 행위
7. 죽목(竹木)의 벌채 및 식재(植栽)

② 특별시장·광역시장·특별자치도지사·시장 또는 군수는 법 제9조제5항에 따라 제1항 각 호의 행위에 대한 허가를 하려는 경우에 법 제11조에 따라 시행자가 이미 지정되어 있으면 미리 그 시행자의 의견을 들어야 한다.

③ 법 제9조제6항제2호에서 "그 밖에 대통령령으로 정하는 행위"란 다음 각 호의 어느 하나에 해당하는 행위로서 「국토의 계획 및 이용에 관한 법률」 제56조에 따른 개발행위허가의 대상이 아닌 것을 말한다.

1. 농림수산물의 생산에 직접 이용되는 것으로서 국토교통부령으로 정하는 간이공작물의 설치
2. 경작을 위한 토지의 형질변경
3. 도시개발구역의 개발에 지장을 주지 아니하고 자연경관을 훼손하지 아니하는 범위에서의 토석채취
4. 도시개발구역에 남겨두기로 결정된 대지에서 물건을 쌓아놓는 행위
5. 관상용 죽목의 임시 식재(경작지에서의 임시 식재는 제외한다)

④ 법 제9조제7항에 따라 공사나 사업을 신고하려는 자는 도시개발구역이 지정·고시된 날부터 30일 이내에 국토교통부령으로 정하는 신고서에 그 공사 또는 사업의 진행 사항과 시행계획을 첨부하여 관할 특별시장·광역시장·특별자치도지사·시장 또는 군수에게 제출하여야 한다.

제10조 도시개발구역지정의 해제

① 도시개발구역의 지정은 다음 각호의 1에 규정된 날의 다음 날에(날×) **해제**된 것으로 본다.

1. 도시개발구역이 지정·고시된 날부터 3년이 되는 날까지 도시개발사업에 관한 **실시계획의 인가를 신청하지 아니하는 경우**에는 그 **3년이 되는 날**
2. 도시개발사업의 **공사완료**(환지방식에 의한 사업인 경우에는 그 환지처분)의 **공고일**

② 제1항의 규정에 불구하고 제4조제1항 단서의 규정에 의하여 도시개발구역지정후 개발계획을 수립하는 경우에는 다음 각호의 1에 규정된 날의 **다음 날**에 도시개발구역의 지정이 **해제**된 것으로 본다.

1. 도시개발구역을 지정·고시한 날부터 2년이 되는 날까지 제4조의 규정에 의한 개발계획을 수립·고시하지 아니하는 경우에는 그 2년이 되는 날. 다만, 도시개발구역의 면적이 대통령령이 정하는 규모(330만 ㎡) 이상인 경우에는 5년으로 한다.
2. 개발계획을 수립·고시한 날부터 3년이 되는 날까지 제17조의 규정에 의한 실시계획의 인가를 신청하지 아니하는 경우에는 그 3년이 되는 날. 다만, 도시개발구역의 면적이 대통령령으로 정하는 규모(330만 ㎡) 이상인 경우에는 5년으로 한다.

③ 제1항 또는 제2항의 규정에 의하여 도시개발구역의 지정이 해제의제된 때에는 당해 도시개발구역에 대한 국토의 계획 및 이용에 관한 법률의 규정에 의한 용도지역 및 지구단위계획구역은 당해 도시개발구역 지정 전의 용도지역 및 지구단위계획구역으로 각각 환원 또는 폐지된 것으로 본다. 다만, 제1항 제2호의 규정에 의하여 도시개발구역의 지정이 해제의제된 경우에는 그러하지 아니하다.

④ 제1항에 따라 도시개발구역의 지정이 해제의제되는 경우 지정권자는 대통령령으로 정하는 바에 따라 이를 관보나 공보에 고시하고, 대도시 시장인 지정권자는 관계 행정기관의 장에게 통보하여야 하며 관계 서류를 일반에게 공람시켜야 하고, 대도시 시장이 아닌 지정권자는 관계 행정기관의 장과 도시개발구역을 관할하는 시장(대도시 시장을 제외한다)·군수 또는 구청장에게 통보하여야 한다. 이 경우 지정권자인 특별자치도지사와 본문에 따라 통보를 받은 시장(대도시 시장을 제외한다)·군수 또는 구청장은 관계 서류를 일반인에게 공람시켜야 한다.

제3장 도시개발사업의 시행

[제1절] 시행자 및 실시계획 등

출제자 의도

시행자

조합 관련 내용을 알고 있는가?

★★ 제11조 시행자 등

① 도시개발사업의 시행자(이하 "시행자"라 한다)는 다음 각 호의 자 중에서 지정권자(도시개발구역을 지정하는 자)가 **지정**한다. 다만, 도시개발구역의 전부를 환지 방식으로 시행하는 경우에는 제5호의 토지 소유자나 제6호의 조합을 시행자로 지정한다.

1. 국가나 지방자치단체
2. 대통령령으로 정하는 공공기관
3. 대통령령으로 정하는 정부출연기관
4. 「지방공기업법」에 따라 설립된 지방공사
5. 도시개발구역의 토지 소유자(「공유수면 관리 및 매립에 관한 법률」 제28조에 따라 면허를 받은 자를 해당 공유수면을 소유한 자로 보고 그 공유수면을 토지로 보며, 제21조에 따른 수용 또는 사용 방식의 경우에는 도시개발구역의 국공유지를 제외한 토지면적의 3분의 2 이상을 소유한 자를 말한다)
6. 도시개발구역의 토지 소유자(「공유수면 관리 및 매립에 관한 법률」 제28조에 따라 면허를 받은 자를 해당 공유수면을 소유한 자로 보고 그 공유수면을 토지로 본다)가 도시개발을 위하여 설립한 조합(도시개발사업의 전부를 환지 방식으로 시행하는 경우에만 해당하며, 이하 "조합"이라 한다)
7. 「수도권정비계획법」에 따른 과밀억제권역에서 수도권 외의 지역으로 이전하는 법인 중 과밀억제권역의 사업 기간 등 대통령령으로 정하는 요건에 해당하는 법인
8. 「주택법」 제4조에 따라 등록한 자 중 도시개발사업을 시행할 능력이 있다고 인정되는 자로서 대통령령으로 정하는 요건에 해당하는 자(「주택법」 제2조제12호에 따른 주택단지와 그에 수반되는 기반시설을 조성하는 경우에만 해당한다)
9. 「건설산업기본법」에 따른 토목공사업 또는 토목건축공사업의 면허를 받는 등 개발계획에 맞게 도시개발사업을 시행할 능력이 있다고 인정되는 자로서 대통령령으로 정하는 요건에 해당하는 자

9의 2. 「부동산개발업의 관리 및 육성에 관한 법률」 제4조제1항에 따라 등록한 부동산개발업자로서 대통령령으로 정하는 요건에 해당하는 자

10. 「부동산투자회사법」에 따라 설립된 자기관리부동산투자회사 또는 위탁관리부동산투자회사로서 대통령령으로 정하는 요건에 해당하는 자
11. 제1호부터 제9호까지, 제9호의2 및 제10호에 해당하는 자(제6호에 따른 조합은 제외한다)가 도시개발사업을 시행할 목적으로 출자에 참여하여 설립한 법인으로서 대통령령으로 정하는 요건에 해당하는 법인

② 지정권자는 제1항 단서에도 불구하고 다음 각 호의 어느 하나에 해당하는 사유가 있으면 지방자치단체나 대통령령으로 정하는 자(이하 "지방자치단체등"이라 한다)를 시행자로 **지정**할 수 있다. 이 경우 도시개발사업을 시행하는 자가 시·도지사 또는 대도시 시장인 경우 국토교통부장관이 지정한다.

> 1. 토지 소유자나 조합이 대통령령으로 정하는 기간에 시행자 지정을 신청하지 아니한 경우 또는 지정권자가 신청된 내용이 위법하거나 부당하다고 인정한 경우
> 2. 지방자치단체의 장이 집행하는 공공시설에 관한 사업과 병행하여 시행할 필요가 있다고 인정한 경우
> 3. 도시개발구역의 국공유지를 제외한 토지면적의 2분의 1 이상에 해당하는 토지 소유자 및 토지 소유자 총수의 2분의 1 이상이 지방자치단체등의 시행에 동의한 경우

③ 지정권자는 제1항제5호에 따른 토지 소유자 2인 이상이 도시개발사업을 시행하려고 할 때 또는 같은 호에 따른 토지 소유자가 같은 항 제7호부터 제10호까지의 규정에 해당하는 자와 공동으로 도시개발사업을 시행하려고 할 때에는 대통령령으로 정하는 바에 따라 도시개발사업에 관한 규약을 정하게 할 수 있다.

④ 제2항에 따라 지방자치단체등이 도시개발사업의 전부를 환지 방식으로 시행하려고 할 때와 제1항제1호부터 제4호까지 또는 제11호(제1항제1호부터 제4호까지의 규정에 해당하는 자가 대통령령으로 정하는 비율을 초과하여 출자한 경우로 한정한다)에 해당하는 자가 도시개발사업의 일부를 환지 방식으로 시행하려고 할 때에는 대통령령으로 정하는 바에 따라 시행규정을 작성하여야 한다. 이 경우 제1항제2호부터 제4호까지의 시행자는 대통령령으로 정하는 기준에 따라 사업관리에 필요한 비용의 책정에 관한 사항을 시행규정에 포함할 수 있다.

⑤ 제1항제2호부터 제4호까지의 규정에 해당하는 자, 도시개발구역의 토지 소유자(수용 또는 사용의 방식으로 제안하는 경우에는 도시개발구역의 국공유지를 제외한 토지면적의 3분의 2 이상을 사용할 수 있는 대통령령으로 정하는 권원을 가지고 2분의 1 이상을 소유한 자를 말한다) 또는 제1항제7호부터 제11호까지의 규정에 해당하는 자는 대통령령으로 정하는 바에 따라 특별자치도지사·시장·군수 또는 구청장에게 도시개발구역의 지정을 **제안**할 수 있다. 다만, 제3조제3항에 해당하는 자는 국토교통부장관에게 직접 제안할 수 있다.

⑥ 토지 소유자 또는 제1항제7호부터 제11호까지(제1항제1호부터 제4호까지의 규정에 해당하는 자가 대통령령으로 정하는 비율을 초과하여 출자한 경우는 제외한다)의 규정에 해당하는 자가 제5항에 따라 도시개발구역의 지정을 제안하려는 경우에는 대상 구역 토지면적의 3분의 2 이상에 해당하는 토지 소유자(지상권자를 포함한다)의 **동의**를 받아야 한다.

⑦ 특별자치도지사·시장·군수 또는 구청장은 제안자와 협의하여 도시개발구역의 지정을 위하여 필요한 비용의 전부 또는 일부를 제안자에게 부담시킬 수 있다.

⑧ 지정권자는 다음 각 호의 어느 하나에 해당하는 경우에는 시행자를 변경할 수 있다.

> 1. 도시개발사업에 관한 실시계획의 인가를 받은 후 2년(3년×) 이내에 사업을 착수하지 아니하는 경우
> 2. 행정처분으로 시행자의 지정이나 실시계획의 인가가 취소된 경우
> 3. 시행자의 부도·파산, 그 밖에 이와 유사한 사유로 도시개발사업의 목적을 달성하기 어렵다고 인정되는 경우
> 4. 제1항 단서에 따라 시행자로 지정된 자가 대통령령(시행령 제24조)으로 정하는 기간(도시개발구역 지정의 고시일부터 1년 이내 → 6개월 범위에서 연장 가능)에 도시개발사업에 관한 실시계획의 인가를 신청하지 아니하는 경우

⑨ 제5항에 따라 도시개발구역의 지정을 제안하는 경우 도시개발구역의 규모, 제안 절차, 제출 서류, 기초조사 등에 관하여 필요한 사항은 제3조제5항과 제6조를 준용한다.

⑩ 제2항제3호 및 제6항에 따른 동의자 수의 산정방법, 동의절차, 그 밖에 필요한 사항은 대통령령으로 정한다.

⑪ 제1항제1호부터 제4호까지의 규정에 해당하는 자는 도시개발사업을 효율적으로 시행하기 위하여 필요한 경우에는 대통령령으로 정하는 바에 따라 설계 · 분양 등 도시개발사업의 일부(전보 또는 일부×)를 「주택법」 제4조에 따른 주택건설사업자 등으로 하여금 대행하게 할 수(하여야×) 있다.

제12조 도시개발사업시행의 위탁 등

① 시행자는 항만·철도, 그 밖에 대통령령으로 정하는 공공시설의 건설과 공유수면의 매립에 관한 업무를 대통령령으로 정하는 바에 따라 국가, 지방자치단체, 대통령령으로 정하는 공공기관·정부출연기관 또는 지방공사에 **위탁**하여 시행할 수 있다.

② 시행자는 도시개발사업을 위한 기초조사, 토지 매수 업무, 손실보상 업무, 주민 이주대책 사업 등을 대통령령으로 정하는 바에 따라 관할 지방자치단체, 대통령령으로 정하는 공공기관·정부출연기관·정부출자기관 또는 지방공사에 위탁할 수 있다. 다만, 정부출자기관에 주민 이주대책 사업을 위탁하는 경우에는 이주대책의 수립·실시 또는 이주정착금의 지급, 그 밖에 보상과 관련된 부대업무만을 위탁할 수 있다.

③ 시행자가 제1항과 제2항에 따라 업무를 위탁하여 시행하는 경우에는 국토교통부령으로 정하는 요율의 위탁 수수료를 그 업무를 위탁받아 시행하는 자에게 지급하여야 한다.

④ 제11조제1항제5호부터 제9호까지의 규정에 따른 시행자는 지정권자의 승인을 받아 「자본시장과 금융투자업에 관한 법률」에 따른 신탁업자와 대통령령으로 정하는 바에 따라 신탁계약을 체결하여 도시개발사업을 시행할 수 있다.

★★★

■ 개발법상 조합 vs 정비법상 조합

1. 조합설립 인가신청 동의요건

① 개발법

토지면적의 3분의 2 이상에 해당하는 토지 소유자와 토지 소유자 총수의 2분의 1 이상의 동의 (제13조제③항)

② 정비법

㉠ 주택재개발사업 및 도시환경정비사업의 추진위원회가 조합을 설립하고자 하는 때

→ 토지 등 소유자의 4분의 3 이상 및 토지면적의 2분의 1이상의 토지소유자의 동의 (제16조제①항)

㉡ 주택재건축사업의 추진위원회가 조합을 설립하고자 하는 때

→ 공동주택의 각 동별 구분소유자의 과반수 동의와 주택단지 안의 전체 구분소유자의 4분의 3 이상 및 토지면적의 4분의 3 이상의 토지소유자의 동의 (제16조제②항)

㉢ 주택단지가 아닌 지역이 정비구역에 포함된 때

→ 주택단지가 아닌 지역안의 토지 또는 건축물 소유자의 4분의 3 이상 및 토지면적의 3분의 2 이상의 토지소유자의 동의 (제16조제①항·제②항·제③항)

2. 조합설립 위한 준비인원 수

① 개발법 : 7인 이상 (제13조제①항)

② 정비법 : 5인 이상 (제13조제②항)

3. 조합설립추진위원회

① 개발법 : 해당규정 없음

② 정비법 : 정비구역지정 고시(정비구역이 아닌 구역에서의 주택재건축사업의 경우에는 주택재건축사업의 시행결정) 후 위원장을 포함한 5인 이상의 위원 및 운영규정에 대한 토지등소유자 과반수의 동의를 받아 조합설립을 위한 추진위원회를 구성하여 시장·군수의 승인을 받아야. (↔ 가로주택정비사업의 경우 : 추진위원회를 구성 안함) (제13조제②항)

4. 조합의 성격 및 성립 (개발법, 정비법 공통)

① 성격 : 법인

② 성립요건 : 등기

(개발법 제15조제①항·제②항, 정비법 제18조제①항·제②항)

5. 조합임원의 선임

① 개발법 : 정관으로 정하는 바에 따라 조합원 중 총회에서 선임 (시행령 제33조제②항)

② 정비법 : 정관으로 정함 (제21조제⑥항)

제13조 조합설립의 인가

① 조합을 설립하고자 하는 때에는 도시개발구역안의 토지소유자 7명 이상이 대통령령이 정하는 사항을 기재한 정관을 작성하여 지정권자에게 조합설립의 **인가**를 받아야 한다

② 조합이 제1항의 규정에 의하여 인가를 받은 사항을 변경하고자 하는 때에는 지정권자로부터 **변경인가**를 받아야 한다. 다만, 대통령령이 정하는 경미한 사항(주된 사무소의 소재지의 변경 ·공고방법의 변경)을 변경하고자 하는 때에는 이를 **신고**하여야 한다.

③ 제1항의 규정에 의하여 조합설립의 인가를 신청하고자 하는 때에는 당해 도시개발구역안의 토지면적의 3분의 2 이상에 해당하는 토지소유자와 그 구역안의 토지소유자 총수의 2분의 1 이상의 **동의**를 얻어야 한다.

④ 제3항의 규정에 의한 동의자 수의 산정방법 및 동의절차 기타 필요한 사항은 대통령령으로 정한다.

제14조 조합원 등

① 조합의 조합원은 도시개발구역안의 **토지소유자**로 한다.

② 조합의 임원은 그 조합의 다른 임원 또는 직원을 겸할 수 없다(다른 조합의 임원 또는 직원을 겸할 수는 있다).

③ 다음 각호의 1에 해당하는 자는 조합의 임원이 될 수 없다.

1. 피성년후견인, 피한정후견인 또는 미성년자
2. 파산선고를 받은 자로서 복권되지 아니한 자
3. 금고 이상의 형을 선고받고 그 집행이 종료되거나 집행을 받지 아니하기로 확정된 후 2년(3년×)이 경과되지 아니한 자 또는 그 형의 집행유예의 기간중에 있는 자

④ 조합의 임원으로 선임된 자가 제3항 각호의 1에 해당하게 된 때에는 그 다음날부터 임원의 자격을 상실한다.

제15조 조합의 법인격 등

① 조합은 **법인**으로 한다.

② 조합은 그 주된 사무소의 소재지에서 등기(인가×)함으로써 성립한다.

③ 조합의 설립, 조합원의 권리·의무, 조합의 임원의 직무, 총회의 의결사항, 대의원회의 구성, 조합의 해산 또는 합병 등에 관하여 필요한 사항은 대통령령으로 정한다.

④ 조합에 관하여 이 법에 규정한 것을 제외하고는 민법중 사단법인(재단법인×)에 관한 규정을 준용한다.

제16조 조합원의 경비부담 등

① 조합은 그 사업에 필요한 비용을 조성하기 위하여 정관이 정하는 바에 따라 조합원에 대하여 경비를 부과·징수할 수 있다.

② 제1항의 규정에 의한 부과금의 금액은 도시개발구역의 토지의 위치·지목·면적·이용상황·환경 기타의 사항을 종합적으로 고려하여 정하여야 한다.

③ 조합은 그 조합원이 제1항의 규정에 의한 부과금의 납부를 게을리한 때에는 정관이 정하는 바에 따라 연체료를 부담시킬 수 있다.

④ 조합은 제1항의 규정에 의한 부과금 또는 제3항의 규정에 의한 연체료를 체납하는 자가 있는 때에는 대통령령이 정하는 바에 따라 특별자치도지사·시장·군수 또는 구청장에게 그 징수를 위탁할 수 있다.

⑤ 시장·군수 또는 구청장이 제4항의 규정에 의하여 부과금 또는 연체료의 징수를 위탁받은 때에는 지방세체납처분의 예에 따라 이를 징수할 수 있다. 이 경우 조합은 특별자치도지사·시장·군수 또는 구청장이 징수한 금액의 100분의 4(100분의3×, 100분의4 이상×)에 해당하는 금액을 당해 시·군 또는 구(자치구의 구를 말한다. 이하 같다)에 **지급**하여야 한다.

제17조 실시계획의 작성 및 인가 등

① (모든)시행자는 대통령령이 정하는 바에 따라 도시개발사업에 관한 **실시계획**(이하 "실시계획"이라 한다)을 **작성**하여야 한다. 이 경우 실시계획에는 **지구단위계획**이 **포함**되어야 한다.

② 시행자(지정권자가 시행자인 경우를 제외한다)는 제1항의 규정에 의하여 작성된 실시계획에 관하여 지정권자의 **인가**를 받아야 한다.

③ 지정권자가 실시계획을 작성하거나 인가하는 경우 국토교통부장관이 지정권자이면 시·도지사 또는 대도시 시장의 **의견**을, 시·도지사가 지정권자이면 시장(대도시 시장을 제외한다)·군수 또는 구청장의 **의견**을 미리 들어야 한다.

④ 제2항과 제3항은 인가를 받은 실시계획을 변경하거나 폐지하는 경우에 준용한다. 다만, 국토교통부령(시행령 제21조)으로 정하는 경미한 사항을 변경하는 경우에는 그러하지 아니하다.

⑤ 실시계획에는 사업시행에 필요한 설계도서·자금계획 및 시행기간 기타 대통령령이 정하는 사항 및 서류를 명시하거나 첨부하여야 한다.

제18조 실시계획의 고시

① 지정권자가 실시계획을 작성하거나 인가한 경우에는 대통령령으로 정하는 바에 따라 이를 관보나 공보에 **고시**하고 시행자에게 관계 서류의 사본을 **송부**하며, 대도시 시장인 지정권자는 일반에게 관계 서류를 **공람**시켜야 하고, 대도시 시장이 아닌 지정권자는 해당 도시개발구역을 관할하는 시장(대도시 시장을 제외한다)·군수 또는 구청장에게 관계 서류의 사본을 보내야 한다. 이 경우 지정권자인 특별자치도지사와 본문에 따라 관계 서류를 받은 시장(대도시 시장을 제외한다)·군수 또는 구청장은 이를 일반인에게 공람시켜야 한다.

② 제1항의 규정에 의하여 실시계획을 고시(인가×)한 경우 그 고시된 내용중 국토의 계획 및 이용에 관한 법률에 의하여 도시·군관리계획(지구단위계획을 포함한다. 이하 같다)으로 결정하여야 하는 사항은 국토의 계획 및 이용에 관한 법률에 의한 도시·군관리계획이 결정·고시된 것으로 본다. 이 경우 종전에 도시·군관리계획으로 결정된 사항중 고시내용에 저촉되는 사항은 고시된 내용으로 변경된 것으로 본다.

③ 제2항의 규정에 의하여 도시·군관리계획으로 결정·고시된 사항에 대한 국토의 계획 및이용에 관한 법률제32조의 도시·군관리계획에 관한 지형도면의 고시에 대하여는 제9조제4항의 규정을 준용한다.

제19조 관련 인·허가등의 의제

① 제17조에 따라 실시계획을 작성하거나 인가할 때 지정권자가 해당 실시계획에 대한 다음 각 호의 허가 · 승인·심사·인가·신고·면허·등록·협의·지정·해제 또는 처분 등(이하 "인·허가등"이라 한다)에 관하여 제3항에 따라 관계 행정기관의 장과 협의한 사항에 대하여는 해당 인·허가등을 받은 것으로 보며, 제18조제1항에 따라 실시계획을 고시한 경우에는 관계 법률에 따른 인·허가등의 고시나 공고를 한 것으로 본다.

1. 「수도법」 제17조와 제49조에 따른 수도사업의 인가, 같은 법 제52조와 제54조에 따른 전용상수도설치의 인가
2. 「하수도법」 제16조에 따른 공공하수도 공사시행의 허가
3. 「공유수면 관리 및 매립에 관한 법률」 제8조에 따른 공유수면의 점용·사용허가, 같은 법 제28조에 따른 공유수면의 매립면허, 같은 법 제35조에 따른 국가 등이 시행하는 매립의 협의 또는 승인 및 같은 법 제38조에 따른 공유수면매립실시계획의 승인
4. 삭제
5. 「하천법」 제30조에 따른 하천공사 시행의 허가, 같은 법 제33조에 따른 하천의 점용허가 및 같은 법 제50조에 따른 하천수의 사용허가
6. 「도로법」 제36조에 따른 도로공사 시행의 허가, 같은 법 제61조에 따른 도로점용의 허가
7. 「농어촌정비법」 제23조에 따른 농업생산기반시설의 사용허가
8. 「농지법」 제34조에 따른 농지전용의 허가 또는 협의, 같은 법 제35조에 따른 농지의 전용신고, 같은 법 제36조에 따른 농지의 타용도 일시사용허가·협의 및 같은 법 제40조에 따른 용도변경의 승인

9. 「산지관리법」 제14조·제15조에 따른 산지전용허가 및 산지전용신고, 같은 법 제15조의2에 따른 산지일시사용허가·신고, 같은 법 제25조에 따른 토석채취허가 및 「산림자원의 조성 및 관리에 관한 법률」 제36조제1항·제4항과 제45조제1항·제2항에 따른 입목벌채 등의 허가·신고
10. 「초지법」 제23조에 따른 초지(草地) 전용의 허가
11. 「사방사업법」 제14조에 따른 벌채 등의 허가, 같은 법 제20조에 따른 사방지(砂防地) 지정의 해제
12. 「공간정보의 구축 및 관리 등에 관한 법률」 제15조제3항에 따른 지도등의 간행 심사
13. 「광업법」 제24조에 따른 불허가처분, 같은 법 제34조에 따른 광구감소처분 또는 광업권취소처분
14. 「장사 등에 관한 법률」 제27조제1항에 따른 연고자가 없는 분묘의 개장(改葬)허가
15. 「건축법」 제11조에 따른 허가, 같은 법 제14조에 따른 신고, 같은 법 제16조에 따른 허가신고 사항의 변경, 같은 법 제20조에 따른 가설건축물의 허가 또는 신고
16. 「주택법」 제15조에 따른 사업계획의 승인
17. 「항만법」 제9조 제2항에 따른 항만공사 시행의 허가, 같은 법 제10조 제2항에 따른 실시계획의 승인
18. 「사도법」 제4조에 따른 사도(私道)개설의 허가
19. 「국유재산법」 제30조에 따른 사용허가
20. 「공유재산 및 물품 관리법」 제20조제1항에 따른 사용·수익의 허가
21. 「관광진흥법」 제52조에 따른 관광지의 지정(도시개발사업의 일부로 관광지를 개발하는 경우만 해당한다), 같은 법 제54조에 따른 조성계획의 승인, 같은 법 제55조에 따른 조성사업시행의 허가
22. 「체육시설의 설치·이용에 관한 법률」 제12조에 따른 사업계획의 승인
23. 「유통산업발전법」 제8조에 따른 대규모 점포의 개설등록
24. 「산업집적활성화 및 공장설립에 관한 법률」 제13조에 따른 공장설립 등의 승인
25. 「물류시설의 개발 및 운영에 관한 법률」 제22조에 따른 물류단지의 지정(도시개발사업의 일부로 물류단지를 개발하는 경우만 해당한다) 및 같은 법 제28조에 따른 물류단지개발실시계획의 승인
26. 「산업입지 및 개발에 관한 법률」 제6조, 제7조 및 제7조의2에 따른 산업단지의 지정(도시개발사업의 일부로 산업단지를 개발하는 경우만 해당한다), 같은 법 제17조, 제18조 및 제18조의2에 따른 실시계획의 승인
27. 「공간정보의 구축 및 관리 등에 관한 법률」 제86조제1항에 따른 사업의 착수·변경 또는 완료의 신고
28. 「에너지이용 합리화법」 제10조에 따른 에너지사용계획의 협의
29. 「집단에너지사업법」 제4조에 따른 집단에너지의 공급 타당성에 관한 협의
30. 「소하천정비법」 제10조에 따른 소하천(小河川)공사시행의 허가, 같은 법 제14조에 따른 소하천 점용의 허가
31. 「하수도법」 제34조제2항에 따른 개인하수처리시설의 설치신고

② 제1항에 따른 인·허가등의 의제를 받으려는 자는 실시계획의 인가를 신청하는 때에 해당 법률로 정하는 관계 서류를 함께 제출하여야 한다.

③ 지정권자는 실시계획을 작성하거나 인가할 때 그 내용에 제1항 각 호의 어느 하나에 해당하는 사항이 있으면 미리 관계 행정기관의 장과 협의하여야 한다. 이 경우 관계 행정기관의 장은 협의 요청을 받은 날부터 대통령령으로 정하는 기간에 의견을 제출하여야 하며, 그 기간 내에 의견을 제출하지 아니하면 협의한 것으로 본다.

④ 지정권자는 제3항에 따른 협의 과정에서 관계 행정기관 간에 이견이 있는 경우에 이를 조정하거나 협의를 신속하게 진행하기 위하여 필요하다고 인정하는 때에는 대통령령으로 정하는 바에 따라 관계 행정기관과 협의회를 구성하여 운영할 수 있다. 이 경우 관계 행정기관의 장은 소속 공무원을 이 협의회에 참석하게 하여야 한다.

⑤ 도시개발구역의 지정을 제안하는 자가 제1항에도 불구하고 도시개발구역의 지정과 동시에 제1항제8

호에 따른 농지전용 허가의 의제를 받고자 하는 경우에는 제11조제5항에 따라 시장·군수·구청장 또는 국토교통부장관에게 도시개발구역의 지정을 제안할 때에 「농지법」으로 정하는 관계 서류를 함께 제출하여야 한다.

⑥ 지정권자가 도시개발구역을 지정할 때 제1항제8호에 따른 농지전용 허가에 관하여 관계 행정기관의 장과 협의한 경우에는 제4항에 따른 제안자가 제11조제1항에 따라 시행자로 지정된 때에 해당 허가를 받은 것으로 본다.

⑦ 제21조의2에 따른 순환용주택, 제21조의3에 따른 임대주택의 건설·공급 및 제32조에 따른 입체 환지를 시행하는 경우로서 시행자가 실시계획의 인가를 받은 경우에는 「주택법」 제4조에 따라 주택건설사업 등의 등록을 한 것으로 본다.

제20조 도시개발사업에 관한 공사의 감리

① 지정권자는 제17조에 따라 실시계획을 인가하였을 때에는 「건설기술 진흥법」에 따른 건설기술용역업자를 도시개발사업의 공사에 대한 감리를 할 자로 지정하고 지도 · 감독하여야 한다. 다만, 시행자가 「건설기술 진흥법」 제2조제6호에 해당하는 자인 경우에는 그러하지 아니하다.

② 제1항에 따라 감리할 자로 지정받은 자(이하 "감리자"라 한다)는 그에게 소속된 자를 대통령령으로 정하는 바에 따라 감리원으로 배치하고 다음 각 호의 업무를 수행하여야 한다.

1. 시공자가 설계도면과 시방서의 내용에 맞게 시공하는지의 확인
2. 시공자가 사용하는 자재가 관계 법령의 기준에 맞는 자재인지의 확인
3. 「건설기술 진흥법」 제55조에 따른 품질시험 실시 여부의 확인
4. 설계도서가 해당 지형 등에 적합한지의 확인
5. 설계변경에 관한 적정성의 확인
6. 시공계획 · 예정공정표 및 시공도면 등의 검토 · 확인
7. 품질관리의 적정성 확보, 재해의 예방, 시공상의 안전관리, 그 밖에 공사의 질적 향상을 위하여 필요한 사항의 확인

③ 감리자는 업무를 수행할 때 위반사항을 발견하면 지체 없이 시공자와 시행자에게 위반사항을 시정할 것을 알리고 7일 이내(10일 이내×, 지체없이×)에 지정권자에게 그 내용을 보고하여야 한다.

④ 시공자와 시행자는 제3항에 따른 시정통지를 받은 경우 특별한 사유가 없으면 해당 공사를 중지하고 위반사항을 시정한 후 감리자의 확인을 받아야 한다. 이 경우 감리자의 시정통지에 이의가 있으면 즉시 공사를 중지하고 지정권자에게 서면으로 이의신청을 할 수 있다.

⑤ 시행자는 감리자에게 국토교통부령으로 정하는 절차 등에 따라 공사감리비를 지급하여야 한다.

⑥ 지정권자는 제1항과 제2항에 따라 지정 · 배치된 감리자나 감리원(다른 법률에 따른 감리자나 그에게 소속된 감리원을 포함한다)이 그 업무를 수행하면서 고의나 중대한 과실로 감리를 부실하게 하거나 관계 법령을 위반하여 감리를 함으로써 해당 시행자 또는 도시개발사업으로 조성된 토지 · 건축물 또는 공작물 등(이하 "조성토지등"이라 한다)의 공급을 받은 자 등에게 피해를 입히는 등 도시개발사업의 공사가 부

실하게 된 경우에는 해당 감리자의 등록 또는 감리원의 면허, 그 밖에 자격인정 등을 한 행정기관의 장에게 등록말소 · 면허취소 · 자격정지 · 영업정지, 그 밖에 필요한 조치를 하도록 요청할 수 있다.

⑦ 시행자와 감리자 간의 책임내용과 책임범위는 이 법으로 규정한 것 외에는 당사자 간의 계약으로 정한다.

⑧ 감리를 하여야 하는 도시개발사업에 관한 공사의 대상, 감리방법, 감리절차, 감리계약, 제4항에 따른 이의신청의 처리 등 감리에 관하여 필요한 사항은 대통령령으로 정한다.

⑨ 제1항과 제2항에 따른 감리에 관하여는 「건설기술 진흥법」 제24조, 제28조, 제31조, 제32조, 제33조, 제37조, 제38조 및 제41조를 준용한다.

⑩ 「건축법」 제25조에 따른 건축물의 공사감리대상 및 「주택법」 제43조에 따른 감리대상에 해당하는 도시개발사업에 관한 공사의 감리에 대하여는 제1항부터 제9항까지의 규정에도 불구하고 각각 해당 법령으로 정하는 바에 따른다.

제21조 도시개발사업의 시행방식

① 도시개발사업은 시행자가 도시개발구역의 토지등을 **수용 또는 사용**하는 **방식**이나 **환지 방식** 또는 이를 **혼용**하는 **방식**으로 시행할 수 있다.

② 지정권자는 도시개발구역지정 이후 다음 각 호의 어느 하나에 해당하는 경우에는 도시개발사업의 시행방식을 변경할 수 있다.

1. 제11조제1항제1호부터 제4호까지의 시행자가 대통령령으로 정하는 기준에 따라 제1항에 따른 도시개발사업의 시행방식을 수용 또는 사용방식에서 전부 환지 방식으로 변경하는 경우
2. 제11조제1항제1호부터 제4호까지의 시행자가 대통령령으로 정하는 기준에 따라 제1항에 따른 도시개발사업의 시행방식을 혼용방식에서 전부 환지 방식으로 변경하는 경우
3. 제11조제1항제1호부터 제5호까지 및 제7호부터 제11호까지의 시행자가 대통령령으로 정하는 기준에 따라 제1항에 따른 도시개발사업의 시행방식을 수용 또는 사용 방식에서 혼용방식으로 변경하는 경우

③ 제1항에 따른 수용 또는 사용의 방식이나 환지 방식 또는 이를 혼용할 수 있는 도시개발구역의 요건, 그 밖에 필요한 사항은 대통령령으로 정한다.

제21조의2 순환개발방식의 개발사업

① 시행자는 도시개발사업을 원활하게 시행하기 위하여 도시개발구역의 내외에 새로 건설하는 주택 또는 이미 건설되어 있는 주택에 그 도시개발사업의 시행으로 철거되는 주택의 세입자 또는 소유자(제7조에 따라 주민 등의 의견을 듣기 위하여 공람한 날 또는 공청회의 개최에 관한 사항을 공고한 날 이전부터 도시개발구역의 주택에 실제로 거주하는 자에 한정한다. 이하 "세입자등"이라 한다)를 임시로 거주하게 하는 등의 방식으로 그 도시개발구역을 순차적으로 개발할 수 있다.

② 시행자는 제1항에 따른 방식으로 도시개발사업을 시행하는 경우에는 「주택법」 제54조에도 불구하고

임시로 거주하는 주택(이하 "순환용주택"이라 한다)을 임시거주시설로 사용하거나 임대할 수 있다.

③ 순환용주택에 거주하는 자가 도시개발사업이 완료된 후에도 순환용주택에 계속 거주하기를 희망하는 때에는 대통령령으로 정하는 바에 따라 이를 분양하거나 계속 임대할 수 있다. 이 경우 계속 거주하는 자가 환지 대상자이거나 이주대책 대상자인 경우에는 대통령령으로 정하는 바에 따라 환지 대상에서 제외하거나 이주대책을 수립한 것으로 본다.

제21조의3 세입자등을 위한 임대주택 건설용지의 공급 등

① 시행자는 도시개발사업에 따른 세입자등의 주거안정 등을 위하여 제6조에 따른 주거 및 생활실태 조사와 주택수요 조사 결과를 고려하여 대통령령으로 정하는 바에 따라 임대주택 건설용지를 조성·공급하거나 임대주택을 건설·공급하여야 한다.

② 제11조제1항제1호부터 제4호까지의 규정에 해당하는 자 중 주택의 건설, 공급, 임대를 할 수 있는 자는 시행자가 요청하는 경우 도시개발사업의 시행으로 공급되는 임대주택 건설용지나 임대주택을 인수하여야 한다.

③ 제2항에 따른 임대주택 건설용지 또는 임대주택 인수의 절차와 방법 및 인수가격 결정의 기준 등은 대통령령으로 정한다.

④ 시행자(제1항에 따라 임대주택 건설용지를 공급하는 경우에는 공급받은 자를 말하고, 제2항에 따라 인수한 경우에는 그 인수자를 말한다.이하 이 항에서 같다)가 도시개발구역에서 임대주택을 건설 · 공급하는 경우에 임차인의 자격, 선정방법, 임대보증금, 임대료 등에 관하여는 「민간임대주택에 관한 특별법」 제42조 및 제44조, 「공공주택 특별법」 제48조, 제49조 및 제50조의3에도 불구하고 대통령령으로 정하는 범위에서 그 기준을 따로 정할 수 있다. 이 경우 행정청이 아닌 시행자는 미리 시장 · 군수 · 구청장의 승인을 받아야 한다.

제21조의4 도시개발사업분쟁조정위원회의 구성 등

① 도시개발사업으로 인한 분쟁을 조정하기 위하여 도시개발구역이 지정된 특별자치도 또는 시·군·구에 도시개발사업분쟁조정위원회(이하 "분쟁조정위원회"라 한다)를 둘 수 있다. 다만, 해당 지방자치단체에 「도시 및 주거환경정비법」 제116조에 따른 도시분쟁조정위원회가 이미 설치되어 있는 경우에는 대통령령으로 정하는 바에 따라 분쟁조정위원회의 기능을 대신하도록 할 수 있다.

② 제1항에 따른 분쟁조정위원회의 구성, 운영, 분쟁조정의 절차 등에 관한 사항은 「도시 및 주거환경정비법」 제116조 및 제117조를 준용한다. 이 경우 "정비사업"은 "도시개발사업"으로 본다.

출제자 의도

수용사용방식

시행절차상 내용을 이해하고 있는가?(특히, 토지상환채권, 원형지)

★★

[제2절] 수용 또는 사용방식에 의한 사업시행

■ **도시개발사업 시행절차(수용 또는 사용방식)**

[개발계획 —동시에→ 도시개발구역 / 도시개발구역 —2년이내→ 개발계획] → 실시계획 ⟶ 수용(사용) ⟶ 공사완료·보고·준공검사 → 공고 ⟶ 공급

제22조 토지 등의 수용 또는 사용

① 시행자는 도시개발사업에 필요한 토지 등을 **수용 또는 사용**할 수 있다. 다만, 제11조제1항제5호·제7호 부터 제11호(같은 항 제1호 내지 제3호에 해당하는 자가 100분의 50 비율을 초과하여 출자한 경우를 제외한다)에 해당하는 시행자는 사업대상토지면적의 3분의 2 이상에 해당하는 토지를 **소유**하고(하거나×) 토지소유자 총수의 2분의 1 이상에 해당하는 자의 **동의**를 얻어야 한다.

이 경우 토지소유자 동의요건 산정기준일은 도시개발구역지정 고시일을 기준으로 하며, 동 기준일 이후 시행자가 취득한 토지에 대하여는 동의 요건에 필요한 토지소유자의 총수에 포함하고 이를 동의한 자의 수로 산정한다.

② 제1항의 규정에 의한 토지등의 수용 또는 사용에 관하여 이 법에 특별한 규정이 있는 경우를 제외하고는 「공익사업을 위한 토지등의 취득 및 보상에 관한 법률」을 준용한다.

③ 제2항의 규정에 의하여 「공익사업을 위한 토지등의 취득 및 보상에 관한 법률」을 준용함에 있어서 제5조제1항제14호의 규정에 의한 수용 또는 사용의 대상이 되는 토지의 세부목록을 고시한 때에는 「공익사업을 위한 토지등의 취득 및 보상에 관한 법률」 제20조제1항 및 제22조의 규정에 의한 사업인정 및 그 고시가 있은 것으로 본다. 다만, **재결신청**은 「공익사업을 위한 토지등의 취득 및 보상에 관한 법률」 제23조제1항 및 제28조제1항의 규정에 불구하고 개발계획에서 정한 도시개발**사업의 시행기간종료일까지** 행하여야 한다.

④ 제1항의 규정에 의한 동의자 수의 산정방법 및 동의절차 기타 필요한 사항은 대통령령으로 정한다.

★

제23조 토지상환채권의 발행 [vs 도시개발채권(제61조)]

① 시행자는 토지소유자가 원하는 경우에는 토지등의 매수대금의 일부(전부 또는 일부×)를 지급하기 위하여 대통령령이 정하는 바에 따라 사업시행으로 조성된 토지·건축물로 상환하는 채권(이하 "토지상환채권"이라 한다)을 발행할 수 있다.(원칙) 다만, 제11조제1항제5호 부터 제11호에 해당하는 자는 대통령령이

정하는 금융기관 등으로부터 지급보증을 받은 경우에 한하여 이를 발행할 수 있다.(예외)

② (지정권자가 아닌)시행자(지정권자가 시행자인 경우를 제외한다)는 제1항의 규정에 의하여 토지상환채권을 발행하고자 하는 때에는 대통령령이 정하는 바에 따라 토지상환채권의 발행계획을 작성하여 미리 지정권자의 승인을 얻어야 한다.

③ 토지상환채권의 발행의 방법·절차·조건 기타 필요한 사항은 대통령령으로 정한다.

■ **토지상환채권의 발행규모** (시행령 제45조)

> 법 제23조제1항에 따른 토지상환채권의 발행규모는 그 토지상환채권으로 상환할 토지·건축물이 해당 도시개발사업으로 조성되는 분양토지 또는 분양건축물 면적의 2분의 1(3분의 1×)을 초과하지 아니하도록 하여야 한다.

■ **토지상환채권의 발행조건** (시행령 제49조)

> ① 토지상환채권의 이율은 발행당시의 은행의 예금금리 및 부동산 수급상황을 고려하여 발행자(국토교통부장관×)가 정한다.
> ② 토지상환채권은 기명식(記名式) 증권(무기명식 증권×)으로 한다.

제24조 이주대책 등

시행자는 공익사업을 위한 토지 등의 취득 및 보상에 관한 법률이 정하는 바에 따라 도시개발사업의 시행에 필요한 토지등을 제공함으로 인하여 생활의 근거(의·식·주)를 상실하게 되는 자에 관한 이주대책 등을 수립·시행하여야 한다.

제25조 선수금

① 시행자는 조성토지등과 도시개발사업으로 조성되지 아니한 상태의 토지(이하 "원형지"라 한다)를 공급받거나 이용하고자 하는 자로부터 대통령령이 정하는 바에 따라 당해 대금의 전부 또는 일부(일부만×)를 미리 받을 수 있다.

② (지정권자가 아닌) 시행자(지정권자가 시행자인 경우를 제외한다)는제1항의 규정에 의하여 당해 대금의 전부 또는 일부를 미리 받고자 하는 경우에는 지정권자의 승인을 얻어야 한다.

제25조의2 원형지의 공급과 개발

① 시행자는 도시를 자연친화적으로 개발하거나 복합적·입체적으로 개발하기 위하여 필요한 경우에는 대통령령으로 정하는 절차에 따라 미리 지정권자의 승인을 받아 다음 각 호의 어느 하나에 해당하는 자에게 원형지를 공급하여 개발하게 할 수 있다. 이 경우 공급될 수 있는 원형지의 면적은 도시개발구역 전체 토지 면적의 3분의 1(3분의 2×) 이내로 한정한다.

1. 국가 또는 지방자치단체
2. 「공공기관의 운영에 관한 법률」 제4조에 따른 공공기관
3. 「지방공기업법」에 따라 설립된 지방공사
4. 제11조제1항제1호 또는 제2호에 따른 시행자가 복합개발 등을 위하여 실시한 공모에서 선정된 자
5. 원형지를 학교나 공장 등의 부지로 직접 사용하는 자

② 시행자는 제1항에 따라 원형지를 공급하기 위하여 지정권자에게 승인 신청을 할 때에는 원형지의 공급 계획을 작성하여 함께 제출하여야 한다. 작성된 공급 계획을 변경하는 경우에도 같다.

③ 제2항에 따른 원형지 공급 계획에는 원형지를 공급받아 개발하는 자(이하 "원형지개발자"라 한다)에 관한 사항과 원형지의 공급내용 등이 포함되어야 한다.

④ 시행자는 제5조제1항제7호의2에 따른 개발 방향과 제1항 및 제2항에 따른 승인내용 및 공급 계획에 따라 원형지개발자와 공급계약을 체결한 후 원형지개발자로부터 세부계획을 제출받아 이를 제17조에 따른 실시계획의 내용에 반영하여야 한다.

⑤ 지정권자는 제1항에 따라 승인을 할 때에는 용적률 등 개발밀도, 토지용도별 면적 및 배치, 교통처리계획 및 기반시설의 설치 등에 관한 이행조건을 붙일 수 있다.

⑥ 원형지개발자(국가 및 지방자치단체는 제외한다)는 10년의 범위에서 대통령령으로 정하는 기간 안에는 원형지를 매각할 수 없다. 다만, 이주용 주택이나 공공·문화 시설 등 대통령령으로 정하는 경우로서 미리 지정권자의 승인을 받은 경우에는 예외로 한다.

⑦ 지정권자는 다음 각 호의 어느 하나에 해당하는 경우에는 원형지 공급 승인을 취소하거나 시행자로 하여금 그 이행의 촉구, 원상회복 또는 손해배상의 청구, 원형지 공급계약의 해제 등 필요한 조치를 취할 것을 요구할 수 있다.

1. 시행자가 제2항에 따른 원형지의 공급 계획대로 토지를 이용하지 아니하는 경우
2. 원형지개발자가 제4항에 따른 세부계획의 내용대로 사업을 시행하지 아니하는 경우
3. 시행자 또는 원형지개발자가 제5항에 따른 이행조건을 이행하지 아니하는 경우

⑧ 시행자는 다음 각 호의 어느 하나에 해당하는 경우 대통령령으로 정하는 바에 따라 원형지 공급계약을 해제할 수 있다.

1. 원형지개발자가 세부계획에서 정한 착수 기한 안에 공사에 착수하지 아니하는 경우
2. 원형지개발자가 공사 착수 후 세부계획에서 정한 사업 기간을 넘겨 사업 시행을 지연하는 경우
3. 공급받은 토지의 전부나 일부를 시행자의 동의 없이 제3자에게 매각하는 경우
4. 그 밖에 공급받은 토지를 세부계획에서 정한 목적대로 사용하지 아니하는 등 제4항에 따른 공급계약의 내용을 위반한 경우

⑨ 원형지개발자의 선정기준, 원형지 공급의 절차와 기준 및 공급가격, 시행자와 원형지개발자의 업무범위 및 계약방법 등에 필요한 사항은 대통령령으로 정한다.

제26조 조성토지등의 공급계획

① 시행자(지정권자가 시행자인 경우를 제외한다)는 조성토지 등을 공급하고자 하는 때에는 조성토지 등의 공급계획을 작성 또는 변경하여 지정권자에게 제출하여야 한다. 이 경우 행정청이 아닌 시행자는 시장(대도시 시장을 제외한다)·군수 또는 구청장을 거쳐 제출하여야 한다.

② 조성토지 등의 공급계획의 내용, 공급의 절차·기준 및 조성토지등의 가격의 평가 기타 필요한 사항은 대통령령으로 정한다.

제27조 학교용지 등의 공급가격

① 시행자는 학교, 폐기물처리시설, 그 밖에 대통령령으로 정하는 시설을 설치하기 위한 조성토지등과 이주단지의 조성을 위한 토지를 공급하는 경우에는 해당 토지의 가격을 「감정평가 및 감정평가사에 관한 법률」에 따른 감정평가업자가 감정평가한 가격 이하로 정할 수 있다(없다×).

② 제11조제1항제1호부터 제4호까지의 시행자는 제1항에서 정한 토지 외에 지역특성화 사업 유치 등 도시개발사업의 활성화를 위하여 필요한 경우에는 대통령령으로 정하는 바에 따라 감정평가한 가격 이하로 공급할 수 있다.

★★★

[제3절] 환지방식에 의한 사업시행

출제자 의도

환지방식

시행절차상 내용을 이해하고 있는가?(특히, 환지예정지의 지정효과, 환지처분의 효과)

■ 도시개발사업 시행절차(환지방식)

┌ 개발계획 —동시에→ 도시개발구역 ┐
└ 도시개발구역 —2년이내→ 개발계획 ┘ → 실시계획 → 환지계획 → 공사완료·공고·공람(공람기간내 의견제출) → 준공검사 —60일내→ 환지처분

★

제28조 환지계획의 작성

① 시행자는 도시개발사업의 전부 또는 일부를 환지방식에 의하여 시행하고자 하는 경우에는 다음 각호의 **사항**이 **포함**된 환지계획을 작성하여야 한다.

1. 환지설계
2. 필지별로 된 환지(환지예정지×)명세
3. 필지별과 권리별로 된 청산대상토지(청산금×) 명세
4. 제34조의 규정에 의한 체비지 또는 보류지의 명세
5. 제32조에 따른 입체 환지를 계획하는 경우에는 입체 환지용 건축물의 명세와 제32조의3에 따른 공급 방법·규모에 관한 사항
6. 그 밖에 국토교통부령(시행규칙 제26조제3항)이 정하는 사항[수입·지출계획서, 평균부담률 및 비례율과 그 계산서, 건축계획(입체환지로 시행하는 경우로 한정한다.), 토지평가협의회 심의결과]

② 환지계획은 **종전의 토지 및 환지의** 위치(❶)·지목(❷)·면적(❸)·토질(❹)·수리(❺)·이용상황(❻)·환경(❼) **기타의 사항을 종합적으로 고려**하여 합리적으로 정하여야 한다. → 환지계획 작성기준

③ 시행자는 환지방식이 적용되는 도시개발구역안에 있는 조성토지 등의 가격을 평가하고자 할 때에는 토지평가협의회의 심의를 거쳐 결정하되, 그에 앞서 대통령령이 정하는 공인평가기관으로 하여금 평가하게 하여야 한다.

④ 제3항의 규정에 의한 토지평가협의회의 구성 및 운영 등에 관하여 필요한 사항은 당해 규약·정관 또는 시행규정으로 정한다.

⑤ 제1항의 환지계획의 작성에 따른 환지계획의 기준, 보류지(체비지·공공시설용지)의 책정기준 등에 관하여 필요한 사항은 국토교통부령으로(대통령령으로×, 시행자가×) 정할 수 있다.

제29조 환지계획의 인가 등

① **행정청이 아닌 시행자**가 제28조의 규정에 의하여 환지계획을 작성한 때에는 특별자치도지사·시장·군수 또는 구청장(지정권자×)의 **인가**를 받아야 한다.

② 제1항의 규정은 인가받은 내용을 변경하고자 하는 경우에 관하여 이를 준용한다(인가를 받아야 한다).(원칙) 다만, 대통령령(시행령 제60조제1항))이 정하는 경미한 사항을 변경하는 경우에는 그러하지 아니하다.(예외)

③ 행정청이 아닌 시행자가 제1항에 따라 환지 계획의 인가를 신청하려고 하거나 행정청인 시행자가 환지 계획을 정하려고 하는 경우에는 토지 소유자와 해당 토지에 대하여 임차권, 지상권, 그 밖에 사용하거나 수익할 권리(이하 "임차권등"이라 한다)를 가진 자(이하 "임차권자등"이라 한다)에게 환지 계획의 기준 및 내용 등을 알리고 대통령령으로 정하는 바에 따라 관계 서류의 사본을 일반인에게 공람시켜야 한다. 다만, 대통령령으로 정하는 경미한 사항을 변경하는 경우에는 그러하지 아니하다.

④ 토지소유자 또는 임차권자등은 제3항의 공람기간내에 시행자에게 의견서를제출할 수 있으며, 시행자는 그 의견이 타당하다고 인정하는 때에는 환지계획에 이를 반영하여야 한다.

⑤ 행정청이 아닌 시행자가 제1항의 규정에 의하여 환지계획인가를 신청하는 때에는 제4항의 규정에 의하여 제출된 의견서를 첨부하여야 한다.

⑥ 시행자는 제4항의 규정에 의하여 제출된 의견에 대하여 공람기일이 종료된 날부터 60일 이내에 당해 의견을 제출한 자에게 환지계획에의 반영여부에 관한 검토결과를 통보하여야 한다.

제30조 동의 등에 의한 환지의 제외(환지부지정 1.)

① 토지 소유자가 신청하거나 동의하면 해당 토지의 전부 또는 일부에 대하여 환지를 정하지 아니할 수 있다. 다만, 해당 토지에 관하여 임차권자등이 있는 경우에는 그 동의를 받아야 한다.

② 제1항에도 불구하고 시행자는 다음 각 호의 어느 하나에 해당하는 토지는 규약·정관 또는 시행규정으로 정하는 방법과 절차에 따라 환지를 정하지 아니할 토지에서 제외할 수 있다.

1. 제36조의2에 따라 환지 예정지를 지정하기 전에 사용하는 토지
2. 제29조에 따른 환지 계획 인가에 따라 환지를 지정받기로 결정된 토지
3. 종전과 같은 위치에 종전과 같은 용도로 제28조에 따라 환지를 계획하는 토지
4. 토지 소유자가 환지 제외를 신청한 토지의 면적 또는 평가액(제28조제3항에 따른 토지평가협의회에서 정한 종전 토지의 평가액을 말한다. 이하 같다)이 모두 합하여 구역 전체의 토지(국유지·공유지를 제외한다) 면적 또는 평가액의 100분의 15 이상이 되는 경우로서 환지를 정하지 아니할 경우 사업시행이 곤란하다고 판단되는 토지
5. 제7조에 따라 공람한 날 또는 공고한 날 이후에 토지의 양수계약을 체결한 토지. 다만, 양수일부터 3년이 지난 경우는 제외한다.

제31조 토지면적을 고려한 환지

① 시행자는 토지면적의 규모를 조정할 특별한 필요가 있는 때에는 면적이 작은 토지에 대하여는 과소토지가 되지 아니하도록 면적을 증가하여 환지(**증환지**)를 정하거나 환지대상에서 제외(**환지부지정 2.**)할 수 있고, 면적이 넓은 토지에 대하여는 그 면적을 감소하여 환지(**감환지**)를 정할 수 있다.

② 제1항의 과소토지의 기준이 되는 면적은 대통령령이 정하는 범위 안에서 시행자가 규약·정관 또는 시행규정으로 정한다.

제32조 입체환지

① 시행자는 도시개발사업을 원활히 시행하기 위하여 특히 필요한 경우에는 토지 또는 건축물 소유자의 신청을 받아 건축물의 일부와 그 건축물이 있는 토지의 공유지분을 부여할 수 있다. 다만, 토지 또는 건축물이 대통령령으로 정하는 기준 이하인 경우에는 시행자가 규약·정관 또는 시행규정으로 신청대상에서 제외할 수 있다.

② 〈삭제〉

③ 제1항에 따른 입체 환지의 경우 시행자는 제28조에 따른 환지 계획 작성 전에 실시계획의 내용, 환지 계획 기준, 환지 대상 필지 및 건축물의 명세, 환지신청 기간 등 대통령령으로 정하는 사항을 토지 소유자(건축물 소유자를 포함한다. 이하 제4항, 제32조의3 및 제35조부터 제45조까지에서 입체 환지 방식으로 사업을 시행하는 경우에서 같다)에게 통지하고 해당 지역에서 발행되는 일간신문에 공고하여야 한다.

④ 제1항에 따른 입체 환지의 **신청 기간**은 제3항에 따라 통지한 날부터 30일 이상 60일 이하로 하여야(할 수×) 한다. 다만, 시행자는 제28조제1항에 따른 환지 계획의 작성에 지장이 없다고 판단하는 경우에는 20일(30×)일의 범위에서 그 신청기간을 연장할 수(하여야×) 있다.

⑤ 입체 환지를 받으려는 토지 소유자는 제3항에 따른 환지신청 기간 이내에 대통령령으로 정하는 방법 및 절차에 따라 시행자에게 환지신청을 하여야 한다.

⑥ 입체 환지 계획의 작성에 관하여 필요한 사항은 국토교통부장관이 정할 수 있다.

제32조의2 환지 지정 등의 제한

① 시행자는 제7조에 따른 주민 등의 의견청취를 위하여 공람 또는 공청회의 개최에 관한 사항을 공고한

날 또는 투기억제를 위하여 시행예정자(제3조제3항제2호 및 제4항에 따른 요청자 또는 제11조제5항에 따른 제안자를 말한다)의 요청에 따라 지정권자가 따로 정하는 날(이하 이 조에서 "기준일"이라 한다)의 다음 날부터 다음 각 호의 어느 하나에 해당하는 경우에는 국토교통부령으로 정하는 바에 따라 해당 토지 또는 건축물에 대하여 금전으로 청산(건축물은 제65조에 따라 보상한다)하거나 환지 지정을 제한할 수 있다.

> 1. 1필지의 토지가 여러 개의 필지로 분할되는 경우
> 2. 단독주택 또는 다가구주택이 다세대주택으로 전환되는 경우
> 3. 하나의 대지범위 안에 속하는 동일인 소유의 토지와 주택 등 건축물을 토지와 주택 등 건축물로 각각 분리하여 소유하는 경우
> 4. 나대지에 건축물을 새로 건축하거나 기존 건축물을 철거하고 다세대주택이나 그 밖의 「집합건물의 소유 및 관리에 관한 법률」에 따른 구분소유권의 대상이 되는 건물을 건축하여 토지 또는 건축물의 소유자가 증가되는 경우

② 지정권자는 제1항에 따라 기준일을 따로 정하는 경우에는 기준일과 그 지정사유 등을 관보 또는 공보에 고시하여야 한다.

제32조의3 입체 환지에 따른 주택 공급 등

① 시행자는 입체 환지로 건설된 주택 등 건축물을 제29조에 따라 인가된 환지 계획에 따라 환지신청자에게 공급하여야 한다. 이 경우 주택을 공급하는 경우에는 「주택법」 제54조에 따른 주택의 공급에 관한 기준을 적용하지 아니한다.

② 입체 환지로 주택을 공급하는 경우 제1항에 따른 환지 계획의 내용은 다음 각 호의 기준에 따른다. 이 경우 주택의 수를 산정하기 위한 구체적인 기준은 대통령령으로 정한다.

> 1. 1세대 또는 1명이 하나 이상의 주택 또는 토지를 소유한 경우 1주택을 공급할 것
> 2. 같은 세대에 속하지 아니하는 2명 이상이 1주택 또는 1토지를 공유한 경우에는 1주택만 공급할 것

③ 시행자는 제2항에도 불구하고 다음 각 호의 어느 하나에 해당하는 토지 소유자에 대하여는 소유한 주택의 수만큼 공급할 수 있다.

> 1. 「수도권정비계획법」 제6조제1항제1호에 따른 과밀억제권역에 위치하지 아니하는 도시개발구역의 토지 소유자
> 2. 근로자(공무원인 근로자를 포함한다) 숙소나 기숙사의 용도로 주택을 소유하고 있는 토지 소유자
> 3. 제11조제1항제1호부터 제4호까지의 시행자

④ 입체 환지로 주택을 공급하는 경우 주택을 소유하지 아니한 토지 소유자에 대하여는 제32조의2에 따른 기준일 현재 다음 각 호의 어느 하나에 해당하는 경우에만 주택을 공급할 수 있다.

> 1. 토지 면적이 국토교통부장관이 정하는 규모 이상인 경우
> 2. 종전 토지의 총 권리가액(주택 외의 건축물이 있는 경우 그 건축물의 총 권리가액을 포함한다)이 입체 환지로 공급하는 공동주택 중 가장 작은 규모의 공동주택 공급예정가격 이상인 경우

⑤ 시행자는 입체 환지의 대상이 되는 용지에 건설된 건축물 중 제1항 및 제2항에 따라 공급대상자에게 공급하고 남은 건축물의 공급에 대하여는 규약·정관 또는 시행규정으로 정하는 목적을 위하여 체비지(건축물을 포함한다)로 정하거나 토지 소유자 외의 자에게 분양할 수 있다.

⑥ 제1항에 따라 주택 등 건축물을 공급하는 경우 공급의 방법 및 절차 등과 제5항에 따른 분양의 공고와 신청 절차 등에 필요한 사항은 대통령령으로 정한다.

제33조 공공시설의 용지 등에 관한 조치

① 공익사업을 위한 토지등의 취득 및 보상에 관한 법률 제4조 각호의 1에 해당하는 공공시설의 용지에 대하여는 환지계획을 정함에 있어서 그 위치·면적 등에 관하여 제28조제2항의 규정에 의한 기준을 적용하지 아니할 수 있다.

② 시행자가 도시개발사업의 시행으로 국가 또는 지방자치단체의 소유에 속하는 공공시설에 대체되는 공공시설을 설치하는 경우 종전의 공공시설의 전부 또는 일부의 용도가 폐지 또는 변경되어 불용으로 될 토지에 대하여는 제65조제1항 및 제2항의 규정에 불구하고 **환지를 정하지 아니하며**(**환지부지정 3.**) 이를 다른 토지에 대한 환지의 대상으로 하여야 한다.

제34조 체비지(替費地) 등

① 시행자는 (지정권자 허가없이)도시개발사업에 필요한 경비에 충당하거나 규약·정관·시행규정 또는 실시계획이 정하는 목적을 위하여 일정한 토지를 환지로 정하지 아니하고 **보류지**로 정할 수 있으며 그 중 일부를 **체비지**로 정하여 도시개발사업에 필요한 경비에 충당할 수 있다.

② 시장·군수 또는 구청장은 주택법에 의한 공동주택의 건설을 촉진하기 위하여 필요하다고 인정하는 때에는제1항의 규정에 의한 체비지중 일부를 같은 지역안에 집단으로 정하게 할 수 있다.

★★
■ 환지예정지

① 지정자 : 모든 시행자(공공사업시행자와 민간사업시행자)
② 지정(제35조)
㉠ 임의적 사항[시행자는 환지 예정지를 지정할 수(하여야×) 있다.]
㉡ 아울러 지정[종전의 토지에 대한 임차권자등이 있으면 해당 환지 예정지에 대하여 해당 권리의 목적인 토지 또는 그 부분을 아울러 지정하여야(할 수×) 한다.]
③ 지정효과(제36조)
㉠ 종전의 토지에서 환지예정지로 사용·수익권 이전
→ 따라서 종전의 토지는 사용·수익 불가능(환지 예정지 지정의 효력발생일 ~ 환지처분이 공고되는 날)
㉡ 체비지의 용도로 환지 예정지가 지정된 경우 : 시행자는 도시개발사업에 드는 비용을 충당하기 위하여 이를 사용 또는 수익하게 하거나 처분할 수 있다.
㉢ 장애물 등의 이전과 제거 가능
㉣ 표지설치 가능

제35조 환지예정지의 지정

① (모든)**시행자**는 도시개발사업의 시행을 위하여 필요한 때(항상×, 반드시×)에는 도시개발구역안의 토지에 대하여 환지예정지를 지정할 수(하여야×) 있다. 이 경우 종전의 토지에 대한 임차권자등이 있는 경우에는 당해 환지예정지에 대하여 당해 권리의 목적인 토지 또는 그 부분을 아울러 지정하여야 한다.

② 제28조제3항 및 제4항의 규정은 제11조제1항제4호 내지 제7호의 규정에 의한 시행자가 제1항의 규정에 의하여 환지예정지를 지정하고자 하는 때에 이를 준용한다.

③ 시행자가 제1항의 규정에 의하여 환지예정지를 지정하고자 하는 경우에는 관계 토지소유자와 임차권자등에게 환지예정지의 위치·면적과 환지예정지 지정의 효력발생시기를 통지하여야 한다.

제36조 환지예정지 지정의 효과

■ **종전토지 vs 환지예정지**

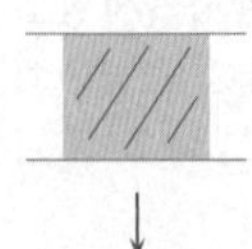

구분	소유권	사용수익권
甲	○	×
乙	× ↔ (○ : 체비지인 경우)	○

원래는 甲(종전 토지소유자)의 토지인데, 도시개발사업으로 환지처분전에 乙의 환지로 예정된 토지(환지예정지)인 경우

① 환지예정지가 지정된 경우에는 종전의 토지에 관한 토지소유자 및 임차권자등은 환지예정지의 지정의 효력발생일부터 환지처분의 공고가 있는 날까지 환지예정지 또는 당해 부분에 대하여 종전과 동일한 내용의 권리를 행사할 수 있으며 **종전의 토지에 대하여는 이를 사용하거나 수익할 수 없다(그러나 처분할 수는 있다)**.

② 시행자는 제35조제1항의 규정에 의하여 환지예정지를 지정한 때에 당해 토지에 사용 또는 수익의 장애가 될 물건이 있거나 기타 특별한 사유가 있는 경우에는 환지예정지의 사용 또는 수익을 개시할 날을 따로 정할 수 있다.

③ 환지예정지의 지정의 효력이 발생하거나 제2항의 규정에 의하여 환지예정지의 사용 또는 수익을 개시하는 때에 당해 환지예정지의 종전의 소유자 또는 임차권자등은 제1항 또는 제2항에서 규정하는 기간동안 이를 사용하거나 수익할 수 없으며 제1항의규정에 의한 권리의 행사를 방해할 수 없다.

④ 시행자는 제34조의 규정에 의한 체비지의 용도로 환지예정지가 지정된 때에는 도시개발사업에 소요되는 비용을 충당하기 위하여 이를 사용 또는 수익하게 하거나 처분할 수 있다(없다×).

⑤ 임차권 등의 목적인 토지에 관하여 환지예정지가 지정된 경우 임대료·지료 기타 사용료 등의 증감이나 권리의 포기 등에 관하여 제48조와 제49조를 준용한다.

제36조의2 환지 예정지 지정 전 토지 사용

① 제11조제1항제1호부터 제4호까지의 시행자는 다음 각 호의 어느 하나에 해당하는 경우에는 제35조에

따라 환지 예정지를 지정하기 전이라도 제17조제2항에 따른 실시계획 인가 사항의 범위에서 토지 사용을 하게 할 수 있다.

1. 순환개발을 위한 순환용주택을 건설하려는 경우
2. 「국방·군사시설 사업에 관한 법률」에 따른 국방·군사시설을 설치하려는 경우
3. 제7조제1항에 따른 주민 등의 의견청취를 위한 공고일 이전부터 「주택법」 제4조에 따라 등록한 주택건설사업자가 주택건설을 목적으로 토지를 소유하고 있는 경우
4. 그 밖에 기반시설의 설치나 개발사업의 촉진에 필요한 경우 등 대통령령으로 정하는 경우

② 제1항제3호 또는 제4호의 경우에는 다음 각 호 모두에 해당하는 경우에만 환지 예정지를 지정하기 전에 토지를 사용할 수 있다.

1. 사용하려는 토지의 면적이 구역 면적의 100분의 5 이상(최소 1만제곱미터 이상)이고 소유자가 동일할 것. 이 경우 국유지·공유지는 관리청과 상관없이 같은 소유자로 본다.
2. 사용하려는 종전 토지가 제17조제2항에 따른 실시계획 인가로 정한 하나 이상의 획지(劃地) 또는 가구(街區)의 경계를 모두 포함할 것
3. 사용하려는 토지의 면적 또는 평가액이 구역 내 동일소유자가 소유하고 있는 전체 토지의 면적 또는 평가액의 100분의 60 이하이거나 대통령령으로 정하는 바에 따라 보증금을 예치할 것
4. 사용하려는 토지에 임차권자 등이 있는 경우 임차권자 등의 동의가 있을 것

③ 제1항에 따라 토지를 사용하는 자는 환지 예정지를 지정하기 전까지 새로 조성되는 토지 또는 그 위에 건축되는 건축물을 공급 또는 분양하여서는 아니 된다.
④ 제1항에 따라 토지를 사용하는 자는 제28조에 따른 환지 계획에 따라야 한다.
⑤ 제1항부터 제4항까지의 규정의 시행에 필요한 구체적인 절차, 방법 및 세부기준 등은 대통령령으로 정할 수 있다.

제37조 사용·수익의 정지

① 시행자는 환지를 정하지 아니하기로 결정된 토지소유자 또는 임차권자등에게 기일을 정하여 그 날부터 당해 토지 또는 당해 부분의 사용 또는 수익을 정지시킬 수 있다.
② 시행자가 제1항의 규정에 의하여 사용 또는 수익을 정지하게 하고자 하는 때에는 30일 이상의 기간을 두고 미리 이를 당해 토지소유자 또는 임차권자등에게 통지하여야 한다.

제38조 장애물 등의 이전과 제거

① 시행자는 제35조제1항에 따라 환지 예정지를 지정하거나 제37조제1항에 따라 종전의 토지에 관한 사용 또는 수익을 정지시키는 경우나 대통령령으로 정하는 시설의 변경·폐지에 관한 공사를 시행하는 경우 필요하면 도시개발구역에 있는 건축물과 그 밖의 공작물이나 물건(이하 "건축물등"이라 한다) 및 죽목(竹木), 토석, 울타리 등의 장애물(이하 "장애물등"이라 한다)을 이전하거나 제거할 수 있다. 이 경우 시행자(행정청이 아닌 시행자만 해당한다)는 미리 관할 특별자치도지사·시장·군수 또는 구청장의 **허가**

를 받아야 한다.

② 특별자치도지사·시장·군수 또는 구청장은 제1항 후단에 따른 허가를 하는 경우에는 동절기 등 대통령령으로 정하는 시기에 점유자가 퇴거하지 아니한 주거용 건축물을 철거할 수 없도록 그 시기를 제한하거나 임시거주시설을 마련하는 등 점유자의 보호에 필요한 조치를 할 것을 **조건**으로 **허가**를 할 수(하여야×) 있다.

③ 시행자가 제1항에 따라 건축물등과 장애물등을 이전하거나 제거하려고 하는 경우에는 그 소유자나 점유자에게 미리 알려야 한다. 다만, 소유자나 점유자를 알 수 없으면 대통령령으로 정하는 바에 따라 이를 공고하여야 한다.

④ 주거용으로 사용하고 있는 건축물을 이전하거나 철거하려고 하는 경우에는 이전하거나 철거하려는 날부터 늦어도 2개월 전에 제2항에 따른 통지를 하여야 한다. 다만, 건축물의 일부에 대하여 대통령령으로 정하는 경미한 이전 또는 철거를 하는 경우나 「국토의 계획 및 이용에 관한 법률」 제56조제1항을 위반한 건축물의 경우에는 그러하지 아니하다.

⑤ 시행자는 제1항에 따라 건축물등과 장애물등을 이전 또는 제거하려고 할 경우 「공익사업을 위한 토지 등의 취득 및 보상에 관한 법률」 제50조에 따른 토지수용위원회의 손실보상금에 대한 재결이 있은 후 다음 각 호의 어느 하나에 해당하는 사유가 있으면 이전하거나 제거할 때까지 토지 소재지의 공탁소에 보상금을 공탁할 수 있다.

1. 보상금을 받을 자가 받기를 거부하거나 받을 수 없을 때
2. 시행자의 과실 없이 보상금을 받을 자를 알 수 없을 때
3. 시행자가 관할 토지수용위원회에서 재결한 보상 금액에 불복할 때
4. 압류나 가압류에 의하여 보상금의 지급이 금지되었을 때

⑥ 제5항제3호의 경우 시행자는 보상금을 받을 자에게 자기가 산정한 보상금을 지급하고 그 금액과 토지수용위원회가 재결한 보상 금액과의 차액을 공탁하여야 한다. 이 경우 보상금을 받을 자는 그 불복 절차가 끝날 때까지 공탁된 보상금을 받을 수 없다.

제39조 토지의 관리 등

① 환지예정지의 지정이나 사용 또는 수익의 정지처분으로 인하여 이를 사용 또는 수익할 수 있는 자가 없게 된 토지 또는 당해 부분은 그날부터 환지처분의 공고가 있는 날까지 시행자가 이를 관리한다.

② 시행자는 환지예정지 또는 환지의 위치를 나타내고자 하는 때에는 국토교통부령이 정하는 표지를 설치할 수 있다.

③ 누구든지 환지처분이 공고된 날까지는 시행자의 승낙없이 제2항의 규정에 의하여 설치된 표지를 이전 또는 훼손하여서는 아니된다.

★★★
■ 환지처분

① 시점 : 준공검사 후 60일 이내
② 효과 : ┌ 원칙 : ㉠ 환지 : 환지처분이 공고된 날의 다음 날부터 종전의 토지로 봄
　　　　　　　　㉡ 환지를 정하지 아니한 종전의 토지에 있던 권리 : 환지처분이 공고된 날이 끝나는 때에 소멸
　　　　└ 예외 : ㉠ 행정상 처분이나 재판상의 처분
　　　　　　　　㉡ 지역권
③ 소유권 취득 : ㉠ 체비지 : 시행자 (시점 : 환지처분이 공고된 날의 다음 날)
　　　　　　　　㉡ 보류지 : 환지계획에서 정한 자 (시점 : 환지처분이 공고된 날의 다음 날)
　　　　　　　　㉢ 이미 처분된 체비지 : 매입한 자 (시점 : 소유권 이전 등기를 마친 때)
④ 청산금 : ㉠ 확정시점 : 환지처분이 공고된 날의 다음 날(환지처분이 공고된 날×)
　　　　　㉡ 징수·교부 시점 : ┌ 원칙 : 환지처분이 공고된 후
　　　　　　　　　　　　　　└ 예외 : 환지처분 전(환지를 정하지 아니하는 토지)
　　　　　㉢ 분할 징수·교부 : 가능
　　　　　㉣ 공탁 : 가능
　　　　　㉤ 소멸시효 : 5년(3년×)
⑤ 감가보상금 : 행정청인 시행자(비행정청인 시행자×)는 도시개발사업의 시행으로 사업 시행 후의 토지 가액(價額)의 총액이 사업 시행 전의 토지 가액의 총액보다 줄어든 경우에는 그 차액에 해당하는 감가보상금을 종전의 토지 소유자나 임차권자등에게 지급하여야
⑥ 등기 : 시행자는 환지처분이 공고되면 공고 후 14일(15일×) 이내에 관할 등기소에 이를 알리고 토지와 건축물에 관한 등기를 촉탁하거나 신청하여야

제40조 환지처분

① 시행자는 환지방식에 의하여 도시개발사업에 관한 공사를 완료한 때에는 지체없이 대통령령이 정하는 바에 따라 이를 **공고**하고 공사관계서류를 일반에게 **공람**시켜야 한다.

② 도시개발구역안의 토지소유자 또는 이해관계인은 제1항의 공람기간내에 시행자에게 **의견서**를 **제출**할 수 있으며, 그 의견서의 제출을 받은 시행자는 공사결과와 실시계획내용과의 적합여부를 확인하여 필요한 조치를 하여야 한다.

③ 시행자는 제1항의 공람기간내에 제2항의 규정에 의한 의견서의 제출이 없거나 제출된 의견서에 따라 필요한 조치를 한 때에는 지정권자에 의한 **준공검사**를 신청하거나 도시개발사업의 **공사**를 **완료**하여야 한다.

④ (지정권자가 아닌)시행자는 지정권자에 의한 준공검사를 받은 때(지정권자가 시행자인 경우에는 제50조의 규정에 의한 공사완료공고가 있는 때)에는 대통령령이 정하는 기간(60일)내에 **환지처분**을 하여야 한다.

⑤ 시행자는 환지처분을 하고자 하는 때에는 환지계획에서 정한 사항을 토지소유자에게 통지하고 대통령령이 정하는 바에 따라 이를 공고하여야 한다.

제41조 청산금 [vs 감가보상금 (제45조)]

① 환지를 정하거나 그 대상에서 제외한 경우 그 과부족분(過不足分)은 종전의 토지(제32조에 따라 입체 환지 방식으로 사업을 시행하는 경우에는 환지 대상 건축물을 포함한다. 이하 제42조 및 제45조에서 같다) 및 환지의 위치·지목·면적·토질·수리·이용 상황·환경, 그 밖의 사항을 종합적으로 고려하여 금전으로 청산하여야 한다.

② 제1항의 규정에 의한 청산금은 환지처분을 하는 때에 이를 결정하여야 한다. 다만, 제29조 또는 제30조의 규정에 의하여 환지대상에서 제외한 토지등에 대하여는 청산금을 교부하는 때에 이를 결정할 수 있다.

제42조 환지처분의 효과

① 환지계획에서 정하여진 환지는 그 환지처분의 공고가 있은 날의 다음 날(날 ×)부터 종전의 토지로 보며, 환지계획에서 환지를 정하지 아니하는 종전의 토지에 존재하던 권리는 그 환지처분의 공고가 있은 날(날의 다음날 ×)이 종료하는 때에 소멸한다.

② 제1항의 규정은 행정상 또는 재판상의 처분으로서 종전의 토지에 전속하는 것에 관하여는 영향을 미치지 아니한다.

③ 도시개발구역안의 토지에 대한 지역권은 제1항의 규정에 불구하고 종전의 토지에 존속한다. 다만, 도시개발사업의 시행으로 인하여 행사할 이익이 없어진 지역권은 환지처분의 공고가 있은 날이 종료하는 때에 소멸한다.

④ 제28조의 규정에 의한 환지계획에 따라 환지처분을 받은 자는 환지처분이 공고된 날의 다음 날에 환지계획에서 정하는 바에 따라 건축물의 일부와 당해 건축물이 있는 토지의 공유지분을 취득한다. 이 경우 종전의 토지에 대한 저당권은 환지처분의 공고가 있은 날의 다음 날부터 해당 건축물의 일부와 해당 건축물이 있는 토지의 공유지분에 존재하는 것으로 본다.

⑤ 제34조의 규정에 의한 체비지(처분안된)는 시행자가, 보류지는 환지계획에서 정한 자가 각각 환지처분의 공고가 있은 날의 다음 날에 당해 소유권을 취득한다. 다만, 제35조 제4항의 규정에 의하여 이미 처분된 체비지는 당해 체비지를 매입한 자가 소유권 이전등기를 마친 때(환지처분의 공고가 있는 날의 다음날 ×)에 이를 취득한다.

⑥ 제41조의 규정에 의한 청산금은 환지처분의 공고가 있은 날의 다음 날에 확정된다.

제43조 등기

① 시행자는 제39조제5항의 규정에 의하여 환지처분의 공고가 있은 때에는 공고후 14일 이내(15일 이내 ×, 지체없이×)에 관할 등기소에 이를 통지하고 토지와 건축물에 관한 등기를 촉탁(시행자가 행정청인 경우)하거나 신청(시행자가 비행정청인 경우)하여야 한다.

② 제1항의 등기에 관하여는 대법원규칙이 정하는 바에 따른다.

③ 제40조제5항의 규정에 의하여 환지처분의 공고가 있은 날부터 제1항의 규정에 의한 등기가 있는 때까지는 다른 등기를 할 수 없다.(원칙) 다만, 등기신청인이 확정일부 있는 서류에 의하여 환지처분의 공고일전에 등기원인이 생긴 것임을 증명한 경우에는 그러하지 아니하다.(예외)

제44조 체비지의 처분 등

① 시행자는 제34조에 따른 체비지나 보류지를 규약·정관·시행규정 또는 실시계획으로 정하는 목적 및 방법에 따라 합리적으로 처분하거나 관리하여야 한다.
② 행정청인 시행자가 제1항에 따라 체비지 또는 보류지를 관리하거나 처분(제36조제4항에 따라 체비지를 관리하거나 처분하는 경우를 포함한다)하는 경우에는 국가나 지방자치단체의 재산처분에 관한 법률을 적용하지 아니한다. 다만, 신탁계약에 따라 체비지를 처분하려는 경우에는 「공유재산 및 물품 관리법」 제29조 및 제43조를 준용한다.
③ 학교, 폐기물처리시설, 그 밖에 대통령령으로 정하는 시설을 설치하기 위하여 조성토지등을 공급하는 경우 그 조성토지등의 공급 가격에 관하여는 제27조제1항을 준용한다.
④ 제11조제1항제1호부터 제4호까지의 시행자가 지역특성화 사업 유치 등 도시개발사업의 활성화를 위하여 필요한 경우에 공급하는 토지 중 제3항 외의 토지에 대하여는 제27조제2항을 준용한다.

제45조 감가보상금

행정청인 시행자(모든 시행자×)는 도시개발사업의 시행으로 인하여 사업시행후의 토지가액의 총액이 사업시행전의 토지가액의 총액보다 감소한 때에는 그 차액에 상당하는 감가보상금을 대통령령이 정하는 기준에 따라 종전의 토지소유자 또는 임차권자등에게(토지소유자에게만×) 지급하여야(지급할 수 ×) 한다.

제46조 청산금의 징수·교부 등

① 시행자는 환지처분의 공고가 있은 후에 확정된 청산금을 징수하거나 교부하여야 한다.(원칙) 다만, 제29조 및 제30조의 규정에 의하여 환지를 정하지 아니하는 토지(환지부지정 토지)에 대하여는 환지처분전이라도 청산금을 교부할 수 있다.(예외)
② 청산금은 대통령령이 정하는 바에 따라 이자를 붙여 분할징수하거나 분할교부할 수 있다.
③ 행정청인 시행자는 청산금을 납부하여야 할 자가 이를 납부하지 아니하는 때에는 국세체납처분 또는 지방세체납처분의 예에 따라 이를 징수할 수 있으며, 행정청이 아닌 시행자는 시장·군수 또는 구청장에게 청산금의 징수를 위탁할 수 있다. 이 경우 제16조 제5항의 규정을 준용한다.
④ 청산금을 받을 자가 주소불명 등으로 이를 받을 수 없거나 수령을 거부한 때에는 당해 청산금을 공탁할 수 있다.

제47조 청산금의 소멸시효

청산금을 받을 권리 또는 징수할 권리는 5년(3년×)간 이를 행사하지 아니하는 때에는 시효로 인하여 소멸한다.

제48조 임대료등의 증감청구

① 도시개발사업으로 인하여 임차권등의 목적인 토지나 지역권에 관한 승역지의 이용이 증진 또는 방해됨으로써 종전의 임대료·지료 기타 사용료 등이 불합리하게 된 경우 당사자는 계약조건에 불구하고 장래에 관하여 그 증감을 청구할 수 있다. 도시개발사업으로 인하여 건축물이 이전된 경우 당해 임대료에 관하여도 또한 같다.

② 제1항의 경우 당사자는 당해 권리를 포기하거나 계약을 해지하여 그 의무를 면할 수 있다.

③ 제39조제5항의 규정에 의하여 환지처분의 공고가 있은 날부터 60일(30일×)이 경과한 때에는 임대료·지료 기타 사용료 등의 증감을 청구할 수 없다.

제49조 권리의 포기 등

① 도시개발사업의 시행으로 인하여 지역권 또는 임차권등을 설정한 목적을 달성할 수 없게 된 때에는 당사자는 당해 권리를 포기하거나 계약을 해지할 수 있다. 도시개발사업으로 인하여 건축물이 이전되어 그 임대의 목적을 달성할 수 없게 된 경우에도 또한 같다.

② 제1항의 규정에 의하여 권리를 포기하거나 계약을 해지한 자는 그로 인한 손실의 보상을 시행자에게 청구할 수 있다.

③ 제2항의 규정에 의하여 손실을 보상한 시행자는 당해 토지 또는 건축물의 소유자나 그로 인하여 이익을 받는 자에게 이를 구상할 수 있다.

④ 제39조제5항의 규정에 의하여 환지처분의 공고가 있은 날부터 60일이 경과한 때에는 제1항의 규정에 의한 권리를 포기하거나 계약을 해지할 수 없다.

⑤ 타인토지의 출입 등에 관한 손실보상의 방법, 절차 등에 관한 규정은 제2항의 규정에 의한 손실보상에 관하여 이를 준용한다.

⑥ 제16조제4항 및 제5항의 규정은 제3항의 규정에 의한 손실보상금의 구상에 관하여 이를 준용한다.

[제4절] 준공검사 등(제50조~53조) <생략 _ 법조문 참조>

제4장 비용부담 등

제54조 비용부담의 원칙

도시개발사업에 필요한 비용은 이 법 또는 다른 법률에 특별한 규정이 있는 경우를 제외하고는 **시행자가 부담**한다.

제55조 ~ 제61조 <생략 _ 법조문 참조>

제62조 도시개발채권의 발행 [vs 토지상환채권(제23조)]

① 지방자치단체의 장(국토교통부장관×)은 도시개발사업 또는 도시·군계획시설사업에 필요한 자금을 조

달하기 위하여 도시개발채권을 발행할 수 있다.

② 〈삭제〉

③ 도시개발채권의 **소멸시효**는 상환일부터 기산하여 **원금**은 5년(3년×), **이자**는 2년(3년×)으로 한다.

④ 도시개발채권의 이율·발행방법·발행절차·상환·발행사무취급 기타 필요한 사항은 대통령령으로 정한다.

■ **도시개발채권의 발행절차** (시행령 제82조)

① 법 제62조제1항에 따른 도시개발채권은 시·도의 조례로 정하는 바에 따라 시·도지사(국토교통부장관×, 시장·군수·구청장×)가 이를 발행한다.
② 시·도지사는 법 제62조제1항에 따라 도시개발채권의 발행하려는 경우에는 다음 각 호의 사항에 대하여 행정안전부장관(국토교통부장관×)의 승인을 받아야(보고하여야×) 한다.
1. 채권의 발행총액
2. 채권의 발행방법
3. 채권의 발행조건
4. 상환방법 및 절차
5. 그 밖에 채권의 발행에 필요한 사항
③ 시·도지사는 제2항에 따라 승인을 받은 후 도시개발채권을 발행하려는 경우에는 다음 각 호의 사항을 공고하여야 한다.
1. 채권의 발행총액
2. 채권의 발행기간
3. 채권의 이율
4. 원금상환의 방법 및 시기
5. 이자지급의 방법 및 시기

제63조 도시개발채권의 매입

① 다음 각호의 1에 해당하는 자는 도시개발채권을 매입하여야 한다.

1. 수용 또는 사용방식에 의하여 시행하는 도시개발사업의 경우 제11조 제1항 제1호 내지 제3호에 해당하는 자와 공사의 도급계약을 체결하는 자
2. 제1호에 해당하는 시행자외의 도시개발사업을 시행하는 자
3. 국토의 계획 및 이용에 관한 법률 제56조 제1항의 규정에 의한 허가를 받는 자중 대통령령이 정하는 자(토지의 형질변경허가를 받은 자)

② 제1항을 적용함에 있어서는 다른 법률에 의하여 제17조의 실시계획의 인가 또는 국토의 계획 및 이용에 관한 법률 제56조의 개발행위허가가 의제되는 협의를 거친 자를 포함한다.

③ 도시개발채권의 매입대상 및 금액과 절차 등에 관하여 필요한 사항은 대통령령으로 정한다.

제64조 ~ 제79조 <생략 _ 법조문 참조>

제5장 보칙 ; 생략

제80조 ~ 제85조 <생략 _ 법조문 참조>

제6장 벌칙 ; 생략

O · X · 지 · 문 · 학 · 습

01. 도시의 생산녹지지역을 도시개발구역으로 지정하기 위해서는 3만 제곱미터 이상이어야 한다. [O, ×]

02. 도시개발구역지정후 개발계획을 수립하는 경우 개발계획을 수립·고시한 날부터 3년이 되는 날까지 실시계획의 인가를 신청하지 아니하는 경우에는 그 3년이 되는 날에 도시개발구역의 지정이 해제된 것으로 본다. [O, ×]

03. 개발법상 조합설립의 인가를 신청하고자 하는 때에는 당해 도시개발구역안의 토지면적의 3분의 2 이상에 해당하는 토지소유자와 그 구역안의 토지소유자 총수의 2분의 1 이상의 동의를 얻어야 한다. [O, ×]

04. 개발법상 시행자는 토지등의 매수대금의 일부를 지급하기 위하여 토지소유자의 의사와 관계없이 토지상환채권을 발행할 수 있다. [O, ×]

05. 입체 환지의 신청 기간은 통지한 날부터 30일 이상 60일 이하로 하여야 한다. [O, ×]

06. 시행자는 도시개발사업에 필요한 경비를 충당하기 위해 일정한 토지를 환지로 정하지 아니하고 보류지로 정할 수 있고 그 중 일부를 체비지로 정할 수 있다. [O, ×]

07. 등기신청인이 확정일부 있는 서류에 의하여 환지처분의 공고일 전에 등기원인이 생긴 것임을 증명한 경우라도 환지처분의 공고가 있은 날부터 등기가 있는 때까지는 다른 등기를 할 수 없다. [O, ×]

08. 도시개발채권의 소멸시효는 상환일부터 기산하여 원금은 5년, 이자는 3년으로 한다. [O, ×]

정답 및 해설

01. × (3만 제곱미터 → 1만 제곱미터, 공업지역이 3만 제곱미터 이상이다.)
02. × (3년이 되는 날에 → 3년이 되는 날 다음 날에)
03. O
04. × (토지소유자의 의사와 관계없이 → 토지소유자가 원하는 경우에)
05. O
06. O
07. × (없다 → 있다. 법 제43조제3항 단서 규정)
08. × (이자는 3년 → 이자는 2년)

기·출·문·제·분·석

1.「도시개발법령」상 도시개발구역으로 지정.고시된 이후에 개발계획을 수립할 수 있는 지역에 해당하지 않는 것은?

① 자연녹지지역
② 해당 도시개발구역에 포함되는 주거지역의 면적이 전체 도시개발구역 지정면적의 100분의 50 이상인 지역
③ 농림지역
④ 보전관리지역
⑤ 생산녹지지역(도시개발구역 지정면적의 100분의 30 이하인 경우)

해설

② 해당 도시개발구역에 포함되는 주거지역, 상업지역, 공업지역의 면적의 합계가 전체 도시개발구역 지정 면적의 100분의 30 이하인 지역은 도시개발구역으로 지정·고시된 이후에 개발계획을 수립할 수 있다(법 제4조 제①항 단서, 제5조 제③항, 영 제6조 제①항).

2.「도시개발법령」상 도시개발구역 지정권자가 도시개발 사업 시행자를 변경할 수 있는 경우가 아닌 것은?

① 시행자가 도시개발사업에 관한 실시계획의 인가를 받은 후 2년 이내에 사업을 착수하지 아니한 경우
② 행정처분으로 시행자의 지정이 취소된 경우
③ 도시개발구역의 전부를 환지방식으로 시행하는 시행자가 도시개발구역 지정의 고시일로부터 6개월 이내에 실시계획 인가를 신청하지 아니한 경우
④ 시행자의 부도·파산으로 도시개발사업의 목적을 달성하기 어렵다고 인정되는 경우
⑤ 행정처분으로 실시계획의 인가가 취소된 경우

해설

③ 도시개발구역의 전부를 환지방식으로 시행하는 경우 토지소유자 또는 조합을 시행자로 지정한 때에 시행자로 지정된 자가 도시개발구역 지정의 고시일부터 1년 이내에 도시개발사업에 관한 실시계획의 인가를 신청하지 아니하는 경우 시행자를 변경할 수 있다(법 제11조 제⑧항)

3. 도시개발법령상 도시개발조합 총회의 의결사항 중 대의원회가 총회의 권한을 대행할 수 없는 사항은?

① 자금의 차입과 그 방법·이율 및 상환방법
② 체비지의 처분방법
③ 이사의 선임
④ 부과금의 금액 또는 징수방법
⑤ 환지예정지의 지정

해설

③ 조합임원의 선임은 대의원회가 총회의 권한을 대행할 수 없고, 총회의 의결을 거쳐야 한다(영 제36조 제③항.

4. 도시개발법령상 도시개발사업의 실시계획에 관한 설명으로 틀린 것은?

① 시행자는 지구단위계획이 포함된 실시계획을 작성하여야 한다.
② 시행자는 사업시행면적을 100분의 10의 범위에서 감소시키고자 하는 경우 인가받은 실시계획에 관하여 변경인가를 받아야 한다.
③ 지정권자가 실시계획을 작성하거나 인가하는 경우 시·도지사가 지정권자이면 시장(대도시

|정답| 1. ② 2. ③ 3. ③

시장은 제외)·군수 또는 구청장의 의견을 미리 들어야 한다.

④ 실시계획에는 사업 시행에 필요한 설계 도서, 자금 계획, 시행 기간, 그 밖에 대통령령으로 정하는 사항과 서류를 명시하거나 첨부하여야 한다.

⑤ 실시계획을 고시한 경우 그 고시된 내용 중 국토의 계획 및 이용에 관한 법률에 따라 도시.군관리계획(지구단위계획을 포함)으로 결정하여야 하는 사항은 같은 법에 따른 도시·군관리계획이 결정되어 고시된 것으로 본다.

해설

② 사업시행면적의 100분의 10의 범위에서 면적의 감소는 경미한 사항의 변경으로 변경인가를 받지 않아도 된다(규칙 제21조 제4호).

5. 도시개발법령상 도시개발사업의 시행에 관한 설명으로 틀린 것은?

① 도시개발사업의 시행자는 도시개발구역의 지정권자가 지정한다.

② 사업시행자는 도시개발사업의 일부인 도로, 공원 등 공공시설의 건설을 지방공사에 위탁하여 시행할 수 있다.

③ 조합을 설립하려면 도시개발구역의 토지 소유자 7명 이상이 정관을 작성하여 지정권자에게 조합설립의 인가를 받아야 한다.

④ 조합설립 인가신청을 위한 동의자 수 산정에 있어 도시개발구역의 토지면적은 국공유지를 제외하고 산정한다.

⑤ 사업시행자가 도시개발사업에 관한 실시계획의 인가를 받은 후 2년 이내에 사업을 착수하지 아니하는 경우 지정권자는 시행자를 변경할 수 있다.

해설

④ 조합설립 인가신청을 위한 동의자 수 산정은 도시개발구역의 토지면적은 국공유지를 포함하여 산정한다.

6. 도시개발법령상 국토교통부장관이 도시개발구역을 지정할 수 있는 경우가 아닌 것은?

① 국가가 도시개발사업을 실시할 필요가 있는 경우

② 산업통상자원부장관이 10만 제곱미터 규모로 도시개발구역의 지정을 요청하는 경우

③ 지방공사의 장이 30만 제곱미터 규모로 도시개발구역의 지정을 요청하는 경우

④ 한국토지주택공사 사장이 30만 제곱미터 규모로 국가계획과 밀접한 관련이 있는 도시개발구역의 지정을 제안하는 경우

⑤ 천재·지변으로 인하여 도시개발사업을 긴급하게 할 필요가 있는 경우

해설

③ 공공기관의 장 또는 정부출연기관의 장이 30만 제곱미터 규모 이상으로서 국가계획과 밀접한 관련이 있는 도시개발구역의 지정을 제안하는 경우 국토교통부장관이 도시개발구역을 지정할 수 있다. 지방공기업법에 따라 설립된 지방공사는 도시개발사업의 시행자가 될 수는 있다.

7. 도시개발법령상 환지예정지의 지정에 관한 설명으로 틀린 것은?

① 시행자가 도시개발사업의 시행을 위해 필요한 경우에는 도시개발구역의 토지에 대하여 환지예정지를 지정할 수 있다.

② 종전의 토지에 대한 임차권자가 있는 경우 해당 환지예정지에 대하여 해당 권리의 목적인

|정답| 4.② 5.④ 6.③

토지 또는 그 부분을 아울러 지정하여야 한다.

③ 도시개발사업비용을 충당하기 위하여 환지예정지를 체비지의 용도로 지정할 수 있다.

④ 종전 토지의 임차권자는 환지예정지 지정 이후에도 환지처분이 공고되는 날까지 종전의 토지를 사용하거나 수익할 수 있다.

⑤ 환지예정지를 지정한 경우에 해당 토지의 사용에 장애가 될 물건이 그 토지에 있는 경우 그 토지의 사용을 시작할 날을 따로 정할 수 있다.

해설

④ 있다 → 없다

8. 도시개발법령상 환지계획 및 청산금에 관한 설명으로 옳은 것은?

① 시행자는 면적이 작은 토지라도 환지 대상에서 제외할 수는 없다.

② 시행자는 사업 대상 토지의 소유자가 신청하거나 동의하면 해당 토지에 관한 임차권자의 동의가 없어도 그 토지의 전부 또는 일부에 대하여 환지를 정하지 않을 수 있다.

③ 환지계획에서 정하여진 환지는 그 환지처분이 공고된 날부터 종전의 토지로 본다.

④ 환지를 정한 경우 그 과부족분에 대한 청산금은 환지처분을 하는 때에 결정하여야 하고, 환지처분이 공고된 날의 다음 날에 확정된다.

⑤ 청산금은 이자를 붙여 분할징수하거나 분할교부할 수 없다.

해설

① 없다 → 있다 (제31조 ①항)
② 동의가 없어도 → 동의가 있어야 (제30조)
③ 공고된 날부터 → 공고된 날의 다음날부터 (제42조제①항)
④ 제41조, 제42조제⑥항
⑤ 없다 → 있다 (제46조제②항)

9. 도시개발법령상 조합의 임원에 관한 설명으로 틀린 것은?

① 이사는 의결권을 가진 조합원이어야 한다.

② 이사는 그 조합의 조합장을 겸할 수 없다.

③ 감사의 선임은 총회의 의결을 거쳐야 한다.

④ 조합장은 총회, 대의원회 또는 이사회의 의장이 된다.

⑤ 이사의 자기를 위한 조합과의 계약에 관하여는 조합장이 조합을 대표한다.

해설

⑤ 조합장 또는 이사의 자기를 위한 조합과의 계약이나 소송에 관하여는 감사가 조합을 대표한다(영 제34조 제④항).

|정답| 7. ④ 8. ④ 9. ⑤

3

도시 및 주거환경 정비법

1. 총칙
2. 기본계획의 수립 및 정비구역의 지정
3. 정비사업의 시행
4. 비용의 부담 등
5. 정비사업전문관리업
6. 감독 등
7. 보칙
8. 벌칙

Point

- 정비사업 내용의 이해
  ① 주거환경개선사업
  ② 주택재개발사업
  ③ 주택재건축사업
  ④ 도시환경정비사업
  ⑤ 주거환경관리사업
  ⑥ 가로주택정비사업
- 정비사업 시행절차(특히, 관리처분계획)의 이해

[출제비율] 15%, 6문항

인증번호 : H5Q5-SW28

도시 및 주거환경 정비법

무선 인터넷에서 스마트폰으로 QR코드를 찍으면 동영상 강의를 보실 수 있습니다.

기출 Point

1. 용어정의
① 정비사업의 종류·개념
② 노후 불량 건축물의 범위
③ 토지 등 소유자의 범위
2. (정비)기본계획 vs 정비계획
3. 정비사업
① 시행방식(특히, 관리처분방식)
② 시행자(특히, 조합)

핵심

관리처분방식에 의한 정비사업 : 시행절차상 내용
정비사업은 국토법상 도시관리계획 중 라목에 해당됩니다. 이 사업의 구체적인 시행절차를 규정한 법이 도시 및 주거환경 정비법입니다.
이 법의 핵심은 **정비사업의 시행방식**[환지방식, 환권방식(= 관리처분방식)]별 **절차**상 내용을 이해하는 것이며, 특히 관리처분방식이 중요합니다.

★★★
■ 정비사업

구분	대상지역 및 정의	토지등소유자의 정의	시행방법	시행자
① 주거환경개선사업	도시저소득 주민이 집단거주하는 지역으로서 정비기반시설이 극히 열악하고 노후 · 불량건축물이 과도하게 밀집한 지역의 주거환경을 개선하거나 단독주택 및 다세대주택이 밀집한 지역에서 정비기반시설과 공동이용시설 확충을 통하여 주거환경을 보전 · 정비 · 개량하기 위한 사업	정비구역에 위치한 토지 또는 건축물의 소유자 또는 그 지상권자	① 개량방식 (개량방법) ② 수용방식 ③ 환지방식 ④ 관리처분방식 (관리처분계획)	① 시장·군수 ②토지주택공사등
② 재개발사업	정비기반시설이 열악하고 노후 · 불량건축물이 밀집한 지역에서 주거환경을 개선하거나 상업지역 · 공업지역 등에서 도시기능의 회복 및 상권활성화 등을 위하여 도시환경을 개선하기 위한 사업		① 환지방식 ② 관리처분방식	① 조합 ② 공동 (신탁업자 ○, 한국감정원○)
③ 재건축사업	정비기반시설은 양호하나 노후 · 불량건축물에 해당하는 공동주택이 밀집한 지역에서 주거환경을 개선하기 위한 사업	정비구역에 위치한 건축물 및 그 부속토지의 소유자(지상권자×)	관리처분방식 (환지방식×)	① 조합 ② 공동 (신탁업자 ○, 한국감정원×)

제1장 총칙

제1조 목적

이 법은 도시기능의 회복이 필요하거나 주거환경이 불량한 지역을 계획적으로 정비하고 노후 · 불량건축물을 효율적으로 개량하기 위하여 필요한 사항을 규정함으로써 도시환경을 개선하고 주거생활의 질을 높이는데 이바지함을 목적으로 한다.

★ 제2조 정의

이 법에서 사용하는 용어의 뜻은 다음과 같다.

1. "**정비구역**"이란 정비사업을 계획적으로 시행하기 위하여 제16조에 따라 지정 · 고시된 구역을 말한다.
2. "**정비사업**"이란 이 법에서 정한 절차에 따라 도시기능을 회복하기 위하여 정비구역에서 정비기반시설을 정비하거나 주택 등 건축물을 개량 또는 건설하는 다음 각 목의 사업을 말한다.
 가. **주거환경개선사업** : 도시저소득 주민이 집단거주하는 지역으로서 정비기반시설이 극히 열악하고 노후·불량건축물이 과도하게 밀집한 지역의 주거환경을 개선하거나 단독주택 및 다세대주택이 밀집한 지역에서 정비기반시설과 공동이용시설 확충을 통하여 주거환경을 보전·정비·개량하기 위한 사업
 나. **재개발사업** : 정비기반시설이 열악하고 노후·불량건축물이 밀집한 지역에서 주거환경을 개선하거나 상업지역·공업지역 등에서 도시기능의 회복 및 상권활성화 등을 위하여 도시환경을 개선하기 위한 사업
 다. **재건축사업** : 정비기반시설은 양호하나 노후·불량건축물에 해당하는 공동주택이 밀집한 지역에서 주거환경을 개선하기 위한 사업
3. "**노후 · 불량건축물**"이란 다음 각 목의 어느 하나에 해당하는 건축물을 말한다.
 가. 건축물이 훼손되거나 일부가 멸실되어 붕괴, 그 밖의 안전사고의 우려가 있는 건축물
 나. 내진성능이 확보되지 아니한 건축물 중 중대한 기능적 결함 또는 부실 설계·시공으로 인한 구조적 결함 등이 있는 건축물로서 대통령령(시행령 제2조)으로 정하는 건축물
 다. 다음의 요건을 모두 충족하는 건축물로서 대통령령으로 정하는 바에 따라 특별시·광역시·특별자치시·도·특별자치도 또는 「지방자치법」 제175조에 따른 서울특별시·광역시 및 특별자치시를 제외한 인구 50만 이상 대도시(이하 "대도시"라 한다)의 조례(이하 "시·도조례"라 한다)로 정하는 건축물
  (1) 주변 토지의 이용 상황 등에 비추어 주거환경이 불량한 곳에 위치할 것
  (2) 건축물을 철거하고 새로운 건축물을 건설하는 경우 건설에 드는 비용과 비교하여 효용의 현저한 증가가 예상될 것
 라. 도시미관을 저해하거나 노후화된 건축물로서 대통령령으로 정하는 바에 따라 시·도조례로 정하는 건축물

출제자 의도

용어의 정의

혼동되는 용어를 구별할 수 있는가?

■ **노후 · 불량건축물의 범위** (시행령 제2조)

① 법 제2조제3호나목에서 "대통령령으로 정하는 건축물"이란 건축물을 건축하거나 대수선할 당시 건축법령에 따른 지진에 대한 안전 여부 확인 대상이 아닌 건축물로서 다음 각 호의 어느 하나에 해당하는 건축물을 말한다. 1. 급수·배수·오수 설비 등의 설비 또는 지붕외벽 등 마감의 노후화나 손상으로 그 기능을 유지하기 곤란할 것으로 우려되는 건축물 2. 건축물의 내구성·내하력(耐荷力) 등이 법 제12조제4항에 따라 국토교통부장관이 정하는 기준에 미치지 못할 것으로 예상되어 구조 안전의 확보가 곤란할 것으로 우려되는 건축물 ② 법 제2조제3호다목에 따라 특별시·광역시·특별자치시도·특별자치도 또는 「지방자치법」 제175조에 따른 서울특별시·광역시 및 특별자치시를 제외한 인구 50만 이상 대도시(이하 "대도시"라 한다)의 조례(이하 "시·도 조례"라 한다)로 정할 수 있는 건축물은 다음 각 호의 어느 하나에 해당하는 건축물을 말한다. 1. 「건축법」 제57조제1항에 따라 당해 지방자치단체의 조례가 정하는 면적에 미달되거나 「국토의 계획 및 이용에 관한 법률」 제2조제7호의 규정에 의한 도시·군계획시설(이하 "도시·군계획시설"이라 한다) 등의 설치로 인하여 효용을 다할 수 없게 된 대지에 있는 건축물 2. 공장의 매연소음 등으로 인하여 위해를 초래할 우려가 있는 지역안에 있는 건축물 3. 당해 건축물을 준공일 기준으로 40년(30년×)까지 사용하기 위하여 보수보강하는데 드는 비용이 철거후 새로운 건축물을 건설하는 데 드는 비용보다 클 것으로 예상되는 건축물 ③ 법 제2조제3호라목에 따라 시·도 조례로 정할 수 있는 건축물은 다음 각 호의 어느 하나에 해당하는 건축물을 말한다. 1. 준공된 후 20년 이상 30년(40년×) 이하의 범위에서 조례로 정하는 기간이 지난 건축물 2. 「국토의 계획 및 이용에 관한 법률」 제19조제1항제8호의 규정에 의한 도시·군기본계획의 경관에 관한 사항에 저촉되는 건축물경관에 관한 사항에 저촉되는 건축물 3. 〈삭제〉

4. "**정비기반시설**"이란 도로 · 상하수도 · 공원 · 공용주차장 · 공동구(국토의 계획 및 이용에 관한 법률 제2조제9호의 규정에 의한 공동구를 말한다. 이하 같다), 그 밖에 주민의 생활에 필요한 열 · 가스 등의 공급시설로서 대통령령(시행령 제3조)으로 정하는 시설을 말한다.
5. "**공동이용시설**"이란 주민이 공동으로 사용하는 놀이터 · 마을회관 · 공동작업장, 그 밖에 대통령령(시행령 제4조)으로 정하는 시설을 말한다.
6. "**대지**"란 정비사업으로 조성된 토지를 말한다.
7. "**주택단지**"란 주택 및 부대 · 복리시설을 건설하거나 대지로 조성되는 일단의 토지로서 다음 각 목의 어느 하나에 해당하는 일단의 토지를 말한다.
   가. 「주택법」 제15조에 따른 사업계획승인을 받아 주택 및 부대시설 · 복리시설을 건설한 일단의 토지
   나. 가목에 따른 일단의 토지 중 「국토의 계획 및 이용에 관한 법률」 제2조제7호에 따른 도시 · 군계획시설(이하 "도시 · 군계획시설"이라 한다)인 도로나 그 밖에 이와 유사한 시설로 분리되어 따로 관리되고 있는 각각의 토지
   다. 가목에 따른 일단의 토지 둘 이상이 공동으로 관리되고 있는 경우 그 전체 토지
   라. 제67조에 따라 분할된 토지 또는 분할되어 나가는 토지
   마. 「건축법」 제11조에 따라 건축허가를 받아 아파트 또는 연립주택을 건설한 일단의 토지
8. "**사업시행자**"라 란 정비사업을 시행하는 자를 말한다.
9. "**토지등소유자**"란 다음 각 목의 어느 하나에 해당하는 자를 말한다. 다만, 제27조제1항에 따라 「자본시장과 금융투자업에 관한 법률」 제8조제7항에 따른 신탁업자(이하 "신탁업자"라 한다)가 사업시행자로 지정된 경우 토지등소유자가 정비사업을 목적으로 신탁업자에게 신탁한 토지 또는 건축물에 대하여는 위탁자를 토지등소유자로 본다.
   가. **주거환경개선사업** 및 **재개발사업**의 경우에는 정비구역에 위치한 토지 또는 건축물의 소유자 또는 그 지상권자
   나. **재건축사업**의 경우에는 정비구역에 위치한 건축물 및 그 부속토지의 소유자(지상권자×)

10. "**주택공사등**"이란 「한국토지주택공사법」에 따라 설립된 한국토지주택공사 또는 「지방공기업법」에 따라 주택사업을 수행하기 위하여 설립된 지방공사를 말한다.
11. "**정관등**"이란 다음 각목의 것을 말한다.
 가. 제40조에 따른 조합의 정관
 나. 사업시행자인 토지등소유자가 자치적으로 정한 규약
 다. 특별자치시장, 특별자치도지사, 시장, 군수, 자치구의 구청장(이하 "시장·군수등"이라 한다), 토지주택공사등 또는 신탁업자가 제53조에 따라 작성한 시행규정

제3조 도시 · 주거환경정비 기본방침

국토교통부장관(시·도지사×)은 도시 및 주거환경을 개선하기 위하여 10년(5년×)마다 다음 각 호의 사항을 포함한 기본방침을 정하고, 5년(10년×)마다 타당성을 검토하여 그 결과를 기본방침에 반영하여야 한다.

1. 도시 및 주거환경 정비를 위한 국가 정책 방향 2. 제4조제1항에 따른 도시 · 주거환경정비기본계획(기본계획○, 정비계획×)의 수립 방향 3. 노후 · 불량 주거지 조사 및 개선계획의 수립 4. 도시 및 주거환경 개선에 필요한 재정지원계획 5. 그 밖에 도시 및 주거환경 개선을 위하여 필요한 사항으로서 대통령령으로 정하는 사항

제2장 기본계획의 수립 및 정비구역의 지정

★

■ 도시·주거환경정비기본계획(기본계획) 수립절차

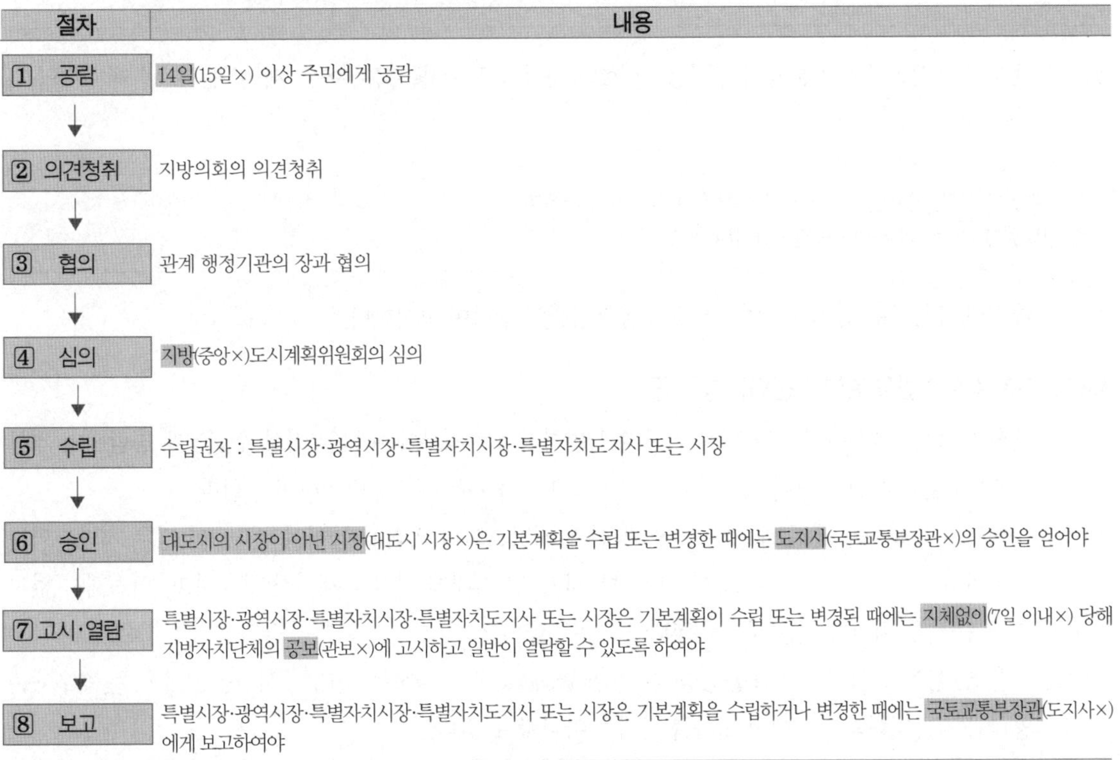

절차	내용
① 공람	14일(15일×) 이상 주민에게 공람
② 의견청취	지방의회의 의견청취
③ 협의	관계 행정기관의 장과 협의
④ 심의	지방(중앙×)도시계획위원회의 심의
⑤ 수립	수립권자 : 특별시장·광역시장·특별자치시장·특별자치도지사 또는 시장
⑥ 승인	대도시의 시장이 아닌 시장(대도시 시장×)은 기본계획을 수립 또는 변경한 때에는 도지사(국토교통부장관×)의 승인을 얻어야
⑦ 고시·열람	특별시장·광역시장·특별자치시장·특별자치도지사 또는 시장은 기본계획이 수립 또는 변경된 때에는 지체없이(7일 이내×) 당해 지방자치단체의 공보(관보×)에 고시하고 일반이 열람할 수 있도록 하여야
⑧ 보고	특별시장·광역시장·특별자치시장·특별자치도지사 또는 시장은 기본계획을 수립하거나 변경한 때에는 국토교통부장관(도지사×)에게 보고하여야

제4조 도시·주거환경정비기본계획의 수립

출제자 의도 수립절차상 내용은 알고 있는가?

① 특별시장·광역시장·특별자치시장·특별자치도지사 또는 시장은 관할 구역에 대하여 도시·주거환경정비기본계획(이하 "기본계획"이라 한다)을 10년 단위로 **수립**하여야 한다.(원칙) 다만, 도지사가 대도시가 아닌 시로서 기본계획을 수립할 필요가 없다고 인정하는 시에 대하여는 기본계획을 수립하지 아니할 수 있다.(예외)

② 특별시장·광역시장·특별자치시장·특별자치도지사 또는 시장(이하 "기본계획의 수립권자"라 한다)은 기본계획에 대하여 5년마다 **타당성** 여부를 **검토**하여 그 결과를 기본계획에 반영하여야 한다.

제5조 기본계획의 내용

① 기본계획에는 다음 각 호의 사항이 포함되어야 한다.

1. 정비사업의 기본방향
2. 정비사업의 계획기간
3. 인구 · 건축물 · 토지이용 · 정비기반시설 · 지형 및 환경 등의 현황
4. 주거지 관리계획
5. 토지이용계획 · 정비기반시설계획 · 공동이용시설설치계획 및 교통계획
6. 녹지 · 조경 · 에너지공급 · 폐기물처리 등에 관한 환경계획
7. 사회복지시설 및 주민문화시설 등의 설치계획
8. 도시의 광역적 재정비를 위한 기본방향
9. 제16조에 따라 정비구역으로 지정할 예정인 구역(이하 "정비예정구역"이라 한다)의 개략적 범위
10. 단계별 정비사업 추진계획(정비예정구역별 정비계획의 수립시기가 포함되어야 한다)
11. 건폐율 · 용적률 등에 관한 건축물의 밀도계획
12. 세입자에 대한 주거안정대책
13. 그 밖에 주거환경 등을 개선하기 위하여 필요한 사항으로서 대통령령으로 정하는 사항

② 기본계획의 수립권자는 기본계획에 다음 각 호의 사항을 포함하는 경우에는 제1항제9호 및 제10호의 사항을 생략할 수 있다.

1. 생활권의 설정, 생활권별 기반시설 설치계획 및 주택수급계획
2. 생활권별 주거지의 정비 · 보전 · 관리의 방향

③ 기본계획의 작성기준 및 작성방법은 국토교통부장관이 정하여 고시한다.

제6조 기본계획 수립을 위한 주민의견청취 등

① 기본계획의 수립권자는 기본계획을 수립하거나 변경하려는 경우에는 14일 이상 주민에게 **공람**하여 **의견**을 들어야 하며, 제시된 의견이 타당하다고 인정되면 이를 기본계획에 반영하여야 한다.

② 기본계획의 수립권자는 제1항에 따른 공람과 함께 지방의회의 **의견**을 들어야 한다. 이 경우 지방의회는 기본계획의 수립권자가 기본계획을 통지한 날부터 60일 이내에 의견을 제시하여야 하며, 의견제시 없이 60일이 지난 경우 이의가 없는 것으로 본다.

③ 제1항 및 제2항에도 불구하고 대통령령(시행령 제6조제4항)으로 정하는 경미한 사항을 변경하는 경우에는 주민공람과 지방의회의 의견청취 절차를 거치지 아니할 수 있다.

제7조 기본계획의 확정 · 고시 등

① 기본계획의 수립권자(대도시의 시장이 아닌 시장은 제외한다)는 기본계획을 수립하거나 변경하려면 관계 행정기관의 장과 **협의**한 후 「국토의 계획 및 이용에 관한 법률」 제113조제1항 및 제2항에 따른 지방도시계획위원회(이하 "지방도시계획위원회"라 한다)의 **심의**를 거쳐야 한다. 다만, 대통령령으로 정하는 경미한 사항을 변경하는 경우에는 관계 행정기관의 장과의 협의 및 지방도시계획위원회의 심의를 거치지 아니한다.

② 대도시의 시장이 아닌 시장은 기본계획을 수립하거나 변경하려면 도지사의 **승인**을 받아야 하며, 도지사가 이를 승인하려면 관계 행정기관의 장과 협의한 후 지방도시계획위원회의 심의를 거쳐야 한다. 다만, 제1항 단서에 해당하는 변경의 경우에는 도지사의 승인을 받지 아니할 수 있다.

③ 기본계획의 수립권자는 기본계획을 수립하거나 변경한 때에는 지체 없이 이를 해당 지방자치단체의 공보에 **고시**하고 일반인이 **열람**할 수 있도록 하여야 한다.

④ 기본계획의 수립권자는 제3항에 따라 기본계획을 고시한 때에는 국토교통부령으로 정하는 방법 및 절차에 따라 국토교통부장관에게 **보고**하여야 한다.

★★
■ 정비계획의 수립 및 정비구역의 지정 절차

절차	내용
① 주민설명회	구청장등(자치구의 구청장 또는 광역시의 군수)는 기본계획에 적합한 범위에서 노후·불량건축물이 밀집하는 등 대통령령으로 정하는 요건에 해당하는 구역에 대하여 정비계획을 수립하여 이를 주민에게 서면으로 통보한 후 주민설명회를 하여야
↓	
② 공람	구청장등은 30일 이상 주민에게 공람시켜야
↓	
③ 의견청취	지방의회의 의견청취
↓	
④ 정비구역지정신청	구청장등(자치구의 구청장 또는 광역시의 군수)은 특별시장·광역시장에게 정비구역지정을 신청하여야
↓	
⑤ 심의	정비구역지정권자(특별시장, 광역시장, 특별자치시장, 특별자치도지사, 시장 또는 군수)는 정비구역을 지정 또는 변경지정하고자 하는 경우에는 지방도시계획위원회의 심의를 거쳐 지정 또는 변경지정하여야 한다. 다만, 경미한 사항을 변경하고자 하는 경우에는 지방도시계획위원회의 심의를 거치지 아니할 수 있다.
↓	
⑥ 정비구역지정	지정권자 : 특별시장, 광역시장, 특별자치시장, 특별자치도지사, 시장 또는 군수
↓	
⑦ 고시	정비구역지정권자(특별시장·광역시장·특별자치시장·특별자치도지사 , 시장 또는 군수)는 정비구역을 지정 또는 변경지정한 경우에는 당해 정비계획을 포함한 지정 또는 변경지정 내용을 당해 지방자치단체의 공보(관보×, 일간신문×)에 고시하여야
↓	
⑧ 보고	정비구역지정권자(특별시장·광역시장·특별자치시장·특별자치도지사, 시장 또는 군수)는 정비구역을 지정 또는 변경지정한 경우에는 국토교통부장관에게 그 지정내용 또는 변경지정내용을 보고하여야
↓	
⑨ 열람	정비구역지정권자(특별시장, 광역시장, 특별자치시장, 특별자치도지사, 시장 또는 군수)는 정비구역을 지정 또는 변경지정한 경우에는 관계 서류를 일반인이 열람할 수 있도록 하여야

★
■ 정비구역의 지정·고시 효과

지구단위계획 및 지구단위계획구역 결정·고시 의제
정비구역의 지정 또는 변경지정에 대한 고시가 있는 경우 당해 정비구역 및 정비계획중 지구단위계획 및 지구단위계획구역(개발밀도관리구역×)으로 결정·고시된 것으로 본다.

제8조 정비구역의 지정

출제자 의도 • 정비구역의 지정 내용을 알고 있는가?

① 특별시장·광역시장·특별자치시장·특별자치도지사·시장 또는 군수(광역시의 군수는 제외하며, 이하 "**정비구역의 지정권자**"라 한다)는 기본계획에 적합한 범위에서 노후·불량건축물이 밀집하는 등 대통령령으로 정하는 요건에 해당하는 구역에 대하여 제16조에 따라 정비계획을 결정하여 정비구역을 **지정**(변경지정을 포함한다)할 수 있다.

② 제1항에도 불구하고 제26조제1항제1호 및 제27조제1항제1호에 따라 정비사업을 시행하려는 경우에는 기본계획을 수립하거나 변경하지 아니하고 정비구역을 지정할 수 있다.

③ 정비구역의 지정권자는 정비구역의 진입로 설치를 위하여 필요한 경우에는 진입로 지역과 그 인접지역을 포함하여 정비구역을 지정할 수 있다.

④ 정비구역의 지정권자는 정비구역 지정을 위하여 직접 제9조에 따른 정비계획을 입안할 수 있다.

⑤ 자치구의 구청장 또는 광역시의 군수(이하 제9조, 제11조 및 제20조에서 "**구청장등**"이라 한다)는 제9조에 따른 정비계획을 입안하여 특별시장·광역시장에게 정비구역 **지정**을 **신청**하여야 한다. 이 경우 제15조제2항에 따른 지방의회의 의견을 첨부하여야 한다.

제9조 정비계획의 내용

출제자 의도 • 정비계획의 내용을 알고 있는가?

① 정비계획에는 다음 각 호의 사항이 포함되어야 한다.

1. 정비사업의 명칭
2. 정비구역 및 그 면적
3. 도시·군계획시설의 설치에 관한 계획
4. 공동이용시설 설치계획
5. 건축물의 주용도·건폐율·용적률·높이에 관한 계획
6. 환경보전 및 재난방지에 관한 계획
7. 정비구역 주변의 교육환경 보호에 관한 계획
8. 세입자 주거대책
9. 정비사업시행 예정시기
10. 정비사업을 통하여 「민간임대주택에 관한 특별법」 제2조제4호에 따른 공공지원민간임대주택(이하 "공공지원민간임대주택"이라 한다)을 공급하거나 같은 조 제11호에 따른 주택임대관리업자(이하 "주택임대관리업자"라 한다)에게 임대할 목적으로 주택을 위탁하려는 경우에는 다음 각 목의 사항. 다만, 나목과 다목의 사항은 건설하는 주택 전체 세대수에서 공공지원민간임대주택 또는 임대할 목적으로 주택임대관리업자에게 위탁하려는 주택(이하 "임대관리 위탁주택"이라 한다)이 차지하는 비율이 100분의 20 이상, 임대기간이 8년 이상의 범위 등에서 대통령령으로 정하는 요건에 해당하는 경우로 한정한다.

> 가. 공공지원민간임대주택 또는 임대관리 위탁주택에 관한 획지별 토지이용 계획
> 나. 주거 · 상업 · 업무 등의 기능을 결합하는 등 복합적인 토지이용을 증진시키기 위하여 필요한 건축물의 용도에 관한 계획
> 다. 「국토의 계획 및 이용에 관한 법률」 제36조제1항제1호가목에 따른 주거지역을 세분 또는 변경하는 계획과 용적률에 관한 사항
> 라. 그 밖에 공공지원민간임대주택 또는 임대관리 위탁주택의 원활한 공급 등을 위하여 대통령령으로 정하는 사항
> 11. 「국토의 계획 및 이용에 관한 법률」 제52조제1항 각 호의 사항에 관한 계획(필요한 경우로 한정한다)
> 12. 그 밖에 정비사업의 시행을 위하여 필요한 사항으로서 대통령령으로 정하는 사항

② 제1항제10호다목을 포함하는 정비계획은 기본계획에서 정하는 제5조제1항제11호에 따른 건폐율 · 용적률 등에 관한 건축물의 밀도계획에도 불구하고 달리 입안할 수 있다.

③ 제8조제4항 및 제5항에 따라 정비계획을 입안하는 특별자치시장, 특별자치도지사, 시장, 군수 또는 구청장등(이하 "**정비계획의 입안권자**"라 한다)이 제5조제2항 각 호의 사항을 포함하여 기본계획을 수립한 지역에서 정비계획을 입안하는 경우에는 그 정비구역을 포함한 해당 생활권에 대하여 같은 항 각 호의 사항에 대한 세부 계획을 입안할 수 있다.

④ 정비계획의 작성기준 및 작성방법은 국토교통부장관이 정하여 고시한다.

제10조 임대주택 및 주택규모별 건설비율

① 정비계획의 입안권자는 주택수급의 안정과 저소득 주민의 입주기회 확대를 위하여 정비사업으로 건설하는 주택에 대하여 다음 각 호의 구분에 따른 범위에서 국토교통부장관이 정하여 고시하는 임대주택 및 주택규모별 건설비율 등을 정비계획에 반영하여야 한다.

> 1. 「주택법」 제2조제6호에 따른 국민주택규모의 주택이 전체 세대수의 100분의 90 이하에서 대통령령으로 정하는 범위
> 2. 임대주택(「민간임대주택에 관한 특별법」에 따른 민간임대주택 및 「공공주택 특별법」에 따른 공공임대주택을 말한다. 이하 같다)이 전체 세대수 또는 전체 연면적의 100분의 30 이하에서 대통령령으로 정하는 범위

② 사업시행자는 제1항에 따라 고시된 내용에 따라 주택을 건설하여야 한다.

제11조 기본계획 및 정비계획 수립 시 용적률 완화

① 기본계획의 수립권자 또는 정비계획의 입안권자는 정비사업의 원활한 시행을 위하여 기본계획을 수립하거나 정비계획을 입안하려는 경우에는(기본계획 또는 정비계획을 변경하려는 경우에도 또한 같다) 「국토의 계획 및 이용에 관한 법률」 제36조에 따른 주거지역에 대하여는 같은 법 제78조에 따라 조례로 정한 용적률에도 불구하고 같은 조 및 관계 법률에 따른 용적률의 상한까지 용적률을 정할 수 있다.

② 구청장등 또는 대도시의 시장이 아닌 시장은 제1항에 따라 정비계획을 입안하거나 변경입안하려는 경우 기본계획의 변경 또는 변경승인을 특별시장 · 광역시장 · 도지사에게 요청할 수 있다.

제12조 재건축사업 정비계획 입안을 위한 안전진단

① 정비계획의 입안권자는 재건축사업 정비계획의 입안을 위하여 제5조제1항제10호에 따른 정비예정구역별 정비계획의 수립시기가 도래한 때에 안전진단을 실시하여야 한다.

② 정비계획의 입안권자는 제1항에도 불구하고 다음 각 호의 어느 하나에 해당하는 경우에는 안전진단을 실시하여야 한다. 이 경우 정비계획의 입안권자는 안전진단에 드는 비용을 해당 안전진단의 실시를 요청하는 자에게 부담하게 할 수 있다.

> 1. 제14조에 따라 정비계획의 입안을 제안하려는 자가 입안을 제안하기 전에 해당 정비예정구역에 위치한 건축물 및 그 부속토지의 소유자 10분의 1 이상의 동의를 받아 안전진단의 실시를 요청하는 경우
> 2. 제5조제2항에 따라 정비예정구역을 지정하지 아니한 지역에서 재건축사업을 하려는 자가 사업예정구역에 있는 건축물 및 그 부속토지의 소유자 10분의 1 이상의 동의를 받아 안전진단의 실시를 요청하는 경우
> 3. 제2조제3호나목에 해당하는 건축물의 소유자로서 재건축사업을 시행하려는 자가 해당 사업예정구역에 위치한 건축물 및 그 부속토지의 소유자 10분의 1 이상의 동의를 받아 안전진단의 실시를 요청하는 경우

③ 제1항에 따른 재건축사업의 안전진단은 주택단지의 건축물을 대상으로 한다. 다만, 대통령령으로 정하는 주택단지의 건축물인 경우에는 안전진단 대상에서 제외할 수 있다.

④ 정비계획의 입안권자는 현지조사 등을 통하여 해당 건축물의 구조안전성, 건축마감, 설비노후도 및 주거환경 적합성 등을 심사하여 안전진단의 실시 여부를 결정하여야 하며, 안전진단의 실시가 필요하다고 결정한 경우에는 대통령령으로 정하는 안전진단기관에 안전진단을 의뢰하여야 한다.

⑤ 제4항에 따라 안전진단을 의뢰받은 안전진단기관은 국토교통부장관이 정하여 고시하는 기준(건축물의 내진성능 확보를 위한 비용을 포함한다)에 따라 안전진단을 실시하여야 하며, 국토교통부령으로 정하는 방법 및 절차에 따라 안전진단 결과보고서를 작성하여 정비계획의 입안권자 및 제2항에 따라 안전진단의 실시를 요청한 자에게 제출하여야 한다.

⑥ 정비계획의 입안권자는 제5항에 따른 안전진단의 결과와 도시계획 및 지역여건 등을 종합적으로 검토하여 정비계획의 입안 여부를 결정하여야 한다.

⑦ 제1항부터 제6항까지의 규정에 따른 안전진단의 대상 · 기준 · 실시기관 · 지정절차 및 수수료 등에 필요한 사항은 대통령령으로 정한다.

제13조 안전진단 결과의 적정성 검토

① 정비계획의 입안권자(특별자치시장 및 특별자치도지사는 제외한다. 이하 이 조에서 같다)는 제12조제6항에 따라 정비계획의 입안 여부를 결정한 경우에는 지체 없이 특별시장 · 광역시장 · 도지사에게 결정내용과 해당 안전진단 결과보고서를 제출하여야 한다.

② 특별시장 · 광역시장 · 특별자치시장 · 도지사 · 특별자치도지사(이하 "시 · 도지사"라 한다)는 필요한 경우 「시설물의 안전 및 유지관리에 관한 특별법」에 따른 한국시설안전공단 또는 「과학기술분야 정부출연연구기관 등의 설립 · 운영 및 육성에 관한 법률」에 따른 한국건설기술연구원에 안전진단 결과의 적정성 여부

에 대한 검토를 의뢰할 수 있다.

③ 국토교통부장관은 시 · 도지사에게 안전진단 결과보고서의 제출을 요청할 수 있으며, 필요한 경우 시 · 도지사에게 안전진단 결과의 적정성 여부에 대한 검토를 요청할 수 있다.

④ 시 · 도지사는 제2항 및 제3항에 따른 검토결과에 따라 정비계획의 입안권자에게 정비계획 입안결정의 취소 등 필요한 조치를 요청할 수 있으며, 정비계획의 입안권자는 특별한 사유가 없으면 그 요청에 따라야 한다. 다만, 특별자치시장 및 특별자치도지사는 직접 정비계획의 입안결정의 취소 등 필요한 조치를 할 수 있다.

⑤ 제1항부터 제4항까지의 규정에 따른 안전진단 결과의 평가 등에 필요한 사항은 대통령령으로 정한다.

제14조 정비계획의 입안 제안

① 토지등소유자(제5호의 경우에는 제26조제1항제1호 및 제27조제1항제1호에 따라 사업시행자가 되려는 자를 말한다)는 다음 각 호의 어느 하나에 해당하는 경우에는 정비계획의 입안권자에게 정비계획의 입안을 제안할 수 있다.

1. 제5조제1항제10호에 따른 단계별 정비사업 추진계획상 정비예정구역별 정비계획의 입안시기가 지났음에도 불구하고 정비계획이 입안되지 아니하거나 같은 호에 따른 정비예정구역별 정비계획의 수립시기를 정하고 있지 아니한 경우
2. 토지등소유자가 제26조제1항제7호 및 제8호에 따라 토지주택공사등을 사업시행자로 지정 요청하려는 경우
3. 대도시가 아닌 시 또는 군으로서 시 · 도조례로 정하는 경우
4. 정비사업을 통하여 공공지원민간임대주택을 공급하거나 임대할 목적으로 주택을 주택임대관리업자에게 위탁하려는 경우로서 제9조제1항제10호 각 목을 포함하는 정비계획의 입안을 요청하려는 경우
5. 제26조제1항제1호 및 제27조제1항제1호에 따라 정비사업을 시행하려는 경우
6. 토지등소유자(조합이 설립된 경우에는 조합원을 말한다. 이하 이 호에서 같다)가 3분의 2 이상의 동의로 정비계획의 변경을 요청하는 경우. 다만, 제15조제3항에 따른 경미한 사항을 변경하는 경우에는 토지등소유자의 동의절차를 거치지 아니한다.

② 정비계획 입안의 제안을 위한 토지등소유자의 동의, 제안서의 처리 등에 필요한 사항은 대통령령으로 정한다.

제15조 정비계획 입안을 위한 주민의견청취 등

① 정비계획의 입안권자는 정비계획을 입안하거나 변경하려면 주민에게 서면으로 **통보**한 후 주민**설명**회 및 30일 이상 주민에게 **공람**하여 **의견**을 들어야 하며, 제시된 의견이 타당하다고 인정되면 이를 정비계획에 반영하여야 한다.

② 정비계획의 입안권자는 제1항에 따른 주민공람과 함께 지방의회의 **의견**을 들어야 한다. 이 경우 지방의회는 정비계획의 입안권자가 정비계획을 통지한 날부터 60일 이내에 의견을 제시하여야 하며, 의견제시 없이 60일이 지난 경우 이의가 없는 것으로 본다.

③ 제1항 및 제2항에도 불구하고 대통령령으로 정하는 경미한 사항을 변경하는 경우에는 주민에 대한 서면통보, 주민설명회, 주민공람 및 지방의회의 의견청취 절차를 거치지 아니할 수 있다.

④ 정비계획의 입안권자는 제97조, 제98조, 제101조 등에 따라 정비기반시설 및 국유 · 공유재산의 귀속 및 처분에 관한 사항이 포함된 정비계획을 입안하려면 미리 해당 정비기반시설 및 국유 · 공유재산의 관리청의 의견을 들어야 한다.

제16조 정비계획의 결정 및 정비구역의 지정 · 고시

① 정비구역의 지정권자는 정비구역을 지정하거나 변경지정하려면 지방도시계획위원회의 **심의**를 거쳐야 한다.(원칙) 다만, 제15조제3항에 따른 경미한 사항을 변경하는 경우에는 지방도시계획위원회의 심의를 거치지 아니할 수 있다.(예외)

② 정비구역의 지정권자는 정비구역을 지정(변경지정을 포함한다. 이하 같다)하거나 정비계획을 결정(변경결정을 포함한다. 이하 같다)한 때에는 정비계획을 포함한 정비구역 지정의 내용을 해당 지방자치단체의 공보에 **고시**하여야 한다. 이 경우 지형도면 고시 등에 있어서도 「토지이용규제기본법」 제8조에 따른다.

③ 정비구역의 지정권자는 제2항에 따라 정비계획을 포함한 정비구역을 지정 · 고시한 때에는 국토교통부령으로 정하는 방법 및 절차에 따라 국토교통부장관에게 그 지정의 내용을 **보고**하여야 하며, 관계 서류를 일반인이 **열람**할 수 있도록 하여야 한다.

제17조 정비구역 지정 · 고시의 효력 등

① 제16조제2항 전단에 따라 정비구역의 지정 · 고시가 있는 경우 해당 정비구역 및 정비계획 중 「국토의 계획 및 이용에 관한 법률」 제52조제1항 각 호의 어느 하나에 해당하는 사항은 같은 법 제50조에 따라 지구단위계획구역 및 지구단위계획으로 결정 · 고시된 것으로 본다.

② 「국토의 계획 및 이용에 관한 법률」에 따른 지구단위계획구역에 대하여 제9조제1항 각 호의 사항을 모두 포함한 지구단위계획을 결정 · 고시(변경 결정 · 고시하는 경우를 포함한다)하는 경우 해당 지구단위계획구역은 정비구역으로 지정 · 고시된 것으로 본다.

③ 정비계획을 통한 토지의 효율적 활용을 위하여 「국토의 계획 및 이용에 관한 법률」 제52조제3항에 따른 건폐율 · 용적률 등의 완화규정은 제9조제1항에 따른 정비계획에 준용한다. 이 경우 "지구단위계획구역"은 "정비구역"으로, "지구단위계획"은 "정비계획"으로 본다.

④ 제3항에도 불구하고 용적률이 완화되는 경우로서 사업시행자가 정비구역에 있는 대지의 가액 일부에 해당하는 금액을 현금으로 납부한 경우에는 대통령령으로 정하는 공공시설 또는 기반시설(이하 이 항에서 "공공시설등"이라 한다)의 부지를 제공하거나 공공시설등을 설치하여 제공한 것으로 본다.

⑤ 제4항에 따른 현금납부 및 부과 방법 등에 필요한 사항은 대통령령으로 정한다.

제18조 정비구역의 분할, 통합 및 결합

① 정비구역의 지정권자는 정비사업의 효율적인 추진 또는 도시의 경관보호를 위하여 필요하다고 인정하는 경우에는 다음 각 호의 방법에 따라 정비구역을 지정할 수 있다.

1. 하나의 정비구역을 둘 이상의 정비구역으로 분할
2. 서로 연접한 정비구역을 하나의 정비구역으로 통합
3. 서로 연접하지 아니한 둘 이상의 구역(제8조제1항에 따라 대통령령으로 정하는 요건에 해당하는 구역으로 한정한다) 또는 정비구역을 하나의 정비구역으로 결합

② 제1항에 따라 정비구역을 분할 · 통합하거나 서로 떨어진 구역을 하나의 정비구역으로 결합하여 지정하려는 경우 시행 방법과 절차에 관한 세부사항은 시 · 도조례로 정한다.

제19조 행위제한 등

① 정비구역에서 다음 각 호의 어느 하나에 해당하는 행위를 하려는 자는 시장 · 군수등의 **허가**를 받아야 한다. 허가받은 사항을 변경하려는 때에도 또한 같다. (즉, 역시 허가를 받아야 한다.)

1. 건축물(가설건축물 포함)의 건축
2. 공작물의 설치
3. 토지의 형질변경
4. 토석의 채취
5. 토지분할
6. 물건을 쌓아 놓는 행위
7. 그 밖에 대통령령(시행령 제15조제1항)으로 정하는 행위

■ 행위허가의 대상 등 (시행령 제15조)

① 법 제19조제1항에 따라 시장·군수등의 허가를 받아야 하는 행위는 다음 각 호와 같다.
1. 건축물의 건축 등: 「건축법」 제2조제1항제2호에 따른 건축물(가설건축물을 포함한다)의 건축, 용도변경
2. 공작물의 설치: 인공을 가하여 제작한 시설물(「건축법」 제2조제1항제2호에 따른 건축물을 제외한다)의 설치
3. 토지의 형질변경: 절토·성토·정지·포장 등의 방법으로 토지의 형상을 변경하는 행위, 토지의 굴착 또는 공유수면의 매립
4. 토석의 채취: 흙·모래·자갈·바위 등의 토석을 채취하는 행위. 다만, 토지의 형질변경을 목적으로 하는 것은 제3호에 따른다.
5. 토지분할
6. 물건을 쌓아놓는 행위 : 이동이 쉽지 아니한 물건을 1개월 이상 쌓아놓는 행위
7. 죽목의 벌채 및 식재

② 시장·군수등은 법 제19조제1항에 따라 제1항 각 호의 행위에 대한 허가를 하려는 경우로서 사업시행자가 있는 경우에는 미리 그 사업시행자의 의견을 들어야 한다.

③ 법 제19조제2항제2호에서 "대통령령으로 정하는 행위"란 다음 각 호의 어느 하나에 해당하는 행위로서 「국토의 계획 및 이용에 관한 법률」 제56조에 따른 개발행위허가의 대상이 아닌 것을 말한다.
1. 농림수산물의 생산에 직접 이용되는 것으로서 국토교통부령으로 정하는 간이공작물의 설치
2. 경작을 위한 토지의 형질변경
3. 정비구역의 개발에 지장을 주지 아니하고 자연경관을 손상하지 아니하는 범위에서의 토석의 채취
4. 정비구역에 존치하기로 결정된 대지에 물건을 쌓아놓는 행위
5. 관상용 죽목의 임시식재[경작지에서의 임시식재는 제외한다]

④ 법 제19조제3항에 따라 신고하여야 하는 자는 정비구역이 지정·고시된 날부터 30일 이내에 그 공사 또는 사업의 진행상황과 시행계획을 첨부하여 관할 시장·군수등에게 신고하여야 한다.

② 다음 각 호의 어느 하나에 해당하는 행위는 제1항에도 불구하고 **허가를 받지 아니하고** 할 수 있다.

1. 재해복구 또는 재난수습에 필요한 응급조치를 위한 행위
2. 그 밖에 대통령령(시행령 제15조제3항)으로 정하는 행위

③ 제1항에 따라 허가를 받아야 하는 행위로서 정비구역의 지정 및 고시 당시 이미 관계 법령에 따라 행위허가를 받았거나 허가를 받을 필요가 없는 행위에 관하여 그 공사 또는 사업에 착수한 자는 대통령령으로 정하는 바에 따라 시장 · 군수등에게 (정비구역 지정·고시된 날부터 30일 이내에) 신고한 후 이를 계속 시행할 수 있다.

④ 시장 · 군수등은 제1항을 위반한 자에게 **원상회복**을 명할 수 있다. 이 경우 명령을 받은 자가 그 의무를 이행하지 아니하는 때에는 시장 · 군수등은 「행정대집행법」에 따라 **대집행**할 수 있다.

⑤ 제1항에 따른 허가에 관하여 이 법에 규정된 사항을 제외하고는 「국토의 계획 및 이용에 관한 법률」 제57조부터 제60조까지 및 제62조를 준용한다.

⑥ 제1항에 따라 허가를 받은 경우에는 「국토의 계획 및 이용에 관한 법률」 제56조에 따라 허가를 받은 것으로 본다.

⑦ 국토교통부장관, 시 · 도지사, 시장, 군수 또는 구청장(자치구의 구청장을 말한다. 이하 같다)은 비경제적인 건축행위 및 투기 수요의 유입을 막기 위하여 제6조제1항에 따라 기본계획을 공람 중인 정비예정구역 또는 정비계획을 수립 중인 지역에 대하여 3년 이내의 기간(1년의 범위에서 한 차례만 연장할 수 있다)을 정하여 대통령령으로 정하는 방법과 절차에 따라 다음 각 호의 행위를 제한할 수 있다.

1. 건축물의 건축
2. 토지의 분할

⑧ 정비예정구역 또는 정비구역(이하 "정비구역등"이라 한다)에서는 「주택법」 제2조제11호가목에 따른 지역주택조합의 조합원을 모집해서는 아니 된다.

제20조 정비구역등의 해제

① 정비구역의 지정권자는 다음 각 호의 어느 하나에 해당하는 경우에는 정비구역 등을 **해제**하여야 한다.

1. 정비예정구역에 대하여 기본계획에서 정한 정비구역 지정 예정일부터 3년이 되는 날까지 특별자치시장, 특별자치도지사, 시장 또는 군수가 정비구역을 지정하지 아니하거나 구청장등이 정비구역의 지정을 신청하지 아니하는 경우
2. 재개발사업 · 재건축사업[제35조에 따른 조합(이하 "조합"이라 한다)이 시행하는 경우로 한정한다]이 다음 각 목의 어느 하나에 해당하는 경우
   가. 토지등소유자가 정비구역으로 지정 · 고시된 날부터 2년이 되는 날까지 제31조에 따른 조합설립추진위원회(이하 "추진위원회"라 한다)의 승인을 신청하지 아니하는 경우
   나. 토지등소유자가 정비구역으로 지정 · 고시된 날부터 3년이 되는 날까지 제35조에 따른 조합설립인가(이하 "조합설립인가"라 한다)를 신청하지 아니하는 경우(제31조제4항에 따라 추진위원회를 구성하지 아니하는 경우로 한정한다)

다. 추진위원회가 추진위원회 승인일부터 2년이 되는 날까지 조합설립인가를 신청하지 아니하는 경우
라. 조합이 조합설립인가를 받은 날부터 3년이 되는 날까지 제50조에 따른 사업시행계획인가(이하 "사업시행계획인가"라 한다)를 신청하지 아니하는 경우
3. 토지등소유자가 시행하는 재개발사업으로서 토지등소유자가 정비구역으로 지정 · 고시된 날부터 5년이 되는 날까지 사업시행계획인가를 신청하지 아니하는 경우

② 구청장등은 제1항 각 호의 어느 하나에 해당하는 경우에는 특별시장 · 광역시장에게 정비구역등의 **해제**를 **요청**하여야 한다.

③ 특별자치시장, 특별자치도지사, 시장, 군수 또는 구청장등이 다음 각 호의 어느 하나에 해당하는 경우에는 30일 이상 주민에게 **공람**하여 **의견**을 들어야 한다.

1. 제1항에 따라 정비구역등을 해제하는 경우
2. 제2항에 따라 정비구역등의 해제를 요청하는 경우

④ 특별자치시장, 특별자치도지사, 시장, 군수 또는 구청장등은 제3항에 따른 주민공람을 하는 경우에는 지방의회의 **의견**을 들어야 한다. 이 경우 지방의회는 특별자치시장, 특별자치도지사, 시장, 군수 또는 구청장등이 정비구역등의 해제에 관한 계획을 통지한 날부터 60일 이내에 **의견**을 **제시**하여야 하며, 의견제시 없이 60일이 지난 경우 이의가 없는 것으로 본다.

⑤ 정비구역의 지정권자는 제1항부터 제4항까지의 규정에 따라 정비구역등의 해제를 요청받거나 정비구역등을 해제하려면 지방도시계획위원회의 심의를 거쳐야 한다. 다만, 「도시재정비 촉진을 위한 특별법」 제5조에 따른 재정비촉진지구에서는 같은 법 제34조에 따른 도시재정비위원회의 심의를 거쳐 정비구역등을 해제하여야 한다.

⑥ 제1항에도 불구하고 정비구역의 지정권자는 다음 각 호의 어느 하나에 해당하는 경우에는 제1항제1호부터 제3호까지의 규정에 따른 해당 기간을 2년의 범위에서 연장하여 정비구역등을 해제하지 아니할 수 있다.

1. 정비구역등의 토지등소유자(조합을 설립한 경우에는 조합원을 말한다)가 100분의 30 이상의 동의로 제1항제1호부터 제3호까지의 규정에 따른 해당 기간이 도래하기 전까지 연장을 요청하는 경우
2. 정비사업의 추진 상황으로 보아 주거환경의 계획적 정비 등을 위하여 정비구역등의 존치가 필요하다고 인정하는 경우

⑦ 정비구역의 지정권자는 제5항에 따라 정비구역등을 해제하는 경우(제6항에 따라 해제하지 아니한 경우를 포함한다)에는 그 사실을 해당 지방자치단체의 공보에 **고시**하고 국토교통부장관에게 **통보**하여야 하며, 관계 서류를 일반인이 **열람**할 수 있도록 하여야 한다.

제21조 정비구역등의 직권해제

① 정비구역의 지정권자는 다음 각 호의 어느 하나에 해당하는 경우 지방도시계획위원회의 **심의**를 거쳐 정비구역등을 **해제**할 수 있다. 이 경우 제1호 및 제2호에 따른 구체적인 기준 등에 필요한 사항은 시 · 도조

례로 정한다.

1. 정정비사업의 시행으로 토지등소유자에게 과도한 부담이 발생할 것으로 예상되는 경우
2. 정비구역등의 추진 상황으로 보아 지정 목적을 달성할 수 없다고 인정되는 경우
3. 토지등소유자의 100분의 30 이상이 정비구역등(추진위원회가 구성되지 아니한 구역으로 한정한다)의 해제를 요청하는 경우
4. 제23조제1항제1호에 따른 방법으로 시행 중인 주거환경개선사업의 정비구역이 지정 · 고시된 날부터 10년 이상 경과하고, 추진 상황으로 보아 지정 목적을 달성할 수 없다고 인정되는 경우로서 토지등소유자의 3분의 2 이상이 정비구역의 해제에 동의하는 경우

② 제1항에 따른 정비구역등의 해제의 절차에 관하여는 제20조제3항부터 제5항까지 및 제7항을 준용한다.

③ 제1항에 따라 정비구역등을 해제하여 추진위원회 구성승인 또는 조합설립인가가 취소되는 경우 정비구역의 지정권자는 해당 추진위원회 또는 조합이 사용한 비용의 일부를 대통령령으로 정하는 범위에서 시 · 도조례로 정하는 바에 따라 보조할 수 있다.

제22조 정비구역등 해제의 효력

① 제20조 및 제21조에 따라 정비구역등이 해제된 경우에는 정비계획으로 변경된 용도지역, 정비기반시설 등은 정비구역 지정 이전의 상태로 환원된 것으로 본다. 다만, 제21조제1항제4호의 경우 정비구역의 지정권자는 정비기반시설의 설치 등 해당 정비사업의 추진 상황에 따라 환원되는 범위를 제한할 수 있다.

② 제20조 및 제21조에 따라 정비구역등(재개발사업 및 재건축사업을 시행하려는 경우로 한정한다. 이하 이 항에서 같다)이 해제된 경우 정비구역의 지정권자는 해제된 정비구역등을 제23조제1항제1호의 방법으로 시행하는 주거환경개선구역(주거환경개선사업을 시행하는 정비구역을 말한다. 이하 같다)으로 지정할 수 있다. 이 경우 주거환경개선구역으로 지정된 구역은 제7조에 따른 기본계획에 반영된 것으로 본다.

③ 제20조제7항 및 제21조제2항에 따라 정비구역등이 해제 · 고시된 경우 추진위원회 구성승인 또는 조합설립인가는 취소된 것으로 보고, 시장 · 군수등은 해당 지방자치단체의 공보에 그 내용을 고시하여야 한다.

제3장 정비사업의 시행

★★★ ■ 정비사업 시행절차 (관리처분방식상)

절차	내용
① 사업시행 계획서 작성	• 사업시행자(사업시행자가 시장·군수인 경우는 제외)는 정비사업을 시행하고자 하는 경우에는 사업시행계획서 작성해야 • 사업시행계획서 포함사항 ① 토지이용계획(건축물배치계획을 포함한다) ② 정비기반시설 및 공동이용시설의 설치계획 ③ 임시수용시설을 포함한 주민이주대책 ④ 세입자의 주거 및 이주 대책 ⑤ 사업시행기간 동안의 정비구역 내 가로등 설치, 폐쇄회로 텔레비전 설치 등 범죄예방대책 ⑥ 임대주택의 건설계획(주택재건축사업의 경우 제30조의3제2항에 따른 소형주택의 건설계획을 말한다) ⑦ 기업형임대주택 또는 임대관리 위탁주택의 건설계획(필요한 경우에 한정한다) ⑧ 건축물의 높이 및 용적률 등에 관한 건축계획 ⑨ 정비사업의 시행과정에서 발생하는 폐기물의 처리계획 ⑩ 교육시설의 교육환경 보호에 관한 계획(정비구역으로부터 200미터 이내에 교육시설이 설치되어 있는 경우에 한한다) ⑪ 시행규정(시장·군수, 주택공사등 또는 신탁업자가 단독으로 시행하는 정비사업에 한한다) ⑫ 정비사업비 ⑬ 그 밖에 사업시행을 위하여 필요한 사항으로서 대통령령으로 정하는 바에 따라 시·도조례로 정하는 사항 • 도시환경정비사업을 토지등소유자가 시행하고자 하는 경우 : 사업시행인가를 신청하기 전에 사업시행계획서에 대하여 토지등소유자의 4분의 3(3분의 2×) 이상의 동의를 얻어야. 다만, 인가받은 사항을 변경하고자 하는 경우에는 규약이 정하는 바에 따라 토지등소유자의 과반수(4분의 3×)의 동의를 얻어야
② 사업시행 인가·고시	• 사업시행자는 시장·군수의 인가를 받아야 • 시장·군수는 사업시행인가를 하고자 하거나 사업시행계획서를 작성하고자 하는 경우에는 관계서류의 사본을 14일(30일×) 이상 일반인이 공람하게 하여야 • 정비구역이 아닌 구역에서 시행하는 주택재건축사업의 사업시행인가를 하고자 하는 경우 : 건축위원회의 심의를 거쳐야 • 정비구역으로부터 200미터(300미터×) 이내에 교육시설이 설치되어 있는 때 : 시장·군수는 사업시행 인가(시장·군수가 사업시행계획서를 작성한 경우 포함)를 하고자 하는 경우 해당 지방자치단체의 교육감 또는 교육장과 협의하여야 • 정비사업비 : 시장·군수는 도시환경정비사업의 사업시행인가를 하고자 하는 경우 해당 정비사업의 사업시행자가 지정개발자인 때에는 정비사업비의 100분의 20(100분의 30×)의 범위 이내에서 시·도조례로 정하는 금액을 예치하게 할 수(하여야×) → 반환시점 : 청산금의 지급이 완료된 때 • 다른 법률의 인·허가등의 의제 : 사업시행자가 사업시행인가를 받은 때(시장·군수가 직접 정비사업을 시행하는 경우에는 사업시행계획서를 작성한 때)에
③ 분양통지·공고	• 사업시행자는 사업시행인가의 고시가 있은 날(사업시행인가 이후 시공자를 선정한 경우에는 시공자와 계약을 체결한 날)부터 60일(30일×) 이내에 개략적인 부담금내역 및 분양신청기간 등을 토지등소유자에게 통지하고 분양의 대상이 되는 대지 또는 건축물의 내역 등을 해당 지역에서 발간되는 일간신문(공보×)에 공고하여야 • 분양신청기간 : 통지한 날부터 30일 이상 60일 이내(20일의 범위 이내에서 연장가능) • 분양신청을 하지 아니한 자, 분양신청기간 종료 이전에 분양신청을 철회한 자, 인가된 관리처분계획에 따라 분양대상에서 제외된 자에 대한 조치 : 관리처분계획 인가를 받은 날의 다음 날(받은 날×)로부터 90일(60일×) 이내에 토지·건축물 또는 그 밖의 권리에 대하여 현금으로 청산하여야
④ 분양신청	토지등소유자는 분양신청기간 이내에 사업시행자에게 대지 또는 건축물에 대한 분양신청을 하여야

절차	내용
⑤ 관리처분 계획 수립	• 사업시행자는 분양신청기간이 종료된 때에는 분양신청의 현황을 기초로 관리처분계획을 수립하여 시장·군수의 인가를 받아야 • 관리처분계획 수립기준 ① 종전의 토지 또는 건축물의 면적·이용상황·환경 그 밖의 사항을 종합적으로 고려하여 대지 또는 건축물이 균형있게 분양신청자에게 배분되고 합리적으로 이용되도록 한다. ② 지나치게 좁거나 넓은 토지 또는 건축물에 대하여 필요한 경우에는 이를 증가하거나 감소시켜 대지 또는 건축물이 적정 규모가 되도록 한다. ③ 너무 좁은 토지 또는 건축물이나 정비구역 지정후 분할된 토지를 취득한 자에 대하여는 현금으로 청산할 수 있다. ④ 재해 또는 위생상의 위해를 방지하기 위하여 토지의 규모를 조정할 특별한 필요가 있는 때에는 너무 좁은 토지를 증가시키거나 토지에 갈음하여 보상을 하거나 건축물의 일부와 그 건축물이 있는 대지의 공유지분을 교부할 수 있다. ⑤ 분양설계에 관한 계획은 제46조의 규정에 의한 분양신청기간이 만료되는 날을 기준으로 하여 수립한다. ⑥ 1세대 또는 1인이 하나 이상의 주택 또는 토지를 소유한 경우 1주택을 공급하고, 같은 세대에 속하지 아니하는 2인 이상이 1주택 또는 1토지를 공유한 경우에는 1주택만 공급한다. ↔ 토지등소유자에게 소유한 주택 수만큼 공급할 수 있는 경우 : 과밀억제권역에 위치하지 아니한 주택재건축사업의 토지등소유자, 근로자(공무원인 근로자 포함) 숙소, 기숙사 용도로 주택을 소유하고 있는 토지등소유자, 국가, 지방자치단체 및 주택공사등, 「국가균형발전 특별법」에 따른 공공기관지방이전시책 등에 따라 이전하는 공공기관이 소유한 주택을 양수한 자
⑥ 관리처분계획 인가·고시	• 사업시행자는 관리처분계획의 인가를 신청하기 전에 관계서류의 사본을 30일(60일×) 이상 토지등소유자에게 공람하게 하고 의견을 들어야 • 시장·군수는 사업시행자의 관리처분계획의 인가신청이 있은 날부터 30일 이내에 인가 여부를 결정하여 사업시행자에게 통보하여야 • 시장·군수는 관리처분계획을 인가하는 때에는 그 내용을 당해 지방자치단체의 공보에 고시하여야 • 고시의 효과 : 고시가 있은 때에는 종전의 토지 또는 건축물의 소유자·지상권자·전세권자·임차권자 등 권리자는 이전의 고시가 있은 날까지 종전의 토지 또는 건축물에 대하여 이를 사용하거나 수익할 수 없다. (↔ 사업시행자의 동의를 받거나 「공익사업을 위한 토지 등의 취득 및 보상에 관한 법률」에 따른 손실보상이 완료되지 아니한 권리자의 경우에는 사용하거나 수익할 수 있다.)
⑦ 사업시행	사업시행자는 관리처분계획의 인가를 받은 후 기존의 건축물을 철거하여야
⑧ 준공 인가	• 시장· 군수가 아닌 사업시행자는 정비사업에 관한 공사를 완료한 때에는 시장· 군수의 준공인가를 받아야 • 준공인가신청을 받은 시장· 군수는 지체 없이 준공검사를 실시하여야 • 시장· 군수는 준공검사의 실시결과 정비사업이 인가받은 사업시행계획대로 완료되었다고 인정하는 때에는 준공인가를 하고 공사의 완료를 당해 지방자치단체의 공보에 고시하여야
⑨ 소유권이전 고시	• 사업시행자는 고시가 있은 때에는 지체 없이 대지확정측량을 하고 토지의 분할절차를 거쳐 관리처분계획에 정한 사항을 분양을 받을 자에게 통지하고 대지 또는 건축물의 소유권을 이전하여야 • 사업시행자는 대지 및 건축물의 소유권을 이전하고자 하는 때에는 그 내용을 당해 지방자치단체의 공보에 고시한 후 이를 시장·군수에게 보고하여야 • 소유권취득 시점 : 대지 또는 건축물을 분양받을 자는 고시가 있은 날의 다음 날에 그 대지 또는 건축물에 대한 소유권을 취득한다.
⑩ 이전등기	• 사업시행자는 이전의 고시가 있은 때에는 지체 없이 대지 및 건축물에 관한 등기를 지방법원지원 또는 등기소에 촉탁 또는 신청하여야 • 정비사업에 관하여 이전의 고시가 있은 날부터 등기가 있을 때까지는 저당권 등의 다른 등기를 하지 못한다. • 대지 또는 건축물을 분양받을 자에게 소유권을 이전한 경우 종전의 토지 또는 건축물에 설정된 지상권·전세권·저당권·임차권·가등기담보권·가압류 등 등기된 권리 및 대항요건을 갖춘 주택임차권은 소유권을 이전받은 대지 또는 건축물에 설정된 것으로 본다. • 청산금 : 대지 또는 건축물을 분양받은 자가 종전에 소유하고 있던 토지 또는 건축물의 가격과 분양받은 대지 또는 건축물의 가격사이에 차이가 있는 경우에는 사업시행자는 이전의 고시가 있은 후에 그 차액에 상당하는 금액(청산금)을 분양받은 자로부터 징수하거나 분양받은 자에게 지급하여야

[제1절] 정비사업의 시행방법 등

출제자 의도 정비사업의 시행절차상 내용을 알고 있는가?(특히, 시행방법과 시행자)

제23조 정비사업의 시행방법

① **주거환경개선사업**은 다음 각 호의 어느 하나에 해당하는 방법 또는 이를 혼용하는 방법으로 한다.

1. 제24조에 따른 사업시행자가 정비구역에서 정비기반시설 및 공동이용시설을 새로 설치하거나 확대하고 토지등소유자가 스스로 주택을 보전·정비하거나 개량하는 방법
2. 제24조에 따른 사업시행자가 제63조에 따라 정비구역의 전부 또는 일부를 수용하여 주택을 건설한 후 토지등소유자에게 우선 공급하거나 대지를 토지등소유자 또는 토지등소유자 외의 자에게 공급하는 방법
3. 제24조에 따른 사업시행자가 제69조제2항에 따라 환지로 공급하는 방법
4. 제24조에 따른 사업시행자가 정비구역에서 제74조에 따라 인가받은 관리처분계획에 따라 주택 및 부대시설·복리시설을 건설하여 공급하는 방법

② **재개발사업**은 정비구역에서 제74조에 따라 인가받은 관리처분계획에 따라 건축물을 건설하여 공급하거나 제69조제2항에 따라 환지로 공급하는 방법으로 한다.

③ **재건축사업**은 정비구역에서 제74조에 따라 인가받은 관리처분계획에 따라 주택, 부대시설·복리시설 및 오피스텔(「건축법」 제2조제2항에 따른 오피스텔을 말한다. 이하 같다)을 건설하여 공급하는 방법으로 한다. 다만, 주택단지에 있지 아니하는 건축물의 경우에는 지형여건·주변의 환경으로 보아 사업 시행상 불가피한 경우로서 정비구역으로 보는 사업에 한정한다.

④ 제3항에 따라 오피스텔을 건설하여 공급하는 경우에는 「국토의 계획 및 이용에 관한 법률」에 따른 준주거지역 및 상업지역에서만 건설할 수 있다. 이 경우 오피스텔의 연면적은 전체 건축물 연면적의 100분의 30 이하이어야 한다.

제24조 주거환경개선사업의 시행자

① 제23조제1항제1호에 따른 방법으로 시행하는 주거환경개선사업은 시장·군수등이 직접 시행하되, 토지주택공사등을 사업시행자로 지정하여 시행하게 하려는 경우에는 제15조제1항에 따른 공람공고일 현재 토지등소유자의 과반수의 동의를 받아야 한다.

② 제23조제1항제2호부터 제4호까지의 규정에 따른 방법으로 시행하는 주거환경개선사업은 시장·군수등이 직접 시행하거나 다음 각 호에서 정한 자에게 시행하게 할 수 있다.

1. 시장·군수등이 다음 각 목의 어느 하나에 해당하는 자를 사업시행자로 지정하는 경우
   가. 토지주택공사등
   나. 주거환경개선사업을 시행하기 위하여 국가, 지방자치단체, 토지주택공사등 또는 「공공기관의 운영에 관한 법률」 제4조에 따른 공공기관이 총지분의 100분의 50을 초과하는 출자로 설립한 법인
2. 시장·군수등이 제1호에 해당하는 자와 다음 각 목의 어느 하나에 해당하는 자를 공동시행자로 지정하는 경우
   가. 「건설산업기본법」 제9조에 따른 건설업자(이하 "건설업자"라 한다)
   나. 「주택법」 제7조제1항에 따라 건설업자로 보는 등록사업자(이하 "등록사업자"라 한다)

③ 제2항에 따라 시행하려는 경우에는 제15조제1항에 따른 공람공고일 현재 해당 정비예정구역의 토지 또는 건축물의 소유자 또는 지상권자의 3분의 2 이상의 동의와 세입자(제15조제1항에 따른 공람공고일 3개월 전부터 해당 정비예정구역에 3개월 이상 거주하고 있는 자를 말한다) 세대수의 과반수의 동의를 각각 받아야 한다. 다만, 세입자의 세대수가 토지등소유자의 2분의 1 이하인 경우 등 대통령령으로 정하는 사유가 있는 경우에는 세입자의 동의절차를 거치지 아니할 수 있다.

④ 시장 · 군수등은 천재지변, 그 밖의 불가피한 사유로 건축물이 붕괴할 우려가 있어 긴급히 정비사업을 시행할 필요가 있다고 인정하는 경우에는 제1항 및 제3항에도 불구하고 토지등소유자 및 세입자의 동의 없이 자신이 직접 시행하거나 토지주택공사등을 사업시행자로 지정하여 시행하게 할 수 있다. 이 경우 시장 · 군수등은 지체 없이 토지등소유자에게 긴급한 정비사업의 시행 사유 · 방법 및 시기 등을 통보하여야 한다.

제25조 재개발사업 · 재건축사업의 시행자

① 재개발사업은 다음 각 호의 어느 하나에 해당하는 방법으로 시행할 수 있다.

1. 조합이 시행하거나 조합이 조합원의 과반수의 동의를 받아 시장 · 군수등, 토지주택공사등, 건설업자, 등록사업자 또는 대통령령으로 정하는 요건을 갖춘 자와 공동으로 시행하는 방법
2. 토지등소유자가 20인 미만인 경우에는 토지등소유자가 시행하거나 토지등소유자가 토지등소유자의 과반수의 동의를 받아 시장 · 군수등, 토지주택공사등, 건설업자, 등록사업자 또는 대통령령으로 정하는 요건을 갖춘 자와 공동으로 시행하는 방법

② 재건축사업은 조합이 시행하거나 조합이 조합원의 과반수의 동의를 받아 시장 · 군수등, 토지주택공사등, 건설업자 또는 등록사업자와 공동으로 시행할 수 있다.

제26조 재개발사업 · 재건축사업의 공공시행자

① 시장 · 군수등은 재개발사업 및 재건축사업이 다음 각 호의 어느 하나에 해당하는 때에는 제25조에도 불구하고 직접 정비사업을 시행하거나 토지주택공사등(토지주택공사등이 건설업자 또는 등록사업자와 공동으로 시행하는 경우를 포함한다)을 사업시행자로 지정하여 정비사업을 시행하게 할 수 있다.

1. 천재지변, 「재난 및 안전관리 기본법」 제27조 또는 「시설물의 안전 및 유지관리에 관한 특별법」 제23조에 따른 사용제한 · 사용금지, 그 밖의 불가피한 사유로 긴급하게 정비사업을 시행할 필요가 있다고 인정하는 때
2. 제16조제2항 전단에 따라 고시된 정비계획에서 정한 정비사업시행 예정일부터 2년 이내에 사업시행계획인가를 신청하지 아니하거나 사업시행계획인가를 신청한 내용이 위법 또는 부당하다고 인정하는 때(재건축사업의 경우는 제외한다)
3. 추진위원회가 시장 · 군수등의 구성승인을 받은 날부터 3년 이내에 조합설립인가를 신청하지 아니하거나 조합이 조합설립인가를 받은 날부터 3년 이내에 사업시행계획인가를 신청하지 아니한 때
4. 지방자치단체의 장이 시행하는 「국토의 계획 및 이용에 관한 법률」 제2조제11호에 따른 도시 · 군계획사업과 병행하여 정비사업을 시행할 필요가 있다고 인정하는 때
5. 제59조제1항에 따른 순환정비방식으로 정비사업을 시행할 필요가 있다고 인정하는 때

6. 제113조에 따라 사업시행계획인가가 취소된 때
7. 해당 정비구역의 국 · 공유지 면적 또는 국 · 공유지와 토지주택공사등이 소유한 토지를 합한 면적이 전체 토지면적의 2분의 1 이상으로서 토지등소유자의 과반수가 시장 · 군수등 또는 토지주택공사등을 사업시행자로 지정하는 것에 동의하는 때
8. 해당 정비구역의 토지면적 2분의 1 이상의 토지소유자와 토지등소유자의 3분의 2 이상에 해당하는 자가 시장 · 군수등 또는 토지주택공사등을 사업시행자로 지정할 것을 요청하는 때. 이 경우 제14조제1항제2호에 따라 토지등소유자가 정비계획의 입안을 제안한 경우 입안제안에 동의한 토지등소유자는 토지주택공사등의 사업시행자 지정에 동의한 것으로 본다. 다만, 사업시행자의 지정 요청 전에 시장 · 군수등 및 제47조에 따른 주민대표회의에 사업시행자의 지정에 대한 반대의 의사표시를 한 토지등소유자의 경우에는 그러하지 아니하다.

② 시장 · 군수등은 제1항에 따라 직접 정비사업을 시행하거나 토지주택공사등을 사업시행자로 지정하는 때에는 정비사업 시행구역 등 토지등소유자에게 알릴 필요가 있는 사항으로서 대통령령으로 정하는 사항을 해당 지방자치단체의 공보에 고시하여야 한다. 다만, 제1항제1호의 경우에는 토지등소유자에게 지체 없이 정비사업의 시행 사유 · 시기 및 방법 등을 통보하여야 한다.

③ 제2항에 따라 시장 · 군수등이 직접 정비사업을 시행하거나 토지주택공사등을 사업시행자로 지정 · 고시한 때에는 그 고시일 다음 날에 추진위원회의 구성승인 또는 조합설립인가가 취소된 것으로 본다. 이 경우 시장 · 군수등은 해당 지방자치단체의 공보에 해당 내용을 고시하여야 한다.

제27조 재개발사업 · 재건축사업의 지정개발자

① 시장 · 군수등은 재개발사업 및 재건축사업이 다음 각 호의 어느 하나에 해당하는 때에는 토지등소유자, 「사회기반시설에 대한 민간투자법」 제2조제12호에 따른 민관합동법인 또는 신탁업자로서 대통령령으로 정하는 요건을 갖춘 자(이하 "지정개발자"라 한다)를 사업시행자로 지정하여 정비사업을 시행하게 할 수 있다.

1. 천재지변, 「재난 및 안전관리 기본법」 제27조 또는 「시설물의 안전 및 유지관리에 관한 특별법」 제23조에 따른 사용제한 · 사용금지, 그 밖의 불가피한 사유로 긴급하게 정비사업을 시행할 필요가 있다고 인정하는 때
2. 제16조제2항 전단에 따라 고시된 정비계획에서 정한 정비사업시행 예정일부터 2년 이내에 사업시행계획인가를 신청하지 아니하거나 사업시행계획인가를 신청한 내용이 위법 또는 부당하다고 인정하는 때(재건축사업의 경우는 제외한다)
3. 제35조에 따른 재개발사업 및 재건축사업의 조합설립을 위한 동의요건 이상에 해당하는 자가 신탁업자를 사업시행자로 지정하는 것에 동의하는 때

② 시장 · 군수등은 제1항에 따라 지정개발자를 사업시행자로 지정하는 때에는 정비사업 시행구역 등 토지등소유자에게 알릴 필요가 있는 사항으로서 대통령령으로 정하는 사항을 해당 지방자치단체의 공보에 고시하여야 한다. 다만, 제1항제1호의 경우에는 토지등소유자에게 지체 없이 정비사업의 시행 사유 · 시기 및 방법 등을 통보하여야 한다.

③ 신탁업자는 제1항제3호에 따른 사업시행자 지정에 필요한 동의를 받기 전에 다음 각 호에 관한 사항을 토

지등소유자에게 제공하여야 한다.

1. 토지등소유자별 분담금 추산액 및 산출근거
2. 그 밖에 추정분담금의 산출 등과 관련하여 시 · 도조례로 정하는 사항

④ 제1항제3호에 따른 토지등소유자의 동의는 국토교통부령으로 정하는 동의서에 동의를 받는 방법으로 한다. 이 경우 동의서에는 다음 각 호의 사항이 모두 포함되어야 한다.

1. 건설되는 건축물의 설계의 개요
2. 건축물의 철거 및 새 건축물의 건설에 드는 공사비 등 정비사업에 드는 비용(이하 "정비사업비"라 한다)
3. 정비사업비의 분담기준(신탁업자에게 지급하는 신탁보수 등의 부담에 관한 사항을 포함한다)
4. 사업 완료 후 소유권의 귀속
5. 정비사업의 시행방법 등에 필요한 시행규정
6. 신탁계약의 내용

⑤ 제2항에 따라 시장 · 군수등이 지정개발자를 사업시행자로 지정 · 고시한 때에는 그 고시일 다음 날에 추진위원회의 구성승인 또는 조합설립인가가 취소된 것으로 본다. 이 경우 시장 · 군수등은 해당 지방자치단체의 공보에 해당 내용을 고시하여야 한다.

제28조 재개발사업 · 재건축사업의 사업대행자

① 시장 · 군수등은 다음 각 호의 어느 하나에 해당하는 경우에는 해당 조합 또는 토지등소유자를 대신하여 직접 정비사업을 시행하거나 토지주택공사등 또는 지정개발자에게 해당 조합 또는 토지등소유자를 대신하여 정비사업을 시행하게 할 수 있다.

1. 장기간 정비사업이 지연되거나 권리관계에 관한 분쟁 등으로 해당 조합 또는 토지등소유자가 시행하는 정비사업을 계속 추진하기 어렵다고 인정하는 경우
2. 토지등소유자(조합을 설립한 경우에는 조합원을 말한다)의 과반수 동의로 요청하는 경우

② 제1항에 따라 정비사업을 대행하는 시장 · 군수등, 토지주택공사등 또는 지정개발자(이하 "사업대행자"라 한다)는 사업시행자에게 청구할 수 있는 보수 또는 비용의 상환에 대한 권리로써 사업시행자에게 귀속될 대지 또는 건축물을 압류할 수 있다.

③ 제1항에 따라 정비사업을 대행하는 경우 사업대행의 개시결정, 그 결정의 고시 및 효과, 사업대행자의 업무집행, 사업대행의 완료와 그 고시 등에 필요한 사항은 대통령령으로 정한다.

제29조 계약의 방법 및 시공자 선정 등

① 추진위원장 또는 사업시행자(청산인을 포함한다)는 이 법 또는 다른 법령에 특별한 규정이 있는 경우를 제

외하고는 계약(공사, 용역, 물품구매 및 제조 등을 포함한다. 이하 같다)을 체결하려면 일반경쟁에 부쳐야 한다. 다만, 계약규모, 재난의 발생 등 대통령령으로 정하는 경우에는 입찰 참가자를 지명(指名)하여 경쟁에 부치거나 수의계약(隨意契約)으로 할 수 있다.

② 제1항 본문에 따라 일반경쟁의 방법으로 계약을 체결하는 경우로서 대통령령으로 정하는 규모를 초과하는 계약은 「전자조달의 이용 및 촉진에 관한 법률」 제2조제4호의 국가종합전자조달시스템(이하 "전자조달시스템"이라 한다)을 이용하여야 한다.

③ 제1항 및 제2항에 따라 계약을 체결하는 경우 계약의 방법 및 절차 등에 필요한 사항은 국토교통부장관이 정하여 고시한다.

④ 조합은 조합설립인가를 받은 후 조합총회에서 제1항에 따라 경쟁입찰 또는 수의계약(2회 이상 경쟁입찰이 유찰된 경우로 한정한다)의 방법으로 건설업자 또는 등록사업자를 시공자로 선정하여야 한다. 다만, 대통령령으로 정하는 규모 이하의 정비사업은 조합총회에서 정관으로 정하는 바에 따라 선정할 수 있다.

⑤ 토지등소유자가 제25조제1항제2호에 따라 재개발사업을 시행하는 경우에는 제1항에도 불구하고 사업시행계획인가를 받은 후 제2조제11호나목에 따른 규약에 따라 건설업자 또는 등록사업자를 시공자로 선정하여야 한다.

⑥ 시장·군수등이 제26조제1항 및 제27조제1항에 따라 직접 정비사업을 시행하거나 토지주택공사등 또는 지정개발자를 사업시행자로 지정한 경우 사업시행자는 제26조제2항 및 제27조제2항에 따른 사업시행자 지정·고시 후 제1항에 따른 경쟁입찰 또는 수의계약의 방법으로 건설업자 또는 등록사업자를 시공자로 선정하여야 한다.

⑦ 제6항에 따라 시공자를 선정하거나 제23조제1항제4호의 방법으로 시행하는 주거환경개선사업의 사업시행자가 시공자를 선정하는 경우 제47조에 따른 주민대표회의 또는 제48조에 따른 토지등소유자 전체회의는 대통령령으로 정하는 경쟁입찰 또는 수의계약(2회 이상 경쟁입찰이 유찰된 경우로 한정한다)의 방법으로 시공자를 추천할 수 있다.

⑧ 제7항에 따라 주민대표회의 또는 토지등소유자 전체회의가 시공자를 추천한 경우 사업시행자는 추천받은 자를 시공자로 선정하여야 한다. 이 경우 시공자와의 계약에 관해서는 「지방자치단체를 당사자로 하는 계약에 관한 법률」 제9조 또는 「공공기관의 운영에 관한 법률」 제39조를 적용하지 아니한다.

⑨ 사업시행자(사업대행자를 포함한다)는 제4항부터 제8항까지의 규정에 따라 선정된 시공자와 공사에 관한 계약을 체결할 때에는 기존 건축물의 철거 공사(「석면안전관리법」에 따른 석면 조사·해체·제거를 포함한다)에 관한 사항을 포함시켜야 한다.

제30조 기업형 임대사업자의 선정

① 사업시행자는 공공지원민간임대주택을 원활히 공급하기 위하여 국토교통부장관이 정하는 경쟁입찰의 방법 또는 수의계약(2회 이상 경쟁입찰이 유찰된 경우로 한정한다)의 방법으로 「민간임대주택에 관한 특별법」 제2조제7호에 따른 임대사업자(이하 "임대사업자"라 한다)를 선정할 수 있다.

② 제1항에 따른 임대사업자의 선정절차 등에 필요한 사항은 국토교통부장관이 정하여 고시할 수 있다.

[제2절] 조합설립추진위원회 및 조합의 설립 등

제31조 조합설립추진위원회의 구성 · 승인

① 조합을 설립하려는 경우에는 제16조에 따른 정비구역 지정 · 고시 후 다음 각 호의 사항에 대하여 토지등소유자 과반수의 **동의**를 받아 조합설립을 위한 추진위원회를 구성하여 국토교통부령으로 정하는 방법과 절차에 따라 시장 · 군수등의 **승인**을 받아야 한다.

> 1. 추진위원회 위원장(이하 "추진위원장"이라 한다)을 포함한 5명 이상의 추진위원회 위원(이하 "추진위원"이라 한다)
> 2. 제34조제1항에 따른 운영규정

② 제1항에 따라 추진위원회의 구성에 동의한 토지등소유자(이하 이 조에서 "추진위원회 동의자"라 한다)는 제35조제1항부터 제5항까지의 규정에 따른 조합의 설립에 동의한 것으로 본다. 다만, 조합설립인가를 신청하기 전에 시장 · 군수등 및 추진위원회에 조합설립에 대한 반대의 의사표시를 한 추진위원회 동의자의 경우에는 그러하지 아니하다.

③ 제1항에 따른 토지등소유자의 동의를 받으려는 자는 대통령령으로 정하는 방법 및 절차에 따라야 한다. 이 경우 동의를 받기 전에 제2항의 내용을 설명 · 고지하여야 한다.

④ 정비사업에 대하여 제118조에 따른 공공지원을 하려는 경우에는 추진위원회를 구성하지 아니할 수 있다. 이 경우 조합설립 방법 및 절차 등에 필요한 사항은 대통령령으로 정한다.

제32조 추진위원회의 기능

① 추진위원회는 다음 각 호의 업무를 수행할 수 있다.

> 1. 제102조에 따른 정비사업전문관리업자의 선정 및 변경
> 2. 설계자의 선정 및 변경
> 3. 개략적인 정비사업 시행계획서의 작성
> 4. 조합설립인가를 받기 위한 준비업무
> 5. 그 밖에 조합설립을 추진하기 위하여 대통령령(시행령 제26조)으로 정하는 업무

■ **추진위원회의 업무 등** (시행령 제26조)

> 법 제32조제1항제5호에서 "대통령령으로 정하는 업무"란 다음 각 호의 업무를 말한다.
> 1. 법 제31조제1항제2호에 따른 추진위원회 운영규정의 작성
> 2. 토지등소유자의 동의서의 접수
> 3. 조합의 설립을 위한 창립총회의 개최
> 4. 조합 정관의 초안 작성
> 5. 그 밖에 추진위원회 운영규정으로 정하는 업무

② 추진위원회가 정비사업전문관리업자를 선정하려는 경우에는 제31조에 따라 추진위원회 승인을 받은 후

제29조제1항에 따른 경쟁입찰 또는 수의계약(2회 이상 경쟁입찰이 유찰된 경우로 한정한다)의 방법으로 선정하여야 한다.

③ 추진위원회는 제35조제2항, 제3항 및 제5항에 따른 조합설립인가를 신청하기 전에 대통령령으로 정하는 방법 및 절차에 따라 조합설립을 위한 창립총회를 개최하여야 한다.

④ 추진위원회가 제1항에 따라 수행하는 업무의 내용이 토지등소유자의 비용부담을 수반하거나 권리 · 의무에 변동을 발생시키는 경우로서 대통령령으로 정하는 사항에 대하여는 그 업무를 수행하기 전에 대통령령으로 정하는 비율 이상의 토지등소유자의 동의를 받아야 한다.

제33조 추진위원회의 조직

① 추진위원회는 추진위원회를 대표하는 추진위원장 1명과 감사를 두어야 한다.

② 추진위원의 선출에 관한 선거관리는 제41조제3항을 준용한다. 이 경우 "조합"은 "추진위원회"로, "조합임원"은 "추진위원"으로 본다.

③ 토지등소유자는 제34조에 따른 추진위원회의 운영규정에 따라 추진위원회에 추진위원의 교체 및 해임을 요구할 수 있으며, 추진위원장이 사임, 해임, 임기만료, 그 밖에 불가피한 사유 등으로 직무를 수행할 수 없는 때부터 6개월 이상 선임되지 아니한 경우 그 업무의 대행에 관하여는 제41조제5항 단서를 준용한다. 이 경우 "조합임원"은 "추진위원장"으로 본다.

④ 제3항에 따른 추진위원의 교체 · 해임 절차 등에 필요한 사항은 제34조제1항에 따른 운영규정에 따른다.

⑤ 추진위원의 결격사유는 제43조제1항부터 제3항까지를 준용한다. 이 경우 "조합"은 "추진위원회"로, "조합임원"은 "추진위원"으로 본다.

제34조 추진위원회의 운영

① 국토교통부장관은 추진위원회의 공정한 운영을 위하여 다음 각 호의 사항을 포함한 추진위원회의 운영규정을 정하여 고시하여야 한다.

1. 추진위원의 선임방법 및 변경
2. 추진위원의 권리 · 의무
3. 추진위원회의 업무범위
4. 추진위원회의 운영방법
5. 토지등소유자의 운영경비 납부
6. 추진위원회 운영자금의 차입
7. 그 밖에 추진위원회의 운영에 필요한 사항으로서 대통령령으로 정하는 사항

② 추진위원회는 운영규정에 따라 운영하여야 하며, 토지등소유자는 운영에 필요한 경비를 운영규정에 따라 납부하여야 한다.

③ 추진위원회는 수행한 업무를 제44조에 따른 총회(이하 "총회"라 한다)에 보고하여야 하며, 그 업무와 관련된 권리 · 의무는 조합이 포괄승계한다.

④ 추진위원회는 사용경비를 기재한 회계장부 및 관계 서류를 조합설립인가일부터 30일 이내에 조합에 인계하여야 한다.

⑤ 추진위원회의 운영에 필요한 사항은 대통령령으로 정한다.

제35조 조합설립인가 등

① 시장 · 군수등, 토지주택공사등 또는 지정개발자가 아닌 자가 정비사업을 시행하려는 경우에는 토지등소유자로 구성된 조합을 설립하여야 한다. 다만, 제25조제1항제2호에 따라 토지등소유자가 재개발사업을 시행하려는 경우에는 그러하지 아니하다.

② **재개발사업**의 추진위원회(제31조제4항에 따라 추진위원회를 구성하지 아니하는 경우에는 토지등소유자를 말한다)가 조합을 설립하려면 토지등소유자의 4분의 3 이상 및 토지면적의 2분의 1 이상의 토지소유자의 **동의**를 받아 다음 각 호의 사항을 첨부하여 시장 · 군수등의 **인가**를 받아야 한다.

1. 정관 2. 정비사업비와 관련된 자료 등 국토교통부령으로 정하는 서류 3. 그 밖에 시 · 도조례로 정하는 서류

③ **재건축사업**의 추진위원회(제31조제4항에 따라 추진위원회를 구성하지 아니하는 경우에는 토지등소유자를 말한다)가 조합을 설립하려는 때에는 주택단지의 공동주택의 각 동(복리시설의 경우에는 주택단지의 복리시설 전체를 하나의 동으로 본다)별 구분소유자의 과반수 동의(공동주택의 각 동별 구분소유자가 5 이하인 경우는 제외한다)와 주택단지의 전체 구분소유자의 4분의 3 이상 및 토지면적의 4분의 3 이상의 토지소유자의 **동의**를 받아 제2항 각 호의 사항을 첨부하여 시장 · 군수등의 **인가**를 받아야 한다.

④ 제3항에도 불구하고 주택단지가 아닌 지역이 정비구역에 포함된 때에는 주택단지가 아닌 지역의 토지 또는 건축물 소유자의 4분의 3 이상 및 토지면적의 3분의 2 이상의 토지소유자의 **동의**를 받아야 한다. 이 경우 인가받은 사항을 변경하려는 때에도 또한 같다.

⑤ 제2항 및 제3항에 따라 설립된 조합이 인가받은 사항을 변경하고자 하는 때에는 총회에서 조합원의 3분의 2 이상의 **찬성**으로 의결하고, 제2항 각 호의 사항을 첨부하여 시장 · 군수등의 **인가**를 받아야 한다. 다만, 대통령령으로 정하는 경미한 사항을 변경하려는 때에는 총회의 의결 없이 시장 · 군수등에게 신고하고 변경할 수 있다.

⑥ 조합이 정비사업을 시행하는 경우 「주택법」 제54조를 적용할 때에는 조합을 같은 법 제2조제10호에 따른 사업주체로 보며, 조합설립인가일부터 같은 법 제4조에 따른 주택건설사업 등의 등록을 한 것으로 본다.

⑦ 제2항부터 제5항까지의 규정에 따른 토지등소유자에 대한 동의의 대상 및 절차, 조합설립 신청 및 인가 절차, 인가받은 사항의 변경 등에 필요한 사항은 대통령령으로 정한다.

⑧ 추진위원회는 조합설립에 필요한 동의를 받기 전에 추정분담금 등 대통령령으로 정하는 정보를 토지등소유자에게 제공하여야 한다.

제36조 토지등소유자의 동의방법 등

① 다음 각 호에 대한 동의(동의한 사항의 철회 또는 제26조제1항제8호 단서, 제31조제2항 단서 및 제47조제4항 단서에 따른 반대의 의사표시를 포함한다)는 서면동의서에 토지등소유자가 성명을 적고 지장(指章)을 날인하는 방법으로 하며, 주민등록증, 여권 등 신원을 확인할 수 있는 신분증명서의 사본을 첨부하여야 한다.

1. 제20조제6항제1호에 따라 정비구역등 해제의 연장을 요청하는 경우
2. 제21조제1항제4호에 따라 정비구역의 해제에 동의하는 경우
3. 제24조제1항에 따라 주거환경개선사업의 시행자를 토지주택공사등으로 지정하는 경우
4. 제25조제1항제2호에 따라 토지등소유자가 재개발사업을 시행하려는 경우
5. 제26조 또는 제27조에 따라 재개발사업·재건축사업의 공공시행자 또는 지정개발자를 지정하는 경우
6. 제31조제1항에 따라 조합설립을 위한 추진위원회를 구성하는 경우
7. 제32조제4항에 따라 추진위원회의 업무가 토지등소유자의 비용부담을 수반하거나 권리·의무에 변동을 가져오는 경우
8. 제35조제2항부터 제5항까지의 규정에 따라 조합을 설립하는 경우
9. 제47조제3항에 따라 주민대표회의를 구성하는 경우
10. 제50조제4항에 따라 사업시행계획인가를 신청하는 경우
11. 제58조제3항에 따라 사업시행자가 사업시행계획서를 작성하려는 경우

② 제1항에도 불구하고 토지등소유자가 해외에 장기체류하거나 법인인 경우 등 불가피한 사유가 있다고 시장·군수등이 인정하는 경우에는 토지등소유자의 인감도장을 찍은 서면동의서에 해당 인감증명서를 첨부하는 방법으로 할 수 있다.

③ 제1항 및 제2항에 따라 서면동의서를 작성하는 경우 제31조제1항 및 제35조제2항부터 제4항까지의 규정에 해당하는 때에는 시장·군수등이 대통령령으로 정하는 방법에 따라 검인(檢印)한 서면동의서를 사용하여야 하며, 검인을 받지 아니한 서면동의서는 그 효력이 발생하지 아니한다.

④ 제1항, 제2항 및 제12조에 따른 토지등소유자의 동의자 수 산정 방법 및 절차 등에 필요한 사항은 대통령령으로 정한다.

제37조 토지등소유자의 동의서 재사용의 특례

① 조합설립인가(변경인가를 포함한다. 이하 이 조에서 같다)를 받은 후에 동의서 위조, 동의 철회, 동의율 미달 또는 동의자 수 산정방법에 관한 하자 등으로 다툼이 있는 경우로서 다음 각 호의 어느 하나에 해당하는 때에는 동의서의 유효성에 다툼이 없는 토지등소유자의 동의서를 다시 사용할 수 있다.

1. 조합설립인가의 무효 또는 취소소송 중에 일부 동의서를 추가 또는 보완하여 조합설립변경인가를 신청하는 때
2. 법원의 판결로 조합설립인가의 무효 또는 취소가 확정되어 조합설립인가를 다시 신청하는 때

② 조합(제1항제2호의 경우에는 추진위원회를 말한다)이 제1항에 따른 토지등소유자의 동의서를 다시 사용하려면 다음 각 호의 요건을 충족하여야 한다.

1. 토지등소유자에게 기존 동의서를 다시 사용할 수 있다는 취지와 반대 의사표시의 절차 및 방법을 설명 · 고지할 것
2. 제1항제2호의 경우에는 다음 각 목의 요건
가. 조합설립인가의 무효 또는 취소가 확정된 조합과 새롭게 설립하려는 조합이 추진하려는 정비사업의 목적과 방식이 동일할 것
나. 조합설립인가의 무효 또는 취소가 확정된 날부터 3년의 범위에서 대통령령으로 정하는 기간 내에 새로운 조합을 설립하기 위한 창립총회를 개최할 것

③ 제1항에 따른 토지등소유자의 동의서 재사용의 요건(정비사업의 내용 및 정비계획의 변경범위 등을 포함한다), 방법 및 절차 등에 필요한 사항은 대통령령으로 정한다.

제38조 조합의 법인격 등

① 조합은 법인으로 한다.
② 조합은 조합설립인가를 받은 날부터 30일 이내에 주된 사무소의 소재지에서 대통령령으로 정하는 사항을 등기하는 때에 **성립**한다.
③ 조합은 명칭에 "정비사업조합"이라는 문자를 사용하여야 한다.

제39조 조합원의 자격 등

① 제25조에 따른 정비사업의 조합원(사업시행자가 신탁업자인 경우에는 위탁자를 말한다. 이하 이 조에서 같다)은 토지등소유자(재건축사업의 경우에는 재건축사업에 동의한 자만 해당한다)로 하되, 다음 각 호의 어느 하나에 해당하는 때에는 그 여러 명을 대표하는 1명을 조합원으로 본다. 다만, 「국가균형발전 특별법」 제18조에 따른 공공기관지방이전 및 혁신도시 활성화를 위한 시책 등에 따라 이전하는 공공기관이 소유한 토지 또는 건축물을 양수한 경우 양수한 자(공유의 경우 대표자 1명을 말한다)를 조합원으로 본다.

1. 토지 또는 건축물의 소유권과 지상권이 여러 명의 공유에 속하는 때
2. 여러 명의 토지등소유자가 1세대에 속하는 때. 이 경우 동일한 세대별 주민등록표 상에 등재되어 있지 아니한 배우자 및 미혼인 19세 미만의 직계비속은 1세대로 보며, 1세대로 구성된 여러 명의 토지등소유자가 조합설립인가 후 세대를 분리하여 동일한 세대에 속하지 아니하는 때에도 이혼 및 19세 이상 자녀의 분가(세대별 주민등록을 달리하고, 실거주지를 분가한 경우로 한정한다)를 제외하고는 1세대로 본다.
3. 조합설립인가(조합설립인가 전에 제27조제1항제3호에 따라 신탁업자를 사업시행자로 지정한 경우에는 사업시행자의 지정을 말한다. 이하 이 조에서 같다) 후 1명의 토지등소유자로부터 토지 또는 건축물의 소유권이나 지상권을 양수하여 여러 명이 소유하게 된 때

② 「주택법」 제63조제1항에 따른 투기과열지구(이하 "투기과열지구"라 한다)로 지정된 지역에서 재건축사업을 시행하는 경우에는 조합설립인가 후, 재개발사업을 시행하는 경우에는 제74조에 따른 관리처분계획의 인가 후 해당 정비사업의 건축물 또는 토지를 양수(매매 · 증여, 그 밖의 권리의 변동을 수반하는 일체의 행위를 포함하되, 상속 · 이혼으로 인한 양도 · 양수의 경우는 제외한다. 이하 이 조에서 같다)한 자는 제1항에도 불구하고 조합원이 될 수 없다. 다만, 양도인이 다음 각 호의 어느 하나에 해당하는 경우 그 양도인으로부터 그 건축물 또는 토지를 양수한 자는 그러하지 아니하다.

1. 세대원(세대주가 포함된 세대의 구성원을 말한다. 이하 이 조에서 같다)의 근무상 또는 생업상의 사정이나 질병치료(「의료법」 제3조에 따른 의료기관의 장이 1년 이상의 치료나 요양이 필요하다고 인정하는 경우로 한정한다) · 취학 · 결혼으로 세대원이 모두 해당 사업구역에 위치하지 아니한 특별시 · 광역시 · 특별자치시 · 특별자치도 · 시 또는 군으로 이전하는 경우
2. 상속으로 취득한 주택으로 세대원 모두 이전하는 경우
3. 세대원 모두 해외로 이주하거나 세대원 모두 2년 이상 해외에 체류하려는 경우
4. 1세대(제1항제2호에 따라 1세대에 속하는 때를 말한다) 1주택자로서 양도하는 주택에 대한 소유기간 및 거주기간이 대통령령으로 정하는 기간 이상인 경우
5. 그 밖에 불가피한 사정으로 양도하는 경우로서 대통령령으로 정하는 경우

③ 사업시행자는 제2항 각 호 외의 부분 본문에 따라 조합원의 자격을 취득할 수 없는 경우 정비사업의 토지, 건축물 또는 그 밖의 권리를 취득한 자에게 제73조를 준용하여 손실보상을 하여야 한다.

제40조 정관의 기재사항 등

① 조합의 정관에는 다음 각 호의 사항이 포함되어야 한다.

1. 조합의 명칭 및 사무소의 소재지
2. 조합원의 자격
3. 조합원의 제명 · 탈퇴 및 교체
4. 정비구역의 위치 및 면적
5. 제41조에 따른 조합의 임원(이하 "조합임원"이라 한다)의 수 및 업무의 범위
6. 조합임원의 권리 · 의무 · 보수 · 선임방법 · 변경 및 해임
7. 대의원의 수, 선임방법, 선임절차 및 대의원회의 의결방법
8. 조합의 비용부담 및 조합의 회계
9. 정비사업의 시행연도 및 시행방법
10. 총회의 소집 절차 · 시기 및 의결방법
11. 총회의 개최 및 조합원의 총회소집 요구
12. 제73조제3항에 따른 이자 지급
13. 정비사업비의 부담 시기 및 절차
14. 정비사업이 종결된 때의 청산절차
15. 청산금의 징수 · 지급의 방법 및 절차
16. 시공자 · 설계자의 선정 및 계약서에 포함될 내용
17. 정관의 변경절차
18. 그 밖에 정비사업의 추진 및 조합의 운영을 위하여 필요한 사항으로서 대통령령으로 정하는 사항

② 국토교통부장관은 제1항 각 호의 사항이 포함된 표준정관을 작성하여 보급할 수 있다.

③ 조합이 정관을 변경하려는 경우에는 제35조제2항부터 제5항까지의 규정에도 불구하고 총회를 개최하여 조합원 과반수의 찬성으로 시장 · 군수등의 인가를 받아야 한다. 다만, 제1항제2호 · 제3호 · 제4호 · 제8호 · 제13호 또는 제16호의 경우에는 조합원 3분의 2 이상의 찬성으로 한다.

④ 제3항에도 불구하고 대통령령으로 정하는 경미한 사항을 변경하려는 때에는 이 법 또는 정관으로 정하는 방법에 따라 변경하고 시장 · 군수등에게 신고하여야 한다.

제41조 조합의 임원

① 조합은 다음 각 호의 임원을 둔다.

> 1. 조합장 1명
> 2. 이사
> 3. 감사

② 조합의 이사와 감사의 수는 대통령령으로 정하는 범위에서 정관으로 정한다.
③ 조합은 총회 의결을 거쳐 조합임원의 선출에 관한 선거관리를 「선거관리위원회법」 제3조에 따라 선거관리위원회에 위탁할 수 있다.
④ 조합임원의 임기는 3년 이하의 범위에서 정관으로 정하되, 연임할 수 있다.
⑤ 조합임원의 선출방법 등은 정관으로 정한다. 다만, 시장 · 군수등은 조합임원이 사임, 해임, 임기만료, 그 밖에 불가피한 사유 등으로 직무를 수행할 수 없는 때부터 6개월 이상 선임되지 아니한 경우 시 · 도조례로 정하는 바에 따라 변호사 · 회계사 · 기술사 등으로서 대통령령으로 정하는 요건을 갖춘 자를 전문조합관리인으로 선정하여 조합임원의 업무를 대행하게 할 수 있다.
⑥ 제5항에 따른 전문조합관리인의 선정절차, 업무집행 등에 필요한 사항은 대통령령으로 정한다.

제42조 조합임원의 직무 등

① 조합장은 조합을 대표하고, 그 사무를 총괄하며, 총회 또는 제46조에 따른 대의원회의 의장이 된다.
② 제1항에 따라 조합장이 대의원회의 의장이 되는 경우에는 대의원으로 본다.
③ 조합장 또는 이사가 자기를 위하여 조합과 계약이나 소송을 할 때에는 감사가 조합을 대표한다.
④ 조합임원은 같은 목적의 정비사업을 하는 다른 조합의 임원 또는 직원을 겸할 수 없다.

제43조 조합임원의 결격사유 및 해임

① 다음 각 호의 어느 하나에 해당하는 자는 조합임원이 될 수 없다.

> 1. 미성년자 · 피성년후견인 또는 피한정후견인
> 2. 파산선고를 받고 복권되지 아니한 자
> 3. 금고 이상의 실형을 선고받고 그 집행이 종료(종료된 것으로 보는 경우를 포함한다)되거나 집행이 면제된 날부터 2년이 경과되지 아니한 자
> 4. 금고 이상의 형의 집행유예를 받고 그 유예기간 중에 있는 자
> 5. 이 법을 위반하여 벌금 100만원 이상의 형을 선고받고 5년이 지나지 아니한 자

② 조합임원이 제1항 각 호의 어느 하나에 해당하게 되거나 선임 당시 그에 해당하는 자이었음이 판명된 때에는 당연 퇴임한다.
③ 제2항에 따라 퇴임된 임원이 퇴임 전에 관여한 행위는 그 효력을 잃지 아니한다.

④ 조합임원은 제44조제2항에도 불구하고 조합원 10분의 1 이상의 요구로 소집된 총회에서 조합원 과반수의 출석과 출석 조합원 과반수의 동의를 받아 해임할 수 있다. 이 경우 요구자 대표로 선출된 자가 해임 총회의 소집 및 진행을 할 때에는 조합장의 권한을 대행한다.

제44조 총회의 소집

① 조합에는 조합원으로 구성되는 총회를 둔다.

② 총회는 조합장이 직권으로 소집하거나 조합원 5분의 1 이상 또는 대의원 3분의 2 이상의 요구로 조합장이 소집한다.

③ 제2항에도 불구하고 조합임원의 사임, 해임 또는 임기만료 후 6개월 이상 조합임원이 선임되지 아니한 경우에는 시장 · 군수등이 조합임원 선출을 위한 총회를 소집할 수 있다.

④ 제2항 및 제3항에 따라 총회를 소집하려는 자는 총회가 개최되기 7일 전까지 회의 목적 · 안건 · 일시 및 장소를 정하여 조합원에게 통지하여야 한다.

⑤ 총회의 소집 절차 · 시기 등에 필요한 사항은 정관으로 정한다.

제45조 총회의 의결

① 다음 각 호의 사항은 총회의 의결을 거쳐야 한다.

1. 정관의 변경(제40조제4항에 따른 경미한 사항의 변경은 이 법 또는 정관에서 총회의결사항으로 정한 경우로 한정한다)
2. 자금의 차입과 그 방법 · 이자율 및 상환방법
3. 정비사업비의 사용
4. 예산으로 정한 사항 외에 조합원에게 부담이 되는 계약
5. 시공자 · 설계자 또는 감정평가업자(제74조제2항에 따라 시장 · 군수등이 선정 · 계약하는 감정평가업자는 제외한다)의 선정 및 변경. 다만, 감정평가업자 선정 및 변경은 총회의 의결을 거쳐 시장 · 군수등에게 위탁할 수 있다.
6. 정비사업전문관리업자의 선정 및 변경
7. 조합임원의 선임 및 해임
8. 정비사업비의 조합원별 분담내역
9. 제52조에 따른 사업시행계획서의 작성 및 변경(제50조제1항 본문에 따른 정비사업의 중지 또는 폐지에 관한 사항을 포함하며, 같은 항 단서에 따른 경미한 변경은 제외한다)
10. 제74조에 따른 관리처분계획의 수립 및 변경(제74조제1항 각 호 외의 부분 단서에 따른 경미한 변경은 제외한다)
11. 제89조에 따른 청산금의 징수 · 지급(분할징수 · 분할지급을 포함한다)과 조합 해산 시의 회계보고
12. 제93조에 따른 비용의 금액 및 징수방법
13. 그 밖에 조합원에게 경제적 부담을 주는 사항 등 주요한 사항을 결정하기 위하여 대통령령 또는 정관으로 정하는 사항

② 제1항 각 호의 사항 중 이 법 또는 정관에 따라 조합원의 동의가 필요한 사항은 총회에 상정하여야 한다.

③ 총회의 의결은 이 법 또는 정관에 다른 규정이 없으면 조합원 과반수의 출석과 출석 조합원의 과반수 찬성으로 한다.

④ 제1항제9호 및 제10호의 경우에는 조합원 과반수의 찬성으로 의결한다. 다만, 정비사업비가 100분의 10(생산자물가상승률분, 제73조에 따른 손실보상 금액은 제외한다) 이상 늘어나는 경우에는 조합원 3분의 2 이

상의 찬성으로 의결하여야 한다.

⑤ 조합원은 서면으로 의결권을 행사하거나 다음 각 호의 어느 하나에 해당하는 경우에는 대리인을 통하여 의결권을 행사할 수 있다. 서면으로 의결권을 행사하는 경우에는 정족수를 산정할 때에 출석한 것으로 본다.

1. 조합원이 권한을 행사할 수 없어 배우자, 직계존비속 또는 형제자매 중에서 성년자를 대리인으로 정하여 위임장을 제출하는 경우
2. 해외에 거주하는 조합원이 대리인을 지정하는 경우
3. 법인인 토지등소유자가 대리인을 지정하는 경우. 이 경우 법인의 대리인은 조합임원 또는 대의원으로 선임될 수 있다.

⑥ 총회의 의결은 조합원의 100분의 10 이상이 직접 출석하여야 한다. 다만, 창립총회, 사업시행계획서의 작성 및 변경, 관리처분계획의 수립 및 변경을 의결하는 총회 등 대통령령으로 정하는 총회의 경우에는 조합원의 100분의 20 이상이 직접 출석하여야 한다.

⑦ 총회의 의결방법 등에 필요한 사항은 정관으로 정한다.

제46조 대의원회

① 조합원의 수가 100명 이상인 조합은 대의원회를 두어야 한다.

② 대의원회는 조합원의 10분의 1 이상으로 구성한다. 다만, 조합원의 10분의 1이 100명을 넘는 경우에는 조합원의 10분의 1의 범위에서 100명 이상으로 구성할 수 있다.

③ 조합장이 아닌 조합임원은 대의원이 될 수 없다.

④ 대의원회는 총회의 의결사항 중 대통령령으로 정하는 사항 외에는 총회의 권한을 대행할 수 있다.

⑤ 대의원의 수, 선임방법, 선임절차 및 대의원회의 의결방법 등은 대통령령으로 정하는 범위에서 정관으로 정한다.

제47조 주민대표회의

① 토지등소유자가 시장 · 군수등 또는 토지주택공사등의 사업시행을 원하는 경우에는 정비구역 지정 · 고시 후 주민대표기구(이하 "주민대표회의"라 한다)를 구성하여야 한다.

② 주민대표회의는 위원장을 포함하여 5명 이상 25명 이하로 구성한다.

③ 주민대표회의는 토지등소유자의 과반수의 동의를 받아 구성하며, 국토교통부령으로 정하는 방법 및 절차에 따라 시장 · 군수등의 승인을 받아야 한다.

④ 제3항에 따라 주민대표회의의 구성에 동의한 자는 제26조제1항제8호 후단에 따른 사업시행자의 지정에 동의한 것으로 본다. 다만, 사업시행자의 지정 요청 전에 시장 · 군수등 및 주민대표회의에 사업시행자의 지정에 대한 반대의 의사표시를 한 토지등소유자의 경우에는 그러하지 아니하다.

⑤ 주민대표회의 또는 세입자(상가세입자를 포함한다. 이하 같다)는 사업시행자가 다음 각 호의 사항에 관하여 제53조에 따른 시행규정을 정하는 때에 의견을 제시할 수 있다. 이 경우 사업시행자는 주민대표회의 또는

세입자의 의견을 반영하기 위하여 노력하여야 한다.

1. 건축물의 철거
2. 주민의 이주(세입자의 퇴거에 관한 사항을 포함한다)
3. 토지 및 건축물의 보상(세입자에 대한 주거이전비 등 보상에 관한 사항을 포함한다)
4. 정비사업비의 부담
5. 세입자에 대한 임대주택의 공급 및 입주자격
6. 그 밖에 정비사업의 시행을 위하여 필요한 사항으로서 대통령령으로 정하는 사항

⑥ 주민대표회의의 운영, 비용부담, 위원의 선임 방법 및 절차 등에 필요한 사항은 대통령령으로 정한다.

제48조 토지등소유자 전체회의

① 제27조제1항제3호에 따라 사업시행자로 지정된 신탁업자는 다음 각 호의 사항에 관하여 해당 정비사업의 토지등소유자(재건축사업의 경우에는 신탁업자를 사업시행자로 지정하는 것에 동의한 토지등소유자를 말한다. 이하 이 조에서 같다) 전원으로 구성되는 회의(이하 "토지등소유자 전체회의"라 한다)의 의결을 거쳐야 한다.

1. 시행규정의 확정 및 변경
2. 정비사업비의 사용 및 변경
3. 정비사업전문관리업자와의 계약 등 토지등소유자의 부담이 될 계약
4. 시공자의 선정 및 변경
5. 정비사업비의 토지등소유자별 분담내역
6. 자금의 차입과 그 방법 · 이자율 및 상환방법
7. 제52조에 따른 사업시행계획서의 작성 및 변경(제50조제1항 본문에 따른 정비사업의 중지 또는 폐지에 관한 사항을 포함하며, 같은 항 단서에 따른 경미한 변경은 제외한다)
8. 제74조에 따른 관리처분계획의 수립 및 변경(제74조제1항 각 호 외의 부분 단서에 따른 경미한 변경은 제외한다)
9. 제89조에 따른 청산금의 징수 · 지급(분할징수 · 분할지급을 포함한다)과 조합 해산 시의 회계보고
10. 제93조에 따른 비용의 금액 및 징수방법
11. 그 밖에 토지등소유자에게 부담이 되는 것으로 시행규정으로 정하는 사항

② 토지등소유자 전체회의는 사업시행자가 직권으로 소집하거나 토지등소유자 5분의 1 이상의 요구로 사업시행자가 소집한다.

③ 토지등소유자 전체회의의 소집 절차 · 시기 및 의결방법 등에 관하여는 제44조제5항, 제45조제3항 · 제4항 · 제6항 및 제7항을 준용한다. 이 경우 "총회"는 "토지등소유자 전체회의"로, "정관"은 "시행규정"으로, "조합원"은 "토지등소유자"로 본다.

제49조 민법의 준용

조합에 관하여는 이 법에 규정된 사항을 제외하고는 「민법」 중 사단법인에 관한 규정을 준용한다.

[제3절] 사업시행계획 등

제50조 사업시행계획인가

① 사업시행자(제25조제1항 및 제2항에 따른 공동시행의 경우를 포함하되, 사업시행자가 시장·군수등인 경우는 제외한다)는 정비사업을 시행하려는 경우에는 제52조에 따른 사업시행계획서(이하 "사업시행계획서"라 한다)에 정관등과 그 밖에 국토교통부령으로 정하는 서류를 첨부하여 시장·군수등에게 제출하고 사업시행계획**인가**를 받아야 하고, 인가받은 사항을 변경하거나 정비사업을 중지 또는 폐지하려는 경우에도 또한 같다. 다만, 대통령령으로 정하는 경미한 사항을 변경하려는 때에는 시장·군수등에게 **신고**하여야 한다.

② 시장·군수등은 특별한 사유가 없으면 제1항에 따라 사업시행계획서의 제출이 있은 날부터 60일 이내에 인가 여부를 결정하여 사업시행자에게 **통보**하여야 한다.

③ 사업시행자(시장·군수등 또는 토지주택공사등은 제외한다)는 사업시행계획인가를 신청하기 전에 미리 총회의 **의결**을 거쳐야 하며, 인가받은 사항을 변경하거나 정비사업을 중지 또는 폐지하려는 경우에도 또한 같다. 다만, 제1항 단서에 따른 경미한 사항의 변경은 총회의 의결을 필요로 하지 아니한다.

④ 토지등소유자가 제25조제1항제2호에 따라 재개발사업을 시행하려는 경우에는 사업시행계획인가를 신청하기 전에 사업시행계획서에 대하여 토지등소유자의 4분의 3 이상 및 토지면적의 2분의 1 이상의 토지소유자의 동의를 받아야 한다. 다만, 인가받은 사항을 변경하려는 경우에는 규약으로 정하는 바에 따라 토지등소유자의 과반수의 **동의**를 받아야 하며, 제1항 단서에 따른 경미한 사항의 변경인 경우에는 토지등소유자의 동의를 필요로 하지 아니한다.

⑤ 지정개발자가 정비사업을 시행하려는 경우에는 사업시행계획인가를 신청하기 전에 토지등소유자의 과반수의 동의 및 토지면적의 2분의 1 이상의 토지소유자의 동의를 받아야 한다. 다만, 제1항 단서에 따른 경미한 사항의 변경인 경우에는 토지등소유자의 동의를 필요로 하지 아니한다.

⑥ 제26조제1항제1호 및 제27조제1항제1호에 따른 사업시행자는 제5항에도 불구하고 토지등소유자의 동의를 필요로 하지 아니한다.

⑦ 시장·군수등은 제1항에 따른 사업시행계획인가(시장·군수등이 사업시행계획서를 작성한 경우를 포함한다)를 하거나 정비사업을 변경·중지 또는 폐지하는 경우에는 국토교통부령으로 정하는 방법 및 절차에 따라 그 내용을 해당 지방자치단체의 공보에 **고시**하여야 한다. 다만, 제1항 단서에 따른 경미한 사항을 변경하려는 경우에는 그러하지 아니하다.

제51조 기반시설의 기부채납 기준

① 시장·군수등은 제50조제1항에 따라 사업시행계획을 인가하는 경우 사업시행자가 제출하는 사업시행계획에 해당 정비사업과 직접적으로 관련이 없거나 과도한 정비기반시설의 기부채납을 요구하여서는 아니 된다.

② 국토교통부장관은 정비기반시설의 기부채납과 관련하여 다음 각 호의 사항이 포함된 운영기준을 작성하

여 고시할 수 있다.

1. 정비기반시설의 기부채납 부담의 원칙 및 수준
2. 정비기반시설의 설치기준 등

③ 시장 · 군수등은 제2항에 따른 운영기준의 범위에서 지역여건 또는 사업의 특성 등을 고려하여 따로 기준을 정할 수 있으며, 이 경우 사전에 국토교통부장관에게 보고하여야 한다.

제52조 사업시행계획서의 작성

① 사업시행자는 정비계획에 따라 다음 각 호의 **사항**을 **포함**하는 사업시행계획서를 **작성**하여야 한다.

1. 토지이용계획(건축물배치계획을 포함한다)
2. 정비기반시설 및 공동이용시설의 설치계획
3. 임시거주시설을 포함한 주민이주대책
4. 세입자의 주거 및 이주 대책
5. 사업시행기간 동안 정비구역 내 가로등 설치, 폐쇄회로 텔레비전 설치 등 범죄예방대책
6. 제10조에 따른 임대주택의 건설계획(재건축사업의 경우는 제외한다)
7. 제54조제4항에 따른 소형주택의 건설계획(주거환경개선사업의 경우는 제외한다)
8. 공공지원민간임대주택 또는 임대관리 위탁주택의 건설계획(필요한 경우로 한정한다)
9. 건축물의 높이 및 용적률 등에 관한 건축계획
10. 정비사업의 시행과정에서 발생하는 폐기물의 처리계획
11. 교육시설의 교육환경 보호에 관한 계획(정비구역부터 200미터 이내에 교육시설이 설치되어 있는 경우로 한정한다)
12. 정비사업비
13. 그 밖에 사업시행을 위한 사항으로서 대통령령으로 정하는 바에 따라 시·도조례로 정하는 사항

② 사업시행자가 제1항에 따른 사업시행계획서에 「공공주택 특별법」 제2조제1호에 따른 공공주택(이하 "공공주택"이라 한다) 건설계획을 포함하는 경우에는 공공주택의 구조·기능 및 설비에 관한 기준과 부대시설·복리시설의 범위, 설치기준 등에 필요한 사항은 같은 법 제37조에 따른다.

제53조 시행규정의 작성

시장 · 군수등, 토지주택공사등 또는 신탁업자가 단독으로 정비사업을 시행하는 경우 다음 각 호의 사항을 포함하는 시행규정을 작성하여야 한다.

1. 정비사업의 종류 및 명칭
2. 정비사업의 시행연도 및 시행방법
3. 비용부담 및 회계
4. 토지등소유자의 권리 · 의무
5. 정비기반시설 및 공동이용시설의 부담
6. 공고 · 공람 및 통지의 방법
7. 토지 및 건축물에 관한 권리의 평가방법

8. 관리처분계획 및 청산(분할징수 또는 납입에 관한 사항을 포함한다). 다만, 수용의 방법으로 시행하는 경우는 제외한다.
9. 시행규정의 변경
10. 사업시행계획서의 변경
11. 토지등소유자 전체회의(신탁업자가 사업시행자인 경우로 한정한다)
12. 그 밖에 시·도조례로 정하는 사항

제54조 재건축사업 등의 용적률 완화 및 소형주택 건설비율

① 사업시행자는 다음 각 호의 어느 하나에 해당하는 정비사업(「도시재정비 촉진을 위한 특별법」 제2조제1호에 따른 재정비촉진지구에서 시행되는 재개발사업 및 재건축사업은 제외한다. 이하 이 조에서 같다)을 시행하는 경우 정비계획(이 법에 따라 정비계획으로 의제되는 계획을 포함한다. 이하 이 조에서 같다)으로 정하여진 용적률에도 불구하고 지방도시계획위원회의 심의를 거쳐 「국토의 계획 및 이용에 관한 법률」 제78조 및 관계 법률에 따른 용적률의 상한(이하 이 조에서 "법적상한용적률"이라 한다)까지 건축할 수 있다.

1. 「수도권정비계획법」 제6조제1항제1호에 따른 과밀억제권역(이하 "과밀억제권역"이라 한다)에서 시행하는 재개발사업 및 재건축사업(「국토의 계획 및 이용에 관한 법률」 제78조에 따른 주거지역으로 한정한다. 이하 이 조에서 같다)
2. 제1호 외의 경우 시·도조례로 정하는 지역에서 시행하는 재개발사업 및 재건축사업

② 제1항에 따라 사업시행자가 정비계획으로 정하여진 용적률을 초과하여 건축하려는 경우에는 「국토의 계획 및 이용에 관한 법률」 제78조에 따라 특별시·광역시·특별자치시·특별자치도·시 또는 군의 조례로 정한 용적률 제한 및 정비계획으로 정한 허용세대수의 제한을 받지 아니한다.

③ 제1항의 관계 법률에 따른 용적률의 상한은 다음 각 호의 어느 하나에 해당하여 건축행위가 제한되는 경우 건축이 가능한 용적률을 말한다.

1. 「국토의 계획 및 이용에 관한 법률」 제76조에 따른 건축물의 층수제한
2. 「건축법」 제60조에 따른 높이제한
3. 「건축법」 제61조에 따른 일조 등의 확보를 위한 건축물의 높이제한
4. 「공항시설법」 제34조에 따른 장애물 제한표면구역 내 건축물의 높이제한
5. 「군사기지 및 군사시설 보호법」 제10조에 따른 비행안전구역 내 건축물의 높이제한
6. 「문화재보호법」 제12조에 따른 건설공사 시 문화재 보호를 위한 건축제한
7. 그 밖에 시장·군수등이 건축 관계 법률의 건축제한으로 용적률의 완화가 불가능하다고 근거를 제시하고, 지방도시계획위원회 또는 「건축법」 제4조에 따라 시·도에 두는 건축위원회가 심의를 거쳐 용적률 완화가 불가능하다고 인정한 경우

④ 사업시행자는 법적상한용적률에서 정비계획으로 정하여진 용적률을 뺀 용적률(이하 "초과용적률"이라 한다)의 다음 각 호에 따른 비율에 해당하는 면적에 주거전용면적 60제곱미터 이하의 소형주택을 건설하여야 한다. 다만, 제26조제1항제1호 및 제27조제1항제1호에 따른 정비사업을 시행하는 경우에는 그러하지 아니하다.

1. 과밀억제권역에서 시행하는 재건축사업은 초과용적률의 100분의 30 이상 100분의 50 이하로서 시ㆍ도조례로 정하는 비율
2. 과밀억제권역에서 시행하는 재개발사업은 초과용적률의 100분의 50 이상 100분의 75 이하로서 시ㆍ도조례로 정하는 비율
3. 과밀억제권역 외의 지역에서 시행하는 재건축사업은 초과용적률의 100분의 50 이하로서 시ㆍ도조례로 정하는 비율
4. 과밀억제권역 외의 지역에서 시행하는 재개발사업은 초과용적률의 100분의 75 이하로서 시ㆍ도조례로 정하는 비율

第55조 소형주택의 공급 및 인수

① 사업시행자는 제54조제4항에 따라 건설한 소형주택을 국토교통부장관, 시ㆍ도지사, 시장, 군수, 구청장 또는 토지주택공사등(이하 이 조에서 "인수자"라 한다)에 공급하여야 한다.

② 제1항에 따른 소형주택의 공급가격은 「공공주택 특별법」 제50조의4에 따라 국토교통부장관이 고시하는 공공건설임대주택의 표준건축비로 하며, 부속 토지는 인수자에게 기부채납한 것으로 본다.

③ 사업시행자는 제54조제1항 및 제2항에 따라 정비계획상 용적률을 초과하여 건축하려는 경우에는 사업시행계획인가를 신청하기 전에 미리 제1항 및 제2항에 따른 소형주택에 관한 사항을 인수자와 협의하여 사업시행계획서에 반영하여야 한다.

④ 제1항 및 제2항에 따른 소형주택의 인수를 위한 절차와 방법 등에 필요한 사항은 대통령령으로 정할 수 있으며, 인수된 소형주택은 대통령령으로 정하는 장기공공임대주택으로 활용하여야 한다. 다만, 토지등소유자의 부담 완화 등 대통령령으로 정하는 요건에 해당하는 경우에는 인수된 소형주택을 장기공공임대주택이 아닌 임대주택으로 활용할 수 있다.

⑤ 제2항에도 불구하고 제4항 단서에 따른 임대주택의 인수자는 임대의무기간에 따라 감정평가액의 100분의 50 이하의 범위에서 대통령령으로 정하는 가격으로 부속 토지를 인수하여야 한다.

第56조 관계 서류의 공람과 의견청취

① 시장ㆍ군수등은 사업시행계획인가를 하거나 사업시행계획서를 작성하려는 경우에는 대통령령으로 정하는 방법 및 절차에 따라 관계 서류의 사본을 14일 이상 일반인이 공람할 수 있게 하여야 한다. 다만, 제50조제1항 단서에 따른 경미한 사항을 변경하려는 경우에는 그러하지 아니하다.

② 토지등소유자 또는 조합원, 그 밖에 정비사업과 관련하여 이해관계를 가지는 자는 제1항의 공람기간 이내에 시장ㆍ군수등에게 서면으로 의견을 제출할 수 있다.

③ 시장ㆍ군수등은 제2항에 따라 제출된 의견을 심사하여 채택할 필요가 있다고 인정하는 때에는 이를 채택하고, 그러하지 아니한 경우에는 의견을 제출한 자에게 그 사유를 알려주어야 한다.

第57조 인ㆍ허가등의 의제 등

① 사업시행자가 사업시행계획인가를 받은 때(시장ㆍ군수등이 직접 정비사업을 시행하는 경우에는 사업시행계획서를 작성한 때를 말한다. 이하 이 조에서 같다)에는 다음 각 호의 인가ㆍ허가ㆍ승인ㆍ신고ㆍ등록ㆍ협의ㆍ동

의 · 심사 · 지정 또는 해제(이하 "인 · 허가등"이라 한다)가 있은 것으로 보며, 제50조제7항에 따른 사업시행계획인가의 고시가 있은 때에는 다음 각 호의 관계 법률에 따른 인 · 허가등의 고시 · 공고 등이 있은 것으로 본다.

1. 「주택법」 제15조에 따른 사업계획의 승인
2. 「공공주택 특별법」 제35조에 따른 주택건설사업계획의 승인
3. 「건축법」 제11조에 따른 건축허가, 같은 법 제20조에 따른 가설건축물의 건축허가 또는 축조신고 및 같은 법 제29조에 따른 건축협의
4. 「도로법」 제36조에 따른 도로관리청이 아닌 자에 대한 도로공사 시행의 허가 및 같은 법 제61조에 따른 도로의 점용허가
5. 「사방사업법」 제20조에 따른 사방지의 지정해제
6. 「농지법」 제34조에 따른 농지전용의 허가 · 협의 및 같은 법 제35조에 따른 농지전용신고
7. 「산지관리법」 제14조 · 제15조에 따른 산지전용허가 및 산지전용신고, 같은 법 제15조의2에 따른 산지일시사용허가 · 신고와 「산림자원의 조성 및 관리에 관한 법률」 제36조제1항 · 제4항에 따른 입목벌채등의 허가 · 신고 및 「산림보호법」 제9조제1항 및 같은 조 제2항제1호에 따른 산림보호구역에서의 행위의 허가. 다만, 「산림자원의 조성 및 관리에 관한 법률」에 따른 채종림 · 시험림과 「산림보호법」에 따른 산림유전자원보호구역의 경우는 제외한다.
8. 「하천법」 제30조에 따른 하천공사 시행의 허가 및 하천공사실시계획의 인가, 같은 법 제33조에 따른 하천의 점용허가 및 같은 법 제50조에 따른 하천수의 사용허가
9. 「수도법」 제17조에 따른 일반수도사업의 인가 및 같은 법 제52조 또는 제54조에 따른 전용상수도 또는 전용공업용수도 설치의 인가
10. 「하수도법」 제16조에 따른 공공하수도 사업의 허가 및 같은 법 제34조제2항에 따른 개인하수처리시설의 설치신고
11. 「공간정보의 구축 및 관리 등에 관한 법률」 제15조제3항에 따른 지도등의 간행 심사
12. 「유통산업발전법」 제8조에 따른 대규모점포등의 등록
13. 「국유재산법」 제30조에 따른 사용허가(재개발사업으로 한정한다)
14. 「공유재산 및 물품 관리법」 제20조에 따른 사용 · 수익허가(재개발사업으로 한정한다)
15. 「공간정보의 구축 및 관리 등에 관한 법률」 제86조제1항에 따른 사업의 착수 · 변경의 신고
16. 「국토의 계획 및 이용에 관한 법률」 제86조에 따른 도시 · 군계획시설 사업시행자의 지정 및 같은 법 제88조에 따른 실시계획의 인가
17. 「전기사업법」 제62조에 따른 자가용전기설비의 공사계획의 인가 및 신고
18. 「화재예방, 소방시설 설치 · 유지 및 안전관리에 관한 법률」 제7조제1항에 따른 건축허가등의 동의, 「위험물안전관리법」 제6조제1항에 따른 제조소등의 설치의 허가(제조소등은 공장건축물 또는 그 부속시설에 관계된 것으로 한정한다)

② 사업시행자가 공장이 포함된 구역에 대하여 재개발사업의 사업시행계획인가를 받은 때에는 제1항에 따른 인 · 허가등 외에 다음 각 호의 인 · 허가등이 있은 것으로 보며, 제50조제7항에 따른 사업시행계획인가를 고시한 때에는 다음 각 호의 관계 법률에 따른 인 · 허가 등의 고시 · 공고 등이 있은 것으로 본다.

1. 「산업집적활성화 및 공장설립에 관한 법률」 제13조에 따른 공장설립등의 승인 및 같은 법 제15조에 따른 공장설립등의 완료신고
2. 「폐기물관리법」 제29조제2항에 따른 폐기물처리시설의 설치승인 또는 설치신고(변경승인 또는 변경신고를 포함한다)
3. 「대기환경보전법」 제23조, 「물환경보전법」 제33조 및 「소음 · 진동관리법」 제8조에 따른 배출시설설치의 허가 및 신고
4. 「총포 · 도검 · 화약류 등의 안전관리에 관한 법률」 제25조제1항에 따른 화약류저장소 설치의 허가

③ 사업시행자는 정비사업에 대하여 제1항 및 제2항에 따른 인・허가등의 의제를 받으려는 경우에는 제50조제1항에 따른 사업시행계획인가를 신청하는 때에 해당 법률이 정하는 관계 서류를 함께 제출하여야 한다. 다만, 사업시행계획인가를 신청한 때에 시공자가 선정되어 있지 아니하여 관계 서류를 제출할 수 없거나 제6항에 따라 사업시행계획인가를 하는 경우에는 시장・군수등이 정하는 기한까지 제출할 수 있다.

④ 시장・군수등은 사업시행계획인가를 하거나 사업시행계획서를 작성하려는 경우 제1항 각 호 및 제2항 각 호에 따라 의제되는 인・허가등에 해당하는 사항이 있는 때에는 미리 관계 행정기관의 장과 협의하여야 하고, 협의를 요청받은 관계 행정기관의 장은 요청받은 날(제3항 단서의 경우에는 서류가 관계 행정기관의 장에게 도달된 날을 말한다)부터 30일 이내에 의견을 제출하여야 한다. 이 경우 관계 행정기관의 장이 30일 이내에 의견을 제출하지 아니하면 협의된 것으로 본다.

⑤ 시장・군수등은 사업시행계획인가(시장・군수등이 사업시행계획서를 작성한 경우를 포함한다)를 하려는 경우 정비구역부터 200미터 이내에 교육시설이 설치되어 있는 때에는 해당 지방자치단체의 교육감 또는 교육장과 협의하여야 하며, 인가받은 사항을 변경하는 경우에도 또한 같다.

⑥ 시장・군수등은 제4항 및 제5항에도 불구하고 천재지변이나 그 밖의 불가피한 사유로 긴급히 정비사업을 시행할 필요가 있다고 인정하는 때에는 관계 행정기관의 장 및 교육감 또는 교육장과 협의를 마치기 전에 제50조제1항에 따른 사업시행계획인가를 할 수 있다. 이 경우 협의를 마칠 때까지는 제1항 및 제2항에 따른 인・허가등을 받은 것으로 보지 아니한다.

⑦ 제1항이나 제2항에 따라 인・허가등을 받은 것으로 보는 경우에는 관계 법률 또는 시・도조례에 따라 해당 인・허가등의 대가로 부과되는 수수료와 해당 국・공유지의 사용 또는 점용에 따른 사용료 또는 점용료를 면제한다.

제58조 사업시행계획인가의 특례

① 사업시행자는 일부 건축물의 존치 또는 리모델링(「주택법」 제2조제25호 또는 「건축법」 제2조제1항제10호에 따른 리모델링을 말한다. 이하 같다)에 관한 내용이 포함된 사업시행계획서를 작성하여 사업시행계획인가를 신청할 수 있다.

② 시장・군수등은 존치 또는 리모델링하는 건축물 및 건축물이 있는 토지가 「주택법」 및 「건축법」에 따른 다음 각 호의 건축 관련 기준에 적합하지 아니하더라도 대통령령으로 정하는 기준에 따라 사업시행계획인가를 할 수 있다.

1. 「주택법」 제2조제12호에 따른 주택단지의 범위
2. 「주택법」 제35조제1항제3호 및 제4호에 따른 부대시설 및 복리시설의 설치기준
3. 「건축법」 제44조에 따른 대지와 도로의 관계
4. 「건축법」 제46조에 따른 건축선의 지정
5. 「건축법」 제61조에 따른 일조 등의 확보를 위한 건축물의 높이 제한

③ 사업시행자가 제1항에 따라 사업시행계획서를 작성하려는 경우에는 존치 또는 리모델링하는 건축물 소유자의 동의(「집합건물의 소유 및 관리에 관한 법률」 제2조제2호에 따른 구분소유자가 있는 경우에는 구분소유자의 3분의 2 이상의 동의와 해당 건축물 연면적의 3분의 2 이상의 구분소유자의 동의로 한다)를 받아야 한다. 다만, 정비계획에서 존치 또는 리모델링하는 것으로 계획된 경우에는 그러하지 아니한다.

제59조 순환정비방식의 정비사업 등

① 사업시행자는 정비구역의 안과 밖에 새로 건설한 주택 또는 이미 건설되어 있는 주택의 경우 그 정비사업의 시행으로 철거되는 주택의 소유자 또는 세입자(정비구역에서 실제 거주하는 자로 한정한다. 이하 이 항 및 제61조제1항에서 같다)를 임시로 거주하게 하는 등 그 정비구역을 순차적으로 정비하여 주택의 소유자 또는 세입자의 이주대책을 수립하여야 한다.

② 사업시행자는 제1항에 따른 방식으로 정비사업을 시행하는 경우에는 임시로 거주하는 주택(이하 "순환용주택"이라 한다)을 「주택법」 제54조에도 불구하고 제61조에 따른 임시거주시설로 사용하거나 임대할 수 있으며, 대통령령으로 정하는 방법과 절차에 따라 토지주택공사등이 보유한 공공임대주택을 순환용주택으로 우선 공급할 것을 요청할 수 있다.

③ 사업시행자는 순환용주택에 거주하는 자가 정비사업이 완료된 후에도 순환용주택에 계속 거주하기를 희망하는 때에는 대통령령으로 정하는 바에 따라 분양하거나 계속 임대할 수 있다. 이 경우 사업시행자가 소유하는 순환용주택은 제74조에 따라 인가받은 관리처분계획에 따라 토지등소유자에게 처분된 것으로 본다.

제60조 지정개발자의 정비사업비의 예치 등

① 시장・군수등은 재개발사업의 사업시행계획인가를 하는 경우 해당 정비사업의 사업시행자가 지정개발자(지정개발자가 토지등소유자인 경우로 한정한다)인 때에는 정비사업비의 100분의 20의 범위에서 시・도조례로 정하는 금액을 예치하게 할 수 있다.

② 제1항에 따른 예치금은 제89조제1항 및 제2항에 따른 청산금의 지급이 완료된 때에 반환한다.

③ 제1항 및 제2항에 따른 예치 및 반환 등에 필요한 사항은 시・도조례로 정한다.

[제4절] 정비사업 시행을 위한 조치 등

제61조 임시거주시설 · 임시상가의 설치 등

① 사업시행자는 주거환경개선사업 및 재개발사업의 시행으로 철거되는 주택의 소유자 또는 세입자에게 해당 정비구역 안과 밖에 위치한 임대주택 등의 시설에 임시로 거주하게 하거나 주택자금의 융자를 알선하는 등 임시거주에 상응하는 조치를 하여야 한다.

② 사업시행자는 제1항에 따라 임시거주시설(이하 "임시거주시설"이라 한다)의 설치 등을 위하여 필요한 때에는 국가 · 지방자치단체, 그 밖의 공공단체 또는 개인의 시설이나 토지를 일시 사용할 수 있다.

③ 국가 또는 지방자치단체는 사업시행자로부터 임시거주시설에 필요한 건축물이나 토지의 사용신청을 받은 때에는 대통령령으로 정하는 사유가 없으면 이를 거절하지 못한다. 이 경우 사용료 또는 대부료는 면제한다.

④ 사업시행자는 정비사업의 공사를 완료한 때에는 완료한 날부터 30일 이내에 임시거주시설을 철거하고, 사용한 건축물이나 토지를 원상회복하여야 한다.

⑤ 재개발사업의 사업시행자는 사업시행으로 이주하는 상가세입자가 사용할 수 있도록 정비구역 또는 정비구역 인근에 임시상가를 설치할 수 있다.

제62조 임시거주시설 · 임시상가의 설치 등에 따른 손실보상

① 사업시행자는 제61조에 따라 공공단체(지방자치단체는 제외한다) 또는 개인의 시설이나 토지를 일시 사용함으로써 손실을 입은 자가 있는 경우에는 손실을 보상하여야 하며, 손실을 보상하는 경우에는 손실을 입은 자와 협의하여야 한다.

② 사업시행자 또는 손실을 입은 자는 제1항에 따른 손실보상에 관한 협의가 성립되지 아니하거나 협의할 수 없는 경우에는 「공익사업을 위한 토지 등의 취득 및 보상에 관한 법률」 제49조에 따라 설치되는 관할 토지수용위원회에 재결을 신청할 수 있다.

③ 제1항 또는 제2항에 따른 손실보상은 이 법에 규정된 사항을 제외하고는 「공익사업을 위한 토지 등의 취득 및 보상에 관한 법률」을 준용한다.

제63조 토지 등의 수용 또는 사용

사업시행자는 정비구역에서 정비사업(재건축사업의 경우에는 제26조제1항제1호 및 제27조제1항제1호에 해당하는 사업으로 한정한다)을 시행하기 위하여 「공익사업을 위한 토지 등의 취득 및 보상에 관한 법률」 제3조에 따른 토지 · 물건 또는 그 밖의 권리를 취득하거나 사용할 수 있다.

제64조 재건축사업에서의 매도청구

① 재건축사업의 사업시행자는 사업시행계획인가의 고시가 있은 날부터 30일 이내에 다음 각 호의 자에게 조합설립 또는 사업시행자의 지정에 관한 동의 여부를 회답할 것을 서면으로 촉구하여야 한다.

1. 제35조제3항부터 제5항까지에 따른 조합설립에 동의하지 아니한 자
2. 제26조제1항 및 제27조제1항에 따라 시장 · 군수등, 토지주택공사등 또는 신탁업자의 사업시행자 지정에 동의하지 아니한 자

② 제1항의 촉구를 받은 토지등소유자는 촉구를 받은 날부터 2개월 이내에 회답하여야 한다.

③ 제2항의 기간 내에 회답하지 아니한 경우 그 토지등소유자는 조합설립 또는 사업시행자의 지정에 동의하지 아니하겠다는 뜻을 회답한 것으로 본다.

④ 제2항의 기간이 지나면 사업시행자는 그 기간이 만료된 때부터 2개월 이내에 조합설립 또는 사업시행자 지정에 동의하지 아니하겠다는 뜻을 회답한 토지등소유자와 건축물 또는 토지만 소유한 자에게 건축물 또는 토지의 소유권과 그 밖의 권리를 매도할 것을 청구할 수 있다.

제65조 「공익사업을 위한 토지 등의 취득 및 보상에 관한 법률」의 준용

① 정비구역에서 정비사업의 시행을 위한 토지 또는 건축물의 소유권과 그 밖의 권리에 대한 수용 또는 사용은 이 법에 규정된 사항을 제외하고는 「공익사업을 위한 토지 등의 취득 및 보상에 관한 법률」을 준용한다. 다만, 정비사업의 시행에 따른 손실보상의 기준 및 절차는 대통령령으로 정할 수 있다.

② 제1항에 따라 「공익사업을 위한 토지 등의 취득 및 보상에 관한 법률」을 준용하는 경우 사업시행계획인가 고시(시장 · 군수등이 직접 정비사업을 시행하는 경우에는 제50조제7항에 따른 사업시행계획서의 고시를 말한다. 이하 이 조에서 같다)가 있은 때에는 같은 법 제20조제1항 및 제22조제1항에 따른 사업인정 및 그 고시가 있은 것으로 본다.

③ 제1항에 따른 수용 또는 사용에 대한 재결의 신청은 「공익사업을 위한 토지 등의 취득 및 보상에 관한 법률」 제23조 및 같은 법 제28조제1항에도 불구하고 사업시행계획인가(사업시행계획변경인가를 포함한다)를 할 때 정한 사업시행기간 이내에 하여야 한다.

④ 대지 또는 건축물을 현물보상하는 경우에는 「공익사업을 위한 토지 등의 취득 및 보상에 관한 법률」 제42조에도 불구하고 제83조에 따른 준공인가 이후에도 할 수 있다.

제66조 용적률에 관한 특례

사업시행자가 다음 각 호의 어느 하나에 해당하는 경우에는 「국토의 계획 및 이용에 관한 법률」 제78조제1항에도 불구하고 해당 정비구역에 적용되는 용적률의 100분의 125 이하의 범위에서 대통령령으로 정하는 바에 따라 특별시 · 광역시 · 특별자치시 · 특별자치도 · 시 또는 군의 조례로 용적률을 완화하여 정할 수 있다.

1. 제65조제1항 단서에 따라 대통령령으로 정하는 손실보상의 기준 이상으로 세입자에게 주거이전비를 지급하거나 영업의 폐지 또는 휴업에 따른 손실을 보상하는 경우
2. 제65조제1항 단서에 따른 손실보상에 더하여 임대주택을 추가로 건설하거나 임대상가를 건설하는 등 추가적인 세입자 손실보상 대책을 수립하여 시행하는 경우

제67조 재건축사업의 범위에 관한 특례

① 사업시행자 또는 추진위원회는 다음 각 호의 어느 하나에 해당하는 경우에는 그 주택단지 안의 일부 토지에 대하여 「건축법」 제57조에도 불구하고 분할하려는 토지면적이 같은 조에서 정하고 있는 면적에 미달되더라도 토지분할을 청구할 수 있다.

> 1. 주택법」 제15조제1항에 따라 사업계획승인을 받아 건설한 둘 이상의 건축물이 있는 주택단지에 재건축사업을 하는 경우
> 2. 제35조제3항에 따른 조합설립의 동의요건을 충족시키기 위하여 필요한 경우

② 사업시행자 또는 추진위원회는 제1항에 따라 토지분할 청구를 하는 때에는 토지분할의 대상이 되는 토지 및 그 위의 건축물과 관련된 토지등소유자와 협의하여야 한다.

③ 사업시행자 또는 추진위원회는 제2항에 따른 토지분할의 협의가 성립되지 아니한 경우에는 법원에 토지분할을 청구할 수 있다.

④ 시장 · 군수등은 제3항에 따라 토지분할이 청구된 경우에 분할되어 나가는 토지 및 그 위의 건축물이 다음 각 호의 요건을 충족하는 때에는 토지분할이 완료되지 아니하여 제1항에 따른 동의요건에 미달되더라도 「건축법」 제4조에 따라 특별자치시 · 특별자치도 · 시 · 군 · 구(자치구를 말한다)에 설치하는 건축위원회의 심의를 거쳐 조합설립인가와 사업시행계획인가를 할 수 있다.

> 1. 해당 토지 및 건축물과 관련된 토지등소유자의 수가 전체의 10분의 1 이하일 것
> 2. 분할되어 나가는 토지 위의 건축물이 분할선 상에 위치하지 아니할 것
> 3. 그 밖에 사업시행계획인가를 위하여 대통령령으로 정하는 요건에 해당할 것

제68조 건축규제의 완화 등에 관한 특례

① 주거환경개선사업에 따른 건축허가를 받은 때와 부동산등기(소유권 보존등기 또는 이전등기로 한정한다)를 하는 때에는 「주택도시기금법」 제8조의 국민주택채권의 매입에 관한 규정을 적용하지 아니한다.

② 주거환경개선구역에서 「국토의 계획 및 이용에 관한 법률」 제43조제2항에 따른 도시 · 군계획시설의 결정 · 구조 및 설치의 기준 등에 필요한 사항은 국토교통부령으로 정하는 바에 따른다.

③ 사업시행자는 주거환경개선구역에서 다음 각 호의 어느 하나에 해당하는 사항은 시 · 도조례로 정하는 바에 따라 기준을 따로 정할 수 있다.

> 1. 건축법」 제44조에 따른 대지와 도로의 관계(소방활동에 지장이 없는 경우로 한정한다)
> 2. 「건축법」 제60조 및 제61조에 따른 건축물의 높이 제한(사업시행자가 공동주택을 건설 · 공급하는 경우로 한정한다)

④ 사업시행자는 제26조제1항제1호 및 제27조제1항제1호에 따른 재건축구역(재건축사업을 시행하는 정비구역을 말한다. 이하 같다)에서 다음 각 호의 어느 하나에 해당하는 사항에 대하여 대통령령으로 정하는 범위에서 「건축법」 제72조제2항에 따른 지방건축위원회의 심의를 거쳐 그 기준을 완화받을 수 있다.

1. 건축법」 제42조에 따른 대지의 조경기준
2. 「건축법」 제55조에 따른 건폐율의 산정기준
3. 「건축법」 제58조에 따른 대지 안의 공지 기준
4. 「건축법」 제60조 및 제61조에 따른 건축물의 높이 제한
5. 「주택법」 제35조제1항제3호 및 제4호에 따른 부대시설 및 복리시설의 설치기준
6. 제1호부터 제5호까지에서 규정한 사항 외에 제26조제1항제1호 및 제27조제1항제1호에 따른 재건축사업의 원활한 시행을 위하여 대통령령으로 정하는 사항

제69조 다른 법령의 적용 및 배제

① 주거환경개선구역은 해당 정비구역의 지정 · 고시가 있은 날부터 「국토의 계획 및 이용에 관한 법률」 제36조제1항제1호가목 및 같은 조 제2항에 따라 주거지역을 세분하여 정하는 지역 중 대통령령으로 정하는 지역으로 결정 · 고시된 것으로 본다. 다만, 다음 각 호의 어느 하나에 해당하는 경우에는 그러하지 아니하다.

1. 해당 정비구역이 「개발제한구역의 지정 및 관리에 관한 특별조치법」 제3조제1항에 따라 결정된 개발제한구역인 경우
2. 시장 · 군수등이 주거환경개선사업을 위하여 필요하다고 인정하여 해당 정비구역의 일부분을 종전 용도지역으로 그대로 유지하거나 동일면적의 범위에서 위치를 변경하는 내용으로 정비계획을 수립한 경우
3. 시장 · 군수등이 제9조제1항제10호다목의 사항을 포함하는 정비계획을 수립한 경우

② 정비사업과 관련된 환지에 관하여는 「도시개발법」 제28조부터 제49조까지의 규정을 준용한다. 이 경우 같은 법 제41조제2항 본문에 따른 "환지처분을 하는 때"는 "사업시행계획인가를 하는 때"로 본다.

③ 주거환경개선사업의 경우에는 「공익사업을 위한 토지 등의 취득 및 보상에 관한 법률」 제78조제4항을 적용하지 아니한다.

제70조 지상권 등 계약의 해지

① 정비사업의 시행으로 지상권 · 전세권 또는 임차권의 설정 목적을 달성할 수 없는 때에는 그 권리자는 계약을 해지할 수 있다.

② 제1항에 따라 계약을 해지할 수 있는 자가 가지는 전세금 · 보증금, 그 밖의 계약상의 금전의 반환청구권은 사업시행자에게 행사할 수 있다.

③ 제2항에 따른 금전의 반환청구권의 행사로 해당 금전을 지급한 사업시행자는 해당 토지등소유자에게 구상할 수 있다.

④ 사업시행자는 제3항에 따른 구상이 되지 아니하는 때에는 해당 토지등소유자에게 귀속될 대지 또는 건축물을 압류할 수 있다. 이 경우 압류한 권리는 저당권과 동일한 효력을 가진다.

⑤ 제74조에 따라 관리처분계획의 인가를 받은 경우 지상권 · 전세권설정계약 또는 임대차계약의 계약기간은 「민법」 제280조 · 제281조 및 제312조제2항, 「주택임대차보호법」 제4조제1항, 「상가건물 임대차보호법」 제9조제1항을 적용하지 아니한다.

제71조 소유자의 확인이 곤란한 건축물 등에 대한 처분

① 사업시행자는 다음 각 호에서 정하는 날 현재 건축물 또는 토지의 소유자의 소재 확인이 현저히 곤란한 때에는 전국적으로 배포되는 둘 이상의 일간신문에 2회 이상 공고하고, 공고한 날부터 30일 이상이 지난 때에는 그 소유자의 해당 건축물 또는 토지의 감정평가액에 해당하는 금액을 법원에 공탁하고 정비사업을 시행할 수 있다.

1. 제25조에 따라 조합이 사업시행자가 되는 경우에는 제35조에 따른 조합설립인가일
2. 제25조제1항제2호에 따라 토지등소유자가 시행하는 재개발사업의 경우에는 제50조에 따른 사업시행계획인가일
3. 제26조제1항에 따라 시장 · 군수등, 토지주택공사등이 정비사업을 시행하는 경우에는 같은 조 제2항에 따른 고시일
4. 제27조제1항에 따라 지정개발자를 사업시행자로 지정하는 경우에는 같은 조 제2항에 따른 고시일

② 재건축사업을 시행하는 경우 조합설립인가일 현재 조합원 전체의 공동소유인 토지 또는 건축물은 조합 소유의 토지 또는 건축물로 본다.

③ 제2항에 따라 조합 소유로 보는 토지 또는 건축물의 처분에 관한 사항은 제74조제1항에 따른 관리처분계획에 명시하여야 한다.

④ 제1항에 따른 토지 또는 건축물의 감정평가는 제74조제2항제1호를 준용한다.

[제5절] 관리처분계획 등

제72조 분양공고 및 분양신청

① 사업시행자는 제50조제7항에 따른 사업시행계획인가의 고시가 있은 날(사업시행계획인가 이후 시공자를 선정한 경우에는 시공자와 계약을 체결한 날)부터 120일 이내에 다음 각 호의 사항을 토지등소유자에게 **통지**하고, 분양의 대상이 되는 대지 또는 건축물의 내역 등 대통령령으로 정하는 사항을 해당 지역에서 발간되는 일간신문에 **공고**하여야 한다. 다만, 토지등소유자 1인이 시행하는 재개발사업의 경우에는 그러하지 아니하다.

1. 분양대상자별 종전의 토지 또는 건축물의 명세 및 사업시행계획인가의 고시가 있은 날을 기준으로 한 가격(사업시행계획인가 전에 제81조제3항에 따라 철거된 건축물은 시장 · 군수등에게 허가를 받은 날을 기준으로 한 가격)
2. 분양대상자별 분담금의 추산액
3. 분양신청기간
4. 그 밖에 대통령령으로 정하는 사항

② 제1항제3호에 따른 **분양신청기간**은 통지한 날부터 30일 이상 60일 이내로 하여야 한다. 다만, 사업시행자는 제74조제1항에 따른 관리처분계획의 수립에 지장이 없다고 판단하는 경우에는 분양신청기간을 20일의 범위에서 한 차례만 연장할 수 있다.

③ 대지 또는 건축물에 대한 분양을 받으려는 토지등소유자는 제2항에 따른 분양신청기간에 대통령령으로 정하는 방법 및 절차에 따라 사업시행자에게 대지 또는 건축물에 대한 분양**신청**을 하여야 한다.

④ 사업시행자는 제2항에 따른 분양신청기간 종료 후 제50조제1항에 따른 사업시행계획인가의 변경(경미한 사항의 변경은 제외한다)으로 세대수 또는 주택규모가 달라지는 경우 제1항부터 제3항까지의 규정에 따라 분양공고 등의 절차를 다시 거칠 수 있다.

⑤ 사업시행자는 정관등으로 정하고 있거나 총회의 의결을 거친 경우 제4항에 따라 제73조제1항제1호 및 제2호에 해당하는 토지등소유자에게 분양신청을 다시 하게 할 수 있다

⑥ 제3항부터 제5항까지의 규정에도 불구하고 투기과열지구의 정비사업에서 제74조에 따른 관리처분계획에 따라 같은 조 제1항제2호 또는 제1항제4호가목의 분양대상자 및 그 세대에 속한 자는 분양대상자 선정일(조합원 분양분의 분양대상자는 최초 관리처분계획 인가일을 말한다)부터 5년 이내에는 투기과열지구에서 제3항부터 제5항까지의 규정에 따른 분양신청을 할 수 없다. 다만, 상속, 결혼, 이혼으로 조합원 자격을 취득한 경우에는 분양신청을 할 수 있다.

제73조 분양신청을 하지 아니한 자 등에 대한 조치

① 사업시행자는 관리처분계획이 인가 · 고시된 다음 날부터 90일 이내에 다음 각 호에서 정하는 자와 토지, 건축물 또는 그 밖의 권리의 손실보상에 관한 **협의**를 하여야 한다. 다만, 사업시행자는 분양신청기간 종료일의 다음 날부터 협의를 시작할 수 있다.

> 1. 분양신청을 하지 아니한 자
> 2. 분양신청기간 종료 이전에 분양신청을 철회한 자
> 3. 제72조제6항 본문에 따라 분양신청을 할 수 없는 자
> 4. 제74조에 따라 인가된 관리처분계획에 따라 분양대상에서 제외된 자

② 사업시행자는 제1항에 따른 협의가 성립되지 아니하면 그 기간의 만료일 다음 날부터 60일 이내에 수용재결을 신청하거나 매도청구소송을 제기하여야 한다.

③ 사업시행자는 제2항에 따른 기간을 넘겨서 수용재결을 신청하거나 매도청구소송을 제기한 경우에는 해당 토지등소유자에게 지연일수(遲延日數)에 따른 이자를 지급하여야 한다. 이 경우 이자는 100분의 15 이하의 범위에서 대통령령으로 정하는 이율을 적용하여 산정한다.

제74조 관리처분계획의 인가 등

① 사업시행자는 제72조에 따른 분양신청기간이 종료된 때에는 분양신청의 현황을 기초로 다음 각 호의 사항이 포함된 관리처분계획을 **수립**하여 시장·군수등의 **인가**를 받아야 하며, 관리처분계획을 변경·중지 또는 폐지하려는 경우에도 또한 같다. 다만, 대통령령으로 정하는 경미한 사항을 변경하려는 경우에는 시장·군수등에게 **신고**하여야 한다.

> 1. 분양설계
> 2. 분양대상자의 주소 및 성명
> 3. 분양대상자별 분양예정인 대지 또는 건축물의 추산액(임대관리 위탁주택에 관한 내용을 포함한다)
> 4. 다음 각 목에 해당하는 보류지 등의 명세와 추산액 및 처분방법. 다만, 나목의 경우에는 제30조제1항에 따라 선정된 임대사업자의 성명 및 주소(법인인 경우에는 법인의 명칭 및 소재지와 대표자의 성명 및 주소)를 포함한다.
>   가. 일반 분양분
>   나. 공공지원민간임대주택
>   다. 임대주택
>   라. 그 밖에 부대시설·복리시설 등
> 5. 분양대상자별 종전의 토지 또는 건축물 명세 및 사업시행계획인가 고시가 있은 날을 기준으로 한 가격(사업시행계획인가 전에 제81조제3항에 따라 철거된 건축물은 시장·군수등에게 허가를 받은 날을 기준으로 한 가격)
> 6. 정비사업비의 추산액(재건축사업의 경우에는 「재건축초과이익 환수에 관한 법률」에 따른 재건축부담금에 관한 사항을 포함한다) 및 그에 따른 조합원 분담규모 및 분담시기
> 7. 분양대상자의 종전 토지 또는 건축물에 관한 소유권 외의 권리명세
> 8. 세입자별 손실보상을 위한 권리명세 및 그 평가액
> 9. 그 밖에 정비사업과 관련한 권리 등에 관하여 대통령령으로 정하는 사항

② 정비사업에서 제1항제3호·제5호 및 제8호에 따라 재산 또는 권리를 평가할 때에는 다음 각 호의 방법에 따른다.

> 1. 「감정평가 및 감정평가사에 관한 법률」에 따른 감정평가업자 중 다음 각 목의 구분에 따른 감정평가업자가 평가한 금액을 산술평균하여 산정한다. 다만, 관리처분계획을 변경·중지 또는 폐지하려는 경우 분양예정 대상인 대지 또는 건축물의 추산액과 종전의 토지 또는 건축물의 가격은 사업시행자 및 토지등소유자 전원이 합의하여 산정할 수 있다.
>   가. 주거환경개선사업 또는 재개발사업 : 시장·군수등이 선정·계약한 2인 이상의 감정평가업자
>   나. 재건축사업 : 시장·군수등이 선정·계약한 1인 이상의 감정평가업자와 조합총회의 의결로 선정·계약한 1인 이상의 감정평가업자
> 2. 시장·군수등은 제1호에 따라 감정평가업자를 선정·계약하는 경우 감정평가업자의 업무수행능력, 소속 감정평가사의 수, 감정평가 실적, 법규 준수 여부, 평가계획의 적정성 등을 고려하여 객관적이고 투명한 절차에 따라 선정하여야 한다. 이 경우 감정평가업자의 선정·절차 및 방법 등에 필요한 사항은 시·도조례로 정한다.
> 3. 사업시행자는 제1호에 따라 감정평가를 하려는 경우 시장·군수등에게 감정평가업자의 선정·계약을 요청하고 감정평가에 필요한 비용을 미리 예치하여야 한다. 시장·군수등은 감정평가가 끝난 경우 예치된 금액에서 감정평가 비용을 직접 지불한 후 나머지 비용을 사업시행자와 정산하여야 한다.

③ 조합은 제45조제1항제10호의 사항을 의결하기 위한 총회의 개최일부터 1개월 전에 제1항제3호부터 제6호까지의 규정에 해당하는 사항을 각 조합원에게 문서로 통지하여야 한다.

④ 제1항에 따른 관리처분계획의 내용, 관리처분의 방법 등에 필요한 사항은 대통령령으로 정한다.

⑤ 제1항 각 호의 관리처분계획의 내용과 제2항부터 제4항까지의 규정은 시장·군수등이 직접 수립하는 관리처분계획에 준용한다.

제75조 사업시행계획인가 및 관리처분계획인가의 시기 조정

① 특별시장 · 광역시장 또는 도지사는 정비사업의 시행으로 정비구역 주변 지역에 주택이 현저하게 부족하거나 주택시장이 불안정하게 되는 등 특별시 · 광역시 또는 도의 조례로 정하는 사유가 발생하는 경우에는 「주거기본법」 제9조에 따른 시 · 도 주거정책심의위원회의 심의를 거쳐 사업시행계획인가 또는 제74조에 따른 관리처분계획인가의 시기를 조정하도록 해당 시장, 군수 또는 구청장에게 요청할 수 있다. 이 경우 요청을 받은 시장, 군수 또는 구청장은 특별한 사유가 없으면 그 요청에 따라야 하며, 사업시행계획인가 또는 관리처분계획인가의 조정 시기는 인가를 신청한 날부터 1년을 넘을 수 없다.

② 특별자치시장 및 특별자치도지사는 정비사업의 시행으로 정비구역 주변 지역에 주택이 현저하게 부족하거나 주택시장이 불안정하게 되는 등 특별자치시 및 특별자치도의 조례로 정하는 사유가 발생하는 경우에는 「주거기본법」 제9조에 따른 시 · 도 주거정책심의위원회의 심의를 거쳐 사업시행계획인가 또는 제74조에 따른 관리처분계획인가의 시기를 조정할 수 있다. 이 경우 사업시행계획인가 또는 관리처분계획인가의 조정 시기는 인가를 신청한 날부터 1년을 넘을 수 없다.

③ 제1항 및 제2항에 따른 사업시행계획인가 또는 관리처분계획인가의 시기 조정의 방법 및 절차 등에 필요한 사항은 특별시 · 광역시 · 특별자치시 · 도 또는 특별자치도의 조례로 정한다.

제76조 관리처분계획의 수립기준

① 제74조제1항에 따른 관리처분계획의 내용은 다음 각 호의 기준에 따른다.

1. 종전의 토지 또는 건축물의 면적 · 이용 상황 · 환경, 그 밖의 사항을 종합적으로 고려하여 대지 또는 건축물이 균형 있게 분양신청자에게 배분되고 합리적으로 이용되도록 한다.
2. 지나치게 좁거나 넓은 토지 또는 건축물은 넓히거나 좁혀 대지 또는 건축물이 적정 규모가 되도록 한다.
3. 너무 좁은 토지 또는 건축물이나 정비구역 지정 후 분할된 토지를 취득한 자에게는 현금으로 청산할 수 있다.
4. 재해 또는 위생상의 위해를 방지하기 위하여 토지의 규모를 조정할 특별한 필요가 있는 때에는 너무 좁은 토지를 넓혀 토지를 갈음하여 보상을 하거나 건축물의 일부와 그 건축물이 있는 대지의 공유지분을 교부할 수 있다.
5. 분양설계에 관한 계획은 제72조에 따른 분양신청기간이 만료하는 날을 기준으로 하여 수립한다.
6. 1세대 또는 1명이 하나 이상의 주택 또는 토지를 소유한 경우 1주택을 공급하고, 같은 세대에 속하지 아니하는 2명 이상이 1주택 또는 1토지를 공유한 경우에는 1주택만 공급한다.
7. 제6호에도 불구하고 다음 각 목의 경우에는 각 목의 방법에 따라 주택을 공급할 수 있다.
   가. 2명 이상이 1토지를 공유한 경우로서 시 · 도조례로 주택공급을 따로 정하고 있는 경우에는 시 · 도조례로 정하는 바에 따라 주택을 공급할 수 있다.
   나. 다음 어느 하나에 해당하는 토지등소유자에게는 소유한 주택 수만큼 공급할 수 있다.
      1) 과밀억제권역에 위치하지 아니한 재건축사업의 토지등소유자. 다만, 투기과열지구 또는 「주택법」 제63조의2제1항제1호에 따라 지정된 조정대상지역에서 사업시행계획인가(최초 사업시행계획인가를 말한다)를 신청하는 재건축사업의 토지등소유자는 제외한다.
      2) 근로자(공무원인 근로자를 포함한다) 숙소, 기숙사 용도로 주택을 소유하고 있는 토지등소유자
      3) 국가, 지방자치단체 및 토지주택공사등
      4) 「국가균형발전 특별법」 제18조에 따른 공공기관지방이전 및 혁신도시 활성화를 위한 시책 등에 따라 이전하는 공공기관이 소유한 주택을 양수한 자
   다. 제74조제1항제5호에 따른 가격의 범위 또는 종전 주택의 주거전용면적의 범위에서 2주택을 공급할 수 있고, 이 중 1주택은 주거전용면적을 60제곱미터 이하로 한다. 다만, 60제곱미터 이하로 공급받은 1주택은 제86조제2항에 따른 이전고시일 다음 날부터 3년이 지나기 전에는 주택을 전매(매매 · 증여나 그 밖에 권리의 변동을 수반하는 모든 행위를 포함하되 상속의 경우는 제외한다)하거나 전매를 알선할 수 없다.
   라. 과밀억제권역에 위치한 재건축사업의 경우에는 토지등소유자가 소유한 주택수의 범위에서 3주택까지 공급할 수 있다. 다만, 투기과열지구 또는 「주택법」 제63조의2제1항제1호에 따라 지정된 조정대상지역에서 사업시행계획인가(최초 사업시행계획인가를 말한다)를 신청하는 재건축사업의 경우에는 그러하지 아니하다.

② 제1항에 따른 관리처분계획의 수립기준 등에 필요한 사항은 대통령령으로 정한다.

제77조 주택 등 건축물을 분양받을 권리의 산정 기준일

① 정비사업을 통하여 분양받을 건축물이 다음 각 호의 어느 하나에 해당하는 경우에는 제16조제2항 전단에 따른 고시가 있은 날 또는 시 · 도지사가 투기를 억제하기 위하여 기본계획 수립 후 정비구역 지정 · 고시 전에 따로 정하는 날(이하 이 조에서 "기준일"이라 한다)의 다음 날을 기준으로 건축물을 분양받을 권리를 산정한다.

1. 1필지의 토지가 여러 개의 필지로 분할되는 경우
2. 단독주택 또는 다가구주택이 다세대주택으로 전환되는 경우
3. 하나의 대지 범위에 속하는 동일인 소유의 토지와 주택 등 건축물을 토지와 주택 등 건축물로 각각 분리하여 소유하는 경우
4. 나대지에 건축물을 새로 건축하거나 기존 건축물을 철거하고 다세대주택, 그 밖의 공동주택을 건축하여 토지등소유자의 수가 증가하는 경우

② 시 · 도지사는 제1항에 따라 기준일을 따로 정하는 경우에는 기준일 · 지정사유 · 건축물을 분양받을 권리의 산정 기준 등을 해당 지방자치단체의 공보에 고시하여야 한다.

제78조 관리처분계획의 공람 및 인가절차 등

① 사업시행자는 제74조에 따른 관리처분계획인가를 신청하기 전에 관계 서류의 사본을 30일 이상 토지등소유자에게 **공람**하게 하고 **의견**을 들어야 한다. 다만, 제74조제1항 각 호 외의 부분 단서에 따라 대통령령으로 정하는 경미한 사항을 변경하려는 경우에는 토지등소유자의 공람 및 의견청취 절차를 거치지 아니할 수 있다.

② 시장 · 군수등은 사업시행자의 관리처분계획인가의 신청이 있은 날부터 30일 이내에 인가 여부를 결정하여 사업시행자에게 **통보**하여야 한다. 다만, 시장 · 군수등은 제3항에 따라 관리처분계획의 타당성 검증을 요청하는 경우에는 관리처분계획인가의 신청을 받은 날부터 60일 이내에 인가 여부를 결정하여 사업시행자에게 **통지**하여야 한다.

③ 시장 · 군수등은 다음 각 호의 어느 하나에 해당하는 경우에는 대통령령으로 정하는 공공기관에 관리처분계획의 타당성 검증을 **요청**하여야 한다. 이 경우 시장 · 군수등은 타당성 검증 비용을 사업시행자에게 부담하게 할 수 있다.

1. 제74조제1항제6호에 따른 정비사업비가 제52조제1항제12호에 따른 정비사업비 기준으로 100분의 10 이상으로서 대통령령(시행령 제64조제2항)으로 정하는 비율(100분의 10) 이상 늘어나는 경우
2. 제74조제1항제6호에 따른 조합원 분담규모가 제72조제1항제2호에 따른 분양대상자별 분담금의 추산액 총액 기준으로 100분의 20 이상으로서 대통령령으로 정하는 비율 이상 늘어나는 경우
3. 조합원 5분의 1 이상이 관리처분계획인가 신청이 있은 날부터 15일 이내에 시장 · 군수등에게 타당성 검증을 요청한 경우
4. 그 밖에 시장 · 군수등이 필요하다고 인정하는 경우

④ 시장 · 군수등이 제2항에 따라 관리처분계획을 **인가**하는 때에는 그 내용을 해당 지방자치단체의 공보에 **고시**하여야 한다.

⑤ 사업시행자는 제1항에 따라 공람을 실시하려거나 제4항에 따른 시장 · 군수등의 고시가 있은 때에는 대통령령으로 정하는 방법과 절차에 따라 토지등소유자에게는 공람계획을 통지하고, 분양신청을 한 자에게는 관리처분계획인가의 내용 등을 통지하여야 한다.

⑥ 제1항, 제4항 및 제5항은 시장 · 군수등이 직접 관리처분계획을 수립하는 경우에 준용한다.

제79조 관리처분계획에 따른 처분 등

① 정비사업의 시행으로 조성된 대지 및 건축물은 관리처분계획에 따라 **처분** 또는 하여야 한다.

② 사업시행자는 정비사업의 시행으로 건설된 건축물을 제74조에 따라 인가받은 관리처분계획에 따라 토지등소유자에게 공급하여야 한다.

③ 사업시행자(제23조제1항제2호에 따라 대지를 공급받아 주택을 건설하는 자를 포함한다. 이하 이 항, 제6항 및 제7항에서 같다)는 정비구역에 주택을 건설하는 경우에는 입주자 모집 조건 · 방법 · 절차, 입주금(계약금 · 중도

금 및 잔금을 말한다)의 납부 방법 · 시기 · 절차, 주택공급 방법 · 절차 등에 관하여 「주택법」 제54조에도 불구하고 대통령령으로 정하는 범위에서 시장 · 군수등의 승인을 받아 따로 정할 수 있다.

④ 사업시행자는 제72조에 따른 분양신청을 받은 후 잔여분이 있는 경우에는 정관등 또는 사업시행계획으로 정하는 목적을 위하여 그 잔여분을 보류지(건축물을 포함한다)로 정하거나 조합원 또는 토지등소유자 이외의 자에게 분양할 수 있다. 이 경우 분양공고와 분양신청절차 등에 필요한 사항은 대통령령으로 정한다.

⑤ 국토교통부장관, 시 · 도지사, 시장, 군수, 구청장 또는 토지주택공사등은 조합이 요청하는 경우 재개발사업의 시행으로 건설된 임대주택을 인수하여야 한다. 이 경우 재개발임대주택의 인수 절차 및 방법, 인수가격 등에 필요한 사항은 대통령령으로 정한다.

⑥ 사업시행자는 정비사업의 시행으로 임대주택을 건설하는 경우에는 임차인의 자격 · 선정방법 · 임대보증금 · 임대료 등 임대조건에 관한 기준 및 무주택 세대주에게 우선 매각하도록 하는 기준 등에 관하여 「민간임대주택에 관한 특별법」 제42조 및 제44조, 「공공주택 특별법」 제48조, 제49조 및 제50조의3에도 불구하고 대통령령으로 정하는 범위에서 시장 · 군수등의 승인을 받아 따로 정할 수 있다. 다만, 재개발임대주택으로서 최초의 임차인 선정이 아닌 경우에는 대통령령으로 정하는 범위에서 인수자가 따로 정한다.

⑦ 사업시행자는 제2항부터 제6항까지의 규정에 따른 공급대상자에게 주택을 공급하고 남은 주택을 제2항부터 제6항까지의 규정에 따른 공급대상자 외의 자에게 공급할 수 있다.

⑧ 제7항에 따른 주택의 공급 방법 · 절차 등은 「주택법」 제54조를 준용한다. 다만, 사업시행자가 제64조에 따른 매도청구소송을 통하여 법원의 승소판결을 받은 후 입주예정자에게 피해가 없도록 손실보상금을 공탁하고 분양예정인 건축물을 담보한 경우에는 법원의 승소판결이 확정되기 전이라도 「주택법」 제54조에도 불구하고 입주자를 모집할 수 있으나, 제83조에 따른 준공인가 신청 전까지 해당 주택건설 대지의 소유권을 확보하여야 한다.

제80조 지분형주택 등의 공급

① 사업시행자가 토지주택공사등인 경우에는 분양대상자와 사업시행자가 공동 소유하는 방식으로 주택(이하 "지분형주택"이라 한다)을 공급할 수 있다. 이 경우 공급되는 지분형주택의 규모, 공동 소유기간 및 분양대상자 등 필요한 사항은 대통령령으로 정한다.

② 국토교통부장관, 시 · 도지사, 시장, 군수, 구청장 또는 토지주택공사등은 정비구역에 세입자와 대통령령으로 정하는 면적 이하의 토지 또는 주택을 소유한 자의 요청이 있는 경우에는 제79조제5항에 따라 인수한 임대주택의 일부를 「주택법」에 따른 토지임대부 분양주택으로 전환하여 공급하여야 한다.

제81조 건축물 등의 사용 · 수익의 중지 및 철거 등

① 종전의 토지 또는 건축물의 소유자 · 지상권자 · 전세권자 · 임차권자 등 권리자는 제78조제4항에 따른 관리처분계획인가의 고시가 있은 때에는 제86조에 따른 이전고시가 있는 날까지 종전의 토지 또는 건축물을 사용하거나 수익할 수 없다. 다만, 다음 각 호의 어느 하나에 해당하는 경우에는 그러하지 아니하다.

1. 사업시행자의 동의를 받은 경우
2. 「공익사업을 위한 토지 등의 취득 및 보상에 관한 법률」에 따른 손실보상이 완료되지 아니한 경우

② 사업시행자는 제74조제1항에 따른 관리처분계획인가를 받은 후 기존의 건축물을 **철거**하여야 한다.

③ 사업시행자는 다음 각 호의 어느 하나에 해당하는 경우에는 제2항에도 불구하고 기존 건축물 소유자의 동의 및 시장 · 군수등의 허가를 받아 해당 건축물을 철거할 수 있다. 이 경우 건축물의 철거는 토지등소유자로서의 권리 · 의무에 영향을 주지 아니한다.

1. 「재난 및 안전관리 기본법」 · 「주택법」 · 「건축법」 등 관계 법령에서 정하는 기존 건축물의 붕괴 등 안전사고의 우려가 있는 경우
2. 폐공가(廢空家)의 밀집으로 범죄발생의 우려가 있는 경우

④ 시장 · 군수등은 사업시행자가 제2항에 따라 기존의 건축물을 철거하는 경우 다음 각 호의 어느 하나에 해당하는 시기에는 건축물의 **철거**를 **제한**할 수 있다.

1. 일출 전과 일몰 후
2. 호우, 대설, 폭풍해일, 지진해일, 태풍, 강풍, 풍랑, 한파 등으로 해당 지역에 중대한 재해발생이 예상되어 기상청장이 「기상법」 제13조에 따라 특보를 발표한 때
3. 「재난 및 안전관리 기본법」 제3조에 따른 재난이 발생한 때
4. 제1호부터 제3호까지의 규정에 준하는 시기로 시장 · 군수등이 인정하는 시기

제82조 시공보증

① 조합이 정비사업의 시행을 위하여 시장 · 군수등 또는 토지주택공사등이 아닌 자를 시공자로 선정(제25조제1항에 따른 공동사업시행자가 시공하는 경우를 포함한다)한 경우 그 시공자는 공사의 시공보증(시공자가 공사의 계약상 의무를 이행하지 못하거나 의무이행을 하지 아니할 경우 보증기관에서 시공자를 대신하여 계약이행의무를 부담하거나 총 공사금액의 100분의 50 이하 대통령령으로 정하는 비율 이상의 범위에서 사업시행자가 정하는 금액을 납부할 것을 보증하는 것을 말한다)을 위하여 국토교통부령으로 정하는 기관의 시공보증서를 조합에 제출하여야 한다.

② 시장 · 군수등은 「건축법」 제21조에 따른 착공신고를 받는 경우에는 제1항에 따른 시공보증서의 제출 여부를 확인하여야 한다.

[제6절] 공사완료에 따른 조치 등

제83조 정비사업의 준공인가

① 시장 · 군수등이 아닌 사업시행자가 정비사업 공사를 완료한 때에는 대통령령으로 정하는 방법 및 절차에 따라 시장 · 군수등의 **준공인가**를 받아야 한다.

② 제1항에 따라 준공인가신청을 받은 시장 · 군수등은 지체 없이 **준공검사**를 실시하여야 한다. 이 경우 시장 · 군수등은 효율적인 준공검사를 위하여 필요한 때에는 관계 행정기관 · 공공기관 · 연구기관, 그 밖의 전문기관 또는 단체에게 준공검사의 실시를 의뢰할 수 있다.

③ 시장 · 군수등은 제2항 전단 또는 후단에 따른 준공검사를 실시한 결과 정비사업이 인가받은 사업시행계획대로 완료되었다고 인정되는 때에는 준공인가를 하고 공사의 완료를 해당 지방자치단체의 공보에 고시하여야 한다.

④ 시장 · 군수등은 직접 시행하는 정비사업에 관한 공사가 완료된 때에는 그 완료를 해당 지방자치단체의 공보에 고시하여야 한다.

⑤ 시장 · 군수등은 제1항에 따른 준공인가를 하기 전이라도 완공된 건축물이 사용에 지장이 없는 등 대통령령으로 정하는 기준에 적합한 경우에는 입주예정자가 완공된 건축물을 사용할 수 있도록 사업시행자에게 허가할 수 있다. 다만, 시장 · 군수등이 사업시행자인 경우에는 허가를 받지 아니하고 입주예정자가 완공된 건축물을 사용하게 할 수 있다.

⑥ 제3항 및 제4항에 따른 공사완료의 고시 절차 및 방법, 그 밖에 필요한 사항은 대통령령으로 정한다.

제84조 준공인가 등에 따른 정비구역의 해제

① 정비구역의 지정은 제83조에 따른 준공인가의 고시가 있은 날(관리처분계획을 수립하는 경우에는 이전고시가 있은 때를 말한다)의 다음 날에 해제된 것으로 본다. 이 경우 지방자치단체는 해당 지역을 「국토의 계획 및 이용에 관한 법률」에 따른 지구단위계획으로 관리하여야 한다.

② 제1항에 따른 정비구역의 해제는 조합의 존속에 영향을 주지 아니한다.

제85조 공사완료에 따른 관련 인 · 허가등의 의제

① 제83조제1항부터 제4항까지의 규정에 따라 준공인가를 하거나 공사완료를 고시하는 경우 시장 · 군수등이 제57조에 따라 의제되는 인 · 허가등에 따른 준공검사 · 준공인가 · 사용검사 · 사용승인 등(이하 "준공검사 · 인가등"이라 한다)에 관하여 제3항에 따라 관계 행정기관의 장과 협의한 사항은 해당 준공검사 · 인가등을 받은 것으로 본다.

② 시장 · 군수등이 아닌 사업시행자는 제1항에 따른 준공검사 · 인가등의 의제를 받으려는 경우에는 제83조제1항에 따른 준공인가를 신청하는 때에 해당 법률이 정하는 관계 서류를 함께 제출하여야 한다.

③ 시장 · 군수등은 제83조제1항부터 제4항까지의 규정에 따른 준공인가를 하거나 공사완료를 고시하는 경우 그 내용에 제57조에 따라 의제되는 인 · 허가등에 따른 준공검사 · 인가등에 해당하는 사항이 있은 때

에는 미리 관계 행정기관의 장과 협의하여야 한다.

④ 제57조제6항은 제1항에 따른 준공검사 · 인가등의 의제에 준용한다.

제86조 이전고시 등

① 사업시행자는 제83조제3항 및 제4항에 따른 고시가 있은 때에는 지체 없이 대지확정측량을 하고 토지의 분할절차를 거쳐 관리처분계획에서 정한 사항을 분양받을 자에게 통지하고 대지 또는 건축물의 소유권을 **이전**하여야 한다. 다만, 정비사업의 효율적인 추진을 위하여 필요한 경우에는 해당 정비사업에 관한 공사가 전부 완료되기 전이라도 완공된 부분은 준공인가를 받아 대지 또는 건축물별로 분양받을 자에게 소유권을 이전할 수 있다.

② 사업시행자는 제1항에 따라 대지 및 건축물의 소유권을 이전하려는 때에는 그 내용을 해당 지방자치단체의 공보에 **고시**한 후 시장 · 군수등에게 **보고**하여야 한다. 이 경우 대지 또는 건축물을 분양받을 자는 고시가 있은 날의 다음 날에 그 대지 또는 건축물의 소유권을 취득한다.

제87조 대지 및 건축물에 대한 권리의 확정

① 대지 또는 건축물을 분양받을 자에게 제86조제2항에 따라 소유권을 이전한 경우 종전의 토지 또는 건축물에 설정된 지상권 · 전세권 · 저당권 · 임차권 · 가등기담보권 · 가압류 등 등기된 권리 및 「주택임대차보호법」 제3조제1항의 요건을 갖춘 임차권은 소유권을 이전받은 대지 또는 건축물에 설정된 것으로 본다.

② 제1항에 따라 취득하는 대지 또는 건축물 중 토지등소유자에게 분양하는 대지 또는 건축물은 「도시개발법」 제40조에 따라 행하여진 환지로 본다.

③ 제79조제4항에 따른 보류지와 일반에게 분양하는 대지 또는 건축물은 「도시개발법」 제34조에 따른 보류지 또는 체비지로 본다.

제88조 등기절차 및 권리변동의 제한

① 사업시행자는 제86조제2항에 따른 이전고시가 있은 때에는 지체 없이 대지 및 건축물에 관한 등기를 지방법원지원 또는 등기소에 촉탁 또는 신청하여야 한다.

② 제1항의 등기에 필요한 사항은 대법원규칙으로 정한다.

③ 정비사업에 관하여 제86조제2항에 따른 이전고시가 있은 날부터 제1항에 따른 등기가 있을 때까지는 저당권 등의 다른 등기를 하지 못한다.

제89조 청산금 등

① 대지 또는 건축물을 분양받은 자가 종전에 소유하고 있던 토지 또는 건축물의 가격과 분양받은 대지 또는 건축물의 가격 사이에 차이가 있는 경우 사업시행자는 제86조제2항에 따른 이전고시가 있은 후에 그 차액에 상당하는 금액(이하 "청산금"이라 한다)을 분양받은 자로부터 징수하거나 분양받은 자에게 지급하여야 한다.

② 제1항에도 불구하고 사업시행자는 정관등에서 분할징수 및 분할지급을 정하고 있거나 총회의 의결을 거쳐 따로 정한 경우에는 관리처분계획인가 후부터 제86조제2항에 따른 이전고시가 있은 날까지 일정 기간별로 분할징수하거나 분할지급할 수 있다.

③ 사업시행자는 제1항 및 제2항을 적용하기 위하여 종전에 소유하고 있던 토지 또는 건축물의 가격과 분양받은 대지 또는 건축물의 가격을 평가하는 경우 그 토지 또는 건축물의 규모 · 위치 · 용도 · 이용 상황 · 정비사업비 등을 참작하여 평가하여야 한다.

④ 제3항에 따른 가격평가의 방법 및 절차 등에 필요한 사항은 대통령령으로 정한다.

제90조 청산금의 징수방법 등

① 시장 · 군수등인 사업시행자는 청산금을 납부할 자가 이를 납부하지 아니하는 경우 지방세 체납처분의 예에 따라 징수(분할징수를 포함한다. 이하 이 조에서 같다)할 수 있으며, 시장 · 군수등이 아닌 사업시행자는 시장 · 군수등에게 청산금의 징수를 위탁할 수 있다. 이 경우 제93조제5항을 준용한다.

② 제89조제1항에 따른 청산금을 지급받을 자가 받을 수 없거나 받기를 거부한 때에는 사업시행자는 그 청산금을 공탁할 수 있다.

③ 청산금을 지급(분할지급을 포함한다)받을 권리 또는 이를 징수할 권리는 제86조제2항에 따른 이전고시일의 다음 날부터 5년간 행사하지 아니하면 소멸한다.

제91조 저당권의 물상대위

정비구역에 있는 토지 또는 건축물에 저당권을 설정한 권리자는 사업시행자가 저당권이 설정된 토지 또는 건축물의 소유자에게 청산금을 지급하기 전에 압류절차를 거쳐 저당권을 행사할 수 있다.

제4장 비용의 부담 등

제92조 비용부담의 원칙

① 정비사업비는 이 법 또는 다른 법령에 특별한 규정이 있는 경우를 제외하고는 사업시행자가 부담한다.

② 시장 · 군수등은 시장 · 군수등이 아닌 사업시행자가 시행하는 정비사업의 정비계획에 따라 설치되는 다음 각 호의 시설에 대하여는 그 건설에 드는 비용의 전부 또는 일부를 부담할 수 있다.

1. 도시 · 군계획시설 중 대통령령으로 정하는 주요 정비기반시설 및 공동이용시설
2. 임시거주시설

제93조 비용의 조달

① 사업시행자는 토지등소유자로부터 제92조제1항에 따른 비용과 정비사업의 시행과정에서 발생한 수입의 차액을 부과금으로 부과 · 징수할 수 있다.

② 사업시행자는 토지등소유자가 제1항에 따른 부과금의 납부를 태만히 한 때에는 연체료를 부과 · 징수할 수 있다.

③ 제1항 및 제2항에 따른 부과금 및 연체료의 부과 · 징수에 필요한 사항은 정관등으로 정한다.

④ 시장 · 군수등이 아닌 사업시행자는 부과금 또는 연체료를 체납하는 자가 있는 때에는 시장 · 군수등에게 그 부과 · 징수를 위탁할 수 있다.

⑤ 시장 · 군수등은 제4항에 따라 부과 · 징수를 위탁받은 경우에는 지방세 체납처분의 예에 따라 부과 · 징수할 수 있다. 이 경우 사업시행자는 징수한 금액의 100분의 4에 해당하는 금액을 해당 시장 · 군수등에게 교부하여야 한다.

제94조 정비기반시설 관리자의 비용부담

① 시장 · 군수등은 자신이 시행하는 정비사업으로 현저한 이익을 받는 정비기반시설의 관리자가 있는 경우에는 대통령령으로 정하는 방법 및 절차에 따라 해당 정비사업비의 일부를 그 정비기반시설의 관리자와 협의하여 그 관리자에게 부담시킬 수 있다.

② 사업시행자는 정비사업을 시행하는 지역에 전기 · 가스 등의 공급시설을 설치하기 위하여 공동구를 설치하는 경우에는 다른 법령에 따라 그 공동구에 수용될 시설을 설치할 의무가 있는 자에게 공동구의 설치에 드는 비용을 부담시킬 수 있다.

③ 제2항의 비용부담의 비율 및 부담방법과 공동구의 관리에 필요한 사항은 국토교통부령으로 정한다.

제95조 보조 및 융자

① 국가 또는 시 · 도는 시장, 군수, 구청장 또는 토지주택공사등이 시행하는 정비사업에 관한 기초조사 및 정비사업의 시행에 필요한 시설로서 대통령령으로 정하는 정비기반시설, 임시거주시설 및 주거환경개선사

업에 따른 공동이용시설의 건설에 드는 비용의 일부를 보조하거나 융자할 수 있다. 이 경우 국가 또는 시·도는 다음 각 호의 어느 하나에 해당하는 사업에 우선적으로 보조하거나 융자할 수 있다.

> 1. 시장·군수등 또는 토지주택공사등이 다음 각 목의 어느 하나에 해당하는 지역에서 시행하는 주거환경개선사업
>   가. 제20조 및 제21조에 따라 해제된 정비구역등
>   나. 「도시재정비 촉진을 위한 특별법」 제7조제2항에 따라 재정비촉진지구가 해제된 지역
> 2. 국가 또는 지방자치단체가 도시영세민을 이주시켜 형성된 낙후지역으로서 대통령령으로 정하는 지역에서 시장·군수등 또는 토지주택공사등이 단독으로 시행하는 재개발사업

② 시장·군수등은 사업시행자가 토지주택공사등인 주거환경개선사업과 관련하여 제1항에 따른 정비기반시설 및 공동이용시설, 임시거주시설을 건설하는 경우 건설에 드는 비용의 전부 또는 일부를 토지주택공사등에게 보조하여야 한다.

③ 국가 또는 지방자치단체는 시장·군수등이 아닌 사업시행자가 시행하는 정비사업에 드는 비용의 일부를 보조 또는 융자하거나 융자를 알선할 수 있다.

④ 국가 또는 지방자치단체는 제1항 및 제2항에 따라 정비사업에 필요한 비용을 보조 또는 융자하는 경우 제59조제1항에 따른 순환정비방식의 정비사업에 우선적으로 지원할 수 있다. 이 경우 순환정비방식의 정비사업의 원활한 시행을 위하여 국가 또는 지방자치단체는 다음 각 호의 비용 일부를 보조 또는 융자할 수 있다.

> 1. 순환용주택의 건설비
> 2. 순환용주택의 단열보완 및 창호교체 등 에너지 성능 향상과 효율개선을 위한 리모델링 비용
> 3. 공가(空家)관리비

⑤ 국가는 다음 각 호의 어느 하나에 해당하는 비용의 전부 또는 일부를 지방자치단체 또는 토지주택공사등에 보조 또는 융자할 수 있다.

> 1. 제59조제2항에 따라 토지주택공사등이 보유한 공공임대주택을 순환용주택으로 조합에게 제공하는 경우 그 건설비 및 공가관리비 등의 비용
> 2. 제79조제5항에 따라 시·도지사, 시장, 군수, 구청장 또는 토지주택공사등이 재개발임대주택을 인수하는 경우 그 인수 비용

⑥ 국가 또는 지방자치단체는 제80조제2항에 따라 토지임대부 분양주택을 공급받는 자에게 해당 공급비용의 전부 또는 일부를 보조 또는 융자할 수 있다.

제96조 정비기반시설의 설치

사업시행자는 관할 지방자치단체의 장과의 협의를 거쳐 정비구역에 정비기반시설(주거환경개선사업의 경우에는 공동이용시설을 포함한다)을 설치하여야 한다.

제97조 정비기반시설 및 토지 등의 귀속

① 시장·군수등 또는 토지주택공사등이 정비사업의 시행으로 새로 정비기반시설을 설치하거나 기존의 정비기반시설을 대체하는 정비기반시설을 설치한 경우에는 「국유재산법」 및 「공유재산 및 물품 관리법」에도 불구하고 종래의 정비기반시설은 사업시행자에게 무상으로 귀속되고, 새로 설치된 정비기반시설은 그 시설을 관리할 국가 또는 지방자치단체에 무상으로 귀속된다.

② 시장·군수등 또는 토지주택공사등이 아닌 사업시행자가 정비사업의 시행으로 새로 설치한 정비기반시설은 그 시설을 관리할 국가 또는 지방자치단체에 무상으로 귀속되고, 정비사업의 시행으로 용도가 폐지되는 국가 또는 지방자치단체 소유의 정비기반시설은 사업시행자가 새로 설치한 정비기반시설의 설치비용에 상당하는 범위에서 그에게 무상으로 양도된다.

③ 제1항 및 제2항의 정비기반시설에 해당하는 도로는 다음 각 호의 어느 하나에 해당하는 도로를 말한다.

1. 「국토의 계획 및 이용에 관한 법률」 제30조에 따라 도시·군관리계획으로 결정되어 설치된 도로
2. 「도로법」 제23조에 따라 도로관리청이 관리하는 도로
3. 「도시개발법」 등 다른 법률에 따라 설치된 국가 또는 지방자치단체 소유의 도로
4. 그 밖에 「공유재산 및 물품 관리법」에 따른 공유재산 중 일반인의 교통을 위하여 제공되고 있는 부지. 이 경우 부지의 사용 형태, 규모, 기능 등 구체적인 기준은 시·도조례로 정할 수 있다.

④ 시장·군수등은 제1항부터 제3항까지의 규정에 따른 정비기반시설의 귀속 및 양도에 관한 사항이 포함된 정비사업을 시행하거나 그 시행을 인가하려는 경우에는 미리 그 관리청의 의견을 들어야 한다. 인가받은 사항을 변경하려는 경우에도 또한 같다.

⑤ 사업시행자는 제1항부터 제3항까지의 규정에 따라 관리청에 귀속될 정비기반시설과 사업시행자에게 귀속 또는 양도될 재산의 종류와 세목을 정비사업의 준공 전에 관리청에 통지하여야 하며, 해당 정비기반시설은 그 정비사업이 준공인가되어 관리청에 준공인가통지를 한 때에 국가 또는 지방자치단체에 귀속되거나 사업시행자에게 귀속 또는 양도된 것으로 본다.

⑥ 제5항에 따른 정비기반시설의 등기에 있어서 정비사업의 시행인가서와 준공인가서(시장·군수등이 직접 정비사업을 시행하는 경우에는 제50조제7항에 따른 사업시행계획인가의 고시와 제83조제4항에 따른 공사완료의 고시를 말한다)는 「부동산등기법」에 따른 등기원인을 증명하는 서류를 갈음한다.

⑦ 제1항 및 제2항에 따라 정비사업의 시행으로 용도가 폐지되는 국가 또는 지방자치단체 소유의 정비기반시설의 경우 정비사업의 시행 기간 동안 해당 시설의 대부료는 면제된다.

제98조 국유 · 공유재산의 처분 등

① 시장·군수등은 제50조 및 제52조에 따라 인가하려는 사업시행계획 또는 직접 작성하는 사업시행계획서에 국유·공유재산의 처분에 관한 내용이 포함되어 있는 때에는 미리 관리청과 협의하여야 한다. 이 경우 관리청이 불분명한 재산 중 도로·하천·구거 등은 국토교통부장관을, 그 외의 재산은 기획재정부장관을 관리청으로 본다.

② 제1항에 따라 협의를 받은 관리청은 20일 이내에 의견을 제시하여야 한다.
③ 정비구역의 국유·공유재산은 정비사업 외의 목적으로 매각되거나 양도될 수 없다.
④ 정비구역의 국유·공유재산은 「국유재산법」 제9조 또는 「공유재산 및 물품 관리법」 제10조에 따른 국유재산종합계획 또는 공유재산관리계획과 「국유재산법」 제43조 및 「공유재산 및 물품 관리법」 제29조에 따른 계약의 방법에도 불구하고 사업시행자 또는 점유자 및 사용자에게 다른 사람에 우선하여 수의계약으로 매각 또는 임대될 수 있다.
⑤ 제4항에 따라 다른 사람에 우선하여 매각 또는 임대될 수 있는 국유·공유재산은 「국유재산법」, 「공유재산 및 물품 관리법」 및 그 밖에 국·공유지의 관리와 처분에 관한 관계 법령에도 불구하고 사업시행계획인가의 고시가 있은 날부터 종전의 용도가 폐지된 것으로 본다.
⑥ 제4항에 따라 정비사업을 목적으로 우선하여 매각하는 국·공유지는 사업시행계획인가의 고시가 있은 날을 기준으로 평가하며, 주거환경개선사업의 경우 매각가격은 평가금액의 100분의 80으로 한다. 다만, 사업시행계획인가의 고시가 있은 날부터 3년 이내에 매매계약을 체결하지 아니한 국·공유지는 「국유재산법」 또는 「공유재산 및 물품 관리법」에서 정한다.

제99조 국유 · 공유재산의 임대

① 지방자치단체 또는 토지주택공사등은 주거환경개선구역 및 재개발구역(재개발사업을 시행하는 정비구역을 말한다. 이하 같다)에서 임대주택을 건설하는 경우에는 「국유재산법」 제46조제1항 또는 「공유재산 및 물품 관리법」 제31조에도 불구하고 국·공유지 관리청과 협의하여 정한 기간 동안 국·공유지를 임대할 수 있다.
② 시장·군수등은 「국유재산법」 제18조제1항 또는 「공유재산 및 물품 관리법」 제13조에도 불구하고 제1항에 따라 임대하는 국·공유지 위에 공동주택, 그 밖의 영구시설물을 축조하게 할 수 있다. 이 경우 해당 시설물의 임대기간이 종료되는 때에는 임대한 국·공유지 관리청에 기부 또는 원상으로 회복하여 반환하거나 국·공유지 관리청으로부터 매입하여야 한다.
③ 제1항에 따라 임대하는 국·공유지의 임대료는 「국유재산법」 또는 「공유재산 및 물품 관리법」에서 정한다.

제100조 공동이용시설 사용료의 면제

① 지방자치단체의 장은 마을공동체 활성화 등 공익 목적을 위하여 「공유재산 및 물품 관리법」 제20조에 따라 주거환경개선구역 내 공동이용시설에 대한 사용 허가를 하는 경우 같은 법 제22조에도 불구하고 사용료를 면제할 수 있다.
② 제1항에 따른 공익 목적의 기준, 사용료 면제 대상 및 그 밖에 필요한 사항은 시·도조례로 정한다.

제101조 국 · 공유지의 무상양여 등

① 다음 각 호의 어느 하나에 해당하는 구역에서 국가 또는 지방자치단체가 소유하는 토지는 제50조제7항에 따른 사업시행계획인가의 고시가 있은 날부터 종전의 용도가 폐지된 것으로 보며, 「국유재산법」, 「공유재

산 및 물품 관리법」 및 그 밖에 국·공유지의 관리 및 처분에 관하여 규정한 관계 법령에도 불구하고 해당 사업시행자에게 무상으로 양여된다. 다만, 「국유재산법」 제6조제2항에 따른 행정재산 또는 「공유재산 및 물품 관리법」 제5조제2항에 따른 행정재산과 국가 또는 지방자치단체가 양도계약을 체결하여 정비구역지정 고시일 현재 대금의 일부를 수령한 토지에 대하여는 그러하지 아니하다.

1. 주거환경개선구역
2. 국가 또는 지방자치단체가 도시영세민을 이주시켜 형성된 낙후지역으로서 대통령령으로 정하는 재개발구역(이 항 각 호 외의 부분 본문에도 불구하고 무상양여 대상에서 국유지는 제외하고, 공유지는 시장·군수등 또는 토지주택공사등이 단독으로 사업시행자가 되는 경우로 한정한다)

② 제1항 각 호에 해당하는 구역에서 국가 또는 지방자치단체가 소유하는 토지는 제16조제2항 전단에 따른 정비구역지정의 고시가 있은 날부터 정비사업 외의 목적으로 양도되거나 매각될 수 없다.
③ 제1항에 따라 무상양여된 토지의 사용수익 또는 처분으로 발생한 수입은 주거환경개선사업 또는 재개발사업 외의 용도로 사용할 수 없다.
④ 시장·군수등은 제1항에 따른 무상양여의 대상이 되는 국 · 공유지를 소유 또는 관리하고 있는 국가 또는 지방자치단체와 협의를 하여야 한다.
⑤ 사업시행자에게 양여된 토지의 관리처분에 필요한 사항은 국토교통부장관의 승인을 받아 해당 시·도조례 또는 토지주택공사등의 시행규정으로 정한다.

제5장 정비사업전문관리업

제102조 정비사업전문관리업의 등록

① 다음 각 호의 사항을 추진위원회 또는 사업시행자로부터 위탁받거나 이와 관련한 자문을 하려는 자는 대통령령으로 정하는 자본 · 기술인력 등의 기준을 갖춰 시 · 도지사에게 등록 또는 변경(대통령령으로 정하는 경미한 사항의 변경은 제외한다)등록하여야 한다. 다만, 주택의 건설 등 정비사업 관련 업무를 하는 공공기관 등으로 대통령령으로 정하는 기관의 경우에는 그러하지 아니하다.

1. 조합설립의 동의 및 정비사업의 동의에 관한 업무의 대행
2. 조합설립인가의 신청에 관한 업무의 대행
3. 사업성 검토 및 정비사업의 시행계획서의 작성
4. 설계자 및 시공자 선정에 관한 업무의 지원
5. 사업시행계획인가의 신청에 관한 업무의 대행
6. 관리처분계획의 수립에 관한 업무의 대행
7. 제118조제2항제2호에 따라 시장 · 군수등이 정비사업전문관리업자를 선정한 경우에는 추진위원회 설립에 필요한 다음 각 목의 업무
   가. 동의서 제출의 접수
   나. 운영규정 작성 지원
   다. 그 밖에 시 · 도조례로 정하는 사항

② 제1항에 따른 등록의 절차 및 방법, 등록수수료 등에 필요한 사항은 대통령령으로 정한다.

③ 시 · 도지사는 제1항에 따라 정비사업전문관리업의 등록 또는 변경등록한 현황, 제106조제1항에 따라 정비사업전문관리업의 등록취소 또는 업무정지를 명한 현황을 국토교통부령으로 정하는 방법 및 절차에 따라 국토교통부장관에게 보고하여야 한다.

제103조 정비사업전문관리업자의 업무제한 등

정비사업전문관리업자는 동일한 정비사업에 대하여 다음 각 호의 업무를 병행하여 수행할 수 없다

1. 건축물의 철거
2. 정비사업의 설계
3. 정비사업의 시공
4. 정비사업의 회계감사
5. 그 밖에 정비사업의 공정한 질서유지에 필요하다고 인정하여 대통령령으로 정하는 업무

제104조 정비사업전문관리업자와 위탁자와의 관계

비사업전문관리업자에게 업무를 위탁하거나 자문을 요청한 자와 정비사업전문관리업자의 관계에 관하여 이 법에 규정된 사항을 제외하고는 「민법」 중 위임에 관한 규정을 준용한다.

제105조 정비사업전문관리업자의 결격사유

① 다음 각 호의 어느 하나에 해당하는 자는 정비사업전문관리업의 등록을 신청할 수 없으며, 정비사업전문관리업자의 업무를 대표 또는 보조하는 임직원이 될 수 없다.

1. 미성년자(대표 또는 임원이 되는 경우로 한정한다) · 피성년후견인 또는 피한정후견인
2. 파산선고를 받은 자로서 복권되지 아니한 자
3. 정비사업의 시행과 관련한 범죄행위로 인하여 금고 이상의 실형의 선고를 받고 그 집행이 종료(종료된 것으로 보는 경우를 포함한다)되거나 집행이 면제된 날부터 2년이 경과되지 아니한 자
4. 정비사업의 시행과 관련한 범죄행위로 인하여 금고 이상의 형의 집행유예를 받고 그 유예기간 중에 있는 자
5. 이 법을 위반하여 벌금형 이상의 선고를 받고 2년이 경과되지 아니한 자
6. 제106조에 따라 등록이 취소된 후 2년이 경과되지 아니한 자(법인인 경우 그 대표자를 말한다)
7. 법인의 업무를 대표 또는 보조하는 임직원 중 제1호부터 제6호까지 중 어느 하나에 해당하는 자가 있는 법인

② 정비사업전문관리업자의 업무를 대표 또는 보조하는 임직원이 제1항 각 호의 어느 하나에 해당하게 되거나 선임 당시 그에 해당하는 자이었음이 판명된 때에는 당연 퇴직한다.

③ 제2항에 따라 퇴직된 임직원이 퇴직 전에 관여한 행위는 효력을 잃지 아니한다.

제106조 정비사업전문관리업의 등록취소 등

① 시 · 도지사는 정비사업전문관리업자가 다음 각 호의 어느 하나에 해당하는 때에는 그 등록을 취소하거나 1년 이내의 기간을 정하여 업무의 전부 또는 일부의 정지를 명할 수 있다. 다만, 제1호 · 제4호 · 제8호 및 제9호에 해당하는 때에는 그 등록을 취소하여야 한다.

1. 거짓, 그 밖의 부정한 방법으로 등록을 한 때
2. 제102조제1항에 따른 등록기준에 미달하게 된 때
3. 추진위원회, 사업시행자 또는 시장 · 군수등의 위탁이나 자문에 관한 계약 없이 제102조제1항 각 호에 따른 업무를 수행한 때
4. 제102조제1항 각 호에 따른 업무를 직접 수행하지 아니한 때
5. 고의 또는 과실로 조합에게 계약금액(정비사업전문관리업자가 조합과 체결한 총계약금액을 말한다)의 3분의 1 이상의 재산상 손실을 끼친 때
6. 제107조에 따른 보고 · 자료제출을 하지 아니하거나 거짓으로 한 때 또는 조사 · 검사를 거부 · 방해 또는 기피한 때
7. 제111조에 따른 보고 · 자료제출을 하지 아니하거나 거짓으로 한 때 또는 조사를 거부 · 방해 또는 기피한 때
8. 최근 3년간 2회 이상의 업무정지처분을 받은 자로서 그 정지처분을 받은 기간이 합산하여 12개월을 초과한 때
9. 다른 사람에게 자기의 성명 또는 상호를 사용하여 이 법에서 정한 업무를 수행하게 하거나 등록증을 대여한 때
10. 이 법을 위반하여 벌금형 이상의 선고를 받은 경우(법인의 경우에는 그 소속 임직원을 포함한다)
11. 그 밖에 이 법 또는 이 법에 따른 명령이나 처분을 위반한 때

② 제1항에 따른 등록의 취소 및 업무의 정지처분에 관한 기준은 대통령령으로 정한다.

③ 정비사업전문관리업자는 제1항에 따라 등록취소처분 등을 받은 경우에는 해당 내용을 지체 없이 사업시

행자에게 통지하여야 한다.

④ 정비사업전문관리업자는 제1항에 따라 등록취소처분 등을 받기 전에 계약을 체결한 업무는 계속하여 수행할 수 있다. 이 경우 정비사업전문관리업자는 해당 업무를 완료할 때까지는 정비사업전문관리업자로 본다.

⑤ 정비사업전문관리업자는 제4항 전단에도 불구하고 다음 각 호의 어느 하나에 해당하는 경우에는 업무를 계속하여 수행할 수 없다.

1. 사업시행자가 제3항에 따른 통지를 받거나 처분사실을 안 날부터 3개월 이내에 총회 또는 대의원회의 의결을 거쳐 해당 업무계약을 해지한 경우
2. 정비사업전문관리업자가 등록취소처분 등을 받은 날부터 3개월 이내에 사업시행자로부터 업무의 계속 수행에 대하여 동의를 받지 못한 경우. 이 경우 사업시행자가 동의를 하려는 때에는 총회 또는 대의원회의 의결을 거쳐야 한다.
3. 제1항 각 호 외의 부분 단서에 따라 등록이 취소된 경우

제107조 정비사업전문관리업자에 대한 조사 등

① 국토교통부장관 또는 시 · 도지사는 정비사업전문관리업자에 대하여 업무의 감독상 필요한 때에는 그 업무에 관한 사항을 보고하게 하거나 자료의 제출, 그 밖의 필요한 명령을 할 수 있으며, 소속 공무원에게 영업소 등에 출입하여 장부 · 서류 등을 조사 또는 검사하게 할 수 있다.

② 제1항에 따라 출입 · 검사 등을 하는 공무원은 권한을 표시하는 증표를 지니고 관계인에게 내보여야 한다.

제108조 정비사업전문관리업 정보의 종합관리

① 국토교통부장관은 정비사업전문관리업자의 자본금 · 사업실적 · 경영실태 등에 관한 정보를 종합적이고 체계적으로 관리하고 추진위원회 또는 사업시행자 등에게 제공하기 위하여 정비사업전문관리업 정보종합체계를 구축 · 운영할 수 있다.

② 제1항에 따른 정비사업전문관리업 정보종합체계의 구축 · 운영에 필요한 사항은 국토교통부령으로 정한다.

제109조 협회의 설립 등

① 정비사업전문관리업자는 정비사업전문관리업의 전문화와 정비사업의 건전한 발전을 도모하기 위하여 정비사업전문관리업자단체(이하 "협회"라 한다)를 설립할 수 있다.

② 협회는 법인으로 한다.

③ 협회는 주된 사무소의 소재지에서 설립등기를 하는 때에 성립한다.

④ 협회를 설립하려는 때에는 회원의 자격이 있는 50명 이상을 발기인으로 하여 정관을 작성한 후 창립총회의 의결을 거쳐 국토교통부장관의 인가를 받아야 한다. 협회가 정관을 변경하려는 때에도 또한 같다.

⑤ 이 법에 따라 시 · 도지사로부터 업무정지처분을 받은 회원의 권리 · 의무는 영업정지기간 중 정지되며, 정비사업전문관리업의 등록이 취소된 때에는 회원의 자격을 상실한다.

⑥ 협회의 정관, 설립인가의 취소, 그 밖에 필요한 사항은 대통령령으로 정한다.

⑦ 협회에 관하여 이 법에 규정된 사항을 제외하고는 「민법」 중 사단법인에 관한 규정을 준용한다.

제110조 협회의 업무 및 감독

① 협회의 업무는 다음 각 호와 같다.

1. 정비사업전문관리업 및 정비사업의 건전한 발전을 위한 조사 · 연구
2. 회원의 상호 협력증진을 위한 업무
3. 정비사업전문관리 기술 인력과 정비사업전문관리업 종사자의 자질향상을 위한 교육 및 연수
4. 그 밖에 대통령령으로 정하는 업무

② 국토교통부장관은 감독상 필요한 때에는 협회에게 업무에 관한 사항을 보고하게 하거나 자료의 제출, 그 밖에 필요한 명령을 할 수 있으며, 협회의 업무에 대한 조사 · 검사와 그 밖에 협회의 감독에 필요한 사항은 대통령령으로 정한다.

제6장 감독 등

제111조 자료의 제출 등

① 시·도지사는 국토교통부령으로 정하는 방법 및 절차에 따라 정비사업의 추진실적을 분기별로 국토교통부장관에게, 시장, 군수 또는 구청장은 시·도조례로 정하는 바에 따라 정비사업의 추진실적을 특별시장·광역시장 또는 도지사에게 보고하여야 한다.

② 국토교통부장관, 시·도지사, 시장, 군수 또는 구청장은 정비사업의 원활한 시행을 위하여 감독상 필요한 때에는 추진위원회·사업시행자·정비사업전문관리업자·철거업자·설계자 및 시공자 등 이 법에 따른 업무를 하는 자에게 국토교통부령으로 정하는 내용에 따라 보고 또는 자료의 제출을 명할 수 있으며 소속 공무원에게 그 업무에 관한 사항을 조사하게 할 수 있다.

③ 제2항에 따라 업무를 조사하는 공무원은 국토교통부령으로 정하는 방법 및 절차에 따라 조사 일시·목적 등을 미리 알려주어야 한다.

제112조 회계감사

① 시장·군수등 또는 토지주택공사등이 아닌 사업시행자는 대통령령으로 정하는 방법 및 절차에 따라 다음 각 호의 어느 하나에 해당하는 시기에 「주식회사 등의 외부감사에 관한 법률」 제2조제7호 및 제9조에 따른 감사인의 회계감사를 받아야 하며, 그 감사결과를 회계감사가 종료된 날부터 15일 이내에 시장·군수등 및 해당 조합에 보고하고 조합원이 공람할 수 있도록 하여야 한다. 다만, 지정개발자가 사업시행자인 경우 제2호 및 제3호에 해당하는 시기에 한정한다.

1. 제34조제4항에 따라 추진위원회에서 조합으로 인계되기 전 7일 이내
2. 제50조제7항에 따른 사업시행계획인가의 고시일부터 20일 이내
3. 제83조제1항에 따른 준공인가의 신청일부터 7일 이내

② 제1항에 따라 회계감사가 필요한 경우 사업시행자는 시장·군수등에게 회계감사기관의 선정·계약을 요청하여야 하며, 시장·군수등은 요청이 있는 경우 즉시 회계감사기관을 선정하여 회계감사가 이루어지도록 하여야 한다.

③ 제2항에 따라 회계감사기관을 선정·계약한 경우 시장·군수등은 공정한 회계감사를 위하여 선정된 회계감사기관을 감독하여야 하며, 필요한 처분이나 조치를 명할 수 있다.

④ 사업시행자는 제2항에 따라 회계감사기관의 선정·계약을 요청하려는 경우 시장·군수등에게 회계감사에 필요한 비용을 미리 예치하여야 한다. 시장·군수등은 회계감사가 끝난 경우 예치된 금액에서 회계감사비용을 직접 지불한 후 나머지 비용은 사업시행자와 정산하여야 한다.

제113조 감독

① 정비사업의 시행이 이 법 또는 이 법에 따른 명령·처분이나 사업시행계획서 또는 관리처분계획에 위반

되었다고 인정되는 때에는 정비사업의 적정한 시행을 위하여 필요한 범위에서 국토교통부장관은 시 · 도지사, 시장, 군수, 구청장, 추진위원회, 주민대표회의, 사업시행자 또는 정비사업전문관리업자에게, 특별시장, 광역시장 또는 도지사는 시장, 군수, 구청장, 추진위원회, 주민대표회의, 사업시행자 또는 정비사업전문관리업자에게, 시장 · 군수는 추진위원회, 주민대표회의, 사업시행자 또는 정비사업전문관리업자에게 처분의 취소 · 변경 또는 정지, 공사의 중지 · 변경, 임원의 개선 권고, 그 밖의 필요한 조치를 취할 수 있다.

② 국토교통부장관, 시 · 도지사, 시장, 군수 또는 구청장은 이 법에 따른 정비사업의 원활한 시행을 위하여 관계 공무원 및 전문가로 구성된 점검반을 구성하여 정비사업 현장조사를 통하여 분쟁의 조정, 위법사항의 시정요구 등 필요한 조치를 할 수 있다. 이 경우 관할 지방자치단체의 장과 조합 등은 대통령령으로 정하는 자료의 제공 등 점검반의 활동에 적극 협조하여야 한다.

③ 제111조제3항은 제2항의 정비사업 현장조사를 하는 공무원에 대하여도 준용한다.

제113조의2 시공자 선정 취소 명령 또는 과징금

① 시·도지사(해당 정비사업을 관할하는 시·도지사를 말한다. 이하 이 조 및 제113조의3에서 같다)는 건설업자가 다음 각 호의 어느 하나에 해당하는 경우 사업시행자에게 건설업자의 해당 정비사업에 대한 시공자 선정을 취소할 것을 명하거나 그 건설업자에게 사업시행자와 시공자 사이의 계약서상 공사비의 100분의 20 이하에 해당하는 금액의 범위에서 과징금을 부과할 수 있다. 이 경우 시공자 선정 취소의 명을 받은 사업시행자는 시공자 선정을 취소하여야 한다.

1. 건설업자가 제132조를 위반한 경우
2. 건설업자가 제132조의2를 위반하여 관리·감독 등 필요한 조치를 하지 아니한 경우로서 용역업체의 임직원(건설업자가 고용한 개인을 포함한다. 이하 같다)이 제132조를 위반한 경우

② 제1항에 따라 과징금을 부과하는 위반행위의 종류와 위반 정도 등에 따른 과징금의 금액 등에 필요한 사항은 대통령령으로 정한다.

③ 시·도지사는 제1항에 따라 과징금의 부과처분을 받은 자가 납부기한까지 과징금을 내지 아니하면 「지방세외수입금의 징수 등에 관한 법률」에 따라 징수한다.

제113조의3 건설업자의 입찰참가 제한

① 시·도지사는 제113조의2제1항 각 호의 어느 하나에 해당하는 건설업자에 대해서는 2년 이내의 범위에서 대통령령으로 정하는 기간 동안 정비사업의 입찰참가를 제한할 수 있다.

② 시·도지사는 제1항에 따라 건설업자에 대한 정비사업의 입찰참가를 제한하려는 경우에는 대통령령으로 정하는 바에 따라 대상, 기간, 사유, 그 밖의 입찰참가 제한과 관련된 내용을 공개하고, 관할 구역의 시장, 군수 또는 구청장 및 사업시행자에게 통보하여야 한다. 이 경우 통보를 받은 사업시행자는 해당 건설업자의 입찰 참가자격을 제한하여야 한다.

③ 사업시행자는 제2항에 따라 입찰참가를 제한받은 건설업자와 계약(수의계약을 포함한다)을 체결해서는 아니 된다.

제114조 정비사업 지원기구

국토교통부장관은 다음 각 호의 업무를 수행하기 위하여 정비사업 지원기구를 설치할 수 있다. 이 경우 국토교통부장관은 「한국감정원법」에 따라 설립된 한국감정원 또는 「한국토지주택공사법」에 따라 설립된 한국토지주택공사에게 정비사업 지원기구의 업무를 대행하게 할 수 있다.

1. 정비사업 상담지원업무
2. 정비사업전문관리제도의 지원
3. 전문조합관리인의 교육 및 운영지원
4. 소규모 영세사업장 등의 사업시행계획 및 관리처분계획 수립지원
5. 정비사업을 통한 공공지원민간임대주택 공급 업무 지원
6. 그 밖에 국토교통부장관이 정하는 업무

제115조 교육의 실시

국토교통부장관, 시 · 도지사, 시장, 군수 또는 구청장은 추진위원장 및 감사, 조합임원, 전문조합관리인, 정비사업전문관리업자의 대표자 및 기술인력, 토지등소유자 등에 대하여 대통령령으로 정하는 바에 따라 교육을 실시할 수 있다.

제116조 도시분쟁조정위원회의 구성 등

① 정비사업의 시행으로 발생한 분쟁을 조정하기 위하여 정비구역이 지정된 특별자치시, 특별자치도, 또는 시 · 군 · 구(자치구를 말한다. 이하 이 조에서 같다)에 도시분쟁조정위원회(이하 "조정위원회"라 한다)를 둔다. 다만, 시장 · 군수등을 당사자로 하여 발생한 정비사업의 시행과 관련된 분쟁 등의 조정을 위하여 필요한 경우에는 시 · 도에 조정위원회를 둘 수 있다.

② 조정위원회는 부시장 · 부지사 · 부구청장 또는 부군수를 위원장으로 한 10명 이내의 위원으로 구성한다.

③ 조정위원회 위원은 정비사업에 대한 학식과 경험이 풍부한 사람으로서 다음 각 호의 어느 하나에 해당하는 사람 중에서 시장 · 군수등이 임명 또는 위촉한다. 이 경우 제1호, 제3호 및 제4호에 해당하는 사람이 각 2명 이상 포함되어야 한다.

1. 해당 특별자치시, 특별자치도 또는 시 · 군 · 구에서 정비사업 관련 업무에 종사하는 5급 이상 공무원
2. 대학이나 연구기관에서 부교수 이상 또는 이에 상당하는 직에 재직하고 있는 사람
3. 판사, 검사 또는 변호사의 직에 5년 이상 재직한 사람
4. 건축사, 감정평가사, 공인회계사로서 5년 이상 종사한 사람
5. 그 밖에 정비사업에 전문적 지식을 갖춘 사람으로서 시 · 도조례로 정하는 자

④ 조정위원회에는 위원 3명으로 구성된 분과위원회(이하 "분과위원회"라 한다)를 두며, 분과위원회에는 제3항 제1호 및 제3호에 해당하는 사람이 각 1명 이상 포함되어야 한다.

제117조 조정위원회의 조정 등

① 조정위원회는 정비사업의 시행과 관련하여 다음 각 호의 어느 하나에 해당하는 분쟁 사항을 심사 · 조정한다. 다만, 「주택법」, 「공익사업을 위한 토지 등의 취득 및 보상에 관한 법률」, 그 밖의 관계 법률에 따라 설치된 위원회의 심사대상에 포함되는 사항은 제외할 수 있다.

> 1. 매도청구권 행사 시 감정가액에 대한 분쟁
> 2. 공동주택 평형 배정방법에 대한 분쟁
> 3. 그 밖에 대통령령으로 정하는 분쟁

② 시장 · 군수등은 다음 각 호의 어느 하나에 해당하는 경우 조정위원회를 개최할 수 있으며, 조정위원회는 조정신청을 받은 날(제2호의 경우 조정위원회를 처음 개최한 날을 말한다)부터 60일 이내에 조정절차를 마쳐야 한다. 다만, 조정기간 내에 조정절차를 마칠 수 없는 정당한 사유가 있다고 판단되는 경우에는 조정위원회의 의결로 그 기간을 한 차례만 연장할 수 있으며 그 기간은 30일 이내로 한다.

> 1. 분쟁당사자가 정비사업의 시행으로 인하여 발생한 분쟁의 조정을 신청하는 경우
> 2. 시장 · 군수등이 조정위원회의 조정이 필요하다고 인정하는 경우

③ 조정위원회의 위원장은 조정위원회의 심사에 앞서 분과위원회에서 사전 심사를 담당하게 할 수 있다. 다만, 분과위원회의 위원 전원이 일치된 의견으로 조정위원회의 심사가 필요없다고 인정하는 경우에는 조정위원회에 회부하지 아니하고 분과위원회의 심사로 조정절차를 마칠 수 있다.

④ 조정위원회 또는 분과위원회는 제2항 또는 제3항에 따른 조정절차를 마친 경우 조정안을 작성하여 지체 없이 각 당사자에게 제시하여야 한다. 이 경우 조정안을 제시받은 각 당사자는 제시받은 날부터 15일 이내에 수락 여부를 조정위원회 또는 분과위원회에 통보하여야 한다.

⑤ 당사자가 조정안을 수락한 경우 조정위원회는 즉시 조정서를 작성한 후, 위원장 및 각 당사자는 조정서에 서명 · 날인하여야 한다.

⑥ 제5항에 따라 당사자가 강제집행을 승낙하는 취지의 내용이 기재된 조정서에 서명 · 날인한 경우 조정서의 정본은 「민사집행법」 제56조에도 불구하고 집행력 있는 집행권원과 같은 효력을 가진다. 다만, 청구에 관한 이의의 주장에 대하여는 「민사집행법」 제44조제2항을 적용하지 아니한다.

제118조 정비사업의 공공지원

① 시장 · 군수등은 정비사업의 투명성 강화 및 효율성 제고를 위하여 시 · 도조례로 정하는 정비사업에 대하여 사업시행 과정을 지원(이하 "공공지원"이라 한다)하거나 토지주택공사등, 신탁업자, 「주택도시기금법」에

따른 주택도시보증공사 또는 이 법 제102조제1항 각 호 외의 부분 단서에 따라 대통령령으로 정하는 기관에 공공지원을 위탁할 수 있다.

② 제1항에 따라 정비사업을 공공지원하는 시장 · 군수등 및 공공지원을 위탁받은 자(이하 "위탁지원자"라 한다)는 다음 각 호의 업무를 수행한다.

1. 추진위원회 또는 주민대표회의 구성
2. 정비사업전문관리업자의 선정(위탁지원자는 선정을 위한 지원으로 한정한다)
3. 설계자 및 시공자 선정 방법 등
4. 제52조제1항제4호에 따른 세입자의 주거 및 이주 대책(이주 거부에 따른 협의 대책을 포함한다) 수립
5. 관리처분계획 수립
6. 그 밖에 시 · 도조례로 정하는 사항

③ 시장 · 군수등은 위탁지원자의 공정한 업무수행을 위하여 관련 자료의 제출 및 조사, 현장점검 등 필요한 조치를 할 수 있다. 이 경우 위탁지원자의 행위에 대한 대외적인 책임은 시장 · 군수등에게 있다.

④ 공공지원에 필요한 비용은 시장 · 군수등이 부담하되, 특별시장, 광역시장 또는 도지사는 관할 구역의 시장, 군수 또는 구청장에게 특별시 · 광역시 또는 도의 조례로 정하는 바에 따라 그 비용의 일부를 지원할 수 있다.

⑤ 추진위원회가 제2항제2호에 따라 시장 · 군수등이 선정한 정비사업전문관리업자를 선정하는 경우에는 제32조제2항을 적용하지 아니한다.

⑥ 공공지원의 시행을 위한 방법과 절차, 기준 및 제126조에 따른 도시 · 주거환경정비기금의 지원, 시공자 선정 시기 등에 필요한 사항은 시 · 도조례로 정한다.

⑦ 제6항에도 불구하고 다음 각 호의 어느 하나에 해당하는 경우에는 토지등소유자(제35조에 따라 조합을 설립한 경우에는 조합원을 말한다)의 과반수 동의를 받아 제29조제4항에 따라 시공자를 선정할 수 있다. 다만, 제1호의 경우에는 해당 건설업자를 시공자로 본다.

1. 조합이 제25조에 따라 건설업자와 공동으로 정비사업을 시행하는 경우로서 조합과 건설업자 사이에 협약을 체결하는 경우
2. 제28조제1항 및 제2항에 따라 사업대행자가 정비사업을 시행하는 경우

⑧ 제7항제1호의 협약사항에 관한 구체적인 내용은 시 · 도조례로 정할 수 있다.

제119조 정비사업관리시스템의 구축

① 시 · 도지사는 정비사업의 효율적이고 투명한 관리를 위하여 정비사업관리시스템을 구축하여 운영할 수 있다.

② 제1항에 따른 정비사업관리시스템의 운영방법 등에 필요한 사항은 시 · 도조례로 정한다.

제120조 정비사업의 정보공개

시장 · 군수등은 정비사업의 투명성 강화를 위하여 조합이 시행하는 정비사업에 관한 다음 각 호의 사항을 매년 1회 이상 인터넷과 그 밖의 방법을 병행하여 공개하여야 한다. 이 경우 공개의 방법 및 시기 등 필요한 사항은 시 · 도조례로 정한다.

1. 제74조제1항에 따라 관리처분계획의 인가(변경인가를 포함한다. 이하 이 조에서 같다)를 받은 사항 중 제29조에 따른 계약금액
2. 제74조제1항에 따라 관리처분계획의 인가를 받은 사항 중 정비사업에서 발생한 이자
3. 그 밖에 시 · 도조례로 정하는 사항

제121조 청문

국토교통부장관, 시 · 도지사, 시장, 군수 또는 구청장은 다음 각 호의 어느 하나에 해당하는 처분을 하려는 경우에는 청문을 하여야 한다.

1. 제106조제1항에 따른 정비사업전문관리업의 등록취소
2. 제113조제1항부터 제3항까지의 규정에 따른 추진위원회 승인의 취소, 조합설립인가의 취소, 사업시행계획인가의 취소 또는 관리처분계획인가의 취소
3. 제113조의2제1항에 따른 시공자 선정 취소 또는 과징금 부과
4. 제113조의3제1항에 따른 입찰참가 제한

제7장 보칙

제122조 토지등소유자의 설명의무

① 토지등소유자는 자신이 소유하는 정비구역 내 토지 또는 건축물에 대하여 매매 · 전세 · 임대차 또는 지상권 설정 등 부동산 거래를 위한 계약을 체결하는 경우 다음 각 호의 사항을 거래 상대방에게 설명 · 고지하고, 거래 계약서에 기재 후 서명 · 날인하여야 한다.

1. 해당 정비사업의 추진단계
2. 퇴거예정시기(건축물의 경우 철거예정시기를 포함한다)
3. 제19조에 따른 행위제한
4. 제39조에 따른 조합원의 자격
5. 제70조제5항에 따른 계약기간
6. 제77조에 따른 주택 등 건축물을 분양받을 권리의 산정 기준일
7. 그 밖에 거래 상대방의 권리 · 의무에 중대한 영향을 미치는 사항으로서 대통령령으로 정하는 사항

② 제1항 각 호의 사항은 「공인중개사법」 제25조제1항제2호의 "법령의 규정에 의한 거래 또는 이용제한사항"으로 본다.

제123조 재개발사업 등의 시행방식의 전환

① 시장 · 군수등은 제28조제1항에 따라 사업대행자를 지정하거나 토지등소유자의 5분의 4 이상의 요구가 있어 제23조제2항에 따른 재개발사업의 시행방식의 전환이 필요하다고 인정하는 경우에는 정비사업이 완료되기 전이라도 대통령령으로 정하는 범위에서 정비구역의 전부 또는 일부에 대하여 시행방식의 전환을 승인할 수 있다.

② 사업시행자는 제1항에 따라 시행방식을 전환하기 위하여 관리처분계획을 변경하려는 경우 토지면적의 3분의 2 이상의 토지소유자의 동의와 토지등소유자의 5분의 4 이상의 동의를 받아야 하며, 변경절차에 관하여는 제74조제1항의 관리처분계획 변경에 관한 규정을 준용한다.

③ 사업시행자는 제1항에 따라 정비구역의 일부에 대하여 시행방식을 전환하려는 경우에 재개발사업이 완료된 부분은 제83조에 따라 준공인가를 거쳐 해당 지방자치단체의 공보에 공사완료의 고시를 하여야 하며, 전환하려는 부분은 이 법에서 정하고 있는 절차에 따라 시행방식을 전환하여야 한다.

④ 제3항에 따라 공사완료의 고시를 한 때에는 「공간정보의 구축 및 관리 등에 관한 법률」 제86조제3항에도 불구하고 관리처분계획의 내용에 따라 제86조에 따른 이전이 된 것으로 본다.

⑤ 사업시행자는 정비계획이 수립된 주거환경개선사업을 제23조제1항제4호의 시행방법으로 변경하려는 경우에는 토지등소유자의 3분의 2 이상의 동의를 받아야 한다.

제124조 관련 자료의 공개 등

① 추진위원장 또는 사업시행자(조합의 경우 청산인을 포함한 조합임원, 토지등소유자가 단독으로 시행하는 재개발

사업의 경우에는 그 대표자를 말한다)는 정비사업의 시행에 관한 다음 각 호의 서류 및 관련 자료가 작성되거나 변경된 후 15일 이내에 이를 조합원, 토지등소유자 또는 세입자가 알 수 있도록 인터넷과 그 밖의 방법을 병행하여 공개하여야 한다.

1. 제34조제1항에 따른 추진위원회 운영규정 및 정관등
2. 설계자 · 시공자 · 철거업자 및 정비사업전문관리업자 등 용역업체의 선정계약서
3. 추진위원회 · 주민총회 · 조합총회 및 조합의 이사회 · 대의원회의 의사록
4. 사업시행계획서
5. 관리처분계획서
6. 해당 정비사업의 시행에 관한 공문서
7. 회계감사보고서
8. 월별 자금의 입금 · 출금 세부내역
9. 결산보고서
10. 청산인의 업무 처리 현황
11. 그 밖에 정비사업 시행에 관하여 대통령령으로 정하는 서류 및 관련 자료

② 제1항에 따라 공개의 대상이 되는 서류 및 관련 자료의 경우 분기별로 공개대상의 목록, 개략적인 내용, 공개장소, 열람 · 복사 방법 등을 대통령령으로 정하는 방법과 절차에 따라 조합원 또는 토지등소유자에게 서면으로 통지하여야 한다.

③ 추진위원장 또는 사업시행자는 제1항 및 제4항에 따라 공개 및 열람 · 복사 등을 하는 경우에는 주민등록번호를 제외하고 국토교통부령으로 정하는 방법 및 절차에 따라 공개하여야 한다.

④ 조합원, 토지등소유자가 제1항에 따른 서류 및 다음 각 호를 포함하여 정비사업 시행에 관한 서류와 관련 자료에 대하여 열람 · 복사 요청을 한 경우 추진위원장이나 사업시행자는 15일 이내에 그 요청에 따라야 한다.

1. 토지등소유자 명부
2. 조합원 명부
3. 그 밖에 대통령령으로 정하는 서류 및 관련 자료

⑤ 제4항의 복사에 필요한 비용은 실비의 범위에서 청구인이 부담한다. 이 경우 비용납부의 방법, 시기 및 금액 등에 필요한 사항은 시 · 도조례로 정한다.

⑥ 제4항에 따라 열람 · 복사를 요청한 사람은 제공받은 서류와 자료를 사용목적 외의 용도로 이용 · 활용하여서는 아니 된다.

제125조 관련 자료의 보관 및 인계

① 추진위원장 · 정비사업전문관리업자 또는 사업시행자(조합의 경우 청산인을 포함한 조합임원, 토지등소유자가 단독으로 시행하는 재개발사업의 경우에는 그 대표자를 말한다)는 제124조제1항에 따른 서류 및 관련 자료와

총회 또는 중요한 회의(조합원 또는 토지등소유자의 비용부담을 수반하거나 권리 · 의무의 변동을 발생시키는 경우로서 대통령령으로 정하는 회의를 말한다)가 있은 때에는 속기록 · 녹음 또는 영상자료를 만들어 청산 시까지 보관하여야 한다.

② 시장 · 군수등 또는 토지주택공사등이 아닌 사업시행자는 정비사업을 완료하거나 폐지한 때에는 시 · 도조례로 정하는 바에 따라 관계 서류를 시장 · 군수등에게 인계하여야 한다.

③ 시장 · 군수등 또는 토지주택공사등인 사업시행자와 제2항에 따라 관계 서류를 인계받은 시장 · 군수등은 해당 정비사업의 관계 서류를 5년간 보관하여야 한다.

제126조 도시 · 주거환경정비기금의 설치 등

① 제4조 및 제7조에 따라 기본계획을 수립하거나 승인하는 특별시장 · 광역시장 · 특별자치시장 · 도지사 · 특별자치도지사 또는 시장은 정비사업의 원활한 수행을 위하여 도시 · 주거환경정비기금(이하 "정비기금"이라 한다)을 설치하여야 한다. 다만, 기본계획을 수립하지 아니하는 시장 및 군수도 필요한 경우에는 정비기금을 설치할 수 있다.

② 정비기금은 다음 각 호의 어느 하나에 해당하는 금액을 재원으로 조성한다.

1. 제17조제4항에 따라 사업시행자가 현금으로 납부한 금액
2. 제55조제1항에 따라 시 · 도지사, 시장, 군수 또는 구청장에게 공급된 소형주택의 임대보증금 및 임대료
3. 제94조에 따른 부담금 및 정비사업으로 발생한 「개발이익 환수에 관한 법률」에 따른 개발부담금 중 지방자치단체 귀속분의 일부
4. 제98조에 따른 정비구역(재건축구역은 제외한다) 안의 국 · 공유지 매각대금 중 대통령령으로 정하는 일정 비율 이상의 금액

4의2. 제113조의2에 따른 과징금

5. 「재건축초과이익 환수에 관한 법률」에 따른 재건축부담금 중 같은 법 제4조제3항 및 제4항에 따른 지방자치단체 귀속분
6. 「지방세법」 제69조에 따라 부과 · 징수되는 지방소비세 또는 같은 법 제112조(같은 조 제1항제1호는 제외한다)에 따라 부과 · 징수되는 재산세 중 대통령령으로 정하는 일정 비율 이상의 금액
7. 그 밖에 시 · 도조례로 정하는 재원

③ 정비기금은 다음 각 호의 어느 하나의 용도 이외의 목적으로 사용하여서는 아니 된다.

1. 이 법에 따른 정비사업으로서 다음 각 목의 어느 하나에 해당하는 사항
   가. 기본계획의 수립
   나. 안전진단 및 정비계획의 수립
   다. 추진위원회의 운영자금 대여
   라. 그 밖에 이 법과 시 · 도조례로 정하는 사항
2. 임대주택의 건설 · 관리
3. 임차인의 주거안정 지원
4. 「재건축초과이익 환수에 관한 법률」에 따른 재건축부담금의 부과 · 징수
5. 주택개량의 지원
6. 정비구역등이 해제된 지역에서의 정비기반시설의 설치 지원
7. 「빈집 및 소규모주택 정비에 관한 특례법」 제44조에 따른 빈집정비사업 및 소규모주택정비사업에 대한 지원
8. 「주택법」 제68조에 따른 증축형 리모델링의 안전진단 지원
9. 제142조에 따른 신고포상금의 지급

④ 정비기금의 관리·운용과 개발부담금의 지방자치단체의 귀속분 중 정비기금으로 적립되는 비율 등에 필요한 사항은 시·도조례로 정한다.

제127조 노후·불량주거지 개선계획의 수립

국토교통부장관은 주택 또는 기반시설이 열악한 주거지의 주거환경개선을 위하여 5년마다 개선대상지역을 조사하고 연차별 재정지원계획 등을 포함한 노후·불량주거지 개선계획을 수립하여야 한다.

제128조 권한의 위임 등

① 국토교통부장관은 이 법에 따른 권한의 일부를 대통령령으로 정하는 바에 따라 시·도지사, 시장, 군수 또는 구청장에게 위임할 수 있다.

② 국토교통부장관, 시·도지사, 시장, 군수 또는 구청장은 이 법의 효율적인 집행을 위하여 필요한 경우에는 대통령령으로 정하는 바에 따라 다음 각 호의 어느 하나에 해당하는 사무를 정비사업지원기구, 협회 등 대통령령으로 정하는 기관 또는 단체에 위탁할 수 있다.

1. 제108조에 따른 정비사업전문관리업 정보종합체계의 구축·운영
2. 제115조에 따른 교육의 실시
3. 그 밖에 대통령령으로 정하는 사무

제129조 사업시행자 등의 권리·의무의 승계

사업시행자와 정비사업과 관련하여 권리를 갖는 자(이하 "권리자"라 한다)의 변동이 있은 때에는 종전의 사업시행자와 권리자의 권리·의무는 새로 사업시행자와 권리자로 된 자가 승계한다.

제130조 정비구역의 범죄 예방

① 시장·군수등은 제50조제1항에 따른 사업시행계획인가를 한 경우 그 사실을 관할 경찰서장에게 통보하여야 한다.

② 시장·군수등은 사업시행계획인가를 한 경우 정비구역 내 주민 안전 등을 위하여 다음 각 호의 사항을 관할 지방경찰청장 또는 경찰서장에게 요청할 수 있다.

1. 순찰 강화
2. 순찰초소의 설치 등 범죄 예방을 위하여 필요한 시설의 설치 및 관리
3. 그 밖에 주민의 안전을 위하여 필요하다고 인정하는 사항

제131조 재건축사업의 안전진단 재실시

시장·군수등은 제16조제2항 전단에 따라 정비구역이 지정·고시된 날부터 10년이 되는 날까지 제50조에 따른 사업시행계획인가를 받지 아니하고 다음 각 호의 어느 하나에 해당하는 경우에는 안전진단을 다시 실시하여야 한다.

1. 「재난 및 안전관리 기본법」 제27조제1항에 따라 재난이 발생할 위험이 높거나 재난예방을 위하여 계속적으로 관리할 필요가 있다고 인정하여 특정관리대상지역으로 지정하는 경우
2. 「시설물의 안전 및 유지관리에 관한 특별법」 제12조제2항에 따라 재해 및 재난 예방과 시설물의 안전성 확보 등을 위하여 정밀안전진단을 실시하는 경우
3. 「공동주택관리법」 제37조제3항에 따라 공동주택의 구조안전에 중대한 하자가 있다고 인정하여 안전진단을 실시하는 경우

제132조 조합임원 등의 선임 · 선정 시 행위제한

누구든지 추진위원, 조합임원의 선임 또는 제29조에 따른 계약 체결과 관련하여 다음 각 호의 행위를 하여서는 아니 된다.

1. 금품, 향응 또는 그 밖의 재산상 이익을 제공하거나 제공의사를 표시하거나 제공을 약속하는 행위
2. 금품, 향응 또는 그 밖의 재산상 이익을 제공받거나 제공의사 표시를 승낙하는 행위
3. 제3자를 통하여 제1호 또는 제2호에 해당하는 행위를 하는 행위

제132조의2 건설업자의 관리·감독 의무

건설업자는 시공자 선정과 관련하여 홍보 등을 위하여 계약한 용역업체의 임직원이 제132조를 위반하지 아니하도록 교육, 용역비 집행 점검, 용역업체 관리·감독 등 필요한 조치를 하여야 한다.

제133조 조합설립인가 등의 취소에 따른 채권의 손해액 산입

시공자 · 설계자 또는 정비사업전문관리업자 등(이하 이 조에서 "시공자등"이라 한다)은 해당 추진위원회 또는 조합(연대보증인을 포함하며, 이하 이 조에서 "조합등"이라 한다)에 대한 채권(조합등이 시공자등과 합의하여 이미 상환하였거나 상환할 예정인 채권은 제외한다. 이하 이 조에서 같다)의 전부 또는 일부를 포기하고 이를 「조세특례제한법」 제104조의26에 따라 손금에 산입하려면 해당 조합등과 합의하여 다음 각 호의 사항을 포함한 채권확인서를 시장 · 군수등에게 제출하여야 한다.

1. 채권의 금액 및 그 증빙 자료
2. 채권의 포기에 관한 합의서 및 이후의 처리 계획
3. 그 밖에 채권의 포기 등에 관하여 시 · 도조례로 정하는 사항

제134조 벌칙 적용에서 공무원 의제

추진위원장 · 조합임원 · 청산인 · 전문조합관리인 및 정비사업전문관리업자의 대표자(법인인 경우에는 임원을 말한다) · 직원 및 위탁지원자는 「형법」 제129조부터 제132조까지의 규정을 적용할 때에는 공무원으로 본다.

제8장 벌칙 ; 생략

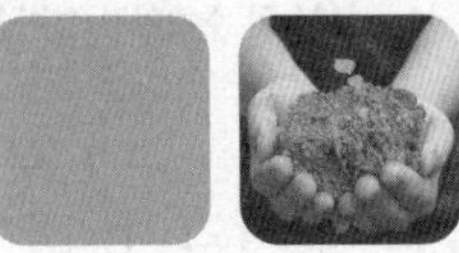

O · X · 지 · 문 · 학 · 습

01. 재개발사업이란 정비기반시설은 양호하나 노후 · 불량건축물에 해당하는 공동주택이 밀집한 지역에서 주거환경을 개선하기 위한 사업을 말한다. [O, ×]

02. 특별시장·광역시장·특별자치시장·특별자치도지사 또는 시장은 관할 구역에 대하여 도시·주거환경정비기본계획을 5년 단위로 수립하여야 한다. [O, ×]

03. 재개발사업은 조합이 시행하거나 조합이 조합원의 3분의 2의 동의를 받아 시장·군수등, 토지주택공사등, 건설업자, 등록사업자 또는 대통령령으로 정하는 요건을 갖춘 자와 공동으로 시행하는 방법으로 시행할 수 있다. [O, ×]

04. 조합을 설립하려는 경우에는 정비구역 지정·고시 후 추진위원회 위원장을 포함한 5명 이상의 추진위원회 위원과 운영규정의 사항에 대하여 토지등소유자 3분의 2의 동의를 받아 조합설립을 위한 추진위원회를 구성하여 시장·군수등의 승인을 받아야 한다. [O, ×]

05. 토지등소유자가 재개발사업을 시행하려는 경우에는 사업시행계획인가를 신청하기 전에 사업시행계획서에 대하여 토지등소유자의 4분의 3 이상 및 토지면적의 2분의 1 이상의 토지소유자의 동의를 받아야 한다. [O, ×]

06. 준공인가신청을 받은 시장·군수등은 지체 없이 준공검사를 실시하여야 하며, 이 경우 시장·군수등은 효율적인 준공검사를 위하여 필요한 때에는 관계 행정기관·공공기관·연구기관, 그 밖의 전문기관 또는 단체에게 준공검사의 실시를 의뢰하여야 한다. [O, ×]

07. 정비사업의 시행으로 조성된 대지 및 건축물은 관리처분계획에 따라 처분 또는 관리하여야 한다. [O, ×]

정답 및 해설

01. × (재개발사업 → 재건축사업)
02. × (5년 → 10년)
03. × (3분의 2 → 과반수)
04. × (3분의 2 → 과반수)
05. O
06. × (하여야 한다 → 할 수 있다)
07. O

기·출·문·제·분·석

1. 도시 및 주거환경정비법령상 다음 설명에 해당하는 정비사업은?

> 도시저소득 주민이 집단거주하는 지역으로서 정비기반시설이 극히 열악하고 노후·불량건축물이 과도하게 밀집한 지역의 주거환경을 개선하거나 단독주택 및 다세대주택이 밀집한 지역에서 정비기반시설과 공동이용시설 확충을 통하여 주거환경을 보전·정비·개량하기 위한 사업

① 주거환경관리사업　② 재건축사업
③ 주거환경개선사업　④ 도시환경정비사업
⑤ 재개발사업

해설

보기는 주거환경개선사업에 대한 설명이다. (정비법 제2조 제2호)
"정비사업"이란 이 법에서 정한 절차에 따라 도시기능을 회복하기 위하여 정비구역에서 정비기반시설을 정비하거나 주택 등 건축물을 개량 또는 건설하는 다음 각 목의 사업을 말한다.
가. 주거환경개선사업 : 도시저소득 주민이 집단거주하는 지역으로서 정비기반시설이 극히 열악하고 노후·불량건축물이 과도하게 밀집한 지역의 주거환경을 개선하거나 단독주택 및 다세대주택이 밀집한 지역에서 정비기반시설과 공동이용시설 확충을 통하여 주거환경을 보전·정비·개량하기 위한 사업
나. 재개발사업 : 정비기반시설이 열악하고 노후·불량건축물이 밀집한 지역에서 주거환경을 개선하거나 상업지역·공업지역 등에서 도시기능의 회복 및 상권활성화 등을 위하여 도시환경을 개선하기 위한 사업
다. 재건축사업 : 정비기반시설은 양호하나 노후·불량건축물에 해당하는 공동주택이 밀집한 지역에서 주거환경을 개선하기 위한 사업

2. 도시 및 주거환경정비법령상 도시·주거환경정비기본계획(이하 '기본계획')의 수립에 관한 설명으로 틀린 것은?

① 기본계획의 작성방법은 국토교통부장관이 정한다.
② 대도시의 시장이 아닌 시장은 기본계획의 내용 중 단계별 정비사업추진계획을 변경하는 때에는 도지사의 승인을 얻지 않아도 된다.
③ 기본계획에 생활권별 기반시설 설치계획이 포함된 경우에는 기본계획에 포함되어야 할 사항 중 주거지 관리계획이 생략될 수 있다.
④ 대도시의 시장은 지방도시계획위원회의 심의를 거치기 전에 관계 행정기관의 장과 협의하여야 한다.
⑤ 도지사가 기본계획을 수립할 필요가 없다고 인정하는 대도시가 아닌 시는 기본계획을 수립하지 아니할 수 있다.

해설

① 정비법 제5조제③항　② 정비법 제7조제②항 단서
③ 있다 → 없다 (정비법 제5조제②항)
④ 정비법 제7조제①항　⑤ 정비법 제4조제①항 단서

3. 도시 및 주거환경정비법령상 주거환경개선사업에 관한 설명으로 옳은 것만을 모두 고른 것은?

> ㄱ. 시장·군수는 세입자의 세대수가 토지등소유자의 2분의 1인 경우 세입자의 동의절차 없이 주택공사등을 사업시행자로 지정할 수 있다.
> ㄴ. 사업시행자는 '정비구역 안에서 정비기반시설을 새로이 설치하거나 확대하고 토지등 소유자가 스스로 주택을 개량하는 방법' 및 '환지로 공급하는 방법'을 혼용할 수 있다.
> ㄷ. 사업시행자는 사업의 시행으로 철거되는 주택의 소유자 또는 세입자에 대하여 당해 정비구역 내·외에 소재한 임대주택 등의 시설에 임시로 거주하게 하거나 주택자금의 융자알선 등 임시수용에 상응하는 조치를 하여야 한다.

|정답| 1. ③　2. ③

① ㄱ ② ㄱ, ㄴ ③ ㄱ, ㄷ
④ ㄴ, ㄷ ⑤ ㄱ, ㄴ, ㄷ

해설

ㄱ. 정비법 제24조 제③항 단서
ㄴ. 정비법 제23조 제①항 제1호·제3호
ㄷ. 정비법 제61조 제①항

4. 도시 및 주거환경정비법령상 조합의 설립에 관한 설명으로 옳은 것은?

① 조합설립인가를 받은 경우에는 따로 등기를 하지 않아도 조합이 성립된다.
② 조합임원은 같은 목적의 정비사업을 하는 다른 조합의 임원을 겸할 수 있다.
③ 재건축사업은 조합을 설립하지 않고 토지등소유자가 직접 시행할 수 있다.
④ 정비사업에 대하여 공공지원을 하려는 경우에는 추진위원회를 구성하지 아니할 수 있다.
⑤ 조합임원이 결격사유에 해당하여 퇴임한 경우 그 임원이 퇴임 전에 관여한 행위는 효력을 잃는다.

해설

① 등기를 하지 않아도 → 등기를 하여야 (정비법 제38조 제②항)
② 있다 → 없다 (정비법 제42조 제④항)
③ 있다 → 없다 (정비법 제25조 제②항)
④ 정비법 제31조 제④항
⑤ 잃는다 → 잃지 아니한다 (정비법 제43조 제③항)

5. 도시 및 주거환경정비법령상 조합에 관한 설명으로 옳은 것은?

① 토지등소유자가 재개발사업을 시행하고자 하는 경우에는 토지등소유자로 구성된 조합을 설립하여야만 한다.
② 토지등소유자가 100명 이하인 조합에는 2명 이하의 이사를 둔다.
③ 재건축사업의 추진위원회가 주택단지가 아닌 지역이 포함된 정비구역에서 조합을 설립하고자 하는 때에는 주택단지가 아닌 지역 안의 토지면적의 4분의 3 이상의 토지소유자의 동의를 얻어야 한다.
④ 조합은 조합설립인가를 받은 날부터 60일 이내에 주된 사무소의 소재지에서 등기하는 때에 성립한다.
⑤ 대의원회는 임기 중 궐위된 조합장을 보궐선임할 수 없다.

해설

① 설립하여야만 한다 → 설립할 필요없다 (정비법 제35조 제①항 단서)
② 2명 이하 → 3명 이상 (정비법 시행령 제40조)
③ 4분의 3 → 3분의 2 (정비법 제35조 제④항)
④ 60일 → 30일 (정비법 제38조 제②항)
⑤ 정비법 시행령 제43조 제6호

|정답| 3. ⑤ 4. ④

4

건축법

1. 대지
2. 도로
3. 건축물
4. 건축위원회
5. 건축분쟁전문위원회
6. 이행강제금

Point

- 건축법상 용어의 이해
- 건축법상 행위제한
  (허가 vs 신고 vs 기타제한)의 이해

[출제비율] 17.5%, 7문항

■ 학습목적

건축법이라는 부동산 공법적 측면에서의 부동산과 관련된 행위제한을 이해해서 부동산을 제대로 중개하기 위해서 이 법을 배웁니다.

■ 나무

부동산 공법의 네 번째 나무인 건축법은 대지, 도로 및 건축(물)이라는 3개의 나무 가지로 구성되어 있습니다.

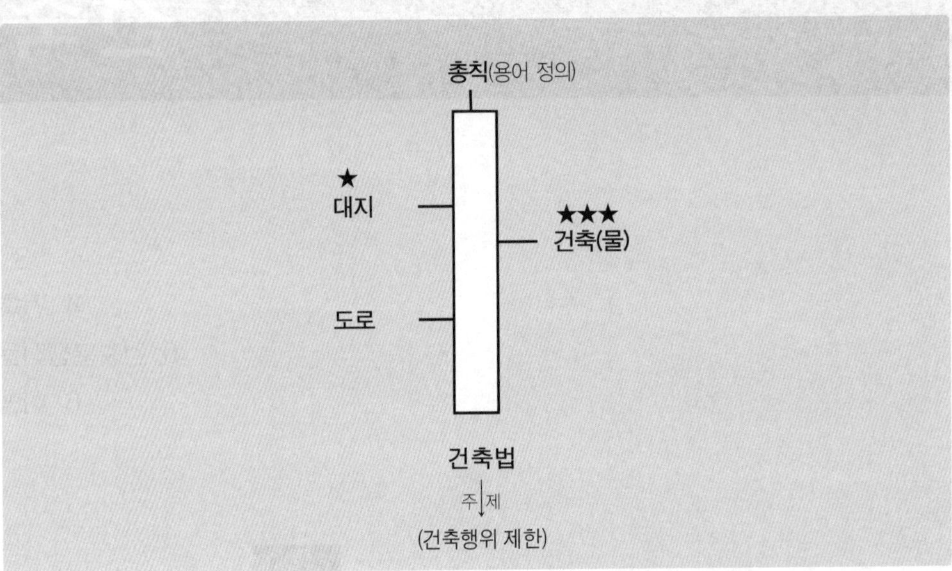

■ 건축법 핵심

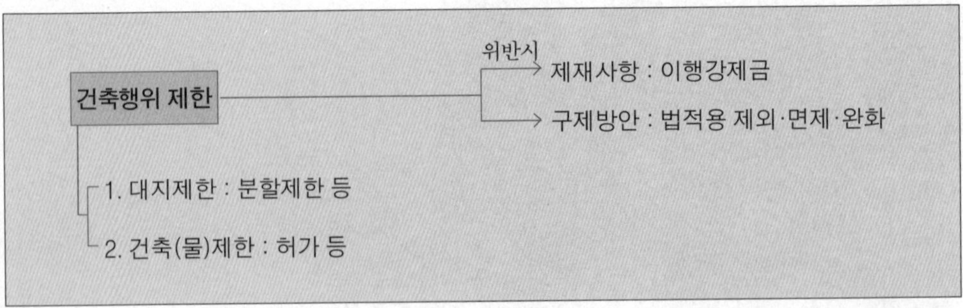

1 대지

1. 분할제한
2. 조경
3. 공개공지
4. 건축선
5. 걸치는 경우 적용기준

2 건축(물)

1. 허가 등
   ① 허가대상 vs 신고대상
   ② 허가권자 vs 승인권자
   ③ 허가거부
   ④ 허가제한, 착공제한
   ⑤ 허가취소, 신고효력상실
   ⑥ 사용승인 vs 임시사용승인
2. 용도
   ① 용도분류(건축물 종류)
   ② 용도변경 : 허가 vs 신고 vs 신청 – 대상구별
3. 층
   ① 지하층 : 개념, 해당여부
   ② 층수산정
4. 높이제한
   가로구역 vs 전면도로폭(사선) vs 일조 vs 적용제외

3 기타

1. 특별건축구역 : 지정절차상 내용
2. 건축분쟁 조정
   ① 건축분쟁전문위원회
   ② 조정절차
3. 이행강제금
4. 용어정의

인증번호 : VW75-F5H4

건축법

무선 인터넷에서 스마트폰으로 QR코드를 찍으면 동영상 강의를 보실 수 있습니다.

기출 Point

1. 용어정의
   ① 대지
   ② 건축물
   ③ 건축
   ④ 대수선
2. 건축물의 용도 분류·변경
3. 건축법 비적용 대상물
4. 건축 허가 vs 신고
   ① 허가권자 vs 승인권자 vs 제한권자
   ② 허가대상 (지역 vs 규모)
   ③ 허가제한
5. 조경
6. 대지와 도로의 관계
7. 건축선
8. 구조안전
9. 대지 분할제한
10. 높이제한
11. 공개공지
12. 이행강제금

핵심

- **대지 → 행위제한** : 건축선, 분할제한
- **건축(물) → 행위제한** : 용도(변경), 규모, 높이, 허가·신고제

건축법의 핵심은 건축물과 건축물이 깔고 있는 대지에 관한 행위제한 규정으로서, 특히 건축물의 행위제한인 허가·신고제가 중요합니다. 또한 도로와 관련된 규정도 정리해 두어야 합니다.

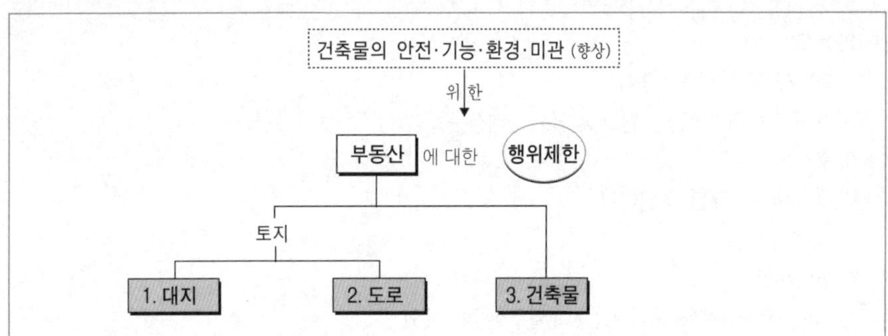

1. 대지

(1) 정의

출제자 의도 두 가지 예외를 구별할 수 있는가?

원칙 : 「공간정보의 구축 및 관리 등에 관한 법률」에 의하여 각 필지로 나눈 토지 [1필(지) = 1대지]

예외 : ① 둘 이상의 필지를 하나의 대지로 할 수 있는 토지(**多필 = 1대지**)

1. 하나의 건축물을 두 필지 이상에 걸쳐 건축하는 경우에는 그 건축물이 건축되는 각 필지의 토지를 합한 토지
2. 공관법에 따라 합병이 불가능한 경우 중 다음 경우로서 그 합병이 불가능한 필지의 토지를 합한 토지

→ 토지의 소유자가 서로 다르거나 소유권외의 권리관계가 서로 다른 경우에는 제외

가. 각 필지의 지번부여지역이 서로 다른 경우
나. 각 필지의 도면의 축척이 다른 경우
다. 서로 인접하고 있는 필지로서 각 필지의 지반이 연속되지 아니한 경우

3. 국토의 계획 및 이용에 관한 법률에 따른 도시·군계획시설에 해당하는 건축물을 건축하는 경우에는 당해 도시·군계획시설이 설치되는 일단의 토지
4. 주택법에 따른 사업계획승인을 받아 주택과 그 부대시설 및 복리시설을 건축하는 경우에는 같은 법에 따른 주택단지
5. 도로의 지표 아래에 건축하는 건축물의 경우에는 특별시장·광역시장·특별자치도지사·시장·군수 또는 구청장(자치구의 구청장을 말한다)이 그 건축물이 건축되는 토지로 정하는 토지
6. 건축물의 사용승인을 신청할 때 둘 이상의 필지를 하나의 필지로 합칠(나눌×) 것을 조건으로 하여 건축허가를 하는 경우 그 필지가 합쳐지는 토지 (다만, 토지의 소유자가 서로 다른 경우는 제외한다)

② 하나 이상의 필지의 일부를 하나의 대지로 할 수 있는 토지(**1필 일부 = 1대지**)

1. 하나 이상의 필지의 일부에 대하여 도시·군계획시설이 결정·고시된 경우 그 결정·고시가 있은 부분의 토지
2. 하나 이상의 필지의 일부에 대하여 농지법에 따른 농지전용허가를 받은 경우 그 허가받은 부분의 토지
3. 하나 이상의 필지의 일부에 대하여 산지관리법에 따른 산지전용허가를 받은 경우 그 허가받은 부분의 토지
4. 하나 이상의 필지의 일부에 대하여 국토의 계획 및 이용에 관한 법률에 따른 개발행위허가를 받은 경우 그 허가받은 부분의 토지
5. 건축물 사용승인을 신청할 때 필지를 나눌(합칠×) 것을 조건으로 하여 건축허가를 하는 경우 그 필지가 나누어지는 토지

★★ (2) 대지와 도로의 관계 (제44조)

출제자 의도 관련 숫자를 구별할 수 있는가?

① 건축물의 대지는 2m 이상을 도로(자동차만의 통행에 사용되는 도로는 제외)에 접하여야 한다.
→ 다만, 다음에 해당하는 경우에는 그러하지 아니하다.
1. 해당 건축물의 출입에 지장이 없다고 인정되는 경우
2. 건축물의 주변에 대통령령이 정하는 공지(광장·공원·유원지 그 밖의 관계 법령에 따라 건축이 금지되고 공중의 통행에 지장이 없는 공지로서 허가권자가 인정한 것)가 있는 경우
3. 「농지법」 제2조제1호나목에 따른 농막을 건축하는 경우

② 건축물의 대지가 접하는 도로의 너비, 그 대지가 도로에 접하는 부분의 길이 그 밖에 대지와 도로의 관계에 관하여 필요한 사항은 대통령령이 정하는 바[연면적의 합계가 2천m², 공장인 경우 3천m²이상인 건축물(축사, 작업재배사, 그 밖의 이와 비슷한 건축물로서 건축조례로 정하는 규모의 건축물은 제외)의 대지는 너비 6m 이상의 도로에 4m 이상 접하여야 한다]에 따른다.

(3) 안전 (제40조)

① 대지는 이와 인접하는 도로면보다 낮아서는 아니된다.
→ 다만, 대지안의 배수에 지장이 없거나 건축물의 용도상 방습의 필요가 없는 경우에는 그러하지 아니하다.

② 습한 토지, 물이 나올 우려가 많은 토지 또는 쓰레기 그 밖에 이와 유사한 것으로 매립된 토지에 건축물을 건축하는 경우에는 성토, 지반 개량 등 필요한 조치를 하여야 한다.

③ 대지에는 빗물 및 오수를 배출하거나 처리하기 위하여 필요한 하수관·하수구·저수탱크 그 밖의 이와 유사한 시설을 하여야 한다.

④ 손궤(무너져 내림)의 우려가 있는 토지에 대지를 조성하려면 국토교통부령으로 정하는 바에 따라 옹벽을 설치하거나 그 밖에 필요한 조치를 하여야 한다.

⑤ 공사시공자는 대지를 조성하거나 건축공사를 하기 위하여 토지를 굴착·절토·매립 또는 성토 등을 하는 경우 그 변경 부분에는 국토교통부령으로 정하는 바에 따라 공사 중 비탈면 붕괴, 토사 유출 등 위험발생의 방지, 환경의 보존, 그 밖에 필요한 조치를 한 후 해당 공사현장에 그 사실을 게시하여야 한다.(법제41조)

★★

(4) 조경 (제42조)

출제자 의도 조경의무가 없는 건축물을 알고 있는가?

① 면적 200㎡ 이상인 대지에 건축을 하는 건축주는 용도지역 및 건축물의 규모에 따라 해당 지방자치단체의 조례가 정하는 기준에 따라 대지에 조경이나 그 밖의 필요한 조치를 하여야 한다. 다만, 조경이 필요하지 아니한 건축물로서 대통령령이 정하는 건축물에 대하여는 조경 등의 조치를 하지 아니할 수 있으며, 옥상 조경등 대통령령으로 따로 기준을 정하는 경우에는 그 기준에 따른다.

■ **조경의무 면제 건축물**

1. 녹지지역에 건축하는 건축물
2. 면적 5천 제곱미터 미만인 대지에 건축하는 공장
3. 연면적의 합계가 1천500제곱미터(2천제곱미터×) 미만(이하×)인 공장
4. 「산업집적활성화 및 공장설립에 관한 법률」 제2조제14호에 따른 산업단지의 공장
5. 대지에 염분이 함유되어 있는 경우 또는 건축물 용도의 특성상 조경 등의 조치를 하기가 곤란하거나 조경 등의 조치를 하는 것이 불합리한 경우로서 건축조례로 정하는 건축물
6. 축사
7. 도시·군계획시설 및 도시·군계획시설 예정지의 가설건축물
8. 연면적의 합계가 1천500제곱미터 미만인 물류시설(주거지역 또는 상업지역에 건축하는 것은 제외한다)로서 국토교통부령으로 정하는 것
9. 「국토의 계획 및 이용에 관한 법률」에 따라 지정된 자연환경보전지역 · 농림지역 또는 관리지역(지구단위계획구역으로 지정된 지역은 제외한다)의 건축물
10. 다음 각 목의 어느 하나에 해당하는 건축물 중 건축조례로 정하는 건축물
   가. 「관광진흥법」 제2조제6호에 따른 관광지 또는 같은 조 제7호에 따른 관광단지에 설치하는 관광시설
   나. 「관광진흥법 시행령」 제2조제1항제3호가목에 따른 전문휴양업의 시설 또는 같은 호 나목에 따른 종합휴양업의 시설
   다. 「국토의 계획 및 이용에 관한 법률 시행령」 제48조제10호에 따른 관광 · 휴양형 지구단위계획구역에 설치하는 관광시설
   라. 「체육시설의 설치 · 이용에 관한 법률 시행령」 별표 1에 따른 골프장

■ **조경 등의 조치에 관한 기준**

1. 공장(조경의무 면제 공장은 제외) 및 물류시설(조경의무 면제 물류시설과 주거지역 또는 상업지역에 건축하는 물류시설은 제외)
   가. 연면적의 합계가 2천㎡이상인 경우 : 대지면적의 10% 이상
   나. 연면적의 합계가 1천500㎡이상 2천㎡미만인 경우 : 대지면적의 5% 이상

2. 항공법에 의한 공항시설
   대지면적(활주로·유도로·계류장·착륙대등 항공기의 이·착륙시설에 이용하는 면적은 제외)의 10%이상
3. 철도건설법에 의한 철도 중 역시설
   대지면적(선로·승강장 등 철도운행에 이용되는 시설의 면적은 제외)의 10% 이상
4. 기타 면적 200㎡ 이상 300㎡ 미만인 대지에 건축하는 건축물 : 대지면적의 10% 이상

→ 다만, 건축조례에서 위의 기준보다 더 완화된 기준을 정한 경우에는 그 기준에 따른다.

② 국토교통부장관은 식재(植栽) 기준, 조경 시설물의 종류 및 설치방법, 옥상 조경의 방법 등 조경에 필요한 사항을 정하여 고시할 수 있다.

건축물의 옥상에 법 제42조제2항에 따라 국토교통부장관이 고시하는 기준에 따라 조경이나 그 밖에 필요한 조치를 하는 경우에는 옥상부분의 조경면적의 3분의 2(3분의 1×)에 해당하는 면적을 제42조제1항에 따른 대지의 조경면적으로 산정할 수 있다. 이 경우 조경면적으로 산정하는 면적은 제42조제1항에 따른 조경면적의 100분의 50(100분의 10×)을 초과할 수 없다.

★★
(5) 건축선 (제46조)

출제자 의도 : 건축선의 행위제한의 의미를 사례를 통하여 이해할 수 있는가?

→ 원칙 : 도로와 접한 부분에 있어서 건축물을 건축할 수 있는 선(건축선)으로 대지와 도로의 경계선으로 한다. → 목적 : 도로침범 방지

→ 예외 : ① 도로 소요너비(4m) 미달 시

㉠ 그 중심선으로 부터 그 소요 너비의 2분의 1의 수평거리만큼 물러난 선

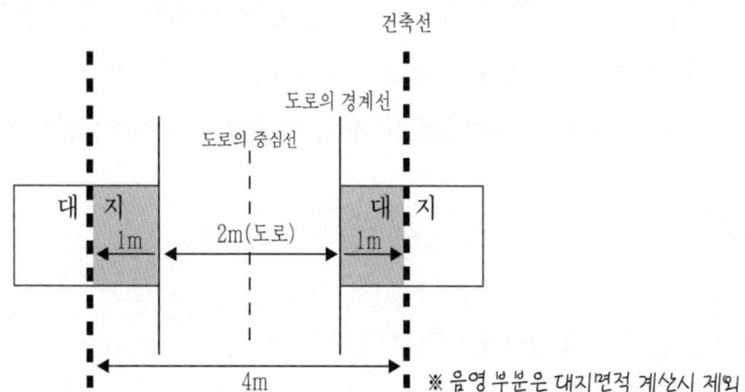

㉡ 도로의 반대쪽에 경사지·하천·철도·선로부지 그 밖에 이와 유사한 것이 있는 경우에는 그 경사지 등이 있는 쪽의 도로경계선에서 소요 너비에 해당하는 수평거리의 선

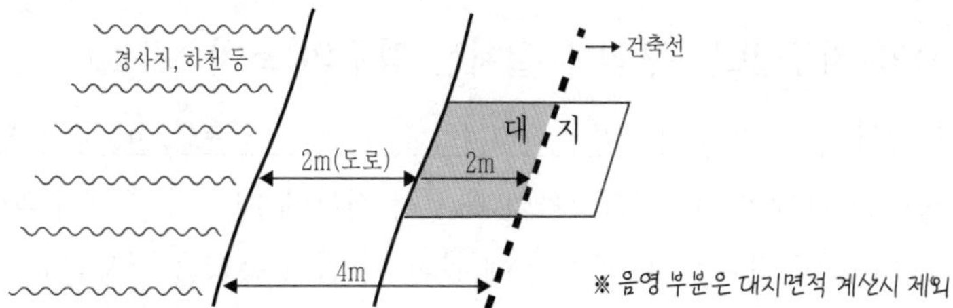

② 도로의 모퉁이에 있어서는 대통령령이 정하는 선(가각전제, 街角剪除)

너비 8m 미만인 도로의 모퉁이에 위치한 대지의 도로모퉁이 부분의 건축선은 그 대지에 접한 도로경계선의 '교차점'으로부터 도로경계선에 따라 다음의 표에 따른 거리를 각각 후퇴한 두 점을 연결한 선

(단위 : m)

도로의 교차각	해당 도로의 너비		교차되는 도로의 너비
	6 이상 8 미만	4 이상 6 미만	
90° 미만	4	3	6 이상 8 미만
	3	2	4 이상 6 미만
90° 이상 120° 미만	3	2	6 이상 8 미만
	2	2	4 이상 6 미만

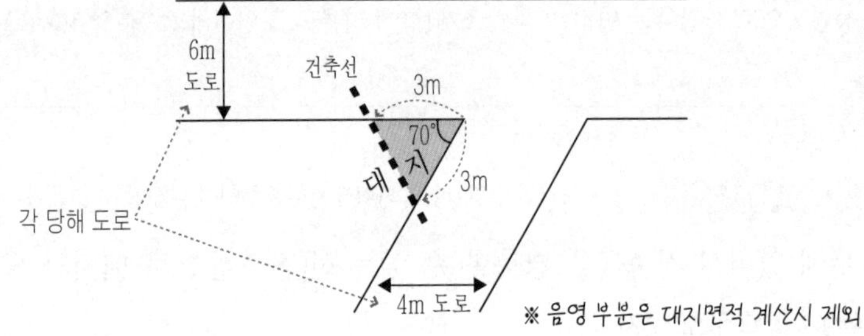

※ 음영 부분은 대지면적 계산시 제외

③ 시가지 안에서 건축물의 위치·환경 정비를 위한 임의건축선(지정건축선)

특별자치시장·특별자치도지사 또는 시장·군수·구청장은 도시지역에는 4m(5m×) 이하의 범위에서 건축선을 따로 지정할 수 있다. → 특별자치시장·특별자치도지사 또는 시장·군수·구청장은 건축선을 지정하려면 미리 그 내용을 해당 지방자치단체의 공보, 일간신문 또는 인터넷 홈페이지 등에 30일(15일×) 이상 공고하여야 한다(령 제31조제2항).

■ **건축선에 의한 건축제한** (제47조)

① 건축물과 담장의 지표위 부분은 건축선의 수직면을 넘어서는 아니된다.
↔ 다만, 지표 아래 부분은 건축선의 수직면을 넘을 수 있다.

② 도로면으로부터 높이 4.5m(5m×) 이하에 있는 출입구·창문, 그 밖에 이와 유사한 구조물은 열고 닫을 때 건축선의 수직면을 넘지 아니하는 구조로 하여야 된다.

(6) 건축물의 대지가 지역·지구 또는 구역에 걸치는 경우의 조치 (제54조)

① 대지가 이 법이나 다른 법률에 따른 지역 · 지구(녹지지역과 방화지구는 제외) 또는 구역에 걸치는 경우에는 대통령령으로 정하는 바에 따라 그 건축물과 대지의 전부에 대하여 대지의 **과반**(過半)이 속하는 지역 · 지구 또는 구역 안의 건축물 및 대지 등에 관한 이 법의 규정을 적용한다.

② 하나의 건축물이 방화지구와 그 밖의 구역에 걸치는 경우에는 그 전부에 대하여 **방화지구** 안의 건축물에 관한 이 법의 규정을 적용한다. 다만, 건축물의 방화지구에 속한 부분과 그 밖의 구역에 속한 부분의 경계가 방화벽으로 구획되는 경우 그 밖의 구역에 있는 부분에 대하여는 그러하지 아니하다.

③ 대지가 녹지지역과 그 밖의 지역 · 지구 또는 구역에 걸치는 경우에는 **각** 지역 · 지구 또는 구역 안의 건축물과 대지에 관한 이 법의 규정을 적용한다. 다만, 녹지지역 안의 건축물이 방화지구에 걸치는 경우에는 제2항에 따른다.

④ 제1항에도 불구하고 해당 대지의 규모와 그 대지가 속한 용도지역 · 지구 또는 구역의 성격 등 그 대지에 관한 주변여건상 필요하다고 인정하여 해당 지방자치단체의 조례로 적용방법을 따로 정하는 경우에는 그에 따른다.

(7) 대지안의 공지 (제58조)

건축물을 건축하는 경우에는 「국토의 계획 및 이용에 관한 법률」에 따른 용도지역 · 용도지구, 건축물의 용도 및 규모 등에 따라 건축선 및 인접 대지경계선으로부터 **6미터** 이내의 범위에서 대통령령으로 정하는 바에 따라 해당 지방자치단체의 조례로 정하는 거리 이상을 띄워야 한다.

★ (8) 대지의 분할 제한 (제57조)

출제자 의도 용도지역별 최소분할면적을 구별할 수 있는가?

① 건축물이 있는 대지는 다음 표의 범위에서 해당 지방자치단체의 조례가 정하는 면적에 못 미치게 분할할 수 없다.(용도지역별 건축물이 있는 대지의 최소분할면적)

지역	규모	지역	규모
주거지역	60㎡ 이상	그 외 지역	60㎡ 이상
상업지역	150㎡ 이상		
공업지역	150㎡ 이상		
녹지지역	200㎡ 이상		

② 건축물이 있는 대지는 제44조·제55조·제56조·제58조·제60조·제61조에 따른 기준에 못 미치게 분할할 수 없다.(건축기준 미달되는 분할금지)

- 제44조 : 대지가 도로에 접하는 길이가 2m 미만이 되도록 분할할 수 없다.
- 제55조 : 기존 건축물의 대지에서 건폐율을 초과하는 분할은 할 수 없다.
- 제56조 : 기존 건축물의 대지에서 용적률을 초과하는 분할은 할 수 없다.
- 제58조 : 건축물이 있는 대지는 지방자치단체의 조례로 정한 면적에 못 미치게 분할할 수 없다.(다만, 건축협정이 인가된 경우 분할 가능)

• 제60조 : 가로구역상 건축물의 높이제한이 초과되는 분할은 할 수 없다.

• 제61조 : 일조 등의 확보를 위한 건축물의 높이제한을 초과하는 분할은 할 수 없다.

③ 제1항과 제2항에도 불구하고 제77조의6에 따라 건축협정이 인가된 경우 그 건축협정의 대상이 되는 대지는 분할할 수 있다.

★★★

(9) 공개공지·공개공간 (제43조)

출제자 의도 공개공지를 설치해야 하는 지역과 건축물을 알고 있는가?

① 다음 각 호의 어느 하나에 해당하는 지역의 환경을 쾌적하게 조성하기 위하여 대통령령으로 정하는 용도와 규모의 건축물은 일반이 사용할 수 있도록 대통령령으로 정하는 기준에 따라 **소규모 휴식시설 등의 공개공지**(공터) 또는 **공개 공간**을 설치하여야 한다.

> 1. ㉠반주거지역, ㉡주거지역
> 2. ㉢업지역
> 3. ㉣공업지역
> 4. ㉤별자치시장 · 특별자치도지사 또는 시장 · 군수 · 구청장이 도시화의 가능성이 크거나 노후 산업단지의 정비가 필요하다고 인정하여 지정 · 공고하는 지역

■ **공개공지 또는 공개공간** (시행령 제27조의2)

> **(1) 확보의무 건축물**
> ① 문화 및 집회시설, 종교시설, 판매시설(「농수산물 유통 및 가격안정에 관한 법률」에 따른 농수산물유통시설은 제외한다), 운수시설(여객용 시설만 해당한다), 업무시설 및 숙박시설로서 해당 용도로 쓰는 바닥면적의 합계가 5천 제곱미터(3천 제곱미터×) 이상인 건축물
> ② 그 밖에 다중이 이용하는 시설로서 건축조례로 정하는 건축물
>
> **(2) 확보 면적**
> 대지면적의 100분의 10(100분의 20×) 이하의 범위에서 건축조례로 정한다. 이 경우 법 제42조에 따른 조경면적과 「매장문화재 보호 및 조사에 관한 법률」 제14조제1항제1호에 따른 매장문화재의 원형 보존 조치 면적을 공개공지등의 면적으로 할 수 있다.
>
> **(3) 설치 시설**
> 공개공지등을 확보할 때에는 공중(公衆)이 이용할 수 있도록 다음 각 호의 사항을 준수하여야 한다. 이 경우 공개 공지는 필로티의 구조로 설치할 수 있다.
> 1. 〈삭제〉
> 2. 공개공지등에는 물건을 쌓아 놓거나 출입을 차단하는 시설을 설치하지 아니할 것
> 3. 환경친화적으로 편리하게 이용할 수 있도록 긴 의자 또는 파고라 등 건축조례로 정하는 시설을 설치할 것

② 공개공지나 공개공간을 설치하는 경우에는 제55조, 제56조와 제60조를 대통령령으로 정하는 바에 따라 **완화**하여 **적용**할 수(하여야×) 있다.

1. **용적률**은 해당 지역에 적용되는 용적률의 1.2배(1.5배×) 이하
2. **높이 제한**은 해당 건축물에 적용되는 높이기준의 1.2배 이하

③ 공개공지 등에는 연간 60일(30일×) 이내의 기간 동안 건축조례로 정하는 바에 따라 주민들을 위한

문화행사를 열거나 판촉활동을 할 수 있다. 다만, 울타리를 설치하는 등 공중이 해당 공개공지 등을 이용하는데 지장을 주는 행위를 해서는 아니 된다

2. 도로

(1) 정의

도로는 보행과(또는 ×) 자동차 통행이 가능한 너비 4미터 이상의 도로(지형적으로 자동차 통행이 불가능한 경우와 막다른 도로의 경우에는 대통령령으로 정하는 구조와 너비의 도로)로서 다음 각 목의 어느 하나에 해당하는 도로나 그 예정도로를 말한다.

① 「국토의 계획 및 이용에 관한 법률」, 「도로법」, 「사도법」, 그 밖의 관계 법령에 따라 신설 또는 변경에 관한 고시가 된 도로

② 건축허가 또는 신고 시에 특별시장 · 광역시장 · 특별자치시장 · 도지사 · 특별자치도지사 또는 시장 · 군수 · 구청장(자치구의 구청장을 말한다)이 위치를 지정하여 공고한 도로

■ **지형적 조건 등에 따른 도로의 구조 및 너비** (시행령 제3조의3)

위에서 "대통령령으로 정하는 구조와 너비의 도로"란 다음 각 호의 어느 하나에 해당하는 도로를 말한다.

1. 특별자치시장 · 특별자치도지사 또는 시장 · 군수 · 구청장이 지형적 조건으로 인하여 차량 통행을 위한 도로의 설치가 곤란하다고 인정하여 그 위치를 지정 · 공고하는 구간의 너비 3미터 이상(길이가 10미터 미만인 막다른 도로인 경우에는 너비 2미터 이상)인 도로
2. 제1호에 해당하지 아니하는 막다른 도로로서 그 도로의 너비가 그 길이에 따라 각각 다음 표에 정하는 기준 이상인 도로

막다른 도로의 길이	도로의 너비
10m 미만	2m
10m 이상 35m 미만	3m
35m 이상	6m (도시지역이 아닌 읍·면지역은 4m)

(2) 지정 등

① 허가권자는 도로의 위치를 지정 · 공고하려면 국토교통부령으로 정하는 바에 따라 그 도로에 대한 이해관계인의 **동의**를 받아야 한다. 다만, 다음 각 호의 어느 하나에 해당하면 이해관계인의 동의를 받지 아니하고 건축위원회의 심의를 거쳐 도로를 지정할 수 있다.

1. 허가권자가 이해관계인이 해외에 거주하는 등의 사유로 이해관계인의 동의를 받기가 곤란하다고 인정하는 경우
2. 주민이 오랫 동안 통행로로 이용하고 있는 사실상의 통로로서 해당 지방자치단체의 조례로 정하는 것인 경우

② 허가권자는 제1항에 따라 지정한 도로를 **폐지**하거나 **변경**하려면 그 도로에 대한 이해관계인의 동의를 받아야 한다. 그 도로에 편입된 토지의 소유자, 건축주 등이 허가권자에게 제1항에 따라 지정된 도로의 폐지나 변경을 신청하는 경우에도 또한 같다.

③ 허가권자는 제1항과 제2항에 따라 도로를 지정하거나 변경하면 국토교통부령으로 정하는 바에 따라 도로관리대장에 이를 적어서 관리하여야 한다.

3. 건축(물)

★★ (1) 정의

출제자 의도 서로 비교되는 법조문상 용어의 정의를 구별할 수 있는가?

① 건축 : 건축물을 신축·증축·개축·재축하거나 건축물을 이전하는 것을 말한다.

1. 신축 : 건축물이 없는 대지(기존 건축물이 철거되거나 멸실된 대지를 포함)에 새로 건축물을 축조(築造)하는 것[부속 건축물만 있는 대지에 새로 주된 건축물을 축조하는 것을 포함하되, 개축(改築) 또는 재축(再築)하는 것은 제외]을 말한다.
2. 증축 : 기존 건축물이 있는 대지에서 건축물의 건축면적, 연면적, 층수 또는 높이를 늘리는 것을 말한다.
3. 개축 : 기존 건축물의 전부 또는 일부[내력벽 · 기둥 · 보 · 지붕틀(한옥의 경우에는 지붕틀의 범위에서 서까래는 제외) 중 셋 이상이 포함되는 경우를 말한다]를 철거하고 그 대지에 종전과 같은 규모의 범위에서 건축물을 다시 축조하는 것을 말한다.
4. 재축 : 건축물이 천재지변이나 그 밖의 재해(災害)로 멸실된 경우 그 대지에 종전과 같은 규모의 범위에서 다시 축조하는 것을 말한다.
5. 이전 : 건축물의 주요구조부를 해체하지 아니하고(해체하여×) 같은(다른×) 대지의 다른 위치로 옮기는 것을 말한다.

↔ 공작물의 축조·대수선·용도변경·이축 등은 건축이 아님.

: 이축은 동일한 대지가 아닌 다른 대지에 옮기는 것으로 본래의 건축개념이 아님.

② 건축물 : 토지에 정착하는 공작물 중 지붕과 기둥 또는 벽이 있는 것과 이에 딸린 시설물, 지하나 고가의 공작물에 설치하는 사무소·공연장·점포·차고·창고, 그 밖에 대통령령이 정하는 것을 말한다.

→ 고층 건축물 : 층수가 30층 이상이거나 높이가 120미터 이상인 건축물

→ 준초고층 건축물 : 고층 건축물 중 초고층 건축물이 아닌 것

→ 초고층 건축물 : 층수가 50층 이상이거나 높이가 200미터 이상인 건축물

→ 다중이용 건축물 : 다음 각 목의 어느 하나에 해당하는 건축물을 말한다.

가. 다음의 어느 하나에 해당하는 용도로 쓰는 바닥면적의 합계가 5천제곱미터 이상인 건축물
 1) 문화 및 집회시설(동물원 및 식물원은 제외한다)
 2) 종교시설
 3) 판매시설
 4) 운수시설 중 여객용 시설
 5) 의료시설 중 종합병원
 6) 숙박시설 중 관광숙박시설
나. 16층 이상인 건축물

→ 준다중이용 건축물 : 다중이용 건축물 외의 건축물로서 다음 각 목의 어느 하나에 해당하는 용도로 쓰는 바닥면적의 합계가 1천제곱미터 이상인 건축물을 말한다.

가. 문화 및 집회시설(동물원 및 식물원은 제외한다)
나. 종교시설
다. 판매시설
라. 운수시설 중 여객용 시설
마. 의료시설 중 종합병원
바. 교육연구시설
사. 노유자시설
아. 운동시설
자. 숙박시설 중 관광숙박시설
차. 위락시설
카. 관광 휴게시설
타. 장례시설

→ 특수구조 건축물 : 다음 각 목의 어느 하나에 해당하는 건축물을 말한다.

가. 한쪽 끝은 고정되고 다른 끝은 지지(支持)되지 아니한 구조로 된 보·차양 등이 외벽(외벽이 없는 경우에는 외곽 기둥을 말한다)의 중심선으로부터 3미터 이상 돌출된 건축물
나 기둥과 기둥 사이의 거리(기둥의 중심선 사이의 거리를 말하며, 기둥이 없는 경우에는 내력벽과 내력벽의 중심선 사이의 거리를 말한다. 이하 같다)가 20미터 이상인 건축물
다. 특수한 설계·시공·공법 등이 필요한 건축물로서 국토교통부장관이 정하여 고시하는 구조로 된 건축물

■ 건축물의 범죄예방 (법 제53조의2)

① 국토교통부장관은 범죄를 예방하고 안전한 생활환경을 조성하기 위하여 건축물, 건축설비 및 대지에 관한 범죄예방 기준을 정하여 고시할 수 있다.

② 대통령령으로 정하는 건축물은 제1항의 범죄예방 기준에 따라 건축하여야 한다.

법 제53조의2제2항에서 "대통령령으로 정하는 건축물"이란 다음 각 호의 어느 하나에 해당하는 건축물을 말한다. (시행령 제61조의3)
1. 공동주택 중 세대수가 500세대 이상인 아파트
2. 제1종 근린생활시설 중 일용품을 판매하는 소매점
3. 제2종 근린생활시설 중 다중생활시설
4. 문화 및 집회시설(동·식물원은 제외한다)
5. 교육연구시설(연구소 및 도서관은 제외한다)
6. 노유자시설
7. 수련시설
8. 업무시설 중 오피스텔
9. 숙박시설 중 다중생활시설

③ 가설건축물(기준)

1. 철근콘크리트조 또는 철골철근콘크리트조가 아닐 것
2. 존치기간은 3년 이내일 것. 다만, 도시 · 군계획사업이 시행될 때까지 그 기간을 연장할 수 있다.
3. 전기 · 수도 · 가스 등 새로운 간선 공급설비의 설치를 필요로 하지 아니할 것
4. 공동주택 · 판매시설 · 운수시설 등으로서 분양을 목적으로 건축하는 건축물이 아닐 것
5. 3층 이하 일 것

④ 주요구조부 : 내력벽, 기둥, 바닥, 보, 지붕틀 및 주계단을 말한다. 다만, 사이 기둥, 최하층 바닥, 작은 보, 차양, 옥외 계단, 그 밖에 이와 유사한 것으로 건축물의 구조상 중요하지 아니한 부분은 제외한다.

★ (2) 구조안전 (법 제48조, 시행령 제32조)

출제자 의도 구조안전 확인의무 건축물을 알고 있는가?

① 건축물은 고정하중, 적재하중, 적설하중, 풍압, 지진, 그 밖의 진동 및 충격 등에 대하여 안전한 구조를 가져야 한다.

② 제11조제1항에 따른 건축물을 건축하거나 대수선하는 경우에는 대통령령으로 정하는 바에 따라 구조의 안전을 확인하여야 한다.

① 건축물을 건축하거나 대수선하는 경우 해당 건축물의 설계자는 국토교통부령으로 정하는 구조기준 등에 따라 그 구조의 안전을 확인하여야 한다.

② 제1항에 따라 구조 안전을 확인한 건축물 중 다음 각 호의 어느 하나에 해당하는 건축물의 건축주는 해당 건축물의 설계자로부터 구조 안전의 확인 서류를 받아 법 제21조에 따른 착공신고를 하는 때에 그 확인 서류를 허가권자에게 제출하여야 한다. 다만, 표준설계도서에 따라 건축하는 건축물은 제외한다.

1. 층수가 2층[주요구조부인 기둥과 보를 설치하는 건축물로서 그 기둥과 보가 목재인 목구조 건축물의 경우는 3층] 이상인 건축물
2. 연면적이 200제곱미터(300제곱미터×)[목구조 건축물의 경우는 500제곱미터] 이상인 건축물. 다만, 창고, 축사, 작물 재배사는 제외한다.
3. 높이가 13미터(10미터×) 이상인 건축물
4. 처마높이가 9미터(7미터×) 이상인 건축물
5. 기둥과 기둥 사이의 거리가 10미터(7미터×) 이상인 건축물
6. 건축물의 용도 및 규모를 고려한 중요도가 높은 건축물로서 국토교통부령으로 정하는 건축물
7. 국가적 문화유산으로 보존할 가치가 있는 건축물로서 국토교통부령으로 정하는 것
8. 제2조제18호가목 및 다목의 건축물
9. 별표 1 제1호의 단독주택 및 같은 표 제2호의 공동주택

③ 제6조제1항제6호다목에 따라 기존 건축물을 건축 또는 대수선하려는 건축주는 법 제5조제1항에 따라 적용의 완화를 요청할 때 구조 안전의 확인서류를 허가권자에게 제출하여야 한다.

③ 지방자치단체의 장은 제2항에 따른 구조 안전 확인 대상 건축물에 대하여 허가 등을 하는 경우 내진 성능 확보 여부를 확인하여야 한다.

④ 제1항에 따른 구조내력의 기준과 구조 계산의 방법 등에 관하여 필요한 사항은 국토교통부령으로 정한다.

(3) 내진등급 및 내진능력 (제48조의2, 제48조의3)

① 국토교통부장관은 지진으로부터 건축물의 구조 안전을 확보하기 위하여 건축물의 용도, 규모 및 설계구조의 중요도에 따라 내진등급을 **설정**하여야 한다.

② 다음 각 호의 어느 하나에 해당하는 건축물을 건축하고자 하는 자는 사용승인(건축허가×)을 받는 즉시 건축물이 지진 발생 시에 견딜 수 있는 능력('내진능력')을 **공개**하여야 한다. 다만, 구조안전 확인 대상 건축물이 아니거나 내진능력 산정이 곤란한 건축물로서 대통령령으로 정하는 건축물은 공개하지 아니한다.

1. 층수가 2층[주요구조부인 기둥과 보를 설치하는 건축물로서 그 기둥과 보가 목재인 목구조 건축물의 경우에는 3층]

이상인 건축물

2. 연면적이 200제곱미터[목구조 건축물의 경우에는 500제곱미터(300제곱미터×)] 이상인 건축물
3. 그 밖에 건축물의 규모와 중요도를 고려하여 대통령령으로 정하는 건축물

(4) 설비(승강기) (제64조)

① 건축주는 6층(5층×) 이상으로서 연면적이 2천m²(1천m²×) 이상인 건축물(대통령령으로 정하는 건축물은 제외)을 건축하려면 승강기를 설치하여야 한다. 이 경우 승강기의 규모 및 구조는 국토교통부령으로 정한다.

② 높이 31미터(30미터×)를 초과(이상×)하는 건축물에는 대통령령으로 정하는 바에 따라 제1항에 따른 승강기뿐만 아니라 비상용승강기를 추가로 설치하여야 한다. 다만, 국토교통부령으로 정하는 건축물의 경우에는 그러하지 아니하다.

③ 고층건축물에는 제1항에 따라 건축물에 설치하는 승용승강기 중 1대(2대×) 이상을 대통령령으로 정하는 바에 따라 피난용승강기로 설치하여야 한다.

■ 피난용승강기의 설치 (시행령 제91조)

법 제64조제3항에 따른 피난용승강기(피난용승강기의 승강장 및 승강로를 포함한다)는 다음 각 호의 기준에 맞게 설치하여야 한다.

1. 승강장의 바닥면적은 승강기 1대당 6제곱미터(5제곱미터×) 이상으로 할 것
2. 각 층으로부터 피난층까지 이르는 승강로를 단일구조(복합구조×)로 연결하여 설치할 것
3. 예비전원으로 작동하는 조명설비를 설치할 것
4. 승강장의 출입구 부근의 잘 보이는 곳에 해당 승강기가 피난용승강기임을 알리는 표지를 설치할 것
5. 그 밖에 화재예방 및 피해경감을 위하여 국토교통부령으로 정하는 구조 및 설비 등의 기준에 맞을 것

출제자 의도

용도 제한

- 용도별 건축물의 구체적인 예를 알고 있는가?
- 용도시설군의 구체적인 예를 알고 있는가?
- 용도변경의 허가 vs 신고 vs 신청 대상의 구체적인 예를 구별할 수 있는가?

• 용도시설군

1. 자동차관련 시설군
   자동차관련시설
2. 산업등 시설군
   가. 운수시설
   나. 창고시설
   다. 공장
   라. 위험물저장 및 처리시설
   마. 자원순환 관련 시설
   바. 묘지 관련시설
   사. 장례식장
3. 전기통신시설군
   가. 방송통신시설
   나. 발전시설
4. 문화집회시설군
   가. 문화 및 집회시설
   나. 종교시설
   다. 위락시설
   라. 관광휴게시설
5. 영업시설군
   가. 판매시설
   나. 운동시설
   다. 숙박시설
   라. 제2종 근린생활시설 중 다중생활시설
6. 교육 및 복지시설군
   가. 의료시설
   나. 교육연구시설
   다. 노유자시설
   라. 수련시설
   마. 야영장시설
7. 근린생활시설군
   가. 제1종 근린생활시설
   나. 제2종 근린생활시설 (다중생활시설 제외)
8. 주거업무시설군
   가. 단독주택
   나. 공동주택
   다. 업무시설
   라. 교정 및 군사시설
9. 그 밖의 시설군
   가. 동물 및 식물 관련 시설

★★★ (5) 용도 제한

① 용도 (제2조 제②항) vs 용도시설군 (제19조 제④항)

용도(28개)	용도시설군(9개) 종류	개념
1. 단독주택	1. 자동차 관련 시설군	dirty
2. 공동주택	2. 산업 등의 시설군	↑
3. 제1종 근린생활시설	3. 전기통신 시설군	
4. 제2종 근린생활시설	4. 문화 및 집회시설군	
5. 문화 및 집회시설	5. 영업시설군	
6. 종교시설	6. 교육 및 복지 시설군	
7. 판매시설	7. 근린생활시설군	
8. 운수시설	8. 주거업무시설군	
9. 의료시설	9. 그 밖의 시설군	clear
10. 교육연구시설		
11. 노유자(노인 및 어린이)시설		
12. 수련시설		
13. 운동시설		
14. 업무시설		
15. 숙박시설		
16. 위락(慰樂)시설		
17. 공장		
18. 창고시설		
19. 위험물 저장 및 처리 시설		
20. 자동차 관련 시설		
21. 동물 및 식물 관련 시설		
22. 자원순환 관련 시설		
23. 교정(矯正) 및 군사 시설		
24. 방송통신시설		
25. 발전시설		
26. 묘지 관련 시설		
27. 관광 휴게시설		
28. 장례시설		
29. 야영장시설		

② 용도변경 (제19조)

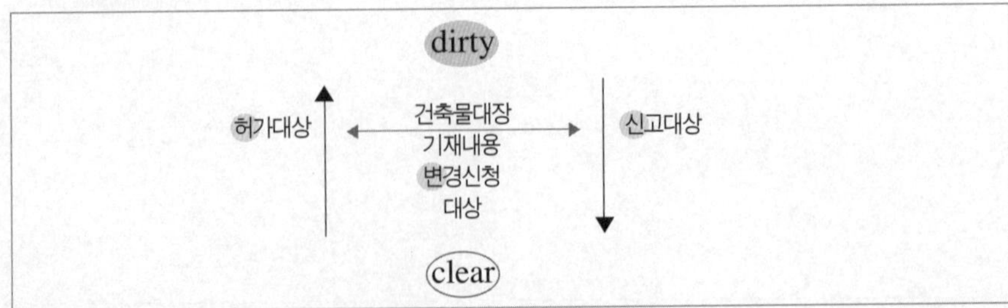

★★ (6) 규모 제한

출제자 의도 규모 관련 행위제한의 내용을 알고 있는가?

① 건폐율 (제55조) : 대지면적에 대한 건축면적의 비율

$$건폐율 = \frac{건축면적}{대지면적}$$ → 평면개념

② 용적률 (제56조) : 대지면적에 대한 연면적의 비율

$$용적률 = \frac{연면적}{대지면적}$$ → 공간개념

→ 용적률상 연면적 : 지하층의 면적과 (지상층의)주차용(부속용도인 경우에 한함) 면적, (준)초고층건축물의 피난안전구역의 면적(건축물의 경사지붕 아래에 설치하는 대피공간의 면적)을 제외한 바닥면적의 합계

③ 층수

$$건축물의\ 층수 = \frac{연면적}{건축면적} = \frac{대지면적 \times 용적률}{대지면적 \times 건폐율} = \frac{용적률}{건폐율}$$

→ 연면적 : 용적률에서 구할 수 있다.
→ 건축면적 : 건폐율에서 구할 수 있다.

- 지하층 : 건축물의 바닥이 지표면 아래에 있는 층으로서 그 바닥으로부터 지표면까지의 평균높이가 해당 층높이의 2분의 1 이상인 것
  ↔ 건축물의 층수 · 용적률 산정 시는 비포함
  → 연면적 산정시는 포함
- 층 구분 불명확 : 높이 4m마다 하나의 층
- 층수 달리하는 경우 : 가장 많은 층수를 해당 건물의 층수로 봄

■ 면적·높이·층수 등의 산정방법 (시행령 제119조)

① 법 제84조에 따라 건축물의 면적·높이 및 층수 등은 다음 각 호의 방법에 따라 산정한다.

1. 대지면적

대지의 수평투영면적으로 한다. 다만, 다음 각 목의 어느 하나에 해당하는 면적은 제외한다.

가. 법 제46조제1항 단서에 따라 대지에 건축선이 정하여진 경우: 그 건축선과 도로 사이의 대지면적

나. 대지에 도시·군계획시설인 도로·공원 등이 있는 경우: 그 도시·군계획시설에 포함되는 대지(「국토의 계획 및 이용에 관한 법률」 제47조제7항에 따라 건축물 또는 공작물을 설치하는 도시·군계획시설의 부지는 제외한다)면적

2. 건축면적

건축물의 외벽(외벽이 없는 경우에는 외곽 부분의 기둥을 말한다. 이하 이 호에서 같다)의 중심선으

• 중요 건축물 용도

1. 제1종 근린생활시설
   예) 의원, 치과의원, 한의원, 침술원, 접골원, 조산소(∉ 의료시설), 지역자치센터, 파출소, 공공도서관(∉ 교육연구시설), 변전소(∉ 발전시설)
2. 제2종 근린생활시설
   예) 부동산중개사무소, 장의사(∉ 묘지관련시설), 동물병원(∉ 의료시설), 총포판매소(∉ 위험물저장 및 처리시설), 바닥면적 300㎡미만 종교집회장(∉ 종교시설)
3. 문화 및 집회시설
   예) 동·식물원(∉ 동물 및 식물관련시설)
4. 종교시설
   예) 종교집회장 내 봉안당(∉ 묘지관련시설)
5. 위락시설
   예) 무도학원(∉ 교육연구시설)
6. 위험물저장 및 처리시설
   예) 주유소(∉ 자동차관련시설)
7. 자동차관련 시설
   예) 운전학원(∉ 교육연구시설)

로 둘러싸인 부분의 수평투영면적으로 한다. 다만, 다음 각 목의 어느 하나에 해당하는 경우에는 해당 각 목에서 정하는 기준에 따라 산정한다.

가. 처마, 차양, 부연(附椽), 그 밖에 이와 비슷한 것으로서 그 외벽의 중심선으로부터 수평거리 1미터 이상 돌출된 부분이 있는 건축물의 건축면적은 그 돌출된 끝부분으로부터 다음의 구분에 따른 수평거리를 후퇴한 선으로 둘러싸인 부분의 수평투영면적으로 한다.

1) 「전통사찰의 보존 및 지원에 관한 법률」 제2조제1호에 따른 전통사찰 : 4미터 이하의 범위에서 외벽의 중심선까지의 거리

2) 사료 투여, 가축 이동 및 가축 분뇨 유출 방지 등을 위하여 상부에 한쪽 끝은 고정되고 다른 쪽 끝은 지지되지 아니한 구조로 된 돌출차양이 설치된 축사 : 3미터 이하의 범위에서 외벽의 중심선까지의 거리(두 동의 축사가 하나의 차양으로 연결된 경우에는 6미터 이하의 범위에서 축사 양 외벽의 중심선까지의 거리를 말한다)

3) 한옥 : 2미터 이하의 범위에서 외벽의 중심선까지의 거리

4) 「환경친화적자동차의 개발 및 보급 촉진에 관한 법률 시행령」 제18조의5에 따른 충전시설(그에 딸린 충전 전용 주차구획을 포함한다)의 설치를 목적으로 처마, 차양, 부연, 그 밖에 이와 비슷한 것이 설치된 공동주택(「주택법」 제15조에 따른 사업계획승인 대상으로 한정한다) : 2미터 이하의 범위에서 외벽의 중심선까지의 거리

5) 그 밖의 건축물 : 1미터

나. 다음의 건축물의 건축면적은 국토교통부령으로 정하는 바에 따라 산정한다.

1) 태양열을 주된 에너지원으로 이용하는 주택

2) 창고 중 물품을 입출고하는 부위의 상부에 한쪽 끝은 고정되고 다른 쪽 끝은 지지되지 아니한 구조로 설치된 돌출차양

3) 단열재를 구조체의 외기측에 설치하는 단열공법으로 건축된 건축물

다. 다음의 경우에는 건축면적에 산입하지 아니한다.

1) 지표면으로부터 1미터 이하에 있는 부분(창고 중 물품을 입출고하기 위하여 차량을 접안시키는 부분의 경우에는 지표면으로부터 1.5미터 이하에 있는 부분)

2) 「다중이용업소의 안전관리에 관한 특별법 시행령」 제9조에 따라 기존의 다중이용업소(2004년 5월 29일 이전의 것만 해당한다)의 비상구에 연결하여 설치하는 폭 2미터 이하의 옥외 피난계단(기존 건축물에 옥외 피난계단을 설치함으로써 법 제55조에 따른 건폐율의 기준에 적합하지 아니하게 된 경우만 해당한다)

3) 건축물 지상층에 일반인이나 차량이 통행할 수 있도록 설치한 보행통로나 차량통로

4) 지하주차장의 경사로

5) 건축물 지하층의 출입구 상부(출입구 너비에 상당하는 규모의 부분을 말한다)

6) 생활폐기물 보관함(음식물쓰레기, 의류 등의 수거함을 말한다. 이하 같다)

7) 「영유아보육법」 제15조에 따른 어린이집(2005년 1월 29일 이전에 설치된 것만 해당한다)의 비상구에 연결하여 설치하는 폭 2미터 이하의 영유아용 대피용 미끄럼대 또는 비상계단(기존 건축물에 영유아용 대피용 미끄럼대 또는 비상계단을 설치함으로써 법 제55조에 따른 건폐율 기준에 적합하지 아니하게 된 경우만 해당한다)

8) 「장애인·노인·임산부 등의 편의증진 보장에 관한 법률 시행령」 별표 2의 기준에 따라 설치하는 장애인용 승강기, 장애인용 에스컬레이터, 휠체어리프트 또는 경사로

9) 「가축전염병 예방법」 제17조제1항제1호에 따른 소독설비를 갖추기 위하여 같은 호에 따른 가축사육시설(2015년 4월 27일 전에 건축되거나 설치된 가축사육시설로 한정한다)에서 설치하는 시설

10) 「매장문화재 보호 및 조사에 관한 법률」 제14조제1항제1호 및 제2호에 따른 현지보존 및 이전보존을 위하여 매장문화재 보호 및 전시에 전용되는 부분

11) 「가축분뇨의 관리 및 이용에 관한 법률」 제12조제1항에 따른 처리시설(법률 제12516호 가축분뇨의 관리 및 이용에 관한 법률 일부개정법률 부칙 제9조에 해당하는 배출시설의 처리시설로 한정한다)

3. 바닥면적

건축물의 각 층 또는 그 일부로서 벽, 기둥, 그 밖에 이와 비슷한 구획의 중심선으로 둘러싸인 부분의 수평투영면적으로 한다. 다만, 다음 각 목의 어느 하나에 해당하는 경우에는 각 목에서 정하는 바에 따른다.

가. 벽·기둥의 구획이 없는 건축물은 그 지붕 끝부분으로부터 수평거리 1미터를 후퇴한 선으로 둘러싸인 수평투영면적으로 한다.

나. 건축물의 노대등의 바닥은 난간 등의 설치 여부에 관계없이 노대등의 면적(외벽의 중심선으로부터 노대등의 끝부분까지의 면적을 말한다)에서 노대등이 접한 가장 긴 외벽에 접한 길이에 1.5미터를 곱한 값을 뺀 면적을 바닥면적에 산입한다.

다. 필로티나 그 밖에 이와 비슷한 구조(벽면적의 2분의 1 이상이 그 층의 바닥면에서 위층 바닥 아래면까지 공간으로 된 것만 해당한다)의 부분은 그 부분이 공중의 통행이나 차량의 통행 또는 주차에 전용되는 경우와 공동주택의 경우에는 바닥면적에 산입하지 아니한다.

라. 승강기탑(옥상 출입용 승강장을 포함한다), 계단탑, 장식탑, 다락[층고(層高)가 1.5미터(경사진 형태의 지붕인 경우에는 1.8미터) 이하인 것만 해당한다], 건축물의 외부 또는 내부에 설치하는 굴뚝, 더스트슈트, 설비덕트, 그 밖에 이와 비슷한 것과 옥상·옥외 또는 지하에 설치하는 물탱크, 기름탱크, 냉각탑, 정화조, 도시가스 정압기, 그 밖에 이와 비슷한 것을 설치하기 위한 구조물과 건축물 간에 화물의 이동에 이용되는 컨베이어벨트만을 설치하기 위한 구조물은 바닥면적에 산입하지 아니한다.

마. 공동주택으로서 지상층에 설치한 기계실, 전기실, 어린이놀이터, 조경시설 및 생활폐기물 보관함의 면적은 바닥면적에 산입하지 아니한다.

바. 「다중이용업소의 안전관리에 관한 특별법 시행령」 제9조에 따라 기존의 다중이용업소(2004년 5월 29일 이전의 것만 해당한다)의 비상구에 연결하여 설치하는 폭 1.5미터 이하의 옥외 피난계단(기존 건축물에 옥외 피난계단을 설치함으로써 법 제56조에 따른 용적률에 적합하지 아니하게 된 경우만 해당한다)은 바닥면적에 산입하지 아니한다.

사. 제6조제1항제6호에 따른 건축물을 리모델링하는 경우로서 미관 향상, 열의 손실 방지 등을 위하여 외벽에 부가하여 마감재 등을 설치하는 부분은 바닥면적에 산입하지 아니한다.

아. 제1항제2호나목3)의 건축물의 경우에는 단열재가 설치된 외벽 중 내측 내력벽의 중심선을 기준으로 산정한 면적을 바닥면적으로 한다.

자. 「영유아보육법」 제15조에 따른 어린이집(2005년 1월 29일 이전에 설치된 것만 해당한다)의 비상구에 연결하여 설치하는 폭 2미터 이하의 영유아용 대피용 미끄럼대 또는 비상계단의 면적은 바닥면적(기존 건축물에 영유아용 대피용 미끄럼대 또는 비상계단을 설치함으로써 법 제56조에 따른 용적률 기준에 적합하지 아니하게 된 경우만 해당한다)에 산입하지 아니한다.

차. 「장애인·노인·임산부 등의 편의증진 보장에 관한 법률 시행령」 별표 2의 기준에 따라 설치하는 장애인용 승강기, 장애인용 에스컬레이터, 휠체어리프트 또는 경사로는 바닥면적에 산입하지 아니한다.

카. 「가축전염병 예방법」 제17조제1항제1호에 따른 소독설비를 갖추기 위하여 같은 호에 따른 가축사육시설(2015년 4월 27일 전에 건축되거나 설치된 가축사육시설로 한정한다)에서 설치하는 시설은 바닥면적에 산입하지 아니한다.

타. 「매장문화재 보호 및 조사에 관한 법률」 제14조제1항제1호 및 제2호에 따른 현지보존 및 이전보존을 위하여 매장문화재 보호 및 전시에 전용되는 부분은 바닥면적에 산입하지 아니한다.

4. 연면적

하나의 건축물 각 층의 바닥면적의 합계로 하되, 용적률을 산정할 때에는 다음 각 목에 해당하는 면적은 제외한다.

가. 지하층의 면적

나. 지상층의 주차용(해당 건축물의 부속용도인 경우만 해당한다)으로 쓰는 면적

다. 삭제

라. 삭제

마. 제34조제3항 및 제4항에 따라 초고층 건축물과 준초고층 건축물에 설치하는 피난안전구역의 면적

바. 제40조제3항제2호에 따라 건축물의 경사지붕 아래에 설치하는 대피공간의 면적

5. 건축물의 높이

지표면으로부터 그 건축물의 상단까지의 높이[건축물의 1층 전체에 필로티(건축물을 사용하기 위한 경비실, 계단실, 승강기실, 그 밖에 이와 비슷한 것을 포함한다)가 설치되어 있는 경우에는 법 제60조 및 법 제61조제2항을 적용할 때 필로티의 층고를 제외한 높이]로 한다. 다만, 다음 각 목의 어느 하나에 해당하는 경우에는 각 목에서 정하는 바에 따른다.

가. 법 제60조에 따른 건축물의 높이는 전면도로의 중심선으로부터의 높이로 산정한다. 다만, 전면도로가 다음의 어느 하나에 해당하는 경우에는 그에 따라 산정한다.

1) 건축물의 대지에 접하는 전면도로의 노면에 고저차가 있는 경우에는 그 건축물이 접하는 범위의 전면도로부분의 수평거리에 따라 가중평균한 높이의 수평면을 전면도로면으로 본다.

2) 건축물의 대지의 지표면이 전면도로보다 높은 경우에는 그 고저차의 2분의 1의 높이만큼 올라온 위치에 그 전면도로의 면이 있는 것으로 본다.

나. 법 제61조에 따른 건축물 높이를 산정할 때 건축물 대지의 지표면과 인접 대지의 지표면 간에 고저차가 있는 경우에는 그 지표면의 평균 수평면을 지표면으로 본다. 다만, 법 제61조제2항에 따른 높이를 산정할 때 해당 대지가 인접 대지의 높이보다 낮은 경우에는 해당 대지의 지표면을 지표면으로 보고, 공동주택을 다른 용도와 복합하여 건축하는 경우에는 공동주택의 가장 낮은 부분을 그 건축물의 지표면으로 본다.

다. 건축물의 옥상에 설치되는 승강기탑·계단탑·망루·장식탑·옥탑 등으로서 그 수평투영면적의 합계가 해당 건축물 건축면적의 8분의 1(「주택법」 제15조제1항에 따른 사업계획승인 대상인 공동주택 중 세대별 전용면적이 85제곱미터 이하인 경우에는 6분의 1) 이하인 경우로서 그 부분의 높이가 12미터를 넘는 경우에는 그 넘는 부분만 해당 건축물의 높이에 산입한다.

라. 지붕마루장식·굴뚝·방화벽의 옥상돌출부나 그 밖에 이와 비슷한 옥상돌출물과 난간벽(그 벽면적의 2분의 1 이상이 공간으로 되어 있는 것만 해당한다)은 그 건축물의 높이에 산입하지 아니한다.

6. 처마높이

지표면으로부터 건축물의 지붕틀 또는 이와 비슷한 수평재를 지지하는 벽·깔도리 또는 기둥의 상단까지의 높이로 한다.

7. 반자높이

방의 바닥면으로부터 반자까지의 높이로 한다. 다만, 한 방에서 반자높이가 다른 부분이 있는 경우에는 그 각 부분의 반자면적에 따라 가중평균한 높이로 한다.

8. 층고

방의 바닥구조체 윗면으로부터 위층 바닥구조체의 윗면까지의 높이로 한다. 다만, 한 방에서 층의 높이가 다른 부분이 있는 경우에는 그 각 부분 높이에 따른 면적에 따라 가중평균한 높이로 한다.

9. 층수

승강기탑(옥상 출입용 승강장을 포함한다), 계단탑, 망루, 장식탑, 옥탑, 그 밖에 이와 비슷한 건축물의 옥상 부분으로서 그 수평투영면적의 합계가 해당 건축물 건축면적의 8분의 1(「주택법」 제15조제1항에 따른 사업계획승인 대상인 공동주택 중 세대별 전용면적이 85제곱미터 이하인 경우에는 6분의 1) 이하인 것과 지하층은 건축물의 층수에 산입하지 아니하고, 층의 구분이 명확하지 아니한 건축물은 그 건축물의 높이 4미터마다 하나의 층으로 보고 그 층수를 산정하며, 건축물이 부분에 따라 그 층수가 다른 경우에는 그 중 가장 많은 층수를 그 건축물의 층수로 본다.

10. 지하층의 지표면

법 제2조제1항제5호에 따른 지하층의 지표면은 각 층의 주위가 접하는 각 지표면 부분의 높이를 그 지표면 부분의 수평거리에 따라 가중평균한 높이의 수평면을 지표면으로 산정한다.

② 제1항 각 호(제10호는 제외한다)에 따른 기준에 따라 건축물의 면적·높이 및 층수 등을 산정할 때 지표면에 고저차가 있는 경우에는 건축물의 주위가 접하는 각 지표면 부분의 높이를 그 지표면 부분의 수평거리에 따라 가중평균한 높이의 수평면을 지표면으로 본다. 이 경우 그 고저차가 3미터를 넘는 경우에는 그 고저차 3미터 이내의 부분마다 그 지표면을 정한다.
③ 제1항제5호다목 또는 제1항제9호에 따른 수평투영면적의 산정은 제1항제2호에 따른 건축면적의 산정방법에 따른다.

(7) ★높이 제한

출제자 의도 높이 관련 행위제한의 내용을 알고 있는가?

① 가로구역에 의한 높이제한 (제60조 제①항)

㉠ 허가권자는 가로구역(도로로 둘러싸인 일단의 지역)을 단위로 하여 대통령령으로 정하는 기준과 절차에 따라 건축물의 높이를 지정·공고할 수 있다. 다만, 특별자치시장·특별자치도지사 또는 시장·군수·구청장은 가로구역의 높이를 완화하여 적용할 필요가 있다고 판단되는 대지에 대하여는 대통령령으로 정하는 바에 따라 건축위원회의 심의를 거쳐 높이를 완화하여 적용할 수 있다.

㉡ 특별시장이나 광역시장은 도시의 관리를 위하여 필요하면 ㉠에 따른 가로구역별 건축물의 높이를 특별시나 광역시의 조례로 정할 수 있다.

② 일조에 의한 높이제한 (제61조)

㉠ 전용주거지역과 일반주거지역 안에서 건축하는 건축물의 높이는 일조 등의 확보를 위하여 정북(정남×)방향(正北方向)의 인접 대지경계선으로부터의 거리에 따라 대통령령으로 정하는 높이 이하로 하여야 한다.

㉡ 다음 각 호의 어느 하나에 해당하는 공동주택(일반상업지역과 중심상업지역에 건축하는 것은 제외)은 채광 등의 확보를 위하여 대통령령으로 정하는 높이 이하로 하여야 한다.

1. 인접 대지경계선 등의 방향으로 채광을 위한 창문 등을 두는 경우
2. 하나의 대지에 두 동(棟) 이상을 건축하는 경우

ⓒ 다음 각 호의 어느 하나에 해당하는 ㉠의 규정에 불구하고 건축물의 높이를 정남(정북×)방향의 인접 대지경계선으로부터의 거리에 따라 대통령령으로 정하는 높이 이하로 할 수 있다.

1. 「택지개발촉진법」 제3조에 따른 택지개발지구인 경우
2. 「주택법」 제15조에 따른 대지조성사업지구인 경우
3. 「지역 개발 및 지원에 관한 법률」 제11조에 따른 지역개발사업구역인 경우
4. 「산업입지 및 개발에 관한 법률」 제6조, 제7조, 제7조의2 및 제8조에 따른 국가산업단지, 일반산업단지, 도시첨단산업단지 및 농공단지인 경우
5. 「도시개발법」 제2조제1항제1호에 따른 도시개발구역인 경우
6. 「도시 및 주거환경정비법」 제8조에 따른 정비구역인 경우
7. 정북방향으로 도로, 공원, 하천 등 건축이 금지된 공지에 접하는 대지인 경우
8. 정북방향으로 접하고 있는 대지의 소유자와 합의한 경우나 그 밖에 대통령령으로 정하는 경우

ⓔ 2층 이하로서 높이가 8미터 이하인 건축물에는 해당 지방자치단체의 조례가 정하는 바에 따라 ㉠ 내지 ⓒ의 규정을 적용하지 아니할 수 있다.

★★★
■ 건축 등의 절차

절차	내용
① 사전결정 신청	• 사전결정 사항 : 건축 관련 입지와 규모 등 • 임의사항 : 건축허가 대상 건축물을 건축하려는 자 → 허가권자에게 사전결정을 신청할 수(하여야×) • 동시신청 : 건축위원회 심의와 교통영향평가서의 검토를 동시에 신청할 수 있다(없다×). • 협의 : 허가권자 → 환경부장관이나 지방환경관서의 장과 소규모 환경영향평가에 관한 협의를 하여야(할 수×) • 의견제출 : 허가권자는 사전결정을 하려면 미리 관계 행정기관의 장과 협의하여야 하며, 협의를 요청받은 관계 행정기관의 장은 요청받은 날부터 15일(30일×) 이내에 의견을 제출하여야
↓	
② 사전결정 통지	• 사전결정 효과 : 신고·협의 의제(다음의 허가를 받거나 신고 또는 협의를 한 것으로 본다.) 1. 개발행위허가 2. 산지전용허가와 산지전용신고, 산지일시사용허가·신고 3. 농지전용허가·신고 및 협의 4. 하천점용허가 • 효력상실 : 사전결정신청자는 사전결정을 통지받은 날(신청한 날×)부터 2년(1년×) 이내에 건축허가를 신청하여야 하며, 이 기간에 건축허가를 신청하지 아니하면 사전결정의 효력이 상실된다.
↓	
③ 계약	• 당사자 : 건축주 – 설계자·시공자·감리자 • 표준계약서 : 국토교통부장관은 표준계약서를 작성하여 보급하고 활용하게 하거나 건축사협회, 건설업자단체로 하여금 표준계약서를 작성하여 보급하고 활용하게 할 수(하여야×)
↓	
④ 설계	• 건축사 설계대상 : 건축허가·건축신고·리모델링을 하는 건축물의 건축 ↔ 건축사 설계 非대상 : ① 바닥면적의 합계가 85제곱미터 미만(이하×)인 증축·개축 또는 재축(신축×, 이전×) ② 연면적이 200제곱미터(300제곱미터×) 미만이고 층수가 3층(5층×) 미만인 건축물의 대수선 ③ 그 밖에 건축물의 특수성과 용도 등을 고려하여 대통령령으로 정하는 건축물[읍·면지역에서 건축하는 건축물 중 연면적이 200제곱미터 이하인 창고 및 농막과 연면적 400제곱미터(500제곱미터×) 이하인 축사, 작물재배사, 종묘배양시설, 화초 및 분재 등의 온실, 건축조례로 정하는 가설건축물]의 건축 등

절차	내용
⑤ 허가·신고·협의	(아래 참조)

⑤ 허가·신고·협의

• 1. 허가

① 허가권자 : (원칙) 특별자치시장·특별자치도지사 또는 시장·군수·구청장

(예외) 특별시장·광역시장(21층 이상이거나 연면적의 합계가 10만 제곱미터 이상인 건축물을 특별시나 광역시에 건축하는 경우)[연면적의 10분의 3(30%)(10분의 2×) 이상을 증축하여 층수가 21층 이상으로 되거나 연면적의 합계가 10만 제곱미터 이상으로 되는 경우 포함]

(↔ 공장, 창고, 지방건축위원회의 심의를 거친 건축물은 제외)

② 승인 : 시장·군수 → 도지사의 승인을 받아야

■ 승인대상 :

㉠ 21층 이상 건축물

㉡ 연면적의 합계가 10만 제곱미터 이상 건축물

㉢ 자연환경이나 수질을 보호하기 위하여 도지사가 지정·공고한 구역에 건축하는 3층 이상 또는 연면적의 합계가 1천제곱미터 이상인 공동주택, 제2종 근린생활시설(일반음식점만 해당), 업무시설(일반업무시설만 해당), 숙박시설, 위락시설

㉣ 주거환경이나 교육환경 등 주변 환경을 보호하기 위하여 필요하다고 인정하여 도지사가 지정·공고한 구역에 건축하는 위락시설, 숙박시설 (→ 규모 제한 없음).

• 2. 신고

① 신고대상

㉠ 바닥면적의 합계가 85제곱미터 이내의 증축·개축 또는 재축

㉡ 관리지역, 농림지역 또는 자연환경보전지역에서 연면적이 200제곱미터 미만(이하×)이고(이거나×) 3층 미만인 건축물의 건축

(↔ 지구단위계획구역, 방재지구, 붕괴위험지역은 제외)

㉢ 연면적이 200제곱미터 미만(이하×)이고 3층(5층×) 미만인 건축물의 대수선

㉣ 주요구조부의 해체가 없는 등 다음의 대수선

1. 내력벽의 면적을 30제곱미터 이상 수선하는 것
2. 기둥을 세 개 이상 수선하는 것
3. 보를 세 개 이상 수선하는 것
4. 지붕틀을 세 개 이상 수선하는 것
5. 방화벽 또는 방화구획을 위한 바닥 또는 벽을 수선하는 것
6. 주계단·피난계단 또는 특별피난계단을 수선하는 것

㉤ 그 밖에 소규모 건축물로서 다음의 건축물의 건축

1. 연면적의 합계가 100제곱미터 이하인 건축물
2. 건축물의 높이를 3미터 이하의 범위에서 증축하는 건축물
3. 표준설계도서에 따라 건축하는 건축물로서 그 용도 및 규모가 주위환경이나 미관에 지장이 없다고 인정하여 건축조례로 정하는 건축물
4. 공업지역, 지구단위계획구역(산업·유통형만 해당) 및 산업단지에서 건축하는 2층 이하인 건축물로서 연면적 합계 500제곱미터 이하인 공장
5. 농업이나 수산업을 경영하기 위하여 읍·면지역에서 건축하는 연면적 200제곱미터 이하의 창고 및 연면적 400제곱미터(500제곱미터×) 이하의 축사, 작물재배사(作物栽培舍), 종묘배양시설, 화초 및 분재 등의 온실]

⑤ 허가·신고·협의

② 신고효과 : 허가의제(신고를 하면 건축허가를 받은 것으로 본다.)

③ 신고효력 상실 : 신고일부터 1년(2년×) 이내에 공사에 착수하지 아니하면 신고의 효력은 없어짐

(↔ 1년의 범위에서 착수기한을 연장할 수)

• 3. 협의

① 국가나 지방자치단체는 건축물을 건축·대수선·용도변경하거나 가설건축물을 건축하거나 공작물을 축조하려는 경우에는 미리 건축물의 소재지를 관할하는 허가권자와 협의하여야

② 협의효과 : 허가·신고의제(허가를 받았거나 신고한 것으로 본다.)

절차	내용
⑥ 착공신고	허가를 받거나 신고를 한 건축물의 공사를 착수하려는 건축주는 허가권자에게 공사계획을 신고하여야
⑦시공(착공) ⇐ 감리	건축주는 건축물을 건축하는 경우 건축사나 건설기술용역업자를 공사감리자로 지정하여 공사감리를 하게 하여야
⑧ 공사완료	
⑨사용승인 신청	건축주가 허가를 받았거나 신고를 한 건축물의 건축공사를 완료(하나의 대지에 둘 이상의 건축물을 건축하는 경우 동별 공사를 완료한 경우 포함)한 후 그 건축물을 사용하려면 공사감리자가 작성한 감리완료보고서와 공사완료도서를 첨부하여 허가권자에게 사용승인을 신청하여야

절차	내용
10 사용승인	• 허가권자는 사용승인신청을 받은 경우 그 신청서를 받은 날부터 7일(14일×) 이내에 사용승인을 위한 현장검사를 실시하여야 하며, 현장검사에 합격된 건축물에 대하여는 사용승인서를 신청인에게 발급하여야 • 임시사용승인 ① 허가권자는 공사가 완료된 부분이 기준에 적합한 경우에만 임시사용을 승인할 수 있으며, 식수 등 조경에 필요한 조치를 하기에 부적합한 시기에 건축공사가 완료된 건축물은 허가권자가 지정하는 시기까지 식수 등 조경에 필요한 조치를 할 것을 조건으로 임시사용을 승인할 수 있다. ② 임시사용승인의 기간 : 2년(1년×) 이내 (대형 건축물 또는 암반공사 등으로 인하여 공사기간이 긴 건축물에 대하여는 그 기간을 연장할 수 있다.)
11 유지·관리	건축물의 소유자나 관리자는 건축물, 대지 및 건축설비를 유지·관리하여야
12 철거	① 건축물의 소유자나 관리자는 건축물을 철거하려면 철거를 하기 전에 특별자치시장·특별자치도지사 또는 시장·군수·구청장에게 신고하여야 ② 건축물의 소유자나 관리자는 건축물이 재해로 멸실된 경우 멸실 후 30일(7일×) 이내에 신고하여야

(8) (건축 관련 입지와 규모의)사전결정 (제10조)

① 제11조에 따른 건축허가 대상 건축물을 건축하려는 자는 건축허가를 신청하기 전(후×)에 허가권자(도지사×, 국토교통부장관×)에게 그 건축물의 건축에 관한 다음 각 호의 사항에 대한 사전결정을 **신청**할 수 있다.

> 1. 해당 대지에 건축하는 것이 이 법이나 관계 법령에서 허용되는지 여부
> 2. 이 법 또는 관계 법령에 따른 건축기준 및 건축제한, 그 완화에 관한 사항 등을 고려하여 해당 대지에 건축 가능한 건축물의 규모
> 3. 건축허가를 받기 위하여 신청자가 고려하여야 할 사항

② 제1항에 따른 사전결정을 신청하는 자(이하 "사전결정신청자"라 한다)는 건축위원회 심의와 「도시교통정비 촉진법」에 따른 교통영향평가서의 검토를 동시에 신청할 수 있다(없다×).

③ 허가권자는 제1항에 따라 사전결정이 신청된 건축물의 대지면적(건축면적×)이 「환경영향평가법」 제43조에 따른 소규모 환경영향평가 대상사업인 경우 환경부장관이나(과×) 지방환경관서의 장과 소규모 환경영향평가에 관한 **협의**를 하여야(할 수×) 한다.

④ 허가권자는 제1항과 제2항에 따른 신청을 받으면 입지, 건축물의 규모, 용도 등을 사전결정한 후 사전결정 신청자에게 **알려야** 한다.

⑤ 제1항과 제2항에 따른 신청 절차, 신청 서류, 통지 등에 필요한 사항은 국토교통부령(대통령령×)으로 정한다.

⑥ 제4항에 따른 사전결정 통지를 받은 경우에는 다음 각 호의 허가를 받거나 신고 또는 협의를 한 것으로 본다.

> 1. 「국토의 계획 및 이용에 관한 법률」 제56조에 따른 개발행위허가
> 2. 「산지관리법」 제14조와 제15조에 따른 산지전용허가와 산지전용신고, 같은 법 제15조의2에 따른 산지일시사용허가·신고. 다만, 보전산지인 경우에는 도시지역만 해당된다.

3. 「농지법」 제34조, 제35조 및 제43조에 따른 농지전용허가·신고 및 협의
4. 「하천법」 제33조에 따른 하천점용허가

⑦ 허가권자는 제6항 각 호의 어느 하나에 해당되는 내용이 포함된 사전결정을 하려면 미리 관계 행정기관의 장과 **협의**하여야 하며, 협의를 요청받은 관계 행정기관의 장은 요청받은(한×) 날부터 15일(30일×) 이내에 **의견**을 **제출**하여야 한다.

⑧ 관계 행정기관의 장이 제7항에서 정한 기간(「민원 처리에 관한 법률」 제20조제2항에 따라 회신기간을 연장한 경우에는 그 연장된 기간을 말한다) 내에 의견을 제출하지 아니하면 협의가 이루어진(이루어지지 아니한×) 것으로 본다.

⑨ 사전결정신청자는 제4항에 따른 사전결정을 통지받은(한×) 날부터 2년(1년×) 이내에 제11조에 따른 건축허가를 신청하여야(할 수×) 하며, 이 기간에 건축허가를 신청하지 아니하면 사전결정의 **효력**이 **상실**된다.

★★★
(9) 허가 (제11조) 출제자 의도

허가절차상 내용을 알고 있는가? 특히, ① 허가권자 vs 승인권자 vs 제한권자를 구별할 수 있는가? ② 신고대상을 알고 있는가?

① 허가대상

건축물의 건축, 대수선

② 허가권자 (제11조 제①항)

→원칙 : 특별자치시장·특별자치도지사·시장·군수·구청장

→예외 : 특별시장·광역시장

[층수가 <u>21층</u> 이상이거나 연면적의 합계가 <u>10만㎡</u> 이상인 건축물(공장, 창고, 지방건축위원회의 심의를 거친 건축물은 제외)을 (연면적의 10분의 3 이상을 증축하여 층수가 21층 이상으로 되거나 연면적의 합계가 10만㎡ 이상으로 되는 경우 포함) 특별시 또는 광역시에 건축하고자 하는 경우]

• **허가 거부** : 허가권자는 건축허가를 하고자 하는 때에 건축기본법 제25조에 따른 한국건축규정의 준수 여부를 확인하여야 한다. 다만, 다음 각 호의 어느 하나에 해당하는 경우에는 이 법이나 다른 법률에도 불구하고 건축위원회의 심의를 거쳐 건축허가를 하지 아니할 수 있다.(제11조 제④항)

1. <u>위락시설이나 숙박시설</u>에 해당하는 건축물의 건축을 허가하는 경우 해당 대지에 건축하려는 건축물의 용도·규모 또는 형태가 주거환경이나 교육환경 등 주변 환경을 고려할 때 <u>부적합</u>하다고 인정되는 경우
2. 「국토의 계획 및 이용에 관한 법률」 제37조제1항제4호에 따른 <u>방재지구</u> 및 「자연재해대책법」 제12조제1항에 따른 <u>자연재해위험개선지구</u> 등 상습적으로 침수되거나 침수가 우려되는 지역에 건축하려는 건축물에 대하여 지하층 등 일부 공간을 주거용으로 사용하거나 거실을 설치하는 것이 <u>부적합</u>하다고 인정되는 경우

• **건축위원회 심의의 효력상실** : 건축위원회의 심의를 받은 자가 심의 결과를 통지 받은 날부터 2년(3년×) 이내에 건축허가를 신청하지 아니하면 건축위원회 심의의 효력이 상실된다.

• **소유권 확보** : 건축허가를 받으려는 자는 해당 대지의 소유권을 확보하여야 한다. 다만, 다음 각 호의 어느 하나에 해당하는 경우에는 그러하지 아니하다.

1. 건축주가 대지의 소유권을 확보하지 못하였으나 그 대지를 사용할 수 있는 권원을 확보한 경우. 다만, 분양을 목적으로 하는 공동주택은 제외한다.
2. 건축주가 건축물의 노후화 또는 구조안전 문제 등 대통령령으로 정하는 사유로 건축물을 신축·개축·재축 및 리모델링을 하기 위하여 건축물 및 해당 대지의 공유자 수의 100분의 80(과반수×) 이상의 동의를 얻고 동의한 공유자의 지분 합계가 전체 지분의 100분의 80 이상인 경우

• **허가취소** : 허가권자는 다음 각 호의 어느 하나에 해당하면 허가를 취소하여야 한다. 다만, 제1호에 해당하는 경우로서 정당한 사유가 있다고 인정되면 1년의 범위에서 공사의 착수기간을 연장할 수 있다.

1. 허가를 받은 날부터 1년(「산업집적활성화 및 공장설립에 관한 법률」 제13조에 따라 공장의 신설 · 증설 또는 업종변경의 승인을 받은 공장은 3년. 다만, 농지전용허가 또는 신고가 의제된 공장의 경우에는 2년) 이내에 공사에 착수하지 아니한 경우
2. 제1호의 기간 이내에 공사에 착수하였으나 공사의 완료가 불가능하다고 인정되는 경우

③ 승인권자 : 도지사 (제11조 제②항)

시장·군수는 제1항에 따라 다음 각 호의 어느 하나에 해당하는 건축물의 건축을 허가하려면 미리 건축계획서와 국토교통부령으로 정하는 건축물의 용도, 규모 및 형태가 표시된 기본설계도서를 첨부하여 도지사의 승인을 받아야 한다.

1. 21층 이상, 연면적 10만㎡ 이상인 건축물(공장, 창고, 지방건축위원회의 심의를 거친 건축물은 제외)
2. 자연환경이나 수질을 보호하기 위하여 도지사가 지정 · 공고한 구역에 건축하는 3층 이상 또는 연면적의 합계가 1천㎡ 이상인 건축물로서 위락시설과 숙박시설 등 대통령령으로 정하는 용도에 해당하는 건축물[① 공동주택 ② 제2종근린생활시설(일반음식점에 한함) ③ 업무시설(일반업무시설에 한함) ④ 숙박시설 ⑤ 위락시설]
3. 주거환경이나 교육환경 등 주변 환경을 보호하기 위하여 필요하다고 인정하여 도지사가 지정 · 공고한 구역에 건축하는 위락시설 및 숙박시설에 해당하는 건축물

④ 허가·착공 제한권자 : 국장, 특별시장·광역시장·도지사 (제18조)

1. 국토교통부장관은 국토관리를 위하여 특히 필요하다고 인정하거나 주무부장관이 국방, 문화재보존, 환경보전 또는 국민경제를 위하여 특히 필요하다고 인정하여 요청하면 허가권자의 건축허가나 허가를 받은 건축물의 착공을 **제한**할 수 있다.
2. 특별시장 · 광역시장 · 도지사는 지역계획이나 도시 · 군계획에 특히 필요하다고 인정하면 시장 · 군수 · 구청장의 건축허가나 허가를 받은 건축물의 착공을 제한할 수 있다.
3. 국토교통부장관이나 시 · 도지사는 제1항이나 제2항에 따라 건축허가나 건축허가를 받은 건축물의 착공을 제한하려는 경우에는 「토지이용규제 기본법」 제8조에 따라 주민**의견**을 청취한 후 건축위원회의 **심의**를 거쳐야 한다.
4. 건축허가나 건축물의 착공을 제한하는 경우 제한기간은 2년(1년×) 이내로 한다. 다만, 1회(2회×)에 한하여 1년(2년×) 이내의 범위에서 그 제한기간을 연장할 수 있다.
5. 국토교통부장관이나 특별시장 · 광역시장 · 도지사는 제1항이나 제2항에 따라 건축허가나 건축물의 착공을 제한하는 경우 제한 목적 · 기간, 대상 건축물의 용도와 대상 구역의 위치 · 면적 · 경계 등을 상세하게 정하여 허가권자에게 **통보**하여야 하며, 통보를 받은 허가권자는 지체 없이 이를 **공고**하여야 한다.
6. 특별시장 · 광역시장 · 도지사는 제2항에 따라 시장 · 군수 · 구청장의 건축허가나 건축물의 착공을 제한한 경우 즉시 국토교통부장관에게 **보고**하여야 하며, 보고를 받은 국토교통부장관은 제한 내용이 지나치다고 인정하면 해제를 **명**할 수 있다.

■ 건축복합민원 일괄협의회 (제12조)

① 허가권자는 허가를 하려면 해당 용도 · 규모 또는 형태의 건축물을 건축하려는 대지에 건축하는 것이 「국토의 계획 및 이용에 관한 법률」 제54조, 제56조부터 제62조까지 및 제76조부터 제82조까지의 규정과 그 밖에 대통령령으로 정하는 관계 법령의 규정에 맞는지를 확인하고, 제10조제6항 각 호와 같은 조 제7항 또는 제11조제5항 각 호와 같은 조 제6항의 사항을 처리하기 위하여 대통령령으로 정하는 바에 따라 건축복합민원 일괄협의회를 개최하여야 한다.
② 제1항에 따라 확인이 요구되는 법령의 관계 행정기관의 장과 제10조제7항 및 제11조제6항에 따른 관계 행정기관의 장은 소속 공무원을 제1항에 따른 건축복합민원 일괄협의회에 참석하게 하여야 한다.

■ 안전관리 예치금 (제13조)

① 건축허가를 받은 자는 건축물의 건축공사를 중단하고 장기간 공사현장을 방치할 경우 공사현장의 미관 개선과 안전관리 등 필요한 조치를 하여야 한다.
② 허가권자는 연면적이 1천제곱미터(500제곱미터×) 이상인 건축물로서 해당 지방자치단체의 조례로 정하는 건축물에 대하여는 제21조에 따른 착공신고를 하는 건축주에게 장기간 건축물의 공사현장이 방치되는 것에 대비하여 미리 미관 개선과 안전관리에 필요한 비용(예치금)을 건축공사비의 1퍼센트(10%×)의 범위에서 예치하게 할 수 있다.
③ 허가권자가 예치금을 반환할 때에는 대통령령으로 정하는 이율로 산정한 이자를 포함하여 반환하여야 한다. 다만, 보증서를 예치한 경우에는 그러하지 아니하다.
④ 제2항에 따른 예치금의 산정 · 예치 방법, 반환 등에 관하여 필요한 사항은 해당 지방자치단체의 조례로 정한다.
⑤ 허가권자는 공사현장이 방치되어 도시미관을 저해하고 안전을 위해한다고 판단되면 건축허가를 받은 자에게 건축물 공사현장의 미관과 안전관리를 위한 다음 각 호의 개선을 명할 수 있다.
1. 안전펜스 설치 등 안전조치
2. 공사재개 또는 철거 등 정비
⑥ 허가권자는 제5항에 따른 개선명령을 받은 자가 개선을 하지 아니하면 「행정대집행법」으로 정하는 바에 따라 대집행을 할 수 있다(없다×). 이 경우 제2항에 따라 건축주가 예치한 예치금을 행정대집행에 필요한 비용에 사용할 수 있으며, 행정대집행에 필요한 비용이 이미 납부한 예치금보다 많을 때에는 「행정대집행법」 제6조에 따라 그 차액을 추가로 징수할 수 있다.
⑦ 허가권자는 방치되는 공사현장의 안전관리를 위하여 긴급한 필요가 있다고 인정하는 경우에는 대통령령으로 정하는 바에 따라 건축주에게 고지한 후 제2항에 따라 건축주가 예치한 예치금을 사용하여 제5항제1호 중 대통령령으로 정하는 조치를 할 수 있다.

■ 건축물 안전영향평가 (제13조의2)

① 허가권자는 초고층 건축물 등 대통령령으로 정하는 주요 건축물에 대하여 제11조에 따른 건축허가를 하기 전에 건축물의 구조안전과 인접 대지의 안전에 미치는 영향 등을 평가하는 건축물 안전영향평가를 안전영향평가기관에 의뢰하여 실시하여야(할 수×) 한다.
② 안전영향평가기관은 국토교통부장관(도지사×, 허가권자×)이 「공공기관의 운영에 관한 법률」 제4조에 따른 공공기관으로서 건축 관련 업무를 수행하는 기관 중에서 지정하여 고시한다.
③ 안전영향평가 결과는 건축위원회(도시계획위원회×)의 심의를 거쳐 확정한다. 이 경우 제4조의2에 따라 건축위원회의 심의를 받아야 하는 건축물은 건축위원회 심의에 안전영향평가 결과를 포함하여 심의할 수(하여야×) 있다.
④ 안전영향평가 대상 건축물의 건축주는 건축허가 신청 시 제출하여야 하는 도서에 안전영향평가 결과를 반영하여야 하며, 건축물의 계획상 반영이 곤란하다고 판단되는 경우에는 그 근거 자료를 첨부하여 허가권자(국토교통부장관×, 건축위원회×)에게 건축위원회의 재심의를 요청할 수 있다.

⑤ 안전영향평가의 검토 항목과 건축주의 안전영향평가 의뢰, 평가 비용 납부 및 처리 절차 등 그 밖에 필요한 사항은 대통령령으로 정한다.
⑥ 허가권자는 제3항 및 제4항의 심의 결과 및 안전영향평가 내용을 국토교통부령으로 정하는 방법에 따라 즉시(7일 이내에×) 공개하여야 한다.
⑦ 안전영향평가를 실시하여야 하는 건축물이 다른 법률에 따라 구조안전과 인접 대지의 안전에 미치는 영향 등을 평가 받은 경우에는 안전영향평가의 해당 항목을 평가 받은 것으로 본다.

■ 매도청구 (제17조의2)

① 제11조제11항제2호에 따라 건축허가를 받은 건축주는 해당 건축물 또는 대지의 공유자 중 동의하지 아니한 공유자에게 그 공유지분을 시가(市價)로 매도할 것을 청구할 수 있다. 이 경우 매도청구를 하기 전(후×)에 매도청구 대상이 되는 공유자와 3개월(1개월×) 이상 협의를 하여야 한다.
② 제1항에 따른 매도청구에 관하여는 「집합건물의 소유 및 관리에 관한 법률」 제48조를 준용한다. 이 경우 구분소유권 및 대지사용권은 매도청구의 대상이 되는 대지 또는 건축물의 공유지분으로 본다.

■ 특별건축구역 (제69조)

(1) 정의

조화롭고 창의적인 건축물의 건축을 통하여 도시경관의 창출, 건설기술 수준향상 및 건축 관련 제도개선을 도모하기 위하여 이 법 또는 관계 법령에 따라 일부 규정을 적용하지 아니하거나 완화 또는 통합하여 적용할 수 있도록 특별히 지정하는 구역을 말한다.

(2) 특별건축구역의 지정 (제69조)

① 국토교통부장관은 다음 각 호의 도시나 지역의 일부가 특별건축구역으로 특례 적용이 필요하다고 인정하는 경우에는 특별건축구역을 지정할 수 있다.
1. 국토교통부장관이 지정하는 경우
가. 국가가 국제행사 등을 개최하는 도시 또는 지역의 사업구역
나. 관계법령에 따른 국가정책사업으로서 대통령령으로 정하는 사업구역
2. 시·도지사(시장·군수·구청장×)가 지정하는 경우
가. 지방자치단체가 국제행사 등을 개최하는 도시 또는 지역의 사업구역
나. 관계법령에 따른 도시개발 · 도시재정비 및 건축문화 진흥사업으로서 건축물 또는 공간환경을 조성하기 위하여 대통령령으로 정하는 사업구역
다. 그 밖에 대통령령으로 정하는 도시 또는 지역의 사업구역

② 다음 각 호의 어느 하나에 해당하는 지역 · 구역 등에 대하여는 제1항에도 불구하고 특별건축구역으로 지정할 수 없다.
1. 「개발제한구역의 지정 및 관리에 관한 특별조치법」에 따른 개발제한구역
2. 「자연공원법」에 따른 자연공원
3. 「도로법」에 따른 접도구역
4. 「산지관리법」에 따른 보전산지

③ 국토교통부장관 또는 시·도지사는 특별건축구역으로 지정하고자 하는 지역이 「군사기지 및 군사시설 보호법」에 따른 군사기지 및 군사시설 보호구역에 해당하는 경우에는 국방부장관과 사전에 협의하여야(할 수×) 한다.

(3) 특별건축구역의 건축물 (제70조)

특별건축구역에서 건축기준 등의 특례사항을 적용하여 건축할 수 있는 건축물은 다음 각 호의 어느 하나에 해당되어야 한다.
1. 국가 또는 지방자치단체가 건축하는 건축물
2. 「공공기관의 운영에 관한 법률」 제4조에 따른 공공기관 중 대통령령으로 정하는 공공기관이 건축하는 건축물
3. 그 밖에 대통령령으로 정하는 용도·규모의 건축물로서 도시경관의 창출, 건설기술 수준향상 및 건축 관련 제도개선을 위하여 특례 적용이 필요하다고 허가권자가 인정하는 건축물

■ **건축협정** (제8장의2)

(1) 정의

토지 또는 건축물의 소유자, 지상권자 등 대통령령으로 정하는 자 전원(과반수×)의 합의로 지역 또는 구역에서 건축물의 건축 · 대수선 또는 리모델링에 관한 협정을 말한다.

(2) 협정체결자

1. 토지 또는 건축물의 소유자(공유자를 포함)
2. 토지 또는 건축물의 지상권자
3. 그 밖에 해당 토지 또는 건축물에 이해관계가 있는 자로서 건축조례로 정하는 자 중 그 토지 또는 건축물 소유자의 동의를 받은 자

(3) 건축협정의 체결(제77조의4)

① 토지 또는 건축물의 소유자, 지상권자 등 대통령령으로 정하는 자(이하 "소유자등"이라 한다)는 전원의 합의로 다음 각 호의 어느 하나에 해당하는 지역 또는 구역에서 건축물의 건축·대수선 또는 리모델링에 관한 협정(이하 "건축협정"이라 한다)을 체결할 수 있다.

1. 「국토의 계획 및 이용에 관한 법률」 제51조에 따라 지정된 지구단위계획구역
2. 「도시 및 주거환경정비법」 제2조제2호가목에 따른 주거환경개선사업을 시행하기 위하여 같은 법 제8조에 따라 지정 · 고시된 정비구역
3. 「도시재정비 촉진을 위한 특별법」 제2조제6호에 따른 존치지역
4. 그 밖에 시·도지사 및 시장·군수·구청장(이하 "건축협정인가권자"라 한다)이 도시 및 주거환경개선이 필요하다고 인정하여 해당 지방자치단체의 조례로 정하는 구역

② 제1항 각 호의 지역 또는 구역에서 둘 이상의 토지를 소유한 자가 1인인 경우에도 그 토지 소유자는 해당 토지의 구역을 건축협정 대상 지역으로 하는 건축협정을 정할 수 있다. 이 경우 그 토지 소유자 1인을 건축협정 체결자로 본다.

③ 소유자등은 제1항에 따라 건축협정을 체결(제2항에 따라 토지 소유자 1인이 건축협정을 정하는 경우를 포함한다. 이하 같다)하는 경우에는 다음 각 호의 사항을 준수하여야 한다.

1. 이 법 및 관계 법령을 위반하지 아니할 것
2. 「국토의 계획 및 이용에 관한 법률」 제30조에 따른 도시·군관리계획 및 이 법 제77조의11제1항에 따른 건축물의 건축 · 대수선 또는 리모델링에 관한 계획을 위반하지 아니할 것

④ 건축협정은 다음 각 호의 사항을 포함하여야 한다.

1. 건축물의 건축·대수선 또는 리모델링에 관한 사항
2. 건축물의 위치·용도·형태 및 부대시설에 관하여 대통령령으로 정하는 사항

⑤ 소유자등이 건축협정을 체결하는 경우에는 건축협정서를 작성하여야 하며, 건축협정서에는 다음 각 호의 사항이 명시되어야 한다.

1. 건축협정의 명칭
2. 건축협정 대상 지역의 위치 및 범위
3. 건축협정의 목적
4. 건축협정의 내용
5. 제1항 및 제2항에 따라 건축협정을 체결하는 자(이하 "협정체결자"라 한다)의 성명, 주소 및 생년월일(법인, 법인 아닌 사단이나 재단 및 외국인의 경우에는 「부동산등기법」 제49조에 따라 부여된 등록번호를 말한다. 이하 제6호에서 같다)
6. 제77조의5제1항에 따른 건축협정운영회가 구성되어 있는 경우에는 그 명칭, 대표자 성명, 주소 및 생년월일
7. 건축협정의 유효기간
8. 건축협정 위반 시 제재에 관한 사항
9. 그 밖에 건축협정에 필요한 사항으로서 해당 지방자치단체의 조례로 정하는 사항

⑥ 제1항제4호에 따라 시·도지사가 필요하다고 인정하여 조례로 구역을 정하려는 때에는 해당 시장·군수·구청장(주민×)의 의견을 들어야 한다.

(4) 건축협정의 인가와 변경(제77조의6, 제77조의7)
협정체결자 또는 건축협정운영회의 대표자는 건축협정서를 작성하여 국토교통부령으로 정하는 바에 따라 해당 건축협정인가권자의 인가를 받아야 하며, 인가신청을 받은 건축협정인가권자는 인가를 하기 전에 건축협정인가권자가 두는 건축위원회의 심의를 거쳐야 한다. 변경 시에는 협정체결자 또는 건축협정운영회의 대표자가 국토교통부령으로 정하는 바에 따라 변경인가를 받아야 한다(경미한 사항 변경 시는 제외).
(5) 건축협정의 폐지(제77조의9)
협정체결자 또는 건축협정운영회의 대표자는 건축협정을 폐지하려는 경우에는 협정체결자 과반수(반수×)의 동의를 받아 국토교통부령으로 정하는 바에 따라 건축협정인가권자의 인가를 받아야 한다.

(10) ★★ 신고 (제14조)

① 허가 대상 건축물이라 하더라도 다음 각 호의 어느 하나에 해당하는 경우에는 미리 특별자치시장·특별자치도지사 또는 시장·군수·구청장에게 국토교통부령으로 정하는 바에 따라 신고를 하면 건축허가를 받은 것으로 본다. → 허가의제

1. 바닥면적의 합계가 85제곱미터 이내의 증축·개축 또는 재축. 다만, 3층 이상 건축물인 경우에는 증축·개축 또는 재축하려는 부분의 바닥면적의 합계가 건축물 연면적의 10분의 1 이내인 경우로 한정한다.
2. 「국토의 계획 및 이용에 관한 법률」에 따른 관리지역, 농림지역 또는 자연환경보전지역에서 연면적이 200제곱미터 미만이고 3층 미만인 건축물의 건축. 다만, 다음 각 목의 어느 하나에 해당하는 구역에서의 건축은 **제외**한다.
   가. 지구단위계획구역
   나. 방재지구 등 재해취약지역으로서 대통령령으로 정하는 구역
3. 연면적이 200제곱미터 미만이고 3층 미만인 건축물의 대수선
4. 주요구조부의 해체가 없는 등 대통령령으로 정하는 대수선
5. 그 밖에 소규모 건축물로서 대통령령으로 정하는 건축물의 건축

② 제1항에 따른 건축신고에 관하여는 제11조제5항 및 제6항을 준용한다.
③ 특별자치시장·특별자치도지사 또는 시장·군수·구청장은 제1항에 따른 신고를 받은 날부터 5일 이내에 신고수리 여부 또는 민원 처리 관련 법령에 따른 처리기간의 연장 여부를 신고인에게 **통지**하여야 한다.(원칙) 다만, 이 법 또는 다른 법령에 따라 심의, 동의, 협의, 확인 등이 필요한 경우에는 20일 이내에 통지하여야 한다.(예외)
④ 특별자치시장·특별자치도지사 또는 시장·군수·구청장은 제1항에 따른 신고가 제3항 단서에 해당하는 경우에는 신고를 받은 날부터 5일 이내에 신고인에게 그 내용을 **통지**하여야 한다.
⑤ 제1항에 따라 신고를 한 자가 신고일부터 1년 이내에 공사에 착수하지 아니하면 그 **신고의 효력은 없어진다**. 다만, 건축주의 요청에 따라 허가권자가 정당한 사유가 있다고 인정하면 1년의 범위에서 착수기한을 **연장**할 수 있다.

■ **건축신고** (시행령 제11조)

① 법 제14조제1항제2호나목에서 "방재지구 등 재해취약지역으로서 대통령령으로 정하는 구역"이란 다음 각 호의 어느 하나에 해당하는 지구 또는 지역을 말한다.
1. 「국토의 계획 및 이용에 관한 법률」 제37조에 따라 지정된 방재지구(防災地區)
2. 「급경사지 재해예방에 관한 법률」 제6조에 따라 지정된 붕괴위험지역

② 법 제14조제1항제4호에서 "주요구조부의 해체가 없는 등 대통령령으로 정하는 대수선"이란 다음 각 호의 어느 하나에 해당하는 대수선을 말한다.
1. 내력벽의 면적을 30제곱미터 이상 수선하는 것
2. 기둥을 세 개 이상 수선하는 것
3. 보를 세 개 이상 수선하는 것
4. 지붕틀을 세 개 이상 수선하는 것
5. 방화벽 또는 방화구획을 위한 바닥 또는 벽을 수선하는 것
6. 주계단·피난계단 또는 특별피난계단을 수선하는 것

③ 법 제14조제1항제5호에서 "대통령령으로 정하는 건축물"이란 다음 각 호의 어느 하나에 해당하는 건축물을 말한다.
1. 연면적의 합계가 100제곱미터 이하인 건축물
2. 건축물의 높이를 3미터 이하의 범위에서 증축하는 건축물
3. 법 제23조제4항에 따른 표준설계도서(이하 "표준설계도서"라 한다)에 따라 건축하는 건축물로서 그 용도 및 규모가 주위환경이나 미관에 지장이 없다고 인정하여 건축조례로 정하는 건축물
4. 「국토의 계획 및 이용에 관한 법률」 제36조제1항제1호다목에 따른 공업지역, 같은 법 제51조제3항에 따른 지구단위계획구역(같은 법 시행령 제48조제10호에 따른 산업 · 유통형만 해당한다) 및 「산업입지 및 개발에 관한 법률」에 따른 산업단지에서 건축하는 2층 이하인 건축물로서 연면적 합계 500제곱미터 이하인 공장(별표 1 제4호너목에 따른 제조업소 등 물품의 제조 · 가공을 위한 시설을 포함한다)
5. 농업이나 수산업을 경영하기 위하여 읍 · 면지역(특별자치시장 · 특별자치도지사 · 시장 · 군수가 지역계획 또는 도시 · 군계획에 지장이 있다고 지정 · 공고한 구역은 제외한다)에서 건축하는 연면적 200제곱미터 이하의 창고 및 연면적 400제곱미터 이하의 축사 · 작물재배사, 종묘배양시설, 화초 및 분재 등의 온실

④ 법 제14조에 따른 건축신고에 관하여는 제9조제1항을 준용한다.

★★★
■ **대수선** 출제자 의도 대수선의 정의와 범위를 사례를 통해서 이해할 수 있는가?

(1) 정의 (제2조 제9호)
건축물의 기둥·보·내력벽·주계단(→ 주요 구조부) 등의 구조나 외부 형태를 수선·변경하거나 증설하는 것

(2) 범위 (시행령 제3조의2)
다음 각 호의 어느 하나에 해당하는 것으로서 증축 · 개축 또는 재축에 해당하지 아니하는 것을 말한다.
1. 내력벽을 증설 또는 해체하거나 그 벽면적을 30제곱미터 이상 수선 또는 변경하는 것
2. 기둥을 증설 또는 해체하거나 세 개 이상 수선 또는 변경하는 것
3. 보를 증설 또는 해체하거나 세 개 이상 수선 또는 변경하는 것
4. 지붕틀(한옥의 경우에는 지붕틀의 범위에서 서까래는 제외)을 증설 또는 해체하거나 세 개 이상 수선 또는 변경하는 것
5. 방화벽 또는 방화구획을 위한 바닥 또는 벽을 증설 또는 해체하거나 수선 또는 변경하는 것
6. 주계단 · 피난계단 또는 특별피난계단을 증설 또는 해체하거나 수선 또는 변경하는 것
7. 경관지구에서 건축물의 외부형태(담장을 포함)를 변경하는 것
8. 다가구주택의 가구 간 경계벽 또는 다세대주택의 세대 간 경계벽을 증설 또는 해체하거나 수선 또는 변경하는 것
9. 건축물의 외벽에 사용하는 마감재료를 증설 또는 해체하거나 벽면적 30제곱미터 이상 수선 또는 변경하는 것

★
■ 가설건축물

1. 가설건축물의 허가 (제20조)

① 도시·군계획시설 및 도시·군계획시설예정지에서 가설건축물을 건축하려는 자는 특별자치시장·특별자치도지사 또는 시장·군수·구청장의 **허가**를 받아야 한다.

② 특별자치시장·특별자치도지사 또는 시장·군수·구청장은 해당 가설건축물의 건축이 다음 각 호의 어느 하나에 해당하는 경우가 아니면 제1항에 따른 **허가**를 하여야(할 수×) 한다.

1. 「국토의 계획 및 이용에 관한 법률」 제64조[(도시·군계획시설 부지에서의 개발행위) 특별시장·광역시장·특별자치시장·특별자치도지사·시장 또는 군수는 도시·군계획시설의 설치 장소로 결정된 지상·수상·공중·수중 또는 지하는 그 도시·군계획시설이 아닌 건축물의 건축이나 공작물의 설치를 허가하여서는 아니 된다.]에 위배되는 경우
2. 4층 이상인 경우
3. 구조, 존치기간, 설치목적 및 다른 시설 설치 필요성 등에 관하여 대통령령으로 정하는 기준의 범위에서 조례로 정하는 바에 따르지 아니한 경우

   법 제20조제2항제3호에서 "대통령령으로 정하는 기준"이란 다음 각 호의 기준을 말한다. (시행령 제15조 제①항)
   1. 철근콘크리트조 또는 철골철근콘크리트조가 아닐 것
   2. 존치기간은 3년 이내일 것. 다만, 도시·군계획사업이 시행될 때까지 그 기간을 연장할 수 있다.
   3. 전기·수도·가스 등 새로운 간선 공급설비의 설치를 필요로 하지 아니할 것
   4. 공동주택·판매시설·운수시설 등으로서 분양을 목적으로 건축하는 건축물이 아닐 것

4. 그 밖에 이 법 또는 다른 법령에 따른 제한규정을 위반하는 경우

③ 제1항에도 불구하고 재해복구, 흥행, 전람회, 공사용 가설건축물 등 대통령령으로 정하는 용도의 가설건축물을 축조하려는 자는 대통령령으로 정하는 존치 기간, 설치 기준 및 절차에 따라 특별자치시장·특별자치도지사 또는 시장·군수·구청장에게 신고한 후 착공하여야 한다.

④ 제3항에 따른 신고에 관하여는 제14조제3항 및 제4항을 준용한다.

⑤ 제1항과 제3항에 따른 가설건축물을 건축하거나 축조할 때에는 대통령령으로 정하는 바에 따라 제25조, 제38조부터 제42조까지, 제44조부터 제50조까지, 제50조의2, 제51조부터 제64조까지, 제67조, 제68조와 「녹색건축물 조성 지원법」 제15조 및 「국토의 계획 및 이용에 관한 법률」 제76조 중 일부 규정을 적용하지 아니한다.

⑥ 특별자치시장·특별자치도지사 또는 시장·군수·구청장은 제1항부터 제3항까지의 규정에 따라 가설건축물의 건축을 허가하거나 축조신고를 받은 경우 국토교통부령으로 정하는 바에 따라 가설건축물대장에 이를 기재하여 관리하여야 한다.

⑦ 제2항 및 제3항에 따라 가설건축물의 건축허가 신청 또는 축조신고를 받은 때에는 다른 법령에 따른 제한 규정에 대하여 확인이 필요한 경우 관계 행정기관의 장과 미리 협의하여야 하고, 협의 요청을 받은 관계 행정기관의 장은 요청받은 날부터 15일 이내에 의견을 제출하여야 한다. 이 경우 관계 행정기관의 장이 협의 요청을 받은 날부터 15일 이내에 의견을 제출하지 아니하면 협의가 이루어진 것으로 본다.

2. 가설건축물의 존치기간 (시행령 제15조제⑦항)

신고하여야 하는 가설건축물의 존치기간은 3년 이내로 한다. 다만, 공사용 가설건축물 및 공작물의 경우에는 해당 공사의 완료일까지의 기간을 말한다.

3. 가설건축물의 존치기간 연장 (시행령 제15조의2)

① 특별자치시장·특별자치도지사 또는 시장·군수·구청장은 법 제20조에 따른 가설건축물의 존치기간 만료일 30일 전(14일 전×)까지 해당 가설건축물의 건축주에게 다음 각 호의 사항을 알려야 한다.

1. 존치기간 만료일
2. 존치기간 연장 가능 여부
3. 제15조의3에 따라 존치기간이 연장될 수 있다는 사실(같은 조 제1호 각 목의 어느 하나에 해당하는 가설건축물에 한정한다)

② 존치기간을 연장하려는 가설건축물의 건축주는 다음 각 호의 구분에 따라 특별자치시장·특별자치도지사 또는 시장·군수·구청장에게 허가를 신청하거나 신고하여야 한다.

1. **허가** 대상 가설건축물 : 존치기간 만료일 14일 전(15일 전×)까지 허가 신청
2. **신고** 대상 가설건축물 : 존치기간 만료일 7일 전(14일 전×)까지 신고

■ 결합건축 (제8장의3 : 제77조의15 ~ 제77조의17)

1. 결합건축 대상지 (제77조의15)

① 다음 각 호의 어느 하나에 해당하는 지역에서 대지간의 최단거리가 100미터 이내의 범위에서 대통령령으로 정하는 범위에 있는 2개의 대지의 건축주가 서로 합의한 경우 제56조에 따른 용적률을 개별 대지마다 적용하지 아니하고, 2개의 대지를 대상으로 통합적용하여 건축물을 건축(이하 "결합건축"이라 한다)할 수 있다. 다만, 도시경관의 형성, 기반시설 부족 등의 사유로 해당 지방자치단체의 조례로 정하는 지역 안에서는 결합건축을 할 수 없다.

1. 「국토의 계획 및 이용에 관한 법률」 제36조에 따라 지정된 상업지역(공업지역×)
2. 「역세권의 개발 및 이용에 관한 법률」 제4조에 따라 지정된 역세권개발구역
3. 「도시 및 주거환경정비법」 제2조에 따른 정비구역 중 주거환경개선사업의 시행을 위한 구역
4. 그 밖에 도시 및 주거환경 개선과 효율적인 토지이용이 필요하다고 대통령령으로 정하는 지역

② 제1항 각 호의 지역에서 2개의 대지를 소유한 자가 1명인 경우는 제77조의4제2항을 준용한다.

- **결합건축 대상지** (시행령 제111조)

① 법 제77조의14제1항 각 호 외의 부분 본문에서 "대통령령으로 정하는 범위에 있는 2개의 대지"란 다음 각 호의 요건을 모두 충족하는 2개의 대지를 말한다.

1. 2개의 대지 모두가 법 제77조의14제1항 각 호의 지역 중 동일한 지역에 속할 것
2. 2개의 대지 모두가 너비 12미터 이상인 도로로 둘러싸인 하나의 구역 안에 있을 것. 이 경우 그 구역 안에 너비 12미터 이상인 도로로 둘러싸인 더 작은 구역이 있어서는 아니 된다.

② 법 제77조의14제1항제4호에서 "대통령령으로 정하는 지역"이란 다음 각 호의 지역을 말한다.

1. 건축협정구역
2. 특별건축구역
3. 리모델링 활성화 구역
4. 「도시재생 활성화 및 지원에 관한 특별법」 제2조제1항제5호에 따른 도시재생활성화지역
5. 「한옥 등 건축자산의 진흥에 관한 법률」 제17조제1항에 따른 건축자산 진흥구역

2. 결합건축의 절차 (제77조의16)

① 결합건축을 하고자 하는 건축주는 제11조에 따라 건축허가를 신청하는 때에는 다음 각 호의 사항을 명시한 결합건축협정서를 첨부하여야 하며 국토교통부령으로 정하는 도서를 제출하여야 한다.

1. 결합건축 대상 대지의 위치 및 용도지역
2. 결합건축협정서를 체결하는 자(이하 "결합건축협정체결자"라 한다)의 성명, 주소 및 생년월일(법인, 법인 아닌 사단이나 재단 및 외국인의 경우에는 「부동산등기법」 제49조에 따라 부여된 등록번호를 말한다)
3. 「국토의 계획 및 이용에 관한 법률」 제78조에 따라 조례로 정한 용적률과 결합건축으로 조정되어 적용되는 대지별 용적률(건폐율×)
4. 결합건축 대상 대지별 건축계획서

② 허가권자는 「국토의 계획 및 이용에 관한 법률」 제2조제11호에 따른 도시·군계획사업에 편입된 대지가 있는 경우에는 결합건축을 포함한 건축허가를 아니할 수 있다.

③ 허가권자는 제1항에 따른 건축허가를 하기 전에 건축위원회의 심의를 거쳐야 한다. 다만, 결합건축으로 조정되어 적용되는 대지별 용적률이 「국토의 계획 및 이용에 관한 법률」 제78조에 따라 해당 대지에 적용되는 도시계획조례의 용적률의 100분의 20을 초과하는 경우에는 대통령령으로 정하는 바에 따라 건축위원회 심의와 도시계획위원회 심의를 공동으로 하여 거쳐야 한다.

④ 제1항에 따른 결합건축 대상 대지가 둘 이상의 특별자치시, 특별자치도 및 시·군·구에 걸치는 경우 제77조의6제2항을 준용한다.

3. 결합건축의 관리 (제77조의16)

① 허가권자는 결합건축을 포함하여 건축허가를 한 경우 국토교통부령으로 정하는 바에 따라 그 내용을 공고하고, 결합건축 관리대장을 작성하여 관리하여야 한다.

② 허가권자는 결합건축과 관련된 건축물의 사용승인 신청이 있는 경우 해당 결합건축협정서상의 다른 대지에서 착공신고 또는 대통령령으로 정하는 조치가 이행되었는지를 확인한 후 사용승인을 하여야 한다.

③ 허가권자는 결합건축을 허용한 경우 건축물대장에 국토교통부령으로 정하는 바에 따라 결합건축에 관한 내용을 명시하여야 한다.
④ 결합건축협정서에 따른 **협정체결 유지기간**은 최소(최대×) 30년(20년×)으로 한다. 다만, 결합건축협정서의 용적률 기준을 종전대로 환원하여 신축·개축·재축하는 경우에는 그러하지 아니한다.
⑤ 결합건축협정서를 폐지하려는 경우에는 결합건축협정체결자 전원이 동의하여 허가권자에게 신고하여야 하며, 허가권자는 용적률을 이전받은 건축물이 멸실된 것을 확인한 후 결합건축의 폐지를 수리하여야 한다. 이 경우 결합건축 폐지에 관하여는 제1항 및 제3항을 준용한다.
⑥ 결합건축협정의 준수 여부, 효력 및 승계에 대하여는 제77조의4제3항 및 제77조의10을 준용한다. 이 경우 "건축협정"은 각각 "결합건축협정"으로 본다.

(11) 건축시공 (제24조)

① 공사시공자는 제15조제2항에 따른 계약대로 성실하게 공사를 수행하여야 하며, 이 법과 이 법에 따른 명령이나 처분, 그 밖의 관계 법령에 맞게 건축물을 건축하여 건축주에게 인도하여야 한다.
② 공사시공자는 건축물(건축허가나 용도변경허가 대상인 것만 해당된다)의 공사현장에 설계도서를 갖추어 두어야 한다.
③ 공사시공자는 설계도서가 이 법과 이 법에 따른 명령이나 처분, 그 밖의 관계 법령에 맞지 아니하거나 공사의 여건상 불합리하다고 인정되면 건축주와 공사감리자의 동의를 받아 서면으로 설계자에게 설계를 변경하도록 요청할 수 있다. 이 경우 설계자는 정당한 사유가 없으면 요청에 따라야 한다.
④ 공사시공자는 공사를 하는 데에 필요하다고 인정하거나 제25조제5항에 따라 공사감리자로부터 상세시공도면을 작성하도록 요청을 받으면 상세시공도면을 작성하여 공사감리자의 확인을 받아야 하며, 이에 따라 공사를 하여야 한다.
⑤ 공사시공자는 건축허가나 용도변경허가가 필요한 건축물의 건축공사를 착수한 경우에는 해당 건축공사의 현장에 국토교통부령으로 정하는 바에 따라 건축허가 표지판을 설치하여야 한다.
⑥ 「건설산업기본법」 제41조제1항 각 호에 해당하지 아니하는 건축물의 건축주는 공사 현장의 공정을 관리하기 위하여 같은 법 제2조제15호에 따른 건설기술자 1명을 현장관리인으로 지정하여야 한다. 이 경우 현장관리인은 건축주의 승낙을 받지 아니하고는 정당한 사유 없이 그 공사 현장을 이탈하여서는 아니 된다.
⑦ 공동주택, 종합병원, 관광숙박시설 등 대통령령으로 정하는 용도 및 규모의 건축물(다중이용 건축물)의 공사시공자는 건축주, 공사감리자 및 허가권자가 설계도서에 따라 적정하게 공사되었는지를 확인할 수 있도록 공사의 공정이 대통령령으로 정하는 진도에 다다른 때마다 **사진** 및(또는×) **동영상**을 **촬영**하고 **보관**하여야 한다. 이 경우 촬영 및 보관 등 그 밖에 필요한 사항은 국토교통부령으로 정한다.

(12) 건축자재의 제조 및 유통 관리 (제24조의2)

① 제조업자 및 유통업자는 건축물의 안전과 기능 등에 지장을 주지 아니하도록 건축자재를 제조·보관 및 유통하여야 한다.

② 국토교통부장관, 시·도지사 및 시장·군수·구청장은 건축물의 구조 및 재료의 기준 등이 공사현장에서 준수되고 있는지를 확인하기 위하여 제조업자 및 유통업자에게 필요한 자료의 제출을 요구하거나 건축공사장, 제조업자의 제조현장 및 유통업자의 유통장소 등을 점검할 수 있으며 필요한 경우에는 시료를 채취하여 성능 확인을 위한 시험을 할 수(하여야×) 있다.

③ 국토교통부장관, 시·도지사 및 시장·군수·구청장은 제2항의 점검을 통하여 위법 사실을 확인한 경우 대통령령으로 정하는 바에 따라 공사 중단, 사용 중단 등의 조치를 하거나(하고×) 관계 기관에 대하여 관계 법률에 따른 영업정지 등의 요청을 할 수(하여야×) 있다.

④ 국토교통부장관, 시·도지사, 시장·군수·구청장은 제2항의 점검업무를 대통령령으로 정하는 전문기관으로 하여금 대행하게 할 수 있다.

⑤ 제2항에 따른 점검에 관한 절차 등에 관하여 필요한 사항은 국토교통부령으로 정한다

(13) 사용승인 vs 임시사용승인 (제22조)

① 대상 : 허가를 받았거나 신고를 한 건축물

② 신청

㉠ 시기 : 건축공사를 완료(하나의 대지에 둘 이상의 건축물을 건축하는 경우 동별 공사를 완료한 경우 포함)한 후 그 건축물을 사용하고자 하는 경우

㉡ 첨부서류 : 공사감리자가 작성한 감리완료보고서(공사감리자를 지정한 경우만 해당)와 국토교통부령으로 정하는 공사완료도서

㉢ 누구에게 : 허가권자

③ 현장검사 및 사용승인서 교부 : 신청서를 받은 날로부터 7일 이내

■ **임시사용승인** (시행령 제17조)

1. 건축주는 법 제22조제3항제2호에 따라 사용승인서를 받기 전에 공사가 완료된 부분에 대한 임시사용의 승인을 받으려는 경우에는 국토교통부령으로 정하는 바에 따라 임시사용승인신청서를 허가권자에게 제출(전자문서에 의한 제출을 포함한다)하여야 한다.
2. 허가권자는 제2항의 신청서를 접수한 경우에는 공사가 완료된 부분이 법 제22조제3항제2호에 따른 기준에 적합한 경우에만 임시사용을 승인할 수 있으며, 식수 등 조경에 필요한 조치를 하기에 부적합한 시기에 건축공사가 완료된 건축물은 허가권자가 지정하는 시기까지 식수 등 조경에 필요한 조치를 할 것을 조건으로 임시사용을 승인할 수 있다.
3. 임시사용승인의 기간은 2년(3년×) 이내로 한다. 다만, 허가권자는 대형 건축물 또는 암반공사 등으로 인하여 공사기간이 긴 건축물에 대하여는 그 기간을 연장할 수 있다.

(14) 건축물의 유지·관리 (제35조)

① 건축물의 소유자나 관리자(허가권자×)는 건축물, 대지 및 건축설비를 제40조부터 제50조까지, 제50조의2, 제51조부터 제58조까지, 제60조부터 제64조까지, 제65조의2, 제67조 및 제68조와 「녹색건축물

조성 지원법」 제15조부터 제17조까지의 규정에 적합하도록 유지·관리하여야 한다. 이 경우 제65조의2 및 「녹색건축물 조성 지원법」 제16조·제17조는 인증을 받은 경우로 한정한다.

② 건축물의 소유자나 관리자는 건축물의 유지·관리를 위하여 대통령령으로 정하는 바에 따라 정기점검 및 수시점검을 실시하고, 그 결과를 허가권자에게 보고하여야 한다.

③ 허가권자는 제2항에 따른 점검 대상이 아닌 건축물 중에서 안전에 취약하거나 재난의 위험이 있다고 판단되는 소규모 노후 건축물 등 대통령령으로 정하는 건축물에 대하여 직권으로(국토교통부장관의 허가를 받아×) 안전점검을 할 수(하여야×) 있고, 해당 건축물의 소유자나 관리자에게 안전점검을 요구할 수 있으며, 이 경우 신속한 안전점검이 필요한 때에는 안전점검에 드는 비용을 지원할 수(하여야×) 있다.

④ 제1항부터 제3항까지에 따른 건축물 유지·관리의 기준 및 절차 등에 관하여 필요한 사항은 대통령령으로 정한다.

4. 건축위원회 (제4조)

국토교통부장관, 시 · 도지사 및 시장 · 군수 · 구청장은 다음 각 호의 사항을 조사 · 심의 · 조정 또는 재정(이하 이 조에서 "심의등"이라 한다)하기 위하여 각각 건축위원회를 두어야 한다.

1. 이 법과 조례의 제정 · 개정 및 시행에 관한 중요 사항
2. 건축물의 건축등과 관련된 분쟁의 조정 또는 재정에 관한 사항. 다만, 시 · 도지사 및 시장 · 군수 · 구청장이 두는 건축위원회는 제외한다.
3. 건축물의 건축등과 관련된 민원에 관한 사항. 다만, 국토교통부장관이 두는 건축위원회는 제외한다.
4. 건축물의 건축 또는 대수선에 관한 사항
5. 다른 법령에서 건축위원회의 심의를 받도록 규정한 사항

→ 국토교통부장관, 시 · 도 지사 및 시장 · 군수 · 구청장은 건축위원회의 심의등을 효율적으로 수행하기 위하여 필요하면 자신이 설치하는 건축위원회에 다음 각 호의 전문위원회를 두어 운영할 수 있다.

가. 건축분쟁전문위원회(국토교통부에 설치하는 건축위원회에 한정)

나. 건축민원전문위원회(시 · 도 및 시 · 군 · 구에 설치하는 건축위원회에 한정) – 위원회에 사무국을 둔다.

다. 건축계획 · 건축구조 · 건축설비 등 분야별 전문위원회

→ 전문위원회는 건축위원회가 정하는 사항에 대하여 심의등을 한다.

→ 전문위원회의 심의등을 거친 사항은 건축위원회의 심의등을 거친 것으로 본다.

→ 각 건축위원회의 조직 · 운영, 그 밖에 필요한 사항은 대통령령으로 정하는 바에 따라 국토교통부령이나 해당 지방자치단체의 조례(자치구의 경우 특별시나 광역시의 조례를 말한다)로 정한다.

(1) 건축위원회의 건축 심의 등(제4조의2)

① 대통령령으로 정하는 건축물을 건축하거나 대수선하려는 자는 국 국토교통부령으로 정하는 바에 따라 시 · 도지사 또는 시장 · 군수 · 구청장에게 제4조에 따른 건축위원회(이하 "건축위원회"라 한다)의 심의를 신청하여야 한다.

② 제1항에 따라 심의 신청을 받은 시 · 도지사 또는 시장 · 군수 · 구청장은 대통령령으로 정하는 바에 따라 건축위원회에 심의 안건을 상정하고, 심의 결과를 국토교통부령으로 정하는 바에 따라 심의를 신청한 자에게 통보하여야 한다.

③ 제2항에 따른 건축위원회의 심의 결과에 이의가 있는 자는 심의 결과를 통보받은 날부터 1개월 이내에 시 · 도지사 또는 시장 · 군수 · 구청장에게 건축위원회의 재심의를 신청할 수 있다.
④ 제3항에 따른 재심의 신청을 받은 시 · 도지사 또는 시장 · 군수 · 구청장은 그 신청을 받은 날부터 15일 이내에 대통령령으로 정하는 바에 따라 건축위원회에 재심의 안건을 상정하고, 재심의 결과를 국토교통부령으로 정하는 바에 따라 재심의를 신청한 자에게 통보하여야 한다.

(2) 건축위원회 회의록의 공개(제4조의3)
시 · 도지사 또는 시장 · 군수 · 구청장은 제4조의2제1항에 따른 심의(같은 조 제3항에 따른 재심의를 포함한다. 이하 이 조에서 같다)를 신청한 자가 요청하는 경우에는 대통령령으로 정하는 바에 따라 건축위원회 심의의 일시 · 장소 · 안건 · 내용 · 결과 등이 기록된 회의록을 공개하여야 한다. 다만, 심의의 공정성을 침해할 우려가 있다고 인정되는 이름, 주민등록번호 등 대통령령으로 정하는 개인 식별 정보에 관한 부분의 경우에는 그러하지 아니하다.

(3) 건축민원전문위원회(제4조의4)
① 제4조제2항에 따른 건축민원전문위원회는 건축물의 건축등과 관련된 다음 각 호의 민원[특별시장 · 광역시장 · 특별자치시장 · 특별자치도지사 또는 시장 · 군수 · 구청장(이하 "허가권자"라 한다)의 처분이 완료되기 전의 것으로 한정하며, 이하 "질의민원"이라 한다]을 심의하며, 시 · 도지사가 설치하는 건축민원전문위원회(이하 "광역지방건축민원전문위원회"라 한다)와 시장 · 군수 · 구청장이 설치하는 건축민원전문위원회(이하 "기초지방건축민원전문위원회"라 한다)로 구분한다.
1. 건축법령의 운영 및 집행에 관한 민원
2. 건축물의 건축등과 복합된 사항으로서 제11조제5항 각 호에 해당하는 법률 규정의 운영 및 집행에 관한 민원
3. 그 밖에 대통령령으로 정하는 민원
② 광역지방건축민원전문위원회는 허가권자나 도지사(이하 "허가권자등"이라 한다)의 제11조에 따른 건축허가나 사전승인에 대한 질의민원을 심의하고, 기초지방건축민원전문위원회는 시장(행정시의 시장을 포함한다) · 군수 · 구청장의 제11조 및 제14조에 따른 건축허가 또는 건축신고와 관련한 질의민원을 심의한다.
③ 건축민원전문위원회의 구성 · 회의 · 운영, 그 밖에 필요한 사항은 해당 지방자치단체의 조례로 정한다.

5. 건축분쟁전문위원회

(1) 구성 및 조정대상 (제88조, 제89조)

① 건축등과 관련된 다음 각 호의 분쟁(「건설산업기본법」 제69조에 따른 조정의 대상이 되는 분쟁은 제외한다. 이하 같다)의 조정(調停) 및 재정(裁定)을 하기 위하여 국토교통부에 건축분쟁전문위원회(이하 "분쟁위원회"라 한다)를 둔다.

1. 건축관계자와 해당 건축물의 건축등으로 피해를 입은 인근주민(이하 "인근주민"이라 한다) 간의 분쟁
2. 관계전문기술자와 인근주민 간의 분쟁
3. 건축관계자와 관계전문기술자 간의 분쟁
4. 건축관계자 간의 분쟁
5. 인근주민 간의 분쟁
6. 관계전문기술자 간의 분쟁
7. 그 밖에 대통령령으로 정하는 사항

② 분쟁위원회는 위원장과 부위원장 각 1명을 포함한 15명 이내의 위원으로 구성하며, 위원은 건축이

나 법률에 관한 학식과 경험이 풍부한 자 중에서 국토교통부장관이 임명하거나 위촉한다. 이 경우 판사, 검사 또는 변호사의 직에 6년 이상 재직한 자가 2명 이상 포함되어야 한다.

(2) 조정등의 신청 (제92조)

① 건축물의 건축등과 관련된 분쟁의 조정 또는 재정(이하 "조정등"이라 한다)을 신청하려는 자는 분쟁위원회에 조정등의 신청서를 제출하여야 한다.

② 제1항에 따른 조정신청은 해당 사건의 당사자 중 1명 이상이 하며, 재정신청은 해당 사건 당사자 간의 합의로 한다. 다만, 분쟁위원회는 조정신청을 받으면 해당 사건의 모든 당사자에게 조정신청이 접수된 사실을 알려야 한다.

③ 분쟁위원회는 당사자의 **조정신청**을 받으면 60일 이내에, **재정신청**을 받으면 120일 이내에 절차를 마쳐야 한다. 다만, 부득이한 사정이 있으면 분쟁위원회의 의결로 기간을 연장할 수 있다.

(3) 조정의 효력 (제96조)

① 조정위원회는 조정안을 작성하면 지체 없이 각 당사자에게 조정안을 제시하여야 한다.

② 조정안을 제시받은 당사자는 제시를 받은 날부터 15일 이내에 수락 여부를 조정위원회에 알려야 한다.

③ 조정위원회는 당사자가 조정안을 수락하면 즉시 조정서를 작성하여야 하며, 조정위원과 각 당사자는 이에 기명날인하여야 한다.

④ 당사자가 조정안을 수락하고 조정서에 기명날인하면 당사자 간에 조정서와 동일한 내용의 합의가 성립된 것으로 본다.

6. 이행강제금 (제80조)

① 허가권자(도지사×, 국토교통부장관×)는 제79조제1항에 따라 시정명령을 받은 후 시정기간 내에 시정명령을 이행하지 아니한 건축주등에 대하여는 그 시정명령의 이행에 필요한 상당한 이행기한을 정하여 그 기한까지 시정명령을 이행하지 아니하면 다음 각 호의 이행강제금을 부과한다. 다만, 연면적(공동주택의 경우에는 세대 면적을 기준으로 한다)이 85제곱미터 이하인 주거용 건축물과 제2호 중 주거용 건축물로서 대통령령으로 정하는 경우에는 다음 각 호의 어느 하나에 해당하는 금액의 2분의 1의 범위에서 해당 지방자치단체의 조례로 정하는 금액을 부과한다.

> 1. 건축물이 제55조와 제56조에 따른 건폐율이나 용적률을 초과하여 건축된 경우 또는 허가를 받지 아니하거나 신고를 하지 아니하고 건축된 경우에는 「지방세법」에 따라 해당 건축물에 적용되는 1제곱미터의 시가표준액의 100분의 50에 해당하는 금액에 위반면적을 곱한 금액 이하의 범위에서 위반 내용에 따라 대통령령으로 정하는 비율을 곱한 금액
> 2. 건축물이 제1호 외의 위반 건축물에 해당하는 경우에는 「지방세법」에 따라 그 건축물에 적용되는 시가표준액에 해당하는 금액의 100분의 10의 범위에서 위반내용에 따라 대통령령으로 정하는 금액

② 허가권자는 영리목적을 위한 위반이나 상습적 위반 등 대통령령으로 정하는 경우에 제1항에 따른 금액을 100분의 50(100분의 10×)의 범위에서 가중할 수 있다.

③ 허가권자는 제1항 및 제2항에 따른 이행강제금을 부과하기 전에 제1항 및 제2항에 따른 이행강제금을 부과·징수한다는 뜻을 미리 문서(구두 또는 문서×)로써 계고(戒告)하여야 한다.

④ 허가권자는 제1항 및 제2항에 따른 이행강제금을 부과하는 경우 금액, 부과 사유, 납부기한, 수납기관, 이의제기 방법 및 이의제기 기관 등을 구체적으로 밝힌 문서로 하여야 한다.

⑤ 허가권자는 최초의 시정명령이 있었던 날을 기준으로 하여 1년(2년×)에 2회(3회×) 이내의 범위에서 해당 지방자치단체의 조례로 정하는 횟수만큼 그 시정명령이 이행될 때까지 반복하여 제1항 및 제2항에 따른 이행강제금을 부과·징수할 수 있다. 다만, 제1항 각 호 외의 부분 단서에 해당하면 총 부과 횟수가 5회(6회×)를 넘지 아니하는 범위에서 해당 지방자치단체의 조례로 부과 횟수를 따로 정할 수 있다.

⑥ 허가권자는 제79조제1항에 따라 시정명령을 받은 자가 이를 이행하면 새로운 이행강제금의 부과를 즉시 중지하되, 이미 부과된 이행강제금은 징수(면제×)하여야 한다.

⑦ 허가권자는 제4항에 따라 이행강제금 부과처분을 받은 자가 이행강제금을 납부기한까지 내지 아니하면 「지방세외수입금의 징수 등에 관한 법률」에 따라 징수한다.

• 농지법에도 이행강제금 (부과)제도 있음 (제62조)

★
■ 건축법 적용 제외 건축물 (제3조제①항)

출제자 의도 • 건축법 적용여부를 구별할 수 있는가?

1. 문화재보호법에 따른 지정문화재나 가지정문화재
2. 철도나 궤도의 선로 부지에 있는 다음 각 목의 시설
   ① 운전보안시설
   ② 철도 선로의 위나 아래를 가로지르는 보행시설
   ③ 플랫폼
   ④ 해당 철도 또는 궤도사업용 급수·급탄 및 급유 시설
3. 고속도로 통행료 징수시설
4. 컨테이너를 이용한 간이창고(산업집적활성화 및 공장설립에 관한 법률 제2조제1호에 따른 공장의 용도로만 사용되는 건축물의 대지 안에 설치하는 것으로서 이동이 쉬운 것만 해당된다)
5. 하천법에 따른 하천구역 내의 수문조작실

↔ 역사는 건축법이 적용된다.

★ 건축법 적용의 범위 (제3조제②항) 출제자 의도

• 건축법 전면적 적용지역과 일부규정 적용제외 지역을 구별할 수 있는가?

전면적 적용지역	일부규정 적용제외 지역
① 도시지역 ② 지구단위계획구역 ③ 동 ④ 읍	전면적 적용지역 외 지역 • 적용되지 않는 규정 ① 대지와 도로의 관계 (제44조) ② 도로의 지정·폐지 또는 변경 (제45조) ③ 건축선의 지정 (제46조) ④ 건축선에 따른 건축제한 (제47조) ⑤ 방화지구 안의 건축물 (제51조) ⑥ 대지의 분할 제한 (제57조) • 적용되는 규정 위 외의 규정(건폐율, 용적률, 높이제한 등)

■ 각종 기간

구분	기간
착공신고	착공 전까지
임시가설물 축조신고	착공 5일 전까지
사용승인 신청	공사완료 후 사용하고자 하는 때(공사완료 시×)
사용승인서 교부	접수한 날로부터 7일 이내
가설건축물 연장신고	존치기간만료 7일 전까지
철거신고	철거 하기 전까지
멸실신고	멸실 후 30일(15일×) 내까지
건축 허가·착공 제한	2년 이내(원칙, 1회에 한 해 1년 이내 연장가능)
임시사용승인	2년 이내(원칙, 부득이한 경우 연장가능)

O · X · 지 · 문 · 학 · 습

01. 건축신고일부터 1년 이내에 공사에 착수하지 아니하면 그 신고의 효력은 없어지지만 허가권자가 정당한 사유가 있다고 인정하면 6개월의 범위에서 착수기한을 연장할 수 있다. [O, ×]

02. 전용주거지역 안에서 건축하는 건축물의 높이는 일조 등의 확보를 위하여 정남방향의 인접 대지 경계선으로부터의 거리에 따라 대통령령으로 정하는 높이 이하로 하여야 한다. [O, ×]

03. 건축허가나 건축물의 착공을 제한하는 경우 제한기간은 2년 이내로 하며, 2회에 한하여 1년 이내의 범위에서 제한기간을 연장할 수 있다. [O, ×]

04. 특별건축구역에 건축하는 건축물에 대하여는 「건축법」중 대지의 조경, 건폐율, 대지안의 공지, 건축물의 높이제한 및 일조 등의 확보를 위한 건축물의 높이제한을 적용하지 아니할 수 있다. [O, ×]

05. 건축주는 5층 이상으로서 연면적이 2천m² 이상인 건축물을 건축하려면 승강기를 설치하여야 한다. [O, ×]

06. 건축법상 건축물의 이전이란 건축물의 주요구조부를 해체하여 같은 대지의 다른 위치로 옮기는 것을 말한다. [O, ×]

07. 연면적이 200제곱미터 미만이고 3층 미만인 건축물을 대수선하는 경우 시장 · 군수 · 구청장에게 신고를 하면 건축허가를 받은 것으로 본다. [O, ×]

08. 하나의 건축물이 방화지구와 인접한 구역에 걸치는 경우 걸치는 일부에 대하여 방화지구 안의 건축물에 관한 건축법 규정이 적용된다. [O, ×]

정답 및 해설

01. × (6개월 → 1년)
02. × (정남방향 → 정북방향)
03. × (건축허가나 건축물의 착공을 제한하는 경우 제한기간은 2년 이내로 하며, 1회에 한하여 1년 이내의 범위에서 제한기간을 연장할 수 있다
04. O
05. × (5층 → 6층)
06. × (해체하여 → 해체하지 아니하고)
07. O
08. × (걸치는 일부에 대하여 → 그 전부에 대하여)

기·출·문·제·분·석

1. 건축법령상 건축물의 높이 제한에 관한 설명으로 틀린 것은? (단, 건축법 제73조에 따른 적용 특례 및 조례는 고려하지 않음)

① 전용주거지역과 일반주거지역 안에서 건축하는 건축물에 대하여는 일조의 확보를 위한 높이 제한이 적용된다.
② 일반상업지역에 건축하는 공동주택으로서 하나의 대지에 두 동 이상을 건축하는 경우에는 채광의 확보를 위한 높이 제한이 적용된다.
③ 건축물의 높이가 정하여지지 아니한 가로구역의 경우 건축물 각 부분의 높이는 그 부분으로부터 전면도로의 반대쪽 경계선까지의 수평거리의 1.5배를 넘을 수 없다.
④ 허가권자는 같은 가로구역에서 건축물의 용도 및 형태에 따라 건축물의 높이를 다르게 정할 수 있다.
⑤ 허가권자는 가로구역별 건축물의 최고 높이를 지정하려면 지방건축위원회의 심의를 거쳐야 한다.

해설

② 공동주택(중심상업지역 · 일반상업지역은 제외)을 하나의 대지에 두 동 이상을 건축한는 경우 채광의 확보를 위한 높이 제한이 적용된다..

2. 건축법령상 사용승인을 받은 건축물의 용도변경에 관한 설명으로 옳은 것은? (단, 조례는 고려하지 않음)

① 특별시나 광역시에 소재하는 건축물인 경우에는 특별시장이나 광역시장의 허가를 받거나 신고하여야 한다.
② 영업시설군에서 문화 및 집회시설군으로 용도변경하는 경우에는 허가를 받아야 한다.
③ 교육 및 복지시설군에서 전기통신시설군으로 용도변경하는 경우에는 신고를 하여야 한다.
④ 같은 시설군 안에서 용도를 변경하려는 경우에는 신고를 하여야 한다.
⑤ 용도변경하려는 부분의 바닥면적의 합계가 100제곱미터 이상인 경우라도 신고대상인 용도변경을 하는 경우에는 건축물의 사용승인을 받을 필요가 없다.

해설

① 관할 구청장의 허가를 받거나 신고를 하여야 한다(법 제19조 제②항).
③ 신고 → 허가
④ 시설군 중 같은 시설군 안에서 용도를 변경하려는 자는 특별자치도지사 또는 시장·군수·구청장에게 건축물대장의 기재내용의 변경을 신청하여야 한다(법 제19조 제③항).
⑤ 용도변경하려는 부분의 바닥면적의 합계가 100제곱 미터 이상인 경우의 사용승인을 받아야 한다.

3. 건축법령상 공개공지 또는 공개공간을 설치하여야 하는 건축물에 해당하지 않는 것은?(단, 건축물은 해당 용도로 쓰는 바닥면적의 합계가 5천 제곱미터 이상이며 조례는 고려하지 않음)

① 일반공업지역에 있는 종합병원
② 일반주거지역에 있는 교회
③ 준주거지역에 있는 예식장
④ 일반상업지역에 있는 생활숙박시설
⑤ 유통상업지역에 있는 여객자동차터미널

해설

|정답| 1. ② 2. ②

① 준공업지역은 해당되지만 일반공업지역은 적용되지 않는다.

4. 건축법령상 도시지역에 건축하는 건축물의 대지와 도로 등에 관한 설명으로 틀린 것은?

① 연면적의 합계가 2천㎡인 공장의 대지는 너비 6미터 이상의 도로에 4미터 이상 접하여야 한다.
② 쓰레기로 매립된 토지에 건축물을 건축하는 경우 성토, 지반 개량 등 필요한 조치를 하여야 한다.
③ 군수는 건축물의 위치나 환경을 정비하기 위하여 필요하다고 인정하면 4미터 이하의 범위에서 건축선을 따로 지정할 수 있다.
④ 담장의 지표 위 부분은 건축선의 수직면을 넘어서는 아니 된다.
⑤ 공장의 주변에 허가권자가 인정한 공지인 광장이 있는 경우 연면적의 합계가 1천 ㎡인 공장의 대지는 도로에 2미터 이상 접하지 않아도 된다.

해설

① 연면적의 합계가 2천㎡ 이상인 건축물(공장은 3천㎡ 이상)의 대지는 너비 6미터 이상의 도로에 4미터 이상 접하여야 한다.

5. 건축법령상 건축허가의 제한에 관한 설명으로 옳은 것은?

① 국토교통부장관은 문화체육관광부장관이 문화재보존을 위하여 특히 필요하다고 인정하여 요청한 경우 건축허가를 받은 건축물의 착공을 제한할 수 있다.
② 국토교통부장관은 국토관리를 위하여 특히 필요하다고 인정하더라도 시장·군수·구청장의 건축허가를 제한할 수 없다.
③ 건축허가를 제한하는 경우 제한기간은 2년 이내로 하며, 그 기간은 연장할 수 없다.
④ 특별시장·광역시장·도지사가 시장·군수·구청장의 건축허가를 제한한 경우 즉시 국토교통부장관에게 보고하여야 하며, 국토교통부장관은 보고받은 내용을 공고하여야 한다.
⑤ 시·도지사는 시장·군수·구청장의 건축허가 제한이 지나치다고 인정하면 직권으로 이를 해제할 수 있다.

해설

② 없다 → 있다(법 제18조 제①항)
③ 없다 → 있다(법 제18조 제③항 단서)
④ 허가권자가 지체없이 공고하여야 하며, 국토교통부장관이 공고할 의무규정은 없다(법 제18조 제⑤항)
⑤ 해제를 명할 수 있는 자는 특별시장·광역시장·도지사가 아니라 국토교통부장관이다(법 제18조 제⑥항).

6. 건축법령상 건축법이 모두 적용되지 않는 건축물이 아닌 것은?

① 「문화재보호법」에 따른 지정문화재인 건축물
② 철도의 선로 부지에 있는 철도 선로의 위나 아래를 가로지르는 보행시설
③ 고속도로 통행료 징수시설
④ 지역자치센터
⑤ 궤도의 선로 부지에 있는 플랫폼

해설

④ 지역자치센터는 건축법 적용대상 건축물이다.

|정답| 3. ① 4. ① 5. ① 6. ④

5 주택법

1. 용어 정의
2. 주택의 건설
3. 주택의 공급
4. 리모델링
5. 보칙

Point

- 용어의 정의 이해
- 건설 → 공급 → 관리의 세부내용 이해

[출제비율] 17.5%, 7문항

주택법

■ 학습목적

주택법이라는 부동산 공법적 측면에서의 부동산과 관련된 행위제한을 이해해서 부동산을 제대로 중개하기 위해서 이 법을 배웁니다.

■ 나무

부동산 공법의 다섯 번째 나무인 주택법은 건설, 공급 및 리모델링이라는 3개의 나무 가지로 구성되어 있습니다.

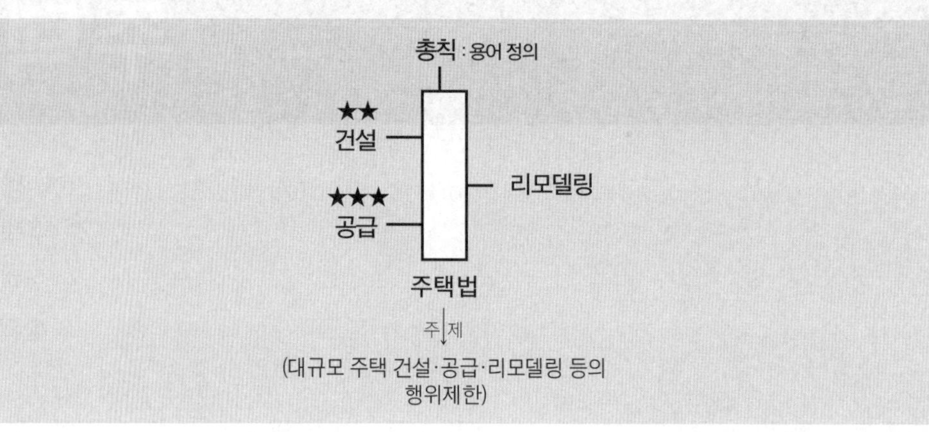

■ 핵심

주택의 건설·공급·리모델링 **행위제한**

- 1. 건설 : ① 주택건설사업자 / 주택조합
  - ② 사업계획의 승인
  - ③ 주택의 건설·감리·사용검사
- 2. 공급 : ① 분양가 상한제
  - ② 공급질서 교란 금지
  - ③ 저당권설정 등 제한
  - ④ 전매제한
  - ⑤ 투기과열지구
- 3. 리모델링 : 리모델링의 허가 / 기본계획
- 4. 보칙 : 토지임대부 분양주택 / 주택상환사채

1 건설

1. (주택건설사업자) 등록, 주택조합, 사업계획의 승인, 주택의 건설
2. 주택의 건설·감리·사용검사

2 공급

1. 공급질서교란 금지 : 금지대상, 위반자에 대한 조치
2. 저당권설정 등 제한 : 제한기간, 사업주체의 조치
3. 분양가상한제

3 리모델링

1. 리모델링 허가
2. 기본계획
3. 안전진단

4 보칙

1. 토지임대부 분양주택
2. 주택상환사채

인증번.호 : SH23-V4F9

주택법

무선 인터넷에서 스마트폰으로 QR코드를 찍으면 동영상 강의를 보실 수 있습니다.

기출 Point

1. 용어 정의
2. 매도청구
3. 주택조합
4. 분양가 상한제
5. 주택의 전매행위제한
7. 주택상환사채
8. 리모델링
9. 투기과열지구

〈 건설 관련법 및 주택법 흐름도 〉

적용법
- 소규모 : 건축법 — 민법 (계약법)
- 대규모 : 주택법 — 주택법, 주택공급에관한규칙 — 주택법

(20세대이상 주택, 1만㎡이상 대지)

건설 → 공급 → 리모델링

1. 절 차

사업계획 → 승인

1. 행위제한

① 저당권설정등의 제한
② 주택성능등급의 표시
③ 분양가 상한제
④ 공급질서 교란 금지
⑤ 투기과열지구의 지정
⑥ 주택의 전매행위 제한

핵심

주택의 **건설 → 공급 → 리모델링** : 단계별 **행위제한**

↓

1. 분양가상한제
2. 전매행위제한
3. 투기과열지구

주택법의 핵심은 대규모 주택의 건설·공급과 관련된, 리모델링 등 행위제한 규정을 이해하며, 특히 공급 관련 행위제한 규정이 중요합니다.

제1장 총칙

제1조 목적

이 법은 쾌적하고 살기 좋은 주거환경 조성에 필요한 주택의 건설·공급 및 주택시장의 관리 등에 관한 사항을 정함으로써 국민의 주거안정과 주거수준의 향상에 이바지함을 목적으로 한다.

★ 제2조 정의

이 법에서 사용하는 용어의 뜻은 다음과 같다.

1. "**주택**"이란 세대(世帶)의 구성원이 장기간 독립된 주거생활을 할 수 있는 구조로 된 건축물의 전부 또는 일부 및 그 부속토지를 말하며, 단독주택과 공동주택으로 구분한다.
2. "**단독주택**"이란 1세대가 하나의 건축물 안에서 독립된 주거생활을 할 수 있는 구조로 된 주택을 말하며, 그 종류와 범위는 대통령령으로 정한다.
3. "**공동주택**"이란 건축물의 벽 · 복도 · 계단이나 그 밖의 설비 등의 전부 또는 일부를 공동으로 사용하는 각 세대가 하나의 건축물 안에서 각각 독립된 주거생활을 할 수 있는 구조로 된 주택을 말하며, 그 종류와 범위는 대통령령으로 정한다.
4. "**준주택**"이란 주택 외의 건축물과 그 부속토지로서 주거시설로 이용가능한 시설 등을 말하며, 그 범위와 종류는 대통령령으로 정한다.
5. "**국민주택**"이란 다음 각 목의 어느 하나에 해당하는 주택으로서 국민주택규모 이하인 주택을 말한다.
   가. 국가 · 지방자치단체, 「한국토지주택공사법」에 따른 한국토지주택공사(이하 "한국토지주택공사"라 한다) 또는 「지방공기업법」 제49조에 따라 주택사업을 목적으로 설립된 지방공사(이하 "지방공사"라 한다)가 건설하는 주택
   나. 국가 · 지방자치단체의 재정 또는 「주택도시기금법」에 따른 주택도시기금(이하 "주택도시기금"이라 한다)으로부터 자금을 지원받아 건설되거나 개량되는 주택
6. "**국민주택규모**"란 주거의 용도로만 쓰이는 면적(이하 "주거전용면적"이라 한다)이 1호(戶) 또는 1세대당 85제곱미터 이하인 주택(「수도권정비계획법」 제2조제1호에 따른 수도권을 제

출제자 의도

용어의 정의

법조문상 용어의 정의를 알고 있는가?[특히, 비교되는 용어(부대시설 vs 복리시설), 신설된 용어]

외한 도시지역이 아닌 읍 또는 면 지역은 1호 또는 1세대당 주거전용면적이 100제곱미터 이하인 주택을 말한다)을 말한다. 이 경우 주거전용면적의 산정방법은 국토교통부령으로 정한다.

7. "**민영주택**"이란 국민주택을 제외한 주택을 말한다.
8. "**임대주택**"이란 임대를 목적으로 하는 주택으로서, 「공공주택 특별법」 제2조제1호가목에 따른 공공임대주택과 「민간임대주택에 관한 특별법」 제2조제1호에 따른 민간임대주택으로 구분한다.
9. "**토지임대부 분양주택**"이란 토지의 소유권은 제15조에 따른 사업계획의 승인을 받아 토지임대부 분양주택 건설사업을 시행하는 자가 가지고, 건축물 및 복리시설(福利施設) 등에 대한 소유권[건축물의 전유부분(專有部分)에 대한 구분소유권은 이를 분양받은 자가 가지고, 건축물의 공용부분·부속건물 및 복리시설은 분양받은 자들이 공유한다]은 주택을 분양받은 자가 가지는 주택을 말한다.
10. "**사업주체**"란 제15조에 따른 주택건설사업계획 또는 대지조성사업계획의 승인을 받아 그 사업을 시행하는 다음 각 목의 자를 말한다.
    가. 국가·지방자치단체
    나. 한국토지주택공사 또는 지방공사
    다. 제4조에 따라 등록한 주택건설사업자 또는 대지조성사업자
    라. 그 밖에 이 법에 따라 주택건설사업 또는 대지조성사업을 시행하는 자
11. "**주택조합**"이란 많은 수의 구성원이 제15조에 따른 사업계획의 승인을 받아 주택을 마련하거나 제66조에 따라 리모델링하기 위하여 결성하는 다음 각 목의 조합을 말한다.
    가. 지역주택조합: 다음 구분에 따른 지역에 거주하는 주민이 주택을 마련하기 위하여 설립한 조합
        1) 서울특별시·인천광역시 및 경기도
        2) 대전광역시·충청남도 및 세종특별자치시
        3) 충청북도
        4) 광주광역시 및 전라남도
        5) 전라북도
        6) 대구광역시 및 경상북도
        7) 부산광역시·울산광역시 및 경상남도
        8) 강원도
        9) 제주특별자치도
    나. 직장주택조합: 같은 직장의 근로자가 주택을 마련하기 위하여 설립한 조합
    다. 리모델링주택조합: 공동주택의 소유자가 그 주택을 리모델링하기 위하여 설립한 조합
12. "**주택단지**"란 제15조에 따른 주택건설사업계획 또는 대지조성사업계획의 승인을 받아 주택과 그 부대시설 및 복리시설을 건설하거나 대지를 조성하는 데 사용되는 일단(一團)의 토지를 말한다. 다만, 다음 각 목의 시설로 분리된 토지는 각각 별개의 주택단지로 본다.
    가. 철도·고속도로·자동차전용도로
    나. 폭 20미터 이상인 일반도로
    다. 폭 8미터 이상인 도시계획예정도로
    라. 가목부터 다목까지의 시설에 준하는 것으로서 대통령령으로 정하는 시설
13. "**부대시설**"이란 주택에 딸린 다음 각 목의 시설 또는 설비를 말한다.

가. 주차장, 관리사무소, 담장 및 주택단지 안의 도로
나. 「건축법」 제2조제1항제4호에 따른 건축설비
다. 가목 및 나목의 시설·설비에 준하는 것으로서 대통령령으로 정하는 시설 또는 설비

14. "**복리시설**"이란 주택단지의 입주자 등의 생활복리를 위한 다음 각 목의 공동시설을 말한다.
가. 어린이놀이터, 근린생활시설, 유치원, 주민운동시설 및 경로당
나. 그 밖에 입주자 등의 생활복리를 위하여 대통령령으로 정하는 공동시설

15. "**기반시설**"이란 「국토의 계획 및 이용에 관한 법률」 제2조제6호에 따른 기반시설을 말한다.

16. "**기간시설**"(基幹施設)이란 도로·상하수도·전기시설·가스시설·통신시설·지역난방시설 등을 말한다.

17. "**간선시설**"(幹線施設)이란 도로·상하수도·전기시설·가스시설·통신시설 및 지역난방시설 등 주택단지(둘 이상의 주택단지를 동시에 개발하는 경우에는 각각의 주택단지를 말한다) 안의 기간시설을 그 주택단지 밖에 있는 같은 종류의 기간시설에 연결시키는 시설을 말한다. 다만, 가스시설·통신시설 및 지역난방시설의 경우에는 주택단지 안의 기간시설을 포함한다.

18. "**공구**"란 하나의 주택단지에서 대통령령으로 정하는 기준에 따라 둘 이상으로 구분되는 일단의 구역으로, 착공신고 및 사용검사를 별도로 수행할 수 있는 구역을 말한다.

19. "**세대구분형 공동주택**"이란 공동주택의 주택 내부 공간의 일부를 세대별로 구분하여 생활이 가능한 구조로 하되, 그 구분된 공간의 일부를 구분소유 할 수 없는 주택으로서 대통령령으로 정하는 건설기준·설치기준, 면적기준 등에 적합한 주택을 말한다.

20. "**도시형 생활주택**"이란 300세대 미만의 국민주택규모에 해당하는 주택으로서 대통령령으로 정하는 주택을 말한다.

■ **도시형 생활주택** (시행령 제10조)

① 법 제2조제20호에서 "대통령령으로 정하는 주택"이란 「국토의 계획 및 이용에 관한 법률」 제36조제1항제1호에 따른 도시지역에 건설하는 다음 각 호의 주택을 말한다.
1. 원룸형 주택 : 다음 각 목의 요건을 모두 갖춘 공동주택
가. 세대별 주거전용면적은 50제곱미터 이하일 것
나. 세대별로 독립된 주거가 가능하도록 욕실 및 부엌을 설치할 것
다. 욕실 및 보일러실을 제외한 부분을 하나의 공간으로 구성할 것. 다만, 주거전용면적이 30제곱미터 이상인 경우에는 두 개의 공간으로 구성할 수 있다.
라. 지하층에는 세대를 설치하지 아니할 것
2. 단지형 연립주택 : 원룸형 주택이 아닌 연립주택. 다만, 「건축법」 제5조제2항에 따라 같은 법 제4조에 따른 건축위원회의 심의를 받은 경우에는 주택으로 쓰는 층수를 5개층까지 건축할 수 있다.
3. 단지형 다세대주택 : 원룸형 주택이 아닌 다세대주택. 다만, 「건축법」 제5조제2항에 따라 같은 법 제4조에 따른 건축위원회의 심의를 받은 경우에는 주택으로 쓰는 층수를 5개층까지 건축할 수 있다.

② 하나의 건축물에는 도시형 생활주택과 그 밖의 주택을 함께 건축할 수 없다. 다만, 다음 각 호의 어느 하나에 해당하는 경우는 예외로 한다.
1. 원룸형 주택과 주거전용면적이 85제곱미터를 초과하는 주택 1세대를 함께 건축하는 경우
2. 「국토의 계획 및 이용에 관한 법률 시행령」 제30조제1호다목에 따른 준주거지역 또는 같은 조 제2호에 따른 상업지역에서 원룸형 주택과 도시형 생활주택 외의 주택을 함께 건축하는 경우

③ 하나의 건축물에는 단지형 연립주택 또는 단지형 다세대주택과 원룸형 주택을 함께 건축할 수 없다.

21. "**에너지절약형 친환경주택**"이란 저에너지 건물 조성기술 등 대통령령으로 정하는 기술을 이용하여 에너지 사용량을 절감하거나 이산화탄소 배출량을 저감할 수 있도록 건설된 주택을 말하며, 그 종류와 범위는 대통령령으로 정한다.
22. "**건강친화형 주택**"이란 건강하고 쾌적한 실내환경의 조성을 위하여 실내공기의 오염물질 등을 최소화할 수 있도록 대통령령으로 정하는 기준에 따라 건설된 주택을 말한다.
23. "**장수명 주택**"이란 구조적으로 오랫동안 유지ㆍ관리될 수 있는 내구성을 갖추고, 입주자의 필요에 따라 내부 구조를 쉽게 변경할 수 있는 가변성과 수리 용이성 등이 우수한 주택을 말한다.
24. "**공공택지**"란 다음 각 목의 어느 하나에 해당하는 공공사업에 의하여 개발·조성되는 공동주택이 건설되는 용지를 말한다.

가. 제24조제2항에 따른 국민주택건설사업 또는 대지조성사업

나. 「택지개발촉진법」에 따른 택지개발사업. 다만, 같은 법 제7조제1항제4호에 따른 주택건설등 사업자가 같은 법 제12조제5항에 따라 활용하는 택지는 제외한다.

다. 「산업입지 및 개발에 관한 법률」에 따른 산업단지개발사업

라. 「공공주택 특별법」에 따른 공공주택지구조성사업

마. 「민간임대주택에 관한 특별법」에 따른 공공지원민간임대주택 공급촉진지구 조성사업(같은 법 제23조제1항제2호에 해당하는 시행자가 같은 법 제34조에 따른 수용 또는 사용의 방식으로 시행하는 사업만 해당한다)

바. 「도시개발법」에 따른 도시개발사업(같은 법 제11조제1항제1호부터 제4호까지의 시행자가 같은 법 제21조에 따른 수용 또는 사용의 방식으로 시행하는 사업과 혼용방식 중 수용 또는 사용의 방식이 적용되는 구역에서 시행하는 사업만 해당한다)

사. 「경제자유구역의 지정 및 운영에 관한 특별법」에 따른 경제자유구역개발사업(수용 또는 사용의 방식으로 시행하는 사업과 혼용방식 중 수용 또는 사용의 방식이 적용되는 구역에서 시행하는 사업만 해당한다)

아. 「혁신도시 조성 및 발전에 관한 특별법」에 따른 혁신도시개발사업

자. 「신행정수도 후속대책을 위한 연기·공주지역 행정중심복합도시 건설을 위한 특별법」에 따른 행정중심복합도시 건설사업

차. 「공익사업을 위한 토지 등의 취득 및 보상에 관한 법률」 제4조에 따른 공익사업으로서 대통령령으로 정하는 사업

25. "**리모델링**"이란 제66조제1항 및 제2항에 따라 건축물의 노후화 억제 또는 기능 향상 등을 위한 다음 각 목의 어느 하나에 해당하는 행위를 말한다.

가. 대수선(大修繕)

나. 제49조에 따른 사용검사일(주택단지 안의 공동주택 전부에 대하여 임시사용승인을 받은 경우에는 그 임시사용승인일을 말한다) 또는 「건축법」 제22조에 따른 사용승인일부터 15년[15년 이상 20년 미만의 연수 중 특별시·광역시·특별자치시·도 또는 특별자치도(이하 "시ㆍ도"라 한다)의 조례로 정하는 경우에는 그 연수로 한다]이 경과된 공동주택을 각 세대의 주거전용면적(「건축법」 제38조에 따른 건축물대장 중 집합건축물대장의 전유부분의 면적을 말한다)의 30퍼센트 이내(세대의 주거전용면적이 85제곱미터 미만인 경우에는 40퍼센트 이내)에서 증축하는 행위. 이 경우 공동주택의 기능 향상 등을 위하여 공용부분에 대하여도 별도로 증축할 수 있다.

다. 나목에 따른 각 세대의 증축 가능 면적을 합산한 면적의 범위에서 기존 세대수의 15퍼센트 이내에서 세대수를 증가하는 증축 행위(이하 "세대수 증가형 리모델링"이라 한다). 다만, 수직으로 증축하는 행위(이하 "수직증축형 리모델링"이라 한다)는 다음 요건을 모두 충족하는 경우로 한정한다.

1) 최대 3개층 이하로서 대통령령으로 정하는 범위에서 증축할 것
2) 리모델링 대상 건축물의 구조도 보유 등 대통령령으로 정하는 요건을 갖출 것

26. "**리모델링 기본계획**"이란 세대수 증가형 리모델링으로 인한 도시과밀, 이주수요 집중 등을 체계적으로 관리하기 위하여 수립하는 계획을 말한다.
27. "**입주자**"란 다음 각 목의 구분에 따른 자를 말한다.
 가. 제8조·제54조·제88조·제91조 및 제104조의 경우: 주택을 공급받는 자
 나. 제66조의 경우: 주택의 소유자 또는 그 소유자를 대리하는 배우자 및 직계존비속
28. "**사용자**"란 「공동주택관리법」 제2조제6호에 따른 사용자를 말한다.
29. "**관리주체**"란 「공동주택관리법」 제2조제10호에 따른 관리주체를 말한다.

제3조 다른 법률과의 관계

주택의 건설 및 공급에 관하여 다른 법률에 특별한 규정이 있는 경우를 제외하고는 이 법에서 정하는 바에 따른다.

제2장 주택의 건설 등

★★★
■ 주택 건설 등의 절차

절차	내용
① 사업계획서 작성	사업주체 ① 등록사업자 ② 주택조합(지역주택조합, 직장주택조합, 리모델링주택조합)
② 사업계획 승인	• 승인대상 : 30호/30세대 이상의 주택건설사업을 시행하려는 자 또는 1만제곱미터 이상의 대지조성사업을 시행하려는 자는 사업계획승인권자에게 사업계획승인을 받아야 • 매도청구 : 사업계획승인을 받은 사업주체는 주택건설대지 중 사용할 수 있는 권원을 확보하지 못한 대지(건축물 포함)의 소유자에게 그 대지를 시가로 매도할 것을 청구할 수 있다. 이 경우 매도청구 대상이 되는 대지의 소유자와 매도청구를 하기 전에 3개월(1개월×) 이상 협의를 하여야
③ 착수	사업주체는 승인받은 사업계획대로 사업을 시행하여야 하고, 다음 각 호의 구분에 따라 공사를 시작하여야 한다. 다만, 사업계획승인권자는 정당한 사유가 있다고 인정하는 경우에는 사업주체의 신청을 받아 그 사유가 없어진 날부터 1년의 범위에서 제1호 또는 제2호가목에 따른 공사의 착수기간을 연장할 수 있다. 1. 제15조제1항(일반적 주택건설사업)에 따라 승인을 받은 경우: 승인받은 날부터 5년(2년×) 이내 2. 제15조제3항(공구별로 분할하는 주택건설사업)에 따라 승인을 받은 경우 가. 최초로 공사를 진행하는 공구: 승인받은 날부터 5년 이내 나. 최초로 공사를 진행하는 공구 외의 공구: 해당 주택단지에 대한 최초 착공신고일부터 2년(3년×) 이내
④ 사용검사	• 원칙 : 사업주체는 사업계획승인을 받아 시행하는 주택건설사업 또는 대지조성사업을 완료한 경우에는 주택 또는 대지에 대하여 시장·군수·구청장(국가 또는 한국토지주택공사가 사업주체인 경우와 대통령령으로 정하는 경우에는 국토교통부장관)(도지사×)의 사용검사를 받아야 한다. • 예외 : 제15조제3항(공구별로 분할하는 주택건설사업)에 따라 사업계획을 승인받은 경우에는 완공된 주택에 대하여 공구별로 사용검사(분할 사용검사)를 받을 수 있고, 사업계획승인 조건의 미이행 등 대통령령으로 정하는 사유가 있는 경우에는 공사가 완료된 주택에 대하여 동별로 사용검사(동별 사용검사)를 받을 수 있다(없다×).
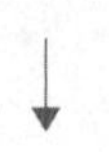	
⑤ 공급	• 입주자모집공고 승인 • 분양가상한제 (제57조) • 저당권설정제한 (제61조) • 투기과열지구 (제63조) • 전매제한 (제64조) • 공급질서교란금지 (제65조)
⑥ 리모델링	• 허가 : 공동주택(부대시설과 복리시설 포함)의 입주자·사용자 또는 관리주체가 공동주택을 리모델링하려고 하는 경우에는 허가와 관련된 면적, 세대수 또는 입주자 등의 동의 비율에 관하여 대통령령으로 정하는 기준 및 절차 등에 따라 시장·군수·구청장의 허가를 받아야 • 안전진단 : 증축형 리모델링을 하려는 자는 시장·군수·구청장에게 안전진단을 요청하여야 • 리모델링 기본계획 : 특별시장·광역시장 및 대도시의 시장(시장·군수·구청장×, 국토교통부장관×)은 리모델링 기본계획을 10년(5년×) 단위로 수립하여야

[제1절] 주택건설사업자 등

제4조 ★ 주택건설사업 등의 등록

① 연간 대통령령(시행령 제14조)으로 정하는 호수(戶數)(단독주택 : 20호, 공동주택 : 20세대, 도시형생활주택 : 30세대) 이상의 주택건설사업을 시행하려는 자 또는 연간 대통령령으로 정하는 면적(1만제곱미터) 이상의 대지조성사업을 시행하려는 자는 국토교통부장관에게 등록하여야 한다.(원칙 → 등록하면 : 등록사업자) 다만, 다음 각 호의 사업주체의 경우에는 그러하지 아니하다.(예외 → 비등록사업자)

1. 국가·지방자치단체
2. 한국토지주택공사
3. 지방공사
4. 「공익법인의 설립·운영에 관한 법률」 제4조에 따라 주택건설사업을 목적으로 설립된 공익법인
5. 제11조에 따라 설립된 주택조합(제5조제2항에 따라 등록사업자와 공동으로 주택건설사업을 하는 주택조합만 해당한다)
6. 근로자를 고용하는 자(제5조제3항에 따라 등록사업자와 공동으로 주택건설사업을 시행하는 고용자만 해당하며, 이하 "고용자"라 한다)

② 제1항에 따라 등록하여야 할 사업자의 자본금과 기술인력 및 사무실면적에 관한 등록의 기준·절차·방법 등에 필요한 사항은 대통령령으로 정한다.

제5조 공동사업주체

① 토지소유자가 주택을 건설하는 경우에는 제4조제1항에도 불구하고 대통령령으로 정하는 바에 따라 제4조에 따라 등록을 한 자(이하 "등록사업자"라 한다)와 공동으로 사업을 시행할 수 있다. 이 경우 토지소유자와 등록사업자를 공동사업주체로 본다.

② 제11조에 따라 설립된 주택조합(세대수를 증가하지 아니하는 리모델링주택조합은 제외한다)이 그 구성원의 주택을 건설하는 경우에는 대통령령으로 정하는 바에 따라 등록사업자(지방자치단체ㆍ한국토지주택공사 및 지방공사를 포함한다)와 공동으로 사업을 시행할 수 있다. 이 경우 주택조합과 등록사업자를 공동사업주체로 본다.

③ 고용자가 그 근로자의 주택을 건설하는 경우에는 대통령령으로 정하는 바에 따라 등록사업자와 공동으로 사업을 시행하여야 한다. 이 경우 고용자와 등록사업자를 공동사업주체로 본다.

④ 제1항부터 제3항까지에 따른 공동사업주체 간의 구체적인 업무·비용 및 책임의 분담 등에 관하여는 대통령령으로 정하는 범위에서 당사자 간의 협약에 따른다.

제6조 등록사업자의 결격사유

다음 각 호의 어느 하나에 해당하는 자는 제4조에 따른 주택건설사업 등의 등록을 할 수 없다.

1. 미성년자·피성년후견인 또는 피한정후견인
2. 파산선고를 받은 자로서 복권되지 아니한 자

3. 「부정수표 단속법」 또는 이 법을 위반하여 금고 이상의 실형을 선고받고 그 집행이 끝나거나(집행이 끝난 것으로 보는 경우를 포함한다) 집행이 면제된 날부터 2년이 지나지 아니한 자
4. 「부정수표 단속법」 또는 이 법을 위반하여 금고 이상의 형의 집행유예를 선고받고 그 유예기간 중에 있는 자
5. 제8조에 따라 등록이 말소(제6조제1호 및 제2호에 해당하여 말소된 경우는 제외한다)된 후 2년이 지나지 아니한 자
6. 임원 중에 제1호부터 제5호까지의 규정 중 어느 하나에 해당하는 자가 있는 법인

제7조 등록사업자의 시공

① 등록사업자가 제15조에 따른 사업계획승인(「건축법」에 따른 공동주택건축허가를 포함한다)을 받아 분양 또는 임대를 목적으로 주택을 건설하는 경우로서 그 기술능력, 주택건설 실적 및 주택규모 등이 대통령령으로 정하는 기준에 해당하는 경우에는 그 등록사업자를 「건설산업기본법」 제9조에 따른 건설업자로 보며 주택건설공사를 시공할 수 있다.

② 제1항에 따라 등록사업자가 주택을 건설하는 경우에는 「건설산업기본법」 제40조·제44조·제93조·제94조, 제98조부터 제100조까지, 제100조의2 및 제101조를 준용한다. 이 경우 "건설업자"는 "등록사업자"로 본다.

제8조 주택건설사업의 등록말소 등

① 국토교통부장관은 등록사업자가 다음 각 호의 어느 하나에 해당하면 그 등록을 말소하거나 1년 이내의 기간을 정하여 영업의 정지를 명할 수 있다. 다만, 제1호 또는 제5호에 해당하는 경우에는 그 등록을 말소하여야 한다.

1. 거짓이나 그 밖의 부정한 방법으로 등록한 경우
2. 제4조제2항에 따른 등록기준에 미달하게 된 경우. 다만, 「채무자 회생 및 파산에 관한 법률」에 따라 법원이 회생절차개시의 결정을 하고 그 절차가 진행 중이거나 일시적으로 등록기준에 미달하는 등 대통령령으로 정하는 경우는 예외로 한다.
3. 고의 또는 과실로 공사를 잘못 시공하여 공중(公衆)에게 위해(危害)를 끼치거나 입주자에게 재산상 손해를 입힌 경우
4. 제6조제1호부터 제4호까지 또는 제6호 중 어느 하나에 해당하게 된 경우. 다만, 법인의 임원 중 제6조제6호에 해당하는 사람이 있는 경우 6개월 이내에 그 임원을 다른 사람으로 임명한 경우에는 그러하지 아니하다.
5. 제90조를 위반하여 등록증의 대여 등을 한 경우
6. 다음 각 목의 어느 하나에 해당하는 경우
   가. 「건설기술 진흥법」 제48조제4항에 따른 시공상세도면의 작성 의무를 위반하거나 건설사업관리를 수행하는 건설기술인 또는 공사감독자의 검토·확인을 받지 아니하고 시공한 경우
   나. 「건설기술 진흥법」 제54조제1항 또는 제80조에 따른 시정명령을 이행하지 아니한 경우
   다. 「건설기술 진흥법」 제55조에 따른 품질시험 및 검사를 하지 아니한 경우
   라. 「건설기술 진흥법」 제62조에 따른 안전점검을 하지 아니한 경우
7. 「택지개발촉진법」 제19조의2제1항을 위반하여 택지를 전매(轉賣)한 경우
8. 「표시·광고의 공정화에 관한 법률」 제17조제1호에 따른 처벌을 받은 경우
9. 「약관의 규제에 관한 법률」 제34조제2항에 따른 처분을 받은 경우
10. 그 밖에 이 법 또는 이 법에 따른 명령이나 처분을 위반한 경우

② 제1항에 따른 등록말소 및 영업정지 처분에 관한 기준은 대통령령으로 정한다.

제9조 등록말소 처분 등을 받은 자의 사업 수행

제8조에 따라 등록말소 또는 영업정지 처분을 받은 등록사업자는 그 처분 전에 제15조에 따른 사업계획승인을 받은 사업은 계속 수행할 수 있다. 다만, 등록말소 처분을 받은 등록사업자가 그 사업을 계속 수행할 수 없는 중대하고 명백한 사유가 있을 경우에는 그러하지 아니하다.

제10조 영업실적 등의 제출

① 등록사업자는 국토교통부령으로 정하는 바에 따라 매년 영업실적(개인인 사업자가 해당 사업에 1년 이상 사용한 사업용 자산을 현물출자하여 법인을 설립한 경우에는 그 개인인 사업자의 영업실적을 포함한 실적을 말하며, 등록말소 후 다시 등록한 경우에는 다시 등록한 이후의 실적을 말한다)과 영업계획 및 기술인력 보유 현황을 국토교통부장관에게 제출하여야 한다.

② 등록사업자는 국토교통부령으로 정하는 바에 따라 월별 주택분양계획 및 분양 실적을 국토교통부장관에게 제출하여야 한다.

★★★

[제2절] 주택조합

출제자 의도

주택조합

각각의 조합(지역주택조합, 직장주택조합, 리모델링주택조합)별 설립절차, 조합원 자격·교체·신규가입의 내용을 알고 있는가?

제11조 주택조합의 설립 등

① 많은 수의 구성원이 주택을 마련하거나 리모델링하기 위하여 주택조합을 설립하려는 경우(제5항에 따른 직장주택조합의 경우는 제외한다)에는 관할 특별자치시장, 특별자치도지사, 시장, 군수 또는 구청장(구청장은 자치구의 구청장을 말하며, 이하 "시장·군수·구청장"이라 한다)의 **인가**를 받아야 한다. 인가받은 내용을 변경하거나 주택조합을 해산하려는 경우에도 또한 같다.

② 제1항에 따라 주택을 마련하기 위하여 주택조합설립인가를 받으려는 자는 해당 주택건설대지의 80퍼센트 이상에 해당하는 토지의 사용권원을 확보하여야 한다. 다만, 제1항 후단의 경우에는 그러하지 아니하다.

③ 제1항에 따라 주택을 리모델링하기 위하여 주택조합을 설립하려는 경우에는 다음 각 호의 구분에 따른 구분소유자(「집합건물의 소유 및 관리에 관한 법률」 제2조제2호에 따른 구분소유자를 말한다. 이하 같다)와 의결권(「집합건물의 소유 및 관리에 관한 법률」 제37조에 따른 의결권을 말한다. 이하 같다)의 **결의**를 증명하는 서류를 첨부하여 관할 시장·군수·구청장의 **인가**를 받아야 한다.

> 1. 주택단지 전체를 리모델링하고자 하는 경우에는 주택단지 전체의 구분소유자와 의결권의 각 3분의 2 이상의 결의 및 각 동의 구분소유자와 의결권의 각 과반수의 결의
> 2. 동을 리모델링하고자 하는 경우에는 그 동의 구분소유자 및 의결권의 각 3분의 2 이상의 결의

④ 제5조제2항에 따라 주택조합과 등록사업자가 공동으로 사업을 시행하면서 시공할 경우 등록사업자는 시공자로서의 책임뿐만 아니라 자신의 귀책사유로 사업 추진이 불가능하게 되거나 지연됨으로 인하여 조합원에게 입힌 손해를 배상할 책임이 있다.

⑤ 국민주택을 공급받기 위하여 직장주택조합을 설립하려는 자는 관할 시장·군수·구청장에게 **신고**하여야 한다. 신고한 내용을 변경하거나 직장주택조합을 해산하려는 경우에도 또한 같다.(신고하여야 한다.)

⑥ 주택조합(리모델링주택조합은 제외한다)은 그 구성원을 위하여 건설하는 주택을 그 조합원에게 우선 공급할 수 있으며, 제5항에 따른 직장주택조합에 대하여는 사업주체가 국민주택을 그 직장주택조합원에게 우선 공급할 수 있다.

⑦ 제1항에 따라 인가를 받는 주택조합의 설립방법·설립절차, 주택조합 구성원의 자격기준·제명·탈퇴 및 주택조합의 운영·관리 등에 필요한 사항과 제5항에 따른 직장주택조합의 설립요건 및 신고절차 등에 필요한 사항은 대통령령으로 정한다.

⑧ 제7항에도 불구하고 조합원은 조합규약으로 정하는 바에 따라 조합에 탈퇴 의사를 알리고 탈퇴할 수 있다.

⑨ 탈퇴한 조합원(제명된 조합원을 포함한다)은 조합규약으로 정하는 바에 따라 부담한 비용의 환급을 청구할 수 있다.

■ **조합원의 자격** (시행령 제21조)

> ① 법 제11조에 따른 주택조합의 조합원이 될 수 있는 사람은 다음 각 호의 구분에 따른 사람으로 한다. 다만, 조합원의 사망으로 그 지위를 상속받는 자는 다음 각 호의 요건에도 불구하고 조합원이 될 수 있다.
> 1. 지역주택조합 조합원 : 다음 각 목의 요건을 모두 갖춘 사람
> 가. 조합설립인가 신청일(해당 주택건설대지가 법 제63조에 따른 투기과열지구 안에 있는 경우에는 조합설립인가 신청일 1년 전의 날을 말한다. 이하 같다)부터 해당 조합주택의 입주 가능일까지 주택을 소유(주택의 유형, 입주자 선정방법 등을 고려하여 국토교통부령으로 정하는 지위에 있는 경우를 포함한다. 이하 이 호에서 같다)하는지에 대하여 다음의 어느 하나에 해당할 것
> 1) 국토교통부령으로 정하는 기준에 따라 세대주를 포함한 세대원[세대주와 동일한 세대별 주민등록표에 등재되어 있지 아니한 세대주의 배우자 및 그 배우자와 동일한 세대를 이루고 있는 사람을 포함한다. 이하 2)에서 같다] 전원이 주택을 소유하고 있지 아니한 세대의 세대주일 것
> 2) 국토교통부령으로 정하는 기준에 따라 세대주를 포함한 세대원 중 1명에 한정하여 주거전용면적 85제곱미터 이하의 주택 1채를 소유한 세대의 세대주일 것
> 나. 조합설립인가 신청일 현재 법 제2조제11호가목의 구분에 따른 지역에 6개월 이상 계속하여 거주하여 온 사람일 것
> 2. 직장주택조합 조합원 : 다음 각 목의 요건을 모두 갖춘 사람
> 가. 제1호가목에 해당하는 사람일 것. 다만, 국민주택을 공급받기 위한 직장주택조합의 경우에는 제1호가목1)에 해당하는 세대주로 한정한다.

나. 조합설립인가 신청일 현재 동일한 특별시·광역시·특별자치시·특별자치도·시 또는 군(광역시의 관할구역에 있는 군은 제외한다) 안에 소재하는 동일한 국가기관·지방자치단체·법인에 근무하는 사람일 것
3. 리모델링주택조합 조합원 : 다음 각 목의 어느 하나에 해당하는 사람. 이 경우 해당 공동주택, 복리시설 또는 다목에 따른 공동주택 외의 시설의 소유권이 여러 명의 공유(共有)에 속할 때에는 그 여러 명을 대표하는 1명을 조합원으로 본다.
가. 법 제15조에 따른 사업계획승인을 받아 건설한 공동주택의 소유자
나. 복리시설을 함께 리모델링하는 경우에는 해당 복리시설의 소유자
다. 「건축법」 제11조에 따른 건축허가를 받아 분양을 목적으로 건설한 공동주택의 소유자(해당 건축물에 공동주택 외의 시설이 있는 경우에는 해당 시설의 소유자를 포함한다)
② 주택조합의 조합원이 근무·질병치료·유학·결혼 등 부득이한 사유로 세대주 자격을 일시적으로 상실한 경우로서 시장·군수·구청장이 인정하는 경우에는 제1항에 따른 조합원 자격이 있는 것으로 본다.
③ 제1항에 따른 조합원 자격의 확인 절차는 국토교통부령으로 정한다.

■ 지역·직장주택조합 조합원의 교체 · 신규가입 등 (시행령 제22조)

① 지역주택조합 또는 직장주택조합은 설립인가를 받은 후에는 해당 조합원을 교체하거나 신규로 가입하게 할 수 없다. 다만, 다음 각 호의 어느 하나에 해당하는 경우에는 예외로 한다.
1. 조합원 수가 주택건설 예정 세대수를 초과하지 아니하는 범위에서 시장·군수·구청장으로부터 국토교통부령으로 정하는 바에 따라 조합원 추가모집의 승인을 받은 경우
2. 다음 각 목의 어느 하나에 해당하는 사유로 결원이 발생한 범위에서 충원하는 경우
가. 조합원의 사망
나. 법 제15조에 따른 사업계획승인 이후[지역주택조합 또는 직장주택조합이 제16조제2항제2호 단서에 따라 해당 주택건설대지 전부의 소유권을 확보하지 아니하고 법 제15조에 따른 사업계획승인을 받은 경우에는 해당 주택건설대지 전부의 소유권(해당 주택건설대지가 저당권등의 목적으로 되어 있는 경우에는 그 저당권등의 말소를 포함한다)을 확보한 이후를 말한다]에 입주자로 선정된 지위(해당 주택에 입주할 수 있는 권리·자격 또는 지위 등을 말한다)가 양도·증여 또는 판결 등으로 변경된 경우. 다만, 법 제64조에 따라 전매가 금지되는 경우는 제외한다.
다. 조합원의 탈퇴 등으로 조합원 수가 주택건설 예정 세대수의 50퍼센트 미만이 되는 경우
라. 조합원이 무자격자로 판명되어 자격을 상실하는 경우
마. 법 제15조에 따른 사업계획승인 등의 과정에서 주택건설 예정 세대수가 변경되어 조합원 수가 변경된 세대수의 50퍼센트 미만이 되는 경우
② 제1항 각 호에 따라 조합원으로 추가모집되거나 충원되는 자가 제21조제1항제1호 및 제2호에 따른 조합원 자격 요건을 갖추었는지를 판단할 때에는 해당 조합설립인가 신청일을 기준으로 한다.
③ 제1항 각 호에 따른 조합원 추가모집의 승인과 조합원 추가모집에 따른 주택조합의 변경인가 신청은 법 제15조에 따른 사업계획승인신청일까지 하여야 한다.

■ 주택조합의 사업계획승인 신청 등 (시행령 제23조)

① 주택조합은 설립인가를 받은 날부터 2년 이내에 법 제15조에 따른 사업계획승인(제27조제1항제2호에 따른 사업계획승인 대상이 아닌 리모델링인 경우에는 법 제66조제2항에 따른 허가를 말한다)을 신청하여야 한다.
② 주택조합은 등록사업자가 소유하는 공공택지를 주택건설대지로 사용해서는 아니 된다. 다만, 경매 또는 공매를 통하여 취득한 공공택지는 예외로 한다.

■ **직장주택조합의 설립신고** (시행령 제24조)

> ① 법 제11조제5항에 따라 국민주택을 공급받기 위한 직장주택조합을 설립하려는 자는 신고서에 다음 각 호의 서류를 첨부하여 관할 시장·군수·구청장에게 제출하여야 한다. 이 경우 시장·군수·구청장은 「전자정부법」 제36조제1항에 따른 행정정보의 공동이용을 통하여 주민등록표 등본을 확인하여야 하며, 신고인이 확인에 동의하지 아니하면 직접 제출하도록 하여야 한다.
>
> 1. 조합원 명부
> 2. 조합원이 될 사람이 해당 직장에 근무하는 사람임을 증명할 수 있는 서류(그 직장의 장이 확인한 서류여야 한다)
> 3. 무주택자임을 증명하는 서류
>
> ② 제1항에서 정한 사항 외에 국민주택을 공급받기 위한 직장주택조합의 신고절차 및 주택의 공급방법 등은 국토교통부령으로 정한다.

제11조의2 주택조합업무의 대행 등

① 주택조합(리모델링주택조합은 제외한다) 및 그 조합의 구성원(주택조합의 발기인을 포함한다)은 조합원 가입 알선 등 주택조합의 업무를 제5조제2항에 따른 공동사업주체인 등록사업자 또는 다음 각 호의 어느 하나에 해당하는 자에게만 대행하도록 하여야 한다.

> 1. 등록사업자
> 2. 「공인중개사법」 제9조에 따른 중개업자
> 3. 「도시 및 주거환경정비법」 제102조에 따른 정비사업전문관리업자
> 4. 「부동산개발업의 관리 및 육성에 관한 법률」 제4조에 따른 등록사업자
> 5. 「자본시장과 금융투자업에 관한 법률」에 따른 신탁업자
> 6. 그 밖에 다른 법률에 따라 등록한 자로서 대통령령으로 정하는 자

② 제1항에 따른 업무대행자의 업무범위는 다음 각 호와 같다.

> 1. 조합원 모집, 토지 확보, 조합설립인가 신청 등 조합설립을 위한 업무의 대행
> 2. 사업성 검토 및 사업계획서 작성업무의 대행
> 3. 설계자 및 시공자 선정에 관한 업무의 지원
> 4. 제15조에 따른 사업계획승인 신청 등 사업계획승인을 위한 업무의 대행
> 5. 그 밖에 총회의 운영업무 지원 등 국토교통부령으로 정하는 사항

③ 제1항 및 제2항에 따라 주택조합의 업무를 대행하는 자는 신의에 따라 성실하게 업무를 수행하여야 하고, 거짓 또는 과장 등의 방법으로 주택조합의 가입을 알선하여서는 아니 되며, 자신의 귀책사유로 조합 또는 조합원에게 손해를 입힌 경우에는 그 손해를 배상할 책임이 있다.

④ 국토교통부장관은 주택조합의 원활한 사업추진 및 조합원의 권리 보호를 위하여 공정거래위원회 위원장과 협의를 거쳐 표준업무대행계약서를 작성·보급할 수 있다.

제11조의3 조합원 모집 신고 및 공개모집

① 제11조제1항에 따라 지역주택조합 또는 직장주택조합의 설립인가를 받거나 인가받은 내용을 변경하기 위하여 조합원을 모집하려는 자는 관할 시장·군수·구청장에게 신고하고, 공개모집의 방법으로 조합원을 모집하여야 한다. 조합 설립인가를 받기 전에 신고한 내용을 변경하는 경우에도 또한 같다.

② 제1항에도 불구하고 공개모집 이후 조합원의 사망·자격상실·탈퇴 등으로 인한 결원을 충원하거나 미달된 조합원을 재모집하는 경우에는 신고하지 아니하고 선착순의 방법으로 조합원을 모집할 수 있다.

③ 제1항에 따른 모집 시기, 모집 방법 및 모집 절차 등 조합원 모집의 신고, 공개모집 및 조합 가입 신청자에 대한 정보 공개 등에 필요한 사항은 국토교통부령으로 정한다.

④ 제1항에 따라 신고를 받은 시장·군수·구청장은 신고내용이 이 법에 적합한 경우에는 신고를 수리하고 그 사실을 신고인에게 통보하여야 한다.

⑤ 시장·군수·구청장은 다음 각 호의 어느 하나에 해당하는 경우에는 조합원 모집 신고를 수리할 수 없다.

1. 이미 신고된 사업대지와 전부 또는 일부가 중복되는 경우
2. 이미 수립되었거나 수립 예정인 도시·군계획, 이미 수립된 토지이용계획 또는 이 법이나 관계 법령에 따른 건축기준 및 건축제한 등에 따라 해당 주택건설대지에 조합주택을 건설할 수 없는 경우
3. 제11조의2제1항에 따라 조합업무를 대행할 수 있는 자가 아닌 자와 업무대행계약을 체결한 경우 등 신고내용이 법령에 위반되는 경우
4. 신고한 내용이 사실과 다른 경우

제12조 관련 자료의 공개

① 주택조합의 발기인 또는 임원은 주택조합사업의 시행에 관한 다음 각 호의 서류 및 관련 자료가 작성되거나 변경된 후 15일 이내에 이를 조합원이 알 수 있도록 인터넷과 그 밖의 방법을 병행하여 공개하여야 한다.

1. 조합규약
2. 공동사업주체의 선정 및 주택조합이 공동사업주체인 등록사업자와 체결한 협약서
3. 설계자 등 용역업체 선정 계약서
4. 조합총회 및 이사회, 대의원회 등의 의사록
5. 사업시행계획서
6. 해당 주택조합사업의 시행에 관한 공문서
7. 회계감사보고서
8. 그 밖에 주택조합사업 시행에 관하여 대통령령으로 정하는 서류 및 관련 자료

② 제1항에 따른 서류 및 다음 각 호를 포함하여 주택조합사업의 시행에 관한 서류와 관련 자료를 조합의 구성원이 열람·복사 요청을 한 경우 주택조합의 발기인 또는 임원은 15일 이내에 그 요청에 따라야 한

다. 이 경우 복사에 필요한 비용은 실비의 범위에서 청구인이 부담한다.

> 1. 조합 구성원 명부
> 2. 토지사용승낙서 등 토지 확보 관련 자료
> 3. 그 밖에 대통령령으로 정하는 서류 및 관련 자료

③ 제1항 및 제2항에 따라 공개 및 열람·복사 등을 하는 경우에는 「개인정보 보호법」에 의하여야 하며, 그 밖의 공개 절차 등 필요한 사항은 국토교통부령으로 정한다.

제13조 조합임원의 결격사유

① 다음 각 호의 어느 하나에 해당하는 사람은 조합의 임원이 될 수 없다.

> 1. 미성년자·피성년후견인 또는 피한정후견인
> 2. 파산선고를 받은 사람으로서 복권되지 아니한 사람
> 3. 금고 이상의 실형을 선고받고 그 집행이 종료(종료된 것으로 보는 경우를 포함한다)되거나 집행이 면제된 날부터 2년이 경과되지 아니한 사람
> 4. 금고 이상의 형의 집행유예를 선고받고 그 유예기간 중에 있는 사람
> 5. 금고 이상의 형의 선고유예를 받고 그 선고유예기간 중에 있는 사람
> 6. 법원의 판결 또는 다른 법률에 따라 자격이 상실 또는 정지된 사람
> 7. 해당 주택조합의 공동사업주체인 등록사업자 또는 업무대행사의 임직원

② 제1항 각 호의 사유가 발생하면 해당 임원은 당연히 퇴직된다.

③ 제2항에 따라 퇴직된 임원이 퇴직 전에 관여한 행위는 그 효력을 상실하지 아니한다.

제14조 주택조합에 대한 감독 등

① 국토교통부장관 또는 시장·군수·구청장은 주택공급에 관한 질서를 유지하기 위하여 특히 필요하다고 인정되는 경우에는 국가가 관리하고 있는 행정전산망 등을 이용하여 주택조합 구성원의 자격 등에 관하여 필요한 사항을 확인할 수 있다.

② 시장·군수·구청장은 주택조합 또는 주택조합의 구성원이 다음 각 호의 어느 하나에 해당하는 경우에는 주택조합의 설립인가를 취소할 수 있다.

> 1. 거짓이나 그 밖의 부정한 방법으로 설립인가를 받은 경우
> 2. 제94조에 따른 명령이나 처분을 위반한 경우

③ 주택조합은 대통령령으로 정하는 바에 따라 회계감사를 받아야 하며, 그 감사결과를 관할 시장·군수·구청장에게 보고하고, 인터넷에 게재하는 등 해당 조합원이 열람할 수 있도록 하여야 한다.

제14조의2 주택조합사업의 시공보증

① 주택조합이 공동사업주체인 시공자를 선정한 경우 그 시공자는 공사의 시공보증(시공자가 공사의 계약

상 의무를 이행하지 못하거나 의무이행을 하지 아니할 경우 보증기관에서 시공자를 대신하여 계약이행의무를 부담하거나 총 공사금액의 50퍼센트 이하에서 대통령령으로 정하는 비율 이상의 범위에서 주택조합이 정하는 금액을 납부할 것을 보증하는 것을 말한다)을 위하여 국토교통부령으로 정하는 기관의 시공보증서를 조합에 제출하여야 한다.

② 제15조에 따른 사업계획승인권자는 제16조제2항에 따른 착공신고를 받는 경우에는 제1항에 따른 시공보증서 제출 여부를 확인하여야 한다.

★

[제3절] 사업계획의 승인 등

제15조 사업계획의 승인

① 대통령령(시행령 제27조)으로 정하는 호수(단독주택 : 30호, 공동주택 : 30세대, 일정요건을 갖춘 단지형 연립주택·다세대주택 : 50세대) 이상의 주택건설사업을 시행하려는 자 또는 대통령령으로 정하는 면적 이상의 대지조성사업을 시행하려는 자는 다음 각 호의 **사업계획승인권자**(이하 "사업계획승인권자"라 한다. 국가 및 한국토지주택공사가 시행하는 경우와 대통령령으로 정하는 경우에는 국토교통부장관을 말하며, 이하 이 조, 제16조부터 제19조까지 및 제21조에서 같다)에게 사업계획승인을 받아야 한다. 다만, 주택 외의 시설과 주택을 동일 건축물로 건축하는 경우 등 대통령령으로 정하는 경우에는 그러하지 아니하다.

> 1. 주택건설사업 또는 대지조성사업으로서 해당 대지면적이 10만제곱미터 이상인 경우 : 특별시장·광역시장·특별자치시장·도지사 또는 특별자치도지사(이하 "시·도지사"라 한다) 또는 「지방자치법」 제175조에 따라 서울특별시·광역시 및 특별자치시를 제외한 인구 50만 이상의 대도시(이하 "대도시"라 한다)의 시장
> 2. 주택건설사업 또는 대지조성사업으로서 해당 대지면적이 10만제곱미터 미만인 경우 : 특별시장·광역시장·특별자치시장·특별자치도지사 또는 시장·군수

② 제1항에 따라 사업계획승인을 받으려는 자는 사업계획승인신청서에 주택과 그 부대시설 및 복리시설의 배치도, 대지조성공사 설계도서 등 대통령령으로 정하는 서류를 첨부하여 사업계획승인권자에게 제출하여야 한다.

③ 주택건설사업을 시행하려는 자는 대통령령으로 정하는 호수 이상의 주택단지를 공구별로 분할하여 주택을 건설·공급할 수 있다. 이 경우 제2항에 따른 서류와 함께 다음 각 호의 서류를 첨부하여 사업계획승인권자에게 제출하고 사업계획승인을 받아야 한다.

> 1. 공구별 공사계획서
> 2. 입주자모집계획서
> 3. 사용검사계획서

④ 제1항 또는 제3항에 따라 승인받은 사업계획을 변경하려면 사업계획승인권자로부터 변경승인을 받아야 한다. 다만, 국토교통부령으로 정하는 경미한 사항을 변경하는 경우에는 그러하지 아니하다.

⑤ 제1항 또는 제3항의 사업계획은 쾌적하고 문화적인 주거생활을 하는 데에 적합하도록 수립되어야 하며, 그 사업계획에는 부대시설 및 복리시설의 설치에 관한 계획 등이 포함되어야 한다.

⑥ 사업계획승인권자는 제1항 또는 제3항에 따라 사업계획을 승인하였을 때에는 이에 관한 사항을 고시하여야 한다. 이 경우 국토교통부장관은 관할 시장·군수·구청장에게, 특별시장, 광역시장 또는 도지사는 관할 시장, 군수 또는 구청장에게 각각 사업계획승인서 및 관계 서류의 사본을 지체 없이 송부하여야 한다.

■ **사업계획의 승인** (시행령 제27조)

① 법 제15조제1항 각 호 외의 부분 본문에서 "대통령령으로 정하는 호수"란 다음 각 호의 구분에 따른 호수 및 세대를 말한다.

1. 단독주택 : 30호. 다만, 다음 각 목의 어느 하나에 해당하는 단독주택의 경우에는 50호로 한다.

가. 법 제2조제24호 각 목의 어느 하나에 해당하는 공공사업에 따라 조성된 용지를 개별 필지로 구분하지 아니하고 일단(一團)의 토지로 공급받아 해당 토지에 건설하는 단독주택

나 「건축법 시행령」제2조제16호에 따른 한옥

2. 공동주택 : 30세대(리모델링의 경우에는 증가하는 세대수를 기준으로 한다). 다만, 다음 각 목의 어느 하나에 해당하는 공동주택을 건설(리모델링의 경우는 제외한다)하는 경우에는 50세대로 한다.

가. 다음의 요건을 모두 갖춘 단지형 연립주택 또는 단지형 다세대주택

1) 세대별 주거전용면적이 30제곱미터 이상일 것

2) 해당 주택단지 진입도로의 폭이 6미터 이상일 것. 다만, 해당 주택단지의 진입도로가 두 개 이상인 경우에는 다음의 요건을 모두 갖추면 진입도로의 폭을 4미터 이상 6미터 미만으로 할 수 있다.

가) 두 개의 진입도로 폭의 합계가 10미터 이상일 것

나) 폭 4미터 이상 6미터 미만인 진입도로는 제5조에 따른 도로와 통행거리가 200미터 이내일 것

나. 「도시 및 주거환경정비법」 제2조제1호에 따른 정비구역에서 같은 조 제2호가목에 따른 주거환경개선사업(같은 법 제23조제1항제1호에 해당하는 방법으로 시행하는 경우만 해당한다)을 시행하기 위하여 건설하는 공동주택. 다만,같은법 시행령 제8조제3항제6호에 따른 정비기반시설의 설치계획대로 정비기반시설 설치가 이루어지지 아니한 지역으로서 시장·군수·구청장이 지정·고시하는 지역에서 건설하는 공동주택은 제외한다.

② 법 제15조제1항 각 호 외의 부분 본문에서 "대통령령으로 정하는 면적"이란 1만제곱미터를 말한다.

③ 법 제15조제1항 각 호 외의 부분 본문에서 "대통령령으로 정하는 경우"란 다음 각 호의 어느 하나에 해당하는 경우를 말한다.

1. 330만제곱미터 이상의 규모로 「택지개발촉진법」에 따른 택지개발사업 또는 「도시개발법」에 따른 도시개발사업을 추진하는 지역 중 국토교통부장관이 지정·고시하는 지역에서 주택건설사업을 시행하는 경우

2. 수도권(「수도권정비계획법」 제2조제1호에 따른 수도권을 말한다. 이하 같다) 또는 광역시 지역의 긴급한 주택난 해소가 필요하거나 지역균형개발 또는 광역적 차원의 조정이 필요하여 국토교통부장관이 지정·고시하는 지역에서 주택건설사업을 시행하는 경우

3. 다음 각 목의 자가 단독 또는 공동으로 총지분의 50퍼센트를 초과하여 출자한 위탁관리 부동산투자회사(해당 부동산투자회사의 자산관리회사가 한국토지주택공사인 경우만 해당한다)가「공공주택 특별법」 제2조제3호나목에 따른 공공주택건설사업(이하 "공공주택건설사업"이라 한다)을 시행하는 경우

가. 국가

나. 지방자치단체

다. 한국토지주택공사

라. 지방공사

④ 법 제15조제1항 각 호 외의 부분 단서에서 "주택 외의 시설과 주택을 동일 건축물로 건축하는 경우 등 대통령령으로 정하는 경우"란 다음 각 호의 어느 하나에 해당하는 경우를 말한다.
1. 다음 각 목의 요건을 모두 갖춘 사업의 경우
가. 「국토의 계획 및 이용에 관한 법률 시행령」 제30조제1호다목에 따른 준주거지역 또는 같은 조 제2호에 따른 상업지역(유통상업지역은 제외한다)에서 300세대 미만의 주택과 주택 외의 시설을 동일 건축물로 건축하는 경우일 것
나. 해당 건축물의 연면적에서 주택의 연면적이 차지하는 비율이 90퍼센트 미만일 것
2. 「농어촌정비법」제2조제10호에 따른 생활환경정비사업 중 「농업협동조합법」 제2조제4호에 따른 농업협동조합중앙회가 조달하는 자금으로 시행하는 사업인 경우
⑤ 제1항 및 제4항에 따른 주택건설규모를 산정할 때 다음 각 호의 구분에 따른 동일 사업주체(「건축법」 제2조제1항제12호에 따른 건축주를 포함한다)가 일단의 주택단지를 여러 개의 구역으로 분할하여 주택을 건설하려는 경우에는 전체 구역의 주택건설호수 또는 세대수의 규모를 주택건설규모로 산정한다. 이 경우 주택의 건설기준, 부대시설 및 복리시설의 설치기준과 대지의 조성기준을 적용할 때에는 전체 구역을 하나의 대지로 본다.
1. 사업주체가 개인인 경우 : 개인인 사업주체와 그의 배우자 또는 직계존비속
2. 사업주체가 법인인 경우 : 법인인 사업주체와 그 법인의 임원
⑥ 법 제15조제2항에서 "주택과 그 부대시설 및 복리시설의 배치도, 대지조성공사 설계도서 등 대통령령으로 정하는 서류"란 다음 각 호의 구분에 따른 서류를 말한다.
1. 주택건설사업계획 승인신청의 경우 : 다음 각 목의 서류. 다만,제29조에 따른 표본설계도서에 따라 사업계획승인을 신청하는 경우에는 라목의 서류는 제외한다.
가. 신청서
나. 사업계획서
다. 주택과 그 부대시설 및 복리시설의 배치도
라. 공사설계도서. 다만, 대지조성공사를 우선 시행하는 경우만 해당하며, 사업주체가 국가, 지방자치단체, 한국토지주택공사 또는 지방공사인 경우에는 국토교통부령으로 정하는 도서로 한다.
마. 「국토의 계획계획 및 이용에 관한 법률 시행령」 제96조제1항제3호 및 제97조제6항제3호의 사항을 적은 서류(법 제24조제2항에 따라 토지를 수용하거나 사용하려는 경우만 해당한다)
바. 제16조 각 호의 사실을 증명하는 서류(공동사업시행의 경우만 해당하며, 법 제11조제1항에 따른 주택조합이 단독으로 사업을 시행하는 경우에는 제16조제1항제2호 및 제3호의 사실을 증명하는 서류를 말한다)
사. 법 제19조제3항에 따른 협의에 필요한 서류
아. 법 제29조제1항에 따른 공공시설의 귀속에 관한 사항을 기재한 서류
자. 주택조합설립인가서(주택조합만 해당한다)
차. 법 제51조제2항 각 호의 어느 하나의 사실 또는 이 영 제17조제1항 각 호의 사실을 증명하는 서류(「건설산업기본법」 제9조에 따른 건설업 등록을 한 자가 아닌 경우만 해당한다)
카. 그 밖에 국토교통부령으로 정하는 서류
2. 대지조성사업계획 승인신청의 경우 : 다음 각 목의 서류
가. 신청서
나. 사업계획서
다. 공사설계도서. 다만, 사업주체가 국가, 지방자치단체, 한국토지주택공사 또는 지방공사인 경우에는 국토교통부령으로 정하는 도서로 한다.
라. 제1호마목·사목 및 아목의 서류
마. 조성한 대지의 공급계획서
바. 그 밖에 국토교통부령으로 정하는 서류

제16조 사업계획의 이행 및 취소 등

① 사업주체는 제15조제1항 또는 제3항에 따라 승인받은 사업계획대로 사업을 시행하여야 하고, 다음 각 호의 구분에 따라 공사를 시작하여야 한다. 다만, 사업계획승인권자는 대통령령으로 정하는 정당한 사유가 있다고 인정하는 경우에는 사업주체의 신청을 받아 그 사유가 없어진 날부터 1년의 범위에서 제1호 또는 제2호가목에 따른 공사의 착수기간을 연장할 수 있다.

> 1. 제15조제1항에 따라 승인을 받은 경우 : 승인받은 날부터 5년 이내
> 2. 제15조제3항에 따라 승인을 받은 경우
>   가. 최초로 공사를 진행하는 공구 : 승인받은 날부터 5년 이내
>   나. 최초로 공사를 진행하는 공구 외의 공구 : 해당 주택단지에 대한 최초 착공신고일부터 2년 이내

② 사업주체가 제1항에 따라 공사를 시작하려는 경우에는 국토교통부령으로 정하는 바에 따라 사업계획승인권자에게 신고하여야 한다.

③ 사업계획승인권자는 다음 각 호의 어느 하나에 해당하는 경우 그 사업계획의 승인을 취소(제2호 또는 제3호에 해당하는 경우 「주택도시기금법」 제26조에 따라 주택분양보증이 된 사업은 제외한다)할 수 있다.

> 1. 사업주체가 제1항(제2호나목은 제외한다)을 위반하여 공사를 시작하지 아니한 경우
> 2. 사업주체가 경매·공매 등으로 인하여 대지소유권을 상실한 경우
> 3. 사업주체의 부도·파산 등으로 공사의 완료가 불가능한 경우

④ 사업계획승인권자는 제3항제2호 또는 제3호의 사유로 사업계획승인을 취소하고자 하는 경우에는 사업주체에게 사업계획 이행, 사업비 조달 계획 등 대통령령으로 정하는 내용이 포함된 사업 정상화 계획을 제출받아 계획의 타당성을 심사한 후 취소 여부를 결정하여야 한다.

⑤ 제3항에도 불구하고 사업계획승인권자는 해당 사업의 시공자 등이 제21조제1항에 따른 해당 주택건설대지의 소유권 등을 확보하고 사업주체 변경을 위하여 제15조제4항에 따른 사업계획의 변경승인을 요청하는 경우에 이를 승인할 수 있다.

제17조 기반시설의 기부채납

① 사업계획승인권자는 제15조제1항 또는 제3항에 따라 사업계획을 승인할 때 사업주체가 제출하는 사업계획에 해당 주택건설사업 또는 대지조성사업과 직접적으로 관련이 없거나 과도한 기반시설의 기부채납(寄附採納)을 요구하여서는 아니 된다.

② 국토교통부장관은 기부채납 등과 관련하여 다음 각 호의 사항이 포함된 운영기준을 작성하여 고시할 수 있다.

> 1. 주택건설사업의 기반시설 기부채납 부담의 원칙 및 수준에 관한 사항
> 2. 주택건설사업의 기반시설의 설치기준 등에 관한 사항

③ 사업계획승인권자는 제2항에 따른 운영기준의 범위에서 지역여건 및 사업의 특성 등을 고려하여 자체 실정에 맞는 별도의 기준을 마련하여 운영할 수 있으며, 이 경우 미리 국토교통부장관에게 보고하여야 한다.

제18조 사업계획의 통합심의 등

① 사업계획승인권자는 필요하다고 인정하는 경우에 도시계획·건축·교통 등 사업계획승인과 관련된 다음 각 호의 사항을 통합하여 검토 및 심의(이하 "통합심의"라 한다)할 수 있다.

1. 「건축법」에 따른 건축심의
2. 「국토의 계획 및 이용에 관한 법률」에 따른 도시·군관리계획 및 개발행위 관련 사항
3. 「대도시권 광역교통 관리에 관한 특별법」에 따른 광역교통 개선대책
4. 「도시교통정비 촉진법」에 따른 교통영향평가
5. 「경관법」에 따른 경관심의
6. 그 밖에 사업계획승인권자가 필요하다고 인정하여 통합심의에 부치는 사항

② 제15조제1항 또는 제3항에 따라 사업계획승인을 받으려는 자가 통합심의를 신청하는 경우 제1항 각 호와 관련된 서류를 첨부하여야 한다. 이 경우 사업계획승인권자는 통합심의를 효율적으로 처리하기 위하여 필요한 경우 제출기한을 정하여 제출하도록 할 수 있다.

③ 사업계획승인권자가 통합심의를 하는 경우에는 다음 각 호의 어느 하나에 해당하는 위원회에 속하고 해당 위원회의 위원장의 추천을 받은 위원들과 사업계획승인권자가 속한 지방자치단체 소속 공무원으로 소집된 공동위원회를 구성하여 통합심의를 하여야 한다. 이 경우 공동위원회의 구성, 통합심의의 방법 및 절차에 관한 사항은 대통령령으로 정한다.

1. 「건축법」에 따른 중앙건축위원회 및 지방건축위원회
2. 「국토의 계획 및 이용에 관한 법률」에 따라 해당 주택단지가 속한 시·도에 설치된 지방도시계획위원회
3. 「대도시권 광역교통 관리에 관한 특별법」에 따라 광역교통 개선대책에 대하여 심의권한을 가진 국가교통위원회
4. 「도시교통정비 촉진법」에 따른 교통영향평가심의위원회
5. 「경관법」에 따른 경관위원회
6. 제1항제6호에 대하여 심의권한을 가진 관련 위원회

④ 사업계획승인권자는 통합심의를 한 경우 특별한 사유가 없으면 심의 결과를 반영하여 사업계획을 승인하여야 한다.

⑤ 통합심의를 거친 경우에는 제1항 각 호에 대한 검토·심의·조사·협의·조정 또는 재정을 거친 것으로 본다.

제19조 다른 법률에 따른 인가·허가 등의 의제 등

① 사업계획승인권자가 제15조에 따라 사업계획을 승인 또는 변경 승인할 때 다음 각 호의 허가·인가·결정·승인 또는 신고 등(이하 "인·허가등"이라 한다)에 관하여 제3항에 따른 관계 행정기관의 장과 협의한 사항에 대하여는 해당 인·허가등을 받은 것으로 보며, 사업계획의 승인고시가 있은 때에는 다음 각 호

의 관계 법률에 따른 고시가 있은 것으로 본다.

1. 「건축법」 제11조에 따른 건축허가, 같은 법 제14조에 따른 건축신고, 같은 법 제16조에 따른 허가·신고사항의 변경 및 같은 법 제20조에 따른 가설건축물의 건축허가 또는 신고
2. 「공간정보의 구축 및 관리 등에 관한 법률」 제15조제3항에 따른 지도등의 간행 심사
3. 「공유수면 관리 및 매립에 관한 법률」 제8조에 따른 공유수면의 점용·사용허가, 같은 법 제10조에 따른 협의 또는 승인, 같은 법 제17조에 따른 점용·사용 실시계획의 승인 또는 신고, 같은 법 제28조에 따른 공유수면의 매립면허, 같은 법 제35조에 따른 국가 등이 시행하는 매립의 협의 또는 승인 및 같은 법 제38조에 따른 공유수면매립실시계획의 승인
4. 「광업법」 제42조에 따른 채굴계획의 인가
5. 「국토의 계획 및 이용에 관한 법률」 제30조에 따른 도시·군관리계획(같은 법 제2조제4호다목의 계획 및 같은 호 마목의 계획 중 같은 법 제51조제1항에 따른 지구단위계획구역 및 지구단위계획만 해당한다)의 결정, 같은 법 제56조에 따른 개발행위의 허가, 같은 법 제86조에 따른 도시·군계획시설사업시행자의 지정, 같은 법 제88조에 따른 실시계획의 인가 및 같은 법 제130조제2항에 따른 타인의 토지에의 출입허가
6. 「농어촌정비법」 제23조에 따른 농업생산기반시설의 사용허가
7. 「농지법」 제34조에 따른 농지전용(農地轉用)의 허가 또는 협의
8. 「도로법」 제36조에 따른 도로공사 시행의 허가, 같은 법 제61조에 따른 도로점용의 허가
9. 「도시개발법」 제3조에 따른 도시개발구역의 지정, 같은 법 제11조에 따른 시행자의 지정, 같은 법 제17조에 따른 실시계획의 인가 및 같은 법 제64조제2항에 따른 타인의 토지에의 출입허가
10. 「사도법」 제4조에 따른 사도(私道)의 개설허가
11. 「사방사업법」 제14조에 따른 토지의 형질변경 등의 허가, 같은 법 제20조에 따른 사방지(砂防地) 지정의 해제
12. 「산림보호법」 제9조제1항 및 같은 조 제2항제1호·제2호에 따른 산림보호구역에서의 행위의 허가·신고. 다만, 「산림자원의 조성 및 관리에 관한 법률」에 따른 채종림 및 시험림과 「산림보호법」에 따른 산림유전자원보호구역의 경우는 제외한다.
13. 「산림자원의 조성 및 관리에 관한 법률」 제36조제1항·제4항에 따른 입목벌채등의 허가·신고. 다만, 같은 법에 따른 채종림 및 시험림과 「산림보호법」에 따른 산림유전자원보호구역의 경우는 제외한다.
14. 「산지관리법」 제14조·제15조에 따른 산지전용허가 및 산지전용신고, 같은 법 제15조의2에 따른 산지일시사용허가·신고
15. 「소하천정비법」 제10조에 따른 소하천공사 시행의 허가, 같은 법 제14조에 따른 소하천 점용 등의 허가 또는 신고
16. 「수도법」 제17조 또는 제49조에 따른 수도사업의 인가, 같은 법 제52조에 따른 전용상수도 설치의 인가
17. 「연안관리법」 제25조에 따른 연안정비사업실시계획의 승인
18. 「유통산업발전법」 제8조에 따른 대규모점포의 등록
19. 「장사 등에 관한 법률」 제27조제1항에 따른 무연분묘의 개장허가
20. 「지하수법」 제7조 또는 제8조에 따른 지하수 개발·이용의 허가 또는 신고
21. 「초지법」 제23조에 따른 초지전용의 허가
22. 「택지개발촉진법」 제6조에 따른 행위의 허가
23. 「하수도법」 제16조에 따른 공공하수도에 관한 공사 시행의 허가, 같은 법 제34조제2항에 따른 개인하수처리시설의 설치신고
24. 「하천법」 제30조에 따른 하천공사 시행의 허가 및 하천공사실시계획의 인가, 같은 법 제33조에 따른 하천의 점용허가 및 같은 법 제50조에 따른 하천수의 사용허가
25. 「부동산 거래신고 등에 관한 법률」 제11조에 따른 토지거래계약에 관한 허가

② 인·허가등의 의제를 받으려는 자는 제15조에 따른 사업계획승인을 신청할 때에 해당 법률에서 정하는 관계 서류를 함께 제출하여야 한다.

③ 사업계획승인권자는 제15조에 따라 사업계획을 승인하려는 경우 그 사업계획에 제1항 각 호의 어느

하나에 해당하는 사항이 포함되어 있는 경우에는 해당 법률에서 정하는 관계 서류를 미리 관계 행정기관의 장에게 제출한 후 협의하여야 한다. 이 경우 협의 요청을 받은 관계 행정기관의 장은 사업계획승인권자의 협의 요청을 받은 날부터 20일 이내에 의견을 제출하여야 하며, 그 기간 내에 의견을 제출하지 아니한 경우에는 협의가 완료된 것으로 본다.

④ 제3항에 따라 사업계획승인권자의 협의 요청을 받은 관계 행정기관의 장은 해당 법률에서 규정한 인·허가등의 기준을 위반하여 협의에 응하여서는 아니 된다.

⑤ 대통령령으로 정하는 비율 이상의 국민주택을 건설하는 사업주체가 제1항에 따라 다른 법률에 따른 인·허가등을 받은 것으로 보는 경우에는 관계 법률에 따라 부과되는 수수료 등을 면제한다.

제20조 주택건설사업 등에 의한 임대주택의 건설 등

① 사업주체(리모델링을 시행하는 자는 제외한다)가 다음 각 호의 사항을 포함한 사업계획승인신청서(「건축법」 제11조제3항의 허가신청서를 포함한다. 이하 이 조에서 같다)를 제출하는 경우 사업계획승인권자(건축허가권자를 포함한다)는 「국토의 계획 및 이용에 관한 법률」 제78조의 용도지역별 용적률 범위에서 특별시·광역시·특별자치시·특별자치도·시 또는 군의 조례로 정하는 기준에 따라 용적률을 완화하여 적용할 수 있다.

> 1. 제15조제1항에 따른 호수 이상의 주택과 주택 외의 시설을 동일 건축물로 건축하는 계획
> 2. 임대주택의 건설·공급에 관한 사항

② 제1항에 따라 용적률을 완화하여 적용하는 경우 사업주체는 완화된 용적률의 60퍼센트 이하의 범위에서 대통령령(시행령 제37조)으로 정하는 비율 이상에 해당하는 면적을 임대주택으로 공급하여야 한다. 이 경우 사업주체는 임대주택을 국토교통부장관, 시·도지사, 한국토지주택공사 또는 지방공사(이하 "인수자"라 한다)에 공급하여야 하며 시·도지사가 우선 인수할 수 있다. 다만, 시·도지사가 임대주택을 인수하지 아니하는 경우 다음 각 호의 구분에 따라 국토교통부장관에게 인수자 지정을 요청하여야 한다.

> 1. 특별시장, 광역시장 또는 도지사가 인수하지 아니하는 경우 : 관할 시장, 군수 또는 구청장이 제1항의 사업계획승인(「건축법」 제11조의 건축허가를 포함한다. 이하 이 조에서 같다)신청 사실을 특별시장, 광역시장 또는 도지사에게 통보한 후 국토교통부장관에게 인수자 지정 요청
> 2. 특별자치시장 또는 특별자치도지사가 인수하지 아니하는 경우 : 특별자치시장 또는 특별자치도지사가 직접 국토교통부장관에게 인수자 지정 요청

③ 제2항에 따라 공급되는 임대주택의 공급가격은 「공공주택 특별법」 제50조의3제1항에 따른 공공건설임대주택의 분양전환가격 산정기준에서 정하는 건축비로 하고, 그 부속토지는 인수자에게 기부채납한 것으로 본다.

④ 사업주체는 제15조에 따른 사업계획승인을 신청하기 전에 미리 용적률의 완화로 건설되는 임대주택의 규모 등에 관하여 인수자와 협의하여 사업계획승인신청서에 반영하여야 한다.

⑤ 사업주체는 공급되는 주택의 전부(제11조의 주택조합이 설립된 경우에는 조합원에게 공급하고 남은 주택을 말한다)를 대상으로 공개추첨의 방법에 의하여 인수자에게 공급하는 임대주택을 선정하여야 하며, 그 선정 결과를 지체 없이 인수자에게 통보하여야 한다.

⑥ 사업주체는 임대주택의 준공인가(「건축법」 제22조의 사용승인을 포함한다)를 받은 후 지체 없이 인수자에게 등기를 촉탁 또는 신청하여야 한다. 이 경우 사업주체가 거부 또는 지체하는 경우에는 인수자가 등기를 촉탁 또는 신청할 수 있다.

제21조 대지의 소유권 확보 등

① 제15조제1항 또는 제3항에 따라 주택건설사업계획의 승인을 받으려는 자는 해당 주택건설대지의 소유권을 확보하여야 한다.(원칙) 다만, 다음 각 호의 어느 하나에 해당하는 경우에는 그러하지 아니하다.(예외)

> 1. 「국토의 계획 및 이용에 관한 법률」 제49조에 따른 지구단위계획(이하 "지구단위계획"이라 한다)의 결정(제19조제1항제5호에 따라 의제되는 경우를 포함한다)이 필요한 주택건설사업의 해당 대지면적의 80퍼센트 이상을 사용할 수 있는 권원(權原)[제5조제2항에 따라 등록사업자와 공동으로 사업을 시행하는 주택조합(리모델링주택조합은 제외한다)의 경우에는 95퍼센트 이상의 소유권을 말한다. 이하 이 조, 제22조 및 제23조에서 같다]을 확보하고(국공유지가 포함된 경우에는 해당 토지의 관리청이 해당 토지를 사업주체에게 매각하거나 양여할 것을 확인한 서류를 사업계획승인권자에게 제출하는 경우에는 확보한 것으로 본다), 확보하지 못한 대지가 제22조 및 제23조에 따른 매도청구 대상이 되는 대지에 해당하는 경우
> 2. 사업주체가 주택건설대지의 소유권을 확보하지 못하였으나 그 대지를 사용할 수 있는 권원을 확보한 경우
> 3. 국가·지방자치단체·한국토지주택공사 또는 지방공사가 주택건설사업을 하는 경우

② 사업주체가 제16조제2항에 따라 신고한 후 공사를 시작하려는 경우 사업계획승인을 받은 해당 주택건설대지에 제22조 및 제23조에 따른 매도청구 대상이 되는 대지가 포함되어 있으면 해당 매도청구 대상 대지에 대하여는 그 대지의 소유자가 매도에 대하여 합의를 하거나 매도청구에 관한 법원의 승소판결(판결이 확정될 것을 요하지 아니한다)을 받은 경우에만 공사를 시작할 수 있다.

제22조 ★매도청구 등

출제자 의도 매도청구 가능한 경우를 알고 있는가?

① 제21조제1항제1호에 따라 사업계획승인을 받은 사업주체는 다음 각 호에 따라 해당 주택건설대지 중 사용할 수 있는 권원을 확보하지 못한 대지(건축물을 포함한다. 이하 이 조 및 제23조에서 같다)의 소유자에게 그 대지를 시가(市價)로 매도할 것을 청구할 수 있다. 이 경우 매도청구 대상이 되는 대지의 소유자와 매도청구를 하기 전에 3개월 이상 협의를 하여야 한다.

> 1. 주택건설대지면적의 95퍼센트 이상의 사용권원을 확보한 경우: 사용권원을 확보하지 못한 대지의 모든 소유자에게 매도청구 가능
> 2. 제1호 외의 경우 : 사용권원을 확보하지 못한 대지의 소유자 중 지구단위계획구역 결정고시일 10년 이전에 해당 대지의 소유권을 취득하여 계속 보유하고 있는 자(대지의 소유기간을 산정할 때 대지소유자가 직계존속·직계비속 및 배우자로부터 상속받아 소유권을 취득한 경우에는 피상속인의 소유기간을 합산한다)를 제외한 소유자에게 매도청구 가능

② 제11조제1항에 따라 인가를 받아 설립된 리모델링주택조합은 그 리모델링 결의에 찬성하지 아니하는 자의 주택 및 토지에 대하여 매도청구를 할 수 있다.
③ 제1항 및 제2항에 따른 매도청구에 관하여는 「집합건물의 소유 및 관리에 관한 법률」 제48조를 준용한다. 이 경우 구분소유권 및 대지사용권은 주택건설사업 또는 리모델링사업의 매도청구의 대상이 되는 건축물 또는 토지의 소유권과 그 밖의 권리로 본다.

제23조 소유자를 확인하기 곤란한 대지 등에 대한 처분

① 제21조제1항제1호에 따라 사업계획승인을 받은 사업주체는 해당 주택건설대지 중 사용할 수 있는 권원을 확보하지 못한 대지의 소유자가 있는 곳을 확인하기가 현저히 곤란한 경우에는 전국적으로 배포되는 둘 이상의 일간신문에 두 차례 이상 공고하고, 공고한 날부터 30일 이상이 지났을 때에는 제22조에 따른 매도청구 대상의 대지로 본다.
② 사업주체는 제1항에 따른 매도청구 대상 대지의 감정평가액에 해당하는 금액을 법원에 공탁(供託)하고 주택건설사업을 시행할 수 있다.
③ 제2항에 따른 대지의 감정평가액은 사업계획승인권자가 추천하는 「감정평가 및 감정평가사에 관한 법률」에 따른 감정평가업자 2명 이상이 평가한 금액을 산술평균하여 산정한다.

제24조 토지에의 출입 등

① 국가·지방자치단체·한국토지주택공사 및 지방공사인 사업주체가 사업계획의 수립을 위한 조사 또는 측량을 하려는 경우와 국민주택사업을 시행하기 위하여 필요한 경우에는 다음 각 호의 행위를 할 수 있다.

1. 타인의 토지에 출입하는 행위
2. 특별한 용도로 이용되지 아니하고 있는 타인의 토지를 재료적치장 또는 임시도로로 일시 사용하는 행위
3. 특히 필요한 경우 죽목(竹木)·토석이나 그 밖의 장애물을 변경하거나 제거하는 행위

② 제1항에 따른 사업주체가 국민주택을 건설하거나 국민주택을 건설하기 위한 대지를 조성하는 경우에는 토지나 토지에 정착한 물건 및 그 토지나 물건에 관한 소유권 외의 권리(이하 "토지등"이라 한다)를 수용하거나 사용할 수 있다.
③ 제1항의 경우에는 「국토의 계획 및 이용에 관한 법률」 제130조제2항부터 제9항까지 및 같은 법 제144조제1항제2호、제3호를 준용한다. 이 경우 "도시、군계획시설사업의 시행자"는 "사업주체"로, "제130조제1항"은 "이 법 제24조제1항"으로 본다.

제25조 토지에의 출입 등에 따른 손실보상

① 제24조제1항에 따른 행위로 인하여 손실을 입은 자가 있는 경우에는 그 행위를 한 사업주체가 그 손실을 보상하여야 한다.

② 제1항에 따른 손실보상에 관하여는 그 손실을 보상할 자와 손실을 입은 자가 협의하여야 한다.

③ 손실을 보상할 자 또는 손실을 입은 자는 제2항에 따른 협의가 성립되지 아니하거나 협의를 할 수 없는 경우에는 「공익사업을 위한 토지 등의 취득 및 보상에 관한 법률」에 따른 관할 토지수용위원회에 재결(裁決)을 신청할 수 있다.

④ 제3항에 따른 관할 토지수용위원회의 재결에 관하여는 「공익사업을 위한 토지 등의 취득 및 보상에 관한 법률」 제83조부터 제87조까지의 규정을 준용한다.

제26조 토지매수 업무 등의 위탁

① 국가 또는 한국토지주택공사인 사업주체는 주택건설사업 또는 대지조성사업을 위한 토지매수 업무와 손실보상 업무를 대통령령으로 정하는 바에 따라 관할 지방자치단체의 장에게 위탁할 수 있다.

② 사업주체가 제1항에 따라 토지매수 업무와 손실보상 업무를 위탁할 때에는 그 토지매수 금액과 손실보상 금액의 2퍼센트의 범위에서 대통령령으로 정하는 요율의 위탁수수료를 해당 지방자치단체에 지급하여야 한다.

제27조 「공익사업을 위한 토지 등의 취득 및 보상에 관한 법률」의 준용

① 제24조제2항에 따라 토지등을 수용하거나 사용하는 경우 이 법에 규정된 것 외에는 「공익사업을 위한 토지 등의 취득 및 보상에 관한 법률」을 준용한다.

② 제1항에 따라 「공익사업을 위한 토지 등의 취득 및 보상에 관한 법률」을 준용하는 경우에는 "「공익사업을 위한 토지 등의 취득 및 보상에 관한 법률」 제20조제1항에 따른 사업인정"을 "제15조에 따른 사업계획승인"으로 본다. 다만, 재결신청은 「공익사업을 위한 토지 등의 취득 및 보상에 관한 법률」 제23조제1항 및 제28조제1항에도 불구하고 사업계획승인을 받은 주택건설사업 기간 이내에 할 수 있다.

제28조 간선시설의 설치 및 비용의 상환

① 사업주체가 대통령령으로 정하는 호수 이상의 주택건설사업을 시행하는 경우 또는 대통령령으로 정하는 면적 이상의 대지조성사업을 시행하는 경우 다음 각 호에 해당하는 자는 각각 해당 간선시설을 설치하여야 한다. 다만, 제1호에 해당하는 시설로서 사업주체가 제15조제1항 또는 제3항에 따른 주택건설사업계획 또는 대지조성사업계획에 포함하여 설치하려는 경우에는 그러하지 아니하다.

1. 지방자치단체 : 도로 및 상하수도시설
2. 해당 지역에 전기·통신·가스 또는 난방을 공급하는 자 : 전기시설·통신시설·가스시설 또는 지역난방시설
3. 국가 : 우체통

② 제1항 각 호에 따른 간선시설은 특별한 사유가 없으면 제49조제1항에 따른 사용검사일까지 설치를 완료하여야 한다.

③ 제1항에 따른 간선시설의 설치 비용은 설치의무자가 부담한다. 이 경우 제1항제1호에 따른 간선시설

의 설치 비용은 그 비용의 50퍼센트의 범위에서 국가가 보조할 수 있다.

④ 제3항에도 불구하고 제1항의 전기간선시설을 지중선로(地中線路)로 설치하는 경우에는 전기를 공급하는 자와 지중에 설치할 것을 요청하는 자가 각각 50퍼센트의 비율로 그 설치 비용을 부담한다. 다만, 사업지구 밖의 기간시설로부터 그 사업지구 안의 가장 가까운 주택단지(사업지구 안에 1개의 주택단지가 있는 경우에는 그 주택단지를 말한다)의 경계선까지 전기간선시설을 설치하는 경우에는 전기를 공급하는 자가 부담한다.

⑤ 지방자치단체는 사업주체가 자신의 부담으로 제1항제1호에 해당하지 아니하는 도로 또는 상하수도시설(해당 주택건설사업 또는 대지조성사업과 직접적으로 관련이 있는 경우로 한정한다)의 설치를 요청할 경우에는 이에 따를 수 있다.

⑥ 제1항에 따른 간선시설의 종류별 설치 범위는 대통령령으로 정한다.

⑦ 간선시설 설치의무자가 제2항의 기간까지 간선시설의 설치를 완료하지 못할 특별한 사유가 있는 경우에는 사업주체가 그 간선시설을 자기부담으로 설치하고 간선시설 설치의무자에게 그 비용의 상환을 요구할 수 있다.

⑧ 제7항에 따른 간선시설 설치 비용의 상환 방법 및 절차 등에 필요한 사항은 대통령령으로 정한다.

제29조 공공시설의 귀속 등

① 사업주체가 제15조제1항 또는 제3항에 따라 사업계획승인을 받은 사업지구의 토지에 새로 공공시설을 설치하거나 기존의 공공시설에 대체되는 공공시설을 설치하는 경우 그 공공시설의 귀속에 관하여는 「국토의 계획 및 이용에 관한 법률」 제65조 및 제99조를 준용한다. 이 경우 "개발행위허가를 받은 자"는 "사업주체"로, "개발행위허가"는 "사업계획승인"으로, "행정청인 시행자"는 "한국토지주택공사 및 지방공사"로 본다.

② 제1항 후단에 따라 행정청인 시행자로 보는 한국토지주택공사 및 지방공사는 해당 공사에 귀속되는 공공시설을 해당 국민주택사업을 시행하는 목적 외로는 사용하거나 처분할 수 없다.

제30조 국공유지 등의 우선 매각 및 임대

① 국가 또는 지방자치단체는 그가 소유하는 토지를 매각하거나 임대하는 경우에는 다음 각 호의 어느 하나의 목적으로 그 토지의 매수 또는 임차를 원하는 자가 있으면 그에게 우선적으로 그 토지를 매각하거나 임대할 수 있다.

1. 국민주택규모의 주택을 대통령령으로 정하는 비율 이상으로 건설하는 주택의 건설
2. 주택조합이 건설하는 주택(이하 "조합주택"이라 한다)의 건설
3. 제1호 또는 제2호의 주택을 건설하기 위한 대지의 조성

② 국가 또는 지방자치단체는 제1항에 따라 국가 또는 지방자치단체로부터 토지를 매수하거나 임차한 자가 그 매수일 또는 임차일부터 2년 이내에 국민주택규모의 주택 또는 조합주택을 건설하지 아니하거

나 그 주택을 건설하기 위한 대지조성사업을 시행하지 아니한 경우에는 환매(還買)하거나 임대계약을 취소할 수 있다.

제31조 환지 방식에 의한 도시개발사업으로 조성된 대지의 활용

① 사업주체가 국민주택용지로 사용하기 위하여 도시개발사업시행자[「도시개발법」에 따른 환지(換地) 방식에 의하여 사업을 시행하는 도시개발사업의 시행자를 말한다. 이하 이 조에서 같다]에게 체비지(替費地)의 매각을 요구한 경우 그 도시개발사업시행자는 대통령령으로 정하는 바에 따라 체비지의 총면적의 50퍼센트의 범위에서 이를 우선적으로 사업주체에게 매각할 수 있다.

② 제1항의 경우 사업주체가 「도시개발법」 제28조에 따른 환지 계획의 수립 전에 체비지의 매각을 요구하면 도시개발사업시행자는 사업주체에게 매각할 체비지를 그 환지 계획에서 하나의 단지로 정하여야 한다.

③ 제1항에 따른 체비지의 양도가격은 국토교통부령으로 정하는 바에 따라 「감정평가 및 감정평가사에 관한 법률」에 따른 감정평가업자가 감정평가한 감정가격을 기준으로 한다. 다만, 임대주택을 건설하는 경우 등 국토교통부령으로 정하는 경우에는 국토교통부령으로 정하는 조성원가를 기준으로 할 수 있다.

제32조 서류의 열람

국민주택을 건설·공급하는 사업주체는 주택건설사업 또는 대지조성사업을 시행할 때 필요한 경우에는 등기소나 그 밖의 관계 행정기관의 장에게 필요한 서류의 열람·등사나 그 등본 또는 초본의 발급을 무료로 청구할 수 있다.

★

[제4절] 주택의 건설

출제자 의도
- 사업주체를 알고 있는가?(특히, 주택조합)
- 사업시행절차상 내용을 알고 있는가?

제33조 주택의 설계 및 시공

① 제15조에 따른 사업계획승인을 받아 건설되는 주택(부대시설과 복리시설을 포함한다. 이하 이 조, 제49조, 제54조 및 제61조에서 같다)을 설계하는 자는 대통령령으로 정하는 설계도서 작성기준에 맞게 설계하여야 한다.

② 제1항에 따른 주택을 시공하는 자(이하 "시공자"라 한다)와 사업주체는 설계도서에 맞게 시공하여야 한다.

제34조 주택건설공사의 시공 제한 등

① 제15조에 따른 사업계획승인을 받은 주택의 건설공사는 「건설산업기본법」 제9조에 따른 건설업자로서 대통령령으로 정하는 자 또는 제7조에 따라 건설업자로 간주하는 등록사업자가 아니면 이를 시공할 수 없다.

② 공동주택의 방수·위생 및 냉난방 설비공사는 「건설산업기본법」 제9조에 따른 건설업자로서 대통령령으로 정하는 자(특정열사용기자재를 설치·시공하는 경우에는 「에너지이용 합리화법」에 따른 시공업자를 말한다)

가 아니면 이를 시공할 수 없다.

③ 국가 또는 지방자치단체인 사업주체는 제15조에 따른 사업계획승인을 받은 주택건설공사의 설계와 시공을 분리하여 발주하여야 한다. 다만, 주택건설공사 중 대통령령으로 정하는 대형공사로서 기술관리상 설계와 시공을 분리하여 발주할 수 없는 공사의 경우에는 대통령령으로 정하는 입찰방법으로 시행할 수 있다.

제35조 주택건설기준 등

① 사업주체가 건설·공급하는 주택의 건설 등에 관한 다음 각 호의 기준(이하 "주택건설기준등"이라 한다)은 대통령령으로 정한다.

1. 주택 및 시설의 배치, 주택과의 복합건축 등에 관한 주택건설기준
2. 세대 간의 경계벽, 바닥충격음 차단구조, 구조내력(構造耐力) 등 주택의 구조·설비기준
3. 부대시설의 설치기준
4. 복리시설의 설치기준
5. 대지조성기준
6. 주택의 규모 및 규모별 건설비율

■ **주택의 규모별 건설 비율** (시행령 제46조)

① 국토교통부장관은 적정한 주택수급을 위하여 필요하다고 인정하는 경우에는 법 제35조제1항제6호에 따라 사업주체가 건설하는 주택의 75퍼센트(법 제5조제2항 및 제3항에 따른 주택조합이나 고용자가 건설하는 주택은 100퍼센트) 이하의 범위에서 일정 비율 이상을 국민주택규모로 건설하게 할 수 있다.
② 제1항에 따른 국민주택규모 주택의 건설 비율은 주택단지별 사업계획에 적용한다.

② 지방자치단체는 그 지역의 특성, 주택의 규모 등을 고려하여 주택건설기준등의 범위에서 조례로 구체적인 기준을 정할 수 있다.

③ 사업주체는 제1항의 주택건설기준등 및 제2항의 기준에 따라 주택건설사업 또는 대지조성사업을 시행하여야 한다.

제36조 도시형 생활주택의 건설기준

① 사업주체(「건축법」 제2조제12호에 따른 건축주를 포함한다)가 도시형 생활주택을 건설하려는 경우에는 「국토의 계획 및 이용에 관한 법률」에 따른 도시지역에 대통령령으로 정하는 유형과 규모 등에 적합하게 건설하여야 한다.

② 하나의 건축물에는 도시형 생활주택과 그 밖의 주택을 복합하여 건축할 수 없다. 다만, 대통령령으로 정하는 요건을 갖춘 경우에는 그러하지 아니하다.

제37조 에너지절약형 친환경주택 등의 건설기준

① 사업주체가 제15조에 따른 사업계획승인을 받아 주택을 건설하려는 경우에는 에너지 고효율 설비기

술 및 자재 적용 등 대통령령으로 정하는 바에 따라 에너지절약형 친환경주택으로 건설하여야 한다. 이 경우 사업주체는 제15조에 따른 서류에 에너지절약형 친환경주택 건설기준 적용 현황 등 대통령령으로 정하는 서류를 첨부하여야 한다.

② 사업주체가 대통령령으로 정하는 호수 이상의 주택을 건설하려는 경우에는 친환경 건축자재 사용 등 대통령령으로 정하는 바에 따라 건강친화형 주택으로 건설하여야 한다.

제38조 장수명 주택의 건설기준 및 인증제도 등

① 국토교통부장관은 장수명 주택의 건설기준을 정하여 고시할 수 있다.

② 국토교통부장관은 장수명 주택의 공급 활성화를 유도하기 위하여 제1항의 건설기준에 따라 장수명 주택 인증제도를 시행할 수 있다.

③ 사업주체가 대통령령으로 정하는 호수 이상의 주택을 공급하고자 하는 때에는 제2항의 인증제도에 따라 대통령령으로 정하는 기준 이상의 등급을 인정받아야 한다.

④ 국가, 지방자치단체 및 공공기관의 장은 장수명 주택을 공급하는 사업주체 및 장수명 주택 취득자에게 법률 등에서 정하는 바에 따라 행정상·세제상의 지원을 할 수 있다.

⑤ 국토교통부장관은 제2항의 인증제도를 시행하기 위하여 인증기관을 지정하고 관련 업무를 위탁할 수 있다.

⑥ 제2항의 인증제도의 운영과 관련하여 인증기준, 인증절차, 수수료 등은 국토교통부령으로 정한다.

⑦ 제2항의 인증제도에 따라 국토교통부령으로 정하는 기준 이상의 등급을 인정받은 경우 「국토의 계획 및 이용에 관한 법률」에도 불구하고 대통령령으로 정하는 범위에서 건폐율·용적률·높이제한을 완화할 수 있다.

제39조 공동주택성능등급의 표시

사업주체가 대통령령으로 정하는 호수 이상의 공동주택을 공급할 때에는 주택의 성능 및 품질을 입주자가 알 수 있도록 「녹색건축물 조성 지원법」에 따라 다음 각 호의 공동주택성능에 대한 등급을 발급받아 국토교통부령으로 정하는 방법으로 입주자 모집공고에 표시하여야 한다.

1. 경량충격음·중량충격음·화장실소음·경계소음 등 소음 관련 등급
2. 리모델링 등에 대비한 가변성 및 수리 용이성 등 구조 관련 등급
3. 조경·일조확보율·실내공기질·에너지절약 등 환경 관련 등급
4. 커뮤니티시설, 사회적 약자 배려, 홈네트워크, 방범안전 등 생활환경 관련 등급
5. 화재·소방·피난안전 등 화재·소방 관련 등급

제40조 환기시설의 설치 등

사업주체는 공동주택의 실내 공기의 원활한 환기를 위하여 대통령령으로 정하는 기준에 따라 환기시설을 설치하여야 한다.

제41조 바닥충격음 성능등급 인정 등

① 국토교통부장관은 제35조제1항제2호에 따른 주택건설기준 중 공동주택 바닥충격음 차단구조의 성능등급을 대통령령으로 정하는 기준에 따라 인정하는 기관(이하 "바닥충격음 성능등급 인정기관"이라 한다)을 지정할 수 있다.

② 바닥충격음 성능등급 인정기관은 성능등급을 인정받은 제품(이하 "인정제품"이라 한다)이 다음 각 호의 어느 하나에 해당하면 그 인정을 취소할 수 있다. 다만, 제1호에 해당하는 경우에는 그 인정을 취소하여야 한다.

1. 거짓이나 그 밖의 부정한 방법으로 인정받은 경우
2. 인정받은 내용과 다르게 판매·시공한 경우
3. 인정제품이 국토교통부령으로 정한 품질관리기준을 준수하지 아니한 경우
4. 인정의 유효기간을 연장하기 위한 시험결과를 제출하지 아니한 경우

③ 제1항에 따른 바닥충격음 차단구조의 성능등급 인정의 유효기간 및 성능등급 인정에 드는 수수료 등 바닥충격음 차단구조의 성능등급 인정에 필요한 사항은 대통령령으로 정한다.

④ 바닥충격음 성능등급 인정기관의 지정 요건 및 절차 등은 대통령령으로 정한다.

⑤ 국토교통부장관은 바닥충격음 성능등급 인정기관이 다음 각 호의 어느 하나에 해당하는 경우 그 지정을 취소할 수 있다. 다만, 제1호에 해당하는 경우에는 그 지정을 취소하여야 한다.

1. 거짓이나 그 밖의 부정한 방법으로 바닥충격음 성능등급 인정기관으로 지정을 받은 경우
2. 제1항에 따른 바닥충격음 차단구조의 성능등급의 인정기준을 위반하여 업무를 수행한 경우
3. 제4항에 따른 바닥충격음 성능등급 인정기관의 지정 요건에 맞지 아니한 경우
4. 정당한 사유 없이 2년 이상 계속하여 인정업무를 수행하지 아니한 경우

⑥ 국토교통부장관은 바닥충격음 성능등급 인정기관에 대하여 성능등급의 인정현황 등 업무에 관한 자료를 제출하게 하거나 소속 공무원에게 관련 서류 등을 검사하게 할 수 있다.

⑦ 제6항에 따라 검사를 하는 공무원은 그 권한을 나타내는 증표를 지니고 이를 관계인에게 내보여야 한다.

제42조 소음방지대책의 수립

① 사업계획승인권자는 주택의 건설에 따른 소음의 피해를 방지하고 주택건설 지역 주민의 평온한 생활을 유지하기 위하여 주택건설사업을 시행하려는 사업주체에게 대통령령으로 정하는 바에 따라 소음방지대책을 수립하도록 하여야 한다.

② 사업계획승인권자는 대통령령으로 정하는 주택건설 지역이 도로와 인접한 경우에는 해당 도로의 관리청과 소음방지대책을 미리 협의하여야 한다. 이 경우 해당 도로의 관리청은 소음 관계 법률에서 정하는 소음기준 범위에서 필요한 의견을 제시할 수 있다.

③ 제1항에 따른 소음방지대책 수립에 필요한 실외소음도와 실외소음도를 측정하는 기준은 대통령령으

로 정한다.

④ 국토교통부장관은 제3항에 따른 실외소음도를 측정할 수 있는 측정기관(이하 "실외소음도 측정기관"이라 한다)을 지정할 수 있다.

⑤ 국토교통부장관은 실외소음도 측정기관이 다음 각 호의 어느 하나에 해당하는 경우에는 그 지정을 취소할 수 있다. 다만, 제1호에 해당하는 경우 그 지정을 취소하여야 한다.

1. 거짓이나 그 밖의 부정한 방법으로 실외소음도 측정기관으로 지정을 받은 경우 2. 제3항에 따른 실외소음도 측정기준을 위반하여 업무를 수행한 경우 3. 제6항에 따른 실외소음도 측정기관의 지정 요건에 미달하게 된 경우

⑥ 실외소음도 측정기관의 지정 요건, 측정에 소요되는 수수료 등 실외소음도 측정에 필요한 사항은 대통령령으로 정한다.

[제5절] 주택의 감리 및 사용검사

제43조 주택의 감리자 지정 등

① 사업계획승인권자가 제15조제1항 또는 제3항에 따른 주택건설사업계획을 승인하였을 때와 시장·군수·구청장이 제66조제1항 또는 제2항에 따른 리모델링의 허가를 하였을 때에는 「건축사법」 또는 「건설기술 진흥법」에 따른 감리자격이 있는 자를 대통령령으로 정하는 바에 따라 해당 주택건설공사의 감리자로 지정하여야 한다. 다만, 사업주체가 국가·지방자치단체·한국토지주택공사·지방공사 또는 대통령령으로 정하는 자인 경우와 「건축법」 제25조에 따라 공사감리를 하는 도시형 생활주택의 경우에는 그러하지 아니하다.

② 사업계획승인권자는 감리자가 감리자의 지정에 관한 서류를 부정 또는 거짓으로 제출하거나, 업무 수행 중 위반 사항이 있음을 알고도 묵인하는 등 대통령령으로 정하는 사유에 해당하는 경우에는 감리자를 교체하고, 그 감리자에 대하여는 1년의 범위에서 감리업무의 지정을 제한할 수 있다.

③ 사업주체(제66조제1항 또는 제2항에 따른 리모델링의 허가만 받은 자도 포함한다. 이하 이 조, 제44조 및 제47조에서 같다)와 감리자 간의 책임 내용 및 범위는 이 법에서 규정한 것 외에는 당사자 간의 계약으로 정한다.

④ 국토교통부장관은 제3항에 따른 계약을 체결할 때 사업주체와 감리자 간에 공정하게 계약이 체결되도록 하기 위하여 감리용역표준계약서를 정하여 보급할 수 있다.

제44조 감리자의 업무 등

① 감리자는 자기에게 소속된 자를 대통령령으로 정하는 바에 따라 감리원으로 배치하고, 다음 각 호의 업무를 수행하여야 한다.

> 1. 시공자가 설계도서에 맞게 시공하는지 여부의 확인
> 2. 시공자가 사용하는 건축자재가 관계 법령에 따른 기준에 맞는 건축자재인지 여부의 확인
> 3. 주택건설공사에 대하여 「건설기술 진흥법」 제55조에 따른 품질시험을 하였는지 여부의 확인
> 4. 시공자가 사용하는 마감자재 및 제품이 제54조제3항에 따라 사업주체가 시장·군수·구청장에게 제출한 마감자재 목록표 및 영상물 등과 동일한지 여부의 확인
> 5. 그 밖에 주택건설공사의 시공감리에 관한 사항으로서 대통령령으로 정하는 사항

② 감리자는 제1항 각 호에 따른 업무의 수행 상황을 국토교통부령으로 정하는 바에 따라 사업계획승인권자(제66조제1항 또는 제2항에 따른 리모델링의 허가만 받은 경우는 허가권자를 말한다. 이하 이 조, 제45조, 제47조 및 제48조에서 같다) 및 사업주체에게 보고하여야 한다.

③ 감리자는 제1항 각 호의 업무를 수행하면서 위반 사항을 발견하였을 때에는 지체 없이 시공자 및 사업주체에게 위반 사항을 시정할 것을 통지하고, 7일 이내에 사업계획승인권자에게 그 내용을 보고하여야 한다.

④ 시공자 및 사업주체는 제3항에 따른 시정 통지를 받은 경우에는 즉시 해당 공사를 중지하고 위반 사항을 시정한 후 감리자의 확인을 받아야 한다. 이 경우 감리자의 시정 통지에 이의가 있을 때에는 즉시 그 공사를 중지하고 사업계획승인권자에게 서면으로 이의신청을 할 수 있다.

⑤ 제43조제1항에 따른 감리자의 지정 방법 및 절차와 제4항에 따른 이의신청의 처리 등에 필요한 사항은 대통령령으로 정한다.

⑥ 사업주체는 제43조제3항의 계약에 따른 공사감리비를 국토교통부령으로 정하는 바에 따라 사업계획승인권자에게 예치하여야 한다.

⑦ 사업계획승인권자는 제6항에 따라 예치받은 공사감리비를 감리자에게 국토교통부령으로 정하는 절차 등에 따라 지급하여야 한다.

제45조 감리자의 업무 협조

① 감리자는 「전력기술관리법」 제14조의2, 「정보통신공사업법」 제8조, 「소방시설공사업법」 제17조에 따라 감리업무를 수행하는 자(이하 "다른 법률에 따른 감리자"라 한다)와 서로 협력하여 감리업무를 수행하여야 한다.

② 다른 법률에 따른 감리자는 공정별 감리계획서 등 대통령령으로 정하는 자료를 감리자에게 제출하여야 하며, 감리자는 제출된 자료를 근거로 다른 법률에 따른 감리자와 협의하여 전체 주택건설공사에 대한 감리계획서를 작성하여 감리업무를 착수하기 전에 사업계획승인권자에게 보고하여야 한다.

③ 감리자는 주택건설공사의 품질 · 안전 관리 및 원활한 공사 진행을 위하여 다른 법률에 따른 감리자에게 공정 보고 및 시정을 요구할 수 있으며, 다른 법률에 따른 감리자는 요청에 따라야 한다.

제46조 건축구조기술사와의 협력

① 수직증축형 리모델링(세대수가 증가되지 아니하는 리모델링을 포함한다. 이하 같다)의 감리자는 감리업무 수

행 중에 다음 각 호의 어느 하나에 해당하는 사항이 확인된 경우에는 「국가기술자격법」에 따른 건축구조기술사(해당 건축물의 리모델링 구조설계를 담당한 자를 말하며, 이하 "건축구조기술사"라 한다)의 협력을 받아야 한다. 다만, 구조설계를 담당한 건축구조기술사가 사망하는 등 대통령령으로 정하는 사유로 감리자가 협력을 받을 수 없는 경우에는 대통령령으로 정하는 건축구조기술사의 협력을 받아야 한다.

1. 수직증축형 리모델링 허가 시 제출한 구조도 또는 구조계산서와 다르게 시공하고자 하는 경우
2. 내력벽(耐力壁), 기둥, 바닥, 보 등 건축물의 주요 구조부에 대하여 수직증축형 리모델링 허가 시 제출한 도면보다 상세한 도면 작성이 필요한 경우
3. 내력벽, 기둥, 바닥, 보 등 건축물의 주요 구조부의 철거 또는 보강 공사를 하는 경우로서 국토교통부령으로 정하는 경우
4. 그 밖에 건축물의 구조에 영향을 미치는 사항으로서 국토교통부령으로 정하는 경우

② 제1항에 따라 감리자에게 협력한 건축구조기술사는 분기별 감리보고서 및 최종 감리보고서에 감리자와 함께 서명날인하여야 한다.

③ 제1항에 따라 협력을 요청받은 건축구조기술사는 독립되고 공정한 입장에서 성실하게 업무를 수행하여야 한다.

④ 수직증축형 리모델링을 하려는 자는 제1항에 따라 감리자에게 협력한 건축구조기술사에게 적정한 대가를 지급하여야 한다.

제47조 부실감리자 등에 대한 조치

사업계획승인권자는 제43조 및 제44조에 따라 지정·배치된 감리자 또는 감리원(다른 법률에 따른 감리자 또는 그에게 소속된 감리원을 포함한다)이 그 업무를 수행할 때 고의 또는 중대한 과실로 감리를 부실하게 하거나 관계 법령을 위반하여 감리를 함으로써 해당 사업주체 또는 입주자 등에게 피해를 입히는 등 주택건설공사가 부실하게 된 경우에는 그 감리자의 등록 또는 감리원의 면허나 그 밖의 자격인정 등을 한 행정기관의 장에게 등록말소·면허취소·자격정지·영업정지나 그 밖에 필요한 조치를 하도록 요청할 수 있다.

제48조 감리자에 대한 실태점검 등

① 사업계획승인권자는 주택건설공사의 부실방지, 품질 및 안전 확보를 위하여 해당 주택건설공사의 감리자를 대상으로 각종 시험 및 자재확인 업무에 대한 이행 실태 등 대통령령으로 정하는 사항에 대하여 실태점검(이하 "실태점검"이라 한다)을 실시할 수 있다.

② 사업계획승인권자는 실태점검 결과 제44조제1항에 따른 감리업무의 소홀이 확인된 경우에는 시정명령을 하거나, 제43조제2항에 따라 감리자 교체를 하여야 한다.

③ 사업계획승인권자는 실태점검에 따른 감리자에 대한 시정명령 또는 교체지시 사실을 국토교통부령으로 정하는 바에 따라 국토교통부장관에게 보고하여야 하며, 국토교통부장관은 해당 내용을 종합관리하여 제43조제1항에 따른 감리자 지정에 관한 기준에 반영할 수 있다.

제49조 ★사용검사 등

① 사업주체는 제15조에 따른 사업계획승인을 받아 시행하는 주택건설사업 또는 대지조성사업을 완료한 경우에는 주택 또는 대지에 대하여 국토교통부령으로 정하는 바에 따라 시장·군수·구청장(국가 또는 한국토지주택공사가 사업주체인 경우와 대통령령으로 정하는 경우에는 국토교통부장관을 말한다. 이하 이 조에서 같다)의 **사용검사**를 받아야 한다. 다만, 제15조제3항에 따라 사업계획을 승인받은 경우에는 완공된 주택에 대하여 공구별로 사용검사(이하 "**분할 사용검사**"라 한다)를 받을 수 있고, 사업계획승인 조건의 미이행 등 대통령령으로 정하는 사유가 있는 경우에는 공사가 완료된 주택에 대하여 동별로 사용검사(이하 "**동별 사용검사**"라 한다)를 받을 수 있다.

② 사업주체가 제1항에 따른 사용검사를 받았을 때에는 제19조제1항에 따라 의제되는 인·허가등에 따른 해당 사업의 사용승인·준공검사 또는 준공인가 등을 받은 것으로 본다. 이 경우 제1항에 따른 사용검사를 하는 시장·군수·구청장(이하 "사용검사권자"라 한다)은 미리 관계 행정기관의 장과 협의하여야 한다.

③ 제1항에도 불구하고 다음 각 호의 구분에 따라 해당 주택의 시공을 보증한 자, 해당 주택의 시공자 또는 입주예정자는 대통령령으로 정하는 바에 따라 사용검사를 받을 수 있다.

> 1. 사업주체가 파산 등으로 사용검사를 받을 수 없는 경우에는 해당 주택의 시공을 보증한 자 또는 입주예정자
> 2. 사업주체가 정당한 이유 없이 사용검사를 위한 절차를 이행하지 아니하는 경우에는 해당 주택의 시공을 보증한 자, 해당 주택의 시공자 또는 입주예정자. 이 경우 사용검사권자는 사업주체가 사용검사를 받지 아니하는 정당한 이유를 밝히지 못하면 사용검사를 거부하거나 지연할 수 없다.

④ 사업주체 또는 입주예정자는 제1항에 따른 사용검사를 받은 후가 아니면 주택 또는 대지를 사용하게 하거나 이를 사용할 수 없다.(원칙) 다만, 대통령령으로 정하는 경우로서 사용검사권자의 임시 사용승인을 받은 경우에는 그러하지 아니하다.(예외)

■ 사용검사 등 (시행령 제54조)

> ① 법 제49조제1항 본문에서 "대통령령으로 정하는 경우"란 제27조제3항 각 호에 해당하여 국토교통부장관으로부터 법 제15조에 따른 사업계획의 승인을 받은 경우를 말한다.
> ② 법 제49조제1항 단서에서 "사업계획승인 조건의 미이행 등 대통령령으로 정하는 사유가 있는 경우"란 다음 각 호의 어느 하나에 해당하는 경우를 말한다.
> 1. 법 제15조에 따른 사업계획승인의 조건으로 부과된 사항의 미이행
> 2. 하나의 주택단지의 입주자를 분할 모집하여 전체 단지의 사용검사를 마치기 전에 입주가 필요한 경우
> 3. 그 밖에 사업계획승인권자가 동별로 사용검사를 받을 필요가 있다고 인정하는 경우
>
> ③ 법 제49조에 따른 사용검사권자는 사용검사의 대상인 주택 또는 대지가 사업계획의 내용에 적합한지를 확인하여야 한다.
> ④ 제3항에 따른 **사용검사**는 신청일부터 15일 이내에 하여야 한다.
> ⑤ 법 제49조제2항 후단에 따라 협의 요청을 받은 관계 행정기관의 장은 정당한 사유가 없으면 그 요청을 받은 날부터 10일 이내에 **의견**을 **제시**하여야 한다.

■ **임시 사용승인** (시행령 제56조)

> ① 법 제49조제4항 단서에서 "대통령령으로 정하는 경우"란 다음 각 호의 구분에 따른 경우를 말한다.
> 1. 주택건설사업의 경우 : 건축물의 동별로 공사가 완료된 경우
> 2. 대지조성사업의 경우 : 구획별로 공사가 완료된 경우
>
> ② 법 제49조제4항 단서에 따른 임시 사용승인을 받으려는 자는 국토교통부령으로 정하는 바에 따라 사용검사권자에게 **임시 사용승인**을 **신청**하여야 한다.
>
> ③ 사용검사권자는 제2항에 따른 신청을 받은 때에는 임시 사용승인대상인 주택 또는 대지가 사업계획의 내용에 적합하고 사용에 지장이 없는 경우에만 **임시사용**을 **승인**할 수 있다. 이 경우 임시 사용승인의 대상이 공동주택인 경우에는 세대별로 임시 사용승인을 할 수 있다.

제50조 사용검사 등의 특례에 따른 하자보수보증금 면제

① 제49조제3항에 따라 사업주체의 파산 등으로 입주예정자가 사용검사를 받을 때에는 「공동주택관리법」 제38조제1항에도 불구하고 입주예정자의 대표회의가 사용검사권자에게 사용검사를 신청할 때 하자보수보증금을 예치하여야 한다.

② 제1항에 따라 입주예정자의 대표회의가 하자보수보증금을 예치할 경우 제49조제4항에도 불구하고 2015년 12월 31일 당시 제15조에 따른 사업계획승인을 받아 사실상 완공된 주택에 사업주체의 파산 등으로 제49조제1항 또는 제3항에 따른 사용검사를 받지 아니하고 무단으로 점유하여 거주(이하 이 조에서 "무단거주"라 한다)하는 입주예정자가 2016년 12월 31일까지 사용검사권자에게 사용검사를 신청할 때에는 다음 각 호의 구분에 따라 「공동주택관리법」 제38조제1항에 따른 **하자보수보증금**을 **면제**하여야 한다.

> 1. 무단거주한 날부터 1년이 경과한 때 : 10퍼센트
> 2. 무단거주한 날부터 2년이 경과한 때 : 35퍼센트
> 3. 무단거주한 날부터 3년이 경과한 때 : 55퍼센트
> 4. 무단거주한 날부터 4년이 경과한 때 : 70퍼센트
> 5. 무단거주한 날부터 5년이 경과한 때 : 85퍼센트
> 6. 무단거주한 날부터 10년이 경과한 때 : 100퍼센트

③ 제2항 각 호의 무단거주한 날은 주택에 최초로 입주예정자가 입주한 날을 기산일로 한다. 이 경우 입주예정자가 입주한 날은 주민등록 신고일이나 전기, 수도요금 영수증 등으로 확인한다.

④ 제1항에 따라 무단거주하는 입주예정자가 사용검사를 받았을 때에는 제49조제2항을 준용한다. 이 경우 "사업주체"를 "무단거주하는 입주예정자"로 본다.

⑤ 제1항에 따라 입주예정자의 대표회의가 하자보수보증금을 예치한 경우 「공동주택관리법」 제36조제3항에 따른 담보책임기간은 제2항에 따라 면제받은 기간만큼 줄어드는 것으로 본다.

[제6절] 공업화주택의 인정 등

제51조 공업화주택의 인정 등

① 국토교통부장관은 다음 각 호의 어느 하나에 해당하는 부분을 국토교통부령으로 정하는 성능기준 및 생산기준에 따라 맞춤식 등 공업화공법으로 건설하는 주택을 공업화주택(이하 "공업화주택"이라 한다)으로 인정할 수 있다.

1. 주요 구조부의 전부 또는 일부
2. 세대별 주거 공간의 전부 또는 일부[거실(「건축법」 제2조제6호에 따른다)ㆍ화장실ㆍ욕조 등 일부로서의 기능이 가능한 단위 공간을 말한다]

② 국토교통부장관, 시·도지사 또는 시장·군수는 다음 각 호의 구분에 따라 주택을 건설하려는 자에 대하여 「건설산업기본법」 제9조제1항에도 불구하고 대통령령으로 정하는 바에 따라 해당 주택을 건설하게 할 수 있다.

1. 국토교통부장관 : 「건설기술 진흥법」 제14조에 따라 국토교통부장관이 고시한 새로운 건설기술을 적용하여 건설하는 공업화주택
2. 시·도지사 또는 시장·군수 : 공업화주택

③ 공업화주택의 인정에 필요한 사항은 대통령령으로 정한다.

제52조 공업화주택의 인정취소

국토교통부장관은 제51조제1항에 따라 공업화주택을 인정받은 자가 다음 각 호의 어느 하나에 해당하는 경우에는 공업화주택의 인정을 취소할 수 있다. 다만, 제1호에 해당하는 경우에는 그 인정을 취소하여야 한다.

1. 거짓이나 그 밖의 부정한 방법으로 인정을 받은 경우
2. 인정을 받은 기준보다 낮은 성능으로 공업화주택을 건설한 경우

제53조 공업화주택의 건설 촉진

① 국토교통부장관, 시·도지사 또는 시장ㆍ군수는 사업주체가 건설할 주택을 공업화주택으로 건설하도록 사업주체에게 권고할 수 있다.

② 공업화주택의 건설 및 품질 향상과 관련하여 국토교통부령으로 정하는 기술능력을 갖추고 있는 자가 공업화주택을 건설하는 경우에는 제33조·제43조·제44조 및 「건축사법」 제4조를 적용하지 아니한다.

출제자 의도

주택의 공급

공급관련 행위제한(분양가상한제, 저당권설정제한, 투기과열지구, 전매제한, 공급질서교란금지)의 내용을 알고 있는가?

★★★

제3장 주택의 공급

★

제54조 주택의 공급

① 사업주체(「건축법」 제11조에 따른 건축허가를 받아 주택 외의 시설과 주택을 동일 건축물로 하여 제15조제1항에 따른 호수 이상으로 건설·공급하는 건축주와 제49조에 따라 사용검사를 받은 주택을 사업주체로부터 일괄하여 양수받은 자를 포함한다. 이하 이 장에서 같다)는 다음 각 호에서 정하는 바에 따라 주택을 건설·공급하여야 한다. 이 경우 국가유공자, 보훈보상대상자, 장애인, 철거주택의 소유자, 그 밖에 국토교통부령으로 정하는 대상자에게는 국토교통부령으로 정하는 바에 따라 입주자 모집조건 등을 달리 정하여 별도로 공급할 수 있다.

1. 사업주체(공공주택사업자는 제외한다)가 입주자를 모집하려는 경우 : 국토교통부령으로 정하는 바에 따라 시장·군수·구청장의 **승인**(복리시설의 경우에는 **신고**를 말한다)을 받을 것
2. 사업주체가 건설하는 주택을 공급하려는 경우
   가. 국토교통부령으로 정하는 입주자모집의 시기·조건·방법·절차, 입주금(입주예정자가 사업주체에게 납입하는 주택가격을 말한다. 이하 같다)의 납부 방법·시기·절차, 주택공급계약의 방법·절차 등에 적합할 것
   나. 국토교통부령으로 정하는 바에 따라 벽지·바닥재·주방용구·조명기구 등을 제외한 부분의 가격을 따로 제시하고, 이를 입주자가 선택할 수 있도록 할 것

② 주택을 공급받으려는 자는 국토교통부령으로 정하는 입주자자격, 재당첨 제한 및 공급 순위 등에 맞게 주택을 공급받아야 한다. 이 경우 제63조제1항에 따른 투기과열지구 및 제63조의2제1항에 따른 조정대상지역에서 건설·공급되는 주택을 공급받으려는 자의 입주자격, 재당첨 제한 및 공급 순위 등은 주택의 수급 상황 및 투기 우려 등을 고려하여 국토교통부령으로 지역별로 달리 정할 수 있다.

③ 사업주체가 제1항제1호에 따라 시장·군수·구청장의 승인을 받으려는 경우(사업주체가 국가·지방자치단체·한국토지주택공사 및 지방공사인 경우에는 견본주택을 건설하는 경우를 말한다)에는 제60조에 따라 건설하는 견본주택에 사용되는 마감자재의 규격·성능 및 재질을 적은 목록표(이하 "마감자재 목록표"라 한다)와 견본주택의 각 실의 내부를 촬영한 영상물 등을 제작하여 승인권자에게 제출하여야 한다.

④ 사업주체는 주택공급계약을 체결할 때 입주예정자에게 다음 각 호의 자료 또는 정보를 제공하여야 한다. 다만, 입주자 모집공고에 이를 표시(인터넷에 게재하는 경우를 포함한다)한 경우에는 그러하지 아니하다.

1. 제3항에 따른 견본주택에 사용된 마감자재 목록표
2. 공동주택 발코니의 세대 간 경계벽에 피난구를 설치하거나 경계벽을 경량구조로 건설한 경우 그에 관한 정보

⑤ 시장·군수·구청장은 제3항에 따라 받은 마감자재 목록표와 영상물 등을 제49조제1항에 따른 사용검사가 있은 날부터 2년 이상 보관하여야 하며, 입주자가 열람을 요구하는 경우에는 이를 공개하여야 한다.

⑥ 사업주체가 마감자재 생산업체의 부도 등으로 인한 제품의 품귀 등 부득이한 사유로 인하여 제15조에 따른 사업계획승인 또는 마감자재 목록표의 마감자재와 다르게 마감자재를 시공·설치하려는 경우에는 당초의 마감자재와 같은 질 이상으로 설치하여야 한다.

⑦ 사업주체가 제6항에 따라 마감자재 목록표의 자재와 다른 마감자재를 시공·설치하려는 경우에는 그 사실을 입주예정자에게 알려야 한다.

제55조 자료제공의 요청

① 국토교통부장관은 제54조제2항에 따라 주택을 공급받으려는 자의 입주자자격을 확인하기 위하여 필요하다고 인정하는 경우에는 주민등록 전산정보(주민등록번호·외국인등록번호 등 고유식별번호를 포함한다), 가족관계 등록사항, 국세, 지방세, 금융, 토지, 건물(건물등기부·건축물대장을 포함한다), 자동차, 건강보험, 국민연금, 고용보험 및 산업재해보상보험 등의 자료 또는 정보의 제공을 관계 기관의 장에게 요청할 수 있다. 이 경우 관계 기관의 장은 특별한 사유가 없으면 이에 따라야 한다.

② 국토교통부장관은 「금융실명거래 및 비밀보장에 관한 법률」 제4조제1항과 「신용정보의 이용 및 보호에 관한 법률」 제32조제2항에도 불구하고 제54조제2항에 따라 주택을 공급받으려는 자의 입주자자격을 확인하기 위하여 본인, 배우자, 본인 또는 배우자와 세대를 같이하는 세대원이 제출한 동의서면을 전자적 형태로 바꾼 문서에 의하여 금융기관 등(「금융실명거래 및 비밀보장에 관한 법률」 제2조제1호에 따른 금융회사등 및 「신용정보의 이용 및 보호에 관한 법률」 제25조에 따른 신용정보집중기관을 말한다. 이하 같다)의 장에게 다음 각 호의 자료 또는 정보의 제공을 요청할 수 있다.

1. 「금융실명거래 및 비밀보장에 관한 법률」 제2조제2호·제3호에 따른 금융자산 및 금융거래의 내용에 대한 자료 또는 정보 중 예금의 평균잔액과 그 밖에 국토교통부장관이 정하는 자료 또는 정보(이하 "금융정보"라 한다)
2. 「신용정보의 이용 및 보호에 관한 법률」 제2조제1호에 따른 신용정보 중 채무액과 그 밖에 국토교통부장관이 정하는 자료 또는 정보(이하 "신용정보"라 한다)
3. 「보험업법」 제4조제1항 각 호에 따른 보험에 가입하여 납부한 보험료와 그 밖에 국토교통부장관이 정하는 자료 또는 정보(이하 "보험정보"라 한다)

③ 국토교통부장관이 제2항에 따라 금융정보·신용정보 또는 보험정보(이하 "금융정보등"이라 한다)의 제공을 요청하는 경우 해당 금융정보등 명의인의 정보제공에 대한 동의서면을 함께 제출하여야 한다. 이 경우 동의서면은 전자적 형태로 바꾸어 제출할 수 있으며, 금융정보등을 제공한 금융기관 등의 장은 「금융실명거래 및 비밀보장에 관한 법률」 제4조의2제1항과 「신용정보의 이용 및 보호에 관한 법률」 제35조에도 불구하고 금융정보등의 제공사실을 명의인에게 통보하지 아니할 수 있다.

④ 국토교통부장관 및 사업주체(국가, 지방자치단체, 한국토지주택공사 및 지방공사로 한정한다)는 제1항 및 제2

항에 따른 자료를 확인하기 위하여 「사회복지사업법」 제6조의2제2항에 따른 정보시스템을 연계하여 사용할 수 있다.

⑤ 국토교통부 소속 공무원 또는 소속 공무원이었던 사람과 제4항에 따른 사업주체의 소속 임직원은 제1항과 제2항에 따라 얻은 정보와 자료를 이 법에서 정한 목적 외의 다른 용도로 사용하거나 다른 사람 또는 기관에 제공하거나 누설하여서는 아니 된다.

제56조 입주자저축

① 이 법에 따라 주택을 공급받으려는 자에게는 미리 입주금의 전부 또는 일부를 저축(이하 "입주자저축"이라 한다)하게 할 수 있다.

② 제1항에서 "입주자저축"이란 국민주택과 민영주택을 공급받기 위하여 가입하는 주택청약종합저축을 말한다.

③ 그 밖에 입주자저축의 납입방식·금액 및 조건 등에 필요한 사항은 국토교통부령으로 정한다.

★★

제57조 주택의 분양가격 제한 등

① 사업주체가 제54조에 따라 일반인에게 공급하는 공동주택 중 다음 각 호의 어느 하나에 해당하는 지역에서 공급하는 주택의 경우에는 이 조에서 정하는 기준에 따라 산정되는 분양가격 이하로 공급(이에 따라 공급되는 주택을 "**분양가상한제 적용주택**"이라 한다. 이하 같다)하여야 한다.(원칙)

> 1. 공공택지
> 2. 공공택지 외의 택지에서 주택가격 상승 우려가 있어 제58조에 따라 국토교통부장관이 「주거기본법」 제8조에 따른 주거정책심의위원회(이하 "주거정책심의위원회"라 한다) 심의를 거쳐 지정하는 지역

② 제1항에도 불구하고 다음 각 호의 어느 하나에 해당하는 경우에는 제1항을 적용하지 아니한다.(예외)

> 1. 도시형 생활주택
> 2. 「경제자유구역의 지정 및 운영에 관한 특별법」 제4조에 따라 지정·고시된 경제자유구역에서 건설·공급하는 공동주택으로서 같은 법 제25조에 따른 경제자유구역위원회에서 외자유치 촉진과 관련이 있다고 인정하여 이 조에 따른 분양가격 제한을 적용하지 아니하기로 심의·의결한 경우
> 3. 「관광진흥법」 제70조제1항에 따라 지정된 관광특구에서 건설·공급하는 공동주택으로서 해당 건축물의 층수가 50층 이상이거나 높이가 150미터 이상인 경우

③ 제1항의 **분양가격**은 택지비와 건축비로 구성(토지임대부 분양주택의 경우에는 건축비만 해당한다)되며, 구체적인 명세, 산정방식, 감정평가기관 선정방법 등은 국토교통부령으로 정한다. 이 경우 택지비는 다음 각 호에 따라 산정한 금액으로 한다.

> 1. 공공택지에서 주택을 공급하는 경우에는 해당 택지의 공급가격에 국토교통부령으로 정하는 택지와 관련된 비용을 가산한 금액

2. 공공택지 외의 택지에서 분양가상한제 적용주택을 공급하는 경우에는 「감정평가 및 감정평가사에 관한 법률」에 따라 감정평가한 가액에 국토교통부령으로 정하는 택지와 관련된 비용을 가산한 금액. 다만, 택지 매입가격이 다음 각 목의 어느 하나에 해당하는 경우에는 해당 매입가격(대통령령으로 정하는 범위로 한정한다)에 국토교통부령으로 정하는 택지와 관련된 비용을 가산한 금액을 택지비로 볼 수 있다. 이 경우 택지비는 주택단지 전체에 동일하게 적용하여야 한다.
가. 「민사집행법」, 「국세징수법」 또는 「지방세징수법」에 따른 경매·공매 낙찰가격
나. 국가·지방자치단체 등 공공기관으로부터 매입한 가격
다. 그 밖에 실제 매매가격을 확인할 수 있는 경우로서 대통령령으로 정하는 경우

④ 제3항의 분양가격 구성항목 중 건축비는 국토교통부장관이 정하여 고시하는 건축비(이하 "기본형건축비"라 한다)에 국토교통부령으로 정하는 금액을 더한 금액으로 한다. 이 경우 기본형건축비는 시장·군수·구청장이 해당 지역의 특성을 고려하여 국토교통부령으로 정하는 범위에서 따로 정하여 **고시**할 수 있다.

⑤ 사업주체는 분양가상한제 적용주택으로서 공공택지에서 공급하는 주택에 대하여 입주자모집 승인을 받았을 때에는 입주자 모집공고에 다음 각 호[국토교통부령으로 정하는 세분류(細分類)를 포함한다]에 대하여 분양가격을 **공시**하여야 한다.

1. 택지비
2. 공사비
3. 간접비
4. 그 밖에 국토교통부령으로 정하는 비용

⑥ 시장·군수·구청장이 제54조에 따라 공공택지 외의 택지에서 공급되는 분양가상한제 적용주택 중 분양가 상승 우려가 큰 지역으로서 대통령령으로 정하는 기준에 해당되는 지역에서 공급되는 주택의 입주자모집 승인을 하는 경우에는 다음 각 호의 구분에 따라 분양가격을 **공시**하여야 한다. 이 경우 제2호부터 제6호까지의 금액은 기본형건축비[특별자치시·특별자치도·시·군·구(구는 자치구의 구를 말하며, 이하 "시·군·구"라 한다)별 기본형건축비가 따로 있는 경우에는 시·군·구별 기본형건축비]의 항목별 가액으로 한다.

1. 택지비
2. 직접공사비
3. 간접공사비
4. 설계비
5. 감리비
6. 부대비
7. 그 밖에 국토교통부령으로 정하는 비용

⑦ 제5항 및 제6항에 따른 공시를 할 때 국토교통부령으로 정하는 택지비 및 건축비에 가산되는 비용의 공시에는 제59조에 따른 분양가심사위원회 심사를 받은 내용과 산출근거를 포함하여야 한다.

제58조 분양가상한제 적용 지역의 지정 및 해제

① 국토교통부장관은 제57조제1항제2호에 따라 주택가격상승률이 물가상승률보다 현저히 높은 지역으로서 그 지역의 주택가격·주택거래 등과 지역 주택시장 여건 등을 고려하였을 때 주택가격이 급등하거나 급등할 우려가 있는 지역 중 대통령령으로 정하는 기준을 충족하는 지역은 주거정책심의위원회 심의를 거쳐 분양가상한제 적용 지역으로 **지정**할 수 있다.

② 국토교통부장관이 제1항에 따라 분양가상한제 적용 지역을 지정하는 경우에는 미리 시·도지사의 **의견**을 들어야 한다.

③ 국토교통부장관은 제1항에 따른 분양가상한제 적용 지역을 지정하였을 때에는 지체 없이 이를 **공고**하고, 그 지정 지역을 관할하는 시장·군수·구청장에게 공고 내용을 **통보**하여야 한다. 이 경우 시장·군수·구청장은 사업주체로 하여금 입주자 모집공고 시 해당 지역에서 공급하는 주택이 분양가상한제 적용 주택이라는 사실을 공고하게 하여야 한다.

④ 국토교통부장관은 제1항에 따른 분양가상한제 적용 지역으로 계속 지정할 필요가 없다고 인정하는 경우에는 주거정책심의위원회 **심의**를 거쳐 분양가상한제 적용 지역의 지정을 **해제**하여야 한다.

⑤ 분양가상한제 적용 지역의 지정을 해제하는 경우에는 제2항 및 제3항 전단을 준용한다. 이 경우 "지정"은 "지정 해제"로 본다.

⑥ 분양가상한제 적용 지역으로 지정된 지역의 시·도지사, 시장, 군수 또는 구청장은 분양가상한제 적용 지역의 지정 후 해당 지역의 주택가격이 안정되는 등 분양가상한제 적용 지역으로 계속 지정할 필요가 없다고 인정하는 경우에는 국토교통부장관에게 그 지정의 **해제**를 **요청**할 수 있다.

⑦ 제6항에 따라 분양가상한제 적용 지역 지정의 해제를 요청하는 경우의 절차 등 필요한 사항은 대통령령으로 정한다.

■ **분양가상한제 적용 지역의 지정기준 등** (시행령 제61조)

① 법 제58조제1항에서 "대통령령으로 정하는 기준을 충족하는 지역"이란 같은 항에 따라 분양가상한제 적용 지역으로 지정하는 날이 속하는 달의 바로 전 달(이하 "직전월"이라 한다)부터 소급하여 3개월 간의 해당 지역 주택가격상승률이 해당 지역이 포함된 시·도 소비자물가상승률(이하 "물가상승률"이라 한다)의 2배를 초과한 지역으로서 다음 각 호의 어느 하나에 해당하는 지역을 말한다.

1. 직전월부터 소급하여 12개월간의 아파트 분양가격상승률이 물가상승률의 2배를 초과하는 지역
2. 직전월부터 소급하여 3개월간의 주택매매거래량이 전년 동기 대비 20퍼센트 이상 증가한 지역
3. 직전월부터 소급하여 주택공급이 있었던 2개월 동안 해당 지역에서 공급되는 주택의 월평균 청약경쟁률이 모두 5대 1을 초과하였거나 해당 지역에서 공급되는 국민주택규모 주택의 월평균 청약경쟁률이 모두 10대 1을 초과한 지역

② 국토교통부장관이 제1항에 따른 지정기준을 충족하는 지역 중에서 법 제58조제1항에 따라 분양가상한제 적용 지역을 지정하는 경우 해당 지역에서 공급되는 주택의 분양가격 제한 등에 관한 법 제57조의 규정은 법 제58조제3항 전단에 따른 공고일 이후 최초로 입주자모집승인[법 제11조에 따라 설립된 주택조합(리모델링주택조합은 제외한다)이 공급하는 주택의 경우에는 법 제15조에 따른 사업계획의 승인을 말하고, 「도시 및 주거환경정비법」 제2조제2호나목 및 다목의 정비사업에 따라 공급되는 주택의 경우에는 같은 법 제48조에 따른 관리처분계획의 인가를 말한다]을 신청하는 분부터 적용한다.

③ 법 제58조제6항에 따라 국토교통부장관은 분양가상한제 적용 지역 지정의 해제를 요청받은 경우에는 주거정책심의위원회의 심의를 거쳐 요청받은 날부터 40일 이내에 해제 여부를 결정하고, 그 결과를 시 · 도지사, 시장, 군수 또는 구청장에게 통보하여야 한다.

제59조 분양가심사위원회의 운영 등

① 시장·군수·구청장은 제57조에 관한 사항을 심의하기 위하여 분양가심사위원회를 설치·운영하여야 한다.

② 시장·군수·구청장은 제54조제1항제1호에 따라 입주자모집 승인을 할 때에는 분양가심사위원회의 심사결과에 따라 승인 여부를 결정하여야 한다.

③ 분양가심사위원회는 주택 관련 분야 교수, 주택건설 또는 주택관리 분야 전문직 종사자, 관계 공무원 또는 변호사·회계사·감정평가사 등 관련 전문가 10명 이내로 구성하되, 구성 절차 및 운영에 관한 사항은 대통령령으로 정한다.

④ 분양가심사위원회의 위원은 제1항부터 제3항까지의 업무를 수행할 때에는 신의와 성실로써 공정하게 심사를 하여야 한다.

제60조 견본주택의 건축기준

① 사업주체가 주택의 판매촉진을 위하여 견본주택을 건설하려는 경우 견본주택의 내부에 사용하는 마감자재 및 가구는 제15조에 따른 사업계획승인의 내용과 같은 것으로 시공、설치하여야 한다.

② 사업주체는 견본주택의 내부에 사용하는 마감자재를 제15조에 따른 사업계획승인 또는 마감자재 목록표와 다른 마감자재로 설치하는 경우로서 다음 각 호의 어느 하나에 해당하는 경우에는 일반인이 그 해당 사항을 알 수 있도록 국토교통부령으로 정하는 바에 따라 그 공급가격을 표시하여야 한다.

1. 분양가격에 포함되지 아니하는 품목을 견본주택에 전시하는 경우 2. 마감자재 생산업체의 부도 등으로 인한 제품의 품귀 등 부득이한 경우

③ 견본주택에는 마감자재 목록표와 제15조에 따라 사업계획승인을 받은 서류 중 평면도와 시방서(示方書)를 갖춰 두어야 하며, 견본주택의 배치、구조 및 유지관리 등은 국토교통부령으로 정하는 기준에 맞아야 한다.

★ 제61조 저당권설정 등의 제한 → 위반시 2년 – 2천(법 제102조제17호)

① 사업주체는 주택건설사업에 의하여 건설된 주택 및 대지에 대하여는 입주자 모집공고 승인 신청일(주택조합의 경우에는 사업계획승인 신청일을 말한다) 이후부터 입주예정자가 그 주택 및 대지의 소유권이전등기를 신청할 수 있는 날(입주예정자에게 통보한 입주가능일)이후 60일까지의 기간 동안 입주예정자의 동의 없이 다음 각 호의 어느 하나에 해당하는 행위를 하여서는 아니 된다.(원칙) 다만, 그 주택의 건설을 촉진하기 위하여 대통령령으로 정하는 경우에는 그러하지 아니하다.(예외)

1. 해당 주택 및 대지에 저당권 또는 가등기담보권 등 담보물권을 설정하는 행위 2. 해당 주택 및 대지에 전세권·지상권(地上權) 또는 등기되는 부동산임차권을 설정하는 행위 3. 해당 주택 및 대지를 매매 또는 증여 등의 방법으로 처분하는 행위

② 제1항에서 "소유권이전등기를 신청할 수 있는 날"이란 사업주체가 입주예정자에게 통보한 입주가능일을 말한다.

③ 제1항에 따른 저당권설정 등의 제한을 할 때 사업주체는 해당 주택 또는 대지가 입주예정자의 동의 없이는 양도하거나 제한물권을 설정하거나 압류·가압류·가처분 등의 목적물이 될 수 없는 재산임을 소

유권등기에 부기등기(附記登記)하여야 한다. 다만, 사업주체가 국가·지방자치단체 및 한국토지주택공사 등 공공기관이거나 해당 대지가 사업주체의 소유가 아닌 경우 등 대통령령으로 정하는 경우에는 그러하지 아니하다.

④ 제3항에 따른 **부기등기**는 주택건설**대지**에 대하여는 입주자 모집공고 승인 신청(주택건설대지 중 주택조합이 사업계획승인 신청일까지 소유권을 확보하지 못한 부분이 있는 경우에는 그 부분에 대한 소유권이전등기를 말한다)과 동시에 하여야 하고, 건설된 **주택**에 대하여는 소유권보존등기와 동시에 하여야 한다. 이 경우 부기등기의 내용 및 말소에 관한 사항은 대통령령으로 정한다.

⑤ 제4항에 따른 부기등기일 이후에 해당 대지 또는 주택을 양수하거나 제한물권을 설정받은 경우 또는 압류·가압류·가처분 등의 목적물로 한 경우에는 그 효력을 무효로 한다. 다만, 사업주체의 경영부실로 입주예정자가 그 대지를 양수받는 경우 등 대통령령으로 정하는 경우에는 그러하지 아니하다.

⑥ 사업주체의 재무 상황 및 금융거래 상황이 극히 불량한 경우 등 대통령령으로 정하는 사유에 해당되어 「주택도시기금법」에 따른 주택도시보증공사(이하 "주택도시보증공사"라 한다)가 분양보증을 하면서 주택건설대지를 주택도시보증공사에 신탁하게 할 경우에는 제1항과 제3항에도 불구하고 사업주체는 그 주택건설대지를 신탁할 수 있다.

⑦ 제6항에 따라 사업주체가 주택건설대지를 신탁하는 경우 신탁등기일 이후부터 입주예정자가 해당 주택건설대지의 소유권이전등기를 신청할 수 있는 날 이후 60일까지의 기간 동안 해당 신탁의 종료를 원인으로 하는 사업주체의 소유권이전등기청구권에 대한 압류·가압류·가처분 등은 효력이 없음을 신탁계약조항에 포함하여야 한다.

⑧ 제6항에 따른 신탁등기일 이후부터 입주예정자가 해당 주택건설대지의 소유권이전등기를 신청할 수 있는 날 이후 60일까지의 기간 동안 해당 신탁의 종료를 원인으로 하는 사업주체의 소유권이전등기청구권을 압류·가압류·가처분 등의 목적물로 한 경우에는 그 효력을 무효로 한다.

제62조 사용검사 후 매도청구 등

① 주택(복리시설을 포함한다. 이하 이 조에서 같다)의 소유자들은 주택단지 전체 대지에 속하는 일부의 토지에 대한 소유권이전등기 말소소송 등에 따라 제49조의 사용검사(동별 사용검사를 포함한다. 이하 이 조에서 같다)를 받은 이후에 해당 토지의 소유권을 회복한 자(이하 이 조에서 "실소유자"라 한다)에게 해당 토지를 시가로 매도할 것을 청구할 수 있다.

② 주택의 소유자들은 대표자를 선정하여 제1항에 따른 매도청구에 관한 소송을 제기할 수 있다. 이 경우 대표자는 주택의 소유자 전체의 4분의 3 이상의 동의를 받아 선정한다.

③ 제2항에 따른 매도청구에 관한 소송에 대한 판결은 주택의 소유자 전체에 대하여 효력이 있다.

④ 제1항에 따라 매도청구를 하려는 경우에는 해당 토지의 면적이 주택단지 전체 대지 면적의 5퍼센트 미만이어야 한다.

⑤ 제1항에 따른 매도청구의 의사표시는 실소유자가 해당 토지 소유권을 회복한 날부터 2년 이내에 해당

실소유자에게 송달되어야 한다.

⑥ 주택의 소유자들은 제1항에 따른 매도청구로 인하여 발생한 비용의 전부를 사업주체에게 구상(求償)할 수 있다.

★★ 제63조 투기과열지구의 지정 및 해제

① 국토교통부장관 또는 시·도지사는 주택가격의 안정을 위하여 필요한 경우에는 주거정책심의위원회(시·도지사의 경우에는 「주거기본법」 제9조에 따른 시·도 주거정책심의위원회를 말한다. 이하 이 조에서 같다)의 **심의**를 거쳐 일정한 지역을 투기과열지구로 **지정**하거나 이를 **해제**할 수 있다. 이 경우 투기과열지구의 지정은 그 지정 목적을 달성할 수 있는 최소한의 범위로 한다.

② 제1항에 따른 투기과열지구는 해당 지역의 주택가격상승률이 물가상승률보다 현저히 높은 지역으로서 그 지역의 청약경쟁률·주택가격·주택보급률 및 주택공급계획 등과 지역 주택시장 여건 등을 고려하였을 때 주택에 대한 투기가 성행하고 있거나 성행할 우려가 있는 지역 중 국토교통부령(시행규칙 제25조)으로 정하는 기준을 충족하는 곳이어야 한다.

③ 국토교통부장관 또는 시·도지사는 제1항에 따라 투기과열지구를 지정하였을 때에는 지체 없이 이를 **공고**하고, 국토교통부장관은 그 투기과열지구를 관할하는 시장·군수·구청장에게, 특별시장, 광역시장 또는 도지사는 그 투기과열지구를 관할하는 시장, 군수 또는 구청장에게 각각 공고 내용을 **통보**하여야 한다. 이 경우 시장·군수·구청장은 사업주체로 하여금 입주자 모집공고 시 해당 주택건설 지역이 투기과열지구에 포함된 사실을 **공고**하게 하여야 한다. 투기과열지구 지정을 해제하는 경우에도 또한 같다.

④ 국토교통부장관 또는 시·도지사는 투기과열지구에서 제2항에 따른 지정 사유가 없어졌다고 인정하는 경우에는 지체 없이 투기과열지구 지정을 **해제**하여야 한다.

⑤ 제1항에 따라 국토교통부장관이 투기과열지구를 지정하거나 해제할 경우에는 시·도지사의 **의견**을 들어야 하며, 시·도지사가 투기과열지구를 지정하거나 해제할 경우에는 국토교통부장관과 **협의**하여야 한다.

⑥ 국토교통부장관은 1년마다 주거정책심의위원회의 회의를 소집하여 투기과열지구로 지정된 지역별로 해당 지역의 주택가격 안정 여건의 변화 등을 고려하여 투기과열지구 지정의 유지 여부를 **재검토**하여야 한다. 이 경우 재검토 결과 투기과열지구 지정의 해제가 필요하다고 인정되는 경우에는 지체 없이 투기과열지구 지정을 해제하고 이를 **공고**하여야 한다.

⑦ 투기과열지구로 지정된 지역의 시·도지사, 시장, 군수 또는 구청장은 투기과열지구 지정 후 해당 지역의 주택가격이 안정되는 등 지정 사유가 없어졌다고 인정되는 경우에는 국토교통부장관 또는 시·도지사에게 투기과열지구 지정의 **해제**를 **요청**할 수 있다.

⑧ 제7항에 따라 투기과열지구 지정의 해제를 요청받은 국토교통부장관 또는 시·도지사는 요청받은 날부터 40일 이내에 주거정책심의위원회의 **심의**를 거쳐 투기과열지구 지정의 해제 여부를 결정하여 그 투기과열지구를 관할하는 지방자치단체의 장에게 심의결과를 **통보**하여야 한다.

⑨ 국토교통부장관 또는 시·도지사는 제8항에 따른 심의결과 투기과열지구에서 그 지정 사유가 없어졌

다고 인정될 때에는 지체 없이 투기과열지구 지정을 해제하고 이를 공고하여야 한다.

제63조의2 조정대상지역의 지정 및 해제

① 국토교통부장관은 다음 각 호의 어느 하나에 해당하는 지역으로서 국토교통부령으로 정하는 기준을 충족하는 지역을 주거정책심의위원회의 심의를 거쳐 조정대상지역(이하 "조정대상지역"이라 한다)으로 **지정**할 수 있다. 이 경우 제1호에 해당하는 조정대상지역의 지정은 그 지정 목적을 달성할 수 있는 최소한의 범위로 한다.

1. 주택가격, 청약경쟁률, 분양권 전매량 및 주택보급률 등을 고려하였을 때 주택 분양 등이 과열되어 있거나 과열될 우려가 있는 지역
2. 주택가격, 주택거래량, 미분양주택의 수 및 주택보급률 등을 고려하여 주택의 분양·매매 등 거래가 위축되어 있거나 위축될 우려가 있는 지역

② 국토교통부장관은 제1항에 따라 조정대상지역을 지정하는 경우 다음 각 호의 사항을 미리 관계 기관과 **협의**할 수 있다.

1. 「주택도시기금법」에 따른 주택도시보증공사의 보증업무 및 주택도시기금의 지원 등에 관한 사항
2. 주택 분양 및 거래 등과 관련된 금융·세제 조치 등에 관한 사항
3. 그 밖에 주택시장의 안정 또는 실수요자의 주택거래 활성화를 위하여 대통령령으로 정하는 사항

③ 국토교통부장관은 제1항에 따라 조정대상지역을 지정하는 경우에는 미리 시·도지사의 **의견**을 들어야 한다.

④ 국토교통부장관은 조정대상지역을 지정하였을 때에는 지체 없이 이를 **공고**하고, 그 조정대상지역을 관할하는 시장·군수·구청장에게 공고 내용을 **통보**하여야 한다. 이 경우 시장·군수·구청장은 사업주체로 하여금 입주자 모집공고 시 해당 주택건설 지역이 조정대상지역에 포함된 사실을 공고하게 하여야 한다.

⑤ 국토교통부장관은 조정대상지역으로 유지할 필요가 없다고 판단되는 경우에는 주거정책심의위원회의 **심의**를 거쳐 조정대상지역의 지정을 **해제**하여야 한다.

⑥ 제5항에 따라 조정대상지역의 지정을 해제하는 경우에는 제3항 및 제4항 전단을 준용한다. 이 경우 "지정"은 "해제"로 본다.

⑦ 조정대상지역으로 지정된 지역의 시·도지사 또는 시장·군수·구청장은 조정대상지역 지정 후 해당 지역의 주택가격이 안정되는 등 조정대상지역으로 유지할 필요가 없다고 판단되는 경우에는 국토교통부장관에게 그 지정의 **해제**를 **요청**할 수 있다.

⑧ 제7항에 따라 조정대상지역의 지정의 해제를 요청하는 경우의 절차 등 필요한 사항은 국토교통부령으로 정한다.

★★

제64조 주택의 전매행위 제한 등 → 위반시 3년 – 3천(법 제101조제2호)

① 사업주체가 건설·공급하는 주택 또는 주택의 입주자로 선정된 지위(입주자로 선정되어 그 주택에 입주할

수 있는 권리 · 자격 · 지위 등을 말한다. 이하 같다)로서 다음 각 호의 어느 하나에 해당하는 경우에는 10년 이내의 범위에서 대통령령으로 정하는 기간이 지나기 전에는 그 주택 또는 지위를 전매[매매 · 증여나 그 밖에 권리의 변동을 수반하는 모든 행위를 포함하되, 상속의 경우는 제외(예외)한다. 이하 같다]하거나 이의 전매를 알선할 수 없다.(원칙) 이 경우 전매제한기간은 주택의 수급 상황 및 투기 우려 등을 고려하여 대통령령으로 지역별로 달리 정할 수 있다.

1. 투기과열지구에서 건설 · 공급되는 주택의 입주자로 선정된 지위
2. 조정대상지역에서 건설 · 공급되는 주택의 입주자로 선정된 지위. 다만, 제63조의2제1항제2호에 해당하는 조정대상지역 중 주택의 수급 상황 등을 고려하여 대통령령으로 정하는 지역에서 건설 · 공급되는 주택의 입주자로 선정된 지위는 제외한다.
3. 분양가상한제 적용주택 및 그 주택의 입주자로 선정된 지위. 다만, 「수도권정비계획법」 제2조제1호에 따른 수도권(이하 이 조에서 "수도권"이라 한다) 외의 지역 중 주택의 수급 상황 및 투기 우려 등을 고려하여 대통령령으로 정하는 지역으로서 투기과열지구가 지정되지 아니하거나 제63조에 따라 지정 해제된 지역 중 공공택지 외의 택지에서 건설 · 공급되는 분양가상한제 적용주택 및 그 주택의 입주자로 선정된 지위는 제외한다.
4. 공공택지 외의 택지에서 건설 · 공급되는 주택 또는 그 주택의 입주자로 선정된 지위. 다만, 제57조제2항 각 호의 주택 또는 그 주택의 입주자로 선정된 지위 및 수도권 외의 지역 중 주택의 수급 상황 및 투기 우려 등을 고려하여 대통령령으로 정하는 지역으로서 공공택지 외의 택지에서 건설 · 공급되는 주택 및 그 주택의 입주자로 선정된 지위는 제외한다.

② 제1항 각 호의 어느 하나에 해당하여 입주자로 선정된 자 또는 제1항제3호 및 제4호에 해당하는 주택을 공급받은 자의 생업상의 사정 등으로 전매가 불가피하다고 인정되는 경우로서 대통령령(시행령 제73조제4항)으로 정하는 경우에는 제1항을 적용하지 아니한다.(예외) 다만, 제1항제3호 및 제4호에 해당하는 주택을 공급받은 자가 전매하는 경우에는 한국토지주택공사(사업주체가 지방공사인 경우에는 지방공사를 말한다. 이하 이 조에서 같다)가 그 주택을 우선 매입할 수 있다.

③ 제1항을 위반하여 주택의 입주자로 선정된 지위의 전매가 이루어진 경우, 사업주체가 이미 납부된 입주금에 대하여 「은행법」에 따른 은행의 1년 만기 정기예금 평균이자율을 합산한 금액(이하 "매입비용"이라 한다. 이 조에서 같다)을 그 매수인에게 지급한 경우에는 그 지급한 날에 사업주체가 해당 입주자로 선정된 지위를 취득한 것으로 보며, 제2항 단서에 따라 한국토지주택공사가 분양가상한제 적용주택을 우선 매입하는 경우의 매입비용에 관하여도 이를 준용한다.

④ 사업주체가 제1항제3호 및 제4호에 해당하는 주택을 공급하는 경우에는 그 주택의 소유권을 제3자에게 이전할 수 없음을 소유권에 관한 등기에 부기등기하여야 한다.

⑤ 제4항에 따른 부기등기는 주택의 소유권보존등기와 동시에 하여야 하며, 부기등기에는 "이 주택은 최초로 소유권이전등기가 된 후에는 「주택법」 제64조제1항에서 정한 기간이 지나기 전에 한국토지주택공사(제64조제2항 단서에 따라 한국토지주택공사가 우선 매입한 주택을 공급받는 자를 포함한다) 외의 자에게 소유권을 이전하는 어떠한 행위도 할 수 없음"을 명시하여야 한다.

⑥ 한국토지주택공사가 제2항 단서에 따라 우선 매입한 주택을 공급하는 경우에는 제4항을 준용한다.

■ **전매행위 제한기간 및 전매가 불가피한 경우** (시행령 제73조)

① 법 제64조제1항 각 호 외의 부분 전단에서 "대통령령으로 정하는 기간"이란 별표 3에 따른 기간을 말한다.
② 법 제64조제1항제2호 단서에서 "대통령령으로 정하는 지역에서 건설 · 공급되는 주택"이란 공공택지 외의 택지에서 건설 · 공급되는 주택을 말한다.
③ 법 제64조제1항제3호 단서 및 같은 항 제4호 단서에서 "대통령령으로 정하는 지역"이란 각각 광역시가 아닌 지역을 말한다.
④ 법 제64조제2항 본문에서 "대통령령으로 정하는 경우"란 다음 각 호의 어느 하나에 해당하여 사업주체(법 제64조제1항제3호 및 제4호에 해당하는 주택의 경우에는 한국토지주택공사를 말하되, 사업주체가 지방공사인 경우에는 지방공사를 말한다)의 동의를 받은 경우를 말한다.

1. 세대원(세대주가 포함된 세대의 구성원을 말한다. 이하 이 조에서 같다)이 근무 또는 생업상의 사정이나 질병치료 · 취학 · 결혼으로 인하여 세대원 전원이 다른 광역시, 특별자치시, 특별자치도, 시 또는 군(광역시의 관할구역에 있는 군은 제외한다)으로 이전하는 경우. 다만, 수도권으로 이전하는 경우는 제외한다.
2. 상속에 따라 취득한 주택으로 세대원 전원이 이전하는 경우
3. 세대원 전원이 해외로 이주하거나 2년 이상의 기간 동안 해외에 체류하려는 경우
4. 이혼으로 인하여 입주자로 선정된 지위 또는 주택을 배우자에게 이전하는 경우
5. 「공익사업을 위한 토지 등의 취득 및 보상에 관한 법률」 제78조제1항에 따라 공익사업의 시행으로 주거용 건축물을 제공한 자가 사업시행자로부터 이주대책용 주택을 공급받은 경우(사업시행자의 알선으로 공급받은 경우를 포함한다)로서 시장 · 군수 · 구청장이 확인하는 경우
6. 법 제64조제1항제3호 및 제4호에 해당하는 주택의 소유자가 국가 · 지방자치단체 및 금융기관(제71조제1호 각 목의 금융기관을 말한다)에 대한 채무를 이행하지 못하여 경매 또는 공매가 시행되는 경우
7. 입주자로 선정된 지위 또는 주택의 일부를 배우자에게 증여하는 경우

출제자 의도
공급질서 교란 금지
그 대상을 알고 있는가?

★★
제65조 공급질서 교란 금지 → 위반시 3년 – 3천(법 제101조제3호)

① 누구든지 이 법에 따라 건설·공급되는 주택을 공급받거나 공급받게 하기 위하여 다음 각 호의 어느 하나에 해당하는 증서 또는 지위를 양도·양수[매매·증여나 그 밖에 권리 변동을 수반하는 모든 행위를 포함하되, 상속·저당의 경우는 제외(예외)한다. 이하 이 조에서 같다] 또는 이를 알선하거나 양도·양수 또는 이를 알선할 목적으로 하는 광고(각종 간행물·유인물·전화·인터넷, 그 밖의 매체를 통한 행위를 포함한다)를 하여서는 아니 되며, 누구든지 거짓이나 그 밖의 부정한 방법으로 이 법에 따라 건설·공급되는 증서나 지위 또는 주택을 공급받거나 공급받게 하여서는 아니 된다.(원칙)

1. 제11조에 따라 주택을 공급받을 수 있는 지위
2. 제56조에 따른 입주자저축 증서
3. 제80조에 따른 주택상환사채
4. 그 밖에 주택을 공급받을 수 있는 증서 또는 지위로서 대통령령(시행령 제74조)으로 정하는 것

② 국토교통부장관 또는 사업주체는 다음 각 호의 어느 하나에 해당하는 자에 대하여는 그 주택 공급을 신청할 수 있는 지위를 무효로 하거나 이미 체결된 주택의 공급계약을 취소할 수 있다.

> 1. 제1항을 위반하여 증서 또는 지위를 양도하거나 양수한 자
> 2. 제1항을 위반하여 거짓이나 그 밖의 부정한 방법으로 증서나 지위 또는 주택을 공급받은 자

③ 사업주체가 제1항을 위반한 자에게 대통령령으로 정하는 바에 따라 산정한 주택가격에 해당하는 금액을 지급한 경우에는 그 지급한 날에 그 주택을 취득한 것으로 본다.

④ 제3항의 경우 사업주체가 매수인에게 주택가격을 지급하거나, 매수인을 알 수 없어 주택가격의 수령 통지를 할 수 없는 경우 등 대통령령으로 정하는 사유에 해당하는 경우로서 주택가격을 그 주택이 있는 지역을 관할하는 법원에 공탁한 경우에는 그 주택에 입주한 자에게 기간을 정하여 퇴거를 명할 수 있다.

⑤ 국토교통부장관은 제1항을 위반한 자에 대하여 10년의 범위에서 국토교통부령으로 정하는 바에 따라 주택의 입주자자격을 제한할 수 있다.

■ **양도가 금지되는 증서 등** (시행령 제74조)

> ① 법 제65조제1항제4호에서 "대통령령으로 정하는 것"이란 다음 각 호의 어느 하나에 해당하는 것을 말한다.
> 1. 시장 · 군수 · 구청장이 발행한 무허가건물 확인서, 건물철거예정 증명서 또는 건물철거 확인서
> 2. 공공사업의 시행으로 인한 이주대책에 따라 주택을 공급받을 수 있는 지위 또는 이주대책대상자 확인서
>
> ② 법 제65조제3항에 따라 사업주체가 같은 조 제1항을 위반한 자에게 다음 각 호의 금액을 합산한 금액에서 감가상각비(「법인세법 시행령」 제26조제2항제1호에 따른 정액법에 준하는 방법으로 계산한 금액을 말한다)를 공제한 금액을 지급하였을 때에는 그 지급한 날에 해당 주택을 취득한 것으로 본다.
> 1. 입주금
> 2. 융자금의 상환 원금
> 3. 제1호 및 제2호의 금액을 합산한 금액에 생산자물가상승률을 곱한 금액
>
> ③ 법 제65조제4항에서 "매수인을 알 수 없어 주택가격의 수령 통지를 할 수 없는 경우 등 대통령령으로 정하는 사유에 해당하는 경우"란 다음 각 호의 어느 하나에 해당하는 경우를 말한다.
> 1. 매수인을 알 수 없어 주택가격의 수령 통지를 할 수 없는 경우
> 2. 매수인에게 주택가격의 수령을 3회 이상 통지하였으나 매수인이 수령을 거부한 경우. 이 경우 각 통지일 간에는 1개월 이상의 간격이 있어야 한다.
> 3. 매수인이 주소지에 3개월 이상 살지 아니하여 주택가격의 수령이 불가능한 경우
> 4. 주택의 압류 또는 가압류로 인하여 매수인에게 주택가격을 지급할 수 없는 경우

제4장 리모델링

제66조 리모델링의 허가 등

① 공동주택(부대시설과 복리시설을 포함한다)의 입주자·사용자 또는 관리주체가 공동주택을 리모델링하려고 하는 경우에는 허가와 관련된 면적, 세대수 또는 입주자 등의 동의 비율에 관하여 대통령령으로 정하는 기준 및 절차 등에 따라 시장·군수·구청장의 허가를 받아야 한다.

② 제1항에도 불구하고 대통령령으로 정하는 경우에는 리모델링주택조합이나 소유자 전원의 동의를 받은 입주자대표회의(「공동주택관리법」 제2조제1항제8호에 따른 입주자대표회의를 말하며, 이하 "입주자대표회의"라 한다)가 시장·군수·구청장의 허가를 받아 리모델링을 할 수 있다.

③ 제2항에 따라 리모델링을 하는 경우 제11조제1항에 따라 설립인가를 받은 리모델링주택조합의 총회 또는 소유자 전원의 동의를 받은 입주자대표회의에서 「건설산업기본법」 제9조에 따른 건설업자 또는 제7조제1항에 따라 건설업자로 보는 등록사업자를 시공자로 선정하여야 한다.

④ 제3항에 따른 시공자를 선정하는 경우에는 국토교통부장관이 정하는 경쟁입찰의 방법으로 하여야 한다. 다만, 경쟁입찰의 방법으로 시공자를 선정하는 것이 곤란하다고 인정되는 경우 등 대통령령으로 정하는 경우에는 그러하지 아니하다.

⑤ 제1항 또는 제2항에 따른 리모델링에 관하여 시장·군수·구청장이 관계 행정기관의 장과 협의하여 허가받은 사항에 관하여는 제19조를 준용한다.

⑥ 제1항에 따라 시장·군수·구청장이 세대수 증가형 리모델링(대통령령으로 정하는 세대수 이상으로 세대수가 증가하는 경우로 한정한다. 이하 이 조에서 같다)을 허가하려는 경우에는 기반시설에의 영향이나 도시·군관리계획과의 부합 여부 등에 대하여 「국토의 계획 및 이용에 관한 법률」 제113조제2항에 따라 설치된 시·군·구도시계획위원회(이하 "시·군·구도시계획위원회"라 한다)의 심의를 거쳐야 한다.

⑦ 공동주택의 입주자·사용자·관리주체·입주자대표회의 또는 리모델링주택조합이 제1항 또는 제2항에 따른 리모델링에 관하여 시장·군수·구청장의 허가를 받은 후 그 공사를 완료하였을 때에는 시장·군수·구청장의 사용검사를 받아야 하며, 사용검사에 관하여는 제49조를 준용한다.

⑧ 시장·군수·구청장은 제7항에 해당하는 자가 거짓이나 그 밖의 부정한 방법으로 제1항·제2항 및 제5항에 따른 허가를 받은 경우에는 행위허가를 취소할 수 있다.

⑨ 제71조에 따른 리모델링 기본계획 수립 대상지역에서 세대수 증가형 리모델링을 허가하려는 시장·군수·구청장은 해당 리모델링 기본계획에 부합하는 범위에서 허가하여야 한다.

제67조 권리변동계획의 수립

세대수가 증가되는 리모델링을 하는 경우에는 기존 주택의 권리변동, 비용분담 등 대통령령으로 정하는 사항에 대한 계획(이하 "권리변동계획"이라 한다)을 수립하여 사업계획승인 또는 행위허가를 받아야 한다.

제68조 증축형 리모델링의 안전진단

① 제2조제25호나목 및 다목에 따라 증축하는 리모델링(이하 "증축형 리모델링"이라 한다)을 하려는 자는 시장·군수·구청장에게 안전진단을 요청하여야 하며, 안전진단을 요청받은 시장·군수·구청장은 해당 건축물의 증축 가능 여부의 확인 등을 위하여 안전진단을 실시하여야 한다.
② 시장·군수·구청장은 제1항에 따라 안전진단을 실시하는 경우에는 대통령령으로 정하는 기관에 안전진단을 의뢰하여야 하며, 안전진단을 의뢰받은 기관은 리모델링을 하려는 자가 추천한 건축구조기술사(구조설계를 담당할 자를 말한다)와 함께 안전진단을 실시하여야 한다.
③ 시장·군수·구청장이 제1항에 따른 안전진단으로 건축물 구조의 안전에 위험이 있다고 평가하여 「도시 및 주거환경정비법」 제2조제2호다목에 따른 재건축사업 및 「빈집 및 소규모주택 정비에 관한 특례법」 제2조제1항제3호다목에 따른 소규모재건축사업의 시행이 필요하다고 결정한 건축물은 증축형 리모델링을 하여서는 아니 된다.
④ 시장·군수·구청장은 제66조제1항에 따라 수직증축형 리모델링을 허가한 후에 해당 건축물의 구조안전성 등에 대한 상세 확인을 위하여 안전진단을 실시하여야 한다. 이 경우 안전진단을 의뢰받은 기관은 제2항에 따른 건축구조기술사와 함께 안전진단을 실시하여야 하며, 리모델링을 하려는 자는 안전진단 후 구조설계의 변경 등이 필요한 경우에는 건축구조기술사로 하여금 이를 보완하도록 하여야 한다.
⑤ 제2항 및 제4항에 따라 안전진단을 의뢰받은 기관은 국토교통부장관이 정하여 고시하는 기준에 따라 안전진단을 실시하고, 국토교통부령으로 정하는 방법 및 절차에 따라 안전진단 결과보고서를 작성하여 안전진단을 요청한 자와 시장·군수·구청장에게 제출하여야 한다.
⑥ 시장·군수·구청장은 제1항 및 제4항에 따라 안전진단을 실시하는 비용의 전부 또는 일부를 리모델링을 하려는 자에게 부담하게 할 수 있다.
⑦ 그 밖에 안전진단에 관하여 필요한 사항은 대통령령으로 정한다.

제69조 전문기관의 안전성 검토 등

① 시장·군수·구청장은 수직증축형 리모델링을 하려는 자가 「건축법」에 따른 건축위원회의 심의를 요청하는 경우 구조계획상 증축범위의 적정성 등에 대하여 대통령령으로 정하는 전문기관(한국시설안전공단 또는 한국건설기술연구원)에 안전성 검토를 의뢰하여야 한다.
② 시장·군수·구청장은 제66조제1항에 따라 수직증축형 리모델링을 하려는 자의 허가 신청이 있거나 제68조제4항에 따른 안전진단 결과 국토교통부장관이 정하여 고시하는 설계도서의 변경이 있는 경우 제출된 설계도서상 구조안전의 적정성 여부 등에 대하여 제1항에 따라 검토를 수행한 전문기관에 안전성 검토를 의뢰하여야 한다.
③ 제1항 및 제2항에 따라 검토의뢰를 받은 전문기관은 국토교통부장관이 정하여 고시하는 검토기준에 따라 검토한 결과를 대통령령으로 정하는 기간[안전성 검토를 의뢰받은 날부터 30일 말한다. 다만, 검토 의뢰를 받은 전문기관이 부득이하게 검토기간의 연장이 필요하다고 인정하여 20일의 범위에서 그 기간을 연장(한 차례로 한정한다)한 경우에는 그 연장된 기간을 포함한 기간을 말한다.] 이내에 시장·군수·구청장에게 제출하여야

하며, 시장·군수·구청장은 특별한 사유가 없는 경우 이 법 및 관계 법률에 따른 위원회의 심의 또는 허가 시 제출받은 안전성 검토결과를 반영하여야 한다.

④ 시장·군수·구청장은 제1항 및 제2항에 따른 전문기관의 안전성 검토비용의 전부 또는 일부를 리모델링을 하려는 자에게 부담하게 할 수 있다.

⑤ 국토교통부장관은 시장·군수·구청장에게 제3항에 따라 제출받은 자료의 제출을 요청할 수 있으며, 필요한 경우 시장·군수·구청장으로 하여금 안전성 검토결과의 적정성 여부에 대하여 「건축법」에 따른 중앙건축위원회의 심의를 받도록 요청할 수 있다.

⑥ 시장·군수·구청장은 특별한 사유가 없으면 제5항에 따른 심의결과를 반영하여야 한다.

⑦ 그 밖에 전문기관 검토 등에 관하여 필요한 사항은 대통령령으로 정한다.

제70조 수직증축형 리모델링의 구조기준

수직증축형 리모델링의 설계자는 국토교통부장관이 정하여 고시하는 구조기준에 맞게 구조설계도서를 작성하여야 한다.

제71조 리모델링 기본계획의 수립권자 및 대상지역 등

① 특별시장·광역시장 및 대도시의 시장은 관할구역에 대하여 다음 각 호의 사항을 포함한 리모델링 기본계획을 10년 단위로 수립하여야 한다. 다만, 세대수 증가형 리모델링에 따른 도시과밀의 우려가 적은 경우 등 대통령령으로 정하는 경우에는 리모델링 기본계획을 수립하지 아니할 수 있다.

1. 계획의 목표 및 기본방향
2. 도시기본계획 등 관련 계획 검토
3. 리모델링 대상 공동주택 현황 및 세대수 증가형 리모델링 수요 예측
4. 세대수 증가에 따른 기반시설의 영향 검토
5. 일시집중 방지 등을 위한 단계별 리모델링 시행방안
6. 그 밖에 대통령령으로 정하는 사항

② 대도시가 아닌 시의 시장은 세대수 증가형 리모델링에 따른 도시과밀이나 일시집중 등이 우려되어 도지사가 리모델링 기본계획의 수립이 필요하다고 인정한 경우 리모델링 기본계획을 수립하여야 한다.

③ 리모델링 기본계획의 작성기준 및 작성방법 등은 국토교통부장관이 정한다.

제72조 리모델링 기본계획 수립절차

① 특별시장·광역시장 및 대도시의 시장(제71조제2항에 따른 대도시가 아닌 시의 시장을 포함한다. 이하 이 조부터 제74조까지에서 같다)은 리모델링 기본계획을 수립하거나 변경하려면 14일 이상 주민에게 공람하고, 지방의회의 의견을 들어야 한다. 이 경우 지방의회는 의견제시를 요청받은 날부터 30일 이내에 의견을 제시하여야 하며, 30일 이내에 의견을 제시하지 아니하는 경우에는 이의가 없는 것으로 본다. 다만, 대통령령으로 정하는 경미한 변경인 경우에는 주민공람 및 지방의회 의견청취 절차를 거치지 아

니할 수 있다.

② 특별시장·광역시장 및 대도시의 시장은 리모델링 기본계획을 수립하거나 변경하려면 관계 행정기관의 장과 협의한 후 「국토의 계획 및 이용에 관한 법률」 제113조제1항에 따라 설치된 시·도도시계획위원회(이하 "시·도도시계획위원회"라 한다) 또는 시·군·구도시계획위원회의 심의를 거쳐야 한다.

③ 제2항에 따라 협의를 요청받은 관계 행정기관의 장은 특별한 사유가 없으면 그 요청을 받은 날부터 30일 이내에 의견을 제시하여야 한다.

④ 대도시의 시장은 리모델링 기본계획을 수립하거나 변경하려면 도지사의 승인을 받아야 하며, 도지사는 리모델링 기본계획을 승인하려면 시·도도시계획위원회의 심의를 거쳐야 한다.

제73조 리모델링 기본계획의 고시 등

① 특별시장·광역시장 및 대도시의 시장은 리모델링 기본계획을 수립하거나 변경한 때에는 이를 지체 없이 해당 지방자치단체의 공보에 고시하여야 한다.

② 특별시장·광역시장 및 대도시의 시장은 5년마다 리모델링 기본계획의 타당성 여부를 검토하여 그 결과를 리모델링 기본계획에 반영하여야 한다.

③ 그 밖에 주민공람 절차 등 리모델링 기본계획 수립에 필요한 사항은 대통령령으로 정한다.

제74조 세대수 증가형 리모델링의 시기 조정

① 국토교통부장관은 세대수 증가형 리모델링의 시행으로 주변 지역에 현저한 주택부족이나 주택시장의 불안정 등이 발생될 우려가 있는 때에는 주거정책심의위원회의 심의를 거쳐 특별시장, 광역시장, 대도시의 시장에게 리모델링 기본계획을 변경하도록 요청하거나, 시장·군수·구청장에게 세대수 증가형 리모델링의 사업계획 승인 또는 허가의 시기를 조정하도록 요청할 수 있으며, 요청을 받은 특별시장, 광역시장, 대도시의 시장 또는 시장·군수·구청장은 특별한 사유가 없으면 그 요청에 따라야 한다.

② 시·도지사는 세대수 증가형 리모델링의 시행으로 주변 지역에 현저한 주택부족이나 주택시장의 불안정 등이 발생될 우려가 있는 때에는 「주거기본법」 제9조에 따른 시·도 주거정책심의위원회의 심의를 거쳐 대도시의 시장에게 리모델링 기본계획을 변경하도록 요청하거나, 시장·군수·구청장에게 세대수 증가형 리모델링의 사업계획 승인 또는 허가의 시기를 조정하도록 요청할 수 있으며, 요청을 받은 대도시의 시장 또는 시장·군수·구청장은 특별한 사유가 없으면 그 요청에 따라야 한다.

③ 제1항 및 제2항에 따른 시기조정에 관한 방법 및 절차 등에 관하여 필요한 사항은 국토교통부령 또는 시·도의 조례로 정한다.

제75조 리모델링 지원센터의 설치·운영

① 시장·군수·구청장은 리모델링의 원활한 추진을 지원하기 위하여 리모델링 지원센터를 설치하여 운영할 수 있다.

② 리모델링 지원센터는 다음 각 호의 업무를 수행할 수 있다.

> 1. 리모델링주택조합 설립을 위한 업무 지원
> 2. 설계자 및 시공자 선정 등에 대한 지원
> 3. 권리변동계획 수립에 관한 지원
> 4. 그 밖에 지방자치단체의 조례로 정하는 사항

③ 리모델링 지원센터의 조직, 인원 등 리모델링 지원센터의 설치·운영에 필요한 사항은 지방자치단체의 조례로 정한다.

제76조 공동주택 리모델링에 따른 특례

① 공동주택의 소유자가 리모델링에 의하여 전유부분(「집합건물의 소유 및 관리에 관한 법률」 제2조제3호에 따른 전유부분을 말한다. 이하 이 조에서 같다)의 면적이 늘거나 줄어드는 경우에는 「집합건물의 소유 및 관리에 관한 법률」 제12조 및 제20조제1항에도 불구하고 대지사용권은 변하지 아니하는 것으로 본다. 다만, 세대수 증가를 수반하는 리모델링의 경우에는 권리변동계획에 따른다.

② 공동주택의 소유자가 리모델링에 의하여 일부 공용부분(「집합건물의 소유 및 관리에 관한 법률」 제2조제4호에 따른 공용부분을 말한다. 이하 이 조에서 같다)의 면적을 전유부분의 면적으로 변경한 경우에는 「집합건물의 소유 및 관리에 관한 법률」 제12조에도 불구하고 그 소유자의 나머지 공용부분의 면적은 변하지 아니하는 것으로 본다.

③ 제1항의 대지사용권 및 제2항의 공용부분의 면적에 관하여는 제1항과 제2항에도 불구하고 소유자가 「집합건물의 소유 및 관리에 관한 법률」 제28조에 따른 규약으로 달리 정한 경우에는 그 규약에 따른다.

④ 임대차계약 당시 다음 각 호의 어느 하나에 해당하여 그 사실을 임차인에게 고지한 경우로서 제66조제1항 및 제2항에 따라 리모델링 허가를 받은 경우에는 해당 리모델링 건축물에 관한 임대차계약에 대하여 「주택임대차보호법」 제4조제1항 및 「상가건물 임대차보호법」 제9조제1항을 적용하지 아니한다.

> 1. 임대차계약 당시 해당 건축물의 소유자들(입주자대표회의를 포함한다)이 제11조제1항에 따른 리모델링주택조합 설립인가를 받은 경우
> 2. 임대차계약 당시 해당 건축물의 입주자대표회의가 직접 리모델링을 실시하기 위하여 제68조제1항에 따라 관할 시장·군수·구청장에게 안전진단을 요청한 경우

제77조 부정행위 금지

공동주택의 리모델링과 관련하여 다음 각 호의 어느 하나에 해당하는 자는 부정하게 재물 또는 재산상의 이익을 취득하거나 제공하여서는 아니 된다.

> 1. 입주자
> 2. 사용자
> 3. 관리주체
> 4. 입주자대표회의 또는 그 구성원
> 5. 리모델링주택조합 또는 그 구성원

제5장 보칙

제78조 토지임대부 분양주택의 토지에 관한 임대차 관계

① 토지임대부 분양주택의 토지에 대한 임대차기간은 40년 이내로 한다. 이 경우 토지임대부 분양주택 소유자의 75퍼센트 이상이 계약갱신을 청구하는 경우 40년의 범위에서 이를 갱신할 수 있다.

② 토지임대부 분양주택을 공급받은 자가 토지소유자와 임대차계약을 체결한 경우 해당 주택의 구분소유권을 목적으로 그 토지 위에 제1항에 따른 임대차기간 동안 지상권이 설정된 것으로 본다.

③ 토지임대부 분양주택의 토지에 대한 임대차계약을 체결하고자 하는 자는 국토교통부령으로 정하는 표준임대차계약서를 사용하여야 한다.

④ 토지임대부 분양주택을 양수한 자 또는 상속받은 자는 제1항에 따른 임대차계약을 승계한다.

⑤ 토지임대부 분양주택의 토지임대료는 해당 토지의 조성원가 또는 감정가격 등을 기준으로 산정하되, 구체적인 토지임대료의 책정 및 변경기준, 납부 절차 등에 관한 사항은 대통령령으로 정한다.

⑥ 제5항의 토지임대료는 월별 임대료를 원칙으로 하되, 토지소유자와 주택을 공급받은 자가 합의한 경우 대통령령으로 정하는 바에 따라 임대료를 보증금으로 전환하여 납부할 수 있다.

⑦ 제1항부터 제6항까지에서 정한 사항 외에 토지임대부 분양주택 토지의 임대차 관계는 토지소유자와 주택을 공급받은 자 간의 임대차계약에 따른다.

⑧ 토지임대부 분양주택에 관하여 이 법에서 정하지 아니한 사항은 「집합건물의 소유 및 관리에 관한 법률」, 「민법」 순으로 적용한다.

제79조 토지임대부 분양주택의 재건축

① 토지임대부 분양주택의 소유자가 제78조제1항에 따른 임대차기간이 만료되기 전에 「도시 및 주거환경정비법」 등 도시개발 관련 법률에 따라 해당 주택을 철거하고 재건축을 하고자 하는 경우 「집합건물의 소유 및 관리에 관한 법률」 제47조부터 제49조까지에 따라 토지소유자의 동의를 받아 재건축할 수 있다. 이 경우 토지소유자는 정당한 사유 없이 이를 거부할 수 없다.

② 제1항에 따라 토지임대부 분양주택을 재건축하는 경우 해당 주택의 소유자를 「도시 및 주거환경정비법」 제2조제9호나목에 따른 토지등소유자로 본다.

③ 제1항에 따라 재건축한 주택은 토지임대부 분양주택으로 한다. 이 경우 재건축한 주택의 준공인가일부터 제78조제1항에 따른 임대차기간 동안 토지소유자와 재건축한 주택의 조합원 사이에 토지의 임대차기간에 관한 계약이 성립된 것으로 본다.

④ 제3항에도 불구하고 토지소유자와 주택소유자가 합의한 경우에는 토지임대부 분양주택이 아닌 주택으로 전환할 수 있다.

출제자 의도

주택상환사채

발행절차 등의 내용을 알고 있는가?

★

제80조 주택상환사채의 발행

① 한국토지주택공사와 등록사업자는 대통령령으로 정하는 바에 따라 주택으로 상환하는 사채(이하 "주택상환사채"라 한다)를 **발행**할 수 있다. 이 경우 등록사업자는 자본금·자산평가액 및 기술인력 등이 대통령령으로 정하는 기준에 맞고 금융기관 또는 주택도시보증공사의 **보증**을 받은 경우에만 주택상환사채를 발행할 수 있다.

② 주택상환사채를 발행하려는 자는 대통령령으로 정하는 바에 따라 주택상환사채발행계획을 수립하여 국토교통부장관의 **승인**을 받아야 한다.

③ 주택상환사채의 발행요건 및 상환기간 등은 대통령령으로 정한다.

■ **주택상환사채의 발행** (시행령 제83조)

> ① 법 제80조제1항에 따른 주택상환사채(이하 "주택상환사채"라 한다)는 액면 또는 할인의 방법으로 발행한다.
> ② 주택상환사채권에는 기호와 번호를 붙이고 국토교통부령으로 정하는 사항을 적어야 한다.
> ③ 주택상환사채의 발행자는 주택상환사채대장을 갖추어 두고 주택상환사채권의 발행 및 상환에 관한 사항을 적어야 한다.

■ **등록사업자의 주택상환사채 발행** (시행령 제84조)

> ① 법 제80조제1항 후단에서 "대통령령으로 정하는 기준"이란 다음 각 호의 기준 모두를 말한다.
> 1. 법인으로서 자본금이 5억원 이상일 것
> 2. 「건설산업기본법」 제9조에 따라 건설업 등록을 한 자일 것
> 3. 최근 3년간 연평균 주택건설 실적이 300호 이상일 것
>
> ② 등록사업자가 발행할 수 있는 주택상환사채의 규모는 최근 3년간의 연평균 주택건설 호수 이내로 한다.

■ **주택상환사채의 발행 요건 등** (시행령 제85조)

> ① 법 제80조제2항에 따라 주택상환사채발행계획의 승인을 받으려는 자는 주택상환사채발행계획서에 다음 각 호의 서류를 첨부하여 국토교통부장관에게 제출하여야 한다. 다만, 제3호의 서류는 주택상환사채 모집공고 전까지 제출할 수 있다.
> 1. 주택상환사채 상환용 주택의 건설을 위한 택지에 대한 소유권 또는 그 밖에 사용할 수 있는 권리를 증명할 수 있는 서류
> 2. 주택상환사채에 대한 금융기관 또는 주택도시보증공사의 보증서
> 3. 금융기관과의 발행대행계약서 및 납입금 관리계약서
>
> ② 제1항에 따른 주택상환사채발행계획서에는 다음 각 호의 사항이 기재되어야 한다.
> 1. 발행자의 명칭

2. 회사의 자본금 총액
3. 발행할 주택상환사채의 총액
4. 여러 종류의 주택상환사채를 발행하는 경우에는 각 주택상환사채의 권종별 금액 및 권종별 발행가액
5. 발행조건과 방법
6. 분납발행일 때에는 분납금액과 시기
7. 상환 절차와 시기
8. 주택의 건설위치·형별·단위규모·총세대수·착공예정일·준공예정일 및 입주예정일
9. 주택가격의 추산방법
10. 할인발행일 때에는 그 이자율과 산정 명세
11. 중도상환에 필요한 사항
12. 보증부 발행일 때에는 보증기관과 보증의 내용
13. 납입금의 사용계획
14. 그 밖에 국토교통부장관이 정하여 고시하는 사항

③ 국토교통부장관은 주택상환사채발행계획을 승인하였을 때에는 주택상환사채발행 대상지역을 관할하는 시ㆍ도지사에게 그 내용을 통보하여야 한다.
④ 주택상환사채발행계획을 승인받은 자는 주택상환사채를 모집하기 전에 국토교통부령으로 정하는 바에 따라 주택상환사채 모집공고안을 작성하여 국토교통부장관에게 제출하여야 한다.

■ **주택상환사채의 상환 등** (시행령 제86조)

① 주택상환사채의 **상환기간**은 3년을 초과할 수 없다.
② 제1항의 상환기간은 주택상환사채 발행일부터 주택의 공급계약체결일까지의 기간으로 한다.
③ 주택상환사채는 양도하거나 중도에 해약할 수 없다.(원칙) 다만, 해외이주 등 국토교통부령으로 정하는 부득이한 사유가 있는 경우는 예외로 한다.(예외)

■ **납입금의 사용** (시행령 제87조)

① 주택상환사채의 납입금은 다음 각 호의 용도로만 사용할 수 있다.
1. 택지의 구입 및 조성
2. 주택건설자재의 구입
3. 건설공사비에의 충당
4. 그 밖에 주택상환을 위하여 필요한 비용으로서 국토교통부장관의 승인을 받은 비용에의 충당

② 주택상환사채의 납입금은 해당 보증기관과 주택상환사채발행자가 협의하여 정하는 금융기관에서 관리한다.
③ 제2항에 따라 납입금을 관리하는 금융기관은 국토교통부장관이 요청하는 경우에는 납입금 관리상황을 보고하여야 한다.

제81조 발행책임과 조건 등

① 제80조에 따라 주택상환사채를 발행한 자는 발행조건에 따라 주택을 건설하여 사채권자에게 상환하여야 한다.

② 주택상환사채는 기명증권(記名證券)으로 하고, 사채권자의 명의변경은 취득자의 성명과 주소를 사채

원부에 기록하는 방법으로 하며, 취득자의 성명을 채권에 기록하지 아니하면 사채발행자 및 제3자에게 대항할 수 없다.

③ 국토교통부장관은 사채의 납입금이 택지의 구입 등 사채발행 목적에 맞게 사용될 수 있도록 그 사용 방법·절차 등에 관하여 대통령령으로 정하는 바에 따라 필요한 조치를 하여야 한다.

제82조 주택상환사채의 효력

제8조에 따라 등록사업자의 등록이 말소된 경우에도 등록사업자가 발행한 주택상환사채의 효력에는 영향을 미치지 아니한다.

제83조 「상법」의 적용

주택상환사채의 발행에 관하여 이 법에서 규정한 것 외에는 「상법」 중 사채발행에 관한 규정을 적용한다. 다만, 한국토지주택공사가 발행하는 경우와 금융기관 등이 상환을 보증하여 등록사업자가 발행하는 경우에는 「상법」 제478조제1항을 적용하지 아니한다.

제84조 국민주택사업특별회계의 설치 등

① 지방자치단체는 국민주택사업을 시행하기 위하여 국민주택사업특별회계를 설치·운용하여야 한다.

② 제1항의 국민주택사업특별회계의 자금은 다음 각 호의 재원으로 조성한다.

1. 자체 부담금
2. 주택도시기금으로부터의 차입금
3. 정부로부터의 보조금
4. 농협은행으로부터의 차입금
5. 외국으로부터의 차입금
6. 국민주택사업특별회계에 속하는 재산의 매각 대금
7. 국민주택사업특별회계자금의 회수금 、이자수입금 및 그 밖의 수익
8. 「재건축초과이익 환수에 관한 법률」에 따른 재건축부담금 중 지방자치단체 귀속분

③ 지방자치단체는 대통령령으로 정하는 바에 따라 국민주택사업특별회계의 운용 상황을 국토교통부장관에게 보고하여야 한다.

제85조 협회의 설립 등

① 등록사업자는 주택건설사업 및 대지조성사업의 전문화와 주택산업의 건전한 발전을 도모하기 위하여 주택사업자단체를 설립할 수 있다.

② 제1항에 따른 단체(이하 "협회"라 한다)는 법인으로 한다.

③ 협회는 그 주된 사무소의 소재지에서 설립등기를 함으로써 성립한다.

④ 이 법에 따라 국토교통부장관, 시·도지사 또는 대도시의 시장으로부터 영업의 정지처분을 받은 협회 회원의 권리·의무는 그 영업의 정지기간 중에는 정지되며, 등록사업자의 등록이 말소되거나 취소된

때에는 협회의 회원자격을 상실한다.

제86조 협회의 설립인가 등

① 협회를 설립하려면 회원자격을 가진 자 50인 이상을 발기인으로 하여 정관을 마련한 후 창립총회의 의결을 거쳐 국토교통부장관의 인가를 받아야 한다. 협회가 정관을 변경하려는 경우에도 또한 같다.

② 국토교통부장관은 제1항에 따른 인가를 하였을 때에는 이를 지체 없이 공고하여야 한다.

제87조 「민법」의 준용

협회에 관하여 이 법에서 규정한 것 외에는 「민법」 중 사단법인에 관한 규정을 준용한다.

제88조 주택정책 관련 자료 등의 종합관리

① 국토교통부장관 또는 시·도지사는 적절한 주택정책의 수립 및 시행을 위하여 주택(준주택을 포함한다. 이하 이 조에서 같다)의 건설·공급·관리 및 이와 관련된 자금의 조달, 주택가격 동향 등 이 법에 규정된 주택과 관련된 사항에 관한 정보를 종합적으로 관리하고 이를 관련 기관·단체 등에 제공할 수 있다.

② 국토교통부장관 또는 시·도지사는 제1항에 따른 주택 관련 정보를 종합관리하기 위하여 필요한 자료를 관련 기관·단체 등에 요청할 수 있다. 이 경우 관계 행정기관 등은 특별한 사유가 없으면 요청에 따라야 한다.

③ 사업주체 또는 관리주체는 주택을 건설·공급·관리할 때 이 법과 이 법에 따른 명령에 따라 필요한 주택의 소유 여부 확인, 입주자의 자격 확인 등 대통령령으로 정하는 사항에 대하여 관련 기관·단체 등에 자료 제공 또는 확인을 요청할 수 있다.

제89조 권한의 위임 · 위탁

① 이 법에 따른 국토교통부장관의 권한은 대통령령으로 정하는 바에 따라 그 일부를 시·도지사 또는 국토교통부 소속 기관의 장에게 위임할 수 있다.

② 국토교통부장관 또는 지방자치단체의 장은 이 법에 따른 권한 중 다음 각 호의 권한을 대통령령으로 정하는 바에 따라 주택산업 육성과 주택관리의 전문화, 시설물의 안전관리 및 자격검정 등을 목적으로 설립된 법인 또는 「주택도시기금법」 제10조제2항 및 제3항에 따라 주택도시기금 운용·관리에 관한 사무를 위탁받은 자 중 국토교통부장관 또는 지방자치단체의 장이 인정하는 자에게 위탁할 수 있다.

1. 제4조에 따른 주택건설사업 등의 등록
2. 제10조에 따른 영업실적 등의 접수
3. 제48조제3항에 따른 부실감리자 현황에 대한 종합관리
4. 제88조에 따른 주택정책 관련 자료의 종합관리

③ 국토교통부장관은 제55조제1항 및 제2항에 따른 관계 기관의 장에 대한 자료제공 요청에 관한 사무를

보건복지부장관 또는 지방자치단체의 장에게 위탁할 수 있다.

제90조 등록증의 대여 등 금지

등록사업자는 다른 사람에게 자기의 성명 또는 상호를 사용하여 이 법에서 정한 사업이나 업무를 수행 또는 시공하게 하거나 그 등록증을 대여하여서는 아니 된다.

제91조 체납된 분양대금 등의 강제징수

① 국가 또는 지방자치단체인 사업주체가 건설한 국민주택의 분양대금·임대보증금 및 임대료가 체납된 경우에는 국가 또는 지방자치단체가 국세 또는 지방세 체납처분의 예에 따라 강제징수할 수 있다. 다만, 입주자가 장기간의 질병이나 그 밖의 부득이한 사유로 분양대금·임대보증금 및 임대료를 체납한 경우에는 강제징수하지 아니할 수 있다.

② 한국토지주택공사 또는 지방공사는 그가 건설한 국민주택의 분양대금·임대보증금 및 임대료가 체납된 경우에는 주택의 소재지를 관할하는 시장·군수·구청장에게 그 징수를 위탁할 수 있다.

③ 제2항에 따라 징수를 위탁받은 시장·군수·구청장은 지방세 체납처분의 예에 따라 이를 징수하여야 한다. 이 경우 한국토지주택공사 또는 지방공사는 시장·군수·구청장이 징수한 금액의 2퍼센트에 해당하는 금액을 해당 시·군·구에 위탁수수료로 지급하여야 한다.

제92조 분양권 전매 등에 대한 신고포상금

시·도지사는 제64조를 위반하여 분양권 등을 전매하거나 알선하는 자를 주무관청에 신고한 자에게 대통령령으로 정하는 바에 따라 포상금을 지급할 수 있다.

제93조 보고·검사 등

① 국토교통부장관 또는 지방자치단체의 장은 필요하다고 인정할 때에는 이 법에 따른 인가·승인 또는 등록을 한 자에게 필요한 보고를 하게 하거나, 관계 공무원으로 하여금 사업장에 출입하여 필요한 검사를 하게 할 수 있다.

② 제1항에 따른 검사를 할 때에는 검사 7일 전까지 검사 일시, 검사 이유 및 검사 내용 등 검사계획을 검사를 받을 자에게 알려야 한다. 다만, 긴급한 경우나 사전에 통지하면 증거인멸 등으로 검사 목적을 달성할 수 없다고 인정하는 경우에는 그러하지 아니하다.

③ 제1항에 따라 검사를 하는 공무원은 그 권한을 나타내는 증표를 지니고 이를 관계인에게 내보여야 한다.

제94조 사업주체 등에 대한 지도·감독

국토교통부장관 또는 지방자치단체의 장은 사업주체 및 공동주택의 입주자·사용자·관리주체·입주자대표회의나 그 구성원 또는 리모델링주택조합이 이 법 또는 이 법에 따른 명령이나 처분을 위반한 경우에는 공사의 중지, 원상복구 또는 그 밖에 필요한 조치를 명할 수 있다.

제95조 협회 등에 대한 지도 · 감독

국토교통부장관은 협회를 지도·감독한다.

제96조 청문

국토교통부장관 또는 지방자치단체의 장은 다음 각 호의 어느 하나에 해당하는 처분을 하려면 청문을 하여야 한다.

1. 제8조제1항에 따른 주택건설사업 등의 등록말소
2. 제14조제2항에 따른 주택조합의 설립인가취소
3. 제16조제3항에 따른 사업계획승인의 취소
4. 제66조제8항에 따른 행위허가의 취소

제97조 벌칙 적용에서 공무원 의제

다음 각 호의 어느 하나에 해당하는 자는 「형법」 제129조부터 제132조까지의 규정을 적용할 때에는 공무원으로 본다.

1. 제44조 및 제45조에 따라 감리업무를 수행하는 자
2. 제59조에 따른 분양가심사위원회의 위원 중 공무원이 아닌 자

제6장 벌칙 : 생략

O · X · 지 · 문 · 학 · 습

01. 세대수 증가형 리모델링이란 각 세대의 증축 가능 면적을 합산한 면적의 범위에서 기존 세대수의 20퍼센트 이내에서 세대수를 증가하는 증축 행위를 말한다. [O, ×]

02. 연간 도시형 생활주택이나 원룸형 주택을 30세대 이상의 주택건설사업을 시행하려는 자는 시 · 도지사에게 등록하여야 한다. [O, ×]

03. 국토교통부장관은 실외소음도를 측정할 수 있는 측정기관을 지정할 수 있다. [O, ×]

04. 시 · 군 · 구 소속 공무원 또는 소속 공무원이었던 사람과 사업주체의 소속 임직원은 입주자 자격 확인을 위해 얻은 정보와 자료를 법령에서 정한 목적 외의 다른 용도로 사용하거나 다른 사람 또는 기관에 제공하거나 누설하여서는 아니 된다. [O, ×]

05. 국토교통부장관은 분양가상한제 적용 지역을 지정하는 경우 미리 시 · 도지사의 의견을 들어야 한다. [O, ×]

06. 국토교통부장관은 주택가격의 안정을 위하여 필요한 경우 시 · 도 주거정책심의위원회의 심의를 거쳐 일정한 지역을 투기과열지구로 지정하거나 이를 해제할 수 있다. [O, ×]

07. 투기과열지구에서 건설 · 공급되는 주택의 입주자로 선정된 지위를 5년 이내에 그 주택 또는 지위를 상속이나 매매 · 증여할 수 없다. [O, ×]

08. 토지임대부 분양주택 소유자의 75퍼센트 이상이 계약갱신을 청구하는 경우 20년의 범위에서 이를 갱신할 수 있다. [O, ×]

09. 시장 · 군수 · 구청장은 리모델링 기본계획을 수립하거나 변경하려면 14일 이상 주민에게 공람하고, 지방의회의 의견을 들어야 한다. [O, ×]

정답 및 해설

01. × (20퍼센트 → 15퍼센트)
02. × (시 · 도지사 → 국토교통부장관) 03. ○
04. × (시 · 군 · 구 → 국토교통부) 05. ○
06. × (시 · 도 주거정책심의위원회 → 주거정책심의위원회. 시 · 도지사의 경우가 시 · 도 주거정책심의위원회의 심의를 거친다.)
07. × (5년 이내 → 10년 이내. 상속의 경우는 적용 제외된다.)
08. × (20년 → 40년)
09. × (시장 · 군수 · 구청장 → 특별시장 · 광역시장 및 대도시의 시장)

1. 「주택법령」상 주택조합에 관한 설명으로 옳은 것은?

① 리모델링 주택조합은 등록사업자와 공동으로 주택건설사업을 시행할 수 있다.
② 등록사업자와 공동으로 주택건설사업을 하려는 주택조합은 국토교통부장관에게 등록하여야 한다.
③ 리모델링주택조합은 그 리모델링 결의에 찬성하지 아니하는 자의 주택 및 토지에 대하여 매도청구를 할 수 있다.
④ 국민주택을 공급받기 위하여 직장주택조합을 설립하려는 자는 관할 시장·군수·구청장의 인가를 받아야 한다.
⑤ 리모델링주택조합은 주택건설 예정세대수의 2분의 1 이상의 조합원으로 구성하되, 조합원은 20명 이상이어야 한다.

해설

① 주택조합(세대수를 증가하지 아니하는 리모델링주택조합은 제외)이 그 구성원의 주택을 건설하는 경우에는 등록사업자(지방자치단체·한국토지주택공사·지방공사를 포함)와 공동으로 사업을 시행할 수 있다(법 제10조 제②항).
② 등록사업자와 공동으로 주택건설사업을 하는 주택조합은 등록하지 아니한다(법 제9조 제①항 단서).
④ 국민주택을 공급받기 위하여 직장주택조합을 설립하려는 자는 관할 시장·군수·구청장에게 신고하여야 한다. 신고한 내용을 변경하거나 직장주택조합을 해산하려는 경우에도 또한 같다(법 제32조 제③항).
⑤ 주택조합은 주택건설예정세대수 2분의 1 이상의 조합원으로 구성하되, 조합원은 20명 이상이어야 한다. 다만, 리모델링주택조합의 경우에는 그러하지 아니하다(영 제37조 제③항).

2. 「주택법령」상 주택의 공급 및 분양가상한제에 관한 설명으로 틀린 것은?

① 지방공사가 사업주체가 되어 입주자를 모집하려는 경우, 시장·군수·구청장의 승인을 받아야 한다.
② 사업주체가 주택을 공급하려는 경우에는 국토교통부령으로 정하는 바에 따라 벽지·바닥재·주방용구·조명기구 등을 제외한 부분의 가격을 따로 제시하여야 한다.
③ 도시형 생활주택은 분양가상한제의 적용을 받지 않는다.
④ 「관광진흥법」에 따라 지정된 관광특구에서 건설·공급하는 50층 이상의 공동주택은 분양가상한제의 적용을 받지 않는다.
⑤ 공공택지에서 주택을 공급하는 경우, 분양가상한제 적용주택의 택지비는 해당 택지의 공급가격에 국토교통부령이 정하는 택지와 관련된 비용을 가산한 금액으로 한다.

해설

① 사업주체(국가, 지방자치단체, 한국토지주택공사 및 지방공사는 제외한다)가 입주자를 모집하려는 경우에는 시장·군수·구청장의 승인(복리시설의 경우에는 신고)을 받아야 한다(법 제38조 제①항제1호).

3. 주택법령상 도시형 생활주택에 관한 설명으로 틀린 것은?

① 도시형 생활주택은 세대수가 300세대 미만이어야 한다.
② 수도권정비계획법에 따른 수도권의 경우 도시형 생활주택은 1호(戶) 또는 1세대당 주거전용면적이 85제곱미터 이하이어야 한다.
③ 국토의 계획 및 이용에 관한 법률에 따른 도시지역에 건설하는 세대별 주거전용면적이 85제

|정답| 1. ③ 2. ①

곱미터인 아파트는 도시형 생활주택에 해당하지 아니한다.

④ 도시형 생활주택에는 분양가상한제가 적용되지 아니한다.

⑤ 준주거지역에서 도시형 생활주택인 원룸형 주택과 도시형 생활주택이 아닌 주택 1세대는 하나의 건축물에 함께 건축할 수 없다.

해설

⑤ 준주거지역 또는 상업지역에서 원룸형 주택과 도시형 생활주택 외의 주택을 함께 건축할 수 있다(영 제3조 제②항).

4. 주택법령상 투기과열지구에 관한 설명으로 옳은 것은?

① 일정한 지역의 주택가격상승률이 물가상승률보다 현저히 높은 경우 관할 시장 · 군수 · 구청장은 해당 지역을 투기과열지구로 지정할 수 있다.

② 시 · 도지사가 투기과열지구를 지정하는 경우 당해 지역의 시장 · 군수 · 구청장과 협의하여야 한다.

③ 투기과열지구로 지정되면 투기과열지구 내의 기존 주택에 대해서 주택의 전매제한이 적용된다.

④ 주택의 분양계획이 지난 달보다 30퍼센트 이상 증가한 곳은 투기과열지구로 지정하여야 한다.

⑤ 투기과열지구에서 건설 · 공급되는 주택의 입주자로 선정된 지위를 세대원 전원이 해외로 이주하게 되어 사업주체의 동의를 받아 전매하는 경우에는 전매제한이 적용되지 않는다.

해설

① 투기과열지구는 국토교통부장관 또는 시 · 도지사가 법정된 지역에 지정할 수 있다.

② 시 · 도지사가 투기과열지구를 지정하는 경우 국토교통부장관과 협의하여야 한다.

③ 투기과열지구로 지정되면 투기과열지구 내의 신규로 분양받은 입주자 지위나 그 주택에 대하여 전매제한이 적용되며, 기존주택에 대하여는 전매제한이 적용되지 아니한다.

④ 주택의 분양계획이 지난 달보다 30퍼센트 이상 감소한 곳에 지정하여야 한다.

5. 주택법령상 주택단지 전체를 대상으로 증축형 리모델링을 하기 위하여 리모델링주택조합을 설립하려는 경우 조합설립인가 신청 시 제출해야 할 첨부서류가 아닌 것은?(단, 조례는 고려하지 않음)

① 창립총회의 회의록

② 조합원 전원이 자필로 연명한 조합규약

③ 해당 주택 소재지의 100분의 80 이상의 토지에 대한 토지사용승낙서

④ 해당 주택이 사용검사를 받은 후 15년 이상 경과하였음을 증명하는 서류

⑤ 조합원 명부

해설

③ 지역 · 직장조합주택의 경우에만 제출해야 하는 서류이다..

|정답| 3. ⑤ 4. ⑤ 5. ③

6

농지법

1. 용어정의
2. 소유제한
3. 농지처분 절차
4. 농지이용증진사업
5. 대리경작제도
6. 농업진흥지역
7. 농지전용 제한
8. 농지보전부담금
9. 이행강제금

Point

농지의 보전·이용에 따른 행위제한 vs 구제방안의 비교이해 [출제비율] 5%, 2문항

■ 학습목적

농지법이라는 부동산 공법적 측면에서의 부동산과 관련된 행위제한을 이해해서 농지를 제대로 중개하기 위해서 이 법을 배웁니다.

■ 나무

부동산 공법의 마지막 여섯 번째 나무인 농지법은 소유, 보전 및 이용이라는 3개의 나무 가지로 구성되어 있습니다.

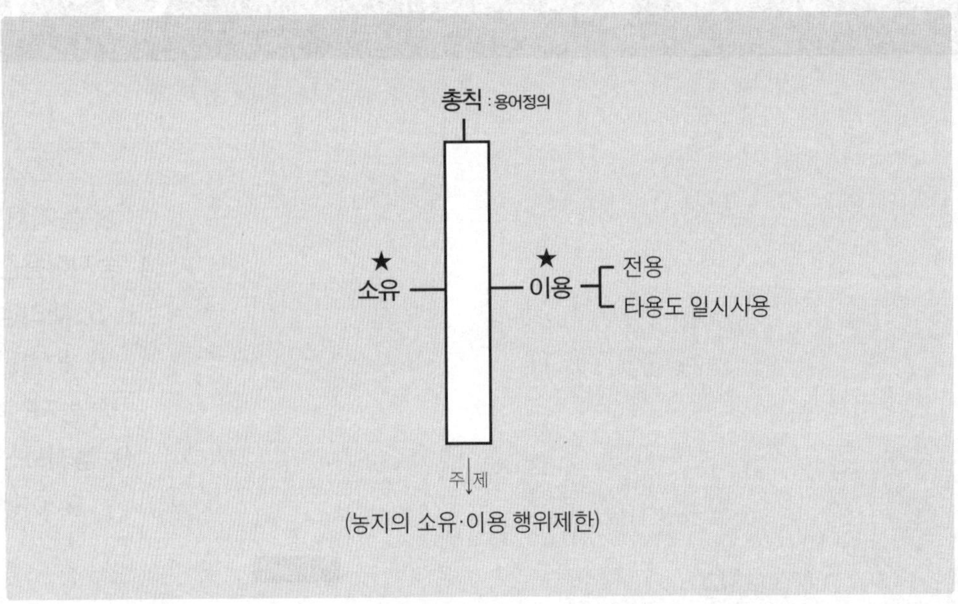

■ 핵심

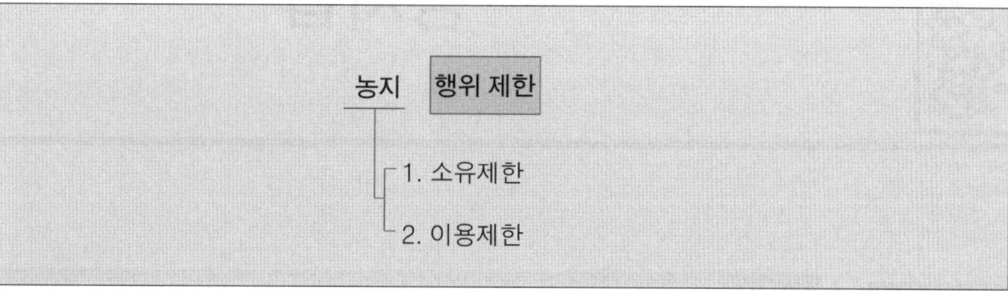

1 소유제한

1. 소유자 제한
2. 소유면적 제한
3. 농지취득자격증명
4. 농업경영계획서

2 이용제한

1. 농업진흥지역
2. 전용제한

(허가 vs 협의 vs 신고)

농지법

무선 인터넷에서 스마트폰으로 QR코드를 찍으면 동영상 강의를 보실 수 있습니다.

기출 Point

1. 용어정의(농지 ↔ 비농지, 농업인)
2. 소유제한 규정(소유자, 소유상한, 농지취득자격증명, 농업경영계획서)
3. 농지처분 절차 및 매수청구
4. 농지이용증진사업
5. 대리경작제도
6. 농업진흥지역(농업진흥구역·농업보호구역) 행위제한
7. 농지전용 허가·협의·신고·허가취소, 타용도일시 사용 허가
8. 농지보전부담금
9. 이행강제금

핵심

농지 → 행위제한

1. 소유제한
2. 전용제한 (허가 vs 협의 vs 신고)

농지법의 핵심은 농지관련 행위(소유·전용)제한 규정입니다.

행위제한 ↔ 구제방안

1. 소유제한

① 소유자제한(경자유전의 원칙,
농지취득자격증명제,
농업경영계획서 작성,
처분명령·이행강제금)

② 면적 제한 (소유상한제)

구제방안: ① 매수청구

2. 이용제한

① 농업진흥지역(농업진흥구역·농업보호구역)

② 농지조성비

③ 지목변경제한

④ 농지전용제한 : 허가·협의·신고

⑤ 대리경작제

★
1. 용어 정의 (제2조)

(1) 농지

"농지"란 다음 각 목의 어느 하나에 해당하는 토지를 말한다.

가. 전·답, 과수원, 그 밖에 법적 지목(地目)을 불문하고 실제로 농작물 경작지 또는 대통령령으로 정하는 다년생식물 재배지로 이용되는 토지. 다만, 「초지법」에 따라 조성된 초지 등 대통령령으로 정하는 토지는 제외(포함×)한다.

나. 가목의 토지의 개량시설과 가목의 토지에 설치하는 농축산물 생산시설로서 대통령령으로 정하는 시설의 부지

■ 농지의 범위 (시행령 제2조)

① 「농지법」(이하 "법"이라 한다) 제2조제1호가목 본문에 따른 다년생식물 재배지는 다음 각 호의 어느 하나에 해당하는 식물의 재배지로 한다.
1. 목초·종묘·인삼·약초·잔디 및 조림용 묘목
2. 과수·뽕나무·유실수 그 밖의 생육기간이 2년(1년×) 이상인 식물
3. 조경 또는 관상용 수목과 그 묘목(조경목적으로 식재한 것을 제외한다)

② 법 제2조제1호가목 단서에서 "「초지법」에 따라 조성된 토지 등 대통령령으로 정하는 토지"란 다음 각 호의 토지를 말한다.
1. 「공간정보의 구축 및 관리 등에 관한 법률」에 따른 지목이 전·답, 과수원이 아닌 토지(지목이 임야인 토지는 제외한다)로서 농작물 경작지 또는 제1항 각 호에 따른 다년생식물 재배지로 계속하여 이용되는 기간이 3년 미만(이하×)인 토지
2. 「공간정보의 구축 및 관리 등에 관한 법률」에 따른 지목이 임야인 토지로서 「산지관리법」에 따른 산지전용허가(다른 법률에 따라 산지전용허가가 의제되는 인가·허가·승인 등을 포함한다)를 거치지 아니하고 농작물의 경작 또는 다년생식물의 재배에 이용되는 토지
3. 「초지법」에 따라 조성된 초지

③ 법 제2조제1호나목에서 "대통령령으로 정하는 시설"이란 다음 각 호의 구분에 따른 시설을 말한다.
1. 법 제2조제1호가목의 토지의 개량시설로서 다음 각 목의 어느 하나에 해당하는 시설
   가. 유지(溜池), 양·배수시설, 수로, 농로, 제방
   나. 그 밖에 농지의 보전이나 이용에 필요한 시설로서 농림축산식품부령으로 정하는 시설
2. 법 제2조제1호가목의 토지에 설치하는 농축산물 생산시설로서 농작물 경작지 또는 제1항 각 호의 다년생식물의 재배지에 설치한 다음 각 목의 어느 하나에 해당하는 시설
   가. 고정식온실·버섯재배사 및 비닐하우스와 농림축산식품부령으로 정하는 그 부속시설
   나. 축사·곤충사육사와 농림축산식품부령으로 정하는 그 부속시설
   다. 간이퇴비장
   라. 농막·간이저온저장고 및 간이액비저장조 중 농림축산식품부령으로 정하는 시설

출제자 의도

용어 정의

법조문상 용어의 정의를 알고 있는가?(특히, 숫자에 유의)

(2) 농업인

① 1천㎡(500㎡×) 이상의 농지에서 농작물 또는 다년생식물을 경작 또는 재배하거나 1년 중 90일(30일×) 이상 농업에 종사하는 자

② 농지에 330㎡(300㎡×) 이상의 고정식온실·버섯재배사·비닐하우스 기타 농림축산식품부령이 정하는 농업생산에 필요한 시설을 설치하여 농작물 또는 다년생식물을 경작 또는 재배하는 자

③ 대가축 2두, 중가축 10두, 소가축 100두, 가금 1천수 또는 꿀벌 10군 이상을 사육하거나 1년 중 120일(100일×) 이상 축산업에 종사하는 자

④ 농업경영을 통한 농산물의 연간 판매액이 120만원(1천만원×) 이상인 자

(3) 농업법인

「농어업경영체 육성 및 지원에 관한 법률」 제16조에 따라 설립된 영농조합법인과 같은 법 제19조에 따라 설립되고 업무집행권을 가진 자 중 3분의 1(2분의 1×) 이상이 농업인인 농업회사법인을 말한다.

(4) 자경

농업인이 그 소유 농지에서 농작물 경작 또는 다년생식물 재배에 상시 종사하거나(하고×) 농작업의 2분의 1(3분의 1×) 이상을 자기의 노동력으로 경작 또는 재배하는 것과 농업법인이 그 소유 농지에서 농작물을 경작하거나 다년생식물을 재배하는 것을 말한다.

(5) 농지의 전용

농지를 농작물의 경작이나 다년생식물의 재배 등 농업생산 또는 대통령령으로 정하는 농지개량 외의 용도로 사용하는 것을 말한다. 다만, 제1호나목(나. 가목의 토지의 개량시설과 가목의 토지에 설치하는 농축산물 생산시설로서 대통령령으로 정하는 시설의 부지)에서 정한 용도로 사용하는 경우에는 전용(轉用)으로 보지 아니한다.

★★★ 2. 소유제한

★ (1) 소유자 제한 (제6조)

① 농지는 자기의 농업경영에 이용하거나 이용할 자가 아니면 이를 소유하지 못한다. *(원칙 → 경자유전의 원칙)*.

② 다음 각 호의 어느 하나에 해당하는 경우에는 제1항에도 불구하고 자기의 농업경영에 이용하지 아니할지라도 농지를 소유할 수 있다.

1. 국가나 지방자치단체가 농지를 소유하는 경우

2. 「초·중등교육법」 및 「고등교육법」에 따른 학교, 농림축산식품부령으로 정하는 공공단체·농업연구기관·농업생산자단체 또는 종묘나 그 밖의 농업 기자재 생산자가 그 목적사업을 수행하기 위하여 필요한 시험지·연구지·실습지·종묘생산지 또는 과수 인공수분용 꽃가루 생산지로 쓰기 위하여 농림축산식품부령으로 정하는 바에 따라 농지를 취득하여 소유하는 경우
3. 주말·체험영농(농업인이 아닌 개인이 주말 등을 이용하여 취미생활이나 여가활동으로 농작물을 경작하거나 다년생식물을 재배하는 것을 말한다)을 하려고 농지를 소유하는 경우
4. 상속 [상속인에게 한 유증을 포함한다]으로 농지를 취득하여 소유하는 경우
5. 8년 이상 농업경영을 하던 자가 이농한 후에도 이농 당시 소유하고 있던 농지를 계속 소유하는 경우
6. 제13조제1항에 따라 담보농지를 취득하여 소유하는 경우(「자산유동화에 관한 법률」 제3조에 따른 유동화전문회사등이 제13조제1항제1호부터 제4호까지에 규정된 저당권자로부터 농지를 취득하는 경우를 포함한다)
7. 제34조제1항에 따른 농지전용허가[다른 법률에 따라 농지전용허가가 의제되는 인가·허가·승인 등을 포함한다]를 받거나 제35조 또는 제43조에 따른 농지전용신고를 한 자가 그 농지를 소유하는 경우
8. 제34조제2항에 따른 농지전용협의를 마친 농지를 소유하는 경우
9. 「한국농어촌공사 및 농지관리기금법」 제24조제2항에 따른 농지의 개발사업지구에 있는 농지로서 대통령령으로 정하는 1천500제곱미터 미만의 농지나 「농어촌정비법」 제98조제3항에 따른 농지를 취득하여 소유하는 경우

9의2. 제28조에 따른 농업진흥지역 밖의 농지 중 최상단부부터 최하단부까지의 평균 경사율이 15% 이상인 농지로서 대통령령으로 정하는 농지를 소유하는 경우

10. 다음 각 목의 어느 하나에 해당하는 경우
    가. 「한국농어촌공사 및 농지관리기금법」에 따라 한국농어촌공사가 농지를 취득하여 소유하는 경우
    나. 「농어촌정비법」 제16조·제25조·제43조·제82조 또는 제100조에 따라 농지를 취득하여 소유하는 경우
    다. 「공유수면관리 및 매립에 관한 법률」에 따라 매립농지를 취득하여 소유하는 경우
    라. 토지수용으로 농지를 취득하여 소유하는 경우
    마. 농림축산식품부장관과 협의를 마치고 「공익사업을 위한 토지 등의 취득 및 보상에 관한 법률」에 따라 농지를 취득하여 소유하는 경우
    바. 「공공토지의 비축에 관한 법률」 제2조제1호가목에 해당하는 토지 중 같은 법 제7조제1항에 따른 공공토지비축심의위원회가 비축이 필요하다고 인정하는 토지로서 「국토의 계획 및 이용에 관한 법률」 제36조에 따른 계획관리지역과 자연녹지지역 안의 농지를 한국토지주택공사가 취득하여 소유하는 경우. 이 경우 그 취득한 농지를 전용하기 전까지는 한국농어촌공사에 지체 없이 위탁하여 임대하거나 사용대(使用貸)하여야 한다.

출제자 의도

소유제한

- 농지취득자격증명을 발급받지 않고 농지를 취득할 수 있는 경우를 알고 있는가?
- 소유면적 상한제가 적용되는 경우와 그 상한 면적을 알고 있는가?

- 참고

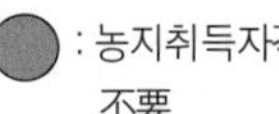

: 농지취득자격증명 不要

(↔ 제10호 바목은 제외)

: 농업경영계획서 작성 不要

③ 제23조제1항제2호부터 제6호까지의 규정에 따라 농지를 임대하거나 사용대(使用貸)하는 경우에는 제1항에도 불구하고 자기의 농업경영에 이용하지 아니할지라도 그 기간 중에는 농지를 계속 소유할 수 있다.

④ 이 법에서 허용된 경우 외에는 농지 소유에 관한 특례를 정할 수 없다.

★★★ (2) 소유상한 (제7조)

① 상속으로 농지를 취득한 자로서 농업경영을 하지 아니하는 자는 그 상속 농지 중에서 **1만㎡**까지만 소유할 수 있다.

② 대통령령으로 정하는 기간(8년) **이상 농업경영을 한 후 이농한 자**는 이농 당시의 소유농지 중에서 **1만㎡** 까지만 소유할 수 있다.

③ **주말·체험영농**을 하려는 자는 **1천㎡** 미만(이하×)의 농지를 소유할 수 있다. 이 경우 면적 계산은 그 세대원 전부가 소유하는 총 면적으로 한다.

④ 제23조제1항제7호에 따라 농지를 임대하거나 사용대하는 경우에는 제1항 또는 제2항에도 불구하고 소유 상한을 초과할지라도 그 기간에는 이 농지를 계속 소유할 수 있다.

★★ (3) 농지취득자격증명 (제8조)

① 농지를 취득하려는 자는 농지 소재지를 관할하는 시장(구를 두지 아니한 시의 시장을 말하며, 도농 복합 형태의 시는 농지 소재지가 동지역인 경우만을 말한다), 구청장(도농 복합 형태의 시의 구에서는 농지 소재지가 동지역인 경우만을 말한다), 읍장 또는 면장(시·구·읍·면의 장)(시장·군수·구청장×, 농림축산식품부장관×)에게서 농지취득자격증명을 발급받아야 한다.(원칙) 다만, 다음 각 호의 어느 하나에 해당하면 농지취득자격증명을 발급받지 아니하고 농지를 취득할 수 있다.(예외)

1. 제6조 제2항 제1호·제4호·제6호·제8호 또는 제10호(같은 호 바목은 제외한다)에 따라 농지를 취득하는 경우
2. **농업법인의 합병으로 농지를 취득**하는 경우
3. **공유 농지의 분할**이나 그 밖에 **대통령령으로 정하는 원인으로 농지를 취득**하는 경우

※ 농지취득자격증명 발급대상의 예외

1. 시효의 완성으로 농지를 취득하는 경우
2. 징발재산정리에 관한 특별조치법 제20조, 공익사업을 위한 토지 등의 취득 및 보상에 관한 법률 제91조에 따른 환매권자가 환매권에 의하여 농지를 취득하는 경우
3. 국가보위에 관한 특별조치법 제5조 제4항에 따른 동원대상지역 내의 토지의 수용·사용에 관한 특별조치령에 따라 수용·사용된 토지의 정리에 관한 특별조치법 제2조 및 같은 법 제3조에 따른 환매권자 등이 환매권 등에 따라 농지를 취득하는 경우
4. 법 제17조에 따른 농지이용증진사업 시행계획에 따라 농지를 취득하는 경우

② 제1항에 따른 농지취득자격증명을 발급받으려는 자는 다음 각 호의 사항이 모두 포함된 **농업경영계획서**를 작성하여 농지 소재지(소유자 주소지×)를 관할하는 시·구·읍·면의 장에게 발급신청을 하여야 한

다.(원칙) 다만, 제6조제2항제2호·제3호·제7호·제9호·제9호의2 또는 제10호바목에 따라 농지를 취득하는 자는 농업경영계획서를 작성하지 아니하고 발급신청을 할 수 있다.(예외)

> 1. 취득 대상 농지의 면적
> 2. 취득 대상 농지에서 농업경영을 하는 데에 필요한 노동력 및 농업 기계·장비·시설의 확보 방안
> 3. 소유 농지의 이용 실태(농지 소유자에게만 해당한다)

③ 제1항 본문과 제2항에 따른 신청 및 발급 절차 등에 필요한 사항은 대통령령으로 정한다.

④ 제1항 본문과 제2항에 따라 농지취득자격증명을 발급받아 농지를 취득하는 자가 그 소유권에 관한 등기를 신청할 때에는 농지취득자격증명을 첨부하여야 한다.

■ **농지취득자격증명의 발급** (시행령 제7조)

> ① 법 제8조제2항에 따라 농지취득자격증명을 발급받으려는 자는 농지취득자격증명신청서류를 농지의 소재지를 관할하는 시장(구를 두지 아니한 시의 시장을 말하며, 도농복합형태의 시에 있어서는 농지의 소재지가 동지역인 경우만을 말한다)·구청장(도농복합형태의 시의 구에 있어서는 농지의 소재지가 동지역인 경우만을 말한다)·읍장 또는 면장(이하 "시·구·읍·면의 장"이라 한다)에게 제출하여야 한다. 이 경우 농림축산식품부장관이 정하는 전자적인 방법을 활용하여 제출할 수 있다.
>
> ② 시·구·읍·면의 장은 제1항에 따른 농지취득자격증명의 발급신청을 받은 때에는 그 신청을 받은 날부터 4일(법 제8조제2항 단서에 따라 농업경영계획서를 작성하지 아니하고 농지취득자격증명의 발급신청을 할 수 있는 경우에는 2일)(3일×) 이내에 다음 각 호의 요건에 적합한지의 여부를 확인하여 이에 적합한 경우에는 신청인에게 농지취득자격증명을 발급하여야 한다.
>
> 1. 법 제6조제1항이나 제2항제2호·제3호·제7호 또는 제9호에 따른 취득요건에 적합할 것
> 2. 농업인이 아닌 개인이 주말·체험영농에 이용하고자 농지를 취득하는 경우에는 신청 당시 소유하고 있는 농지의 면적에 취득하려는 농지의 면적을 합한 면적이 법 제7조제3항에 따른 농지의 소유상한 이내일 것
> 3. 법 제8조제2항 각 호 외의 부분 본문에 따라 농업경영계획서를 제출하여야 하는 경우에는 그 계획서에 같은 항 각 호의 사항이 포함되어야 하고, 그 내용이 신청인의 농업경영능력 등을 참작할 때 실현가능하다고 인정될 것
> 4. 신청인이 소유농지의 전부를 타인에게 임대 또는 사용대(使用貸)하거나 농작업의 전부를 위탁하여 경영하고 있지 아니할 것. 다만, 법 제6조제2항제3호 또는 제9호에 따라 농지를 취득하는 경우에는 그러하지 아니하다.
> 5. 신청당시 농업경영을 하지 아니하는 자가 자기의 농업경영에 이용하고자 하여 농지를 취득하는 경우에는 해당 농지의 취득 후 농업경영에 이용하려는 농지의 총면적이 다음 각 목의 어느 하나에 해당할 것
>   가. 고정식온실·버섯재배사·비닐하우스·축사 그 밖의 농업생산에 필요한 시설로서 농림축산식품부령으로 정하는 시설이 설치되어 있거나 설치하려는 농지의 경우 : 330제곱미터 이상
>   나. 곤충사육사가 설치되어 있거나 곤충사육사를 설치하려는 농지의 경우: 165제곱미터 이상
>   다. 가목 및 나목 외의 농지의 경우 : 1천제곱미터 이상
>
> ③ 제2항제3호에 따른 농지취득자격의 확인기준 등에 관한 세부사항은 농림축산식품부령으로 정한다.

★ 3. 농지처분

출제자 의도 절차상 내용을 알고 있는가?

(1) 처분사유 (제10조)

농지 소유자는 다음 각 호의 어느 하나에 해당하게 되면 그 사유가 발생한 날부터 1년(6개월×) 이내에 해당 농지(제6호의 경우에는 농지 소유 상한을 초과하는 면적에 해당하는 농지를 말한다)를 처분하여야 한다.

1. 소유 농지를 자연재해·농지개량·질병 등 대통령령으로 정하는 정당한 사유(징집, 질병, 취학, 공직취임) 없이 자기의 농업경영에 이용하지 아니하거나 이용하지 아니하게 되었다고 시장(구를 두지 아니한 시의 시장을 말한다. 이하 이 조에서 같다)·군수 또는 구청장이 인정한 경우
2. 농지를 소유하고 있는 농업회사법인이 제2조제3호의 요건에 맞지 아니하게 된 후 3개월(1개월×)이 지난 경우
3. 제6조제2항제2호에 따라 농지를 취득한 자가 그 농지를 해당 목적사업에 이용하지 아니하게 되었다고 시장·군수 또는 구청장이 인정한 경우
4. 제6조제2항제3호에 따라 농지를 취득한 자가 자연재해·농지개량·질병 등 대통령령으로 정하는 정당한 사유 없이 그 농지를 주말·체험영농에 이용하지 아니하게 되었다고 시장·군수 또는 구청장이 인정한 경우
5. 제6조제2항제7호에 따라 농지를 취득한 자가 취득한 날부터 2년(1년×) 이내에 그 목적사업에 착수하지 아니한 경우

5의2. 제6조제2항제10호마목에 따른 농림축산식품부장관과의 협의를 마치지 아니하고 농지를 소유한 경우
5의3. 제6조제2항제10호바목에 따라 소유한 농지를 한국농어촌공사에 지체 없이 위탁하지 아니한 경우

6. 제7조에 따른 농지 소유 상한을 초과하여 농지를 소유한 것이 판명된 경우
7. 거짓이나 그 밖의 부정한 방법으로 제8조제1항에 따른 농지취득자격증명을 발급받아 농지를 소유한 것이 판명된 경우
8. 자연재해·농지개량·질병 등 대통령령으로 정하는 정당한 사유 없이 제8조제2항에 따른 농업경영계획서 내용을 이행하지 아니하였다고 시장·군수 또는 구청장이 인정한 경우

(2) 처분절차 (제11조)

시장(구를 두지 아니한 시의 시장을 말한다)·군수 또는 구청장은 처분의무 기간에 처분 대상 농지를 처분하지 아니한 농지 소유자에게 6개월(3개월×) 이내에 그 농지를 처분할 것을 명할 수 있다.

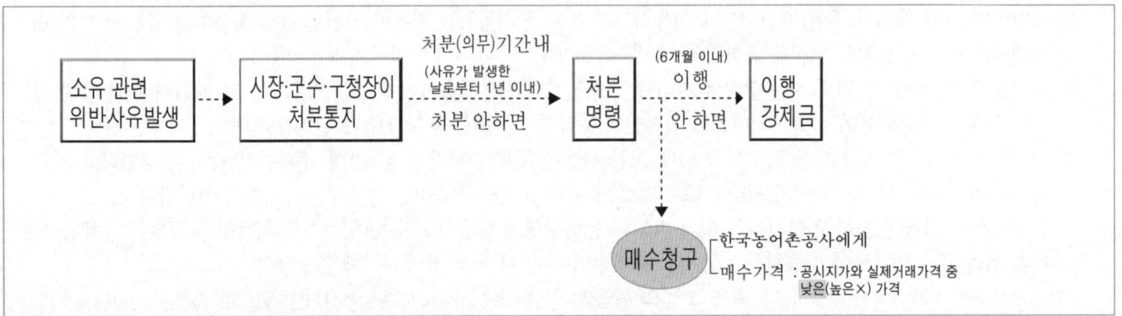

4. 농지이용증진사업 (제15조)

시장 · 군수 · 자치구구청장, 한국농어촌공사, 그 밖에 대통령령으로 정하는 자(이하 "사업시행자"라 한다)는 농지이용계획에 따라 농지 이용을 증진하기 위하여 다음 각 호의 어느 하나에 해당하는 사업(이하 "농지이용증진사업"이라 한다)을 시행할 수 있다.

① 농지의 매매 · 교환 · 분합 등에 의한 농지 소유권 이전을 촉진하는 사업
② 농지의 장기 임대차, 장기 사용대차에 따른 농지 임차권(사용대차에 따른 권리를 포함한다) 설정을 촉진하는 사업

③ 위탁경영을 촉진하는 사업
④ 농업인이나 농업법인이 농지를 공동으로 이용하거나 집단으로 이용하여 농업경영을 개선하는 농업 경영체 육성사업

5. 대리경작제도 (제20조)

(1) 대리경작자 지정권자

시장(구를 두지 아니한 시의 시장) · 군수 또는 구청장은 유휴농지(농작물 경작이나 다년생식물 재배에 이용되지 아니하는 농지로서 대통령령으로 정하는 농지)에 대하여 대통령령으로 정하는 바에 따라 그 농지의 소유권자나 임차권자를 대신하여 농작물을 경작할 자(대리경작자)를 직권으로 지정하거나 농림축산식품부령으로 정하는 바에 따라 유휴농지를 경작하려는 자의 신청을 받아 대리경작자를 지정할 수 있다.

(2) 대리경작자 지정요건

① 순위 : 인근지역 농업인, 농업법인
② 순위 : 인근지역 농업생산자단체, 학교, 기타 당해 농지를 경작하고자 하는 자

(3) 대상

유휴농지

(4) 대리경작 기간

3년(따로 정함이 없는 한)

(5) 토지사용료

수확량의 10%

(6) 대리경작자 지정 중지

① 신청 : 대리경작기간 만료 3월 전까지
② 통지 : 신청받은 날부터 1월 이내에

★★ 6. 농업진흥지역

출제자 의도
- 지정절차를 알고 있는가?
- 행위제한의 내용을 알고 있는가?

(1) 지정 (제28조)

① 시·도지사(농림축산식품부장관×, 국토교통부장관×)는 농지를 효율적으로 이용하고 보전하기 위하여 농업진흥지역을 지정한다.

② 제1항에 따른 농업진흥지역은 다음 각 호의 용도구역으로 구분하여 지정할 수 있다.

> 1. **농업진흥구역** : 농업의 진흥을 도모하여야 하는 다음 각 목의 어느 하나에 해당하는 지역으로서 농림축산식품부장관이 정하는 규모로 농지가 집단화되어 농업 목적으로 이용할 필요가 있는 지역
> 가. 농지조성사업 또는 농업기반정비사업이 시행되었거나 시행 중인 지역으로서 농업용으로 이용하고 있거나 이용할 토지가 집단화되어 있는 지역
> 나. 가목에 해당하는 지역 외의 지역으로서 농업용으로 이용하고 있는 토지가 집단화되어 있는 지역
> 2. **농업보호구역** : 농업진흥구역의 용수원 확보, 수질 보전 등 농업 환경을 보호하기 위하여 필요한 지역

(2) 지정대상 (제29조)

농업진흥지역 지정은 「국토의 계획 및 이용에 관한 법률」에 따른 녹지지역·관리지역·농림지역 및 자연환경보전지역을 대상으로 한다. 다만, 특별시의 녹지지역은 제외한다.

(3) 지정절차 (제30조)

① 시·도지사는 「농업·농촌 및 식품산업 기본법」 제15조에 따른 시·도 농업·농촌 및 식품산업정책심의회의 **심의**를 거쳐 농림축산식품부장관의 **승인**을 받아 농업진흥지역을 지정한다.

② 시·도지사는 제1항에 따라 농업진흥지역을 지정하면 지체 없이 이 사실을 고시하고 관계 기관에 통보하여야 하며, 시장·군수 또는 자치구구청장으로 하여금 일반인에게 열람하게 하여야 한다.

③ 농림축산식품부장관은 「국토의 계획 및 이용에 관한 법률」에 따른 녹지지역이나 계획관리지역이 농업진흥지역에 포함되면 제1항에 따른 농업진흥지역 지정을 승인하기 전에 국토교통부장관과 협의하여야 한다.

④ 농업진흥지역의 지정 절차나 그 밖에 지정에 필요한 사항은 대통령령으로 정한다.

(4) 변경·해제절차 (제31조)

① 시·도지사는 대통령령으로 정하는 사유가 있으면 농업진흥지역 또는 용도구역을 변경하거나 해제할 수 있다. 다만, 그 사유가 없어진 경우에는 원래의 농업진흥지역 또는 용도구역으로 환원하여야 한다.

② 제1항에 따른 농업진흥지역 또는 용도구역의 변경 절차, 해제 절차 또는 환원 절차 등에 관하여는 제30조를 준용한다. 다만, 제1항 단서에 따라 원래의 농업진흥지역 또는 용도구역으로 환원하거나 농업보호구역을 농업진흥구역으로 변경하는 경우 등 대통령령으로 정하는 사항의 변경은 대통령령으로 정하는 바에

따라 시·도 농업·농촌및식품산업정책심의회의 심의나 농림축산식품부장관의 승인 없이 할 수 있다.

(5) 의견청취 (제31조의2)

시·도지사는 제30조 및 제31조에 따라 농업진흥지역을 지정·변경 및 해제하려는 때에는 대통령령으로 정하는 바에 따라 미리 해당 토지의 소유자에게 그 내용을 개별통지하고 해당 지역주민(지방의회×)의 의견을 청취하여야 한다. 다만, 다음 각 호의 어느 하나에 해당하는 경우에는 그러하지 아니하다.

1. 다른 법률에 따라 토지소유자에게 개별 통지한 경우
2. 통지를 받을 자를 알 수 없거나 그 주소·거소, 그 밖에 통지할 장소를 알 수 없는 경우

(6) 실태조사 (제31조의3)

① 농림축산식품부장관은 효율적인 농업진흥지역 관리를 위하여 매년 농업진흥지역에 대한 실태조사를 하여야 한다.

② 농림축산식품부장관이 제1항에 따른 실태조사 결과 제31조제1항에 따른 농업진흥지역 등의 변경 및 해제 사유가 발생했다고 인정하는 경우 시·도지사는 해당 농업진흥지역 또는 용도구역을 변경하거나 해제할 수 있다.

③ 그 밖에 제1항에 따른 실태조사의 범위와 방법 등에 필요한 사항은 대통령령으로 정한다.

(7) 용도구역에서의 행위제한 (제32조)

① **농업진흥구역**에서는 농업 생산 또는 농지 개량과 직접적으로 관련되지 아니한 토지이용행위를 할 수 없다. 다만, 다음 각 호의 토지이용행위는 그러하지 아니하다

1. 대통령령으로 정하는 농수산물(농산물·임산물·축산물·수산물을 말한다. 이하 같다)의 가공·처리 시설의 설치 및 농수산업(농업·임업·축산업·수산업을 말한다.) 관련 시험·연구 시설의 설치
2. 어린이놀이터, 마을회관, 그 밖에 대통령령으로 정하는 농업인의 공동생활에 필요한 편의 시설 및 이용 시설의 설치
3. 대통령령으로 정하는 농업인 주택, 어업인 주택, 농업용 시설, 축산업용 시설 또는 어업용 시설의 설치
4. 국방·군사 시설의 설치
5. 하천, 제방, 그 밖에 이에 준하는 국토 보존 시설의 설치
6. 문화재의 보수·복원·이전, 매장 문화재의 발굴, 비석이나 기념탑, 그 밖에 이와 비슷한 공작물의 설치
7. 도로, 철도, 그 밖에 대통령령으로 정하는 공공시설의 설치
8. 지하자원 개발을 위한 탐사 또는 지하광물 채광(採鑛)과 광석의 선별 및 적치(積置)를 위한 장소로 사용하는 행위
9. 농어촌 소득원 개발 등 농어촌 발전에 필요한 시설로서 대통령령으로 정하는 시설의 설치

② **농업보호구역**에서는 다음 각 호 외의 토지이용행위를 할 수 없다.

1. 제1항 각 호에 따른 토지이용행위
2. 농업인 소득 증대에 필요한 시설로서 대통령령으로 정하는 건축물·공작물, 그 밖의 시설의 설치
3. 농업인의 생활 여건을 개선하기 위하여 필요한 시설로서 대통령령으로 정하는 건축물·공작물, 그 밖의 시설의 설치

③ 농업진흥지역 지정 당시 관계 법령에 따라 인가·허가 또는 승인 등을 받거나 신고하고 설치한 기존의 건축물·공작물과 그 밖의 시설에 대하여는 제1항과 제2항의 행위 제한 규정을 적용하지 아니한다.

④ 농업진흥지역 지정 당시 관계 법령에 따라 다음 각 호의 행위에 대하여 인가·허가·승인 등을 받거나 신고하고 공사 또는 사업을 시행 중인 자(관계 법령에 따라 인가·허가·승인 등을 받거나 신고할 필요가 없는 경우에는 시행 중인 공사 또는 사업에 착수한 자를 말한다)는 그 공사 또는 사업에 대하여만 제1항과 제2항의 행위 제한 규정을 적용하지 아니한다.

1. 건축물의 건축 2. 공작물이나 그 밖의 시설의 설치 3. 토지의 형질변경 4. 그 밖에 제1호부터 제3호까지의 행위에 준하는 행위

출제자 의도

농지전용

허가 vs 협의 vs 신고의 사유를 구별할 수 있는가?(특히, 신고사유)

★★ 7. 농지전용

(1) 허가·협의 (제34조)

① 농지를 전용하려는 자는 다음 각 호의 어느 하나에 해당하는 경우 외에는 대통령령으로 정하는 바에 따라 농림축산식품부장관(시·도지사×, 국토교통부장관×)의 허가(신고×, 협의×)를 받아야 한다. 허가받은 농지의 면적 또는 경계 등 대통령령으로 정하는 중요 사항을 변경하려는 경우에도 또한 같다.

1. 다른 법률에 따라 농지전용허가가 의제되는 협의를 거쳐 농지를 전용하는 경우 2. 「국토의 계획 및 이용에 관한 법률」에 따른 도시지역 또는 계획관리지역에 있는 농지로서 제2항에 따른 협의를 거친 농지나 제2항제1호 단서에 따라 협의 대상에서 제외되는 농지를 전용하는 경우 3. 제35조에 따라 농지전용신고를 하고 농지를 전용하는 경우 4. 「산지관리법」 제14조에 따른 산지전용허가를 받지 아니하거나 같은 법 제15조에 따른 산지전용신고를 하지 아니하고 불법으로 개간한 농지를 산림으로 복구하는 경우 5. 「하천법」에 따라 하천관리청의 허가를 받고 농지의 형질을 변경하거나 공작물을 설치하기 위하여 농지를 전용하는 경우

② 주무부장관이나 지방자치단체의 장은 다음 각 호의 어느 하나에 해당하면 대통령령으로 정하는 바에 따라 농림축산식품부장관과 미리 농지전용에 관한 협의(신고×)를 하여야 한다.

1. 「국토의 계획 및 이용에 관한 법률」에 따른 도시지역에 주거지역·상업지역 또는 공업지역을 지정하거나 도시·군계획시설을 결정할 때에 해당 지역 예정지 또는 시설 예정지에 농지가 포함되어 있는 경우. 다만, 이미 지정된 주거지역·상업지역·공업지역을 다른 지역으로 변경하거나 이미 지정된 주거지역·상업지역·공업지역에 도시·군계획시설을 결정하는 경우는 제외한다.

1의2. 「국토의 계획 및 이용에 관한 법률」에 따른 계획관리지역에 지구단위계획구역을 지정할 때에 해당 구역 예정지에 농지가 포함되어 있는 경우

2. 「국토의 계획 및 이용에 관한 법률」에 따른 도시지역의 녹지지역 및 개발제한구역의 농지에 대하여 같은 법 제56조에 따라 개발행위를 허가하거나 「개발제한구역의 지정 및 관리에 관한 특별조치법」 제12조제1항 각 호 외의 부분 단서에 따라 토지의 형질변경허가를 하는 경우

(2) 신고 (제35조)

① 농지를 다음 각호의 어느 하나에 해당하는 시설의 부지로 전용하고자 하는 자는 시장·군수 또는 자치구구청장에게 **신고**(허가×)하여야 한다. 신고한 사항을 변경하고자 하는 경우에도 또한 같다.

1. 농업인 주택, 어업인 주택, 농축산업용 시설(제2조제1호나목에 따른 개량시설과 농축산물 생산시설은 제외한다), 농수산물 유통 · 가공 시설
2. 어린이놀이터·마을회관 등 농업인의 공동생활 편의시설
3. 농수산 관련 연구시설과 양어장·양식장 등 어업용시설

② 제1항의 규정에 의한 신고대상시설의 범위·규모·농업진흥지역안에서의 설치 제한 또는 설치자의 범위등에 관한 사항은 대통령령으로 정한다.

(3) 타용도 일시사용허가 등 (제36조)

① 농지를 다음 각호의 1에 해당하는 용도로 일시 사용하고자 하는 자는 대통령령이 정하는 바에 의하여 일정기간동안 사용한 후 농지로 복구하는 조건으로 시장·군수 또는 자치구구청장의 **허가**(신고×)를 받아야 한다. 허가받은 사항을 변경하고자 하는 경우에도 또한 같다. 다만, 국가 또는 지방자치단체의 경우에는 시장·군수 또는 자치구구청장과 **협의**하여야 한다.

1. 건축법에 따른 건축허가 또는 건축신고대상시설이 아닌 간이 농수축산업용 시설(개량시설과 농축산물생산시설은 제외)과 농수산물의 간이 처리 시설을 설치하는 경우
2. 주목적사업(해당 농지에서 허용되는 사업만 해당)을 위하여 현장 사무소나 부대시설, 그 밖에 이에 준하는 시설을 설치하거나 물건을 적치하거나 매설하는 경우
3. 대통령령이 정하는 토석과 광물을 채굴하는 경우
4. 「전기사업법」 제2조제1호의 전기사업을 영위하기 위한 목적으로 설치하는 「신에너지 및 재생에너지 개발·이용·보급 촉진법」 제2조제2호가목에 따른 태양에너지 발전설비(이하 "태양에너지 발전설비"라 한다)로서 다음 각 목의 요건을 모두 갖춘 경우

가. 「공유수면 관리 및 매립에 관한 법률」 제2조에 따른 공유수면매립을 통하여 조성한 토지 중 토양 염도가 일정 수준 이상인 지역 등 농림축산식품부령으로 정하는 지역에 설치하는 시설일 것

나. 설치 규모, 염도 측정방법 등 농림축산식품부장관이 별도로 정한 요건에 적합하게 설치하는 시설일 것

② 시장·군수 또는 자치구구청장은 주무부장관 또는 지방자치단체의 장이 다른 법률에 따른 사업 또는 사업계획 등의 인가·허가 또는 승인 등과 관련하여 농지의 타용도 일시사용의 협의를 요청하면, 그 인가·허가 또는 승인등을 할 때에 해당 사업을 시행하려는 자에게 일정 기간 그 농지를 사용한 후 농지로 복구하는 조건을 붙일 것을 전제로 **협의**할 수 있다.

③ 시장·군수 또는 자치구구청장은 제1항에 따른 허가를 하거나 제2항에 따른 협의를 할 때에는 대통령령으로 정하는 바에 따라 사업을 시행하고자 하는 자에게 농지로의 복구계획을 제출하게 하고 복구비용을 **예치**하게 할 수 있다. 이 경우 예치된 복구비용은 사업시행자가 사업이 종료된 후 농지로의 복구계획을 이행하지 않는 경우 복구대행비로 사용할 수 있다.

④ 시장·군수·자치구구청장은 제1항 및 제2항에 따라 최초 농지의 타용도 일시사용 후 목적사업을 완료하지 못하여 그 기간을 연장하려는 경우에는 대통령령으로 정하는 바에 따라 복구비용을 재산정하여 제3항에 따라 예치한 복구비용이 재산정한 복구비용보다 적은 경우에는 그 차액을 추가로 예치하게 하여야 한다.

⑤ 제3항 및 제4항에 따른 복구비용의 산출 기준, 납부 시기, 납부 절차, 그 밖에 필요한 사항은 대통령령으로 정한다.

(4) 농지의 타용도 일시사용신고 등 (제36조의2)

① 농지를 다음 각 호의 어느 하나에 해당하는 용도로 일시사용하려는 자는 대통령령으로 정하는 바에 따라 지력을 훼손하지 아니하는 범위에서 일정 기간 사용한 후 농지로 원상복구한다는 조건으로 시장·군수 또는 자치구구청장에게 신고하여야 한다. 신고한 사항을 변경하려는 경우에도 또한 같다. 다만, 국가나 지방자치단체의 경우에는 시장·군수 또는 자치구구청장과 협의하여야 한다.

1. 썰매장, 지역축제장 등으로 일시적으로 사용하는 경우 2. 제36조제1항제1호 또는 제2호에 해당하는 시설을 일시적으로 설치하는 경우

② 시장·군수 또는 자치구구청장은 주무부장관이나 지방자치단체의 장이 다른 법률에 따른 사업 또는 사업계획 등의 인가·허가 또는 승인 등과 관련하여 농지의 타용도 일시사용 협의를 요청하면, 그 인가·허가 또는 승인 등을 할 때에 해당 사업을 시행하려는 자에게 일정 기간 그 농지를 사용한 후 농지로 복구한다는 조건을 붙일 것을 전제로 협의할 수 있다.

③ 시장·군수 또는 자치구구청장은 제1항에 따른 신고를 수리하거나 제2항에 따른 협의를 할 때에는 대통령령으로 정하는 바에 따라 사업을 시행하려는 자에게 농지로의 복구계획을 제출하게 하고 복구비용을 예치하게 할 수 있다. 이 경우 예치된 복구비용은 사업시행자가 사업이 종료된 후 농지로의 복구계획을 이행하지 않는 경우 복구대행비로 사용할 수 있다.

④ 시장·군수 또는 자치구구청장은 제1항에 따른 신고를 받은 날부터 10일 이내에 신고수리 여부를 신고인에게 통지하여야 한다.

⑤ 시장·군수 또는 자치구구청장이 제4항에서 정한 기간 내에 신고수리 여부 또는 민원 처리 관련 법령에 따른 처리기간의 연장을 신고인에게 통지하지 아니하면 그 기간(민원 처리 관련 법령에 따라 처리기간이 연장 또는 재연장된 경우에는 해당 처리기간을 말한다)이 끝난 날의 다음 날에 신고를 수리한 것으로 본다.

⑥ 제1항에 따른 신고 대상 농지의 범위와 규모, 일시사용 기간, 제3항에 따른 복구비용의 산출 기준, 복구비용 납부 시기와 절차, 그 밖에 필요한 사항은 대통령령으로 정한다.

(5) 농지전용허가 등의 제한 (제37조)

① 농림축산식품부장관은 제34조제1항에 따른 농지전용허가를 결정할 경우 다음 각 호의 어느 하나에 해당하는 시설의 부지로 사용하려는 농지는 전용을 허가할 수 없다. 다만, 「국토의 계획 및 이용에 관한 법률」에 따른 도시지역 · 계획관리지역 및 개발진흥지구에 있는 농지는 다음 각 호의 어느 하나에 해당하는 시설의 부지로 사용하더라도 전용을 허가할 수 있다.

1. 「대기환경보전법」 제2조제9호에 따른 대기오염배출시설로서 대통령령으로 정하는 시설 2. 「물환경보전법」 제2조제10호에 따른 폐수배출시설로서 대통령령으로 정하는 시설 3. 농업의 진흥이나 농지의 보전을 해칠 우려가 있는 시설로서 대통령령으로 정하는 시설

② 농림축산식품부장관, 시장 · 군수 또는 자치구구청장은 제34조에 따른 농지전용허가 및 협의(다른 법률에 따라 농지전용허가가 의제되는 협의를 포함한다)를 하거나 제36조에 따른 농지의 타용도 일시사용허가 및 협의를 할 때 그 농지가 다음 각 호의 어느 하나에 해당하면 전용을 제한하거나 타용도 일시사용을 제한할 수 있다.

1. 전용하려는 농지가 농업생산기반이 정비되어 있거나 농업생산기반 정비사업 시행예정 지역으로 편입되어 우량농지로 보전할 필요가 있는 경우 2. 해당 농지를 전용하거나 다른 용도로 일시사용하면 일조 · 통풍 · 통작(通作)에 매우 크게 지장을 주거나 농지개량시설의 폐지를 수반하여 인근 농지의 농업경영에 매우 큰 영향을 미치는 경우 3. 해당 농지를 전용하거나 타용도로 일시 사용하면 토사가 유출되는 등 인근 농지 또는 농지개량시설을 훼손할 우려가 있는 경우 4. 전용 목적을 실현하기 위한 사업계획 및 자금 조달계획이 불확실한 경우 5. 전용하려는 농지의 면적이 전용 목적 실현에 필요한 면적보다 지나치게 넓은 경우

8. 농지보전부담금 (제38조)

① 다음 각 호의 어느 하나에 해당하는 자는 농지의 보전·관리 및 조성을 위한 부담금(이하 "**농지보전부담금**"이라 한다)을 농지관리기금을 운용·관리하는 자에게 내야 한다.

1. 제34조제1항에 따라 농지전용허가를 받는 자 2. 제34조제2항제1호에 따라 농지전용협의를 거친 지역 예정지 또는 시설 예정지에 있는 농지(같은 호 단서에 따라 협의 대상에서 제외되는 농지를 포함한다)를 전용하려는 자

2의2. 제34조제2항제1호의2에 따라 농지전용에 관한 협의를 거친 구역 예정지에 있는 농지를 전용하려는 자
3. 제34조제2항제2호에 따라 농지전용협의를 거친 농지를 전용하려는 자
4. 다른 법률에 따라 농지전용허가가 의제되는 협의를 거친 농지를 전용하려는 자
5. 제35조나 제43조에 따라 농지전용신고를 하고 농지를 전용하려는 자

② 농림축산식품부장관은 다음 각 호의 어느 하나에 해당하는 사유로 농지보전부담금을 한꺼번에 내기 어렵다고 인정되는 경우에는 대통령령으로 정하는 바에 따라 농지보전부담금을 나누어 내게 할 수 있다.

1. 「공공기관의 운영에 관한 법률」에 따른 공공기관과 「지방공기업법」에 따른 지방공기업이 산업단지의 시설용지로 농지를 전용하는 경우 등 대통령령으로 정하는 농지의 전용
2. 농지보전부담금이 농림축산식품부령으로 정하는 금액 이상인 경우

③ 농림축산식품부장관은 제2항에 따라 농지보전부담금을 나누어 내게 하려면 대통령령으로 정하는 바에 따라 농지보전부담금을 나누어 내려는 자에게 나누어 낼 농지보전부담금에 대한 납입보증보험증서 등을 미리 예치하게 하여야 한다. 다만, 농지보전부담금을 나누어 내려는 자가 국가나 지방자치단체, 그 밖에 대통령령으로 정하는 자인 경우에는 그러하지 아니하다.

④ 농지를 전용하려는 자는 제1항 또는 제2항에 따른 농지보전부담금의 전부 또는 일부를 농지전용허가·농지전용신고(다른 법률에 따라 농지전용허가 또는 농지전용신고가 의제되는 인가·허가·승인 등을 포함한다) 전까지 납부하여야 한다.

⑤ 농지관리기금을 운용·관리하는 자는 다음 각 호의 어느 하나에 해당하는 경우 대통령령으로 정하는 바에 따라 그에 해당하는 농지보전부담금을 **환급**하여야 한다.

1. 농지보전부담금을 낸 자의 허가가 제39조에 따라 취소된 경우
2. 농지보전부담금을 낸 자의 사업계획이 변경된 경우
2의2. 제4항에 따라 농지보전부담금을 납부하고 허가를 받지 못한 경우
3. 그 밖에 이에 준하는 사유로 전용하려는 농지의 면적이 당초보다 줄어든 경우

⑥ 농림축산식품부장관은 다음 각 호의 어느 하나에 해당하면 대통령령으로 정하는 바에 따라 농지보전부담금을 **감면**할 수 있다.

1. 국가나 지방자치단체가 공용 목적이나 공공용 목적으로 농지를 전용하는 경우
2. 대통령령으로 정하는 중요 산업 시설을 설치하기 위하여 농지를 전용하는 경우
3. 제35조제1항 각 호에 따른 시설이나 그 밖에 대통령령으로 정하는 시설을 설치하기 위하여 농지를 전용하는 경우

⑦ 농지보전부담금은 「부동산 가격공시에 관한 법률」에 따른 해당 농지의 개별공시지가의 범위에서 대통령령으로 정하는 부과기준을 적용하여 산정한 금액으로 하되, 농업진흥지역과 농업진흥지역 밖의 농지를 차등하여 부과기준을 적용할 수 있으며, 부과기준일은 다음 각 호의 구분에 따른다.

1. 제34조제1항에 따라 농지전용허가를 받는 경우 : 허가를 신청한 날
2. 제34조제2항에 따라 농지를 전용하려는 경우 : 대통령령으로 정하는 날
3. 다른 법률에 따라 농지전용허가가 의제되는 협의를 거친 농지를 전용하려는 경우 : 대통령령으로 정하는 날
4. 제35조나 제43조에 따라 농지전용신고를 하고 농지를 전용하려는 경우 : 신고를 접수한 날

⑧ 농림축산식품부장관은 농지보전부담금을 내야 하는 자가 납부기한까지 내지 아니하면 납부기한이 지난 후 10일 이내에 납부기한으로부터 30일 이내의 기간을 정한 독촉장을 발급하여야 한다.

⑨ 농림축산식품부장관은 농지보전부담금을 내야 하는 자가 납부기한까지 부담금을 내지 아니한 경우에는 납부기한이 지난 날부터 체납된 농지보전부담금의 100분의 3에 상당하는 금액을 **가산금**으로 부과한다.

⑩ 농림축산식품부장관은 농지보전부담금을 체납한 자가 체납된 농지보전부담금을 납부하지 아니한 때에는 납부기한이 지난 날부터 1개월이 지날 때마다 체납된 농지보전부담금의 1천분의 12에 상당하는 가산금(이하 "**중가산금**"이라 한다)을 제9항에 따른 가산금에 더하여 부과하되, 체납된 농지보전부담금의 금액이 100만원 미만인 경우는 중가산금을 부과하지 아니한다. 이 경우 중가산금을 가산하여 징수하는 기간은 60개월을 초과하지 못한다.

⑪ 농림축산식품부장관은 농지보전부담금을 내야 하는 자가 독촉장을 받고 지정된 기한까지 부담금과 가산금 및 중가산금을 내지 아니하면 국세 또는 지방세 체납처분의 예에 따라 징수할 수 있다.

⑫ 농림축산식품부장관은 다음 각 호의 어느 하나에 해당하는 사유가 있으면 해당 농지보전부담금에 관하여 결손처분을 할 수 있다. 다만, 제1호·제3호 및 제4호의 경우 결손처분을 한 후에 압류할 수 있는 재산을 발견하면 지체 없이 결손처분을 취소하고 체납처분을 하여야 한다.

1. 체납처분이 종결되고 체납액에 충당된 배분금액이 그 체납액에 미치지 못한 경우
2. 농지보전부담금을 받을 권리에 대한 소멸시효가 완성된 경우
3. 체납처분의 목적물인 총재산의 추산가액(推算價額)이 체납처분비에 충당하고 남을 여지가 없는 경우
4. 체납자가 사망하거나 행방불명되는 등 대통령령으로 정하는 사유로 인하여 징수할 가능성이 없다고 인정되는 경우

⑬ 농림축산식품부장관은 제51조에 따라 권한을 위임받은 자 또는 「한국농어촌공사 및 농지관리기금법」 제35조제2항에 따라 농지관리기금 운용·관리 업무를 위탁받은 자에게 농지보전부담금 부과·수납에 관한 업무를 취급하게 하는 경우 대통령령으로 정하는 바에 따라 수수료를 지급하여야 한다.

⑭ 농지관리기금을 운용·관리하는 자는 제1항에 따라 수납하는 농지보전부담금 중 제13항에 따른 수수료를 뺀 금액을 농지관리기금에 납입하여야 한다.

⑮ 농지보전부담금의 납부기한, 납부 절차, 그 밖에 필요한 사항은 대통령령으로 정한다.

9. 전용허가의 취소 등 (제39조)

① 농림축산식품부장관, 시장·군수 또는 자치구구청장(시·도지사×)은 제34조제1항에 따른 농지전용허

가 또는 제36조에 따른 농지의 타용도 일시사용허가를 받았거나 제35조 또는 제43조에 따른 농지 전용신고 또는 제36조의2에 따른 농지의 타용도 일시사용신고를 한 자가 다음 각 호의 어느 하나에 해당하면 농림축산식품부령으로 정하는 바에 따라 허가를 취소하거나 관계 공사의 중지, 조업의 정지, 사업규모의 축소 또는 사업계획의 변경, 그 밖에 필요한 조치를 명할 수 있다. 다만, 제7호에 해당하면 그 허가를 **취소**하여야(할 수×) 한다.

1. 거짓이나 그 밖의 부정한 방법으로 허가를 받거나 신고한 것이 판명된 경우
2. 허가 목적이나 허가 조건을 위반하는 경우
3. 허가를 받지 아니하거나 신고하지 아니하고 사업계획 또는 사업 규모를 변경하는 경우
4. 허가를 받거나 신고를 한 후 농지전용 목적사업과 관련된 사업계획의 변경 등 대통령령으로 정하는 정당한 사유 없이 2년 이상 대지의 조성, 시설물의 설치 등 농지전용 목적사업에 착수하지 아니하거나 농지전용 목적사업에 착수한 후 1년 이상 공사를 중단한 경우
5. 농지보전부담금을 내지 아니한 경우
6. 허가를 받은 자나 신고를 한 자가 허가취소를 신청하거나 신고를 철회하는 경우
7. 허가를 받은 자가 관계 공사의 중지 등 이 조 본문에 따른 조치명령을 위반한 경우 → 허가를 취소하여야

② 농림축산식품부장관(시·도지사×, 시장·군수 또는 자치구구청장×)은 다른 법률에 따라 농지의 전용이 의제되는 협의를 거쳐 농지를 전용하려는 자가 농지보전부담금 부과 후 농지보전부담금을 납부하지 아니하고 2년 (1년×)이내에 농지전용의 원인이 된 목적사업에 착수하지 아니하는 경우 관계 기관의 장에게 그 목적사업에 관련된 승인·허가 등의 취소를 요청(취소×)할 수 있다. 이 경우 취소를 요청받은 관계 기관의 장은 특별한 사유가 없으면 이에 따라야 한다.

10. 이행강제금 (제62조)

① 시장(구를 두지 아니한 시의 시장을 말한다. 이하 이 조에서 같다)·군수 또는 구청장(시· 도지사×, 농림축산식품부장관×)은 제11조제1항(제12조제2항에 따른 경우를 포함한다)에 따라 처분명령을 받은 후 제11조제2항에 따라 매수를 청구하여 협의 중인 경우 등 대통령령으로 정하는 정당한 사유 없이 지정기간까지 그 처분명령을 이행하지 아니한 자에게 해당 농지의 토지가액의 100분의 20(10×, 30×)에 해당하는 **이행강제금**을 **부과**한다.

② 시장·군수 또는 구청장은 제1항에 따른 이행강제금을 부과하기 전(후×)에 이행강제금을 부과·징수한다는 뜻을 미리 문서(구두×, 구두 또는 문서×)로 알려야 한다.

③ 시장·군수 또는 구청장은 제1항에 따른 이행강제금을 부과하는 경우 이행강제금의 금액, 부과사유, 납부기한, 수납기관, 이의제기 방법, 이의제기 기관 등을 명시한 문서(구두×, 구두 또는 문서×)로 하여야 한다.

④ 시장·군수 또는 구청장은 최초로 처분명령을 한 날을 기준으로 하여 그 처분명령이 이행될 때까지 제1항에 따른 이행강제금을 매년(매달×) 1회(3회×) 부과·징수할 수(하여야×) 있다.

⑤ 시장·군수 또는 구청장은 제11조제1항(제12조제2항에 따른 경우를 포함한다)에 따라 처분명령을 받은 자가 처분명령을 이행하면 새로운 이행강제금의 부과는 즉시 중지하되, 이미 부과된 이행강제금은 징수하여야(할 수×) 한다.

⑥ 제1항에 따른 이행강제금 부과처분에 불복하는 자는 그 처분을 고지받은 날부터 30일(60일×) 이내에 시장·군수 또는 구청장에게 **이의**를 **제기**할 수(하여야×) 있다.

⑦ 제1항에 따른 이행강제금 부과처분을 받은 자가 제6항에 따른 이의를 제기하면 시장·군수 또는 구청장은 지체 없이 관할 법원(농림축산식품부장관×)에 그 사실을 **통보**하여야 하며, 그 통보를 받은 관할 법원은 「비송사건절차법」에 따른 과태료 재판에 준하여 재판을 한다.

⑧ 제6항에 따른 기간에 이의를 제기하지 아니하고 제1항에 따른 이행강제금을 납부기한까지 내지 아니하면 「지방세외수입금의 징수 등에 관한 법률」에 따라 징수한다.

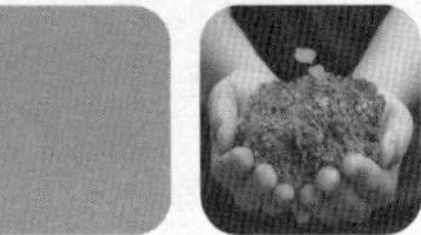

O · X · 지 · 문 · 학 · 습

01. 농지취득자격증명을 발급받으려는 자는 농업경영계획서를 작성하여 주소지 소재 시·구·읍·면의 장에게 발급신청을 하여야 한다. [O, ×]

02. 양어장·양식장 등 어업용시설로 농지를 해당 부지로 전용하고자 하는 자는 시장·군수 또는 자치구구청장에게 허가를 받아야 한다. [O, ×]

03. 농림축산식품부장관은 농지를 효율적으로 이용하고 보전하기 위하여 농업진흥지역을 지정할 수 있다. [O, ×]

04. 농지를 농업인 주택, 농업용시설, 농수산물의 유통·가공시설로 이용하고자 하는 자는 농지관리위원회 확인을 거쳐 시장·군수·구청장에게 신고하여야 한다. [O, ×]

05. 농지전용의 허가 또는 변경허가를 받으려는 자는 농지전용허가신청서에 농림축산식품부령으로 정하는 서류를 첨부하여 해당 농지의 소재지를 관할하는 농림축산식품부장관에게 제출하여야 한다. [O, ×]

06. 농지를 건축신고대상시설이 아닌 간이 농수축산업용 시설을 일시 사용하고자 하는 자는 일정기간동안 사용한 후 농지로 복구하는 조건으로 시장·군수 또는 자치구구청장의 허가를 받아야 한다. [O, ×]

07. 지방자치단체의 장이 개발제한구역의 농지에 대하여 개발행위를 허가하려는 경우 농림축산식품부장관과 미리 농지전용에 관한 협의를 하여야 한다. [O, ×]

08. 자치구구청장은 전용하려는 농지의 면적이 전용 목적 실현에 필요한 면적보다 지나치게 넓은 경우 전용을 제한하거나 타용도 일시사용을 제한할 수 있다. [O, ×]

정답 및 해설

01. × (주소지 소재 → 농지 소재지 관할)
02. × (허가를 받아야 → 신고를 하여야)
03. × (농림축산식품부장관 → 시·도지사)
04. ○
05. × (농림축산식품부장관 → 시장·군수·구청장)
06. ○
07. ○
08. ○

기 · 출 · 문 · 제 · 분 · 석

1. 농지법령상 농지의 전용 등에 관한 설명으로 틀린 것은?

① 산지관리법에 따른 산지전용허가를 받지 아니하고 불법으로 개간한 농지를 산림으로 복구하는 경우는 농지전용 허가의 대상이 아니다.
② 다른 법률에 따라 농지전용허가가 의제되는 협의를 거쳐 농지를 전용하는 경우는 농지전용허가를 받지 않아도 된다.
③ 농지를 토목공사용 토석을 채굴하기 위하여 일시 사용하려는 사인(私人)은 3년 이내의 기간 동안 사용한 후 농지로 복구한다는 조건으로 시장·군수 또는 자치구구청장의 허가를 받아야 한다.
④ 농림축산식품부장관은 농지전용허가를 하려는 경우 농지보전부담금(감면사유는 고려하지 않음)을 미리 납입하게 하거나 그 납입을 허가의 조건으로 하여야 한다.
⑤ 농지전용허가를 받은 자가 관계 공사의 중지명령을 위반한 경우에는 허가를 취소하거나 조업의 정지를 명할 수 있다.

해설

⑤ 농지전용허가를 받은 자가 관계 공사의 중지, 조업의 정지 등 조치명령을 위반한 경우에는 허가를 취소하여야 한다(법 제39조)

2. 농지법령상 농업경영에 이용하지 아니하는 농지의 처분의무에 관한 설명으로 옳은 것은?

① 농지 소유자가 선거에 따른 공직취임으로 휴경하는 경우에는 소유농지를 자기의 농업경영에 이용하지 아니하더라도 농지처분의무가 면제된다.
② 농지 소유 상한을 초과하여 농지를 소유한 것이 판명된 경우에는 소유농지 전부를 처분하여야 한다.
③ 농지처분의무 기간은 처분사유가 발생한 날부터 6개월이다.
④ 농지전용신고를 하고 그 농지를 취득한 자가 질병으로 인하여 취득한 날부터 2년이 초과하도록 그 목적사업에 착수하지 아니한 경우에는 농지처분의무가 면제된다.
⑤ 농지 소유자가 시장 · 군수 또는 구청장으로부터 농지처분명령을 받은 경우 한국토지주택공사에 그 농지의 매수를 청구할 수 있다.

해설

② 농지 소유 상한을 초과하여 농지를 소유한 것이 판명된 경우에는 초과 소유한 농지부분만 처분하여야 한다.
③ 농지처분 의무기간은 처분사유가 발생한 날부터 1년이다.
④ 농지전용신고를 하고 그 농지를 취득한 자가 2년이 초과하도록 그 목적사업에 착수하지 아니한 경우에는 농지처분사유에 해당되며 질병 등의 사유로 처분의무가 면제되지는 아니된다.
⑤ 농지 소유자가 농지처분명령을 받은 경우 한국농어촌공사에 그 농지의 매수를 청구할 수 있다.

|정답| 1. ⑤ 2. ①

제3부

부동산 공시법

공 인 중 개 사 한 권 으 로 따 자

공관법(공간정보의 구축 및 관리 등에 관한 법률)

■ 학습목적

법률(공관법, 사실관계)적 관점에서 토지의 법률행위(매매·교환·임대차)를 제대로 중개하기 위해서 공관법을 배우는 것입니다.

■ 나무

공인중개사라는 산의 네 번째 숲인 이 과목은 지적과 측량이라는 2개의 나무로 구성되어 있습니다.

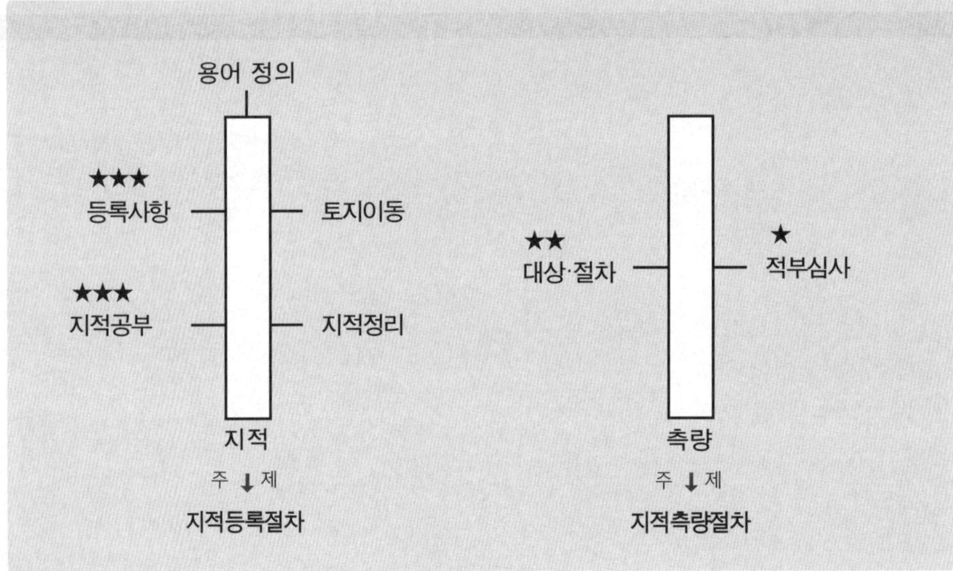

■ 핵심

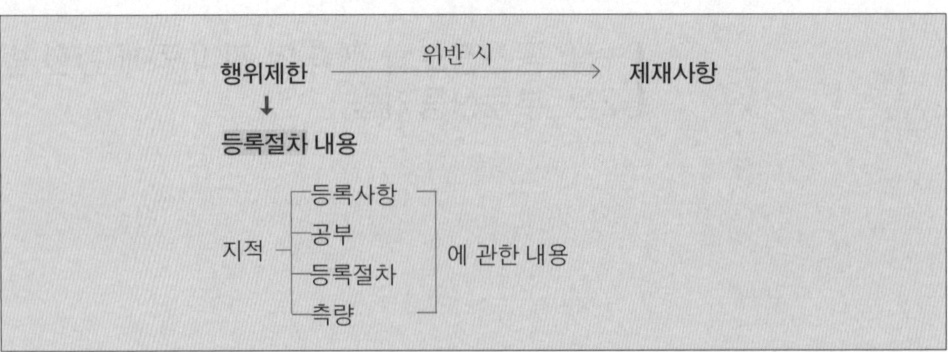

1 지적

Ⅰ. 등록사항

- 지번 : 부여방법
- 지목 : 개념과 예
- 면적, 경계 : 결정방법

Ⅱ. 지적공부

- 각 지적공부별 등록사항 : 차이점 구별
- 각 지적공부 : 해석

Ⅲ. 토지이동

절차상 내용

Ⅳ. 지적정리

절차상 내용

2 측량

Ⅰ. 지적측량

- 대상
- 절차상 내용

Ⅱ. 지적측량적부심사

절차상 내용

■ **법(법-령-칙)조문상 출제되는 핵심부분**

구 분	내 용
비교 용어 구별	① 비교되는 숫자 → 출제패턴 : 다른 숫자로 바꿔서 틀린 보기로 출제 (예) 바다로 된 토지의 등록말소(법 제82조제②항) : 90일(○) → 60일(×) ② 비교되는 기관 → 출제패턴 : 다른 기관으로 바꿔서 틀린 보기로 출제 (예) 축척변경(법 제83조제③항) : 시·도지사 또는 대도시 시장(○) → 국토교통부장관(×) ③ 비교되는 행정용어 → 출제패턴 : 다른 행정용어로 바꿔서 틀린 보기로 출제 (예) 등록전환(영 제64조제①항) : 사용승인(○) → 용도변경(×) ④ 비교되는 일상평어 → 출제패턴 : 다른 일상평어로 바꿔서 틀린 보기로 출제 (예) 분할(법 제79조제②항) : 신청하여야(○) → 신청할 수(×)
항목 해당 여부 구별	⑤ 항목이 4개 이상 → 출제패턴 : 해당되지 않는 항목을 끼워 넣어서 틀린 보기로 출제 (예) 등록사항 정정(법 제84조제④항) : 등기필증, 등기완료통지서, 등기사항증명서 또는 등기전산정보자료(○) → 등기필증, 등기필정보, 등기사항증명서 또는 등기전산정보자료(×)
순서 (절차) 구별	⑥ 순서가 있는 내용 → 출제패턴 : 순서를 뒤바꿔서 틀린 보기로 출제 (예) 직권조사·등록절차(칙 제59조) : 토지이동조서를 작성한 후 토지이동조사부를 작성한다.(×) → 토지이동조사부를 작성한 후 토지이동조서를 작성한다.(○)

공관법(공간정보의 구축 및 관리 등에 관한 법률) 핵심

Ⅰ. 이론

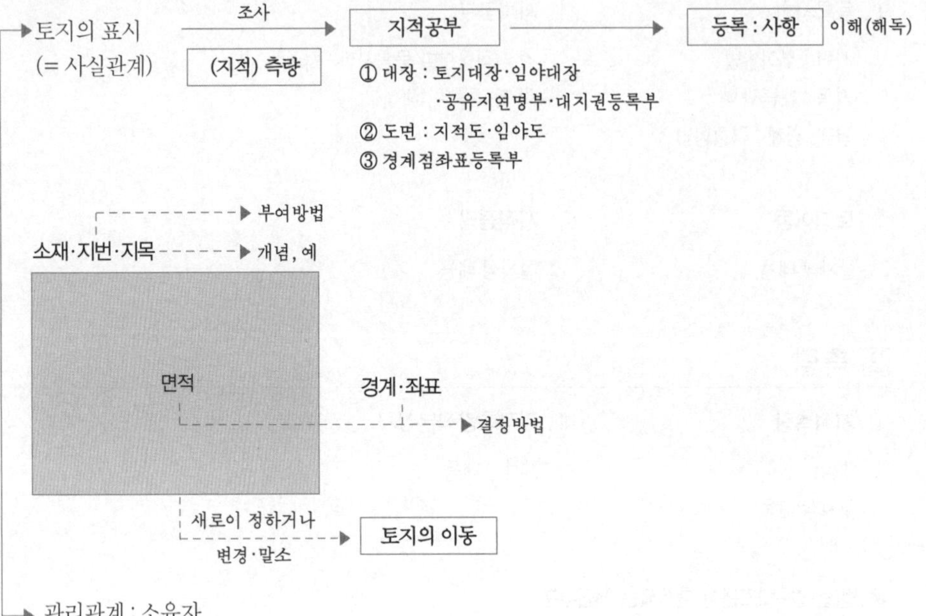

Ⅱ. 실무

지적공부를 통해 '**사실관계 분석**' + 임장활동

■ 출제경향·학습전략

중요테마 출제경향		평균 출제문항수	학습전략
1. 등록사항 ★★★	① 지번의 부여방법 ② 지목의 예 ③ 면적의 결정방법	3	토지의 사실관계가 등록된 실제 '지적공부'를 보면서 각 '등록사항'의 내용을 이해하여야 합니다.
2. 지적공부 ★★★		3	
3. 토지이동 ★★		2	
4. 지적측량 ★★		2	

출제자 의도

중개실무와 연관된 공관법의 내용을 문제의 보기로 서술할 경우 그 내용이 옳은지, 틀린지 구별할 수 있는가?

1

공관법(공간정보의 구축 및 관리 등에 관한 법률)

1. 총칙
2. 등록사항
3. 지적공부
4. 토지이동
5. 지적측량

Point

- **등록사항**
  ① 지번의 부여방법
  ② 지목의 예
  ③ 면적의 결정방법
- **지적공부**
  ① 각 지적 공부별 등록사항 항목 차이점
  ② 실제 지적공부를 보고 토지의 사실관계 분석
- **토지이동**
  각 토지이동의 절차상 내용의 이해
- **지적측량**
  대상, 적부심사
- **등기부(등기제도)와의 관계**

[출제비율] 30%, 12문항

인증번호 : 78BG-S8D6

총칙

무선 인터넷에서 스마트폰으로 QR코드를 찍으면 동영상 강의를 보실 수 있습니다.

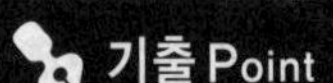

기출 Point

용어의 정의

핵심

용어의 정의

공관법 관련 용어 정의를 법조문상 이해하는 것이 핵심입니다.

1. 공관법의 목적

측량 및 수로조사의 기준 및 절차와 지적공부·부동산종합공부의 작성 및 관리 등에 관한 사항을 규정함으로써 국토의 효율적 관리와 해상교통의 안전 및 국민의 소유권 보호에 기여함을 목적으로 한다.

※ 지적 관련 목적

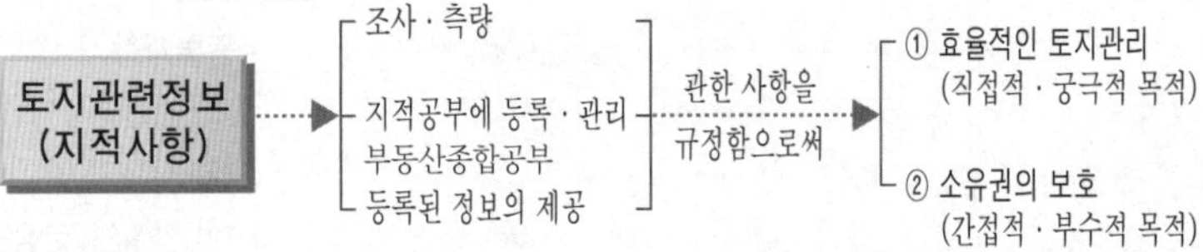

※ 지적의 3요소

(1) 토지

(2) 지적공부

(3) 등록
- ① 주체 : 국가·지적소관청
- ② 객체 : 토지
- ③ 사항
  - 사실관계 : 토지의 표시
  - 권리관계 : 소유자
- ④ 방법 : 실질적 심사주의

※ **등록의 효력 :** ① 창설적 효력 : 신규 등록 시

② 대항적 효력 : 토지의 표시사항에 대하여 제3자에게 대항

③ 형성적 효력 : 분할·합병시 새로운 권리가 형성

④ 공시적 효력 : 지적공개주의에 따라 ↔ 공신력은 없다.

★★
2. 용어의 정의

① **지적공부** : 토지대장, 임야대장, 공유지연명부(대장), 대지권등록부, 지적도(도면)(연속지적도 ×), 임야도 및 경계점좌표등록부 등 지적측량 등을 통하여 조사된 토지의 표시와 해당 토지의 소유자 등을 기록한 대장 및 도면(정보처리시스템을 통하여 기록·저장된 것을 포함)을 말한다. → 이 외의 것(부동산종합공부, 지상경계점등록부, 결번대장, 지번색인표, 연속지적도, 일람도 등)은 지적공부가 아니다. ···› 정답의 기준은 오직 '법조문'이다!

② **부동산종합공부** : 토지의 표시와 소유자에 관한 사항, 건축물의 표시와 소유자에 관한 사항, 토지의 이용 및 규제에 관한 사항, 부동산의 가격에 관한 사항 등 부동산에 관한 종합정보를 정보관리체계를 통하여 기록·저장한 것을 말한다.

③ **토지의 표시** : 지적공부에 토지의 ①소재·②지번·③지목·④면적·⑤경계 또는 좌표⑥를 등록한 것을 말한다. ↔ 따라서, 6가지 외[소유자(성명·주소), 토지등급, 개별공시지가 등]는 토지의 표시가 아니다. 단지, 등록사항일 뿐이다.

④ **필지** : 인위적(자연적×)으로 구획되는 토지의 등록단위이다.

※ **1필지 성립요건(등록요건)**

(1) 공관법적 측면 : ① 지번부여지역 동일
② 지목 동일 ←예외→ ※ **양입지**(量入地)
③ 축척 동일
④ 지반 연속

지목 상이한데도 주된 용도의 토지에 편입되어 1필지로 성립하는 종된 용도의 토지 → 성립요건
① 주된 지목 토지에 둘러싸이거나 접속되어야
② 주된 지목 토지에 편의를 제공해야
③ 종된 지목 토지(양입지)의 지목이 '대'가 아니어야
④ 면적이 330㎡를 초과하지 않고, 주된 지목 토지면적의 1/10을 초과하지 않아야

(2) 등기법적 측면 : ① 소유자 동일
② 등기여부 동일

⑤ **지번** : 필지에 부여하여 지적공부에 등록한 번호

⑥ **지번부여지역** : 지번을 부여하는 단위지역으로서 (법정○, 행정×) 동·리(읍·면×, 시·군·구×) 또는 이에 준하는 지역[섬(도서)]

⑦ **지목** : 토지의 주된 용도(형상×, 지형×, 성질×, 형질×)에 따라 토지의 종류를 구분하여 지적공부에 등록한 것

⑧ **경계점** : 필지를 구획하는 선의 굴곡점으로서 지적도나 임야도에 도해(圖解)(좌표×)형태로 등록하거나 경계점좌표등록부에 좌표(도해×) 형태로 등록하는 점

⑨ **경계** : 필지별로 경계점들을 직선(곡선×, 실제 형태×)으로 연결하여 지적공부에 등록한 선

⑩ **면적** : 지적공부에 등록한 필지의 수평(입체×)면(지표면×, 경사면×)상 넓이

⑪ **토지의 이동**(異動) : 토지의 표시(소유자 표시×)를 새로 정하거나 변경 또는 말소하는 것

출제자 의도
용어정의
법 조문상 용어정의를 알고 있는가?

• **필지**(筆地)
하나의 지번이 붙는 토지의 등록단위

• **양입지의 '예'**

목장용지 → 주된 토지의 지목

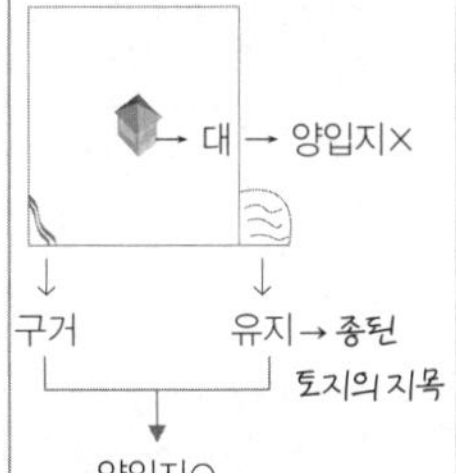

양입지가 되기 위해서는 면적이 '300㎡'를 초과하지 않아야 한다. (×)
→ '330㎡' (○)

토지의 이동

⑫ **신규등록** : 새로 조성된 토지와 지적공부에 등록되어 있지 아니한 토지를 지적공부에 등록하는 것

⑬ **등록전환** : 임야대장 및 임야도(토지대장 및 지적도×)에 등록된 토지를 토지대장 및 지적도(임야대장 및 임야도×)에 옮겨 등록하는 것

⑭ **분할** : 지적공부에 등록된 1필지를 2필지 이상으로(로×) 나누어 등록하는 것

⑮ **합병** : 지적공부에 등록된 2필지 이상을(를×) (지적측량을 시행하여×, → 합병 : 지적측량 非대상) 1필지로 합하여 등록하는 것

⑯ **지목변경** : 지적공부에 등록된 지목을 다른 지목으로 바꾸어 등록하는 것

⑰ **축척변경** : 지적도(지적도 및 임야도×)에 등록된 경계점의 정밀도를 높이기 위하여 작은 축척을 큰 축척으로 변경하여 등록하는 것

⑱ **지적소관청** : 지적공부를 관리하는 특별자치시장, 시장[「제주특별자치도 설치 및 국제자유도시 조성을 위한 특별법」에 따른 행정시의 시장을 포함하며, 「지방자치법」에 따라 자치구가 아닌 구를 두는 시의 시장은 제외(포함×)]·군수 또는 구청장[(자치구가 아닌 구의 구청장을 포함(제외×)(읍·면·동의 장×)]을 말한다.

⑲ **측량** : 공간상에 존재하는 일정한 점들의 위치를 측정하고 그 특성을 조사하여 도면 및 수치로 표현하거나 도면상의 위치를 현지(現地)에 재현하는 것을 말하며, 측량용 사진의 촬영, 지도의 제작 및 각종 건설사업에서 요구하는 도면작성 등을 포함한다.

⑳ **기본측량** : 모든 측량의 기초가 되는 공간정보를 제공하기 위하여 국토교통부장관(시·도지사×, 지적소관청×)이 실시하는 측량

㉑ **공공측량** : 국가, 지방자치단체, 그 밖에 대통령령으로 정하는 기관이 관계 법령에 따른 사업 등을 시행하기 위하여 기본측량을 기초로 실시하는 측량과 이외의 자가 시행하는 측량 중 공공의 이해 또는 안전과 밀접한 관련이 있는 측량으로서 대통령령으로 정하는 측량

㉒ **지적측량** : 토지를 지적공부에 등록하거나 지적공부에 등록된 경계점을 지상에 복원하기 위하여 필지의 경계 또는 좌표와 면적을 정하는 측량을 말하며, 지적확정측량 및 지적재조사측량을 포함(제외×)한다.

㉓ **지적확정측량** : 도시개발사업, 농어촌정비사업, 토지개발사업 등에 따른 사업이 끝나 토지의 표시를 새로 정하기 위하여 실시하는 지적측량

㉔ **지적재조사측량** : 「지적재조사에 관한 특별법」에 따른 지적재조사사업에 따라 토지의 표시를 새로 정하기 위하여 실시하는 지적측량

㉕ **수로측량** : 해양의 수심 · 지구자기(地球磁氣) · 중력 · 지형 · 지질의 측량과 해안선 및 이에 딸린 토지의 측량

토지대장 및 지적도에 등록된 토지를 임야대장 및 임야도에 옮겨 등록하는 것을 등록전환이라고 한다. (×)
→ 거꾸로 설명하고 있다.

㉖ **일반측량** : 기본측량, 공공측량, 지적측량 및 수로측량 외의 측량

㉗ **측량기준점** : 측량의 정확도를 확보하고 효율성을 높이기 위하여 특정 지점을 측량기준에 따라 측정하고 좌표 등으로 표시하여 측량 시에 기준으로 사용되는 점

㉘ **지도** : 측량 결과에 따라 공간상의 위치와 지형 및 지명 등 여러 공간정보를 일정한 축척에 따라 기호나 문자 등으로 표시한 것을 말하며, 정보처리시스템을 이용하여 분석, 편집 및 입력 · 출력할 수 있도록 제작된 수치지형도[항공기나 인공위성 등을 통하여 얻은 영상정보를 이용하여 제작하는 정사영상지도(正射映像地圖)를 포함]와 이를 이용하여 특정한 주제에 관하여 제작된 지하시설물도 · 토지이용현황도 등 대통령령으로 정하는 수치주제도(數値主題圖)를 포함한다.

㉙ **수로조사** : 해상교통안전, 해양의 보전 · 이용 · 개발, 해양관할권의 확보 및 해양재해 예방을 목적으로 하는 수로측량 · 해양관측 · 항로조사 및 해양지명조사

㉚ **연속지적도** : 지적측량을 하지 아니하고(하고×) 전산화된 지적도 및 임야도 파일을 이용하여, 도면상 경계점들을 연결하여 작성한 도면으로서 측량에 활용할 수 없는(있는×) 도면을 말한다.

※**지적기준점**
① 지적삼각점
② 지적삼각보조점
③ 지적도근점

3. 토지등록의 원칙(지적제도의 기본이념)

① (지적)**국정주의** (↔ 민정주의) : 토지의 지번·지목·경계는 국가에 의해서만 결정
② (지적)**등록주의** (= 형식주의 ↔ 실질주의) : 지적은 지적공부에 등록하는 형식
③ (지적)**공개주의** (↔ 비공개주의) : 지적공부에 등록된 사항은 누구에게나 공개되어야 함

지적제도의 3대 이념

④ **직권 등록주의** (= 적극등록주의 ↔ 신청주의) : 국가가 직권으로, 강제적으로 등록
⑤ **실질적 심사주의** (= 사실 심사주의 ↔ 형식적 심사주의) : 실질적으로 조사하여 등록
⑥ **물적편성주의** : 토지(사람×)를 중심으로 편성 → 1토지 1등록용지

4. 지적제도의 분류

(1) 발전과정

① 세지적(과세지적) : 면적 본위(중심)
② 법지적(소유권지적) : 위치(경계) 본위
③ 다목적지적(경제지적, 종합지적) : 토지의 종합정보 포함지적 → 이상적 지적

• 주의

① 지적공부상의 소유자는 등기부상의 소유자와 일치하여야 하며, 그 불일치를 발견한 때는 지적소관청(시장·군수·구청장)은 등기부에 부합하도록 해야(대장을 정리해야) 한다.

② 등기부상의 토지표시는 지적공부상의 기재에 의한다.

③ 대장에 신규등록하는 토지소유자는 등기부상의 기재를 기초로 한다.(×)

▶ 지적공부에 신규등록하는 토지의 소유자는 등기부의 기재를 기초로 하는 것이 아니라, 지적소관청이 이를 조사하여 등록한다.

④ 등기부와의 불일치를 제거하기 위한 대장의 정리는 지적소관청의 직권으로 할 수 있지만, 대장에 부합하는 등기는 등기관의 직권으로 할 수 없다.

우리나라의 지적공부상 면적은 '입체면적'으로 '3차원(입체)지적'이다. (×)
→ '수평면적'으로 '2차원(수평)지적'이다. (○)

(2) (경계점 위치의) 표시방법(=측량방법)

① 도해지적 : 경계를 도면으로 표시 → 관련 지적공부 : 지적도, 임야도

② 수치지적[=(경계점)좌표지적] : 경계를 수치인 좌표로 표시
→ 관련 지적공부 : 경계점좌표등록부

(3) 등록차원

① 2차원 지적(평면지적) : 지표만 등록

② 3차원 지적(입체지적) : 지표 뿐만 아니라 지상·지하까지 등록

③ 4차원 지적 : 항목별 변경연혁까지 등록

(4) 신청 여부

① 적극적 지적 : 토지소유자의 신청이 없는 경우라도 조사하여 등록

② 소극적 지적 : 토지소유자의 신청이 있는 경우에만 등록

※ 우리나라 지적제도는 밑줄 그은 것에 해당됨.

5. 우리나라 지적제도의 특징

① 법지적

② 수치지적

③ 도해지적

④ 수평지적(입체지적×)

⑤ 적극적 지적

6. 공관법의 역사

① 토지조사법(1910년) → ② 토지조사령(1912년) → ③ 토지대장규칙(1914년) → ④ 지세령(1914년) → ⑤ (조선)임야조사령(1918년) → ⑥ 임야대장규칙(1920년) → ⑦ 조선지세령, 조선임야대장규칙 → ⑧ 지적법(1950년) → ⑨ 측량·수로조사 및 지적에 관한 법률(2009년) → ⑩ 공간정보의 구축 및 관리 등에 관한 법률(2014년)

O · X · 지 · 문 · 학 · 습

01. 축척변경이란 지적도 및 임야도에 등록된 경계점의 정밀도를 높이기 위하여 작은 축척을 큰 축척으로 변경하여 등록하는 것을 말한다. [O, ×]

02. 연속지적도란 지적측량을 하지 아니하고 전산화된 지적도 및 임야도 파일을 이용하여, 도면상 경계점들을 연결하여 작성한 도면으로서 측량에 활용할 수 있는 도면을 말한다. [O, ×]

03. 지목은 토지의 주된 용도에 따라 토지의 종류를 구분하여 지적공부에 등록하는 것을 말하며, 원칙적으로 1필지상에 1개의 지목이 설정되지만 예외적으로 1필지상에 2개의 지목이 설정되는 경우도 있으며, 총 28개 지목으로 구성되어 있다. [O, ×]

04. 면적이란 지적공부에 등록한 필지의 수평면상 넓이를 말하는 것으로 임야와 같이 경사가 진 토지의 경우도 경사면적이 아닌 수평면적으로 지적공부에 등록하는 2차원적 개념의 면적이다. [O, ×]

05. 지번부여지역이란 지번을 부여하는 단위지역으로서 법정 리·동을 말하는 것이 아니고, 행정에 있어서 편의상 구획된 행정 리·동을 말한다. [O, ×]

06. 공관법상 토지의 지번·지목·경계는 국가에 의해서만 결정되며. 지적은 지적공부에 등록하는 형식을 취하고 지적공부에 등록된 사항을 누구에게나 공개하도록 하고 있다. [O, ×]

07. 우리나라 지적제도는 실질적 심사주의에 따라 등록사항이 사실과 다르게 된 경우에는 기 등록된 사항은 법적인 효력이 없다. [O, ×]

정답 및 해설

01. × (지적도 및 임야도 → 지적도)
02. × (있는 → 없는)
03. × (우리나라는 '1필1목의 원칙' 일 뿐이다.) 04. O
05. × (지번부여지역은 행정 리·동이 아니고 법정 리·동이다.)
06. O (우리나라 지적제도는 국정주의, 등록주의, 공개주의를원칙으로 하고 있다.)
07. × (이미 등록된 사항은 형식적 확정력에 의해 소정의 법률절차에 따라 정정되기 전까지는 법률적 효력이 있다.)

1. 공관법에서 정의하고 있는 용어에 관한 설명으로 틀린 것은?

① '토지의 표시'라 함은 지적공부에 토지의 소재·지번·지목·면적·경계 또는 좌표를 등록한 것을 말한다.
② '지번부여지역'이라 함은 지번을 부여하는 단위지역으로서 동·리 또는 이에 준하는 지역을 말한다.
③ '지목'이라 함은 토지의 지형에 따라 토지의 종류를 구분하여 지적공부에 등록한 것을 말한다.
④ '경계점'이라 함은 지적공부에 등록하는 필지를 구획하는 선의 굴곡점과 경계좌표등록부에 등록하는 평면직각종횡선수치의 교차점을 말한다.
⑤ '토지의 이동'이라 함은 토지의 표시를 새로이 정하거나 변경 또는 말소하는 것을 말한다.

해설

③ 토지의 지형에 따라 → 토지의 용도에 따라

2. 공관법령에서 규정하고 있는 내용에 관한 설명 중 틀린 것은?

① 지적공부의 관리에 관한 사항
② 토지에 관련된 정보의 지적공부 등록에 관한 사항
③ 지적공부에 등록된 정보의 제공에 관한 사항
④ 국토계획 및 도시환경의 개선에 관한 사항
⑤ 토지에 관련된 정보의 조사·측량에 관한 사항

해설

④ 공관법에 규정된 사항이 아니다.

3. 공관법령상 용어의 정의 중 옳은 것은?

① "지적소관청"이라 함은 지적공부를 관리하는 지방자치단체인 시·군·구를 말한다.
② "지목"이라 함은 토지의 주된 형상에 따라 토지의 종류를 구분하여 지적공부에 등록한 것을 말한다.
③ "축척변경"이라 함은 지적도에 등록된 경계점의 정밀도를 높이기 위하여 작은 축척을 큰 축척으로 변경하여 등록하는 것을 말한다.
④ "토지의 표시"라 함은 지적공부에 토지의 소재, 지번, 소유자, 지목, 면적, 경계 또는 좌표를 등록한 것을 말한다.
⑤ "좌표"라 함은 지적측량기준점 또는 경계점의 위치를 경위도좌표로 표시한 것을 말한다.

해설

① 시 · 군 · 구 → 특별자치시장 · 시장 · 군수 또는 구청장
② 주된 형상에 따라 → 주된 용도에 따라
④ '토지의 표시'란 지적공부에 토지의 소재 · 지번 · 지목 · 면적 · 경계 또는 좌표를 등록한 것이다. 소유자는 아니다.
⑤ 좌표란 좌표계상에서 지형 · 지물의 위치를 수학적으로 나타낸 값을 말한다.

4. 공관법에서 규정한 용어의 정의로서 '토지의 표시'에 해당하는 것은?

① 도곽선의 수치
② 도면번호

|정답| 1. ③ 2. ④ 3. ③

③ 대장의 장번호
④ 토지등급
⑤ 경계 및 좌표

해설

⑤ '토지의 표시'란 지적공부에 토지의 소재 · 지번 · 지목 · 면적 · 경계 또는 좌표를 등록한 것을 말한다.

5. 양입지(量入地) 및 양입지의 성립 요건의 내용 중 옳지 않은 것은?

① 소유자가 동일하고 지반이 연속되어 있어야 한다.
② 종된 토지의 지목이 대(垈)이어야 한다.
③ 주된 지목의 토지의 편의를 위하여 설치된 도로·구거 등이 있는 토지는 양입지가 될 수 있다.
④ 종된 토지의 면적이 주된 토지의 면적의 10% 이내이어야 한다.
⑤ 종된 토지의 면적이 330㎡ 이하이어야 한다.

해설

종된 토지의 지목이 '대'이면 양입지가 되지 않고 별개의 필지로 획정하여야 한다.

6. 법원의 토지경계확정 소송의 대상이 되는 "경계"의 의미를 설명하는 것 중 옳은 것은?

① 이웃하는 토지의 경계를 침범하여 건립된 건물의 실체상 권리 확인선
② 지적공부에 등록된 토지에 대하여 합병으로 인해 말소된 필지 경계선
③ 토지 공유자간의 합의에 의하여 구획한 사적인 토지소유권의 범위선
④ 건축물대장에 등록하여 공적으로 인증된 건물과 건물사이의 구획선
⑤ 지적공부에 등록하여 공적으로 인증된 필지와 필지의 구분선

해설

공관법상 경계란 필지별로 경계점간을 직선으로 연결하여 지적공부에 등록한 선, 즉 지적공부상 등록된 필지와 필지의 구분선이다.

|정답| 4. ⑤ 5. ② 6. ⑤

인증번호 : 7FH6-SD12

등록사항

무선 인터넷에서 스마트폰으로 QR코드를 찍으면 동영상 강의를 보실 수 있습니다.

기출 Point

1. 지번 부여 방법
 ① 일반 방법
 ② 우리나라 방법
2. 지목별 예
 (특히 예외 주의)
3. 지목의 도면상 부호
 (특히 차문자 4가지)
4. 경계 결정기준
5. 면적 결정방법
6. 면적측정 비대상

출제자 의도

지번

각 토지이동의 사례를 통해서 지번의 부여방법을 이해할 수 있는가?

핵심

토지의 사실관계(표시) : 관련 내용

소재 지번 지목 → 부여방법 / 개념-예

면적 경계, 좌표 → 결정방법

토지의 등록사항 중
지번은 그 부여방법이,
지목은 그 개념과 사례가,
면적과 **경계**는 그 결정방법이 핵심입니다.
또한 지적공부와 연계하여 이해(등록사항이 어떤 지적공부에 적히며, 어떤 의미인지 해석)하여야 합니다.

1. 지번 ★★

'지번'이란 필지에 부여하여 지적공부에 등록한 번호를 말한다.

→ 사람의 성명, 행정분야의 번지에 해당, 등기부상으로는 등기번호가 지번에 해당

(1) 기능

① 토지의 개별화·특정화

② 토지위치의 추측

③ 토지이용의 편리성 → 토지이용의 효율화, 과세기준 (× → 지목 설정목적)

④ 토지관계자료의 연결매체기능

⑤ 부동산활동, 사회활동에 유익

(2) 표기

① 아라비아 숫자로 표기

② 임야대장·임야도 등록토지는 지번 앞에 '산(임×)' 자 붙임

(3) 구성

본번만으로 구성된 경우가 있고 본번과 부번으로 구성된 경우도 있다.

→ 본번과 부번 사이에 '-'로 표시하고 '-'는 '의(다시×, 대쉬×)'라고 읽음

(4) 부여(설정)방법

① 진행방법

㉠ 사행식(蛇行式) : 뱀이 기어가듯이 지번이 설정되는 것
토지정리가 되지 않은 농촌지역에서 이용

㉡ 기우식(奇偶式, 交互法) : 도로를 중심으로 한쪽은 홀수지번 반대쪽은 짝수지번을 번갈아 가며 설정하는 방법. 시가지역에 적합

㉢ 절충식 : 사행식과 기우식을 절충한 설정방법

② 설정단위

㉠ 지역단위법 : 지번설정지역 전체를 대상으로 순서대로 지번을 설정하는 방법
지역 넓지 않거나 지적·임야도의 매수 적을 때 사용

㉡ 도엽단위법 : 도엽(圖葉, 그림 한장한장)별로 세분하여 그 순서대로 지번을 설정하는 방법. 지역 넓거나 지적·임야도의 매수 많을 때 사용

㉢ 단지단위법(단지식, 가구식, 블록식) : 아파트 단지처럼 단지로 세분하여 그 순서대로 지번을 설정하는 방법. 도시개발사업지구, 경지정리사업지구에 적합

③ 기번(起番)의 위치

㉠ 북동기번법 : 북동쪽에서 남서쪽으로 지번을 부여하는 방법

㉡ 북서기번법 : 북서쪽에서 남동쪽으로 지번을 부여하는 방법 → 우리나라의 지번 표기방법

④ 표기형태

㉠ 분수식부번제도 : 원지번 분자, 부번은 분모로 표기 → 거꾸로 하는 경우도 있음

㉡ 기번제도 : 원지번에 승수를 붙여 표기.모지번 근거가 명확

㉢ 자유부번제도 : 신경계설정전까지 지번은 전부 소멸시키고 그 최종지번 다음번호로 대체하여 표기

㉣ 평행제도(단식·복식제도) : 단식은 본번만 복식은 본번에 부번을 붙여 표기
→ 우리나라의 지번 표기방법

■ 우리나라 지번부여방법

1. 기본

지번 부여지역별로 순차적으로 부여 (그림1 참고)

① 북서기번법 (북서쪽에서 남동쪽으로 설정)

② 서(西) → 동(東) (필지가 동서로 배열된 경우)

③ 북(北) → 남(南)(필지가 남북으로 배열된 경우)

(그림1) 지번부여지역

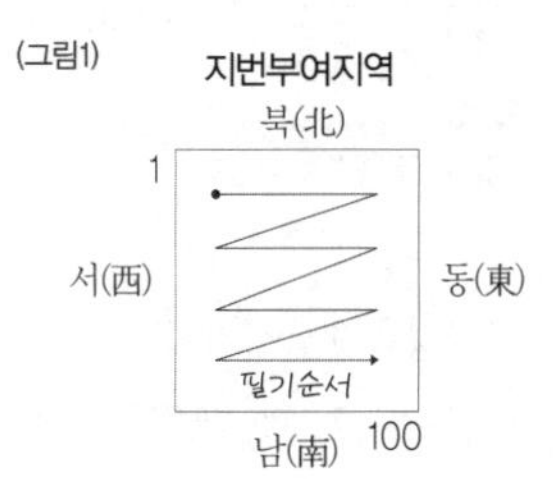

우리나라는 '북동기번법'을 지번부여방법의 기본원칙으로 하고 있다. (×)
→ '북서기번법' (○)

2. 원칙 ↔ 예외 (토지이동 시)

① 신규등록, 등록전환 (그림2 참고)

▶ 원칙 : 인접지 본번에 부번 붙인다

▶ 예외 : 최종본번 다음번을 본번(부번×)으로 붙인다.

ⓐ 해당 지번부여지역 내 최종지번의 토지에 인접된 경우

ⓑ 기등록토지와 멀리 떨어져 있어 부번을 부여하는 것이 불합리한 경우

ⓒ 여러 필지로 된 경우

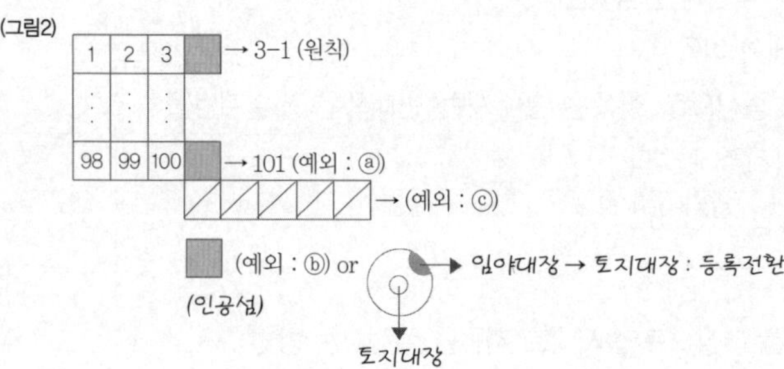

② 분할

▶ 원칙 : 분할 후 필지 중 ①1필지의 지번은 분할 전(후×)의 지번으로, ②나머지는 그 본번의 최종 부번의 다음 순번으로 부번(본번×)을 붙인다. (그림3 참고)

▶ 예외 : 분할된 것 중 하나에 주거·사무실 등 건축물이 있는 경우에는 분할 전의 지번을 우선하여 부여하여야 한다. (그림4 참고)

→ 토지소유자의 신청이 없더라도(신청하는 경우×), 분할전의 지번을 건축물이 있는 필지에 우선 부여하여야 한다.

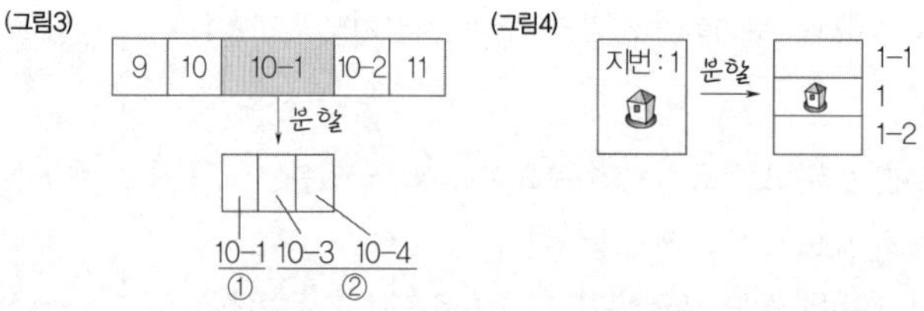

③ 합병

▶ 원칙 : 합병 전 지번의 본번 중 선순위 것을 붙인다. 본번이 없으면 그 중 선순위 지번을 붙인다. (그림5 참고)

▶ 예외 : 합병 전 필지에 주거·사무실 등의 건축물이 있어서 그 지번을 합병 후의 지번으로 토지소유자가 신청하는 경우(신청이 없더라도×) 그 지번을 합병 후의 지번으로 부여 하여야 한다. (그림6 참고)

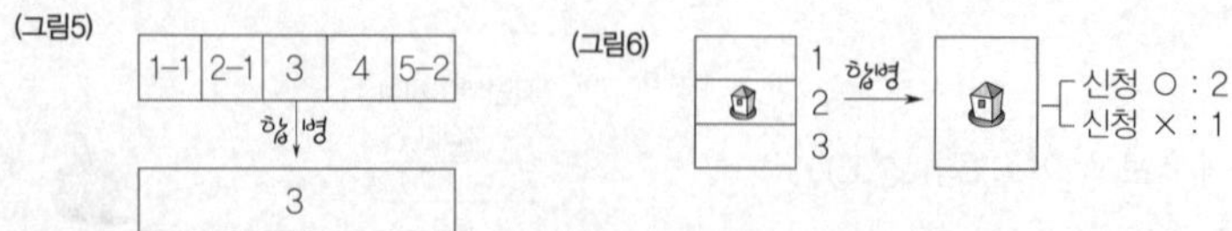

④ 도시개발사업지역(즉, 지적확정측량실시지역)

▶ 원칙 : 종전의 지번 중 본번만으로 된 지번을 붙인다.

※ 제외되는 지번

㉠ 지적확정측량을 실시한 지역 안의 종전의 지번과 지적확정측량을 실시한 지역 밖에 있는 본번이 같은 지번이 있을 때 그 지번

㉡ 지적확정측량을 실시한 지역의 경계에 걸쳐 있는 지번

▶ 예외 : 부여할 수 있는 종전 지번의 수가 새로이 부여할 지번의 수보다 적은 때에는 '블록단위'로 하나의 본번을 부여한 후 필지별로 부번을 부여하거나, 그 지번부여지역의 최종 본번의 다음 순번부터 본번(부번×)으로 하여 순차적으로 지번을 부여할 수 있다.

⑤ 지적소관청이 지번을 변경할 필요가 있다고 인정하는 때에 지번부여지역안의 지번 변경을 하는 때	④의 경우 준용
⑥ 행정구역 개편에 따라 새로이 지번을 부여하는 때	
⑦ 축척변경 시행지역안의 필지에 지번을 부여하는 때	

(5) 변경

① 지적소관청(시·도지사나 대도시 시장×)은 지적공부에 등록된 지번을 변경할 필요가 있다고 인정하면 시·도지사나 대도시 시장의 승인을 받아(직권으로×) 지번부여지역의 전부 또는 일부에 대하여 지번을 새로 부여할 수(하여야×) 있다.

② 지적소관청은 지번을 변경하려면 지번변경 사유를 적은 승인신청서에 지번변경 대상지역의 지번·지목·면적·소유자에 대한 상세한 내용을 기재하여 시·도지사 또는 대도시 시장에게 제출하여야 한다. 이 경우 시·도지사 또는 대도시 시장은 「전자정부법」 제36조제1항에 따른 행정정보의 공동이용을 통하여 지번변경 대상지역의 지적도 및 임야도를 확인하여야 한다.

■ 시·도지사나 대도시 시장의 승인을 받아야 하는 경우

① 지번을 변경하는 경우
② 축척을 변경하는 경우
③ 지적공부를 반출하는 경우

(6) 결번대장

지적소관청은 행정구역의 변경, 도시개발사업의 시행, 지번변경, 축척변경, 지번정정 등(신규등록×, 분할×, 지목변경× → 이 경우는 결번이 발생하지 않음)의

사유로 지번에 결번이 생긴 때에는 지체 없이 그 사유를 결번대장에 적어 영구히(30년 동안×) 보존하여야 한다.

→ 결번대장은 공간법상 지적공부에 해당되지 않는다.

출제자 의도

지목
- 각 지목의 법조문상 '정의'를 알고 있는가?
- 각 지목별 구체적인 '예'를 알고 있는가?
- 지적도면상 지목의 부호를 보고 지목을 판단할 수 있는가?

★★★
2. 지목

'지목'이란 토지의 주된 용도에 따라 토지의 종류를 구분하여 지적공부에 등록한 것을 말한다.

(1) 기능

① 토지이용의 효율성 → 토지이용의 편리성 (×→ 지번 설정목적)

② 과세의 기준

(2) 설정원칙

① 1필 1목 : 1필지의 토지에는 1개의 지목만 설정

② 주지목 추종 : 1필지가 2이상의 지목에 해당되는 경우, 주된 용도에 따라 지목을 설정 ↔ 예외 : 과수원, 목장용지, 묘지 안 건축물의 부지 → '대'

③ 사용목적 추종 : 토지의 사용목적에 따라 지목을 설정

④ 영속성 : 영속적으로 사용되는 용도에 따라 지목을 설정

→ 일시적 용도의 변경이 있더라도 지목의 변경은 하지 않는다.

(3) 구분(총 28개 지목)

대장 → 정식명칭 도면 → 부호(한 글자만 표기)

① 전 (전) → 괄호안은 지목의 부호를 의미함

물을 상시적으로 이용하지 아니하고 곡물·원예작물[과수류는 제외(포함×)]·약초·뽕나무·닥나무·묘목·관상수 등의 식물을 주로 재배하는 토지와 식용을 위하여 죽순을 재배(자생×)하는 토지

- **갈대밭**
→ 잡종지(전×)
- **죽림지**
→ 임야(전×)

② 답 (답)

물을 상시적으로 직접 이용하여 벼·연·미나리·왕골 등의 식물을 주로 재배(자생× → 자생은 '유지')하는 토지

③ **과수원 (과)**

사과·배·밤·호도·귤나무 등 과수류를 집단적으로 재배(자생×)하는 토지와 이에 접속된 저장고 등 부속시설물의 부지[다만, 과수원 내 주거용 건축물의 부지는 대(과수원×)]

④ **목장용지 (목)**

㉠ 축산업 및 낙농업을 하기 위하여 초지를 조성한 토지

㉡ 축산법 제2조제1호의 규정에 의한 가축을 사육하는 축사 등의 부지

㉢ ㉠·㉡의 토지와 접속된 부속시설물의 부지 (다만, 주거용 건축물의 부지는 대)

⑤ **임야 (임)**

산림 및 원야(原野)를 이루고 있는 수림지·죽림지·암석지·자갈땅·모래땅·습지·황무지 등의 토지

⑥ **광천지 (광)**

지하에서 온수·약수·석유류 등이 용출되는 용출구와 그 유지(維持)에 사용되는 부지(다만, 온수·약수·석유류 등을 일정한 장소로 운송하는 송수관·송유관 및 저장시설의 부지는 제외 → 잡종지에 해당됨)

⑦ **염전 (염)**

바닷물을 끌어 들여 소금을 채취하기 위하여 조성된 토지와 이에 접속된 제염장 등 부속시설물의 부지[다만, 천일제염방식에 의하지 아니하고 동력에 의하여 바닷물을 끌어들여 소금을 제조하는 공장시설물의 부지(→ 공장용지)는 제외]

⑧ **대 (대)**

㉠ 영구적 건축물 중 주거·사무실·점포와 박물관·극장·미술관 등 문화시설과 이에 접속된 정원 및 부속시설물의 부지

㉡ 국토의 계획 및 이용에 관한 법률 등 관계법령에 의한 택지조성공사가 준공된 토지

⑨ **공장용지 [장(공×)]**

㉠ 제조업을 하고 있는 공장시설물의 부지

㉡ 산업집적활성화 및 공장 설립에 관한 법률 등 관계법령에 의한 공장부지조성공사가 준공된 토지

㉢ ㉠, ㉡의 토지와 같은 구역안에 있는 의료시설 등 부속시설물의 부지

⑩ **학교용지 (학)**

학교의 교사와 이에 접속된 체육장 등 부속시설물의 부지

⑪ **주차장 [차(주×)]**

자동차 등의 주차에 필요한 독립적인 시설을 갖춘 부지와 주차전용 건축물 및 이에 접속된 부속시설물의 부지(다만, 다음 각목의 1에 해당하는 시설의 부지를 제외 → 즉, 주차장이 아니다.)

- **하천 옆 모래땅**
→ 하천(임야×)
- **간석지**
→ 바다물이 들어와 버리므로 토지로 보지 않음 (임야×)
- **아파트 단지 내 도로 (통로)**
→ 대 (도로×)
- **학교건물 부지**
→ 학교용지(대×)
- **교회건물 부지**
→ 종교용지(대×)
- **공장내 도로**
→ 공장용지(도로×)
- **학교용지 '밖' 사택**
→ 대(학교용지×)
- **사설학원**
→ 대(학교용지×)
- **노상주차장**
→ 도로(주차장×)

가. 주차장법 제2조제1호 가목 및 다목의 규정에 의한 노상주차장 및 부설주차장
나. 자동차 등의 판매목적으로 설치된 물류장 및 야외전시장

⑫ **주유소용지 (주)**

㉠ 석유·석유제품 또는 액화석유가스 등의 판매를 위하여 일정한 설비를 갖춘 시설물의 부지

㉡ 저유소 및 원유저장소의 부지와 이에 접속된 부속시설물의 부지 (다만, 자동차·선박·기차 등의 제작 또는 정비공장 안에 설치된 급유·송유시설 등의 부지는 제외)

⑬ **창고용지 (창)**

물건 등을 보관 또는 저장하기 위하여 독립적으로 설치된 보관시설물의 부지와 이에 접속된 부속시설물의 부지

⑭ **도로 (도)**

㉠ 일반공중의 교통운수를 위하여 보행 또는 차량운행에 필요한 일정한 설비 또는 형태를 갖추어 이용되는 토지

㉡ 도로법 등 관계법령에 의하여 도로로 개설된 토지

㉢ 고속도로안의 휴게소 부지

㉣ 2필지(1필지×) 이상에 진입하는 통로로 이용되는 토지
(다만, 아파트·공장 등 단일 용도의 일정한 단지안에 설치된 통로 등은 제외)

⑮ **철도용지 (철)**

교통운수를 위하여 일정한 궤도 등의 설비와 형태를 갖추어 이용되는 토지와 이에 접속된 역사·차고·발전시설 및 공작창 등 부속시설물의 부지

⑯ **제방 (제)**

조수·자연유수·모래·바람 등을 막기 위하여 설치된 방조제·방수제·방사제·방파제 등의 부지

⑰ **하천 [천(하×)]**

자연(인공×)의 유수(流水)가 있거나 있을 것으로 예상되는 토지(복개한 후라도 물이 계속 흐르면 → 하천)

⑱ **구거 (구)**

용수 또는 배수를 위하여 일정한 형태를 갖춘 인공적인 수로·둑 및 그 부속시설물의 부지와 자연의 유수(流水)가 있거나 있을 것으로 예상되는 소규모(대규모×) 수로부지

→ '인공수로'는 규모에 관계없이 '구거'에 해당되지만, '자연수로'는 소규모이면 '구거'에 해당되고 대규모이면 '하천'에 해당된다.

⑲ **유지 (유)**

물이 고이거나 상시적으로 물을 저장하고 있는 댐·저수지·소류지·호수·연못

- **고속도로안 주유소**
→ 주유소용지(도로×)
- **지하도로, 고가도로는 측지법상 도로가 아니다.**
→ 우리나라는 수평지적이므로

등의 토지와 연·왕골 등이 자생(재배×)하는 배수가 잘되지 아니하는 토지

⑳ **양어장** (양식장×) (양)

육상(바다×, 육상 또는 해상×)에 인공으로 조성된 수산생물의 번식 또는 양식을 위한 시설을 갖춘 부지와 이에 접속된 부속시설물의 부지

㉑ **수도용지** (수)

물을 정수하여 공급하기 위한 취수·저수·도수(導水)·정수·송수 및 배수시설의 부지 및 이에 접속된 부속시설물의 부지

㉒ **공원** (공)

일반공중의 보건·휴양 및 정서생활에 이용하기 위한 시설을 갖춘 토지로서 국토의 계획 및 이용에 관한 법률에 의하여 공원 또는 녹지로 결정·고시된 토지

㉓ **체육용지** (체)

국민의 건강증진 등을 위한 체육활동에 적합한 시설과 형태를 갖춘 종합운동장·실내체육관·야구장·골프장·스키장·승마장·경륜장 등 체육시설의 토지와 이에 접속된 부속시설물의 부지(다만, 체육시설로서의 영속성과 독립성이 미흡한 정구장·골프연습장·실내수영장 및 체육도장, 유수(流水)를 이용한 요트장 및 카누장, 산림안의 야영장 등의 토지는 제외)

㉔ **유원지** [원(유×)]

일반공중의 위락·휴양 등에 적합한 시설물을 종합적으로 갖춘 수영장·유선장·낚시터·어린이놀이터·동물원·식물원·민속촌·경마장 등의 토지와 이에 접속된 부속시설물의 부지 {다만, 이들 시설과의 거리 등으로 보아 독립적인 것으로 인정되는 숙식시설 및 유기장(遊技場 = 유희장)의 부지와 하천·구거 또는 유지[공유(公有)의 것에 한한다]로 분류되는 것을 제외}

㉕ **종교용지** (종)

일반공중의 종교의식을 위하여 예배·법요·설교·제사 등을 하기 위한 교회·사찰·향교 등 건축물의 부지와 이에 접속된 부속시설물의 부지[따라서 종교용지 내 주거용 건축물 부지 → 종교용지(대×), 종교용지 내 사적지 → 종교용지(사적지×)]

㉖ **사적지** (사)

문화재로 지정된 역사적인 유적·고적·기념물 등을 보존하기 위하여 구획된 토지 (다만, 학교용지·공원·종교용지 등 다른 지목으로 된 토지안에 있는 유적·고적·기념물 등을 보호하기 위하여 구획된 토지는 제외) (따라서 공장용지 내 사적지 → 사적지)

답
용·배수가 용이한 토지

유지
용·배수가 용이하지 않은 토지

- **자연공원법상 공원**
(예 : 설악산국립공원)
→ 임야(공원×)
- **과천서울대공원**
→ 유원지(공원×)
- **실내수영장**
→ 대(유원지×)
- **승마장, 경륜장**
→ 체육용지(유원지×)

- **경 '외' 주거용 건축물 부지**
→ 대(종교용지×)
- **임대교회**
→ 대(종교용지×)

㉗ **묘지 (묘)**

사람의 시체나 유골이 매장된 토지, 도시공원 및 녹지 등에 관한 법률에 따른 묘지공원으로 결정·고시된 토지 및 장사등에 관한 법률에 의한 봉안시설과 이에 접속된 부속시설물의 부지(다만, 묘지의 관리를 위한 건축물의 부지는 대)

㉘ **잡종지 (잡)**

㉠ 갈대밭, 실외에 물건을 쌓아두는 곳, 돌을 캐내는 곳, 흙을 파내는 곳, 야외시장, 비행장[공군비행장 내 골프장 → 잡종지 (체육용지×)], 공동우물

㉡ 영구적 건축물 중 변전소, 송신소, 수신소, 송유시설, 도축장, 자동차운전학원, 쓰레기 및 오물처리장 등의 부지

㉢ 다른 지목에 속하지 아니하는 토지[다만, 원상회복을 조건으로 돌을 캐내는 곳 또는 흙을 파내는 곳으로 허가된 토지는 제외(포함×)]

- **실외에 물건을 쌓아 두는 곳**
  → 잡종지(창고용지×)
- **송수시설**
  → 수도용지(잡종지×)
- **유류저장시설**
  → 주유소용지(잡종지×)

(4) 표기(방법)

① 대장(토지대장, 임야대장) : 정식 명칭

② 도면(지적도·임야도) : 부호

▶ 원칙 : 두문자 표기 (머리글자 한자만 사용)

▶ 예외 : 차문자 표기 [공장용지 → 장 (vs 공원 → 공), 주차장 → 차 (vs 주유소용지 → 주), 하천 → 천 (vs 학교용지 → 학), 유원지 → 원 (vs 유지 → 유)]

★ 3. 경계

'경계'란 필지별로 경계점들을 직선으로 연결하여 지적공부에 등록한 선을 말한다.

출제자 의도

경계
- 경계의 결정기준을 이해하고 있는가?
- 분할에 의한 경계 예외 VS 경계점 표지설치 후 측량 가능한 경우

(1) 일반원칙

① 축척종대 : 동일 경계가 축척이 서로 다른 도면에 등록되어 있을 경우 축척이 큰 것에 따른다.

② 경계불가분 : 동일토지에 2개 이상의 경계가 있을 수 없다.

③ 직선주의 : 실형태가 아닌 직선(곡선×)로 표시한다.

④ 국정주의 : 국가만이 경계를 정할 수 있다.

⑤ 부동성 : 경계가 한번 결정되면 토지이동의 특별사유가 없는 한 옮길 수 없다.

판례 경계

지적공부상의 경계와 현실의 경계가 다른 경우, 특별한 사정이 없는 한 그 경계는 '지적공부상'의 경계로 한다. [94다4615]

(2) (지상 경계)결정기준

① 연접되는 토지 간에 높낮이 차이가 없는 경우 : 그 구조물 등의 중앙

② 연접되는 토지 간에 높낮이 차이가 있는 경우 : 그 구조물 등의 하단부(상단부×)

③ 도로·구거 등의 토지에 절토된 부분이 있는 경우 : 그 경사면의 상단부(하단부×)

④ 토지가 해면 또는 수면에 접하는 경우: 최대(최소×, 평균×) 만조위 또는 최대만수위가 되는 선

⑤ 공유수면매립지의 토지 중 제방 등을 토지에 편입하여 등록하는 경우 : 바깥쪽(안쪽×) 어깨부분(상단부×, 하단부×)

※ ①, ②, ③의 경우 지상 경계의 구획을 형성하는 구조물 등의 소유자가 다른 경우에는 위의 규정에도 불구하고 그 소유권(중앙×, 하단부×, 상단부×)에 따라 지상 경계를 결정한다.

(3) 분할에 따른 경계(결정)

▶ 원칙 : 지상 건축물이 걸리게(관통하게) 결정할 수 없다.

▶ 예외 : ① 법원 확정판결 있는 경우

② 공공사업의 경우

③ 「국토의 계획 및 이용에 관한 법률」에 따른 도시 · 군관리계획 결정고시와 지형도면 고시가 된 지역의 도시 · 군관리계획선에 따라 토지를 분할하려는 경우

④ 도시개발사업 등의 사업시행자가 사업지구의 경계를 결정하기 위하여 토지를 분할하려는 경우

(4) 지상 경계의 위치표시

토지의 지상 경계는 둑, 담장이나 그 밖에 구획의 목표가 될 만한 구조물 및 경계점표지 등으로 표시한다.

→ 관련 공적장부 : 지상경계점등록부 (→ 지적공부는 아님)

■ 지상경계점등록부 등록사항

① 토지의 소재 (소유자×)	② 지번 (면적×)
③ 경계점 (경계×) 좌표(경계점좌표등록부 시행지역에 한정한다)	
④ 경계점 위치 설명도	⑤ 공부상 지목과 실제 토지이용 지목
⑥ 경계점의 사진 파일	⑦ 경계점표지의 종류 및 경계점 위치

▌판례 경계▐

• 지적공부상 경계가 기술적인 착오로 진실한 경계선과 다르게 등록된 것과 같은 특별한 사정이 있는 경우에, 경계 확정은 '실제'의 경계로 한다. [92다52887]

• 어떤 토지가 지적법(현 공관법)에 의하여 1필지의 토지로 지적공부에 등록되면 그 토지는 특별한 사정이 없는 한 그 등록으로써 특정되고 그 소유권의 범위는 현실의 경계와 관계없이 공부상의 경계에 의하여 확정되는 것이고, 지적도상의 경계표시가 분할측량의 잘못 등으로 사실상의 경계와 다르게 표시되었다 하더라도 그 토지에 대한 매매도 특별한 사정이 없는 한 현실의 경계와 관계없이 **지적공부상의 경계**와 지적에 의하여 소유권의 범위가 확정된 토지를 매매 대상으로 하는 것으로 보아야 하고, 다만 지적도를 작성함에 있어서 기술적인 착오로 인하여 지적도상의 경계선이 진실한 경계선과 다르게 작성되었기 때문에 경계와 지적이 실제의 것과 일치하지 않게 되었고, 그 토지들이 전전매도되면서도 당사자들이 사실상의 경계대로 토지를 매매할 의사를 가지고 거래한 경우 등과 같이 특별한 사정이 있는 경우에 한하여 그 토지의 경계는 **실제의 경계**에 의하여야 한다. [95다55597]

▮판례 경계▮

[1] 경계침범 여부가 문제로 되어 지적도상의 경계를 실지에 복원하기 위하여 행하는 경계복원측량은 등록할 당시의 측량 방법과 동일한 방법으로 하여야 하므로, 첫째 등록 당시의 측량 방법에 따르고, 둘째 측량 당시의 기준점을 기준으로 하여야 하며, 비록 등록 당시의 측량 방법이나 기술이 발전하지 못하여 정확성이 없다 하더라도 경계복원측량을 함에 있어서는 **등록 당시의 측량 방법**에 의하여야 하는 것이지 보다 정밀한 측량 방법이 있다 하여 곧바로 그 방법에 의하여 측량할 수는 없다(있다×).

[2] 토지의 등록 당시 기지점을 기준으로 한 측판측량 방법에 의하여 분할측량이 이루어진 경우 등록 당시의 기지점을 기준으로 하여 경계복원측량을 하여야 함이 원칙이나, 현재에 이르러 등록 당시의 기지점을 찾을 수 없어 등록 당시의 기지점을 기준으로 하여 경계복원측량을 하는 것이 불가능하게 되었다면 분할측량원도를 토대로 등록 당시와 비슷한 조건의 주위 기지점에 의거하여 경계복원측량을 할 수 있는바, 대상 토지의 사정변경으로 위 방법에 의하여 경계복원측량을 하는 것마저 불가능하게 되었다면 기초측량에 의하여 해당 토지 인근의 도근점을 찾아내어 이를 기준으로 하여 경계복원측량을 할 수밖에 없다.

[2002다17791]

(5) 지상 경계점에 경계점표지를 설치 후 측량가능한 경우 (경계점표지를 기준으로 경계를 결정하는 경우)

① 도시개발사업 등의 사업시행자가 사업지구의 경계를 결정하기 위하여 토지를 분할하려는 경우

② 사업시행자와 행정기관의 장 또는 지방자치단체의 장이 토지를 취득하기 위하여 분할하려는 경우

③ 「국토의 계획 및 이용에 관한 법률」에 따른 도시·군관리계획 결정고시와 지형도면 고시가 된 지역의 도시·군관리계획선에 따라 토지를 분할하려는 경우

④ 분할을 신청할 수 있는 경우(소유권이전, 매매 등을 위하여 필요한 경우, 토지이용상 불합리한 지상 경계를 시정하기 위한 경우, 토지분할이 포함된 개발행위허가 등을 받은 경우)에 토지를 분할하려는 경우

⑤ 관계 법령에 따라 인가·허가 등을 받아 토지를 분할하려는 경우 ★

4. 면적

'면적' 이란 지적공부에 등록한 필지의 수평면(실제 지표면×)상 넓이를 말한다.

(1) 결정방법

→ 원칙 : • 최소등록단위 : 1m² → 1필지의 면적이 1m² 미만인 때에는 1m²로 등록한다.

• 1m² 미만 단수 존재 시

0.5m² 미만 → 버린다 예) 500.4m² → 500m²

0.5m² 초과 → 1m²를 올린다 예) 500.6m² → 501m²

0.5m²이면 → 최소등록단위, 1m²의 자리가 0 또는 짝수이면 버리고 홀수이면 올린다.

예) 500.5m² → 500m² / 502.5m² → 502m² / 503.5m² → 504m²

→ 예외 : 지적도의 축척이 1/600인 지역, 경계점좌표등록부에 등록하는 지역(축척이 1/500인 지역)인 경우 제곱미터 이하 한 자리 단위로 한다.

• 최소등록단위 : 0.1m² → 1필지의 면적이 0.1m² 미만인 때는 0.1m²로 등록한다.

• 0.1m² 미만 단수 존재 시

0.05m² 미만 → 버린다 예) 123.44m² → 123.4m²

0.05m² 초과 → 0.1m²를 올린다 예) 123.46m² → 123.5m²

0.05m² 이면 → 최소등록단위, 0.1m²의 자리가 0 또는 짝수이면 버리고 홀수이면 올린다. 예) 530.55m² → 530.6m²

※ 주의 : 법원의 확정판결이 있는 경우 위 방법이 아닌 확정판결의 경정 등을 선행하여 등록한다.

(2) 측정 대상(○) vs 비대상(×)

기준 : '경계' 를 새로이 정하느냐, 정하지 않느냐.

→ 경계를 (새로이) 정하면 : 측정 대상 ↔ 경계를 정하지 않으면 : 측정 비대상

측정 대상 (O)	측정 비대상(×)
토지의 이동	
측량 신규등록 등록전환 분할 축척변경	조사 합병 지목변경 지번변경 소재변경 행정구역명칭변경
지적공부 복구(지적공부가 멸실해서)	도면 재작성(도면이 낡아서 재기능 못해서)
경계정정, 면적정정	위치정정
면적측정이 수반되는 경계복원측량, 지적현황측량	면적측정이 수반되지 않는 경계복원측량, 지적현황측량

※ • 경계복원측량 : 도면에 등록된 경계와 실제 토지의 경계가 일치하는지 여부를 확인할 경우에 실시하는 측량 → 말뚝박는 것

• 지적현황측량 : 건축물등의 현황을 도면에 등록된 경계와 대비하여 표시하는 데 필요한 경우 시행하는 측량

(3) 계산

면적 = 가로 × 세로

① 축척이용

예) 축척 $\frac{1}{1,000}$ → 비례식 → 1 : 1,000 = 3㎝ : X (3㎝ ↑ 도상거리, X ↗ 실제 거리)

• X = 3,000㎝ = 30m

② 도곽선 수치 이용

(4) 등록전환이나 분할에 따른 면적 오차의 허용범위 및 배분 등

① 등록전환

임야대장의 면적과 등록전환될 면적의 차이가 법정 허용범위 이내인 경우에는 등록전환될 면적을 등록전환 면적으로 결정하고, 허용범위를 초과하는 경우에는 임야대장의 면적 또는 임야도의 경계를 지적소관청이 직권으로(토지소유자의 신청으로×) 정정하여야(할 수×) 한다.

출제자 의도

면적

• 면적의 결정방법을 사례를 통해서 이해할 수 있는가?
• 면적 측정대상과 비대상의 경우를 구별할 수 있는가?

• **공관법상 면적**

수평면상 넓이

• **㎡ vs 평**

- 1㎡ ≒ 0.3025坪(평)
- 1坪 ≒ $\frac{1}{0.3025}$ ㎡

② 분할

㉠ 분할 전후 면적의 차이가 법정 허용범위 이내인 경우 : 그 오차를 분할 후의 각 필지의 면적에 따라 나누고, 허용범위를 초과하는 경우에는 지적공부상의 면적 또는 경계를 정정하여야 한다.

㉡ 경계점좌표등록부가 있는 지역의 토지분할을 위하여 면적을 정하는 경우

ⓐ 분할 후 각 필지의 면적합계가 분할 전 면적보다 많은 경우에는 구하려는 끝자리의 다음 숫자가 작은 것부터 순차적으로 버려서 정하되, 분할 전 면적에 증감이 없도록 할 것

ⓑ 분할 후 각 필지의 면적합계가 분할 전 면적보다 적은 경우에는 구하려는 끝자리의 다음 숫자가 큰 것부터 순차적으로 올려서 정하되, 분할 전 면적에 증감이 없도록 할 것

■ **축척과 거리·면적의 관계**

① $\frac{1}{\text{축척}} = \frac{\text{도상거리}}{\text{실제거리}}$

② $(\frac{1}{\text{축척}})^2 = (\frac{\text{도상거리}}{\text{실제거리}})^2 = \frac{\text{도상면적}}{\text{실제면적}}$

■ **공관법상 축척**

$\frac{1}{500} \cdot \frac{1}{600}$	$\frac{1}{1,000} \cdot \frac{1}{1,200} \cdot \frac{1}{2,400} \cdot \frac{1}{3,000} \cdot \frac{1}{6,000}$
(상대적으로)정밀도↑	(상대적으로)정밀도↓
(상대적으로)대축척	(상대적으로)소축척
• 축척 1/500인 지역 → 정밀도 요하는 지역(도시개발사업 시행지역, 지적확정측량 실시지역, 경계점좌표등록부 시행지역, 경위의 측량방법에 의하여 측량하는 지역)에서 주로 사용	• 경지정리지역 : $\frac{1}{1,000}$ • 가장 많이 사용 : $\frac{1}{1,200}$ • 임야도 : $\frac{1}{3,000} \cdot \frac{1}{6,000}$ (→주로 $\frac{1}{6,000}$)

5. 좌표

'좌표'란 지적측량기준점이나 경계점의 위치를 평면직각종횡선수치로 표시한 것을 말한다.

→ 측량기준점 : 측량의 정확도를 확보하고 효율성을 높이기 위하여 특정 지

점을 측량기준에 따라 측정하고 좌표 등으로 표시하여 측량 시에 기준으로 사용되는 점을 말한다.

→ 경계점 : 필지를 구획하는 선의 굴곡점으로서 지적도나 임야도에 도해 형태로 등록하거나 경계점좌표등록부에 좌표 형태로 등록하는 점을 말한다.

(1) 결정방법

▶ 원칙 : 지적측량에 의하여 결정한다.

▶ 예외 : 합병 후 필지의 좌표는 합병 전 각 필지의 좌표 중 합병으로 필요 없게 된 부분을 말소하여 결정한다.

(2) 관련 지적공부

좌표는 경계점좌표등록부에만 등록된다.

■ 제3장 지적 - 제1절 토지의 등록 3단 비교표

법	시행령	시행규칙
제64조 토지의 조사 · 등록 등 ① 국토교통부장관(시 · 도지사×)은 모든 토지(등기된 토지만×)에 대하여 필지별로 소재·지번·지목·면적·경계 또는 좌표 등을 **조사·측량**하여 지적공부에 **등록**하여야 한다. ② 지적공부에 등록하는 지번·지목·면적·경계 또는 좌표는 토지의 이동이 있을 때 토지소유자(법인이 아닌 사단이나 재단의 경우에는 그 대표자나 관리인을 말한다. 이하 같다)의 **신청**을 받아 지적소관청이 **결정**한다. (원칙) 다만, 신청이 없으면 지적소관청이 **직권**으로 조사·측량하여 **결정**할 수 있다.(예외) ③ 제2항 단서에 따른 조사·측량의 절차 등에 필요한 사항은 국토교통부령(대통령령×)으로 정한다.	※ 지적소관청의 토지 직권 조사·등록절차 ① 토지이동현황 조사계획 수립 ↓ ② 토지이동현황 조사 ↓ ③ 토지이동 조사부 작성 ↓ ④ 토지이동 조서 작성, 토지이동정리 결의서에 첨부 ↓ ⑤ 지적공부 정리	**제59조 토지의 조사 · 등록** ① 지적소관청은 법 제64조제2항 단서에 따라 토지의 이동현황을 **직권**(신청×)으로 **조사·측량**하여 토지의 지번·지목·면적·경계 또는 좌표를 **결정**하려는 때에는 토지이동현황 조사계획을 수립하여야(할 수×) 한다. 이 경우 토지이동현황 조사계획은 시·군·구별(시 · 도별×)로 수립하되(원칙), 부득이한 사유가 있는 때에는 읍·면·동별(시 · 군 · 구별×)로 수립할(하여야×) 수 있다.(예외) ② 지적소관청은 제1항에 따른 토지이동현황 조사계획에 따라 토지의 이동현황을 조사한 때에는 별지 제55호서식의 토지이동 조사부(지적공부×)에 토지의 이동현황을 적어야 한다. ③ 지적소관청은 제2항에 따른 토지이동현황 조사 결과에 따라 토지의 지번·지목·면적·경계 또는 좌표를 결정한 때에는 이에 따라 지적공부를 정리하여야 한다. ④ 지적소관청은 제3항에 따라 지적공부를 정리하려는 때에는 제2항에 따른 토지이동 조사부를 근거로 별지 제56호서식의 토지이동 조서를 **작성**하여 별지 제57호서식의 토지이동정리 결의서(소유자정리 결의서×)에 **첨부**하여야 하며, 토지이동조서의 아래 부분 여백에 "「공간정보의 구축 및 관리에 관한 법률」 제64조제2항 단서에 따른 직권정리"라고 적어야 한다.
제66조 지번의 부여 등 ① 지번은 지적소관청(시 · 도지사×)이 지번부여지역별로 차례대로 부여한다. ② 지적소관청은 지적공부에 등록된 지번을 변경할 필요가 있다고 인정하면 시·도지사나 대도시 시장(국토교통부장관×)의 승인을 받아 지번부여지역의 전부 또는 일부(일부만×)에 대하여 지번을 새로 부여할 수 있다. ③ 제1항과 제2항에 따른 지번의 부여방법 및 부여절차 등에 필요한 사항은 대통령령으로 정한다.	**제56조 지번의 구성 및 부여방법 등** ① 지번(地番)은 아라비아숫자로 표기하되, 임야대장 및 임야도에 등록하는 토지의 지번은 숫자 앞(뒤×)에 "산(임×)"자를 붙인다. ② 지번은 본번(本番)과 부번(副番)으로 구성하되, 본번과 부번 사이에 "-" 표시로 연결한다. 이 경우 "-" 표시는 "의(다시×)"라고 읽는다. ③ 법 제66조에 따른 지번의 부여방법은 다음 각 호와 같다. 1. 지번은 북서에서 남동으로 순차적으로 부여할 것 2. **신규등록 및 등록전환**의 경우에는 그 지번부여지역에서 인접토지의 본번에 부번을 붙여서 지번을 부여할 것	

법	시행령	시행규칙
	다만, 다음 각 목의 어느 하나에 해당하는 경우에는 그 지번부여지역의 최종 본번의 다음 순번부터 본번으로 하여 순차적으로 지번을 부여할 수 있다. 가. 대상토지가 그 지번부여지역의 최종 지번의 토지에 인접하여 있는 경우 나. 대상토지가 이미 등록된 토지와 멀리 떨어져 있어서 등록된 토지의 본번에 부번을 부여하는 것이 불합리한 경우 다. 대상토지가 여러 필지로 되어 있는 경우 3. **분할**의 경우에는 분할 후의 필지 중 1필지의 지번은 분할 전의 지번으로 하고, 나머지 필지의 지번은 본번의 최종 부번 다음 순번으로 부번을 부여할 것. 이 경우 주거·사무실 등의 건축물이 있는 필지에 대해서는 분할 전의 지번을 우선하여 부여하여야 한다. 4. **합병**의 경우에는 합병 대상 지번 중 선순위의 지번을 그 지번으로 하되, 본번으로 된 지번이 있을 때에는 본번 중 선순위의 지번을 합병 후의 지번으로 할 것. 이 경우 토지소유자가 합병 전의 필지에 주거·사무실 등의 건축물이 있어서 그 건축물이 위치한 지번을 합병 후의 지번으로 신청할 때에는 그 지번을 합병 후의 지번으로 부여하여야 한다. 5. **지적확정측량을 실시한 지역**의 각 필지에 지번을 새로 부여하는 경우에는 다음 각 목의 지번을 제외한 본번으로 부여할 것. 다만, 부여할 수 있는 종전 지번의 수가 새로 부여할 지번의 수보다 적을 때에는 블록 단위로 하나의 본번을 부여한 후 필지별로 부번을 부여하거나, 그 지번부여지역의 최종 본번 다음 순번부터 본번으로 하여 차례로 지번을 부여할 수 있다. 가. 지적확정측량을 실시한 지역의 종전의 지번과 지적확정측량을 실시한 지역 밖에 있는 본번이 같은 지번이 있을 때에는 그 지번 나. 지적확정측량을 실시한 지역의 경계에 걸쳐 있는 지번 6. 다음 각 목의 어느 하나에 해당할 때에는 제5호를 준용하여 지번을 부여할 것 가. 법 제66조제2항에 따라 지번부여지역의 **지번을 변경**할 때 나. 법 제85조제2항에 따른 **행정구역 개편**에 따라 새로 지번을 부여할 때 다. 제72조제1항에 따라 **축척변경 시행지역**의 필지에 지번을 부여할 때 ④ 법 제86조에 따른 도시개발사업 등이 준공되기 전에 사업시행자가 지번부여 신청을 하면 국토교통부령으로 정하는 바에 따라 지번을 부여할 수 있다.	**제61조 도시개발사업 등 준공 전 지번부여** 지적소관청은 영 제56조제4항에 따라 도시개발사업 등이 준공되기 전(후×)에 지번을 부여하는 때에는 제95조제1항제3호의 사업계획도(지적도×)에 따르되, 영 제56조제3항제5호에 따라 부여하여야(할 수×) 한다.
	제57조 지번변경 승인신청 등 ① 지적소관청은 법 제66조제2항에 따라 지번을 **변경**하려면 지번변경 사유를 적은 승인신청서에 지번변경 대상지역의 지번·지목·면적·소유자에 대한 상세한 내용(이하 "지번등 명세"라 한다)을 기재하여 시·도지사 또는 대도시 시장(법 제25조제1항의 대도시 시장을 말한다. 이하 같다)(국토교통부장관에게×)에게 **제출**하여야 한다. 이 경우 시·도지사 또는 대도시 시장은 「전자정부법」 제36조제1항에 따른 행정정보의 공동이용을 통하여 지번변경 대상지역의 지적도 및 임야도(토지대장 및 임야대장×)를 **확인**하여야(할 수×) 한다. ② 제1항에 따라 **신청**을 받은 시·도지사 또는 대도시 시장(국토교통부장관×)은 지번변경 사유 등을 **심사**한 후 그 결과를 지적소관청에 **통지**하여야 한다.	**제62조 지번변경 승인신청서 등** 영 제57조제1항에 따른 지번변경 승인신청서는 별지 제59호서식과 같고, 같은 항에 따른 지번등 명세는 별지 제60호서식과 같다. **제63조 결번대장의 비치** 지적소관청은 행정구역의 변경, 도시개발사업의 시행, 지번변경, 축척변경, 지번정정 등(신규 등록×, 분할×, 지목변경×)의 **사유**로 지번에 결번이 생긴 때에는 지체 없이(10일 이내×) 그 사유를 별지 제61호서식의 결번대장(지번대장×)에 적어 영구히(30년 동안×) **보존**하여야 한다.

법	시행령	시행규칙

제67조 지목의 종류

① 지목은 전·답·과수원·목장용지·임야·광천지·염전·대(垈)·공장용지·학교용지·주차장·주유소용지·창고용지·도로·철도용지·제방(堤防)·하천·구거(溝渠)·유지(溜池)·양어장·수도용지·공원·체육용지·유원지·종교용지·사적지·묘지·잡종지로 구분하여 정한다.

② 제1항에 따른 지목의 구분 및 설정방법 등에 필요한 사항은 대통령령으로 정한다.

제58조 지목의 구분

법 제67조제1항에 따른 지목의 구분은 다음 각 호의 기준에 따른다.

〈이하 내용은 교재 본문 참조〉

제59조 지목의 설정방법 등

① 법 제67조제1항에 따른 지목의 설정은 다음 각 호의 방법에 따른다.

1. 필지마다 하나의 지목을 설정할 것(1필 1목)
2. 1필지가 둘 이상의 용도로 활용되는 경우에는 주된 용도에 따라 지목을 설정할 것(주지목추종)

② 토지가 일시적 또는 임시적인 용도로 사용될 때에는 지목을 변경하지 아니한다.

제54조 〈삭제〉

제64조 지목의 표기방법

지목을 지적도 및 임야도(이하 "지적도면"이라 한다)에 등록하는 때에는 다음의 부호로 표기하여야 한다.

지목	부호	지목	부호
전	전	철도용지	철
답	답	제방	제
과수원	과	하천	천
목장용지	목	구거	구
임야	임	유지	유
광천지	광	양어장	양
염전	염	수도용지	수
대	대	공원	공
공장용지	장	체육용지	체
학교용지	학	유원지	원
주차장	차	종교용지	종
주유소용지	주	사적지	사
창고용지	창	묘지	묘
도로	도	잡종지	잡

제65조 지상경계의 구분 등

① 토지의 지상경계는 둑, 담장이나 그 밖에 구획의 목표가 될 만한 구조물 및 경계점표지 등으로 구분한다.

② 지적소관청은 토지의 이동에 따라 지상경계를 새로 정한 경우에는 다음 각 호의 사항을 등록한 지상경계점등록부(경계점좌표등록부×)를 작성·관리하여야(할 수×) 한다.

1. 토지의 소재
2. 지번(경계×, 면적×)
3. 경계점 좌표(경계점좌표등록부 시행지역에 한정한다.)
4. 경계점 위치 설명도
5. 그 밖에 국토교통부령으로 정하는 사항

제55조 지상 경계의 결정기준 등

① 법 제65조제1항에 따른 지상 경계의 결정기준은 다음 각 호의 구분에 따른다.

1. 연접되는 토지 간에 높낮이 차이가 없는 경우 : 그 구조물 등의 중앙
2. 연접되는 토지 간에 높낮이 차이가 있는 경우 : 그 구조물 등의 하단부
3. 도로·구거 등의 토지에 절토(切土)된 부분이 있는 경우 : 그 경사면의 상단부
4. 토지가 해면 또는 수면에 접하는 경우 : 최대만조위 또는 최대만수위가 되는 선
5. 공유수면매립지의 토지 중 제방 등을 토지에 편입하여 등록하는 경우 : 바깥쪽 어깨부분

② 지상 경계의 구획을 형성하는 구조물 등의 소유자가 다른 경우에는 제1항제1호부터 제3호까지의 규정에도 불구하고 그 소유권(구조물의 중앙×)에 따라 지상 경계를 결정한다.

③ 다음 각 호의 어느 하나에 해당하는 경우에는 지상 경계점에 법제65조제1항에 따른 **경계점표지**를 **설치**하여 **측량**할 수(하여야×) 있다.

1. 법 제86조제1항에 따른 도시개발사업 등의 사업시행자가 사업지구의 경계를 결정하기 위하여 토지를 분할하려는 경우
2. 법 제87조제1호 및 제2호에 따른 사업시행자와 행정기관의 장 또는 지방자치단체의 장이 토지를 취득하기 위하여 분할하려는 경우
3. 「국토의 계획 및 이용에 관한 법률」 제30조제6항에 따른 도시·군관리계획 결정고시와 같은 법 제32조제4항에 따른 지형도면 고시가 된 지역의 도시·군관리계획선에 따라 토지를 분할하려는 경우
4. 제65조제1항에 따라 토지를 분할하려는 경우
5. 관계 법령에 따라 인가·허가 등을 받아 토지를 분할하려는 경우

제60조 지상 경계점 등록부 작성 등

① 법 제65조제2항제4호에 따른 경계점 위치 설명도의 작성 등에 관하여 필요한 사항은 국토교통부장관(지적소관청×)이 정한다.

② 법 제65조제2항제5호에서 "그 밖에 국토교통부령으로 정하는 사항"이란 다음 각 호의 사항을 말한다.

1. 공부상 지목과 실제 토지 이용 지목
2. 경계점의 사진 파일
3. 경계점표지의 종류 및 경계점 위치

③ 법 제65조제2항에 따른 지상경계점등록부는 별지 제58호서식과 같다.

④ 법 제65조제3항에 따른 경계점표지의 규격과 재질은 별표 6과 같다.

법	시행령	시행규칙
	④ 분할에 따른 지상 경계는 지상건축물을 걸리게 결정해서는 아니 된다.(원칙) 다만, 다음 각 호의 어느 하나에 해당하는 경우에는 그러하지 아니하다.(예외) 1. 법원의 확정판결이 있는 경우 2. 법 제87조제1호에 해당하는 토지를 분할하는 경우 3. 제3항제1호 또는 제3호에 따라 토지를 분할하는 경우 ⑤ 지적확정측량의 경계는 공사가 완료된 현황대로 결정하되, 공사가 완료된 현황이 사업계획도와 다를 때에는 미리(사후×) 사업시행자(지적소관청×) 에게 그 사실을 **통지**하여야(할 수×) 한다.	
제68조 면적의 단위 등 ① 면적의 단위는 제곱미터로 한다. ② 면적의 결정방법 등에 필요한 사항은 대통령령으로 정한다.	**제60조 면적의 결정 및 측량계산의 끝수처리** ① 면적의 결정은 다음 각 호의 방법에 따른다. 1. 토지의 면적에 1제곱미터 미만의 끝수가 있는 경우 0.5제곱미터 미만일 때에는 버리고 0.5제곱미터를 초과하는 때에는 올리며, 0.5제곱미터일 때에는 구하려는 끝자리의 숫자가 0 또는 짝수이면 버리고 홀수이면 올린다. 다만, 1필지의 면적이 1제곱미터 미만일 때에는 1제곱미터로 한다. 2. 지적도(임야도×)의 축척이 600분(500분×)의 1인 지역과 경계점좌표등록부에 등록하는 지역의 토지 면적은 제1호에도 불구하고 제곱미터 이하 한 자리 단위로 하되, 0.1제곱미터 미만(이하×)의 끝수가 있는 경우 0.05제곱미터 미만일 때에는 버리고 0.05제곱미터를 초과할 때에는 올리며, 0.05제곱미터일 때에는 구하려는 끝자리의 숫자가 0 또는 짝수이면 버리고 홀수이면 올린다. 다만, 1필지의 면적이 0.1제곱미터 미만일 때에는 0.1제곱미터로 한다. ② 방위각의 각치(角値), 종횡선의 수치 또는 거리를 계산하는 경우 구하려는 끝자리의 다음 숫자(끝자리가×)가 5 미만일 때에는 버리고 5를 초과할 때에는 올리며, 5일 때에는 구하려는 끝자리의 숫자가 0 또는 짝수이면 버리고 홀수이면 올린다. (원칙) 다만, 전자계산조직을 이용하여 연산할 때에는 최종(최초×)수치에만 이를 적용한다.(예외)	

O · X · 지 · 문 · 학 · 습

01. 필지마다 하나의 지목을 설정하고 1필지가 둘 이상의 용도로 활용되는 경우 주된 용도에 따라 지목을 설정하며, 토지가 일시적 또는 임시적인 용도로 사용될 때에는 지목을 변경할 수 있다. [O, ×]

02. 지적소관청은 행정구역의 변경, 도시개발사업의 시행, 지번변경, 축척변경, 지번정정 등의 사유로 지번에 결번이 생긴 때에는 10일 이내 그 사유를 지번대장에 적어 영구히 보존하여야 한다. [O, ×]

03. 공관법상 묘지는 사람의 시체나 유골이 매장된 토지, 봉안시설과 이에 접속된 부속시설물의 부지, 묘지의 관리를 위한 건축물의 부지가 해당된다. [O, ×]

04. 도시개발사업 등의 사업시행자가 사업지구의 경계를 결정하기 위하여 토지를 분할하려는 경우와 사업시행자와 행정기관의 장 또는 지방자치단체의 장이 토지를 취득하기 위하여 분할하려는 경우 지상 경계점에 경계점 표지를 설치 후 측량가능하다. [O, ×]

05. 시 · 도지사는 등기된 토지만에 대하여 필지별로 소재 · 지번 · 지목 · 면적 · 경계 또는 좌표 등을 조사 · 측량하여 지적공부에 등록하여야 한다. [O, ×]

06. 지번은 남북에서 동서로 순차적으로 부여하고 신규등록 및 등록전환의 경우에는 그 지번부여지역에서 인접토지의 본번에 부번을 붙여서 부여한다. [O, ×]

07. 분할의 경우 분할 후 필지 중 1필지의 지번은 분할 전의 지번으로 하고 나머지 필지의 지번은 본번의 최종 부번의 다음 순번으로 부번을 부여한다. 다만, 주거나 사무실 등의 건축물이 있는 필지에 대하여는 분할 후의 지번을 우선하여 부여하여야 한다 [O, ×]

정답 및 해설

01. × (있다. → 없다.)
02. × (10일 이내 → 지체 없이, 지번대장 → 결번대장)
03. × (묘지의 관리를 위한 건축물의 부지는 지목이 묘지가 아니라 대에 해당된다.)
04. O
05. × (시 · 도지사 → 국토교통부장관, 등기된 토지만 → 모든 토지)
06. × (남북에서 동서로 → 북서에서 남동으로)
07. × (분할 후 → 분할 전)

기·출·문·제·분·석

1. 다음 중 공간정보의 구축 및 관리 등에 관한 법령에서 규정하고 있는 지목의 종류에 해당하는 것은?

① 초지 ② 선하지
③ 저수지 ④ 항만용지
⑤ 유원지

해설

⑤ 유원지가 지목의 종류에 해당한다.

2. 공간정보의 구축 및 관리 등에 관한 법령상 지목의 구분기준에 관한 설명으로 옳은 것은?

① 물을 상시적으로 이용하지 않고 닥나무·묘목·관상수등의 식물을 주로 재배하는 토지는 "전"으로 한다.
② 온수·약수·석유류 등을 일정한 장소로 운송하는 송수관·송유관 및 저장시설의 부지는 "광천지"로 한다.
③ 아파트·공장 등 단일 용도의 일정한 단지 안에 설치된 통로 등은 "도로"로 한다.
④ '도시공원 및 녹지 등에 관한 법률'에 따른 묘지공원으로 결정·고시된 토지는 "공원"으로 한다.
⑤ 자연의 유수(流水)가 있거나 있을 것으로 예상되는 소규모 수로부지는 "하천"으로 한다

해설

② 잡종지 ③ 도로로 하지 않는다. ④ 묘지 ⑤ 구거

3. 공간정보의 구축 및 관리 등에 관한 법령상 지번의 구성 및 부여방법 등에 관한 설명으로 틀린 것은? 【기출 24회】

① 지번은 아라비아숫자로 표기하되, 임야대장 및 임야도에 등록하는 토지의 지번은 숫자 앞에 "산"자를 붙인다.
② 지번은 본번과 부번으로 구성하되, 본번과 부번 사이에 "-" 표시로 연결한다. 이 경우 "-" 표시는 "의"라고 읽는다.
③ 축척변경 시행지역의 필지에 지번을 부여할 때에는 그 지번부여지역에서 인접토지의 본번에 부번을 붙여서 지번을 부여하여야 한다.
④ 신규등록 대상토지가 그 지번부여지역의 최종 지번의 토지에 인접하여 있는 경우에는 그 지번부여지역의 최종 본번의 다음 순번부터 본번으로 하여 순차적으로 지번을 부여할 수 있다.
⑤ 행정구역 개편에 따라 새로 지번을 부여할 때에는 도시개발사업 등이 완료됨에 따라 지적확정측량을 실시한 지역의 지번부여 방법을 준용한다.

해설

③ 축척변경 시행지역의 필지에 지번을 부여할 때에는 지적확정측량을 실시한 지역 안에서 지번부여 방법을 준용하며, 원칙적으로 종전의 지번 중 본번만으로 된 지번을 붙인다.

4. 지번의 부여 및 부여방법 등에 관한 설명으로 틀린 것은?

① 지적소관청은 지번을 변경할 필요가 있다고 인정하면 시·도지사나 대도시 시장의 승인을 받아 지번부여지역의 전부 또는 일부에 대하

|정답| 1. ⑤ 2. ① 3. ③

여 지번을 새로 부여할 수 있다.

② 신규등록의 경우에는 그 지번부여지역에서 인접토지의 본번에 부번을 붙여서 지번을 부여하는 것을 원칙으로 한다.

③ 분할의 경우에는 분할 후의 필지 중 1필지의 지번은 분할전의 지번으로 하고, 나머지 필지의 지번은 최종 본번 다음 순번의 본번을 순차적으로 부여하여야 한다.

④ 등록전환 대상토지가 여러 필지로 되어 있는 경우에는 그 지번부여지역의 최종 본번의 다음 순번부터 본번으로 하여 순차적으로 지번을 부여할 수 있다.

⑤ 합병의 경우로서 토지소유자가 합병 전의 필지에 주거·사무실 등의 건축물이 있어서 그 건축물이 위치한 지번을 합병 후의 지번으로 신청할 때에는 그 지번을 합병 후의 지번으로 부여하여야 한다.

해설

③ 분할의 경우 분할 후의 필지 중 1필지의 지번은 분할 전의 지번으로 하고, 나머지 필지의 지번은 본번의 최종부번 다음 순번으로 부번을 부여한다.

5. 지적공부에 등록하는 토지의 표시사항 등에 관한 설명으로 틀린 것은?

① 지적소관청은 지적공부에 등록된 지번을 변경할 필요가 있다고 인정하면 시·도지사나 대도시 시장의 승인을 받아 지번부여지역의 지번을 새로 부여할 수 있다.

② 신규등록하고자 하는 대상 토지가 여러 필지로 되어 있는 경우의 지번부여는 그 지번부여지역의 최종 본번 다음 순서부터 본번으로 하여 순차적으로 지번을 부여할 수 있다.

③ 지번부여지역의 일부가 행정구역의 개편으로 다른 지번부여지역에 속하게 된 경우 시·도지사는 개편전 지번부여지역의 지번을 부여하여야 한다.

④ 경계점좌표등록부에 등록하는 지역의 1필지 면적이 0.1㎡미만일 때에는 0.1㎡로 하며, 임야도에 등록하는 지역의 1필지 면적이 1㎡ 미만일 때에는 1㎡로 한다.

⑤ 도로·구거 등의 토지에 절토된 부분이 있는 토지의 지상경계를 새로이 결정하고자 하는 경우 그 경사면의 상단부를 기준으로 한다.

해설

③ 시·도지사 → 지적소관청, 개편 전 지번부여지역의 지번 → 원칙적으로 종전의 지번 중 본번만으로 된 지번

|정답| 4. ③ 5. ③

인증번호 : SW12-S37D

지적공부

핵심

지적공부 : ① **구성**

② **등록사항** : 차이점 → 지적공부의 그림이 연상되어야 합니다.

③ **해독**(해석, 분석) : 토지의 표시(사실관계)

- 가시적
  - 글 : 대장 – 토지대장·임야대장·공유지연명부·대지권등록부
  - 그림 : 도면 – 지적도·임야도
  - 중간 : 경계점좌표등록부
- 불가시적 : 정보처리시스템을 통한 지적공부

각 지적공부별 등록사항의 차이점을 구별할 수 있어야 하고
각 지적공부를 해석할 수 있어야 합니다.

기출 Point

1. 토지대장의 분석
2. 지적도의 분석
3. 각 지적공부별 등록사항의 차이점
4. 지적공부의 반출이 가능한 경우
5. 지적공부 복구절차
6. 도면의 재작성 사유·기준

구분	지적공부			
	가시적 지적공부			불가시적 지적공부
	대장	도면	경계점좌표 등록부	정보지적공부 (정보처리시스템을 통한 지적공부)
개념	글 개념	그림 개념	대장과 도면의 중간 개념	전산 개념
종류	① 토지대장 ② 임야대장 ③ 공유지연명부 (→ 공유토지의 경우) ④ 대지권등록부 (→ 집합건물의 토지의 경우)	① 지적도 ② 임야도	지적소관청이 필요하다고 인정되는 지역에만 둠(예 : 경계분쟁이 잦은 지역, 지가가 높은 지역 등)	정보처리시스템을 통하여 기록·저장된 것

※ (지적공부상)등록효력

① 공시적 효력(공신력×) ② 대항적 효력 : 다른 토지에 대항
③ 공증적 효력 ④ 창설적 효력 : 지적 신설
⑤ 형성적 효력 : 필지 구성 ↔ 추정력×

출제자 의도

토지대장·임야대장
- 그 등록사항을 알고 있는가?
- 실제 대장을 보고 부동산 정보를 이해할 수 있는가?

★★
1. 토지대장·임야대장

(1) 편성

1토지에 1용지를 사용하는 '물적편성주의'

※ 구성

사실관계 (토지의 표시)	권리관계 (소유자)
기타	

(2) 등록사항

① 소재
② 지번
③ 지목
④ 면적

→ 모든 지적공부의 공통된 등록사항 (①②)

토지의 표시(사실관계)(경계×, 좌표×)

⑤ 소유자의 성명 또는 명칭, 주소 및 주민등록번호(국가·지방자치단체·법인·법인 아닌 사단이나 재단 및 외국인은 그 등록번호를 말한다.) – 토지의 권리관계
⑥ 그 밖에 국토교통부령이 정하는 사항
㉠ 토지의 고유번호(각 필지를 서로 구별하기 위하여 필지마다 붙이는 고유한 번호를 말한다.)
㉡ 도면번호와 필지별 대장의 장번호 및 축척
㉢ 토지의 이동사유
㉣ 토지소유자가 변경된 날과 그 원인
㉤ 토지등급 또는 기준수확량등급과 그 설정·수정연월일
㉥ 개별공시지가(표준지공시지가×)와 그 기준일
㉦ 그 밖에 국토교통부장관이 정하는 사항

토지대장·임야대장에만 등록 (④, ㉢, ㉤, ㉥)

대장에 용도지역은 '필요적' 기재사항이다. (×) → '임의적' (○)

■ 토지대장

고유번호	4173025028-10081-0000		
토지소재	경기도 여주군 여주읍 교리		
지 번	81	축 척	1 : 1200

토 지 대 장

도면번호	7	발급번호	20040506-0215-0001
장 번 호	2-1	처리시각	11시 40분 48초
비 고		작 성 자	정구준

토지 표시			소유자		
지목	면적(㎡)	사 유	변동일자 변동원인	주 소 성명 또는 명칭	등록번호
(02) 답	*2,089*		1972년 4월 29일	홍문리 59	(접수번호X, 순위번호X)
			(03)소유권이전	박서방	291002-1******
(08) 답	*2,089*	(40)1998년 10월 22일 지목변경	1988년 10월 21일	홍문리 59-5	
			(04)주소변경	박서방	291002-1******
(08) 대	*17,222*	(30)1998년 11월 19일 91-1번과 합병	1988년 10월 21일	창리 143	
			(03)소유권이전	조영남	440410-1******
		-- 이하 여백 --	1996년 5월 16일	서울시 서초구 서초동 1234	
			(03)소유권이전	미래주식회사	110111-0328412

등급수정 연월일	1979년 8월 16일 수정	1979년 10월 2일 수정	1984년 7월 1일 수정	1990년 1월 1일 수정	1991년 1월 1일 수정	1992년 1월 1일 수정	1993년 1월 1일 수정	1994년 1월 1일 수정
토지등급 (기준수확량등급)	45	(25)	100	105	110	115	118	125
개별공시지가기준일	2002년 1월 일	2003년 1월 1일						용도지역 등
개별공시지가(원/㎡)	152,000	157,000						

토지대장에 의하여 작성한 등본입니다.
2004년 5월 6일

경기도 여주군수

■ 임야대장

고유번호	4173032032-20062-0010		
토지소재	경기도 여주군 가남면 본두리		
지 번	산 62-10	축 척	1 : 6000

임 야 대 장

도면번호	4	발급번호	20040506-0189-0001
장 번 호	2-1	처리시각	11시 27분 35초
비 고		작 성 자	정구준

토지 표시			소유자		
지목	면적(㎡)	사 유	변동일자 변동원인	주 소 성명 또는 명칭	등록번호
(05) 임야	*49,587*	(2011972년 2월 29일 산 62-1번에서 분할	1970년 8월 6일	서울 서대문구 만리동2가 231-7	
			(03)소유권이전	김두환	240926-1******
(05) 임야	*44,351*	(20)1998년 1월 22일 분할되어 본번에 -18 내지 -20을 부함	1987년 9월 7일	서울시 용산구 이태원동 101-41	
			(04)주소변경	김두환	240926-1******
	17,222	-- 이하 여백 --	1997년 6월 3일	서울 성북구 성북동 330-349	
			(04)주소변경	김두환	240926-1******
			1997년 6월 3일	서울 성북구 성북동 123	
			(03)소유권이전	김두환 외 14인	240926-1******

등급수정 연월일	1983년 9월 2일 수정	1984년 7월 1일 수정	1986년 8월 1일 수정	1987년 8월 1일 수정	1989년 5월 1일 수정	1990년 1월 1일 수정	1991년 1월 1일 수정	1992년 1월 1일 수정
토지등급 (기준수확량등급)	38	81	83	85	98	105	110	114
개별공시지가기준일	2002년 1월 일	2003년 1월 1일						용도지역 등
개별공시지가(원/㎡)	4,960	4,960						

임야대장에 의하여 작성한 등본입니다.
2004년 5월 6일

경기도 여주군수

■ 중요 등록사항

① **고유번호** : 토지대장·임야대장·공유지연명부·대지권등록부·경계점좌표등록부에는 있음(↔ 도면에만 없음)

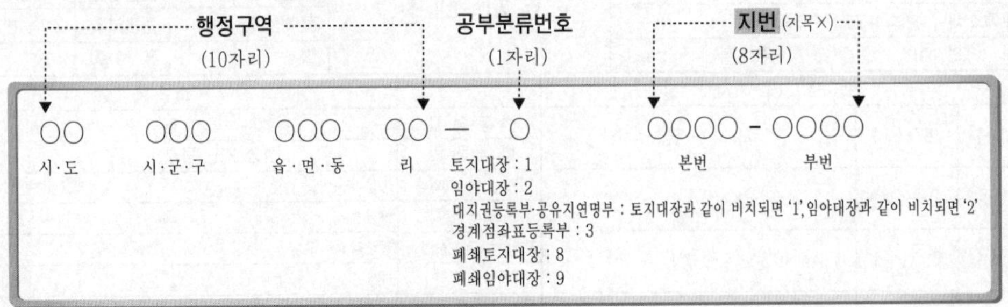

→ 고유번호를 통해 알 수 있는 것은 소재, 지번, 지적공부종류 뿐이다.(지목×, 경계×, 면적×, 좌표×, 소유자×)

② **지목** : 토지대장·임야대장·도면에는 있음(↔ 공유지연명부·대지권등록부·경계점좌표등록부에는 없음)

- 대장 → 정식 명칭
- 도면 → 부호(두문자 또는 차문자)

③ **면적** : 토지대장·임야대장에만 있음(↔ 도면·공유지연명부·대지권등록부·경계점좌표등록부에는 없음)

④ **소유자** : 변동은 '등기필통지' 에 의거함. 대장에만 있음

⑤ **토지등급** : 1995년 까지만 등록 → 이후 중단(산업화 영향), 대장에만 있음

⑥ **개별공시지가** : 토지대장·임야대장에만 있음

⑦ **용도지역** : 임의적 등록사항, 대장에만 있음

★ 2. 공유지연명부

출제자 의도 그 등록사항을 알고 있는가?

(1) 정의

1필의 토지에 대해 2인 이상의 공유자가 있는 경우에 각 대장별로 작성하는 지적공부

(2) 등록사항

① 소재
② 지번
] 토지의 표시 (지목×, 경계×, 면적×, 좌표×)

③ 소유권 지분 → 공유지연명부, 대지권등록부에만 등록

④ 소유자의 성명 또는 명칭, 주소 및 주민등록번호

⑤ 그 밖에 국토교통부령이 정하는 사항(㉠, ㉡, ㉢)

㉠ 토지의 고유번호

㉡ 필지별 공유지연명부의 장번호

㉢ 토지소유자가 변경된 날과 그 원인

■ 공유지연명부

고유번호	4173032032-20062-0010		공유지연명부		장번호	1
토지소재	경기도 여주군 가남면 본두리		지 번	산 62-10	비 고	
순번	변동일자 / 변동원인	소유권 지분	소유자 주소			등록번호 / 성명 또는 명칭
1	1997년 6월 3일 (03)소유권이전	447.93/49587	서울 성북구 성북동 123			240926-1****** 김두환
2	1997년 6월 3일 (03)소유권이전	198.35/49587	수원시 장안구 화서동 184-116			551104-1****** 장영석
3	1997년 6월 3일 (03)소유권이전	198.35/49587	천안시 성거읍 천흥리 436-1 성거 국민주택 나-105			600203-1****** 노성국
4	1997년 6월 3일 (03)소유권이전	892.56/49587	천안시 성거읍 오목리 33			241231-1****** 송병호
5	1997년 6월 3일 (03)소유권이전	297.52/49587	천안시 입장면 하장리 61-4			450108-1****** 김광호
7	1997년 6월 3일 (03)소유권이전	396.69/49587	천안시 원성동 563-16			680625-1****** 이동진
8	1997년 6월 3일 (03)소유권이전	264.46/49587	천안시 성거읍 오목리 40-6			721028-1****** 이현주
9	1997년 6월 3일 (03)소유권이전	297.52/49587	천안시 성거읍 천흥동 533-21 송죽다세대주택 나-301			701001-1****** 이상수
10	1997년 6월 3일 (03)소유권이전	297.52/49587	안양시 만안구 석수동 308-6 석수아파트 다-506			570125-1****** 김정근
11	1997년 6월 3일 (03)소유권이전	396.69/49587	천안시 구성동 420-11 한일연립 가-101			381027-1****** 조호민

★ 3. 대지권등록부

출제자 의도 그 등록사항을 알고 있는가?

(1) 정의

토지대장 또는 임야대장에 등록하는 토지가 부동산등기법에 의하여 대지권등기가 된 때에 작성하는 지적공부

(2) 등록사항

① 소재
② 지번
] 토지의 표시 (지목×, 경계×, 면적×, 좌표×)

③ 대지권 비율 (대지권 종류×) ······ 대지권등록부에만 등록

④ 소유자의 성명 또는 명칭, 주소 및 주민등록번호

⑤ 그 밖에 국토교통부령이 정하는 사항(㉠ ~ ㉥)

㉠ 토지의 고유번호 ㉡ 전유부분의 건물표시 ㉢ 건물명칭

㉣ 집합건물별 대지권등록부의 장번호 ㉤ 토지소유자가 변경된 날과 그 원인 ㉥ 소유권 지분

공유지연명부, 대지권등록부에만 등록

■ 대지권등록부

고유번호	4173025029-10081-0000	대 지 권 등 록 부		전유부분 건물표시	101동 2층 204호	장번호	1
토지소재	경기도 여주군 여주읍 교리	지 번	81	대지권비율	64.55/21505	건물명칭	여주아파트

지 번	여주읍 교리 481	여주읍 교리 483-1							
대지권 비율	64.55/21505	64.55/21505							

변 동 일 자 / 변 동 원 인	소유권 지분	소유자 주 소	소유자 등록번호 / 성명 또는 명칭
1998년 12월 1일 (02)소유권보존		서울시 서초구 서초동 1355-21	110111-1234567 미래주식회사
1998년 12월 1일 (03)소유권이전		81 여주아파트 101-204	640911-1****** 한민우
		- - - 이하 여백 - - -	

★★

4. 지적도·임야도 (지적도면)

출제자 의도

지적도·임야도

- 그 등록사항을 알고 있는가?
- 실제 도면을 보고 부동산 정보를 이해할 수 있는가?

(1) 정의

① 지적도 : 토지대장에 등록된 사항을 그림으로 표시한 도면

② 임야도 : 임야대장에 등록된 사항을 그림으로 표시한 도면

(2) 등록사항

① 소재

② 지번 ┐ 토지의 표시 (면적×, 좌표×)

③ 지목 → 정식명칭이 아닌 '부호'로 등록됨

④ 경계 ┘

⑤ 그 밖에 국토교통부령이 정하는 사항 (㉠~㉦)

㉠ 지적도면의 색인도(인접도면의 연결순서를 표시하기 위하여 기재한 도표와 번호)

㉡ 지적도면의 제명 및 축척

㉢ 도곽선과 그 수치

㉣ 좌표에 의하여 계산된 경계점 간의 거리(경계점좌표등록부를 갖춰 두는 지역으로 한정)

㉤ 삼각점 및 지적기준점의 위치

㉥ 건축물 및 구조물 등의 위치

㉦ 그 밖에 국토교통부장관이 정하는 사항

(④ 경계, ㉣, ㉤, ㉥ → 도면에만 등록)

→ '색인도 및 도곽선'은 지적·임야도(면)에 등록하지만 '부호도'는 경계점좌표등록부의 등록사항이다.

■ 지적도

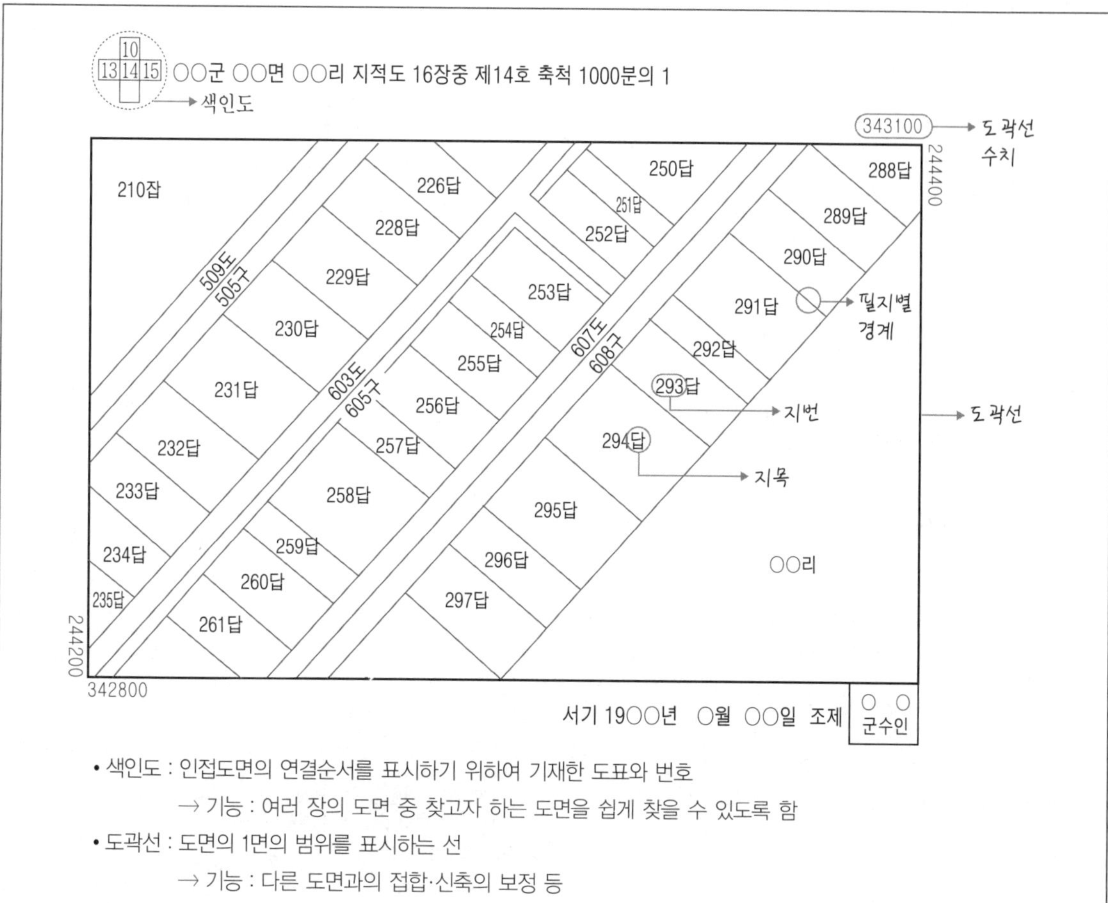

- 색인도 : 인접도면의 연결순서를 표시하기 위하여 기재한 도표와 번호
  → 기능 : 여러 장의 도면 중 찾고자 하는 도면을 쉽게 찾을 수 있도록 함
- 도곽선 : 도면의 1면의 범위를 표시하는 선
  → 기능 : 다른 도면과의 접합·신축의 보정 등

※ 위 지적도상
- 1㎝ → 실제거리 : 1㎝ × 1,000 = 1,000㎝ = 10m (1,000 : 축척의 숫자)
- 가로길이 : 343100 − 342800 = 300(m)
- 세로길이 : 244400 − 244200 = 200(m) (244400 : 도곽선 수치)

※ 경계점좌표등록부를 갖춰 두는 지역의 지적도

① 좌표에 의하여 계산된 경계점 간의 거리를 등록한다.

② 해당 도면의 제명 끝에 '(좌표)' 라고 표시한다.

③ 도곽선의 오른쪽 아래 끝에 '이 도면에 의하여 측량을 할 수 없음(있음×)' 이라고 적어야 한다.

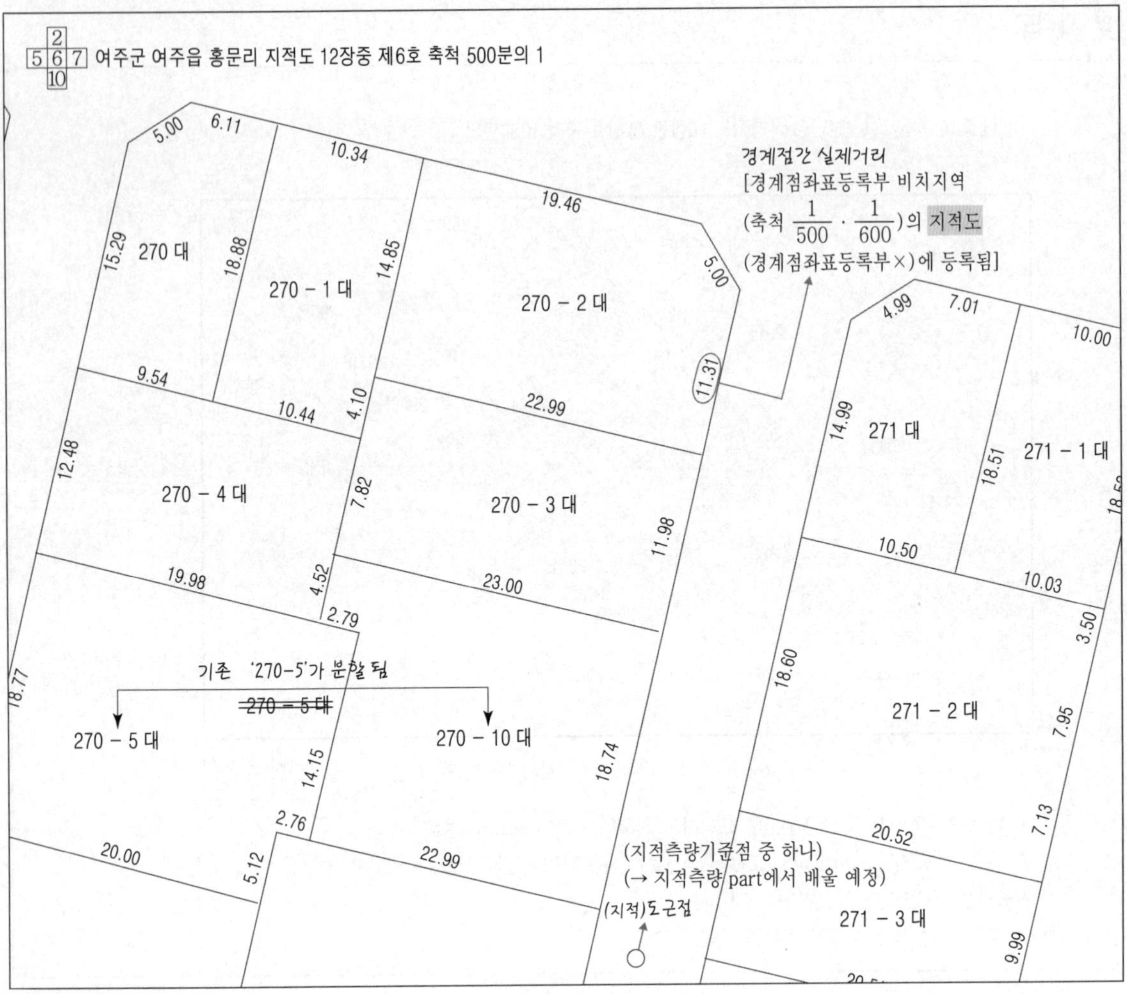

2
5 6 7 여주군 여주읍 홍문리 지적도 12장중 제6호 축척 500분의 1
10

경계점간 실제거리
[경계점좌표등록부 비치지역
(축척 $\frac{1}{500}$ · $\frac{1}{600}$)의 지적도
(경계점좌표등록부×)에 등록됨]

270 대
270 − 1 대
270 − 2 대
270 − 4 대
270 − 3 대
271 대
271 − 1 대
271 − 2 대
271 − 3 대

5.00 6.11 10.34 19.46 5.00 15.29 18.88 14.85 (11.31) 9.54 10.44 4.10 22.99 12.48 7.82 11.98 4.52 19.98 23.00 2.79 18.77 14.15 18.74 2.76 20.00 5.12 22.99
4.99 7.01 10.00 14.99 18.51 10.50 10.03 3.50 18.60 7.95 7.13 20.52 9.99

기존 '270−5'가 분할 됨
~~270 − 5 대~~
270 − 5 대
270 − 10 대

(지적측량기준점 중 하나)
(→ 지적측량 part에서 배울 예정)
(지적)도근점

■ 임야도

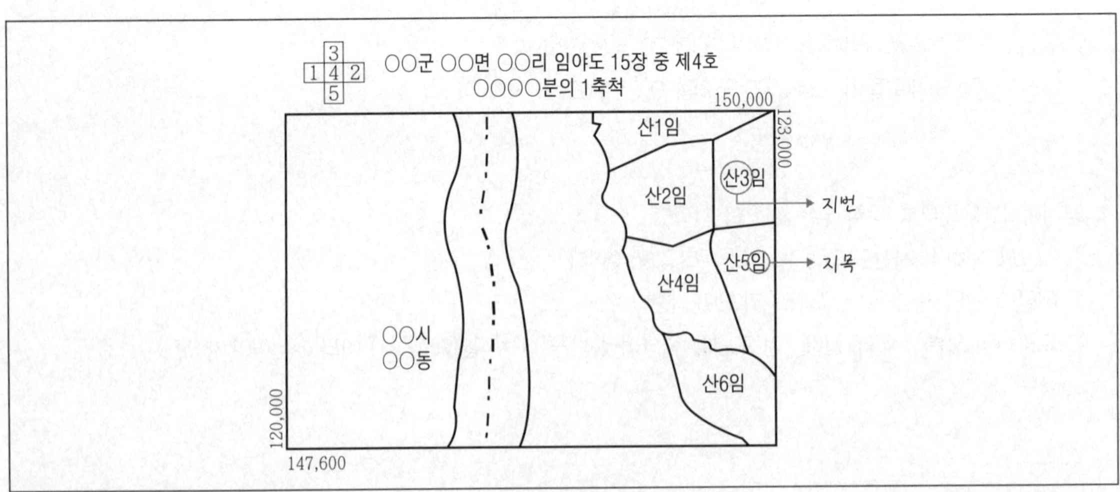

★ 5. 경계점좌표등록부

출제자 의도 그 등록사항을 알고 있는가?

(1) 정의

지적소관청이 도시개발사업 등으로 인하여 필요하다고 인정하는 지역안의 토지에 대하여 비치하는 지적공부. 대장과 도면의 중간적 성격으로서 난해하다. 즉, 전문적인 지식이 없는 경우 해독이 어렵다.

※ 경계점좌표등록부를 비치하는 토지는 '지적확정측량' 또는 '축척변경을 위한 측량(축척변경측량)'을 실시하여 경계점을 좌표로 등록한 지역의 토지로 한다.

(2) 등록사항

① 소재
② 지번
③ <u>좌표</u>

① ~ ③: 토지의 표시 (지목×, 경계×, 면적×)

④ 그 밖에 국토교통부령이 정하는 사항(㉠~㉣)
  ㉠ 토지의 고유번호
  ㉡ 도면번호
  ㉢ 필지별 경계점좌표등록부의 장번호
  ㉣ <u>부호 및 부호도</u>

③ 좌표, ④ ㉠~㉣: 경계점좌표등록부에만 등록

■ 경계점좌표등록부

고유번호	11080302 - 30300 - 0011	경계점 좌표등록부	도면번호	5	장번호	2
토지소재	○○ 시 ○○ 구 ○○ 동	지번 300-11	비고			

부호도	부호	좌표 Xm	좌표 Ym	부호	좌표 Xm	좌표 Ym
	1	4 5 4 2 8 9 9 2	1 9 8 9 1 8 7 1			
	2	4 5 4 2 8 9 1 2	1 9 8 9 1 0 5 4			
	3	4 5 4 2 8 5 1 6	1 9 8 9 1 9 1 5			
	4	4 5 4 2 8 1 2 0	1 9 8 9 1 8 5 8			
	5	4 5 4 2 8 8 5 1	1 9 8 9 1 7 4 3			
	6	4 5 4 2 8 2 5 0	1 9 8 9 1 8 2 3			
	7	4 5 4 2 8 6 4 1	1 9 8 9 1 9 2 1			
	8	4 5 4 2 8 7 1 7	1 9 8 9 1 7 4 7			

■ 도해지적(圖解地籍) vs 수치지적(數値地籍)

구분	도해지적	수치지적
개념	지적에 관한 사항을 '도면(그림)'으로 표시한 것 → 지적도·임야도	지적에 관한 사항을 '좌표'로 표시한 것 → 경계점좌표등록부
측량개념	측판측량	경위의 측량
신축	있음	없음
정밀도	↓(낮다)	↑(높다)
비용	↓	↑
이해도	↑	↓

★★★

■ 지적공부별 등록사항 : 공통점 vs 차이점

구분	사실관계(토지의 표시)					권리관계		기타							
	소재·지번	지목	면적	경계·삼각점·지적기준점위치	좌표	소유자	소유권지분	고유번호	도면번호	축척	토지등급·개별공시지가	대지권비율·건물	색인도·도곽선	부호(도)	토지이동사유
토지대장·임야대장	◎	○	●	×	×	○	×	○	○	○	●	×	×	×	●
공유지연명부	◎	×	×	×	×	○	○	○	×	×	×	×	×	×	×
대지권등록부	◎	×	×	×	×	○	○	○	×	×	×	●	×	×	×
지적도·임야도	◎	○	×	●	×	×	×	×	○	○	×	×	●	×	×
경계점좌표등록부	◎	×	×	×	●	×	×	○	○	×	×	×	×	●	×

범례) ◎ : 모든 지적공부 공통 등록사항　　○ : 일부 지적공부 공통 등록사항
● : 해당 지적공부만 유일한 등록사항　　× : 등록되지 않는 사항

6. 정보지적공부 (정보처리시스템을 통한 지적공부)

토지의 표시와 해당 토지의 소유자 등을 정보처리시스템을 통하여 기록·저장한 지적공부를 말한다.

■ 지적전산자료의 이용　　출제자 의도　절차상 내용을 알고 있는가?

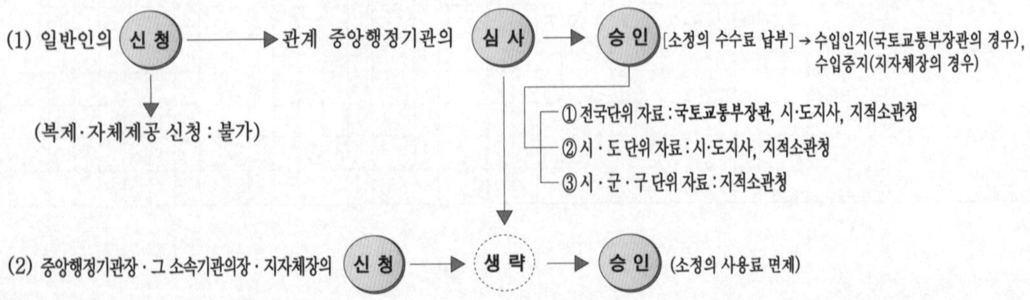

• **승인 및 심사의 예외**

토지소유자가 자기 토지에 대한 지적전산자료를 신청하거나, 토지소유자가 사망하여 그 상속인이 피상속인의 토지에 대한 지적전산자료를 신청하는 경우

• **심사 및 결과 통지**

지적전산자료의 심사 신청을 받은 관계 중앙행정기관의 장은 ① 신청 내용의 타당성, 적합성 및 공익성, ② 개인의 사생활 침해 여부, ③ 자료의 목적 외 사용 방지 및 안전관리대책 등을 심사한 후 그 결과를 신청인에게 통지하여야 한다.

■ 부동산종합공부

(1) 관리 및 운영

① 지적소관청(국토교통부장관×)은 부동산의 효율적 이용과 부동산과 관련된 정보의 종합적 관리 · 운영을 위하여 부동산종합공부를 관리 · 운영하고, 영구히 보존하여야 하며 멸실 또는 훼손에 대비하여 이를 별도로 복제하여 관리하는 정보관리체계를 구축하여야 한다.

② 부동산종합공부의 등록사항을 관리하는 기관의 장은 지적소관청에 상시적으로 관련 정보를 제공하여야 하고, 지적소관청은 부동산종합공부의 정확한 등록 및 관리를 위하여 필요한 경우 등록사항을 관리하는 기관의 장에게 관련 자료의 제출을 요구할 수 있으며, 해당 기관의 장은 특별한 사유가 없으면 자료를 제공하여야 한다.

→ 부동산종합공부를 열람하거나 부동산종합공부 기록사항의 전부 또는 일부에 관한 증명서를 발급받으려면 지적소관청이나 읍 · 면 · 동의 장에게 신청

→ 열람 및 발급의 절차 등에 관하여 필요한 사항은 국토교통부령으로 정한다.

(2) 등록사항

① 토지의 표시와 소유자에 관한 사항 : 공관법에 따른 지적공부의 내용

② 건축물의 표시와 소유자에 관한 사항(토지에 건축물이 있는 경우만 해당) : 건축물대장의 내용

③ 토지의 이용 및 규제에 관한 사항 : 토지이용계획확인서의 내용

④ 부동산의 가격에 관한 사항 : 개별공시지가, 개별주택가격, 공동주택가격 공시내용

⑤ 그 밖에 부동산의 효율적 이용과 부동산과 관련된 정보의 종합적 관리 · 운영을 위하여 필요한 사항 (부동산의 권리)

(3) 등록사항 정정

① 지적소관청(국토교통부장관×)은 부동산종합공부의 등록사항 정정을 위하여 불일치 등록사항을 확인 및 관리하여야 한다.

② 지적소관청은 불일치 등록사항에 대해서는 등록사항을 관리하는 기관의 장에게 그 내용을 통지하여 등록사항 정정을 요청할 수 있다(직권으로 정정할 수 있다×).

출제자 의도

부동산종합공부

그 등록사항을 알고 있는가?

③ 부동산종합공부의 등록사항 정정 절차 등에 관하여 필요한 사항은 국토교통부장관(지적소관청×)이 따로 정한다.

출제자 의도

지적공부의 보존VS반출

그 절차상 내용을 알고 있는가?

★ 7. 지적공부의 보존 VS 반출

① 지적소관청은 해당 청사에 지적서고를 설치하고 그 곳에 지적공부(정보처리시스템을 통하여 기록·저장한 경우는 제외)를 영구히 **보존**하여야 하며, 천재지변이나 그 밖에 이에 준하는 재난을 피하기 위하여 필요한 경우나 관할 시·도지사 또는 대도시 시장의 **승인**을 받은 경우 외에는 해당 청사 밖으로 지적공부를 **반출**할 수 없다.

② 지적공부를 정보처리시스템을 통하여 기록·저장한 경우 관할 시·도지사 시장·군수 또는 구청장은 그 지적공부를 지적 전산정보관리체계에 영구히 **보존**하여야 한다.

③ 국토교통부장관(지적소관청×)은 지적공부가 멸실되거나 훼손될 경우를 대비하여 지적공부를 복제하여 관리하는 **정보관리체계**를 **구축**하여야(할 수×) 한다.

※ 지적공부의 반출승인 절차

① 지적소관청이 지적공부를 그 시·군·구의 청사 밖으로 반출하려는 경우에는 시·도지사 또는 대도시 시장에게 지적공부 반출사유를 적은 승인신청서를 제출하여야 한다.

② 신청을 받은 시·도지사 또는 대도시 시장은 지적공부 반출사유 등을 심사한 후 그 승인 여부를 지적소관청에 통지하여야 한다.

8. 지적정보 전담 관리기구

① 설치·운영자

국토교통부장관(지적소관청×)은 지적공부의 효율적인 관리 및 활용을 위하여 지적정보 전담 관리기구를 설치·운영한다.

② 자료요청

국토교통부장관은 지적공부를 과세나 부동산정책자료 등으로 활용하기 위하여 주민등록전산자료, 가족관계등록전산자료, 부동산등기전산자료 또는 공시지가 전산자료 등을 관리하는 기관에 그 자료를 요청할 수 있으며 요청을 받은 관리기관의 장은 특별한 사정이 없는 한 이에 응하여야 한다.

9. 지적공부의 열람·등본 발급

① 신청기관

┌일반지적공부 : 지적소관청
└정보지적공부 : 시장·군수·구청장, 읍·면·동장

② 신청수수료

지방자치단체의 수입증지(수입인지×)

10. 지적공부의 복구 ★

지적소관청(정보지적공부는 시·도지사, 시장·군수·구청장)은 지적공부의 전부 또는 일부가 멸실되거나 훼손된 경우 지체 없이(15일 이내에×) 이를 **복구**하여야(할 수×) 한다. 이 경우 멸실·훼손 당시의 지적공부와 가장 부합된다고 인정되는 관계 자료에 따라 **토지의 표시**에 관한 사항을 복구하여야 한다. 다만, **소유자**에 관한 사항은 부동산등기부나 법원의 확정판결에 따라 복구하여야 한다.

출제자 의도

지적공부의 복구

그 절차상 내용을 알고 있는가?

(1) 복구자료

① 지적공부의 등본

② (복구)측량 결과도

③ 토지이동정리 결의서

④ 부동산등기부 등본 등 등기사실을 증명하는 서류

⑤ 지적소관청이 작성하거나 발행한 지적공부의 등록내용을 증명하는 서류

⑥ 전산정보처리조직에 의하여 복제된 지적공부

⑦ 법원의 확정판결서 정본 또는 사본

(2) 복구절차

① 복구자료 조사

→ 사실관계(토지표시) : 지적소관청의 관계자료 / 권리관계(소유자) : 부동산등기부, 확정판결서

② 복구자료조사서·복구자료도 작성

③ 복구측량

→ 사실관계 복구 : 복구측량○ / 권리관계 복구 : 복구측량×

④ 경계점표지 설치

→ 경계조정 시

• **복구측량**

복구측량한 결과 복구자료와 부합하지 않는 경우에 경계·면적을 조정하려면 지적소관청이 직권으로 할 수 없고 토지 소유자 및 이해관계인의 동의를 요한다.

⑤ 시·군·구 게시판 및 인터넷 홈페이지 게시

→ 15일 이상

⑥ 이의신청

→ 게시기간 내, 지적소관청

⑦ 대장·도면 복구

→ 대장만 복구되고 도면은 복구 안된 토지가 '축척변경시행지역, 도시개발사업시행지역' 등에 편입된 때는 '(지적)도면'을 복구하지 않을 수 있다.

■ 제3장 지적 - 제2절 지적공부 3단 비교표

법	시행령	시행규칙
제71조 토지대장 등의 등록사항 ① **토지대장**과 **임야대장**에는 다음 각 호의 사항을 등록하여야 한다. 1. 토지의 소재 2. 지번 3. 지목 4. 면적 5. 소유자의 성명 또는 명칭, 주소 및 주민등록번호(국가, 지방자치단체, 법인, 법인 아닌 사단이나 재단 및 외국인의 경우에는 「부동산등기법」 제49조에 따라 부여된 등록번호를 말한다. 이하 같다) 6. 그 밖에 국토교통부령으로 정하는 사항 ② 제1항제5호의 소유자가 둘 이상이면 **공유지연명부**에 다음 각 호의 사항을 등록하여야 한다. 1. 토지의 소재 2. 지번 3. 소유권 지분 4. 소유자의 성명 또는 명칭, 주소 및 주민등록번호 5. 그 밖에 국토교통부령으로 정하는 사항 ③ 토지대장이나 임야대장에 등록하는 토지가 「부동산등기법」에 따라 대지권 등기가 되어 있는 경우에는 **대지권등록부**에 다음 각 호의 사항을 등록하여야 한다. 1. 토지의 소재 2. 지번 3. 대지권 비율 4. 소유자의 성명 또는 명칭, 주소 및 주민등록번호 5. 그 밖에 국토교통부령으로 정하는 사항		**제68조 토지대장 등의 등록사항 등** ① 법 제71조에 따른 토지대장 · 임야대장 · 공유지연명부 및 대지권등록부는 각각 별지 제63호서식부터 별지 제66호서식까지와 같다. ② 법 제71조제1항제6호에서 "그 밖에 국토교통부령으로 정하는 사항"이란 다음 각 호의 사항을 말한다. 1. 토지의 고유번호(각 필지를 서로 구별하기 위하여 필지마다 붙이는 고유한 번호를 말한다. 이하 같다) 2. 지적도 또는 임야도의 번호와 필지별 토지대장 또는 임야대장의 장번호 및 축척 3. 토지의 이동사유 4. 토지소유자가 변경된 날과 그 원인 5. 토지등급 또는 기준수확량등급과 그 설정 · 수정 연월일 6. 개별공시지가와 그 기준일 7. 그 밖에 국토교통부장관(지적소관청×)이 정하는 사항 ③ 법 제71조제2항제5호에서 "그 밖에 국토교통부령으로 정하는 사항"이란 다음 각 호의 사항을 말한다. 1. 토지의 고유번호 2. 필지별 공유지연명부의 장번호 3. 토지소유자가 변경된 날과 그 원인 ④ 법 제71조제3항제5호에서 "그 밖에 국토교통부령으로 정하는 사항"이란 다음 각 호의 사항을 말한다. 1. 토지(건물×)의 고유번호 2. 전유부분(專有部分)(공용부분×)의 건물표시 3. 건물의 명칭 4. 집합건물별 대지권등록부(토지대장×)의 장번호 5. 토지소유자가 변경된 날과 그 원인 6. 소유권 지분 ⑤ 토지의 고유번호를 붙이는 데에 필요한 사항은 국토교통부장관(지적소관청×)이 정한다.
제72조 지적도 등의 등록사항 **지적도** 및 **임야도**에는 다음 각 호의 사항을 등록하여야 한다. 1. 토지의 소재 2. 지번 3. 지목 4. 경계 5. 그 밖에 국토교통부령으로 정하는 사항		**제69조 지적도면 등의 등록사항 등** ① 법 제72조에 따른 지적도 및 임야도는 각각 별지 제67호서식 및 별지 제68호서식과 같다. ② 법 제72조제5호에서 "그 밖에 국토교통부령으로 정하는 사항"이란 다음 각 호의 사항을 말한다. 1. 지적도면의 색인도(인접도면의 연결 순서를 표시하기 위하여 기재한 도표와 번호를 말한다) 2. 지적도면의 제명 및 축척 3. 도곽선(圖廓線)과 그 수치 4. 좌표에 의하여 계산된 경계점 간의 거리(경계점좌표등록부를 갖춰 두는 지역으로 한정한다)

법	시행령	시행규칙
		5. 삼각점 및 지적기준점의 위치 6. 건축물 및 구조물 등의 위치 7. 그 밖에 국토교통부장관이 정하는 사항 ③ 경계점좌표등록부(대지권등록부×)를 갖춰 두는 지역의 지적도(임야도×)에는 해당 도면의 제명 끝(앞×)에 "좌표(대지권×)"라고 표시하고, 도곽선(색인도×)의 오른쪽 아래 끝(왼쪽 위 처음×)에 "이 도면에 의하여 측량을 할 수 없음(있음×)"이라고 적어야(적을 수×) 한다. ④ 지적도면(토지대장×)에는 (항상×)지적소관청(국토교통부장관×)의 직인을 날인(서명 및 날인×)하여야 한다. 다만, 정보처리시스템을 이용하여 관리하는 지적도면의 경우에는 그러하지 아니하다. ⑤ 지적소관청은 지적도면의 관리에 필요한 경우에는 지번부여지역마다 일람도와 지번색인표(경계점좌표등록부×)를 작성하여 갖춰 둘 수(두어야×) 있다. ⑥ 지적도면의 축척은 다음 각 호의 구분에 따른다. 1. 지적도: 1/500, 1/600, 1/1000, 1/1200(1/1500×), 1/2400(1/2500×), 1/3000, 1/6000(1/5000×), 2. 임야도: 1/3000, 1/6000
제73조 경계점좌표등록부의 등록사항 지적소관청(시 · 도지사×)은 제86조에 따른 도시개발사업 등에 따라 새로이 지적공부에 등록하는 토지에 대하여는 다음 각 호의 사항을 등록한 경계점좌표등록부를 작성하고 갖춰 두어야(둘 수×) 한다. 1. 토지의 소재 2. 지번 3. 좌표 4. 그 밖에 국토교통부령으로 정하는 사항		**제71조 경계점좌표등록부의 등록사항 등** ① 법 제73조의 경계점좌표등록부는 별지 제69호서식과 같다. ② 법 제73조에 따라 경계점좌표등록부를 갖춰 두는 토지는 지적확정측량(지적현황측량×) 또는 축척변경을 위한 측량(경계복원측량×)을 실시하여 경계점(경계×)을 좌표로 등록한 지역의 토지로 한다. ③ 법 제73조제4호에서 "그 밖에 국토교통부령으로 정하는 사항"이란 다음 각 호의 사항을 말한다. 1. 토지의 고유번호 2. 지적도면의 번호 3. 필지별 경계점좌표등록부(토지대장×)의 장번호 4. 부호 및 부호도
제76조 지적전산자료의 이용 등 ① 지적공부에 관한 전산자료(연속지적도를 포함하며, 이하 "지적전산자료"라 한다)를 이용하거나 활용하려는 자는 다음 각 호의 구분에 따라 국토교통부장관, 시 · 도지사(대도시시장×) 또는 지적소관청에 지적전산자료를 신청하여야 한다. 1. 전국 단위의 지적전산자료 : 국토교통부장관, 시 · 도지사 또는 지적소관청	**제62조 지적전산자료의 이용 등** ① 법 제76조제1항에 따라 지적공부에 관한 전산자료(이하 "지적전산자료"라 한다)를 이용하거나 활용하려는 자는 같은 조 제2항에 따라 다음 각 호의 사항을 적은 신청서를 관계 중앙행정기관의 장에게 제출하여 심사를 신청하여야 한다.	**제75조 지적전산자료 이용신청서 등** 영 제62조제1항에 따른 지적전산자료의 이용 또는 활용 신청은 별지 제72호서식의 지적전산자료 이용 · 활용(심사 · 승인) 신청서에 따르고, 같은 조 제5항에 따른 지적전산자료 이용 · 활용 승인대장은 별지 제73호서식에 따른다. **제76조 지적정보관리체계 담당자의 등록 등** ① 국토교통부장관, 시 · 도지사(대도시시장×) 및 지적소관청(이하 이 조 및 제77조에서 "사용자권한 등록관리청"이라 한다)은 지적공부정리 등을 지적정보관리체계로 처리하는 담당자(이하 이 조와 제77조 및 제78조에서 "사용자"라 한다)를 사용자권한 등록파일에 등록하여 관리하여야(할 수×) 한다.

법	시행령	시행규칙
2. 시·도 단위의 지적전산자료: 시·도지사 또는 지적소관청 3. 시·군·구(자치구가 아닌 구를 포함한다) 단위의 지적전산자료: 지적소관청 ② 제1항에 따라 지적전산자료를 신청하려는 자는 대통령령으로 정하는 바에 따라 지적전산자료의 이용 또는 활용 목적 등에 관하여 (항상×, 언제나×) 미리 관계 중앙(지방×)행정기관의 **심사**를 받아야 한다. (원칙) 다만, 중앙행정기관의 장, 그 소속 기관의 장 또는 지방자치단체의 장이 신청하는 경우에는 그러하지 아니하다.(예외1) ③ 제2항에도 불구하고 다음 각 호의 어느 하나에 해당하는 경우에는 관계 중앙행정기관의 심사를 받지 아니할 수 있다.(예외2) 1. 토지소유자가 자기 토지에 대한 지적전산자료를 신청하는 경우 2. 토지소유자가 사망하여 그 상속인이 피상속인의 토지에 대한 지적전산자료를 신청하는 경우 3. 「개인정보 보호법」 제2조제1호에 따른 개인정보를 제외한 지적전산자료를 신청하려는 경우 ④ 제1항 및 제3항에 따른 지적전산자료의 이용 또는 활용에 필요한 사항은 대통령령(국토교통부령×)으로 정한다.	1. 자료의 이용 또는 활용 목적 및 근거 2. 자료의 범위 및 내용 3. 자료의 제공 방식, 보관 기관 및 안전관리대책 등 ② 제1항에 따른 심사 **신청**을 받은 관계 중앙(지방×)행정기관의 장은 다음 각 호의 사항을 **심사**한 후 그 결과를 신청인에게 **통지**하여야 한다. 1. 신청 내용의 타당성, 적합성 및 공익성 2. 개인의 사생활 침해 여부 3. 자료의 목적 외 사용방지 및 안전관리대책 ③ 법 제76조제1항에 따라 지적전산자료의 이용 또는 활용에 관한 **승인**을 받으려는 자는 승인신청을 할 때에 제2항에 따른 심사 결과를 제출하여야 한다. 다만, 중앙행정기관의 장이 승인을 신청하는 경우에는 제2항에 따른 심사 결과를 제출하지 아니할 수 있다. ④ 제3항에 따른 승인신청을 받은 국토교통부장관, 시·도지사 또는 지적소관청은 다음 각 호의 사항을 **심사**하여야 한다. 1. 제2항 각 호의 사항 2. 신청한 사항의 처리가 전산정보처리조직으로 가능한지 여부 3. 신청한 사항의 처리가 지적업무수행에 지장을 주지 않는지 여부 ⑤ 국토교통부장관, 시·도지사 또는 지적소관청은 제4항에 따른 심사를 거쳐 지적전산자료의 이용 또는 활용을 승인하였을 때에는 지적전산자료 이용·활용 승인대장에 그 내용을 **기록·관리**하고 승인한 자료를 **제공**하여야 한다. ⑥ 제5항에 따라 지적전산자료의 이용 또는 활용에 관한 승인을 받은 자는 국토교통부령(대통령령×, 지자체조례×)으로 정하는 사용료를 내야 한다.(원칙) 다만, 국가나 지방자치단체(지적측량수행자×)에 대해서는 사용료를 면제한다.(예외)	② 지적정보관리시스템를 설치한(할×) 기관의 장은 그 소속공무원을 제1항에 따라 사용자로 등록하려는 때에는 별지 제74호서식의 지적정보관리시스템 사용자권한 등록신청서를 해당 사용자권한 등록관리청에 제출하여야 한다. ③ 제2항에 따른 신청을 받은 사용자권한 등록관리청(지적소관청×)은 신청 내용을 심사하여 사용자권한 등록파일에 사용자의 이름 및 권한과 사용자번호(주민등록번호×) 및 비밀번호(전화번호×, 연락처×)를 등록하여야(할 수×) 한다. ④ 사용자권한 등록관리청은 사용자의 근무지 또는 직급이 변경되거나 사용자가 퇴직 등을 한 경우에는 사용자권한 등록내용을 변경하여야(할 수×) 한다. 이 경우 사용자권한 등록변경절차에 관하여는 제2항 및 제3항을 준용한다. **제77조 사용자번호 및 비밀번호 등** ① 사용자권한 등록파일에 등록하는 사용자번호는 사용자권한 등록관리청별로(지번부여지역별로×) 일련번호로(지번으로×) 부여하여야(할 수×) 하며, 한번 부여된 사용자번호는 변경할 수 없다.(특별한 사정이 있는 경우 변경할 수 있다×) ② 사용자권한 등록관리청은 사용자가 다른 사용자권한 등록관리청으로 소속이 변경되거나 퇴직 등을 한 경우에는 사용자번호를 따로(함께×) 관리하여 사용자의 책임을 명백히 할 수 있도록 하여야(할 수×) 한다. ③ 사용자의 비밀번호는 6자리(3자리×, 5자리×)부터 16자리(20자리×)까지의 범위에서 사용자(사용자권한등록관리청×)가 정하여 사용한다. ④ 제3항에 따른 사용자의 비밀번호는 다른 사람에게 누설하여서는 아니 되며, 사용자는 비밀번호가 누설되거나 누설될 우려가 있는 때에는 즉시(7일 이내×) 이를 변경하여야 한다. **제78조 사용자의 권한구분 등** 제76조제1항에 따라 사용자권한 등록파일에 등록하는 사용자의 권한은 다음 각 호의 사항에 관한 권한으로 구분한다. 1. 사용자의 신규등록 2. 사용자 등록의 변경 및 삭제 3. 법인이 아닌 사단·재단 등록번호의 업무관리 4. 법인이 아닌 사단·재단 등록번호의 직권(신청×) 수정 5. 개별공시지가(표준지공시지가×, 개별주택가격×) 변동의 관리 6. 지적전산코드의 입력·수정 및 삭제

법	시행령	시행규칙
		7. 지적전산코드의 조회 8. 지적전산자료의 조회 9. 지적통계의 관리 10. 토지 관련 정책정보의 관리 11. 토지이동 신청의 접수 12. 토지이동의 정리 13. 토지소유자 변경의 관리 14. 토지등급 및 기준수확량등급 변동의 관리 15. 지적공부의 열람 및 등본 발급의 관리 15의2. 부동산종합공부의 열람 및 부동산종합증명서 발급의 관리 16. 일반 지적업무의 관리 17. 일일마감 관리 18. 지적전산자료의 정비 19. 개인별 토지소유현황의 조회 20. 비밀번호의 변경 **제79조 지적정보관리체계의 운영방법 등** 지적전산업무의 처리, 지적전산프로그램의 관리 등 지적정보관리체계의 관리·운영 등에 필요한 사항은 국토교통부장관(대통령×, 시·도지사×, 지적소관청×)이 정한다.
제69조 지적공부의 보존 등 ① 지적소관청(시·도지사×, 국토교통부장관×)은 해당 청사에 지적서고를 설치하고 그곳에 지적공부(정보처리시스템을 통하여 기록·저장한 경우는 제외[포함×]한다. 이하 이 항에서 같다)를 영구히(30년×) 보존하여야 하며, 다음 각 호의 어느 하나에 해당하는 경우 외에는 해당 청사 밖으로 지적공부를 반출할 수 없다. 1. 천재지변이나 그 밖에 이에 준하는 재난을 피하기 위하여 필요한 경우 2. 관할 시·도지사 또는 대도시 시장(국토교통부장관×)의 승인을 받은 경우 ② 지적공부를 **정보처리시스템**을 통하여 기록·저장한 경우 관할 시·도지사, 시장·군수 또는 구청장은 그 지적공부를 **지적정보관리체계**에 영구히 보존하여야 한다. ③ 국토교통부장관(지적소관청×)은 제2항에 따라 보존하여야 하는 지적공부가 멸실되거나 훼손될 경우를 대비하여 지적공부를 복제하여 관리하는 **정보관리체계**를 구축하여야(할 수×) 한다. ④ 지적서고의 설치기준, 지적공부의 보관방법 및 반출승인 절차 등에 필요한 사항은 국토교통부령(시행규칙○, 시행령×, 대통령령×)으로 정한다.		**제65조 지적서고의 설치기준 등** ① 법 제69조제1항에 따른 지적서고는 지적사무를 처리하는 사무실과 연접(連接)하여(사무실 내에×) 설치하여야(할 수×) 한다. ② 제1항에 따른 지적서고의 구조는 다음 각 호의 기준에 따라야 한다. 1. 골조는 철근콘크리트 이상의 강질로 할 것 2. 지적서고의 면적은 별표 7의 기준면적에 따를 것 3. 바닥과 벽은 2중(3중×)으로 하고 영구적인(반영구적인×) 방수설비를 할 것 4. 창문과 출입문은 2중으로 하되, 바깥쪽 문은 반드시 철제로 하고 안쪽 문은 곤충·쥐 등의 침입을 막을 수 있도록 철망 등을 설치할 것 5. 온도 및 습도 자동조절장치를 설치하고, 연중 평균(최대×, 최소×)온도는 섭씨(화씨×) 20±5도를, 연중평균습도는 65±5퍼센트를 유지할 것 6. 전기시설을 설치하는 때에는 단독(통합×) 퓨즈를 설치하고 소화장비를 갖춰 둘 것 7. 열과 습도의 영향을 받지 아니하도록 내부공간을 넓게 하고 천장을 높게(낮게×) 설치할 것 ③ 지적서고는 다음 각 호의 기준에 따라 관리하여야 한다. 1. 지적서고는 제한구역으로 지정하고, 출입자를 지적사무담당공무원으로 한정할 것 2. 지적서고에는 인화물질의 반입을 금지하며, 지적공부, 지적 관계 서류 및 지적측량장비만 보관할 것 ④ 지적공부 보관상자는 벽으로부터 15센티미터(30센티미터×) 이상 띄워야 하며, 높이 10센티미터(5센티미터×) 이상의 깔판 위에 올려놓아야 한다.

법	시행령	시행규칙
제70조 지적정보 전담 관리기구의 설치 ① 국토교통부장관(시 · 도지사×, 지적소관청×)은 지적공부의 효율적인 관리 및 활용을 위하여 지적정보 전담 관리기구를 설치 · 운영한다(할 수 있다×). ② 국토교통부장관(시 · 도지사×, 지적소관청×)은 지적공부를 과세나 부동산정책자료 등으로 활용하기 위하여 주민등록전산자료, 가족관계등록전산자료, 부동산등기전산자료 또는 공시지가(주택가격×)전산자료 등을 관리하는 기관에 그 자료를 요청할 수(하여야×) 있으며 요청을 받은 관리기관의 장은 특별한 사정이 없는 한(반드시×) 이에 응하여야 한다. ③ 제1항에 따른 지적정보 전담 관리기구의 설치 · 운영에 관한 세부사항은 대통령령(국토교통부령×)으로 정한다. **제75조 지적공부의 열람 및 등본 발급** ① **지적공부**를 열람하거나 그 등본을 발급받으려는 자는 해당 지적소관청에 그 열람 또는 발급을 신청하여야 한다. 다만, **정보처리시스템**을 통하여 기록 · 저장된 지적공부(지적도 및 임야도는 제외한다)를 열람하거나 그 등본을 발급받으려는 경우에는 특별자치시장, 시장 · 군수 또는 구청장이나 읍 · 면 · 동의 장(지적소관청에게만×, 시 · 도지사×) 에게 신청할 수(하여야×) 있다. ② 제1항에 따른 지적공부의 열람 및 등본 발급의 절차 등에 필요한 사항은 국토교통부령으로 정한다.		**제66조 지적공부의 보관방법 등** ① 부책(簿冊)으로 된 토지대장 · 임야대장 및 공유지연명부(대지권등록부×)는 지적공부 보관상자에 넣어 보관하고, 카드로 된 토지대장 · 임야대장 · 공유지연명부 · 대지권등록부 및 경계점좌표등록부(지적도면×)는 100장(50장×) 단위로 바인더(binder)에 넣어 보관하여야 한다. ② 일람도 · 지번색인표 및 지적도면은 지번부여지역별로 도면(토지대장×)번호순으로 보관하되, 각 장별로 보호대에 넣어야 한다. ③ 법 제69조제2항에 따라 지적공부를 정보처리시스템을 통하여 기록 · 보존하는 때에는 그 지적공부를 「공공기관의 기록물 관리에 관한 법률」 제19조제2항에 따라 기록물관리기관에 이관할 수(하여야×) 있다. **제67조 지적공부의 반출승인 절차** ① 지적소관청이 법 제69조제1항에 따라 지적공부를 그 시 · 군 · 구의 청사 밖으로 반출하려는 경우에는 시 · 도지사 또는 대도시 시장(법 제25조제1항의 대도시 시장을 말한다. 이하 같다)에게 지적공부 반출사유를 적은 별지 제62호서식의 승인신청서를 제출하여야 한다. ② 제1항에 따른 신청을 받은 시 · 도지사 또는 대도시 시장은 지적공부 반출사유 등을 심사한 후 그 승인 여부를 지적소관청에 통지(보고×)하여야(할 수×) 한다. **제74조 지적공부 및 부동산종합공부의 열람 · 발급 등** ① 법 제75조에 따라 지적공부를 열람하거나 그 등본을 발급받으려는 자는 별지 제71호서식의 지적공부 · 부동산종합공부 열람 · 발급 신청서(전자문서로 된 신청서를 포함한다)를 지적소관청 또는 읍 · 면 · 동장(시 · 도지사×, 국장×)에게 제출하여야 한다. ② 법 제76조의4에 따라 부동산종합공부를 열람하거나 부동산종합공부 기록사항의 전부 또는 일부에 관한 증명서(이하 "부동산종합증명서"라 한다)를 발급받으려는 자는 별지 제71호서식의 지적공부 · 부동산종합공부 열람 · 발급 신청서(전자문서로 된 신청서를 포함한다)를 지적소관청 또는 읍 · 면 · 동장에게 제출하여야 한다. ③ 부동산종합증명서의 건축물현황도 중 평면도 및 단위세대별 평면도의 열람 · 발급의 방법과 절차에 관하여는 「건축물대장의 기재 및 관리 등에 관한 규칙」 제11조제3항에 따른다. ④ 부동산종합증명서는 별지 제71호의2서식부터 별지 제71호의4서식까지와 같다. **제70조 지적도면의 복사** ① 국가기관, 지방자치단체 또는 지적측량수행자가 지적도면[정보처리시스템에 구축된 지적도면 데이터 파일을 포함(제외×)한다. 이하 이 조에서 같다]을 복사하려는 경우에는 지적도면 복사의 목적, 사업계획 등을 적은 신청서를 지적소관청(국토교통부장관×)에 제출하여야 한다. ② 제1항에 따른 신청을 받은 지적소관청은 신청 내용을 심사한 후 그 타당성을 인정하는 때에 지적도면을 복사할 수 있게 하여야 한다. 이 경우 복사 과정에서 지적도면을 손상시킬 염려가 있으면 지적도면의 복사를 정지시킬 수(시켜야×) 있다. ③ 제2항에 따라 복사한 지적도면은 신청 당시의 목적 외의 용도로는 사용할 수 없다.

법	시행령	시행규칙
제74조 지적공부의 복구 지적소관청(제69조제2항에 따른 지적공부의 경우에는 시·도지사, 시장·군수 또는 구청장)(국토교통부장관×)은 지적공부의 전부 또는 일부가 멸실되거나 훼손된 경우(염려가 있는 경우×, 사전에×)에는 대통령령으로 정하는 바에 따라 지체 없이(7일 이내×, 국장의 승인 심사 후에×) 이를 복구하여야(할 수×) 한다.	**제69조 지적공부의 복구** ① 지적소관청이 법 제74조에 따라 지적공부를 복구할 때에는 멸실·훼손 당시(복구당시×)의 지적공부와 가장 부합된다고 인정되는 관계 자료에 따라 토지의 표시에 관한 사항을 복구하여야 한다. 다만, 소유자에 관한 사항은 부동산등기부나 법원의 확정판결(토지이동정리 결의서×)에 따라 복구하여야(할 수×) 한다. ② 제1항에 따른 지적공부의 복구에 관한 관계 자료 및 복구절차 등에 관하여 필요한 사항은 국토교통부령(대통령령×)으로 정한다.	**제72조 지적공부의 복구자료** 영 제61조제1항에 따른 지적공부의 복구에 관한 관계 자료(이하 "**복구자료**"라 한다)는 다음 각 호와 같다. 1. 지적공부의 등본 2. 측량 결과도 3. 토지이동정리 결의서 4. 부동산등기부 등본 등 등기사실을 증명하는 서류 5. 지적소관청이 작성하거나 발행한 지적공부의 등록내용을 증명하는 서류 6. 법 제69조제3항에 따라 복제된 지적공부 7. 법원의 확정판결서 정본 또는 사본(원본에 한한다×) **제73조 지적공부의 복구절차 등** ① 지적소관청은 법 제74조 및 영 제61조제1항에 따라 지적공부를 복구하려는 경우에는 제72조 각 호의 복구자료를 **조사**하여야 (할 수×) 한다. ② 지적소관청은 제1항에 따라 조사된 복구자료 중 토지대장·임야대장 및 공유지연명부(대지권등록부×, 지적도·임야도×)의 등록 내용을 증명하는 서류 등에 따라 별지 제70호 서식의 지적복구자료 조사서(복구자료도×)를 **작성**하고, 지적도면의 등록 내용을 증명하는 서류 등에 따라 복구자료도(지적복구자료 조사서×)를 **작성**하여야 (할 수×) 한다. ③ 제2항에 따라 작성된 복구자료도에 따라 측정한 면적과 지적복구자료 조사서의 조사된 면적의 증감이 영 제19조제1항제2호가목의 계산식에 따른 허용범위를 초과(이상×)하거나 복구자료도를 작성할 복구자료가 없는 경우에는 복구측량을 하여야 한다. 이 경우 같은 계산식 중 A는 오차허용면적, M은 축척분모, F는 조사된 면적(오차허용면적×)을 말한다. ④ 제2항에 따라 작성된 지적복구자료 조사서의 조사된 면적이 영 제19조제1항제2호가목의 계산식에 따른 허용범위 이내(이상×, 초과×)인 경우에는 그 면적을 복구면적으로 결정하여야 (할 수×) 한다. ⑤ 제3항에 따라 복구측량을 한 결과가 복구자료와 부합하지 아니하는 때에는 토지소유자 및 이해관계인의 동의를 받어(지적소관청 직권으로×) 경계 또는 면적 등을 **조정**할 수(하여야×) 있다. 이 경우 경계를 조정한 때에는 제60조제2항에 따른 경계점표지를 **설치**하여야(할 수×) 한다. ⑥ 지적소관청은 제1항부터 제5항까지의 규정에 따른 복구자료의 조사 또는 복구측량 등이 완료되어 지적공부를 복구하려는 경우(복구하기 전에 미리○, 복구 후에×)에는 복구하려는 토지의 표시 등을 시·군·구(시·도×) 게시판 및(또는×) 인터넷 홈페이지에 15일(14일×) 이상 **게시**하여야 한다. ⑦ 복구하려는 토지의 표시 등에 이의가 있는 자는 제6항의 게시기간 내에(15일×) 지적소관청(시·도지사×, 국토교통부장관×)에 **이의신청**을 할 수(하여야×) 있다. 이 경우 이의신청을 받은 지적소관청은 이의사유를 검토하여 이유 있다고 인정되는 때에는 그 시정에 필요한 조치를 하여야(할 수×) 한다. ⑧ 지적소관청은 제6항 및 제7항에 따른 절차를 이행한 때에는 지적복구자료 조사서, 복구자료도 또는 복구측량 결과도 등에 따라 토지대장·임야대장·공유지연명부 또는 지적도면(대지권등록부×, 경계점좌표등록부×)을 **복구**하여야 한다. ⑨ 토지대장·임야대장 또는 공유지연명부는 복구되고 지적도면이 복구되지 아니한 토지가 법 제83조에 따른 축척변경 시행지역이나 법 제86조에 따른 도시개발사업 등의 시행지역에 편입된 때에는 지적도면을 복구하지 아니할 수(복구하여야 한다×) 있다.

법	시행령	시행규칙
제76조의2 부동산종합공부의 관리 및 운영 ① 지적소관청(국토교통부장관×)은 부동산의 효율적 이용과 부동산과 관련된 정보의 종합적 관리 · 운영을 위하여 부동산종합공부를 **관리 · 운영**한다. ② 지적소관청(국토교통부장관×)은 부동산종합공부를 영구히 보존하여야 하며, 부동산종합공부의 멸실 또는 훼손에 대비하여 이를 별도로 복제하여 관리하는 정보관리체계를 **구축**하여야 한다. ③ 제76조의3 각 호의 등록사항을 관리하는 기관의 장은 지적소관청에 상시적으로 관련 정보를 **제공**하여야(할 수 ×) 한다. ④ 지적소관청(국토교통부장관×)은 부동산종합공부의 정확한 등록 및 관리를 위하여 필요한 경우에는 제76조의3 각 호의 등록사항을 관리하는 기관의 장에게 관련 자료의 제출을 **요구**할 수(하여야×) 있다(통지하여야 한다×). 이 경우 자료의 제출을 요구받은 기관의 장은 특별한 사유가 없으면 자료를 제공하여야 한다.		
제76조의3 부동산종합공부의 등록사항 등 지적소관청(국토교통부장관×)은 부동산종합공부에 다음 각 호의 사항을 등록하여야 한다. 1. 토지의 표시와 소유자에 관한 사항 : 이 법에 따른 지적공부(등기부×)의 내용 2. 건축물의 표시와 소유자에 관한 사항(토지에 건축물이 있는 경우만 해당한다) 「건축법」 제38조에 따른 건축물대장(등기부×)의 내용 : 3. 토지의 이용 및 규제에 관한 사항 : 「토지이용규제 기본법」 제10조에 따른 토지이용계획확인서의 내용 4. 부동산의 가격에 관한 사항 : 「부동산 가격공시에 관한 법률」 제10조에 따른 개별공시지가, 같은 법 제16조, 제17조 및 제18조에 따른 개별주택가격 및 공동주택가격 공시내용 5. 그 밖에 부동산의 효율적 이용과 부동산과 관련된 정보의 종합적 관리 · 운영을 위하여 필요한 사항으로서 대통령령으로 정하는 사항 **제76조의4 부동산종합공부의 열람 및 증명서 발급** ① 부동산종합공부를 열람하거나 부동산종합공부 기록사항의 전부 또는 일부에 관한 증명서(이하 "부동산종합증명서"라 한다)를 발급받으려는 자는 지적소관청이나 읍 · 면 · 동의 장(국장×, 시 · 도지사×)에게 신청할 수 있다. ② 제1항에 따른 부동산종합공부의 열람 및 부동산종합증명서 발급의 절차 등에 관하여 필요한 사항은 국토교통부령(대통령령×)으로 정한다. **제76조의5 준용** 부동산종합공부의 등록사항 정정에 관하여는 제84조를 준용한다.	**제62조의2 부동산종합공부의 등록사항** 법 제76조의3제5호에서 "대통령령으로 정하는 사항"이란 '부동산등기법' 제48조에 따른 부동산의 권리에 관한 사항을 말한다. **제62조의3 부동산종합공부의 등록사항 정정 등** ① 지적소관청은 법 제76조의5에 따라 준용되는 법 제84조에 따른 부동산종합공부의 등록사항 정정을 위하여 법 제76조의3 각 호의 등록사항 상호 간에 일치하지 아니하는 사항(이하 이 조에서 "불일치 등록사항"이라 한다)을 확인 및 관리하여야 한다. ② 지적소관청은 제1항에 따른 불일치 등록사항에 대해서는 법 제76조의3 각 호의 등록사항을 관리하는 기관의 장에게 그 내용을 통지하여 등록사항 정정을 요청할 수(하여야×) 있다. ③ 제1항 및 제2항에 따른 부동산종합공부의 등록사항 정정 절차 등에 관하여 필요한 사항은 국토교통부장관(지적소관청×)이 따로 정한다.	

O · X · 지 · 문 · 학 · 습

01. 부동산종합공부에는 토지 또는 건축물의 표시와 소유자에 관한 사항, 토지의 이용 및 규제에 관한 사항, 부동산의 권리에 관한 사항, 부동산의 실거래 가격에 관한 사항 등이 기재된다. [O, ×]

02. 국토교통부장관은 지적공부의 전부 또는 일부가 멸실되거나 훼손된 경우에는 대통령령으로 정하는 바에 따라 14일 이내 복구하여야 한다. [O, ×]

03. 지적소관청은 정보처리시스템을 통하여 기록 · 저장한 경우 외에는 해당 청사에 지적서고를 설치하고 그 곳에 지적공부를 30년간 보존하여야 한다. [O, ×]

04. 부동산종합공부를 열람하거나 부동산종합공부 기록사항의 전부 또는 일부에 관한 증명서를 발급받으려는 자는 지적공부 · 부동산종합공부 열람 · 발급 신청서를 지적소관청 또는 읍 · 면 · 동장에게 제출하여야 한다. [O, ×]

05. 토지대장이나 임야대장에 등록하는 토지가 부동산등기법에 따라 대지권 등기가 되어 있는 경우에는 대지권등록부에는 토지의 소재, 지번, 소유권 비율, 소유자의 성명 등의 사항을 등록하여야 한다. [O, ×]

06. 경계점좌표등록부를 갖춰 두는 지역의 지적도에는 해당 도면의 제명 끝에 "(좌표)"라고 표시하고, 도곽선의 오른쪽 아래 끝에 "이 도면에 의하여 측량을 할 수 없음"이라고 적어야 한다. [O, ×]

07. 사용자권한 등록파일에 등록하는 사용자번호는 사용자권한 등록관리청별로 일련번호로 부여하여야 하며, 한번 부여된 사용자번호는 변경할 수 없다. [O, ×]

정답 및 해설

01. × (부동산의 실거래 가격인 아닌 개별공시지가, 개별주택가격 및 공동주택가격의 공시내용 등이다.)
02. × (국토교통부장관 → 지적소관청, 14일 이내 → 지체 없이)
03. × (30년간 → 영구히)
04. O
05. × (소유권 비율 → 대지권 비율)
06. O
07. O

1. 경계점좌표등록부를 갖춰두는 지역의 지적도가 아래와 같은 경우 이에 관한 설명으로 옳은 것은?

	2	
7	8	9
	13	

00시 00동 지적도(좌표) 20장 중 제 8호 축척 500분의 1

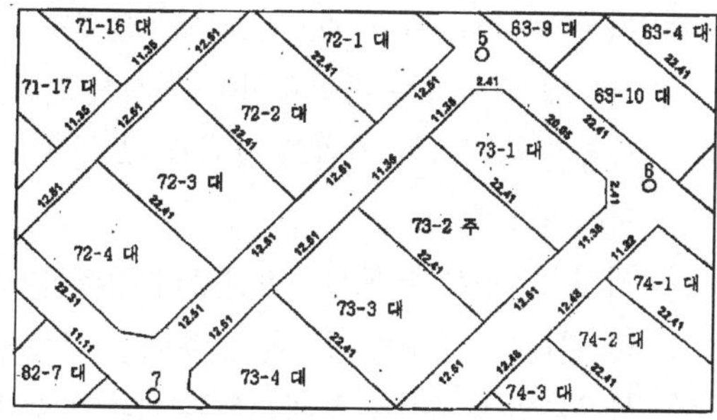

① 73-2에 대한 면적측정은 전자면적측정기에 의한다.
② 73-2의 경계선상에 등록된 '22.41'은 좌표에 의하여 계산된 경계점간의 거리를 나타낸다.
③ 73-2에 대한 경계복원측량은 본 도면으로 실시하여야 한다.
④ 73-2에 대한 토지면적은 경계점좌표등록부에 등록한다.
⑤ 73-2에 대한 토지지목은 '주차장'이다.

해설

① 전자면적측정기 → 좌표면적 계산법
③ 본 도면으로 → 경계점좌표등록부로
④ 등록한다 → 등록되지 않는다(면적은 토지대장·임야대장에만 등록)
⑤ 주차장 → 주유소

2. 다음 중 개업공인중개사 甲이 매도의뢰 대상 토지에 대한 소재, 지번, 지목과 면적을 모두 매수의뢰인 乙에게 설명하고자 하는 경우 적합한 것은?

① 토지대장 등본
② 지적측량기준점성과 등본
③ 지적도 등본
④ 임야도 등본
⑤ 경계점좌표등록부 등본

해설

토지의 표시 중 소재, 지번, 지목, 면적이 모두 등록된 지적공부는 토지대장이다.

3. 「공간정보의 구축 및 관리 등에 관한 법령」상 대지권등록부의 등록사항이 아닌 것은?

① 대지권 비율 ② 건물의 명칭
③ 소유권 지분 ④ 건물의 경계
⑤ 토지소유자가 변경된 날과 그 원인

해설

④ 건물의 경계는 대지권등록부의 등록사항이 아니다.

4. 「공간정보의 구축 및 관리 등에 관한 법령」상 지적공부의 복구자료가 아닌 것은?

① 토지이용계획확인서 ② 측량 결과도
③ 토지이동정리 결의서 ④ 지적공부의 등본
⑤ 법원의 확정판결서 정본 또는 사본

해설

① 토지이용계획확인서는 지적공부의 복구자료가 아니다.

|정답| 1.② 2.① 3.④ 4.①

5. 지적도 및 임야도의 등록사항만으로 나열된 것은?

① 토지의 소재, 지번, 건축물의 번호, 삼각점 및 지적기준점의 위치
② 지번, 경계, 건축물 및 구조물 등의 위치, 삼각점 및 지적기준점의 위치
③ 토지의 소재, 지번, 토지의 고유번호, 삼각점 및 지적기준점의 위치
④ 지목, 부호 및 부호도, 도곽선과 그 수치, 토지의 고유번호
⑤ 지목, 도곽선과 그 수치, 토지의 고유번호, 건축물 및 구조물 등의 위치

해설

① 건축물의 번호는 지적도·임야도의 등록사항이 아니다.
③~⑤ 토지의 고유번호는 토지·임야대장, 공유지연명부, 대지권등록부, 경계점좌표등록부에 등록된다.

6. 지적도 및 임야도의 등록사항이 아닌 것은?

① 지적도면의 일람도
② 도곽선과 그 수치
③ 지적도면의 제명 및 축적
④ 삼각점 및 지적기준점의 위치
⑤ 건축물 및 구조물의 위치

해설

① 지적도면의 일람도가 아니라 지적도면의 색인도(인접도면의 연결 순서를 표시하기 위하여 기재한 도표와 번호를 말함)이다.

7. 부동산종합공부에 대한 설명으로 틀린 것은?

① 지적소관청은 부동산의 효율적 이용과 부동산과 관련되 정부의 종합적 관리·운영을 위하여 부동산종합공부를 관리·운영한다.
② 지적소관청은 부동산종합공부를 영구히 보존하여야 하며, 멸실 또는 훼손에 대비하여 이를 별도로 복제하여 관리하는 정보관리체계를 구축하여야 한다.
③ 지적소관청은 부동산종합공부의 불일치 등록사항에 대하여는 등록사항을 정정하고, 등록사항을 관리하는 기관의 장에게 그 내용을 통지하여야 한다.
④ 지적소관청은 부동산종합공부의 정확한 등록 및 관리를 위하여 필요한 경우에는 부동산종합공부의 등록사항을 관리하는 기관의 장에게 관련 자료의 제출을 요구할 수 있다.
⑤ 부동산종합공부의 등록사항을 관리하는 기관의 장은 지적소관청에 상시적으로 관련 정보를 제공하여야 한다.

해설

③ 지적소관청은 제1항에 따른 불일치 등록사항에 대해서는 등록사항을 관리하는 기관의 장에게 그 내용을 통지하여 등록사항 정정을 요청할 수 있다(영 제62조의3 제2항).

|정답| 5. ② 6. ① 7. ③

인증번호 : HS78-2S7R

4 토지이동

무선 인터넷에서 스마트폰으로 QR코드를 찍으면 동영상 강의를 보실 수 있습니다.

핵심

토지의 이동
- 1. **개념** : 토지의 표시 → 새로이 정·변경·말소
- 2. **대상** : 특히 합병 → 불가
- 3. **절차** :
  - ① 신청자 (↕ 직권)
    - 원칙 : 당사자(토지소유자)
    - 예외 : 제3자(대위자)
    - 특례 : 특례자(사업시행자만)
  - ② 신청서면
    - 신청서
    - 첨부서면 : 특히 등록사항정정
  - ③ 신청기간
  - ④ 처리절차 : 특히 축척변경

토지의 이동에 관한 지적공부상 등록절차와 관련된 내용을 이해하여야 합니다.
또한 지적측량과 연계하여 토지의 이동 중 지적측량의 대상에 해당되는 것이 무엇인지도 알아야 한다.

기출 Point

1. 토지이동의 각 종류별 대상
2. 각 종류별 절차

토지의 이동 토지의 표시를 (새로이 정하거나) (변경) 또는 (말소) 하는 것을 말한다.

1. 일반이동
- 새로이 정하거나: ① 신규등록
- 변경: ① 등록전환 ② 분 할 ③ 합 병 ④ 지목변경
- 말소: ① 바다로 된 토지의 등록말소

2. 특수이동
- ① 축척변경
- ② 등록사항 정정
- ③ 지번변경
- ④ 행정구역명칭변경

※ 소유자의 주소변경, 소유권의 변동, 토지등급의 변경은 토지이동이 아니다.
→ Why? 소유자의 주소변경 등은 토지의 표시가 아니므로

출제자 의도

토지의 이동
- 각 토지이동의 지적공부상 등록절차와 관련된 내용을 이해하고 있는가?
- 합병 가능요건을 이해하고 있는가?
- 축척변경의 절차상 내용을 알고 있는가?
- 대위신청의 내용을 알고 있는가?
- 지적공부정리와 관련된 내용을 알고 있는가?
- 등기촉탁의 대상을 알고 있는가?

출제자 의도

신규등록

첨부서면 해당 여부를 구별할 수 있는가?

★ 1. 신규등록

(1) 정의

새로이 조성된 토지 및 등록이 누락되어 있는 토지를 지적공부에 등록하는 것을 말한다.

(2) 신청의무 기간

신규등록할 토지가 있으면 그 사유가 발생한 날부터 60일 이내에 지적소관청에 신청하여야 한다.

(3) 대상

① 공유수면매립지
② 등록되지 않은 섬
③ 지적공부에 등록이 누락된 토지

(4) 구비서류(신청서면)

① 신청서
② 법원의 확정판결서 정본 또는 사본
③ 공유수면 관리 및 매립에 관한 법률에 따른 준공검사확인증 사본
④ 도시계획구역의 토지를 그 지방자치단체의 명의로 등록하는 때에는 기획재정부장관과 협의한 문서의 사본
⑤ 그 밖에 소유권을 증명할 수 있는 서류의 사본

첨부서면(소유권 증명서면): ②~⑤

※ ②~⑤ : 해당 서류를 해당 지적소관청이 관리하는 경우에는 지적소관청의 확인으로 그 서류의 제출을 갈음할 수 있다.

※ 신규등록 '측량성과도' 는 제출하지 않는다(→ Why? 이미 준공검사 시 제출되어 있으므로, 또한 소유권 증명서면이 아니므로)

출제자 의도

등록전환

등록전환으로 변경되는 것과 변경되지 않는 것을 구별할 수 있는가?

★ 2. 등록전환

(1) 정의

임야대장 및 임야도에 등록된 토지를 토지대장 및 지적도에 옮겨 등록하는 것을 말한다.

(2) 신청의무 기간

등록전환할 토지가 있으면 그 사유가 발생한 날부터 60일 이내에 지적소관청에 신청하여야 한다.

(3) 목적

① 도면의 정밀도 높이기 위해 →지목변경수반○(원칙) (밑의 임야도상 甲·乙·丙의 토지)
→근본목적 : 개발

② 도면의 통일성 위해 →지목변경 수반×(예외) (밑의 임야도상 丁의 토지)

【 임야도 】

甲	乙	丙
丁		

(→ 甲·乙·丙 : 모두 개발원함)

(→ 丁 : 개발원치 않음)

(4) 대상

① 산지관리법·건축법(국토법×) 등 관계법령에 의한 토지의 형질변경 또는 건축물의 사용승인(용도변경×) 등으로 인하여 지목을 변경하여야 할 토지 → 정밀도 위해

② 지목변경 없이 등록전환을 신청할 수 있는 경우 → 통일성 위해
- ㉠ 대부분의 토지가 등록전환되어 나머지 토지를 임야도에 계속 존치하는 것이 불합리한 경우
- ㉡ 임야도에 등록된 토지가 사실상 형질변경되었으나 지목변경을 할 수 없는 경우
- ㉢ 도시·군관리계획선에 따라 토지를 분할하는 경우

(5) 구비서류

① 신청서

② 토지의 형질변경 등의 공사가 준공되었음을 증명하는 서류의 사본

※ • 등록전환 '측량성과도'는 제출하지 않는다.
→ 왜냐하면 이미 지적소관청이 보관하고 있으므로

• 지목변경신청서 : 목적 ①의 경우 → ○ (제출) / 목적 ②의 경우 → × (제출 안함)

• 위 서류를 지적소관청이 관리하는 경우 : (지적소관청의 확인으로) 갈음할 수

도면의 통일성을 위한 등록전환은 지목변경을 '수반한다'.(×)
→ '수반하지 않는다' (○)

(6) 등록전환으로 바뀌는것(○) ↔ 안 바뀌는것(×)

① 사실관계(토지의 표시)

㉠ 지번 – ○ : 부여방법 ┌ 원칙 : 부번
　　　　　　　　　　　└ 예외 : 본번

㉡ 지목 ┌ ○ : 목적 ①의 경우
　　　　└ × : 목적 ②의 경우

㉢ 면적 – ○ (축척변경으로 정밀하게 바뀜)

㉣ 경계 – ○ (축척변경으로 정밀하게 바뀜)

㉤ 좌표 – ○ (축척변경으로 새로 생김)

② 권리관계 : ×

(7) 처리절차

① 등록전환 : 완료 → ② 임야대장·임야도 : 말소 → ③ (토지표시변경)등기촉탁

출제자 의도

분할

신청의무의 원칙과 예외를 구별할 수 있는가? 즉, 신청의무 여부를 판단할 수 있는가?

3. 분할

(1) 정의

지적공부에 등록된 1필지를 2필지 이상으로 나누어 등록하는 것을 말한다.

(2) 기간(신청의무 여부)

- ▶ 원칙 : 제한 없음(신청의무 없음)
- ▶ 예외 : 1필지의 일부가 형질변경 등으로 용도가 다르게 된(지목변경) 때에는 그 날부터 60일 이내에 지적소관청에 토지의 분할을 신청하여야 한다(신청의무 있음).

(3) 대상(분할을 신청할 수 있는 경우)

① 소유권이전, 매매 등(공유토지 분할합의)을 위하여 필요한 경우

② 토지이용상 불합리한 지상경계를 시정하기 위한 경우

③ 관계 법령에 따라 토지분할이 포함된 개발행위허가 등을 받은 경우

(4) 구비서류

① 신청서
② 분할허가대상인 토지의 경우에는 그 허가서 사본
③ 법원의 확정판결에 의하여 분할하는 경우에는 확정판결서 정본 또는 사본

※ • 이 경우 1필지의 일부가 형질변경 등으로 용도가 다르게 되어 분할을 신청하는 때에는 지목변경신청서를 함께 제출하여야 한다.
• 허가서를 지적소관청이 관리하는 경우 : 갈음할 수(지적소관청의 확인으로)

★★
4. 합병

(1) 정의

지적공부에 등록된 2필지 이상을 1필지로 합하여 등록하는 것을 말한다.

(2) 기간(신청의무 여부)

▶ 원칙 : 제한 없음(신청의무 없음)
▶ 예외 : 주택법에 따른 공동주택의 부지, 도로·제방·하천·구거·유지(유원지 ×) 그 밖에 대통령령이 정하는 토지(지목이 공장용지·학교용지·철도용지·수도용지·공원·체육용지 등 다른 지목의 토지)로서 합병하여야 할 토지가 있으면 그 사유가 발생한 날부터 60일 이내에 지적소관청에 신청하여야 한다. → 강제합병 대상(신청의무 있음)

(3) 불가능한 경우

① 합병하고자 하는 토지의 지번부여지역·지목 또는 소유자가 서로 다른 경우
② 합병하려는 토지에 관하여 소유권·지상권·전세권·임차권 및 승역지에 관하여 하는 지역권의 등기 '외' 의 등기가 있는 경우(↔ 다만, 합병하고자 하는 토지 전부에 관하여 등기원인 및 그 연월일과 접수번호가 동일한 저당권에 관한 등기가 있는 경우에는 합병가능)
③ 합병하고자 하는 각 필지의 지적도 및 임야도의 축척이 서로 다른 경우
④ 합병하고자 하는 각 필지의 지반이 연속되지 아니한 경우
⑤ 합병하고자 하는 토지가 등기된 토지와 등기되지 아니한 토지인 경우
⑥ 합병하고자 하는 각 필지의 지목은 같으나 일부 토지의 용도가 다르게 되어 분할대상 토지인 경우(↔ 다만, 합병신청과 동시에 토지의 용도에 따라 분

출제자 의도

합병
• 합병 가능 여부를 판단할 수 있는가?
• 신청의무의 원칙과 예외를 구별할 수 있는가? (즉, 신청의무 여부를 판단할 수 있는가?)

• 합병(가능) 요건
1필지 성립요건
+
소유권·용익권
(지상권, 승역지의 지역권, 전세권, 임차권)·창설적 공동저당
외(外) 등기 ×(없어야)
↓
처분개념의 등기
(소유권 가등기·가압류·가처분·경매등기, 저당권, 추가적 공동저당, 예고등기, 환매특약등기)
↑
창설적 공동저당(등기원인·그 연월일·접수번호가 모두 동일한 저당권) : 합병가능

할신청을 하는 경우에는 합병가능)

⑦ 합병하고자 하는 토지의 소유자별 공유지분이 다르거나 소유자의 주소가 서로 다른 경우

⑧ 합병하고자 하는 토지가 구획정리·경지정리 또는 축척변경을 시행하고 있는 지역안의 토지와 지역밖의 토지인 경우

(4) 구비서류

합병사유를 기재한 신청서

(5) 처리절차

합병요건 충족 여부를 판단하기 위하여 대장·도면·등기부를 열람하여 확인한 후 → 현지 출장 → 토지이동 조사(하여야)

출제자 의도

지목변경

지목변경의 대상토지와 등록전환의 대상토지를 구별할 수 있는가?

★

5. 지목변경

(1) 정의

지적공부에 등록된 지목을 다른 지목으로 바꾸어 등록하는 것을 말한다.

(2) 신청의무 기간

지목변경할 토지가 있으면 토지소유자는 그 사유가 발생한 날부터 60일 이내에 지적소관청에 신청하여야 한다.

(3) 대상

① 국토의 계획 및 이용에 관한 법률(산지관리법×, 건축법×) 등 관계법령에 의한 토지의 형질변경 등의 공사가 준공된 경우

② 도시개발사업 등의 원활한 사업추진을 위하여 사업시행자가 공사준공전에 토지의 합병을 신청하는 경우

③ 토지 또는 건축물의 용도가 변경(사용승인×)된 경우

(4) 구비서류

① 신청서

② 관계법령에 의하여 토지의 형질변경 등의 공사가 준공되었음을 증명하는

서류의 사본

③ 국·공유지의 경우에는 용도폐지 되었거나 사실상 공공용으로 사용되고 있지 아니함을 증명하는 서류의 사본

④ 토지 또는 건축물의 용도가 변경되었음을 증명하는 서류의 사본

※ 첨부서류(②, ③, ④)생략 가능한 경우 : 개발행위 허가·농지전용허가·보전산지전용허가 등 지목변경과 관련된 규제를 받지 아니하는 토지의 지목변경이거나 전·답·과수원 상호간의 지목변경인 경우

6. (바다로 된 토지의) 등록말소 ★

출제자 의도

바다로 된 토지의 등록말소

등록말소 통지의 상대방과 정리결과 통지의 상대방을 구별할 수 있는가?

(1) 정의

육지의 토지가 바다로 되버렸을 때 그 토지의 지적 공부상 등록을 말소하는 것을 말한다.

(2) 신청의무 기간

토지소유자(공유수면관리청×)는 지적소관청의 통지를 받은 날(사유가 발생한 날×)부터 90일(60일×) 이내 지적소관청에 신청한다.

(3) 절차

지적소관청 —말소신청하도록 통지(하여야)→ (토지)소유자(공유수면관리청×) → 90일이내 신청 —if not→ 지적소관청이 직권으로 등록말소 → 정리결과 통지(통지의 상대방 : 토지소유자 및 공유수면관리청)

(4) (지적)측량

- 일부 멸실 : 측량 ○ → '등록말소 측량'이라고 함
- 전부 멸실 : 측량 ×

(5) 회복등록

다시 토지(육지)로 된 경우, 지적소관청은 관계자료에 따라(90일 이내에×) 회복등록할 수(하여야×) 있다. —if→ 회복등록했다면, 그 정리결과를 토지소유자 및(또는×) 해당 공유수면관리청에 **통지**하여야(할 수×) 한다.

바다로 된 토지의 등록말소는 '60일' 이내 소관청에 신청하여야 한다.(×)
→ '90일' (○)

출제자 의도

축척변경

- 절차상 내용을 알고 있는가?
  (특히, 숫자·기관을 구별할 수 있는가?)
- 축척변경위원회의 구성과 심의·의결사항을 알고 있는가?

★★★

7. 축척변경

(1) 정의

지적도(임야도×)에 등록된 경계점(경계×)의 정밀도를 높이기 위하여 작은 축척을 큰 축척으로 변경하여 등록하는 것을 말한다.

(2)

- 원인 : 토지소유자의 신청 또는 지적소관청의 직권
- 권자 : 지적소관청(토지소유자×)[할 수 있다(하여야 한다×)]

(3) 대상

① 잦은 토지의 이동으로 인하여 1필지의 규모가 작아서 소축척(대축척×)으로는 지적측량성과의 결정이나 토지의 이동에 따른 정리가 곤란한 경우 → 정밀도 ↑

② 하나의 지번부여지역안에 서로 다른 축척의 지적도가 있는 경우 → 통일성

③ 그 밖에 지적공부를 관리하기 위하여 필요하다고 인정되는 경우

(4) 절차

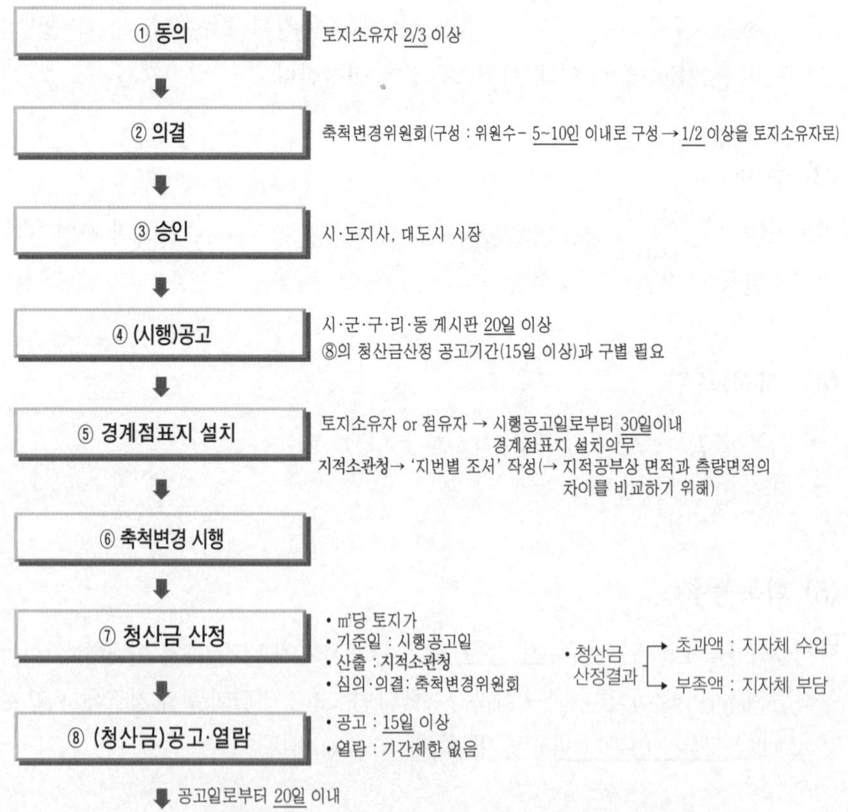

⑨(청산금)납부고지·수령통지
- 지적소관청에 이의신청 : 1개월 이내
  - 심의·의결 : 축척변경위원회 (1개월 이내)
  - 인용 여부 통지 : 지적소관청 (지체 없이)
- 납부 : 6개월 이내
- 지급 : 6개월 이내 → 행방불명, 수령거부 시 : 공탁 가능

⬇

⑩ 축척변경확정공고
- 시점 : 청산금 납부·지급이 완료된 때 지체없이
- 확정공고일=토지이동일(→ 지적형식주의 예외)
- 확정공고시 지체없이 축척변경에 의하여 확정된 사항을 지적공부에 등록해야 함

※ 토지합병목적의 축척변경, 도시개발 사업등의 시행지역 안에 있는 토지로서 당해 사업시행에서 제외된 토지의 축척변경 : ② 의결, ③ 승인 → 필요 없음

※ ④ 시행공고일 ~ ⑩ 확정공고일 :
- 원칙 : 지적정리 금지
- 예외 : 지적정리 가능 → 축척변경위원회 의결 있을 시

※ 축척변경으로 인하여 면적의 증감이 있는 토지는 확정공고일에 '등록사항 정정'의 사유가 있는 것으로 본다(추정한다×).

★
■ 축척변경위원회

(1) 구성

① 축척변경위원회는 5인 이상 10인 이내의 위원으로 구성하되, 위원의 2분의 1(3분의 1×) 이상을 토지소유자로 하여야 한다. 이 경우 그 축척변경시행지역안의 토지소유자가 5인 이하인 때에는 토지소유자 전원(2분의 1×)을 위원으로 위촉하여야 한다.

② 위원장은 위원중에서 지적소관청(국토교통부장관×, 축척변경위원회의 심의의결로×)이 지명한다.

③ 위원은 다음 중에서 지적소관청이 위촉한다.
㉠ 그 축척변경시행지역안의 토지소유자로서 지역사정에 정통한 자
㉡ 지적에 관하여 전문지식을 가진 자

④ 축척변경위원회의 위원에게는 예산의 범위안에서 출석수당과 여비 그 밖의 실비를 지급할 수(하여야×) 있다. 다만, 공무원인 위원이 그 소관업무와 직접적으로 관련되어 출석하는 경우에는 그러하지 아니하다.

(2) 심의·의결사항

① 축척변경시행계획에 관한 사항
② 지번별 ㎡당 금액의 결정과 청산금의 산정에 관한 사항
③ 청산금의 이의신청에 관한 사항
④ 그 밖에 축척변경과 관련하여 지적소관청이 회의에 부치는 사항

(①~④ : 위원장 선출×)

■ 등록전환 vs 축척변경

구분		등록전환	축척변경
차이점	시행주체	소유자	지적소관청
	대장이름변경	○(임야대장 → 토지대장)	×
공통점		목적 : 도면의 정밀도를 높이기 위해, 도면의 통일성을 위해	

출제자 의도

등록사항 정정

지적소관청이 직권으로 정정할 수 있는 경우를 알고 있는가?

★★
8. 등록사항의 (오류)정정

① **토지소유자**는 지적공부의 등록사항에 잘못이 있음을 발견하면 지적소관청에 그 정정을 **신청**할 수 있다.

② **지적소관청은** 다음의 경우에 **직권**으로 조사·측량하여 정정할 수 있다.

1. 토지이동정리 결의서의 내용과 다르게 정리된 경우
2. 지적도 및 임야도에 등록된 필지가 면적의 증감 없이 경계의 위치만 잘못된 경우
3. 1필지가 각각 다른 지적도나 임야도에 등록되어 있는 경우로서 지적공부에 등록된 면적과 측량한 실제면적은 일치하지만 지적도나 임야도에 등록된 경계가 서로 접합되지 않아 지적도나 임야도에 등록된 경계를 지상의 경계에 맞추어 정정하여야 하는 토지가 발견된 경우
4. 지적공부의 작성 또는 재작성 당시 잘못 정리된 경우
5. 지적측량성과와 다르게 정리된 경우
6. 지적공부의 등록사항을 정정하여야 하는 경우
7. 지적공부의 등록사항이 잘못 입력된 경우
8. 토지합필등기 신청의 등기관의 각하에 따른 등기관의 통지가 있는 경우
9. 척관법에서 미터법으로 면적 환산이 잘못된 경우

③ 신청에 따른 정정으로 인접 토지의 경계가 변경되는 경우에는 다음 각 호의 어느 하나에 해당하는 서류를 지적소관청에 제출하여야 한다.

1. 인접 토지소유자의 승낙서
2. 인접 토지소유자가 승낙하지 아니하는 경우에는 이에 대항할 수 있는 확정판결서 정본 + 등록사항정정측량성과도(시행규칙 제93조제1항제1호)

④ 지적소관청이 등록사항을 정정할 때 그 정정사항이 토지소유자(토지의 표시×)에 관한 사항인 경우에는 등기필증, 등기완료통지서, 등기사항증명서 또는 등기관서에서 제공한 등기전산정보자료(등기필정보×, 등기신청접수증×)에 따라 정정하여야 한다. 다만, 미등기 토지(등기된 토지×)에 대하여 토지소유자의 성명 또는 명칭, 주민등록번호, 주소 등에 관한 사항의 정정을 신청한 경우로서 그 등록사항이 명백히 잘못된 경우에는 가족관계 기록사항에 관한 증명서에 따라 정정하여야 한다.

'등기'된 토지의 권리관계 오류발견시 가족관계 기록사항에 관한 증명서 등에 의한다.(×)
→ '미등기'(○)

★
9. 행정구역의 명칭변경·지번부여지역의 변경

① 행정구역의 명칭이 변경되었으면 지적공부에 등록된 토지의 소재는 새로운 행정구역의 명칭으로 변경된 것으로 본다.

② 지번부여지역의 일부가 행정구역의 개편으로 다른 지번부여지역에 속하게 되었으면 지적소관청은 새로 속하게 된 지번부여지역의 지번을 부여하여야 한다.

■ **토지이동에 따른 토지소유자의 신청의무 유무, 등기촉탁대상 여부와 지적측량 여부**

구분	신청의무(의무기간)	등기촉탁대상	지적측량(지적측량 명칭)
신규등록	○(60일 이내)	×	○(신규등록측량)
등록전환	○(60일 이내)	○	○(등록전환측량)
분할	△(60일 이내) → 분할의 경우는 원칙적으로 신청의무가 없지만, 예외적으로 1필지의 일부가 형질변경 등으로 용도가 변경된 경우에는 용도가 변경된 날부터 60일 이내에 지적소관청에 토지의 분할을 신청하여야 한다.	○	○(분할측량)
합병	△(60일 이내) → 합병의 경우는 원칙적으로 신청의무가 없지만, 예외적으로 공동주택의 부지, 도로, 제방, 하천, 구거, 유지, 그 밖에 대통령령으로 정하는 토지(공장용지·학교용지·철도용지·수도·공원·체육용지 등 다른 지목의 토지)로서 합병하여야 할 토지가 있으면 그 사유가 발생한 날부터 60일 이내에 지적소관청에 합병을 신청하여야 한다.	○	×
지목변경	○(60일 이내)	○	×
바다로 된 토지의 등록말소(해면성 말소)	○(90일 이내)	○	△(등록말소측량) → 1필지의 전부가 바다로 된 경우는 지적측량을 하지 않지만, 1필지의 일부가 바다로 된 경우는 지적측량을 하여야 한다.
축척변경	×	○	○(축척변경측량)
등록사항 정정	×	○	○(등록사항정정측량)

★ 10. 대위신청

출제자 의도 대위신청하는 경우와 대위신청자를 알고 있는가?

토지의 이동은 원칙적으로 토지소유자가 신청해야 하나 예외적으로 다음과 같은 경우는 대위신청할 수 있다.

① 공공사업 등으로 인하여 **학**교용지·**도**로·**철**도용지·**제**방·**하**천·**구**거·**유**지(유원지×)·**수**도용지 등의 지목으로 되는 토지의 경우에는 해당 사업의 시행자

② 국가 또는 지방자치단체가 취득하는 토지의 경우에는 해당 토지를 관리하는 행정기관의 장 또는 지방자치단체의 장

③ 주택법에 의한 공동주택의 부지의 경우에는 집합건물의 소유 및 관리에 관한 법률에 따른 관리인(관리인이 없는 경우에는 공유자가 선임한 대표자) 또는 사업시행자

④ 민법 제404조(채권자의 대위신청)에 따른 채권자(채무자×)

출제자 의도

토지이동의 신청 특례

신청 vs 신고 vs 요청을 구별할 수 있는가?

11. 신청 특례 ★

토지이동의 신청은 원칙적으로 토지소유자가 하지만 다음의 경우에는 예외적으로 해당 사업시행자(토지소유자×)가 한다. 단, 「주택법」에 따른 주택건설사업의 시행자가 파산 등의 이유로 토지의 이동 신청을 할 수 없을 때에는 그 주택의 시공을 보증한 자 또는 입주예정자 등이 **신청**할 수 있다.

① 「도시개발법」에 따른 도시개발사업, 「농어촌정비법」에 따른 농어촌정비사업, 그 밖에 대통령령으로 정하는 토지개발사업의 시행자는 대통령령으로 정하는 바에 따라 그 사업의 착수·변경 및 완료 사실을 지적소관청에 15일(7일×) 이내 신고(신청×)하여야 한다.

■ **대통령령으로 정하는 토지개발사업**

1. 「주택법」에 따른 주택건설사업
2. 「택지개발촉진법」에 따른 택지개발사업
3. 「산업입지 및 개발에 관한 법률」에 따른 산업단지개발사업
4. 「도시 및 주거환경정비법」에 따른 정비사업
5. 「지역 개발 및 지원에 관한 법률」에 따른 지역개발사업
6. 「체육시설의 설치、이용에 관한 법률」에 따른 체육시설 설치를 위한 토지개발사업
7. 「관광진흥법」에 따른 관광단지 개발사업
8. 「공유수면 관리 및 매립에 관한 법률」에 따른 매립사업
9. 「항만법」 및 「신항만건설촉진법」에 따른 항만개발사업
10. 「공공주택건설 등에 관한 특별법」에 따른 공공주택지구조성사업
11. 「물류시설의 개발 및 운영에 관한 법률」 및 「경제자유구역의 지정 및 운영에 관한 특별법」에 따른 개발사업
12. 「철도건설법」에 따른 고속철도, 일반철도 및 광역철도 건설사업
13. 「도로법」에 따른 고속국도 및 일반국도 건설사업
14. 그 밖에 제1호부터 제13호까지의 사업과 유사한 경우로서 국토교통부장관이 고시하는 요건에 해당하는 토지개발사업

② 위 사업과 관련하여 토지의 이동이 필요한 경우에는 해당 사업의 시행자가 지적소관청에 토지의 이동을 (15일 이내×) **신청**(신고×)하여야 한다. 토지의 이동 신청은 그 신청대상지역이 환지를 수반하는 경우에는 사업완료 신고(신청×)로써 이를 갈음할 수 있다. 이 경우 사업완료 신고서에 토지의 이동 신청을 갈음한다는 뜻을 적어야 한다. 토지의 이동은 토지의 형질변경 등의 공사가 준공(착공×)된 때에 이루어진 것으로 본다.

토지의 이동시기

③ 위 사업의 착수 또는 변경의 신고가 된 토지의 소유자가 해당 토지의 이동을 원하는 경우에는 해당 사업의 시행자(지적소관청×)에게 그 토지의 이동을 신청하도록 **요청**(신청×)하여야 하며, 요청을 받은 시행자는 해당 사업

에 지장이 없다고 판단되면 지적소관청(국토교통부×, 시·도지사×)에 그 이동을 **신청**하여야 한다.

④ 위 사업의 착수·변경 또는 완료 사실의 **신고**(신청×)는 그 사유가 발생한 날부터 15일(30일 ×) 이내에 하여야 한다.

★★★
12. 지적(공부) 정리

출제자 의도
지적(공부) 정리
- 정리절차상 내용을 알고 있는가?
- 등기촉탁 대상 여부를 구별할 수 있는가?

[1] 토지소유자의 정리

(1) 기등록 토지

① 근거자료 : 지적공부에 등록된 토지소유자의 변경사항은 등기관서에서 등기한 것을 증명하는 등기필증, 등기완료통지서, 등기사항증명서 또는 등기관서에서 제공한 등기전산정보자료에 따라 정리한다.

② 소유자의 미등록 토지 : 「국유재산법」에 따른 총괄청이나 관리청이 소유자 없는 부동산에 대한 소유자 등록을 신청하는 경우 지적소관청은 지적공부에 해당 토지의 소유자가 등록되지 아니한 경우에만 등록할 수 있다.

③ 등기관서 통지 : 등기부에 적혀 있는 토지의 표시가 지적공부와 일치하지 아니하면 토지소유자를 정리할 수 없다(있다×). 이 경우 토지의 표시와 지적공부가 일치하지 아니하다는 사실을 관할 등기관서에 **통지**하여야 한다.

④ 지적소관청의 조사·확인 : 지적소관청은 필요하다고 인정하는 경우에는 관할 등기관서의 등기부를 열람하여 지적공부와 부동산등기부가 일치하는지 여부를 조사·확인하여야 하며, 일치하지 아니하는 사항을 발견하면 등기부등본·초본 또는 등기관서에서 제공한 등기전산정보자료에 따라 지적공부를 직권으로 **정리**하거나, 토지소유자나 그 밖의 이해관계인에게 그 지적공부와 부동산등기부가 일치하게 하는 데에 필요한 신청 등을 하도록 **요구**할 수 있다. 지적소관청 소속 공무원이 지적공부와 부동산등기부의 부합 여부를 확인하기 위하여 등기부를 열람하거나, 등기부 등본·초본의 발급을 신청하거나, 등기전산정보자료의 제공을 요청하는 경우 그 수수료는 무료로 한다.

(2) (미등록 토지의)신규등록 토지

신규등록하는 토지의 소유자는 지적소관청이 직접 조사하여 등록한다.

[2] 토지의 표시 (변경)등기촉탁

다음 사유로 인하여 토지표시의 변경에 관한 등기를 할 필요가 있는 경우에는 지적소관청은 지체 없이 관할 등기관서에 그 등기를 촉탁하여야(할 수×) 한다.
→ 이 경우 그 등기촉탁은 국가가 자기(토지소유자×)를 위하여 하는 등기로 본다.

① 토지의 이동정리를 한 때 (단, 신규등록은 제외)
② 지번을 변경한 때
③ 축척변경을 한 때
④ 바다로 된 토지의 등록을 말소한 때
⑤ 행정구역의 개편으로 새로 지번을 정한 때
⑥ 등록사항의 오류를 지적소관청이 직권으로 정정한 때

↔ 등기촉탁 비대상

> ① 신규등록 → 소유자가 소유권 보존등기하기 위해 등기소에 찾아가므로
> ② 경계변경 정리 → 경계는 등기사항이 아니므로
> ③ 소유자에 관한 사항정리 → 등기소에서 등기필통지 해주므로
> ④ 행정구역 명칭변경에 따른 정리 → 등기관의 직권사항이므로
> ⑤ 지적공부의 복구나 재작성 → 등기부는 그대로 있어서 복구할 필요가 없으므로

[3] 토지의 표시(소유자에 관한 사항×)를 정리한 경우 지적정리 등의 통지

(1) 통지대상 및 방법

지적소관청이 지적공부에 등록하거나 지적공부를 복구 또는 말소하거나 등기촉탁을 하였으면 해당 토지소유자에게 통지하여야 한다. 다만, 통지받을 자의 주소나 거소를 알 수 없는 경우에는 일간신문, 해당 시·군·구의 공보 또는 인터넷홈페이지에 공고하여야 한다.

(2) 통지시기

① 토지의 표시에 관한 변경등기가 필요한 경우
: 그 등기완료의 통지서를 접수한 날(지적공부에 등록한 날×)부터 15일(7일×) 이내

② 토지의 표시에 관한 변경등기가 필요하지 아니한 경우
: 지적공부에 등록한 날(등기완료의 통지서를 접수한 날×)부터 7일(15일×) 이내

■ 제3장 지적 - 제3절 토지의 이동 신청 및 지적정리 등 3단 비교표

법	시행령	시행규칙
제77조 신규등록 신청 토지소유자는 신규등록할 토지가 있으면 대통령령으로 정하는 바에 따라 그 사유가 발생한 날부터 60일(90일×) 이내에 지적소관청에 신규등록을 **신청**하여야(할 수×) 한다.	**제63조 신규등록 신청** 토지소유자는 법 제77조에 따라 신규등록을 신청할 때에는 신규등록 사유를 적은 신청서에 국토교통부령으로 정하는 서류를 첨부하여 지적소관청에 제출하여야 한다.	**제81조 신규등록 신청** ① 영 제63조에서 "국토교통부령으로 정하는 서류"란 다음 각 호의 어느 하나에 해당하는 서류를 말한다. 1. 법원의 확정판결서 정본 또는 사본(원본×) 2. 「공유수면 관리 및 매립에 관한 법률」에 따른 준공검사확인증 사본(원본×) 3. 법률 제6389호 지적법개정법률 부칙 제5조에 따라 도시계획구역의 토지를 그 지방자치단체의 명의로 등록하는 때에는 기획재정부장관(국토교통부장관×)과 협의한 문서의 사본 4. 그 밖에 소유권을 증명할 수 있는 서류의 사본 ② 제1항 각 호의 어느 하나에 해당하는 서류를 해당 지적소관청이 관리하는 경우에는 지적소관청(국토교통부×)의 확인으로 그 서류의 제출을 갈음할 수 있다. **제80조 신규등록 등 신청서** 법 제77조부터 제84조까지의 규정에 따른 신규등록 신청, 등록전환 신청, 분할 신청, 합병 신청, 지목변경 신청, 바다가 된 토지의 등록말소 신청, 축척변경 신청 및 등록사항의 정정 신청은 별지 제75호서식에 따른다.
제78조 등록전환 신청 토지소유자는 등록전환할 토지가 있으면 대통령령으로 정하는 바에 따라 그 사유가 발생한 날부터 60일(90일×) 이내에 지적소관청에 등록전환을 **신청**하여야(할 수×) 한다.	**제64조 등록전환 신청** ① 법 제78조에 따라 등록전환을 신청할 수 있는 토지는 「산지관리법」, 「건축법」 등 관계 법령에 따른 토지의 형질변경 또는 건축물의 사용승인(용도변경×) 등으로 인하여 지목을 변경하여야 할 토지로 한다. ② 다음 각 호의 어느 하나에 해당하는 경우에는 제1항에도 불구하고 지목변경 없이 등록전환을 신청할 수 있다. 1. 대부분의 토지가 등록전환되어 나머지 토지를 임야도에 계속 존치하는 것이 불합리한 경우 2. 임야도(지적도×)에 등록된 토지가 사실상 형질변경되었으나 지목변경을 할 수 없는 경우 3. 도시·군관리계획선에 따라 토지를 분할하는 경우 ③ 토지소유자는 법 제78조에 따라 등록전환을 신청할 때에는 등록전환 사유를 적은 신청서에 국토교통부령으로 정하는 서류를 첨부하여 지적소관청에 제출하여야 한다.	**제82조 등록전환 신청** ① 영 제64조제3항에 따라 토지의 등록전환을 신청하려는 경우에는 관계 법령에 따라 토지의 형질변경 등의 공사가 준공되었음을 증명하는 서류의 사본(원본×)을 첨부하여야 한다. ② 제1항에 따른 서류를 그 지적소관청이 관리하는 경우에는 지적소관청의 확인으로 그 서류의 제출을 갈음할 수(하여야×) 있다.

법	시행령	시행규칙
제79조 분할 신청 ① 토지소유자는 토지를 분할하려면 대통령령으로 정하는 바에 따라 지적소관청(시 · 도×)에 **분할**을 **신청**하여야(할 수×) 한다. ② 토지소유자는 지적공부에 등록된 1필지의 일부(전부×)가 형질변경 등으로 용도가 변경된 경우에는 대통령령으로 정하는 바에 따라 용도가 변경된 날부터 60일(90일×) 이내에 지적소관청에 토지의 분할을 **신청**하여야(할 수×) 한다.	**제65조 분할 신청** ① 법 제79조제1항에 따라 분할을 신청할 수 있는 경우는 다음 각 호와 같다. 1. 소유권이전, 매매 등을 위하여 필요한 경우 2. 토지이용상 불합리한 지상 경계를 시정하기 위한 경우 3. 관계 법령에 따라 토지분할이 포함된 개발행위허가 등을 받은 경우 ② 토지소유자는 법 제79조에 따라 토지의 분할을 신청할 때에는 분할 사유를 적은 신청서에 국토교통부령으로 정하는 서류를 첨부하여 지적소관청에 제출하여야 한다. 이 경우 법 제79조제2항에 따라 1필지의 일부가 형질변경 등으로 용도가 변경되어 분할을 신청할 때에는 제67조제2항에 따른 지목변경 신청서를 함께 제출하여야 한다.	**제83조 분할 신청** ① 영 제65조제2항에서 "국토교통부령으로 정하는 서류"란 분할 허가 대상인 토지의 경우 그 허가서 사본을 말한다. ② 제1항에 따른 서류를 해당 지적소관청(시 · 도×)이 관리하는 경우에는 지적소관청(토지소유자×)의 확인으로 그 서류의 제출을 갈음할 수 있다.
제80조 합병 신청 ① 토지소유자는 토지를 합병하려면 대통령령으로 정하는 바에 따라 지적소관청에 **합병**을 **신청**하여야(할 수×) 한다. ② 토지소유자는 「주택법」에 따른 공동주택의 부지, 도로, 제방, 하천, 구거, 유지, 그 밖에 대통령령으로 정하는 토지로서 합병하여야 할 토지가 있으면 그 사유가 발생한 날부터 60일(90일×) 이내에 지적소관청에 합병을 **신청**하여야 한다. ③ 다음 각 호의 어느 하나에 해당하는 경우에는 합병 신청을 할 수 없다. 1. 합병하려는 토지의 지번부여지역, 지목 또는 소유자가 서로 다른 경우 2. 합병하려는 토지에 다음 각 목의 등기 외의 등기가 있는 경우 가. 소유권 · 지상권 · 전세권 또는 임차권의 등기 나. 승역지(承役地)에 대한 지역권의 등기 다. 합병하려는 토지 전부에 대한 등기원인(登記原因) 및 그 연월일과 접수번호가 같은 저당권의 등기 3. 그 밖에 합병하려는 토지의 지적도 및 임야도의 축척이 서로 다른 경우 등 대통령령으로 정하는 경우	**제66조 합병 신청** ① 토지소유자는 법 제80조제1항 및 제2항에 따라 토지의 합병을 신청할 때에는 합병 사유를 적은 신청서를 지적소관청에 제출하여야 한다. ② 법 제80조제2항에서 "대통령령으로 정하는 토지"란 공장용지 · 학교용지 · 철도용지 · 수도용지 · 공원 · 체육용지 등 다른 지목의 토지를 말한다. ③ 법 제80조제3항제3호에서 "합병하려는 토지의 지적도 및 임야도의 축척이 서로 다른 경우 등 대통령령으로 정하는 경우"란 다음 각 호의 경우를 말한다. 1. 합병하려는 토지의 지적도 및 임야도의 축척이 서로 다른 경우 2. 합병하려는 각 필지의 지반이 연속되지 아니한 경우 3. 합병하려는 토지가 등기된 토지와 등기되지 아니한 토지인 경우 4. 합병하려는 각 필지의 지목은 같으나 일부 토지의 용도가 다르게 되어 법 제79조제2항에 따른 분할대상 토지인 경우. 다만, 합병 신청과 동시에 토지의 용도에 따라 분할 신청을 하는 경우는 제외한다. 5. 합병하려는 토지의 소유자별 공유지분이 다르거나 소유자의 주소가 서로 다른 경우 6. 합병하려는 토지가 구획정리, 경지정리 또는 축척변경을 시행하고 있는 지역의 토지와 그 지역 밖의 토지인 경우	
제81조 지목변경 신청 토지소유자는 지목변경을 할 토지가 있으면 대통령령으로 정하는 바에 따라 그 사유가 발생한 날부터 60일(90일×) 이내에 지적소관청에 **지목변경**을 **신청**하여야 한다.	**제67조 지목변경 신청** ① 법 제81조에 따라 지목변경을 신청할 수 있는 경우는 다음 각 호와 같다. 1. 「국토의 계획 및 이용에 관한 법률」 등 관계 법령에 따른 토지의 형질변경 등의 공사가 준공된 경우 2. 토지나 건축물의 용도가 변경된 경우 3. 법 제86조에 따른 도시개발사업 등의 원활한 추진을 위하여	**제84조 지목변경 신청** ① 영 제67조제2항에서 "국토교통부령으로 정하는 서류"란 다음 각 호의 어느 하나에 해당하는 서류를

법	시행령	시행규칙
	사업시행자가 공사 준공 전에 토지의 합병을 신청하는 경우 ② 토지소유자는 법 제81조에 따라 지목변경을 신청할 때에는 지목변경 사유를 적은 신청서에 국토교통부령으로 정하는 서류를 첨부하여 지적소관청에 제출하여야 한다.	말한다. 1. 관계법령에 따라 토지의 형질변경 등의 공사가 준공되었음을 증명하는 서류의 사본 2. 국유지·공유지의 경우에는 용도폐지 되었거나 사실상 공공용으로 사용되고 있지 아니함을 증명하는 서류의 사본 3. 토지 또는 건축물의 용도가 변경되었음을 증명하는 서류의 사본 ② 개발행위허가·농지전용허가·보전산지전용허가 등 지목변경과 관련된 규제를 받지 아니하는 토지의 지목변경이나 전·답·과수원 상호간의 지목변경인 경우에는 제1항에 따른 서류의 첨부를 **생략**할 수 있다. ③ 제1항 각 호의 어느 하나에 해당하는 서류를 해당 지적소관청이 관리하는 경우에는 지적소관청의 확인으로 그 서류의 제출을 갈음할 수(하여야×) 있다.
제82조 바다로 된 토지의 등록말소 신청 ① 지적소관청은 지적공부에 등록된 토지가 지형의 변화 등으로 바다로 된 경우로서 원상(原狀)으로 회복될 수 없거나 다른 지목의 토지로 될 가능성이 없는 경우에는 지적공부에 등록된 토지소유자(토지소유자나 이해관계자×)에게 지적공부의 등록말소 신청을 하도록 **통지**하여야(할 수×) 한다. ② 지적소관청은 제1항에 따른 토지소유자가 통지를 받은 날(한 날×) 부터 90일(60일×) 이내에 등록말소 **신청**을 하지 아니하면 대통령령으로 정하는 바에 따라 등록을 말소한다(할 수 있다×). ③ 지적소관청(토지소유자×)은 제2항에 따라 말소한 토지가 지형의 변화 등으로 다시 토지가 된 경우에는 대통령령으로 정하는 바에 따라 토지로 회복등록을 할 수(하여야×) 있다.	**제68조 바다로 된 토지의 등록말소 및 회복** ① 법 제82조제2항에 따라 토지소유자가 등록말소 신청을 하지 아니하면 지적소관청이 **직권**으로(시·도지사나 대도시시장의 승인을 받아×) 그 지적공부의 등록사항을 말소하여야(할 수×) 한다. ② 지적소관청은 법 제82조제3항에 따라 회복등록을 하려면 그 지적측량성과 및 등록말소 당시(회복등록 당시×)의 지적공부 등 관계 자료에 따라야 한다. ③ 제1항 및 제2항에 따라 지적공부의 등록사항을 말소하거나 회복등록하였을 때에는 그 정리 결과를 토지소유자 및(또는×) 해당 공유수면의 관리청(이해관계인×)에 **통지**하여야(할 수×) 한다.	
제83조 축척변경 ① 축척변경에 관한 사항을 심의·의결하기 위하여 지적소관청(국토교통부×, 시·도×)에 축척변경위원회를 둔다. ② 지적소관청은 지적도가 다음 각 호의 어느 하나에 해당하는 경우에는 토지소유자의 **신청** 또는 지적소관청의 **직권**으로 일정한 지역을 정하여 그 지역의 축척을 변경할 수(하여야×) 있다. 1. 잦은 토지의 이동으로 1필지의 규모가 작아서 소축척으로는 지적측량성과의 결정이나 토지의 이동에 따른 정리를 하기가 곤란한 경우 2. 하나의 지번부여지역에 서로 다른 축척의 지적도(임야도×, 지적도면×)가 있는 경우 3. 그 밖에 지적공부를 관리하기 위하여 필요하다고 인정되는 경우	**제69조 축척변경 신청** 법 제83조제2항에 따라 축척변경을 신청하는 토지소유자는 축척변경 사유를 적은 신청서에 국토교통부령으로 정하는 서류를 첨부하여 지적소관청에 제출하여야 한다. **제70조 축척변경 승인신청** ① 지적소관청(토지소유자×)은 법 제83조제2항에 따라 축척변경을 할(한×) 때에는 축척변경 사유를 적은 승인신청서에 다음 각 호의 서류를 첨부하여 시·도지사 또는 대도시 시장(축척변경위원회×, 국토교통부장관×)에게 제출하여야 한다. 이 경우 시·도지사 또는 대도시 시장은 「전자정부법」(측량·수로조사 및 지적에 관한 법률×) 제36조제1항에 따른 행정정보의 공동이용을 통하여 축척변경 대상지역의 지적도(임야도×)를 확인하여야(할 수×) 한다.	**제85조 축척변경 신청** 영 제69조에서 "국토교통부령으로 정하는 서류"란 토지소유자 3분의 2(3분의 1×) 이상의 동의서를 말한다. **제86조 축척변경승인 신청서** 영 제70조제1항에 따른 축척변경 승인신청은 별지 제76호서식의 축척변경 승인신청서에 따른다.

법

③ 지적소관청은 제2항에 따라 축척변경을 하려면(사전에○, 사후에×) 축척변경 시행지역의 토지소유자(및 이해관계인×) 3분의 2(4분의3×, 5분의4×) 이상의 **동의**를 받아 제1항에 따른 축척변경위원회(국토교통부장관×, 시 · 도지사 또는 대도시 시장×)의 **의결**을 거친 후(거치기 전×) 시 · 도지사 또는 대도시 시장(국토교통부장관×, 축척변경위원회×)의 (반드시×) **승인**을 받아야 한다(원칙). 다만, 다음 각 호의 어느 하나에 해당하는 경우에는 축척변경위원회의 **의결 및** 시 · 도지사 또는 대도시 시장의 **승인 없이** 축척변경을 할 수 있다.(예외)

1. 합병(분할×)하려는 토지가 축척이 다른 지적도에 각각 등록되어 있어 축척변경을 하는 경우
2. 제86조에 따른 도시개발사업 등의 시행지역에 있는 토지로서 그 사업 시행에서 제외된 토지의 축척변경을 하는 경우

④ 축척변경의 절차, 축척변경으로 인한 면적 증감의 처리, 축척변경 결과에 대한 이의신청 및 축척변경위원회의 구성 · 운영 등에 필요한 사항은 대통령령(국토교통부령×)으로 정한다.

시행령

1. 축척변경의 사유
2. 〈삭제〉
3. 지번등 명세
4. 법 제83조제3항에 따른 토지소유자의 동의서
5. 법 제83조제1항에 따른 축척변경위원회(이하 "축척변경위원회"라 한다)의 의결서 사본
6. 그 밖에 축척변경 승인을 위하여 시 · 도지사 또는 대도시 시장이 필요하다고 인정하는 서류

② 제1항에 따른 신청을 받은 시 · 도지사 또는 대도시 시장(축척변경위원회×)은 축척변경 사유 등을 심사한 후(전×) 그 승인 여부를 지적소관청(토지소유자×)에 **통지**하여야(할 수×) 한다.

제71조 축척변경 시행공고 등

① 지적소관청은 법 제83조제3항에 따라 시 · 도지사 또는 대도시 시장으로부터 축척변경 승인을 받았을 때에는 지체 없이 다음 각 호의 사항을 20일 이상(30일 이상×) **공고**하여야 한다.

1. 축척변경의 목적, 시행지역 및 시행기간
2. 축척변경의 시행에 관한 세부계획
3. 축척변경의 시행에 따른 청산방법
4. 축척변경의 시행에 따른 토지소유자 등의 협조에 관한 사항

② 제1항에 따른 시행공고는 시 · 군 · 구(자치구가 아닌 구를 포함한다)(시 · 도×) 및(또는×) 축척변경 시행지역 동 · 리(읍 · 면×)의 게시판(인터넷 홈페이지×)에 주민이 볼 수 있도록 **게시**하여야 한다.

③ 축척변경 시행지역의 토지소유자 또는 점유자(이해관계인×)는 시행공고가 된 날(이하 "시행공고일"이라 한다)부터 30일(20일×) 이내에 시행공고일 현재 점유하고 있는 <u>경계</u>에 국토교통부령으로 정하는 <u>경계점표지</u>를 **설치**하여야 한다.

제72조 토지의 표시 등

① 지적소관청은 축척변경 시행지역의 **각 필지별** 지번 · 지목 · 면적 · 경계 또는 좌표(소재×)를 새로 정하여야(할 수×) 한다.

② 지적소관청이 축척변경을 위한 측량을 할 때에는 제71조제3항에 따라 토지소유자 또는 점유자(지적소관청×)가 설치한 경계점표지를 기준으로 새로운 축척에 따라 면적 · 경계 또는 좌표를 정하여야 한다.

③ 법 제83조제3항 단서에 따라 축척을 변경할 때에는 제1항에도 불구하고 각 필지별 지번 · 지목 및 경계는 종전의(새로운×) 지적공부에 따르고 면적만(경계만×) 새로 정하여야 한다.

④ 제3항에 따른 축척변경절차 및 면적결정방법 등에 관하여 필요한 사항은 국토교통부령으로 정한다.

제73조 축척변경 지번별 조서의 작성

지적소관청은 제72조제2항에 따라 축척변경에 관한 측량을 완료하였을 때에는 시행공고일 현재의 지적공부상의 면적과 측량 후의 면적을 비교하여 그 변동사항을 표시한 축척변경 지번별 조서를 **작성**하여야 한다.

시행규칙

제87조 축척변경 절차 및 면적 결정방법 등

① 영 제72조제3항에 따라 면적을 새로 정하는 때에는 축척변경 측량결과도에 따라야 한다.

② 축척변경 측량 결과도에 따라 면적을 측정한 결과 축척변경 전의 면적과 축척변경 **후**의 면적의 오차가 영 제19조제1항제2호가목의 계산식에 따른 허용범위 이내인 경우에는 축척변경 전의 면적을 결정면적으로 하고, 허용면적을 초과하는 경우에는 축척변경 후의 면적을 결정면적으로 한다.

법	시행령	시행규칙

시행령

제74조 지적공부정리 등의 정지

지적소관청은 축척변경 시행기간 중에는 축척변경 시행지역의 지적공부정리와 경계복원측량(제71조제3항에 따른 경계점표지의 설치를 위한 경계복원측량은 제외한다)을 제78조에 따른 축척변경 확정공고일(시행공고일×)까지 정지하여야 한다. (원칙) 다만, 축척변경위원회의 의결이 있는 경우에는 그러하지 아니하다.(예외)

제75조 청산금의 산정

① 지적소관청은 축척변경에 관한 측량을 한 결과 측량 전에 비하여 면적의 증감이 있는 경우에는 그 증감면적에 대하여 (반드시×)청산을 하여야 한다. 다만, 다음 각 호의 어느 하나에 해당하는 경우에는 그러하지 아니하다.

1. 필지별 증감면적이 제19조제1항제2호가목에 따른 허용범위 이내인 경우. 다만, 축척변경위원회의 의결이 있는 경우는 제외한다.
2. 토지소유자 전원이 청산하지 아니하기로 합의하여 서면으로 제출한 경우

② 제1항 본문에 따라 청산을 할 때에는 축척변경위원회(지적소관청×)의 의결을 거쳐 지번별로 제곱미터당 금액(이하 "지번별 제곱미터당 금액"이라 한다)을 정하여야 한다. 이 경우 지적소관청(축척변경위원회×)은 시행공고일(확정공고일×) 현재를 기준으로 그 축척변경 시행지역의 토지에 대하여 지번별 제곱미터당 금액을 미리 조사하여 축척변경위원회(지적소관청×)에 제출하여야 한다.

③ 청산금은 제73조에 따라 작성된 축척변경 지번별 조서의 필지별 증감면적에 제2항에 따라 결정된 지번별 제곱미터당 금액을 곱하여 산정한다.

④ 지적소관청은 청산금을 **산정**하였을 때에는 청산금 조서(축척변경 지번별 조서에 필지별 청산금 명세를 적은 것을 말한다)를 작성하고, 청산금이 결정되었다는 뜻을 제71조제2항의 방법에 따라 15일(10일×) 이상 **공고**하여 일반인이 **열람**할 수 있게 하여야 한다.

⑤ 제3항에 따라 청산금을 산정한 결과 증가된 면적에 대한 청산금의 합계와 감소된 면적에 대한 청산금의 합계에 차액이 생긴 경우 초과액은 그 지방자치단체(「제주특별자치도 설치 및 국제자유도시 조성을 위한 특별법」 제10조제2항에 따른 행정시의 경우에는 해당 행정시가 속한 특별자치도를 말하고, 「지방자치법」 제3조제3항에 따른 자치구가 아닌 구의 경우에는 해당 구가 속한 시를 말한다. 이하 이 항에서 같다)의 수입으로 하고, 부족액은 그 지방자치단체가 부담한다.

제76조 청산금의 납부고지 등

① 지적소관청(축척변경위원회×)은 제75조제4항에 따라 청산금의 결정을 공고한 날부터 20일(15일×) 이내(이상×)에 토지소유자에게 청산금의 납부**고지** 또는 수령**통지**를 하여야 한다.

② 제1항에 따른 납부고지를 받은 자는 그 고지를 받은 날부터 3개월(6개월×) 이내에 청산금을 지적소관청(축척변경위원회×)에 내야 한다.

③ 지적소관청은 제1항에 따른 수령통지를 한 날(받은 날×)부터 3개월(6개월×) 이내에 청산금을 **지급**하여야 한다.

④ 지적소관청은 청산금을 지급받을 자가 행방불명 등으로 받을 수 없거나 받기를 거부할 때에는 그 청산금을 **공탁**할 수(하여야×) 있다.

⑤ 지적소관청(축척변경위원회×)은 청산금을 내야 하는 자가 제77조제1항에 따른 기간 내에 청산금에 관한 이의신청을 하지 아니하고 제2항에 따른 기간 내에 청산금을 내지 아니하면 지방세(국세×) 체납처분의 예에 따라 징수할 수(하여야×) 있다.

시행규칙

이 경우 같은 계산식 중 A는 오차 허용면적, M은 축척이 변경될 지적도(임야도×)의 축척분모(분자×), F는 축척변경 전(후×)의 면적을 말한다.

③ 경계점좌표등록부를 갖춰 두지 아니하는 지역을 경계점좌표등록부를 갖춰 두는 지역으로 축척변경을 하는 경우에는 그 필지의 경계점을 평판(平板) 측량방법이나 전자평판(電子平板) 측량방법(경위의 측량방법×)으로 지상에 복원시킨 후 경위의(經緯儀) 측량방법(평판 측량방법×) 등으로 경계점좌표를 구하여야 한다. 이 경우 면적은 제2항에도 불구하고 경계점좌표에 따라 결정하여야 한다.

제88조 축척변경 지번별 조서

영 제73조에 따른 축척변경 지번별 조서는 별지 제77호서식과 같다.

제89조 지번별 제곱미터당 금액조서

지적소관청(축척변경위원회×)은 영 제75조제2항 후단에 따라 별지 제78호서식에 따른 지번별 제곱미터당 금액조서를 작성하여 축척변경위원회(지적소관청×)에 제출하여야 한다.

제90조 청산금납부고지서

영 제76조제1항에 따른 청산금 납부고지는 별지 제79호서식에 따른다.

법	시행령	시행규칙
	제77조 청산금에 관한 이의신청 ① 제76조제1항에 따라 납부고지되거나 수령통지된 청산금에 관하여 이의가 있는 자는 납부고지 또는 수령통지를 받은 날(한 날×)부터 1개월(3개월×) 이내에 지적소관청(축척변경위원회×, 시 · 도지사×)에 이의신청을 할 수(하여야×) 있다. ② 제1항에 따른 이의신청을 받은 지적소관청은 1개월 이내(지체 없이×)에 축척변경위원회의 심의 · 의결을 거쳐 그 인용(認容) 여부를 결정한 후 지체 없이 (1개월 이내×)그 내용을 이의신청인에게 통지하여야 한다.	**제91조 청산금 이의신청서** 영 제77조제1항에 따른 청산금에 대한 이의신청은 별지 제80호서식에 따른다.
	제78조 축척변경의 확정공고 ① 청산금의 납부 및 지급이 완료되었을 때에는 지적소관청(축척변경위원회×)은 지체 없이 (15일 이내×)축척변경의 **확정공고**를 하여야 한다. ② 지적소관청은 제1항에 따른 확정공고를 하였을 때에는 지체 없이(15일 이내×) 축척변경에 따라 확정된 사항을 지적공부에 등록하여야 한다. ③ 축척변경 시행지역의 토지는 제1항에 따른 확정공고일(확정공고일 다음날×, 지적공부를 정리한 때×)에 토지의 이동이 있는 것으로 본다(추정된다×). **제79조 축척변경위원회의 구성 등** ① 축척변경위원회는 5명(3명×) 이상 10명 이하의 위원으로 구성하되, 위원의 2분의 1(3분의1×) 이상을 토지소유자로 하여야 한다. 이 경우 그 축척변경 시행지역의 토지소유자가 5명(10명×) 이하일 때에는 토지소유자 전원(2분의1×)을 위원으로 위촉하여야(할 수×) 한다. ② 위원장은 위원 중에서 지적소관청(축척변경위원회 의결×, 국토교통부장관×)이 지명한다. ③ 위원은 다음 각 호의 사람 중에서 지적소관청이 위촉한다. 1. 해당 축척변경 시행지역의 토지소유자로서 지역 사정에 정통한 사람 2. 지적에 관하여 전문지식을 가진 사람 ④ 축척변경위원회의 위원에게는 예산의 범위에서 출석수당과 여비, 그 밖의 실비를 지급할 수(하여야×) 있다.(원칙) 다만, 공무원인 위원이 그 소관 업무와 직접적(간접적×)으로 관련되어 출석하는 경우에는 그러하지 아니하다.(즉, 지급할 수 없다×) (예외) **제80조 축척변경위원회의 기능** 축척변경위원회는 지적소관청이 회부하는 다음 각 호의 **사항**을 **심의 · 의결**한다. 1. 축척변경 시행계획에 관한 사항 2. 지번별 제곱미터당 금액의 결정과 청산금의 산정에 관한 사항 3. 청산금의 이의신청에 관한 사항 4. 그 밖에 축척변경과 관련하여 지적소관청이 회의에 부치는 사항 **제81조 축척변경위원회의 회의** ① 축척변경위원회의 회의는 지적소관청이 제80조 각 호의 어느 하나에 해당하는 사항을 축척변경위원회에 회부하거나 위원장이 필요하다고 인정할 때에 위원장(지적소관청×)이 소집한다. ② 축척변경위원회의 회의는 위원장을 포함한 재적위원 과반수(반수×)의 출석으로 개의(開議)하고, 출석위원(재적위원×) 과반수의 찬성으로 의결한다. ③ 위원장은 축척변경위원회의 회의를 소집할 때에는 회의일시 · 장소 및 심의안건을 회의 개최 5일(7일×) 전까지 각 위원에게 서면(서면 또는 구두×)으로 통지하여야 한다.	**제92조 축척변경의 확정공고** ① 영 제78조제1항에 따른 축척변경의 확정공고에는 다음 각 호의 **사항**이 **포함**되어야 한다. 1. 토지의 소재 및 지역명 2. 영 제73조에 따른 축척변경 지번별 조서 3. 영 제75조제4항에 따른 청산금 조서 4. 지적도(임야도×)의 축척 ② 영 제78조제2항에 따라 지적공부에 등록하는 때에는 다음 각 호의 기준에 따라야 한다. 1. 토지대장은 제1항제2호에 따라 확정공고된 축척변경 지번별 조서에 따를 것 2. 지적도는 확정측량 결과도 또는 경계점좌표에 따를 것

법	시행령	시행규칙
제84조 등록사항의 정정 ① 토지소유자는 지적공부의 등록사항에 잘못이 있음을 발견하면 지적소관청(국토교통부×, 시 · 도×)에 그 정정을 **신청**할 수(하여야×) 있다. ② 지적소관청(지적측량수행자×)은 지적공부의 등록사항에 잘못이 있음을 발견하면 대통령령으로 정하는 바에 따라 **직권**으로(시 · 도지사나 대도시 시장의 승인을 받아×) 조사 · 측량하여 정정할 수(하여야×) 있다. ③ 제1항에 따른 정정으로 인접 토지의 경계가 변경되는 경우에는 다음 각 호의 어느 하나에 해당하는 서류를 지적소관청에 제출하여야 한다. 1. 인접 토지소유자의 승낙서 2. 인접 토지소유자가 승낙하지 아니하는 경우에는 이에 대항할 수 있는 확정판결서 정본 ④ 지적소관청이 제1항 또는 제2항에 따라 등록사항을 정정할 때 그 정정사항이 토지소유자에 관한 사항인 경우에는 등기필증, 등기완료통지서, 등기사항증명서 또는 등기관서에서 제공한 등기전산정보자료(지적공부×)에 따라 정정하여야 한다. 다만, 제1항에 따라 미등기 토지에 대하여 토지소유자의 성명 또는 명칭, 주민등록번호, 주소 등에 관한 사항의 정정을 신청한 경우로서 그 등록사항이 명백히 잘못된 경우에는 가족관계 기록사항에 관한 증명서에 따라 정정하여야 한다. **제85조 행정구역의 명칭변경 등** ① 행정구역의 명칭이 변경되었으면 지적공부에 등록된 토지의 소재는 새로운 행정구역의 명칭으로 변경된 것으로 본다(추정한다×). ② 지번부여지역의 일부가 행정구역의 개편으로 다른 지번부여지역에 속하게 되었으면 지적소관청은 새로 속하게 된 지번부여지역의 지번을 부여하여야(할 수×)한다. **제87조 신청의 대위** 다음 각 호의 어느 하나에 해당하는 자는 이 법에 따라 토지소유자가 하여야 하는 신청을 대신할 수(하여야×) 있다. 다만 제84조에 따른 등록사항 정정 대상토지는 제외한다. 1. 공공사업 등에 따라 학교용지 · 도로 · 철도용지 · 제방 · 하천 · 구거 · 유지 · 수도용지 등의 지목으로 되는 토지인 경우: 해당 사업의 시행자	**제82조 등록사항의 직권정정 등** ① 지적소관청이 법 제84조제2항에 따라 지적공부의 등록사항에 잘못이 있는지를 **직권으로 조사 · 측량하여 정정할 수 있는 경우**는 다음 각 호와 같다. 1. 제84조제2항에 따른 토지이동정리결의서(토지이용계획서×)의 내용과 다르게 정리된 경우 2. 지적도 및 임야도에 등록된 필지가 면적의 증감 없이(있이×) 경계의 위치만 잘못된 경우 3. 1필지가 각각 다른 지적도나 임야도에 등록되어 있는 경우로서 지적공부에 등록된 면적과 측량한 실제면적은 일치하지만 지적도나 임야도에 등록된 경계가 서로 접합되지 않아 지적도나 임야도에 등록된 경계를 지상의 경계에 맞추어 정정하여야 하는 토지가 발견된 경우 4. 지적공부의 작성 또는 재작성 당시 잘못 정리된 경우 5. 지적측량성과와 다르게 정리된 경우 6. 법 제29조제10항에 따라 지적공부의 등록사항을 정정하여야 하는 경우 7. 지적공부의 등록사항이 잘못 입력된 경우 8. 「부동산등기법」 제37조제2항에 따른 통지가 있는 경우 9. 법률 제2801호 지적법개정법률 부칙 제3조에 따른 면적 환산(면적×)이 잘못된 경우 ② 지적소관청은 제1항 각 호의 어느 하나에 해당하는 토지가 있을 때에는 지체 없이(15일 이내에×) 관계 서류에 따라 지적공부의 등록사항을 **정정**하여야 (할 수×)한다. ③ 지적공부의 등록사항 중 경계나 면적 등 측량을 수반하는 토지의 표시가 잘못된 경우에는 지적소관청은 그 정정이 완료될 때까지 지적측량을 **정지**시킬 수(시켜야×) 있다. 다만, 잘못 표시된 사항의 정정을 위한 지적측량은 그러하지 아니하다.	**제93조 등록사항의 정정 신청** ① 토지소유자는 법 제84조제1항에 따라 지적공부의 등록사항에 대한 정정을 신청할 때에는 정정사유를 적은 신청서에 다음 각 호의 구분에 따른 **서류**를 **첨부**하여 지적소관청에 제출하여야 한다. 1. 경계 또는 면적의 변경을 가져오는 경우 : 등록사항 정정 측량성과도(토지이동정리 결의서×) 2. 그 밖의 등록사항을 정정하는 경우 : 변경사항을 확인할 수 있는 서류 ② 제1항에 따른 서류를 해당 지적소관청이 관리하는 경우에는 지적소관청의 확인으로 해당 서류의 제출을 갈음할 수 있다. **제94조 등록사항 정정 대상토지의 관리 등** ① 지적소관청은 토지의 표시가 잘못되었음을 발견하였을 때에는 지체 없이 등록사항 정정에 필요한 서류와 등록사항 정정 측량성과도를 **작성**하고, 영 제84조제2항에 따라 토지이동정리 결의서를 **작성**한 후 대장의 사유란에 "등록사항정정 대상토지"라고 적고, 토지소유자에게 등록사항 정정 신청을 할 수 있도록 그 사유를 (반드시×) **통지**하여야(할 수×) 한다. 다만, 영 제82조제1항에 따라 지적소관청이 직권으로 정정할 수 있는 경우에는 토지소유자에게 통지를 하지 아니할 수 있다. ② 제1항에 따른 등록사항 정정 대상토지에 대한 대장을 열람하게 하거나 등본을 발급하는 때에는 "등록사항 정

법	시행령	시행규칙
2. 국가나 지방자치단체가 취득하는 토지인 경우 : 해당 토지를 관리하는 행정기관의 장 또는 지방자치단체의 장 3. 「주택법」에 따른 공동주택의 부지인 경우 : 「집합건물의 소유 및 관리에 관한 법률」에 따른 관리인(관리인이 없는 경우에는 공유자가 선임한 대표자) 또는 해당 사업의 시행자 4. 「민법」 제404조에 따른 채권자		정 대상토지"라고 적은 부분을 흑백(붉은색×)의 반전(反轉)으로 표시하거나 붉은색(청색×)으로 적어야 한다.
제86조 도시개발사업 등 시행지역의 토지이동 신청에 관한 특례 ① 「도시개발법」에 따른 도시개발사업, 「농어촌정비법」에 따른 농어촌정비사업, 그 밖에 대통령령으로 정하는 토지개발사업의 시행자(시공자×)는 대통령령으로 정하는 바에 따라 그 사업의 착수·변경 및 완료 사실을 지적소관청에 **신고**하여야(할 수×) 한다. ② 제1항에 따른 사업과 관련하여 토지의 이동이 필요한 경우에는 해당 사업의 시행자가 지적소관청에 토지의 이동을 **신청**하여야 한다. ③ 제2항에 따른 토지의 이동은 토지의 형질변경 등의 공사가 준공된 때에 이루어진 것으로 본다. ④ 제1항에 따라 사업의 착수 또는 변경의 신고가 된 토지의 소유자가 해당 토지의 이동을 원하는 경우에는 해당 사업의 시행자(지적소관청×)에게 그 토지의 이동을 신청하도록 **요청**하여야 하며, 요청을 받은 시행자는 해당 사업에 지장이 없다고 판단되면 지적소관청(시행자×)에 그 이동을 **신청**하여야(할 수×) 한다. **제88조 토지소유자의 정리** ① 지적공부에 등록된 **토지소유자의 변경사항**은 등기관서에서 등기한 것을 증명하는 등기필증, 등기완료통지서, 등기사항증명서 또는 등기관서에서 제공한 등기전산정보자료에 따라 **정리**한다. 다만, 신규등록하는 토지의 소유자는 지적소관청이 직접 **조사**하여 **등록**한다. ② 「국유재산법」 제2조제10호에 따른 총괄청이나 같은 조 제11호에 따른 중앙관서의 장이 같은 법 제12조제3항에 따라 소유자 없는 부동산에 대한 소유자 등록을 신청하는 경우 지적소관청은 지적공부에 해당 토지의 소유자가 등록되지 아니한 경우에만 등록할 수 있다. ③ 등기부에 적혀 있는 토지의 표시가 지적공부와 일치하지 아니하면 제1항에 따라 토지소유자를 정리할 수 없다(있다×). 이 경우 토지의 표시와 지	**제83조 토지개발사업 등의 범위 및 신고** ① 법 제86조제1항에서 "대통령령으로 정하는 토지개발사업"이란 다음 각 호의 사업을 말한다. 1. 「주택법」에 따른 주택건설사업 2. 「택지개발촉진법」에 따른 택지개발사업 3. 「산업입지 및 개발에 관한 법률」에 따른 산업단지개발사업 4. 「도시 및 주거환경정비법」에 따른 정비사업 5. 「지역 개발 및 지원에 관한 법률」에 따른 지역개발사업 6. 「체육시설의 설치·이용에 관한 법률」에 따른 체육시설 설치를 위한 토지개발사업 7. 「관광진흥법」에 따른 관광단지 개발사업 8. 「공유수면 관리 및 매립에 관한 법률」에 따른 매립사업 9. 「항만법」 및 「신항만건설촉진법」에 따른 항만개발사업 10. 「공공주택 특별법」에 따른 공공주택지구조성사업 11. 「물류시설의 개발 및 운영에 관한 법률」 및 「경제자유구역의 지정 및 운영에 관한 특별법」에 따른 개발사업 12. 「철도건설법」에 따른 고속철도, 일반철도 및 광역철도 건설사업 13. 「도로법」에 따른 고속국도 및 일반국도 건설사업 14. 그 밖에 제1호부터 제13호까지의 사업과 유사한 경우로서 국토교통부장관이 고시하는 요건에 해당하는 토지개발사업 ② 법 제86조제1항에 따른 도시개발사업 등의 착수·변경 또는 완료 사실의 신고는 그 사유가 발생한 날부터 15일(30일×) 이내에 하여야 한다. ③ 법 제86조제2항에 따른 토지의 이동 신청은 그 신청대상지역이 환지를 수반하는 경우에는 법 제86조제1항에 따른 사업완료 **신고**로써 이를 갈음할 수 있다. 이 경우 사업완료 신고서에 법 제86조제2항에 따른 **토지의 이동 신청을 갈음한다는 뜻**을 적어야 한다. ④ 「주택법」에 따른 주택건설사업의 시행자가 파산 등의 이유로 토지의 이동 신청을 할 수 없을 때에는 그 주택의 시공을 보증한 자 또는 입주예정자 등이 **신청**할 수(하여야×) 있다.	**제95조 도시개발사업 등의 신고** ① 법 제86조제1항 및 영 제83조제2항에 따른 도시개발사업 등의 착수 또는 변경의 신고를 하려는 자는 별지 제81호서식의 도시개발사업 등의 착수(시행)·변경·완료 신고서에 다음 각 호의 서류를 첨부하여야 한다. 다만, 변경신고의 경우에는 변경된 부분으로 한정한다. 1. 사업인가서 2. 지번별 조서 3. 사업계획도 ② 법 제86조제1항 및 영 제83조제2항에 따른 도시개발사업 등의 완료신고를 하려는 자는 별지 제81호서식의 신청서에 다음 각 호의 서류를 첨부하여야 한다. 이 경우 지적측량수행자가 지적소관청에 측량검사를 의뢰하면서 미리 제출한 서류는 첨부하지 아니할 수 있다. 1. 확정될 토지의 지번별 조서 및 종전 토지의 지번별 조서 2. 환지처분과 같은 효력이 있는 고시된 환지계획서. 다만, 환지를 수반하지

법	시행령	시행규칙
적공부가 일치하지 아니하다는 사실을 관할 등기관서에 **통지**하여야 한다. ④ 지적소관청은 필요하다고 인정하는 경우에는 관할 등기관서의 등기부를 열람하여 지적공부와 부동산등기부가 일치하는지 여부를 **조사·확인**하여야 하며, 일치하지 아니하는 사항을 발견하면 등기사항증명서 또는 등기관서에서 제공한 등기전산정보자료에 따라 지적공부를 직권으로 **정리**하거나, 토지소유자나 그 밖의 이해관계인에게 그 지적공부와 부동산등기부가 일치하게 하는 데에 필요한 신청 등을 하도록 **요구**할 수 있다. ⑤ 지적소관청 소속 공무원이 지적공부와 부동산등기부의 부합 여부를 확인하기 위하여 등기부를 열람하거나, 등기사항증명서의 발급을 신청하거나, 등기전산정보자료의 제공을 요청하는 경우 그 수수료는 무료(유료×)로 한다. **제89조 등기촉탁** ① 지적소관청은 제64조제2항(신규등록은 제외[포함×] 한다), 제66조제2항, 제82조, 제83조제2항, 제84조제2항 또는 제85조제2항에 따른 사유로 토지의 표시 변경에 관한 등기를 할 필요가 있는 경우에는 지체 없이(15일 이내×) 관할 등기관서에 그 등기를 촉탁하여야 한다. 이 경우 등기촉탁은 국가가 국가(토지소유자×)를 위하여 하는 등기로 본다. ② 제1항에 따른 등기촉탁에 필요한 사항은 국토교통부령으로 정한다. **제90조 지적정리 등의 통지** 제64조제2항 단서, 제66조제2항, 제74조, 제82조제2항, 제84조제2항, 제85조제2항, 제86조제2항, 제87조 또는 제89조에 따라 지적소관청이 지적공부에 등록하거나 지적공부를 복구 또는 말소하거나 등기촉탁을 하였으면 대통령령으로 정하는 바에 따라 해당 토지소유자(토지 및 건물소유자×)에게 **통지**하여야(할 수×) 한다. 다만, 통지받을 자의 주소나 거소를 알 수 없는 경우에는 국토교통부령으로 정하는 바에 따라 일간신문, 해당 시·군·구(시·도×)의 공보 또는 인터넷홈페이지에 **공고**하여야(할 수×) 한다.	**제84조 지적공부의 정리 등** ① 지적소관청은 지적공부가 다음 각 호의 어느 하나에 해당하는 경우에는 지적공부를 **정리**하여야 한다. 이 경우 이미 작성된 지적공부에 정리할 수 없을 때에는 새로 작성하여야 한다. 1. 법 제66조제2항에 따라 지번을 변경하는 경우 2. 법 제74조에 따라 지적공부를 복구하는 경우 3. 법 제77조부터 제86조까지의 규정에 따른 신규등록·등록전환·분할·합병·지목변경 등 토지의 이동이 있는 경우 ② 지적소관청은 제1항에 따른 토지의 이동이 있는 경우에는 토지이동정리 결의서(소유자정리 결의서×)를 **작성**하여야 하고, 토지소유자의 변동 등에 따라 지적공부를 정리하려는 경우에는 소유자정리 결의서(토지이동정리 결의서×)를 **작성**하여야 한다. ③ 제1항 및 제2항에 따른 지적공부의 정리방법, 토지이동정리 결의서 및 소유자정리 결의서 작성방법 등에 관하여 필요한 사항은 국토교통부령으로 정한다. **제85조 지적정리 등의 통지** 지적소관청이 법 제90조에 따라 토지소유자에게 지적정리 등을 통지하여야 하는 시기는 다음 각 호의 구분에 따른다. 1. 토지의 표시에 관한 변경등기가 필요한 경우 : 그 등기완료의 통지서를 접수한 날(지적공부에 등록한 날×)부터 15일(30일×) 이내 2. 토지의 표시에 관한 변경등기가 필요하지 아니한 경우 : 지적공부에 등록한 날(등기완료의 통지서를 접수한 날×)부터 7일(15일×) 이내	아니하는 사업인 경우에는 사업의 완료를 증명하는 서류를 말한다. **제96조 관할 등기관서에 대한 통지** 법 제88조제3항 후단에 따른 관할 등기관서에 대한 통지는 별지 제82호서식에 따른다. **제97조 등기촉탁** ① 지적소관청은 법 제89조제1항에 따라 등기관서에 토지표시의 변경에 관한 등기를 촉탁하려는 때에는 별지 제83호서식의 토지표시변경등기 촉탁서에 그 취지를 적어야 한다. ② 제1항에 따라 토지표시의 변경에 관한 등기를 촉탁한 때에는 별지 제84호서식의 토지표시변경등기 촉탁대장에 그 내용을 적어야 한다. **제98조 지적공부의 정리방법 등** ① 영 제84조제2항에 따른 토지이동정리 결의서의 작성은 별지 제57호서식에 따라 토지대장·임야대장 또는 경계점좌표등록부별로 구분하여 작성하되, 토지이동정리 결의서에는 토지이동신청서 또는 도시개발사업 등의 완료신고서 등을 첨부하여야 하며, 소유자정리 결의서의 작성은 별지 제85호서식에 따르되 등기필증, 등기부 등본 또는 그 밖에 토지소유자가 변경되었음을 증명하는 서류를 첨부하여야 한다. 다만, 「전자정부법」 제36조제1항에 따른 행정정보의 공동이용을 통하여 첨부서류에 대한 정보를 확인할 수 있는 경우에는 그 확인으로 첨부서류를 갈음할 수 있다. ② 제1항의 대장 외에 지적공부의 정리와 토지이동정리 결의서 및 소유자정리 결의서의 작성에 필요한 사항은 국토교통부장관(지적소관청×)이 정한다.

O · X · 지 · 문 · 학 · 습

01. 토지소유자는 신규등록할 토지가 있으면 그 사유가 발생한 날부터 90일 이내에 지적소관청에 신규등록을 신청하여야 한다. [O, ×]

02. 지적도에 등록된 토지가 사실상 형질변경되었으나 지목변경을 할 수 없는 경우 지목변경 없이 등록전환을 신청할 수 있다. [O, ×]

03. 소유권이전, 매매 등을 위하여 필요한 경우나 토지이용상 불합리한 지상 경계의 시정, 그 밖에 토지분할이 포함된 개발행위허가 등을 받은 경우 분할을 신청할 수 있다. [O, ×]

04. 합병하려는 토지의 지번부여지역, 지목 또는 소유자가 서로 다른 경우나 합병하려는 토지에 소유권 · 지상권 · 전세권 또는 임차권의 등기, 승역지에 대한 지역권의 등기 외의 등기가 있는 경우 합병 신청을 할 수 없다. [O, ×]

05. 축척변경에 관한 사항을 심의 · 의결하기 위하여 국토교통부에 축척변경위원회를 둔다. [O, ×]

06. 축척변경을 신청하는 토지소유자는 축척변경 사유를 적은 신청서에 토지소유자의 과반수 이상의 동의서 서류를 첨부하여 지적소관청에 제출하여야 한다. [O, ×]

07. 축척변경 신청을 받은 축척변경위원회는 축척변경 사유 등을 심사한 후 그 승인 여부를 토지소유자에 통지하여야 한다 . [O, ×]

08. 축척변경위원회는 5명 이상 10명 이하의 위원으로 구성하되, 위원의 3분의1 이상을 토지소유자로 하여야 한다. [O, ×]

정답 및 해설

01. × (90일 → 60일)
02. × (지적도 → 임야도)
03. O
04. O
05. × (국토교통부 → 지적소관청)
06. × (과반수 이상 → 3분의 2 이상)
07. × (축척변경위원회 → 시 · 도지사 또는 대도시 시장, 토지소유자 → 지적소관청)
08. × (3분의1 → 2분의1)

기·출·문·제·분·석

1. 공관법상 등록전환에 관한 설명으로 틀린 것은?

① 토지소유자는 등록전환할 토지가 있으면 그 사유가 발생한 날부터 60일 이내에 지적소관청에 등록관청을 신청하여야 한다.

② 「산지관리법」, 「건축법」 등 관계 법령에 따른 토지의 형질변경 또는 건축물의 사용승인 등으로 인하여 지목을 변경하여야 할 토지는 등록전환을 신청할 수 있다.

③ 임야도에 등록된 토지가 사실상 형질변경되었으나, 지목변경을 할 수 없는 경우에는 지목변경 없이 등록전환을 신청할 수 있다.

④ 등록전환에 따른 면적을 정할 때 임야대장의 면적과 등록전환될 면적의 차이가 오차의 허용범위 이내인 경우, 임야대장의 면적을 등록전환면적으로 결정한다.

⑤ 지적소관청은 등록전환에 따라 지적공부를 정리한 경우, 지체 없이 관할 등기관서에 토지의 표시변경에 관한 등기를 촉탁하여야 한다.

해설

④ 등록전환에 따른 면적을 정할 때 임야대장의 면적과 등록전환될 면적의 차이가 오차의 허용범위 이내인 경우, 등록전환될 면적을 등록전환면적으로 결정한다.

2. 공관법상 지적정리 등의 통지에 관한 설명으로 틀린 것은?

① 지적소관청이 시·도지사나 대도시 시장의 승인을 받아 지번부여지역의 일부에 대한 지번을 변경하여 지적공부에 등록한 경우 해당 토지소유자에게 통지하여야 한다.

② 토지의 표시에 관한 변경등기가 필요하지 아니한 지적정리 등의 통지는 지적소관청이 지적공부에 등록한 날부터 10일 이내 해당 토지소유자에게 하여야 한다.

③ 지적소관청은 지적공부의 전부 또는 일부가 멸실되거나 훼손되어 이를 복구 등록한 경우 해당 토지소유자에게 통지하여야 한다.

④ 토지의 표시에 관한 변경등기가 필요한 지적정리 등의 통지는 지적소관청이 그 등기완료의 통지서를 접수한 날부터 15일 이내 해당 토지소유자에게 하여야 한다.

⑤ 지적소관청이 직권으로 조사·측량하여 결정한 지번·지목·면적·경계 또는 좌표를 지적공부에 등록한 경우 해당 토지소유자에게 통지하여야 한다.

해설

② 토지의 표시에 관한 변경등기가 필요하지 아니한 경우에는 지적공부에 등록한 날부터 7일 이내에 토지소유자에게 통지하여야 한다.

3. 「공간정보의 구축 및 관리 등에 관한 법령」상 지적소관청은 토지의 이동 등으로 토지의 표시 변경에 관한 등기를 할 필요가 있는 경우에는 지체 없이 관할 등기관서에 그 등기를 촉탁하여야 한다. 등기촉탁 대상이 아닌 것은?

① 신규등록　　② 합병

③ 지목변경　　④ 등록전환

⑤ 분할

|정답| 1. ④　2. ②

해설

① 신규등록은 변경등기의 대상이 될 수 없으므로 등기촉탁의 대상이 아니다.

4. 공간정보의 구축 및 관리 등에 관한 법령상 도시개발사업 등 시행지역의 토지이동 신청 특례에 관한 설명으로 틀린 것은?

① 농어촌정비법에 따른 농어촌정비사업의 시행자는 그 사업의 착수 · 변경 및 완료 사실을 시 · 도지사에게 신고하여야 한다.

② 도시개발사업 등의 사업의 착수 또는 변경의 신고가 된 토지의 소유자가 해당 토지의 이동을 원하는 경우에는 해당 사업의 시행자에게 그 토지의 이동을 신청하도록 요청하여야 한다.

③ 도시개발사업 등의 사업시행자가 토지의 이동을 신청한 경우 토지의 이동은 토지의 형질변경 등의 공사가 준공된 때에 이루어진 것으로 본다.

④ 도시개발법에 따른 도시개발사업의 시행자는 그 사업의 착수 · 변경 또는 완료 사실의 신고를 그 사유가 발생한 날부터 15일 이내에 하여야 한다.

⑤ 주택법에 따른 주택건설사업의 시행자가 파산 등의 이유로 토지의 이동 신청을 할 수 없을 때에는 그 주택의 시공을 보증한 자 또는 입주예정자 등이 신청할 수 있다.

해설

① 시 · 도지사가 아닌 지적소관청이다.

5. 다음은 공간정보의 구축 및 관리 등에 관한 법령상 합병 신청을 할 수 없는 경우로 틀린 것은?

① 합병하려는 토지의 지번부여지역, 지목 또는 소유자가 서로 다른 경우

② 합병하려는 각 필지의 지번이 연속되지 아니한 경우

③ 합병하려는 토지의 소유자별 공유지분이 같은 경우

④ 합병하려는 토지의 지적도 및 임야도의 축척이 서로 다른 경우

⑤ 합병하려는 토지가 등기된 토지와 등기되지 아니한 토지인 경우

해설

③의 경우는 합병이 가능하다.

|정답| 3. ① 4. ① 5. ③

인증번호 : TR90-J4S7

지적측량

핵심
- **지적측량** : 대상 vs 비대상
- **적부심사** : 절차 (1심 vs 2심)

기출 Point
1. 지적측량 vs 일반측량
2. 지적측량 구분
3. 지적측량 대상 vs 비대상
4. 측량기간 vs 측량검사기간
5. 지적측량 적부심사 절차

1. 지적측량

(1) 정의

토지를 지적공부에 등록하거나 지적공부에 등록된 경계점을 지상에 복원하기 위하여 필지의 경계 또는 좌표와 면적을 정하는 측량을 말하며, 지적확정측량 및 지적재조사측량을 포함(제외×)한다.

↔ 일반측량(건설공사 시행 위한 측량)과는 구별되어야 함.

■ **기타 측량 관련 용어의 정의**(제2조)

① 측량 : 공간상에 존재하는 일정한 점들의 위치를 측정하고 그 특성을 조사하여 도면 및 수치로 표현하거나 도면상의 위치를 현지(現地)에 재현하는 것을 말하며, 측량용 사진의 촬영, 지도의 제작 및 각종 건설사업에서 요구하는 도면작성 등을 포함한다.

② 기본측량 : 모든 측량의 기초가 되는 공간정보를 제공하기 위하여 국토교통부장관이 실시하는 측량을 말한다.

③ 공공측량 : 다음 각 목의 측량을 말한다.

가. 국가, 지방자치단체, 그 밖에 대통령령으로 정하는 기관이 관계 법령에 따른 사업 등을 시행하기 위하여 기본측량을 기초로 실시하는 측량

나. 가목 외의 자가 시행하는 측량 중 공공의 이해 또는 안전과 밀접한 관련이 있는 측량으로서 대통령령으로 정하는 측량

④ 지적측량 : 토지를 지적공부에 등록하거나 지적공부에 등록된 경계점을 지

상에 복원하기 위하여 필지의 경계 또는 좌표와 면적을 정하는 측량을 말한다.

⑤ 수로측량 : 해양의 수심·지구자기(地球磁氣)·중력·지형·지질의 측량과 해안선 및 이에 딸린 토지의 측량을 말한다.

⑥ 일반측량 : 기본측량, 공공측량, 지적측량 및 수로측량 외의 측량을 말한다.

⑦ 측량기준점 : 측량의 정확도를 확보하고 효율성을 높이기 위하여 특정 지점을 제6조에 따른 측량기준에 따라 측정하고 좌표 등으로 표시하여 측량 시에 기준으로 사용되는 점을 말한다.

⑧ 측량성과 : 측량을 통하여 얻은 최종 결과를 말한다.

⑨ 측량기록 : 측량성과를 얻을 때까지의 측량에 관한 작업의 기록을 말한다.

(2) 주체

1. 지적소관청 : 모든 측량 가능
2. 지적측량수행자
   - ① 한국국토정보공사 : '검사측량' 을 제외한 모든 측량가능(검사측량 → 시·도지사, 대도시시장, 지적소관청만 가능), 지적측량업 등록 불요(不要)
   - ② 지적측량업자 : 경계점좌표등록부가 있는 지역에서의 지적측량, 「지적재조사에 관한 특별법」에 따른 지적재조사사업에 따라 실시하는 지적확정측량(경계점좌표등록부에 토지의 표시를 새로 등록하기 위한 측량), 도시개발사업 등이 끝남에 따라 하는 지적확정측량만 가능. → 지적측량업 등록 요함[등록기관 : 국장 또는 시·도지사(지적소관청×)]

(3) 특성

① 기속(羈束)측량 : 법률의 속박을 받는다. 즉, 법률규정에 의해 측량해야 한다.

② 사법측량 : 토지에 대한 물권이 미치는 범위를 측량하는 것이다.

③ 평면(입체×)측량 : 2차원적 측량이다.

④ 영구성 : 측량성과를 지적공부에 등록하여 영구적으로 보존한다.

⑤ 공시성 : 토지의 물리적 현황에 대한 공시 역할을 한다.

(4) 효과(효력)

① 구속력 : 내용 존재 부정할 수 없다.

② 공정력 : 취소될 때까지 적법한 것으로 추정된다.

③ 확정력 : 일정기간의 경과 뒤 효력을 다툴 수 없다.

④ 강제력 : 측량이나 등록사항은 적법한 변경 있을 시까지 그 집행을 중단할 수 없다.

(5) 구분 ★

① 기초측량 : 지적기준점(지적삼각점, 지적삼각보조점, 지적도근점)을 정하기 위하여 실시하는 지적측량을 말한다.

㉠ 지적기준점 : 시·도지사(특별시장·광역시장·특별자치시장·도지사 또는 특별자치도지사)나 지적소관청이 지적측량을 정확하고 효율적으로 시행하기 위하여 국가기준점을 기준으로 하여 따로 정하는 측량기준점을 말한다.

㉡ 지적삼각점(地籍三角點) : 지적측량 시 수평위치 측량의 기준으로 사용하기 위하여 국가기준점을 기준으로 하여 정한 기준점

㉢ 지적삼각보조점 : 지적측량 시 수평위치 측량의 기준으로 사용하기 위하여 국가기준점과 지적삼각점을 기준으로 하여 정한 기준점

㉣ 지적도근점(地籍圖根點) : 지적측량 시 필지에 대한 수평위치 측량 기준으로 사용하기 위하여 국가기준점, 지적삼각점, 지적삼각보조점 및 다른 지적도근점을 기초로 하여 정한 기준점

② 세부측량 : 1필지의 경계와 면적을 정하기 위하여 실시하는 지적측량을 말한다.

③ 검사측량 : 지적측량수행자(한국국토정보공사, 지적측량업자)의 측량성과를 검사하기 위하여 실시하는 지적측량을 말한다.

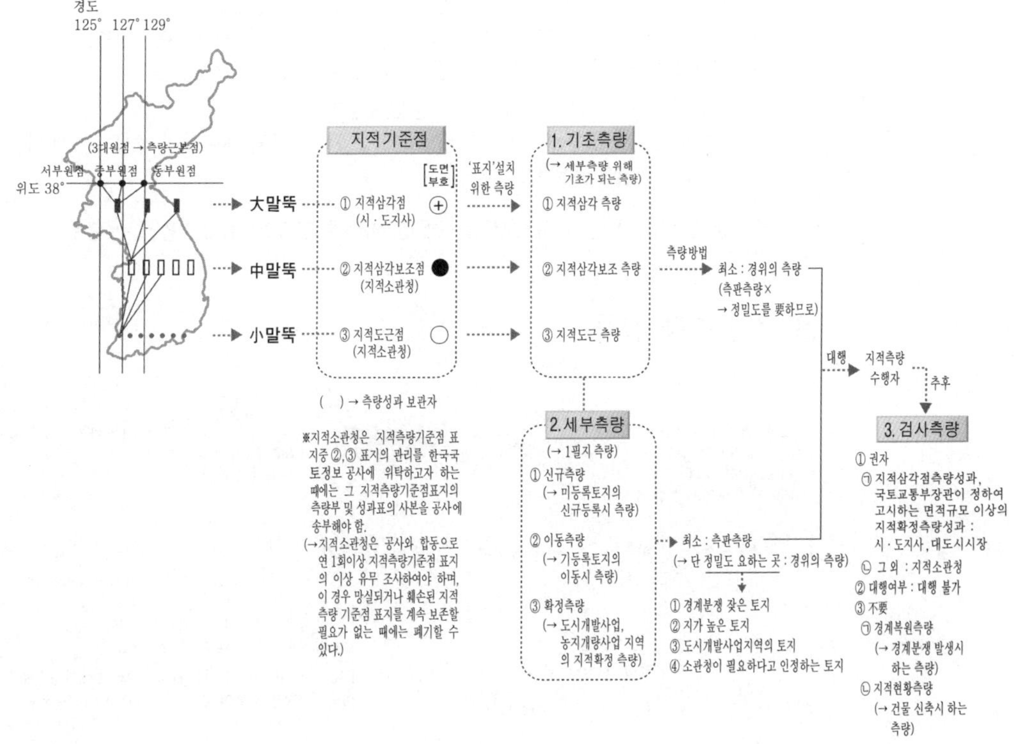

(6) 방법 ★

① 평판 측량(= 측판 측량)
①′ 전자 평판 측량
② 경위의 측량 : '경위의' 라는 기구를 이용한 측량
③ 전파기·광파기 측량
④ 사진 측량 : 항공사진을 이용한 측량
⑤ 위성 측량

※ 우리나라는 주로 ①, ②의 방법을 사용한다(→ 비용이 싸기 때문).

출제자 의도

지적측량 대상 VS 비대상
서로 구별 할 수 있는가?

★★★
(7) 지적측량 대상

다음의 어느 하나에 해당하는 경우에는 지적측량을 하여야 한다.

1. 경계를 새로이 등록하는 경우 : ③~⑪
2. 경계를 복원하는 경우 : ⑫, ⑬
3. 기타 : ①, ②

1. 지적기준점을 정하는 경우(→ ① 기초측량)
2. 지적측량성과를 검사하는 경우(→ ② 검사측량)
3. 다음 각 목의 어느 하나에 해당하는 경우로서 측량을 할 필요가 있는 경우
   가. 지적공부를 복구하는 경우(→ ③ 복구측량)
   나. 토지를 신규등록하는 경우(→ ④ 신규등록측량)
   다. 토지를 등록전환하는 경우(→ ⑤ 등록전환측량)
   라. 토지를 분할하는 경우(→ ⑥ 분할측량)
   마. (토지의 일부가)바다가 된 토지의 등록을 말소하는 경우(→ ⑦ 등록말소측량)
   바. 축척을 변경하는 경우(→ ⑧ 축척변경측량)
   사. 지적공부의 등록사항을 정정하는 경우(→ ⑨ 등록사항정정측량)
   아. 도시개발사업 등의 시행지역에서 토지의 이동이 있는 경우(→ ⑩ 지적확정측량)
   자. 지적재조사사업에 따라 토지의 이동이 있는 경우(→ ⑪ 지적재조사측량)
4. 경계점을 지상에 복원하는 경우(→ ⑫ 경계복원측량)
5. 지상건축물 등의 현황을 지적도 및 임야도에 등록된 경계와 대비하여 표시하는 데에 필요한 경우(→ ⑬ 지적현황측량)

↔ 지적측량 비대상 : 합병, 지목변경, 지번변경, 바다로 된 토지가 전부 멸실된 경우

(8) 지적측량 절차

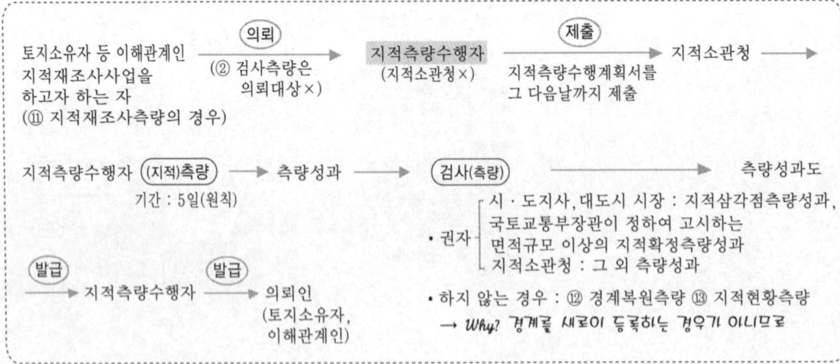

① 지적측량 의뢰 등

㉠ 토지소유자 등 이해관계인은 지적측량을 할 필요가 있는 경우에는 지적측량수행자(지적측량업의 등록을 한 자, 한국국토정보공사)(지적소관청×)에게 지적측량을 의뢰하여야 한다.

㉡ 지적측량수행자는 지적측량 의뢰를 받으면 지적측량을 하여 그 측량성과를 결정하여야 한다.

★
② 측량기간 vs (측량)검사기간 출제자 의도 사례를 통해서 숫자를 이해할 수 있는가?

구분		측량기간	측량검사기간
원칙 규정		5일	4일
예외 규정	가산규정	지적기준점을 설치하여 측량 또는 측량검사를 하는 경우 지적기준점이 15점 이하인 경우에는 4일을, 15점을 초과하는 경우에는 4일에 15점을 초과하는 4점마다 1일을 가산한다.	
	합의규정	지적측량의뢰인과 지적측량수행자가 서로 합의하여 따로 기간을 정하는 경우에는 그 기간에 따르되, 전체 기간의 4분의 3(4분의 1×)은 측량기간(측량검사기간×)으로, 전체 기간의 4분의 1은 측량검사기간으로 본다.	

■ 가산규정의 예

지적기준점을 설치하여 측량하는 경우 측량기간과 측량검사기간은 같다.

지적기준점 설치 갯수	측량기간	측량검사기간
1점 ~ 15점	4일	4일
16, 17, 18, 19점	5일(= 4일 + 1일) 16,17,18,19점은 15점을 초과하는 4점에 해당되므로 1일을 가산한다.	5일
20, 21, 22, 23점	6일(= 4일 + 1일 + 1일)	6일

■ 합의규정의 예

지적측량 의뢰인과 수행자가 합의한 경우 합의기간의 3/4은 측량기간이고 1/4은 측량검사기간이다.

합의기간	측량기간	측량검사기간
12일	12일 × 3/4 = 9일	12일 × 1/4 = 3일

③ 지적측량성과의 검사

지적측량수행자가 지적측량을 하였으면 시·도지사, 대도시 시장(지방자치법에 따라 서울특별시·광역시 및 특별자치시를 제외한 인구 50만 이상의 시장을 말한다.) 또는 지적소관청으로부터 측량성과에 대한 검사를 받아야 한다. 다만, 지적공부를 정리하지 아니하는 측량으로서 국토교통부령으로 정하는 측량의 경우에는 그러하지 아니하다.

(9) 합병 등에 따른 면적 등의 결정방법

합병에 따른 경계·좌표 또는 면적은 따로 지적측량을 하지 아니하고 다음 각 호의 구분에 따라 결정한다.

① 합병 후 필지의 경계 또는 좌표 : 합병 전 각 필지의 경계 또는 좌표 중 합병으로 필요 없게 된 부분을 말소하여 결정

② 합병 후 필지의 면적 : 합병 전 각 필지의 면적을 합산하여 결정

(10) 지적기준점성과의 보관 및 열람 등

① 시·도지사나 지적소관청은 지적기준점성과(지적기준점에 의한 측량성과를 말한다.)와 그 측량기록을

보관하고 일반인이 열람할 수 있도록 하여야 한다.

② 지적기준점성과의 등본이나 그 측량기록의 사본을 발급받으려는 자는 국토교통부령으로 정하는 바에 따라 시·도지사나 지적소관청에 그 발급을 신청하여야 한다.

지적기준점 측량성과	보관자	열람·등본발급 기관
지적삼각점	시·도지사	시·도지사, 지적소관청
지적삼각보조점, 지적도근점	지적소관청	지적소관청(시·도지사×, 지적측량수행자×)

2. 지적위원회

(1) 중앙지적위원회와 지방지적위원회

① **중앙지적위원회** : 국토교통부에 두며 다음 사항을 심의·의결한다.

㉠ 지적 관련 정책 개발 및 업무 개선 등에 관한 사항

㉡ 지적측량기술의 연구 · 개발 및 보급에 관한 사항

㉢ 지적측량 적부심사(適否審査)에 대한 재심사(再審査)

㉣ 측량기술자 중 지적분야 측량기술자(이하 "지적기술자"라 한다)의 양성에 관한 사항

㉤ 지적기술자의 업무정지 처분 및 징계요구에 관한 사항

함정 지적측량적부 '재심사'의 심의는 지방지적위원회에서 한다. (×) → '심사' (○)

② **지방지적위원회** : 특별시·광역시·특별자치시·도 또는 특별자치도[시·도(시·군·구×)라 함]에 두며, 지적측량에 대한 적부심사 청구사항을 심의·의결한다.

③ 중앙지적위원회의 구성

㉠ 중앙지적위원회는 위원장 1명과 부위원장 1명을 포함(제외×)하여 5명 이상 10명 이하의 위원으로 구성한다.

㉡ 위원장은 국토교통부의 지적업무 담당 국장(국토교통부 장관×, 차관×)이, 부위원장은 국토교통부의 지적업무 담당 과장(국장×)이 된다.

㉢ 위원은 지적에 관한 학식과 경험이 풍부한 사람 중에서 국토교통부장관이 임명하거나 위촉한다.

㉣ 위원장 및 부위원장을 제외한 위원의 임기는 2년으로 한다.

④ 지방지적위원회의 구성 : 지방지적위원회의 구성 및 회의 등은 중앙지적위원회의 법 규정을 준용한다. 이 경우 법조문 중 "중앙지적위원회"는 "지방지적위원회"로, "국토교통부"는 "시 · 도"로, "국토교통부장관"은 "특별시장 · 광역시장 · 특별자치시장 · 도지사 또는 특별자치도지사"로, "법 제29조제6항에 따른 재심사"는 "법 제29조제1항에 따른 지적측량 적부심사"로 본다.

(2) 업무

지적측량적부심사 → 심의의결 기한 : 60일 이내

★★
3. 지적측량 적부심사

출제자 의도 절차상 내용을 알고 있는가? (특히, 기관과 숫자)

(1) 청구자 vs 청구기관

- 청구자 : 지적측량성과에 대하여 다툼이 있는 토지소유자, 이해관계인 또는 지적측량수행자
- 청구기관
  - 1 심 : 시·도지사(지적소관청×)를 거쳐 지방지적위원회(지적소관청×)에 청구
  - 재심 : 국토교통부장관(시·도지사×)을 거쳐 중앙지적위원회에 청구

(2) 절차

① 지적측량 적부심사청구를 받은 시 · 도지사는 30일 이내에 '다툼이 되는 지적측량의 경위 및 그 성과, 해당 토지에 대한 토지이동 및 소유권 변동 연혁, 해당 토지 주변의 측량기준점, 경계, 주요 구조물 등 현황 실측도'를 조사하여 지방지적위원회에 회부하여야 한다.

② 지적측량 적부심사청구를 회부받은 지방지적위원회는 그 심사청구를 회부받은 날부터 60일 이내에 심의 · 의결하여야 한다. 다만, 부득이한 경우에는 그 심의기간을 해당 지적위원회의 의결을 거쳐 30일 이내에서 한 번만 연장할 수 있다.

③ 지방지적위원회는 지적측량 적부심사를 의결하였으면 의결서를 작성하여 시 · 도지사에게 송부하여야 하고, 시 · 도지사는 이 의결서를 받은 날부터 7일 이내에 지적측량 적부심사 청구인 및 이해관계인에게 그 의결서를 통지하여야 한다.

④ 의결서를 받은 자가 지방지적위원회의 의결에 불복하는 경우에는 그 의결서를 받은 날부터 90일 이내에 국토교통부장관을 거쳐 중앙지적위원회에 재심사를 청구할 수 있다.

⑤ 특별자치시장은 지방지적위원회의 의결서를 받은 후 해당 지적측량 적부심사 청구인 및 이해관계인이 90일 이내 기간에 재심사를 청구하지 아니하거나 중앙지적위원회의 의결서를 받은 경우에는 직접 그 내용에 따라 지적공부의 등록사항을 정정하거나 측량성과를 수정하여야 한다.

⑥ 지방지적위원회의 의결이 있은 후 90일 이내 기간에 재심사를 청구하지 아니하거나 중앙지적위원회의 의결이 있는 경우에는 해당 지적측량성과에 대하여 다시 지적측량 적부심사청구를 할 수 없다.

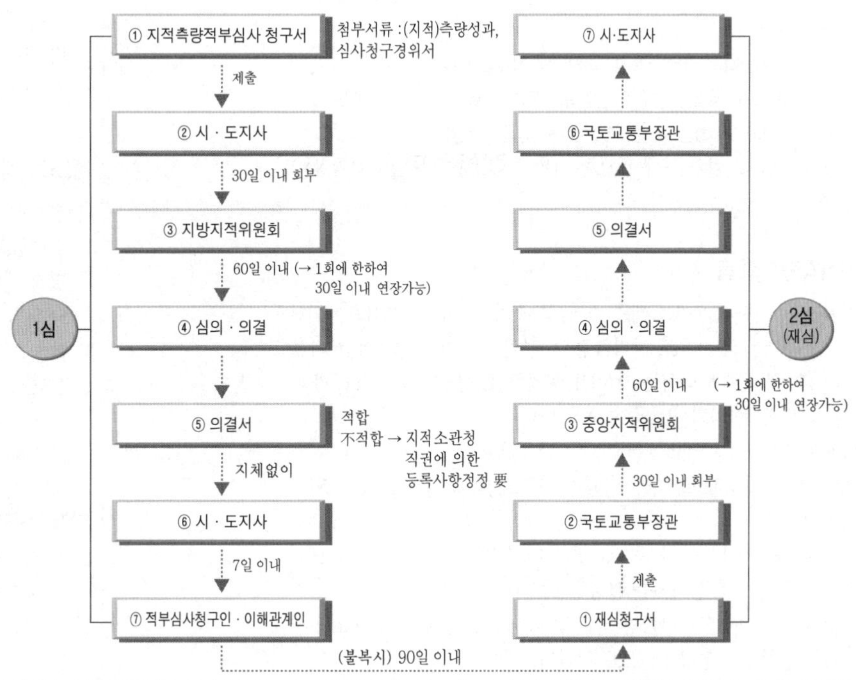

■ 제2장 측량 및 수로조사 - 제4절 지적측량 3단 비교표

법	시행령	시행규칙
제27조 지적기준점성과의 보관 및 열람 등 ① 시 · 도지사나 지적소관청(국토교통부장관×)은 지적기준점성과(지적기준점에 의한 측량성과를 말한다. 이하 같다)와 그 측량기록을 **보관**하고 일반인이 **열람**할 수 있도록 하여야(할 수×) 한다. ② 지적기준점성과의 등본이나 그 측량기록의 사본(원본×)을 **발급**받으려는 자는 국토교통부령으로 정하는 바에 따라 시 · 도지사나 지적소관청(국토교통부장관×)에 그 발급을 **신청**하여야 한다.		**제26조 지적기준점성과의 열람 및 등본발급** ① 법 제27조에 따라 지적측량기준점성과 또는 그 측량부를 열람하거나 등본을 발급받으려는 자는 **지적삼각점성과**에 대해서는 특별시장 · 광역시장 · 특별자치시장 · 도지사 · 특별자치도지사(이하 "시 · 도지사"라 한다) 또는 지적소관청에 신청하고, **지적삼각보조점성과 및 지적도근점성과**에 대해서는 지적소관청(시 · 도지사×)에 신청하여야 한다. ② 제1항에 따른 지적측량기준점성과 또는 그 측량부의 열람 및 등본발급 신청서는 별지 제17호서식과 같다. ③ 지적측량기준점성과 또는 그 측량부의 열람이나 등본발급 신청을 받은 해당 기관은 이를 열람하게 하거나 별지 제18호서식의 지적측량기준점성과 등본을 발급하여야 한다.
제23조 지적측량의 실시 등 ① 다음 각 호의 어느 하나에 해당하는 경우에는 지적측량을 **하여야** 한다. 1. 제7조제1항제3호에 따른 지적기준점을 정하는 경우(➡ 기초측량) 2. 제25조에 따라 지적측량성과를 검사하는 경우(➡ 검사측량) 3. 다음 각 목의 어느 하나에 해당하는 경우로서 측량을 할 필요가 있는 경우 가. 제74조에 따라 지적공부를 복구하는 경우 (➡ 복구측량) 나. 제77조에 따라 토지를 신규등록하는 경우 (➡ 신규등록측량) 다. 제78조에 따라 토지를 등록전환하는 경우 (➡ 등록전환측량) 라. 제79조에 따라 토지를 분할하는 경우 (➡ 분할측량) 마. 제82조에 따라 바다가 된 토지의 등록을 말소하는 경우 (➡ 등록말소측량) 바. 제83조에 따라 축척을 변경하는 경우 (➡ 축척변경측량) 사. 제84조에 따라 지적공부의 등록사항을 정정하는 경우 (➡ 등록사항정정측량) 아. 제86조에 따른 도시개발사업 등의 시행지역에서 토지의 이동이 있는 경우 (➡ 지적확정측량) 자. 「지적재조사에 관한 특별법」에 따른 지적재조사사업에 따라 토지의 이동이 있는 경우 (➡ 지적재조사측량) 4. 경계점을 지상에 복원하는 경우 (➡ 경계복원측량, 경계감정측량) 5. 그 밖에 대통령령으로 정하는 경우 (지상건축물 등의 현황을 지적도 및 임야도에 등록된 경계와 대비하여 표시하는 데 필요한 경우 ➡ 지적현황측량) ② 지적측량의 방법 및 절차 등에 필요한 사항은 국토교통부령(대통령령×)으로 정한다.	**제18조 지적현황측량** 법 제23조제1항제5호에서 "대통령령으로 정하는 경우"란 지상건축물 등의 현황을 지적도 및 임야도에 등록된 경계와 대비하여 표시하는 데에 필요한 경우를 말한다.	
제24조 지적측량 의뢰 등 ① 토지소유자 등 이해관계인은 제23조제1항제1호 및 제3호(자목은 제외한다)부터 제5호까지의 사유로 지적측량을 할 필요가 있는 경우에는 다음 각 호의 어느 하나에 해당하는 자(이하 "지적측량수행자"(지적소관청×) 라 한다)에게 지적측량을 **의뢰**하여야(할 수×) 한다. 1. 제44조제1항제2호의 지적측량업의 등록을 한 자 2. 「국가공간정보 기본법」 제12조에 따라 설립된 한국국토정보공사(이하 "한국국토정보공사"라 한다) ② 지적측량수행자(지적소관청×)는 제1항에 따른 지적측량 의뢰를 받으면 **지적측량**을 하여 그 측량성과를 **결정**하여야(할 수×)한다. ③ 제1항 및 제2항에 따른 지적측량 의뢰 및 측량성과 결정 등에 필요한 사항은 국토교통부령(대통령령×)으로 정한다.		**제25조 지적측량 의뢰 등** ① 법 제24조제1항에 따라 지적측량을 의뢰하려는 자는 별지 제15호서식의 지적측량 의뢰서(전자문서로 된 의뢰서를 포함한다)에 의뢰 사유를 증명하는 서류(전자문서를 포함한다)를 첨부하여 지적측량수행자 (지적소관청×)에게 제출하여야 한다. ② 지적측량수행자(지적측량을 의뢰하려는 자×)는 제1항에 따른 지적측량 의뢰를 받은 때에는 측량기간,

법	시행령	시행규칙
제25조 지적측량성과의 검사 ① 지적측량수행자가 제23조에 따라 지적측량을 하였으면 시·도지사, 대도시 시장(「지방자치법」 제175조에 따라 서울특별시·광역시 및 특별자치시를 제외한 인구 50만 이상의 시의 시장을 말한다. 이하 같다) 또는 지적소관청(지적소관청만×)으로부터 측량성과에 대한(반드시×) 검사(승인×)를 받아야 한다. 다만, 지적공부를 정리하지 아니하는 측량(경계복원측량, 지적현황측량)으로서 국토교통부령으로 정하는 측량의 경우에는 그러하지 아니하다. ② 제1항에 따른 지적측량성과의 검사방법 및 검사절차 등에 필요한 사항은 국토교통부령으로 정한다. **제26조 토지의 이동에 따른 면적 등의 결정방법** ① 합병에 따른 경계·좌표 또는 면적은 따로 지적측량을 하지 아니하고 다음 각 호의 구분에 따라 결정한다. 1. 합병 후 필지의 경계 또는 좌표 : 합병 전 각 필지의 경계 또는 좌표 중 합병으로 필요 없게 된 부분을 말소하여 결정 2. 합병 후 필지의 면적 : 합병 전 각 필지의 면적을 합산하여 결정 ② 등록전환이나 분할에 따른 면적을 정할 때 오차가 발생하는 경우 그 오차의 허용 범위 및 처리방법 등에 필요한 사항은 대통령령으로 정한다.	**제19조 등록전환이나 분할에 따른 면적 오차의 허용범위 및 배분 등** ① 법 제26조제2항에 따른 등록전환이나 분할을 위하여 면적을 정할 때에 발생하는 오차의 허용범위 및 처리방법은 다음 각 호와 같다. 1. 등록전환을 하는 경우 가. 임야대장의 면적과 등록전환될 면적의 오차 허용범위는 다음의 계산식에 따른다. 이 경우 오차의 허용범위를 계산할 때 축척이 3천분의 1인 지역의 축척분모는 6천으로 한다. $A = 0.026^2 M \sqrt{A}$ (A는 오차 허용면적, M은 임야도 축척분모, F는 등록 전환될 면적) 나. 임야대장의 면적과 등록전환될 면적의 차이가 가목의 계산식에 따른 허용범위 이내인 경우에는 등록전환될 면적을 등록전환 면적으로 결정하고, 허용범위를 초과하는 경우에는 임야대장의 면적 또는 임야도의 경계를 지적소관청이 직권(소유자 신청×)으로 정정하여야(할 수×) 한다. 2. 토지를 분할하는 경우 가. 분할 후의 각 필지의 면적의 합계와 분할 전 면적과의 오차의 허용범위는 제1호가목의 계산식에 따른다. 이 경우 A는 오차 허용면적, M은 축척분모, F는 원면적으로 하되, 축척이 3천분의 1인 지역의 축척분모는 6천으로 한다. 나. 분할 전후 면적의 차이가 가목의 계산식에 따른 허용범위 이내인 경우에는 그 오차를 분할 후의 각 필지의 면적에 따라 나누고, 허용범위를 초과하는 경우에는 지적공부(地籍公簿)상의 면적 또는 경계를 정정하여야(할 수×) 한다. 다. 분할 전후 면적의 차이를 배분한 산출면적은 다음의 계산식에 따라 필요한 자리까지 계산하고, 결정면적은 원면적과 일치하도록 산출면적의 구하려는 끝자리의 다음 숫자가 큰 것부터 순차로 올려서 정하되, 구하려는 끝자리의 다음 숫자가 서로 같을 때(다를 때×)에는 산출면적이 큰 것(작은 것×)을 올려서(내려서×) 정한다. $r = \frac{F}{A} \times a$ (r은 각 필지의 산출면적, F는 원면적, A는 측정면적 합계 또는 보정면적 합계, a는 각 필지의 측정면적 또는 보정면적) ② 경계점좌표등록부가 있는 지역의 토지분할을 위하여 면적을 정할 때에는 제1항제2호나목에도 불구하고 다음 각 호의 기준에 따른다. 1. 분할 후 각 필지의 면적합계가 분할 전 면적보다 많은(적은×) 경우에는 구하려는 끝자리의 다음 숫자가(끝자리가×) 작은 것(큰 것×)부터 순차적으로 버려서(올려서×) 정하되, 분할 전 면적에 증감이 없도록 할 것 2. 분할 후 각 필지의 면적합계가 분할 전 면적보다 적은(많은×) 경우에는 구하려는 끝자리의 다음 숫자가 큰 것(작은 것×)부터 순차적으로 올려서 정하되, 분할 전 면적에 증감이 없도록 할 것	측량일자 및 측량 수수료 등을 적은 별지 제16호서식의 **지적측량 수행계획서**를 그 다음 날(그 날×)까지 지적소관청(지적측량수행자×, 지적측량업자×, 한국국토정보공사×)에 **제출**하여야 한다. 제출한 지적측량 수행계획서를 변경한 경우도 같다. ③ 지적측량의 **측량기간**은 5일(4일×)로 하며, **측량검사기간**은 4일(5일×)로 한다. 다만, 지적기준점을 설치하여 측량 또는 측량검사를 하는 경우 지적기준점이 15점 이하인 경우에는 4일을, 15점을 초과하는 경우에는 4일에 15점을 초과하는 4점마다 1일을 가산한다. ④ 제3항에도 불구하고 지적측량 의뢰인과 지적측량수행자(지적소관청×)가 서로 합의하여 따로 기간을 정하는 경우에는 그 기간에 따르되, 전체 기간의 4분의 3(3분의2×)은 측량기간으로, 전체 기간의 4분의 1(3분의1×)은 측량검사기간으로 본다(추정한다×).

법	시행령
제28조 지적위원회 ① 다음 각 호의 사항을 심의 · 의결하기 위하여 국토교통부에 중앙지적위원회를 둔다. 1. 지적 관련 정책 개발 및 업무 개선 등에 관한 사항 2. 지적측량기술의 연구 · 개발 및 보급에 관한 사항 3. 제29조제6항에 따른 지적측량 적부심사(適否審査)에 대한 재심사(再審査) 4. 제39조에 따른 측량기술자 중 지적분야 측량기술자(이하 "지적기술자"라 한다)의 양성에 관한 사항 5. 제42조에 따른 지적기술자의 업무정지 처분 및 징계요구에 관한 사항 ② 제29조에 따른 지적측량에 대한 적부심사 청구사항을 심의 · 의결하기 위하여 특별시 · 광역시 · 특별자치시 · 도 또는 특별자치도(이하 "시 · 도"라 한다)(시·군·구×, 지적소관청×)에 지방지적위원회를 둔다. ③ 중앙지적위원회와 지방지적위원회의 위원 구성 및 운영에 필요한 사항은 대통령령으로 정한다.	**제20조 중앙지적위원회의 구성 등** ① 법 제28조제1항에 따른 중앙지적위원회(이하 "중앙지적위원회"라 한다)는 위원장 1명과 부위원장 1명을 포함(제외×)하여 5명 이상 10명 이하의 위원으로 구성한다. ② 위원장은 국토교통부의 지적업무 담당 국장(국토교통부장관×)이, 부위원장은 국토교통부의 지적업무 담당 과장이 된다. ③ 위원은 지적에 관한 학식과 경험이 풍부한 사람 중에서 국토교통부장관(위원장×)이 임명하거나 위촉한다. ④ 위원장 및 부위원장을 제외(포함×)한 위원의 임기는 2년(3년×)으로 한다. ⑤ 중앙지적위원회의 간사는 국토교통부의 지적업무 담당 공무원 중에서 국토교통부장관(위원장×)이 임명하며, 회의 준비, 회의록 작성 및 회의 결과에 따른 업무 등 중앙지적위원회의 서무를 담당한다. ⑥ 중앙지적위원회의 위원에게는 예산의 범위에서 출석수당과 여비, 그 밖의 실비를 지급할 수 있다. 다만, 공무원인 위원이 그 소관 업무와 직접적(간접적×)으로 관련되어 출석하는 경우에는 그러하지 아니하다. **제20조의2 위원의 제척 · 기피 · 회피** ① 중앙지적위원회의 위원이 다음 각 호의 어느 하나에 해당하는 경우에는 중앙지적위원회의 심의 · 의결에서 **제척**(除斥)된다. 1. 위원 또는 그 배우자나 배우자이었던 사람이 해당 안건의 당사자가 되거나 그 안건의 당사자와 공동권리자 또는 공동의무자인 경우 2. 위원이 해당 안건의 당사자와 친족이거나 친족이었던 경우 3. 위원이 해당 안건에 대하여 증언, 진술 또는 감정을 한 경우 4. 위원이나 위원이 속한 법인 · 단체 등이 해당 안건의 당사자의 대리인이거나 대리인이었던 경우 5. 위원이 해당 안건의 원인이 된 처분 또는 부작위에 관여한 경우 ② 해당 안건의 당사자는 **위원**에게 공정한 심의 · 의결을 기대하기 어려운 사정이 있는 경우에는 중앙지적위원회에 **기피 신청**을 할 수 있고, 중앙지적위원회는 의결로 이를 결정한다. 이 경우 기피 신청의 대상인 위원은 그 의결에 참여하지 못한다. ③ 위원이 제1항 각 호에 따른 제척 사유에 해당하는 경우에는 스스로 해당 안건의 심의 · 의결에서 회피(回避)하여야(할 수×) 한다. **제20조의3 위원의 해임 · 해촉** 국토교통부장관은 중앙지적위원회의 위원이 다음 각 호의 어느 하나에 해당하는 경우에는 해당 위원을 해임하거나 해촉(解囑)할 수(하여야×) 있다. 1. 심신장애로 인하여 직무를 수행할 수 없게 된 경우 2. 직무태만, 품위손상이나 그 밖의 사유로 인하여 위원으로 적합하지 아니하다고 인정되는 경우 3. 제20조의2제1항 각 호의 어느 하나에 해당하는 데에도 불구하고 회피하지 아니한 경우 **제21조 중앙지적위원회의 회의 등** ① 중앙지적위원회 위원장(국토교통부장관×)은 회의를 소집하고 그 의장이 된다. ② 위원장이 부득이한 사유로 직무를 수행할 수 없을 때에는 부위원장이 그 직무를 대행하고, 위원장 및 부위원장이 모두 부득이한 사유로 직무를 수행할 수 없을 때에는 위원장이 미리 지명한 위원이 그 직무를 대행한다. ③ 중앙지적위원회의 회의는 재적위원(출석위원×) 과반수(반수×)의 출석으로 개의(開議)하고, 출석위원(재적위원×) 과반수(반수×)의 찬성으로 의결한다.

법	시행령	시행규칙
④ 중앙지적위원회와 지방지적위원회의 위원 중 공무원이 아닌 사람은 「형법」 제127조 및 제129조부터 제132조까지의 규정을 적용할 때에는 공무원으로 본다.	④ 중앙지적위원회는 관계인을 출석하게 하여 의견을 들을 수 있으며, 필요하면 현지조사를 할 수(하여야×)있다. ⑤ 위원장이 중앙지적위원회의 회의를 소집할 때에는 회의 일시 · 장소 및 심의 안건을 회의 5일(7일×)전까지 각 위원에게 서면(서면 또는 구두×)으로 통지(보고×)하여야(할 수×)한다. ⑥ 위원이 법 제29조제6항에 따른 재심사 시 그 측량 사안에 관하여 관련이 있는 경우에는 그 안건의 심의 또는 의결에 참석할 수 없다(있다×). **제22조 현지조사자의 지정** 제21조제4항에 따라 중앙(지방×)지적위원회가 현지조사를 하려는 경우에는 관계 공무원을 지정하여 지적측량 및 자료조사 등 현지조사를 하고 그 결과를 보고하게 할 수(하여야×) 있으며, 필요할 때에는 법 제24조제1항 각 호의 어느 하나에 해당하는 자(이하 "지적측량수행자"라 한다)에게 그 소속 지적기술자 중 지적분야 측량기술자 (이하 "지적기술자"라 한다)를 참여시키도록 요청할 수(하여야×) 있다. **제23조 지방지적위원회의 구성 등** 제28조제2항에 따른 지방지적위원회의 구성 및 회의 등에 관하여는 제20조, 제20조의2, 제20조의3, 제21조 및 제22조를 준용한다. 이 경우 제20조, 제20조의2, 제20조의3, 제21조 및 제22조 중 "중앙지적위원회"는 "지방지적위원회"로, "국토교통부"는 "시 · 도"로, "국토교통부장관"은 "특별시장 · 광역시장 · 특별자치시장 · 도지사 또는 특별자치도지사"로, "법 제29조제6항에 따른 재심사"는 "법 제29조제1항에 따른 지적측량 적부심사"로 본다.	**제26조의2 지적위원회 위원 제척 · 기피 신청서** 영 제20조의2 및 제23조에 따른 중앙 및 지방 지적위원회 위원의 제척 · 기피 신청서는 별지 제18호의2 서식과 같다.
제29조 지적측량의 적부심사 등 ① 토지소유자, 이해관계인 또는 지적측량수행자(지적소관청×)는 지적측량성과에 대하여 다툼이 있는 경우에는 대통령령으로 정하는 바에 따라 관할 시 · 도지사(지적소관청×)를 거쳐 지방지적위원회에 지적측량 적부심사를 **청구**할 수 있다. ② 제1항에 따른 지적측량 적부심사청구를 받은 시 · 도지사(지적소관청×)는 30일(60일×) 이내에 다음 각 호의 사항을 조사하여 지방지적위원회(중앙지적위원회×)에 **회부**하여야 한다. 1. 다툼이 되는 지적측량의 경위 및 그 성과 2. 해당 토지에 대한 토지이동 및 소유권 변동 연혁 3. 해당 토지 주변의 측량기준점, 경계, 주요 구조물 등 현황 실측도	**제24조 지적측량의 적부심사 청구 등** ① 법 제29조제1항에 따라 지적측량 적부심사(適否審査)를 청구하려는 자는 심사청구서에 다음 각호의 구분에 따른 서류를 첨부하여 특별시장 · 광역시장 · 특별자치시장 · 도지사 또는 특별자치도지사[이하 "시 · 도지사"(지적소관청×)라 한다]를 거쳐 지방지적위원회에 **제출**하여야 한다. 1. 토지소유자 또는 이해관계인 : 지적측량을 의뢰하여 발급받은 지적측량성과 2. 지적측량수행자(지적측량수행자 소속 지적기술자가 청구하는 경우만 해당한다) : 직접 실시한 지적측량성과 ② 시 · 도지사(지적소관청×)는 법 제29조제2항제3호에 따른 현황 실측도를 작성하기 위하여 필요한 경우에는 관계 공무원을 지정하여 지적측량을 하게 할 수 (하여야×)있으며, 필요하면 지적측량수행자에게 그 소속 지적기술자를 참여시키도록 요청할 수 (하여야×)있다.	**제27조 지적측량 적부심사청구서** 영 제24조제1항 및 제26조제1항에 따른 지적측량 적부심사와 재심사의 청구서는 별지 제19호서식과 별지 제20호서식과 같다.

법	시행령	시행규칙
③ 제2항에 따라 지적측량 적부심사청구를 회부받은 지방지적위원회는 그 심사청구를 회부받은 날부터 60일(30일×) 이내에 **심의·의결**하여야 한다. 다만, 부득이한 경우에는 그 심의기간을 해당 지적위원회의 의결(심의×)을 거쳐 30일(90일×) 이내에서 한 번만 연장할 수(하여야×) 있다. ④ 지방지적위원회는 지적측량 적부심사를 의결하였으면 대통령령으로 정하는 바에 따라 **의결서**를 **작성**하여 시·도지사에게 **송부**하여야 한다. ⑤ 시·도지사(지적소관청×)는 제4항에 따라 의결서를 받은 날부터 7일(3일×) 이내에 지적측량 적부심사 청구인 및 이해관계인에게 그 의결서를 **통지**하여야(할 수×) 한다. ⑥ 제5항에 따라 의결서를 받은 자가 지방지적위원회의 의결에 **불복**하는 경우에는 그 의결서를 받은 날(의결한 날×) 부터 90일(60일×) 이내에 국토교통부장관을 거쳐 중앙지적위원회에 재심사를 **청구**할 수(하여야×) 있다. ⑦ 제6항에 따른 재심사청구에 관하여는 제2항부터 제5항까지의 규정을 준용한다. 이 경우 "시·도지사"는 "국토교통부장관"으로, "지방지적위원회"는 "중앙지적위원회"로 본다. ⑧ 제7항에 따라 중앙지적위원회로부터 의결서를 받은 국토교통부장관은 그 의결서를 관할 시·도지사(지적소관청×) 에게 **송부**하여야 한다. ⑨ 시·도지사는 제4항에 따라 지방지적위원회의 의결서를 받은 후 해당 지적측량 적부심사 청구인 및 이해관계인이 제6항에 따른 기간에 재심사를 청구하지 아니하면 그 의결서 사본(원본×)을 지적소관청에 보내야 하며, 제8항에 따라 중앙지적위원회의 의결서를 받은 경우에는 그 의결서 사본에 제4항에 따라 받은 지방지적위원회의 의결서 사본을 첨부하여 지적소관청(시·도지사×)에 보내야 한다. ⑩ 제9항에 따라 지방지적위원회 또는 중앙지적위원회의 의결서 사본을 받은 지적소관청(시·도지사×)은 그 내용에 따라 지적공부의 등록사항을 **정정**하거나 측량성과를 **수정**하여야(할 수×) 한다. ⑪ 제9항 및 제10항에도 불구하고 특별자치시장은 제4항에 따라 지방지적위원회의 의결서를 받은 후 해당 지적측량 적부심사 청구인 및 이해관계인이 제6항에 따른 기간에 재심사를 청구하지 아니하거나 제8항에 따라 중앙지적위원회의 의결서를 받은 경우에는 직접 그 내용에 따라 지적공부의 등록사항을 **정정**하거나 측량성과를 **수정**하여야(할 수×) 한다. ⑫ 지방지적위원회의 의결이 있은 후 제6항에 따른 기간에 재심사를 청구하지 아니하거나 중앙지적위원회의 의결이 있는 경우에는 해당 지적측량성과에 대하여 다시 지적측량 적부심사 청구를 할 수 없다(있다×).	**제25조 지적측량의 적부심사 의결 등** ① 지방지적위원회는 법 제29조제4항에 따라 지적측량 적부심사를 의결하였으면 위원장과 참석위원(재적위원×) 전원(4분의3×)이 서명 및 (또는×) 날인한 지적측량 적부심사 의결서를 지체 없이(7일 이내×) 시·도지사(지적소관청×)에게 송부하여야 한다. ② 시·도지사가 법 제29조제5항에 따라 지적측량 적부심사 의결서를 지적측량 적부심사 청구인 및 이해관계인에게 통지할 때에는 법 제29조제6항에 따른 재심사를 청구할 수 있음을 서면(서면 또는 구두×)으로 알려야(알릴 수×) 한다. **제26조 지적측량의 적부심사에 관한 재심사 청구 등** ① 법 제29조제6항에 따른 지적측량 적부심사의 재심사 청구를 하려는 자는 재심사청구서에 지방지적위원회의 지적측량 적부심사 의결서 사본을 첨부하여 국토교통부장관(중앙지적위원회×)을 거쳐 중앙지적위원회에게 제출하여야 한다. ② 법 제29조제7항에 따라 중앙지적위원회가 재심사를 의결하였을 때에는 위원장과 참석위원 전원이 서명 및 날인한 의결서를 지체 없이 국토교통부장관에게 송부하여야 한다.	**제28조 지적측량 적부심사 의결서** 영 제25조에 따른 지적측량 적부심사의 의결서 및 영 제26조에 따른 재심사의 의결서는 별지 제21호 서식과 같다.

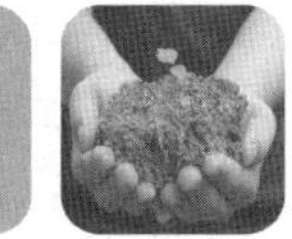

O · X · 지 · 문 · 학 · 습

01. 지적측량의 측량기간은 5일로 하며, 측량검사기간은 4일로 한다. 다만, 지적기준점을 설치하여 측량 또는 측량검사를 하는 경우 지적기준점이 15점 이하인 경우에는 4일을, 15점을 초과하는 경우에는 4일에 15점을 초과하는 4점마다 1일을 가산한다. [O, ×]

02. 지적측량 적부심사청구를 받은 시·도지사나 지적소관청은 30일 이내에 일정사항을 조사하여 지방지적위원회에 회부하여야 한다. [O, ×]

03. 지적측량 의뢰인과 지적측량수행자가 서로 합의하여 따로 기간을 정하는 경우에는 그 기간에 따르되, 전체 기간의 3분의2는 측량기간으로, 전체 기간의 3분의1은 측량검사기간으로 본다. [O, ×]

04. 경계점좌표등록부가 있는 지역의 토지분할을 위하여 면적을 정할 때에는 분할 후 각 필지의 면적합계가 분할 전 면적보다 많은 경우에는 구하려는 끝자리의 다음 숫자가 큰 것부터 순차적으로 버려서 정하되, 분할 전 면적에 증감이 없도록 하여야 한다. [O, ×]

05. 지적측량에 대한 적부심사 청구사항을 심의 · 의결하기 위하여 관할 지역 지적소관청에 지방지적위원회를 둔다. [O, ×]

06. 지방지적위원회의 의결에 불복하는 경우에는 그 의결서를 받은 날 부터 60일 이내에 국토교통부장관을 거쳐 중앙지적위원회에 재심사를 청구할 수 있다. [O, ×]

07. 시 · 도지사나 지적소관청은 지적기준점성과와 그 측량기록을 보관하고 일반인이 열람할 수 있도록 하여야 한다 [O, ×]

정답 및 해설

01. ○
02. × (시·도지사나 지적소관청은 → 시·도지사)
03. × (3분의2 → 4분의 3, 3분의1 → 4분의 1)
04. × (큰 것 → 작은 것)
05. × (관할 지역 지적소관청 → 특별시 · 광역시 · 특별자치시 · 도 또는 특별자치도)
06. × (60일 이내 → 90일 이내)
07. ○

기 · 출 · 문 · 제 · 분 · 석

1. 다음은 지적측량의 기간에 관한 내용이다. ( )에 들어갈 내용으로 옳은 것은?

> 지적측량의 측량기간은 (㉠)로 하며, 측량검사기간은 (㉡)로 한다. 다만, 지적기준점을 설치하여 측량 또는 측량검사를 하는 경우 지적기준점이 15점 이하인 경우에는 4일을, 15점을 초과하는 경우에는 4일에 15점을 초과하는 (㉢)마다 1일을 가산한다. 이와 같은 기준에도 불구하고, 지적측량 의뢰인과 지적측량수행자가 서로 합의하여 따로 기간을 정하는 경우에는 그 기간에 따르되, 전체 기간의 (㉣)은 측량기간으로, 전체 기간의 (㉤)은(는) 측량검사기간으로 본다.

① ㉠ 4일, ㉡ 3일 , ㉢ 5점, ㉣ 4분의 3, ㉤ 4분의 1
② ㉠ 4일, ㉡ 3일 , ㉢ 4점, ㉣ 5분의 3, ㉤ 5분의 2
③ ㉠ 5일, ㉡ 4일 , ㉢ 4점, ㉣ 4분의 3, ㉤ 4분의 1
④ ㉠ 5일, ㉡ 4일 , ㉢ 4점, ㉣ 5분의 3, ㉤ 5분의 2
⑤ ㉠ 5일, ㉡ 4일 , ㉢ 5점, ㉣ 5분의 3, ㉤ 5분의 2

해설

③ 지적측량의 측량기간은 5일로 하며 측량검사기간은 4일로 한다. 다만, 지적기준점을 설치하여 측량 또는 측량검사를 하는 경우 지적기준점이 15점 이하인 경우에는 4일을, 15점을 초과하는 경우에는 4일에 15점을 초과하는 4점마다 1일을 가산한다. 이와 같은 기준에도 불구하고, 지적측량 의뢰인과 지적측량수행자가 서로 합의하여 따로 기간을 정하는 경우에는 그 기간에 따르되, 전체 기간의 4분의 3은 측량기간으로, 전체 기간의 4분의 1은 측량검사기간으로 본다.

2. 지적측량수행자가 실시한 지적측량성과에 대하여 시·도지사, 대도시 시장 또는 지적소관청으로부터 측량성과 검사를 받지 않아도 되는 측량은?

① 신규등록측량　② 지적현황측량
③ 분할측량　④ 등록전환측량
⑤ 지적확정측량

해설

② 세부측량 중 검사를 받지 않은 측량은 지적현황측량과 경계복원측량이다.

3. 공관정보의 구축 및 관리에 관한 법령상 지적측량의뢰 등에 관한 설명으로 틀린 것은?

① 토지소유자는 토지를 분할하는 경우로서 지적측량을할 필요가 있는 경우에는 지적측량수행자에게 지적측량을 의뢰하여야 한다.
② 지적측량을 의뢰하려는 자는 지적측량 의뢰서(전자문서로 된 의뢰서를 포함한다)에 의뢰 사유를 증명하는 서류(전자문서를 포함한다)를 첨부하여 지적측량수행자에게 제출하여야 한다.
③ 지적측량수행자는 지적측량 의뢰를 받은 때에는 측량기간, 측량일자 및 측량 수수료 등을 적은 지적측량 수행계획서를 그 다음 날까지 지적소관청에 제출하여야 한다.
④ 지적기준점을 설치하지 않고 측량 또는 측량검사를 하는 경우 지적측량의 측량기간은 5일, 측량검사기간은 4일을 원칙으로 한다.
⑤ 지적측량 의뢰인과 지적측량수행자가 서로 합의하여 따로 기간을 정하는 경우에는 그 기간에 따르되, 전체 기간의 5분의 3은 측량기간으로, 전체 기간의 5분의 2는 측량검사기간으로 본다.

|정답| 1. ③　2. ②

해설

⑤ 지적측량의뢰인과 지적측량수행자가 서로 합의하여 따로 기간을 정하는 경우에는 그 기간에 따르되, 전체 기간의 4분의 3은 측량기간으로, 전체 기간의 4분의 1은 측량검사기간으로 본다.

4. 공간정보의 구축 및 관리에 관한 법령상 지적측량을 하여야 하는 경우가 아닌 것은?

① 지적측량성과를 검사하는 경우
② 경계점을 지상에 복원하는 경우
③ 지상건축물 등의 현황을 지적도 및 임야도에 등록된 경계와 대비하여 표시하는 데에 필요한 경우
④ 위성기준점 및 공공기준점을 설치하는 경우
⑤ 바다가 된 토지의 등록을 말소하는 경우로서 지적측량을 할 필요가 있는 경우

해설

④ 측량기준점인 위성기준점이나 공공기준점은 해당되지 않는다.

5. 지적측량의 적부심사 등에 관한 설명으로 틀린 것은?

① 지적측량의 적부심사를 청구할 수 있는 자는 토지소유자, 이해관계인 또는 지적측량수량수행자이다.
② 지적측량 적부심사 청구를 받은 시·도지사는 30일 이내에 다툼이 되는 지적측량의 경위 및 그 성과 등을 조사하여 지방지적위원회에 회부하여야 한다.
③ 지적측량 적부심사를 청구하려는 자는 지적측량을 신청하여 측량을 실시한 후 심사청구서에 그 측량성과와 심사청구 경위서를 첨부하여 시·도지사에게 제출하여야 한다.
④ 지적측량 적부심사 청구서를 회부 받은 지방지적위원회는 부득이한 경우가 아닌 경우 그 심사청구를 회부 받은 날부터 90일 이내에 심의·의결하여야 한다.
⑤ 지적측량 적부심사 청구자가 지방지적위원회의 의결사항에 대하여 불복하는 경우에는 그 의결서를 받은 날부터 90일 이내에 국토교통부장관을 거쳐 중앙지적위원회에 재심사를 청구할 수 있다.

해설

④ 90일 → 60일

6. 지적측량을 하여야 하는 경우가 아닌 것은?

① 소유권이전, 매매 등을 위하여 분할하는 경우로서 측량을 할 필요가 있는 경우
② 공유수면매립 등으로 토지를 신규등록하는 경우로서 측량을 할 필요가 있는 경우
③ 「도시개발법」에 따른 도시개발사업 시행지역에서 토지의 이동이 있는 경우로서 측량을 할 필요가 있는 경우
④ 지적공부의 등록사항을 정정하는 경우로서 측량을 할 필요가 있는 경우
⑤ 지적공부에 등록된 지목이 불분명하여 지적공부를 재작성하는 경우로서 측량을 할 필요가 있는 경우

해설

⑤ 지적공부를 재작성하는 경우는 지적측량의 대상이 아니다.

|정답| 3. ⑤ 4. ④ 5. ④ 6. ⑤

2

부동산등기법

1. 총론
2. 각론

Point

민법이 권리의 실체를 규정한 **실체법**이라면 **부동산등기법**은 부동산 관련 권리의 실체의 공시절차인 등기절차를 규정한 **절차법**입니다.
따라서 민법 중 부동산 관련 권리(특히 소유권·지상권·지역권·전세권·저당권)의 정확한 이해를 바탕으로 이 법을 학습하면 됩니다.

[출제비율] 30%, 12문항

■ 학습목적

법률(부동산등기법, 권리관계)적 관점에서 부동산의 법률행위(매매·교환·임대차)를 제대로 중개하기 위해서 부동산등기법을 배웁니다.

■ 나무

공인중개사라는 산의 네번째 숲인 부동산공시법 중 부동산등기법은 등기라는 1개의 나무로 구성되어 있습니다.

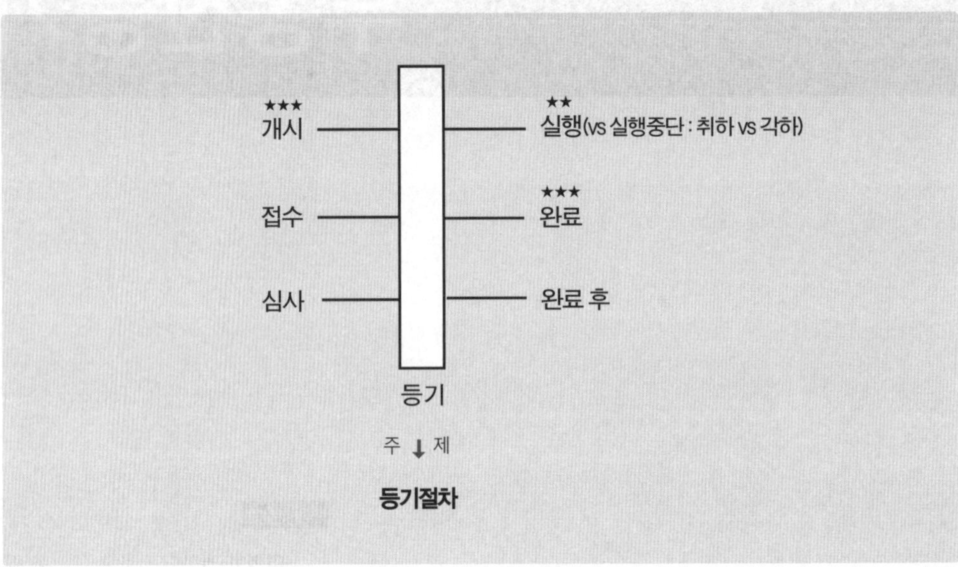

■ 핵심

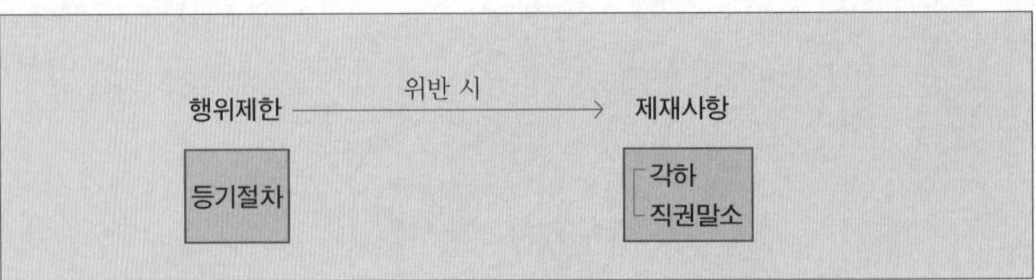

■ 등기절차

1. 개시

1. 개시방법
- 원칙 : 신청
  - (당사자)신청
    - 공동여부
      - 원칙 : 공동
      - 예외 : 단독 ★
    - 강제성
      - 원칙 : ×
      - 예외 : ○
        - 부동산표시변경등기 : 1개월 이내
        - 소유권이전등기 : 60일 이내
  - (관공서)촉탁 – 법원(경매·소송등기) / 세무서(압류등기) / 행정관서(공공취득등기)
- 예외 : 법률규정
  - (등기관)직권 ★★★
  - (법원)명령 – 각하 후 이의신청절차에 따른 명령 – 결정
    - 전 : 가등기명령
    - 후 : 실행·말소명령

2. 신청방법
- 방문신청 : 본인(모두) vs 대리인(모두, 단 의사능력 필요) vs 제3자(일부만)
- ★★★ 전자신청
  - 본인 [人(자연인· 법인)만] vs 대리인(자격자 대리인만)
  - 사용자 인증
    - 자연인(사용자등록번호 + 공인인증서)
    - 법 인(× + 전자인증서)
    - 관공서(× + 전자인증서)

3. 신청에 필요한 정보
- ★ 신청정보
  - 항목(부동산등기용등록번호, 등기필정보)
  - 필요적 기록사항 vs 임의적 기록사항
- ★★ 첨부정보 : 항목(등기원인정보, 인감증명, 권리능력 없는 사단의 사원총회결의서)

4. ★ 등기가부
- 물건
- 권리

5. ★★ 등기신청의 당사자능력
- 유 vs 무 : 구별
- vs 등기신청능력

2. 접수

1. 시기
   - 접수시기
   - 효력발생시기

2. 등기소와 등기관

3. 심사

1. 형식적 심사주의 vs 실질적 심사주의

2. 공시력 vs 공신력

4. 실행

1. ★ 등기의 유효요건 : 완화

2. ★★ 등기의 효력 : 본등기의 효력 vs 가등기의 효력

4'. 실행 중단

1. ★ 취하 : 절차

2. ★★★ 각하 : 사유

5. 완료

1. **등기부** ★★★
   - 구성 : 〈표제부〉 〈갑구〉 〈을구〉
   - 등기사항

2. **등기종류** ★★★
   - (1) 형식 : 주등기 vs 부기등기 ★★
   - (2) 내용 : 기입등기 vs 비기입등기
     (① 변경등기 ② 말소등기 ③ 멸실등기 ④ 경정등기 ⑤ 말소회복등기)
   - (3) 효력 : 본등기 vs 가등기 ★★★ (가등기에 의한 본등기) vs 처분제한등기(가압류·가처분 ★★★ 등기)
   - (4) 기능
     - 표시에 관한 등기(사실등기)
     - 권리에 관한 등기(권리등기) ★★★
       - 소유권등기
         - 소유권보존등기 ★★
         - 소유권이전등기 ★★★
       - 소유권외등기
         - 용익권등기 ★
         - 담보권등기 ★

6. 완료 후

1. **등기필정보 통지**
   - ① 작성 여부
   - ② 분실 시 대체방법

2. **등기완료 통지** : 要하는 경우 vs 不要하는 경우

3. **소유권변경사실 통지** — 지적소관청, 건축물대장소관청에게

4. **과세자료 제공** — 소유권보존등기, 소유권이전등기(가등기) 시 세무서장에게

5. **등기원인증서 반환**
   - 등기 마친 후 신청인에게
   - 3개월 이내 수령 × → 폐기할 수

6. **각종 장부 보존기간**

Ⅰ. 이론

등기절차(관련내용, 특히 신청단계) **법조문**(부동산등기법, 부동산등기규칙) 민법(제186조, 제187조단서, 제245조, 제592조, 제621조), 민사특별법 바탕	+	**등기 예규**·선례·**판례**

Ⅱ. 실무

등기부 떼서 '**권리(관계)분석**'+임장활동

■ 출제경향·학습전략

중요테마 출제경향		평균 출제문항수	학습전략
1. 등기에 관한 장부★		1	자신이 등기관이라고 생각하고 '실제 등기'를 해보면서, '실제 등기부'를 살펴 보면서 각 테마의 이해+관련 등기예규·선례, 판례 이해
2. 등기종류★★		2	
3. 등기효력★		1	
4. 등기절차★★★	Ⅰ. 총론(등기의 일반절차)	4	
	Ⅱ. 각론(각종 권리의 등기절차)	4	

출제자 의도

중개실무와 연관된 부동산등기법과 부동산등기규칙의 내용을 문제의 보기로 서술할 경우 그 내용이 옳은지 틀린지 구별할 수 있는가?

총 론

1. 개시
2. 접수
3. 심사
4. 실행
5. 완료
6. 완료 후

인증번호 : 58RQ-5S9E

개시

무선 인터넷에서 스마트폰으로 QR코드를 찍으면 동영상 강의를 보실 수 있습니다.

기출 Point

1. 단독신청이 가능한 경우
2. 등기관이 직권으로 등기하는 경우
3. 전자신청의 절차상 내용
4. 신청정보와 첨부정보의 내용
5. 등기가능여부 구별
6. 등기신청의 당사자능력의 유무 구별

출제자 의도

- 단독신청이 가능한 경우를 알고 있는가?
- 직권등기, 특히 직권말소등기의 구체적인 예를 알고 있는가?

핵심

등기개시 → 절차상 내용

등기**개시**의 **절차**상 내용을 이해하는 것이 핵심입니다.
구체적으로 다음 5가지가 있습니다.

1. 등기개시의 방법
2. 등기신청의 방법
3. 정보의 제공
4. 등기가부
5. 등기신청의 당사자능력

1. 등기개시의 방법

- 원칙 : 신청
  - (당사자)신청
    - 공동여부
      - 원칙 : 공동
      - 예외 : 단독
    - 강제성
      - 원칙 : ×
      - 예외 : ○
        - 부동산표시변경등기 : 1개월 이내
        - 소유권이전등기 : 60일 이내
  - (관공서)촉탁 – 법원(경매·소송등기) / 세무서(압류등기) / 행정관서(공공취득등기)
- 예외 : 법률규정
  - (등기관)직권
  - (법원)명령 – 각하 후 이의신청절차에 따른 명령 – 결정
    - 전 : 가등기명령
    - 후 : 실행·말소명령

등기는 원칙적으로 당사자의 **신청**에 의해서 개시가 된다. 특별히 당사자가 관공서인 경우의 신청을 **촉탁**이라고 부른다.

등기는 예외적으로 당사자가 아닌 등기관의 **직권**에 의하여 개시되거나 등기관의 처분에 대해서 당사자의 이의신청이 있는 경우에 있어서 법원의 **명령**에 의하여 개시가 되기도 한다.

[1] 신청

(1) 당사자 신청

등기는 원칙적으로 당사자인 등기권리자와 등기의무자가 **공동**으로 신청한다. 그러나 예외적으로 분쟁의 소지가 없는 경우(즉, 법적으로 누군가 피해볼 일이 없는 경우)에는 **단독**으로 신청할 수 있다. 분쟁의 소지가 없는 경우란 등기의무자가 없거나 등기신청의 진정성이 확보된 경우 등을 말한다.

■ 등기권리자 vs 등기의무자

구분	등기권리자	등기의무자
개념	등기하면 이익을 얻는 자를 말한다.	등기하면 불이익을 받는 자를 말한다.
(매매로 인한) 소유권이전등기	매수인(소유권이전등기를 받는 자)	매도인(소유권이전등기를 해주는 자)
(유증으로 인한) 소유권이전등기	수증자	유언집행자 (또는 상속인)
환매특약등기	(환매특약부 매매의) 매도인	(환매특약부 매매의) 매수인
신탁등기	수탁자	위탁자
지상권설정등기	지상권자	지상권설정자(토지소유자)
지상권이전등기	지상권양수인	지상권양도인(지상권자)
지역권설정등기	지역권자(요역지소유자)	지역권설정자(승역지소유자)
전세권설정등기	전세권자	전세권설정자(부동산소유자)
전전세권설정등기	전전세권자	전전세권설정자(전세권자)
(근)저당권설정등기	(근)저당권자	(근)저당권설정자
(근)저당권말소등기	(근)저당권설정자	(근)저당권자
임차권설정등기	임차권자	임차권설정자(부동산소유자)
소유권이전가등기에 기한 본등기	가등기권리자	가등기의무자(가등기할 당시의 의무자)(제3취득자×)

※종중명의로 소유권이전등기를 하는 경우 ┌ 등기권리자 : 종중(대표자×)
└ 등기신청인 : (종중의)대표자

■ 이해관계인

이해관계인이란 등기의 직접적인 당사자(즉, 등기권리자와 등기의무자)는 아니지만 등기가 실행되면 영향을 받는 자를 말한다.

- (해당되는 예) 1번 저당권말소회복등기 시 2번 저당권자 : 2번 저당권자는 1번 저당권이 말소되었을 때 실질적인 1순위로 순위가 상승했지만 다시 1번 저당권이 회복됨으로써 2순위로 다시 순위가 하락함으로써 영향을 받는자에 해당된다.
- (해당되지 않는 예) 1번 소유권말소회복등기 시 2번 소유권자는 이해관계인이 될 수 없다. 왜냐하면 비록 2번 소유권자가 영향을 받는 자이기는 하지만, 그 등기가 남아있지 않아서, 즉 말소되므로 이해관계인이 될 수 없다. 따라서 이해관계인이 되려면 말소되지 않고 살아남아 있을 것을 전제로 한다.

▮ 판례 등기권리자 ▮

근저당권이 설정된 후에 그 부동산의 소유권이 제3자에게 이전된 경우에는 현재의 소유자가 자신의 소유권에 기하여 피담보채무의 소멸을 원인으로 그 근저당권설정등기의 말소를 청구할 수 있음은 물론이지만, 근저당권설정자인 종전의 소유자도 근저당권설정계약의 당사자로서 근저당권소멸에 따른 원상회복으로 근저당권자에게 근저당권설정등기의 말소를 구할 수 있는 계약상 권리가 있으므로 이러한 계약상 권리에 터잡아 근저당권자에게 피담보채무의 소멸을 이유로 하여 그 근저당권설정등기의 말소를 청구할 수 있다(없다×)고 봄이 상당하고, 목적물의 소유권을 상실하였다는 이유만으로 그러한 권리를 행사할 수 없다고 볼 것은 아니다. [93다16338]

• 등기청구권 vs 등기신청권

① 등기청구권
등기권리자가 등기의무자에게 등기절차에 협력해 줄 것을 청구할 수 있는 권리 → 사법상 권리

② 등기신청권
일반 국민이 등기관에게 등기를 신청할 수 있는 권리 → 공법상 권리

■ 단독신청이 가능한 경우 ★

단독신청이 가능한 이유는 기본적으로 분쟁의 소지가 없기 때문이다. 분쟁의 소지가 없는 경우는 크게 등기의무자가 없는 경우와 등기신청의 진정성이 확보된 경우로 나누어 볼 수 있다.

구분	예
등기의무자가 없는 경우	• 소유권보존등기 • 소유권보존등기의 말소등기 • 포괄승계(예 : 상속, 법인의 합병)에 의한 이전등기 → 상속등기 : 상속인 전원이나 상속인 중 1명이 상속인 전원명의의 상속등기는 신청할 수는 있지만, 상속인 중 1명이 전원명의가 아닌 자기 지분만의 상속등기는 신청할 수 없다(있다×). → 상속등기 : 단독신청 vs 상속인등기 : 공동신청 vs 유증에 의한 이전등기 : 공동신청 • 부동산표시의 변경등기나 경정등기 • 등기명의인표시의 변경등기나 경정등기 → 등기명의인표시 : 등기명의인의 성명, 주민등록번호, 주소를 말한다. • 혼동으로 인한 권리의 말소등기 • 등기의무자가 소재불명된 경우의 말소등기 → 공시최고와 제권판결에 의해 말소등기를 등기권리자가 단독으로 신청할 수 있다. ※ 제권판결(除權判決) : 민사소송법상 공시최고절차를 거쳐 공시최고신청인의 신청에 의하여 공시최고의 대상인 사항에 관하여 실권선고를 하는 법원의 판결을 말한다. • 멸실등기
등기신청의 진정성이 확보된 경우	• 판결에 의한 등기 → 판결 : 원칙적으로 이행판결(이행판결과 동일한 효력이 있는 화해조서, 인락조서, 조정조서 포함)(확인판결×, 형성판결×, 공정증서×, 가집행선고×)을 의미한다. 다만 공유물분할판결은 형성판결이지만 예외적으로 단독신청이 가능하다. → 이행판결 : 승소한 등기권리자나 등기의무자 모두 단독으로 등기를 신청할 수 있지만 패소한 등기의무자는 단독으로 등기를 신청할 수 없다. (Why? 분쟁의 소지가 있으므로) → 공유물분할판결 : 승소한 원고나 패소한 피고를 불문하고 모두(승소한 원고만이×) 단독으로 등기를 신청할 수 있다. (Why? 분쟁의 소지가 없으므로) → 판결이 확정된 후 10년이 경과해도 등기신청은 각하되지 않고 가능(불가능×)하다. (Why? 등기신청권은 소멸시효 대상이 아니므로) • 가등기의무자의 승낙이 있거나 가등기가처분명령이 있는 경우의 가등기 • 가등기명의인에 의한 가등기말소등기 • 가등기명의인의 승낙이 있거나 이에 대항할 수 있는 재판의 등본이 첨부된 경우의 가등기말소등기 • 수용으로 인한 소유권이전등기

※ 단독신청으로 착각하기 쉬운 '공동신청'

① 말소회복등기
② 상속인에 의한 등기(상속인등기) ↔ 상속으로 인한 등기(상속등기) : 단독신청
③ 유증에 의한 이전등기
④ 공정증서에 의한 등기 ↔ 판결에 의한 등기 : 단독신청
⑤ 소유권포기를 원인으로 한 소유권이전등기
⑥ 수용재결이 실효된 경우 수용을 원인으로 하여 경료된 소유권이전등기의 말소등기
⑦ (실질적으로) 갑·을 공유의 부동산이 갑 명의로만 소유권보존등기가 경료되어 있어 갑의 승낙서를 첨부하여 갑·을 공동명의의 경정등기
⑧ 환매권실행등기 시 환매특약등기 이후의 중간처분등기의 말소등기 ↔ 가등기에 기한 본등기 시 중간처분등기의 말소등기, 환매권실행 시 환매특약등기의 말소등기 : 직권

※ '동시신청'하여야 하는 경우

① 1동 건물에 속하는 구분건물 중 일부만에 관하여 (소유권)보존등기를 하면서 나머지 구분건물에 대하여 표시에 관한 등기를 동시에 신청하여야 한다.
② 건물신축으로 인하여 구분건물이 아닌 건물이 구분건물로 된 경우 신축건물의 소유권보존등기는 다른 건물의 표시에 관한 등기와 동시에 신청하여 한다. → ①과 같은 개념
③ 소유권이전등기와 환매특약등기는 동시에 신청하여야 한다. (민법 제590조제①항)
④ 신탁으로 인한 소유권이전등기와 신탁등기는 동시에 신청하여야 한다.

→ 동시에 신청하여야 하는데 나중에 신청하는 경우 : 각하사유(2번째 : 사건이 등기할 것이 아닌 경우)에 해당된다. 이를 간과하고 등기가 실행된 경우 그 등기는 무효이고 등기관은 이를 직권으로 말소하여야 한다.

※ 등기신청의무가 있는 경우 (부동산등기특별조치법 제2조)

제2조 소유권이전등기등 신청의무

① 부동산의 소유권이전을 내용으로 하는 계약을 체결한 자는 다음 각호의 1에 정하여진 날부터 60일(30일×) 이내에 소유권이전등기를 신청하여야 한다.(원칙) 다만, 그 계약이 취소·해제되거나 무효인 경우에는 그러하지 아니하다.(예외)
1. 계약의 당사자가 서로 대가적인 채무를 부담하는 경우에는 반대급부의 이행이 완료된 날
2. 계약당사자의 일방만이 채무를 부담하는 경우에는 그 계약의 효력이 발생한 날

② 제1항의 경우에 부동산의 소유권을 이전받을 것을 내용으로 하는 계약을 체결한 자가 제1항 각호에 정하여진 날 이후 그 부동산에 대하여 다시 제3자와 소유권이전을 내용으로 하는 계약이나 제3자에게 계약당사자의 지위를 이전하는 계약을 체결하고자 할 때에는 그 제3자와 계약을 체결하기 전에 먼저 체결된 계약에 따라 소유권이전등기를 신청하여야 한다.

③ 제1항의 경우에 부동산의 소유권을 이전받을 것을 내용으로 하는 계약을 체결한 자가 제1항 각호에 정하여진 날 전에 그 부동산에 대하여 다시 제3자와 소유권이전을 내용으로 하는 계약을 체결한 때에는 먼저 체결된 계약의 반대급부의 이행이 완료되거나 계약의 효력이 발생한 날부터 60일 이내에 먼저 체결된 계약에 따라 소유권이전등기를 신청하여야 한다.

④ 국가·지방자치단체·한국토지주택공사·한국수자원공사 또는 토지구획정리조합(1999년 5월 1일 전에 조합설립의 인가를 받아 토지구획정리사업의 시행자인 토지구획정리사업법에 의한 토지구획정리조합에 한한다)이 택지개발촉진법에 의한 택지개발사업, 토지구획정리사업법에 의한 토지구획정리사업 또는 산업입지 및 개발에 관한 법률에 의한 특수지역개발사업(주거시설용 토지에 한한다)의 시행자인 경우에 당해시행자와 부동산의 소유권을 이전받을 것을 내용으로 하는 계약을 최초로 체결한 자가 파산 기타 이와 유사한 사유로 소유권이전등기를 할 수 없는 때에는 지방자치단체의 조례로 정하는 자에 대하여 제2항 및 제3항의 규정을 적용하지 아니한다.

⑤ 소유권보존등기가 되어 있지 아니한 부동산에 대하여 소유권이전을 내용으로 하는 계약을 체결한 자는 다음 각호의 1에 정하여진 날부터 60일 이내에 소유권보존등기를 신청하여야 한다.

1. 「부동산등기법」 제65조에 따라 소유권보존등기를 신청할 수 있음에도 이를 하지 아니한 채 계약을 체결한 경우에는 그 계약을 체결한 날
2. 계약을 체결한 후에 「부동산등기법」 제65조에 따라 소유권보존등기를 신청할 수 있게 된 경우에는 소유권보존등기를 신청할 수 있게 된 날

(2) 대리인 신청

등기신청은 원칙적으로 당사자가 신청할 수 있지만 예외적으로 그 대리인이 등기를 신청할 수 있다.

① 대리인은 의사능력이 필요하지만 행위능력은 필요 없다(있다×). (민법 제117조)

② 임의대리인과 법정대리인 모두 등기신청이 가능하다.

↔ 미성년자를 보호하기 위하여 미성년자의 이해와 상반되는 다음과 같은 행위를 할 경우 법정대리인이 아닌 특별대리인 선임을 요한다.

- 미성년자 소유의 부동산에 대하여 법정대리인이 친권자를 채무자로 하는 (근)저당권설정등기
- 미성년자 갑·을의 공유 토지를 분필하여 갑과 을의 각 토지의 단독소유로 하는 공유물분할등기
- 미성년자가 포함된 상속재산의 협의분할시

③ 대리권은 등기신청 접수시까지만 있으면 족하다. 따라서 본인 사망 후 등기가 되더라도 유효(무효×)하다.

④ 방문신청의 경우 변호사나 법무사가 아닌 임의대리인도 가능하지만 전자신청의 경우 변호사나 법무사가 아닌 임의대리인은 불가능(가능×)하다.

→ 변호사나 법무사가 대리인(자격자 대리인)인 경우 : 지방법원장이 허가한 사무원(1인만)(모든 사무원×)도 대리인 신청이 가능하다. 허가받은 사무원은 보정행위도 가능하다. [등기예규 제1110호 제5조제②항]

⑤ 등기신청은 채무이행에 해당되므로 자기계약(상대방대리)·쌍방대리가 가능(불가능×)하다. (민법 제124조 단서)

⑥ 대리권의 흠결이 있는 자나 대리권이 없는 자(무권대리인)이 등기를 신청하는 경우 이는 각하사유(3번째 : 신청할 권한이 없는 자가 신청한 경우)에 해당된다. 그러나 이를 간과하고 등기가 된 경우에는 실체관계에 부합하거나 사후 본인의 추인이 있는 경우에는 유효(무효×)한 등기가 된다.

(3) 제3자 신청

등기신청은 원칙적으로 당사자가 신청할 수 있지만 다음의 경우는 예외적으로 제3자가 등기를 신청할 수 있다.

① 상속인·포괄승계인 : 등기원인이 발생한 이후에 등기권리자나 등기의무자에 대하여 상속이나 그 밖의 포괄승계가 이루어진 경우 그 상속인이나 포괄승계인인 제3자가 그 등기를 신청할 수 있다.

■ 상속등기 vs 상속인등기 vs 유증에 의한 등기

구분	상속등기 (상속으로 인한 등기)	상속인등기 (상속인에 의한 등기)	유증으로 인한 등기
개념	피상속인의 사망으로 피상속인의 권리를 상속인 앞으로 이전하는 등기를 말한다.	피상속인이 사망 전에 매매 등으로 등기의무자가 된 경우 피상속인(망자)을 대신하여 상속인이 등기권리자 앞으로 이전하는 등기를 말한다.	유증에 의한 등기를 말한다.
등기원인	상속	상속이외의 원인(매매 등)	유증
신청	(상속인의) 단독신청	(상속인과 등기권리자의) 공동신청	(유언집행자와 수증자의) 공동신청
등기필정보 제공여부	×	○	○
소유권보존등기 가능여부	○	–	△ ┌ 포괄유증 : ○ └ 특정유증 : × (먼저 유언집행자가 유증자의 상속인 명의로 소유권보존등기를 한 다음 수증자 명의로 유증으로 인한 소유권이전등기를 하여야 한다. [등기예규 제1024호])

② 대위자

㉠ 채권자 : 채권자는 채무자를 대위하여 채권자(채무자×) 자신의 이름으로 등기를 신청할 수 있다.

㉡ 구분건물소유자 : 구분건물이 완공된 후 그 소유자 중 일부가 자기의 구분건물에 대한 (소유권)보존등기를 신청하는 경우 다른 구분건물의 표시에 관한 등기(소유권보존등기×)를 대위하여 신청할 수 있다. → Why? 개개의 구분건물의 소유권보존등기는 구분건물 전체에 대한 표시에 관한 등기와 동시에 신청하여야 하므로. 동시에 신청하지 않을 경우 각하사유 2번째(사건이 등기할 것이 아닌 경우)에 해당된다.

㉢ 대지소유자 : 대지와 건물의 소유자가 다른 경우 건물이 멸실될 때 건물소유자가 1월 이내에 건물의 멸실등기를 신청하지 않으면 건물소유자가 아닌 제3자인 대지소유자가 건물소유자를 대위하여 건물의 멸실등기를 신청할 수 있다.

㉣ 위탁자나 수익자 : 위탁자나 수익자는 수탁자를 대위하여 신탁등기를 신청할 수 있다.

▌판례 상속인등기 ▌

피상속인 소유의 부동산에 관하여 피상속인과의 사이에 매매 등의 원인행위가 있었으나 아직 등기신청을 하지 않고 있는 사이에 상속이 개시된 경우, 상속인은 신분을 증명할 수 있는 서류를 첨부하여 피상속인으로부터 바로 원인행위자인 매수인 등 앞으로 소유권이전등기를 신청할 수 있고(없고×), 그러한 경우에는 상속등기를 거칠 필요가 없이 바로 매수인 앞으로 등기명의를 이전할 수 있으며, 이러한 법리는 상속인과 등기권리자의 공동신청에 의한 경우뿐만 아니라 피상속인과의 원인행위에 의한 권리의 이전·설정의 등기청구권을 보전하기 위한 처분금지가처분신청의 인용에 따른 법원의 직권에 의한 가처분기입등기의 촉탁에서도 그대로 적용되므로, 상속관계를 표시한 기입등기의 촉탁이 있을 경우 적법하게 상속등기를 거침이 없이 가처분기입등기를 할 수 있다. [94다23999]

★★★
[2] 직권

다음의 경우는 등기가 당사자의 신청이 아닌 등기관의 직권에 의하여 개시된다.

구분	직권등기	비고
변경등기	• 지적소관청의 토지표시에 대한 불부합(불일치) 통지에 따른 등기부 표시란 변경등기 • 행정구역 또는 그 명칭이 변경된 경우의 부동산 표시 또는 등기명의인표시(주소) 변경등기 • 소유권이전등기를 신청함에 있어 등기의무자의 주소증명서면에 따라 주소변경 사실이 명백한 경우의 등기명의인표시(주소) 변경등기	변경등기 : 후발적으로 「등기≠실체관계(일부)」인 경우 그 일부를 변경하는 등기를 말한다.
경정등기	• 등기관(신청인×)의 과오(잘못)로 등기사항의 착오 또는 유루(빠짐)가 있는 경우의 경정등기 ↔ 신청인의 과오로 등기사항의 착오 또는 유루가 있는 경우의 경정등기는 당사자의 신청에 의하여 개시된다.	경정등기 : 원시적으로 「등기≠실체관계(일부)」인 경우 그 일부를 변경하는 등기를 말한다.
말소등기	• 관할위반 등기의 말소등기 • 사건이 등기할 것이 아닌 경우의 말소등기 • 하나의 부동산에 대한 중복된 소유권보존등기기록 중 나중에 개설된 소유권보존등기의 말소등기 • 환매에 의한 권리취득등기(환매권 행사) 후의 환매특약등기의 말소등기 • 토지수용으로 인한 소유권이전등기 시 다른 권리의 말소등기 ↔ 소유권보존등기, 수용(개시)일 이전에 경료된 소유권이전등기, 수용일 이전의 상속을 원인으로 한 수용일 이후의 소유권이전등기, 그 토지를 위하여 존재하는 지역권등기, 토지수용위원회의 재결에 의해 그 존속이 인정된 권리의 등기는 말소되지 않는다. • 가등기에 기한 본등기시 중간처분등기의 말소등기 • 가처분권자가 본안승소판결에 따라 소유권이전등기의 말소신청을 하는 경우 가처분등기 이후의 각종 등기의 말소등기 • 가처분등기 이후의 등기를 말소할 때의 가처분등기의 말소등기 • 말소등기시 그 말소될 권리를 목적으로 하는 제3자의 권리의 말소등기 • 위조된 등기의 말소등기	• 말소등기 : 원시적·후발적으로 「등기≠실체관계(전부)」인 경우 그 전부를 소멸시키는 등기를 말한다. • 중간처분(의)등기 : 가등기 이후부터 그 가등기에 기한 본등기가 이루어지기 직전까지 이루어진 등기를 말한다.
말소회복등기	• 등기관의 과오로 부적합하게 말소된 경우 말소회복등기 • 가등기에 기한 본등기가 경료된 이후 그 본등기를 말소하는 경우 그 전에 직권말소된 중간처분등기의 말소회복등기	말소회복등기 : 기존등기의 전부 또는 일부가 부적합하게 말소된 경우 이를 회복하기 위한 등기를 말한다.

구분	직권등기	비고
소유권 보존등기	• 미등기 부동산에 대한 법원의 소유권처분제한[가압류·(처분금지)가처분·(강제)경매신청]의 등기촉탁이 있는 경우의 소유권보존등기 • 미등기 주택·상가에 대한 법원의 임차권등기명령제에 의한 임차권의 등기촉탁이 있는 경우의 소유권보존등기	소유권보존등기는 원칙적으로 소유권자의 단독신청에 의해 개시된다.
지역권 등기	• 승역지에 지역권등기를 한 후 요역지에 하는 지역권등기	승역지의 지역권등기는 당사자의 신청에 의해 개시된다.
대지권이라는 뜻의 등기	• 토지등기부에 하는 대지권이라는 뜻의 등기 ↔ 대지권등기는 당사자의 신청에 의하여 개시된다.	• 대지권 등기 : 당사자의 신청에 의해 구분건물등기부의 표제부에 기록된다. • 대지권이라는 뜻의 등기 : 등기관의 직권에 의해 토지등기부 해당구(갑구·을구)에 기록된다.

2. 등기신청의 방법

출제자 의도

전자신청의 절차상 내용을 알고 있는가?

- 방문신청 : 본인(모두) vs 대리인(모두, 단 의사능력 필요) vs 제3자(일부만)
- 전자신청
  - 본인 [人(자연인 · 법인)만] vs 대리인(자격자 대리인만)
  - 사용자 인증
    - 자연인(사용자등록번호 + 공인인증서)
    - 법 인(× + 전자인증서)
    - 관공서(× + 전자인증서)

등기신청의 방법으로는 당사자나 대리인이 직접 등기소를 방문하여 신청하는 방문신청과 전산정보처리조직을 이용하는 전자신청이 있다.

(1) 방문신청

방문신청이란 당사자 또는 그 대리인이 등기소에 직접 출석하여 등기를 신청하는 것을 말한다.

① 신청가능자 : 당사자(외국인 포함) 또는 그 대리인

→ 방문신청의 대리인은 자격자대리인(변호사나 법무사) 뿐만 아니라 비자격자대리인도 가능(불가능×)하다. 자격자대리인의 경우 대법원규칙으로 정하는 사무원(모

든 사무원×)을 등기소에 출석하게 하여 그 서면을 제출할 수 있다. 자격자대리인의 사무원은 자격자대리인의 사무소 소재지를 관할하는 지방법원장이 허가하는 1명으로 한다. 다만, 법무법인·법무법인(유한)·법무조합 또는 법무사법인·법무사법인(유한)의 경우에는 그 구성원 및 구성원이 아닌 변호사나 법무사 수만큼의 사무원을 허가할 수 있다.

② 일정한 경우에는 인감증명을 제출하여야 한다. → 인감증명에 관한 자세한 내용은 「3. 등기신청에 필요한 정보」 중 '인감증명' 참고

★★★

(2) 전자신청

당사자 또는 그 대리인이 등기소에 직접 출석하지 않고 전산정보처리조직을 이용하여(인터넷으로) 등기를 신청하는 것을 말한다.

① 신청가능자 : 당사자(외국인 포함) 또는 그 대리인

→ 외국인의 경우에는 다음 어느 하나에 해당하는 요건을 갖추어야 한다.

> 1. 「출입국관리법」에 따른 외국인등록
> 2. 「재외동포의 출입국과 법적 지위에 관한 법률」에 따른 국내거소신고

→ 전자신청의 대리인은 자격자대리인(변호사나 법무사)만 가능하다. 비자격자대리인은 불가능(가능×)하다.

→ 권리능력 없는(법인 아닌, 비법인) 사단·재단은 (대표자라도) 전자신청을 할 수 없다(있다×).

② 전자신청을 하는 경우에는 신청정보의 내용으로 등기소에 제공하여야 하는 정보를 전자문서로 등기소에 송신하여야 한다. 이 경우 사용자등록번호(인감증명서정보×)도 함께 송신하여야 한다. 이 경우에는 첨부정보로서 등기소에 제공하여야 하는 정보를 전자문서로 등기소에 송신하거나 대법원예규로 정하는 바에 따라 등기소에 제공하여야 한다.

전자문서를 송신할 때에는 다음 각 호의 구분에 따른 신청인 또는 문서작성자의 전자서명정보(공인인증서 등)를 함께 송신하여야 한다.

> 1. 개인 : 「전자서명법」의 공인인증서
> 2. 법인 : 「상업등기법」의 전자증명서
> 3. 관공서 : 대법원예규로 정하는 전자인증서

③ 전자신청을 하기 위해서는 그 등기신청을 하는 당사자 또는 등기신청을 대리할 수 있는 자격자대리인이 최초의 등기신청 전에 **사용자등록**을 하여야 한

다. 사용자등록을 신청하는 당사자 또는 자격자대리인은 등기소에 출석하여 대법원예규로 정하는 사항을 적은 신청서를 제출하여야 한다. 사용자등록 신청서에는 「인감증명법」에 따라 신고한 인감을 날인하고, 그 인감증명과 함께 주소를 증명하는 서면을 첨부하여야 하는데 신청인이 자격자대리인인 경우에는 추가적으로 그 자격을 증명하는 서면의 사본도 첨부하여야 한다. 법인이 「상업등기규칙」에 따라 전자증명서의 이용등록을 한 경우에는 사용자등록을 한 것으로 본다.

■ 사용자등록

1. 유효기간
- 사용자등록의 유효기간은 3년으로 한다.
- 유효기간이 지난 경우에는 사용자등록을 다시 하여야 한다.
- 사용자등록의 유효기간 만료일 3개월 전부터 만료일까지는 그 유효기간의 연장을 신청할 수 있으며, 그 연장기간은 3년으로 한다.
- 유효기간 연장은 전자문서로 신청할 수 있다.

2. 효력정지
- 사용자등록을 한 사람은 사용자등록의 효력정지, 효력회복 또는 해지를 신청할 수 있다.
- 사용자등록의 효력정지 및 해지의 신청은 전자문서로 할 수 있다.
- 등기소를 방문하여 사용자등록의 효력정지, 효력회복 또는 해지를 신청하는 경우에는 신청서에 기명날인 또는(및×) 서명을 하여야 한다.

3. 변경
- 사용자등록 후 사용자등록정보가 변경된 경우에는 대법원예규로 정하는 바에 따라 그 변경된 사항을 등록하여야 한다.
- 사용자등록번호를 분실하였을 때에는 사용자등록을 다시 하여야 한다.

④ 등기관이 등기를 완료한 때에는 전산정보처리조직에 의하여 등기필정보의 송신 및 등기완료사실의 통지를 하여야 한다.

3. 등기신청에 필요한 정보

- 신청정보
  - 항목(부동산등기용등록번호, 등기필정보)
  - 필요적 기록사항 vs 임의적 기록사항 ∞ (연계) 소유권외 등기
- 첨부정보 : 항목(등기필정보, 등기원인증명정보, 인감증명, 사원총회결의서, 도면)

등기를 신청할 때 제공하는 정보로는 기본적으로 제공하는 신청정보와 추가적으로 제공하는 첨부정보로 나누어볼 수 있다.

출제자 의도

- 등기신청에 필요한 신청정보와 첨부정보의 내용을 알고 있는가?
- 각 등기신청별 각 첨부정보의 제공 여부를 구별할 수 있는가?

그 구체적인 내용은 다음과 같다.

(1) 신청정보

① 제공방법

- 원칙 : 1건 1신청주의(등기신청 1건당 1개의 부동산에 관한 신청정보를 제공하여야 하는 것이 원칙이다.)
- 예외 : 다(多)건 1신청주의(일괄신청주의)(등기신청이 여러 건인데 신청정보를 일괄하여 제공하는 것을 말한다. 다음의 경우에는 1건의 신청정보로 일괄하여 신청하거나 촉탁할 수 있다.)

1. 같은 채권의 담보를 위하여 소유자가 다른 여러 개의 부동산에 대한 저당권설정등기(공동저당등기)를 신청하는 경우
   → Why? 등기원인과 등기목적이 동일하므로
2. 법 제97조 각 호의 등기를 촉탁하는 경우

   제97조 공매처분으로 인한 등기의 촉탁
   관공서가 공매처분(公賣處分)을 한 경우에 등기권리자의 청구를 받으면 지체 없이 다음 각 호의 등기를 등기소에 촉탁하여야 한다.
   1. 공매처분으로 인한 권리이전의 등기
   2. 공매처분으로 인하여 소멸한 권리등기(權利登記)의 말소
   3. 체납처분에 관한 압류등기의 말소

   → Why? 등기가 일괄하여 실행되므로
3. 「민사집행법」 제144조제1항 각 호의 등기를 촉탁하는 경우

   제144조 매각대금 지급 뒤의 조치
   ① 매각대금이 지급되면 법원사무관등은 매각허가결정의 등본을 붙여 다음 각호의 등기를 촉탁하여야 한다.
   1. 매수인 앞으로 소유권을 이전하는 등기
   2. 매수인이 인수하지 아니한 부동산의 부담에 관한 기입을 말소하는 등기
   3. 제94조 및 제139조제1항의 규정에 따른 경매개시결정등기를 말소하는 등기

   → Why? 등기가 일괄하여 실행되므로

② 내용

등기를 신청하는 경우에는 다음의 사항을 신청정보의 내용으로 등기소에 제공하여야 한다.

1. 다음 각 목의 구분에 따른 부동산의 표시에 관한 사항
   가. 토지 : 소재, 지번, 지목, 면적
   나. 건물 : 소재, 지번, 건물번호(같은 지번 위에 1개의 건물만 있는 경우에는 건물번호는 기록하지 아니함), 건물의 종류, 구조, 면적(부속건물이 있는 경우에는 부속건물의 종류, 구조와 면적도 함께)
   다. 구분건물 : 1동의 건물의 표시로서 소재지번·건물명칭및 번호·구조·종류·면적, 전유부분의 건물의 표시로서 건물번호·구조·면적, 대지권이 있는 경우 그 권리의 표시. 다만, 1동의 건물의 구조·종류·면적은 건물의 표시에 관한 등기나 소유권보존등기를 신청하는 경우로 한정한다.

2. 신청인의 성명(또는 명칭), 주소(또는 사무소 소재지) 및 주민등록번호(또는 부동산등기용등록번호)
3. 신청인이 법인인 경우 : 법인 대표자의 성명과 주소
4. 신청인이 법인 아닌 사단이나 재단인 경우 : 법인 아닌 사단이나 재단의 대표자나 관리인의 성명, 주소, 주민등록번호
5. 대리인에 의하여 등기를 신청하는 경우 : 대리인 성명과 주소
6. 등기원인과 그 연월일 → 소유권보존등기 : 등기원인이 없으므로 기재하지 않는다.
7. 등기의 목적
8. 등기필정보(공동신청 또는 승소한 등기의무자의 단독신청에 의하여 권리에 관한 등기를 신청하는 경우)
9. 등기소의 표시
10. 신청연월일
11. 거래가액[매매계약을 등기원인으로 하는 소유권이전등기(본등기O, 가등기×)를 신청하는 경우]
   → 시장·군수 또는 구청장으로부터 제공받은 거래계약신고필증정보는 첨부정보로서 등기소에 제공하여야 한다.
12. 지분(등기할 권리자가 2인 이상인 경우, 즉 공동소유 중 공유인 경우)
   → 공동소유가 합유일 때에는 합유라는 뜻(합유 지분×)을 신청정보의 내용으로 등기소에 제공하여야 한다.
13. 취득세나 등록면허세 등 등기와 관련하여 납부하여야 할 세액 및 과세표준액

■ (부동산등기용)등록번호 부여기관(법 제49조)

구분	부동산등기용 등록번호 부여기관
국가, 지방자치단체, 외국정부, 국제기관	국토교통부장관이 지정·고시
주민등록번호가 없는 재외국민	대법원 소재지 관할 등기소의 등기관
외국인	체류지 관할 지방출입국·외국인관서의 장 → 국내에 체류지가 없는 경우는 대법원 소재지에 체류지가 있는 것으로 본다.
법인	주된 사무소 소재지 관할 등기소의 등기관 → 주된 사무소란 회사의 경우에는 본점, 외국회사의 경우에는 국내영업소를 말한다.
법인 아닌 사단·재단, 국내에 영업소나 사무소의 설치등기를 하지 아니한 외국법인	시장·군수·구청장(등기관×)

출제자 의도

각각의 등록번호 부여기관을 구별할 수 있는가?(특히, 등기관이 아닌 경우에 주의!)

■ ★ 등기필정보

등기필정보란 옛날의 등기필증이나 등기권리증을 의미한다. 즉, 전산적 관점에서 집문서, 땅문서를 의미한다.

신청정보의 내용으로 등기소에 제공되는 등기필정보는 등기의무자(등기권리자×)의 것이다. 따라서 등기의무자가 없는 경우에는 등기필정보를 제공할 필요가 없다. **등기필정보의 제공을 요(O)하는 경우와 요하지 않는(×) 경우**는 다음 표와 같이 정리할 수 있다.

구분	등기필정보 제공 O	등기필정보 제공 ×
단독신청		1. 소유권보존등기 2. 부동산표시 변경·경정등기 3. 등기명의인표시 변경·경정등기
판결	승소한 등기의무자(등기권리자×)가 단독으로 등기를 신청하는 경우	승소한 등기권리자가 단독으로 등기를 신청하는 경우
상속	상속인등기(상속인에 의한 등기)	상속등기(상속으로 인한 등기)
촉탁등기		1. 관공서가 등기권리자나 등기의무자로 촉탁하는 경우 2. 관공서가 촉탁에 의하지 않고 법무사나 변호사에게 위임하여 등기를 신청하는 경우 3. 경매·공매·수용에 의하여 등기를 촉탁하는 경우

※ 등기필정보가 멸실된 경우 대처방법(본인확인 방법)

등기의무자의 등기필정보가 없을 때에는 등기의무자 또는 그 법정대리인(이하 '등기의무자등')이 등기소에 출석하여 등기관으로부터 등기의무자등임을 확인받아야 한다. 다만, 등기신청인의 대리인(변호사나 법무사만을 말한다)이 등기의무자등으로부터 위임받았음을 확인한 경우 또는 신청서(위임에 의한 대리인이 신청하는 경우에는 그 권한을 증명하는 서면을 말한다) 중 등기의무자등의 작성부분에 관하여 공증(公證)을 받은 경우에는 그러하지 아니하다.

① 등기의무자 본인이나 그 법정대리인이 직접 등기소에 출석하여 등기관으로부터 등기의무자임을 확인받는 방법
② 자격자대리인(법무사나 변호사)이 등기의무자로부터 위임받았음을 확인받는 방법
③ 공증사무소에서 공증으로 확인받는 방법

※ 등기필정보가 없는 경우 확인조서 등에 관한 예규 [등기예규 제1602호]

1. 목적

이 예규는 「부동산등기법」제51조 및 「부동산등기규칙」 제111조 에 따라 등기관이 등기기록상 등기의무자 또는 그 법정대리인(이하 '등기의무자등' 이라 한다) 본인임을 확인하고 확인조서를 작성하는 경우와 자격자대리인이 등기의무자등을 확인하고 확인서면을 작성하는 경우의 업무처리에 관한 구체적인 사항을 규정함을 목적으로 한다.

2. 등기관이 확인조서를 작성하는 경우

가. 확인의 대상

(1) 등기관은 출석한 사람이 등기의무자등임을 확인하고 「부동산등기사무의 양식에 관한 예규」별지 제30호 양식에 따라 조서를 작성하여야 한다. 등기의무자의 법정대리인을 확인하였다면 조서의 [등기의무자]란에 법정대리인임을 표시한다.

(2) 등기의무자가 법인인 경우에는 출석한 사람이 법인의 대표자임을, 법인 아닌 사단이나 재단인 경우에는 대표자 또는 관리인임을 확인하고, 위 예규 별지 제30-1호 양식에 따라 조서를 작성하여야 한다. 공동대표의 경우에는 각 공동대표자별로 확인조서를 작성한다.

나. 확인의 방법

(1) 등기관은 주민등록증, 외국인등록증, 국내거소신고증, 여권 또는 국내 운전면허증(이하 '신분증' 이라 한다)에 따라 본인 여부를 확인하여야 한다. 신분증이 오래되거나 낡은 등의 사정으로 본인 여부를 판단하기 어려운 경우 등기관은 신분증을 재발급 받아 제출하게 하거나 다른 종류의 신분증을 제출할 것을 요구할 수 있다.

(2) 등기관은 확인조서의 [본인확인정보]란에 확인한 신분증의 종류를 기재하고, 그 신분증의 사본을 조서에 첨부하여야 한다.

(3) 신분증만으로 본인 확인이 충분하지 아니한 경우 등기관은 가능한 여러 방법을 통하여 본인 여부를 확인할 수 있고, 필요한 경우 신분증을 보완할 수 있는 정보(예시 : 인감증명 등)의 제출을 요구할 수 있다.

(4) 신분증 외의 정보를 제공받은 경우 이를 신분증의 사본과 함께 조서에 첨부하고, 그 정보의 종류를 [본인확인정보]란에 추가 기재한다.

다. 등기의무자등의 필적기재

(1) 등기관은 등기의무자등으로 하여금 확인조서의 [필적기재]란에 예시문과 동일한 내용 및 본인의 성명을 본인 필적으로 기재하게 한다.

(2) 필적을 기재하지 못할 특별한 사정이 있는 경우(양 팔이 없는 경우 등) 필적기재를 생략하고 등기관은 이와 같은 취지를 [비고]란에 기재한다

3. 자격자대리인이 확인서면을 작성하는 경우

가. 자격자대리인은 직접 위임인을 면담하여 위임인이 등기의무자등 본인임을 확인하고 확인서면을 작성하여야 한다. 등기의무자가 개인인 경우에는 별지 제1호 양식에 의하되, 등기의무자의 법정대리인을 확인한 때에는 등기의무자란에 등기의무자의 법정대리인임을 표시하고, 법인 또는 법인 아닌 사단?재단의 경우에는 별지 제2호 양식에 의한다.

나. [특기사항]란에는 등기의무자등을 면담한 일시, 장소, 당시의 상황 그 밖의 특수한 사정을 기재한다.

(예시) 0000. 00. 00. 오후 세시경 강남구 일원동 소재 00병원 00호실로 찾아가 입원중인 등기의무자를 면담하고 본인임을 확인함. 환자복을 입고 있었고 부인과 군복을 입은 아들이 함께 있었음

다. [우무인]란에는 등기의무자등의 우무인을 찍도록 하되 자격자대리인은 무인이 선명하게 현출되었는지 확인하여야 하고, 무인이 선명하게 현출되지 않은 경우 다시 찍도록 하여 이를 모두 확인서면에 남겨둔다. 우무인을 찍는 것이 불가능한 특별한 사정(엄지손가락의 절단 등)이 있는 경우 좌무인을 찍도록 하되, [특기사항]란에 좌무인을 찍은 취지와 구체적 사유를 기재한다. 만일 우무인과 좌무인을 모두 찍을 수 없는 특별한 사정이 있는 경우 날인을 생략하고, [특기사항]란에 날인을 생략하게 된 취지와 구체적 사유를 기재한다.

(예시) 양 팔이 모두 없어 무인을 찍을 수 없었으며, 주민등록증으로 본인임을 분명히 확인하였음

라. 그 밖에 확인의 대상과 방법 및 필적기재에 관한 사항은 성질에 반하지 아니하는 범위에서 위 2. 를 준용한다.

4. 외국인 및 재외국민의 처분위임에 의한 등기절차에 있어서 등기필정보가 없는 경우

등기예규인「외국인 및 재외국민의 국내 부동산 처분 등에 따른 등기신청절차」에서 정한 절차에 따라 국내부동산을 처분하고 등기신청을 할 경우, 등기필정보가 없을 때에는 그 처분권한 일체를 수여하는 내용의 위임장(재외국민의 경우에는 그 위임장에 인감도 찍어야 한다)에는 "등기필정보가 없다"등의 뜻도 기재하여 공증인의 공증(재외국민의 경우에는 재외공관의 공증도 가능)을 받고 등기필정보 대신 그 위임장을 제출하여야 한다.

■ 등기필정보 및 등기완료통지

등기필정보 및 등기완료통지

대리인 : 일반인 홍평희

권 리 자 : 홍평희
(주민)등록번호 : [illegible]
주 소 : 경기도 여주군 여주읍 [illegible]

부동산고유번호 : 1312-1996-040892
부 동 산 소 재 : [전유] 경기도 여주군 여주읍 [illegible]

접 수 일 자 : 2007년8월8일 접 수 번 호 : 28554
등 기 목 적 : 소유권이전
등기원인및일자 : 2007년08월01일 매매

▶ 부착기준점

일련번호 : JG9M-[illegible]
비밀번호 (기재순서:순번-비밀번호)

>>등기필정보는 종래의 등기필증을 대신하여 발행된 것입니다.

전자신청등기소에서는 등기 완료후 종래와 같이 등기필증을 교부하지 아니하고, 그 대신에 등기유형에 따라 등기필정보 또는 등기완료통지서를 발행합니다.

>>등기필정보 사용 · 관리상의 주의사항

1. 보안스티커 안에는 다음에 등기신청 시 필요한 일련번호와 50개의 비밀번호가 기재되어 있습니다.
2. 등기신청 시 보안스티커를 떼어내고 **일련번호와 비밀번호 1개를 임의로 선택하여 해당 순번과 함께 신청서에 기재**하면 종래의 등기필증을 첨부한 것과 동일한 효력이 있으며, 등기필정보서면 자체를 첨부하는 것이 아님에 유의하시기 바랍니다.
3. 따라서 등기신청 시 등기필정보서면을 거래상대방이나 대리인에게 줄 필요가 없고, 대리인에게 위임한 경우에는 일련번호와 비밀번호 50개 중 1개와 해당 순번만 알려주시면 됩니다.
4. 만일 등기필정보의 비밀번호 등을 다른 사람이 안 경우에는 종래의 등기필증을 분실한 것과 마찬가지의 위험이 발생하므로 철저하게 관리하시기 바랍니다.

※경 고 **권리자 본인의 허락 없이 이 스티커를 떼어내거나 비밀번호 또는 일련번호를 알아낼 경우 관계 법령에 따라 민 · 형사상의 책임을 질 수 있습니다.**

수원지방법원 여주지원 등기계

- 이 서면은 부동산등기법 제177조의 9에 따라 등기필증을 대신하여 발행한 것입니다.
- 앞으로 등기신청할 경우에는 일련번호와 50개의 비밀번호 중 1개를 선택하여 기재해야 합니다.
- 한번 사용한 비밀번호는 재사용이 안되므로, 사용하신 비밀번호는 표시를 해 놓는것이 좋습니다.

등기필정보 및 등기완료통지

대리인 : 일반인 홍평희

권 리 자 : 홍평희
(주민)등록번호 : [illegible]
주 소 : 경기도 여주군 여주읍 [illegible]

부동산고유번호 : 1312-1996-040892
부 동 산 소 재 : [전유] 경기도 여주군 여주읍 [illegible]

접 수 일 자 : 2007년8월8일 접 수 번 호 : 28554
등 기 목 적 : 소유권이전
등기원인및일자 : 2007년08월01일 매매

▶ 부착기준점

일련번호 : JG9M-[illegible]
비밀번호 (기재순서:순번-비밀번호)

[illegible]	[illegible]	[illegible]	[illegible]	[illegible]
[illegible]	[illegible]	[illegible]	[illegible]	[illegible]
[illegible]	[illegible]	[illegible]	[illegible]	[illegible]
[illegible]	[illegible]	[illegible]	[illegible]	[illegible]
[illegible]	[illegible]	[illegible]	[illegible]	[illegible]
[illegible]	[illegible]	[illegible]	[illegible]	[illegible]
[illegible]	[illegible]	[illegible]	[illegible]	[illegible]
[illegible]	[illegible]	[illegible]	[illegible]	[illegible]
[illegible]	[illegible]	[illegible]	[illegible]	[illegible]
[illegible]	[illegible]	[illegible]	[illegible]	[illegible]

2007년 8월 10일

수원지방법원 여주지원 등기계

- 이 서면은 부동산등기법 제177조의 9에 따라 등기필증을 대신하여 발행한 것입니다.
- 앞으로 등기신청할 경우에는 일련번호와 50개의 비밀번호 중 1개를 선택하여 기재해야 합니다.
- 한번 사용한 비밀번호는 재사용이 안되므로, 사용하신 비밀번호는 표시를 해 놓는것이 좋습니다.

■ 별지 제1호 양식 확인서면

<table>
<tr><th colspan="4">확 인 서 면</th></tr>
<tr><td colspan="4">등기할 부동산의 표시

</td></tr>
<tr><td rowspan="3">등 기
의 무 자</td><td>성 명</td><td></td><td>등기의 목적</td></tr>
<tr><td>주 소</td><td></td><td rowspan="2"></td></tr>
<tr><td>주민등록번호</td><td></td></tr>
<tr><td>본인확인
정 보</td><td colspan="3">주민등록증, 외국인등록증, 국내거소신고증, 여권, 운전면허증, 기타(   )</td></tr>
<tr><td>특기사항</td><td colspan="3"></td></tr>
<tr><td rowspan="2">필적기재</td><td colspan="2">본인은 위 등기의무자와 동일인임을 확인합니다</td><td>성 명</td></tr>
<tr><td colspan="2"></td><td></td></tr>
<tr><td>우 무 인</td><td colspan="3"></td></tr>
<tr><td colspan="4">위 본인확인정보에 따라 등기의무자등 본인임을 확인하고 '부동산등기규칙' 제111조제3항의 규정에 따라 이 서면을 작성하였습니다.

년 월 일

변호사 · 법무사 (인)</td></tr>
</table>

(2) 첨부정보

등기를 신청하는 경우에는 그 신청정보와 함께 다음과 같은 첨부정보를 등기소에 제공하여야 한다.

① 등기원인증명정보(등기원인을 증명하는 정보, 등기원인정보, 등기원인증서)

등기원인증명정보란 등기를 하게 된 원인을 증명하는 정보로서 계약서, 집행력 있는 판결정본 등이 있다. ↔ 등기원인증명정보가 애초부터 없는 경우 : 공동신청하는 진정명의회복등기

추가적으로 계약을 원인으로 소유권이전등기를 신청할 때에는 부동산등기특별조치법상 다음의 사항이 기재된 계약서에 검인신청인을 표시하여 부동산의 소재지를 관할하는 시장·구청장·군수 또는 그 권한의 위임을 받은 자(읍·면·동장)의 **검인**을 받아 관할등기소에 이를 제출하여야 한다. 등기원인을 증명하는 서면이 계약서는 아니지만 예외적으로 집행력 있는 판결서 또는 판결과 같은 효력을 갖는 조서인 때에도 역시 검인을 받아 제출하여야 한다.

1. 당사자
2. 목적부동산
3. 계약연월일
4. 대금 및 그 지급일자등 지급에 관한 사항 또는 평가액 및 그 차액의 정산에 관한 사항
5. 부동산중개업자가 있을 때에는 부동산중개업자
6. 계약의 조건이나 기한이 있을 때에는 그 조건 또는 기한

→ 등기원인증명정보인 검인계약서의 부동산표시와 등기신청정보의 부동산표시가 엄격하게 일치하지 않더라도 양자 사이에 동일성이 인정되면 등기신청은 수리되어도 무방하다.(= 수리될 수 있다. = 각하되지 않는다.)

→ 등기원인정보에 표시된 다수 필지 중 일부 필지의 등기신청은 수리되어도 무방하다.

■ 검인 요 vs 불요

검인 필요	검인 불필요	비고
① 매매, 교환, 증여	① 지상권·전세권·저당권설정, 임대차	• 증여 → 토지거래허가 : 불필요(무상계약이므로)
② 판결서, 화해조서, 인낙조서	② 민법 제187조 법률규정에 의한 취득 (상속, 경매, 공매, 공용수용 등 → 등기 불필요 → 따라서 검인도 불필요 ↔ 단, 판결은 제외)	• 경매 → 토지거래허가 : 불필요 → 농지취득자격증명 : 필요 (경락허가일까지)
③ 소유권이전 가등기에 기한 본등기	③ 부동산 거래신고하여 신고필증 발급받은 경우, 토지거래허가받은 경우	• 토지거래허가받은 경우 → 농지취득자격증명 : 불필요

검인 필요	검인 불필요	비고
④ 분양권 전매	④ 선박, 입목, 재단등기 (이 등기들은 본질적으로 양도차익 목적이 아니라, 저당권 설정 목적이므로 검인 불필요)	
⑤ 무허가건물 매매	⑤ 국가·지방자치단체 등의 경우 ⑥ 가등기원인증서	

※ **부동산등기특별조치법에 따른 '대법원규칙'**

'2개 이상'의 시·군·구에 있는 수개의 부동산의 소유권이전을 내용으로 하는 계약서 또는 판결서 등을 검인받고자 하는 경우에는 그 중 '1개'의 시·군·구를 관할하는 시장 등에게 검인을 신청할 수(하여야×) 있다(모든 시·군·구에 검인신청해야×). 이 경우 검인을 한 시장 등은 그 각 부동산의 소재지를 관할하는 세무서장에게 그 계약서 또는 판결서 등의 사본1통을 각각 송부하여야 한다.

② 등기원인에 대한 제3자의 허가·동의·승낙 증명정보(등기원인에 대하여 제3자의 허가, 동의 또는 승낙이 필요한 경우에는 이를 증명하는 정보)

등기원인에 대하여 제3자의 허가, 동의 또는 승낙이 필요한 경우에는 이를 증명하는 정보를 등기소에 제공하여야 한다.

등기원인을 증명하는 정보가 집행력 있는 판결인 경우에도 마찬가지로 등기원인에 대하여 행정관청의 허가·동의·승낙 증명이 필요한 경우에는 그 정보를 등기소에 제공하여야 한다(제공할 필요 없다×). 등기원인에 대한 제3자의 허가·동의·승낙 증명정보에는 다음과 같은 것들이 있다.

㉠ 토지거래허가정보

토지거래 허가구역에 있는 토지에 관한 소유권·지상권(소유권·지상권의 취득을 목적으로 하는 권리를 포함)을 이전하거나 설정(대가를 받고 이전하거나 설정하는 경우만 해당)하는 계약(예약을 포함)을 체결하려는 당사자는 공동으로 시장·군수 또는 구청장의 허가를 받아야 한다. 허가받은 사항을 변경하려는 경우에도 또한 같다.

토지거래허가를 요(○)하는 경우와 요하지 않는(×) 경우는 다음 표와 같이 정리할 수 있다.

구분	○	×
토지거래허가	• 매매 • 교환 • 부담부증여	• 토지가 아닌 것 : 건물 등 • 무상계약 : 증여계약, 지료없는 지상권등기

구분	O	×
토지 거래 허가	• 대물변제의 예약 • 가등기담보(담보가등기) • 양도담보 • 현물출자를 원인으로 하는 소유권이전등기 • 지료가 있는 지상권설정등기 • 지료가 있는 지상권이전등기 • 예약에 의한 소유권이전가등기 • 예약에 의한 지료가 있는 지상권설정가등기 • 예약에 의한 지료가 있는 지상권이전가등기 • 허가받은 사항을 변경하려는 경우	• 계약이 아닌 것 : 상속, 포괄유증, 경매, 취득시효, 진정명의회복 • 소유권·지상권이 아닌 것 : 지역권, 전세권, 저당권, 임차권 • 가등기 시에 토지거래허가를 받은 이후 그 가등기에 기한 본등기 • 토지거래허가구역 지정 전에 체결한 계약 • 토지거래허가구역 지정이 해제된 경우

※ 토지거래허가구역 내의 토지를 매매하였으나 그 후 허가구역 지정이 해제되었다면, 소유권이전등기 신청시 다시 허가구역으로 지정되었더라도 그 신청서에 토지거래허가서를 첨부할 필요가 없다(있다×).

㉡ 농지취득자격증명정보

농지를 취득하려는 자는 농지법상 원칙적으로 농지 소재지를 관할하는 시장, 구청장, 읍장 또는 면장(시·구·읍·면의 장)에게서 농지취득자격증명을 발급받아야 한다. 그리고 등기신청시 등기소에 그 정보를 제공하여야 한다. 농지취득자격증명의 발급을 요(O)하는 경우와 요하지 않는(×) 경우는 다음 표와 같이 정리할 수 있다.

구분	O	×
농지 취득 자격 증명	• 경매로 농지를 취득하는 경우 • 농지전용 허가를 받거나 농지전용 신고를 한 농지를 취득하는 경우 • 주말·체험영농을 하려고 농지를 취득하는 경우 • 매매, 교환, 증여로 농지를 취득하는 경우	• 상속, 포괄유증, 수용, 취득시효, 진정명의회복으로 농지를 취득하는 경우 • 농지전용 협의(허가×, 신고×)를 마친 농지를 취득하는 경우 • 가등기를 신청하는 경우 • 농지에 대한 지상권, 저당권설정등기를 신청하는 경우

㉢ 등기상 이해관계 있는 제3자의 승낙증명정보(등기상 이해관계 있는 제3자의 승낙이 필요한 경우에는 이를 증명하는 정보 또는 이에 대항할 수 있는 재판이 있음을 증명하는 정보)

등기상 이해관계 있는 제3자(이해관계인)이란 등기의 직접적인 당사자(즉, 등기권리자와 등기의무자)는 아니지만 등기가 실행되면 영향(손해)을 받는 자를 말하는데, 그의 승낙이 필요한 경우에는 그의 승낙증명정보를 등기소에 제공하여야 한다. 등기원인증명정보가 집행력 있는 판결서인 경우에도 마찬가지로 이에 대항할 수 있는 재판이 있음을 증명하는 정보를 등기소에 제공하여야 한다.

ⓡ 법인의 대표자 자격증명정보(신청인이 법인인 경우에는 그 대표자의 자격을 증명하는 정보)

ⓜ 대리인 권한증명정보(대리인에 의하여 등기를 신청하는 경우에는 그 권한을 증명하는 정보)

ⓑ 주소·주민등록번호증명정보[등기권리자(새로 등기명의인이 되는 경우로 한정)의 주소(또는 사무소 소재지) 및 주민등록번호(또는 부동산등기용등록번호)를 증명하는 정보. 다만, 소유권이전등기를 신청하는 경우에는 등기의무자의 주소(또는 사무소 소재지)를 증명하는 정보도 제공하여야 한다.]

ⓢ 부동산표시증명정보(소유권이전등기를 신청하는 경우 토지대장·임야대장·건축물대장 정보나 그 밖에 부동산의 표시를 증명하는 정보)

ⓞ 규약이나 공정증서(구분건물에 대하여 대지권의 등기를 신청할 때 다음의 어느 하나에 해당되는 경우에는 해당 규약이나 공정증서를 첨부정보로서 등기소에 제공하여야 한다.)

> 1. 대지권의 목적인 토지가 「집합건물의 소유 및 관리에 관한 법률」상 규약에 따른 건물의 대지인 경우
> 2. 각 구분소유자가 가지는 대지권의 비율이 「집합건물의 소유 및 관리에 관한 법률」상 규약에 따른 비율인 경우
> 3. 건물의 소유자가 그 건물이 속하는 1동의 건물이 있는 「집합건물의 소유 및 관리에 관한 법률」상 건물의 대지에 대하여 가지는 대지사용권이 대지권이 아닌 경우

ⓙ 거래계약신고필증정보

매매계약을 등기원인으로 하는 소유권이전등기를 신청하는 경우에는 거래가액을 신청정보의 내용으로 등기소에 제공하고, 시장·군수 또는 구청장으로부터 제공받은 거래계약신고필증정보를 첨부정보로서 등기소에 제공하여야 한다. 이 경우 거래부동산이 2개 이상인 경우 또는 거래부동산이 1개라 하더라도 여러 명의 매도인과 여러 명의 매수인 사이의 매매계약인 경우에는 매매목록도 첨부정보로서 등기소에 제공하여야 한다.

출제자 의도

인감증명 제출 여부를 구별할 수 있는가?

★★★

■ 인감증명

전자신청을 하는 경우에는 인감증명을 제출할 필요가 없지만, 방문신청(전자신청×)을 하는 경우에는 다음의 인감증명을 제출하여야 한다. 이 경우 해당 신청서(위임에 의한 대리인이 신청하는 경우에는 위임장을 말한다.)나 첨부서면에는 그 인감을 날인하여야 한다.

1. 소유권의 등기명의인이 등기의무자로서 등기를 신청하는 경우 등기의무자(등기권리자 ×)의 인감증명
2. 소유권에 관한 가등기명의인이 가등기의 말소등기를 신청하는 경우 가등기명의인의 인감증명
3. 소유권 외의 권리의 등기명의인이 등기의무자로서 법 제51조 단서에 따라 등기를 신청하는 경우 등기의무자의 인감증명
4. 토지소유자들의 확인서를 첨부하여 토지합필등기를 신청하는 경우 그 토지소유자들의 인감증명
5. 권리자의 확인서를 첨부하여 토지분필등기를 신청하는 경우 그 권리자의 인감증명
6. 협의분할에 의한 상속등기를 신청하는 경우 상속인 전원의 인감증명
7. 등기신청서에 제3자의 동의 또는 승낙을 증명하는 서면을 첨부하는 경우 그 제3자의 인감증명
8. 법인 아닌 사단이나 재단의 등기신청에서 대법원예규로 정한 경우

→ 관공서에는 인감증명을 제출할 필요가 없다.

→ 제4호부터 제7호까지의 규정에 해당하는 서면이 공정증서인 경우에는 인감증명을 제출할 필요가 없다.

→ 매매를 원인으로 한 소유권이전등기를 신청하는 경우의 인감증명은 반드시 부동산매도용 인감증명이어야 하지만 그 외(교환, 증여)의 경우는 인감증명의 사용용도와 다른 인감증명을 사용해도 된다.

→ 인감증명의 유효기간 : 발행일로부터 3개월(1개월×) 이내

★

■ 각종 서류의 유효기간

등기신청서에 첨부하는 인감증명, 법인등기사항증명서, 주민등록표등본·초본, 가족관계등록사항별증명서 및 건축물대장·토지대장·임야대장 등본은 발행일부터 3개월(1개월 ×, 6개월×) 이내의 것이어야 한다.

③ 사원총회결의서

법인 아닌 사단 ┌ 등기권리자인 경우 : 첨부정보로 제공 不要
　　　　　　　 └ 등기의무자인 경우 : 첨부정보로 제공 要

④ 도면

부동산 일부(전부×)에 대한 용익권(지상권·지역권·전세권·임차권) 등기를 신청하는 경우 도면을 제공하여야 한다.

출제자 의도

등기할 수 있는 것과 등기할 수 없는 것을 '구별'할 수 있는가?

★ 4. 등기가부(등기능력 가부, 등기할 사항)

┌ 물건
└ 권리

등기를 할 수 있는 것과 할 수 없는 것이 있다. 등기를 할 수 없는 것인데 등기를 신청하게 되면 이는 각하사유(2번째 사건이 등기할 것이 아닌 경우)에 해당되고 비록 이를 간과하고 등기가 완료되었다 하더라도 그 등기는 당연히 무효이고 등기관의 직권말소대상이므로 등기관은 이를 직권으로 말소하여야 한다.
등기가부는 물건과 권리적인 측면에서 나누어 볼 수 있다.

(1) 물건

등기할 수 있는 물건	등기할 수 없는 물건
• 도로법상 도로 • 하천법상 하천 • 방조제(제방) • 유류저장탱크 • 싸이로 • 농업용 고정식 온실 • 개방형 축사 • 경량철골조 또는 조립식 패널구조의 지붕이 '있는' 건축물 • 집합건물(구분건물)의 전유부분, 집합건물의 '규약상' 공용부분	• 터널, 교량 • 옥외풀장, 양어장 • 방조제의 부대시설물(배수갑문 등) • 급유탱크, 주유소의 캐노피 • 일사사용을 위한 가설건축물[견본주택(모델하우스) 등] • 비닐하우스 • 축대, 담 • 경량철골조 또는 조립식 패널구조의 지붕이 '없는' 건축물 • 집합건물의 '구조상' 공용부분(계단이나 복도 등)

(2) 권리

등기할 수 있는 권리		등기할 수 없는 권리	
• 소유권, 공유지분	• 지상권	• 합유지분	
• 지역권	• 전세권	• 주위토지통행권 → 소유권의 내용일 뿐이다.	
• 권리질권	• 저당권	• 분묘기지권	
• 채권담보권	• 부동산 환매권	• 점유권	• 특수지역권
• 부동산 임차권		• 농지목적 전세권	
• 부동산물권변동을 목적으로 하는 채권적청구권		• 유치권	
• 부동산물권변동을 목적으로 하는 채권적청구권보전을 위한 가등기		• 동산질권	
		• 물권적청구권 → 물권의 내용일 뿐이다.	

※ 합유 : 합유취지는 기록하지만, 합유지분은 기록하지 않는다.

(3) 일부

부동산의 일부와 권리의 일부(즉, 공유 지분)에 대하여 일정한 등기가 가능한지 여부(○ vs ×)는 다음 표와 같이 구별할 수 있다.

구분	부동산 일부	권리 일부
소유권보존등기	×	×
소유권이전등기	×	○
용익권 (지상권, 지역권, 전세권, 임차권)	○	×
저당권	×	○

- 소유권이라는 권리의 일부에 대한 소유권이전등기(소유권 일부의 이전등기)가 위의 표에서 보듯이 가능한데, 이렇게 소유권 일부에 대하여 소유권이전등기가 완료되면 결국 공유가 된다.
- 소유권, 저당권은 일물일권주의가 적용되므로 부동산 일부에 대하여는 그 등기가 불가능하다.
- 용익물권인 지상권, 지역권, 전세권은 일물일권주의의 예외가 적용되므로 부동산 일부에 대하여도 그 등기가 가능하다.

★★

5. 등기신청의 당사자능력(등기신청능력, 등기당사자능력, 등기신청적격)

출제자 의도

등기신청의 당사자 능력의 유·무를 '구별'할 수 있는가?

등기신청의 당사자능력 유 vs 무

등기신청의 당사자능력이란 등기절차에 있어서 당사자, 즉 등기권리자나 등기의무자가 될 수 있는 능력(자격)을 말한다. 결국 등기명의인이 될 수 있는 자를 의미한다. 즉 등기부에 이름이 올라갈 수 있는 자격을 말한다.

등기신청의 당사자능력의 유무는 다음 표와 같이 정리할 수 있다.

구분	유	무
등기 신청의 당사자 능력	• 자연인[행위제한능력자(미성년자, 피한정후견인, 피성년후견인), 외국인도 자연인임] • 법인[특별법(예 : 농업협동조합법)상 조합도 법인임) → 법인의 종류(공법인, 사법인, 영리법인, 비영리법인, 사단법인, 재단법인)를 따지지 않고 법인이면 된다. • 비법인(법인 아닌, 권리능력 없는) 사단·재단(예 : 종중, 문중, 교회, 등록된 사찰, 정당, 학우회, 동창회 등) → 그 대표자나 관리인이 등기를 신청한다. • 국가, 지자체(시·도, 시·군·구)	• 태아 • (민법상) 조합 ↔ 공동소유 중 합유는 '조합'명의로는 등기할 수 없고 '조합원' 전원명의로 (합유)등기할 수 있다. • 전통사찰의 보존 및 지원에 관한 법률상 등록되지 않은 사찰 • 학교 →그 설립자명의로 등기를 신청한다. • 읍·면·동·리 ↔단, 동·리는 비법인 사단을 결성한 경우는 비법인 사단으로 등기를 신청할 수 있다.

(1) 비법인(법인 아닌, 권리능력 없는) 사단·재단의 등기신청

① 종중(宗中), 문중(門中), 그 밖에 대표자나 관리인이 있는 법인 아닌 사단(社團)이나 재단(財團)에 속하는 부동산의 등기에 관하여는 그 사단이나 재단(대표자×, 관리인×)을 등기권리자 또는 등기의무자로 한다.

② 비법인 사단의 등기는 그 사단이나 재단의 명의로 그 대표자나 관리인이 신청한다.

(2) 등기신청의 당사자능력 vs 등기신청능력

등기신청의 당사자능력과 비교되는 용어로 등기신청능력이 있다. 등기신청의 당사자능력이 앞에서도 언급했듯이 등기부에 이름이 올라갈 수 있는 자격을 말하는데 반해, 등기신청능력이란 말 그대로 등기소에 대하여 등기를 신청할 수 있는 능력을 말한다. 즉, 등기소에 대하여 일정한 내용의 등기를 해줄 것을 요구할 수 있는 능력을 의미한다. 등기신청능력은 의사능력과 행위능력의 관점에서 나누어 볼 수 있다.

① 의사능력 : 등기를 신청하기 위해서는 의사능력이 필요하다. 의사능력이 없는 자가 등기소에 방문하여 신청하는 경우는 각하사유[4번째 당사자나 그 대리인이 출석하지 아니한 경우(출석주의 위반)]에 해당된다. 그러나 이를 간과

하고 등기가 된 경우라도 실체관계에 부합하는 한 유효한 등기이다.

② 행위능력 : 권리변동에 영향이 없는 등기나 등기권리자의 지위에 서는 등기(상속등기, 보존등기)를 신청하는 경우 행위능력은 필요하지 않다. 그러나 등기의무자의 지위에 서는 등기의 경우에는 행위능력이 필요하다. 행위능력이 필요한 등기를 행위능력이 없는 행위제한능력자가 방문하여 신청하는 경우는 각하사유(4번째 당사자나 그 대리인이 출석하지 아니한 경우)에 해당된다. 그러나 이를 간과하고 등기가 된 경우라도 실체관계에 부합하는 한 유효한 등기이다.

O · X · 지 · 문 · 학 · 습

01. 승역지에 지역권설정등기를 하였을 경우, 요역지 지역권등기는 당사자가 단독으로 신청할 수 있다. [O, ×]

02. 승소한 등기권리자 또는 승소한 등기의무자는 단독으로 판결에 의한 등기신청을 할 수 있다. [O, ×]

03. 甲과 乙이 토지를 공유하기로 하고 매수하여 이전등기를 신청하는 경우, 신청서에 그 지분을 적지 않아도 된다. [O, ×]

04. 등기신청의 당사자나 대리인이 전자신청을 하려면 미리 사용자등록을 해야 하며, 사용자등록의 유효기간은 3년이다. [O, ×]

05. 주민등록번호가 없는 재외국민의 등록번호는 대법원 소재지 관할 등기소의 등기관이 부여한다. [O, ×]

06. 소유권의 등기명의인이 등기의무자로서 방문하여 등기신청을 하는 경우 등기의무자의 인감증명을 제출하여야 한다. [O, ×]

07. 주위토지통행권은 확인판결을 받았다 하더라도 등기할 수 없다. [O, ×]

08. 지방자치단체는 등기신청에서 등기당사자능력이 있다. [O, ×]

정답 및 해설

01. × (요역지의 지역권등기는 당사자의 '신청'이 아닌 등기관의 '직권'에 의한다.)
02. O
03. × (등기할 권리자가 2인 이상인 경우, 즉 공동소유 중 공유인 경우 그 사항을 신청정보의 내용으로 등기소에 제공하여야 한다.)
04. O
05. O
06. O
07. O
08. O

기 · 출 · 문 · 제 · 분 · 석

1. 단독으로 신청할 수 있는 등기를 모두 고른 것은?

ㄱ. 소유권보존등기의 말소등기
ㄴ. 근저당권의 채권최고액을 감액하는 변경등기
ㄷ. 법인합병을 원인으로 한 저당권이전등기
ㄹ. 특정유증으로 인한 소유권이전등기
ㅁ. 승역지에 지역권설정등기를 하였을 경우, 요역지 지역권등기(단, 판결에 의한 신청은 제외)

① ㄱ, ㄷ ② ㄱ, ㄹ ③ ㄴ, ㄹ
④ ㄱ, ㄷ, ㅁ ⑤ ㄷ, ㄹ, ㅁ

해설

단독으로 신청할 수 있는 등기란 분쟁의 소지가 없는 등기를 말한다. 분쟁의 소지가 없는 경우란 등기의무자가 없는 경우와 등기신청의 진정성이 확보된 경우를 말한다.

ㄱ.단독신청 (등기의무자가 없으므로 분쟁의 소지가 없다. 따라서 단독으로 신청할 수 있다.)
ㄴ.공동신청
ㄷ.단독신청 (등기의무자가 없으므로 분쟁의 소지가 없다. 따라서 단독으로 신청할 수 있다.)
ㄹ.공동신청
ㅁ.등기관의 직권 (승역지의 지역권등기는 당사자의 '신청'에 의하지만, 요역지의 지역권등기는 등기관의 '직권'에 의한다.)

2. 확정판결에 의한 등기신청에 관한 설명으로 틀린 것은?

① 공유물분할판결을 첨부하여 등기권리자가 단독으로 공유물분할을 원인으로 한 지분이전등기를 신청할 수 있다.
② 승소한 등기권리자가 판결에 의한 등기신청을 하지 않는 경우에는 패소한 등기의무자도 그 판결에 의한 등기신청을 할 수 있다.
③ 승소한 등기권리자가 그 소송의 변론종결 후 사망하였다면, 상속인이 그 판결에 의해 직접 자기 명의로 등기를 신청할 수 있다.
④ 채권자가 대위소송에서 채무자가 그 소송이 제기된 사실을 알았을 경우, 채무자도 채권자가 얻은 승소판결에 의하여 단독으로 그 등기를 신청할 수 있다.
⑤ 등기절차의 이행을 명하는 판결이 확정된 후 10년이 지난 경우에도 그 판결에 의한 등기신청을 할 수 있다.

해설

② 있다 → 없다
【등기예규 제1383호】 판결 등 집행권원에 의한 등기의 신청에 관한 업무처리지침
승소한 등기권리자 또는 승소한 등기의무자
1) 승소한 등기권리자 또는 승소한 등기의무자는 단독으로 판결에 의한 등기신청을 할 수 있다.
2) 패소한 등기의무자는 그 판결에 기하여 직접 등기권리자 명의의 등기신청을 하거나 승소한 등기권리자를 대위하여 등기신청을 할 수 없다.
3) 승소한 등기권리자에는 적극적 당사자인 원고뿐만 아니라 피고나 당사자참가인도 포함된다.

3. 등기신청에 관한 설명으로 옳은 것은?

① 미등기 토지에 대해 소유권 확인의 승소판결을 받은 자는 보존등기를 신청할 수 없다.
② 토지에 관한 부동산표시의 변경등기를 신청할 때는 신청수수료를 내야 한다.
③ 甲과 乙이 토지를 공유하기로 하고 매수하여 이전등기를 신청하는 경우, 신청서에 그 지분을 적지 않아도 된다.
④ 甲과 乙이 공유하나 건축물대장상 공유지분 표시가 없는 건물에 대해 甲의 지분 2/3, 乙의

|정답| 1. ① 2. ②

지분 1/3로 보존등기하기 위해서 甲의 인감증명을 첨부할 필요가 없다.

⑤ 법무사가 대리인으로서 등기신청을 하는 경우, 자신이 직접 등기소에 출석하여 신청서를 제출해야 한다.

⑤ 주위토지통행권은 확인판결을 받았다 하더라도 등기할 수 없다.

해설

① 없다 → 있다 (확정판결에 의하여 자기의 소유권을 증명하는 자는 소유권보존등기를 신청할 수 있다. 판결의 종류는 불문한다. 즉, 이행판결이든 형성판결이든 관계없고 확정판결과 동일한 효력이 있는 화해조서·인락조서·조정조서도 관계없다.)

② 내야 한다 → 낼 필요 없다 (권리의 변경등기는 신청수수료를 내야하지만, 표시의 변경등기는 신청수수료를 내지 않아도 된다.)

③ 적지 않아도 된다 → 적어야 된다 (등기할 권리자가 2인 이상인 경우, 즉 공동소유 중 공유인 경우 그 사항을 신청정보의 내용으로 등기소에 제공하여야 한다.)

④ 공유자의 지분의 비율이 불분명한 경우, 공유자의 지분은 균등한 것으로 추정한다.(민법 제262조 ②항). 따라서 보기의 경우 공유지분 표시가 없는 건물이라고 했으므로 지분은 균등한 것, 즉 각각 1/2로 추정될 수 있다. 그런데 乙의 지분이 1/3로 보존등기가 된다면 분쟁의 소지가 있다. 따라서 乙의 인감증명이 첨부되어야 한다. 그러나 甲은 오히려 2/3로 그 지분이 증가했으므로 甲이 이의를 제기하지 않은 것이다. 즉, 甲은 분쟁을 야기하지 않을 것이다. 따라서 甲의 인감증명은 첨부할 필요가 없다.

⑤ 직접 등기소에 출석하여 신청서를 제출해야 한다 → 허가받은 사무원이 출석하여 신청서를 제출해도 된다 [자격자대리인의 경우 대법원규칙으로 정하는 사무원(허가받은 사무원)을 등기소에 출석하게 하여 그 서면을 제출할 수 있다.]

4. 전산정보처리조직에 의한 등기신청(이하 '전자신청'이라 한다)에 관한 설명으로 옳은 것은?

① 전자신청의 경우, 인감증명을 제출해야 하는 자가 공인인증서정보를 송신할 때에는 인감증명서정보도 같이 송신해야 한다.

② 등기신청의 당사자나 대리인이 전자신청을 하려면 미리 사용자등록을 해야 하며, 사용자등록의 유효기간은 3년이다.

③ 전자신청에 대하여 보정사항이 있는 경우, 등기관은 보정사유를 등록한 후 반드시 전자우편 방법에 의하여 그 사유를 신청인에게 통지해야 한다.

④ 법인이 아닌 사단의 경우, 그 사단 명의로 대표자가 전자신청을 할 수 있다.

⑤ 전자신청의 취하는 서면으로 해야 한다.

해설

① 송신해야 한다 → 송신할 필요 없다 (전자신청의 경우 인감증명 대신에 공인인증서정보로 갈음한다.)

③ 반드시 → 극단적 어구로 틀린 보기 (전자우편 방법 뿐만 아니라 전화, 구두 등의 방법으로도 가능하다.)

④ 있다 → 없다 (법인이 아닌 사단의 경우, 전자신청 자체를 할 수 없다.)

⑤ 서면 → 전자문서

5. 부동산등기용등록번호에 관한 설명으로 옳은 것은?

① 법인의 등록번호는 주된 사무소 소재지를 관할하는 시장, 군수 또는 구청장이 부여한다.

② 주민등록번호가 없는 재외국민의 등록번호는 대법원 소재지 관할 등기소의 등기관이 부여한다.

③ 외국인의 등록번호는 체류지를 관할하는 시장, 군수 또는 구청장이 부여한다.

④ 법인 아닌 사단의 등록번호는 주된 사무소 소재지 관할 등기소의 등기관이 부여한다.

⑤ 국내에 영업소나 사무소의 설치 등기를 하지

|정답| 3. ④ 4. ②

아니한 외국법인의 등록번호는 국토교통부장관이 지정·고시한다.

해설

① 시장, 군수 또는 구청장 → 등기관
② 부동산등기법 제49조제①항제2호
③ 시장, 군수 또는 구청장 → 지방출입국·외국인관서의 장
④ 관할 등기소의 등기관 → 시장, 군수 또는 구청장
⑤ 국토교통부장관 → 시장, 군수 또는 구청장

6. 등기원인정보에 관한 설명으로 틀린 것은?

① 등기원인정보에 표시된 다수필지 중 일부필지, 공유지분 중 일부 지분 등의 등기신청은 수리될 수 없다.
② 등기원인정보는 등기신청 시에 항상 제출해야 하는 것은 아니다.
③ 등기목적인 부동산이나 등기사항이 기재되어 있지 않은 서면은 등기원인정보에 해당하지 않는다.
④ 검인계약서(등기원인정보)의 부동산표시가 등기신청서의 그것과 엄격하게 일치되지 않더라도, 양자 사이에 동일성이 인정되면 등기신청은 수리되어도 무방하다.
⑤ 등기원인정보는 구체적 등기절차에 따라 다르므로 일률적으로 특정된 서면만이라고 할 수는 없다.

해설

① 없다 → 있다(등기원인정보에 표시된 다수필지 중 일부필지, 공유지분 중 일부 지분 등의 등기신청은 각하사유에 해당되지 않는다. 따라서 그 등기신청은 특별한 사정이 없는 한 수리되어야 한다.)

7. 법인 아닌 사단이 등기신청을 하는 경우, 등기소에 제공하여야 할 정보에 관한 설명으로 틀린 것은?

① 대표자의 성명, 주소 및 주민등록번호를 신청정보의 내용으로 제공하여야 한다.
② 법인 아닌 사단이 등기권리자인 경우, 사원총회결의가 있었음을 증명하는 정보를 첨부정보로 제공하여야 한다.
③ 등기되어 있는 대표자가 등기를 신청하는 경우, 대표자임을 증명하는 정보를 첨부정보로 제공할 필요가 없다.
④ 대표자의 주소 및 주민등록번호를 증명하는 정보를 첨부정보로 제공하여야 한다.
⑤ 정관이나 그 밖의 규약의 정보를 첨부정보로 제공하여야 한다.

해설

② 등기권리자 → 등기의무자 (종중, 교회 등 법인 아닌 사단이 등기를 신청하는 경우 사원총회결의서는 등기의무자인 경우에는 첨부정보로 제공하여야 하지만, 등기권리자인 경우에는 제공할 필요가 없다.)

|정답| 5. ② 6. ① 7. ②

접수

기출 Point

1. 등기신청의 접수시기 vs 등기의 효력발생시기
2. 등기소와 등기관

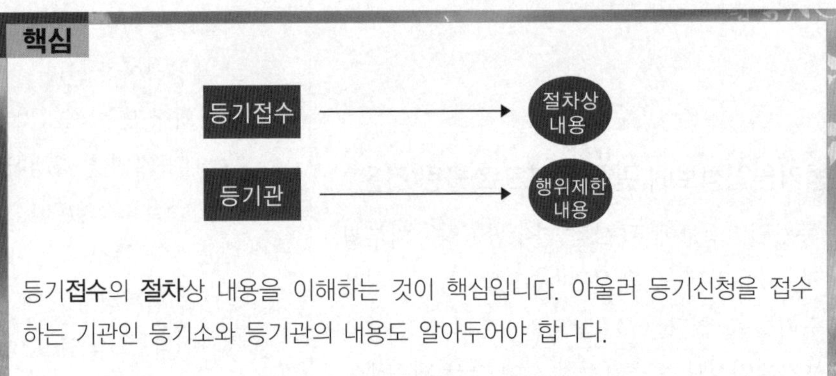

핵심
등기접수
절차상 내용
등기관
행위제한 내용
등기접수의 절차상 내용을 이해하는 것이 핵심입니다. 아울러 등기신청을 접수하는 기관인 등기소와 등기관의 내용도 알아두어야 합니다.

출제자 의도

이 테마는 단독문제로 출제되기 보다는 부동산등기법 종합문제 중 하나의 보기 정도로 출제되는 정도이다.

1. 등기신청의 접수

등기의 신청이 이루어지면 그 다음단계로 접수가 이루어진다. 비록 등기신청에 각하사유가 있더라도 등기관은 일단 의무적으로 접수하여야 한다. 왜냐하면 국민에게 등기신청권이 있기 때문이다. 접수의 세부적인 내용은 다음과 같다.

(1) 등기신청의 접수시기

① 등기신청은 등기신청정보가 전산정보처리조직에 저장된 때 접수된 것으로 본다(추정한다×).

② 같은 토지 위에 있는 여러 개의 구분건물에 대한 등기를 동시에 신청하는 경우에는 그 건물의 소재 및(나×, 또는×) 지번(권리×)에 관한 정보가 전산

정보처리조직에 저장된 때 등기신청이 접수된 것으로 본다.

③ 등기관이 신청서를 접수하였을 때에는 신청인의 청구에 따라 그 신청서의 **접수증**을 발급하여야 한다.

㉠ 등기신청이 접수되면 **접수번호**가 부여된다. 방문신청의 경우 등기관은 부동산등기신청서 접수장에는 접수번호를 적어야 하며 접수번호의 순서에 따라 등기사무를 처리하여야 한다.

㉡ 같은 부동산에 관하여 동시에 여러 개의 등기신청이 있는 경우에는 같은(다른×) 접수번호를 부여하여야(할 수×) 한다.

㉢ 접수번호는 1년(3년×)마다 새로 부여하여야 한다.

㉣ 접수번호는 추후에 **권리의 순위**에서 의미가 있다. 같은 부동산에 관하여 등기한 권리의 순위는 법률에 다른 규정이 없으면 등기한 순서에 따르는데, 이 등기의 순서는 등기기록 중 같은 구(區)에서 한 등기 상호간에는 순위번호(접수번호×)에 따르고, 다른 구에서 한 등기 상호간에는 접수번호(순위번호×)에 따른다. 또한 대지권에 대한 등기로서의 효력이 있는 등기와 대지권의 목적인 토지의 등기기록 중 해당 구에 한 등기의 순서도 접수번호(순위번호×)에 따른다.

(2) 등기의 효력발생시기

등기관이 등기를 마친 경우 그 등기는 접수한 때(등기신청정보가 전산정보처리조직에 저장된 때○, 등기를 마친 때×, 등기관이 누구인지 알 수 있는 조치를 하였을 때×)부터 효력을 발생한다. '등기관이 등기를 마친 경우'란 등기사무를 처리한 등기관이 누구인지 알 수 있는 조치를 하였을 때를 말한다.

2. 등기소와 등기관

등기사무를 담당하는 등기소와 등기관의 세부내용을 살펴보면 다음과 같다.

[1] 등기소

(1) 관할

원칙 : 등기사무는 원칙적으로 부동산의 소재지(신청인의 주소지×)를 관할하는 등기소에서 담당한다. 등기소란 지방법원, 그 지원(支院) 또는 등기소(고등법원×, 대법원×)를 말한다.

예외 : ① (관할 등기소의) 지정 : 부동산이 여러 등기소의 관할구역에 걸쳐 있을

출제자 의도

등기관의 행위제한의 내용을 알고 있는가?

때에는 대법원규칙으로 정하는 바에 따라 각 등기소를 관할하는 상급법원의 장(대법원장×)이 관할 등기소를 지정한다.

㉠ 부동산이 여러 등기소의 관할구역에 걸쳐 있는 경우 그 부동산에 대한 최초의 등기신청을 하고자 하는 자는 각 등기소를 관할하는 상급법원의 장에게 관할등기소의 지정을 신청하여야 한다.

㉡ ㉠의 신청은 해당 부동산의 소재지를 관할하는 등기소 중 어느 한 등기소에 신청서를 제출하는 방법으로 한다.

㉢ ㉡에 따른 신청서를 받은 등기소는 그 신청서를 지체 없이 상급법원의 장에게 송부하여야 하고, 상급법원의 장은 부동산의 소재지를 관할하는 등기소 중 어느 한 등기소를 관할등기소로 지정하여야 한다.

㉣ 관할등기소의 지정을 신청한 자가 ㉢에 따라 지정된 관할등기소에 등기신청을 할 때에는 관할등기소의 지정이 있었음을 증명하는 정보를 첨부정보로서 등기소에 제공하여야 한다(제공하지 않아도 된다×).

㉤ 등기관이 ㉣에 따라 등기를 하였을 때에는 지체 없이 그 사실을 다른 등기소에 통지하여야(할 수×) 한다.

㉥ ㉤에 따른 통지를 받은 등기소는 전산정보처리조직으로 관리되고 있는 관할지정에 의한 등기부목록에 통지받은 사항을 기록하여야 한다.

㉦ 단지를 구성하는 여러 동의 건물 중 일부 건물의 대지가 다른 등기소의 관할에 속하는 경우에는 ㉠부터 ㉥까지의 규정을 준용한다.

■ 상급법원의 장

상급법원의 장이란 각 등기소가 다른 지방법원에 속하거나 동일 고등법원 관내이면 고등법원장을, 고등법원을 달리하는 관할구역에 걸쳐있는 경우에는 대법원장을 말한다.

걸치는 구역	상급법원의 장
시 - 시	지방법원장
시 - 도	고등법원장
도 - 도	대법원장

② (관할의) 위임 : 대법원장(등기관×)은 어느 등기소의 관할에 속하는 사무를 다른 등기소에 위임하게 할 수 있다.

③ (관할의) 변경 : 어느 부동산의 소재지가 다른 등기소의 관할로 바뀌었을 때에는 종전의 관할 등기소는 전산정보처리조직을 이용하여 그 부동산에 관한 등기기록의 처리권한을 다른 등기소로 넘겨주는 조치를 하여야 한다.

㉠ 부동산의 소재지가 다른 등기소의 관할로 바뀌었을 때에는 종전의 관할등기소는 전산정보처리조직을 이용하여 그 부동산에 관한 등기기록과 신탁원부, 공동담보(전세)목록, 도면 및 매매목록의 처리권한을 다른 등기소로 넘겨주는 조치를 하여야 한다.
㉡ ㉠에 따라 처리권한을 넘겨받은 등기소는 해당 등기기록의 표제부(갑구×, 을구×)에 관할이 변경된 뜻을 기록하여야 한다.

(2) 등기사무의 정지

대법원장(등기관×)은 등기소에서 등기사무를 정지하여야 하는 사유가 발생하면 기간을 정하여 등기사무의 정지를 명령할 수(하여야×) 있다.

→ 등기사무를 정지하여야 하는 사유 : 등기소에서 등기사무를 정지하지 아니할 수 없는 사고를 의미한다. 예컨대 전쟁이나 천재지변이 있다.
→ 정지기간 : 기간에 대한 제한은 없다(있다×).
→ 정기기간 중의 등기신청 : 각하사유(2번째 사건이 등기할 것이 아닌 경우)에 해당된다.
→ 정지기간 중에 실행된 등기 : 절대적(상대적×) 무효(유효×)이며 등기관의 직권말소 대상이다.

[2] 등기관

(1) 개념(정의, 의의)

등기관(登記官)이란 등기소에 근무하는 법원서기관(4급)·등기사무관(5급)·등기주사(6급) 또는 등기주사보(7급)(법원사무관·법원주사 또는 법원주사보 중 2001년 12월 31일 이전에 시행한 채용시험에 합격하여 임용된 사람을 포함) 중에서 지방법원장(등기소의 사무를 지원장이 관장하는 경우에는 지원장)(대법원장×)의 지정을 받아 등기사무를 처리하는 자를 말한다.

(2) 등기사무의 처리

① 등기사무는 등기관이 처리한다.
② 등기관은 등기사무를 전산정보처리조직을 이용하여 등기부에 등기사항을 기록하는 방식으로 처리하여야 한다.
③ 등기관은 접수번호의 순서에 따라 등기사무를 처리하여야 한다.
④ 등기관이 등기사무를 처리한 때에는 등기사무를 처리한 등기관이 누구인지 알 수 있는 조치를 하여야 한다.

→ 등기사무를 처리한 등기관이 누구인지 알 수 있도록 하는 조치는 각 등기관이 미리 부여받은 '식별부호'를 기록하는 방법으로 한다.

(3) 제척(除斥, 배제, 등기관의 업무처리의 제한)

등기관은 자기, 배우자 등[배우자 또는 4촌(8촌×) 이내의 친족]이 등기신청인인 때에는 그 등기소에서 소유권등기를 한 성년자(소유권등기를 한 자×)로서 등기관의 배우자등이 아닌 자 2명(3명×) 이상의 참여가 없으면 등기를 할 수 없다(반대로 참여가 있으면 등기를 할 수 있다○, 등기관은 자기, 배우자 등이 등기신청인인 때에는 언제나 등기를 할 수 없다×). 배우자등의 관계가 끝난 후에도 같다. 만약에 등기관이 앞에 언급한 2명 이상의 참여하에 등기를 하는 경우에 등기관은 조서를 작성하여 참여인과 같이 기명날인 또는(과×, 및×) 서명을 하여야 한다. → 등기관의 업무처리의 제한을 위반하고 실행된 등기 : 반드시 무효는 아니다. 즉, 실체적 권리관계가 있다면 유효(무효×)하다.

■ 참여조서의 작성방법

등기관이 조서(참여조서)를 작성할 때에는 그 조서에 다음의 사항을 적어야 한다. 1. 신청인(등기관×)의 성명과 주소(전화번호×, 주민등록번호×) 2. 업무처리가 제한되는 사유 3. 등기할 부동산의 표시 및 등기의 목적 4. 신청정보의 접수연월일과 접수번호 5. 참여인의 성명, 주소 및(또는×) 주민등록번호 6. 참여인이 그 등기소에서 등기를 한 부동산의 표시

(4) 재정보증

법원행정처장(지방법원장×)은 등기관의 재정보증(財政保證)에 관한 사항을 정하여 운용할 수(하여야×) 있다. 이는 다음의 등기관의 책임과 관련이 있다. 즉, 등기관의 과실로 국가가 배상하는 경우 국가배상책임을 경감시키기 위한 조치이다.

(5) 책임

등기관의 과실로 인한 책임에 관한 규정은 부동산등기법이 아닌 「국가배상법」에 규정되어 있다.

국가배상법 제2조 배상책임 ① 국가나 지방자치단체는 공무원 또는 공무를 위탁받은 사인(이하 "공무원"이라 한다)이 직무를 집행하면서 고의 또는 과실로 법령을 위반하여 타인에게 손해를 입히거나, 「자동차손해배상 보장법」에 따라 손해배상의 책임이 있을 때에는 이 법에 따라 그 손해를 배상하여야 한다.

② 제1항 본문의 경우에 공무원에게 고의 또는 중대한 과실(중과실○, 경과실×)이 있으면 국가나 지방자치단체는 그 공무원에게 구상(求償, 갚으라고 하는 것)할 수 있다.
→ 등기관도 공무원이므로 위 규정이 적용된다. 따라서 다음과 같이 정리할 수 있다.
┌ 등기관의 일반과실 → 국가배상법 적용 → 구상권× → 선택적 청구권×(국가에만 청구가능)
└ 등기관의 고의·중과실 → 국가배상법 적용 → 구상권○ → 선택적 청구권○

O · X · 지 · 문 · 학 · 습

01. 등기신청은 신청정보가 전산정보처리조직에 저장된 때 접수된 것으로 본다.

[O, ×]

02. 등기관이 등기를 마친 경우, 그 등기는 등기를 마친 때부터 효력을 발생한다.

[O, ×]

정답 및 해설

01. O
02. × (등기관이 등기를 마친 경우 그 등기는 접수한 때부터 효력을 발생한다.)

기·출·문·제·분·석

1. 등기제도에 관한 설명으로 옳은 것은?

① 등기기록에 기록되어 있는 사항은 이해관계인에 한해 열람을 청구할 수 있다.
② 등기관이 등기를 마친 경우, 그 등기는 등기를 마친 때부터 효력을 발생한다.
③ 전세권의 존속기간이 만료된 경우, 전세금반환채권의 일부양도를 원인으로 한 전세권 일부이전등기도 가능하다.
④ 말소된 등기의 회복을 신청할 때에 등기상 이해관계 있는 제3자가 있는 경우, 그 제3자의 승낙은 필요하지 않다.
⑤ 등기소에 보관 중인 등기신청서는 법관이 발부한 영장에 의해 압수하는 경우에도 등기소 밖으로 옮기지 못한다.

해설

① 이해관계인에 한해 → 누구든지
[제19조 (등기사항의 열람과 증명) ① 누구든지 수수료를 내고 대법원규칙으로 정하는 바에 따라 등기기록에 기록되어 있는 사항의 전부 또는 일부의 열람(閱覽)과 이를 증명하는 등기사항증명서의 발급을 청구할 수 있다. 다만, 등기기록의 부속서류에 대하여는 이해관계 있는 부분만 열람을 청구할 수 있다.]
② 등기를 마친 때 → 접수한 때
[제6조(등기신청의 접수시기 및 등기의 효력발생시기) ② 제11조제1항에 따른 등기관이 등기를 마친 경우 그 등기는 접수한 때부터 효력을 발생한다.]
③ 옳은 보기
[제73조(전세금반환채권의 일부양도에 따른 전세권 일부이전등기) ① 등기관이 전세금반환채권의 일부 양도를 원인으로 한 전세권 일부이전등기를 할 때에는 양도액을 기록한다. ② 제1항의 전세권 일부이전등기의 신청은 전세권의 존속기간의 만료 전에는 할 수 없다. 다만, 존속기간 만료 전이라도 해당 전세권이 소멸하였음을 증명하여 신청하는 경우에는 그러하지 아니하다.]
④ 필요하지 않다 → 필요하다
[제57조(이해관계 있는 제3자가 있는 등기의 말소) ① 등기의 말소를 신청하는 경우에 그 말소에 대하여 등기상 이해관계 있는 제3자가 있을 때에는 제3자의 승낙이 있어야 한다.]
⑤ 옮기지 못한다 → 옮길 수 있다.
[제14조(등기부의 종류 등) ④ 등기부의 부속서류는 전쟁·천재지변이나 그 밖에 이에 준하는 사태를 피하기 위한 경우 외에는 등기소 밖으로 옮기지 못한다. 다만, 신청서나 그 밖의 부속서류에 대하여는 법원의 명령 또는 촉탁(囑託)이 있거나 법관이 발부한 영장에 의하여 압수하는 경우에는 그러하지 아니하다.]

2. 등기사무에 관한 설명으로 틀린 것은?

① 등기신청은 신청정보가 전산정보처리조직에 저장된 때 접수된 것으로 본다.
② 1동의 건물을 구분한 건물의 경우, 1동의 건물에 속하는 전부에 대하여 1개의 등기기록을 사용한다.
③ 등기의무자가 2인 이상일 경우, 직권으로 경정등기를 마친 등기관은 그 전원에게 그 사실을 통지하여야 한다.
④ 등기관이 등기를 마친 경우, 그 등기는 접수한 때부터 효력이 생긴다.
⑤ 등기사항증명서의 발급청구는 관할등기소가 아닌 등기소에 대하여도 할 수 있다.

해설

③ 그 전원에게 그 사실을 통지하여야 한다 → 그 중 한 명에게만 통지해도 된다

|정답| 1. ③ 2. ③

인증번호 : DK12-BR49

심사

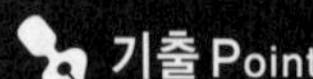

1. 형식적 심사주의

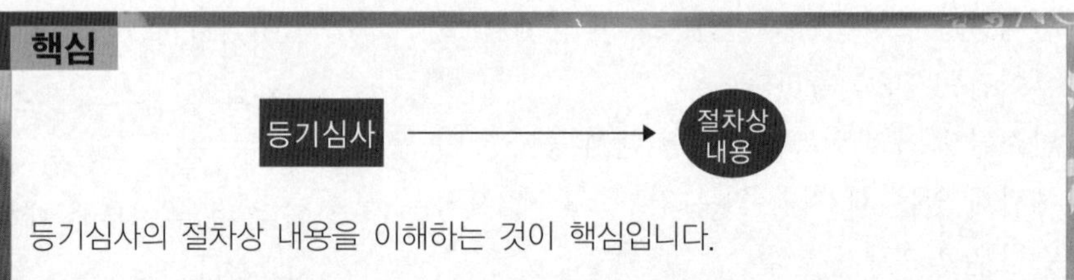

핵심
등기심사
절차상 내용
등기심사의 절차상 내용을 이해하는 것이 핵심입니다.

출제자 의도

이 테마는 단독문제로 출제되기 보다는 부동산등기법 종합문제 중 하나의 보기 정도로 출제된다.

1. 등기신청의 심사

- 형식적 심사주의 vs 실질적 심사주의
- 공시력 vs 공신력

등기신청이 접수되면 그 다음단계로 심사가 이루어진다. 그 내용은 다음과 같다.

(1) 형식적 심사주의 vs 실질적 심사주의

우리나라는 등기신청에 대한 심사에 있어서 '형식적(실질적×) 심사주의'를 택하고 있다. 형식적 심사주의란 형식적으로 대충 심사한다는 것이 아니고 등기신청이 부동산등기법에서 정한 형식을 구비하고 있는지 심사한다는 것을 의미한다. 이에 반해 실질적 심사주의란 등기신청이 실질적 실체가 있는지를 심사하는 것을 말한다. 만약에 실질적 심사주의를 택한다면 등기업무와 관련하여 수많은 공무원을 채용해야하고 많은 시간이 소요될 것이다. 즉 비용과 효율적인 측면에서 어마어마한 문제가 발생될 것이다. 또한 등기관은 실질적 심사권이 없고 형식적 심사권만 있으므로 형식적 심사주의를 택할 수밖에 없다.

(2) 공시력 vs 공신력

현행 부동산등기제도는 형식적 심사주의를 택하고 있기 때문에 등기에는 공신력이 없고 공시력만 있다. 따라서 등기에 문제가 있더라도 국가가 책임을 지지 않는다.

(3) 심사의 기준시기

등기신청에 대한 적법여부를 심사하는 기준시기는 등기실행(신청×, 접수×)시, 즉 등기부에 기록시가 된다.

• **공신력 vs 공시력**

① 공신력(公信力)
어떤 사항에 대하여 공적으로 믿음을 주는 힘을 말한다. 따라서 등기된 어떤 사항에 문제가 있을 경우 국가가 책임을 지게 된다.

② 공시력(公示力)
어떤 사항을 그저 공개적으로 보여주는 힘을 말한다. 따라서 등기된 어떤 사항에 문제가 있을 경우 국가가 책임을 지지 않는다.

O · X · 지 · 문 · 학 · 습

01. 멸실등기의 경우는 실질적 심사주의가 적용된다. [O, ×]

02. 구분건물등기의 경우는 실질적 심사주의가 적용된다. [O, ×]

정답 및 해설

01. × (현행 우리나라 부동산등기제도는 형식적 심사주의가 적용된다.)
02. × (현행 우리나라 부동산등기제도는 형식적 심사주의가 적용된다.)

기·출·문·제·분·석

1. 부동산등기에 관한 설명으로 틀린 것은?

① 현행 「부동산등기법」에는 가처분등기에 관한 규정이 있다.

② 현행 「부동산등기법」에는 멸실회복등기에 관한 규정이 없다.

③ 권리에 관한 경정등기를 할 때 등기상 이해관계 있는 제3자가 있으면, 그 제3자의 승낙을 얻어야 한다.

④ 등기된 건물이 멸실된 경우에는 건물소유권의 등기명의인만이 멸실등기를 신청할 수 있는 것은 아니라 그 건물의 대지소유자도 대위신청할 수 있는데, 멸실등기의 경우는 실질적 심사주의가 적용된다.

⑤ 등기관이 새로운 권리의 등기를 마친 경우에 등기필정보의 통지를 원하지 않은 등기권리자에게는 등기필정보를 통지하지 않아도 된다.

해설

④ 실질적 심사주의 → 형식적 심사주의

|정답| 1. ④

4 실행

기출 Point

1. 등기의 유효요건 완화 판례
2. 본등기 vs 가등기
3. 등기순위
4. 취하절차
5. 각하사유

출제자 의도

등기의 유효요건 완화와 관련된 판례의 결론을 알고 있는가?

핵심

등기실행 → 절차상 내용

등기**실행**의 **절차**상 내용을 이해하는 것이 핵심입니다.
중요한 테마로 다음 2가지가 있습니다.
1. 등기의 유효요건 : 형식적 요건 vs 실체적 요건
2. 등기의 효력

등기**실행**이 **중단**되는 경우도 있는데 그 사유는 크게 다음 2가지가 있습니다.
1. 취하
2. 각하

★ 1. 등기의 유효요건

등기가 유효하기 위해서는 형식적 유효요건과 실체적 유효요건을 모두 갖추어야 하는 것이 원칙이다.

(1) 형식적(절차적) 유효요건

등기는 부동산등기법이 정하는 절차에 따라 적법하게 행하여져야 유효하게 된다. 이는 부동산등기법이라는 절차법상의 관점이라고 볼 수 있다. 세부적인 요건을 살펴보면 다음과 같다.

① 적법한 신청절차

이 요건을 구비하지 못했다는 것은 원래 각하사유에 해당되었다는 것을 의미한다. 이를 간과하고 실행된 등기의 유·무효 여부는 다음과 같이 나누어 볼 수 있다.

구분		실행된 등기의 유효 vs 무효
각하 사유	1번째(사건이 그 등기소의 관할이 아닌 경우) 2번째(사건이 등기할 것이 아닌 경우)	무효
	나머지	유효 (실체관계에 부합하는 한)

② 등기(기록)의 존재

등기는 부동산 물권의 효력발생요건이지 효력존속요건은 아니다. 따라서 일단 등기가 된 이후에 그 등기가 불법으로 말소되었다하더라도 물권은 소멸하지 않고 여전히 존재한다. 불법 말소된 등기가 회복되면 그 회복등기, 즉 말소회복등기는 종전의 등기와 동일한 순위와 효력을 보유한다.

판 례

물권의 효력발생요건으로서의 등기

등기는 물권의 효력발생요건이고 효력존속요건이 아니므로 물권에 관한 등기가 원인 없이 말소된 경우에 그 물권의 효력에는 아무런 영향을 미치지 않는다고 봄이 타당한 바, 등기공무원이 관할지방법원의 명령에 의하여 소유권이전등기를 직권으로 말소하였으나 그 후 동 명령이 취소확정된 경우에는 말소등기는 결국 원인없이 경료된 등기와 같이 되어 말소된 소유권이전등기는 회복되어야 하고 회복등기를 마치기 전이라도 말소된 소유권이전등기의 최종명의인은 적법한 권리자로 추정된다고 하겠으니 동 이전등기가 실체관계에 부합하지 않은 점에 대한 입증책임은 이를 주장하는 자에게 있다. [81다카923]

③ 물적편성주의(1부동산 1등기기록주의)에 부합

하나의 부동산에는 하나의 소유권보존등기만 경료되어야 하는데 이 동일한 부동산에 등기명의인을 달리하여 중복된(이중의) 소유권보존등기가 경료된 경우 먼저 경료된 소유권보존등기(선등기)가 원인무효가 되지 아니하는 한, 나중에 경료된 소유권보존등기(후등기)는 무효가 된다. 이러한 무효인 중복등기에 기초한 '등기부 취득시효' 또한 인정되지 않는다. 그러나 선(先) 소유권보존등기에 무효사유가 있으면 후(後) 소유권보존등기는 유효하게 된다.

판 례

중복된(이중의) (소유권)보존등기

- 동일부동산에 관하여 등기명의인을 달리하여 중복된 소유권보존등기가 경료된 경우에는 먼저 이루어진 소유권보존등기가 원인무효가 되지 아니하는 한 뒤에 된 소유권보존등기는 비록 그 부동산의 매수인에 의하여 이루어진 경우에도 1부동산1용지주의(현 1부동산 1등기기록)를 채택하고 있는 부동산등기법 아래에서는 무효라고 해석함이 상당하다. [87다카2961]
- 먼저 경료된 등기부상의 표시에 합치되는 당초의 건물이 증·개축으로 인하여 현재의 건물로 변형되었다고 하더라도 양 건물의 동일성이 인정되는 한 당초의 건물에 대한 등기는 증·개축으로 인한 변경등기를 거치기 전이라도 현재의 건물을 표상하는 유효한 등기라고 할 것이므로, 먼저 경료된 보존등기가 원인무효가 되지 아니하는 한 현재의 건물에 대하여 다시 경료된 보존등기는 이중등기로서 무효이다. [92다36397]

조문·예규 중복등기

1. 토지의 중복등기 → 대법원 규칙(부동산등기규칙)에 의해 정리한다.

• **부동산등기법 제21조 중복등기기록의 정리**

① 등기관이 같은 토지(건물×)에 관하여 중복하여 마쳐진 등기기록을 발견한 경우에는 대법원규칙으로 정하는 바에 따라 중복등기기록 중 어느 하나의 등기기록을 폐쇄하여야(할 수×) 한다.

② 제1항에 따라 폐쇄된 등기기록의 소유권의 등기명의인 또는 등기상 이해관계인은 대법원규칙으로 정하는 바에 따라 그 토지가 폐쇄된 등기기록의 소유권의 등기명의인의 소유임을 증명하여 폐쇄된 등기기록의 부활을 신청할 수 있다.

• **부동산등기규칙 제33조 중복등기기록의 정리**

① 법 제21조에 따른 중복등기기록의 정리는 제34조부터 제41조까지의 규정에서 정한 절차에 따른다.

② 제1항에 따른 중복등기기록의 정리는 실체의 권리관계에 영향을 미치지 아니한다(미친다×).

2. 건물의 중복등기 [등기예규 제1374호] → 대법원 예규(등기예규)에 의해 정리한다.

• **건물의 보존등기명의인이 동일한 경우**

가. 후행 보존등기를 기초로 한 새로운 등기가 없는 경우
등기관은 「부동산등기법」 제58조 의 절차에 의하여 후행 보존등기를 직권으로 말소한다.

나. 선행 보존등기를 기초로 한 새로운 등기는 없으나 후행 보존등기를 기초로 한 새로운 등기가 있는 경우

(1) 등기관은 「부동산등기법」 제58조 의 절차에 따라 후행 등기기록에 등기된 일체의 등기를 직권말소하여 등기기록을 폐쇄함과 동시에 그 등기기록에 기재된 소유권보존등기외의 다른 등기를 선행 등기기록에 이기(미처리된 등기의 실행방법의 의미로서)하여야 한다.

(2) 일반건물과 구분건물로 그 종류를 달리하는 경우에는 등기관은 이를 위 (1)과 같이 직권으로 정리할 수 없다.

다. 선행 보존등기 및 후행 보존등기를 기초로 한 새로운 등기가 모두 있는 경우 등기관은 이를 직권으로 정리할 수 없다(있다×).

• **건물의 보존등기명의인이 서로 다른 경우**

가. 실질적 심사권이 없는 등기관으로서는 이를 직권으로 정리할 수 없다(있다×).

나. 등기명의인의 신청에 의한 중복등기의 해소

(1) 어느 한 쪽의 등기명의인이 스스로 그 소유권보존등기의 말소등기를 신청할 수 있다.

(2) 또한 어느 일방 보존등기의 등기명의인이 자신의 보존등기가 유효함을 이유로 다른 일방 보존등기명의인을 상대로 그 소유권보존등기의 말소등기절차이행을 구하는 소를 제기하여 그 승소의 확정판결에 의해 다른 일방 보존등기에 대한 말소등기를 신청할 수 있다.

(3) 위 각 경우 말소되는 등기에 대해 이해관계 있는 제3자가 있는 경우에는 신청서에 그 승낙서 또는 이에 대항할 수 있는 재판의 등본을 첨부하여야 한다.

(2) 실질적(실체적) 유효요건

등기가 유효하기 위해서는 등기에 부합하는 실체법상의 권리관계가 존재하여야 한다. 이는 민법이라는 실체법상의 관점이라고 볼 수 있다. 세부적인 요건을 살펴보면 다음과 같다.

① 등기에 부합하는 실체관계의 존재

등기가 유효하기 위해서는 등기에 부합하는 실체관계가가 존재하여야 한다. 구체적으로 다음 3가지가 존재하여야 한다.

㉠ 등기에 부합하는 부동산의 존재

㉡ 등기명의인이 허무인(가짜)이 아닐 것

㉢ 등기에 부합하는 실체적 권리변동 내지 물권행위의 존재

② 등기와 실체관계의 부합

등기가 유효하기 위해서는 등기와 실체관계가 부합하여야 한다. 부합의 정도에 따라 다음과 같이 나누어 볼 수 있다.

㉠ 부동산의 표시에 관한 부합의 정도

실제의 부동산과 등기부에 기재된 표시의 내용이 다소 불일치하더라도 그 등기가 당해 부동산을 공시하고 있는 것이라고 할 정도의 사회통념상 동일성 또는 유사성이 있다고 인정되면 그 등기는 유효하며, 그 불일치는 경정등기나 변경등기에 의하여 시정할 수 있다.

㉡ 권리변동 내지 물권행위와의 부합의 정도

구분	내용	유효 vs 무효
질적 불일치(불합치)	권리의 주체·객체·종류를 그르친 등기	무효
양적 불일치(불합치)	등기된 양 〉 물권행위의 양	유효 (물권행위의 한도 내에서)
	등기된 양 〈 물권행위의 양	유효 (등기된 한도 내에서) → 민법 제137조 '일부무효'의 법리 적용

(3) 등기의 유효요건의 완화(예외)

등기는 원칙적으로 유효요건을 모두 구비하여야 유효하지만, 예외적으로 다음의 경우에는 유효요건을 모두 구비하지 않더라도 일정한 경우 유효(무효×)한 등기이다.

① 모두생략 등기

미등기 부동산을 양수한 자가 자기 앞으로 소유권보존등기를 한 경우 이 등기를 모두생략 등기라고 부른다. 부동산등기법상 이 경우는 양수인 앞으로 바로 소유권보존등기를 할 수 없다. 왜냐하면 부동산등기법상 양수인은 소유권보존등기를 신청할 수 있는 자에 해당되지 않기 때문이다. 그러나 이러한 등기의 유효요건이 일부 결여된 모두생략 등기라 할지라도 실체관계에 부합하는 한 유효하다.

② 중간생략등기

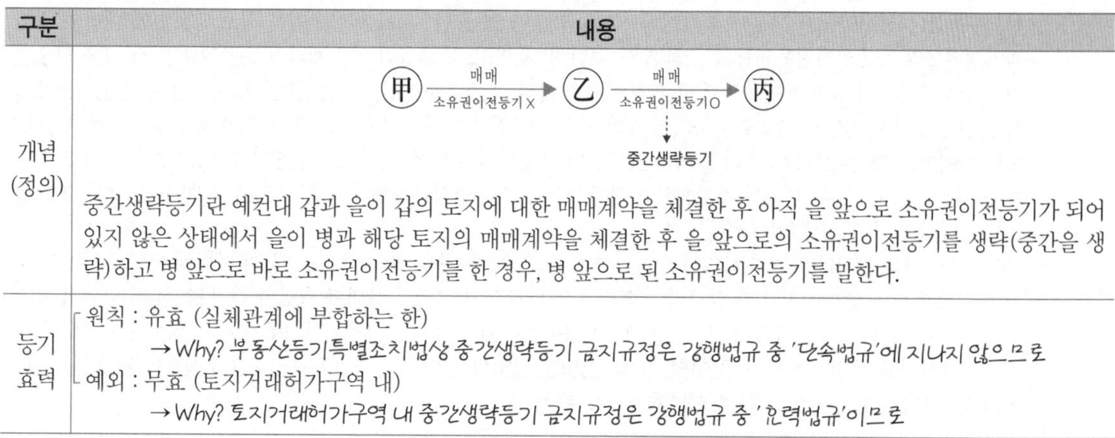

구분	내용
개념(정의)	甲 —매매 / 소유권이전등기 X→ 乙 —매매 / 소유권이전등기 O→ 丙 (중간생략등기) 중간생략등기란 예컨대 갑과 을이 갑의 토지에 대한 매매계약을 체결한 후 아직 을 앞으로 소유권이전등기가 되어 있지 않은 상태에서 을이 병과 해당 토지의 매매계약을 체결한 후 을 앞으로의 소유권이전등기를 생략(중간을 생략)하고 병 앞으로 바로 소유권이전등기를 한 경우, 병 앞으로 된 소유권이전등기를 말한다.
등기 효력	원칙 : 유효 (실체관계에 부합하는 한) → Why? 부동산등기특별조치법상 중간생략등기 금지규정은 강행법규 중 '단속법규'에 지나지 않으므로 예외 : 무효 (토지거래허가구역 내) → Why? 토지거래허가구역 내 중간생략등기 금지규정은 강행법규 중 '효력법규'이므로

<table>
<tr><th>구분</th><th>내용</th></tr>
<tr><td>판례</td><td>

• 중간생략등기절차에 있어서 이미 중간생략등기가 이루어져 버린 경우에 있어서는, 그 관계 계약당사자 사이에 적법한 원인행위가 성립되어 이행된 이상, 다만 중간생략등기에 관한 합의가 없었다는 사유만으로서는 그 등기를 무효라고 할 수는 없다(즉, 유효이다). [79다847]
• 부동산등기특별조치법상 조세포탈과 부동산투기 등을 방지하기 위하여 위 법률 제2조 제2항 및 제8조 제1호에서 등기하지 아니하고 제3자에게 전매하는 행위를 일정 목적범위 내에서 형사처벌하도록 되어 있으나 이로써 순차매도한 당사자 사이의 중간생략등기합의에 관한 사법상 효력까지 무효로 한다는 취지는 아니다(즉, 유효이다). [92다39112]
• 토지거래허가구역 내의 토지가 토지거래허가 없이 소유자인 최초 매도인으로부터 중간 매수인에게, 다시 중간 매수인으로부터 최종 매수인에게 순차로 매도되었다면 각 매매계약의 당사자는 각각의 매매계약에 관하여 토지거래허가를 받아야 하며, 위 당사자들 사이에 최초의 매도인이 최종 매수인 앞으로 직접 소유권이전등기를 경료하기로 하는 중간생략등기의 합의가 있었다고 하더라도 이러한 중간생략등기의 합의란 부동산이 전전 매도된 경우 각 매매계약이 유효하게 성립함을 전제로 그 이행의 편의상 최초의 매도인으로부터 최종의 매수인 앞으로 소유권이전등기를 경료하기로 한다는 당사자 사이의 합의에 불과할 뿐, 그러한 합의가 있었다고 하여 최초의 매도인과 최종의 매수인 사이에 매매계약이 체결되었다는 것을 의미하는 것은 아니므로 최초의 매도인과 최종 매수인 사이에 매매계약이 체결되었다고 볼 수 없고, 설사 최종 매수인이 자신과 최초 매도인을 매매 당사자로 하는 토지거래허가를 받아 자신 앞으로 소유권이전등기를 경료하였다고 하더라도 이는 적법한 토지거래허가 없이 경료된 등기로서 무효이다. [97다33218]
• 부동산의 매매로 인한 소유권이전등기청구권은 물권의 이전을 목적으로 하는 매매의 효과로서 매도인이 부담하는 재산권이전의무의 한 내용을 이루는 것이고, 매도인이 물권행위의 성립요건을 갖추도록 의무를 부담하는 경우에 발생하는 채권적 청구권으로 그 이행과정에 신뢰관계가 따르므로, 소유권이전등기청구권을 매수인으로부터 양도받은 양수인은 매도인이 그 양도에 대하여 동의하지 않고 있다면 매도인에 대하여 채권양도를 원인으로 하여 소유권이전등기절차의 이행을 청구할 수 없고(있고×), 따라서 매매로 인한 소유권이전등기청구권은 특별한 사정이 없는 이상 그 권리의 성질상 양도가 제한되고 그 양도에 채무자의 승낙이나 동의를 요한다고 할 것이므로 통상의 채권양도와 달리 양도인의 채무자에 대한 통지만으로는 채무자에 대한 대항력이 생기지 않으며 반드시 채무자의 동의나 승낙을 받아야 대항력이 생긴다. [2000다51216]

→ 중간생략등기에 대한 관계 당사자 전원의 합의

<table>
<tr><th>구분</th><th>유</th><th>무</th></tr>
<tr><td>중간생략등기에 대한 관계 당사자 전원의 합의</td><td>최종 양수인(丙)은 최초 양도인(甲)에 대하여 직접 또는 대위하여 소유권이전등기를 청구할 수 있다.</td><td>최종 양수인(丙)은 최초 양도인(甲)에 대하여 중간자(乙)를 대위하여(직접×) 소유권이전등기를 청구할 수 있다.</td></tr>
</table>

• [1] 부동산이 전전양도된 경우에 중간생략등기의 합의가 없는 한 그 최종 양수인은 최초 양도인에 대하여 직접 자기명의로의 소유권이전등기를 청구할 수는 없다 할 것이고, 부동산의 양도계약이 순차 이루어져 최종 양수인이 중간생략등기의 합의를 이유로 최초 양도인에게 직접 그 소유권이전등기청구권을 행사하기 위하여는 관계당사자 전원의 의사합치, 즉 중간생략등기에 대한 최초 양도인과 중간자의 동의가 있는 외에 최초 양도인과 최종 양수인 사이에도 그 중간등기생략의 합의가 있었음이 요구된다. [2] 최초 양도인이 중간등기생략을 거부하고 있어 매수인란이 공란으로 된 백지의 매도증서와 위임장 및 인감증명서를 교부한 것만으로는 중간등기생략에 관한 합의가 있었다고 할 수 없다(있다×). [91다5761]
• 중간생략등기의 합의가 있었다 하더라도 이러한 합의는 중간등기를 생략하여도 당사자 사이에 이의가 없겠고 또 그 등기의 효력에 영향을 미치지 않겠다는 의미가 있을 뿐이지 그러한 합의가 있었다 하여 중간매수인의 소유권이전등기청구권이 소멸된다거나 첫 매도인의 그 매수인에 대한 소유권이전등기의무가 소멸되는 것은 아니라 할 것이다. [91다18316] → 즉, 중간생략등기의 합의가 있었다 하더라도 중간매수인(乙)의 최초매도인(甲)에 대한 소유권이전등기청구권은 소멸하지 않는다(소멸한다×).

</td></tr>
</table>

구분	내용
판례	• [1] 중간생략등기의 합의란 부동산이 전전 매도된 경우 각 매매계약이 유효하게 성립함을 전제로 그 이행의 편의상 최초의 매도인으로부터 최종의 매수인 앞으로 소유권이전등기를 경료하기로 한다는 당사자 사이의 합의에 불과할 뿐이므로, 이러한 합의가 있다고 하여 최초의 매도인이 자신이 당사자가 된 매매계약상의 매수인인 중간자에 대하여 갖고 있는 매매대금청구권의 행사가 제한되는 것은 아니다. [2] 최초 매도인과 중간 매수인, 중간 매수인과 최종 매수인 사이에 순차로 매매계약이 체결되고 이들 간에 중간생략등기의 합의가 있은 후에 최초 매도인(甲)과 중간 매수인(乙) 간에 매매대금을 인상하는 약정이 체결된 경우, 최초 매도인은 인상된 매매대금이 지급되지 않았음을 이유로 최종 매수인 명의로의 소유권이전등기의무의 이행을 거절할 수 있다(없다×) → Why? 매도인의 소유권이전등기의무와 매수인의 대금지급의무는 '동시이행의 관계'에 있으므로 매도인은 민법 제536조에서 규정한 '동시이행의 항변권'을 행사할 수 있다. [2003다66431]

③ 등기원인이 실제와 다른 등기

등기원인이 실제와 다른 등기도 당사자 사이에 실체관계가 있다면 유효(무효×)하다.

판 례

• 부동산 등기는 현실의 권리 관계에 부합하는 한 그 권리취득의 경위나 방법 등이 사실과 다르다고 하더라도 그 등기의 효력에는 아무런 영향이 없는 것이므로 증여에 의하여 부동산을 취득하였지만 등기원인을 매매로 기재하였다고 하더라도 그 등기의 효력에는 아무런 하자가 없다. [80다791]

④ 무효등기의 유용

㉠ 표제부 등기(사실등기)의 유용 : 무효, 즉 멸실된 건물의 표제부 등기를 다시 쓰는 것(재활용)은 인정되지 않는다.

판 례

• 멸실된 건물과 신축된 건물이 위치나 기타 여러가지 면에서 서로 같다고 하더라도 그 두 건물이 동일한 건물이라고는 할 수 없으므로 신축건물의 물권변동에 관한 등기를 멸실건물의 등기부에 등재하여도 그 등기는 무효(유효×)이고 가사 신축건물의 소유자가 멸실건물의 등기를 신축건물의 등기로 전용할 의사로써 멸실건물의 등기부상 표시를 신축건물의 내용으로 표시 변경 등기를 하였다고 하더라도 그 등기가 무효(유효×)임에는 변함이 없다. [80다441]

㉡ 사항란(갑구·을구) 등기(권리등기)의 유용 : 유효 (등기유용합의 전에 등기상 이해관계 있는 제3자가 없는 경우에 한함 → 제한적 긍정설)

판 례

• 당사자가 실체적 권리의 소멸로 인하여 무효로 된 가등기를 이용하여 거래를 하기로 하였다면 그 구등기에 부합하는 가등기설정계약의 합의가 있어 구등기를 유용하기로 하고 거래를 계속하기로 한 취의라고 해석함이 타당하여 위 등기유용합의 이전에 등기상 이해관계 있는 제3자가 나타나지 않는 한 위 가등기는 원래의 담보채무소멸 후에도 [등기유용을 합의 한 때부터(소급하여×)] 유효(무효×)하게 존속한다. [86다카716]

출제자 의도

본등기의 효력과 가등기의 효력의 차이점을 구별할 수 있는가?

★★

2. 등기의 효력

등기가 이루어지면 다음과 같은 효력이 있다.

→ 등기의 효력 발생시점 : 등기신청정보가 전산정보처리조직에 저장된 때

(1) 본등기(종국등기)의 효력

① 물권변동의 효력(권리변동의 효력, 권리변동적 효력, 창설적 효력)

㉠ 부동산에 관한 법률행위에 부합하는 등기가 이루어지면 부동산물권변동의 효력이 발생한다.

→ 근거 : **민법 제186조 부동산물권변동의 효력**

부동산에 관한 법률행위로 인한 물권의 득실변경은 등기하여야 그 효력이 생긴다. [→ 성립요건주의(형식주의, 독법주의)(대항요건주의×, 의사주의×, 불법주의×)]

→ 여기서 법률행위란 물권행위(물권적 합의○, 채권행위×, 채권적 합의×)를, 등기란 본등기(가등기×)를 의미한다.

→ 등기는 민법 제186조에 규정된 것처럼 효력 발생요건(존속요건×)일 뿐이다.

→ 물권변동의 효력발생 시점 : 등기관이 등기를 마친 경우 그 등기는 접수한 때(마친 때×)부터 효력을 발생한다.

↔ **민법 제186조의 예외 : 제187조 등기를 요하지 아니하는 부동산물권취득**

상속, 공용징수, 판결, 경매 기타 법률의 규정에 의한 부동산에 관한 물권의 취득은 등기를 요하지 아니한다. 그러나 등기를 하지 아니하면 이를 처분하지 못한다.

↔ **민법 제187조의 예외 : 제245조 점유로 인한 부동산소유권의 취득기간**

㉠ 20년간 소유의 의사로 평온, 공연하게 부동산을 점유하는 자는 등기함으로써 그 소유권을 취득한다.

㉡ 부동산의 소유자로 등기한 자가 10년간 소유의 의사로 평온, 공연하게 선의이며 과실없이 그 부동산을 점유한 때에는 소유권을 취득한다.

② 대항력(대항적 효력)

등기가 되면 그 등기내용에 관하여 당사자 이외의 제3자에게도 대항할 수 있다.

③ 순위확정(보전×)의 효력(순위확정적 효력)

→ 순위보전의 효력은 본등기가 아닌 '가등기'의 효력이다.

등기가 되면 등기한 권리의 순위가 확정된다.

★★
■ 등기순위

등기순위는 다음과 같다.

<table>
<tr><th colspan="2">구분</th><th>순위</th></tr>
<tr><td colspan="2">대원칙</td><td>등기의 선후(先後)에 의한다. 즉, 먼저 한 등기의 순위가 나중에 한 등기의 순위보다 앞선다.</td></tr>
<tr><td rowspan="2">주등기</td><td>동구(同區, 같은 구)</td><td>순위번호에 의한다.</td></tr>
<tr><td>별구(別區, 다른 구)</td><td>접수번호에 의한다. → 대지권에 대한 등기로서의 효력이 있는 등기와 대지권의 목적인 토지의 등기용지 중 해당구 사항란에 한 등기의 순위 : 접수번호(순위번호×)에 의한다.
→ Why? 앞의 대지권등기는 집합'건물'등기부에 되고 뒤의 등기는 '토지'등기부에 되므로 이를 별구개념으로 보아서 별구의 순위규정이 적용된다.</td></tr>
<tr><td rowspan="2">부기
등기</td><td>부기등기 자체의 순위</td><td>주등기 순위에 의한다.</td></tr>
<tr><td>부기등기 상호간의 순위</td><td>그 선후에 의한다.</td></tr>
<tr><td colspan="2">가등기에 기한 본등기</td><td>가등기(본등기×) 순위에 의한다. ↔ 가등기에 기한 본등기 시 물권변동의 효력은 가등기 시로 소급하지 않고 본등기(가등기×) 시 발생한다.</td></tr>
<tr><td colspan="2">말소회복등기</td><td>회복하고자 하는 종전의 등기와 동일한 순위와 효력을 보유한다.</td></tr>
<tr><td colspan="2">신탁등기</td><td>신탁에 의한 소유권이전등기(수탁자 앞으로 된 소유권이전등기)와 동일한 순위를 보유한다.</td></tr>
</table>

④ [권리(표시×)의] 추정력(추정적 효력)(부동산표시의 추정력×, 점유의 추정력×)

↔ 점유의 추정력(점유의 권리적법의 추정력, 민법 제200조)은 동산(부동산×)에 대해서만 인정된다. [점유자의 권리추정의 규정은 특별한 사정이 없는 한 부동산물권에 대하여는 적용되지 아니한다. (70다729)]

추정력이란 (본)등기(가등기×)가 있으면 비록 무효인 등기라도 그에 대응하는 권리관계(사실관계×)가 존재하는 것으로 추정되는 효력을 말한다.

추정력의 범위는 다음 표와 같이 물적 범위와 인적 범위로 나누어 볼 수 있다.

추정력	물적 범위	인적 범위
내용	• 등기원인의 적법추정 • 등기권리(본권)의 적법추정 (예)저당권등기가 있으면 저당권의 존재뿐만 아니라 피담보채권의 존재도 추정된다. • 등기절차의 적법추정 (예)토지거래허가구역내 토지의 소유권이전등기가 있으면 적법한 토지거래허가가 있는 것이 추정된다.	• 등기의 추정력은 제3자에 대해서 뿐만 아니라 권리변동의 당사자 간에도 미친다. • 등기명의인의 이익뿐만 아니라 불이익을 위하여도 미친다. • 제3자도 등기명의인의 등기의 추정력을 원용할 수 있다.

| 판 례 |

- [1] 어느 부동산에 관하여 등기가 경료되어 있는 경우 특별한 사정이 없는 한 그 원인과 절차에 있어서 적법하게 경료된 것으로 추정된다.
  [2] 전 등기명의인이 미성년자이고 당해 부동산을 친권자에게 증여하는 행위가 이해상반행위라 하더라도 일단 친권자에게 이전등기가 경료된 이상, 특별한 사정이 없는 한, 그 이전등기에 관하여 필요한 절차를 적법하게 거친 것으로 추정된다.
  [3] 문서에 찍힌 인영이 그 명의인의 인장에 의하여 현출된 인영임이 인정되는 경우에는 특별한 사정이 없는 한 그 인영의 성립, 즉 날인행위가 작성명의인의 의사에 기하여 이루어진 것으로 추정되고, 일단 인영의 진정성립이 추정되면 민사소송법 제329조의 규정에 의하여 그 문서 전체의 진정성립까지 추정되는 것이므로, 문서가 위조된 것임을 주장하는 자는 적극적으로 위 인영이 명의인의 의사에 반하여 날인된 것임을 입증할 필요가 있다. [2001다72029]
- 부동산소유권의 득실변경에 관하여 법률이 규정하는 등기가 되어 있는 경우에는 등기된 권리의 변동은 일응 유효하게 되었다는 추정을 받는 것으로 그와 같은 권리의 부존재나 무효를 주장하는 자는 스스로 그것을 입증하여야 하는 것이다. [76다1658]
- 소유권이전등기가 경료되어 있는 경우에는 그 등기명의자는 제3자에 대해서 뿐만 아니라 그 전 소유자에 대해서도 적법한 등기원인에 의하여 소유권을 취득한 것으로 추정된다(되지 않는다×). → 따라서 현재 등기명의인은 전 등기명의인에 대하여도 등기의 추정력을 주장할 수 있다(없다×). [81다791]
- 부동산에 관하여 소유권이전등기가 마쳐져 있는 경우 그 등기명의자는 제3자에 대하여서뿐만 아니라, 그 전 소유자에 대하여서도 적법한 등기원인에 의하여 소유권을 취득한 것으로 추정되고, 한편 부동산 등기는 현재의 진실한 권리상태를 공시하면 그에 이른 과정이나 태양을 그대로 반영하지 아니하였어도 유효(무효×)한 것으로서, 등기명의자가 전 소유자로부터 부동산을 취득함에 있어 등기부상 기재된 등기원인에 의하지 아니하고 다른 원인으로 적법하게 취득하였다고 하면서 등기원인 행위의 태양이나 과정을 다소 다르게 주장한다고 하여 이러한 주장만 가지고 그 등기의 추정력이 깨어진다고 할 수는 없을(있을×) 것이므로, 이러한 경우에도 이를 다투는 측에서 등기명의자의 소유권이전등기가 전 등기명의인의 의사에 반하여 이루어진 것으로서 무효라는 주장을 입증하여야 한다. [99다65462]
- 등기는 물권의 효력 발생 요건이고 존속 요건은 아니어서 등기가 원인 '없이' 말소된 경우에는 그 물권의 효력에 아무런 영향이 없고, 그 회복등기가 마쳐지기 전이라도 말소된 등기의 등기명의인은 적법한 권리자로 추정되므로 원인 없이 말소된 등기의 효력을 다투는 쪽에서 그 무효 사유를 주장 입증하여야 한다. [95다39526]
  ↔ 등기가 원인 '있이' 말소된 경우, 즉 적법한 말소등기는 말소된 권리의 소멸 내지는 그 부존재가 추정된다.
- 등기부상의 명의인을 소유자로 믿고서 그 부동산을 매수하여 점유하는 자는 특별한 사정이 없는 한 과실 없는(있는×) 점유자에 해당한다. [80다2881]
  ↔ 등기의 추정력에 의하여 등기내용에 대한 '악의(선의×)'가 추정된다. 즉, 부동산물권을 취득하려는 자는 등기내용을 알고 있었던 것(악의)으로 추정된다.
- 부동산에 관하여 등기용지를 달리하여 동일인 명의로 소유권보존등기가 중복되어 있는 경우에는 시간적으로 뒤에 경료된 중복등기는 그것이 실체권리관계에 부합하는 여부를 가릴 것 없이 무효이므로 뒤에 된 등기에 터잡아 소유권이전등기를 한 자가 먼저 된 소유권보존등기의 말소를 구할 수 없다(있다×). [80다3259]
- 전소유자가 사망한 이후에 그 명의의 신청에 의하여 이루어진 이전등기[사자(死者, 죽은 자)명의의 등기]는 일단 원인무효의 등기라고 볼 것이어서 등기의 추정력을 인정할 여지가 없으므로 그 등기의 유효를 주장하는 자가 현재의 실체관계와 부합함을 입증할 책임이 있다. [83다카597]
- 허무인(虛無人, 존재하지 않는 사람)으로부터 등기를 이어받은 소유권이전등기는 원인무효라 할 것이어서 그 등기명의자에 대한 소유권추정은 깨트려진다. [84다카2494]
- 소유권이전청구권 보전을 위한 가등기가 있다 하여, 소유권이전등기를 청구할 어떤 법률관계가 있다고 추정되지 아니한다(추정된다×). [79다239]
- 신축된 건물의 소유권은 이를 건축한 사람이 원시취득하는 것이므로, 건물 소유권보존등기의 명의자가 이를 신축한 것이 아니라면 그 등기의 권리 추정력은 깨어지고(깨어지지 않는다×), 등기 명의자가 스스로 적법하게 그 소유권을 취득한 사실을 입증하여야 한다. [95다30734]
- 가옥세대장은 건물의 소재, 종류, 구조, 소유자등을 등록하여 가옥의 현상을 명백히 하고 과세자료등에 사용하기 위하여 행정청의 사무형편상 작성 비치하는 문서로서 그 대장에 기재하는 것은 가옥에 관한 사실관계를 나타내기 위한 것일 뿐 등기부처럼 가옥에 대한 권리관계를 공시하기 위한 것이 아니라 할 것이니 가옥세대장에 다른 사람 소유명의로 등재되었다는 사실만으로 그 다른사람이 소유권 기타의 권리를 취득하거나 권리자로 추정되는 효력이 없다(있다×). [82도2616]

⑤ 점유적 효력(취득시효기간 단축의 효력)(점유의 추정력×, 점유의 권리적법의 추정력×)

민법 제245조 제②항을 '등기부 취득시효'라고 하는데, 이 때의 등기가 마치 동산의 점유 취득시효에서의 점유와 같은 효력을 갖게 되는데, 이를 '등기의 점유적 효력'이라고 한다. 점유기간의 요건이 '점유 취득시효'의 20년인데 '등기부 취득시효' 의 경우 10년으로 단축되기 때문에 '취득시효기간 단축의 효력 '이라고도 한다.

⑥ 후등기 저지력

선등기가 말소되지 않고서는 그 유·무효를 막론하고 그것과 양립할 수 없는 등기는 할 수 없도록 하는 힘을 말한다. 예컨대 토지전부에 지상권설정등기가 되어 있는 경우 해당 토지에 대한 또 다른 지상권설정등기는 할 수 없다.

(2) 가등기의 효력

가등기의 효력은 가등기에 기한 본등기의 전과 후로 나누어 볼 수 있다.

구분	본등기 전	본등기 후
가등기 효력	청구권보전의 효력 ↔ 실체법상 효력은 없음	순위보전의 효력 → 가등기에 기한 본등기 시 본등기의 순위는 가등기(본등기×)의 순위에 의한다. ↔ 가등기에 기한 본등기 시 물권변동의 효력은 본등기(가등기×)시 발생한다.

판 례

- 소유권이전청구권 보전을 위한 가등기가 있다 하여, 소유권이전등기를 청구할 어떤 법률관계가 있다고 추정되지 아니한다(추정된다×). [79다239]
- 가등기는 그 성질상 본등기의 순위보전에 효력만이 있고 후일 본등기가 경료된 때에는 본등기의 순위가 가등기한 때로 소급함으로써 가등기후 본등기 전에 이루어진 중간처분이 본등기보다 후순위로 되어 실효될 뿐이고 본등기에 의한 물권변동의 효력이 가등기한 때로 소급하여 발생하는 것은 아니다(발생한다×). [81다1298]

★ 3. 취하

출제자 의도

취하의 절차상 내용을 알고 있는가?

등기가 완료되기 전에 등기의 실행이 중단되는 이유는 등기신청인의 취하와 등기관의 각하가 있다. 먼저 취하와 관련된 내용부터 살펴보자.

(1) 개념과 시점

취하란 등기가 완료되기 전이나 등기관의 각하 전에 등기신청인이 등기신청을 철회하는 것을 말한다.

(2) 취하권자

취하권자는 등기신청인 또는 그 대리인이다.

→ 등기신청을 공동으로 한 경우는 취하도 공동으로 하여야 한다.

→ 임의대리인이 등기신청을 취하하는 경우는 취하에 대한 별도의 특별수권을 받아야 한다.(→ Why? 취하는 등기신청과는 별개의 행위이므로)

(3) 방법

① 서면 : 등기신청을 방문신청의 방법으로 하는 경우는 취하도 등기신청인 또는 그 대리인이 등기소에 출석하여 취하서를 제출하는 서면방법으로 한다.

② 전자 : 등기신청을 전자신청의 방법으로 하는 경우는 취하는 전산정보처리조직을 이용하여 전자문서를 등기소에 송신하는 전자방법으로 한다.

(4) 범위

전부 취하 뿐만 아니라 일부 취하도 가능하다. 즉 여러 개의 부동산에 관한 등기를 동일한 신청서로 일괄하여 신청한 경우에는 그 전부를 취하해도 되고 그 일부를 취하해도 된다.

(5) 반환

등기신청이 취하된 경우 등기관은 등기신청정보와 그 부속서류 및 등기신청수수료를 등기신청인이 또는 그 대리인에게 반환하여야 한다.

출제자 의도

각하의 사유를 알고 있는가? 특히 사건이 등기할 것이 아닌 경우의 구체적인 예를 알고 있는가?

★★★

4. 각하

등기의 실행이 중단되는 두 번째 사유인 각하에 대해서 살펴보자.

(1) 사유

등기관은 다음에 해당하는 경우에만 이유를 적은 결정으로 신청을 각하(却下)하여야 한다. 다만, 신청의 잘못된 부분이 보정(補正)될 수 있는 경우로서 신청인이 등기관이 보정을 명한 날의 다음 날까지 그 잘못된 부분을 보정하였을 때에는 그러하지 아니하다.

1. 사건이 그 등기소의 관할이 아닌 경우
2. 사건이 등기할 것이 아닌 경우
3. 신청할 권한이 없는 자가 신청한 경우
4. 등기소에 방문하여 등기를 신청할 때에 당사자나 그 대리인이 출석하지 아니한 경우
5. 신청정보의 제공이 대법원규칙으로 정한 방식에 맞지 아니한 경우
6. 신청정보의 부동산 또는 등기의 목적인 권리의 표시가 등기기록과 일치하지 아니한 경우
7. 신청정보의 등기의무자의 표시가 등기기록과 일치하지 아니한 경우.
   ↔ 다만, 상속인 등 포괄승계인이 등기신청을 하는 경우는 제외
8. 신청정보와 등기원인을 증명하는 정보가 일치하지 아니한 경우
9. 등기에 필요한 첨부정보를 제공하지 아니한 경우
10. 취득세, 등록면허세 또는 수수료를 내지 아니하거나 등기신청과 관련하여 다른 법률에 따라 부과된 의무를 이행하지 아니한 경우
11. 신청정보 또는 등기기록의 부동산의 표시가 토지대장·임야대장 또는 건축물대장과 일치하지 아니한 경우

■ 사건이 등기할 것이 아닌 경우

1. 등기능력 없는 물건 또는 권리에 대한 등기를 신청한 경우
2. 법령에 근거가 없는 특약사항의 등기를 신청한 경우
3. 구분건물의 전유부분과 대지사용권의 분리처분 금지에 위반한 등기를 신청한 경우
   → Why? 「집합건물의 소유 및 관리에 관한 법률」에 위반되므로 (집합건물법 제20조제②항)
4. 농지를 전세권(지상권×저당권×)설정의 목적으로 하는 등기를 신청한 경우
   → Why? 물권법정주의에 위반되므로 (민법 제303조제②항)
5. 저당권을 피담보채권과 분리하여 양도하거나, 피담보채권과 분리하여 다른 채권의 담보로 하는 등기를 신청한 경우
   → Why? 물권법정주의에 위반되므로 (민법 제361조)
6. 일부지분에 대한 소유권보존등기(소유권이전등기×, 저당권설정등기×)를 신청한 경우
7. 공동상속인 중 일부가 자신의 상속지분만에 대한 상속등기를 신청한 경우
   ↔ 공동상속인 중 1인이 상속인 '전원'명의의 상속등기를 신청한 경우는 각하사유가 아니다.
8. 관공서 또는 법원의 촉탁으로 실행되어야 할 등기를 신청한 경우 → (예) (가)압류등기 등
9. 이미 보존등기된 부동산에 대하여 다시 보존등기를 신청한 경우 → Why? 1부동산 1등기기록주의에 위반되므로
10. 그 밖에 신청취지 자체에 의하여 법률상 허용될 수 없음이 명백한 등기를 신청한 경우

(예) ① (1개의) 부동산의 (특정)일부에 대한 소유권보존등기·소유권이전등기·저당권설정등기
   → Why? 일물일권주의에 위반되므로 ↔ 부동산 일부에 대한 용익물권(지상권·지역권·전세권)설정등기, 임차권등기는 가능

② 5년 초과 공유물 분할금지특약등기
   → Why? 물권법정주의에 위반되므로 (민법 제268조제①항·제②항)

③ 물권적 청구권보전을 위한 가등기
   → Why? 물권적청구권은 물권에 부종되므로 ↔ 채권적 청구권보전을 위한 가등기는 가능

④ 지역권을 요역지와 분리하여 양도하거나 다른 권리의 목적으로 하는 등기
   → Why? 물권법정주의에 위반되므로 (민법 제292조제②항)

⑤ 매매계약에 따른 소유권이전등기와 동시에 신청하지 않는 환매특약등기(민법 제590조제①항, 제592조)

⑥ 합유지분의 상속등기
   → Why? 사망한 조합원의 지위는 상속되지 않고 잔존 합유자의 합유로 귀속되므로 상속인은 합유지분이 아닌 지분환급청구권을 상속할 뿐이다. [93다39225]

⑦ 수인의 가등기권리자 중 1인이 신청하는 가등기권리자 '전원' 명의의 본등기
   ↔ 수인의 가등기권리자 중 1인이 신청하는 '자기' 지분만의 본등기는 가능

■ 각하사유를 간과하고 경료된 등기

구분		간과하고 경료된 등기의 효력	직권말소 대상	이의신청 대상(가능 여부)
각하사유	1, 2	무효	○	○
	그 외	유효(실체관계에 부합하면)	×	×

★
■ 이의신청

(1) 개념
등기관의 결정 또는 처분에 이의가 있는 자가 관할 지방법원에 이의신청을 하여 구제받을 수 있는 제도를 말한다.

(2) 대상
이의신청의 대상은 부동산등기법에서 규정한 등기관의 결정 또는 처분이다. 예컨대 등기신청에 대한 등기관의 각하, 등기사항증명서 발급·열람을 시켜주지 않는 등의 행위이다. 여기서는 등기를 하지 않는 행위인 소극적 부당처분과 등기를 한 행위인 적극적 부당처분에 관한 이의신청에 대해서 살펴보자.

구분	내용	효력	사유	이의신청인 가부		인용 시 법원의 조치(명령)
				당사자	이해관계인	
소극적 부당처분 (부작위 : 등기×)	①등기신청의 각하 ②신청한 등기의 해태	–	제한 없음	○	×	가등기 명령 실행 명령
적극적 부당처분 (작위 : 등기○)	각하사유를 간과하고 등기의 실행	무효	각하사유 1, 2	○	○	말소 명령
		유효	각하사유 1, 2외	×	×	–

→ 등기신청의 각하에 대한 이의신청이 인용되면(받아들여져 인정되면) 법원은 등기관에게 다음과 같은 명령을 하게 된다.

① 결정 전 : 가등기 명령 또는 이의가 있다는 뜻의 부기등기를 명령할 수 있다.

② 결정 후 : 실행 명령 또는 말소명령을 하게 된다.

→ 이의신청이 인용되어 법원의 명령에 의해서 경료된 등기를 '명령등기'라고 한다. 등기관이 관할 지방법원의 명령에 따라 등기를 할 때에는 명령을 한 지방법원, 명령의 연월일, 명령에 따라 등기를 한다는 뜻과 등기의 연월일을 기록하여야 한다.

(3) 절차
① ┌신청하는 곳 : 관할 지방법원(등기소×)
  └신청서 제출하는 곳 : 등기소(관할 지방법원×)

② 신청방법 : 서면(구두×)신청만 가능하다.

→ 이의신청서 기재사항 : 이의신청인의 성명과 주소, 이의신청의 대상인 등기관의 결정 또는 처분, 이의신청의 취지와 이유, 그 밖에 대법원예규로 정하는 사항을 적고 신청인이 기명날인 또는(과×, 및×, 그리고×) 서명하여야 한다.

③ 금지 : 새로운 사실이나 새로운 증거방법을 근거로 이의신청을 할 수는 없다(있다×).

④ 기간 : 제한 없음(3일 이내×) → 이의신청기간에는 제한이 없으므로 이의의 이익이 있는 한 언제라도 이의신청을 할 수 있다. [등기예규 제884호]

(4) 효력

이의에는 집행정지(執行停止)의 효력이 없다(있다×).

(5) 조치

구분	등기관의 조치	관할 지방법원의 조치
이의가 이유'있다'고 인정한 경우	그에 해당하는 처분을 하여야 한다.	등기관에게 그에 해당하는 처분을 명령하고 그 뜻을 이의신청인과 등기상 이해관계 있는 자에게 알려야 한다.
이의가 이유'없다'고 인정한 경우	이의신청일부터 3일(7일×) 이내에 의견을 붙여 이의신청서를 관할 지방법원에 보내야 한다.	기각한다.

→ 등기를 마친 후에 이의신청이 있는 경우에는 등기관은 3일 이내에 의견을 붙여 이의신청서를 관할 지방법원에 보내고 등기상 이해관계 있는 자에게 이의신청 사실을 알려야(알릴 수×) 한다.

→ 관할 지방법원은 이의신청에 대하여 결정하기 전에 등기관에게 가등기 또는 이의가 있다는 뜻의 부기등기를 명령할 수(하여야×) 있다. 이 가등기 또는 부기등기는 등기관이 관할 지방법원으로부터 이의신청에 대한 기각결정(각하, 취하를 포함)의 통지를 받았을 때에 말소한다.

→ 이의신청에 관한 관할 지방법원의 결정에 대하여는 「비송사건절차법」에 따라 항고할 수 있다.

→ 송달에 대하여는 「민사소송법」을 준용하고, 이의의 비용에 대하여는 「비송사건절차법」을 준용한다.

5. 보정

등기신청이 각하사유에 해당되는 부분이 있지만 보완하여 정정할 수 있는 경우 등기관은 각하시키지 않고 보정을 명할 수(하여야×) 있다.

O · X · 지 · 문 · 학 · 습

01. 실체적 권리관계의 소멸로 인하여 무효가 된 담보가등기라도 이행관계 있는 제3자가 있기 전에 다른 채권담보를 위하여 유용하기로 합의하였다면 그 등기는 유효하다. [O, ×]

02. 미등기부동산을 대장상 소유자로부터 양수인이 이전받아 양수인명의로 소유권보존등기를 한 경우, 그 등기가 실체관계에 부합하면 유효하다. [O, ×]

03. 같은 주등기에 관한 부기등기 상호간의 순위는 그 등기순서에 따른다. [O, ×]

04. 등기의 추정력은 사항란의 등기에 인정되며, 표제부의 등기에는 인정되지 않는다. [O, ×]

05. 일부 지분에 대한 소유권보존등기를 신청한 경우는 사건이 등기할 것에 해당되므로 각하하지 않고 실행하여야 한다. [O, ×]

06. 공동가등기권자 중 일부의 가등기권자가 자기의 지분만에 관하여 본등기를 신청한 경우는 각하사유에 해당된다. [O, ×]

07. 구분건물의 전유부분과 대지사용권의 분리처분 금지에 위반한 등기를 신청한 경우는 각하사유에 해당된다. [O, ×]

08. 등기관의 처분에 대한 이의신청은 집행정지의 효력이 없다. [O, ×]

정답 및 해설

01. O
2. O
03. O
4. O
05. × (일부지분에 대한 소유권보존등기를 신청한 경우는 사건이 등기할 것이 아닌 경우에 해당되므로 각하하여야 한다.)
06. × (공동가등기권자 중 한 명이 전원 명의의 본등기는 신청할 수 없으므로 각하사유에 해당되지만, 한 명이 자기지분만의 본등기는 신청할 수 있으므로 각하사유에 해당되지 않는다.)
07. O
08. O

1. 등기의 효력에 관한 설명으로 옳은 것은? (다툼이 있으면 판례에 의함)

① 실체적 권리관계의 소멸로 인하여 무효가 된 담보가등기라도 이행관계 있는 제3자가 있기 전에 다른 채권담보를 위하여 유용하기로 합의하였다면 그 등기는 유효하다.
② 건물멸실로 무효인 소유권보존등기라도 이해관계 있는 제3자가 있기 전 신축건물에 유용하기로 합의한 경우에는 유효하다.
③ 甲소유 미등기부동산을 乙이 매수하여 乙명의로 한 소유권보존등기는 무효이다.
④ 부동산을 증여하였으나 등기원인을 매매로 기록한 소유권이전등기는 무효이다.
⑤ 토지거래허가구역 내의 토지에 관하여, 중간생략등기의 합의하에 최초매도인과 최종매수인을 당사자로 하는 토지거래허가를 받아 최초매도인으로부터 최종매수인 앞으로 한 소유권이전등기는 유효하다.

해설

① 당사자가 실체적 권리의 소멸로 인하여 무효로 된 가등기를 이용하여 거래를 하기로 하였다면 그 구등기에 부합하는 가등기설정계약의 합의가 있어 구등기를 유용하기로 하고 거래를 계속하기로 한 취의라고 해석함이 타당하여 위 등기유용합의 이전에 등기상 이해관계 있는 제3자가 나타나지 않는 한 위 가등기는 원래의 담보채무소멸 후에도 유효하게 존속한다. [86다카716]
② 유효하다 → 무효이다　③ 무효이다 → 유효하다
④ 무효이다 → 유효하다　⑤ 유효하다 → 무효이다

2. 등기에 관한 설명으로 틀린 것은?(다툼이 있으면 판례에 따름)

① 등기원인을 실제와 다르게 증여를 매매로 등기한 경우, 그 등기가 실체관계에 부합하면 유효하다.
② 미등기부동산을 대장상 소유자로부터 양수인이 이전받아 양수인명의로 소유권보존등기를 한 경우, 그 등기가 실체관계에 부합하면 유효하다.
③ 전세권설정등기를 하기로 합의하였으나 당사자 신청의 착오로 임차권으로 등기된 경우, 그 불일치는 경정등기로 시정할 수 있다.
④ 권리자는 甲임에도 불구하고 당사자 신청의 착오로 乙명의로 등기된 경우, 그 불일치는 경정등기로 시정할 수 없다.
⑤ 건물에 관한 보존등기상의 표시와 실제건물과의 사이에 건물의 건축시기, 건물 각 부분의 구조, 평수, 소재 지번 등에 관하여 다소의 차이가 있다 할지라도 사회통념상 동일성 혹은 유사성이 인식될 수 있으면 그 등기는 당해 건물에 관한 등기로서 유효하다.

해설

③ 있다 → 없다 (경정등기가 가능하기 위해서는 일단 유효한 등기이어야 한다. 그런데 임차권으로 등기된 경우는 전세권등기로는 무효의 등기이므로 경정등기로 시정할 수 없다. 왜냐하면 전세권은 엄연히 물권인데 반하여 임차권은 단순히 채권이어서 권리의 종류가 본질적으로 다르기 때문이다. 결국 이 경우는 기존의 임차권에 대하여 말소등기를 한 후 새로이 전세권설정등기를 신청하는 수밖에 없다.)

3. 부동산등기법상 중복등기에 관한 설명으로 틀린 것은?

① 같은 건물에 관하여 중복등기기록을 발견한 등기관은 대법원규칙에 따라 그 중 어느 하나

|정답| 1. ①　2. ③

의 등기기록을 폐쇄하여야 한다.

② 중복등기기록의 정리는 실체의 권리관계에 영향을 미치지 않는다.

③ 선·후등기기록에 등기된 최종 소유권의 등기명의인이 같은 경우로서 후등기기록에 소유권 이외의 권리가 등기되고 선등기기록에 그러한 등기가 없으면, 선등기기록을 폐쇄한다.

④ 중복등기기록 중 어느 한 등기기록의 최종 소유권의 등기명의인은 그 명의의 등기기록의 폐쇄를 신청할 수 있다.

⑤ 등기된 토지의 일부에 관하여 별개의 등기기록이 개설된 경우, 등기관은 직권으로 분필등기를 한 후 중복등기기록을 정리하여야 한다.

해설

① 대법원규칙 → 대법원예규 [토지에 관한 중복등기의 정리절차는 대법원규칙(부동산등기규칙)에서, 건물에 관한 중복등기의 정리절차는 대법원예규(부동산등기예규)에서 정하고 있다.]

4. 등기의 효력에 관한 설명으로 틀린 것은?(다툼이 있으면 판례에 따름)

① 등기를 마친 경우 그 등기의 효력은 대법원규칙으로 정하는 등기신청정보가 전산정보처리조직에 저장된 때 발생한다.

② 대지권을 등기한 후에 한 건물의 권리에 관한 등기는 건물만에 관한 것이라는 뜻의 부기등기가 없으면 대지권에 대하여 동일한 등기로서 효력이 있다.

③ 같은 주등기에 관한 부기등기 상호간의 순위는 그 등기순서에 따른다.

④ 소유권이전등기청구권을 보전하기 위한 가등기에 대하여는 가압류등기를 할 수 없다.

⑤ 등기권리의 적법추정은 등기원인의 적법에서 연유한 것이므로 등기원인에도 당연히 적법추정이 인정된다.

해설

④ 없다 → 있다 (소유권이전등기청구권을 보전하기 위한 가등기에 대한 가압류등기는 그 가등기에 대한 부기등기로 할 수 있다.)

5. 등기신청의 각하사유가 아닌 것은?

① 공동가등기권자 중 일부의 가등기권자가 자기의 지분만에 관하여 본등기를 신청한 경우

② 구분건물의 전유부분과 대지사용권의 분리처분 금지에 위반한 등기를 신청한 경우

③ 저당권을 피담보채권과 분리하여 양도하거나, 피담보채권과 분리하여 다른 채권의 담보로 하는 등기를 신청한 경우

④ 이미 보존등기된 부동산에 대하여 다시 보존등기를 신청한 경우

⑤ 법령에 근거가 없는 특약사항의 등기를 신청한 경우

해설

① 공동가등기권자 중 한 명이 전원 명의의 본등기는 신청할 수 없지만, 한 명이 자기지분만의 본등기는 신청할 수 있다. 따라서 후자의 경우는 각하사유에 해당되지 않는다.

②③④⑤는 모두 사건이 등기할 것이 아닌 경우로서 각하사유에 해당된다.

|정답| 3. ① 4. ④ 5. ①

인증번호 : S7D9-CV26

완료

핵심

등기완료 →  절차상 내용

등기**완료**의 **절차**상 내용을 이해하는 것이 핵심입니다. 크게 다음 2가지가 있습니다.
1. 등기부(등기기록) 구성과 등기사항
2. 등기종류

기출 Point

1. 등기부 구성, 특히 구분건물(집합건물) 등기부 구성
2. 주등기 vs 부기등기
3. 기입등기 vs 비기입등기
4. 본등기 vs 가등기
5. 소유권등기 (소유권보존등기 vs 소유권이전등기)
6. 소유권외등기 (용익권등기 vs 담보권등기)

1. 등기부(등기기록)

등기부
- 구성 : 〈표제부〉 〈갑구〉 〈을구〉
- 등기사항

등기부(전산등기화 이후 등기기록이라는 표현을 병행하여 쓰고 있음)의 내용에 대해서 살펴보면 다음과 같다.

[1] 등기부 종류

현행 「부동산등기법」상 우리나라의 등기부는 토지등기부(土地登記簿)와 건물등기부(建物登記簿)로 구분되어 있다. 우리나라는 토지와 건물을 하나의 부동산으로 취급하는 것이 아니라 별개의 부동산으로 취급하고 있다. 강학(학문, 이론)상 '협의의 등기부'란 바로 이 등기부를 말한다. 따라서 등기부도 토지등기부와 건물등기부로 이원화(일원화×)되어 있다. 또한 「입목에 관한 법률」상 입목등기부와 「공장 및 광업재단 저당법」상 공장재단등기부 및 광업재단등기부가 있다. 우리시험은 토지등기부와 건물등기부에 초점을 맞추고 있다.

(1) 토지등기부(토지등기기록)

토지에 관한 사실관계와 권리관계를 기록한 등기부(등기기록)를 말한다.

(2) 건물등기부(건물등기기록)

건물에 관한 사실관계와 권리관계를 기록한 등기부(등기기록)를 말한다.

[2] 등기부 편성

등기부를 편성하는 방법은 강학상 물적 편성주의, 인적 편성주의 및 연대적 편성주의를 나누어 볼 수 있다. 현행 「부동산등기법」은 이 중 물적 편성주의를 택하고 있다.

구분	내용	적용국가
물적 편성주의 (1부동산 1등기기록주의)	1개의 부동산마다 1개의 등기부 (등기기록)를 둠	대한민국
인적 편성주의 (1권리자 1등기기록주의)	소유자별로 등기부를 둠 → 세수(세금 걷는 것)에 유리	프랑스
연대적 편성주의 (recording system)	신청순에 따라 등기부를 둠	미국 일부 지역

★★★

[3] 등기부 구성

등기부는 크게 표제부·갑구·을구로 구성되어 있다. 표제부에는 부동산의

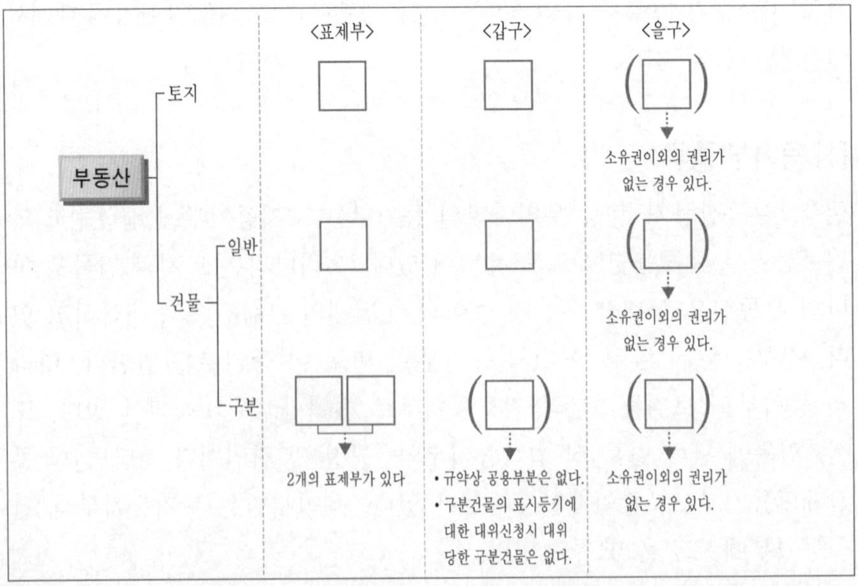

출제자 의도

• 각 등기부상 구성란별 등기사항의 차이점을 구별할 수 있는가? 특히, 구분건물등기부에 있어서 1동건물의 표제부와 전유부분건물의 표제부의 등기사항의 차이점을 구별할 수 있는가?
• 실제 등기부등본을 떼 보고 그 부동산을 분석(해석)할 수 있는가?

겉모습인 사실관계(부동산의 표시에 관한 사항)가, 갑구에는 부동산의 속모습인 권리관계 중 소유권에 관한 사항이, 을구에는 소유권 외의 권리에 관한 사항이 기록된다. 등기부 종류별로 그 구성과 기록사항을 구체적으로 살펴보면 다음과 같다.

(1) 토지등기부(토지등기기록)

토지등기부는 크게 표제부·갑구·을구로 구성되어 있다. 구체적으로 살펴보면 다음과 같다. 소유권이외의 권리가 없는 경우는 을구를 두지 않는다.

구분	구성 란(칸, 항목)	내용	비고
표제부 (토지의 표시)	표시번호	등기한 순서	구 카드식 등기부는 표제부가 표시번호란과 표시란으로 구성되었다. 현 전산식 등기부의 「접수 ~ 등기원인 및 기타사항란」이 구 표시란에 해당된다.
	접수	등기신청을 접수한 연·월·일	
	소재지번	토지의 위치	
	지목	「공간정보의 구축 및 관리 등에 관한 법률」 상 토지의 종류	
	면적	토지의 면적	
	등기원인 및 기타사항	등기를 하게 된 원인 및 기타사항	
갑구 (소유권에 관한 사항)	순위번호	등기한 순서	갑구와 을구의 구성란은 동일하다. 구 카드식 등기부는 갑구·을구가 순위번호란과 사항란으로 구성되었다. 현 전산식 등기부의 「등기목적 ~ 권리자 및 기타사항란」이 구표시란에 해당된다.
	등기목적	등기의 목적	
	접수	등기신청을 접수한 연·월·일	
	등기원인	등기를 하게 된 원인	
	권리자 및 기타사항	등기권리자 및 기타사항	
을구 (소유권 외의 권리에 관한 사항)	순위번호	등기한 순서	
	등기목적	등기의 목적	
	접수	등기신청을 접수한 연·월·일	
	등기원인	등기를 하게 된 원인	
	권리자 및 기타사항	등기권리자 및 기타사항	

[별지 제1호 양식] 토지등기기록

[토지] OO시 OO구 OO동 OO　　　　고유번호 OOOO-OOOO-OOOOOO

[표 제 부]	(토지의 표시)				
표시번호	접 수	소재지번	지목	면적	등기원인 및 기타사항

[갑 구]	(소유권에 관한 사항)			
순위번호	등기목적	접 수	등기원인	권리자 및 기타사항

[을 구]	(소유권 외의 권리에 관한 사항)			
순위번호	등기목적	접 수	등기원인	권리자 및 및 기타사항

등기사항전부증명서(말소사항 포함) - 토지

[토지] 강원도 원주시 흥업면 흥업리 300-5

고유번호 1412-2004-00000

【 표 제 부 】 (토지의 표시)

표시번호	접 수	소 재 지 번	지 목	면 적	등기원인 및 기타사항
~~1~~	~~2004년5월24일~~	~~강원도 원주시 흥업면 흥업리 300-5~~	~~임야~~	~~1096㎡~~	~~분할로 인하여 강원도 원주시 흥업면 흥업리 300-4 에서 이기~~
2	2007년10월24일	강원도 원주시 흥업면 흥업리 300-5	대	566㎡	지목변경

【 갑 구 】 (소유권에 관한 사항)

순위번호	등 기 목 적	접 수	등 기 원 인	권 리 자 및 기 타 사 항
1	소유권이전	2003년1월22일 제3149호	2003년1월22일 매매	소유자 한명○ 770917-******* 원주시 단구동 1588-1 현진에버빌2차아파트 123-5○○

【 을 구 】 (소유권 이외의 권리에 관한 사항)

순위번호	등 기 목 적	접 수	등 기 원 인	권 리 자 및 기 타 사 항
1	근저당권설정	2003년1월22일 제3151호	2003년1월22일 설정계약	채권최고액 금630,000,000원 채무자 한명○ 원주시 단구동 1588-1 현진에버빌2차아파트 123-5○○ 근저당권자 남원주농업협동조합 141236-0000275 원주시 흥업면 흥업리 590-2

– 이 하 여 백 –

관할등기소 춘천지방법원 원주지원 등기과

* 본 등기사항증명서는 열람용이므로 출력하신 등기사항증명서는 법적인 효력이 없습니다.
* 실선으로 그어진 부분은 말소사항을 표시함. *기록사항 없는 갑구, 을구는 '기록사항 없음' 으로 표시함. *증명서는 컬러 또는 흑백으로 출력 가능함.

열람일시 : 2017년05월15일 17시21분04초

1/1

(2) 건물등기부(건물등기기록)

① 일반건물등기부

일반건물등기부도 토지등기부와 마찬가지로 크게 표제부·갑구·을구로 구성되어 있다. 소유권이외의 권리가 없는 경우는 을구를 두지 않는다. 구체적으로 살펴보면 다음과 같다.

구분	구성 란(칸, 항목)	내용	비고
표제부 (건물의 표시)	표시번호	등기한 순서	건물등기부는 토지등기부와 달리 별도의 면적란이 없고 건물내역란에 면적이 기록된다.
	접수	등기신청을 접수한 연·월·일	
	소재지번 및 건물번호	건물의 위치 및 건물번호	
	건물내역	건물의 구조 및 면적	
	등기원인 및 기타사항	등기를 하게 된 원인 및 기타사항	
갑구 (소유권에 관한 사항)	순위번호	등기한 순서	건물등기부의 갑구 · 을구의 구성란은 토지등기부와 동일하다.
	등기목적	등기의 목적	
	접수	등기신청을 접수한 연·월·일	
	등기원인	등기를 하게 된 원인	
	권리자 및 기타사항	등기권리자 및 기타사항	
을구 (소유권 외의 권리에 관한 사항)	순위번호	등기한 순서	
	등기목적	등기의 목적	
	접수	등기신청을 접수한 연·월·일	
	등기원인	등기를 하게 된 원인	
	권리자 및 기타사항	등기권리자 및 기타사항	

[별지 제2호 양식] 건물등기기록

[건물] OO시 OO구 OO동 OO 고유번호 OOOO-OOOO-OOOOOO

[표 제 부]	(건물의 표시)			
표시번호	접 수	소재지번 및 건물번호	건물내역	등기원인 및 기타사항

[갑 구]	(소유권에 관한 사항)			
순위번호	등기목적	접 수	등기원인	권리자 및 및 기타사항

[을 구]	(소유권 외의 권리에 관한 사항)			
순위번호	등기목적	접 수	등기원인	권리자 및 및 기타사항

■ 건물등기부등본

등기사항전부증명서(말소사항 포함) - 건물

[건물] 강원도 원주시 흥업면 흥업리 300-5 고유번호 1412-7057-008500

【 표 제 부 】 (건물의 표시)

표시번호	접 수	소재지번 및 건물번호	건 물 내 역	등기원인 및 기타사항
1	2007년10월23일	강원도 원주시 흥업면 흥업리	일반철골구조 칼라아스팔트쉼글지붕 2층 단독주택 1층 단독주택 106.03㎡ 2층 단독주택 66.89㎡ 부속건물 1층 창고 12㎡	

【 갑 구 】 (소유권에 관한 사항)

순위번호	등 기 목 적	접 수	등 기 원 인	권 리 자 및 기 타 사 항
1	소유권보존	2007년10월23일 제54806호		소유자 한명○ 770917-******* 원주시 단구동 1588-1 현진에버빌2차아파트 123-500
2	소유권이전	2009년7월2일 제31710호	2009년7월2일 증여	소유자 김순덕 990110-******* 강원도 원주시 흥업면 흥업리 300-5

【 을 구 】 (소유권 이외의 권리에 관한 사항)

기록사항 없음

— 이 하 여 백 —

관할등기소 춘천지방법원 원주지원 등기과

* 본 등기사항증명서는 열람용이므로 출력하신 등기사항증명서는 법적인 효력이 없습니다.
* 실선으로 그어진 부분은 말소사항을 표시함. *기록사항 없는 갑구, 을구는 '기록사항 없음' 으로 표시함. *증명서는 컬러 또는 흑백으로 출력 가능함.

열람일시 : 2017년05월15일 17시21분04초 1/1

② 구분건물(집합건물)등기부

구분건물등기부도 일반건물등기부와 마찬가지로 크게 표제부·갑구·을구로 구성되어 있다. 소유권이외의 권리가 없는 경우는 을구를 두지 않는다. 그런데 구분건물은 일반건물과 달리 표제부가 1개가 아닌 2개로 구성되어 있다. 첫 번째 표제부는 '1동건물의 표제부'이고 두 번째 표제부는 '전유부분건물'의 표제부이다.

그 등기(기록)사항은 다음 표와 같다. 갑구와 을구는 일반건물과 동일하다. 구체적으로 살펴보면 다음과 같다.

구분	구성 란(칸, 항목)		내용	비고
표제부 Ⅰ (1동 건물의 표제부)	1동의 건물의 표시	표시번호	등기한 순서	(1) 표제부 Ⅰ 〈전체〉 ① ……우리동 ② ……전체토지 (2) 표제부 Ⅱ 〈부분〉 ①' ……우리집 ②' … 대지권비율
		접수	등기신청을 접수한 연·월·일	
		소재지번, 건물명칭 및 번호	1동 건물의 위치, 명칭 및 번호	
		건물내역	1동 건물의 구조 및 층수별 면적	
		등기원인 및 기타사항	등기를 하게 된 원인 및 기타사항	
	대지권의 목적인 토지의 표시	표시번호	등기한 순서	
		소재지번	토지의 위치	
		지목	「공간정보의 구축 및 관리 등에 관한 법률」 상 토지의 종류	
		면적	토지의 면적	
		등기원인 및 기타사항	등기를 하게 된 원인 및 기타사항	
표제부 Ⅱ (전유부분 건물의 표제부)	전유부분의 건물의 표시	표시번호	등기한 순서	「대지권의 목적인 토지의 표시란」 은 '1동 건물의 표제부'에 있고 「대지권의 표시란」 은 '전유부분 건물의 표제부'에 있다는데 유의하여야 한다.
		접수	등기신청을 접수한 연·월·일	
		건물번호	전유부분 건물의 층과 번호	
		건물내역	전유부분 건물의 구조 및 면적	
		등기원인 및 기타사항	등기를 하게 된 원인 및 기타사항	
	대지권의 표시	표시번호	등기한 순서	
		대지권종류	대지권의 종류 (예) 소유권대지권, 지상권대지권, 전세권대지권, 임차권대지권	
		대지권비율	대지권의 비율	
		등기원인 및 기타사항	등기를 하게 된 원인 및 기타사항	
갑구 (소유권에 관한 사항)	순위번호		등기한 순서	구분건물등기부의 갑구 을구의 구성란은 일반건물등기부와 동일하다.
	등기목적		등기의 목적	
	접수		등기신청을 접수한 연·월·일	
	등기원인		등기를 하게 된 원인	
	권리자 및 기타사항		등기권리자 및 기타사항	
을구 (소유권 외의 권리에 관한 사항)	순위번호		등기한 순서	
	등기목적		등기의 목적	
	접수		등기신청을 접수한 연·월·일	
	등기원인		등기를 하게 된 원인	
	권리자 및 기타사항		등기권리자 및 기타사항	

→ 구분건물의 요건을 갖추었다 하여, 반드시 구분건물로 등기하여야 할 의무는 없다.
구분 소유권이 성립되지는 않는다.

■ 대지권 관련 등기

대지권과 관련된 등기로 '대지권 등기'와 '대지권이라는 뜻의 등기'가 있다. 그 공통점과 차이점을 살펴보면 다음과 같다.

구분	대지권 등기	대지권이라는 뜻의 등기
개시방법	당사자의 신청	등기관의 직권
기록되는 부분	건물등기부(등기기록)의 전유부분 건물의 표제부 중 대지권표시란	토지등기부(등기기록)의 해당 구(갑구·을구) 중 권리자 및 기타사항란
형식분류상 등기종류	주등기	주등기

■ 공용부분 등기

집합건물의 공용부분은 '구조상 공용부분'과 '규약상 공용부분'으로 나누어 볼 수 있다. 그 차이점을 살펴보면 다음과 같다.

구분	구조상 공용부분	규약상 공용부분
개념	복도, 계단, 그 밖에 구조상 구분소유자 전원 또는 일부의 공용(共用)에 제공되는 건물부분을 말한다.	규약으로 정한 공용부분을 말한다.
등기능력 가부	×	○
기타		'공용부분이라는 뜻'을 정한 규약이 폐지된 경우 그 공용부분의 취득자는 지체 없이 소유권보존등기(소유권이전등기×)를 신청하여야 한다. 이 소유권보존등기가 완료되면 등기관은 직권으로 공용부분이라는 뜻의 등기를 말소하여야 한다.

→ 「집합건물의 소유 및 관리에 관한 법률」 제3조제4항에 따른 공용부분(共用部分)이라는 뜻의 등기는 소유권의 등기명의인이 신청하여야 한다. 이 경우 공용부분인 건물에 소유권 외의 권리에 관한 등기가 있을 때에는 그 권리의 등기명의인의 승낙이 있어야 한다.

→ 공용부분이라는 뜻을 정한 규약을 폐지한 경우에 공용부분의 취득자는 지체 없이(30일 이내에×) 소유권보존등기를 신청하여야 한다.

[별지 제3호 양식] 구분건물등기기록

[구분건물] ○○시 ○○구 ○○동 ○○ 제○층 제○호 　　　　고유번호 ○○○○-○○○○-○○○○○○

[표 제 부]	(1동의 건물의 표시)			
표시번호	접 수	소재지번, 건물 명칭 및 번호	건물내역	등기원인 및 기타사항
(대지권의 목적인 토지의 표시)				
표시번호	소재지번	지목	면적	등기원인 및 기타사항

[표 제 부]	(전유부분의 건물의 표시)			
표시번호	접 수	건물번호	건물내역	등기원인 및 기타사항
(대지권의 표시)				
표시번호	대지권종류	대지권비율	등기원인 및 기타사항	

[갑 구]	(소유권에 관한 사항)			
순위번호	등기목적	접 수	등기원인	권리자 및 및 기타사항

[을 구]	(소유권 외의 권리에 관한 사항)			
순위번호	등기목적	접 수	등기원인	권리자 및 및 기타사항

등기사항전부증명서(말소사항 포함) - 집합건물

[집합건물] 인천광역시 남구 용현동 664 인천에스케이스카이뷰 제114동 제7층 제○○○호

고유번호 1201-2016-074551

【 표 제 부 】 (1동의 건물의 표시)

표시번호	접 수	소재지번,건물명칭 및 번호	건 물 내 역	등기원인 및 기타사항
1	2016년8월22일	인천광역시 남구 용현동 664 인천에스케이스카이뷰 제114동 [도로명주소] 인천광역시 남구 용정공원로 33	철근콘크리트구조 (철근)콘크리트지붕 40층 공동주택(아파트) 지2층 96.0983㎡ 지1층 96.0983㎡ 1층 455.9752㎡ 2층 427.9975㎡ 3층 496.724㎡ 4층 496.724㎡ 5층 496.724㎡ 6층 496.724㎡ 7층 496.724㎡ 8층 496.724㎡ 9층 496.724㎡ 10층 496.724㎡ 11층 496.724㎡ 12층 496.724㎡ 13층 496.724㎡ 14층 496.724㎡ 15층 496.724㎡ 16층 496.724㎡ 17층 496.724㎡ 18층 496.724㎡ 19층 496.724㎡ 20층 444.0064㎡ 21층 496.724㎡	

열람일시 : 2017년05월15일 17시41분03초

1/4

[집합건물] 인천광역시 남구 용현동 664 인천에스케이스카이뷰 제114동 제7층 제○○○호　　　고유번호 1201-2016-074551

표시번호	접 수	소재지번,건물명칭 및 번호	건 물 내 역	등기원인 및 기타사항
			22층 496.724㎡ 23층 496.724㎡ 24층 496.724㎡ 25층 475.0212㎡ 26층 496.724㎡ 27층 496.724㎡ 28층 496.724㎡ 29층 496.724㎡ 30층 496.724㎡ 31층 496.724㎡ 32층 496.724㎡ 33층 496.724㎡ 34층 496.724㎡ 35층 496.724㎡ 36층 496.724㎡ 37층 496.724㎡ 38층 496.724㎡ 39층 496.724㎡ 40층 496.724㎡	

(대지권의 목적인 토지의 표시)

표시번호	소 재 지 번	지 목	면 적	등기원인 및 기타사항
1	1. 인천광역시 남구 용현동 664	대	197343.6㎡	2016년9월21일 등기

열람일시 : 2017년05월15일 17시41분03초　　　2/4

[집합건물] 인천광역시 남구 용현동 664 인천에스케이스카이뷰 제114동 제7층 제○○○호 고유번호 1201-2016-074551

【 표 제 부 】 (전유부분의 건물의 표시)

표시번호	접 수	건물번호	건 물 내 역	등기원인 및 기타사항
1	2016년8월22일	제7층 제○○○호	철근콘크리트구조 84.9974㎡	

(대지권의 표시)

표시번호	대지권종류	대지권비율	등기원인 및 기타사항
1	1 소유권대지권	197343.6분의 49.4813	2016년8월22일 대지권 2016년9월26일 등기

【 갑 구 】 (소유권에 관한 사항)

순위번호	등 기 목 적	접 수	등 기 원 인	권 리 자 및 기 타 사 항
1	소유권보존	2016년8월22일 제279961호		소유자 주식회사인포트 120111-0413013 인천광역시 남구 낙섬중로 78, 3층(용현동)
~~1-1~~	~~금지사항등기~~			~~이 주택은 부동산등기법에 따라 소유권보존등기를 마친 주택으로서 입주예정자의 동의를 얻지 아니하고는 당해 주택에 대하여 양도 또는 제한물권을 설정하거나 압류, 가압류, 가처분 등 소유권에 제한을 가하는 일체의 행위를 할 수 없음.~~ ~~2016년8월22일 부기~~
2	소유권이전	2016년10월11일 제361366호	2014년8월14일 매매	소유자 전춘호 770725-******* 인천광역시 남구 용정공원로 33, 114동 ○○○호(용현동,인천에스케이스카이뷰) 거래가액 금528,000,000원

열람일시 : 2017년05월15일 17시41분03초 3/4

[집합건물] 인천광역시 남구 용현동 664 인천에스케이스카이뷰 제114동 제7층 제○○○호 　　고유번호 1201-2016-074551

【 갑 구 】 (소유권에 관한 사항)				
순위번호	등 기 목 적	접 수	등 기 원 인	권 리 자 및 기 타 사 항
3	1-1번금지사항등기말소			2번소유권이전등기로 인하여 2016년10월11일 등기

【 을 구 】 (소유권 이외의 권리에 관한 사항)				
순위번호	등 기 목 적	접 수	등 기 원 인	권 리 자 및 기 타 사 항
1	근저당권설정	2017년1월13일 제41966호	2017년 1월 9일 설정계약	채권최고액 금350,000,000원 채무자 전춘호 인천광역시 남구 용정공원로 33, 114동 ○○○호(용현동,인천에스케이스카이뷰) 근저당권자 박경호 500112-******* 경기도 고양시 일산동구 백석동 1330 브라운스톤일산 101-1○○○

– 이 하 여 백 –

관할등기소 인천지방법원 등기국

* 본 등기사항증명서는 열람용이므로 출력하신 등기사항증명서는 법적인 효력이 없습니다.
* 실선으로 그어진 부분은 말소사항을 표시함. *기록사항 없는 갑구, 을구는 '기록사항 없음' 으로 표시함. *증명서는 컬러 또는 흑백으로 출력 가능함.

열람일시 : 2017년05월15일 17시41분03초 　　4/4

출제자 의도

등기종류별 개념과 그 구체적인 예를 구별할 수 있는가?

★★★ 2. 등기종류

- (1) 형식 : 주등기 vs 부기등기
- (2) 내용 : 기입등기 vs 비기입등기
  (① 변경등기 ② 말소등기 ③ 멸실등기 ④ 경정등기 ⑤ 말소회복등기)
- (3) 효력 : 본등기 vs 가등기
- (4) 기능
  - 표시에 관한 등기(사실등기)
  - 권리에 관한 등기(권리등기)
    - 소유권등기
      - 소유권보존등기
      - 소유권이전등기
    - 소유권외등기
      - 용익권등기
      - 담보권등기
- (5) 대상 : 토지등기 vs 건물등기
- (6) 원인 : 신청등기 vs 촉탁등기 vs 직권등기 vs 명령등기

글씨를 바탕체, 필기체 등으로 구분하듯이 등기도 6가지 관점[형식·내용·효력·기능·대상·원인(절차)]에 따라 다음과 같이 구분할 수 있다. 특히, 관점이 혼합된 개념의 등기인 「주등기 또는 부기등기·직권말소등기」의 '예', 「가등기에 의한 본등기」의 '내용'이 중요하다.

[1] 형식분류

(1) 주등기(독립, 신등기)

독립된 번호(표시번호·순위번호)를 붙여서 행하는 등기를 말한다.

★★ (2) 부기등기

• 부기등기 '예'
: 등기명의인 표시변경등기

〈甲區〉

순위번호	사항란
1	소유권보존 ~~성명 : 홍길동~~ 주소 : 서울시 주민등록번호 : 000000-0000000
1-1	등기명의인표시변경 성명 홍평희

주등기와 달리 독립된 번호가 없고 주등기 또는 부기등기의 순위번호에 가지번호를 붙여서 행하는 등기를 말한다.

- 주등기와 동일한 순위·효력 보유 → 부기등기의 목적
- 1개의 주등기에 여러개의 부기등기도 가능
- 부기등기의 부기등기도 허용
- 법률규정이 있는 경우만 가능

| 등기예규 |

통상의 지상권등기를 구분지상권등기로 변경하거나, 구분지상권등기를 통상의 지상권등기로 변경하는 등기신청이 있는 경우에는 등기상의 이해관계인이 없거나, 이해관계인이 있더라도 그의 승낙서 또는 이에 대항할 수 있는 재판의 등본을 제출한 때에 한하여 부기등기에 의하여 변경등기를 할 수 있다. [제1040호]

| 판 례 |

가등기상의 권리는 이전할 수 있으며 이는 부기등기에 의한다. [98다24105]

■ 주등기 vs 부기등기

구분	종 류(예)
주등기	소유권보존등기, 소유권이전등기, 부동산의 표시변경등기(원칙 : 주등기 ↔ 예외 : 부기등기 → 행정구역변경), 소유권이전청구권가등기, 소유권에 대한 처분제한등기(가압류, 가처분, 경매신청기입등기), 신탁등기, 예고등기(소유권말소, 저당권말소), 소유권 이외의 권리(지상권·지역권·전세권·저당권)의 설정등기, 임차권, 소유권에 대한 저당권, 대지권등기 후 토지등기부에 하는 대지권인 취지의 등기, 말소등기(소유권말소, 저당권말소, 지상권전세권말소, 저당권부권리질권말소), 가등기에 기한 본등기, 공유물분할등기, 환매권실행등기
부기등기	소유권 이외의 권리의 이전등기(전세권이전등기), 소유권 이외의 권리의 이전가등기(전세권이전가등기), 소유권 이외의 권리를 목적으로 하는 권리에 관한 등기(전세권부저당권, 저당권부권리질권, 지상권저당권, 지상권지역권, 지상권임차권), 소유권 이외의 권리의 처분제한등기(전세권가압류 등기 등), 소유권이전가등기의 이전등기·가등기, 가등기에 대한 처분제한등기(가압류, 가처분), 등기명의인표시변경등기, 공유물불분할특약(약정)등기, 환매특약등기, 권리소멸의 약정등기
부기등기에 대한 부기등기	환매권의 이전등기, 전세권부저당권의 이전등기, 저당권부권리질권의 이전등기
주등기 또는 부기등기	• 권리 변경·경정등기 → 등기상 이해관계있는 제3자가 '없는' 경우 : 부기등기 → 등기상 이해관계있는 제3자가 '있는' 경우 → 원칙 : 주등기 → 예외 : 부기등기 (→ 제3자승낙서, 제3자에게 대항할수 있는 판결문 있을시) • 말소회복등기 → '전부' 말소 회복등기 : 주등기 → '일부' 말소 회복등기 : 부기등기

[2] 내용분류

구분			등기의 대상	요건
기입등기			새로운 등기원인에 의한 권리의 발생이 있는 경우에 그 등기사항을 새로 등기부에 기재하는 등기(소유권보존·이전, 저당권설정등기 등)	
비기입등기	광의의 변경등기	(협의의) 변경등기	등기사항의 일부	후발적 사유로 실체관계에 변경이 생긴 경우
		경정등기	등기사항의 일부	원시적 사유로 착오·유루가 생긴 경우
	말소등기		등기사항의 전부	• 등기사항의 일부가 부적법한 경우에는 변경등기의 대상 • 말소등기의 말소등기는 불허용(말소회복등기를 함)
	말소회복등기		등기사항의 전부 또는 일부	저당권이 위조서류에 의하여 말소된 경우
	멸실등기		부동산의 전부	부동산의 일부가 멸실한 경우에는 변경등기의 대상

※ 등기명의인 표시가 토지대장·임야대장·건축물대장과 일치하지 않은 경우, 등록명의인 표시의 변경등록을 하지 아니하면 당해 부동산에 대한 다른 등기를 신청할 수 없다.

※ 등기명의인표시란 성명, 주소, 주민등록번호(법인의 경우 : 명칭, 사무소 소재지, 부동산등기용 등록번호)를 말한다.

• 부기등기의 부기등기
'예' : 환매권이전등기

〈갑구(甲區)〉

순위번호	사항란
1	소유권보존 甲
2	소유권이전 乙
2-1	환매특약
2-1-1	환매권이전 丙

(1) 기입등기

새로운 등기원인에 의하여 등기부에 기입(기재)하는 등기(특정인 앞으로 최초 기재 등기)를 말한다.

예) 소유권 보존등기, 소유권 이전등기, 전세권 설정등기, 저당권 설정등기, 임차권 설정등기

★ (2) 광의의 변경등기

기(既, 이미) 등기된 내용의 일부를 바꾸는(변경하는) 등기를 말한다.

① (협의의) 변경등기

'후발적' 으로 등기≠실체관계[일부(전부×)] 경우 바로잡는 등기를 말한다.

(일반적으로 변경등기라고 하면 협의의 변경등기를 의미함)

예) 기등기된 토지나 건물의 일부가 멸실된 경우 → 변경등기를 하여야지. 멸실등기를 하는 것이 아니다.
, 소유자의 주소가 변경된 경우

② 경정등기

• 개념 : '원시적' 으로 등기≠실체관계(일부) 경우 바로잡는 등기를 말한다.
['원시적' 이라는 측면에서 후발적이라는 측면의 (협의의)변경등기와는 구별되어야 함]
예) 부동산 표시의 경정등기, 등기명의인표시 경정등기

변경(•경정) 등기
[→ 일부불일치의 시점상(후발적 · 원시적) 차이일 뿐]

- (표제부의) 표시란
  - 부동산 변경등기 : 부동산의 물리적 변경(예 : 증축, 부동산 일부 멸실 등)으로 인한 불일치를 시정하기위한 등기
  - 부동산표시 변경등기 : 등기부에 기재된 부동산의 표시와 대장상의 표시와의 불일치(예 : 지번변경)를 시정하기 위한 등기
  - 대지권 변경등기 : 대지권의 불일치를 시정하기 위한 등기
  - → ① 단독신청 〈등기필정보 ×, 인감증명 ×〉
  - ② 신청의무○ (1개월 이내)
  - ③ 원칙 : 주등기로 한다 / 예외 : 부기등기로 한다(→ 부동산표시변경등기 중 행정구역 또는 그 명칭의 변경)
  - ④ 대장등록이 선행되어야 함.
- (갑구·을구의) 사항란
  - 등기명의인표시 변경등기
    - ① 단독신청 〈등기필정보 ×, 인감증명 ×〉
    - ② 신청의무 ×
    - ③ 부기등기로 한다.
    - ④ 등기필통지 ┌ ○ : 소유권에 관한 등기시 예) 소유권자 개명시 └ × : 소유권이외의 권리등기시 예) 전세권자 개명시 (※ 왜냐하면 대장에는 '소유자' 만 등록되므로)
  - 권리의 변경등기
    - ① 공동신청 〈등기필정보 ○, 인감증명 ○〉
    - ② 신청의무×
    - ③ 주등기 또는 부기등기로 한다.

• 부동산표시 변경등기 '예'

〈표제부(表題部)〉

표시번호	표시란
1	접수 2015년 1월 1일 서울특별시 ~~강남구~~ 역삼동 100 철근콘크리트조 슬래브지붕 3층 사무실 1층 300㎡ 2층 300㎡ 3층 300㎡
1-1	부동산 표시변경등기 접수 2015년 5월 1일 2015년 4월 15일 행정구역 및 명칭변경 부동산 표시 중 강남구를 서초구로 변경

• **직권경정등기**

등기상 이해관계있는 제3자가 있는 경우에는 등기관이 직권으로 경정등기를 할 수 없다.

경정등기를 하기 위해서는 그 등기가 '사항란' 의 등기이어야 한다×
→사항란의 등기이어야 하는 것은 요건에 해당되지 않는다○

- 요건 : ㉠ 등기에 관한 등기관·당사자의(등기관만의×) 착오 또는 유루(遺漏, 빠먹는 것)가 존재할 것
  → 등기관의 과오인 경우, 이해관계 있는 제3자가 없는 때에는 등기관은 지체 없이 경정한 후, 지방법원장에게 보고하고 등기 당사자에게 통지한다.
  ㉡ 착오 또는 유루가 등기사항의 일부일 것
  ㉢ 착오 또는 유루를 등기완료 '후'에 정정할려는 것일 것 [↔ 등기완료 '전' (즉, 교합전)정정은 '자구정정'이지 경정등기가 아니다.]
  ㉣ 경정 전·후 동일성을 유지할 것
  ㉤ 애초에 유효등기일 것 → 무효등기는 경정등기의 대상이 아니라 말소등기의 대상이다.

■ 등기명의인표시 변경등기

[등기예규 제1064호]

- **촉탁에 의하여 경료된 등기의 등기명의인표시 변경등기의 신청가부**

  법원의 촉탁에 의하여 가압류등기, 가처분등기, 주택임차권등기 및 상가건물임차권등기가 경료된 후 등기명의인의 주소, 성명 및 주민등록번호의 변경으로 인한 등기명의인표시 변경등기는 등기명의인이 신청할 수 있다(없다×).

- **유한회사를 주식회사로 조직을 변경한 경우**

  조직변경을 등기원인으로 하여 소유권의 등기명의인표시 변경등기(소유권이전등기×)를 하여야 함.

- **주소가 여러번 변경된 경우**

  중간의 변경사항에 대한 변경등기를 생략하고 최종적인 등기명의인표시 변경등기를 할 수 있다.

■ 경정등기(신청 vs 직권)

구 분	신청에 의한 경정등기	직권에 의한 경정등기
당사자에의 사전통지	○	×
지방법원장의 사전허가	×	×
등기상 이해관계인이 있는 경우	권리 경정등기 : 승낙서 첨부	×(불가능)
경정등기후의 통지	×	○
지방법원장에의 보고	×	○

※ 채권자대위에 의하여 등기를 완료한 후 그 등기가 등기관의 착오로 인한 것이어서, 직권에 의하여 경정등기를 한 때에는(경정등기 후에는) 대위채권자에게도 그 취지를 통지하여야 한다. 등기권리자 또는 등기의무자가 2인 이상인 때에는 그 중 1인에게 통지할 수 있다.

※ 특히 '직권'에 의한 경정등기가 중요

(3) 말소등기 ★

- 개념 : 원시적·후발적으로 등기≠실체관계(전부)의 경우 등기사항 전부(일부×)를 소멸시키기 위한 등기를 말한다.
  → 주등기로 한다.
  예) 전세권등기를 해야했는데 임차권등기를 한 경우 임차권말소등기 (원시적 불일치)전세기간 만료시 전세권말소등기 (후발적 불일치)
- 신청에 의한 말소 : 공동신청이 원칙이나 예외적으로 단독신청이 가능한 경우
  ㉠ 가등기말소의 경우
  ㉡ 혼동에 의한 말소의 경우
  ㉢ 판결·상속에 의한 등기
  ㉣ 소유권보존등기
  ㉤ 등기권리가 사망으로 소멸한 경우
  ㉥ 공동신청이 불가능한 경우(등기의무자의 행방불명으로)

• 말소등기 '예'

〈을구(乙區)〉

순위번호	사항란
~~1~~	~~전세권설정 甲~~
2	1번전세권 말소

• 직권에 의한 말소

㉠ 관할위반 등기

㉡ 등기할 것이 아닌 경우의 등기

㉢ 수용에 의한 소유권이전등기시 소유권과 소유권외 권리등기의 말소

㉣ 제3자의 권리에 관한 등기의 말소(말소등기시 이해관계있는 제3자의 승낙서가 있는 경우)

㉤ 가등기 후 본등기 전에 경료된 중간처분의 등기

※ 직권에 의한 말소등기는 등기관이 직권으로 先 말소하고 말소된 등기명의인에게 後 통지한다.(법 제92조제②항)

※ 말소등기의 말소등기는 허용되지 않고, 말소회복등기에 의해야 한다. 즉 말소등기 그 자체는 말소등기의 대상이 되지 아니한다.

판 례

당사자가 '자발적'으로 말소등기를 한 경우에는 말소회복등기를 할 수 없다.

■ 말소등기(저당권등 등기의 정리에 관한 특별조치)

1980년 12월 31일 이전에 등기부에 기재된 다음 각호의 등기는 이 법 시행일로부터 90일 이내에 이해관계인으로부터 권리가 존속한다는 뜻의 신고가 없는 때에는 이를 말소하여야 한다.

㉠ 저당권(가등기 포함)	㉡ 질권	㉢ 압류	㉣ 가압류
㉤ 가처분	㉥ 예고등기	㉦ 파산	㉧ 경매

※ 소유권가등기는 말소대상 아님

(4) 말소회복등기 ★

• 개념 : 기존등기의 전부 또는 일부가 부적합(위·변조 등으로)하게(부당하게○, 자발적으로×) 말소된 경우 이를 회복하기 위한 등기를 말한다.→ 실체적·절차적 하자를 불문한다.

• 일부 말소회복등기 → 부기등기로
  전부 말소회복등기 → 주등기로

• 요건 : ㉠ 등기의 부적법한 말소
  ㉡ 말소된 등기를 회복할려는 경우
  ㉢ 제3자에게 불측의 손해가 없을 경우

• 효과 : 종전 등기순위·등기효력 그대로 유지(발생)

판 례

• 말소등기의 회복에 있어서 말소된 종전의 등기가 공동신청으로 된 것인 때에는 그 회복등기도 공동신청에 의함이 원칙이나, 그 등기가 등기공무원의 직권 또는 법원의 촉탁에 의하여 말소된 경우에는 그 회복등기도 등기공무원의 직권 또는 법원의 촉탁에 의하여 행하여져야 하므로 그 회복등기를 소구할 이익이 없고(소구할 이익이 있다×, 회복등기의 소를 제기하여 그 판결에 따라 회복등기를 하여야 한다×), 그와 같은 법리는 등기공무원이 착오로 인하여 말소할 수 없는 등기를 잘못 말소한 경우에도 동일하게 적용된다. [94다27205]

• 甲에서 乙로 경료된 등기를 丙이 관계서류를 위조하여 불법으로 말소한 경우, 乙은 등기권리자로서 甲(丙 ×)을 등기의무자로 하여 말소회복등기를 신청하여 등기부상 권리를 회복할 수 있다. (→ 丙은 단지 추상적 복구의무만 있을 뿐 절차법상 등기의무자가 아니다.) [79다345]

• 신청

① 단독 신청

② 상속인 신청 : 가족관계등록부담당공무원의 상속증명서를 첨부하여 직접 상속인 명의로 등기 신청 가능

③ 첨부정보(소유권등기의 회복등기 시)

원칙 : 등기필정보

예외 : 멸실 직전 등기부등 · 초본, 가옥대장등본, 기타 권리증명 공문서

(5) 멸실등기

• 개념 : 부동산(등기부×)의 전부가 멸실하여 등기부를 폐쇄하는 경우의 등기를 말한다.

• 신청의무 : ○ (1개월 이내)

• 신청에 필요한 정보 : 신청정보 + 멸실·부존재 증명하는 건축물대장(가옥대장)등본 또는 이를 증명할 수 있는 서면(반드시 건축물대장이어야×) (→ 이해관계있는 제3자의 승낙서 : 불필요함)

• 대위신청 : 멸실한 건물의 대지소유자

[3] 효력분류

(1) 본등기(종국등기)

부동산 물권변동의 효력을 발생시키는 등기(등기본래의 효력을 발생하게 하는 등기)를 말한다.

★★★

(2) 가등기

① 개념 : 보전할 청구권이 존재하는 경우 청구권·순위를 보전하기 위해 행하는 등기를 말한다.

→ 청구권이 장래에 확정될 것인 경우에도 가등기 가능

→ 물권변동 효력이 발생하지 않는다.

② 개시방법

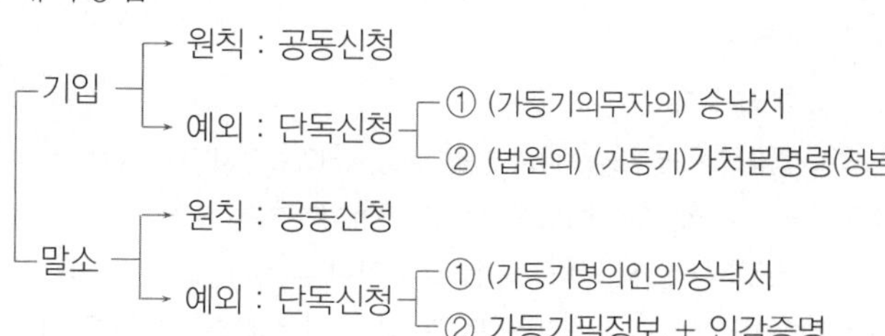

출제자 의도

가등기

• 가등기의 절차상 내용을 알고 있는가?

• 가등기가 가능한 경우와 불가능한 경우를 구별할 수 있는가?

• 가등기에 의한 본등기의 절차상 내용을 알고 있는가?

• 가등기 '예'

〈갑구(甲區)〉

순위번호	사 항 란
3	소유권이전 甲
4	소유권이전가등기 乙

③ 가등기 가부

가등기 불가한 경우 : '청구권' 이 존재하지 '않는' 경우

가등기 가능	가등기 불가
①소유권이전 청구권(→ 매매를 원인으로 한 경우) ② 권리변경등기 ③ 시기부·정지조건부 청구권 ④ 환매권이전청구권 ⑤ 채권적 청구권 ⑥ 가등기의 가등기	① 소유권보존등기(→ 청구권이 존재하지 않으므로) ② 말소등기(→ 권리가 소멸하므로) ③ 종기부·해제조건부청구권(→ 권리가 소멸하므로) ④ 환매권설정청구권 (→ 환매권은 소유권이전등기와 동시에 해야 함으로) ⑤ 물권적 청구권(→ 물권에 근거하므로) ⑥ 부동산표시 변경등기·등기명의인표시 변경등기 ⑦ 유언자 생존 중, 유증을 원인으로 한 소유권 이전 청구권 ⑧ 합유지분에 대한 소유권이전 청구권 ⑨ 처분제한등기[(가)압류·가처분등기]

④ 효력

- 본등기 전
  - 청구권보전 효력 : 있음
  - 실제법상 효력 : 없음
    (=권리변동의 효력 → 시점 : 본등기시)
- 본등기 후 — 순위보전 효력 : 있음

⑤ 가등기의 이전등기

가등기에 의하여 순위가 보전된 소유권이전청구권을 제3자에게 양도한 경우, 양도인과 양수인의 공동신청으로 부기등기의 형식으로 가등기상의 권리의 이전등기를 할 수 있다.

⑥ 담보가등기

담보가등기가 경료된 부동산이 경매되어 경락인이 소유권을 취득한 후 그 담보가등기에 기하여 경료된 본등기는 무효이다.

→ 경매에 의한 취득은 원시취득이므로

⑦ 가등기에 의한(기한) 본등기

㉠ 소유권이전가등기에 의한 본등기시

본등기의무자 : (애초의) 가등기의무자(제3취득자×, 본등기신청 당시의 소유자×)

가등기만의 말소(등기) : 불가 (↔ 본등기만의 말소등기 : 가능, 가등기와 본등기의 말소등기 : 가능)

㉡ 가등기의무자가 가등기경료후 사망시 : 바로 가등기에 기한 본등기신청 → 가능

㉢ 하나의 가등기에 관하여 여러 명의 가등기권리자가 있는 경우에 그 가등기권리자 중 1인이 자기 지분의 전부 또는 일부만에 대하여 본등기를할 수 있으나, 공유물보존행위에 준하여 전원을 위한 본등기를 신청할 수는 없다.

등기예규

- 가등기에 의한 본등기 신청은 가등기된 권리 중 일부 지분에 관해서도 할 수 있다(없다×). 이 경우 등기신청서에는 본등기 될 지분을 기재하여야 하고 등기기록에도 그 지분을 기록하여야 한다. 〈등기예규 제1408호〉
- 청구권가등기도 실제상 채권담보의 목적으로 한 경우는 담보가등기로 본다(보지 않는다×).
- 가등기에 기한 본등기를 하였으나, 가등기후의 소유권이전등기를 (등기관의 실수로) 직권말소하지 아니한 상태에서, 그 소유권이전등기를 기초로 하여 새로이 경료된 등기는 직권말소 할 수 없다(있다×). 〈등기예규 제897호〉
- 유증의 효력은 유언자가 사망하여야 발생하고 그 이전에는 수증자는 어떠한 권리를 취득하는 것이 아니므로, 유언자가 생존중에 유증을 원인으로 한 소유권이전청구권가등기는 이를 신청할 수 없다(있다×). 다만 유언자가 사망한 이후에는 가능하다. 〈등기예규제1024호〉
- 하나의 가등기에 관하여 여러 사람의 가등기권리자가 있는 경우에, 가등기권리자 모두가 공동의 이름으로 본등기를 신청하거나, 그 중 일부의 가등기권자가 가등기지분에 관하여 본등기를 신청할 수 있다(없다×). 다만 일부의 가등기권자가 공유물 보존행위에 준하여 가등기 전부에 관한 본등기를 신청할 수는 없다(있다×). 〈등기예규 제1057호〉
- 부동산에 합유등기가 경료된 경우에 각 합유자의 지분에 대한 소유권이전청구권가등기는 신청할 수 없다(있다×). 〈등기선례 VI－293〉

판 례

- (소유권이전)가등기 후 본등기를 하기까지 사이에 경료된 제3자의 권리취득등기, 이른바 '중간처분의 등기'는 본등기를 한 때에는 '직권말소' 한다.
- 하나의 가등기에 수인의 가등기권리자가 있는 경우, 일부의 가등기권리자가 가등기전부에 관한 본등기는 할 수 없지만(있다×), 자기 가등기지분에 관한 본등기는 (단독으로) 신청할 수 있다(없다×). [2001다43922]

[4] 효력분류

(1) 표시에 관한 등기(표시란의 등기, 사실등기)

부동산의 사실관계(물리적 현황)를 표제부에 공시하는 등기를 말한다.

→ 등기신청 의무 : 있음

(2) 권리에 관한 등기(사항란의 등기, 권리등기)

부동산에 관한 권리관계를 갑구·을구에 공시하는 등기를 말한다.

→ 등기신청 의무 : 없음

구 분	표시란의 등기	사항란의 등기
목적	부동산의 물리적 현황을 공시	부동산의 권리관계를 공시
기재	표제부	갑구 또는 을구
부동산등기법상 신청의무	소유자의 신청의무 있음	부동산등기특별조치법, 부동산 실권리자 명의 등기에 관한 법률 등에서 규정한 사유 외에는 당사자에게 등기신청의무 없음

[5] 대상분류

(1) 토지 등기

토지에 관한 등기를 말한다.

(2) 건물 등기

건물에 관한 등기를 말한다.

[6] 원인(절차)분류

(1) 신청등기

당사자의 신청에 의해 이뤄지는 등기를 말한다.

▌등기예규▐

- 관공서가 부동산에 관한 거래의 주체로서 등기를 '촉탁' 할 수 있는 경우라 하더라도, 촉탁은 신청과 실질적으로 아무런 차이가 없으므로 촉탁에 의하지 아니하고 등기권리자와 등기의무자가 공동으로 등기를 '신청' 할 수도 있다. 〈등기예규 제1018호〉
- 부동산의 처분금지가처분권리자가 본안사건에서 승소하여 그 확정판결의 정본을 첨부하여 소유권이전등기를 신청하는 경우, 그 가처분등기 이후에 제3자 명의의 소유권이전등기가 경료되어 있을 때에는 반드시 위 소유권이전등기신청과 함께 단독으로 그 가처분등기 이후에 경료된 제3자명의의 소유권이전등기의 '말소신청도 동시에' 하여 그 가처분등기 이후의 소유권이전등기를 말소하고 가처분권리자의 소유권이전등기를 하여야 한다. 〈등기예규 제1061호〉

→ 즉, 이 경우는 '직권'에 의한 등기가 아니라, 당사자의 '신청(직권×)'에 의한 등기이다.

(2) 촉탁등기

관공서가 권리관계의 당사자(등기권리자이거나 등기의무자)인 경우 또는 공권력의 주체로서 등기소에 촉탁해서 이뤄지는 등기를 말한다.

① 체납처분으로 인한 압류의 등기
② 공매처분으로 인한 권리이전등의 등기
③ 예고등기
④ (원고 패소 시)예고등기의 말소등기
⑤ 관공서의 취득 관련 등기
⑥ 국·공유부동산에 관한 권리의 등기
⑦ 국유부동산의 관리청명칭 변경등기
⑧ 하천부지
⑨ 토지수용 관련 등기

★★★ (3) 직권등기

다음의 경우는 등기가 당사자의 신청이 아닌 등기관의 직권에 의하여 등기가 개시된다.

구분	직권등기	비고
변경등기	• 지적소관청의 토지표시에 대한 불부합(불일치) 통지에 따른 등기부 표시란 변경등기 • 행정구역 또는 그 명칭이 변경된 경우의 부동산 표시 또는 등기명의인표시(주소) 변경등기 • 소유권이전등기를 신청함에 있어 등기의무자의 주소증명서면에 따라 주소변경 사실이 명백한 경우의 등기명의인표시(주소) 변경등기	이러한 직권등기를 직권변경등기라고 부른다.
경정등기	• 등기관(신청인×)의 과오(잘못)로 등기사항의 착오 또는 유루(빠짐)가 있는 경우의 경정등기 ↔ 신청인의 과오로 등기사항의 착오 또는 유루가 있는 경우의 경정등기는 당사자의 신청에 의하여 개시된다.	이러한 직권등기를 직권경정등기라고 부른다.
말소등기	• 관할위반 등기의 말소등기 • 사건이 등기할 것이 아닌 경우의 말소등기 • 하나의 부동산에 대한 중복 소유권보존등기기록 중 나중에 개설된 소유권보존등기의 말소등기 • 환매에 의한 권리취득등기(환매권 행사) 후의 환매특약등기의 말소등기 • 토지수용으로 인한 소유권이전등기 시 다른 권리의 말소등기 ↔ 소유권보존등기, 수용(개시)일 이전에 경료된 소유권이전등기, 수용일 이전의 상속을 원인으로 한 수용일 이후의 소유권이전등기, 그 토지를 위하여 존재하는 지역권등기, 토지수용위원회의 재결에 의해 그 존속이 인정된 권리의 등기는 말소되지 않는다. • 가등기에 기한 본등기시 중간처분등기의 말소등기 • 가처분권자가 본안승소판결에 따라 소유권이전등기의 말소신청을 하는 경우 가처분등기 이후의 각종 등기의 말소등기 • 가처분등기 이후의 등기를 말소할 때의 가처분등기의 말소등기 • 말소등기시 그 말소될 권리를 목적으로 하는 제3자의 권리의 말소등기 • 위조된 등기의 말소등기	이러한 직권등기를 직권말소등기라고 부른다.
말소회복등기	• 등기관의 과오로 부적합하게 말소된 경우 말소회복등기 • 가등기에 기한 본등기가 경료된 이후 그 본등기를 말소하는 경우 그 전에 직권말소된 중간처분등기의 말소회복등기	이러한 직권등기를 직권말소회복등기라고 부른다.
소유권 보존등기	• 미등기 부동산에 대한 법원의 소유권처분제한[가압류·(처분금지)가처분·(강제)경매신청]의 등기촉탁이 있는 경우의 소유권보존등기 • 미등기 주택·상가에 대한 법원의 임차권등기명령제에 의한 임차권의 등기촉탁이 있는 경우의 소유권보존등기	
지역권 등기	• 승역지에 지역권등기를 한 후 요역지에 하는 지역권등기	
대지권이라는 뜻의 등기	• 토지등기부에 하는 「대지권이라는 뜻의 등기」 ↔ 「대지권등기」는 당사자의 신청에 의하여 개시된다.	

(4) 명령등기

(등기관의 처분에 대한 이의신청이 이유있는 것으로 인정되어)관할법원의 명령에 의한 등기를 말한다.

① 처분전의 가등기명령

관할지방법원은 이의에 대하여 결정하기 전에 등기관에게 가등기를 명할 수 있다.

② 관할법원의 명령에 의한 등기의 방법

등기관의 결정 또는 처분에 대한 이의신청이 이유있다고 결정한 때 등기관이 관할지방법원의 명령에 의하여 등기를 하는 때에는 명령을 한 지방법원, 명령의 연월일, 명령에 따라 등기를 한다는 뜻과 등기의 연월일을 기록하여야 한다.

O · X · 지 · 문 · 학 · 습

01. 구분건물등기기록에는 1동의 건물에 대한 표제부를 두고 전유부분마다 표제부, 갑구, 을구를 둔다. [O, ×]

02. 1동의 건물에 속하는 구분건물 중의 일부만에 관하여 소유권보존등기를 신청하는 경우에는 그 나머지 구분건물에 관하여는 표시에 관한 등기를 동시에 신청하여야 한다. [O, ×]

03. 지상권의 이전등기는 부기등기로 실행한다. [O, ×]

04. 소유권 처분제한등기는 부기등기로, 소유권이외의 권리의 처분제한등기는 주등기로 실행한다. [O, ×]

05. 甲소유 건물에 대한 乙의 유치권등기는 등기관이 직권으로 말소한다. [O, ×]

06. 권리의 말소등기는 단독으로 신청하는 것이 원칙이다. [O, ×]

07. 물권적 청구권을 보전하기 위한 가등기를 할 수 있다. [O, ×]

08. 가등기에 의하여 보전된 소유권이전청구권을 양도한 경우, 그 청구권의 이전등기는 가등기에 대한 부기등기로 한다. [O, ×]

정답 및 해설

01. O　　2. O
03. O
04. × (소유권 처분제한등기는 주등기로, 소유권이외의 권리의 처분제한등기는 부기등기로 실행한다.)
05. O
06. × (권리의 말소등기는 분쟁의 소지가 있기 때문에 공동으로 신청하는 것이 원칙이다.)
07. × (채권적 청구권은 가등기할 수 있지만, 물권적 청구권은 가등기할 수 없다.)
08. O

기·출·문·제·분·석

1. 등기부 등에 관한 설명으로 틀린 것은?

① 폐쇄한 등기기록은 영구히 보존해야 한다.
② A토지를 B토지에 합병하여 등기관이 합필등기를 한 때에는 A토지에 관한 등기기록을 폐쇄해야 한다.
③ 등기부부본자료는 등기부와 동일한 내용으로 보조기억장치에 기록된 자료이다.
④ 구분건물등기기록에는 표제부를 1동의 건물에 두고 전유부분에는 갑구와 을구만 둔다.
⑤ 등기사항증명서 발급신청시 매매목록은 그 신청이 있는 경우에만 등기사항증명서에 포함하여 발급한다.

해설

④ 전유부분에는 갑구와 을구만 둔다 → 전유부분에는 표제부, 갑구, 을구를 둔다

【 부동산등기규칙 】 제14조 구분건물등기기록의 양식
① 법 제15조제1항 단서에 해당하는 구분건물등기기록에는 1동의 건물에 대한 표제부를 두고 전유부분마다 표제부, 갑구, 을구를 둔다.

2. 구분건물 등기기록의 표제부에 기록되지 않는 사항은?

① 전유부분의 등기기록의 표제부에 건물번호
② 대지권이 있는 경우, 전유부분의 등기기록의 표제부에 대지권의 표시에 관한 사항
③ 1동 건물의 등기기록의 표제부에 소재와 지번
④ 대지권이 있는 경우, 1동 건물의 등기기록의 표제부에 대지권의 목적인 토지의 표시에 관한 사항
⑤ 대지권등기를 하였을 경우, 1동 건물의 등기기록의 표제부에 소유권이 대지권이라는 뜻

해설

⑤ 1동 건물의 등기기록의 표제부 → 토지 등기부의 해당 구(갑구·을구)

3. 구분건물의 등기에 관한 설명으로 틀린 것은?

① 상가건물도 일정한 요건을 갖춘 경우에는 구분점포마다 각각의 소유권보존등기를 할 수 있다.
② 구분건물로 될 수 있는 객관적 요건을 갖춘 경우에는 건물소유자는 구분건물로 등기하여야 한다.
③ 등기관은 구분건물에 관한 등기신청을 받은 경우 신청서의 첨부서면 또는 공지사실 등에 의하여 그 건물이 구분건물이 아니라는 의심이 있는 경우에도 실질심사권은 없다.
④ 집합건물의 규약상 공용부분은 일정한 요건을 갖춘 경우 전유부분으로 소유권보존등기를 할 수 있다.
⑤ 1동의 건물에 속하는 구분건물 중의 일부만에 관하여 소유권보존등기를 신청하는 경우에는 그 나머지 구분건물에 관하여는 표시에 관한 등기를 동시에 신청하여야 한다.

해설

② 등기하여야 한다 → 등기할 의무는 없다

|정답| 1.④ 2.⑤ 3.②

4. 등기상 이해관계 있는 제3자의 승낙이 없으면 부기등기가 아닌 주등기로 해야 하는 것은?

① 소유자의 주소를 변경하는 등기명의인표시의 변경등기
② 근저당권을 甲에서 乙로 이전하는 근저당권이전등기
③ 전세금을 9천만원에서 1억원으로 증액하는 전세권변경등기
④ 등기원인에 권리의 소멸에 관한 약정이 있을 경우, 그 약정에 관한 등기
⑤ 질권의 효력을 저당권에 미치도록 하는 권리질권의 등기

해설

③의 경우는 권리의 변경등기에 해당된다. 권리의 변경등기는 등기상 이해관계인이 존재하지 않거나 존재하더라도 그 자의 승낙서나 이에 대항할 수 있는 재판의 등본을 첨부하는 경우는 부기등기로 변경등기를 할 수 있다. 그러나 그렇지 않는 경우는 주등기로 해야 한다.

5. 부기등기를 하는 경우가 아닌 것은?

① 등기명의인이 개명(改名)한 경우에 하는 변경등기
② 공유물(公有物)을 분할하지 않기로 하는 약정의 등기
③ 지상권의 이전등기
④ 전세권을 목적으로 하는 저당권의 설정등기
⑤ 등기의 전부가 말소된 경우 그 회복등기

해설

⑤ '전부'말소회복등기는 주등기로, '일부'말소회복등기는 부기등기로 실행한다.

6. 말소등기에 관한 설명으로 옳은 것은?

① 권리의 말소등기는 단독으로 신청하는 것이 원칙이다.
② 말소할 권리가 전세권 또는 저당권인 경우에 제권판결에 의하지 않고 전세금반환증서 또는 영수증에 의하여 등기권리자가 단독으로 말소등기를 신청할 수 있다.
③ 甲, 乙, 丙순으로 소유권이전등기가 된 상태에서 乙명의의 소유권이전등기를 말소할 때에는 등기상 이해관계 있는 제3자 丙의 승낙이 있어야 한다.
④ 소유권이전청구권 보전을 위한 가등기에 기해 본등기를 한 경우, 가등기 이후에 된 근저당권설정등기는 등기관이 등기명의인에게 직권말소를 하겠다는 통지를 한 후 소정의 기간을 기다려 직권으로 말소한다.
⑤ 등기를 신청한 권리가 실체법상 허용되지 않는 것임에도 불구하고 등기관의 착오로 등기가 완료된 때에는 등기관은 직권으로 등기를 말소한다.

해설

① 단독 → 공동 (권리의 말소등기는 분쟁의 소지가 있기 때문에 공동으로 신청하는 것이 원칙이다.)
② 있다 → 없다 (해당 내용은 폐지되었다. 제권판결에 의해 등기권리자가 단독으로 등기의 말소를 신청할 수 있는 경우는 등기의무자의 소재불명의 경우이다.)
③ 틀린 보기. 丙은 말소돼버리므로 이해관계 있는 제3자에 해당되지 않는다.
④ 틀린 보기. 통지한 후에 말소하는 것이 아니라 말소한 후에 통지한다. 즉, 사전통지가 아니라 사후통지이다.

|정답| 4. ③ 5. ⑤ 6. ⑤

인증번호 : CD45-H3V2

6

완료 후

기출 Point

1. 각 통지를 하는 경우와 하지 않는 경우의 구별

핵심

등기완료 후 → 

등기**완료 후**의 **절차**상 내용을 이해하는 것이 핵심입니다.
크게 다음 5가지가 있습니다.

1. 등기필정보 통지
2. 등기완료 통지
3. 소유권변경사실 통지
4. 과세자료 제공
5. 등기원인증서 반환

1. 등기필정보 통지

등기관이 새로운 권리에 관한 등기를 마쳤을 때에는 등기필정보를 작성하여 등기권리자에게 통지하여야 한다.
등기필정보를 작성하여야 하는 경우는 구체적으로 다음과 같다.

1. 「부동산등기법」 제3조 기타 법령에서 등기할 수 있는 권리로 규정하고 있는 권리(소유권, 지상권, 지역권, 전세권, 저당권, 권리질권, 채권담보권, 임차권)를 보존, 설정, 이전하는 등기를 하는 경우
2. 위 1의 권리의 설정 또는 이전청구권 보전을 위한 가등기를 하는 경우
3. 권리자를 추가하는 경정 또는 변경등기(갑 단독소유를 갑, 을 공유로 경정하는 경우나 합유자가 추가되는 합유명의인표시변경 등기 등)를 하는 경우

다만, 다음의 어느 하나에 해당하는 경우에는 등기필정보를 작성하여 등기권리자에게 통지할 필요가 없다.

1. 등기권리자가 등기필정보의 통지를 원하지 아니하는 경우
2. 국가 또는 지방자치단체가 등기권리자인 경우
3. 제1호 및 제2호에서 규정한 경우 외에 대법원규칙으로 정하는 경우

→ 이 후에 등기권리자와 등기의무자가 공동으로 권리에 관한 등기를 신청하는 경우에 신청인은 그 신청정보와 함께 기존의 등기가 완료되어 등기소로부터 통지받은 등기의무자(등기권리자×)의 등기필정보를 등기소에 제공하여야 한다. 승소한 등기의무자가 단독으로 권리에 관한 등기를 신청하는 경우에도 또한 같다.

■ 등기필정보의 작성 및 통지 등에 관한 업무처리지침 [등기예규 제1604호]

1. 목적

이 예규는 등기필정보의 작성, 통지 등을 규정하고 있는 「부동산등기규칙」 제106조 부터 제111조 까지의 시행에 필요한 사항을 규정함을 목적으로 한다.

2. 등기필정보의 작성

등기관이 등기권리자의 신청에 의하여 다음 각 호 중 어느 하나의 등기를 하는 때에는 등기필정보를 작성하여야(할 수×) 한다. 그 이외의 등기를 하는 때에는 등기필정보를 작성하지 아니한다.

(1) 「부동산등기법」 제3조 기타 법령에서 등기할 수 있는 권리로 규정하고 있는 권리를 보존, 설정, 이전하는 등기를 하는 경우
(2) 위 (1) 의 권리의 설정 또는 이전청구권 보전을 위한 가등기를 하는 경우
(3) 권리자를 추가하는 경정 또는 변경등기(갑 단독소유를 갑, 을 공유로 경정하는 경우나 합유자가 추가되는 합유명의인표시변경 등기 등)를 하는 경우

3. 등기필정보의 기재사항과 구성

가. 등기필정보의 기재사항등기필정보에는 권리자, (주민)등록번호, 부동산고유번호, 부동산소재, 접수일자, 접수번호, 등기목적, 일련번호 및 비밀번호를 기재한다.
나. 등기필정보의 구성등기필정보의 일련번호는 영문 또는 아라비아 숫자를 조합한 12개로 구성하고 비밀번호는 50개를 부여한다.

4. 등기필정보의 작성방법

가. 일반신청의 경우등기필정보는 부동산 및 등기명의인이 된 신청인별로 작성하되, 등기신청서의 접수년월일 및 접수번호가 동일한 경우에는 부동산이 다르더라도 등기명의인별로 작성할 수 있다. 그러므로 등기명의인이 신청하지 않은 다음 각 호의 등기 중 어느 하나의 등기를 하는 경우에는 등기명의인을 위한 등기필정보를 작성하지 아니한다.
(1) 채권자대위에 의한 등기
(2) 등기관의 직권에 의한 보존등기
(3) 승소한 등기의무자의 신청에 의한 등기
나. 관공서 촉탁의 경우관공서가 등기를 촉탁한 경우에는 등기필정보를 작성하지 아니한다. 다만, 관공서가 등기권리자를 위해 등기를 촉탁하는 경우에는 그러하지 아니하다.

5. 등기필정보의 통지 방법

가. 전자신청의 경우
(1) 당사자가 직접 신청한 경우등기권리자는 다음의 순서에 따라 등기필정보를 수신한다.
(가) 인터넷등기소에 접속하여 인터넷등기전자신청 메뉴에서 신청내역조회를 선택하고, 개인공인인증서(이하 "공인인증서"라 한다)정보와 사용자등록번호를 입력하여 사용자인증을 받는다.

(나) 신청내역을 조회하여 처리상태가 등기완료로 기록되어 있는 사건을 표시한 후 등기필정보를 전송받는다(등기필정보는 3회에 한하여 전송받을 수 있다). 동일한 등기신청 사건에서 수인이 권리자로 표시되어 있는 경우 다른 사람에 관한 등기필정보는 전송받을 수 없다.

(다) 전송된 등기필정보를 확인하기 위해서는 등기권리자의 공인인증서정보를 입력하여야 한다.

(2) 대리인이 신청한 경우전자신청을 대리인에게 위임한 경우 등기필정보를 권리자 자신이 직접 전송받을 수 없으며, 대리인이 위 (1) 의 (가) ,(나) 의 절차에 의하여 등기필정보를 전송받은 후 등기권리자에게 그 파일을 전자우편으로 송신하거나 직접 전달한다. 다만 권리자가 등기신청을 대리인에게 위임하면서 등기필정보의 수령 및 그 확인에 관한 일체의 권한을 부여한 경우에는 대리인이 직접 자신의 공인인증서정보를 입력하여 전송받은 등기필정보를 확인할 수 있으며, 이를 서면으로 출력하여 등기권리자에게 교부할 수 있다.

(3) 전자촉탁의 경우관공서가 등기권리자를 위하여 소유권이전등기를 전자촉탁한 때에는 등기필정보통지서를 출력하여 관공서에 직접 교부 또는 송달할 수 있고, 이 경우 관공서는 밀봉된 등기필정보통지서를 뜯지 않은 채 그대로 등기권리자에게 교부한다.

나. 서면신청의 경우

등기필정보통지서를 교부받고자 하는 자는 신분증(법무사 또는 변호사의 사무원은 사무원증)을 제시하여야 하고, 교부담당 공무원은 아래와 같은 방법으로 등기필정보통지서를 출력하여 교부한다.

(1) 등기필정보통지서의 출력·관리

(가) 전산정보처리조직상 등기필정보관리 기능을 선택하여 등기필정보 교부대상을 확인한다.

(나) 교부 대상자 중 특정 등기명의인을 선택하여 등기필정보통지서를 출력하거나 일괄하여 출력한다.

(다) 출력된 등기필정보통지서의 기재사항 중 일련번호 및 비밀번호가 보이지 않도록 그 기재된 부분에는 스티커를 부착한다.

(2) 등기필정보통지서의 교부방법

(가) (삭제)

(나) 전자패드에 전자펜을 이용하여 수령인의 서명(이하 "전자서명"이라 함)을 받고 교부하는 방법

1) 위 (1)의 방법으로 등기필정보통지서를 출력·관리하되 등기필정보통지서 우측상단에 바코드를 생성하여 출력한다.

2) 교부담당 공무원은 교부할 등기필정보통지서를 바코드리더기 등을 이용하여 확인하여야 한다.

3) 신청인 본인 또는 대리인, 대리인인 법무사 또는 변호사의 사무원은 전자서명을 한 후 등기필정보통지서를 교부받아야 한다.

4) 수령인은 본인의 성명을 제3자가 알아볼 수 있도록 적어야 하고, 교부담당 공무원은 수령인의 성명을 제3자가 알아보기 어렵다고 인정하는 경우에는 다시 서명할 것을 요청할 수 있다.

5) 등기소에 정전, 전산망 훼손, 전산시스템 장애 등으로 부동산등기시스템의 정상작동이 불가능하거나 전자서명장치의 오류로 전자서명을 할 수 없는 경우에는 별지 제5호 양식의 "등기필정보통지서 및 등기원인증서 수령부"에 수령인의 날인 또는 서명을 받고 등기필정보통지서를 교부할 수 있다. "등기필정보통지서 및 등기원인증서 수령부"는 별도로 편철하여 5년간 보존하여야 한다.

(3) 우편에 의한 송부

(가) 신청인이 등기필정보통지서를 우편으로 송부받고자 하는 경우에는 등기신청서와 함께 수신인란이 기재된 봉투에 등기취급 우편 또는 특급취급우편(속달)요금에 상응하는 우표를 붙여 이를 제출하여야 한다.

(나) 위 (가)의 경우에 등기필정보통지서 교부담당자는 등기사건이 처리된 즉시 등기필정보통지서를 수신인에게 발송하고, 부동산등기접수장의 수령인란에 "우송"이라고 기재한 후 그 영수증은 "우편물수령증철"에 첨부하여 보관하여야 한다. 이 "우편물수령증철"은 1년간 보존한다.

(4) 등기필정보통지서는 1회 (3회×)에 한하여 교부한다.

5-1. 등기필정보의 일련번호와 비밀번호(이하 '일련번호 등' 이라 한다) **추가 부여 및 통지서 교부**

가. 일련번호 등 추가 부여

(1) 하나의 등기필정보로 동시에 또는 순차적으로 등기신청을 하여야 할 예정 사건의 수가 50건을 초과하는 경우 등기명의인은 등기신청 예정 사건의 수를 소명하는 서면을 첨부한 별지 제3호 양식에 의하여 일련번호 등을 추가 부여하여 줄 것을 등기신청과 동시에 또는 사후에 신청할 수 있다. 단, 사후에 신청하는 경우에는 교부(수신)받은 등기필정보 및 등기완료통지서를 신청서와 함께 제출하여야 한다.

(2) 등기관은 위 신청서를 심사한 후 필요성이 인정될 경우에는 전산정보처리조직을 이용하여 등기신청 예정 사건의 수를 기준으로 50건을 초과할 때마다 1개의 일련번호와 각 50개의 비밀번호를 추가 부여한다.

나. 일련번호 등 추가 부여 통지서 교부

(1) 등기필정보통지서 교부 담당자는 위 가. (2) 의 규정에 따라 추가 부여된 일련번호 등이 표시된 별지 제4호 양식의 통지서를 출력하여 등기필정보 및 등기완료통지서와 함께 교부한다.

(2) 일련번호 등 추가 부여 통지서 교부절차는 5. 나. (3)부터 (8)까지의 규정을 준용한다. 다만, (3) 부터 (8) 까지 중 "등기필정보통지서"는 "일련번호 등 추가 부여 통지서"로, (4) 중 "부동산등기신청서접수장" 및 (7) 중 "부동산등기접수장"은 "일련번호 등 추가 부여 신청서"로 본다.

6. 등기필정보의 제공 방법

가. 전자신청의 경우신청인이 등기필정보를 입력하는 화면에서 일련번호와 임의로 선택한 비밀번호를 입력한다. 단, 한 번 사용한 비밀번호는 50개의 비밀번호를 모두 사용한 후가 아니면 사용하지 못한다.

나. 서면신청의 경우신청인이 일련번호와 비밀번호를 신청서에 기재한다. 비밀번호의 사용방법은 전자신청의 경우와 같다.

7. 등기필정보의 실효신청

등기필정보의 실효신청은 전산정보처리조직을 이용하거나 등기소를 방문하여 (반드시 등기소를 방문하여×) 할 수 있다.

가. 전산정보처리조직을 이용한 신청에 의한 실효등기필정보를 부여받은 자가 인터넷등기소에 접속하여 인터넷등기전자신청을 선택한 후 성명, 주민등록번호, 공인인증서정보를 입력하여 등기필정보의 실효신청을 한다. 이 경우 해당 등기필정보는 자동적으로 효력을 상실한다.

나. 서면신청에 의한 실효

(1) 등기권리자가 등기소를 방문하여 별지 1호 양식에 의해 등기필정보의 실효를 신청한다.

(2) 등기필정보 실효 신청서를 접수받은 담당자는 신청인이 제시하는 신분증(주민등록증, 여권, 운전면허증 등)에 의하여 본인임을 확인한 후 전산정보처리조직의 등기필정보관리 기능을 선택하여 등기필정보를 실효시키는 조치를 하고, 신청인이 제시한 신분증을 복사하여 그 사본을 등기필정보 실효 신청서에 편철한다.

(3) 등기권리자의 대리인에 의한 신청인 때에는 신청서에 본인의 인감증명서와 위임장을 첨부한다. 이 경우 위 (2) 의 방법으로 접수담당자가 대리인 여부를 확인하여야 하나, 대리인이 제시한 신분증의 사본을 등기필정보 실효 신청서에 편철할 필요는 없다.

8. 등기필정보의 입력 오류 및 오류해제

가. 비밀번호 입력의 오류신청인이 등기필정보를 입력하면서 일련번호와 부합하지 않는 비밀번호를 5회 연속하여 잘못 입력한 경우 그 등기필정보는 입력오류로 처리되고, 오류해제가 있을 때까지 효력이 정지된다.

나. 입력오류 해제 신청

(1) 등기필정보 입력오류를 해제하기 위해서는 등기소를 방문하여 별지 2호 양식에 의해 등기필정보 입력오류 해제 신청을 하여야 한다.

(2) 등기필정보 입력오류 해제 신청서를 접수받은 담당자는 신청인이 제시하는 신분증(주민등록증, 여권, 운전면허증 등)에 의하여 본인임을 확인한 후 부동산등기시스템의 등기필정보관리 기능을 선택하여 입력오류를 해제하는 조치를 하고, 신청인이 제시한 신분증을 복사하여 그 사본을 신청서에 편철한다.

(3) 등기권리자의 대리인에 의한 신청인 때에는 신청서에 본인의 인감증명서와 위임장을 첨부한다. 이 경우 위 (2)의 방법으로 접수담당자가 대리인 여부를 확인하여야 하나, 대리인이 제시한 신분증의 사본을 등기필정보 실효 신청서에 편철할 필요는 없다.

9. 등기필정보 실효 신청서의 편철 등

가. 등기필정보 실효신청서 기타 부속서류편철장의 비치등기소에는 등기필정보 실효신청서 기타 부속서류편철장을 비치한다. 다만, 등기필정보 실효 신청, 입력오류 해제 신청 및 일련번호 등 추가 부여 신청이 없는 경우에는 그러하지 아니하다.

나. 등기필정보 실효 신청서, 입력오류 해제 신청서 및 일련번호 등 추가 부여 신청서의 편철서무담당자는 매주 금요일까지 그 전주까지 접수된 등기필정보 실효 신청서, 등기필정보 입력오류 해제 신청서 및 일련번호 등 추가 부여 신청서와 그 부속서류를 접수번호의 순서대로 등기필정보 실효 신청서 기타 부속서류편철장에 편철하여야 한다.

다. 보존기간등기필정보 실효 신청서, 등기필정보 입력오류 해제 신청서 및 일련번호 등 추가 부여 신청서는 5년간 이를 보존하여야 한다.

10. 등기필정보가 없는 경우의 전자확인서면 송신 방법

「부동산등기규칙」 제111조제2항 및 제3항 후단에 의하여 자격자대리인이 본인임을 확인하였다는 정보를 등기소에 송신하는 경우에는 등기의무자의 우무인 및 필적기재를 담고 있는 서면과 신분증 사본을 전사하여 함께 송신하여야 한다.

2. 등기완료 통지

등기관은 등기가 완료되면 등기완료통지를 신청인 및 다음의 어느 하나에 해당하는 자(신청인에게만×)에게 하여야(할 수×) 한다.

1. 승소한 등기의무자의 등기신청에 있어서 등기권리자
2. 대위자의 등기신청에서 피대위자
3. 등기의무자의 등기필정보가 없어 등기의무자 또는 그 법정대리인이 등기소에 출석하여 등기관으로부터 등기의무자등임을 확인받아(즉, 확인정보 등을 제공하여) 등기신청을 한 등기의무자
4. 등기관이 미등기부동산에 대하여 법원의 촉탁에 따라 소유권의 처분제한의 등기를 할 때에는 직권으로 소유권보존등기를 한 경우 직권 소유권보존등기에서 등기명의인
5. 관공서가 촉탁하는 등기에서 관공서

3. 소유권변경사실 통지

등기관이 다음의 등기를 하였을 때에는 지체 없이 그 사실을 토지의 경우에는 지적소관청에, 건물의 경우에는 건축물대장 소관청에 각각 알려야 한다.

1. 소유권의 보존 또는 이전
2. 소유권의 등기명의인표시의 변경 또는 경정
3. 소유권의 변경 또는 경정
4. 소유권의 말소 또는 말소회복

→ 소유권변경사실의 통지는 전산정보처리조직을 이용하여 할 수(하여야×) 있다.

↔ 소유권에 관한 가등기·가압류·가처분 등기는 소유권이 변경되는 경우가 아니므로 소유권변경사실을 통지할 필요가 없다.

4. 과세자료 제공

등기관이 소유권(그외 권리×)의 보존 또는 이전의 등기[가등기를 포함(제외×)한다]를 하였을 때에는 대법원 규칙으로 정하는 바에 따라 지체 없이 그 사실을 부동산 소재지 관할 세무서장에게 통지하여야 한다.

→ 과세자료의 제공은 전산정보처리조직을 이용하여 할 수(하여야×) 있다.

5. 등기원인증서 반환

① 신청서에 첨부된 등기원인을 증명하는 정보를 담고 있는 서면이 법률행위의 성립을 증명하는 서면이거나 그 밖에 대법원예규로 정하는 서면일 때에는 등기관이 등기를 마친 후에 이를 신청인에게 돌려주어야 한다.

② 신청인이 ①의 서면을 등기를 마친 때부터 3개월(1개월×) 이내에 수령하지 아니할 경우에는 이를 폐기할 수(하여야×) 있다.

O · X · 지 · 문 · 학 · 습

01. 관공서가 촉탁하는 등기에서 등기관이 등기를 마쳤을 때에는 관공서에 등기완료통지를 하여야 한다. [O, ×]

02. 승소한 등기의무자의 등기신청에 의해 등기관이 등기를 마쳤을 때에는 등기의무자에게 등기완료통지를 하여야 한다. [O, ×]

정답 및 해설

01. O
02. O

1. 등기관이 등기를 마쳤을 때에 등기완료통지를 하여야 할 필요가 없는 자는?

① 행정구역변경으로 인하여 등기관이 직권으로 행한 주소 변경등기에서 등기명의인

② 미등기부동산의 처분제한등기를 할 때에 등기관이 직권으로 행한 소유권보존등기에서 등기명의인

③ 관공서가 촉탁하는 등기에서 관공서

④ 판결에서 승소한 등기의무자의 등기신청에서 등기의무자

⑤ 등기필정보를 제공해야 하는 등기신청에서 등기필정보를 제공하지 않고 확인정보 등을 제공한 등기의무자

해설

① 행정구역변경으로 인하여 등기관이 직권으로 행한 주소 변경등기의 경우 등기완료통지를 할 필요가 없다.

【 부동산등기규칙 】 제53조 등기완료통지

① 법 제30조에 따른 등기완료통지는 신청인 및 다음 각 호의 어느 하나에 해당하는 자에게 하여야 한다.

1. 법 제23조제4항에 따른 승소한 등기의무자의 등기신청에 있어서 등기권리자
2. 법 제28조에 따른 대위자의 등기신청에서 피대위자
3. 법 제51조에 따른 등기신청에서 등기의무자
4. 법 제66조에 따른 직권 소유권보존등기에서 등기명의인
5. 관공서가 촉탁하는 등기에서 관공서

② 제1항의 통지는 대법원예규로 정하는 방법으로 한다.

|정답| 1. ①

각 론

1. 각종 권리의 등기절차
2. 각종의 등기절차

인증번호 : CR87-T5E8

각종 권리의 등기절차

핵심

소유권 보존·이전등기
소유권 이외의 권리의 등기 → 절차상 내용

소유권보존등기, 소유권이전등기 및 소유권 이외의 권리의 등기**절차**[특히 개시(신청)단계]상 내용을 이해하는 것이 핵심입니다. 간략히 살펴보면 다음과 같습니다.

1. 소유권 등기

- 소유권보존등기 : 토지의 소유권보존등기 vs 건물의 소유권보존등기
- 소유권이전등기
  - 비거래(수용·진정명의회복·상속·유증)로 인한 소유권이전등기
  - 소유권이전등기가 금지되는 경우 : 「집합건물의 소유 및 관리에 관한 법률」과 연계 이해

2. 소유권 이외의 권리의 등기

신청정보상 기록사항 : 필요적 기록사항 vs 임의적 기록사항

기출 Point

1. 소유권보존등기
2. 소유권이전등기
3. 용익물권등기
4. 담보물권등기
5. 기타등기

★★

1. 소유권보존등기

소유권보존등기란 미등기 부동산에 대하여 최초로 소유자 앞으로 등기를 하는 것, 즉 특정부동산에 대하여 새로이 최초로 등기부를 만드는 것을 말한다. 세부적인 내용은 다음과 같다.

출제자 의도

- 토지의 소유권보존등기 '신청가능자'와 건물의 소유권보존등기 신청가능자의 차이점을 구별할 수 있는가?
- 구분건물(집합건물)의 소유권보존등기 절차상 내용을 알고 있는가?

(1) 소유권보존등기 신청가능 여부

[소유권보존등기를 신청할 수 있는(허용되는) 경우 vs 신청할 수 없는 경우]

소유권보존등기를 신청할 수 있는 경우와 신청할 수 없는 경우는 다음의 표와 같다.

구분	○	×
소유권보존등기 신청 가능 여부	① 부동산을 원시취득하는 경우의 소유권보존등기 : (예) 공유수면의 매립, 건물의 신축, 미등기부동산의 수용 ② 집합건물의 규약상 공용부분인 취지의 등기를 말소하는 경우의 소유권보존등기 → • 공용부분이라는 뜻을 정한 규약을 폐지한 경우에 공용부분의 취득자는 지체 없이 소유권보존등기를 신청하여야 한다. • 공용부분이라는 뜻을 정한 규약을 폐지함에 따라 공용부분의 취득자가 소유권보존등기를 신청하는 경우에는 규약의 폐지를 증명하는 정보를 첨부정보로서 등기소에 제공하여야 한다. • 등기관이 소유권보존등기를 하였을 때에는 공용부분이라는 뜻의 등기를 말소하는 표시를 하여야 한다. ③ 미등기부동산에 대한 소유권처분제한등기(가압류·가처분·경매신청 등기)나 미등기부동산에 대한 주택임대차보호법과 상가건물임대차보호법상의 임차권등기명령제에 의한 임차권등기에 대하여 법원의 촉탁이 있는 경우의 소유권보존등기 → 이 때의 소유권처분제한등기나 임차권등기 : 촉탁등기 vs 이 때의 소유권보존등기 : 직권(촉탁×)등기	① (1개의) 부동산의 (특정)일부에 대한 소유권보존등기 → Why? 일물일권주의에 위반되므로 ② 미등기부동산이 공유인 경우 공유자의 '일부' 지분만에 대한 소유권보존등기 ↔ 공유자의 전원 또는 일부가 공유자 '전원'을 위하여 하는 소유권보존등기는 가능 ③ 미등기부동산에 대한 '특정' 유증의 경우 직접 수증자 앞으로의 소유권보존등기 ↔ • 미등기부동산에 대한 '포괄' 유증의 경우 직접 수증자 앞으로의 소유권보존등기는 가능 • 미등기부동산에 대한 '상속'의 경우 직접 상속인 앞으로의 소유권보존등기는 가능

■ 미등기부동산의 유증의 경우 소유권등기

구분	특정유증	포괄유증
미등기 부동산	① 1단계 : 유언집행자가 먼저 상속인(수증자×) 명의로 소유권보존등기 ② 2단계 : 유증으로 인한 수증자 명의로 소유권이전등기	① 1단계 : 수증자는 직접 수증자 자기 명의로 소유권보존등기

■ 미등기부동산이 공유인 경우 (소유권)보존등기(즉, 상속등기)

○ (가능)	× (불가능)
• 공유자 전원의 (소유권)보존등기신청 • 공유자 중 1인이 전원 명의의 보존등기 신청	• 공유자 중 1인이 자기지분만의 보존등기 신청

(2) 소유권보존등기를 신청할 수 있는 자

미등기의 토지 또는 건물에 관한 소유권보존등기는 다음의 어느 하나에 해당하는 자가 신청할 수 있다.

1. 토지대장, 임야대장 또는 건축물대장에 최초의 소유자로 등록되어 있는 자 또는 그 상속인, 그 밖의 포괄(특정×)승계인

→ 미등기토지의 지적공부상 '국(국가)'으로부터 소유권이전등록을 받은 경우에는 비록 특정승계에 해당되지만 예외적으로 특정승계인이 직접 자기 명의로 소유권보존등기를 신청할 수 있다(없다×).

2. 확정판결에 의하여 자기의 소유권을 증명하는 자

→ 판결의 종류 : 불문한다. 즉, 이행판결이든 형성판결이든 관계없고 확정판결과 동일한 효력이 있는 화해조서·인락조서·조정조서도 관계없다.

→ 판결의 상대방 :

• 대장상 소유자를 특정할 수 '있는' 경우
: 대장상 최초의 소유자로 등록되어 있는 자나 그 상속인, '국'으로부터 소유권이전등록을 받은 자

• 대장상 소유자를 특정할 수 '없는' 경우(대장상 소유자가 공란인 경우)
: 토지는 국가(특별자치도지사·시장·군수·구청장×), 건물은 특별자치도지사·시장·군수·구청장(국가×, 건축주×)
→ 국가를 상대로 한 소유권확인판결에 의해서 자기의 소유권을 증명하는 자는 토지의 경우는 소유권보존등기를 신청할 수 있지만, 건물의 경우는 소유권보존등기를 신청할 수 없다(있다×)

• 포괄승계 VS 특정승계

① 포괄승계
하나의 원인에 의하여 다른 사람의 권리와 의무를 모두 포괄하여 승계하는 것을 말한다.
(예) 상속, 포괄유증, 회사 합병 등에 의한 승계

② 특정승계
개별적인 원인에 의하여 다른 사람의 특정한 권리나 의무를 특정하여 승계하는 것을 말한다.
(예) 매매에 의한 승계

[등기예규 제1253호]

• 판결의 종류 : 소유권을 증명하는 판결은 보존등기신청인의 소유임을 확정하는 내용의 것이어야 한다. 그러나 그 판결은 소유권확인판결에 한하는 것은 아니며, 형성판결이나 이행판결이라도 그 이유 중에서 보존등기신청인의 소유임을 확정하는 내용의 것이면 이에 해당한다.

• 위 판결에 해당하는 경우의 예시

(1) 당해 부동산이 보존등기 신청인의 소유임을 이유로 소유권보존등기의 말소를 명한 판결

(2) 토지대장상 공유인 미등기토지에 대한 공유물분할의 판결. 다만 이 경우에는 공유물분할의 판결에 따라 토지의 분필절차를 먼저 거친 후에 보존등기를 신청하여야 한다.

• 위 판결에 해당하지 않는 경우의 예시

(1) 매수인이 매도인을 상대로 토지의 소유권이전등기를 구하는 소송에서 매도인이 매수인에게 매매를 원인으로 한 소유권이전등기절차를 이행하고 당해 토지가 매도인의 소유임을 확인한다는 내용의 화해조서

(2) 건물에 대하여 국가를 상대로 한 소유권확인판결

(3) 건물에 대하여 건축허가명의인(또는 건축주)을 상대로 한 소유권확인판결

3. 수용(收用)으로 인하여 소유권을 취득하였음을 증명하는 자

→ 수용 : 미등기된 토지가 수용된 경우에는 소유권보존등기를 하고 기등기된 토지가 수용된 경우에는 소유권이전등기(소유권보존등기×)를 한다.

4. 특별자치도지사, 시장, 군수 또는 구청장(자치구의 구청장을 말한다)의 확인에 의하여 자기의 소유권을 증명하는 자[건물(토지×)의 경우로 한정한다]

↔ '토지'의 경우에는 소유권보존등기를 신청할 수 없는 자이다.

[등기예규 제1253호]

• 시·구·읍·면장의 서면의 의미 :

가. 법 제131조 제2호 후단 소정의 소유를 증명하는 "시·구·읍·면장의 서면"에 해당하기 위해서는 시·구·읍·면장이 발급한 증명서로서 다음 각호의 요건을 모두 구비하여야 한다.

(1) 건물의 소재와 지번, 건물의 종류, 구조 및 면적 등 건물의 표시

(2) 건물의 소유자의 성명이나 명칭과 주소나 사무소의 소재지 표시

나. 위 서면에 해당하는지 여부에 대한 판단

(1) 판단기준

어떤 서면이 법 제131조 제2호 후단의 서면에 해당하는지 여부를 판단함에 있어서는 위 가. 소정의 요건을 기준으로 하여야 한다.

(2) 구체적으로 문제되는 경우의 예시

(가) 납세증명서 및 세목별과세증명서

「지방세법」제38조 제1항 의 규정에 의하여 교부받은 「지방세법 시행규칙」별지 제11호 서식의 납세증명서 및 「민원사무처리에 관한 법률」에 의하여 교부받은 세목별과세증명서는 위 서면에 해당하지 않는다.

(나) 사용승인서

「건축법」제18조 제2항 의 규정에 의하여 교부받은 「건축법 시행규칙」별지 제18호 서식의 건축물 사용승인서는 위 서면에 해당하지 않는다.

(다) 사실확인서

시·구·읍·면장이 발급한 사실확인서로서, 건물의 소재와 지번, 건물의 종류, 구조, 면적 등 건물의 표시와 소유자의 표시 및 그 건물이 완성되어 존재한다는 사실이 기재되어 있고, 특히 집합건물의 경우에는 1동건물의 표시 및 1동의 건물을 이루는 모든 구분건물의 표시가 구체적으로 기재되어 있다면 위 서면에 해당할 수 있을 것이다. 다만, 구체적인 경우에 그 해당여부는 담당 등기관이 판단할 사항이다.

(라) 임시사용승인서, 착공신고서, 건물현황사진, 공정확인서, 현장조사서, 건축허가서 등은 위 서면에 해당하지 않는다.

■ 시·구·읍·면의 장의 서면 해당 여부

구분	○	×
시·구·읍·면의 장의 서면	시·구·읍·면의 장이 발급한 일정요건을 충족한 사실확인서	① 사용승인서, 임시사용승인서, 착공신고서, 건물현황사진, 공정확인서, 현장조사서, 건축허가서 ② 납세증명서, 세목별과세증명서

(3) 개시방법

① 원칙 : 신청(당사자의 단독신청) → Why? 단독신청이 가능한 이유는 분쟁의 소지가 없기 때문이다. 구체적으로 등기의무자가 없기 때문이다.

② 예외 : 직권(등기관의 직권)

→ 직권에 의한 소유권보존등기의 예 : 미등기부동산에 대한 소유권처분제한등기(가압류·가처분·경매신청 등기)나 미등기부동산에 대한 주택임대차보호법과 상가건물임대차보호법상의 임차권등기명령제에 의한 임차권등기에 대하여 법원의 촉탁이 있는 경우의 소유권보존등기

→ 나중에 (소유권)처분제한등기에 대한 법원의 말소촉탁이 있더라도 이미 등기관이 직권으로 등기한 소유권보존등기는 말소하지 않는다(말소한다×).

(4) 신청에 필요한 정보

구분	제공 O	제공 ×
신청정보	소유권보존등기를 신청하는 경우에는 등기를 신청한다는 뜻을 신청정보의 내용으로 등기소에 제공하여야 한다.	등기원인과 그 연월일은 신청정보의 내용으로 등기소에 제공할 필요가 없다. → Why? 소유권보존등기는 등기원인이 없으므로
첨부정보	토지의 표시를 증명하는 토지대장 정보나 임야대장 정보 또는 건물의 표시를 증명하는 건축물대장 정보나 그 밖의 정보를 첨부정보로서 등기소에 제공하여야 한다.	(등기의무자의) 인감증명을 제공할 필요가 없다. → Why? 등기의무자가 없으므로 ↔ 수인이 균등하지 아니한 지분비율로 공유하는 건물에 관하여 대장상으로는 공유지분의 기재가 없는 경우 공유자 전원사이에 작성된 실제의 지분비율을 증명하는 서면을 첨부하여, 실제지분에 따라 소유권보존등기신청을 할 수 있다. 다만 실제의 지분이 균등하게 산정한 지분보다 적은(많은×) 자의 인감증명을 제출하여야(하지 않아도×) 한다. [등기예규 제724호]

(5) 구분건물(집합건물)의 (소유권)보존등기

구분건물의 소유권보존등기는 구분건물의 표시등기(표시에 관한 등기)와 동시에 신청하여야 한다. 동시에 신청하지 않을 경우 각하사유(2. 사건이 등기할 것이 아닌 경우)에 해당된다.

구체적으로 세분해 보면 다음과 같다.

① 집합건물(1동건물) 일부만의 소유권보존등기 신청 시 :

나머지 구분건물의 표시에 관한 등기[(소유권)보존등기×]를 동시에 신청하여야 한다. 이 경우 소유권보존등기를 신청하는 구분건물의 소유자는 다른 구분건물의 소유자를 대위하여 그 건물의 표시에 관한 등기[(소유권)보존등기×]를 대위하여 신청할 수 있다.

② 건물신축으로 기존에 구분건물이 아닌 건물이 구분건물이 된 경우 신축건물의 소유권보존등기 신청 시 :

다른 건물의 표시등기 또는 표시변경등기와 동시에 신청하여야 한다. ↔ 구분건물의 요건을 갖추었다하여 반드시 구분건물로 등기하여야 할 의무는 없다(있다×). / 구분소유권이 성립되지 않는다.

⑹ 집합건물의 등기에 관한 업무처리지침

[등기예규 제1470호]

1. 목적

이 예규는 집합건물의 등기에 관하여 필요한 사항을 규정함을 목적으로 한다.

2. 집합건물의 등기신청시 첨부하는 규약 또는 공정증서

가. 구분소유자가 갖는 대지사용권의 비율이 전유부분의 면적의 비율과 다소 다르다고 하더라도 그것이 단수처리에 의한 결과임이 명백한 경우에는 그 비율을 정하는 내용의 공정증서의 제출이 없어도 무방하다.

나. 건물의 대지에 해당하는 토지의 소유자가 1동의 건물을 신축하여 그에 속하는 전유부분의 처분에 따른 대지사용권의 비율을 정하는 경우로서 그 비율의 합이 1이 되지 아니하더라도 그 비율이 공정증서에 의하여 명백히 나타나는 한 나머지 지분비율을 전유부분과 분리 처분할 수 있다는 내용의 공정증서를 작성하지 아니하여도 무방하다.

다. 규약상 공용부분이 1동의 건물을 구분한 건물인 경우에는 그 공용부분이 해당 1동의 건물의 구분소유자의 소유에 속하거나 수동의 건물의 구분소유자에 속하는 것을 불문하고 해당 1동의 건물에 대한 공정증서 중에 그 내용이 포함되어 있으면 족하다. 그러나 규약상 공용부분이 1동의 건물을 구분한 건물이 아닌 독립한 건물인 경우로서 1동의 건물의 구분소유자의 소유에만 속하는 때에는 해당 1동의 건물에 대한 공정증서 중에 그 내용이 포함되어 있으면 족하나, 수동의 건물의 구분소유자의 소유에 속하는 때(즉, 단지 공용부분인 때)에는 그 건물에 대한 공정증서는 별도로 작성된 것이어야 한다.

3. 대지권 변경등기

가. 신청인

대지권설정규약에 의하여 대지권이 아닌 것이 대지권으로 되거나, 분리처분 가능 규약의 설정 또는 규약상 대지로 정한 규약의 폐지에 의하여 대지권이 대지권이 아닌 것으로 된 경우에 대지권의 표시에 관한 건물의 표시변경등기는 당해 구분소유자 전원이 신청하거나 일부가 다른 구분소유자를 대위하여 일괄 신청하여야 한다.

나. 일부 토지만이 대지권의 목적인 때

1동의 건물의 대지 중 일부 토지만이 대지권의 목적인 때에는 건물의 표시란에 대지권의 목적인 토지의 표시를 함에 있어서 그 토지만을 기록하여 대지권의 등기를 하여야 한다. 이 경우 대지권의 목적이 아닌 토지는 1동의 건물의 표시를 함에 있어 소재지로서 기록하여야 한다.

다. 구분소유자들이 대지 중 각각 일부 토지에만 대지사용권을 갖는 경우

구분소유자들이 1동의 건물의 대지 중 각각 일부의 토지에 대하여 대지사용권을 갖는 경우에는 각 구분소유자별로 일부 토지만을 목적으로 하는 대지권의 등기를 하여야 한다. 이 경우 1동의 건물의 표제부 중 대지권의 목적인 토지의 표시란에 대지권의 목적인 토지의 표시를 함에 있어서는 토지 전부를 기록하여야 한다.

라. 토지등기부에 별도의 등기가 있다는 뜻의 기록

⑴ 대지권등기시 그 토지에 소유권보존등기 또는 소유권이전등기 이외의 소유권에 관한 등기 또는 소유권 이외의 권리에 관한 등기가 있는 경우, 토지등기기록에 별도의 등기가 있다는 뜻의 기록(「부동산등기규칙」 제90조)은 전유부분의 표제부 중 대지권의 표시란에 한다. 이때 그 뜻의 등기 및 말소등기는 별지 1 기록례주)와 같이 그 내용을 특정하여 기록(갑구 또는 을구 ○번 ○○등기)하여야 한다.

⑵ 저당권설정등기 등이 경료된 토지에 대하여 대지권의 등기가 이루어지고 그 저당권설정등기 등의 효력이 구분소유자 전부에 대하여 미치는 것으로서 전유부분 표제부 중 대지권의 표시란에 별도의 등기가 있다는 뜻이 기록된 후, 일부 구분소유자의 대지권인 공유지분에 대하여 저당권 등이 소멸됨에 따라 저당권 등의 변경등기를 할 때에는 별지 2 기록례주)와 같이 누구(특정 구분건물의 소유자) 지분에 대하여 저당권 등이 소멸되었는지 여부를 명확히 기록하고, 그 전유부분의 표제부 중 대지권의 표시란에 기록된 별도의 등기가 있다는 뜻의 기록을 말소하여야 한다.

⑶ 종전 규정에 의하여 1동의 건물 표제부에 경료된 별도의 등기가 있다는 뜻의 기록 중 등기관의 형식적 심사에 의하여 전유부분별로 효력이 있는지 여부를 구분할 수 있는 경우에는 이를 말소하고 전유부분 표제부의 대지권표시란에 별도의 등기가 있다는 뜻의 기록을 할 수 있다. 이 때 기록방법은 별지 3의 기록례주)에 따른다.

4. 집합건물에 대한 저당권등기

가. 대지권을 등기한 건물에 대한 저당권설정등기 후 대지권의 변경등기를 신청하는 경우

(1) 대지권을 등기한 건물에 대한 저당권설정등기를 신청하는 경우에 1개의 구분 건물과 대지권의 목적인 토지는 그 전부를 1개의 부동산으로 본다.

(2) 위 (1) 에 의하여 저당권설정등기를 한 후에 대지권이 대지권이 아닌 것으로 됨으로 인하여 대지권의 변경 또는 경정등기를 신청하는 경우에 저당권의 등기가 있는 다른 부동산과 대지권이 대지권이 아닌 것으로 되는 부동산이 5개 이상이 되는 때에는 등기관은 공동담보목록을 작성하여야 한다.

(3) 위 (2) 에 의하여 저당권의 등기를 토지의 등기기록에 전사한 때에는 토지에 관한 권리와 다른 부동산에 관한 권리가 함께 저당권의 목적으로 제공된 뜻을 토지 및 다른 부동산의 저당권 등기에 부기로 기록한다. 다만, 공동담보목록을 작성한 경우에는 각 부동산의 등기기록에 그 목록의 번호를 기록하여야 한다.

나. 구분건물과 그 대지권의 어느 일방에만 설정되어 있는 저당권의 추가담보로써 다른 일방을 제공하려는 경우

(1) 대지에 관하여 이미 저당권이 설정되어 있는 상태에서 대지권의 등기를 하고, 그와 아울러 또는 그 후에 구분건물에 관하여 동일채권의 담보를 위한 저당권을 추가설정하려는 경우에는, 구분건물과 대지권을 일체로 하여 그에 관한 추가저당권설정등기의 신청을 할 수 있다.

(2) 위 추가저당권설정등기를 신청하는 경우에는 구분건물 외에 그 대지권의 표시에 관한 사항(「부동산등기규칙」 제119조제1항)과 대지에 관하여 설정된 종전의 저당권등기를 표시하는 사항을 신청정보의 내용으로 제공하여야 한다(「부동산등기규칙」 제134조).

(3) 위 추가저당권설정의 등기는 구분건물에 관한 등기의 일반원칙에 따라 구분건물의 등기기록 을구에만 이를 기록하고, 대지권의 목적인 토지에 관하여 설정된 종전의 저당권등기에 저당권담보추가의 부기등기를 할 필요는 없다.

(4) 위 (1) 과 반대로 구분건물에 관하여 먼저 저당권이 설정되고 새로 건물의 대지권의 목적이 된 토지에 관하여 동일채권의 담보를 위한 저당권을 추가설정하려는 경우에도 위 (1) 및 (2) 에 준하여 처리한다. 이 경우에는 그 추가저당권설정의 등기는 구분건물 등기기록의 을구에만 이를 기록하고, 토지의 등기기록에는 별도의 기록을 할 필요가 없으며, 구분건물 등기의 기록례는 별지 4주)와 같다.

출제자 의도

1. 토지수용으로 인한 소유권이전등기의 절차상 내용을 알고 있는가?
2. 진정명의회복을 등기원인으로 하는 소유권이전등기의 절차상 내용을 알고 있는가?
3. 상속으로 인한 소유권이전등기와 유증으로 인한 소유권이전등기의 절차상 차이점을 알고 있는가?
4. 대지권이라는 뜻이 등기된 토지에 대한 소유권이전등기의 금지와 관련된 내용을 알고 있는가?
5. 소유권이전등기와 동시에 신청하는 환매특약등기의 절차상 내용을 알고 있는가?
6.. 소유권이전등기와 동시에 신청하는 신탁등기의 절차상 내용을 알고 있는가?

★★★

2. 소유권이전등기

소유권 이전등기는 독립한 순위번호를 붙이는 주등기(독립등기)로 한다.

↔ 소유권이외의 권리의 이전등기는 부기등기로 함

→ 부동산등기특별조치법(계약서 검인제도)과 연계학습 필요

(1) 소유권 전부의 이전등기

이미 보존등기가 완료된 소유권이 법률행위(매매, 교환 등)에 의해 타인에게 이전하는 등기를 말한다.

→ 신청기간 : 계약의 반대급부이행이 완료되거나 계약의 효력이 발생한 날로부터 60일이내

(2) 소유권 일부의 이전등기

단독명의의 소유권의 일부이전이나 지분소유권의 일부를 이전하는 등기를 말한다.

(3) 토지수용으로 인한 소유권이전등기

① 신청 : 단독신청(사업시행자인 등기권리자만으로, 관공서가 사업시행자인 경우 – 촉탁)

② 신청정보의 필요적 기록사항 : ㉠ 등기원인 : 토지수용
㉡ 그 연월일 : 수용한 날(재결일×)

③ 직권말소 되는 등기

㉠ 수용의 날 이후에 경료된 소유권이전등기 ↔ 다만, 수용의 날 이전의 상속을 원인으로 한 소유권이전등기는 말소 안 됨

㉡ 소유권 이외의 권리, 즉 지상권·지역권·전세권·저당권·권리질권 및 임차권에 관한 등기 ↔ 다만, 그 부동산을 위하여 존재하는 지역권의 등기와 토지수용위원회의 재결로서 인정된 권리는 말소 안 됨

㉢ 가등기·처분제한등기[(가)압류·가처분등기]

→ 주의 : 위 ㉡, ㉢의 등기는 수용의 날 이전에 경료된 등기이든 수용의 날 이후에 경료된 등기를 이를 불문하고 직권말소의 대상이 됨

※ 토지수용의 재결의 실효를 원인으로 하는 토지수용으로 인한 소유권이전등기의 말소의 신청은 등기의무자와 등기권리자가 공동(단독×)으로 신청하여야 하며, 이에 의하여 토지수용으로 인한 소유권이전등기를 말소한 때에는 등기관은 토지수용으로 인한 말소한 등기를 직권으로 회복하여야 한다.

(4) 진정명의회복 등기[진정명의회복을 (등기)원인으로 하는 소유권이전등기]

① 개념 : 등기부상 등기명의인이 무권리자(가짜)일 때 진정한 소유자가 등기명의를 회복할려고 할 경우 무권리자등기의 말소절차를 거치지 않고 무권리자로부터 소유권이전등기를 직접 받는 것을 말한다.

② 신청

- 공동신청 : 이미 자기 앞으로 소유권을 표상하는 등기가 되어 있었던 자 또는 지적공부상 소유자로 등록되어 있던 자로서 소유권보존등기를 신청할 수 있는 자가 현재의 등기명의인과 '공동'으로 진정명의회복을 등기원인으로 하여 소유권이전등기를 신청하는 경우
  - → 신청정보에 등기원인일자를 기재할 필요가 없다.
  - → 등기원인증명정보도 제출할 필요가 없다.
- 단독신청 : 이미 자기 앞으로 소유권을 표상하는 등기가 되어 있었거나 법률의 규정에 의하여 소유권을 취득한 자가 현재의 등기명의인을 상대로 진정명의회복을 등기원인으로 한 소유권이전등기절차의 이행을 명하는 '판결'을 받아 소유권이전등기를 신청하는 경우
  - → 신청정보에 등기원인일자를 기재할 필요는 없으나, 등기원인증명정보인 판결서는 제출하여야 한다.

※ • 신청정보의 필요적 기록사항 중 [등기원인 : 기록 ○(진정명의회복), 그 연월일(등기원인일자) : 기록 × / 등기목적 : 기록○(소유권이전)]
• 등기권리자의 상속인·그 밖의 포괄승계인도 신청할 수 있다.
• 신청시 토지거래허가증·농지취득자격증명은 제출할 필요가 없다.
→ why? 거래가 아니고 원래 자기 것 회복하는 것이므로

• 소유권이전 vs 부동산이전

구분	소유권	부동산
일부 이전	○	×
전부 이전	○	○

• 공동소유 중 '합유' 관련 판례·등기예규

• 합유자가 그 지분을 포기하면 나머지 잔존자들에게 균분(지분비율×)으로 귀속하게 된다. [93다39225]

《 등기예규 》

• 합유자중 그 1인이 사망하면, 그 사망자의 지분은 그 상속인에게 '상속되지 않고' 잔존합유자 명의로 소유권변경을 하여야 하고 합유자 2인중 1인이 사망한 경우에는 잔존합유자 단독 소유자로 된다. [제294호]

┃ 판 례 ┃

- 명의신탁에 있어서 대외적으로는 수탁자가 소유자라고 할 것이고, 명의신탁재산에 대한 침해배제를 구하는 것은 대외적 소유권자인 수탁자만이 가능한 것이며, 신탁자는 수탁자를 대위하여, 그 침해에 대한 배제를 구할 수 있을 뿐이므로 명의신탁사실이 인정된다고 할지라도 신탁자는 제3자에 대하여 진정한 등기명의의 회복을 원인으로 한 소유권이전등기청구를 할 수 있는 진정한 소유자의 지위에 있다고 볼 수 없다(있다×). [2000다36484]
- 포괄적 유증을 받은 자는 민법 제187조에 의하여 법률상 당연히 유증받은 부동산의 소유권을 취득하게 되나, 특정유증을 받은 자는 유증의무자에게 유증을 이행할 것을 청구할 수 있는 채권을 취득할 뿐이므로, 특정유증을 받은 자는 유증받은 부동산의 소유권자가 아니어서 직접 진정한 등기명의의 회복을 원인으로 한 소유권이전등기를 구할 수 없다 [2000다73445]
- 진정한 등기명의의 회복을 위한 소유권이전등기청구는 이미 자기 앞으로 소유권을 표상하는 등기가 되어 있었거나 법률에 의하여 소유권을 취득한 자가 진정한 등기명의를 회복하기 위한 방법으로 현재의 등기명의인을 상대로 그 등기의 말소를 구하는 것에 갈음하여 허용되는 것이므로, 자기 앞으로 소유권을 표상하는 등기가 되어 있지 않았고 법률에 의하여 소유권을 취득하지도 않은 자가 소유권자를 대위하여 현재의 등기명의인을 상대로 그 등기의 말소를 청구할 수 있을 뿐인 경우에는 현재의 등기명의인을 상대로 진정한 등기명의의 회복을 위한 소유권이전등기청구를 할 수 없다 [2002다41435]

(5) 상속으로 인한 소유권 이전등기(상속등기)

① 신청 : 단독신청(국적상실자도 상속인인 이상 상속등기는 가능 ↔ 자기지분만 상속등기는 불가)

② 물권변동 : 피상속인 사망 시(상속등기 시×)

┃ 등기예규 ┃

- 상속개시 후 그 상속등기를 하기 전에 상속인의 한 사람이 사망하여 또 다시 상속이 개시된 경우에는 상속개시일자를 순차로 모두 기재하여 1건으로 신청할 수 있다(별건으로 신청하여야 한다 ×). [제57호]

■ 각종 상속등기의 등기원인과 그 연월일(등기원인일자)

구분	상속을 원인으로 한 소유권이전등기	(법정상속분에 의하지 않고)협의분할을 원인으로 한 소유권이전등기	상속등기 후의 협의분할을 원인으로 한 경정등기
등기원인	상속	협의분할로 인한 상속	협의분할로 인한 상속
등기원인일자	피상속인의 사망일	피상속인의 사망일 (협의분할일×)	협의분할일 (피상속인의 사망일×)

※ • 상속등기 후 상속재산의 협의분할 → 소유권의 경정등기
- 공동상속인 중 일부가 상속등기에 협력하지 않은 경우에도 법정지분에 의한 상속등기는 할 수 있다.
- 외국인 혹은 외국국적취득자도 상속능력이 있으며, 타가에 입양한 자도 본가의 상속을 받을 수 있다.
- 피상속인의 등기부상표시와 가족관계등록부상 표시가 상이하여 등기명의인 표시변경 또는 경정사유가 있는 경우에도 서로 동일인임을 인정할 수 있는 서면을 첨부하여 그 변경 또는 경정등기를 함이 없이 바로 상속등기를 할 수 있다.

(6) 유증으로 인한 소유권이전등기(유증등기)

① 신청 : 공동신청[유언집행자(상속인)와 수증자가] → 상속등기를 거치지 않고(거쳐×) 직접 수증자명의로 소유권이전등기를 한다.

→ 그 신청이 상속인의 유류분(몫)을 침해하는 내용이라 하더라도 등기관은 이를 수리하여야 한다.(→ why? 형식적 심사주의)

② 유증(遺贈, 유언에 의한 증여)의 구분

㉠ 특정(적) 유증 : 유증자 사망시 수증자에게 재산이전청구권만 발생

→ 등기해야 소유권이전(수증자 앞으로 소유권이전등기를 해야 물권 변동). 먼저 상속인에게 포괄적으로 이전된 후 상속인(유증의무자)의 이행에 의하여 재산권이 이전됨

ⓛ 포괄(적) 유증 : 유증자 사망시 수증자에게 재산권이 이전됨

→ 등기없이 소유권 이전(물권변동), 이때 수증자는 상속인과 동일 권리·의무

→ 수증자가 수인(다수)인 경우 수증자 전원이 유증등기를 신청하거나, 수증자 각자가 자기지분만의 유증등기를 신청할 수 있다. ↔ 그러나 수증자 중 1인은 전부에 대하여는 신청할 수 없다(있다×).

■ 미등기부동산의 유증의 경우 소유권등기

구분	특정유증	포괄유증
미등기 부동산	① 1단계 : 유언집행자가 먼저 상속인(수증자×) 명의로 소유권보존등기 ② 2단계 : 유증으로 인한 수증자 명의로 소유권이전등기	① 1단계 : 수증자는 직접 수증자 자기 명의로 소유권보존등기

※ 유증의 가등기 : 유증자의 생존 중에는 불가능

(7) 대지권인 뜻의 등기가 된 토지에 대한 소유권이전등기의 금지

구분	금지되는 등기 (→처분개념의 등기)	허용되는 등기
토지	① 토지의 소유권이 대지권인 경우에 그 취지의 등기를 한 때에는 그 토지의 등기용지에는 소유권이전의 등기 ② 소유권이전을 전제로 하는 소유권이전청구권(또는 담보)가등기·가압류·압류 ③ 토지(대지권)만을 목적으로 하는 저당권설정등기	① 토지만에 대하여 소유권귀속에 관한 분쟁으로 인한 처분금지가처분등기 ② 등기원인의 무효 등으로 인한 소유권말소등기 또는 진정명의회복등기 ③ 대지권등기가 되기 전 토지만에 관한 소유권이전청구권가등기가 경료된 경우에 그 가등기에 기한 본등기 ④ 대지권등기와 대지권인 뜻의 등기가 되기 전에 토지만에 관하여 설정된 저당권의 실행에 따른 소유권이전등기 ⑤ 건물만에 관하여 저당권이 설정된 후에 대지권등기와 동시에 또는 그 후에 신청하는 토지에 대한 추가저당권설정등기 ⑥ 지상권·전세권을 목적으로 하는 저당권설정등기 ⑦ 토지만을 목적으로 하는 용익물권·임차권의 설정등기
건물	① 대지권을 등기한 건물의 등기용지에는 그 건물만에 관한 소유권이전의 등기 ② 소유권이전을 전제로 하는 소유권이전청구권(또는 담보)가등기·가압류·압류 ③ 건물만을 목적으로 하는 저당권설정등기	① 건물만에 대하여 소유권귀속에 관한 분쟁으로 인한 처분금지가처분등기 ② 등기원인의 무효 등으로 인한 소유권말소등기 또는 진정명의회복등기 ③ 대지권등기가 되기 전 건물만에 관한 소유권이전청구권가등기가 경료된 경우에 그 가등기에 기한 본등기 ④ 대지권등기가 되기 전에 건물만에 관하여 설정된 저당권의 실행에 따른 소유권이전등기 ⑤ 토지만에 관하여 저당권이 설정된 후에 대지권등기와 동시에 또는 그 후에 신청하는 토지에 대한 추가저당권설정등기 ⑥ 건물만을 목적으로 하는 전세권·임차권의 설정등기

• 법적 근거 : 집합건물법 제20조 [전유부분(구분소유권)과 대지사용권(대지를 사용할 수 있는 권원 : 소유권·지상권·전세권·임차권)]의 일체성

• 구분건물의 전유부분만에 관하여 설정된 저당권의 효력은 대지사용권의 분리처분이 가능하도록 규약으로 정하는 등의 특별한 사정이 없는 한 그 전유부분의 소유자가 사후에라도 대지사용권을 취득함으로써 전유부분과 대지권이 동일 소유에 속하게 되었다면, 그 대지사용권에까지 미친다

3. 환매특약 등기

환매특약등기란 매도인이 매매계약과 동시에 일정기간내에 그 목적물을 다시 사는 것을 목적으로 약정한 특약계약(환매)에 의한 등기를 말한다.

이 등기는 소유권이전등기와 동시에 이루어지나 신청서는 별개의 환매특약등기신청서에 의한다.

[동시신청 – 동일접수번호 – 별개신청서(동일서면×)]

① 필요적 기록사항 : 매매대금, 매매비용(환매기간×)

→ 매매비용이 없는 경우도 신청서에 '없다'는 취지를 기재하여야 한다.

② 환매특약부소유권이전등기에 부기등기로 한다.

③ 환매의 효력은 등기하지 않아도 발생, 그러나 제3자에 대한 효력(대항력)은 등기하여야 발생

④ 환매기간 연장변경등기는 안되나 기간단축 변경등기는 가능

⑤ 환매권의 말소등기

┌신청 : 환매기간경과 · 당사자 합의(→ 공동신청), 혼동으로 소멸(→ 단독신청)하는 경우
└직권 : 환매권 행사(환매에 의한 권리취득의 등기)로 소멸하는 경우

■ 환매권의 기타내용

① ┌**등기권리자** : 환매특약부매매의 매도인
  └**등기의무자** : 환매특약부매매의 매수인

② 환매특약등기의 **가등기** : 불가 vs 환매권이전청구권보전의 가등기 : 가능

③ ┌소유권이전등기신청을 **각하**하는 경우 → 환매특약등기신청도 각하하여야 함
  └환매특약등기신청에 각하사유가 있는 경우 → 소유권이전등기신청을 반드시 각하하여야 하는 것은 아님

④ **환매권행사로 인한 등기**는 환매특약부 매매로 인한 종전의 소유권이전등기를 말소하는 방법이 아니라 매도인 명의로의 소유권이전등기를 하는 방식으로 한다.

▌등기선례▐

• 환매특약등기의 환매권리자는 매도인에 국한되는 것이므로 '제3자'를 환매권리자로 하는 환매등기는 할 수 없다(있다×). [Ⅲ-24]

★★★

4. 신탁 등기

① 개념 : 신탁이라 함은 위탁자(→ 등기의무자)와 수탁자(→ 등기권리자)의 특별한 신임관계에 기하여 위탁자가 특정의 재산권을 수탁자에게 이전하거나 기타의 처분을 하고 수탁자로 하여금 이익을 위하여 또는 특정의 목적을 위하여 그 재산권을 관리·처분하게 하는 법률관계를 말하는데 이의 등기를 신탁등기라 한다.

② 신청방법

┌원칙 : (수탁자의) 단독신청
└예외 : (위탁자나 수익자의) 대위신청

③ 기타

- 원칙적으로 신탁등기는 신탁을 원인으로 한 소유권이전등기와 동시에 신청하며 동일신청정보로써 하여야 한다.
- 첨부정보 : 신탁원부(→ 매 부동산마다 별개의 신탁원부를 제출함, 신탁원부는 등기기록의 일부로 보고 1년마다 번호를 부여하고 영구보존한다.)
- 수탁자가 수인인 경우 신탁재산이 합유(공유×, 총유×)인 뜻을 기록하여야 한다.
- 소유권이전등기와 하나의 순위번호를 사용한다.
- 신탁가등기의 등기신청도 가능하다.

★ 5. 지상권 등기

① [신청정보(신청서)상] 필요적 기록사항 : (설정)목적, 범위(존속기간×, 지료×) → 범위가 '일부' 인 경우 도면첨부 要

②┌등기권리자 : 지상권을 취득하는 자 (→ 결국 나중에 지상권자)
　└등기의무자 : 토지소유자(지상권설정자)

③ 토지의 일부에도 가능하나 (공유)지분에 대하여는 설정 불가능

④ 동일지상에 2개 이상의 지상권이 중첩하여 성립 불가 ↔ 동일토지에 관하여 지상권이 미치는 범위가 각각 다른 2개 이상의 지상권은 성립 가능

⑤ 지상권의 존속기간은 불확정기간(예 : 철탑존속기간)으로 등기 신청도 가능

⑥ 지상에 건물이 건립되어 있는 토지에 대한 지상권 : 가능

⑦ 범위가 다른 2개 이상의 구분지상권 : 가능

⑧ 구분지상권 설정등기 신청시 : 도면은 첨부× → 우리나라는 2차원 지적이므로

등기예규

- 계층적 구분건물의 특정계층을 구분소유하기 위한 구분지상권의 설정등기는 할 수 없다. [제389호]

★ 6. 지역권 등기

① 필요적 기록사항 : (설정)목적, 범위, 요역지·승역지 표시(존속기간×)

②┌등기권리자 : 요역지소유자
　└등기의무자 : 승역지소유자[승역지의 지상권자·전세권자도 등기의무자가 될 수 있다(없다×).]

③┌승역지 : 1필의 일부라도 무방
　└요역지 : 반드시 1필의 토지이어야(즉 요역지 일부 위한 지역권 설정은 불가)

④ 신청하는 곳 : 승역지(요역지×)등기소

⑤ 실행방법

┌㉠ 승역지·요역지가 '동일' 등기소 관할인 때
당사자 신청 후 승역지 을구에 등기한 후 '직권'으로 요역지 을구에 등기한다.
└㉡ 승역지·요역지가 '다른' 등기소 관할인 때
당사자 신청 후 승역지 관할등기소는 승역지 을구에 등기한 후 지체없이 요역지 관할 등기소에 '통지'하면, 요역지 관할 등기소는 요역지 을구에 직권으로 등기한다.

※ 요역지의 소유권이 이전되면 지역권은 별도의 등기 없이 이전된다. → 지역권의 성질 : 부종성·수반성(민법 제29조 제①항)

| 등기예규 |

- 1개의 토지를 요역지로 하고 소유자를 달리하는 여러개의 토지를 승역지로 할 경우의 지역권설정등기는 '각 소유자별'로 신청하여야 한다. [제192호]
- 승역지의 소유자 뿐만 아니라 지상권자 · 전세권자 등도 자기가 가진 권리의 범위 내에서 지역권설정을 할 수 있다. [제205호]

★

7. 전세권 등기

① 필요적 기록사항 : (전)전세금, 범위(목적×, 존속기간×)

② 부동산의 일부에 대하여도 설정가능

③ 이중전세권설정은 불가능

④ 농경지는 불가능

⑤ 공유지분과 대지권에 대하여는 설정 불가능(지분에는 불가)

⑥ 전세권의 존속기간 : 최장 10년(토지·건물 모두), 최단 1년(건물만)

⑦ 채권적전세도 등기없이 일정요건(대항요건)을 구비하면 다음날부터 대항력 발생

⑧┌전세권설정등기 : 주등기에 의함
 └전세권이전등기 : 부기등기(주등기×)에 의함

⑨ 전세권의 양도는 제3자의 동의서 또는 등기상 이해관계인의 동의서 제출 필요 없음

⑩ 전세권설정 등기 후 소유권이 제3자에게 이전된 경우 전세권변경등기 신청 : 전세권자와 제3취득자(신소유자○, 전세권설정자×)가 공동으로 신청

■ 용익물권(지상권 vs 지역권 vs 전세권) 등기

구분	지상권	지역권	전세권
필요적 기록사항	목적, 범위	목적, 범위, 요역지·승역지 표시	전세금, 범위
일부 설정 가능 여부	○	○	○

★★

8. 저당권 등기

① 필요적 기록사항 : 채권액, 채무자(지상권·전세권이 저당권의 목적인 경우 그 권리의 표시)(저당권이전등기시 : 저당권이 채권과 같이 이전한다는 뜻)(이자×, 변제기×)

② 공동담보목록 : 공동저당의 경우 공동담보 부동산이 5개(3개×) 이상인 경우에 등기관이 작성하여야 한다. 공

동담보목록은 등기기록의 일부로 본다.(공동저당의 경우 필요적 기록사항 : 채권액, 채무자, 각 부동산에 관한 권리의 표시)

③ 저당권 객체

가능	불가능
부동산소유권 지상권 전세권 권리의 일부(지분)	부동산의 일부 (1필 토지의 일부, 1동건물의 일부)

④ 제3자 명의의 저당권등기 : 가능(채권자·채무자·제3자의 합의가 있고 채권이 제3자에게 실질적으로 귀속되었다고 볼 수 있는 특별한 사정이 있는 경우)

⑤ 등기실행 : ┌소유권을 목적으로 하는 저당권 – 주등기로 실행
└지상권·전세권을 목적으로 하는 저당권 – 부기등기로 실행

※ 근저당권 등기

① 필요적 기록사항 : 채권(의) 최고액, 채무자, 근저당(권)이라는 뜻(이자×, 변제기×)

→ 채권최고액은 단일하게 기재되어야 하고, 채권자, 채무자가 수인인 경우라도 구분하여 기재불가. 즉 연대채무자라도 단순히 채무자(연대채무자×)로만 표시

등기예규

• 피담보채권과 분리하여 저당권의 순위(만) 양도의 등기는 할수 없다(있다×). [제327호]

판 례 저당권설정 등기비용

• 당사자 사이에 다른 특약이 없으면 '채무자'가 부담하는 것이 거래상의 원칙이다.

※ 저당권 관련 부칙 〈제7954호〉

제2조 저당권 등 등기의 정리에 관한 특별조치

① 1980년 12월 31일 이전에 등기된 다음 각 호의 등기는 이 법 시행일부터 90일 이내에 이해관계인으로부터 권리가 존속한다는 뜻의 신고가 없을 때에는 말소하여야 한다.

1. 저당권
2. 질권
3. 압류
4. 가압류
5. 가처분
6. 예고등기
7. 파산
8. 경매

② 제1항의 규정에 불구하고 저당권 등기로서 다음 각 호의 어느 하나에 해당하는 경우에는 예외로 한다.

1. 1981년 1월 1일 이후에 그 저당권을 목적으로 한 가처분등기, 그 저당권등기의 말소의 예고등기 또는 저당권에 의한 경매신청등기가 등기부에 기록되어 있는 경우
2. 저당권자가 「금융실명거래 및 비밀보장에 관한 법률」 제2조제1호의 금융기관인 경우

※근저당권설정등기 후 소유권이 제3자에게 이전된 경우, 근저당권의 말소등기

: 공동신청 ┌근저당권설정자와 근저당권자
└제3취득자와 근저당권자(근저당권설정자×)

9. 권리질권 등기

① 권리질권이란 재산권(저당권부 채권)을 목적으로 하는 질권을 말한다.

↔ 수익목적의 권리(지상권, 전세권, 임차권)는 권리질권의 목적으로 불가

② 부기등기 : 저당권등기에 부기한다.

10. 임차권 등기

① 필요적 기록사항

차임(처분능력 또는 권한이 없는 자의 단기임대차시 그 문구)(임대보증금×, 존속기간×)

→ 임차권등기명령에 따른 주택임차권의 필요적 등기사항

㉠ 임대차계약을 체결한 날

㉡ 임차보증금액

㉢ 임차주택을 점유하기 시작한 날

㉣ 주민등록을 마친 날

㉤ 확정일자를 받은 날

② 첨부정보

도면 → 임차권의 목적이 토지나 건물의 일부인 경우

■ 등기 가능(○) vs 불가능(×)

구분	소유권보존	소유권이전	용익권	저당권
부동산 전부	○	○	○	○
부동산 일부	×	×	○	×
공유 지분	×	○	×	○

O · X · 지 · 문 · 학 · 습

01. 수용으로 인하여 소유권을 취득하였음을 증명하는 자는 자기 명의로 소유권보존등기를 신청할 수 없다. [O, ×]

02. 법원이 미등기부동산에 대한 소유권의 처분제한등기를 촉탁한 경우, 등기관은 직권으로 소유권보존등기를 하여야 한다. [O, ×]

03. 소유권보존등기를 할 때에는 등기원인과 그 연월일을 기록하지 않는다. [O, ×]

04. 유증의 목적 부동산이 미등기인 경우, 유언집행자가 상속인 명의로 소유권보존등기를 한 다음 유증을 원인으로 한 소유권이전등기를 신청해야한다. [O, ×]

05. 합유자 1인이 다른 합유자 전원의 동의를 얻어 자신의 지분을 제3자에게 처분하는 경우, 지분이전등기를 한다. [O, ×]

06. 신탁등기에 있어서 수탁자가 수인일 경우, 신탁재산은 수탁자의 공유로 한다. [O, ×]

07. 지상권설정등기시 설정목적, 범위 및 지료 등은 필요적 기록사항이다. [O, ×]

08. 근저당권설정등기를 하는 경우 그 근저당권의 채권자 또는 채무자가 수인이면 각 채권자 또는 채무자별로 채권최고액을 구분하여 기재하여야 한다. [O, ×]

정답 및 해설

01. × (수용은 원시취득이므로 소유권보존등기를 신청할 수 있다.)
02. ○
03. ○
04. ○
05. × (합유자의 일부가 바뀐 경우 합유 '지분'이전등기는 신청할 수 없고 합유 '명의인'변경등기를 신청하여야 한다.)
06. × (신탁재산은 수인의 수탁자의 공유가 아니라 합유이다.)
07. × (지료는 임의적 기록사항이다.)
08. × (근저당권설정등기시 그 채권자 또는 채무자가 수인이더라도 채권최고액은 단일하게 기록하여야 한다.)

1. 미등기 토지의 소유권보존등기에 관한 설명으로 옳은 것은?(다툼이 있으면 판례에 의함)

① 자치구 구청장의 확인에 의하여 자기의 토지 소유권을 증명하는 자는 소유권보존등기를 신청할 수 있다.

② 미등기 토지에 가처분등기를 하기 위하여 등기관이 직권으로 소유권보존등기를 한 경우, 법원의 가처분등기 말소촉탁이 있으면 직권으로 소유권보존등기를 말소한다.

③ 토지대장에 최초의 소유자로 등록되어 있는 자로부터 그 토지를 포괄유증 받은 자는 자기 명의로 소유권보존등기를 신청할 수 있다.

④ 확정판결에 의하여 자기의 소유권을 증명하여 소유권보존등기를 신청하는 자는 신청정보의 내용으로 등기원인과 그 연월일을 제공하여야 한다.

⑤ 수용으로 인하여 소유권을 취득하였음을 증명하는 자는 자기 명의로 소유권보존등기를 신청할 수 없다.

해설

① 있다 → 없다 [자치구 구청장의 확인에 의하여 자기의 건물(토지?)소유권을 증명하는 자는 소유권보존등기를 신청할 수 있다.]
② 직권으로 소유권보존등기를 말소한다 → 소유권보존등기는 말소되지 않는다
④ 제공하여야 한다 → 제공할 필요가 없다 (소유권보존등기는 등기원인이 없기 때문에 등기원인과 그 연월일을 기록하지 않는다.)
⑤ 없다 → 있다 (수용은 원시취득이므로 소유권보존등기를 신청할 수 있다.)

2. 소유권등기에 관한 설명으로 틀린 것은?(다툼이 있으면 판례에 의함)

① 소유권보존등기의 신청인이 그의 소유권을 증명하기 위한 판결은 그가 소유자임을 증명하는 확정판결이면 충분하다.

② 소유권보존등기를 할 때에는 등기원인과 그 연월일을 기록하지 않는다.

③ 공유물의 소유권등기에 부기등기된 분할금지약정의 변경등기는 공유자의 1인이 단독으로 신청할 수 있다.

④ 미등기건물의 건축물대장에 최초의 소유자로 등록된 자로부터 포괄유증을 받은 자는 그 건물에 관한 소유권보존등기를 신청할 수 있다.

⑤ 법원이 미등기부동산에 대한 소유권의 처분제한등기를 촉탁한 경우, 등기관은 직권으로 소유권보존등기를 하여야 한다.

해설

③ 있다 → 없다(분할금지약정의 변경등기는 권리의 변경등기이므로 분쟁의 소지가 있다. 따라서 공유자 전원이 공동으로 신청하여야 한다.)

3. 소유권이전등기에 관한 설명으로 틀린 것은?

① 재결수용의 경우 관공서가 아닌 기업자(起業者)는 소유권이전등기를 단독으로 신청할 수 없다.

② 진정명의회복을 원인으로 하는 소유권이전등기에는 등기원인일자를 기재하지 않는다.

③ 자신의 토지를 매도한 자는 매수인에 대하여 소유권이전등기의 인수를 청구할 수 있다.

④ 유증의 목적 부동산이 미등기인 경우, 유언집행자가 상속인 명의로 소유권보존등기를 한

|정답| 1. ③ 2. ③

다음 유증을 원인으로 한 소유권이전등기를 신청해야한다.

⑤ 토지거래허가구역 내의 토지를 매매하였으나 그 후 허가구역지정이 해제되었다면, 소유권 이전등기 신청시 다시 허가구역으로 지정되었더라도 그 신청서에 토지거래허가서를 첨부할 필요가 없다.

해설

① 없다 → 있다 (재결수용으로 인한 소유권이전등기는 분쟁의 소지가 없으므로 단독으로 신청할 수 있다.)

4. 유증으로 인한 소유권이전등기에 관한 설명으로 틀린 것은?(다툼이 있으면 판례에 의함)

① 유증에 기한이 붙은 경우에는 그 기한이 도래한 날을 등기원인일자로 기록한다.

② 포괄유증은 수증자 명의의 등기가 없어도 유증의 효력이 발생하는 시점에 물권변동의 효력이 발생한다.

③ 유증으로 인한 소유권이전등기는 상속등기를 거쳐 수증자 명의로 이전등기를 신청하여야 한다.

④ 유증으로 인한 소유권이전등기 신청이 상속인의 유류분을 침해하는 내용이라 하더라도 등기관은 이를 수리하여야 한다.

⑤ 미등기부동산이 특정유증된 경우, 유언집행자는 상속인명의의 소유권보존등기를 거쳐 유증으로 인한 소유권이전등기를 신청하여야 한다.

해설

③ 상속등기를 거쳐 → 상속등기를 거치지 않고

5. 공동소유의 등기에 관한 설명으로 옳은 것은?(다툼이 있으면 판례에 의함)

① 토지의 합유자 甲과 乙 중 乙이 사망한 경우, 특약이 없는 한 甲이 그 토지를 제3자에게 매도하여 이전등기하기 위해서는 먼저 甲의 단독소유로 하는 합유명의인 변경등기를 신청해야 한다.

② 종중 명의로의 소유권이전등기를 신청하는 경우, 종중의 대표자가 등기권리자이다.

③ 농지에 대하여 공유물분할을 원인으로 한 소유권이전등기를 신청하는 경우, 농지취득자격증명을 첨부해야 한다.

④ 부동산의 공유지분 위에 저당권을 설정할 수 없다.

⑤ 합유자 1인이 다른 합유자 전원의 동의를 얻어 자신의 지분을 제3자에게 처분하는 경우, 지분이전등기를 한다.

해설

① 공동소유 중 합유는 전원의 동의가 있어야 지분을 처분할 수 있다. 합유자의 일부가 사망한 경우 사망한 합유자의 지위는 상속되지 않고 잔존 합유자의 합유로 귀속된다. 이때 합유 지분이전등기는 신청할 수 없고 합유 명의인변경등기를 신청하여야 한다.

【판례】 부동산의 합유자 중 일부가 사망한 경우 합유자 사이에 특별한 약정이 없는 한 사망한 합유자의 상속인은 합유자로서의 지위를 승계하는 것이 아니므로 해당 부동산은 잔존 합유자가 2인 이상일 경우에는 잔존 합유자의 합유로 귀속되고 잔존 합유자가 1인인 경우에는 잔존 합유자의 단독소유로 귀속된다. [93다39225]

② 종중의 대표자 → 종중 (종중의 대표자는 단순한 신청인에 불과하다.)

③ 첨부해야 한다 → 첨부할 필요 없다 (Why? 새로운 취득이 아니므로)

④ 없다 → 있다

⑤ 지분이전등기 → 명의인변경등기

|정답| 3. ① 4. ③ 5. ①

6. 신탁등기에 관한 설명으로 옳은 것은?

① 수탁자가 수인일 경우, 신탁재산은 수탁자의 공유로 한다.
② 수익자가 수탁자를 대위하여 신탁등기를 신청할 경우, 해당 부동산에 대한 권리의 설정등기와 동시에 신청하여야 한다.
③ 신탁으로 인한 권리의 이전등기와 신탁등기는 별개의 등기이므로 그 순위번호를 달리한다.
④ 신탁종료로 신탁재산에 속한 권리가 이전된 경우, 수탁자는 단독으로 신탁등기의 말소등기를 신청할 수 있다.
⑤ 위탁자가 자기의 부동산에 채권자 아닌 수탁자를 저당권자로 하여 설정한 저당권을 신탁재산으로 하고 채권자를 수익자로 정한 신탁은 물권법정주의에 반하여 무효이다.

해설

① 공유 → 합유
② 동시에 신청하여야 한다. → 동시에 신청할 필요는 없다 (별개로 신청해도 된다)
③ 순위번호를 달리한다 → 순위번호는 같다
⑤ 무효 → 유효

7. 신탁등기에 관한 설명으로 틀린 것은?

① 신탁의 일부가 종료되어 권리이전등기와 함께 신탁등기의 변경등기를 할 때에는 하나의 순위번호를 사용한다.
② 신탁재산에 속하는 부동산의 신탁등기는 수탁자가 단독으로 신청한다.
③ 신탁재산이 수탁자의 고유재산이 되었을 때에는 그 뜻의 등기를 부기등기로 하여야 한다.
④ 신탁가등기의 등기신청도 가능하다.
⑤ 신탁등기의 신청은 해당 신탁으로 인한 권리의 이전 또는 보존이나 설정등기의 신청과 함께 1건의 신청정보로 일괄하여 하여야 한다.

해설

③ 부기등기 → 주등기

8. 각 권리의 설정등기에 따른 필요적 기록사항으로 옳은 것을 모두 고른 것은?

ㄱ. 지상권: 설정목적과 범위, 지료
ㄴ. 지역권: 승역지 등기기록에서 설정목적과 범위, 요역지
ㄷ. 전세권: 전세금과 설정범위
ㄹ. 임차권: 차임과 존속기간
ㅁ. 저당권: 채권액과 변제기

① ㄱ　② ㄴ, ㄷ
③ ㄴ, ㄹ, ㅁ　④ ㄱ, ㄷ, ㄹ, ㅁ
⑤ ㄱ, ㄴ, ㄷ, ㄹ, ㅁ

해설

ㄱ. 지상권: 설정목적과 범위 (지료는 임의적 기록사항이다.)
ㄹ. 임차권: 차임과 범위 (존속기간은 임의적 기록사항이다.)
ㅁ. 저당권: 채권액과 채무자 (변제기는 임의적 기록사항이다.)

9. 담보권의 등기에 관한 설명으로 옳은 것은?

① 일정한 금액을 목적으로 하지 아니하는 채권을 담보하기 위한 저당권설정등기는 불가능하다.
② 채권자가 수인인 근저당권의 설정등기를 할 경우, 각 채권자별로 채권최고액을 구분하여

|정답| 6. ④　7. ③　8. ②

등기부에 기록한다.

③ 채권의 일부에 대한 대위변제로 인한 저당권 일부이전등기는 불가능하다.

④ 근저당권의 피담보채권이 확정되기 전에 그 피담보채권이 양도된 경우, 이를 원인으로 하여 근저당권이전등기를 신청할 수 없다.

⑤ 근저당권이전등기를 신청할 경우, 근저당권설정자가 물상보증인이면 그의 승낙을 증명하는 정보를 등기소에 제공하여야 한다.

해설

① 불가능 → 가능 (금전채권 이외의 채권도 저당권의 피담보채권으로 할 수 있다.)
② 구분하여 → 단일하게
③ 불가능 → 가능
⑤ 제공하여야 한다 → 제공할 필요 없다.

10. 저당권의 등기에 관한 설명으로 틀린 것을 모두 고른 것은? (다툼이 있으면 판례에 의함)

ㄱ. 저당권이전등기 신청의 경우에는 신청정보에 저당권이 채권과 같이 이전한다는 뜻을 기록하여야 한다.
ㄴ. 근저당권설정등기를 하는 경우 그 근저당권의 채권자 또는 채무자가 수인이면 각 채권자 또는 채무자별로 채권최고액을 구분하여 기재하여야 한다.
ㄷ. 저당권을 설정하는 경우 채권자와 채무자 및 제3자 사이에 합의가 있었고 제3자에게 그 채권이 실질적으로 귀속되었다고 볼 수 있는 특별한 사정이 있으면 제3자 명의의 저당권등기도 유효하다.
ㄹ. 여러 개의 부동산에 관한 권리를 목적으로 하는 저당권의 설정등기를 신청하는 경우에는 신청서에 각 부동산에 관한 권리를 표시하여야 한다.
ㅁ. 부동산이 2개 이상이면 저당권설정등기 신청서에 공동담보목록을 첨부하여야 한다.

① ㄱ, ㄷ　② ㄴ, ㄹ
③ ㄷ, ㅁ　④ ㄴ, ㅁ
⑤ ㄱ, ㄹ

해설

ㄴ. 틀린 보기. 근저당권설정등기 시 그 채권자 또는 채무자가 수인이더라도 채권최고액은 단일하게 기록하여야 한다.
ㅁ. 틀린 보기. 저당권설정등기 시 부동산이 5개 이상이면 등기관은 공동담보목록을 작성하여야 한다.

|정답| 9. ④　10. ④

2

각종의 등기절차

기출 Point

1. 변경등기, 경정등기
2 말소등기
3. 말소회복등기
4. 멸실등기
5. 가등기
6. 가처분등기
7. 촉탁등기

핵심

각종의 등기 → 

각종 등기의 개시의 절차상 내용을 이해하는 것이 핵심입니다.
구체적으로 다음 5가지가 있습니다.

1. 변경등기, 경정등기
2 말소등기
3. 말소회복등기
4. 멸실등기
5. 가등기
6. 가처분등기
7. 촉탁등기

출제자 의도

- 변경등기·경정등기의 절차상 내용을 알고 있는가?
- 변경등기·경정등기의 구체적인 예를 알고 있는가?

★★
1. 변경등기, 경정등기

⑴ 개념

(협의의) 변경등기란 기존의 등기사항의 '일부'가 '후발적' 원인으로 실체관계와 불일치하는 경우 그 사항을 변경하여 불일치를 바로 잡아주는 등기를 말한다. 경정등기란 기존의 등기사항의 '일부'가 '원시적' 원인으로 실체관계와 불일치하는 경우 그 사항을 변경하여 불일치를 바로 잡아주는 등기를 말한다.
협의의 변경등기와 경정등기를 합쳐 광의의 변경등기라고 부른다.

⑵ 종류 및 등기절차

<table>
<tr><th colspan="2">구분</th><th>예</th><th>개념</th><th>등기절차</th></tr>
<tr><td rowspan="5">변경등기 경정등기</td><td rowspan="3">표시란 변경등기 경정등기</td><td>① 부동산(의) 변경등기 경정등기</td><td>부동산 자체에 실질적 변동(면적의 증감, 지목변경, 건물의 구조·종류 변경, 부속건물 신축 등)이 있는 경우 행해지는 등기
→ 부동산의 '전부'가 멸실되면 '멸실등기'를 신청하지만 부동산의 '일부'가 멸실되면 '(부동산의) 변경등기'를 신청한다. 왜냐하면 부동산의 일부 멸실은 단지 그 면적이 감소했기 때문이다.</td><td>• 선행 : 등기를 신청하기 전에 먼저 대장상 등록사항을 먼저 변경하여야 한다.
→ Why? 사실관계(부동산의 표시)는 등기부보다 대장이 우선하므로
• 신청 : 해당 부동산의 소유권의 등기명의인은 1개월 이내에 신청하여야 한다. 신청의무를 위반한 경우 건물(토지×)의 경우 50만원 이하의 과태료가 부과된다.
• 합필의 특례 :
①「공간정보의 구축 및 관리 등에 관한 법률」에 따른 토지합병절차를 마친 후 합필등기를 하기 전에 합병된 토지 중 어느 토지에 관하여 소유권이전등기가 된 경우라 하더라도 이해관계인의 승낙이 있으면 해당 토지의 소유권의 등기명의인들은 합필 후의 토지를 공유로 하는 합필등기를 신청할 수 있다.
②「공간정보의 구축 및 관리 등에 관한 법률」에 따른 토지합병절차를 마친 후 합필등기를 하기 전에 합병된 토지 중 어느 토지에 관하여 합필등기의 제한 사유에 해당하는 권리에 관한 등기가 된 경우라 하더라도 이해관계인의 승낙이 있으면 해당 토지의 소유권의 등기명의인은 그 권리의 목적물을 합필 후의 토지에 관한 지분으로 하는 합필등기를 신청할 수 있다. 다만, 요역지에 하는 지역권의 등기가 있는 경우에는 합필 후의 토지 전체를 위한 지역권으로 하는 합필등기를 신청하여야 한다.</td></tr>
<tr><td>② 부동산표시(의) 변경등기 경정등기</td><td>부동산 표시에 변동(행정구역이나 그 명칭 변경, 지번변경, 건물번호 변경 등)이 있는 경우 행해지는 등기</td><td>• 신청 : 해당 부동산의 소유권의 등기명의인은 1개월 이내에 신청하여야 한다. 신청의무를 위반한 경우 건물(토지×)의 경우 50만원 이하의 과태료가 부과된다.
↔ 토지의 소재, 지번변경의 경우에는 등기신청의 의무가 없다.
• 직권 : 행정구역이나 그 명칭이 변경된 경우는 등기관의 직권에 의하여 등기가 개시된다.
• 촉탁 :「공간정보의 구축 및 관리 등에 관한 법률」상 토지이동에 따른 지적소관청의 촉탁이 있는 경우는 지적소관청의 촉탁에 의하여 등기가 개시된다.</td></tr>
<tr><td>③ 대지권(의) 변경등기 경정등기</td><td>대지권의 표시에 관하여 변동이 있는 경우 행해지는 등기</td><td>• 신청 : 해당 구분건물의 소유권의 등기명의인은 1개월 이내에 신청하여야 한다. 신청은 해당 구분소유자 전원이 신청하거나 일부가 다른 구분소유자를 대위하여 일괄 신청하여야 한다. 신청의무를 위반한 경우 50만원 이하의 과태료가 부과된다.</td></tr>
<tr><td rowspan="2">사항란 변경등기 경정등기</td><td>① 등기명의인표시(의) 변경등기</td><td>등기명의인표시(자연인 : 성명·주소·주민등록번호, 법인 : 명칭·사무소소재지·부동산등기용등록번호)에 관하여 변동(개명으로 인한 성명변경, 주소이전으로 인한 주소변경 등)이 있는 경우 행해지는 등기</td><td>• 신청 : 해당 부동산의 등기명의인이 단독으로 신청한다. 등기신청의무는 없다</td></tr>
<tr><td>② 권리(의) 변경등기</td><td>권리 자체에 변경(기간이 있는 권리의 경우 기간변경)이 있는 경우 행해지는 등기
↔ 권리의 주체가 변경되는 경우(소유권이전, 저당권이전, 소유권말소 등), 권리의 주체의 표시가 변경되는 경우, 즉 등기명의인표시가 변경되는 경우는 권리변경등기에 해당되지 않는다.</td><td>• 신청 : 관련 당사자가 공동으로 신청한다. (→ Why? 분쟁의 소지가 있을 수 있으므로)
등기신청의무는 없다.</td></tr>
</table>

출제자 의도

- 말소등기의 절차상 내용을 알고 있는가?
- 말소등기(특히, 직권 말소등기)의 구체적인 예를 알고 있는가?

2. 말소등기 ★

(1) 개념

말소등기란 기존의 등기사항의 '전부'가 원시적 또는 후발적 원인으로 실체관계와 불일치하는 경우 그 사항을 전부를 소멸시키는 등기를 말한다.

(2) 등기절차

① 사망 등으로 인한 권리의 소멸과 말소등기

등기명의인인 사람의 사망 또는 법인의 해산으로 권리가 소멸한다는 약정이 등기되어 있는 경우에 사람의 사망 또는 법인의 해산으로 그 권리가 소멸하였을 때에는, 등기권리자는 그 사실을 증명하여 단독으로 해당 등기의 말소를 신청할 수 있다.

② 등기의무자의 소재불명과 말소등기

㉠ 등기권리자가 등기의무자의 소재불명으로 인하여 공동으로 등기의 말소를 신청할 수 없을 때에는 「민사소송법」에 따라 공시최고(公示催告)를 신청할 수 있다.

㉡ ㉠의 경우에 제권판결(除權判決)이 있으면 등기권리자가 그 사실을 증명하여 단독으로 등기의 말소를 신청할 수 있다.

③ 이해관계 있는 제3자가 있는 등기의 말소

㉠ 등기의 말소를 신청하는 경우에 그 말소에 대하여 등기상 이해관계 있는 제3자가 있을 때에는 제3자의 승낙이 있어야 한다.

㉡ ㉠에 따라 등기를 말소할 때에는 등기상 이해관계 있는 제3자 명의의 등기는 등기관이 직권으로 말소한다.

④ 직권에 의한 등기의 말소

㉠ 등기관이 등기를 마친 후 그 등기가 법 제29조(신청의 각하) 제1호(사건이 그 등기소의 관할이 아닌 경우) 또는 제2호(사건이 등기할 것이 아닌 경우)에 해당된 것임을 발견하였을 때에는 등기권리자, 등기의무자와 등기상 이해관계 있는 제3자에게 1개월 이내의 기간을 정하여 그 기간에 이의를 진술하지 아니하면 등기를 말소한다는 뜻을 통지하여야 한다.

㉡ ㉠의 경우 통지를 받을 자의 주소 또는 거소(居所)를 알 수 없으면 ㉠의 통지를 갈음하여 ㉠의 기간 동안 등기소 게시장에 이를 게시하거나 대법원규칙으로 정하는 바에 따라 공고하여야 한다.

㉢ 등기관은 ㉠의 말소에 관하여 이의를 진술한 자가 있으면 그 이의에 대한

결정을 하여야 한다.

㉣ 등기관은 ㉠의 기간 이내에 이의를 진술한 자가 없거나 이의를 각하한 경우에는 ㉠의 등기를 직권으로 말소하여야 한다.

★ 3. 말소회복등기

출제자 의도

말소회복등기의 절차상 내용을 알고 있는가?

(1) 개념

말소회복등기란 기존의 등기사항의 전부 또는 일부가 부적합하게 말소된 경우에 그 사항을 회복시키는 등기를 말한다.

(2) 등기절차

말소된 등기의 회복(回復)을 신청하는 경우에 등기상 이해관계 있는 제3자가 있을 때에는 그 제3자의 승낙이 있어야 한다.

★ 4. 멸실등기

출제자 의도

멸실등기의 절차상 내용을 알고 있는가?

(1) 개념(정의)

멸실등기란 부동산이 물리적으로 전부 멸실하거나 존재하지 않는 건물에 대한 등기가 있는 경우 그것을 멸실하는 등기를 말한다. 이는 표제부에 행하여 진다.

(2) 등기절차

① 토지 멸실등기의 신청

토지가 멸실된 경우에는 그 토지 소유권의 등기명의인은 그 사실이 있는 때부터 1개월 이내에 그 등기를 신청하여야 한다.

② 건물 멸실등기의 신청

㉠ 건물이 멸실된 경우에는 그 건물 소유권의 등기명의인은 그 사실이 있는 때부터 1개월 이내에 그 등기를 신청하여야 한다.

㉡ ㉠의 경우 그 소유권의 등기명의인이 1개월 이내에 멸실등기를 신청하지 아니하면 그 건물대지의 소유자가 건물 소유권의 등기명의인을 대위하여 그 등기를 신청할 수 있다.

㉢ 구분건물로서 그 건물이 속하는 1동 전부가 멸실된 경우에는 그 구분건물의

소유권의 등기명의인은 1동의 건물에 속하는 다른 구분건물의 소유권의 등기명의인을 대위하여 1동 전부에 대한 멸실등기를 신청할 수 있다.

출제자 의도

- 가등기의 절차상 내용을 알고 있는가?
- 가등기가 가능한 경우와 불가능한 경우를 구별할 수 있는가?
- 가등기에 의한 본등기의 절차상 내용을 알고 있는가?(특히, 직권말소 대상 여부)

★★★ 5. 가등기

(1) 개념

가등기란 부동산에 관한 보전할 청구권이 존재하는 경우 그 청구권을 보전하기 위하여 행해지는 등기를 말한다.

(2) 대상

가등기는 일정한 권리의 설정, 이전, 변경 또는 소멸의 청구권을 보전하려는 때에 한다. 그 청구권이 시기부(始期附) 또는 정지조건부(停止條件附)일 경우나 그 밖에 장래에 확정될 것인 경우에도 같다.

(3) 등기절차

① 신청방법

- 원칙 : 공동신청(등기권리자와 등기의무자가 공동으로 신청한다.)
- 예외 : 단독신청[가등기의무자의 승낙이 있거나 가등기를 명하는 법원의 가처분명령(假處分命令)이 있을 때에는 단독으로 가등기를 신청할 수 있다.]

> **■ 가등기를 명하는 가처분명령**
>
> ① 가등기를 명하는 가처분명령은 부동산의 소재지를 관할하는 지방법원이 가등기권리자의 신청으로 가등기 원인사실의 소명이 있는 경우에 할 수 있다.
>
> ② ①의 신청을 각하한 결정에 대하여는 즉시항고(卽時抗告)를 할 수 있다.
>
> ③ ②의 즉시항고에 관하여는 「비송사건절차법」을 준용한다.

② 신청에 필요한 정보

㉠ 신청정보 : 가등기를 신청하는 경우에는 그 가등기로 보전하려고 하는 권리를 신청정보의 내용으로 등기소에 제공하여야 한다.

㉡ 첨부정보 : 가등기권리자가 단독으로 가등기를 신청하는 경우에는 가등기의무자의 승낙이나 가처분명령이 있음을 증명하는 정보를 첨부정보로서 등기소에 제공하여야 한다.

(4) 가등기에 의한(기한) 본등기

① 가등기를 한 후 본등기의 신청이 있을 때에는 가등기의 순위번호(접수번호×)를 사용하여 본등기를 하여야 한다.

② 가등기에 의한 본등기의 순위 : 가등기에 의한 본등기를 한 경우 본등기의 순위는 가등기의 순위에 따른다.

③ 가등기에 의하여 보전되는 권리를 침해하는 가등기 이후 등기(중간처분의 등기)의 직권말소

㉠ 등기관은 가등기에 의한 본등기를 하였을 때에는 대법원규칙으로 정하는 바에 따라 가등기 이후에 된 등기로서 가등기에 의하여 보전되는 권리를 침해하는 등기를 직권으로 말소하여야 한다.

㉡ 등기관이 ㉠에 따라 가등기 이후의 등기를 말소하였을 때에는 지체 없이 그 사실을 말소된 권리의 등기명의인에게 통지하여야(할 수×) 한다.

가등기에 의한 본등기와 직권말소 대상여부	
① 등기관이 소유권이전등기청구권보전 가등기에 의하여 소유권이전의 본등기를 한 경우에는 가등기 후 본등기 전에 마쳐진 등기 중 다음 각 호의 등기를 **제외**하고는 모두 직권으로 말소한다. 1. 해당 가등기상 권리를 목적으로 하는 가압류등기나 가처분등기 2. 가등기 전에 마쳐진 가압류에 의한 강제경매개시결정등기 3. 가등기 전에 마쳐진 담보가등기, 전세권 및 저당권에 의한 임의경매개시결정등기 4. 가등기권자에게 대항할 수 있는 주택임차권등기등(주택임차권등기, 주택임차권설정등기, 상가건물임차권등기, 상가건물임차권설정등기) ② 등기관이 ①과 같은 본등기를 한 경우 그 가등기 후 본등기 전에 마쳐진 체납처분으로 인한 압류등기에 대하여는 직권말소대상통지를 한 후 이의신청이 있으면 대법원예규로 정하는 바에 따라 직권말소 여부를 결정한다.	① 등기관이 지상권, 전세권 또는 임차권의 설정등기청구권보전 가등기에 의하여 지상권, 전세권 또는 임차권의 설정의 본등기를 한 경우 가등기 후 본등기 전에 마쳐진 다음 각 호의 등기(동일한 부분에 마쳐진 등기로 한정한다)는 직권으로 말소한다. 1. 지상권설정등기 2. 지역권설정등기 3. 전세권설정등기 4. 임차권설정등기 5. 주택임차권등기등. 다만, 가등기권자에게 대항할 수 있는 임차인 명의의 등기는 그러하지 아니하다. 이 경우 가등기에 의한 본등기의 신청을 하려면 먼저 대항력 있는 주택임차권등기등을 말소하여야 한다. ② 지상권, 전세권 또는 임차권의 설정등기청구권보전 가등기에 의하여 지상권, 전세권 또는 임차권의 설정의 본등기를 한 경우 가등기 후 본등기 전에 마쳐진 다음 각 호의 등기는 직권말소의 대상이 되지 **아니한다**. 1. 소유권이전등기 및 소유권이전등기청구권보전 가등기 2. 가압류 및 가처분 등 처분제한의 등기 3. 체납처분으로 인한 압류등기 4. 저당권설정등기 5. 가등기가 되어 있지 않은 부분에 대한 지상권, 지역권, 전세권 또는 임차권의 설정등기와 주택임차권등기등 ③ 저당권설정등기청구권보전 가등기에 의하여 저당권설정의 본등기를 한 경우 가등기 후 본등기 전에 마쳐진 등기는 직권말소의 대상이 되지 아니한다.

④ 직권말소한다는 뜻의 등기

가등기에 의한 본등기를 한 다음 가등기 후 본등기 전에 마쳐진 등기를 등기관이 직권으로 말소할 때에는 가등기에 의한 본등기로 인하여 그 등기를 말소한다는 뜻을 기록하여야 한다.

(5) 가등기의 말소

원칙 : 공동신청

등기권리자와 등기의무자가 공동으로 신청한다.

예외 : 단독신청

가등기의무자 또는 가등기에 관하여 등기상 이해관계 있는 자는 가등기명의인의 승낙을 받아 단독으로 가등기의 말소를 신청할 수 있다.

→ 단독으로 가등기의 말소등기를 신청하는 경우에는 가등기명의인의 승낙이나 이에 대항할 수 있는 재판이 있음을 증명하는 정보를 첨부정보로서 등기소에 제공하여야 한다.

출제자 의도

가처분등기의 절차상 내용을 알고 있는가?

★★★ 6. 가처분등기

(1) 개념

'가처분등기' 란 금전채권 이외의 채권에 관하여 집행보전할 목적으로 행하는 등기를 말한다. 따라서 가처분등기의 경우 피보전 권리는 금전채권 이외의 채권이 된다. 가처분등기는 '처분금지가처분등기' 라고도 부른다.

이와 대조적으로 '가압류등기란' 금전채권에 관하여 집행보전할 목적으로 행하는 등기를 말한다. 따라서 가압류등기의 경우 피보전 권리는 금전채권이 된다.

(2) 실행

구분	소유권에 대한 가처분등기	소유권 이외의 권리에 대한 가처분등기
실행되는 곳	갑구	을구
등기종류	주등기	부기등기

(3) 효력

가처분등기가 실행된다 하더라도 권리자의 처분행위가 금지되는 것은 아니므로 권리자는 얼마든지 그 권리를 처분할 수 있다. 그러나 그 권리를 매수하고자 하는 자는 주의하여야 한다. 왜냐하면 가처분권자가 그 가처분등기 이후에 된 등기로서 가처분채권자의 권리를 침해하는 등기의 말소를 단독으로 신청할 수 있기 때문이다.

(4) 가처분등기 이후의 등기의 말소

① 소유권이전등기청구권 또는 소유권이전등기말소등기(소유권보존등기말소등기를 포함한다)청구권을 보전하기 위한 가처분등기가 마쳐진 후 그 가처분채권자가 가처분채무자를 등기의무자로 하여 소유권이전등기 또는 소유권말소등기를 신청하는 경우에는, 가처분등기 이후에 마쳐진 제3자 명의의 등기의 말소를 단독으로 신청(직권×, 촉탁×)할 수 있다.(원칙) 다만, 다음 각 호의 등기는 그러하지 아니하다(즉, **말소할 수 없다**).(예외)

> 1. 가처분등기 전에 마쳐진 가압류에 의한 강제경매개시결정등기
> 2. 가처분등기 전에 마쳐진 담보가등기, 전세권 및 저당권에 의한 임의경매개시결정등기
> 3. 가처분채권자에게 대항할 수 있는 주택임차권등기등

② 가처분채권자가 ①에 따른 소유권이전등기말소등기를 신청하기 위하여는 ①의 단서 각 호의 권리자의 승낙이나 이에 대항할 수 있는 재판이 있음을 증명하는 정보를 첨부정보로서 등기소에 제공하여야 한다.

③ 등기관이 ①에 따라 가처분채권자 명의의 소유권 외의 권리 설정등기를 할 때에는 그 등기가 가처분에 기초한 것이라는 뜻을 기록하여야 한다.

④ 가처분등기 이후의 등기의 말소신청 : 가처분등기 이후의 등기의 말소를 신청하는 경우에는 등기원인을 "가처분에 의한 실효"라고 하여야 한다. 이 경우 그 연월일은 신청정보의 내용으로 등기소에 제공할 필요가 없다(있다×).

★

7. 촉탁등기

출제자 의도

촉탁등기의 절차상 내용을 알고 있는가?

(1) 개념

촉탁등기란 관공서가 권리관계의 당사자(등기권리자이거나 등기의무자)인 경우 또는 공권력의 주체로서 등기소에 촉탁해서 실행되어지는 등기를 말한다.

→ 국가 또는 지방자치단체가 '등기권리자'인 경우에는 국가 또는 지방자치단체는 등기의무자의 승낙을 받아 해당 등기를 지체 없이 등기소에 촉탁하여야 한다.

→ 국가 또는 지방자치단체가 '등기의무자'인 경우에는 국가 또는 지방자치단체는 등기권리자의 청구에 따라 지체 없이 해당 등기를 등기소에 촉탁하여야 한다.

(2) 대상

① 관공서가 등기명의인 등을 갈음하여 촉탁할 수 있는 등기 : 관공서가 체납처

분(滯納處分)으로 인한 압류등기를 촉탁하는 경우에는 등기명의인 또는 상속인, 그 밖의 포괄승계인을 갈음하여 부동산의 표시, 등기명의인의 표시의 변경, 경정 또는 상속, 그 밖의 포괄승계로 인한 권리이전의 등기를 함께 촉탁할 수 있다.

② 공매처분으로 인한 등기의 촉탁 : 관공서가 공매처분(公賣處分)을 한 경우에 등기권리자의 청구를 받으면 지체 없이 다음 각 호의 등기를 등기소에 촉탁하여야 한다.

> 1. 공매처분으로 인한 권리이전의 등기
> 2. 공매처분으로 인하여 소멸한 권리등기(權利登記)의 말소
> 3. 체납처분에 관한 압류등기의 말소

(3) 등기촉탁서 제출방법

① 관공서가 촉탁정보 및 첨부정보를 적은 서면을 제출하는 방법으로 등기촉탁을 하는 경우에는 우편으로 그 촉탁서를 제출할 수(하여야×) 있다.

② 관공서가 등기촉탁을 하는 경우로서 소속 공무원이 직접 등기소에 출석하여 촉탁서를 제출할 때에는 그 소속 공무원임을 확인할 수 있는 신분증명서를 제시하여야(할 수×) 한다.

O · X · 지 · 문 · 학 · 습

01. 소유권보존등기의 가등기는 할 수 없다. [O, ×]

02. 가등기의무자 또는 가등기에 관하여 등기상 이해관계 있는 자는 가등기명의인의 승낙을 받아 단독으로 가등기의 말소를 신청할 수 있다. [O, ×]

03. 가등기를 명하는 법원의 가처분명령이 있을 때에는 법원의 촉탁에 의하여 가등기를 하게 된다. [O, ×]

04. 가등기 후 제3자에게 소유권이 이전된 경우, 가등기에 의한 본등기 신청의 등기의무자는 가등기를 할 때의 소유자이다. [O, ×]

05. 하나의 가등기에 관하여 여러 사람의 가등기권리자가 있는 경우에, 가등기권리자 모두가 공동의 이름으로 본등기를 신청하거나, 그 중 일부의 가등기권리자가 자기의 가등기지분에 관하여 본등기를 신청할 수 있지만, 일부의 가등기권리자가 공유물보존행위에 준하여 가등기 전부에 관한 본등기를 신청할 수는 없다. [O, ×]

06. 가등기 후 본등기의 신청이 있는 경우, 가등기의 순위번호를 사용하여 본등기를 하여야 한다. [O, ×]

07. 가등기명의인은 단독으로 그 가등기의 말소를 신청할 수 있다. [O, ×]

08. 부동산의 공유지분에 대해서도 가압류등기가 가능하다. [O, ×]

정답 및 해설

01. O
02. O
03. × (가등기를 명하는 법원의 가처분명령이 있을 때에는 가등기권리자가 단독으로 가등기를 신청하게 된다.)
04. O
05. O
06. O
07. O
08. O

1. 가등기에 관한 설명으로 옳은 것은?

① 소유권이전등기청구권이 정지조건부일 경우, 그 청구권 보전을 위한 가등기를 신청할 수 없다.
② 가등기를 명하는 법원의 가처분명령이 있는 경우, 등기관은 법원의 촉탁에 따라 그 가등기를 한다.
③ 가등기신청시 그 가등기로 보전하려고 하는 권리를 신청정보의 내용으로 등기소에 제공할 필요는 없다.
④ 가등기권리자가 가등기를 명하는 가처분명령을 신청할 경우, 가등기의무자의 주소지를 관할하는 지방법원에 신청한다.
⑤ 가등기에 관해 등기상 이해관계 있는 자가 가등기명의인의 승낙을 받은 경우, 단독으로 가등기의 말소를 신청할 수 있다.

해설

① 없다 → 있다
② 등기관은 법원의 촉탁에 따라 그 가등기를 한다 → 가등기권리자는 단독으로 가등기를 신청할 수 있다.
③ 제공할 필요는 없다 → 제공하여야 한다
④ 가등기의무자의 주소지 → 부동산의 소재지

2. 가등기에 관한 설명으로 옳은 것은?

① 가등기를 명하는 법원의 가처분명령이 있을 때에는 법원의 촉탁에 의하여 가등기를 하게 된다.
② 소유권이전등기청구권보전 가등기에 의하여 소유권이전의 본등기를 한 경우, 가등기 후 본등기 전에 마쳐진 해당 가등기상 권리를 목적으로 하는 가압류등기는 등기관이 직권으로 말소한다.
③ 가등기에 의하여 보전하려는 청구권이 장래에 확정될 것인 경우에는 가등기를 할 수 없다.
④ 가등기에 관하여 등기상 이해관계 있는 자도 가등기 명의인의 승낙을 받아 단독으로 가등기의 말소를 신청할 수 있다.
⑤ 지상권의 설정등기청구권보전 가등기에 의하여 지상권 설정의 본등기를 한 경우, 가등기 후 본등기 전에 마쳐진 저당권설정등기는 등기관이 직권으로 말소한다.

해설

① 법원의 촉탁에 의하여 가등기를 하게 된다 → 가등기권리자는 단독으로 가등기를 신청할 수 있다.
② 직권으로 말소한다 → 직권으로 말소할 수 없다
③ 없다 → 있다
⑤ 직권으로 말소한다 → 직권으로 말소할 수 없다 (Why? 해당 지상권등기와 저당권등기는 양립할 수 있으므로)

3. 가등기에 기한 본등기에 관한 설명으로 틀린 것은?

① 하나의 가등기에 관하여 여러 사람의 가등기권리자가 있는 경우에 그 중 일부의 가등기권리자가 자기의 가등기 지분에 관하여 본등기를 신청할 수 없다.
② 가등기를 마친 후에 가등기의무자가 사망할 경우, 가등기의무자의 상속인은 상속등기를 할 필요 없이 가등기권리자와 공동으로 본등기를 신청할 수 있다.
③ 가등기에 기한 본등기 신청은 가등기된 권리 중 일부지분에 대하여도 할 수 있다.
④ 판결의 주문과 이유에 가등기에 기한 본등기절차의 이행을 명하는 취지가 없다면 그 판결로서는

|정답| 1. ⑤ 2. ④

가등기에 기한 본등기를 신청할 수 없다.

⑤ 가등기에 기한 본등기는 공동신청이 원칙이나 등기의무자의 협력이 없는 경우에는 의사진술을 명하는 판결을 받아 등기권리자가 단독으로 신청할 수 있다.

해설

① 없다 → 있다 【 등기예규 제1408호 】

4. A건물에 대해 甲이 소유권이전등기청구권 보전 가등기를 2016. 3. 4.에 하였다. 甲이 위 가등기에 의해 2016. 10. 18. 소유권이전의 본등기를 한 경우, A건물에 있던 다음 등기 중 직권으로 말소하는 등기는?

① 甲에게 대항할 수 있는 주택임차권에 의해 2016. 7. 4.에 한 주택임차권등기

② 2016. 3. 15. 등기된 가압류에 의해 2016. 7. 5.에 한 강제경매개시결정등기

③ 2016. 2. 5. 등기된 근저당권에 의해 2016. 7. 6.에 한 임의경매개시결정등기

④ 위 가등기상 권리를 목적으로 2016. 7. 7.에 한 가처분등기

⑤ 위 가등기상 권리를 목적으로 2016. 7. 8.에 한 가압류등기

해설

② 가등기 전이 아닌 후에 마쳐진 가압류에 의한 강제경매개시결정등기이므로 등기관은 직권으로 말소한다.(【 부동산등기규칙 】 제147조 본등기와 직권말소)

5. 가압류·가처분 등기에 관한 설명으로 옳은 것은?

① 소유권에 대한 가압류등기는 부기등기로 한다.

② 처분금지가처분등기가 되어 있는 토지에 대하여는 지상권설정등기를 신청할 수 없다.

③ 가압류등기의 말소등기는 등기권리자와 등기의무자가 공동으로 신청해야 한다.

④ 부동산에 대한 처분금지가처분등기의 경우, 금전채권을 피보전권리로 기재한다.

⑤ 부동산의 공유지분에 대해서도 가압류등기가 가능하다.

해설

① 부기등기 → 주등기

② 없다 → 있다

③ 등기권리자와 등기의무자가 공동으로 신청해야 한다 → 집행법원의 촉탁으로 한다

④ 기재한다 → 기재하지 않는다 [Why? '(처분금지)가처분'등기란 금전채권 이외의 채권에 관하여 집행보전할 목적으로 행하는 등기이기 때문이다. 이와 대조적으로 '가압류'등기란 금전채권에 관하여 집행보전할 목적으로 행하는 등기를 말한다. 따라서 가압류등기의 경우 피보전 권리는 금전채권이 된다.]

6. 등기신청에 관한 설명으로 틀린 것은?(다툼이 있으면 판례에 의함)

① 처분금지가처분등기가 된 후, 가처분채무자를 등기의무자로 하여 소유권이전등기를 신청하는 가처분채권자는 그 가처분등기 후에 마쳐진 등기 전부의 말소를 단독으로 신청할 수 있다.

② 가처분채권자가 가처분등기 후의 등기말소를 신청할 때에는 '가처분에 의한 실효'를 등기원인으로 하여야 한다.

③ 가처분채권자의 말소신청에 따라 가처분등기 후의 등기를 말소하는 등기관은 그 가처분등기도 직권말소하여야 한다.

④ 등기원인을 경정하는 등기는 단독신청에 의한 등기의 경우에는 단독으로, 공동신청에 의한

|정답| 3.① 4.② 5.⑤

등기의 경우에는 공동으로 신청하여야 한다.

⑤ 체납처분으로 인한 상속부동산의 압류등기를 촉탁하는 관공서는 상속인의 승낙이 없더라도 권리이전의 등기를 함께 촉탁할 수 있다.

해설

① 전부 → 일부

7. 가등기에 관한 내용으로 틀린 것은?

① 소유권보존등기의 가등기는 할 수 없다.

② 가등기 후 소유권을 취득한 제3취득자는 가등기 말소를 신청할 수 있다.

③ 청산절차를 거치지 아니하여 첨부정보를 제공하지 아니한 채 담보가등기에 기초하여 본등기가 이루어진 경우, 등기관은 그 본등기를 직권으로 말소할 수 있다.

④ 가등기 후 제3자에게 소유권이 이전된 경우, 가등기에 의한 본등기 신청의 등기의무자는 가등기를 할 때의 소유자이다.

⑤ 가등기가처분명령에 의하여 이루어진 가등기의 말소는 통상의 가등기 말소절차에 따라야 하며,「민사집행법」에서 정한 가처분 이의의 방법으로 가등기의 말소를 구할 수 없다.

해설

③ 있다 → 없다 [첨부정보를 제공하지 않은 경우는 부동산등기법 제29조 각하사유 중 9번째(등기에 필요한 첨부정보를 제공하지 아니한 경우)에 해당된다. 이를 간과하고 실행된 등기는 실체관계에 부합하는 한 유효하다. 따라서 등기관은 직권으로 말소할 수 없다. 등기관이 직권으로 말소할 수 있는 경우는 각하사유 중 1번째(사건이 그 등기소의 관할이 아닌 경우)와 2번째(사건이 등기할 것이 아닌 경우)를 간과하고 실행된 등기이다. 이 등기는 무효하기 때문에 등기관은 직권으로 말소할 수 있다.

8. 가등기에 관한 설명으로 틀린 것은?

① 가등기 후 본등기의 신청이 있는 경우, 가등기의 순위번호를 사용하여 본등기를 하여야 한다.

② 소유권이전등기청구권보전 가등기에 의한 본등기를 한 경우, 등기관은 그 가등기 후 본등기 전에 마친 등기 전부를 직권말소한다.

③ 임차권설정등기청구권보전 가등기에 의한 본등기를 마친 경우, 등기관은 가등기 후 본등기 전에 가등기와 동일한 부분에 마친 부동산용익권 등기를 직권말소한다.

④ 저당권설정등기청구권보전 가등기에 의한 본등기를 한 경우, 등기관은 가등기 후 본등기 전에 마친 제3자 명의의 부동산용익권 등기를 직권말소할 수 없다.

⑤ 가등기명의인은 단독으로 그 가등기의 말소를 신청할 수 있다.

해설

② 전부 → 일부

|정답| 6. ① 7. ③ 8. ②

제4부

부동산 세법

■ 학습목적

부동산 활동(취득 → 보유 → 양도)별 세금(조세)을 명확히 이해해서 부동산을 제대로 중개하기 위해 부동산 세법을 배웁니다.

■ 나무

공인중개사라는 산의 다섯번째 숲인 부동산세법은 취득·보유·양도라는 3개의 나무로 구성되어 있습니다.

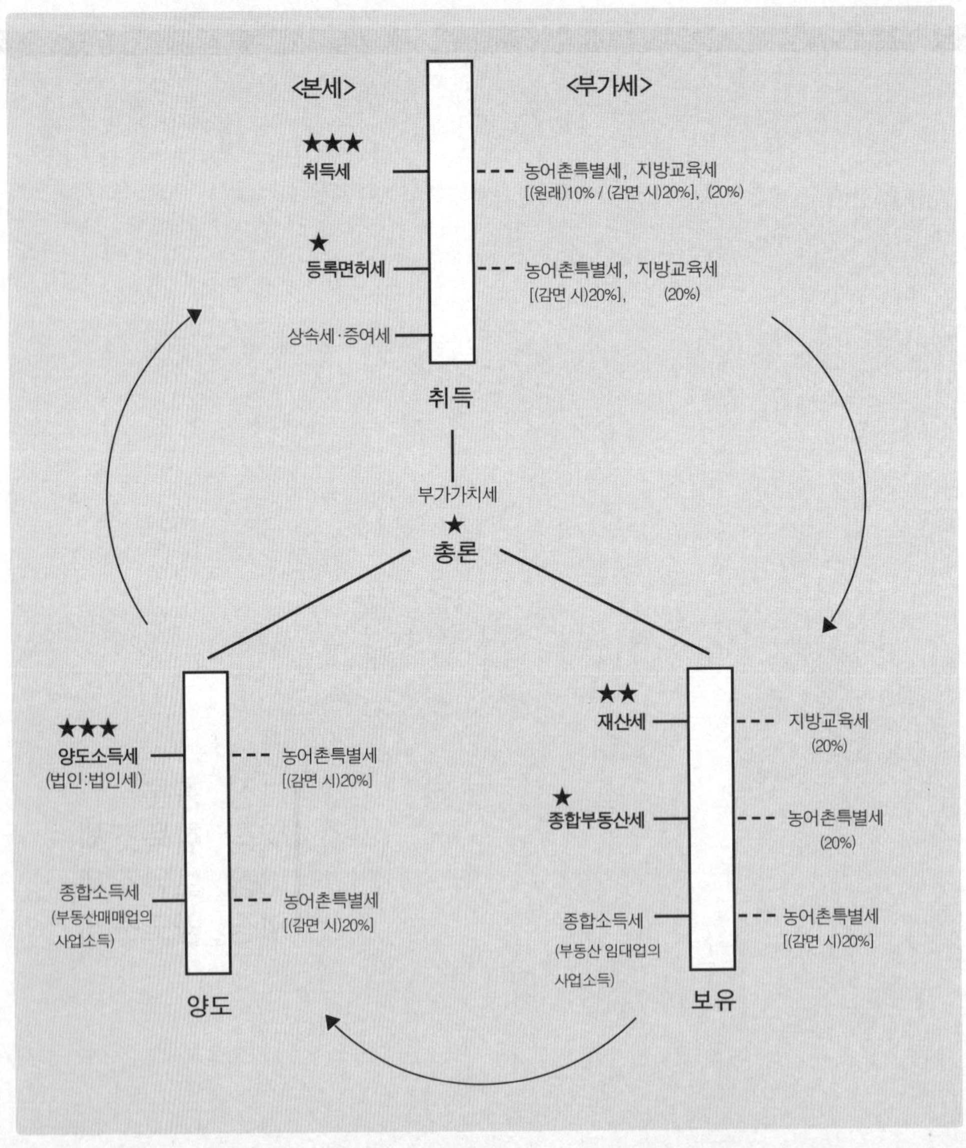

■ 핵심

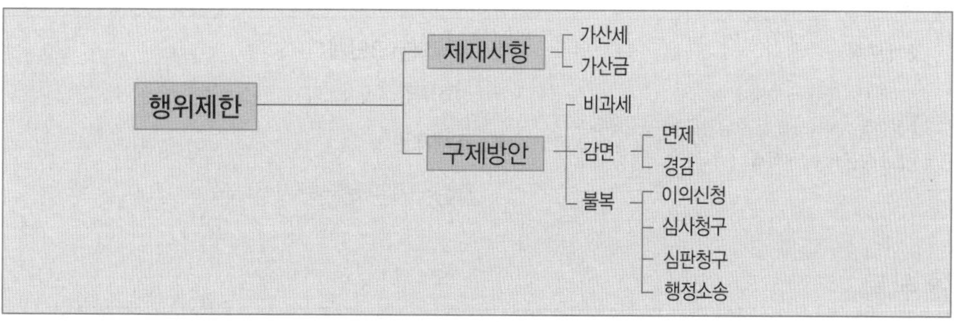

1. 과세 ↓ 요건

(세금을 부과하기 위한 요건 = 납세의무 성립에 필요한 법률상 요건)
(→ 납세의무 성립시기 = 납세의무가 추상적으로 발생하는 시점, 세금 계산이 가능한 시점)

(1) 납세의무자 (vs 과세권자 = 과세주체 = 과세관청)
세금을 납부할 의무가 있는 자
① 본래의 납세의무자
② 연대 납세의무자
③ 제2차 납세의무자
④ 납세보증인

(2) 과세대상 (= 과세객체, 과세물건)
세금이 부과되는 대상(물건·재산·소득 등)

(3) 과세표준 (= 과표)
과세대상의 가액 또는 수량

(4) 세율
세액을 산출하기 위하여
과세표준에 곱해지는 비율(%) 또는 금액

(3) × (4) = ① 산출세액
− 공제·감면세액
+ 가산세
② 결정세액
− 기납부세액
③ 납부세액

비과세를 제외하고
과세요건을 충족하면
↓

2. 부과·징수 : 절차

↓ 납세의무자 관점

납부 ┬ 금전납 vs 물납
└ 일시납 vs 분납

3. 기타

① 취득세 : 취득의 시기
② 등록면허세 : 납세지
③ 재산세 : 납기
④ 종합부동산세 : 세부담상한
⑤ 양도소득세 ┬ 양도 vs 비양도
└ 양도· 취득의 시기
⑥ 세목간 비교·연계 (vs) (∞)
- 취득세 vs 등록면허세
- 취득세 vs 양도소득세
- 재산세 vs(∞) 종합부동산세
- 전 세목간 비교·연계

1 총론

Ⅰ. 조세분류

- 과세권자 : 국세 vs 지방세
- 순환활동 : 취득세목 vs 보유세목 vs 양도세목
- 용도 : 보통세 vs 목적세

Ⅱ. 납세의무 3단계

성립·확정·소멸 : 시기

Ⅲ. 조세채권

일반채권과의 관계: 경매시 우선순위

2 취득

Ⅰ. 취득세

- 과세 : 요건 – (특히) 과세표준, 세율
- 비과세 : 대상
- 부과징수 : 절차상 내용
- 취득의 시기 : 각 취득별 원칙 vs 예외
- vs(비교), ∽(연계) : 등록면허세

Ⅱ. 등록면허세

- 과세 : 요건 – (특히) 과세표준, 세율
- 비과세 : 대상
- vs, ∽ : 취득세

3 보유

Ⅰ. 재산세

- 과세 : 요건 – (특히) 납세의무자, 과세대상
- 부과징수 : 납기
- 물납·분납
- vs, ∽ : 종합부동산세

Ⅱ. 종합부동산세

- 과세 : 요건 – (특히) 납세의무자, 과세대상
- 물납·분납
- vs, ∽ : 재산세

4 양도

Ⅰ. 양도소득세

- 과세 : 요건 – (특히) 과세대상, 과세표준, 세율
- 비과세 : (특히) 1세대 1주택
- 부과징수 : 예정신고 vs 확정신고
- 양도 : 해당 여부
- 양도 또는 취득의 시기 : 각 양도별 원칙 vs 예외

구분		취득세	등록면허세	재산세	종합부동산세	양도소득세
과세 요건	납세의무자	취득자	등기등록 받는 자	사실상 소유자 外	부동산 5억·6억·80억원 초과자	양도소득자
	과세대상	취득행위	등기등록행위	부동산 외 재산	일부 부동산 재산	일부 양도소득
	과세표준	▶ 원칙 : 신고가액 ▶ 예외 : 시가표준액, 사실상 취득가액	▶ 원칙 : 신고가액 ▶ 예외 : 시가표준액, 사실상 취득가액, 채권금액, 건수	시가표준액	공시가격 − 5억·6억·80억원	양도가액 − 필요경비 양도차익 − 장특공 양도소득금액 − 기본공제 양도소득과세표준
	세율	(차등) 비례세율 표준세율 중과세율	(차등) 비례세율 표준세율 : 0.2%, 0.3%, 0.8%, 1%, 1.5%, 2%, 3,000원 중과세율 : 3배	(차등) 비례세율 (초과) 누진세율	(초과) 누진세율	(차등) 비례세율 (초과) 누진세율
비과세	사유	국가·용도·형식	국가·용도·대체·형식	국가·용도	재산세 규정준용 (국가·용도)	−1세대 1주택 3년 이상 보유 −농지 교환·분합 −파산처분
기타	납세의무 성립시기	취득한 때	등기등록한 때	과세기준일(6/1)	재산세 과세기준일(6/1)	과세기간이 종료하는 때 (12/31)
	징수방법	신고납부	신고납부	보통징수	정부부과과세, 신고납세	신고납세
	가산세 / 가산금	가산세	가산세	가산금	가산금	가산세
	물납 / 분납	없음	없음	있음	있음	있음
	부가세	농어촌특별세 (10%·20%) 지방교육세(20%)	지방교육세(20%), 농어촌특별세(20%)	지방교육세(20%)	농어촌특별세(20%)	농어촌특별세(20%)

■ 출제경향·학습전략

중요 테마 출제경향	평균 출제문항수	학습전략
1. 총론	2	1. 과세요건을 중심으로 각 세목별로 과세권자의 관점(급하고 욕심 많음)에서 비교·이해해야 합니다. 2. 법 개정내용을 반드시 숙지하여야 합니다. 3. 문제구성 ┌이론 : 나머지 (각 세목의 종합문제, 타 세목과 비교·연계문제) └계산 : 1~2문제 (취득세·등록면허세·양도소득세의 산출세액)
2. 취득세	3	
3. 등록면허세	1	
4. 재산세	3	
5. 종합부동산세	1	
6. 양도소득세	6	
총문항수	16	

출제자 의도

- 각 세목(세금, 조세)의 과세요건을 서술한 문제의 보기 중 틀린부분이 있는 경우 그 부분을 구별할 수 있는가?
- 다른 세목과 비교·연계한 보기의 서술이 옳은지·틀린지 구별할 수 있는가?

1 총 론

1. 총론

Point

조세(세금) 관련 용어개념 이해

[출제비율] 12%, 2문항

인증번호 : F5T6-GS45

총론

무선 인터넷에서 스마트폰으로 QR코드를 찍으면 동영상 강의를 보실 수 있습니다.

기출 Point

1. 조세분류
① 부동산 (순환)활동 단계별 세목
② 보통세 vs 목적세
③ 종가세 vs 종량세
2. 탄력세율 vs 비탄력세율
3. 면세점 vs 소액부징수
4. 가산세 vs 가산금
5. 납세의무 3단계 (성립 → 확정 → 소멸)

핵심

조세 관련 : **용어의 개념** – 해당세목 : 구분

1. 조세(세금) 정의

국가나 지방자치단체(공공단체×)	→ **과세권자**(세금을 부가할 권리가 있는 자)
가 재정(경비) 조달을 목적으로	→ **조세목적** [국고적 목적(주목적), 경제·사회정책적 목적 등(부수목적)]
법률규정에 의하여	→ **조세법률주의**(법률 : 국회가 제정한 법)
'과세요건'을 충족하는	→ **4대 과세요건**
개인·법인에게	
직접적·개별적	
반대급부(보상) 없이	
강제적으로 징수하는	
경제적 부담	

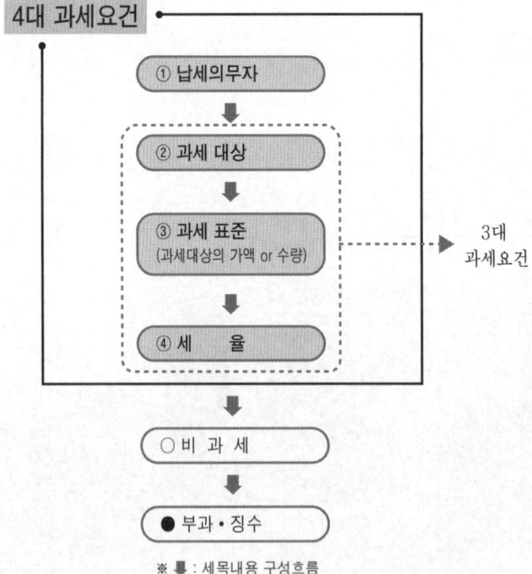

★★★
2. 조세분류

(1) **국세**[원칙 : 1세목 1법주의 ↔ 예외 : 2세목 1법주의(상속세 및 증여세법)] vs **지방세**(다세목 3법주의) → 과세권자(과세주체)에 따른 분류

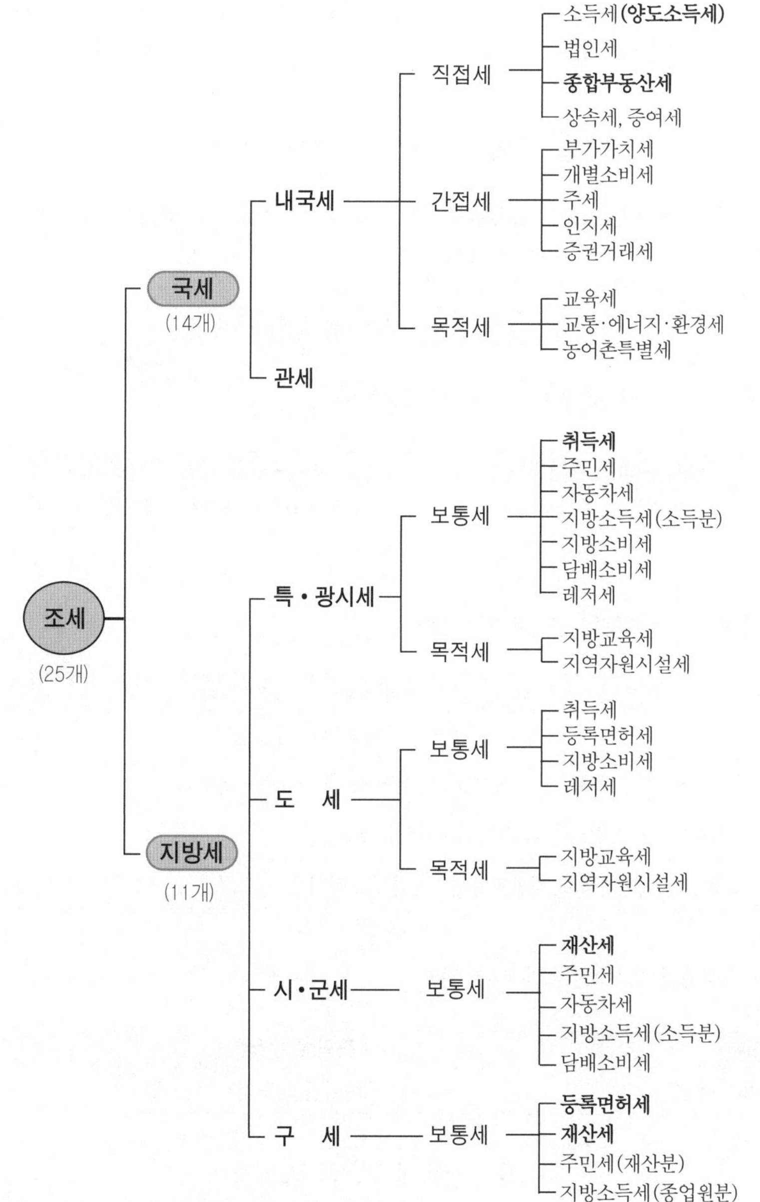

■ 지방세의 과세권자에 따른 분류

구분	해당 조세
특별시·광역시세 + 도세	취득세, 지방교육세, 지역자원시설세
도세 + 구세	등록면허세
시·군세 + 구세	재산세

출제자 의도

조세분류

다양한 관점(특히, 과세권자·부동산 순환활동·용도)에 따라 조세를 분류했을때, 주어진 조세가 어디에 속하는지 구별할 수 있는가?

• **과세요건**(課稅要件)

과세권자가 납세의무자에게 세금을 부과하기 위한 요건을 말한다.

이는 반드시 국회를 통과하는 법률로 정하여야 한다.

대표적인 과세요건으로는 다음 4가지가 있다. 이를 4대 과세요건이라고 말한다.

① **납세의무자**
법률(세법)에 의해 조세(세금)을 납부할 의무가 있는 자를 말한다.

② **과세대상**
세금을 부과하는 대상을 말한다. 과세물건·과세객체라고도 한다.

③ **과세표준**
과세대상의 가액·수량·면적·부피 등을 말한다.

④ **세율**
과세표준에 곱하는 비율이나 금액을 말한다. 과세표준에 세율을 곱하면 (산출)세액이 나온다.

• **지방세 관련법**

① 지방세기본법
 : 구) 지방세법 중 총칙에 해당

② 지방세법
 : 각 세목의 과세요건 및 부과징수 등 규정

③ 지방세특례제한법
 : 면제·감면 규정

(2) 수득세 vs 재산세 vs 소비세 vs 유통세 → 과세대상에 따른 분류

구분	수득세	재산세	소비세	유통세
개념	수익이나 소득에 대하여 부과하는 조세	재산에 대하여 부과하는 조세	소비행위에 대하여 부과하는 조세	유통행위에 대하여 부과하는 조세
예	소득세, 법인세	재산세, 종합부동산세, 상속세, 증여세, 지역자원시설세	개별소비세, 부가가치세, 주세	취득세, 등록면허세, 인지세, 증권거래세

(3) 부동산 순환활동(취득 → 보유 → 양도)별 세목 → 부동산 (순환)활동에 따른 분류

<table>
<tr><th>구분</th><th>취득단계</th><th>보유단계</th><th>양도단계</th></tr>
<tr><td rowspan="5">해당 조세</td><td>취득세, 등록면허세</td><td>재산세,종합부동산세,지역자원시설세</td><td>양도소득세</td></tr>
<tr><td colspan="2">지방교육세</td><td>-</td></tr>
<tr><td>-</td><td colspan="2">지방소득세, 종합소득세</td></tr>
<tr><td>인지세</td><td>-</td><td>인지세</td></tr>
<tr><td colspan="3">농어촌특별세, 부가가치세, 지방소비세</td></tr>
</table>

구분	취득-보유 관련조세	보유-양도 관련조세	취득-보유-양도 관련조세
예	지방교육세	지방소득세, 종합소득세	농어촌특별세, 부가가치세, 지방소비세

(4) 보통세(일반세) vs 목적세 → 조세의 용도에 따른 분류

구분	보통세	목적세
용도	일반목적 (재정경비)	특수목적 (→ 그 목적 외에는 사용 불가)
예	목적세외의 모든 조세	(1) 국 세 : ① 교육세, ② 교통·에너지·환경세, ③ 농어촌특별세 (2)지방세 : ① 지방교육세, ② 지역자원시설세
기타	-	교육세, 농어촌특별세, 지방교육세 : 목적세 & 부가세

(5) 종가세 vs 종량세 → 과세표준의 표시방법에 따른 분류

구분	종가세(從價稅)	종량세(從量稅)
개념	과세표준이 <u>가액</u>을 따르는 조세	과세표준이 <u>수량</u>을 따르는 조세
예	대부분 조세	(1) 국세 인지세 - 과세문서 작성시 1매당 부과 (2) 지방세 ① 등록면허세중 기타 등기 시 - 건당부과 ② 지역자원시설세 - 지하수 톤당 부과

(6) 직접세 vs 간접세 → 조세의 전가여부에 따른 분류

구분	직접세	간접세
조세의 전가	이루어지지 않음 [즉, 납세의무자 = 담세자(세금부담자)]	이루어짐 (즉, 납세의무자 ≠ 담세자)
장점	• 공평과세 • 소득재분배 효과	• 조세징수의 편리성 • 낮은 조세저항감
단점	• 높은 조세저항감	• 역진적 성격 • 물가상승 자극
예	간접세 외의 모든 조세	부가가치세, 개별소비세, 인지세, 주세, 증권거래세

(7) 본세(독립세) vs 부가세 → 조세의 독립성에 따른 분류

구분	독립세	부가세
조세의 독립성	있음	없음(독립세에 부가됨)
예	부가세 외의 모든 조세	교육세, 농어촌특별세, 지방교육세 (주의 : 부가가치세 → 독립세)

(8) 인세(주체세) vs 물세(객체세) → 과세대상의 인적귀속에 따른 분류

구분	인세(人稅)	물세(物稅)
과세대상 기준	사람	재화나 용역
예	대부분의 국세 (단, 부가가치세, 인지세 → 물세)	대부분의 지방세

(9) 응익세 vs 응능세 → 담세력의 측정기준에 따른 분류

구분	응익세	응능세
담세력 측정기준	수익	능력
예	상속세, 증여세, 재산세, 종합부동산세, 소득세, 법인세	취득세, 등록면허세, 부가가치세, 특별소비세, 주세

(10) 정률세 vs 정액세 → 세율에 따른 분류

정률세
- 비례세
- 누진세

구분		조세종류
세율	비율	정률세
	금액	정액세
과세표준 크기 관계유무	무	비례세
	유	누진세

구분	정률세		정액세
	비례세	누진세	
취득세	○	–	–
등록면허세	○	–	○
재산세	○	○	–
종합부동산세	–	○	–
소득세	○	○	–

3. 4대 과세요건

(1) 납세의무자(↔ 과세권자)

세금을 납부할 의무가 있는 자를 말한다.

① 본래의 납세의무자

과세대상별 본래의 납세의무자로 행위자(취득자 등), 소유자, 소득발생자 등이 있다. 협의의 납세의무자라고도 부른다.

② 연대납세의무자

본래의 납세의무자와 연대하여 공동의 납세의무가 있는 자를 말한다. 공동상속의 경우 상속 받은 자 상호 간의 상속세 연대납세의무, 수증자와 증여자의 증여세 연대납세의무가 이에 해당한다.

③ 제2차 납세의무자

본래의 납세의무자가 납세의무를 이행할 수 없는 경우 2차적으로 납세의무가 있는 자를 말한다. 예컨대 법인의 해산시 본래의 납세의무자는 해당 법인이지만 2차적으로 청산인 또는 청산 후 남은 재산을 인도 받은 자가 납세의무를 진다.

④ 납세보증인

납세의무자의 조세·가산금 또는 체납처분비의 납부를 보증한 자를 말한다.

(2) 과세대상(과세객체, 과세물건)

세금이 부과되는 대상을 말한다.

① 행위 : ㉠ 취득행위 → 취득세
㉡ 등기·등록행위 → 등록면허세
㉢ 소비행위 → 부가가치세

② 재산 : ㉠ 부동산재산 → 재산세, 종합부동산세
㉡ 상속·증여재산 → 상속세·증여세

③ 소득 : 양도소득 → 양도소득세·법인세

(3) 과세표준

과세대상의 가액 또는 수량을 말한다.

(4) 세율

세액을 산출하기 위해 과세표준에 곱하는 비율 또는 금액을 말한다.

→ 특히, 각 세목별 '중과세율'에 유의

① 탄력성에 따른 구분

㉠ 표준세율 : 과세권자가 가감을 탄력적으로 조정할 수 있는 세율 ↔ 중과세율에는 탄력 비적용

예) 지방세 : 취득세·등록면허세(부동산등기만)·재산세·지방교육세

→ 세율의 ± 50% 가능

국세 : 양도소득세 → 세율의 ± 15% 가능

㉡ 일정세율(비탄력세율, 법정세율) : 정해진 세율만 적용할 수 있을 뿐이다.

예) 등록면허세 중 부동산 이외의 등기, 레저세

㉢ 제한세율 : 최소~최대 범위가 정해진 세율

예) 재산세 과세특례부분 : $\frac{2.3}{1,000}$ 을 초과할 수 없다.

㉣ 임의세율 : 이론상 세율, 세율을 과세권자가 임의로 정하는 세율

예) 우리나라는 적용세목이 없다.

② 과세표준 크기 관련 유무(有無)에 따른 구분

㉠ 비례세율 : 과세표준 크기에 관계 무

ⓐ 단순비례세율 : 과세대상과 관계 무 → 동일세율 적용 예) 부가가치세

ⓑ 차등비례세율 : 과세대상과 관계 유 → 차등세율 적용 예) 취득세, 등록면허세

㉡ 누진(累進)세율 : 과세표준 크기에 관계 유, 과세표준이 클수록 세율도 올라간다.

ⓐ 초과누진세율 :

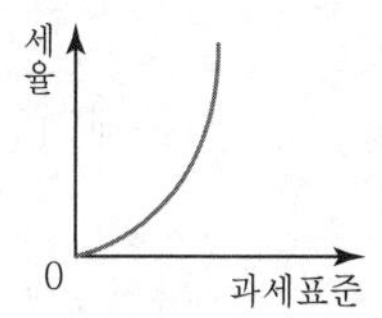

ⓑ 체차누진세율 : (계단식)

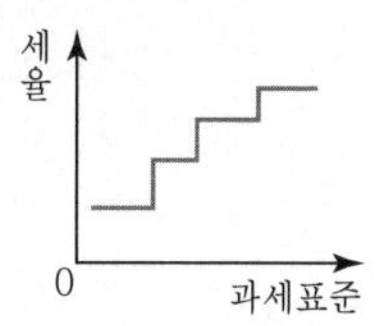

㉢ 역진(逆進)세율 : 과세표준 크기에 관계 유, 과세표준이 클수록 세율은 역으로 내려간다.

■ 세액

(1) 구분

① 산출 세액 = 과세표준 × 세율

② 결정 세액 = 산출세액 − 공제·감면세액 + 가산세

③ 납부 세액 = 결정세액 − 기납부세액

(2) 징수방법

① 신고납부(신고납세) : 납세의무자가 법정신고기한 내 자진신고하여 납부
예) 취득세, 등록면허세, 소득세, 법인세, 부가가치세

② 보통징수[(정부)부과과세] : 과세권자가 납세고지서를 납세의무자에게 교부하여 징수
예) 재산세, 종합부동산세, 상속세, 증여세

③ 특별징수(원천징수) : 애초에 공급자로부터 원천적으로 징수
예) 주세, 근로소득세, 이자소득세, 지방소득세(소득분)

※ ( )는 국세상 용어

★ (3) 납부방법

출제자 의도

납부방법

각 납부방법별 해당 조세의 예를 구별할 수 있는가?(특히, 예외적인 납부방법에 해당되는 조세의 예가 중요하다.)

- 원칙 : 금전납(金錢納) : 조세는 현금, 즉 금전으로 납부하는 것이 원칙이다.
- 예외 : 물납(物納) : 일정요건을 충족하는 경우 지방세 중 재산세와 국세 중 상속세는 예외적으로 물건(재산세의 경우 : 관할구역 소재 부동산, 상속세의 경우 : 부동산, 주식·채권)으로 납부할 수 있다.

- 원칙 : 일시납 : 조세는 한꺼번에, 즉 일시에 납부하는 것이 원칙이다.
- 예외 : 분납 : 일정요건을 충족하는 경우 지방세 중 재산세와 국세 중 종합부동산세, 양도소득세, 상속세의 경우 분할하여 납부할 수 있다.

4. 면세점 vs 소액부징수

① 면세점(과세최저한) : 과세표준이 일정금액 이하인 경우 조세를 부과하지 않는 것을 말한다. 이는 과세권자의 부과권 포기를 의미한다.

② 소액부징수(少額不徵收) : 산출세액이 (납부)고지서 1매당 일정금액(2,000원) 미만인 경우 조세를 징수하지 않는 것을 말한다. 이는 과세권자의 징수권 포기를 의미한다.

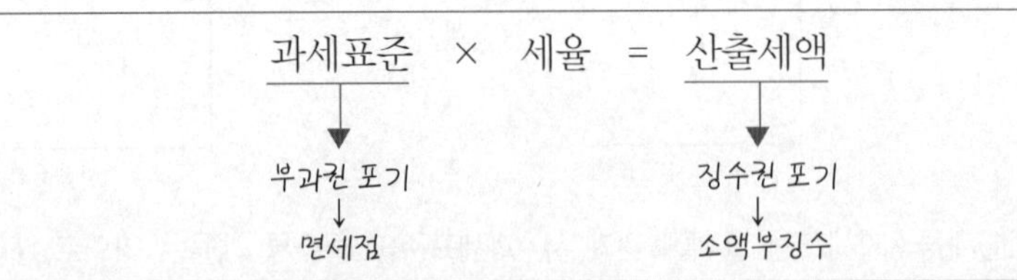

구분	면세점	소액부징수
목적	• 납세의무자의 영세부담 배제 • 과세사무의 번잡 회피	징세비 절감
해당 세목	① 취득세 : 과세표준(취득가액) 50만원 이하 ② 소득세 : 매건 1만원 이하	재산세, 지방소득세, 지역자원시설세 : 징수세액이 고지서 1장당 2,000원 미만(이하 ×)은 징수하지 않음
기타	등록면허세 : 면세점·소액부징수제도 모두 없음	

★

5. 가산세 vs 가산금

가산세는 납세의무의 이행을 확보하기 위한 제재인데 반해, 가산금은 세금을 납부기한까지 납부하지 않은 것에 대한 제재로서 서로 다른 개념이다.

구분	가산세	가산금
개념	(신고·납부)**의무불이행**에 대한 **제재**개념으로서 하나의 (추가적인)**세금**. [→ 따라서 처음부터 고지되는 세목(신고의무가 없는 세목 : 재산세)은 가산세 : 없음]	고지된(고지서가 발부된)세액에 대한 **연체이자** 개념으로서 세금은 아님(**과징금** 일뿐). (→ 따라서 고지돼야 붙을 수 있다.)
적용법	각 해당 세법	국세징수법
세부 내용	**1. 취득세** ① 신고불성실 가산세 : 납부세액(또는 부족세액)×20% (→기한내 신고 안하면 vs '기한후 신고' 하면 : 신고불성실가산세 50% 경감, 즉 10%만 내면 됨 → 고지서 발부 안하게 해준 대가 개념) ② 납부불성실 가산세 : 미납세액×일수×$\frac{3}{10,000}$ → = 0.03% ※ 취득세 중가산세 : 80%(취득세편 참고) **2. 등록면허세** 취득세와 동일(단, 중가산세 제도 : 없음) **3. 양도소득세** ① 신고불성실 가산세 납부세액× ┌ 40%(고의적 신고의무 위반)(국제거래의 경우 60%) │ 20%(단순한 무신고) └ 10%(단순한 과소신고) ② 납부불성실 가산세 미납세액×일수× $\frac{3}{10,000}$	**1. 일반 가산금** ① 지방세 일반가산금 : 체납세액의 3% ② 국세 일반가산금 : 체납세액의 3% **2. 중 가산금** (→ 일반 가산금도 안낼 경우에 부과) 매월 1.2%×경과월수(최고 60개월한 부과) ※ 중가산금 비적용 ① 지방세 : 체납된 조세가 30만원 미만 ② 국세 : 체납된 조세가 100만원 미만
적용 세목	취득세, 등록면허세, 상속세, 증여세, 양도소득세, 지방교육세	재산세, 종합부동산세 ※ 신고납부 세목의 경우에도 끝내 신고납부하지 않은 경우에는 결국 고지서가 발송되고 이후 해당 기간내에 납부하지 않으면 가산금이 붙는다. 그러나 가산금 세목의 경우는 신고의무가 없으므로 가산세가 적용되지 않는다.

출제자 의도

가산세 vs 가산금

각 세부내용의 차이점을 구별할 수 있는가?

■ 가산세 감면

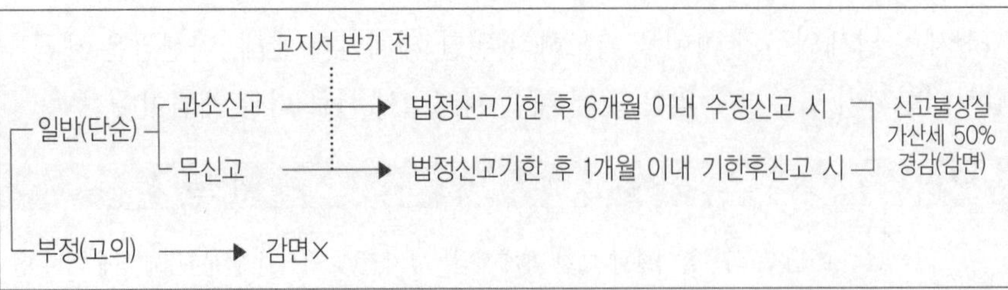

출제자 의도

납세의무 성립시기

각 세목별로 구별할 수 있는가?

★★★

6. 납세의무 3단계

(1) 성립(시기)

납세의무가 추상적으로 발생하는 것

세목	성립시기
취득세	과세물건 취득 시 (취득일로부터 30일×, 60일×)
등록면허세	┌ 등록분 등록면허세 : 등기·등록하는 때 └ 면허분 등록면허세 : 면허를 받는 때
상속세	상속개시 시 (=피상속인 사망 시 ○, 상속인 사망 시 ×)
증여세	증여재산 취득 시
재산세, 지역자원시설세 (특정부동산분에 한함)	과세기준일 (6월 1일)
종합부동산세	재산세 과세기준일 (6월 1일)
소득세	과세기간 종료 시 (원칙 : 12월 31일 ○, 소득을 얻은 때 ×) (vs 예정신고납부하는 소득세 : 양도일이 속하는 달의 말일 = 그 과세표준이 되는 금액이 발생하는 달의 말일)
법인세	과세기간 종료 시 (사업년도 종료일)
부가가치세	과세기간 종료 시 (수입재화는 수입신고 시)
인지세	과세문서 작성 시
부가세	본세 납세의무 성립 시 예) ┌ 농어촌특별세 ┌ 취득세(본세) 납세의무 성립 시, 즉 취득세 과세물건 취득 시 │ └ 종합부동산세(본세) 납세의무 성립 시, 즉 6월1일 └ 재산세에 부가되는 지방교육세 – 재산세의 납세의무 성립 시, 즉 재산세 과세기준일(6/1)
가산세	가산할 조세(국세·지방세)의 납세의무가 성립하는 때
수시로 부과하여 징수하는 조세	수시부과 사유가 발생하는 때

• **과세기간**

국세의 과세표준 계산에 기초가 되는 기간을 말한다. 주요 세목별로 살펴보면 다음과 같다.

① 소득세 : 1/1~12/31

② 법인세 : 각 법인의 1회계연도

③ 부가가치세

┌ 1기 : 1/1~6/30

└ 2기 : 7/1~12/31

(2) 확정

세액을 구체적·개별적으로 확정(결정)하는 것

세목	확정시기	기타
취득세, 등록면허세, 소득세, 법인세, 부가가치세	(납세의무자가 과세표준과 세액을 과세권자에게)신고 시	(자진) 신고납세 (신고납부) 제도
재산세, 특정 부동산에 대한 지역자원시설세, 종합부동산세, 상속세, 증여세	(과세권자) 부과 시 (= 과세관청이 세액을 결정하는 때)	(정부) 부과과세 (보통징수)제도

(3) 소멸

① 실현(납부)에 의한 소멸

납부 시, 충당 시(환급세로 납부세 충당하는 경우)

② 미실현(미납부)에 의한 소멸

㉠ 제척기간(만료) : 부과권에 적용 (5~15년)

구분	제척기간	제척사유	특례
국세	10년	사기·부정포탈·환급·공제 받는 경우 (국제거래는 15년)	※ 상속세·증여세 • 15년 : 왼쪽 10년·7년의 경우 • 10년 : 그 외
	7년	신고서 미제출(무신고)	
	5년	그 외	
지방세	10년	부정포탈(사기·부정)·환부·경감 받은 경우	
	7년	신고서 미제출(무신고)	상속·증여·명의신탁의 무신고 : 10년
	5년	그 외	

㉡ 소멸시효(완성) : 징수권에 적용 (납부기한 종료일 익일부터 5년, 국세가 5억원 이상은 10년)

㉢ 부과(처분)의 취소 ↔ 부과의 철회, 결손처분 → 소멸사유 아님

• **제척기간**(除斥期間)
일정한 권리에 대하여 그 권리를 행사할 수 있는 법적기간(권리의 존속기간)

7. 납세의무 확장제도(보전제도)

(1) 승계

납세의무자 사망 시 상속인이 납세의무 승계

(2) 연대

- 상속세 → 상속인들끼리 연대 납세의무를 진다.
- 증여세 → 증여자가 수증자의 증여세에 대한 연대 납세의무를 진다.

(3) 제2차

보충적 납세의무

예) 갑(甲, 사업양도인)이 을(乙, 사업양수인)에게 상가를 매매한 경우, 확정된 당해사업에 대한 세금(부가가치세 등 물세)을 갑이 못내면 을이 보충적으로 제2차 납세의무 짐 (→ 중개실무 시 세무서에 납부 여부 확인해 봐야함)

(4) 보증

납세보증인이 피보증인의 납세의무를 대신 부담하는 것

출제자 의도

조세구제제도

절차상 내용(특히 숫자)을 알고 있는가?

8. 조세구제(불복)제도

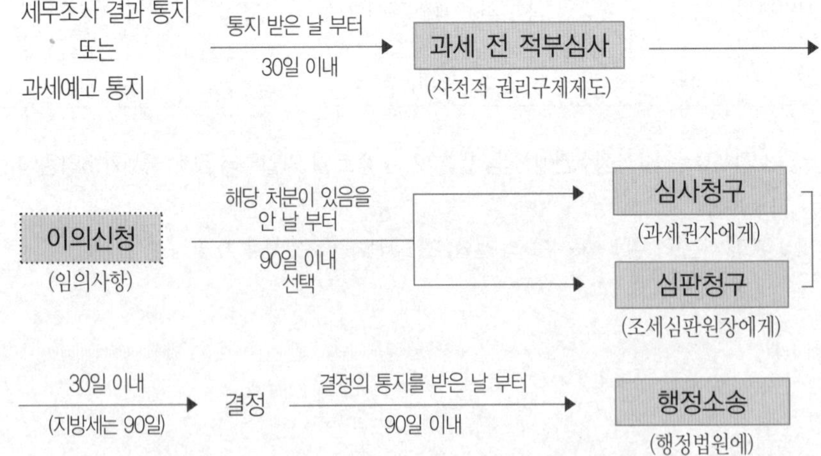

9. 조세채권과 비조세채권(일반채권, 피담보채권)의 관계(우선순위)

조세(국세·지방세)(채권)가 일반채권에 우선한다.(→조세채권 우선주의) 하지만, 일반채권이 아닌 (조세채권보다 먼저 발생된)(피)담보채권의 경우는 원칙적으로 (피)담보채권이 조세채권에 우선하지만, 예외적으로 조세가 당해 재산에 부과된 것일 경우에는 조세채권이 (피)담보채권에 우선한다.

구분	시간순	우선(변제)순
내용	전(前) ←—+———+—→ 후(後) 일반채권 조세채권	조세채권 > 일반채권
	←—+———+—→ (피)담보채권 조세채권	→ 원칙 : 담보채권 > 조세채권 → 예외 : 당해 재산에 부과되는 조세채권 > 담보채권 —국세 : 상속세, 증여세, 종부세 —지방세 : 재산세, 지역자원시설세, 지방교육세, 자동차세

→ 조세도 과세권자의 입장에선 채권이지만 공익성이 있으므로 '채권평등주의'의 예외에 해당됨

→ 공인중개사법 및 중개실무 중 경·공매시 배당순위 참고

10. 공시송달

서류의 송달을 받아야 할 자가 다음 사유에 해당하는 경우, 서류의 요지를 공고한 날부터 14일이 지나면 서류의 송달이 된 것으로 보는 제도를 말한다.

① 주소 또는 영업소가 국외에 있고 그 송달이 곤란한 경우

② 주소 또는 영업소가 분명하지 아니한 경우

③ 서류를 우편으로 송달하였으나 받을 사람이 없는 것으로 확인되어 반송됨으로써 납부기한 내에 송달하기 곤란하다고 인정되는 경우

④ 세무공무원이 2회(1회×) 이상 납세지를 방문하여 서류를 교부하려 하였으나 받을 사람이 없는 것으로 확인되어 납부기한 내에 송달하기 곤란하다고 인정되는 경우

출제자 의도

조세채권과 비조세채권의 관계

사례상 그 우선순위를 구별할 수 있는가?

O · X · 지 · 문 · 학 · 습

01. 소액징수면제는 징세비 절감 등을 위하여 일정한 세액 미만인 경우에는 징수하지 않는 것을 말한다. [O, ×]

02. 체납된 지방세의 중가산금을 가산금에 더하여 징수하는 기간은 60개월을 초과하지 못하며, 지방세의 경우 체납된 조세가 50만원 미만인 경우는 적용되지 않는다. [O, ×]

03. 취득세는 소득이 발생하는 때에 납세의무가 성립하고, 납세의무자가 과세표준과 세액을 정부에 신고하는 때에 확정된다. [O, ×]

04. 차량·기계장비·항공기 및 주문에 의하여 건조하는 선박은 원시취득에 한하여 납세의무가 있다. [O, ×]

05. 과세대상 물건에 대한 등기·등록을 이행하지 아니한 경우라도 사실상으로 취득한 때에는 취득한 것으로 보아 소유자 또는 양수인이 납세의무자가 된다. [O, ×]

06. 지방세기본법상 이의신청은 처분이 있은 것을 안 날(처분의 통지를 받았을 때에는 그 통지를 받은 날)부터 90일 이내에 하여야 한다. [O, ×]

07. 재산세는 재산을 취득하는 때에 납세의무가 성립하고, 납세의무자가 과세표준과 세액을 지방자치단체에 신고하는 때에 확정된다. [O, ×]

08. 과세표준이 수량·중량·건수 등으로 표시되는 조세를 종가세라 한다. [O, ×]

09. 납세의무의 소멸사유에는 납부, 충당, 부과의 철회, 제척기간의 만료, 징수권 소멸시효의 완성 등의 경우이다. [O, ×]

정답 및 해설

01. ○ (재산세, 지방소득세, 지역자원시설세 등이 있다.)
02. × (50만원 → 30만원)
03. × (취득세는 과세물건을 취득하는 때에 납세의무가 성립된다.)
04. × (원시취득이 아닌 승계취득에 한하여 납세의무가 있다.)
05. ○
06. ○
07. × (재산세는 과세기준일에 납세의무가 성립하고, 과세권자가 과세표준과 세액을 결정하는 때에 납세의무가 확정된다.)
08. × (종가세 → 종량세)
09. × (부과의 철회 → 부과의 취소)

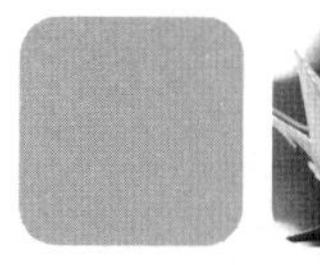

1. 지방세기본법상 공시송달할 수 있는 경우가 아닌 것은?

① 송달을 받아야 할 자의 주소 또는 영업소가 국외에 있고 그 송달이 곤란한 경우
② 송달을 받아야 할 자의 주소 또는 영업소가 분명하지 아니한 경우
③ 서류를 우편으로 송달하였으나 받을 사람이 없는 것으로 확인되어 반송됨으로써 납부기한 내에 송달하기 곤란하다고 인정되는 경우
④ 서류를 송달할 장소에서 송달을 받을 자가 정당한 사유없이 그 수령을 거부한 경우
⑤ 세무공무원이 2회 이상 납세자를 방문하여 서류를 교부하려고 하였으나 받을 사람이 없는 것으로 확인되어 납부기한 내에 송달하기 곤란하다고 인정되는 경우

해설

공시송달은 서류의 요지를 공고한 날로부터 14일이 지나면 서류의 송달이 된 것으로 본다(지방세기본법 제33조). ③, ④는 지방세기본법 시행령 제17조 규정.

2. 지방세기본법상 이의신청 또는 심판청구에 관한 설명으로 틀린 것은?

① 이의신청은 처분이 있은 것을 안 날(처분의 통지를 받았을 때에는 그 통지를 받은 날)부터 90일 이내에 하여야 한다.
② 이의신청을 거친 후에 심판청구를 할 때에는 이의신청에 대한 결정통지를 받은 날부터 90일 이내에 심판청구를 하여야 한다.
③ 이의신청에 따른 결정기간 내에 이의신청에 대한 결정통지를 받지 못한 경우에는 결정통지를 받기 전이라도 그 결정기간이 지난날부터 심판청구를 할 수 있다.
④ 이의신청, 심판청구는 그 처분의 집행에 효력을 미치지 아니한다. 다만, 압류한 재산에 대하여는 이의신청, 심판청구의 결정처분이 있는 날부터 60일까지 공매처분을 보류할 수 있다.
⑤ 이의신청인이 재해 등을 입어 이의신청기간 내에 이의신청을 할 수 없을 때에는 그 사유가 소멸한 날부터 14일 이내에 이의신청을 할 수 있다.

해설

④ 이의신청, 심판청구는 그 처분의 집행에 효력을 미치지 아니한다. 다만, 압류한 재산에 대하여 공매처분을 보류할 수 있는 기한은 이의신청, 심사청구 또는 심판청구의 결정처분이 있는 날부터 30일까지로 한다.(지방세기본법시행령 제102조)

3. 국세기본법상 사기나 그 밖의 부정한 행위로 주택의 양도소득세를 포탈하는 경우 국세부과의 제척기간은 이를 부과할 수 있는 날부터 몇 년간인가?(다만, 결정·판결, 상호합의, 경정청구 등의 예외는 고려하지 않음)

① 3년 ② 5년 ③ 7년 ④ 10년 ⑤ 15년

해설

부정포탈의 경우 제척기간은 국세나 지방세 모두 원칙적으로 10년이다.

|정답| 1.④ 2.④ 3.④

2

취득조세

1. 취득세
2. 등록면허세

Point

취득단계 각 조세의 **과세요건**을 비교 이해하여야 합니다. 추가적으로 다음 사항이 중요합니다.

- 취득세 : 취득시기 [출제비율] 21%, 3문항
- 등록면허세 : 납세지 [출제비율] 7%, 1문항

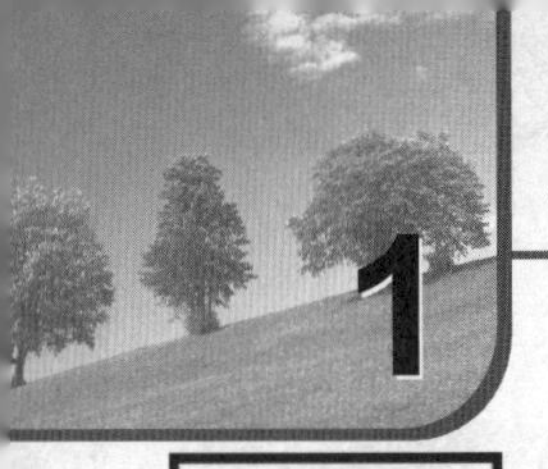
1

인증번호 : DC85-V8P3

무선 인터넷에서 스마트폰으로 QR코드를 찍으면 동영상 강의를 보실 수 있습니다.

취득세

기출 Point

1. 과세요건
 ① 납세의무자
 ② 과세대상
 ③ 과세표준
 ④ 세율 (중과세율)
2. 비과세
3. 부과징수
4. 취득시기

핵심

- **과세(요건)** ◀──────▶ 비과세

③ 과세표준
- 원칙 —— 신고가액
- 예외 —— 시가표준액 / 사실상 취득가액

④ 세율
- 표준세율 → 탄력세율
- 중과세율

- **취득의 시기**
  - 원칙 —— 계약상 잔금지급일
  - 예외 —— 사실상 잔금지급일 / 등기·등록일

모든 세목의 핵심은 과세요건으로 취득세도 마찬가지입니다. 4대 과세요건 중 과세표준과 세율이 중요합니다. 비과세는 등록면허세와 취득의 시기는 양도소득세상 양도·취득의 시기와 비교하여 정리하여야 합니다. 취득세는 지방세 중 가장 중요한 세목이며 다른 세목의 기초가 되므로 확실하게 정리하여야 합니다.

- **법조문**

지방세법	지방세법 시행령	지방세법 시행규칙
제2장(제6조~제22조의2)	제2장(제5조~제38조)	제2장(제3조~제12조)

1. 취득의 정의(개념, 의미)

매매, 교환, 상속, 증여, 기부, 법인에 대한 현물출자, 건축, 개수(改修), 공유수면의 매립, 간척에 의한 토지의 조성 등과 그 밖에 이와 유사한 취득으로서 원시취득, 승계취득 또는 유상·무상의 모든 취득을 말한다.

→ 기본통칙상 취득의 정의 :
취득이라 함은 취득자가 소유권이전등기·등록 등 완전한 내용의 소유권을 취득하는 가의 여부에 관계없이 사실상의 취득행위(잔금지급, 연부금완납 등) 그 자체를 말하는 것이다.

→ 실질(사실주의) 과세의 원칙 : 등기여부 불문, 허가유무 불문

↔ 형식주의 과세(→ 해당 조세 : 등록면허세)

↔ 양도소득세는 유상만 해당

★ 2. 취득구분

(1) 사실상 취득

구분		내용
승계 취득	유상	• 매매, 교환, 현물출자 (→ 취득자 입장 : 취득, 양도자 입장 : 양도) • 연부취득(2년이상 할부)
	무상	• 상속 • 증여, 기부
원시 취득		• 건축, 시효 • 간척
		• 출원 – 원칙 : 과세, 예외 : 면제(광업권·어업권) • 제조, 제작 – 원칙 : 과세, 예외 : 비과세(판매목적의 준부동산 – 선박·차량·항공기·기계장비)

(2) 형식상 취득(= 의제취득, 간주취득)

구분	취득의제 요건	기타
토지	지목변경 & 가액증가	(가액)증가분에 대해서만 과세
건축물	증축·개수 & 가액증가	
차량·기계장비·선박	종류변경 & 가액증가	
주식, 지분	비상장법인의 과점주주의 취득	과점주주 : 지분비율 50% 초과(이상×)인 주주 ↔ 제외 : 법인 설립 시·감자시·상장법인

출제자 의도

취득구분

각각의 취득별 취득세의 과세 여부를 '구별'할 수 있는가?

• **취득세 성격**(특징)

① 지방세(특·광시, 도세) (시·군·구세×)

② 보통세(목적세×)

③ 유통세(보유세×)

④ 종가세(종량세×)

⑤ 정률세(비례세×, 정액세×)

⑥ 직접세(간접세×)

⑦ 본세(독립세)(부가세×)

⑧ 물세(인세×)

⑨ 응능(과)세(응익세×)

⑩ 행위세

⑪ 신고납부(보통징수×)

★★ 3. 취득시기 (시행령 제20조)

출제자 의도

- 각각의 취득별 취득의 시기를 '구별'할 수 있는가?
- 취득세의 취득의 시기와 양도소득세의 취득의 시기를 '구별'할 수 있는가?

구분			원칙	예외		기타
사실상 취득	승계취득	유상 승계취득	계약상 잔금지급일 → 「부동산거래신고 등에 관한 법률」에 의한 신고서를 제출하여 검증이 이루어진 취득의 경우 취득의 시기 : 계약상 잔금지급일(사실상 잔금지급일×)	계약상 잔금지급일이 명시되지 않은 경우	계약일로부터 60일이 경과되는 날	취득 후 60일 이내에 계약이 해제된 사실이 화해조서·인낙조서·공정증서·계약당사자끼리 작성한 계약해제신고서 등에 의해 입증되는 경우 → 취득한 것으로 보지 않음
				객관적 취득의 경우 ① 국가·지방자치단체·지방자치단체조합으로부터 취득 ② 수입에 의한 취득 ③ 공매(경매)에 의한 취득 ④ 판결문에 의하여 취득가격이 입증되는 취득 → 판결문 : 확정판결문만 ↔ 화해·포기·인낙·의제자백(자백간주)은 제외 ⑤ 법인장부에 의하여 취득가격이 입증되는 취득	사실상 잔금지급일	
				취득일 전에 등기·등록한 경우	등기·등록일	
		무상 승계취득	계약일 상속 → 상속개시일(피상속인 사망일) 유증 → 유증개시일 증여 → 증여약정일(증여계약일O, 증여받은 날×)	계약일 전에 등기·등록한 경우	등기·등록일	
		연부취득 (특수한 유상승계)	사실상의 각 연부금지급일	사실상의 연부금지급일 전에 등기·등록한 경우 ↔ 수입·건조에 의하여 연부로 취득하는 선박은 제외	등기·등록일	연부계약 중도 해제 시 : 기납부 취득세 → 환급
	원시취득	건축물 – 건축물 건축	사용승인서 교부일 (사용승인서를 내주는 날)	사용승인서 교부일 전에 사실상 사용한 경우	사실상 사용일	• 연부취득(年賦取得) 매매계약서상에 연부계약형식을 갖추고 일시에 완납할 수 없는 대금(취득가액 50만원 초과)을 2년이상에 걸쳐 일정액씩 분할하여 지급하는 것
				사용승인서 교부일 전에 임시사용승인 받은 경우	임시사용승인일	
		건축물 – 개발법·정비법상 건축물건축	환지처분공고일 다음날 또는 소유권이전고시일 다음날	환지처분공고일·소유권이전고시일 전에 사실상 사용한 경우	사실상 사용일	
		토지 – 매립·간척 등에 의한 토지의 취득	공사준공인가일	공사준공인가일 전에 사용승낙이나 허가를 받은 경우	사용승낙일·허가일	
		토지 – 주택조합 등의 비조합원용 토지의 취득	주택법상 조합주택 : 사용검사를 받은 날 정비법상 재건축조합 : 소유권이전고시일의 다음날			
형식상 취득	지목변경		사실상 변경일과 공부상 변경일 중 빠른 날	지목 변경일 전에 사용 시	사실상 사용일	

■ 취득의 시기 등 (시행령 제20조)

① **무상승계취득**의 경우에는 그 계약일(상속 또는 유증으로 인한 취득의 경우에는 상속 또는 유증 개시일을 말한다)에 취득한 것으로 본다. 다만, 해당 취득물건을 등기·등록하지 아니하고 다음 각 호의 어느 하나에 해당하는 서류에 의하여 계약이 해제된 사실이 입증되는 경우에는 취득한 것으로 보지 아니한다

1. 화해조서·인낙조서(해당 조서에서 취득일부터 60일 이내에 계약이 해제된 사실이 입증되는 경우만 해당한다)
2. 공정증서(공증인이 인증한 사서증서를 포함하되, 취득일부터 60일 이내에 공증받은 것만 해당한다)
3. 행정안전부령으로 정하는 계약해제신고서(취득일부터 60일 이내에 제출된 것만 해당한다)

② **유상승계취득**의 경우에는 다음 각 호에서 정하는 날에 취득한 것으로 본다.

1. 법 제10조제5항제1호부터 제4호까지의 규정 중 어느 하나에 해당하는 유상승계취득의 경우에는 그 사실상의 잔금지급일
2. 제1호에 해당하지 아니하는 유상승계취득의 경우에는 그 계약상의 잔금지급일(계약상 잔금지급일이 명시되지 아니한 경우에는 계약일부터 60일이 경과한 날을 말한다). 다만, 해당 취득물건을 등기·등록하지 아니하고 다음 각 목의 어느 하나에 해당하는 서류에 의하여 계약이 해제된 사실이 입증되는 경우에는 취득한 것으로 보지 아니한다.

가. 화해조서·인낙조서(해당 조서에서 취득일부터 60일 이내에 계약이 해제된 사실이 입증되는 경우만 해당한다)
나. 공정증서(공증인이 인증한 사서증서를 포함하되, 취득일부터 60일 이내에 공증받은 것만 해당한다)
다. 행정안전부령으로 정하는 계약해제신고서(취득일부터 60일 이내에 제출된 것만 해당한다)
라. 부동산 거래신고 관련 법령에 따른 부동산거래계약 해제등 신고서(취득일부터 60일 이내에 등록관청에 제출한 경우만 해당한다)

③ **차량·기계장비·항공기 및 주문을 받아 건조하는 선박**의 경우에는 그 제조·조립·건조 등이 완성되어 실수요자가 인도받는 날과 계약상의 잔금지급일 중 빠른 날을 최초의 승계취득일로 본다.

④ **수입에 따른 취득**은 해당 물건을 우리나라에 반입하는 날(보세구역을 경유하는 것은 수입신고필증 교부일을 말한다)을 취득일로 본다. 다만, 차량·기계장비·항공기 및 선박의 실수요자가 따로 있는 경우에는 실수요자가 인도받는 날과 계약상의 잔금지급일 중 빠른 날을 최초의 승계취득일로 보며, 취득자의 편의에 따라 수입물건을 우리나라에 반입하지 아니하거나 보세구역을 경유하지 아니하고 외국에서 직접 사용하는 경우에는 그 수입물건의 등기 또는 등록일을 취득일로 본다.

⑤ **연부로 취득**하는 것(취득가액의 총액이 법 제17조의 적용을 받는 것은 제외한다)은 그 사실상의 연부금 지급일을 취득일로 본다.

⑥ **건축물을 건축 또는 개수하여 취득**하는 경우에는 사용승인서를 내주는 날(사용승인서를 내주기 전에 임시사용승인을 받은 경우에는 그 임시사용승인일을 말하고, 사용승인서 또는 임시사용승인서를 받을 수 없는 건축물의 경우에는 사실상 사용이 가능한 날을 말한다)과 사실상의 사용일 중 빠른 날을 취득일로 본다. 다만, 「도시개발법」에 따른 도시개발사업이나 「도시 및 주거환경정비법」에 따른 정비사업(재개발사업 및 도시환경정비사업만 해당한다)으로 건축한 주택을 「도시개발법」 제40조에 따른 환지처분 또는 「도시 및 주거환경정비법」 제86조에 따른 소유권 이전으로 취득하는 경우에는 환지처분 공고일의 다음 날 또는 소유권 이전 고시일의 다음 날과 사실상의 사용일 중 빠른 날을 취득일로 본다.

⑦ 「주택법」 제11조에 따른 **주택조합이 주택건설사업을 하면서 조합원으로부터 취득하는 토지 중 조합원에게 귀속되지 아니하는 토지를 취득**하는 경우에는 「주택법」 제49조에 따른 사용검사를 받은 날에 그 토지를 취득한 것으로 보고, 「도시 및 주거환경정비법」 제35조제3항에 따른 **재건축조합이 재건축사업**을 하거나 「빈집 및 소규모주택 정비에 관한 특례법」 제23조제2항에 따른 **소규모재건축조합이 소규모재건축사업을 하면서 조합원으로부터 취득하는 토지 중 조합원에게 귀속되지 아니하는 토지를 취득**하는 경우에는 「도시 및 주거환경정비법」 제86조제2항 또는 「빈집 및 소규모주택 정비에 관한 특례법」 제40조제2항에 따른 소유권이전 고시일의 다음 날에 그 토지를 취득한 것으로 본다.

⑧ 관계 법령에 따라 매립·간척 등으로 **토지를 원시취득**하는 경우에는 공사준공인가일을 취득일로 본다. 다만, 공사준공인가일 전에 사용승낙·허가를 받거나 사실상 사용하는 경우에는 사용승낙일·허가일 또는 사실상 사용일 중 빠른 날을 취득일로 본다.

⑨ **차량·기계장비 또는 선박의 종류변경에 따른 취득**은 사실상 변경한 날과 공부상 변경한 날 중 빠른 날을 취득일로 본다.

⑩ 토지의 **지목변경에 따른 취득**은 토지의 지목이 사실상 변경된 날과 공부상 변경된 날 중 빠른 날을 취득일로 본다. 다만, 토지의 지목변경일 이전에 사용하는 부분에 대해서는 그 사실상의 사용일을 취득일로 본다.

⑪ 삭제

⑫ 「민법」 제839조의2 및 제843조에 따른 **재산분할로 인한 취득**의 경우에는 취득물건의 등기일 또는 등록일을 취득일로 본다.

⑬ 제1항, 제2항 및 제5항에 따른 **취득일 전에 등기 또는 등록**을 한 경우에는 그 등기일 또는 등록일에 취득한 것으로 본다.

★★

4. 납세의무자 (법 제7조)

출제자 의도 각각의 취득별 납세의무자를 '구별'할 수 있는가?

취득세의 납세의무자는 과세대상을 **사실상 취득한 자**이다.

[→ 실질과세(사실과세)의 원칙] ↔ 과세권자 : 특·광시장, 도지사

구분	내용
① 사실상 취득자	취득세는 부동산등(부동산, 차량, 기계장비, 항공기, 선박, 입목, 광업권, 어업권, 골프회원권, 승마회원권, 콘도미니엄 회원권, 종합체육시설 이용회원권 또는 요트회원권)을 취득한 자에게 부과한다. 부동산등의 취득은 「민법」, 「자동차관리법」, 「건설기계관리법」, 「항공법」, 「선박법」, 「입목에 관한 법률」, 「광업법」 또는 「수산업법」 등 관계 법령에 따른 등기 · 등록 등을 하지 아니한 경우라도 사실상 취득하면 각각 취득한 것으로 보고 해당 취득물건의 소유자 또는 양수인을 각각 취득자로 한다. 다만, 차량, 기계장비, 항공기 및 주문을 받아 건조하는 선박은 승계취득(원시취득×)인 경우에만 해당한다.(↔ 원시취득 : 비과세)
② 주체구조부 취득자	건축물 중 조작(造作) 설비, 그 밖의 부대설비에 속하는 부분으로서 그 주체구조부(主體構造部)와 하나가 되어 건축물로서의 효용가치를 이루고 있는 것에 대하여는 주체구조부 취득자 외의 자가 가설한 경우에도 주체구조부의 취득자(임대인○, 임차인×)가 함께 취득한 것으로 본다.(간주취득)
③ 변경시점의 소유자	선박, 차량과 기계장비의 종류를 변경하거나 토지의 지목을 사실상 변경함으로써 그 가액이 증가한 경우에는 취득으로 본다.(간주취득)
④ 과점주주 (비상장법인의 경우)	법인의 주식 또는 지분을 취득함으로써 「지방세기본법」 제47조제2호에 따른 과점주주(이하 "과점주주"라 한다)가 되었을 때에는 그 과점주주가 해당 법인의 부동산등(법인이 「신탁법」에 따라 신탁한 재산으로서 수탁자 명의로 등기 · 등록이 되어 있는 부동산등을 포함한다)을 취득(법인설립 시에 발행하는 주식 또는 지분을 취득함으로써 과점주주가 된 경우에는 취득으로 보지 아니한다)한 것으로 본다.(간주취득) 이 경우 과점주주의 연대납세의무에 관하여는 「지방세기본법」 제44조를 준용한다.
⑤ 수입자	외국인 소유의 취득세 과세대상 물건(차량, 기계장비, 항공기 및 선박만 해당한다)을 직접 사용하거나 국내의 대여시설 이용자에게 대여하기 위하여 임차하여 수입하는 경우에는 수입하는 자가 취득한 것으로 본다.
⑥ 상속인	상속(피상속인이 상속인에게 한 유증 및 포괄유증과 신탁재산의 상속을 포함한다)으로 인하여 취득하는 경우에는 상속인 각자(주된 상속자×, 상속지분이 가장 큰 자×)가 상속받는 취득물건(지분을 취득하는 경우에는 그 지분에 해당하는 취득물건을 말한다)을 취득한 것으로 본다. 이 경우 상속인의 납부의무에 관하여는 「지방세기본법」 제44조(연대납세의무) 제1항 및 제5항을 준용한다(즉, 공동상속인은 연대하여 납부할 의무를 진다).

구분	내용
⑦ 조합원	「주택법」 제11조에 따른 주택조합과 「도시 및 주거환경정비법」 제35조제3항 및 「빈집 및 소규모주택 정비에 관한 특례법」 제23조에 따른 재건축조합 및 소규모재건축조합(이하 "주택조합등"이라 한다)이 해당 조합원용으로 취득하는 조합주택용 부동산(공동주택과 부대시설 · 복리시설 및 그 부속토지를 말한다)은 그 조합원(조합×)이 취득한 것으로 본다.(원칙) 다만, 조합원에게 귀속되지 아니하는 부동산(이하 "비조합원용 부동산"이라 한다)은 제외한다[즉, 비조합원용 부동산은 조합(조합원×)이 취득한 것으로 본다].(예외)
⑧ 시설대여업자	「여신전문금융업법」에 따른 시설대여업자가 건설기계나 차량의 시설대여를 하는 경우로서 같은 법 제33조제1항에 따라 대여시설이용자의 명의로 등록하는 경우라도 그 건설기계나 차량은 시설대여업자(시설사용자×)가 취득한 것으로 본다.
⑨ 취득대금 지급자	기계장비나 차량을 기계장비대여업체 또는 운수업체의 명의로 등록하는 경우(영업용으로 등록하는 경우에 한정한다)라도 해당 기계장비나 차량의 구매계약서, 세금계산서, 차주대장(車主臺帳) 등에 비추어 기계장비나 차량의 취득대금을 지급한 자가 따로 있음이 입증되는 경우 그 기계장비나 차량은 취득대금을 지급한 자가 취득한 것으로 본다.
⑩ 배우자·직계존비속	배우자 또는 직계존비속의 부동산등을 취득하는 경우에는 증여로 취득한 것으로 본다. 다만, 다음 각 호의 어느 하나에 해당하는 경우에는 유상으로 취득한 것으로 본다. 1. 공매(경매를 포함)를 통하여 부동산등을 취득한 경우 2. 파산선고로 인하여 처분되는 부동산등을 취득한 경우 3. 권리의 이전이나 행사에 등기 또는 등록이 필요한 부동산등을 서로 교환한 경우 4. 해당 부동산등의 취득을 위하여 그 대가를 지급한 사실이 다음 각 목의 어느 하나에 의하여 증명되는 경우 가. 그 대가를 지급하기 위한 취득자의 소득이 증명되는 경우 나. 소유재산을 처분 또는 담보한 금액으로 해당 부동산을 취득한 경우 다. 이미 상속세 또는 증여세를 과세(비과세 또는 감면받은 경우를 포함한다) 받았거나 신고한 경우로서 그 상속 또는 수증 재산의 가액으로 그 대가를 지급한 경우 라. 가목부터 다목까지에 준하는 것으로서 취득자의 재산으로 그 대가를 지급한 사실이 입증되는 경우
⑪ 수증자	증여자의 채무를 인수하는 부담부(負擔附) 증여의 경우에는 그 채무액에 상당하는 부분은 부동산 등을 유상으로 취득하는 것으로 본다. 다만, 배우자 또는 직계존비속으로부터의 부동산 등의 부담부증여의 경우에는 즉, 특수관계인간 부담부증여의 경우에는 채무액 상당부분은 증여(즉, 무상취득)로 간주하지만 채무인수사실이 객관적으로 증명되는 경우만 유상취득으로 본다.
⑫ 상속인 (상속개시 후 상속분이 증가한 경우)	상속개시 후 상속재산에 대하여 등기 · 등록 · 명의개서(名義改書) 등(이하 "등기등"이라 한다)에 의하여 각 상속인의 상속분이 확정되어 등기등이 된 후, 그 상속재산에 대하여 공동상속인이 협의하여 재분할한 결과 특정 상속인이 당초 상속분을 초과하여 취득하게 되는 재산가액은 그 재분할에 의하여 상속분이 감소한 상속인으로부터 증여받아 취득한 것으로 본다. 다만, 다음 각 호의 어느 하나에 해당하는 경우에는 그러하지 아니하다. 제20조제1항에 따른 신고·납부기한 내에 재분할에 의한 취득과 등기등을 모두 마친 경우 2. 상속회복청구의 소에 의한 법원의 확정판결에 의하여 상속인 및 상속재산에 변동이 있는 경우 3. 「민법」제404조에 따른 채권자대위권의 행사에 의하여 공동상속인들의 법정상속분대로 등기등이 된 상속재산을 상속인사이의 협의분할에 의하여 재분할하는 경우
⑬ 소유자 (택지공사가 준공된 토지의 지목을 변경하여 취득의제된 경우)	「공간정보의 구축 및 관리 등에 관한 법률」 제67조에 따른 대(垈) 중 「국토의 계획 및 이용에 관한 법률」 등 관계 법령에 따른 택지공사가 준공된 토지의 지목을 건축물과 그 건축물에 접속된 정원 및 부속시설물의 부지로 사실상 변경함으로써 그 가액이 증가한 경우에는 취득으로 본다.

구분	내용
⑭ 신 위탁자	「신탁법」 제10조에 따라 신탁재산의 위탁자 지위의 이전이 있는 경우에는 새로운 위탁자가 해당 신탁재산을 취득한 것으로 본다. 다만, 위탁자 지위의 이전에도 불구하고 신탁재산에 대한 실질적인 소유권 변동이 있다고 보기 어려운 경우로서 대통령령으로 정하는 경우에는 그러하지 아니하다. 1. 「자본시장과 금융투자업에 관한 법률」에 따른 부동산집합투자기구의 집합투자업자가 그 위탁자의 지위를 다른 집합투자업자에게 이전하는 경우 2. 제1호에 준하는 경우로서 위탁자 지위를 이전하였음에도 불구하고 신탁재산에 대한 실질적인 소유권의 변동이 없는 경우
⑮ 채무자 (채권자가 대위등기하는 경우)	채무자 소유의 미등기 건물에 대하여 채권자가 채권 확보를 위하여 법원의 판결에 의한 소유권보존등기를 채무자 명의로 등기할 경우의 취득세 납세의무는 채무자(채권자×)에게 있다.[기본통칙]

■ 납세지 vs 과세권자

구분	납세지	과세권자
국세	납세의무자의 주소지	(납세지 관할) 세무서장(예외 : 지방국세청장)
지방세	물건의 소재지	(물건의 소재지 관할) 지자체장 ① 광역자치단체장(특·광시장, 도지사) ② 기초 자치단체장(시장·군수·구청장)

출제자 의도

과세대상

과세대상 해당 여부를 '구별'할 수 있는가?

★ 5. 과세대상(과세객체, 과세물건) (법 제7조 제①항)

다음 표(대분류·소분류)상 항목의 취득행위

과세		不 과세
대분류	소분류	
① 부동산	토지, 건축물 (실물 부동산) ↓ (지적공부상 등록·미등록 관계없이 공관법 규정에 의한 사실상 모든 토지, 지목은 사실상 지목으로 판단)	부동산에 관한 권리 (지상권, 지역권, 전세권, 임차권 등)
② 준부동산	차량, 기계장비, 선박, 항공기, 입목 ↓ (종류변경 : 그 가액이 증가된 경우 증가부분만큼) → 차량, 기계장비, 선박, 항공기의 원시취득은 비과세이나, 승계취득은 과세된다.	벌채된 입목
③ 각종 권리	광업권, 어업권, 회원권(골프·승마·콘도미니엄·종합체육시설이용·요트회원권) → 광업권·어업권의 원시취득(출원)은 면제되나, 승계취득은 과세된다.	조광권·영업권·특허권

※ 관련 법률상 형식적 요건 불비는 고려하지 않는다.
→ 즉, 미등기·미등록·무허가라도 과세한다.

• 광업권 vs 조광권

광업권
등록한 일정지역에서 등록한 일정광물을 채굴·취득할 수 있는 권리

조광권
타인의 광구에서 광업권의 목적으로 되어 있는 광물을 채굴·취득할 수 있는 권리

★★★
6. 과세표준 (법 제10조)

(1) 원칙 vs 예외

구분	취득세 과세표준	해당사유
원칙	취득 당시(등기·등록 당시×, 신고 당시×) '신고가액'. 다만, 연부로 취득하는 경우에는 '연부금액'	취득자가 신고한 경우 [→ 취득원가를 신고함(부가가치세 등은 제외)]
예외	취득 당시 '시가표준액'	• 신고 또는 신고가액 표시가 없는 경우 [→ 무상승계취득(상속·증여), 교환의 경우] • 신고가액이 시가표준액에 미달하는 경우
	사실상 '취득가격(취득가액)' 또는 연부금액	• **국**가·지방자치단체·지방자치단체조합으로부터 취득 • **수**입에 의한 취득 • **공**매(경매)방법에 의한 취득 • **판**결문에 의하여 취득가격이 증명되는 취득 → 판결문 : 확정판결문만 (↔ 화해·포기·인낙·의제자백은 제외) • 법인**장**부에 의하여 취득가격이 증명되는 취득 (→ 법인장부 : 원장·보조장·출납전표·결산서) • 부동산 거래신고 등에 관한 법률에 의한 신고서를 제출하여 **검**증이 이루어진 취득 ※ 증여·기부 및 그 밖의 무상취득, 양도소득의 부당행위와 법인소득의 부당행위 거래로 인한 취득은 제외

※ 특수한 경우의 취득세 과세표준

• 연부취득

연부금액(매회 사실상 지급되는 금액, 계약보증금 포함) (지방세법 제10조제①항 단서)

• 간주취득(지목변경 등)

┌ 그 시가표준액 증가분(증가한 가액)(= 지목변경 '후'의 시가표준액－지목변경 '전'의 시가표준액) (지방세법 시행령 제17조본문)

└ (소요된)비용(자체) : 법인이 지목변경하는데 법인장부 또는 판결문에 의해 지목변경에 든 비용이 입증되는 경우 (지방세법 시행령 제17조단서)

• 의제 사실상 취득가격

법인이 아닌 자가 건축물을 건축하거나 대수선하여 취득하는 경우로서 취득가격 중 100분의 90(80×)을 넘는 가격이 법인장부에 따라 입증되는 경우에는 대통령령으로 정하는 바에 따라 계산한 취득가격을 과세표준으로 한다. (지방세법 제10조제⑥항)

> 대통령령으로 정하는 바에 따라 계산한 취득가격이란 다음 각 호의 금액을 합한 금액을 말한다. 1. 법인장부로 증명된 금액
> 2. 법인장부로 증명되지 아니하는 금액 중 「소득세법」에 따른 계산서 또는 「부가가치세법」에 따른 세금계산서로 증명된 금액

출제자 의도

과세표준

• 주어진 항목이 과세표준에 포함되는지 여부를 구별할 수 있는가?(특히, 연체료, 할부이자)

• 사례상 취득세의 과세표준과 산출세액을 '계산'할 수 있는가?

• 기준시가 vs 시가표준액

기준시가	시가표준액
국세 과세가액의 기초가액으로 매년 1회 이상 국세청장이 과세물건별로 고시한다.	지방세 과세가액의 기초가액으로 시장·군수가 과세물건별로 고시한다.

• 공시지가 vs 개별공시지가

구분	공시지가	개별공시지가
대상토지	표준지	각 시·군 관할 개별토지
결정권자	국토교통부 장관	시장·군수·구청장

• 시가 vs 실지거래가액

시가	실지거래가액
불특정다수간에 통상적으로 이루어지는 거래가액	실지로 매매가 이루어진 거래가액

3. 부동산을 취득하는 경우 「주택도시기금법」에 따라 매입한 국민주택채권을 해당 부동산의 취득 이전에 양도함으로써 발생하는 매각차손. 이 경우 금융회사등 외의 자에게 양도한 경우에는 동일한 날에 금융회사등에 양도하였을 경우 발생하는 매각차손을 한도로 한다.

■ 사실상의 취득가액이 인정되지 않는 경우

- 화해, 포기, 인낙(조서), 자백간주(의제자백)에 의한 취득
- 공정증서에 의한 취득
- 검인계약서에 의한 취득

■ 「부동산 거래신고 등에 관한 법률」에 의한 신고서를 제출하여 검증이 이루어진 취득

취득의 시기	과세표준
계약서상(사실상×) 잔금지급일	사실상 취득가격

■ 시가표준액(時價標準額)

구분	시가표준액
부동산	공시가액(→「부동산가격공시에 관한 법률」에 의한) • 토지 → 개별공시지가 • 주택 → 개별주택가격 / 공동주택가격
그 외	▶ 원칙 : 매년 1월 1일 현재 지방자치단체장이 결정한 가액 ▶ 예외 : 납세의무성립일 현재 가액, 시가표준액 변경가능 • 주택외 건축물의 시가표준액 = 소득세법상 산정·고시가액 × ㎡ × 구조·용도·위치별 지수 × 경과년수별 잔존가치율× 가감산율

→ 부동산등의 일괄취득 (시행령 제19조제①항)
법 제7조제1항에 따른 부동산등(이하 이 조에서 "부동산등"이라 한다)을 한꺼번에 취득하여 부동산등의 취득가격이 구분되지 아니하는 경우에는 한꺼번에 취득한 가격을 부동산등의 시가표준액 비율로 나눈 금액을 각각의 취득가격으로 한다.

■ 과세표준(취득가격, 취득가액) 포함여부

구분	포함되는 간접비용	포함되지 않는 간접비용
항목	①건설자금에 충당한 차입금(금액)의 이자 ②법인(개인×)의 할부 또는 연부 계약에 따른 이자상당액 및 연체료 ③관계법령에 따라 의무적으로 부담하는 비용 (예) 농지법상 농지보전부담금, 산지관리법상 대체산림자원조성비 등 ④취득에 필요한 용역을 제공받는 대가로 지급하는 용역비·수수료 (예) 중개보수 ⑤취득대금 외에 당사자 약정에 의한 취득자 조건 부담액과 채무인수액 ⑥주택법상 매입한 국민주택채권 매각차손	① 판매를 위한 광고선전비 등의 판매비용과 그와 관련한 부대비용 ② 개인(법인×)의 할부 또는 연부 계약에 따른 이자상당액 및 연체료 ③ 전기·가스·열 등을 이용하는 자가 분담하는 비용 ④ 취득물건과는 별개의 권리에 관한 보상성격으로 지급되는 비용 (예) 이주비, 지장물보상금 등 ⑤ 부가가치세

■ **취득가격의 범위 등** (시행령 제18조)

① 법 제10조제5항 각 호에 따른 **취득가격 또는 연부금액**은 취득시기를 기준으로 그 이전에 해당 물건을 취득하기 위하여 거래 상대방 또는 제3자에게 지급하였거나 지급하여야 할 **직접비용**과 다음 각 호의 어느 하나에 해당하는 **간접비용의 합계액**으로 한다. 다만, 취득대금을 일시급 등으로 지급하여 일정액을 할인받은 경우에는 그 할인된 금액으로 한다.

1. 건설자금에 충당한 차입금의 이자 또는 이와 유사한 금융비용
2. 할부 또는 연부(年賦) 계약에 따른 이자 상당액 및 연체료. 다만, 법인이 아닌 자가 취득하는 경우는 취득가격 또는 연부금액에서 제외한다.
3. 「농지법」에 따른 농지보전부담금, 「산지관리법」에 따른 대체산림자원조성비 등 관계 법령에 따라 의무적으로 부담하는 비용
4. 취득에 필요한 용역을 제공받은 대가로 지급하는 용역비·수수료
5. 취득대금 외에 당사자의 약정에 따른 취득자 조건 부담액과 채무인수액
6. 부동산을 취득하는 경우 「주택도시기금법」 제8조에 따라 매입한 국민주택채권을 해당 부동산의 취득 이전에 양도함으로써 발생하는 매각차손. 이 경우 행정안전부령으로 정하는 금융회사 등(이하 이 조에서 "금융회사등"이라 한다) 외의 자에게 양도한 경우에는 동일한 날에 금융회사등에 양도하였을 경우 발생하는 매각차손을 한도로 한다.
7. 「공인중개사법」에 따른 공인중개사에게 지급한 중개보수. 다만, 법인이 아닌 자가 취득하는 경우는 취득가격 또는 연부금액에서 제외한다.
8. 제1호부터 제7호까지의 비용에 준하는 비용

② 제1항에도 불구하고 다음 각 호의 어느 하나에 해당하는 비용은 취득가격에 포함하지 아니한다.

1. 취득하는 물건의 판매를 위한 광고선전비 등의 판매비용과 그와 관련한 부대비용
2. 「전기사업법」, 「도시가스사업법」, 「집단에너지사업법」, 그 밖의 법률에 따라 전기·가스·열 등을 이용하는 자가 분담하는 비용
3. 이주비, 지장물 보상금 등 취득물건과는 별개의 권리에 관한 보상 성격으로 지급되는 비용
4. 부가가치세
5. 제1호부터 제4호까지의 비용에 준하는 비용

③ 법 제10조제5항제3호에서 "대통령령으로 정하는 것"이란 다음 각 호에서 정하는 것을 말한다.

1. 판결문 : 민사소송 및 행정소송에 의하여 확정된 판결문(화해·포기·인낙 또는 자백간주에 의한 것은 제외한다)
2. 법인장부 : 금융회사의 금융거래 내역 또는 「감정평가 및 감정평가사에 관한 법률」 제6조에 따른 감정평가서 등 객관적 증거서류에 의하여 법인이 작성한 원장·보조장·출납전표·결산서. 다만, 법인장부의 기재사항 중 중고자동차 또는 중고기계장비의 취득가액이 법 제4조제2항에서 정하는 시가표준액보다 낮은 경우에는 그 취득 가액 부분(중고자동차 또는 중고기계장비가 천재지변, 화재, 교통사고 등으로 그 가액이 시가표준액보다 하락한 것으로 시장·군수·구청장이 인정한 경우는 제외한다)은 객관적 증거서류에 의하여 취득가액이 증명되는 법인장부에서 제외한다.

④ 부동산을 취득할 수 있는 권리를 타인으로부터 이전받은 자가 법 제10조제5항 각 호의 어느 하나에 해당하는 방법으로 부동산을 취득하는 경우로서 해당 부동산 취득을 위하여 지출하였거나 지출할 금액의 합(이하 이 항에서 "실제 지출금액"이라 한다)이 분양·공급가격(분양자 또는 공급자와 최초로 분양계약 또는 공급계약을 체결한 자간 약정한 분양가격 또는 공급가격을 말한다)보다 낮은 경우에는 부동산 취득자의 실제 지출금액을 기준으로 제1항 및 제2항에 따라 산정한 취득가액을 과세표준으로 한다. 다만, 「소득세법」 제101조제1항 또는 「법인세법」 제52조제1항에 따른 특수관계인과의 거래로 인한 취득인 경우에는 그러하지 아니하다.

⑤ 법 제10조제6항에서 "대통령령으로 정하는 바에 따라 계산한 취득가격"이란 다음 각 호의 금액을 합한 금액을 말한다.

1. 제3항제2호에 따른 법인장부로 증명된 금액
2. 제3항제2호에 따른 법인장부로 증명되지 아니하는 금액 중 「소득세법」 제163조에 따른 계산서 또는 「부가가치세법」 제32조에 따른 세금계산서로 증명된 금액
3. 부동산을 취득하는 경우 「주택도시기금법」 제8조에 따라 매입한 국민주택채권을 해당 부동산의 취득 이전에 양도함으로써 발생하는 매각차손. 이 경우 금융회사등 외의 자에게 양도한 경우에는 동일한 날에 금융회사등에 양도하였을 경우 발생하는 매각차손을 한도로 한다.

출제자 의도

세율

- 표준세율 : 취득 유형별·부동산 유형별 세율을 구별할 수 있는가?
- 특례세율 : 표준세율에서 중과기준세율을 뺀 세율이 적용되는 경우와 중과기준세율(2%)이 적용되는 경우를 구별할 수 있는가?

★★★

7. 세율

(1) 표준세율(→ 탄력세율 : 세율의 ±50% 가능) (법 제11조)

구분	표준세율
① 유상 승계취득 ─ 농지(논, 밭, 과수원, 목장용지)	3.0%(1,000분의 30)
① 유상 승계취득 ─ 농지와 주택 이외의 부동산(토지, 건축물)	4.0%(1,000분의 40)
① 유상 승계취득 ─ 주택 - 6억원 이하	1.0%(1,000분의 10)
① 유상 승계취득 ─ 주택 - 6억원 초과 ~ 9억원 이하	2.0%(1,000분의 20)
① 유상 승계취득 ─ 주택 - 9억원 초과	3.0%(1,000분의 30)
② 무상 승계취득 ─ 상속 ─ 농지	2.3%(1,000분의 23)
② 무상 승계취득 ─ 상속 ─ 농지 외의 것	2.8%(1,000분의 28)
② 무상 승계취득 ─ 증여(유증) ─ 일반(영리, 개인)	3.5%(1,000분의 35)
② 무상 승계취득 ─ 증여(유증) ─ 비영리사업자	2.8%(1,000분의 28)
③ 원시취득(매립, 간척, 신축, 재축, 증축, 개수)	2.8%(1,000분의 28)
④ 공유물·「부동산 실권리자명의 등기에 관한 법률」상 부동산의 공유권 해소를 위한 지분이전으로 인한 취득(등기부등본상 본인 지분을 초과하는 부분의 경우는 제외)·합유물 및 총유물의 분할	2.3%(1,000분의 23)

※ 주택건물을 취득한 후에 해당 주택의 부속토지를 취득하는 경우 부속토지의 취득세 세율은 토지 (주택×)의 세율(4%)을 적용한다.

① 부동산에 대한 취득세는 제10조의 과세표준에 다음 각 호에 해당하는 표준세율을 적용하여 계산한 금액을 그 세액으로 한다.

1. 상속으로 인한 취득
   가. 농지 : 1천분의 23　　나. 농지 외의 것 : 1천분의 28
2. 제1호 외의 무상취득 : 1천분의 35
   다만, 대통령령으로 정하는 비영리사업자의 취득은 1천분의 28로 한다.
3. 원시취득 : 1천분의 28
4. 〈삭제〉
5. 공유물의 분할 또는 「부동산 실권리자명의 등기에 관한 법률」 제2조제1호나목에서 규정하고 있는 부동산의 공유권 해소를 위한 지분이전으로 인한 취득(등기부등본상 본인 지분을 초과하는 부분의 경우에는 제외한다) : 1천분의 23
6. 합유물 및 총유물의 분할로 인한 취득 : 1천분의 23

- **높은 세율적용**

동일 취득물건에 2이상의 세율이 해당되는 경우

7. 그 밖의 원인으로 인한 취득
   가. 농지 : 1천분의 30
   나. 농지 외의 것 : 1천분의 40
8. 제7호나목에도 불구하고 유상거래를 원인으로 제10조에 따른 취득 당시의 가액이 6억원 이하인 주택[「주택법」 제2조 제1호에 따른 주택으로서 「건축법」에 따른 건축물대장·사용승인서·임시사용승인서 또는 「부동산등기법」에 따른 등기부에 주택으로 기재[「건축법」(법률 제7696호로 개정되기 전의 것을 말한다)에 따라 건축허가 또는 건축신고 없이 건축이 가능하였던 주택(법률 제7696호 건축법 일부개정법률 부칙 제3조에 따라 건축허가를 받거나 건축신고가 있는 것으로 보는 경우를 포함한다)으로서 건축물대장에 기재되어 있지 아니한 주택의 경우에도 건축물대장에 주택으로 기재된 것으로 본다]된 주거용 건축물과 그 부속토지를 말한다. 이하 이 조에서 같다]을 취득하는 경우에는 1천분의 10의 세율을, 6억원 초과 9억원 이하의 주택을 취득하는 경우에는 1천분의 20의 세율을, 9억원 초과 주택을 취득하는 경우에는 1천분의 30의 세율을 각각 적용한다. 이 경우 지분으로 취득한 주택의 취득 당시의 가액은 다음의 계산식에 따라 산출한 전체 주택의 취득 당시의 가액으로 한다.

$$\text{전체 주택의 취득 당시의 가액} = \text{취득 지분의 취득 당시의 가액} \times \frac{\text{전체 주택의 시가표준액}}{\text{취득 지분의 시가표준액}}$$

② 제1항제1호·제2호·제7호 및 제8호의 부동산이 공유물일 때에는 그 취득지분의 가액을 과세표준으로 하여 각각의 세율을 적용한다.

③ 제10조제3항에 따라 건축(신축과 재축은 제외한다) 또는 개수로 인하여 건축물 면적이 증가할 때에는 그 증가된 부분에 대하여 원시취득으로 보아 제1항제3호의 세율을 적용한다.

④ 주택을 신축 또는 증축한 이후 해당 주거용 건축물의 소유자(배우자 및 직계존비속을 포함한다)가 해당 주택의 부속토지를 취득하는 경우에는 제1항제8호를 적용하지 아니한다.

■ 부동산 외 취득의 세율 (법 제12조)

① 다음 각 호에 해당하는 부동산 이외 물건 등에 대한 취득세는 제10조의 과세표준에 다음 각 호의 표준세율을 적용하여 계산한 금액을 그 세액으로 한다.

1. 선박
   가. 등기·등록 대상인 선박(나목에 따른 소형선박은 제외한다)
      1) 상속으로 인한 취득 : 1천분의 25
      2) 상속으로 인한 취득 외의 무상취득 : 1천분의 30
      3) 원시취득 : 1천분의 20.2
      4) 수입에 의한 취득 및 주문 건조에 의한 취득 : 1천분의 20.2
      5) 〈삭제〉
      6) 그 밖의 원인으로 인한 취득 : 1천분의 30
   나. 소형선박
      1) 「선박법」 제1조의2제2항에 따른 소형선박 : 1천분의 20.2
      2) 「수상레저안전법」 제30조에 따른 동력수상레저기구 : 1천분의 20.2
   다. 가목 및 나목 외의 선박 : 1천분의 20

2. 차량
   가. 비영업용 승용자동차 : 1천분의 70. 다만, 경자동차의 경우에는 1천분의 40으로 한다.
   나. 그 밖의 자동차
      1) 비영업용 : 1천분의 50. 다만, 경자동차의 경우에는 1천분의 40으로 한다.
      2) 영업용 : 1천분의 40
      3) 「자동차관리법」에 따른 이륜자동차로서 대통령령으로 정하는 자동차 : 1천분의 20
   다. 가목 및 나목 외의 차량 : 1천분의 20
3. 기계장비 : 1천분의 30. 다만, 「건설기계관리법」에 따른 등록대상이 아닌 기계장비는 1천분의 20으로 한다.
4. 항공기
   가. 「항공법」 제3조 단서에 따른 항공기 : 1천분의 20
   나. 그 밖의 항공기 : 1천분의 20.2. 다만, 최대이륙중량이 5,700킬로그램 이상인 항공기는 1천분의 20.1로 한다.
5. 입목 : 1천분의 20
6. 광업권 또는 어업권 : 1천분의 20
7. 골프회원권, 승마회원권, 콘도미니엄 회원권, 종합 체육시설 이용회원권 또는 요트회원권 : 1천분의 20

② 제1항제1호의 선박 및 같은 항 제3호의 기계장비가 공유물일 때에는 그 취득지분의 가액을 과세표준으로 하여 세율을 적용한다.

(2) 중과세율(→ 탄력세율 적용×) (법 제13조)

<table>
<tr><th colspan="2">구분</th><th colspan="3">중과세율</th></tr>
<tr><td rowspan="2">과밀억제권역 내</td><td>법인의 본점·주사무소의 사업용 부동산 취득</td><td rowspan="2">표준세율
+ 중과기준세율(2%)의 2배
= 표준세율 + 4%</td><td rowspan="4">과밀억제권역 중과세 규정과 대도시 내 중과세 규정이 중복 적용되는 경우 : 표준세율의 3배</td><td rowspan="2">–</td></tr>
<tr><td>공장 신설·증설을 위한 사업용 과세물건 취득</td></tr>
<tr><td rowspan="2">대도시 내</td><td>법인의 설립·지점 또는 분사무소 설치·법인의 진입에 따른 부동산 취득</td><td rowspan="2">표준세율의 3배
− 중과기준세율(2%)의 2배
= 표준세율의 3배 − 4%</td><td rowspan="3">대도시 내 중과세 규정과 사치성 재산 중과세 규정이 중복 적용되는 경우 : 표준세율의 3배 + 중과기준세율(2%)의 2배
= 표준세율의 3배 + 4%</td></tr>
<tr><td>공장의 신설·증설에 따른 부동산 취득</td></tr>
<tr><td colspan="2">사치성 재산
(**별**장, **골**프장, 고급**주**택, 고급**오**락장, 고급**선**박)</td><td>표준세율
+ 중과기준세율(2%)의 4배
= 표준세율 + 8%</td><td>–</td></tr>
</table>

■ 「과밀억제권역 내 vs 대도시 내」 중과세율의 적용상 차이점

과밀억제권역 내	대도시 내
① 본점, 주사무소 ② 사업용 부동산 취득 ③ 건물의 신축·증축, 즉 원시취득(승계취득×) ④「표준세율 + 중과기준세율(2%)의 2배 = 표준세율 + 4%」의 중과세율	① 본점, 주사무소, 지점, 분사무소 ② 사업용·비사업용, 즉 모든 부동산 취득 ③ 원시취득·승계취득 ④「표준세율의 3배 − 중과기준세율(2%)의 2배 = 표준세율의 3배 − 4%」의 중과세율

① 「수도권정비계획법」 제6조에 따른 **과밀억제권역**에서 대통령령으로 정하는 본점이나 주사무소의 사업용 부동산(본점이나 주사무소용 건축물을 신축하거나 증축하는 경우와 그 부속토지만 해당한다)을 취득하는 경우와 같은 조에 따른 과밀억제권역(「산업집적활성화 및 공장설립에 관한 법률」을 적용받는 산업단지·유치지역 및 「국토의 계획 및 이용에 관한 법률」을 적용받는 공업지역은 **제외**한다)에서 공장을 신설하거나 증설하기 위하여 사업용 과세물건을 취득하는 경우의 취득세율은 제11조 및 제12조의 세율(표준세율)에 중과기준세율의 100분의 200(2배)(100분의 400)을 합한 세율을 적용한다.

② 다음 각 호의 어느 하나에 해당하는 부동산을 취득하는 경우의 취득세는 제11조제1항의 표준세율의 100분의 300(3배)에서 중과기준세율의 100분의 200(2배)을 뺀 세율을 적용한다. 다만, 제11조제1항제8호에 해당하는 주택을 취득하는 경우의 취득세는 같은 조 제1항의 표준세율과 중과기준세율의 100분의 200을 합한 세율을 적용하고, 「수도권정비계획법」 제6조에 따른 과밀억제권역(「산업집적활성화 및 공장설립에 관한 법률」을 적용받는 산업단지는 제외한다. 이하 이 조에서 "대도시"라 한다)에 설치가 불가피하다고 인정되는 업종으로서 대통령령으로 정하는 업종(이하 이 조에서 "대도시 중과 제외 업종"이라 한다)에 직접 사용할 목적으로 부동산을 취득하거나, 법인이 사원에 대한 분양 또는 임대용으로 직접 사용할 목적으로 대통령령으로 정하는 주거용 부동산(이하 이 조에서 "사원주거용 목적 부동산"이라 한다)을 취득하는 경우의 취득세는 제11조에 따른 해당 세율을 적용한다.

1. **대도시**에서 법인을 설립[대통령령으로 정하는 휴면(休眠)법인(이하 "휴면법인"이라 한다)을 인수하는 경우를 포함한다. 이하 이 호에서 같다]하거나 지점 또는 분사무소를 설치하는 경우 및 법인의 본점·주사무소·지점 또는 분사무소를 대도시로 전입함에 따라 대도시의 부동산을 취득(그 설립·설치·전입 이후의 부동산 취득을 포함한다)하는 경우"
2. **대도시**(「산업집적활성화 및 공장설립에 관한 법률」을 적용받는 유치지역 및 「국토의 계획 및 이용에 관한 법률」을 적용받는 공업지역은 제외한다)에서 공장을 신설하거나 증설함에 따라 부동산을 취득하는 경우

- **과밀억제권역**
인구의 과밀을 억제하기 위한 지역으로서 수도권정비계획법상 서울특별시·인천광역시 일부·경기도 일부가 해당된다.

③ 제2항 각 호 외의 부분 단서에도 불구하고 다음 각 호의 어느 하나에 해당하는 경우 그 해당 부분에 대하여는 제2항 본문을 적용한다.

1. 제2항 각 호 외의 부분 단서에 따라 취득한 부동산이 다음 각 목의 어느 하나에 해당하는 경우. 다만, 대도시 중과 제외 업종 중 대통령령으로 정하는 업종에 대하여는 직접 사용하여야 하는 기한 또는 다른 업종이나 다른 용도에 사용 · 겸용이 금지되는 기간을 3년 이내의 범위에서 대통령령으로 달리 정할 수 있다.
   가. 정당한 사유 없이 부동산 취득일부터 1년이 경과할 때까지 대도시 중과 제외 업종에 직접 사용하지 아니하는 경우
   나. 정당한 사유 없이 부동산 취득일부터 1년이 경과할 때까지 사원주거용 목적 부동산으로 직접 사용하지 아니하는 경우
   다. 부동산 취득일부터 1년 이내에 다른 업종이나 다른 용도에 사용·겸용하는 경우
2. 제2항 각 호 외의 부분 단서에 따라 취득한 부동산이 다음 각 목의 어느 하나에 해당하는 경우
   가. 부동산 취득일부터 2년 이상 해당 업종 또는 용도에 직접 사용하지 아니하고 매각하는 경우
   나. 부동산 취득일부터 2년 이상 해당 업종 또는 용도에 직접 사용하지 아니하고 다른 업종이나 다른 용도에 사용 · 겸용하는 경우

④ 제3항을 적용할 때 대통령령으로 정하는 임대가 불가피하다고 인정되는 업종에 대하여는 직접 사용하는 것으로 본다.

⑤ 다음 각 호의 어느 하나에 해당하는 부동산등(사치성 재산 : 별장, 골프장, 고급주택, 고급오락장, 고급선박)을 취득하는 경우(별장 등을 구분하여 그 일부를 취득하는 경우를 포함한다)의 취득세는 제11조 및 제12조의 세율(표준세율)과 중과기준세율의 100분의 400(4배)(100분의 200×)을 합한 세율을 적용하여 계산한 금액을 그 세액으로 한다. 이 경우 골프장은 그 시설을 갖추어 「체육시설의 설치·이용에 관한 법률」에 따라 체육시설업의 등록(시설을 증설하여 변경등록하는 경우를 포함한다. 이하 이 항에서 같다)을 하는 경우뿐만 아니라 등록을 하지 아니하더라도 사실상 골프장으로 사용하는 경우에도 적용하며, 별장·고급오락장에 부속된 토지의 경계가 명확하지 아니할 때에는 그 건축물 바닥면적의 10배에 해당하는 토지를 그 부속토지로 본다.

1. **별장** : 주거용 건축물로서 늘 주거용으로 사용하지 아니하고 휴양 · 피서 · 놀이 등의 용도로 사용하는 건축물과 그 부속토지(「지방자치법」 제3조제3항 및 제4항에 따른 읍 또는 면에 있는, 대통령령으로 정하는 범위와 기준에 해당하는 농어촌주택과 그 부속토지는 제외한다). 이 경우 별장의 범위와 적용기준은 대통령령으로 정한다.
2. **골프장** : 「체육시설의 설치 · 이용에 관한 법률」에 따른 회원제 골프장용 부동산 중 구분등록의 대상이 되는 토지와 건축물 및 그 토지 상(上)의 입목

• 사치성재산의 중과세율
= 표준세율 + 8%
(예 : 별장)
– 신축 : 2.8% + 8% = 10.8%
– 매매 : 4% + 8% = 12%
– 증여 : 3.5% + 8% = 11.5%

• 고급주택

1. 단독주택
1) 건물면적 331㎡ 초과 + 건물시가표준액 9천만원 초과 + 개별주택가격 6억원 초과
2) 대지면적 662㎡초과 + 건물시가표준액 9천만원 초과 + 개별주택가격 6억원 초과
3) E/V + 개별주택가격 6억원 초과
4) E/C 또는 67㎡ 풀장

2. 공동주택
1) 일반(비복층)
건물면적 245㎡ 초과 + 공동주택가격 6억원 초과
2) 복층
건물면적 274㎡ 초과 + 공동주택가격 6억원 초과

3. **고급주택** : 주거용 건축물 또는 그 부속토지의 면적과 가액이 대통령령으로 정하는 기준을 초과하거나 해당 건축물에 67제곱미터 이상의 수영장 등 대통령령으로 정하는 부대시설을 설치한 주거용 건축물과 그 부속토지. 다만, 주거용 건축물을 취득한 날부터 30일[상속으로 인한 경우는 상속개시일부터, 실종으로 인한 경우는 실종선고일부터 각각 6개월(납세자가 외국에 주소를 둔 경우에는 각각 9개월)] 이내에 주거용이 아닌 용도로 사용하거나 고급주택이 아닌 용도로 사용하기 위하여 용도변경공사를 착공하는 경우는 제외한다.

4. **고급오락장** : 도박장, 유흥주점영업장, 특수목욕장, 그 밖에 이와 유사한 용도에 사용되는 건축물 중 대통령령으로 정하는 건축물과 그 부속토지. 다만, 고급오락장용 건축물을 취득한 날부터 30일[상속으로 인한 경우는 상속개시일부터, 실종으로 인한 경우는 실종선고일부터 각각 6개월(납세자가 외국에 주소를 둔 경우에는 각각 9개월)] 이내에 고급오락장이 아닌 용도로 사용하거나 고급오락장이 아닌 용도로 사용하기 위하여 용도변경공사를 착공하는 경우는 제외한다.

5. **고급선박** : 비업무용 자가용 선박으로서 대통령령으로 정하는 기준을 초과하는 선박

※ 사치성 재산을 2명 이상이 구분하여 취득하거나 1명 또는 여러 명이 시차를 두고 구분하여 취득하는 경우에도 중과세한다.

■ 별장 등의 범위와 적용기준 (시행령 제28조)

① 법 제13조제5항 각 호 외의 부분 전단에 따른 별장 등을 구분하여 그 일부를 취득하는 경우는 별장·골프장·고급주택·고급오락장 또는 고급선박을 2명 이상이 구분하여 취득하거나 1명 또는 여러 명이 시차를 두고 구분하여 취득하는 경우로 한다.

② 법 제13조제5항제1호 전단에서 "대통령령으로 정하는 범위와 기준에 해당하는 농어촌주택과 그 부속토지"란 다음 각 호의 요건을 갖춘 농어촌주택과 그 부속토지를 말한다.

1. 대지면적이 660제곱미터 이내이고 건축물의 연면적이 150제곱미터 이내일 것
2. 건축물의 가액(제4조제1항제1호를 준용하여 산출한 가액을 말한다. 이하 이 조에서 같다)이 6천500만원 이내일 것
3. 다음 각 목의 어느 하나에 해당하는 지역에 있지 아니할 것

가. 광역시에 소속된 군지역 또는 「수도권정비계획법」 제2조제1호에 따른 수도권지역. 다만, 「접경지역지원법」 제2조제1호에 따른 접경지역과 「수도권정비계획법」에 따른 자연보전권역 중 행정안전부령으로 정하는 지역은 제외한다.

나. 「국토의 계획 및 이용에 관한 법률」 제6조에 따른 도시지역 및 「부동산 거래신고 등에 관한 법률」 제10조에 따른 허가구역

다. 「소득세법」 제104조의2제1항에 따라 기획재정부장관이 지정하는 지역

라. 「조세특례제한법」 제99조의4제1항제1호가목5)에 따라 정하는 지역

③ 법 제13조제5항제1호 후단에 따른 별장 중 개인이 소유하는 별장은 본인 또는 그 가족 등이 사용하는 것으로 하고, 법인 또는 단체가 소유하는 별장은 그 임직원 등이 사용하는 것으로 하며, 주거와 주거 외의 용도로 겸용할 수 있도록 건축된 오피스텔 또는 이와 유사한 건축물로서 사업장으로 사용하고 있음이 사업자등록증 등으로 확인되지 아니하는 것은 별장으로 본다.

④ 법 제13조제5항제3호에 따라 고급주택으로 보는 주거용 건축물과 그 부속토지는 다음 각 호의 어느 하나에 해당하는 것으로 한다. 다만, 제1호·제2호·제2호의2 및 제4호에서 정하는

주거용 건축물과 그 부속토지 또는 공동주택과 그 부속토지는 법 제4조제1항에 따른 취득 당시의 시가표준액이 6억원을 초과하는 경우만 해당한다.

1. 1구의 건축물의 연면적(주차장면적은 제외한다)이 331제곱미터를 초과하는 것으로서 그 건축물의 가액이 9천만원을 초과하는 주거용 건축물과 그 부속토지
2. 1구의 건축물의 대지면적이 662제곱미터를 초과하는 것으로서 그 건축물의 가액이 9천만원을 초과하는 주거용 건축물과 그 부속토지

2의2. 1구의 건축물에 엘리베이터(적재하중 200킬로그램 이하의 소형엘리베이터는 제외한다)가 설치된 주거용 건축물과 그 부속토지(공동주택과 그 부속토지는 제외한다)

3. 1구의 건축물에 에스컬레이터 또는 67제곱미터 이상의 수영장 중 1개 이상의 시설이 설치된 주거용 건축물과 그 부속토지(공동주택과 그 부속토지는 제외한다)
4. 1구의 공동주택(여러 가구가 한 건축물에 거주할 수 있도록 건축된 다가구용 주택을 포함하되, 이 경우 한 가구가 독립하여 거주할 수 있도록 구획된 부분을 각각 1구의 건축물로 본다)의 건축물 연면적(공용면적은 제외한다)이 245제곱미터(복층형은 274제곱미터로 하되, 한 층의 면적이 245제곱미터를 초과하는 것은 제외한다)를 초과하는 공동주택과 그 부속토지

⑤ 법 제13조제5항제4호 본문에서 "대통령령으로 정하는 건축물과 그 부속토지"란 다음 각 호의 어느 하나에 해당하는 용도에 사용되는 건축물과 그 부속토지를 말한다. 이 경우 고급오락장이 건축물의 일부에 시설되었을 때에는 해당 건축물에 부속된 토지 중 그 건축물의 연면적에 대한 고급오락장용 건축물의 연면적 비율에 해당하는 토지를 고급오락장의 부속토지로 본다.

1. 당사자 상호간에 재물을 걸고 우연한 결과에 따라 재물의 득실을 결정하는 카지노장(「관광진흥법」에 따라 허가된 외국인전용 카지노장은 제외한다)
2. 사행행위 또는 도박행위에 제공될 수 있도록 자동도박기[파친코, 슬롯머신(slot machine), 아케이드 이퀴프먼트(arcade equipment) 등을 말한다]를 설치한 장소
3. 머리와 얼굴에 대한 미용시설 외에 욕실 등을 부설한 장소로서 그 설비를 이용하기 위하여 정해진 요금을 지급하도록 시설된 미용실
4. 「식품위생법」 제37조에 따른 허가 대상인 유흥주점영업으로서 다음 각 목의 어느 하나에 해당하는 영업장소(공용면적을 포함한 영업장의 면적이 100제곱미터를 초과하는 것만 해당한다)
   가. 손님이 춤을 출 수 있도록 객석과 구분된 무도장을 설치한 영업장소(카바레·나이트클럽·디스코클럽 등을 말한다)
   나. 유흥접객원(남녀를 불문하며, 임시로 고용된 사람을 포함한다)을 두는 경우로, 별도로 반영구적으로 구획된 객실의 면적이 영업장 전용면적의 100분의 50 이상이거나 객실 수가 5개 이상인 영업장소(룸살롱, 요정 등을 말한다)

⑥ 법 제13조제5항제5호에서 "대통령령으로 정하는 기준을 초과하는 선박"이란 시가표준액이 3억원을 초과하는 선박을 말한다. 다만, 실험·실습 등의 용도에 사용할 목적으로 취득하는 것은 제외한다.

⑥ 제1항과 제2항이 동시에 적용되는 과세물건에 대한 취득세율은 제16조제5항에도 불구하고 제11조제1항에 따른 표준세율의 100분의 300으로 한다.

⑦ 제2항과 제5항이 동시에 적용되는 과세물건에 대한 취득세율은 제16조제5항에도 불구하고 제11조에 따른 표준세율의 100분의 300에 중과기준세율의 100분의 200을 합한 세율을 적용한다. 다만, 제11조제1항제8호에 따른 주택을 취득하는 경우에는 해당 세율에 중과기준세율의 100분의 600을 합한 세율을 적용한다.

⑧ 제2항에 따른 중과세의 범위와 적용기준, 그 밖에 필요한 사항은 대통령령으로 정하고, 제1항과 제2항에 따른 공장의 범위와 적용기준은 행정자치부령으로 정한다.

(3) 조례에 따른 세율 조정(지방세법 제14조)

지방자치단체의 장(특·광시장 또는 도지사○, 시장·군수·구청장×)은 조례로 정하는 바에 따라 취득세의 세율을 제11조와 제12조에 따른 세율(표준세율)(중과세율×)의 100분의 50(50%)의 범위에서 가감할 수 있다. → 탄력세율

(4) 특례세율(세율의 특례) (법 제15조)

	구분	특례세율
형식적 취득	① 환매 ② 상속 ③ 합병 ④ 공유물·합유물 분할 ⑤ 이전 ⑥ 재산분할	표준세율 – 중과기준세율(2%)
취득 의제 등	① 개수 ② 종류변경, 지목변경 ③ 과점주주 취득 ④ 수입 ⑤ 시설대여업자 취득 ⑥ 취득대금 지급자 취득 ⑦ 지목이 묘지인 토지 취득 ⑧ 존속기간 1년 초과 임시건축물 취득 ⑨ 소유권의 보존등기 또는 소유권의 이전등기에 대한 등록면허세 납세의무가 성립한 후 취득시기가 도래하는 건축물 취득	중과기준세율(2%)

① 다음 각 호의 어느 하나에 해당하는 취득에 대한 취득세는 제11조 및 제12조에 따른 세율**(표준세율)에서 중과기준세율(2%)을 뺀 세율**로 산출한 금액을 그 세액으로 하되, 제11조제1항제8호에 따른 주택의 취득에 대한 취득세는 해당 세율에 100분의 50을 곱한 세율을 적용하여 산출한 금액을 그 세액으로 한다 다만, 취득물건이 제13조제2항에 해당하는 경우에는 이 항 각 호 외의 부분 본문의 계산방법으로 산출한 세율의 100분의 300을 적용한다.

> 1. 환매등기를 병행하는 부동산의 매매로서 환매기간 내에 매도자가 환매한 경우의 그 매도자와 매수자의 취득
> 2. 상속으로 인한 취득 중 다음 각 목의 어느 하나에 해당하는 취득
>   가. 대통령령으로 정하는 1가구 1주택(단, 고급주택은 제외)
>   나. 「지방세특례제한법」 제6조제1항에 따라 취득세의 감면대상이 되는 농지의 취득
> 3. 「법인세법」 제44조제2항 또는 제3항에 해당하는 법인의 합병으로 인한 취득. 다만, 법인의 합병으로 인하여 취득한 과세물건이 합병 후에 제16조에 따른 과세물건에 해당하게 되는 경우 또는 합병등기일부터 3년 이내에 「법인세법」

제44조의3제3항 각 호의 어느 하나에 해당하는 사유가 발생하는 경우(같은 항 각 호 외의 부분 단서에 해당하는 경우는 제외한다)에는 그러하지 아니하다.
4. 공유물의 분할 또는 「부동산 실권리자명의 등기에 관한 법률」 제2조제1호나목에서 규정하고 있는 부동산의 공유권 해소를 위한 지분이전으로 인한 취득(등기부등본상 본인 지분을 초과하는 부분의 경우에는 제외한다)
5. 건축물의 이전으로 인한 취득. 다만, 이전한 건축물의 가액이 종전 건축물의 가액을 초과하는 경우에 그 초과하는 가액에 대하여는 그러하지 아니하다.
6. 「민법」 제834조, 제839조의2 및 제840조에 따른 재산분할로 인한 취득
7. 그 밖의 형식적인 취득 등 대통령령으로 정하는 취득

② 다음 각 호의 어느 하나에 해당하는 취득에 대한 취득세는 **중과기준세율**(2%)을 적용하여 계산한 금액을 그 세액으로 한다. 다만, 취득물건이 제13조제1항에 해당하는 경우에는 중과기준세율의 100분의 300을, 같은 조 제5항에 해당하는 경우에는 중과기준세율의 100분의 500을 각각 적용한다.

1. (면적증가 없는)개수로 인한 취득(제11조제3항에 해당하는 경우는 제외한다). 이 경우 과세표준은 제10조제3항에 따른다.
2. 제7조제4항에 따른 선박·차량과 기계장비(→ 종류변경) 및 토지(→ 지목변경)의 가액 증가. 이 경우 과세표준은 제10조제3항에 따른다.
3. 제7조제5항에 따른 과점주주의 취득. 이 경우 과세표준은 제10조제4항에 따른다.
4. 제7조제6항에 따라 외국인 소유의 취득세 과세대상 물건(차량, 기계장비, 항공기 및 선박만 해당한다)을 임차하여 수입하는 경우의 취득(연부로 취득하는 경우로 한정한다)
5. 제7조제9항에 따른 시설대여업자의 건설기계 또는 차량 취득
6. 제7조제10항에 따른 취득대금을 지급한 자의 기계장비 또는 차량 취득. 다만, 기계장비 또는 차량을 취득하면서 기계장비대여업체 또는 운수업체의 명의로 등록하는 경우로 한정한다.
7. 그 밖에 레저시설의 취득 등 대통령령(지방세법 시행령 제30조②항)으로 정하는 다음의 취득
   1. 무덤과 이에 접속된 부속시설물의 부지로 사용되는 토지로서 지적공부상 지목이 묘지인 토지의 취득
   2. 존속기간 1년 초과 임시건축물의 취득
   3. 건축물을 건축하여 취득하는 경우로서 그 건축물에 대하여 법 제28조제1항제1호가목 또는 나목에 따른 소유권의 보존등기 또는 소유권의 이전등기에 대한 등록면허세 납세의무가 성립한 후 제20조에 따른 취득시기가 도래하는 건축물의 취득

■ **1가구 1주택의 범위** (시행령 제29조)

① 법 제15조제1항제2호가목에서 "대통령령으로 정하는 1가구 1주택"이란 상속인(「주민등록법」 제6조제1항제3호에 따른 재외국민은 제외한다. 이하 이 조에서 같다)과 같은 법에 따른 세대별 주민등록표(이하 이 조에서 "세대별 주민등록표"라 한다)에 함께 기재되어 있는 가족(동거인은 제외한다)으로 구성된 1가구[상속인의 배우자, 상속인의 미혼인 30세 미만의 직계비속 또는 상속인이 미혼이고 30세 미만인 경우 그 부모는 각각 상속인과 같은 세대별 주민등록표에 기재되어 있지 아니하더라도 같은 가구에 속한 것으로 본다]가 국내에 1개의 주택[주택(법 제11조제1항제8호에 따른 주택을 말한다)으로 사용하는 건축물과 그 부속토지를 말하되, 제28조제4항에 따른 고급주택은 제외한다)]을 소유하는 경우를 말한다.
② 제1항을 적용할 때 1주택을 여러 사람이 공동으로 소유하는 경우에도 공동소유자 각각 1주택을 소유하는 것으로 보고, 주택의 부속토지만을 소유하는 경우에도 주택을 소유하는 것으로 본다.

> ③ 제1항 및 제2항을 적용할 때 1주택을 여러 사람이 공동으로 상속받는 경우에는 지분이 가장 큰 상속인을 그 주택의 소유자로 본다. 이 경우 지분이 가장 큰 상속인이 두 명 이상일 때에는 지분이 가장 큰 상속인 중 다음 각 호의 순서에 따라 그 주택의 소유자를 판정한다.
> 1. 그 주택에 거주하는 사람
> 2. 나이가 가장 많은 사람

(5) 세율 적용 (법 제16조)

① 토지나 건축물을 취득한 후 5년 이내에 해당 토지나 건축물이 다음 각 호의 어느 하나에 해당하게 된 경우에는 해당 각 호에서 인용한 조항에 규정된 세율을 적용하여 취득세를 추징한다.

> 1. 제13조제1항에 따른 본점이나 주사무소의 사업용 부동산(본점 또는 주사무소용 건축물을 신축하거나 증축하는 경우와 그 부속토지만 해당한다)
> 2. 제13조제1항에 따른 공장의 신설용 또는 증설용 부동산
> 3. 제13조제5항에 따른 별장, 골프장, 고급주택 또는 고급오락장

② 고급주택, 별장, 골프장 또는 고급오락장용 건축물을 증축·개축 또는 개수한 경우와 일반건축물을 증축·개축 또는 개수하여 고급주택 또는 고급오락장이 된 경우에 그 증가되는 건축물의 가액에 대하여 적용할 취득세의 세율은 제13조제5항에 따른 세율로 한다.

③ 제13조제1항에 따른 공장 신설 또는 증설의 경우에 사업용 과세물건의 소유자와 공장을 신설하거나 증설한 자가 다를 때에는 그 사업용 과세물건의 소유자가 공장을 신설하거나 증설한 것으로 보아 같은 항의 세율을 적용한다. 다만, 취득일부터 공장 신설 또는 증설을 시작한 날까지의 기간이 5년이 지난 사업용 과세물건은 제외한다.

④ 취득한 부동산이 대통령령으로 정하는 기간에 제13조제2항에 따른 과세대상이 되는 경우에는 같은 항의 세율을 적용하여 취득세를 추징한다.

⑤ 같은 취득물건에 대하여 둘 이상의 세율이 해당되는 경우에는 그중 높은 세율을 적용한다.

⑥ 취득한 부동산이 제1항제1호 또는 제2호와 제4항이 동시에 적용되는 경우에는 제5항에도 불구하고 제13조제6항의 세율을 적용하여 취득세를 추징한다.

• 고급주택 vs 고가주택

구분	고급주택	고가주택
개념	지방세법상 일정 요건을 충족한 주택	국세(소득세법 중) 실지거래가액 9억원 초과 주택

• 겸용주택(주택+상가)

① 취득세 : 주거용부분만 주택(각각 비례)

② 재산세 : 주거용이 50% 이상인 경우 전부주택, 50% 미만인 경우 주거용 부분만 주택

③ 양도소득세

주택 > 비주택 : 전부 주택

주택 ≤ 비주택 : 각각 비례

출제자 의도

비과세

취득세의 비과세대상과 등록면허세의 비과세대상을 구별할 수 있는가?

8. 비과세 (법 제9조)

※ 비과세 vs 면제 vs 경감

구분	비과세	감면	
		면제	경감
정의	애초부터 과세되지 않는 것 → 따라서 부가세도 과세되지 않음	애초에는 과세되지만 100% 공제받는 것 ↔ 그러나 부가세는 과세됨	애초에는 과세되지만 100% 미만 공제받는 것 ↔ 그러나 부가세는 과세됨

(1) 국가등의 취득

① 국가 또는 지방자치단체(다른 법률에서 국가 또는 지방자치단체로 의제되는 법인은 제외한다. 이하 같다), 지방자치단체조합, 외국정부 및 주한국제기구의 취득에 대해서는 취득세를 부과하지 아니한다. 다만, 대한민국 정부기관의 취득에 대하여 과세하는 외국정부의 취득에 대해서는 취득세를 부과한다.

② 국가, 지방자치단체 또는 지방자치단체조합(이하 이 항에서 "국가등"이라 한다)에 귀속 또는 기부채납(「사회기반시설에 대한 민간투자법」 제4조제3호에 따른 방식으로 귀속되는 경우를 포함한다. 이하 이 항에서 "귀속등"이라 한다)을 조건으로 취득하는 부동산 및 「사회기반시설에 대한 민간투자법」 제2조제1호 각 목에 해당하는 사회기반시설에 대해서는 취득세를 부과하지 아니한다. 다만, 다음 각 호의 어느 하나에 해당하는 경우 그 해당 부분에 대해서는 취득세를 부과한다.

> 1. 국가등에 귀속등의 조건을 이행하지 아니하고 타인에게 매각 · 증여하거나 귀속등을 이행하지 아니하는 것으로 조건이 변경된 경우
> 2. 국가등에 귀속등의 반대급부로 국가등이 소유하고 있는 부동산 및 사회기반시설을 무상으로 양여받거나 기부채납 대상물의 무상사용권을 제공받는 경우

(2) 형식적 취득

① 신탁(「신탁법」에 따른 신탁으로서 신탁등기가 병행되는 것만 해당한다)으로 인한 신탁재산의 취득으로서 다음 각 호의 어느 하나에 해당하는 경우에는 취득세를 부과하지 아니한다. *(↔ 명의신탁 : 과세)* 다만, 신탁재산의 취득 중 주택조합등과 조합원 간의 부동산 취득 및 주택조합등의 비조합원용 부동산 취득은 제외(즉, 부과)한다.

> 1. 위탁자로부터 수탁자에게 신탁재산을 이전하는 경우
> 2. 신탁의 종료로 인하여 수탁자로부터 위탁자에게 신탁재산을 이전하는 경우
> 3. 수탁자가 변경되어 신수탁자에게 신탁재산을 이전하는 경우

② 「징발재산정리에 관한 특별조치법」 또는 「국가보위에 관한 특별조치법 폐지법률」 부칙 제2항에 따른 동원대상지역 내의 토지의 수용·사용에 관한 환매권의 행사로 매수하는 부동산의 취득에 대하여는 취득세를 부과하지 아니한다.

↔ 민법상 환매 : 과세

③ 임시흥행장, 공사현장사무소 등[제13조제5항에 따른 과세대상(사치성 재산)은 제외(즉, 부과)한다] 임시건축물의 취득에 대하여는 취득세를 부과하지 아니한다. 다만, 존속기간이 1년을 초과하는 경우에는 취득세를 부과한다.

④ 「주택법」 제2조제3호에 따른 공동주택의 개수(「건축법」 제2조제1항제9호에 따른 대수선은 제외한다)로 인한 취득 중 대통령령으로 정하는 가액 이하의 주택(시가표준액이 9억원 이하인 주택)과 관련된 개수로 인한 취득에 대해서는 취득세를 부과하지 아니한다.

⑤ 상속개시 이전에 천재지변·화재·교통사고·폐차·차령초과(車齡超過) 등으로 사용할 수 없는 대통령령으로 정하는 차량에 대해서는 상속에 따른 취득세를 부과하지 아니한다.

9. 부과징수 ★★

출제자 의도

부과징수

취득세의 부과징수 절차(특히, 신고·납부절차)상 내용을 알고 있는가?

(1) 징수방법 (법 제18조)

취득세의 징수는 신고납부의 방법으로 한다.

(2) 통보 등 (법 제19조)

다음 각 호의 자는 취득세 과세물건을 매각(연부로 매각한 것을 포함)하면 매각일부터 30일 이내에 대통령령으로 정하는 바에 따라 그 물건 소재지(취득한 자의 주소지×)를 관할하는 지방자치단체의 장에게 통보하거나(하고×) 신고하여야 한다.

> 1. 국가, 지방자치단체 또는 지방자치단체조합
> 2. 국가 또는 지방자치단체의 투자기관(재투자기관을 포함한다)
> 3. 〈삭제〉
> 4. 그 밖에 제1호부터 제2호까지의 기관 등에 준하는 기관 및 단체로서 대통령령으로 정하는 자

(3) 신고 및 납부 (법 제20조)

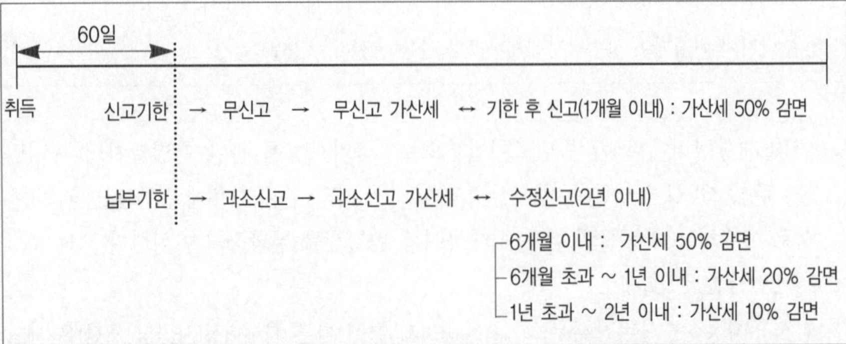

구분	원칙	예외
신고·납부기간	취득한 날 ~ 60일 이내	상속개시일(실종선고일)이 속하는 달의 말일 ~ 6개월 이내(외국에 주소를 둔 상속인이 있는 경우에는 9개월 이내)

① 취득세 과세물건을 취득한 자는 그 취득한 날(「부동산 거래신고에 관한 법률」 제10조제1항에 따른 토지거래계약에 관한 허가구역에 있는 토지를 취득하는 경우로서 같은 법 제11조에 따른 토지거래계약에 관한 허가를 받기 전에 거래대금을 완납한 경우에는 그 허가일이나 허가구역의 지정 해제일 또는 축소일을 말한다)부터 **60일**[상속으로 인한 경우는 상속개시일이 속하는 달의 말일부터, 실종으로 인한 경우는 실종선고일이 속하는 달의 말일부터 각각 **6개월**(외국에 주소를 둔 상속인이 있는 경우에는 각각 **9개월**)] 이내에 그 과세표준에 제11조부터 제15조까지의 세율을 적용하여 산출한 세액을 대통령령으로 정하는 바에 따라 신고하고 납부하여야(할 수×) 한다.

② 취득세 과세물건을 취득한 후에 그 과세물건이 제13조제1항부터 제7항까지의 세율(중과세율)의 적용대상이 되었을 때에는 대통령령으로 정하는 날부터 **60일** 이내에 제13조제1항부터 제7항까지의 세율을 적용하여 산출한 세액에서 이미 납부한 세액(가산세는 제외한다)을 공제한 금액을 세액으로 하여 대통령령으로 정하는 바에 따라 신고하고 납부하여야 한다.

③ 이 법 또는 다른 법령에 따라 취득세를 비과세, 과세면제 또는 경감받은 후에 해당 과세물건이 취득세 부과대상 또는 추징 대상이 되었을 때에는 제1항에도 불구하고 그 사유 발생일부터 **60일** 이내에 해당 과세표준에 제11조부터 제15조까지의 세율을 적용하여 산출한 세액[경감받은 경우에는 이미 납부한 세액(가산세는 제외한다)을 공제한 세액을 말한다]을 대통령령으로 정하는 바에 따라 신고하고 납부하여야 한다.

④ 제1항부터 제3항까지의 신고·납부기한 이내에 재산권과 그 밖의 권리의 취득·이

전에 관한 사항을 공부(公簿)에 등기하거나 등록[등재(登載)를 포함한다. 이하 같다]하려는 경우에는 등기 또는 등록 신청서를 등기·등록관서에 접수하는 날(등기·등록하는 날×)까지 취득세를 신고·납부하여야 한다.

(4) 부족세액의 추징 및 가산세 (법 제21조)

① 취득세 납세의무자가 제20조에 따른 신고 또는 납부의무를 다하지 아니하면 제10조부터 제15조까지의 규정에 따라 산출한 세액(이하 이 장에서 "산출세액"이라 한다) 또는 그 부족세액에 「지방세기본법」 제53조부터 제55조까지의 규정에 따라 산출한 가산세를 합한 금액을 세액으로 하여 보통징수의 방법으로 징수한다.

1. 〈삭제〉

2. 〈삭제〉

② 납세의무자가 취득세 과세물건을 사실상 취득한 후 제20조에 따른 신고를 하지 아니하고 매각하는 경우에는 제1항 및 「지방세기본법」 제53조, 제55조에도 불구하고 산출세액에 100분의 80을 가산한 금액을 세액으로 하여 보통징수의 방법으로 징수한다. 다만, 등기등록이 필요하지 아니한 과세물건 등 대통령령으로 정하는 과세물건에 대하여는 그러하지 아니하다.

■ 가산세 (지방세기본법 제52조~제57조)

구분		세액	해당사유
일반 가산세	신고불성실 가산세	40[고의적 무신고(사기·부정무신고)]/20(단순무신고)/10(단순과소신고) 산출세액 또는 부족세액 × $\frac{(40\%/20\%/10\%)}{100}$	취득세 납세의무자가 법정기한 내에 신고를 하지 아니하거나, 신고세액이 산출세액에 미달한 때
	납부불성실 가산세	부족세액 × 납부지연일수× $\frac{3}{10,000}$ (0.03%)	취득세 납세의무자가 법정기한 내 납부를 하지 아니하거나 미달하게 납부한 때
중가산세		산출세액 × $\frac{80}{100}$ (80%)	취득세 납세의무자가 취득세 과세물건을 사실상 취득한 후 신고하지 아니하고 매각하는 경우

(1) 가산세의 부과 (지방세기본법 제53조)

① 지방자치단체의 장은 이 법 또는 지방세관계법에 따른 의무를 위반한 자에게 이 법 또는 지방세관계법에서 정하는 바에 따라 가산세를 부과할 수 있다.

② 가산세는 해당 의무가 규정된 지방세관계법의 해당 지방세의 세목으로 한다.

③ 제2항에도 불구하고 지방세를 감면하는 경우에 가산세는 그 감면대상에 포함시키지 아니한다.

(2) 무신고가산세(지방세기본법 제53조의2)

① 납세의무자가 법정신고기한까지 과세표준 신고를 하지 아니한 경우에는 그 신고로 납부하여야 할 세액(이 법 및 지방세관계법에 따른 가산세와 가산하여 납부하여야 할 이자 상당 가산액이 있는 경우 그 금액은 제외하며, 이하 "납부세액"이라 한다)의 100분의 20에 상당하는 금액을 가산세로 부과한다.

② 제1항에도 불구하고 사기나 그 밖의 부정한 행위로 법정신고기한까지 과세표준 신고를 하지 아니한 경우에는 납

부세액의 100분의 40에 상당하는 금액을 가산세로 부과한다.

③ 삭제

④ 제1항 및 제2항에 따른 가산세의 계산 및 그 밖에 가산세 부과 등에 필요한 사항은 대통령령으로 정한다.

(3) 과소신고가산세(지방세기본법 제53조의3)

① 납세의무자가 법정신고기한까지 과세표준 신고를 한 경우로서 신고하여야 할 납부세액보다 적게 신고(이하 "과소신고"라 한다)한 경우에는 과소신고분(신고하여야 할 납부세액에 미달한 금액을 말한다. 이하 같다) 세액의 100분의 10에 상당하는 금액을 가산세로 부과한다.

② 제1항에도 불구하고 사기나 그 밖의 부정한 행위로 과소신고한 경우에는 다음 각 호의 금액을 합한 금액을 가산세로 부과한다.

1. 사기나 그 밖의 부정한 행위로 인한 과소신고분(이하 "부정과소신고분"이라 한다) 세액의 100분의 40에 상당하는 금액
2. 과소신고분 세액에서 부정과소신고분 세액을 뺀 금액의 100분의 10에 상당하는 금액

③ 제1항 및 제2항에도 불구하고 신고 당시 소유권에 대한 소송으로 상속재산으로 확정되지 아니하여 과소신고한 경우에는 가산세를 부과하지 아니한다.

④ 제1항 및 제2항에 따른 부정과소신고분, 가산세액의 계산 및 그 밖에 가산세의 부과에 필요한 사항은 대통령령으로 정한다.

(4) 납부불성실 가산세(지방세기본법 제53조의4)

납세의무자가 지방세관계법에 따른 납부기한까지 지방세를 납부하지 아니하거나 납부하여야 할 세액보다 적게 납부(이하 "과소납부"라 한다)한 경우에는 다음의 계산식에 따라 산출한 금액을 가산세로 부과한다. 이 경우 가산세는 납부하지 아니한 세액 또는 과소납부분(납부하여야 할 금액에 미달하는 금액을 말한다. 이하 같다) 세액의 100분의 75에 해당하는 금액을 한도로 한다.

납부하지 아니한 세액 또는 과소납부분 세액 × 납부기한의 다음 날부터 자진납부일 또는 납세고지일까지의 기간 × 금융회사 등이 연체대출금에 대하여 적용하는 이자율 등을 고려하여 대통령령으로 정하는 이자율

(5) 특별징수납부 등 불성실가산세 (지방세기본법 제53조의5)

특별징수의무자가 징수하여야 할 세액을 지방세관계법에 따른 납부기한까지 납부하지 아니하거나 과소납부한 경우에는 납부하지 아니한 세액 또는 과소납부분 세액의 100분의 10에 상당하는 금액을 한도로 하여 다음 각 호의 금액을 합한 금액을 가산세로 부과한다.

1. 납부하지 아니한 세액 또는 과소납부분 세액의 100분의 3에 상당하는 금액
2. 다음의 계산식에 따라 산출한 금액

납부하지 아니한 세액 또는 과소납부분 세액 × 납부기한의 다음 날부터 자진납부일 또는 납세고지일까지의 기간 × 금융회사 등이 연체대출금에 대하여 적용하는 이자율 등을 고려하여 대통령령으로 정하는 이자율

(6) 가산세의 감면 등 (지방세기본법 제54조)

① 지방자치단체의 장은 이 법 또는 지방세관계법에 따라 가산세를 부과하는 경우 그 부과의 원인이 되는 사유가 제26조제1항에 따른 기한연장 사유에 해당하거나 납세자가 해당 의무를 이행하지 아니한 정당한 사유가 있을 때에는 그 가산세를 부과하지 아니한다.

② 지방자치단체의 장은 다음 각 호의 어느 하나에 해당하는 경우에는 이 법 또는 지방세관계법에 따른 해당 가산세액의 100분의 50(제1호의 경우 100분의 10으로 하되, 법정신고기한이 지난 후 1년 이내에 수정신고한 경우에는 100분의 20으로, 법정신고기한이 지난 후 6개월 이내에 수정신고한 경우에는 100분의 50으로 한다)에 상당하는 금액을 감면한다.

1. 법정신고기한이 지난 후 2년 이내에 제50조에 따라 수정신고를 한 경우(제53조의3에 따른 가산세만 해당하며, 과세표준수정신고서를 제출한 과세표준과 세액에 관하여 경정이 있을 것을 미리 알고 제출한 경우는 제외한다)
2. 법정신고기한이 지난 후 1개월 이내에 제52조에 따라 기한 후 신고를 한 경우(제53조의2에 따른 가산세만 해당한다)
3. 제116조에 따른 과세전적부심사 결정·통지기간 이내에 그 결과를 통지하지 아니한 경우(결정·통지가 지연됨으로써 해당 기간에 부과되는 제53조의4에 따른 가산세만 해당한다)

③ 〈삭제〉

④ 제1항 또는 제2항에 따라 가산세의 감면 등을 받으려는 자는 대통령령으로 정하는 바에 따라 감면 등을 신청할 수 있다.

(7) 장부 등의 작성과 보존 (법 제22조의2)

① 취득세 납세의무가 있는 법인은 취득 당시의 가액을 증명할 수 있는 장부와 관련 증거서류를 작성하여 갖춰 두어야 한다.

② 지방자치단체의 장은 취득세 납세의무가 있는 법인이 제1항에 따른 의무를 이행하지 아니하는 경우에는 산출된 세액 또는 부족세액의 100분의 10에 상당하는 금액을 징수하여야 할 세액에 가산한다.

(5) 등기자료의 통보 (법 제22조)

① 등기·등록관서의 장은 취득세가 납부되지 아니하였거나 납부부족액을 발견하였을 때에는 대통령령으로 정하는 바에 따라 납세지를 관할하는 지방자치단체의 장에게 통보하여야 한다.

② 등기 · 등록관서의 장이 등기 · 등록을 마친 경우에는 취득세의 납세지를 관할하는 지방자치단체의 장에게 그 등기 · 등록의 신청서 부본(副本)에 접수연월일 및 접수번호를 기재하여 등기 · 등록일부터 7일 내에 통보하여야 한다. 다만, 등기 · 등록사업을 전산처리하는 경우에는 전산처리된 등기 · 등록자료를 행정자치부령으로 정하는 바에 따라 통보하여야 한다.

③ 「자동차관리법」 제5조에 따라 자동차의 사용본거지를 관할하지 아니하는 지방자치단체의 장이 자동차의 등록사무(신규등록, 변경등록 및 이전등록을 말한다)를 처리한 경우에는 자동차의 취득가격 등 행정자치부령으로 정하는 사항을 다음 달 10일까지 자동차의 사용본거지를 관할하는 지방자치단체의 장에게 통보하여야 한다.

(6) 면세점 (법 제17조)

① 취득가액(과세표준○, 취득세액×) 50만원 이하인 때에는 취득세를 부과하지 아니한다.

→ 연부취득의 경우는 연부금 '총액' 기준

② 토지나 건축물을 취득한 자가 그 취득한 날부터 1년 이내에 그에 인접한 토지나 건축물을 취득한 경우에는 각각 그 전후의 취득에 관한 토지나 건축물의 취득을 1건의 토지 취득 또는 1구의 건축물 취득으로 보아 면세점을 적용한다.

10. 납세지 (법 제8조)

구분	지방세	국세
납세지	부동산 소재지 관할 지방자치단체	납세의무자 주소지 관할 세무서

① 취득세의 납세지는 다음 각 호에서 정하는 바에 따른다.

1. 부동산 : 부동산 소재지(납세의무자 주소지×)[관할 지방자치단체(특·광시, 도)]
2. 차량 : 「자동차관리법」에 따른 등록지. 다만, 등록지가 사용본거지와 다른 경우에는 사용본거지를 납세지로 한다.
3. 기계장비 : 「건설기계관리법」에 따른 등록지
4. 항공기 : 항공기의 정치장(定置場) 소재지
5. 선박 : 선적항 소재지
6. 입목 : 입목 소재지
7. 광업권 : 광구 소재지
8. 어업권 : 어장 소재지
9. 골프회원권, 승마회원권, 콘도미니엄 회원권 또는 종합체육시설 이용회원권 또는 요트회원권 : 골프장·승마장·콘도미니엄·종합체육시설 및 요트 보관소의 소재지

② '①' 에 따른 납세지가 분명하지 아니한 경우에는 해당 취득물건의 소재지를 그 납세지로 한다.

③ 같은 취득물건이 둘 이상의 지방자치단체에 걸쳐 있는 경우에는 대통령령으로 정하는 바에 따라 소재지별로 안분(按分)한다.

11. 부가세

- 농어촌특별세
  - 취득세율 2%를 적용하여 산출한 세액×10%(10/100)
  - 취득세 감면세액 ×20%(20/100)
- 지방교육세 ―― 취득세 과세표준에 표준세율에서 1천분의 20을 뺀 세율을 적용하여 산출한 금액×20%(20/100)

O · X · 지 · 문 · 학 · 습

01. 국가에 제출된 매매계약서에 의해 사실상의 취득가액이 입증되었으나, 시가표준액에 미달할 경우 시가표준액이 과세표준이 된다. [O, X]

02. 부동산등의 취득은 관계 법령에 따른 등기 · 등록 등을 하지 아니한 경우라도 사실상 취득하면 각각 취득한 것으로 본다. [O, X]

03. 취득세 납세의무자가 취득세 과세물건을 사실상 취득한 후 신고하지 아니하고 매각하는 경우 산출세액에 100분의 60을 가산한 중가산세를 부과한다. [O, X]

04. 부동산 취득에 따른 취득세의 납세지는 납세의무자 주소지이나 납세지가 분명하지 아니한 경우에는 해당 취득물건의 소재지를 그 납세지로 한다. [O, X]

05. 토지거래계약 허가구역에 있는 토지를 취득하면서 토지거래계약에 관한 허가를 받기 전에 거래대금을 완납한 경우에는 그 허가일이나 허가구역의 지정 해제일 또는 축소일로부터 90일 이내에 신고하고 납부하여야 한다. [O, X]

06. 취득세 납세의무자가 지방세법에 따른 신고 또는 납부의무를 다하지 아니하면 산출세액 또는 그 부족세액에 산출한 가산세를 합한 금액을 세액으로 하여 보통징수의 방법으로 징수한다. [O, X]

07. 취득세 과세물건을 연부로 매각하면 매각일부터 30일 이내에 취득한 자의 주소지를 관할하는 지방자치단체의 장에게 통보하거나 신고하여야 한다. [O, X]

08. 「도시 및 주거환경정비법」에 따른 주택재건축조합이 해당 조합원용으로 취득하는 공동주택과 부대시설 · 복리시설은 그 조합이 취득한 것으로 본다. [O, X]

정답 및 해설

01. O
02. O
03. × (100분의 60 → 100분의 80)
04. × (납세의무자 주소지 → 부동산 소재지)
05. × (90일 이내 → 60일 이내)
06. O
07. × (취득한 자의 주소지 → 그 물건 소재지)
08. × (조합 → 조합원)

기 · 출 · 문 · 제 · 분 · 석

1. 지방세법상 취득세의 부과·징수에 관한 설명으로 틀린 것은?

① 납세의무자가 취득세 과세물건을 사실상 취득한 후 취득세 신고를 하지 아니하고 매각하는 경우에는 산출세액에 100분의 50을 가산한 금액을 세액으로 하여 보통징수의 방법으로 징수한다.

② 재산권을 공부에 등기하려는 경우에는 등기하기 전까지 취득세를 신고·납부하여야 한다.

③ 등기·등록관서의 장은 취득세가 납부되지 아니하였거나 납부부족액을 발견하였을 때에는 다음 달 10일까지 납세지를 관할하는 시장·군수에게 통보하여야 한다.

④ 취득세 납세의무자가 신고 또는 납부의무를 다하지 아니하면 산출세액 또는 그 부족세액에 「지방세기본법」의 규정에 따라 산출한 가산세를 합한 금액을 세액으로 하여 보통징수의 방법으로 징수한다.

⑤ 지방자치단체의 장은 취득세 납세의무가 있는 법인이 장부 등의 작성과 보존의무를 이행하지 아니한 경우에는 산출된 세액 또는 부족세액의 100분의 10에 상당하는 금액을 징수하여야 할 세액에 가산한다.

해설

① 취득세 과세물건을 사실상 취득한 후 취득세 신고를 하지 아니하고 매각하는 경우에는 산출세액에 100분의 80을 가산한 금액(중가산세)을 세액으로 하여 보통징수의 방법으로 징수한다.(지방세법 제21조 제②항)

2. 지방세법상 취득세에 관한 설명으로 옳은 것은?

① 법인이 아닌 자가 건축물을 대수선하여 취득하는 경우로서 취득가격 중 100분의 80이 법인장부로 입증되는 경우, 그 법인장부로 증명된 금액과 계산서 등으로 증명되는 금액을 합산한 취득가격을 과세표준으로 한다.

② 건축물의 개수로 인하여 건축물 면적이 증가할 때에는 그 증가된 부분이 아닌 전체 면적을 원시취득으로 본다.

③ 납세의무자가 취득세 과세물건을 사실상 취득하고 그 취득일부터 2년 이내에 취득신고를 한 후 매각한 경우, 취득세 중가산세 규정을 적용하지 아니한다.

④ 법인장부로 토지의 지목변경에 든 비용이 입증되는 경우, 그 과세표준은 지목변경 전·후의 시가표준액의 차액으로 한다.

⑤ 법령이 정하는 고급주택에 해당하는 임시건축물의 취득은 취득세가 비과세된다.

해설

① 법인이 아닌 자가 건축물을 건축하거나 대수선하여 취득하는 경우로서 취득가격 중 100분의 90이 넘는 가격이 법인장부에 따라 입증되는 경우에는 시가표준액 및 사실상 취득가격에도 불구하고 법인장부로 증명된 금액과 계산서 등으로 증명된 금액을 합산한 취득가격을 과세표준으로 한다. (지방세법 제10조 제⑥항)

② 건축물의 개수로 인하여 건축물의 면적이 증가할 때에는 그 증가된 부분을 원시취득으로 본다.

④ 판결문 또는 법인장부로 토지의 지목변경에 든 비용이 입증되는 경우에는 그 비용을 과세표준으로 한다. (지방세법시행령 제17조)

⑤ 고급주택 등 사치성재산은 존속기간이 1년을 초과하지 않는 임시용 건축물일지라도 취득세가 비과세되지 않는다.

3. 지방세법상 부동산 취득의 표준세율로 틀린 것은

① 원시취득 : 1천분의 28

|정답| 1. ① 2. ③

② 상속으로 인한 농지의 취득 : 1천분의 23
③ 상속으로 인한 농지 외의 토지 취득 : 1천분의 28
④ 매매로 인한 농지 외의 토지 취득 : 1천분의 30
⑤ 합유물 및 총유물의 분할로 인한 취득 : 1천분의 23

해설

④ 지방세법상 매매로 인한 농지 외의 토지 취득 → 1천분의 40

4. 지방세기본법상 취득세의 납세의무성립일 현재 출자자로서 제2차 납세의무를 부담하지 않는 자는?

① 합명회사의 무한책임사원
② 비상장법인의 과점주주로서 법인의 경영을 사실상 지배하는 자
③ 비상장법인 발행주식총수의 100분의 50의 주식에 관한 권리를 실질적으로 행사하는 자
④ 비상장법인의 과점주주 중 법인의 경영을 사실상 지배하는 자의 배우자
⑤ 합자회사의 무한책임사원

해설

③ 비상장법인의 발행주식총수 또는 출자총액의 100분의 50을 초과하는 주식 또는 출자지분에 관한 권리를 실질적으로 행사하는 자는 출자자로서 제2차 납세의무를 부담한다.

5. 지방세법상 취득세에 관한 설명 중 틀린 것은?

① 취득가액이 50만원 이하인 경우에는 취득세를 부과하지 아니한다.
② 차량·기계장비·항공기 및 주문에 의하여 건조하는 선박은 원시취득에 한하여 납세의무가 있다.
③ 유상거래를 원인으로 취득하는 주택 중 표준세율이 적용되는 주택에 대한 취득세는 산출세액의 50%를 경감한다.
④ 상속으로 인하여 취득세 과세물건을 취득한 자는 상속개시일이 속하는 달의 말일부터 6월(납세자가 외국에 주소를 둔 경우에는 9월) 이내에 취득세를 신고·납부하여야 한다.
⑤ 취득세를 신고기한까지 신고하지 아니한 자는 그 신고기한만료일부터 30일이 경과하지 아니한 경우로서 당해 취득세를 보통징수의 방법으로 부과고지 받기 전에는 기한 후 신고를 할 수 있다.

해설

② 원시취득 → 승계취득

6. 지방세법상 취득세가 과세될 수 있는 것으로만 묶은 것은?

ㄱ. 보유 토지의 지목이 전에서 대지로 변경되어 가액이 증가한 경우
ㄴ. 건축물의 이전으로 인한 취득으로서 이전한 건축물의 가액이 종전 건축물의 가액을 초과하지 않는 경우
ㄷ. 토지를 사실상 취득하였지만 등기하지 않은 경우
ㄹ. 공유수면을 매립하거나 간척하여 토지를 조성한 경우

① ㄱ, ㄴ
② ㄱ, ㄴ, ㄷ
③ ㄱ, ㄷ, ㄹ
④ ㄴ, ㄷ, ㄹ
⑤ ㄱ, ㄴ, ㄷ, ㄹ,

|정답| 3. ④ 4. ③ 5. ②

해설

모두 과세대상이다.

7. 지방세법상 취득세의 과세표준 및 세율에 관한 설명으로 틀린 것은?

① 취득세의 과세표준은 취득 당시의 가액으로 한다. 다만 연부로 취득하는 경우의 과세표준은 매회 사실상 지급되는 금액을 말하며, 취득금액에 포함되는 계약보증금을 포함한다.(단 신고가액은 시가표준액보다 큼)

② 건축(신축·재축 제외)으로 인하여 건축물 면적이 증가할 때에는 그 증가된 부분에 대하여 원시취득으로 보아 해당 세율을 적용한다.

③ 환매등기를 병행하는 부동산의 매매로서 환매기간 내에 매도자가 환매한 경우의 그 매도자와 매수자의 취득에 대한 취득세는 표준세율에 중과기준세율(100분의 200)을 합한 세율로 산출한 금액으로 한다.

④ 토지를 취득한 자가 그 취득한 날부터 1년 이내에 그에 인접한 토지를 취득한 경우에는 그 전·후의 취득에 관한 토지의 취득을 1건의 토지 취득으로 보아 면세점을 적용한다.

⑤ 지방자치단체장은 조례로 정하는 바에 따라 취득세 표준세율의 100분의 50 범위에서 가감할 수 있다 .

해설

③ 환매등기를 병행하는 부동산의 매매로서 환매기간 내에 매도자가 환매한 경우의 그 매도자와 매수자의 취득에 대한 취득세는 표준세율에서 중과기준세율을 뺀 세율로 산출한 금액을 그 세액으로 하되 유상으로 취득하는 주택을 취득하는 경우에는 해당 세율에 100분의 50을 곱한 세율을 적용하여 산출한 금액을 그 세액으로 한다. 다만, 취득물건이 과밀억제권역 내에서 법인설립이나 공장 신설·증설에 해당하는 경우에는 산출한 세율의 100분의 300을 적용한다.

8. 지방세법상 취득세에 관한 설명으로 옳은 것은?

① 토지의 지목변경에 따른 취득은 지목변경일 이전에 그 사용 여부와 관계없이 사실상 변경된 날과 공부상 변경된 날 중 빠른 날을 취득일로 본다.

② 부동산을 연부로 취득하는 것은 등기일에 관계없이 그 사실상의 최종연부금 지급일을 취득일로 본다.

③ 법인장부로 토지의 지목변경에 든 비용이 입증되는 경우 토지의 지목변경에 대한 과세표준은 지목변경 전의 시가표준액에 그 비용을 더한 금액으로 한다.

④ 취득세의 납세의무가 있는 법인이 장부 등의 작성과 보존의무를 이행하지 아니하는 경우 산출세액의 100분의 20에 상당하는 가산세가 부과된다.

⑤ 甲 소유의 미등기건물에 대하여 乙이 채권확보를 위하여 법원의 판결에 의한 소유권보존등기를 甲의 명의로 등기할 경우의 취득세 납세의무는 甲에게 있다.

해설

① 토지의 지목변경에 따른 취득은 토지의 지목이 사실상 변경된 날과 공부상 변경된 날 중 빠른 날을 취득일로 본다. 다만, 토지의 지목변경일 이전에 사용하는 부분에 대해서는 그 사실상의 사용일을 취득일로 본다.(지방세법시행령 제10조 제⑩항)

② 연부로 취득하는 것(취득가액의 50만원 이하는 제외)은 그 사실상의 연부금 지급일을 취득일로 본다.(동 시행령 제10조 제⑤항). 다만, 취득일 전에 등기 또는 등록을 한 경우에는 그 등기일 또는 등록일에 취득한 것으로 본다.(동 시행령 제10조 제⑪항)

③ 판결문 또는 법인장부로 토지의 지목변경에 든 비용이 입증되는 경우에는 그 비용을 과세표준으로 한다. (지방세법시행령 제17조)

④ 산출된 세액 또는 부족세액의 100분의 10에 상당하는 금액을 징수하여야 할 세액에 가산한다.(지방세법 제22조의2 제②항)

|정답| 6. ⑤ 7. ③ 8. ⑤

인증번호 : S95D-R6A8

등록면허세

기출 Point

1. 과세요건
   ① 납세의무자
   ② 과세대상
   ③ 과세표준
   ④ 세율
2. 납세지

핵심

• **과세**(요건) ←→ 비과세
   ③ 과세표준
   ④ 세율

• **취득세와 비교**
   ① 과세표준
   ② 세율 : 특히 중과세율
   ③ 비과세

등록면허세의 핵심은 과세표준과 세율을 연계하여 이해하는 것으로 세율이 중요하며 취득세와 비교하여 그 차이점을 파악하여야 합니다.

• **법조문**

지방세법	지방세법 시행령	지방세법 시행규칙
제3장(제23조~제39조)	제3장(제39조~제55조)	제3장(제13조~제19조)

출제자 의도

납세의무자

사례상 납세의무자가 누구인지 판단할 수 있는가?

★

1. 납세의무자 (법 제24조)

공부의 등기 또는 등록을 받는 자 (외관상의 등기·등록 권리자), 면허를 받는자
→ 형식주의 과세
↔ 과세권자 : 납세지 관할 도지사, 구청장

• 등기·등록을 수인(여러명)이 받는 경우 : 연대납세의무자
• (채권자의) 대위등기 시 : 채무자(등기·등록을 받는 자가 채무자이므로)
• 저당권
   - 설정등기 시 : 저당권자
   - 말소등기 시 : 저당권설정자
• 쟁송이나 그 밖의 사유로 인해 무효·취소가 되어 등기·등록이 말소되는 경우에도 이미 납부한 등록면허세를 돌려달라고 할 수 없다.

| 판례 |

등록세(현, 등록면허세)는 재산권 기타 권리의 취득·이전·변경 또는 소멸에 관한 사항의 등기 또는 등록행위가 있으면 그 과세요건이 충족되는 것이며, 등기 또는 등록자체에 하자가 있어 법률상 등기 또는 등록된 효과를 인정할 수 없는 경우가 아닌 한 그 등기 또는 등록의 말소를 명하는 판결이 선고되었다고 하여 등록세의 과세요건이 소급하여 결여된다고 볼 수 없고, 이같은 법리는 지방세법 제138조에 의한 대도시 전입에 대한 중과세의 경우에도 마찬가지이다. [82누509]

2. 과세대상 (법 제23조제1호, 제25조)

재산권과 그 밖의 권리의 설정·변경 또는 소멸에 관한 사항을 공부에 등기·등록하는 행위(광업권 및 어업권의 취득에 따른 등록, 외국인 소유의 취득세 과세대상 물건인 차량, 기계장비, 항공기 및 선박의 연부 취득에 따른 등기 또는 등록, 취득세 부과제척기간이 경과한 물건의 등기 또는 등록, 취득세 면세점에 해당하는 물건의 등기 또는 등록 포함) ↔ 취득세가 부과되는 취득을 원인으로 이루어지는 등기·등록은 제외

★★★

3. 과세표준 (지방세법 제27조)

취득세의 과세표준이 '취득당시' 의 가액인 반면에 등록면허세의 과세표준은 '등기·등록당시' 의 가액이다. 구체적으로 살펴보면 다음과 같다.

- 원칙 : 등기·등록 당시(취득 당시×) 신고가액
- 예외 :
  - ① 등기·등록당시 시가표준액 : 신고가 없거나 시가표준액에 미달 시
  - ② 사실상의 취득가격 : 국·수·공·판·장·검 (다만, 등록 당시에 자산재평가 또는 감가상각 등의 사유로 그 가액이 달라진 경우 변경된(전×) 가액)
  - ③ 채권금액 : 저당권·가압류·가처분·경매신청 등기 — (2) 금액
  - ④ 건수 : 말소·지목변경·표시변경 등기 — (3) 건수 → 종량세

(①, ② → (1) 가액; (1) 가액, (2) 금액 → 종가세)

- 과세표준이 부동산가액인 경우 : 소유권 · 지상권 · 지역권 · 가등기
- 지목변경시 과세표준
  - 취득세 : 증가한 가액
  - 등록면허세 : 건수(증가한 가액×)
- 과세표준이 건수일 경우 세율 : 건당 6,000원(→ 정액세율)
- 등록면허세 신고서상의 금액과 공부상의 금액이 다를 경우 과세표준 : 공부상(신고서상×)금액(→ 형식주의 과세)

• 등록면허세 성격

① 지방세(도세, 구세)
② 보통세
③ 유통세
④ 종가세·종량세
⑤ 정률세·정액세
⑥ 직접세
⑦ 본세
⑧ 물세
⑨ 행위세
⑩ 응능과세
⑪ 수수료적 성격의 조세
⑫ 신고납부

출제자 의도

과세표준

등록면허세의 과세표준을 구별할 수 있는가?

출제자 의도

세율

그 구체적인 수치를 암기하고 있는가?

★★

4. 세율 (법 제28조)

[1] 표준세율

부동산 등기 시 표준세율은 다음과 같다.

<table>
<tr><th colspan="4">구분</th><th>과세표준</th><th>세율</th><th>비고</th></tr>
<tr><td rowspan="5">소유권</td><td colspan="3">보존등기</td><td rowspan="5">부동산가액</td><td>0.8%(8/1,000)</td><td rowspan="12">1. 취득세 유상취득에 대한 세율을 적용받는 주택은 해당 주택의 취득세율에 100분의 50을 곱한 세율을 적용하여 산출한 금액으로 한다.
2. 세액이 6,000원 미만일 때에는 6,000원으로 한다.
→ 최저한세</td></tr>
<tr><td rowspan="3">이전등기</td><td rowspan="2">무상</td><td>상속</td><td>0.8%(8/1,000)</td></tr>
<tr><td>상속 외
(증여, 기부 등)</td><td>1.5%(15/1,000)</td></tr>
<tr><td>유상</td><td>매매 등</td><td>2%(20/1,000)</td></tr>
<tr><td colspan="3" style="display:none"></td><td style="display:none"></td></tr>
<tr><td rowspan="8">소유권 외 물권과 임차권</td><td colspan="3">지상권</td><td>부동산가액(구분지상권은 토지가액)</td><td rowspan="7">0.2%(2/1,000)</td></tr>
<tr><td colspan="3">지역권</td><td>요역지가액</td></tr>
<tr><td colspan="3">전세권</td><td>전세금액</td></tr>
<tr><td colspan="3">저당권(지상권·전세권 목적 등기 포함)</td><td>채권금액</td></tr>
<tr><td colspan="3">임차권</td><td>월 임대차금액</td></tr>
<tr><td colspan="3">가등기</td><td>부동산가액 또는 채권금액</td></tr>
<tr><td colspan="3">경매신청·가압류·가처분</td><td>채권금액</td></tr>
<tr><td colspan="3">그 밖의 등기
(말소등기, 지목변경등기, 합필등기, 분필등기, 동일 채권 관련 등기에 대해 담보물을 추가하는 등기)</td><td>매 1건당</td><td>6,000원</td></tr>
</table>

(1) 소유권의 보존등기

부동산 가액의 1천분의 8(0.8%)

(2) 소유권의 이전등기

① 유상으로 인한 소유권 이전 등기 : 부동산 가액의 1천분의 20(2%)

② 무상으로 인한 소유권 이전 등기 : 부동산 가액의 1천분의 15(1.5%). 다만, 상속으로 인한 소유권 이전 등기의 경우에는 부동산 가액의 1천분의 8(0.8%)로 한다.

(3) 소유권 외의 물권과 임차권의 설정 및 이전

① 지상권 : 부동산 가액의 1천분의 2(0.2%). 다만, 구분지상권의 경우에는 해

당 토지의 지하 또는 지상 공간의 사용에 따른 건축물의 이용저해율(利用沮害率), 지하 부분의 이용저해율 및 그 밖의 이용저해율 등을 고려하여 행정자치부장관이 정하는 기준에 따라 시장·군수가 산정한 해당 토지 가액의 1천분의 2(0.2%)로 한다.

② 저당권(지상권·전세권을 목적으로 등기하는 경우 포함) : 채권금액의 1천분의 2(0.2%)

③ 지역권 : 요역지(要役地) 가액의 1천분의 2(0.2%)

④ 전세권 : 전세금액의 1천분의 2(0.2%)

⑤ 임차권 : 월 임대차금액의 1천분의 2(0.2%)

(4) 경매신청·가압류·가처분 및 가등기

① 경매신청 : 채권금액의 1천분의 2(0.2%)

② 가압류(부동산에 관한 권리를 목적으로 등기하는 경우를 포함) : 채권금액의 1천분의 2(0.2%)

③ 가처분(부동산에 관한 권리를 목적으로 등기하는 경우를 포함) : 채권금액의 1천분의 2(0.2%)

④ 가등기(부동산에 관한 권리를 목적으로 등기하는 경우를 포함) : 부동산 가액 또는 채권금액의 1천분의 2(0.2%)

(5) 그 밖의 등기(말소등기, 지목변경등기, 합필등기, 담보물추가 등기 등)

건당 6천원

※ 지방자치단체의 장은 조례로 정하는 바에 따라 등록면허세의 세율을 표준세율의 100분의 50의 범위에서 가감할 수 있다. → 탄력세율

※ • 세액이 6,000원 미만인 때 → 6,000원으로 함(등록면허세 : 면세점 · 소액부징수 없음).

예) 임차권 ┌ 보증금 : 1억원
└ 월임대차금액 : 100만원 → 100만원 × 0.2% = 2,000원 → 등록면허세 : 6,000원

임차권 ┌ 보증금 : 3억원
└ 월임대차금액 : 0원 → 0원 × 0.2% = 0원 → 등록면허세 : 6,000원

• 건축물 증축등기 → 과세표준 : '증가한 가액' 이 부동산가액

• 부동산이 공유물인 때 → 과세표준 : 취득 '지분의 가액' 이 부동산가액

• 탄력세율 : ±50% (100분의 50)

• 광업재단·공장재단 등기의 과세표준과 세율

┌ 저당권 설정 등기 : 채권금액의 1천분의 1(0.1%)
└ 그 밖의 등기 또는 등록 : 매 1건당 9,000원

[2] 중과세율

다음 각 호의 어느 하나에 해당하는 등기를 할 때에는 그 세율을 제1항제1호 및 제6호에 규정한 해당 세율(제1항제1호가목부터 라목까지의 세율을 적용하여 산정된 세액이 6천원 미만일 때에는 6천원을, 제1항제6호가목부터 다목까지의 세율을 적용하여 산정된 세액이 11만2천500원 미만일 때에는 11만2천500원으로 한다)의 100분의 300으로 한다. 다만, 「수도권정비계획법」 제6조에 따른 과밀억제권역(「산업집적활성화 및 공장설립에 관한 법률」을 적용받는 산업단지는 제외한다. 이하 이 조에서 "대도시"라 한다)에 설치가 불가피하다고 인정되는 업종으로서 대통령령으로 정하는 업종(이하 이 조에서 "대도시 중과 제외 업종"이라 한다)에 대해서는 그러하지 아니하다.

1. 대도시에서 법인을 설립(설립 후 또는 휴면법인을 인수한 후 5년 이내에 자본 또는 출자액을 증가하는 경우를 포함한다)하거나 지점이나 분사무소를 설치함에 따른 등기
2. 대도시 밖에 있는 법인의 본점이나 주사무소를 대도시로 전입(전입 후 5년 이내에 자본 또는 출자액이 증가하는 경우를 포함한다)함에 따른 등기. 이 경우 전입은 법인의 설립으로 보아 세율을 적용한다.

※ 대도시 중과 제외 업종으로 법인등기를 한 법인이 정당한 사유 없이 그 등기일부터 2년 이내에 대도시 중과 제외 업종 외의 업종으로 변경하거나 대도시 중과 제외 업종 외의 업종을 추가하는 경우 그 해당 부분에 대하여는 중과세율을 적용한다.

출제자 의도

비과세

비과세 대상 항목을 취득세, 재산세와 비교연계해서 알고 있는가?

★★

5. 비과세 (법 제26조)

① 국가, 지방자치단체, 지방자치단체조합, 외국정부 및 주한국제기구가 자기를 위하여 받는 등록 또는 면허에 대하여는 등록면허세를 부과하지 아니한다. 다만, 대한민국 정부기관의 등록 또는 면허에 대하여 과세하는 외국정부의 등록 또는 면허의 경우에는 등록면허세를 부과한다.

② 다음 각 호의 어느 하나에 해당하는 등록 또는 면허에 대하여는 등록면허세를 부과하지 아니한다.

1. 회사의 정리 또는 특별청산에 관하여 법원의 촉탁으로 인한 등기 또는 등록. 다만, 법인의 자본금 또는 출자금의 납입, 증자 및 출자전환에 따른 등기 또는 등록은 제외한다.
2. 행정구역의 변경, 주민등록번호의 변경, 지적(地籍) 소관청의 지번 변경, 계량단위의 변경, 등록 담당 공무원의 착오 및 이와 유사한 사유로 인한 등기 또는 등록으로서 주소, 성명, 주민등록번호, 지번, 계량단위 등의 단순한 표시변경·회복 또는 경정 등기 또는 등록

3. 그 밖에 지목이 묘지인 토지 등 대통령령으로 정하는 등록
4. 면허의 단순한 표시변경 등 등록면허세의 과세가 적합하지 아니한 것으로서 대통령령으로 정하는 면허

6. 부과징수 ★

(1) 신고 및 납부 (법 제30조)

① 등록을 하려는 자는 산출한 세액을 등록을 하기 전(후×)까지 납세지를 관할하는 지방자치단체의 장에게 신고하고 납부하여야 한다.

② 등록면허세 과세물건을 등록한 후에 해당 과세물건이 중과세율의 적용대상이 되었을 때에는 대통령령으로 정하는 날부터 60일 이내에 제28조제2항에 따른 세율을 적용하여 산출한 세액에서 이미 납부한 세액(가산세는 제외한다)을 공제한 금액을 세액으로 하여 납세지를 관할하는 지방자치단체의 장에게 신고하고 납부하여야 한다.

③ 이 법 또는 다른 법령에 따라 등록면허세를 비과세, 과세면제 또는 경감받은 후에 해당 과세물건이 등록면허세 부과대상 또는 추징대상이 되었을 때에는 ①에도 불구하고 그 사유 발생일부터 60일 이내에 해당 과세표준에 제28조에 따른 세율을 적용하여 산출한 세액[경감받은 경우에는 이미 납부한 세액(가산세는 제외한다)을 공제한 세액을 말한다]을 납세지를 관할하는 지방자치단체의 장에게 신고하고 납부하여야 한다.

④ ① ~ ③까지의 규정에 따른 신고를 하지 아니한 경우에도 등록면허세 산출세액을 등록을 하기 전까지(② 또는 ③의 경우에는 해당 항에 따른 신고기한까지) 납부하였을 때에는 ① ~ ③까지의 규정에 따라 신고를 하고 납부한 것으로 본다(신고의제). 이 경우 지방세기본법상 무신고가산세, 과소신고가산세를 부과하지 아니한다.

(2) 특별징수 (법 제31조)

① 특허권, 실용신안권, 디자인권 및 상표권 등록(「표장의 국제등록에 관한 마드리드협정에 대한 의정서」에 따른 국제상표등록출원으로서 「상표법」에 따른 상표권 등록을 포함한다)의 경우에는 특허청장이 산출한 세액을 특별징수하여 그 등록일이 속하는 달의 다음 달 말일까지 행정자치부령으로 정하는 서식에 따라 해당 납세지를 관할하는 지방자치단체의 장에게 그 내용을 통보하고 해당 등록면허세를 납부하여야 한다.

② 「저작권법」에 따른 등록에 대하여는 해당 등록기관의 장이 산출한 세액을 특별징수하여 그 등록일이 속하는 달의 다음 달 말일까지 행정자치부령으로 정하는 서식에 따라 해당 납세지를 관할하는 지방자치단체의 장에게 그 내용을 통보하고 해당 등록면허세를 납부하여야 한다.

③ 특별징수의무자가 ①, ②에 따라 특별징수한 등록면허세를 납부하기 전에 해당 권리가 등록되지 아니하였거나 잘못 징수하거나 더 많이 징수한 사실을 발견하였을 경우에는 특별징수한 등록면허세를 직접 환급할 수 있다. 이 경우 「지방세기본법」에 따른 지방세환급가산금을 적용하지 아니한다.

④ 특별징수의무자가 징수하였거나 징수할 세액을 ① 또는 ②에 따른 기한까지 납부하지 아니하거나 부족하게 납부하더라도 특별징수의무자에게 지방세기본법상 특별징수납부 등 불성실가산세는 부과하지 아니한다.

(3) 부족세액의 추징 및 가산세 (법 제32조)

등록면허세 납세의무자가 신고 또는 납부의무를 다하지 아니하면 산출세액 또는 그 부족세액에 지방세기본법상 무신고가산세, 과소신고가산세, 납부불성실가산세를 합한 금액을 세액으로 하여 보통징수의 방법으로 징수한다.

7. 부가세

- 지방교육세 : 등록면허세 납부세액의 20%(20/100)
- 농어촌특별세 : 등록면허세 감면세액의 20%

8. 면세점·소액부징수

등록면허세는 수수료적 성격(등기·등록부에 적는 잉크값)이어서 면세점·소액부징수제도가 없다.

9. 납세지 (법 제25조)

① 등기 또는 등록에 대한 등록면허세의 납세지는 다음 각 호에서 정하는 바에 따른다.

1. 부동산 등기 : 부동산 소재지
2. 선박 등기 : 선적항 소재지
3. 자동차 등록 : 「자동차관리법」에 따른 등록지. 다만, 등록지가 사용본거지와 다른 경우에는 사용본거지를 납세지로 한다.
4. 건설기계 등록 : 「건설기계관리법」에 따른 등록지
5. 항공기 등록 : 정치장 소재지
6. 법인 등기 : 등기에 관련되는 본점 · 지점 또는 주사무소 · 분사무소 등의 소재지
7. 상호 등기 : 영업소 소재지
8. 광업권 등록 : 광구 소재지
9. 어업권 등록 : 어장 소재지
10. 저작권, 출판권, 저작인접권, 컴퓨터프로그램 저작권, 데이터베이스 제작자의 권리 등록 : 저작권자, 출판권자, 저작인접권자, 컴퓨터프로그램 저작권자, 데이터베이스 제작권자 주소지
11. 특허권, 실용신안권, 디자인권 등록 : 등록권자 주소지
12. 상표, 서비스표 등록 : 주사무소 소재지
13. 영업의 허가 등록 : 영업소 소재지
14. 지식재산권담보권 등록 : 지식재산권자 주소지
15. 그 밖의 등록 : 등록관청 소재지
16. 같은 등록에 관계되는 재산이 둘 이상의 지방자치단체에 걸쳐 있어 등록면허세를 지방자치단체별로 부과할 수 없을 때에는 등록관청 소재지를 납세지로 한다.
17. 같은 채권의 담보를 위하여 설정하는 둘 이상의 저당권을 등록하는 경우에는 이를 하나의 등록으로 보아 그 등록에 관계되는 재산을 처음 등록하는 등록관청 소재지를 납세지로 한다.
18. 제1호부터 제14호까지의 납세지가 분명하지 아니한 경우에는 등록관청 소재지를 납세지로 한다.

② 면허에 대한 등록면허세의 납세지는 다음 각 호에서 정하는 바에 따른다.

1. 해당 면허에 대한 영업장 또는 사무소가 있는 면허 : 영업장 또는 사무소 소재지
2. 해당 면허에 대한 별도의 영업장 또는 사무소가 없는 면허 : 면허를 받은 자의 주소지
3. 제1호 및 제2호에 따른 납세지가 분명하지 아니하거나 납세지가 국내에 없는 경우에는 면허부여기관 소재지를 납세지로 한다.

O · X · 지 · 문 · 학 · 습

01. 등록을 하려는 자는 등록을 한 후 산출한 등록면허세액을 납세지를 관할하는 지방자치단체의 장에게 신고 · 납부하여야 한다. [O, ×]

02. 지방자치단체의 장은 조례로 정하는 바에 따라 등록면허세의 세율을 중과세율의 100분의 50의 범위에서 가감할 수 있다. [O, ×]

03. 채권금액으로 과세액을 정하는 경우에 일정한 채권금액이 없을 때에는 채권의 목적이 된 것의 가액 또는 처분의 제한의 목적이 된 금액을 그 채권금액으로 본다. [O, ×]

04. 가등기 시 등록면허세 표준세율은 해당 부동산 가액 또는 채권금액에 2/1,000 세율을 적용한다. [O, ×]

05. 등록면허세는 광업권 및 어업권의 취득에 따른 등록, 외국인 소유의 취득세 과세대상 물건인 차량, 기계장비, 항공기 및 선박의 연부 취득에 따른 등록을 하는 경우에는 적용되지 않는다. [O, ×]

06. 등록면허세는 등록 당시에 자산재평가 또는 감가상각 등의 사유로 그 가액이 달라진 경우 변경된 가액을 과세표준으로 하여야 한다. [O, ×]

07. 상속으로 인한 소유권 이전 등기의 경우 등록면허세의 과세표준은 부동산 가액의 1천분의 6으로 한다. [O, ×]

08. 등록면허세의 납세의무자는 재산권과 그 밖의 권리의 설정 · 변경 또는 소멸에 관한 사항을 공부에 등기 또는 등록을 하는 자이다. [O, ×]

정답 및 해설

01. × (등록을 한 후 → 동록을 하기 전)
02. × (중과세율 → 표준세율)
03. O
04. O
05. × (적용되지 않는다. → 적용된다.)
06. O
07. × (1000분의 6 → 1000분의 8)
08. O

기·출·문·제·분·석

1. 지방세법상 등록면허세에 관한 설명으로 옳은 것은?

① 부동산 등기에 대한 등록면허세 납세지는 부동산 소유자의 주소지이다.
② 등록을 하려는 자가 신고의무를 다하지 않은 경우 등록면허세 산출세액을 등록하기 전까지 납부하였을 때에는 신고·납부한 것으로 보지만 무신고 가산세가 부과된다.
③ 상속으로 인한 소유권 이전 등기의 세율은 부동산 가액의 1천분의 15로 한다.
④ 부동산을 등기하려는 자는 과세표준에 세율을 적용하여 산출한 세액을 등기를 하기 전까지 납세지를 관할하는 지방자치단체의 장에게 신고·납부하여야 한다.
⑤ 대도시 밖에 있는 법인의 본점이나 주사무소를 대도시로 전입함에 따른 등기는 법인등기에 대한 세율의 100분의 200을 적용한다.

해설

① 부동산 소유자 주소지 → 부동산 소재지
② 부과된다. → 적용되지 아니한다.
③ 1천분의 15 → 1천분의 8
⑤ 100분의 200 → 100분의 200

2. 지방세법상 등록면허세에 관한 설명으로 틀린 것은?

① 무덤과 이에 접속된 부속시설물의 부지로 사용되는 토지로서 지적공부상 지목이 묘지인 토지에 관한 등기에 대하여는 등록면허세를 부과하지 아니한다.
② 사실상의 취득가격을 등록면허세의 과세표준으로 하는 경우 등록 당시에 자산재평가의 사유로 그 가액이 달라진 때에는 자산재평가 전의 가액을 과세표준으로 한다.
③ 등록면허세 신고서상 금액과 공부상 금액이 다른 경우 공부상 금액을 과세표준으로 한다.
④ 부동산 등기에 대한 등록면허세의 납세지는 부동산 소재지이나 그 납세지가 분명하지 아니한 경우에는 등록관청 소재지로 한다.
⑤ 지방세의 체납으로 인하여 압류의 등기를 한 재산에 대하여 압류해제의 등기를 할 경우 등록면허세가 비과세된다.

해설

② 등록 당시에 자산재평가 사유로 그 가액이 달라진 경우에는 변경된 가액을 과세표준으로 한다(지방세법 제27조 제③항 단서).

|정답| 1. ④ 2. ②

■ 재산세 vs 종합부동산세

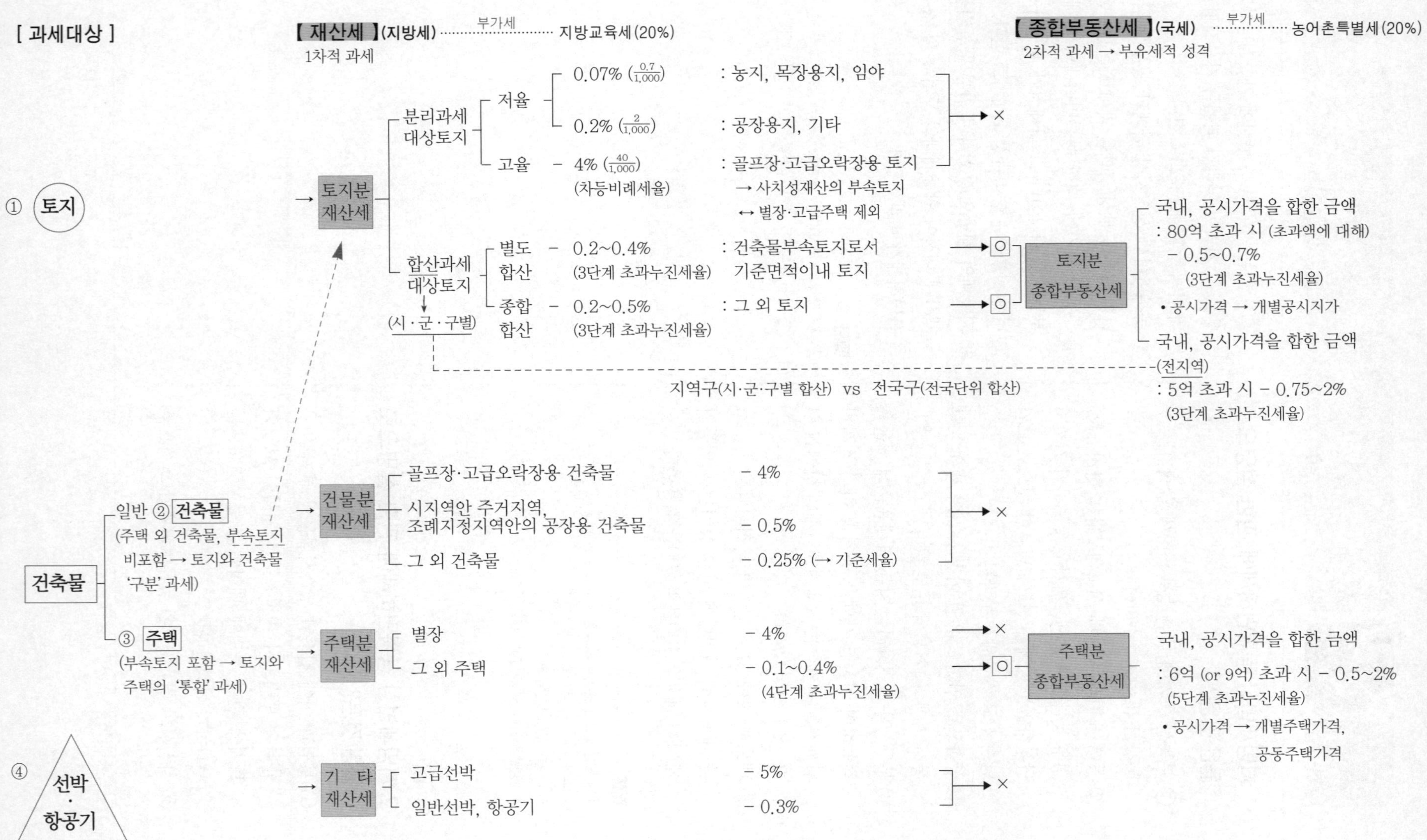
[과세대상]
【 재산세 】(지방세) …… 부가세 …… 지방교육세(20%)
1차적 과세
【 종합부동산세 】(국세) …… 부가세 …… 농어촌특별세(20%)
2차적 과세 → 부유세적 성격
① 토지
토지분 재산세
분리과세 대상토지
저율
0.07% (0.7/1,000) : 농지, 목장용지, 임야
0.2% (2/1,000) : 공장용지, 기타
고율 - 4% (40/1,000)
(차등비례세율)
: 골프장·고급오락장용 토지
→ 사치성재산의 부속토지
↔ 별장·고급주택 제외
합산과세 대상토지
(시·군·구별)
별도 합산 - 0.2~0.4%
(3단계 초과누진세율)
: 건축물부속토지로서 기준면적이내 토지
종합 합산 - 0.2~0.5%
(3단계 초과누진세율)
: 그 외 토지
지역구(시·군·구별 합산) vs 전국구(전국단위 합산)
토지분 종합부동산세
국내, 공시가격을 합한 금액
: 80억 초과 시 (초과액에 대해)
- 0.5~0.7%
(3단계 초과누진세율)
• 공시가격 → 개별공시지가
국내, 공시가격을 합한 금액
(전지역)
: 5억 초과 시 - 0.75~2%
(3단계 초과누진세율)
건축물
일반 ② 건축물
(주택 외 건축물, 부속토지 비포함 → 토지와 건축물 '구분' 과세)
건물분 재산세
골프장·고급오락장용 건축물 - 4%
시지역안 주거지역, 조례지정지역안의 공장용 건축물 - 0.5%
그 외 건축물 - 0.25% (→ 기준세율)
③ 주택
(부속토지 포함 → 토지와 주택의 '통합' 과세)
주택분 재산세
별장 - 4%
그 외 주택 - 0.1~0.4%
(4단계 초과누진세율)
주택분 종합부동산세
국내, 공시가격을 합한 금액
: 6억 (or 9억) 초과 시 - 0.5~2%
(5단계 초과누진세율)
• 공시가격 → 개별주택가격, 공동주택가격
④ 선박·항공기
기타 재산세
고급선박 - 5%
일반선박, 항공기 - 0.3%

3

보유조세

Point

보유단계 각 조세의 **과세요건**을 비교이해한다.

- 재산세 [출제비율] 18%, 3문항
- 종합부동산세 [출제비율] 7%, 1문항

인증번호 : 48VS-7SW4

재산세

무선 인터넷에서 스마트폰으로 QR코드를 찍으면 동영상 강의를 보실 수 있습니다.

기출 Point

1. 과세요건
   ① 납세의무자
   ② 과세대상
   ③ 과세표준
   ④ 세율
2. 비과세
3. 부과징수
4. 물납 vs 분납

출제자 의도

납세의무자

사례상 재산세의 납세의무자가 누구인지 판단할 수 있는가?

핵심

과세(요건)

① 납세의무자
② 과세대상
③ 과세표준
④ 세율

→ 토지분 재산세 ─ 분리 ─ 저율 / 고율
　　　　　　　　 ─ 합산 ─ 별도 / 종합

재산세는 토지분 재산세의 분리과세와 합산과세를 구별하여 정리하는 것이 핵심사항입니다.

• 법조문

지방세법	지방세법 시행령	지방세법 시행규칙
제9장(제104조~제123조)	제9장(제101조~제119조의3)	제9장(제49조~제64조)

★★★
1. 납세의무자 (법 제107조)

구분		해당사유
원칙	사실상 소유자	• 재산세 과세기준일(6월 1일) 현재 재산의 사실상(공부상×) 소유자 (단, 공유재산 → 그 지분에 해당하는 부분에 대하여 그 지분권자, 지분의 표시가 없는 경우는 균등한 것으로 봄) • 주택의 건축물과 부속토지의 소유자가 다를 경우 → 당해 주택에 대한 산출세액을 주택의 건축물과 부속토지의 시가표준액 비율로 안분계산한 부분에 대하여 그 소유자 • 「신탁법」에 따라 수탁자 명의로 등기·등록된 신탁재산의 경우 → 위탁자별로 구분된 재산에 대해서는 그 수탁자(위탁자×). 이 경우 위탁자별로 구분된 재산에 대한 납세의무자는 각각 다른 납세의무자로 본다.
예외	공부상 소유자	공부상의 소유자가 매매 등의 사유로 소유권에 변동이 있었음에도 이를 신고하지 아니하여 사실상의 소유자를 알 수 없는 때
		공부상에 개인 등의 명의로 등재되어 있는 사실상의 종중재산으로서 종중소유임을 신고하지 아니한 때
	매수계약자	국가·지방자치단체·지방자치단체조합과 재산세 과세대상 재산을 연부로 매매계약을 체결하고, 그 재산의 사용권을 무상(유상×)으로 받은 경우

예외	사용자	소유권의 귀속이 분명하지 아니하여 사실상의 소유자를 확인할 수 없는 경우
	주된 상속자	상속이 개시된 재산으로서 상속등기가 이행되지 아니하고, 사실상의 소유자를 신고하지 아니하였을때 ※ 주된 상속자 순서 ① 상속지분 가장 높은 자 > ② 연장자
	사업 시행자	도시개발법에 따라 시행하는 환지방식에 의한 도시개발사업 및 도시 및 주거환경정비법에 따른 정비사업(재개발사업만 해당)의 시행에 따른 환지계획에서 일정한 토지를 환지로 정하지 아니하고 체비지 또는 보류지로 정한 경우
	수입하는 자	외국인 소유의 항공기 또는 선박을 임차하여 수입하는 경우

• 과세권자 : 납세지(소재지)(주소지×) 관할 시장·군수·구청장. 다만 서울특별시의 경우는 '특별시·구' 공동과세(부동산의 경우만)

★★★
2. 과세대상 (법 제105조)

다음의 중요한 재산이 과세대상이다.

과세대상		내용
부동산	① 토지	모든 토지(건축물의 부속토지는 포함되나, 주택의 부속토지는 제외) 분리과세 대상토지 [저율 → 생산적 토지 / 고율 → 사치성 토지] 합산과세 대상토지 [종합 → 비사업용 토지 / 별도 → 사업용 토지]
	② 건축물	건축법에 의한 건축물과 토지에 정착하거나 지하 또는 다른 구조물에 설치하는 레저시설, 저장시설 등 그 밖에 이와 유사한 시설(부속토지 제외)
	③ 주택	주택법상 주택(부속토지 포함) • 주택의 부속토지의 경계가 불명확한 경우 → 주택바닥면적의 10배를 부속토지로 봄, 오피스텔을 주거용으로 사용하는 경우 '실질과세의 원칙'에 따라 주택으로 봄
부동산 외 (준부동산)	④ 선박	모든 배
	⑤ 항공기	사람이 탑승조정하여 항공에 사용하는 비행기·비행선·항공기·회전익항공기 기타 행정자치부령이 정하는 항공에 사용할 수 있는 기기

• 공부상 등재현황과 사실상 현황이 다른 경우에는 사실상(공부상×) 현황에 따라 재산세를 부과한다.(→ 실질주의 과세)

■ 재산세상 주택

① 부속토지도 주택에 포함됨(통합과세, 주택법상 주택의 용어개념에 해당)

② 고급주택 개념 : 없음 → 고급주택도 그냥 주택일 뿐 ↔ 취득세 – 고급주택 개념 : 있음

③ 1동의 건물이 주거와 주거외의 용도에 사용되고 있는 경우에는 주거용에 사용되고

• 재산세 성격
① 지방세 (시·군·구세)
② 보통세
③ 보유세
④ 종가세
⑤ 정률세
⑥ (대)물세(토지분外재산세)·(대)인세(토지분재산세) 의 이중적 성격
⑦ 응익과세 + 응능과세
⑧ 보통징수

출제자 의도

과세대상
토지를 구별(분리vs 별도 vs 종합)할 수 있는가?

재산세의 과세대상은 토지, 건축물, 주택, 선박, 건설기계, 항공기 등이다×
→ 건설기계는 재산세 과세대상이 아니다.

있는 부분만을 주택으로 보며, 이 경우 건물의 부속토지는 주거와 주거외의 용도에 사용되고 있는 건물의 면적비율에 따라 각각 안분하여 주택의 부속토지와 주택외의 건물의 부속토지로 구분한다.

④ 1구의 건물이 주거와 주거외의 용도에 겸용되는 경우에는 주거용으로 사용되는 면적이 전체의 100분의 50(50%) 이상인 경우에는 주택으로 본다.

⑤ 다가구주택 : 1세대가 독립하여 구분 사용할 수 있도록 구획된 부분을 1구의 주택으로 본다. 이 경우 부속토지는 건물면적의 비율에 따라 각각 안분한 면적으로 한다.

⑥ 주택의 부속토지의 경계가 명백하지 아니할 때에는 그 주택의 바닥면적의 10배에 해당하는 토지를 주택의 부속토지로 한다.

■ 1동 건물 vs 1구 건물

구분	1동 건물	1구 건물
예	주상복합빌딩 주거 외(外) 토 지	겸용주택 주거 외(外) 토 지
주택	주택 + 부속토지 (주거용부분만) (→음영부분) • 부속토지 = 전체토지면적 × $\frac{\text{주택의 연면적}}{\text{건물의 총연면적}}$	┌ 전부주택 : 주거용이 50% 이상인 경우 └ 주거용부분만 주택 : 주거용이 50% 미만인 경우

★★

3. 과세표준 (법 제110조)

출제자 의도

과세표준

과세표준 공식을 구별할 수 있는가?

┌▶ 토지·건축물·주택의 과세표준 = 시가표준액 × 공정시장가액비율
└▶ 선박·항공기의 과세표준 = 시가표준액

① 토지·건축물·주택에 대한 재산세의 과세표준은 시가표준액에 부동산 시장의 동향과 지방재정 여건 등을 고려하여 다음 각 호의 어느 하나에서 정한 범위에서 공정시장가액비율을 곱하여 산정한 가액으로 한다.

1. 토지 및 건축물 : 시가표준액의 100분의 50부터 100분의 90까지(시행령 : 100분의 70)
2. 주택 : 시가표준액의 100분의 40부터 100분의 80까지(시행령 : 100분의 60)

② 선박 및 항공기에 대한 재산세의 과세표준은 시가표준액으로 한다.

★★★
4. 세율 (법 제111조)

- 표준세율
  - 비례세율
  - 누진세율
- 중과세율
- 특례세율

> **출제자 의도**
> 세율
> 과세대상별 세율(의 크기)을 구별할 수 있는가?

(1) 표준세율 → 50% 범위 안에서 가감조정 가능(→ 당해 연도에 한하여 적용)

① 토지
- 차등 비례세율
- 초과 누진세율

② 건축물

용도에 따라 다른 세율 적용

㉠ 골프장·고급오락장용 건축물 : 40/1,000 (→ 중과세율)

㉡ 특별시·광역시(군지역을 제외한다)·시(읍·면지역을 제외한다)지역안에서 「국토의 계획 및 이용에 관한 법률」 그 밖에 관계법령의 규정에 의하여 지정된 주거지역 및 당해 지방자치단체의 조례로 정하는 지역안의 대통령령이 정하는 공장용 건축물 : 5/1,000

㉢ 그외 건축물 : 2.5/1,000(0.25%)

③ 주택

별장과 그 외 주택으로 구분하여 차등세율 적용

㉠ 별장 : 40/1,000(→ 중과세율)

㉡ 별장 이외의 주택(고급주택 포함) : 초과누진세율

과세표준	세율
6,000만원 이하	1,000분의 1
6,000만원 초과 1억5천만원 이하	6만원 + 6,000만원 초과금액의 1,000분의 1.5
1억5천만원 초과 3억원 이하	19만5천원 + 1억5천만원 초과금액의 1,000분의 2.5
3억원 초과	57만원 + 3억원 초과금액의 1,000분의 4

④ 선박

㉠ 고급선박 : 1,000분의 50

㉡ 기타 선박 : 1,000분의 3

⑤ 항공기

1,000분의 3

(2) 중과세율

「수도권정비계획법」상 과밀억제권역(「산업집적활성화 및 공장설립에 관한 법률」을 적용받는 산업단지 및 유치지역과 「국토의 계획 및 이용에 관한 법률」을 적용받는 공업지역을 제외)에서 행정자치부령으로 정하는 공장 신설·증설에 해당하는 경우 그 건축물에 대한 재산세의 세율은 최초의 과세기준일부터 5년간 일반세율(2.5/1,000)의 100분의 500(5배)에 해당하는 세율(12.5/1,000 = 1.25%)로 한다.

※ 세율 적용

① 동일한 재산에 대하여 2 이상의 세율이 해당되는 경우 : 높은 세율 적용

② 주택에 대한 재산세는 주택별로 세율 적용

vs 주택을 2인 이상이 공동으로 소유하거나 토지와 건물의 소유자가 다를 경우에는 당해 주택의 토지와 건물의 가액을 합산한 과세표준액에 주택의 세율 적용

③ 탄력세율

(3) 특례세율 : 도시지역분 재산세 세율 (재산세 도시지역분) (법 제112조)

① 지방자치단체의 장은 「국토의 계획 및 이용에 관한 법률」 제6조제1호에 따른 도시지역 중 해당 지방의회의 의결을 거쳐 고시한 지역(이하 이 조에서 "재산세 도시지역분 적용대상 지역"이라 한다) 안에 있는 대통령령으로 정하는 토지, 건축물 또는 주택(이하 이 조에서 "토지등"이라 한다)에 대하여는 조례로 정하는 바에 따라 제1호에 따른 세액에 제2호에 따른 세액을 합산하여 산출한 세액을 재산세액으로 부과할 수 있다.

1. 제110조의 과세표준에 제111조의 세율을 적용하여 산출한 세액
2. 제110조에 따른 토지등의 과세표준에 1천분의 1.4를 적용하여 산출한 세액

② 지방자치단체의 장은 해당 연도분의 제1항제2호의 세율을 조례로 정하는 바에 따라 1천분의 2.3을 초과하지 아니하는 범위에서 다르게 정할 수 있다.

③ 제1항에도 불구하고 재산세 도시지역분 적용대상 지역 안에 있는 토지 중 「국토의 계획 및 이용에 관한 법률」에 따라 지형도면이 고시된 공공시설용지 또는 개발제한구역으로 지정된 토지 중 지상건축물, 골프장, 유원지, 그 밖의 이용시설이 없는 토지는 제1항제2호에 따른 과세대상에서 제외한다.

★★★

■ 토지분 재산세 과세대상·과세표준·세율

출제자 의도 • 저율분리과세대상·고율분리과세대상·별도합산과세대상·종합합산과세대상별 토지의 구체적인 '예'를 구별할 수 있는가?

<table>
<tr><th colspan="4">과세대상</th><th colspan="3">과세표준</th><th colspan="2">세율</th></tr>
<tr><td rowspan="5">모든 토지
→ 지목의 판단 : 사실상(공부상×) 현황
→ 실질 과세의 원칙</td><td rowspan="3">분리과세</td><td rowspan="2">저율</td><td>일정 농지·목장용지·임야</td><td rowspan="3">분리 과세표준</td><td rowspan="3">과세기준일 현재 분리과세 대상인 토지의 가액</td><td rowspan="5">• 과세표준 =시가표준액 ×공정시장가액비율
• 개인, 법인 모두 동일</td><td>0.7 / 1,000</td><td>0.07 %</td></tr>
<tr><td>공장용지, 주택·산업용 공급토지, 여객자동차터미널 및 물류터미널용 토지, 염전</td><td>2 / 1,000</td><td>0.2 %</td></tr>
<tr><td>고율</td><td>골프장·고급 오락장용 토지</td><td>40 / 1,000</td><td>4 %</td></tr>
<tr><td rowspan="2">합산과세</td><td>별도</td><td>–일반건축물의 부속토지로서 기준면적 이내 토지(기준면적 = 바닥면적×용도지역별적용배율)
–일반영업용 건축물의 부속용 토지로 보는 일정한 토지(예 : 자동차운전학원용 토지, 스키장,골프장 토지 중 원형보전된 임야)</td><td>별도합산 과세표준</td><td>과세기준일 현재 납세의무자가 소유하고 있는 당해 시·군·구 관할구역 안에 소재하는 별도합산과세대상이 되는 토지의 가액을 모두 합한 금액</td><td>2/1,000
~ 4/1,000
3단계
초과
누진세율</td><td>0.2
~`0.4 %</td></tr>
<tr><td>종합</td><td>분리과세대상 토지와 별도합산 과세대상토지를 제외한 토지</td><td>종합합산 과세표준</td><td>과세기준일 현재 납세의무자가 소유하고 있는 당해 시·군·구 관할구역 안에 소재하는 종합합산과세대상이 되는 토지의 가액을 모두 합한 금액</td><td>2/1,000
~ 5/1,000
3단계
초과
누진세율</td><td>0.2`<br>~`0.5%</td></tr>
</table>

※ 분리과세

1. 농지
   ① 지목 : 전·답·과수원(그리고 실제 농작물이 재배되어야 함 〈판례〉)
   ② 면적제한 : 없음
   ③ 목적 : 영농(자경·대리경작 불문)
   ④ 종중 소유(사회복지사업자가 복지시설 소비목적으로 보유) 농지 : 1990.5.31 '이전' 농지만 분리과세(↔ '이후' 농지 : **종합합산**)
   ↔ **종합합산** 농지 : 영리법인 소유농지, 도시지역 내 주거·상업·공업지역의 농지
   ⑤ 농업법인·한국농어촌공사 소유 농지, 영리법인의 매립간척농지 : 분리과세
2. 목장용지
   ① 기준면적 : 가축종별 기준면적 × 사육두수(→ 면적제한 : 있음)
   ↔ **종합합산** 목장용지 : 기준면적 이내라도 도시지역 안 중 주거·상업·공업지역의 목장용지, 기준면적초과 목장용지

3. 임야

① 일정임야 예(산림보호육성, 공익사업 목적의 임야)

㉠ 특수개발지역·보전산지 안 임야 중 영림계획인가를 받아 시업 중인 임야(산림자원의 조성 및 관리에 관한 법률)

㉡ 문화재보호구역 안 임야(문화재보호법)

㉢ 자연환경지구 안 임야(자연공원법)

㉣ 개발제한구역 안 임야(개특법)

㉤ 군사시설보호구역 중 제한보호구역 안 임야(군사시설보호법)

㉥ 도시공원안 임야(도시공원법)

㉦ 상수원보호구역 안 임야(수도법)

㉧ 종중소유 임야(→ 1990.5.31 이전 소유에 한함, 1990.6.1 이후 상속소유 포함)

↔ 재산세 **비과세** 임야 : 군사시설보호구역 중 통제보호구역 안 임야(군사시설보호법), 백두대간보호지역 안의 임야(백두대간 보호에 관한 법률), 공원자연보존지구 안의 임야(자연공원법), 산림보호구역(산림보호법), 채종림·시험림(산림자원의 조성 및 관리에 관한 법률)

4. 공장용지

① 0.2% 분리 : 기준면적 이내 공장용지(읍·면지역, 공업지역, 산업단지 안의 공장용지)

↔ 별도합산 : 기준면적 이내라도 특·광시, 시지역안 중 주거·상업·녹지지역 안의 공장용지

↔ 종합합산 : 기준면적 초과 공장용지

※ 별도합산 과세대상 '예'

차고용 토지, 자동차관리사업용 토지, 체육시설용 토지, 법인묘지용 토지(지목 : 묘지에 한함) 등

※ 종합합산 과세대상 '예'

① ~초과분　② 영리법인의 소유농지[↔ 영농조합 또는 농업회사법인(주식회사는 제외) 소유농지 → 저율분리]

③ 나대지　④ 건물가액이 토지가액의 2%에 미달하는 건축물의 바닥면적을 제외한 부속토지 → 거의 나대지 개념

⑤ 잡종지　⑥ 무허가·위반 건축물의 부속토지

※ 별도합산 과세대상 토지상 '용도지역별 적용배율'

구분	용도지역	적용배율
도시지역	전용주거지역	5배
	준주거지역, 상업지역	3배
	일반주거지역, 공업지역	4배
	녹지지역	7배
	미계획지역	4배
도시지역 외의 지역		7배

※ **합산 과세대상 토지상 '초과누진세율'**

(1) 별도합산 초과누진세율

구분	세율
2억원 이하	과세표준액의 1,000분의 2
2억원 초과 10억원 이하	40만원 + 2억원 초과 금액의 1,000분의 3
10억원 초과	280만원 + 10억원 초과 금액의 1,000분의 4

(2) 종합합산 초과 누진세율

구분	세율
5천만원 이하	과세표준액의 1,000분의 2
5천만원 초과 1억원 이하	10만원 + 5천만원 초과 금액의 1,000분의 3
1억원 초과	25만원 + 1억원 초과 금액의 1,000분의 5

※ **세부담 큰 순서** : 4% 분리 〉 종합합산 〉 별도합산 〉 0.2% 분리 〉 0.07% 분리
(0.2~0.5%) (0.2~0.4%)

※ **누진세율 적용 과세대상 : 별도합산, 종합합산, 주택**

※ **신탁법에 따른 신탁재산에 속하는 종합합산과세대상 토지 및 별도합산과세대상 토지의 합산방법**

1. 신탁재산에 속하는 토지는 수탁자의 고유재산에 속하는 토지와 서로 합산하지 아니한다.
2. 위탁자별로 구분되는 신탁재산에 속하는 토지의 경우 위탁자별로 각각 합산하여야 한다.

■ 과세대상의 구분 등 (법 제106조)

① 토지에 대한 재산세 과세대상은 다음 각 호에 따라 종합합산과세대상, 별도합산과세대상 및 분리과세대상으로 구분한다.

1. **종합합산과세대상** : 과세기준일 현재 납세의무자가 소유하고 있는 토지 중 별도합산과세대상 또는 분리과세대상이 되는 토지를 제외한 토지. 다만, 다음 각 목의 어느 하나에 해당하는 토지는 종합합산과세대상으로 보지 아니한다.
   가. 이 법 또는 관계 법령에 따라 재산세가 비과세되거나 면제되는 토지
   나. 이 법 또는 다른 법령에 따라 재산세가 경감되는 토지의 경감비율에 해당하는 토지
2. **별도합산과세대상** : 과세기준일 현재 납세의무자가 소유하고 있는 토지 중 다음 각 목의 어느 하나에 해당하는 토지. 다만, 제1호가목 및 나목에 따른 토지는 별도합산과세대상으로 보지 아니한다.
   가. 공장용 건축물의 부속토지 등 대통령령으로 정하는 건축물의 부속토지
   나. 차고용 토지, 보세창고용 토지, 시험·연구·검사용 토지, 물류단지시설용 토지 등 공지상태(空地狀態)나 해당 토지의 이용에 필요한 시설 등을 설치하여 업무 또는 경제활동에 활용되는 토지로서 대통령령으로 정하는 토지
   다. 철거·멸실된 건축물 또는 주택의 부속토지로서 대통령령으로 정하는 부속토지
3. **분리과세대상** : 과세기준일 현재 납세의무자가 소유하고 있는 토지 중 국가의 보호·지원 또는 중과가 필요한 토지로서 다음 각 목의 어느 하나에 해당하는 토지
   가. 공장용지·전·답·과수원 및 목장용지로서 대통령령으로 정하는 토지
   나. 산림의 보호육성을 위하여 필요한 임야 및 종중 소유 임야로서 대통령령으로 정하는 임야
   다. 제13조제5항에 따른 골프장용 토지와 같은 항에 따른 고급오락장용 토지로서 대통령령으로 정하는 토지

라. 「산업집적활성화 및 공장설립에 관한 법률」 제2조제1호에 따른 공장의 부속토지로서 개발제한구역의 지정이 있기 이전에 그 부지취득이 완료된 곳으로서 대통령령으로 정하는 토지
마. 국가 및 지방자치단체 지원을 위한 특정목적 사업용 토지로서 대통령령으로 정하는 토지
바. 에너지·자원의 공급 및 방송·통신·교통 등의 기반시설용 토지로서 대통령령으로 정하는 토지
사. 국토의 효율적 이용을 위한 개발사업용 토지로서 대통령령으로 정하는 토지
아. 그 밖에 지역경제의 발전, 공익성의 정도 등을 고려하여 분리과세하여야 할 타당한 이유가 있는 토지로서 대통령령으로 정하는 토지

② 주거용과 주거 외의 용도를 겸하는 건물에서 주택의 범위를 구분하는 방법, 주택 부속토지의 범위 산정은 다음 각 호에서 정하는 바에 따른다.
1. 1동(棟)의 건물이 주거와 주거 외의 용도로 사용되고 있는 경우에는 주거용으로 사용되는 부분만을 주택으로 본다. 이 경우 건물의 부속토지는 주거와 주거 외의 용도로 사용되는 건물의 면적비율에 따라 각각 안분하여 주택의 부속토지와 건축물의 부속토지로 구분한다.
2. 1구(構)의 건물이 주거와 주거 외의 용도로 사용되고 있는 경우에는 주거용으로 사용되는 면적이 전체의 100분의 50 이상인 경우에는 주택으로 본다.
3. 주택 부속토지의 경계가 명백하지 아니한 경우 주택 부속토지의 범위 산정에 필요한 사항은 대통령령으로 정한다.

③ 「신탁법」에 따른 신탁재산에 속하는 종합합산과세대상 토지 및 별도합산과세대상 토지의 합산 방법은 다음 각 호에 따른다.
1. 신탁재산에 속하는 토지는 수탁자의 고유재산에 속하는 토지와 서로 합산하지 아니한다.
2. 위탁자별로 구분되는 신탁재산에 속하는 토지의 경우 위탁자별로 각각 합산하여야 한다.

5. 비과세 (지방세법 제109조)

출제자 의도 — 비과세 해당 여부를 구별할 수 있는가?

① 국가, 지방자치단체, 지방자치단체조합, 외국정부 및 주한국제기구의 소유에 속하는 재산에 대하여는 재산세를 부과하지 아니한다. 다만, 다음 각 호의 어느 하나에 해당하는 재산에 대하여는 재산세를 부과한다.

1. 대한민국 정부기관의 재산에 대하여 과세하는 외국정부의 재산
2. 제107조제2항제4호에 따라 매수계약자에게 납세의무가 있는 재산

② 국가, 지방자치단체 또는 지방자치단체조합이 1년 이상 공용 또는 공공용으로 사용(1년 이상 사용할 것이 계약서 등에 의하여 입증되는 경우를 포함한다)하는 재산에 대하여는 재산세를 부과하지 아니한다. 다만, 다음 각 호의 어느 하나에 해당하는 경우에는 재산세를 부과한다.

1. 유료로 사용하는 경우
2. 소유권의 유상이전을 약정한 경우로서 그 재산을 취득하기 전에 미리 사용하는 경우

③ 다음 각 호에 따른 재산(제13조제5항에 따른 과세대상은 제외한다)에 대하여는 재산세를 부과하지 아니한다. 다만, 대통령령으로 정하는 수익사업에 사용하는 경우와 해당 재산이 유료로 사용되는 경

우의 그 재산(제3호 및 제5호의 재산은 제외한다) 및 해당 재산의 일부가 그 목적에 직접 사용되지 아니하는 경우의 그 일부 재산에 대하여는 재산세를 부과한다.

1. 대통령령으로 정하는 도로·하천·제방·구거·유지 및 묘지
2. 「산림보호법」 제7조에 따른 산림보호구역, 그 밖에 공익상 재산세를 부과하지 아니할 타당한 이유가 있는 것으로서 대통령령으로 정하는 다음의 토지
   ① 「군사기지 및 군사시설 보호법」에 따른 군사기지 및 군사시설 보호구역 중 통제보호구역에 있는 토지. 다만, 전·답·과수원 및 대지는 제외한다.
   ② 「산림보호법」에 따라 지정된 산림보호구역 및 「산림자원의 조성 및 관리에 관한 법률」에 따라 지정된 채종림·시험림
   ③ 「자연공원법」에 따른 공원자연보존지구의 임야
   ④ 「백두대간 보호에 관한 법률」 제6조에 따라 지정된 백두대간보호지역의 임야
3. 임시로 사용하기 위하여 건축된 건축물로서 재산세 과세기준일 현재 1년 미만(이하×)의 것
4. 비상재해구조용, 무료도선용, 선교(船橋) 구성용 및 본선에 속하는 전마용(傳馬用) 등으로 사용하는 선박
5. 행정기관으로부터 철거명령을 받은 건축물 등 재산세를 부과하는 것이 적절하지 아니한 건축물 또는 주택(「건축법」 제2조제1항제2호에 따른 건축물 부분으로 한정한다)으로서 대통령령으로 정하는 것

※ 비과세에서 제외 (즉, 과세) 되는 경우

① 별장·골프장·고급주택·고급오락장용 건축물과 고급선박

② 수익사업에 사용(↔ 의과대학 등의 부속병원이 경영하는 의료업과 사회복지법인이 경영하는 의료업은 수익사업으로 보지 않음)

③ 유료로 사용하거나 당해 부동산의 일부를 그 목적에 사용하지 아니하는 경우의 그 일부 재산

6. 부과징수

★★ (1) 과세기준일·납기 (법 제114조·제115조)

출제자 의도 납기 그 시기를 암기하고 있는가?

구분		시기
과세기준일		매년 6월 1일
납기	토지	매년 9월 16일 ~ 9월 30일
	건축물, 선박, 항공기	매년 7월 16일 ~ 7월 31일
	주택	┌ 50% : 매년 7월 16일 ~ 7월 31일 └ 나머지 50% : 매년 9월 16일 ~ 9월 30일 다만 해당 연도에 부과할 세액이 20만원 이하인 경우에는 조례가 정하는 바에 따라 납기를 7월 16일부터 7월 31일까지로 하여 한꺼번에 부과·징수할 수(하여야×) 있다.

★★
(2) 징수방법 (법 제116조)

① 보통징수(신고납부×)

→ 늦어도 납기 개시 5일(7일×, 10일×) 전까지 발부하여야 한다.

② 납세고지서의 병기(병기세, 함께 기록하는 세금)

지역자원시설세의 납기와 재산세의 납기가 같을 때, 재산세 납세고지서에 나란히 적어 고지할 수(하여야×) 있다.

※ **수시부과**

지방자치단체의 장은 과세대상 누락, 위법 또는 착오 등으로 인하여 이미 부과한 세액을 변경하거나 수시부과하여야 할 사유가 발생하면 수시로 부과·징수할 수 있다(없다×).

(3) 소액 징수면제(소액부징수) (법 제119조)

고지서 1장당 재산세로 징수할 세액(과세표준×)이 2,000원 미만(이하×)인 때에는 재산세를 징수하지 아니한다.

→ 지역자원시설세도 마찬가지

(4) 신탁재산에 대한 특례 (지방세법 제119조의2)

「신탁법」에 따라 수탁자 명의로 등기된 신탁재산에 대한 재산세가 체납된 경우에는 「지방세기본법」 제91조에도 불구하고 재산세가 체납된 해당 재산에 대해서만 압류할 수(하여야×) 있다. 다만, 재산세가 체납된 재산이 속한 신탁에 다른 재산이 있는 경우에는 그 다른 재산에 대하여 압류할 수 있다.

(5) 가산금 (지방세기본법 제52조~제57조)

① 일반가산금

지방세를 납기한까지 완납하지 아니한 때에는 납기한을 경과한 날로부터 체납된 지방세의 3% [↔ 제외 : 국가와 지방자치단체(지방자치단체조합 포함)]

② 중가산금

㉠ 적용 : 체납된 지방세를 납부하지 아니한 때에는 납기한이 경과된 날로부터 매 1월이 경과할 때마다 체납된 지방세의 1,000분의 12

㉡ 한도 : 중가산금을 가산하여 징수하는 기간은 60월을 초과하지 못함 [→ 따라서 1,000분의 720(72%)이 한도]

㉢ 제외 : 체납된 지방세가 30만원 미만인 때는 일반가산금(3%)만 적용하고, 중가산금은 적용하지 않는다.

(6) 신고의무 (법 제120조)

다음에 해당하는 자는 과세기준일부터 10일 이내에 그 소재지를 관할하는 시장·군수·구청장에게 그 사실을 알 수 있는 증빙자료를 갖추어 신고하여야 한다. 신고가 사실과 일치하지 아니하거나 신고가 없는 경우에는 시장·군수·구청장이 이를 직권으로 조사하여 과세대장에 등재할 수 있다.

① 공부상 소유자
재산의 소유권 변동 또는 과세대상 재산의 변동사유가 발생되었으나 과세기준일까지 그 등기가 이행되지 아니한 재산

② 주된 상속자
상속이 개시된 재산으로서 상속등기가 이행되지 아니한 경우

③ 종중재산의 공부상 소유자
사실상 종중재산으로서 공부상에는 개인명의로 등재되어 있는 재산

④ 수탁자
신탁법에 의하여 수탁자명의로 등기된 신탁재산

★
■ **세부담의 상한** (법 제122조)

해당 재산에 대한 재산세의 산출세액이 직전 연도의 해당 재산에 대한 재산세액 상당액의 100분의 150을 초과하는 경우에는 **100분의 150**에 해당하는 금액을 해당 연도에 징수할 세액으로 한다.(원칙)

다만, 주택의 경우에는 다음 각 호에 의한 금액을 해당 연도에 징수할 세액으로 한다.(예외)

1. 주택공시가격 또는 특별자치시장·특별자치도지사·시장·군수 또는 구청장이 산정한 가액이 **3억원 이하인 주택**의 경우	해당 주택에 대한 재산세의 산출세액이 직전 연도의 해당 주택에 대한 재산세액 상당액의 100분의 105를 초과하는 경우에는 **100분의 105**에 해당하는 금액
2. 주택공시가격 또는 특별자치시장·특별자치도지사·시장·군수 또는 구청장이 산정한 가액이 **3억원 초과 6억원 이하인 주택**의 경우	해당 주택에 대한 재산세의 산출세액이 직전 연도의 해당 주택에 대한 재산세액 상당액의 100분의 110를 초과하는 경우에는 **100분의 110**에 해당하는 금액
3. 주택공시가격 또는 특별자치시장·특별자치도지사·시장·군수 또는 구청장이 산정한 가액이 **6억원을 초과하는 주택**의 경우	해당 주택에 대한 재산세의 산출세액이 직전 연도의 해당 주택에 대한 재산세액 상당액의 100분의 130를 초과하는 경우에는 **100분의 130**에 해당하는 금액

출제자 의도

세부담의 상한
- 과세대상별 세부담 상한을 '구별'할 수 있는가?
- 과세대상별 세부담 상한을 '계산'할 수 있는가?

출제자 의도

물납

물납의 절차상 내용을 이해하고 있는가?(특히, 다른 조세와 구별하여)

★ 7. 물납(법 제117조)

(1) 신청요건

재산세의 납부세액이 1천만원(5백만원×)을 초과하는 경우 납세의무자의 신청을 받아 지방자치단체의 장은 지방자치단체의 관할구역에 있는 부동산에 대하여만 물납을 허가할 수 있다.

(2) 신청 및 허가

① 납부기한 10일(30일×) 전까지 납세지를 관할하는 시장·군수에게 신청

② 물납신청을 받은 시장·군수·구청장은 신청을 받은 날부터 5일 이내에 허가여부를 서면으로 통지하여야 한다.

③ 물납허가를 받은 부동산을 해당 시장·군수·구청장이 물납대상 부동산의 소유권이전등기필증을 발급받은 때에는 납부기한 내에 납부한 것으로 본다.

(3) 관리·처분이 부적당한 부동산의 처리

① 물납신청을 받은 부동산이 관리·처분상 부적당하다고 인정되는 경우 허가를 하지 아니할 수 있다. → 물납대상 : 관할구역안 부동산

② 불허가 통지를 받은 납세의무자가 그 통지를 받은 날부터 10일 이내에 당해 지자체의 관할구역 안에 있는 부동산으로서 관리·처분이 가능한 다른 부동산으로 변경 신청하는 경우에는 변경하여 허가할 수 있다.

③ 변경신청하여 허가한 부동산을 물납한 때에는 납부기한 내에 납부한 것으로 본다.

(4) 물납허가 부동산의 평가

① 물납을 허가하는 부동산의 가액은 재산세 과세기준일 현재(6월 1일)의 시가

② 시가는 다음에 정하는 가액에 의함(다만, 수용·공매가액 및 감정가액 등으로서 시가로 인정되는 것은 이를 시가로 봄)

㉠ 토지 - 시가표준액(개별공시지가)

㉡ 건축물 - 시가표준액

㉢ 주택 - 시가표준액

③ 시가를 적용함에 있어서 상속세 및 증여세법 규정에 의한 부동산의 평가방법이 따로 있어 국세청장이 고시한 가액이 입증되는 경우에는 그 고시가액

을 시가로 봄

④ 시가로 인정되는 부동산가액

시가로 인정되는 것은 과세기준일 전 6월부터 과세기준일 현재까지의 기간 중에 확정된 가액으로서 다음에 해당하는 것을 말함

㉠ 당해 부동산에 대하여 수용 또는 공매사실이 있는 경우에는 그 보상가액 또는 공매가액

㉡ 당해 부동산에 대하여 2 이상의 감정기관이 평가한 감정가액이 있는 경우에는 그 감정가액의 평균액

㉢ 다음의 취득으로서 그 사실상의 취득가액이 있는 경우에는 그 취득가액

- 국가·지방자치단체 및 지방자치단체조합으로부터의 취득
- 판결문·법인장부

→ 시가로 보는 가액이 2 이상인 경우에는 재산세의 과세기준일부터 가장 가까운 날에 해당하는 가액에 의한다.

(5) 물납의 절차

물납허가 또는 물납부동산 변경허가를 받은 납세의무자는 그 통지를 받은 날부터 10일 이내에 부동산등기법에 의한 부동산소유권이전등기에 필요한 서류를 시장·군수·구청장에게 제출하여야 하며, 해당 시장·군수·구청장은 그 서류를 제출받은 날부터 5일 이내에 관할 등기소에 부동산소유권이전등기신청을 하여야 한다.

→ 물납 완료시점 : 해당 시장·군수가 물납대상부동산의 소유권이전등기필증을 발급받은 때

★ 8. 분납(분할납부) (법 제118조)

출제자 의도

분납

분할납부의 절차상 내용을 이해하고 있는가?(특히, 다른 조세와 구별하여)

(1) 신청요건

납부세액이 5백만원을 초과하는 경우

(2) 분납세액의 기준 및 분납가능 금액

① 납부할 세액이 1천만원 이하인 때 : 5백만원을 초과하는 금액

② 납부할 세액이 1천만원을 초과하는 때 : 그 세액의 50% 이하의 금액

(3) 신청기한

납부기한 내

(4) 분납기한

납부기한이 지난 날부터 2개월(45일×) 이내

(5) 수정고지

시장·군수는 분납신청을 받은 때에는 이미 고지한 납세고지서를 납기 내에 납부하여야 할 납세고지서와 분납기간 내에 납부하여야 할 납세고지서로 구분하여 수정·고지하여야 한다.

9. 납세지 (법 제108조)

구분		납세지	
		원칙	예외
부동산	토지	토지·건축물·주택의 소재지(주소지×) 관할 시·군·구	-
	건축물		
	주택		
선박		① 선적항 소재지 관할 시·군·구	선적항이 없는 선박의 경우에는 ② 정계장 소재지(정계장이 일정하지 아니한 경우에는 선박 ③ 소유자의 주소지) 관할 시·군·구
항공기		① 정치장 소재지 관할 시·군·구	등록되지 아니한 경우 항공기의 경우에는 ② 소유자의 주소지 관할 시·군·구

10. 부가세

지방교육세 - 재산세액 × 20%

11. 병기세(재산세 고지서에 병기되는 조세)

'특정 부동산에 대한 지역자원시설세'를 재산세 고지서에 나란히 적어 고지 할 수(하여야×) 있다.

O · X · 지 · 문 · 학 · 습

01. 재산세 과세대상 물건의 소유권 귀속이 불분명한 하여 그 소유권자를 알 수 없는 경우에는 그 사용자가 재산세 납세의무가 있다. [O, ×]

02. 재산세 납부의 물납신청을 받은 시장·군수는 신청을 받은 날부터 7일 이내에 허가 여부를 서면으로 통지하여야 한다. [O, ×]

03. 토지에 대한 재산세 납세지는 토지 소유주의 주소지 관할 시·군·구청이다. [O, ×]

04. 재산세의 납부세액이 5백만원을 초과하는 경우 납세의무자의 신청을 받아 지방자치단체의 장은 지방자치단체의 관할구역에 있는 부동산에 대하여만 물납을 허가할 수 있다. [O, ×]

05. 국가, 지방자치단체 또는 지방자치단체조합이 1년 이상 공용이나 일부 유료로 사용하는 재산에 대하여는 재산세를 부과하지 아니한다. [O, ×]

06. 공장용지, 주택·산업용 공급토지, 여객자동차터미널 및 물류터미널용 토지의 경우 분리과세 대상으로 과세기준일 현재 토지의 가액에 1,000분의 2의 세율을 적용한다. [O, ×]

07. 수도권정비계획법상 과밀억제권역에 공장의 신설·증설을 하는 경우 그 건축물에 대한 재산세의 세율은 최초의 과세기준일부터 5년간 일반세율의 100분의 300에 해당하는 세율이 적용된다. [O, ×]

08. 토지나 주택에 대한 재산세의 과세표준은 시가표준액에 부동산 시장의 동향과 지방재정 여건 등을 고려하여 공정시장가액비율을 곱하여 산정한 가액으로 한다. [O, ×]

정답 및 해설

01. O
02. × (7일 → (5일)
03. × (토지 소유주의 주소지 → 토지 소재지)
04. × (500만원 → 1000만원)
05. × (공용이나 공공용으로 사용하는 경우가 아닌 유료로 사용하는 경우에는 재산세를 부과한다.)
06. O
07. × (100분의 300 → 100분의 500)
08. O

1. 지방세법상 재산세의 과세표준과 세율에 관한 설명으로 옳은 것은?

① 지방자치단체의 장은 세율조정이 불가피하다고 인정되는 경우, 조례로 정하는 바에 따라 표준세율의 100분의 50의 범위에서 가감할 수 있으며, 가감한 세율은 5년간 적용한다.

② '건축법 시행령'에 따른 다가구주택은 1가구가 독립하여 구분사용할 수 있도록 분리된 부분을 1구의 주택으로 보며, 이 경우 그 부속토지는 건물면적의 비율에 따라 각각 나눈 면적을 1구의 부속토지로 본다.

③ 법령에 따른 별장과 고급주택은 1천분의 40, 그 밖의 주택은 누진세율을 적용한다.

④ 토지와 건물의 소유자가 다른 주택에 대해 세율을 적용할때, 해당 주택의 토지와 건물의 가액을 소유자별로 구분계산한 과세표준에 해당 세율을 적용한다.

⑤ 법령에 따른 고급주택의 재산세 과세표준은 시가표준액에 공정시장가액비율 100분의 70을 곱하여 산정한 가액이다.

해설

① 재산세의 가감한 세율은 해당 연도에만 적용한다.
③ 고급주택도 0.1%~0.4%의 4단계 초과누진세율을 적용한다.
④ 토지와 건물의 소유자가 다를 경우 해당 주택에 대한 세율을 적용할 때 주택의 토지와 건물을 합산한 과세표준에 세율을 적용한다.
⑤ 공정시장가액비율은 토지와 건축물은 시가표준액의 100분의 70이고, 주택은 100분의 60이다.

2. 지방세법상 재산세의 부과·징수에 관한 설명으로 틀린 것은?

① 재산세는 관할 지방자치단체의 장이 세액을 산정하여 보통징수의 방법으로 부과·징수한다.

② 고지서 1장당 재산세로 징수할 세액이 2천원 미만인 경우에는 해당 재산세를 징수하지 아니한다.

③ 과세표준의 1천분의 40의 재산세 세율이 적용되는 별장에 대한 재산세의 납기는 별장 이외의 주택에 대한 재산세의 납기와 같다.

④ 국가 또는 지방자치단체의 체납된 재산세에 대하여는 가산금과 중가산금의 적용을 모두 배제한다.

⑤ 「신탁법」에 따라 수탁자 명의로 등기된 신탁재산에 대한 재산세가 체납된 경우에는 체납된 재산이 속한 신탁에 다른 재산이 있는 경우에도 체납된 해당 재산에 대해서만 압류할 수 있다.

해설

⑤ 「신탁법」에 따라 수탁자 명의로 등기된 신탁재산에 대한 재산세가 체납된 경우에는 「지방세기본법」의 규정에도 불구하고 체납된 해당 재산에 대해서만 압류할 수 있다. 다만, 재산세가 체납된 재산이 속한 신탁에 다른 재산이 있는 경우 그 다른 재산에 대하여 압류할 수 있다.

3. 지방세법상 재산세의 표준세율에 관한 설명으로 틀린 것은?

① 주택(취득세 중과대상인 별장 제외)에 대한 재산세의 세율은 4단계 초과누진세율이다.

② 취득세 중과대상인 별장에 대한 재산세의 세율은 1천분의 50이다.

③ 종합합산과세대상 토지에 대한 재산세의 세율은 3단계 초과누진세율이다.

④ 시장·군수는 재해 등의 발생으로 세율 조정이 불가피하다고 인정되는 경우 조례로 정하는

|정답| 1. ② 2. ⑤

바에 따라 표준세율의 100분의 50 범위에서 가감할 수 있지만, 가감한 세율은 해당 연도에만 적용한다.

⑤ 건축물에 대한 재산세의 산출세액이 법령으로 정하는 방법에 따라 계산한 직전연도의 해당 재산에 대한 재산세액 상당액의 100분의 150을 초과하는 경우에는 100분의 150에 해당하는 금액을 해당연도에 징수할 세액으로 한다.

해설

② 취득세 중과대상인 별장에 대한 재산세의 표준세율은 1,000분의 40이다.

4. 지방세법상 재산세 납부에 관한 설명으로 틀린 것은?

① 건축물에 대한 재산세 납기는 매년 7월 16일부터 7월 31일까지이다.

② 주택에 대한 재산세(해당 연도에 부과할 세액이 10만원을 초과함)의 납기는 해당 연도에 부과·징수할 세액의 2분의 1은 매년 7월 16일부터 7월 31일까지, 나머지 2분의 1은 9월 16일부터 9월 30일까지이다.

③ 지방자치단체의 장은 재산세 납부세액이 1천만원을 초과하는 경우 납세의무자의 신청을 받아 관할구역에 관계없이 해당 납세자의 부동산에 대하여 법령으로 정하는 바에 따라 물납을 허가할 수 있다.

④ 재산세 납부세액이 1천만원을 초과하여 재산세를 물납하려는 자는 법령으로 정하는 서류를 갖추어 그 납부기한 10일 전까지 납세지를 관할하는 시장·군수에게 신청하여야 한다.

⑤ 재산세 납부세액이 500만원을 초과하여 재산세를 분할납부하려는 자는 재산세 납부기한까지 법령으로 정하는 신청서를 시장·군수에게 제출하여야 한다.

해설

③ 지방자치단체의 장은 재산세의 납부세액이 1천만원을 초과하는 경우에는 납세의무자의 신청을 받아 해당 지방자치단체의 관할구역에 있는 부동산에 대하여만 대통령령으로 정하는 바에 따라 물납을 허가할 수 있다.

5. 지방세법상 재산세에 관한 설명으로 틀린 것은?

① 동일한 재산에 대하여 2 이상의 세율이 해당되는 경우에는 그 중 높은 세율을 적용한다.

② 국가가 1년 이상 공용에 유료로 사용하는 재산에 대하여는 재산세를 부과하지 아니한다.

③ 과세기준일 현재 상속이 개시된 재산으로서 상속등기가 이행되지 아니하고 사실상의 소유자를 신고하지 아니한 때에는 법령이 정하는 주된 상속자가 재산세를 납부할 의무가 있다.

④ 과세대상인 건물을 구분함에 있어서 1구의 건물이 주거와 주거 외의 용도에 겸용되는 경우, 주거용으로 사용되는 면적이 전체의 100분의 50 이상인 경우에는 주택으로 본다.

⑤ 과세기준일 현재 소유권의 귀속이 분명하지 아니하여 사실상의 소유자를 확인할 수 없는 경우에는 그 사용자가 재산세를 납부할 의무가 있다.

해설

② 유료로 → 무료로

|정답| 3. ② 4. ③ 5. ②

인증번호 : W34S-MH28

2

종합부동산세

핵심

- **과세**(요건)
  ① 납세의무자　② 과세대상　③ 과세표준
- **재산세와 연계**
  종합부동산세의 뿌리는 재산세입니다. 따라서 재산세와 비교·연계하여 이해하는 것이 핵심입니다.
- **법조문**

종합부동산세법	종합부동산세법 시행령	종합부동산세법 시행규칙
제1조~제24조	제1조~제19조	제1조~제9조

1. 주택분 종합부동산세 (법 제7조~제10조)

(1) 납세의무자·과세대상 (제7조) ★★

과세기준일(6월 1일) 현재 주택분 재산세의 납세의무자로서 국내에 있는 재산세 과세대상인 주택의 공시가격을 합산한 금액(주택분 과세기준금액)이 6억원을 초과(이상×)하는 자

→ 등기 여부·허가 여부 불문, 주거용 오피스텔도 포함 (→ 사실주의 과세)

↔ 제외주택(= 합산배제 주택)

- 임대주택으로서 대통령령이 정하는 주택(임대사업자로 등록한 자)
- 종업원의 주거에 공하기 위한 기숙사 및 사원용 주택, (주택건설사업자의) 미분양주택 등 대통령령으로 정하는 주택(가정어린이집용 주택)
- 별장

기출 Point

1. 주택분 종부세와 토지분 종부세(별도합산·종합합산)의 과세요건별 : 공통점 vs 차이점

- **종합부동산세 성격**

① 국세
② 보통세
③ 보유세
④ 종가세
⑤ 정률세
⑥ (대)인세
⑦ 응익(과)세
⑧ 정부부과과세 또는 신고납세

출제자 의도

과세요건

재산세와 비교·연계하여 그 공통점과 차이점을 구별하여 이해하고 있는가?

- **① 인별합산 vs ② 세대별합산**

① 각(개)인별(人別)로 합산하는 것
② 각 세대별 구성원의 과세대상을 합산하는 것
→ ②는 헌법재판소의 위헌 결정으로 효력이 상실됨.

■ 합산배제 임대주택 (시행령 제3조)

① 법 제8조제2항제1호에서 "대통령령이 정하는 주택"이란 「공공주택 특별법」 제4조에 따른 공공주택사업자 또는 「민간임대주택에 관한 특별법」 제2조제7호에 따른 임대사업자(이하 "임대사업자"라 한다)로서 과세기준일 현재 「소득세법」 제168조 또는 「법인세법」 제111조에 따른 주택임대업 사업자등록(이하 이 조에서 "사업자등록"이라 한다)을 한 자가 과세기준일 현재 임대(제1호부터 제3호까지, 제5호부터 제8호까지의 주택을 임대한 경우를 말한다)하거나 소유(제4호의 주택을 소유한 경우를 말한다)하고 있는 다음 각 호의 어느 하나에 해당하는 주택(이하 "합산배제 임대주택"이라 한다)을 말한다. 이 경우 과세기준일 현재 임대를 개시한 자가 법 제8조제3항에 따른 합산배제 신고기간 종료일까지 임대사업자로서 사업자등록을 하는 경우에는 해당 연도 과세기준일 현재 임대사업자로서 사업자등록을 한 것으로 본다.

1. 「민간임대주택에 관한 특별법」 제2조제2호에 따른 민간건설임대주택과 「공공주택 특별법」 제2조제1호의2에 따른 공공건설임대주택(이하 이 조에서 "건설임대주택"이라 한다)으로서 다음 각 목의 요건을 모두 갖춘 주택이 2호 이상인 경우 그 주택. 다만, 「민간임대주택에 관한 특별법」 제2조제2호에 따른 민간건설 임대주택의 경우에는 2018년 3월 31일 이전에 같은 법 제5조에 따른 임대사업자 등록과 사업자등록을 한 주택으로 한정한다.
   가. 전용면적이 149제곱미터 이하로서 2호 이상의 주택의 임대를 개시한 날(2호 이상의 주택의 임대를 개시한 날 이후 임대를 개시한 주택의 경우에는 그 주택의 임대개시일을 말한다) 또는 최초로 제8항에 따른 합산배제신고를 한 연도의 과세기준일의 공시가격이 6억원 이하일 것
   나. 5년 이상 계속하여 임대하는 것일 것
2. 「민간임대주택에 관한 특별법」 제2조제3호에 따른 민간매입임대주택과 「공공주택 특별법」 제2조제1호의3에 따른 공공매입임대주택(이하 이 조에서 "매입임대주택"이라 한다)으로서 다음 각 목의 요건을 모두 갖춘 주택. 다만, 「민간임대주택에 관한 특별법」 제2조제3호에 따른 민간매입임대주택의 경우에는 2018년 3월 31일 이전에 같은 법 제5조에 따른 임대사업자 등록과 사업자등록을 한 주택으로 한정한다.
   가. 해당 주택의 임대개시일 또는 최초로 제8항에 따른 합산배제신고를 한 연도의 과세기준일의 공시가격이 6억원[「수도권정비계획법」 제2조제1호에 따른 수도권(이하 "수도권"이라 한다) 밖의 지역인 경우에는 3억원] 이하일 것
   나. 5년 이상 계속하여 임대하는 것일 것
3. 임대사업자의 지위에서 2005년 1월 5일 이전부터 임대하고 있던 임대주택으로서 다음 각목의 요건을 모두 갖춘 주택이 2호 이상인 경우 그 주택
   가. 국민주택 규모 이하로서 2005년도 과세기준일의 공시가격이 3억원 이하일 것
   나. 5년 이상 계속하여 임대하는 것일 것
4. 「민간임대주택에 관한 특별법」 제2조제2호에 따른 민간건설임대주택으로서 다음 각 목의 요건을 모두 갖춘 주택
   가. 전용면적이 149제곱미터 이하일 것
   나. 제8항에 따른 합산배제신고를 한 연도의 과세기준일 현재의 공시가격이 6억원 이하일 것
   다. 「건축법」 제22조에 따른 사용승인을 받은 날 또는 「주택법」 제49조에 따른 사용검사 후 사용검사필증을 받은 날부터 과세기준일 현재까지의 기간 동안 임대된 사실이 없고, 그 임대되지 아니한 기간이 2년 이내일 것
5. 「부동산투자회사법」 제2조제1호에 따른 부동산투자회사 또는 「간접투자자산 운용업법」 제27조제3호에 따른 부동산간접투자기구가 2008년 1월 1일부터 2008년 12월 31일까지 취득 및 임대하는 매입임대주택으로서 다음 각 목의 요건을 모두 갖춘 주택이 5호 이상인 경우의 그 주택
   가. 전용면적이 149제곱미터 이하로서 2008년도 과세기준일의 공시가격이 6억원 이하일 것
   나. 10년 이상 계속하여 임대하는 것일 것
   다. 수도권 밖의 지역에 위치할 것
6. 매입임대주택[미분양주택(「주택법」 제54조에 따른 사업주체가 같은 조에 따라 공급하는 주택으로서 입주자모집공고에 따른 입주자의 계약일이 지난 주택단지에서 2008년 6월 10일까지 분양계약이 체결되지 아니하여 선착순의 방법으로 공급하는 주택을 말한다. 이하 이 조에서 같다)으로서 2008년 6월 11일부터 2009년 6월 30일까지 최초로 분양계약을 체결하고 계약금을 납부한 주택에 한정한다]으로서 다음 각 목의 요건을 모두 갖춘 주택. 이 경우 해당 주택을 보유한 납세의무자는 법 제8조제3항에 따른 신고와 함께 시장·군수 또는 구청장이 발행한 미분양주택 확인서 사본 및 미분양주택 매입 시의 매매계약서 사본을 제출하여야 한다.
   가. 전용면적이 149제곱미터 이하로서 5호 이상의 주택의 임대를 개시한 날(5호 이상의 주택의 임대를 개시한 날 이후 임대를 개시한 주택의 경우에는 그 주택의 임대개시일을 말한다) 또는 최초로 제8항에 따른 합산배제신고를 한 연도의 과세기준

일의 공시가격이 3억원 이하일 것
나. 5년 이상 계속하여 임대하는 것일 것
다. 수도권 밖의 지역에 위치할 것
라. 가목부터 다목까지의 요건을 모두 갖춘 매입임대주택(이하 이 조에서 "미분양매입임대주택"이라 한다)이 5호 이상일 것[제2호에 따른 매입임대주택이 5호 이상이거나 제3호에 따른 매입임대주택이 2호 이상이거나 제5호에 따른 임대주택이 5호 이상인 경우에는 제2호·제3호 또는 제5호에 따른 매입임대주택과 미분양매입임대주택을 합산하여 5호 이상일 것(제3호에 따른 매입임대주택과 합산하는 경우에는 그 미분양매입임대주택이 같은 특별시·광역시 또는 도 안에 있는 경우에 한정한다)]
7. 건설임대주택 중 「민간임대주택에 관한 특별법」 제2조제4호에 따른 공공지원민간임대주택 또는 같은 조 제5호에 따른 장기일반민간임대주택(이하 이 조에서 "장기일반민간임대주택등"이라 한다)으로서 다음 각 목의 요건을 모두 갖춘 주택이 2호 이상인 경우 그 주택
가. 전용면적이 149제곱미터 이하로서 2호 이상의 주택의 임대를 개시한 날(2호 이상의 주택의 임대를 개시한 날 이후 임대를 개시한 주택의 경우에는 그 주택의 임대개시일을 말한다) 또는 최초로 제8항에 따른 합산배제신고를 한 연도의 과세기준일의 공시가격이 6억원 이하일 것
나. 8년 이상 계속하여 임대하는 것일 것. 이 경우 임대기간을 계산할 때 「민간임대주택에 관한 특별법」 제5조제3항에 따라 같은 법 제2조제6호의 단기민간임대주택을 장기일반민간임대주택등으로 변경 신고한 경우에는 제7항제1호에도 불구하고 같은 법 시행령 제34조제1항제3호에 따른 시점부터 그 기간을 계산한다.
8. 매입임대주택 중 장기일반민간임대주택등으로서 다음 각 목의 요건을 모두 갖춘 주택. 다만, 1세대가 국내에 1주택 이상을 보유한 상태에서 새로이 취득한 조정대상지역(「주택법」 제63조의2제1항제1호에 따른 조정대상지역을 말한다. 이하 같다)에 있는 「민간임대주택에 관한 특별법」 제2조제5호에 따른 장기일반민간임대주택[조정대상지역의 공고가 있은 날 이전에 주택(주택을 취득할 수 있는 권리를 포함한다. 이하 이 호에서 같다)을 취득하거나 주택을 취득하기 위하여 매매계약을 체결하고 계약금을 지급한 사실이 증빙서류에 의하여 확인되는 경우는 제외한다]은 제외한다.
가. 해당 주택의 임대개시일 또는 최초로 제8항에 따른 합산배제신고를 한 연도의 과세기준일의 공시가격이 6억원(수도권 밖의 지역인 경우에는 3억원) 이하일 것
나. 8년 이상 계속하여 임대하는 것일 것. 이 경우 임대기간을 계산할 때 「민간임대주택에 관한 특별법」 제5조제3항에 따라 같은 법 제2조제6호의 단기민간임대주택을 장기일반민간임대주택등으로 변경 신고한 경우에는 제7항제1호에도 불구하고 같은 법 시행령 제34조제1항제3호에 따른 시점부터 그 기간을 계산한다.

② 법 제8조제2항제1호에서 "대통령령이 정하는 다가구 임대주택"이라 함은 제3항의 규정에 따라 임대사업자로 보는 자가 임대하는 「건축법 시행령」 별표 1 제1호 다목의 규정에 따른 다가구주택(이하 이 조에서 "다가구주택"이라 한다) 또는 다가구주택과 그 밖의 주택을 말한다.

③ 다가구주택 또는 다가구주택과 그 밖의 주택을 소유한 납세의무자가 주택임대를 위하여 사업자등록을 하는 경우에는 그 사업자등록을 한 날에 임대사업자에 해당하는 것으로 본다.

④ 제3항의 규정에 따라 임대사업자로 보는 자가 임대하는 다가구 임대주택이 제1항의 규정에 따른 요건을 갖춘 경우에는 법 제8조제2항제1호의 규정에 따른 합산배제 임대주택으로 본다.

⑤ 제1항제1호, 제6호 및 제7호를 적용할 때 임대주택의 수(數)는 같은 특별시·광역시 또는 도에 소재하는 주택별로 각각 합산하여 계산한다.

⑥ 제1항의 규정을 적용함에 있어서 다가구주택은 「지방세법 시행령」 제112조에 따른 1구를 1호의 주택으로 본다.

⑦ 제1항을 적용할 때 합산배제 임대주택의 임대기간의 계산은 다음 각 호에 따른다.
1. 제1항제1호나목, 같은 항 제3호나목 및 같은 항 제7호나목에 따른 임대기간은 임대사업자로서 2호 이상의 주택의 임대를 개시한 날(2호 이상의 주택의 임대를 개시한 날 이후 임대를 개시한 주택의 경우에는 그 주택의 임대개시일을 말한다)부터, 제1항제2호나목 및 같은 항 제8호나목에 따른 임대기간은 임대사업자로서 해당 주택의 임대를 개시한 날부터, 제1항제5호나목 및 같은 항 제6호나목에 따른 임대기간은 임대사업자로서 5호 이상의 주택의 임대를 개시한 날(5호 이상의 주택의 임대를 개시한 날 이후 임대를 개시한 주택의 경우에는 그 주택의 임대개시일을 말한다)부터 계산한다.
2. 상속으로 인하여 피상속인의 합산배제 임대주택을 취득하여 계속 임대하는 경우에는 당해 피상속인의 임대기간을 상속인의 임대기간에 합산한다.

3. 합병·분할 또는 조직변경을 한 법인(이하 이 조에서 "합병법인등"이라 한다)이 합병·분할 또는 조직변경전의 법인(이하 이 조에서 "피합병법인등"이라 한다)의 합산배제 임대주택을 취득하여 계속 임대하는 경우에는 당해 피합병법인등의 임대기간을 합병법인등의 임대기간에 합산한다.
4. 기존 임차인의 퇴거일부터 다음 임차인의 입주일까지의 기간이 2년 이내인 경우에는 계속 임대하는 것으로 본다.
5. 다음 각 목의 어느 하나에 해당하는 사유로 제1항 각 호(제4호는 제외한다. 이하 이 호에서 같다)의 주택이 같은 항의 요건을 충족하지 못하게 되는 때에는 제1호에 따른 기산일부터 제1항 각 호의 나목에 따른 기간이 되는 날까지는 각각 해당 사유로 임대하지 못하는 주택에 한하여 계속 임대하는 것으로 본다.
가. 「공익사업을 위한 토지 등의 취득 및 보상에 관한 법률」이나 그 밖의 법률에 따른 협의매수 또는 수용
나. 건설임대주택으로서 「공공주택 특별법 시행령」 제54조제2항제2호에 따른 임차인에 대한 분양전환
다. 천재·지변, 그 밖에 이에 준하는 사유의 발생
6. 제1항제1호 및 같은 항 제7호에 해당하는 건설임대주택은 제1호에도 불구하고 「건축법」 제22조에 따른 사용승인을 받은 날 또는 「주택법」 제49조에 따른 사용검사 후 사용검사필증을 받은 날부터 「민간임대주택에 관한 특별법」 제43조 또는 「공공주택 특별법」 제50조의2에 따른 임대의무기간의 종료일까지의 기간(해당 주택을 보유한 기간에 한정한다) 동안은 계속 임대하는 것으로 본다.
7. 「도시 및 주거환경정비법」에 따른 주택재건축사업 또는 같은 법에 따른 주택재개발사업(이하 "주택재건축·재개발사업"이라 한다)에 따라 당초의 합산배제 임대주택이 멸실되어 새로운 주택을 취득하게 된 경우로서 제9항에 따라 관련 서류를 제출한 경우에는 주택재건축·재개발사업으로 멸실된 주택의 임대기간과 새로이 취득한 주택의 임대기간을 합산한다. 이 경우 주택재건축·재개발사업으로 새로이 취득한 주택의 준공일부터 6개월 이내에 임대를 개시하여야 한다.

⑧ 법 제8조제2항제1호에 따른 주택을 보유한 자가 합산배제 임대주택의 규정을 적용받으려는 때에는 기획재정부령으로 정하는 임대주택 합산배제 신고서에 따라 신고하여야 한다. 다만, 최초의 합산배제 신고를 한 연도의 다음 연도부터는 그 신고한 내용 중 기획재정부령으로 정하는 사항에 변동이 없는 경우에는 신고하지 아니할 수 있다.

⑨ 제7항제7호에 따라 주택재건축·재개발사업으로 새로이 취득하게 될 주택의 임대기간과 멸실된 주택의 임대기간의 합산을 받으려는 자는 주택재건축·재개발사업으로 주택이 멸실된 후에 최초로 도래하는 과세기준일이 속하는 과세연도의 법 제8조 제3항에 따른 기간에 기획재정부령으로 정하는 서류를 관할세무서장에게 제출하여야 한다.

(2) 과세표준 (제8조)

구분	과세표준
일반적인 주택	(주택의 공시가격을 합산한 금액 – 6억원) × 공정시장가액비율(80/100)
단독소유 1세대 1주택	(주택의 공시가격을 합산한 금액 – 3억원 – 6억원) × 공정시장가액비율(80/100)

① 주택에 대한 종합부동산세의 과세표준은 납세의무자별로 주택의 공시가격을 합산한 금액[과세기준일 현재 세대원 중 1인이 해당 주택을 단독으로 소유한 경우로서 대통령령으로 정하는 1세대 1주택자(이하 "1세대 1주택자"라 한다)의 경우에는 그 합산한 금액에서 3억원을 공제한 금액]에서 6억원을 공제한 금액에 부동산 시장의 동향과 재정 여건 등을 고려하여 100분의 60부터 100분의 100까지의 범위에서 대통령령으로 정하는 공정시장가액비율을 곱한 금액으로 한다. 다만, 그 금액이 영보다 작은 경우에는 영으로 본다.

② 다음 각 호의 어느 하나에 해당하는 주택은 제1항의 규정에 의한 과세표준 합산의 대상이 되는 주택의 범위에 포함되지 아니하는 것으로 본다.

1. 「민간임대주택에 관한 특별법」에 따른 민간임대주택, 「공공주택 특별법」에 따른 공공임대주택 또는 대통령령이 정하는 다가구 임대주택으로서 임대기간, 주택의 수, 가격, 규모 등을 감안하여 대통령령이 정하는 주택
2. 제1호의 주택외에 종업원의 주거에 제공하기 위한 기숙사 및 사원용 주택, 주택건설사업자가 건축하여 소유하고 있는 미분양주택, 가정어린이집용 주택, 「수도권정비계획법」 제2조제1호에 따른 수도권 외 지역에 소재하는 1주택 등 종합부동산세를 부과하는 목적에 적합하지 아니한 것으로서 대통령령이 정하는 주택. 이 경우 수도권 외 지역에 소재하는 1주택의 경우에는 2009년 1월 1일부터 2011년 12월 31일까지의 기간 중 납세의무가 성립하는 분에 한한다.

③ 제2항의 규정에 따른 주택을 보유한 납세의무자는 당해 연도 9월 16일부터 9월 30일까지 대통령령이 정하는 바에 따라 납세지 관할세무서장(이하 "관할세무서장"이라 한다)에게 당해 주택의 보유현황을 신고하여야 한다.

④ 제1항을 적용할 때 1주택(주택의 부속토지만을 소유한 경우를 제외한다)과 다른 주택의 부속토지(주택의 건물과 부속토지의 소유자가 다른 경우의 그 부속토지를 말한다)를 함께 소유하고 있는 경우에는 1세대 1주택자로 본다.

■ 세대

(1) 정의(요건)

주택 또는 토지의 소유자 및 그 배우자가 그들과 동일한 주소 또는 거소에서 생계를 같이하는 가족과 함께 구성하는 1세대를 말한다.(원칙)

↔ (예외) 다음의 어느 하나에 해당하는 경우에는 배우자가 없는 때에도 이를 1세대로 본다.

① 30세 이상인 경우
② 배우자가 사망하거나 이혼한 경우
③ 「소득세법」에 따른 소득이 「국민기초생활 보장법」에 따른 기준 중위소득의 100분의 40 이상으로서 소유하고 있는 주택 또는 토지를 관리·유지하면서 독립된 생계를 유지할 수 있는 경우. 다만, 미성년자의 경우를 제외하되, 미성년자의 결혼, 가족의 사망 그 밖에 기획재정부령이 정하는 사유로 1세대의 구성이 불가피한 경우에는 그러하지 아니하다.

(2) 1세대의 유예

① 혼인함으로써 1세대를 구성하는 경우에는 혼인한 날부터 5년(2년×, 3년×) 동안은 주택 또는 토지를 소유하는 자와 그 혼인한 자별로 각각 1세대로 본다.

② 동거봉양(同居奉養)하기 위하여 합가(合家)함으로써 과세기준일 현재 60세 이상의 직계존속(직계존속 중 어느 한 사람이 60세 미만인 경우를 포함한다)과 1세대를 구성하는 경우에는 제1항에도 불구하고 합가한 날부터 10년 동안(합가한 날 당시는 60세 미만이었으나, 합가한 후 과세기준일 현재 60세에 도달하는 경우는 합가한 날부터 5년의 기간 중에서 60세 이상인 기간 동안) 주택 또는 토지를 소유하는 자와 그 합가한 자별로 각각 1세대로 본다.

(3) 세율 (제9조)

① 주택에 대한 종합부동산세는 다음 각 호와 같이 납세의무자가 소유한 주택 수에 따라 과세표준에 해당 세율을 적용하여 계산한 금액을 그 세액(이하 "주택분 종합부동산세액"이라 한다)으로 한다.

1. 납세의무자가 2주택 이하를 소유한 경우[「주택법」 제63조의2제1항제1호에 따른 조정대상지역(이하 이 조에서 "조정대상지역"이라 한다) 내 2주택을 소유한 경우는 제외한다]

과세표준	세율
3억원 이하	1천분의 5
3억원 초과 6억원 이하	150만원 + (3억원을 초과하는 금액의 1천분의 7)
6억원 초과 12억원 이하	360만원 + (6억원을 초과하는 금액의 1천분의 10)
12억원 초과 50억원 이하	960만원 + (12억원을 초과하는 금액의 1천분의 14)
50억원 초과 94억원 이하	6천280만원 + (50억원을 초과하는 금액의 1천분의 20)
94억원 초과	1억5천80만원 + (94억원을 초과하는 금액의 1천분의 27)

2. 납세의무자가 3주택 이상을 소유하거나, 조정대상지역 내 2주택을 소유한 경우

과세표준	세율
3억원 이하	1천분의 6
3억원 초과 6억원 이하	180만원 + (3억원을 초과하는 금액의 1천분의 9)
6억원 초과 12억원 이하	450만원 + (6억원을 초과하는 금액의 1천분의 13)
12억원 초과 50억원 이하	1천230만원 + (12억원을 초과하는 금액의 1천분의 18)
50억원 초과 94억원 이하	8천70만원 + (50억원을 초과하는 금액의 1천분의 25)
94억원 초과	1억9천70만원 + (94억원을 초과하는 금액의 1천분의 32)

② 삭제

③ 주택분 과세표준 금액에 대하여 해당 과세대상 주택의 주택분 재산세로 부과된 세액(「지방세법」 제111조제3항에 따라 가감조정된 세율이 적용된 경우에는 그 세율이 적용된 세액, 같은 법 제122조에 따라 세부담 상한을 적용받은 경우에는 그 상한을 적용받은 세액을 말한다)은 주택분 종합부동산세액에서 이를 공제한다.

④ 주택분 종합부동산세액의 계산에 있어서 주택 수 계산 및 주택분 재산세로 부과된 세액의 공제 등에 관하여 필요한 사항은 대통령령으로 정한다.

⑤ 주택분 종합부동산세 납세의무자가 1세대 1주택자에 해당하는 경우의 주택분 종합부동산세액은 제1항·제3항 및 제4항에 따라 산출된 세액에서 제6항 또는 제7항에 따른 1세대 1주택자에 대한 공제액을 공제한 금액으로 한다. 이 경우 제6항과 제7항은 공제율 합계 100분의 70의 범위에서 중복하여 적용할 수 있다.

⑥ 과세기준일 현재 만 60세 이상인 1세대 1주택자의 공제액은 제1항·제3항 및 제4항에 따라 산출된 세액[제8조제4항에 해당하는 경우에는 제1항·제3항 및 제4항에 따라 산출된 세액에서 주택의 부속토지(주택의 건물과 부속토지의 소유자가 다른 경우의 그 부속토지를 말한다)분에 해당하는 산출세액(공시가격합계액으로 안분하여 계산한 금액을 말한다)을 제외한 금액]에 다음 표에 따른 연령별 공제율을 곱한 금액으로 한다.

연령	공제율
만 60세 이상 만 65세 미만	100분의 10
만 65세 이상 만 70세 미만	100분의 20
만 70세 이상	100분의 30

⑦ 1세대 1주택자로서 해당 주택을 과세기준일 현재 5년 이상 보유한 자의 공제액은 제1항·제3항 및 제4항에 따라 산출된 세액[제8조제4항에 해당하는 경우에는 제1항·제3항 및 제4항에 따라 산출된 세액에서 주택의 부속토지(주택의 건물과 부속토지의 소유자가 다른 경우의 그 부속토지를 말한다)분에 해당하는 산출세액(공시가격합계액으로 안분하여 계산한 금액을 말한다)을 제외한 금액]에 다음 표에 따른 보유기간별 공제율을 곱한 금액으로 한다.

보유기간	공제율
5년 이상 10년 미만	100분의 20
10년 이상 15년 미만	100분의 40
15년 이상	100분의 50

■ 주택 보유기간의 산정

① 소실·도괴·노후 등으로 인하여 멸실되어 재건축 또는 재개발하는 주택에 대하여는 그 멸실된 주택을 취득한 날부터 보유기간을 계산한다.
② 배우자로부터 상속받은 주택에 대하여는 피상속인이 해당 주택을 취득한 날부터 보유기간을 계산한다.

★ (4) 세부담의 상한 (제10조)

종합부동산세의 납세의무자가 해당 연도에 납부하여야 할 주택분 재산세액상당액과 주택분 종합부동산세액상당액의 합계액(이하 이 조에서 "주택에 대한 총세액상당액"이라 한다)으로서 대통령령으로 정하는 바에 따라 계산한 세액이 해당 납세의무자에게 직전년도에 해당 주택에 부과된 주택에 대한 총세액상당액으로서 대통령령으로 정하는 바에 따라 계산한 세액에 다음 각 호의 비율을 곱하여 계산한 금액을 초과하는 경우에는 그 초과하는 세액에 대하여는 제9조에도 불구하고 이를 없는 것으로 본다.

1. 제9조제1항제1호의 적용대상인 경우 : 100분의 150
2. 제9조제1항제2호의 적용대상인 경우
 가. 납세의무자가 3주택 이상을 소유한 경우 : 100분의 300
 나. 가목 외의 경우 : 100분의 200

★★
2. 토지분 종합부동산세 (법 제11조~제15조)

(1) 납세의무자·과세대상 (제12조)

① 별도합산 과세대상 : 공시가격을 합한 금액(토지분 별도합산 과세기준금액)이 80억원을 초과하는 자

② 종합합산 과세대상 : 공시가격을 합한 금액(토지분 종합합산 과세기준금액)이 5억원을 초과하는 자

(2) 과세표준 (제13조)

① (별도합산대상의 공시가격 합한 금액 − 80억원) × 공정시장가액비율($\frac{80}{100}$)

② (종합합산대상의 공시가격 합한 금액 − 5억원) × 공정시장가액비율($\frac{80}{100}$)

(→ 단, 0보다 작은 경우 0으로 본다.)

(3) 세율 (제14조)

① 종합합산과세대상인 토지에 대한 종합부동산세의 세액은 과세표준에 다음의 세율을 적용하여 계산한 금액(이하 "토지분 종합합산세액"이라 한다)으로 한다.

과세표준	세율
15억원 이하	1천분의 10
15억원 초과 45억원 이하	1천500만원 + (15억원을 초과하는 금액의 1천분의 20)
45억원 초과	7천500만원 + (45억원을 초과하는 금액의 1천분의 30)

② 삭제

③ 종합합산과세대상인 토지의 과세표준 금액에 대하여 해당 과세대상 토지의 토지분 재산세로 부과된 세액(「지방세법」 제111조제3항에 따라 가감조정된 세율이 적용된 경우에는 그 세율이 적용된 세액, 같은 법 제122조에 따라 세부담 상한을 적용받은 경우에는 그 상한을 적용받은 세액을 말한다)은 토지분 종합합산세액에서 이를 공제한다.

④ 별도합산과세대상인 토지에 대한 종합부동산세의 세액은 과세표준에 다음의 세율을 적용하여 계산한 금액(이하 "토지분 별도합산세액"이라 한다)으로 한다.

과세표준	세율
200억원 이하	1천분의 5
200억원 초과 400억원 이하	1억원 + (200억원을 초과하는 금액의 1천분의 6)
400억원 초과	2억2천만원 + (400억원을 초과하는 금액의 1천분의 7)

⑤ 삭제

⑥ 별도합산과세대상인 토지의 과세표준 금액에 대하여 해당 과세대상 토지의 토지분 재산세로 부과된 세액(「지방세법」 제111조제3항에 따라 가감조정된 세율이 적용된 경우에는 그 세율이 적용된 세액, 같은 법 제122조에 따라 세부담 상한을 적용받은 경우에는 그 상한을 적용받은 세액을 말한다)은 토지분 별도합산세액에서 이를 공제한다.

⑦ 토지분 종합부동산세액의 계산에 있어서 토지분 재산세로 부과된 세액의 공제 등에 관하여 필요한 사항은 대통령령으로 정한다.

(4) ★세부담의 상한 (제15조)

별도합산 과세대상 토지에 대한 종합부동산세액이 전년도 재산세액의 100분의 150을 초과하는 경우, 종합합산 과세대상 토지에 대한 종합부동산세액이 전년도 재산세액의 100분의 150을 초과하는 경우, 그 초과세액은 없는 것으로 본다.

3. 비과세 (법 제6조)

재산세 규정 준용

① 「지방세특례제한법」 또는 조세특례제한법에 의한 재산세의 비과세·과세면제 또는 경감에 관한 규정(이하 "재산세의 감면규정"이라 한다)은 종합부동산세를 부과함에 있어서 이를 준용한다.

② 「지방세특례제한법」 제4조에 따른 시·군의 감면조례에 의한 재산세의 감면규정은 종합부동산세를 부과함에 있어서 이를 준용한다.

③ 제1항 및 제2항의 규정에 의하여 재산세의 감면규정을 준용함에 있어서 그 감면대상인 주택 또는 토지의 공시가격에서 그 공시가격에 재산세 감면비율(비과세 또는 과세면제의 경우에는 이를 100분의 100으로 본다)을 곱한 금액을 공제한 금액을 공시가격으로 본다.

④ 제1항 및 제2항의 재산세의 감면규정 또는 분리과세규정에 따라 종합부동산세를 경감하는 것이 종합부동산세를 부과하는 취지에 비추어 적합하지 않은 것으로 인정되는 경우 등 대통령령이 정하는 경우에는 종합부동산세를 부과함에 있어서 제1항 및 제2항 또는 그 분리과세규정을 적용하지 아니한다.

4. 부과징수 (법 제16조)

→원칙 : (정부)부과과세 [납세지 관할 세무서장이 납세의무자에게 납부기간 (12/1~15)개시 5일전까지 고지서 발부]

→예외 : 신고납세 (12월 1일부터 12월 15일까지 납세지 관할세무서장에게 신고·납부)

※ 과세기준일 : 재산세의 과세기준일(매년 6월 1일)로 한다.

5. 결정·경정 (법 제17조)

① 관할세무서장 또는 납세지 관할 지방국세청장(이하 "관할지방국세청장"이라 한다)은 과세대상 누락, 위법 또는 착오 등으로 인하여 종합부동산세를 새로 부과할 필요가 있거나 이미 부과한 세액을 경정할 경우에는 다시 부과·징수할 수 있다.

② 관할세무서장 또는 관할지방국세청장은 제16조제3항의 규정에 의한 신고를 한 자의 신고내용에 탈루 또는 오류가 있는 때에는 당해연도의 과세표준과 세액을 경정한다.

③ 관할세무서장 또는 관할지방국세청장은 과세표준과 세액을 결정 또는 경정한 후 그 결정 또는 경정에 탈루 또는 오류가 있는 것이 발견된 때에는 이를 경정 또는 재경정하여야 한다.

④ 관할세무서장 또는 관할지방국세청장은 제2항 및 제3항에 따른 경정 및 재경정 사유가 「지방세법」 제115조제2항에 따른 재산세의 세액변경 또는 수시부과사유에 해당되는 때에는 대통령령으로 정하는 바에 따라 종합부동산세의 과세표준과 세액을 경정 또는 재경정하여야 한다.

⑤ 관할세무서장 또는 관할지방국세청장은 제8조제2항에 따라 과세표준 합산의 대상이 되는 주택에서 제외된 주택 중 같은 항 제1호의 임대주택 또는 같은 항 제2호의 가정어린이집용 주택이 추후 그 요건을 충족하지 아니하게 된 때에는 대통령령으로 정하는 바에 따라 경감받은 세액과 이자상당가산액을 추징하여야 한다.

6. ★물납 vs 분납 (법 제20조)

(1) 물납

〈폐지〉

(2) 분납 (제20조)

관할세무서장은 종합부동산세로 납부하여야 할 세액이 250만원을 초과하는 경우에는 대통령령으로 정하는 바에 따라 그 세액의 일부를 납부기한이 경과한 날부터 6개월 이내에 분납하게 할 수 있다

7. 납세지 (법 제4조)

구분	납세지
① 개인 또는 법인으로 보지 아니하는 단체	주소지 관할 세무서(→ 주소지 없는 경우 : 거소지)
② 법인 또는 법인으로 보는 단체	본점 또는 주사무소의 소재지 관할 세무서

■ **종합부동산세 납세지(비거주자 개인, 국내사업장 없는 외국법인의 경우)**

종합부동산세의 납세의무자가 비거주자인 개인 또는 외국법인으로서 국내사업장이 없고 국내원천소득이 발생하지 아니하는 주택 및 토지를 소유한 경우에는 그 주택 또는 토지의 **소재지**(주택 또는 토지가 둘 이상인 경우에는 공

시가격이 가장 높은 주택 또는 토지의 소재지를 말한다)를 납세지로 정한다.

8. 부가세

농어촌특별세 - 종합부동산세액×20%

■ 재산세 vs 종합부동산세 ★★★

구분		재산세	종합부동산세
과세요건	납세의무자	일정 재산을 보유한 자 (사실상 소유자)	일정 부동산을 보유한 자 (사실상 소유자)
	과세대상	토지, 건축물, 주택, 선박, 항공기	(일정)토지, 주택
	과세표준	시가표준액(×공정시장가액비율)	[공시가격합(合) - 일정금액]× 공정시장가액비율
	세율	초과누진세율, 비례세율	초과누진세율
		중과세율 : ○	중과세율 : ×
조세분류		지방세(시·군·구세) / ┌토지 : 인세 └그외 : 물세	국세 / 인세
납세지		소재지 관할 시·군·구	주소지 관할 세무서
합산여부		× (재산별 개별과세)	○ (인별 합산과세)
징수방법		보통징수	▶ 원칙 : (정부)부과과세 ▶ 예외 : 신고납세
과세기준일		6/1	6/1
납기		7/16 ~ 7/31, 9/16 ~ 9/30	12/1 ~ 12/15
공정시장가액비율		주택 : 60/100 토지·건축물 : 70/100	80/100
세부담상한		[150/100(단, 주택 : 105, 110, 130)]	150/100
물납·분납		○·○ (분납기한 : 2개월 이내)	×·○(물납제도는 폐지됨) (분납기한 : 6개월 이내)
소액부징수		○	×
부가세		지방교육세(재산세액의 20%)	농어촌특별세(종부세액의 20%)

출제자 의도

재산세 vs 종합부동산세

두 조세의 공통점과 차이점을 구별할 수 있는가?

O · X · 지 · 문 · 학 · 습

01. 공시가격을 합한 금액이 80억원을 초과하는 경우 종합합산 과세대상이다. [O, ×]

02. 1세대 1주택자로서 해당 주택을 과세기준일 현재 7년 보유한 자의 공제액은 산출된 세액에 100분의 20 공제율을 곱한 금액으로 한다. [O, ×]

03. 국내에 소재하는 토지에 대하여 지방세법의 규정에 의한 종합합산과세대상과 별도합산 과세대상으로 구분하여 과세한다. [O, ×]

04. 주택분 종합부동산세는 6월 1일 현재 주택분 재산세의 납세의무자로서 국내에 있는 재산세 과세대상인 주택분 과세기준금액이 9억원을 초과하는 경우에 과세된다. [O, ×]

05. 조세특례제한법에 따른 재산세의 감면규정은 종합부동산세를 부과함에 있어서도 이를 준용한다. [O, ×]

06. 종합부동산세의 납세의무자가 비거주자인 개인 또는 외국법인인 국내사업장이 없고 국내원천소득이 발생하지 아니하는 주택 및 토지를 둘 이상 소유한 경우에는 공시가격이 가장 높은 주택 또는 토지의 소재지를 납세지로 정한다. [O, ×]

07. 납세의무자가 2주택 이하를 소유한 경우, 종합합산 과세대상 토지에 대한 종합부동산세액이 전년도 재산세액의 100분의 150을 초과하는 경우 그 초과세액은 없는 것으로 본다. [O, ×]

08. 종합부동산세액이 250만원을 초과하는 경우 그 세액의 일부를 납부기한이 경과한 날부터 7개월 이내에 분납하게 할 수 있다. [O, ×]

정답 및 해설

01. × (종합합산 과세대상 → 별도합산 과세대상)
02. O
03. O
04. × (9억원 → 6억원)
05. O
06. O
07. O
08. × (7개월 → 6개월)

기 · 출 · 문 · 제 · 분 · 석

1. 종합부동산세법상 종합부동산세에 관한 설명으로 틀린 것은?

① 종합부동산세의 과세대상인 주택의 범위는 재산세의 과세대상인 주택의 범위와 다르다.
② 관할세무서장은 종합부동산세로 납부하여야 할 세액이 250만원을 초과하는 경우, 법령에 따라 분납하게 할 수 있다.
③ 과세기준일 현재 만 60세 이상인 자가 보유하고 있는 종합부동산세 과세대상인 토지에 대하여는 연령에 따른 세액공제를 받을 수 있다.
④ 「지방세법」에 의한 재산세의 감면규정은 종합부동산세를 부과함에 있어서 이를 준용한다.
⑤ 법정요건을 충족하는 1세대1주택자(단독소유임)는 과세 기준일 현재 보유기간이 5년 이상이면 보유기간에 따른 세액공제를 받을 수 있다.

해설

③ 만 60세 이상인 자 → 만 60세 이상인 1세대 1주택자

2. 주택에 대한 종합부동산세의 과세표준 계산시 합산대상이 되는 주택에 해당하는 것은?(단, 합산배제되는 주택은 법령이 정하는 요건을 모두 충족함)

① '국세기본법' 상 과점주주가 아닌 종업원에게 무상으로 제공하는 국민주택규모 이하의 법인 소유 사원용 주택
② 전용면적이 149제곱미터이고, 과세기준일의 공시가격이 3억원이며, 계속 임대기간이 3년 이상인 수도권 내의 지역에 위치한 미분양매입임대주택
③ 종합부동산세 과세기준일 현재 사업자등록을 한 '건축법' 에 따른 허가를 받은 자가 건축하여 소유하는 주택으로서 기획재정부령이 정하는 미분양주택
④ '문화재보호법' 에 따른 등록문화재에 해당하는 주택
⑤ 납세의무자가 수도권 밖의 지역에 위치하는 2주택을 소유

해설

② 미분양 매입임대주택은 임대기간이 5년 이상인 경우에 합산하지 아니한다.

3. 종합부동산세법상 종합부동산세에 관한 설명으로 틀린 것은?

① 납세의무자가 거주자인 개인인 경우 납세지는 소득세법상 납세지 규정을 준용한다.
② 3주택 이상을 소유한 납세의무자가 해당년도에 납부하여야 할 종합부동산세의 세부담 상한액은 직전년도에 부과된 종합부동산세액의 100분의 150이다.
③ 조세특례제한법에 의한 재산세의 감면규정은 종합부동산세를 부과함에 있어서 이를 준용한다.
④ 재산세가 분리과세되는 토지에 대하여는 종합부동산세를 과세하지 아니한다.
⑤ 주택분 종합부동산세의 납세의무자가 과세기준일 현재 1세대 1주택자로서 만 70세이고 당해 주택을 3년 보유한 경우, 법령에 따라 산출된 세액에서 그 산출된 세액에 법령이 정하는 연령별 공제율을 곱한 금액을 공제한다.

해설

② 100분의 150 → 100분의 300

|정답| 1.③ 2.② 3.②

4

양도조세

1. 양도소득세

Point

양도소득세의 **과세요건**을 이해해야 합니다. 양도시기, 과세표준 계산흐름도 및 구성항목·비과세가 중요하며. 특히 과세표준 계산흐름도가 양도소득세의 핵심입니다. [출제비율] 38%, 6문항

인증번호 : 8W3T-2XW5

무선 인터넷에서 스마트폰으로 QR코드를 찍으면 동영상 강의를 보실 수 있습니다.

양도소득세

기출 Point

1. 과세요건
   ① 납세의무자
   ② 과세대상
   ③ 과세표준(→ 계산흐름도상 각 구성항목이해)
   ④ 세율
2. 비과세
3. 부과징수
4. 양도 ↔ 비양도
5. 양도·취득 시기
6. 미등기 불이익 vs 불이익 제외
7. 가산세

출제자 의도

개인의 사업에 따른 사업소득과 개인의 비사업에 따른 양도소득을 구별할 수 있는가?

핵심

- **과세(요건)** ←——→ **비과세**

  ③ 과세표준 계산공식 주택

  → 항목 : 세부내용 → 원칙 : 1세대 1주택 2년↑보유
  -3단계(7개 항목) → 예외 : 배우자× 2주택 2년↓

  ④ 세율 : 초과누진세율 vs 차등비례세율
- **부과징수**

  예정신고 vs 확정신고
- **양도의 개념** – 사례
- **양도·취득 시기**

  vs 취득세상 취득의 시기

  양도소득세는 과세요건 중에서 **과세표준**의 계산 흐름도와 계산의 공식 구성항목과 관련된 내용을 이해하는 것이 핵심입니다.
- **법조문**

소득세법	소득세법 시행령	소득세법 시행규칙
제3장(제88조~제118조의8)	제3장(제151조~제178조의6)	제70조~제73조

★ 1. 소득구분·과세방법 (법 제4조·제92조)

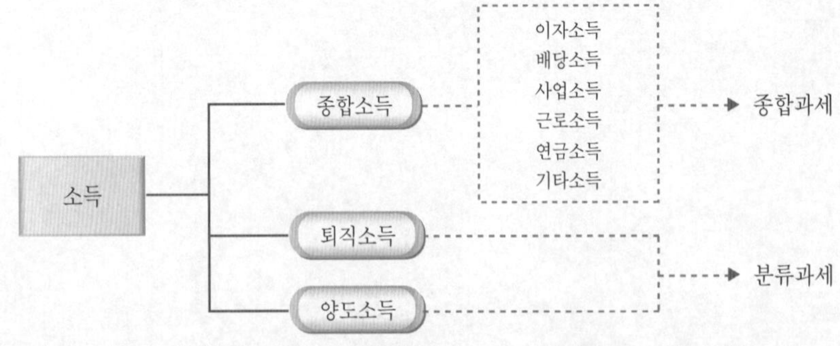

■ 소득의 구분 (법 제4조)

① 거주자의 소득은 다음 각 호와 같이 구분한다.
1. **종합소득**
이 법에 따라 과세되는 모든 소득에서 제2호 및 제3호에 따른 소득을 제외한 소득으로서 다음 각 목의 소득을 합산한 것
가. 이자소득
나. 배당소득
다. 사업소득
라. 근로소득
마. 연금소득
바. 기타소득
2. **퇴직소득**
3. **양도소득**

② 제1항에 따른 소득을 구분할 때 제17조제1항제5호에 따른 집합투자기구 외의 신탁(「자본시장과 금융투자업에 관한 법률」 제251조에 따른 집합투자업겸영보험회사의 특별계정은 제외한다)의 이익은 「신탁법」 제2조에 따라 수탁자에게 이전되거나 그 밖에 처분된 재산권에서 발생하는 소득의 내용별로 구분한다.

③ 비거주자의 소득은 제119조에 따라 구분한다.

※ 거주자의 양도소득에 대한 과세표준(양도소득과세표준)은 종합소득 및 퇴직소득에 대한 과세표준과 구분하여 계산한다.(법 제14조 제①항)

※ 종합소득 중 사업소득 중 부동산과 관련된 사업소득

부동산 사업소득은 사업자등록 유무와 관계없이 사업소득이 있으면 과세된다. → 실질과세의 원칙

부동산과 관련된 사업소득은 다음과 같은 것들이 있다.

구분	종류	개념	결손금 공제
부동산 관련 사업 소득	부동산 임대업	주택 임대, 주택외 임대를 업으로 하는 것, 부동산(미등기 부동산 포함) 또는 부동산의 권리(전세권, 임차권 등)의 대여로 인하여 발생하는 소득을 말한다.	△ ┌ ○ └ ×(주택외 임대의 경우) • 결손금 : 총수입금액에서 필요경비를 뺀 금액이 소득금액인데, 이 소득금액이 마이너스인 경우를 결손금이라고 말한다.
	건설업	'주택+신축+판매'를 업으로 하는 것	○
	부동산 매매업	'주택+신축+판매' 외를 업으로 하는 것, 한국표준산업분류에 따른 비주거용 건물건설업(건물을 자영건설하여 판매하는 경우만 해당한다)과 부동산 개발 및 공급업을 말한다.	○

1. 부동산임대업

① 주택임대

㉠ 1개의 주택을 소유하는 자의 국내의 비고가주택의 임대소득은 비과세된다.
(Why? 1개의 주택을 소유하고 그 주택을 임대했다는 것은 자기는 다른 곳에서 임차인으로 사는 것이므로 결국 이득이 없는 경우가 되므로)

㉡ (소유)주택 수 계산
- 다가구 주택 : 1개의 주택으로 계산(↔ 구분등기 되면 : 각각 1개의 주택으로 계산)

– 공동소유 주택 : 지분이 가장 큰 자의 소유로 계산[지분이 가장 큰 자가 2인 이상인 경우 : 각각 소유, 그들의 합의하에 그들 중 1인을 소유자를 정한 경우는 그(자)의 소유로 계산]

– 전대, 전전세하는 주택 : 임차인 또는 전세 받은 자의 (소유)주택으로 계산

– 본인과 배우자가 각각 소유하는 주택 : 합산하여 계산

㉢ (보증금에 대한) 간주임대료 계산

3주택[법령에 규정한 소형주택은 제외(포함×)]을 소유하고 보증금의 합계액이 3억원을 초과(이상×)하는 경우 보증금이 간주임대료로 계산된다. 계산된 간주임대료는 사업소득의 총수입금액에 산입된다.

② 주택외 임대

논, 밭의 임대소득 : 작물생산에 이용하게 하는 경우 발생하는 소득은 비과세된다.

③ 부동산임대업상 사업소득금액 계산

㉠ 부동산임대업 소득금액 = 총수입금액(비과세소득 제외) – 필요경비

㉡ 총수입금액 = 임대료 + 간주임대료 + 관리비수입 + 보험차익

• 관리비수입 : 부동산임대 사업자가 임대료 외에 유지비와 관리비 명목으로 임차인으로부터 지급받은 금액을 말한다.

• 보험차익 : 사업용 자산의 손실로 인하여 취득한 보험차익을 말한다.

2. 건설업

건설업이란 주택신축판매업을 말한다. 이는 부동산매매업이 아니라 건설업에 해당된다.

3. 부동산 매매업

부동산매매업이란 부동산의 매매 또는 그 중개를 사업소득으로 나타내어 부동산을 판매하거나 사업상의 목적으로 「부가가치세법」상 1과세기간 중에 1회 이상 부동산을 취득하고 2회 이상 판매하는 것을 말한다.

↔ 사업소득과 구별되는 '양도소득'

사업의 일부로서가 아니라 개인이 단순히 소유하고 있던 토지, 건물, 부동산에 관한 권리, 비상장주식 및 그 밖의 자산을 양도함으로써 발생하는 소득을 말한다. 부동산 등의 우발적인 처분으로 발생하는 소득으로 사업성이 없으므로 사업소득에 해당되지 않는다. 따라서 양도소득에 대하여는 종합소득세가 아닌 양도소득세가 부과된다.

※ 부동산 등의 양도로 인하여 발생하는 소득에 대한 과세

구분		양도자(증여자)	양수자(수증자)
양도	유상양도	양도소득세(법인은 법인세) 과세	취득세
	무상양도	–	증여세(영리법인은 법인세), 취득세 과세

2. 과세기간

구분	과세기간
원칙	1월 1일 ~ 12월 31일
예외	1월 1일 ~ 사망한 날 (거주자가 사망한 경우)
	1월 1일 ~ 출국한 날 (거주자가 출국한 경우)

★★★ 3. 양도의 정의 (법 제88조)

"양도"란 자산에 대한 등기 또는 등록과 관계없이(있이×) 매도, 교환, 법인에 대한 현물출자 등을 통하여 그 자산을 유상(有償)(무상×)으로 사실상(형식상×) 이전하는 것을 말한다. 이 경우 대통령령으로 정하는 부담부증여(負擔附贈與)의 채무액에 해당하는 부분은 양도로 보며, 다음 각 목의 어느 하나에 해당하는 경우에는 양도로 보지 아니한다.

> 가. 「도시개발법」이나 그 밖의 법률에 따른 환지처분으로 지목 또는 지번이 변경되거나 보류지(保留地)로 충당되는 경우
> 나. 토지의 경계를 변경하기 위하여 「공간정보의 구축 및 관리 등에 관한 법률」 제79조에 따른 토지의 분할 등 대통령령으로 정하는 방법과 절차로 하는 토지 교환의 경우

출제자 의도

양도

- 양도소득세상 양도에 해당되는 구체적인 예를 알고 있는가?(즉, 양도 해당 여부를 구체적인 예를 통해서 구별할 수 있는가?)
- 과세대상과 연계하여 과세대상 여부를 구별할 수 있는가?

■ 양도 vs 비양도

양도	비양도
① 매매(매도) ② 교환 ③ 법인에 대한 현물출자 ④ 대물변제 : 물납, (이혼)위자료 ⑤ 공용수용 → 본인의사에 의하지 않는 양도로 일부감면 ⑥ 경·공매 ⑦ 부담부증여에 있어서 수증자가 인수하는 '채무상당액' ⑧ 공동소유의 토지를 분할시 공유지분이 변경되는 경우 '감소' 된 부분 (vs '증가' 된 부분 → 취득 → 취득세) ⑨ 담보로 이전된 부동산을 채무불이행으로 본등기	① 무상이전 → 증여에 해당 ② 토지의 경계를 변경하기 위해 공관법에 다른 토지의 분할 등 대통령령으로 정하는 방법과 절차로 하는 토지 교환 ③ 양도담보 ↔ 그러나 계약체결 후 요건에 위배되거나 채무불이행으로 인하여 변제에 충당한 때에는 양도로 봄 ④ 비영리법인(학교, 종교단체 등) 출연재산, 자기개인사업체 출자재산 ⑤ 환지처분으로 지목·지번의 변경, 보류지로 충당된 경우 ⑥ 원인무효로 인한 소유권 환원 ⑦ 부담부증여 ⑧ 지분변경이 없는 공유권 분할 ⑨ 배우자·직계존비속 간의 양도 → 양도가 아니라 증여로 추정된다. ⑩ 명의신탁(해지)

• 양도소득세 성격

① 국세
② 보통세
③ 유통세
④ 종가세
⑤ 정률세
⑥ 응익세
⑦ 인세
⑧ 신고납부

• 양도담보 요건

① 채무변제 담보위한 양도의 의사표시가 있어야 한다
② 사용·수익은 채무자가 한다는 의사표시가 있어야 한다
③ 원금·이율·변제기·변제방법 등에 관한 약정이 있어야 한다.

※ 이혼 시 부동산의 소유권 이전

구분	양도 ↔ 비양도	이전한 배우자	취득한 배우자
이혼위자료	양도(대물변제)	양도소득세 과세	취득세 과세
이혼(재산)분할청구권행사	비양도	과세문제 없음	취득세 과세

※ **부담부증여(負擔附贈與)**

(1) 정의 : 수증자가 증여자의 일정한 채무를 부담하는 조건으로 증여를 받는 계약

(2) 양도 vs 증여

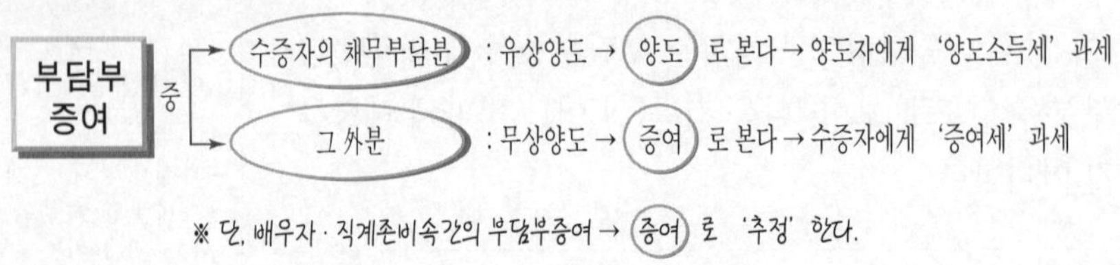
부담부 증여
중
수증자의 채무부담분 : 유상양도 → 양도 로 본다 → 양도자에게 '양도소득세' 과세
그 外분 : 무상양도 → 증여 로 본다 → 수증자에게 '증여세' 과세
※ 단, 배우자 · 직계존비속간의 부담부증여 → 증여 로 '추정' 한다.

★★★

4. 양도·취득 시기 (법 제98조)

출제자 의도 사례를 통해서 그 시기를 파악할 수 있는가?

자산의 양도차익을 계산할 때 그 취득시기 및 양도시기는 대금을 청산한 날이 분명하지 아니한 경우 등 대통령령으로 정하는 경우를 제외하고는 해당 자산의 대금을 청산한 날로 한다. 이 경우 자산의 대금에는 해당 자산의 양도에 대한 양도소득세 및 양도소득세의 부가세액을 양수자가 부담하기로 약정한 경우에는 해당 양도소득세 및 양도소득세의 부가세액은 제외(포함×)한다.

구분	양도소득세상 양도·취득 시기		취득세상 취득시기
매매	원칙	사실상의 대금청산일 (대금청산일이 분명한 경우)	계약상 잔금지급일
	예외	등기·등록접수일 또는 명의개서일(대금청산일이 불분명한 경우) 등기접수일(대금청산 전에 소유권이전등기한 경우)	사실상 잔금지급일 등기·등록일
특수한 경우	① 장기할부조건	등기접수일·인도일·사용수익일 중 빠른 날	연부취득 ┌ 원칙 : 사실상 각 연부금 지급일 └ 예외 : 등기·등록일
	② 자가건설 건축물	사용승인서 교부일(단, 사용승인서 교부일 전 사실상 사용하거나 임시사용승인을 받은 경우 그 사실상 사용일 또는 임시사용승인일 중 빠른 날, 무허가 건축물은 사실상의 사용일)	왼쪽과 동일
	③ 상속 또는 증여	상속 : 상속개시된 날 증여 : 증여받은 날(원칙↔예외 : 등기접수일→배우자에게 증여받은 재산을 5년 이내 양도하는 경우 : 당초 증여자의 취득일)	┌ 상속 : 상속개시일 └ 증여 : 증여계약일
	④ 미완성·미확정 자산	그 목적물이 완성 또는 확정된 날 건설 중인 건물의 완성된 날은 '②'를 준용	왼쪽과 동일
	⑤ 환지	면적증감이 없을 때 환지받기 전의 토지취득일(환지처분 받은날×) 다만, 증가 또는 감소된 경우는 환지처분의 공고가 있은 날의 다음날	┌ 원칙 : 환지처분 공고일 다음날 └ 예외 : 사실상 사용일
	⑥ 특정주식	주식 등의 합계액이 50/100 이상 양도되는 날	–
	⑦ 부동산에 관한 권리	(최초 당첨자의 경우)부동산을 분양받을 수 있는 권리가 확정되는 날(아파트당첨권은 당첨일), 타인으로부터 그 권리를 인수받은 때에는 대금(잔금)청산일	
	⑧ 경락에 의한 자산취득	경매대금을 완납한 날	
	⑨ 법원무효판결로 환원된 자산	그 자산의 당초 취득일(법원의 확정판결일 ×)	
	⑩ 시효취득	점유를 개시한 날	시효완성일
	⑪ 수용	대금청산한 날·수용개시일·등기접수일 중 빠른 날	–
	⑫ 잔금을 어음으로 받은 경우	어음의 결제일	–
	⑬ 법인에 대한 현물출자	현물출자대금의 대가로 주식을 교부받은 날로 하되, 교부받기 전에 명의를 개서한 경우는 명의개서일	
	⑭ 교환	계약체결일, 차액이 있는 경우는 이를 청산한 날	
	⑮ 이혼위자료로 대물변제한 자산	소유권이전등기 접수일	
취득 시기의 의제	취득한지 오래된 자산은 양도차익의 계산에 있어서 상대적으로 불리한 문제점을 해결하기 위해 ① 1그룹(토지, 건물, 부동산에 관한 권리, 기타자산) : 1984.12.31 이전에 취득한 것은 1985.1.1에 취득한 것으로 본다. ② 2그룹 (주식 및 출자지분) : 1985.12.31 이전에 취득한 것은 1986.1.1에 취득한 것으로 본다.		

- **대금에서 제외되는 것 :** 양수자가 부담하기로 약정한 양도소득세액·부가세액
- **취득시기가 분명하지 아니한 경우 :** 먼저 취득한 자산을 먼저 양도한 것으로 본다.

출제자 의도

납세의무자

거주자 대 비거주자의 납세의무 범위를 구별할 수 있는가?

5. 납세의무자·납세지 (법 제2조·제6조)

과세대상 재산을 양도함으로써 발생된 소득이 있는 자로서 법인 이외의 자연인

↔ 법인의 경우 양도 : 법인세

구분	납세의무 범위	납세지
거주자 (국내에 주소를 두거나 183일 이상 거소를 둔 개인. 단, 국외소재 자산의 양도소득의 경우 5년 이상 주소 또는 거소를 둔 개인)	무제한 납세의무 (국내·외 재산 구분없이 모든 소득에 대해 납세의무 → 무제한 납세의무자)	관할세무서 - 원칙 : 주소지 - 예외 : 거소지(주소지가 없는 경우)
비거주자 (거주자가 아닌 개인)	제한 납세의무 (국내소득에 대해서만 납세의무 → 제한 납세의무자)	관할세무서 - 원칙 : 국내사업장(국내사업장이 둘 이상 있는 경우에는 주된 국내사업장)의 소재지 - 예외 : 국내원천소득이 발생하는 장소(국내사업장이 없는 경우)

■ 납세의무 (법 제2조)

① 다음 각 호의 어느 하나에 해당하는 개인은 이 법에 따라 각자의 소득에 대한 소득세를 납부할 의무를 진다.
1. 거주자
2. 비거주자로서 국내원천소득(國內源泉所得)이 있는 개인

② 다음 각 호의 어느 하나에 해당하는 자는 이 법에 따라 원천징수한 소득세를 납부할 의무를 진다.
1. 거주자
2. 비거주자
3. 내국법인
4. 외국법인의 국내지점 또는 국내영업소(출장소, 그 밖에 이에 준하는 것을 포함한다. 이하 같다)
5. 그 밖에 이 법에서 정하는 원천징수의무자

③「국세기본법」제13조제1항에 따른 법인 아닌 단체 중 같은 조 제4항에 따른 법인으로 보는 단체(이하 "법인으로 보는 단체"라 한다) 외의 법인 아닌 단체는 대통령령으로 정하는 바에 따라 국내에 주사무소 또는 사업의 실질적 관리장소를 둔 경우에는 거주자로, 그 밖의 경우에는 비거주자로 보아 이 법을 적용한다.

■ 납세의무의 범위 (법 제2조의2)

① 제43조에 따라 공동사업에 관한 소득금액을 계산하는 경우에는 해당 공동사업자별로 납세의무를 진다. 다만, 제43조제3항에 따른 주된 공동사업자(이하 이 항에서 "주된 공동사업자"라 한다)에게 합산과세되는 경우 그 합산과세되는 소득금액에 대해서는 주된 공동사업자의 특수관계인은 같은 조 제2항에 따른 손익분배비율에 해당하는 그의 소득금액을 한도로 주된 공동사업자와 연대하여 납세의무를 진다.

② 제44조에 따라 피상속인의 소득금액에 대해서 과세하는 경우에는 그 상속인이 납세의무를 진다.

④ 제101조제2항에 따라 증여자가 자산을 직접 양도한 것으로 보는 경우 그 양도소득에 대해서는 증여자와 증여받은 자가 연대하여 납세의무를 진다.

⑤ 제127조에 따라 원천징수되는 소득으로서 제14조제3항 또는 다른 법률에 따라 제14조제2항에 따른 종합소득과세표준에 합산되지 아니하는 소득이 있는 자는 그 원천징수되는 소득세에 대해서 납세의무를 진다.
⑥ 신탁재산에 귀속되는 소득은 그 신탁의 수익자(수익자가 특별히 정해지지 아니하거나 존재하지 아니하는 경우에는 신탁의 위탁자 또는 그 상속인)에게 귀속되는 것으로 본다.
⑦ 공동으로 소유한 자산에 대한 양도소득금액을 계산하는 경우에는 해당 자산을 공동으로 소유하는 각 거주자가 납세의무를 진다.

■ **과세소득의 범위** (법 제3조)

① 거주자에게는 이 법에서 규정하는 모든 소득에 대해서 과세한다. 다만, 해당 과세기간 종료일 10년 전부터 국내에 주소나 거소를 둔 기간의 합계가 5년 이하인 외국인 거주자에게는 과세대상 소득 중 국외에서 발생한 소득의 경우 국내에서 지급되거나 국내로 송금된 소득에 대해서만 과세한다.
② 비거주자에게는 제119조에 따른 국내원천소득에 대해서만과세한다.
③ 제1항 및 제2항을 적용하는 경우 「조세특례제한법」 제100조의14제2호의 동업자에게는 같은 법 제100조의18제1항에 따라 배분받은 소득 및 같은 법 제100조의22제1항에 따라 분배받은 자산의 시가 중 분배일의 지분가액을 초과하여 발생하는 소득에 대하여 과세한다.

★★
6. 과세대상 (법 제94조)

아래 표의 항목을 양도하는 경우의 양도소득
[→ 등기 유무·허가 여부 불문(사실주의 과세) ↔ 예외 : 부동산임차권은 등기 필요]

구분		내용
1그룹	(1) 부동산	토지, 건물
	(2) 부동산에 관한 권리	① 지상권과 전세권 (등기 여부 불문) ② 등기된 부동산임차권 ③ 부동산을 취득할 수 있는 권리
	(3) 기타자산	① 특정주식 (A, B : 일정조건을 충족시킬 때 비로소 양도소득세의 과세대상으로 보는 주식) ② 영업권 (사업용 고정자산과 함께 양도하는 것에 한함) ③ 특정시설물이용권 (취득세상 회원권·주주회원권 포함)
2그룹	(4) 일반주식 (특정주식제외) 또는 출자지분	① 주권상장법인의 주식 또는 출자지분(신주인수권 포함) ㉠ 대주주가 양도하는 것 ㉡ 증권시장에서 거래에 의하지 아니하고 양도하는 것 ② 위 이외의 주식(대주주가 아닌 경우에도 과세됨)
3그룹	(5) 파생상품	파생상품 등의 거래 또는 행위로 발생하는 소득

→ 양도소득세는 부동산과 (일반)주식을 열개로 구분(통산×)한다.

※ **부동산을 취득할 수 있는 권리의 '예'**
① 아파트 당첨권(분양권), 주상복합건물 분양권, 오피스텔 분양권, 상가분양권
② (부동산 매매계약을 체결한 자가) 계약금만 지급한 상태에서 양도하는 권리

출제자 의도

과세대상
양도소득세 과세대상 여부를 양도의 개념과 연계하여 구별할 수 있는가?

• 자가건설 건축물의 양도 또는 취득시기는 '준공검사일'이다.(×)
→ '사용승인서교부일' (○)
• 도시개발법상 면적의 증감이 없는 환지의 양도·취득 시기는 '환지처분공고일 다음날'이다.(×)
→ '환지전 토지취득일' (○)

양도소득세 과세대상 중의 하나인 부동산에 관한 권리에는 지상권, 지역권, 전세권 등이 포함된다. (×)
→ 지역권은 포함안 된다. (○)

③ 토지상환채권 (지방자치단체·한국토지주택공사 발행)
④ 주택상환채권 (한국토지주택공사 발행)
⑤ 주택청약예금통장
⑥ 입주권(재개발·재건축 조합원, 임대주택)
⑦ 공유수면매립 허가권

출제자 의도

과세표준
- 양도차익을 계산할 수 있는가?
- 양도가액과 취득가액의 추계결정 순서를 알고 있는가?
- 필요경비 해당 여부를 구별할 수 있는가?

★★★
7. 과세표준·산출세액·납부세액(계산 흐름도) (법 제92조~제103조)

(1) 양도소득과세표준의 계산 (소득세법 제92조)

① 거주자의 양도소득에 대한 과세표준("양도소득과세표준")은 종합소득 및 퇴직소득에 대한 과세표준과 구분(합산×)하여 계산한다.

② 양도소득과세표준은 제94조부터 제99조까지, 제99조의2, 제100조부터 제102조까지 및 제118조에 따라 계산한 양도소득금액에서 제103조에 따른 양도소득 기본공제를 한 금액으로 한다.

(2) 양도소득세액 계산의 순서 (법 제93조)

양도소득세는 이 법에 특별한 규정이 있는 경우를 제외하고는 다음 각 호에 따라 계산한다.

1. 양도소득과세표준에 세율을 적용하여 양도소득 산출세액을 계산한다.
2. 제1호에 따라 계산한 산출세액에서 감면되는 세액이 있을 때에는 이를 공제하여 양도소득 결정세액을 계산한다.
3. 제2호에 따라 계산한 결정세액에 제115조 및 「국세기본법」 제47조의2부터 제47조의4까지의 규정에 따른 가산세를 더하여 양도소득 총결정세액을 계산한다.

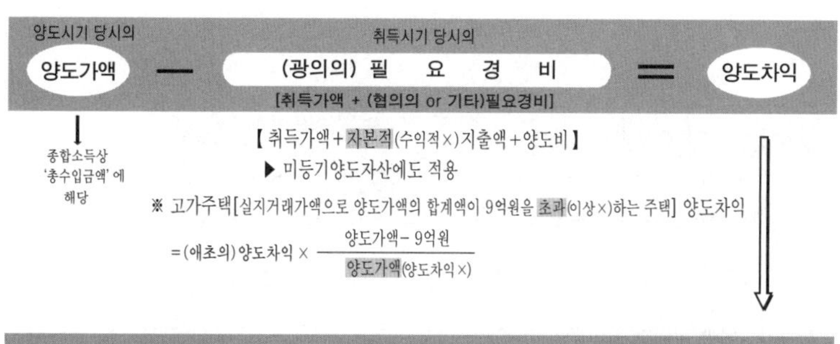

양도차익 — 장 기 보 유 특 별 공 제 = 양도소득금액

【양도차익(양도가액×) × 공제율 → 자산별(소득별×) 공제(why? 보유기간이 다르므로)】

적용	非적용
① 토지 ② 건물(단, 등기되고 3년 이상 보유해야) → 투기지역에서도 적용 → 1세대 2주택 이상도 적용 ③ (조합원)입주권 (승계취득, 즉 조합원으로부터 취득한 것은 제외)	① 부동산에 관한 권리 ② 기타자산 ③ 미등기 양도자산 ④ 국외자산 ⑤ 조정대상지역에 있는 주택으로서 1세대 2주택 이상에 해당하는 주택 ⑥ 조정대상지역에 있는 주택으로서 1세대가 주택과 조합원입주권을 보유한 경우로 그 수의 합이 2 이상인 경우 해당 주택

※ 보유기간 : 취득(시기)일~양도(시기)일

※ 고가주택 장기보유특별공제액 =(애초의) 장기보유특별공제액 × 양도가액 - 9억원 / 양도가액(양도차익×)

※ 미양도자산 : 장기보유특별공제가 적용되지 않는다. →따라서, 양도차익과 양도소득금액은 동일하다.

양도소득금액 — 양 도 소 득 기 본 공 제 = 양도소득 과세표준

【소득별(그룹별○, 소득자별×, 자산별×)로 각각 연간 250만원 공제. 단,파생상품은 국내·국외 통산하여 250만원】

적용	非적용
① 비사업용 토지에도 적용 ② 고가주택에도 적용 ③ 아파트당첨권에도 적용 (→ 등기대상 자산이 아니므로 미등기 전매한 경우에도 적용) ④ 투기지역에서도 적용 ⑤ 보유기간 관계없이 적용 ⑥ 국외자산에도 적용 ⑦ 공유자도 각각 공제 적용	① 미등기 양도자산 ② 비거주자

※ 미등기 양도자산 : 장기보유특별공제와 양도소득기본공제가 적용되지 않는다.
→ 따라서, 양도차익과 양도소득금액과 양도소득과세표준은 동일하다.

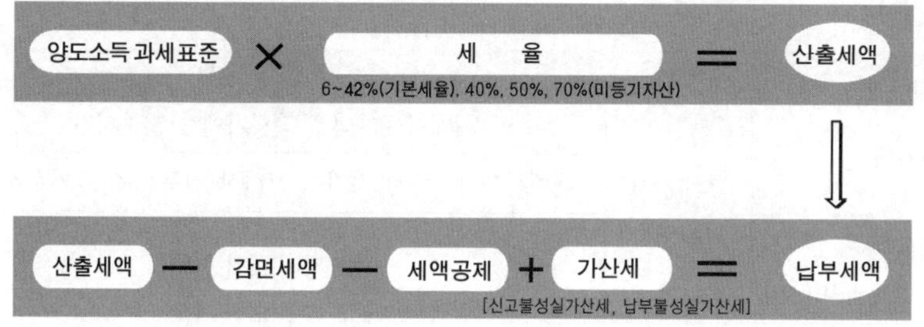

[1] 양도차익 (법 제96조·제97조)

양도시기 당시의 **양도가액** — 취득시기 당시의 **(광의의) 필 요 경 비** [취득가액 + (협의의 or 기타)필요경비] = **양도차익**

구분	양도차익
실지거래가액 (실지양도가액·실지취득가액)에 의한 양도차익의 계산	실지양도가액 − 필요경비 = 양도차익 실지양도가액 − (실지취득가액 + 자본적 지출액 + 양도비) = 양도차익
추계결정(가액)에 의한 양도차익의 계산	양도가액 − 필요경비 = 양도차익 양도가액 − (추계결정액 + 필요경비개산공제액) = 양도차익
고가주택의 양도차익의 계산	(애초의)양도차익 × (양도가액 − 9억원) / 양도가액

양도차익을 산정함에 있어서 양도가액을 실지거래가액(또는 매매사례가액·감정가액을 포함)에 따를 때에는 취득가액도 실지거래가액(또는 매매사례가액·감정가액·환산가액을 포함)에 따르고(→ 교차가능 의미), 양도가액을 기준시가에 따를 때에는 취득가액도 기준시가에 따른다(→ 교차불가능 의미).

취득가액과 기타 필요경비는 주종(主從)관계이므로 교차가 불가능하다. 즉, 취득가액을 실지거래가액으로 하면 기타 필요경비도 반드시 실지비용으로 해야 하고, 취득가액을 추계결정액으로 하면 기타 필요경비도 반드시 추계결정액[(필요경비)개산공제(액)]으로 해야 한다.

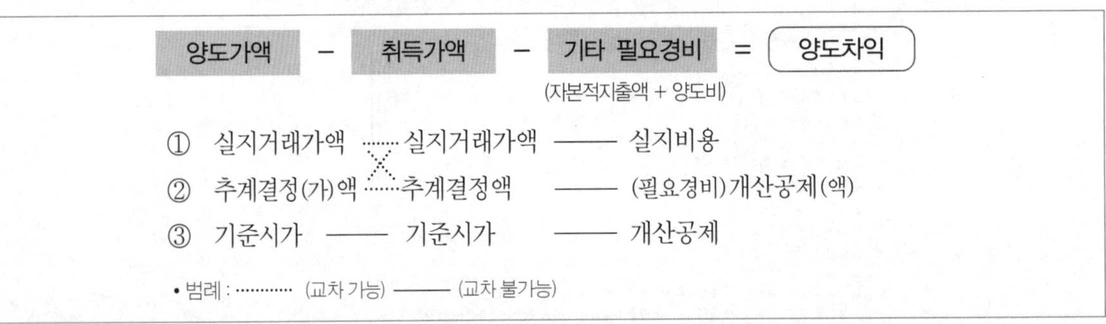

※ 양도가액·취득가액·필요경비 결정

구분	원칙	예외	추계결정 순서
양도가액	실지거래가액	추계결정(가액)	매매사례가액 〉 감정가액 〉 기준시가
취득가액	실지거래가액	추계결정(가액)	매매사례가액 〉 감정가액 〉 환산(취득)가액 〉 기준시가
기타 필요경비	실지비용 [자본적지출액 + (직접)양도비(용)]	추계결정(가액)	필요경비 개산공제

→ 추계결정 순서에 주의한다. 순서가 뒤바뀌면 틀린다.

→ 추계결정액 중 환산가액은 취득가액(양도가액×)을 추계할 때에만 사용된다는데 주의한다.

→ 환산(취득)가액을 적용하여 신고·납부시 가산세 부과 : 건물을 신축하여 취득한 후 5년(10년×) 이내 해당 건물을 양도하는 경우로서 환산가액을 그 취득가액으로 하는 경우에는 해당 건물(토지×) 환산가액의 100분의 5(5%○, 3%×, 10%×)에 해당하는 금액을 양도소득 결정세액에 더한다.

• 매매사례가액

양도일 또는 취득일 전후 각 3개월 이내에 해당 자산(주권상장법인의 주식 등은 제외한다)과 동일성 또는 유사성이 있는 자산의 매매사례가 있는 경우 그 가액을 말한다.

• 감정가액

양도일 또는 취득일 전후 각 3개월 이내에 해당 자산(주식 등은 제외한다)에 대하여 둘 이상의 감정평가업자가 평가한 것으로서 신빙성이 있는 것으로 인정되는 감정가액(감정평가기준일이 양도일 또는 취득일 전후 각 3개월 이내인 것에 한한다)이 있는 경우에는 그 감정가액의 평균액

• 환산취득가액

다음 산식에 의하여 계산한 가액을 말한다.

$$\text{양도 당시의 실지거래가액, 제3항제1호의 매매사례가액 또는 동항제2호의 감정가액} \times \frac{\text{취득 당시의 기준시가}}{\text{양도 당시의 기준시가}}$$

• 기준시가

과세권자(국가)가 소득세법에서 정하는 방법에 따라 평가한 가액으로 세금을 부과할 때 기준이 되는 가격을 말한다. 과세대상별 기준시가는 다음과 같다.

① 토지
 ㉠ 일반지역 : 개별공시지가
 ㉡ 지정지역 : 개별공시지가 × 배율

② 건물
 ㉠ 일반건물 : 국세청장이 고시한 기준시가 산정방법에 의하여 평가한 가액
 ㉡ 상업용건물 및 오피스텔 : 국세청장이 토지와 건물을 일괄하여 고시한 가액

③ 주택 : 개별[공동]주택가격

④ 부동산을 취득할 수 있는 권리 : 불입한 금액 + 프리미엄

양도가액 또는 취득가액을 추계결정 또는 경정하는 경우에 '매매사례가액, 환산취득가액, 감정가액, 기준시가를 순차로 적용'하여 산정한 가액에 의한다.(×)
→ '매매사례가액, 감정가액, 환산취득가액, 기준시가를 순차로 적용'(○)

(1) 양도가액(양도금액의 총수입금액)

원칙 : 실지거래가액(실지양도가액)
 → 실지거래가액에는 매매사례가액과 감정가액을 포함함

예외 : 추계결정(가)액(추계양도가액)
 → 실지거래가액을 확인할 수 없는 경우, 추계조사 결정함
 → 추계결정 순서 : 매매사례가액 〉 감정가액 〉 기준시가

• 부담부증여 시 양도가액 = 양도 당시 자산가액 × $\frac{\text{채무액}}{\text{증여가액}}$

■ **양도가액** (법 제96조)

① 제94조제1항 각 호에 따른 자산의 양도가액은 그 자산의 양도 당시의 양도자와 양수자 간에 실지거래가액에 따른다.
② 삭제
③ 제1항을 적용할 때 거주자가 제94조제1항 각 호의 자산을 양도하는 경우로서 다음 각 호의 어느 하나에 해당하는 경우에는 그 가액을 해당 자산의 양도 당시의 실지거래가액으로 본다.
1. 「법인세법」 제2조제12호에 따른 특수관계인에 해당하는 법인(외국법인을 포함하며, 이하 이 항에서 "특수관계법인"이라 한다)에 양도한 경우로서 같은 법 제67조에 따라 해당 거주자의 상여·배당 등으로 처분된 금액이 있는 경우에는 같은 법 제52조에 따른 시가
2. 특수관계법인 외의 자에게 자산을 시가보다 높은 가격으로 양도한 경우로서 「상속세 및 증여세법」 제35조에 따라 해당 거주자의 증여재산가액으로 하는 금액이 있는 경우에는 그 양도가액에서 증여재산가액을 뺀 금액

(2) (광의의) 필요경비 (법 제97조)

거주자의 양도차익을 계산할 때 양도가액에서 공제할 필요경비는 다음 각 호에서 규정하는 것으로 한다.

1. **취득가액**(「지적재조사에 관한 특별법」 제18조에 따른 경계의 확정으로 지적공부상의 면적이 증가되어 같은 법 제20조에 따라 징수한 조정금은 제외한다). 다만, 가목의 실지거래가액을 확인할 수 없는 경우에 한하여 나목의 금액을 적용한다.
가. 자산 취득에 든 실지거래가액
나. 취득 당시의 실지거래가액을 확인할 수 없는 경우에는 매매사례가액, 감정가액 또는 환산가액
2. **자본적지출액 등**으로서 대통령령으로 정하는 것
3. **양도비 등**으로서 대통령령으로 정하는 것

① 취득가액(취득단계 필요경비)

┌ 원칙 : 실지거래가액(실제취득가액)
└ 예외 : 추계결정(가)액

→ 추계결정 순서 : 매매사례가액 〉 감정가액 〉 환산(취득)가액 〉 기준시가

취득가액	
포함	非포함
① 실지거래가액(직접적 대가) ② 취득세, 등록면허세, 기타 부대비용 ③ 현재가치할인차금 ④ 감가상각비 ⑤ 차입금에 대한 지급(약정)이자 상당액 ⑥ 소유권 확보 위해 직접 소요된 소송비용, 화해비용 ⑦ 부가가치세법 제10조제6항(폐업 관련)에 따라 납부하는 부가가치세	① 부당행위계산에 의한 시가초과액 ② 보유세(재산세·종부세) ③ 현재가치할인차금과 감가상각비를 필요경비로 산입된 것 ④ 지급기일 지연으로 추가 발생하는 이자상당액(연체이자)

② 자본적 지출액(보유단계 필요경비)

'자본적지출액 등으로서 대통령령으로 정하는 것'이란 다음 각 호의 어느 하나에 해당하는 것으로서 그 지출에 관한 증명서류를 수취·보관하거나 실제 지출사실이 금융거래 증명서류에 의하여 확인되는 경우(수취· 보관하지 않는 경우도 포함×)를 말한다.

1. 자본적 지출액(수익적 지출액×)
"자본적 지출"이라 함은 사업자가 소유하는 감가상각자산의 내용연수를 연장시키거나 당해 자산의 가치를 현실적으로 증가시키기 위하여 지출한 수선비를 말하며, 다음에 규정하는 것에 대한 지출을 포함하는 것으로 한다.
① 본래의 용도를 변경하기 위한 개조
② 엘리베이터 또는 냉난방장치의 설치
③ 빌딩 등의 피난시설 등의 설치
④ 재해 등으로 인하여 건물·기계·설비 등이 멸실 또는 훼손되어 당해 자산의 본래 용도로의 이용가치가 없는 것의 복구
⑤기타 개량·확장·증설 등 제1호 내지 제4호와 유사한 성질의 것
2. 양도자산을 취득한 후 쟁송이 있는 경우에 그 소유권을 확보하기 위하여 직접 소요된 소송비용·화해비용 등의 금액으로서 그 지출한 연도의 각 소득금액의 계산에 있어서 필요경비에 산입된 것을 제외한 금액
2의2. 「공익사업을 위한 토지 등의 취득 및 보상에 관한 법률」이나 그 밖의 법률에 따라 토지 등이 협의 매수 또는 수용되는 경우로서 그 보상금의 증액과 관련하여 직접 소요된 소송비용·화해비용 등의 금액으로서 그 지출한 연도의 각 소득금액의 계산에 있어서 필요경비에 산입된 것을 제외한 금액. 이 경우 증액보상금을 한도로 한다.
3. 양도자산의 용도변경·개량 또는 이용편의를 위하여 지출한 비용
3의2. 「개발이익환수에 관한 법률」에 따른 개발부담금(개발부담금의 납부의무자와 양도자가 서로 다른 경우에는 양도자에게 사실상 배분될 개발부담금상당액을 말한다) (택지초과소유부담금×)
3의3. 「재건축초과이익 환수에 관한 법률」에 따른 재건축부담금(재건축부담금의 납부의무자와 양도자가 서로 다른 경우에는 양도자에게 사실상 배분될 재건축부담금상당액을 말한다) (택지초과소유부담금×)
4. 제1호 내지 제3호, 제3호의2 및 제3호의3에 준하는 비용으로서 기획재정부령이 정하는 것
"기획재정부령이 정하는 것"이라 함은 다음의 비용을 말한다.
① 「하천법」·「댐건설 및 주변지역지원 등에 관한 법률」 그 밖의 법률에 따라 시행하는 사업으로 인하여 해당사업구역 내의 토지소유자가 부담한 수익자부담금 등의 사업비용
② 토지이용의 편의를 위하여 지출한 장애철거비용
③ 토지이용의 편의를 위하여 해당 토지 또는 해당 토지에 인접한 타인 소유의 토지에 도로를 신설한 경우의 그 시설비
④ 토지이용의 편의를 위하여 해당 토지에 도로를 신설하여 국가 또는 지방자치단체에 이를 무상으로 공여한 경우의 그 도로로 된 토지의 취득당시 가액
⑤ 사방사업에 소요된 비용
⑥ 제1호 내지 제5호의 비용과 유사한 비용

③ 양도(직접)비(용)(양도단계 필요경비)

양도비 등으로서 대통령령으로 정하는 것이란 다음 각 호의 어느 하나에 해당하는 것으로서 그 지출에 관한 증명서류를 수취·보관하거나 실제 지출사실이 금융거래 증명서류에 의하여 확인되는 경우를 말한다.

1. 자산을 양도하기 위하여 직접(간접×) 지출한 비용으로서 다음 각 목의 비용
가. 「증권거래세법」에 따라 납부한 증권거래세
나. 양도소득세과세표준 신고서 작성비용 및 계약서 작성비용
다. 공증비용, 인지대 및 소개비
라. 매매계약에 따른 인도의무를 이행하기 위하여 양도자가 지출하는 명도비용
마. 가목부터 라목까지의 비용과 유사한 비용으로서 기획재정부령으로 정하는 비용
2. 법 제94조제1항제1호의 자산을 취득함에 있어서 법령 등의 규정에 따라 매입한 국민주택채권 및 토지개발채권을 만기 전에 양도함으로써 발생하는 매각차손. 이 경우 기획재정부령으로 정하는 금융기관 외의 자에게 양도한 경우에는 동일한 날에 금융기관에 양도하였을 경우 발생하는 매각차손을 한도로 한다.

■ **필요경비 개산공제(율)**

취득가액을 추계결정액 또는 기준시가로 하는 경우 협의의 필요경비(= 기타 필요경비), 즉 취득가액 이외의 필요경비인 자본적지출액과 양도비 대신 필요경비 개산공제를 해준다.

<table>
<tr><th colspan="3" rowspan="2">구분</th><th colspan="2">필요경비 개산공제액</th></tr>
<tr><th>등기</th><th>미등기</th></tr>
<tr><td rowspan="4">부동산</td><td colspan="2">토지</td><td>취득(양도×) 당시 개별공시지가 × 3% (3/100)</td><td rowspan="4">0.3% (3/1,000)</td></tr>
<tr><td rowspan="2">건물</td><td>일반건물</td><td>취득 당시 국세청장 고시가액 × 3%</td></tr>
<tr><td>오피스텔, 상업용건물</td><td>취득 당시 국세청장 일괄 고시가액 × 3%</td></tr>
<tr><td colspan="2">주택</td><td>취득 당시 개별주택가격·공동주택가격 × 3%</td></tr>
<tr><td colspan="3">부동산에 관한 권리
(지상권·전세권·등기된 부동산 임차권)</td><td>취득 당시 기준시가 × 7%</td><td>1%</td></tr>
<tr><td colspan="3">그 외 (부동산을 취득할 수 있는 권리,
주식, 출자지분, 기타자산 등)</td><td>취득 당시 기준시가 × 1%</td><td></td></tr>
</table>

■ **양도소득의 필요경비** (법 제97조)

① 거주자의 양도차익을 계산할 때 양도가액에서 공제할 필요경비는 다음 각 호에서 규정하는 것으로 한다.

1. 취득가액(「지적재조사에 관한 특별법」 제18조에 따른 경계의 확정으로 지적공부상의 면적이 증가되어 같은 법 제20조에 따라 징수한 조정금은 제외한다). 다만, 가목의 실지거래가액을 확인할 수 없는 경우에 한하여 나목의 금액을 적용한다.

가. 제94조제1항 각 호의 자산 취득에 든 실지거래가액

나. 대통령령으로 정하는 매매사례가액, 감정가액 또는 환산가액

2. 자본적지출액 등으로서 대통령령으로 정하는 것

3. 양도비 등으로서 대통령령으로 정하는 것

② 제1항에 따른 양도소득의 필요경비는 다음 각 호에 따라 계산한다.

1. 취득가액을 실지거래가액에 의하는 경우의 필요경비는 다음 각 목의 금액에 제1항제2호 및 제3호의 금액을 더한 금액으로 한다.

가. 제1항제1호가목에 따르는 경우에는 해당 실지거래가액

나. 제1항제1호나목 및 제114조제7항에 따라 환산가액에 의하여 취득 당시의 실지거래가액을 계산하는 경우로서 법률 제4803호 소득세법개정법률 부칙 제8조에 따라 취득한 것으로 보는 날(이하 이 목에서 "의제취득일"이라 한다) 전에 취득한 자산(상속 또는 증여받은 자산을 포함한다)의 취득가액을 취득 당시의 실지거래가액과 그 가액에 취득일부터 의제취득일의 전날까지의 보유기간의 생산자물가상승률을 곱하여 계산한 금액을 합산한 가액에 의하는 경우에는 그 합산한 가액

다. 제7항 각 호 외의 부분 본문에 의하는 경우에는 해당 실지거래가액

2. 그 밖의 경우의 필요경비는 제1항제1호나목(제1호나목이 적용되는 경우는 제외한다), 제7항(제1호다목이 적용되는 경우는 제외한다) 또는 제114조제7항(제1호나목이 적용되는 경우는 제외한다)의 금액에 자산별로 대통령령으로 정하는 금액을 더한 금액. 다만, 제1항제1호나목에 따라 취득가액을 환산가액으로 하는 경우로서 가목의 금액이 나목의 금액보다 적은 경우에는 나목의 금액을 필요경비로 할 수 있다.

가. 제1항제1호나목에 따른 환산가액과 본문 중 대통령령으로 정하는 금액의 합계액

나. 제1항제2호 및 제3호에 따른 금액의 합계액

③ 제2항에 따라 필요경비를 계산할 때 양도자산 보유기간에 그 자산에 대한 감가상각비로서 각 과세기간의 사업소득금액을 계산하는 경우 필요경비에 산입하였거나 산입할 금액이 있을 때에는 이를 제1항의 금액에서 공제한 금액을 그 취득가액으로 한다.

④ 삭제

⑤ 취득에 든 실지거래가액의 범위 등 필요경비의 계산에 필요한 사항은 대통령령으로 정한다.
⑥ 삭제
⑦ 제1항제1호가목을 적용할 때 제94조제1항제1호 및 제2호에 따른 자산을 양도한 거주자가 그 자산 취득 당시 대통령령으로 정하는 방법으로 실지거래가액을 확인한 사실이 있는 경우에는 이를 그 거주자의 취득 당시의 실지거래가액으로 본다. 다만, 다음 각 호의 어느 하나에 해당하는 경우에는 그러하지 아니하다.
1. 해당 자산에 대한 전 소유자의 양도가액이 제114조에 따라 경정되는 경우
2. 전 소유자의 해당 자산에 대한 양도소득세가 비과세되는 경우로서 실지거래가액보다 높은 가액으로 거래한 것으로 확인한 경우

[2] 양도소득금액 (법 제95조)

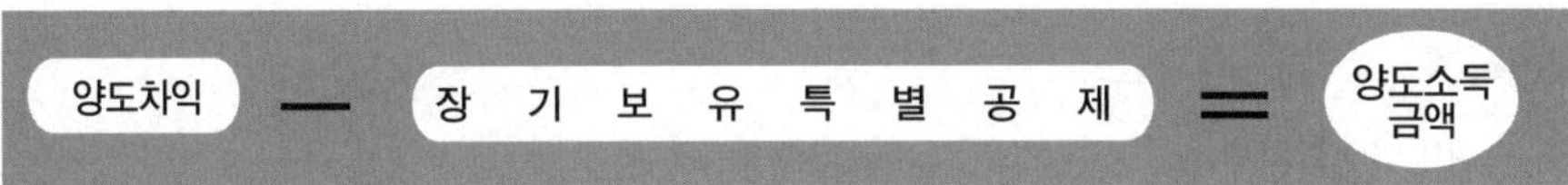

① **양도소득금액**은 제94조에 따른 양도소득의 총수입금액(이하 “양도가액"이라 한다)에서 제97조에 따른 필요경비를 공제하고, 그 금액(이하 “양도차익"이라 한다)에서 장기보유 특별공제액을 공제한 금액으로 한다.

② 제1항에서 **“장기보유 특별공제액”**이란 제94조제1항제1호에 따른 자산(제104조제3항에 따른 미등기양도자산과 같은 조 제7항 각 호에 따른 자산은 제외한다)으로서 보유기간이 3년 이상인 것 및 제94조제1항제2호가목에 따른 자산 중 조합원입주권(조합원으로부터 취득한 것은 제외한다)에 대하여 그 자산의 양도차익(조합원입주권을 양도하는 경우에는 「도시 및 주거환경정비법」 제74조에 따른 관리처분계획 인가 및 「빈집 및 소규모주택 정비에 관한 특례법」 제29조에 따른 사업시행계획인가 전 토지분 또는 건물분의 양도차익으로 한정한다)에 다음 표 1에 따른 보유기간별 공제율을 곱하여 계산한 금액을 말한다. 다만, 대통령령으로 정하는 1세대 1주택(이에 딸린 토지를 포함한다)에 해당하는 자산의 경우에는 그 자산의 양도차익에 다음 표 2에 따른 보유기간별 공제율을 곱하여 계산한 금액을 말한다.

표 1

보유기간	공제율
3년 이상 4년 미만	100분의 6
4년 이상 5년 미만	100분의 8
5년 이상 6년 미만	100분의 10
6년 이상 7년 미만	100분의 12
7년 이상 8년 미만	100분의 14
8년 이상 9년 미만	100분의 16
9년 이상 10년 미만	100분의 18
10년 이상 11년 미만	100분의 20
11년 이상 12년 미만	100분의 22
12년 이상 13년 미만	100분의 24
13년 이상 14년 미만	100분의 26
14년 이상 15년 미만	100분의 28
15년 이상	100분의 30

표 2

보유기간	공제율
3년 이상 4년 미만	100분의 24
4년 이상 5년 미만	100분의 32
5년 이상 6년 미만	100분의 40
6년 이상 7년 미만	100분의 48
7년 이상 8년 미만	100분의 56
8년 이상 9년 미만	100분의 64
9년 이상 10년 미만	100분의 72
10년 이상	100분의 80

③ 제89조제1항제3호에 따라 양도소득의 비과세대상에서 제외되는 고가주택(이에 딸린 토지를 포함한다)에 해당하는 자산의 양도차익 및 장기보유 특별공제액은 제1항에도 불구하고 대통령령으로 정하는 바에 따라 계산한 금액으로 한다.

④ 제2항에서 규정하는 자산의 보유기간은 그 자산의 취득일부터 양도일까지로 한다. 다만, 제97조의2제1항의 경우에는 증여한 배우자 또는 직계존비속이 해당 자산을 취득한 날부터 기산(起算)하고, 같은 조 제4항제1호에 따른 가업상속공제가 적용된 비율에 해당하는 자산의 경우에는 피상속인이 해당 자산을 취득한 날부터 기산한다.

⑤ 양도소득금액의 계산에 필요한 사항은 대통령령으로 정한다.

■ 양도소득금액 계산특례

(1) 배우자·직계존비속 (증여재산)이월과세

① 적용여부

적용 ○	적용 ×
거주자가 양도소득세를 회피하기 위하여 양도일로부터 소급하여 5년 이내에 그 배우자 또는 직계존비속으로부터 증여받은 토지·건물·특정시설물이용권을 양도하는 경우	증여로 수증자가 1세대 1주택이 된 경우 등 →이 경우는 이월과세가 아닌 '부당행위계산부인'제도가 적용된다.

② 적용효과

㉠ 양도소득금액 계산시 취득가액을 거주자가 취득한 당시의 금액이 아니라 그 배우자 또는 직계존비속이 취득한 당시의 금액으로 하여 양도소득세의 회피를 방지한다.

㉡ 거주자가 증여받은 자산에 대하여 납부하였거나 납부할 증여세 상당액이 있는 경우에는 이를 필요경비에 산입한다.

㉢ 양도소득세의 납세의무자가 수증자가 된다. 증여세의 납세의무자는 수증자와 증여자의 연대납세의무가 있는 것과는 구별하여야 한다.

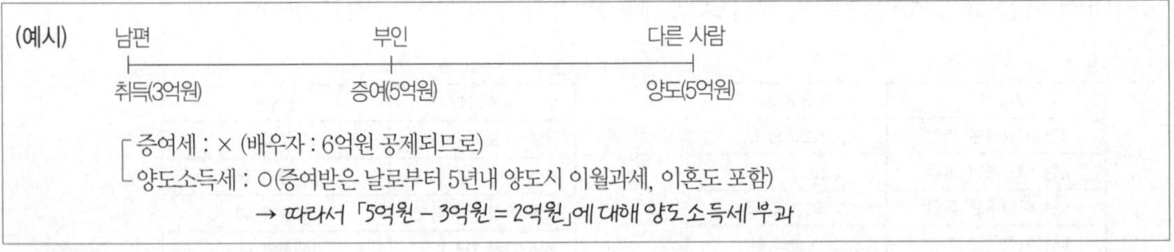

(2) 양도소득의 부당행위계산부인 (법 제101조)

① 납세지 관할 세무서장 또는 지방국세청장은 양도소득이 있는 거주자의 행위 또는 계산이 그 거주자의 특수관계인(거주자의 친족·종업원·그 종업원과 생계를 같이 하는 친족·종업원외의 자로서 당해 거주자의 금전 기타 자산에 의하여 생계를 유지하는 자와 이들과 생계를 같이 하는 친족)과의 거래로 인하여 그 소득에 대한 조세 부담을 부당하게 감소시킨 것으로 인정되는 경우에는 그 거주자의 행위 또는 계산과 관계없이 해당 과세기간의 소득금액을 계산할 수 있다.

> 다음 각 호의 어느 하나에 해당하는 때를 말한다. 다만, 시가와 거래가액의 차액이 3억원 이상이거나 시가의 100분의 5에 상당하는 금액 이상인 경우에 한한다.
> 1. 특수관계인으로부터 시가보다 높은 가격으로 자산을 매입하거나 특수관계인에게 시가보다 낮은 가격으로 자산을 양도한 때
> 2. 그 밖에 특수관계인과의 거래로 해당 연도의 양도가액 또는 필요경비의 계산시 조세의 부담을 부당하게 감소시킨 것으로 인정되는 때

② 거주자가 제1항에서 규정하는 특수관계인(제97조의2제1항을 적용받는 배우자 및 직계존비속의 경우는 제외한다)에게 자산을 증여한 후 그 자산을 증여받은 자가 그 증여일부터 5년 이내에 다시 타인에게 양도한 경우로서 제1호에 따른 세액이 제2호에 따른 세액보다 적은 경우에는 증여자가 그 자산을 직접 양도한 것으로 본다. 다만, 양도소득이 해당 수증자에게 실질적으로 귀속된 경우에는 그러하지 아니하다.

1. 증여받은 자의 증여세(「상속세 및 증여세법」에 따른 산출세액에서 공제 · 감면세액을 뺀 세액)와 양도소득세(이 법에 따른 산출세액에서 공제 · 감면세액을 뺀 결정세액을 말한다. 이하 제2호에서 같다)를 합한 세액
2. 증여자가 직접 양도하는 경우로 보아 계산한 양도소득세

③ 제2항에 따라 증여자에게 양도소득세가 과세되는 경우에는 당초 증여받은 자산에 대해서는 「상속세 및 증여세법」의 규정에도 불구하고 증여세를 부과하지 아니한다.

④ 제2항에 따른 연수의 계산에 관하여는 제97조의2제3항을 준용한다.

⑤ 제1항에 따른 특수관계인의 범위와 그 밖에 부당행위계산에 필요한 사항은 대통령령으로 정한다.

■ 이월과세 vs 부당행위계산부인

구분	이월과세	부당행위계산부인
개념	거주자가 양도일로부터 소급하여 5년 이내에 그 배우자 또는 직계존비속으로부터 증여받은 토지·건물·특정시설물이용권을 양도하는 경우 양도소득금액 계산시 취득가액을 거주자가 취득한 당시의 금액이 아니라 그 배우자 또는 직계존비속이 취득한 당시의 금액으로 이월하여 양도소득세의 회피를 방지하는 제도	양도소득이 있는 거주자의 행위 또는 계산이 그 거주자의 특수관계인과의 거래로 인하여 그 소득에 대한 조세 부담을 부당하게 감소시킨 것으로 인정되는 경우에는 그 거주자의 행위 또는 계산과 관계없이 납세지 관할 세무서장 또는 지방국세청장이 직접 해당 과세기간의 소득금액을 계산하여 양도소득세의 회피를 방지하는 제도
증여자-수증자 관계	배우자 또는 직계존비속	특수관계인 ↔ 배우자 또는 직계존비속은 제외
납세의무자	수증자(증여받은 배우자 또는 직계존비속) → 증여자와 수증자의 연대납세의무 : 없음	증여자(증여한 자, 즉 증여자가 직접 양도한 것으로 보아서 증여자가 납세의무자가 된다.) → 증여자와 수증자의 연대납세의무 : 있음
과세대상	토지·건물·특정시설물이용권(골프회원권, 콘도회원권 등)	양도소득세 과세대상이 되는 모든 자산
조세부담의 부당 감소의 적용여부	조세부담의 부당한 감소여부에 관계없이 이월과세 규정은 적용된다. 즉, 조세부담의 부당한 감소가 없는 경우에도 적용된다.	조세부담의 부당한 감소가 있는 경우에만 부당행위계산부인 규정이 적용된다.
이미 납부한 증여세의 처리	필요경비에 산입한다.	부과를 취소한다.
수증일 ~ 양도일까지의 기간	증여 후 5년(등기부상 소유기간) 이내	

[3] 양도소득과세표준 (법 제103조)

양도소득금액 — 양 도 소 득 기 본 공 제 = 양도소득 과세표준

① 양도소득이 있는 거주자에 대해서는 다음 각 호의 소득별(소득자별×, 자산별×)로 해당 과세기간의 양도소득금액에서 각각 연 250만원을 공제한다.

1. 토지 또는 건물의 양도로 발생하는 소득·부동산에 관한 권리의 양도로 발생하는 소득 및 기타자산의 양도로 발생하는 소득. 다만, 미등기양도자산의 양도소득금액에 대해서는 그러하지 아니하다.
2. 주식 등의 양도로 발생하는 소득
3. 파생상품 등의 거래 또는 행위로 발생하는 소득

② ①을 적용할 때 양도소득금액에 이 법 또는 「조세특례제한법」이나 그 밖의 법률에 따른 감면소득금액이 있는 경우에는 그 감면소득금액 외의 양도소득금액에서 먼저 공제하고, 감면소득금액 외의 양도소득금액 중에서는 해당 과세기간에 먼저 양도한 자산의 양도소득금액에서부터 순서대로 공제한다.

③ ①에 따른 공제를 '양도소득 기본공제'라 한다.

구분	양도소득과세표준
일반적인 양도소득과세표준의 계산	양도소득금액 − 양도소득 기본공제 = 양도소득과세표준
미등기 양도자산의 양도소득과세표준의 계산	양도소득금액 = 양도소득과세표준

■ 장기보유특별공제 vs 양도소득기본공제

구분	장기보유특별공제	양도소득기본공제
① 대상자산	토지·건물로서 등기되고 보유기간이 3년이상인 것 (단, 미등기자산과 3년 미만 보유자산은 제외)	거주자의 모든 자산(→자산의 종류, 보유기간 : 불문) (단, 미등기자산 제외)
② 공제방법	각 자산별로 양도차익에서 공제	각 그룹별 양도소득금액에서 250만원 공제
③ 공제순서	양도소득금액 계산단계	과세표준 계산단계

★★

8. 세율 (법 제104조)

출제자 의도 자산의 종류별·보유기간별·등기 여부별 세율의 차이점을 구별할 수 있는가?

거주자의 양도소득세는 해당 과세기간의 양도소득과세표준에 다음의 세율을 적용하여 계산한 금액(양도소득 산출세액)을 그 세액으로 한다. 이 경우 하나의 자산이 다음의 세율 중 둘 이상에 해당할 때에는 해당 세율을 적용하여 계산한 양도소득 산출세액 중 큰 것(작은 것×)을 그 세액으로 한다.

양도소득세의 세율은 과세대상의 자산별·보유기간별·등기여부·과세표준금액 등에 따라 초과누진세율 또는 차등비례세율이 적용된다.

<table>
<tr><th colspan="4">구분</th><th colspan="2">세율</th></tr>
<tr><td rowspan="6">1 그룹</td><td rowspan="5">부동산(토지, 건물),
부동산에 관한 권리</td><td colspan="2">미등기자산(보유기간 상관 없음)</td><td>70%</td><td rowspan="4">(차등)
비례세율</td></tr>
<tr><td colspan="2">조정대상지역 내 분양권(보유기간 상관 없음)</td><td rowspan="2">50%(주택 및 조합원입주권 : 40%)</td></tr>
<tr><td rowspan="3">등기자산</td><td>1년 미만 보유</td></tr>
<tr><td>1년 이상 2년 미만 보유</td><td>40%(주택및조합원입주권:6~42%)</td></tr>
<tr><td>2년 이상 보유</td><td rowspan="2">6~42%(기본세율)
(비사업용토지 : 16~52%)</td><td rowspan="2">(7단계)(초과)
누진세율</td></tr>
<tr><td colspan="3">기타자산(등기, 보유기간 불문)</td></tr>
<tr><td rowspan="3">2 그룹</td><td rowspan="2">중소기업 이외의
법인의 주식</td><td colspan="2">대주주의 1년 미만 보유한 주식</td><td>30%</td><td rowspan="3">(차등)
비례세율</td></tr>
<tr><td colspan="2">위 이외의 주식</td><td>20%</td></tr>
<tr><td>중소기업의 주식</td><td colspan="2">대주주의 1년 미만 보유한 주식</td><td>10%</td></tr>
<tr><td>3 그룹</td><td colspan="3">파생상품</td><td>20%</td><td>비례세율</td></tr>
</table>

※ 조정대상지역 : 서울특별시 전역, 부산광역시·경기도 일부 지역

※ 초과누진 세율

과세표준	세율
① 1,200만원 이하	과세표준의 6%
② 1,200만원 초과 4,600만원 이하	72만원 + 1,200만원 초과금액의 15%
③ 4,600만원 초과 8,800만원 이하	582만원 + 4,600만원 초과금액의 24%
④ 8,800만원 초과 1억5천만원 이하	1,590만원 + 8,800만원 초과금액의 35%
⑤ 1억5천만원 초과 3억원 이하	3,760만원 + 1억5천만원 초과금액의 38%
⑥ 3억원 초과 5억원 이하	9,460만원 + 3억원 초과금액의 40%
⑦ 5억원 초과	1억7,460만원 + 5억원 초과금액의 42%

※ 할증세율(조정대상지역)

구분	세율
2주택	기본세율 + 10%
3주택 이상	기본세율 + 20%

※ 양도소득세 세율

- ±15%(100분의 15를 가감한) 범위 안에서 조정할 수 있는 탄력세율이다.
- 파생상품의 세율은 자본시장 육성 등을 위하여 필요한 경우 그 세율의 100분의 75의 범위에서 대통령령으로 정하는 바에 따라 인하할 수 있다.

※ 보유기간 (법 제104조제②항)

보유기간은 해당 자산의 취득일부터 양도일까지로 한다. 다만, 다음 각 호의 어느 하나에 해당하는 경우에는 각각 그 정한 날을 그 자산의 취득일로 본다.

1. 상속받은 자산은 피상속인이 그 자산을 취득한 날
2. 제97조의2(양도소득의 필요경비 계산 특례)제1항에 해당하는 자산은 증여자가 그 자산을 취득한 날

출제자 의도

비과세

주택의 비과세 요건을 이해하고 있는가?

★★★

9. 비과세 (법 제89조)

① 다음 각 호의 소득에 대해서는 양도소득에 대한 소득세(이하 "양도소득세"라 한다)를 과세하지 아니한다.

1. 파산선고에 의한 처분으로 발생하는 소득
2. 대통령령으로 정하는 경우에 해당하는 농지의 교환 또는 분합(分合)으로 발생하는 소득
3. 다음 각 목의 어느 하나에 해당하는 주택(가액이 대통령령으로 정하는 기준을 초과하는 고가주택은 제외한다)과 이에 딸린 토지로서 건물이 정착된 면적에 지역별로 대통령령으로 정하는 배율을 곱하여 산정한 면적 이내의 토지(이하 이 조에서 "주택부수토지"라 한다)의 양도로 발생하는 소득
   가. 1세대가 1주택을 보유하는 경우로서 대통령령으로 정하는 요건을 충족하는 주택
   나. 1세대가 1주택을 양도하기 전에 다른 주택을 대체취득하거나 상속, 동거봉양, 혼인 등으로 인하여 2주택 이상을 보유하는 경우로서 대통령령으로 정하는 주택
4. 제2항에 따른 조합원입주권을 1개 보유한 1세대[「도시 및 주거환경정비법」 제74조에 따른 관리처분계획의 인가일 및 「빈집 및 소규모주택 정비에 관한 특례법」 제29조에 따른 사업시행계획인가일(인가일 전에 기존주택이 철거되는 때에는 기존주택의 철거일) 현재 제3호가목에 해당하는 기존주택을 소유하는 세대]가 다음 각 목의 어느 하나의 요건을 충족하여 양도하는 경우 해당 조합원입주권을 양도하여 발생하는 소득. 다만, 해당 조합원입주권의 가액이 대통령령으로 정하는 기준을 초과하는 경우에는 양도소득세를 과세한다.
   가. 양도일 현재 다른 주택을 보유하지 아니할 것
   나. 양도일 현재 1조합원입주권 외에 1주택을 소유한 경우로서 해당 1주택을 취득한 날부터 3년 이내에 해당 조합원입주권을 양도할 것(3년 이내에 양도하지 못하는 경우로서 대통령령으로 정하는 사유에 해당하는 경우를 포함한다)
5. 「지적재조사에 관한 특별법」 제18조에 따른 경계의 확정으로 지적공부상의 면적이 감소되어 같은 법 제20조에 따라 지급받는 조정금

② 1세대가 주택(주택부수토지를 포함한다. 이하 이 조에서 같다)과 「도시 및 주거환경정비법」 제48조에 따른 관리처분계획의 인가로 인하여 취득한 입주자로 선정된 지위[같은 법에 따른 주택재건축사업 또는 주택재개발사업을 시행하는

정비사업조합의 조합원으로서 취득한 것(그 조합원으로부터 취득한 것을 포함한다)으로 한정하며, 이에 딸린 토지를 포함한다. 이하 "조합원입주권"이라 한다]를 보유하다가 그 주택을 양도하는 경우에는 제1항에도 불구하고 같은 항 제3호를 적용하지 아니한다. 다만, 「도시 및 주거환경정비법」에 따른 주택재건축사업 또는 주택재개발사업의 시행기간 중 거주를 위하여 주택을 취득하는 경우나 그 밖의 부득이한 사유로서 대통령령으로 정하는 경우에는 그러하지 아니하다.

[1] 1세대 & 1주택 & 2년 이상 보유

(1) 1세대 요건

→ 원칙 : 거주자 및 그 배우자(부부가 각각 단독세대를 구성하였을 경우에도 동일한 세대로 봄)

→ 예외 : 거주자(배우자가 없음에도 거주자만으로 1세대로 보는 경우)

① 거주자 : ㉠ 30세 이상 또는 ㉡ 소득(기준 중위소득의 100분의 40 이상의 소득)이 있는 경우

② 배우자 : ㉠ 사망 또는 ㉡ 이혼한 경우

(2) 1주택 요건

① 주택의 개념

사실상 용도(상시 주거용○, 공부상 용도×)가 기준, 재개발·재건축의 조합원입주권도 포함 [↔ 주거용임에도 비주택인 것 : 영업용 건물(콘도 등), 합숙소]

② 부수토지

건물정착면적(순수주택면적)의 10배(도시지역안 5배)까지 (순수주택면적 × 배율) 주택에 포함

③ 겸용주택

㉠ 주택 〉 주택외부분(상가)	전부→주택	주택에 포함되는 부수토지 : 순수주택면적 × 배율
㉡ 주택 ≤ 주택외부분(상가)	주거부분만→주택	주택에 포함되는 부수토지 : 토지면적× $\frac{순수주택면적}{건물전체면적}$

㉠ 사례 : 주택 〉 주택외 부분 (전제 : 1세대 2년 이상 보유, 도시지역내, 단위 : ㎡)

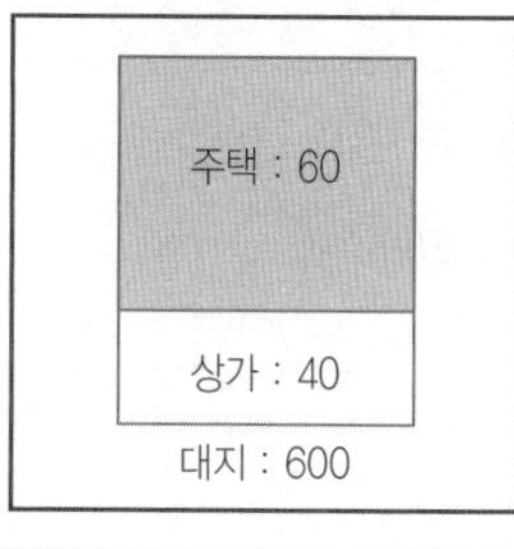

※ 건물 전부를 주택으로 본다.

① 건물 : 100 → 주택 → 비과세 *(↔ 고가주택은 제외)*

② 대지 : 순수주택면적(60) × 5배(도시지역내) = 300 → 비과세

나머지 300(600−300) → 과세

㉡ 사례 ; 주택 ≦ 주택외 부분 (전제 : 1세대 2년 이상 보유, 도시지역내, 단위 : ㎡)

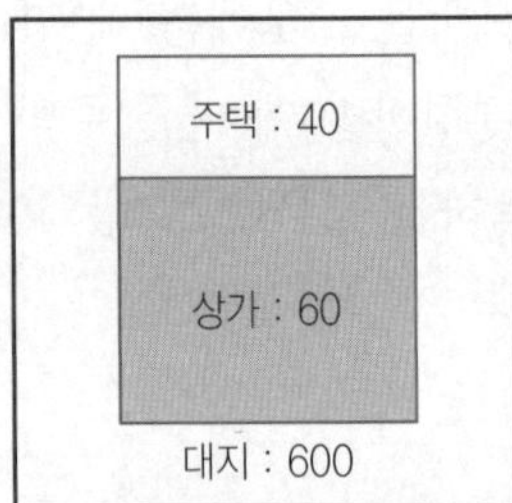

※ 주거부분만 주택으로 본다.

① 건물 ┬ 주택 : 40 → 비과세
　　　 └ 상가 : 60 → 과세

② 대지 : 주택의 부수토지 : $600 \times \frac{40}{100}$

= 240 ┬ 200(40 × 5) → 비과세
　　 └ 40 → 과세

③ 대지 : 상가의 부수토지 : $600 \times \frac{60}{100}$ = 360 → 과세

④ 고가주택 (실지거래가 9억원 초과 주택)

1세대 1주택 요건 충족시	9억원 초과부분만 과세
1세대 1주택 요건 비충족시	전부를 과세

■ **(1세대) 2주택 비과세 특례** (시행령 제155조)

비록 2주택이지만 1주택으로 보아 비과세 하는 경우(양도시기는 제한이 없지만 양도주택이 양도일 현재 '2년이상 보유' 해야 한다는 전제가 있다.)

① 일시적 2주택 : 신주택 취득한 날부터 3년이내 종전주택을 양도하는 경우

② 혼인 : 혼인한 날부터 5년(반드시 1년×, 1년 ○)이내, 먼저 양도하는 주택

③ 노부모 봉양 : 합친 날부터 10년이내, 먼저 양도하는 주택

④ 상속(증여×) : 일반주택(상속주택×) 양도하는 경우[단, 상속개시일부터 소급하여 2년(3년×)이내에 피상속인으로부터 증여받은 주택은 일반주택으로 보지 않고(상속주택으로 봐서) 비과세 배제]

⑤ 문화재주택 : 일반주택(문화재주택×) 양도하는 경우

⑥ 농어촌주택 : 일반주택(농어촌주택×) 양도하는 경우(→ 귀농주택 : 귀농주택을 취득한 날로부터 5년 이내에 일반주택을 양도하는 경우에 농어촌주택으로 인정)

⑦ 취학 등(직장의 변경, 전근 등 근무상 형편, 1년 이상 질병 치료나 요양 등)의 목적으로 한 일반주택을 양도하는 경우

⑧ 장기임대주택과 그 밖의 1주택

구분	2주택 해소기간	2년 보유기간	비과세 대상
이전	다른 주택 취득한 날부터 3년 이내	양도주택만	종전주택
혼인	혼인한 날부터 5년 이내		먼저 양도하는 주택
봉양	합친 날부터 5년 이내		
상속	제한 없음		일반주택
문화재			
농어촌			
취학등	부득이한 사유가 해소된 날부터 3년 이내		

(3) 2년 이상 보유

원칙 : 취득일부터 양도일 까지 등기부상 보유기간이 2년 이상이어야 한다.

※ **멸실되어 재건축한 주택**

멸실된 주택과 재건축한 주택에 대한 보유기간을 통산(합하여 계산)한다.

예외 : 2년 미만 보유했지만 2년 이상 보유한 것으로 보는 경우(즉, 보유기간 제한 없음)(2년 미만 보유 비과세 특례 → 1세대 1주택 전제는 要)

① 건설임대주택 - 주택 양도일 까지 5년 이상 거주는 요함

② 수용, 협의매수 - 양도일 또는 수용일부터 5년 이내 양도 요함

③ 해외이주로 세대전원 출국
④ (취학 또는 근무상 형편으로)
1년 이상 국외거주로 인한 양도로 세대전원 출국
→ 출국일부터 2년이내 양도 요함

⑤ 취학(고등학교 이상 해당)
⑥ 직장 근무상 형편(즉 직장발령시○, 사업상 형편×)
⑦ 1년 이상 질병으로 치료, 요양
→ 1년 이상 거주는 요함 [세대원 전원 → (다른 시·군으로) 이주 요함]

(4) 거주요건

원칙 : 취득당시(양도당시×) 조정대상지역인 경우 보유기간 중 2년(1년×) 이상 거주

예외(거주요건 적용제외) : ① 사업자등록 및 임대사업자로 등록한 경우
② 2017년 8월 2일 이전에 주택을 취득한 경우
③ 2017년 8월 2일 이전에 계약을 체결하고 계약금을 지급한 사실이 확인되는 경우

[2] 농지의 교환·분합

(1) 금액

교환 또는 분합하는 쌍방 토지가액의 차액이 가액이 큰편의 1/4 이하

(2) 사유

① 국가·지방자치단체가 소유하는 토지와 교환·분합

② 국가·지방자치단체의 시행사업으로 교환·분합

③ 농지법·농어촌정비법·한국농어촌공사 및 농지관리기금법·농업협동조합법에 의해 교환·분합

④ 경작상 필요에 의해 교환(→ 단, 3년이상 거주·경작해야)

→ 농지의 대토 비과세 규정은 2006.1.1 부터 삭제됨(감면제도로 전환함)

[3] 파산선고

법원의 파산선고에 의한 처분으로 인하여 발생하는 소득은 비과세된다.

10. 부과징수 및 가산세

출제자 의도 그 절차상 내용을 이해하고 있는가?

(법 제105조~제111조, 제114조~제116조)

구분	기한	세액공제 /	가산세
예정 신고 납부	양도월 말일(양도일이 속하는 달의 말일 / 허가일이 속하는 달의 말일) ~ 2개월 이내 → 허가받기 전 허가구역 지정 해제시 : 해제일이 속하는 달의 말일 ~ 2개월 이내 → 부담부증여의 채무액에 해당하는 부분으로서 양도로 보는 경우 : 양도일이 속하는 달의 말일 ~ 2개월 이내	– (없음) /	신고불성실 가산세: 40% (고의적 신고의무 위반, 국제거래의 경우 60%) / 20% (무신고) / 10% (과소신고) 납부불성실 가산세 1일 0.03%($\frac{3}{10,000}$) (납부지연일수 = 신고기한 다음날 ~ 납세고지일)
확정신고납부	양도일 다음년도 5월 (5/1 ~ 5/31) 까지	– /	–
기한후 신고납부/고지납부	기한후 신고납부일 / 고지일	– /	신고불성실 가산세: 40% (고의적 신고의무 위반) / 20% (단순한 무신고) / 10% (단순한 과소신고) 납부불성실 가산세 : 1일 0.03%

■ **과세기간** (법 제5조)

① 소득세의 과세기간은 1월 1일부터 12월 31일까지 1년으로 한다.

② 거주자가 사망한 경우의 과세기간은 1월 1일부터 사망한 날까지로 한다.

③ 거주자가 주소 또는 거소를 국외로 이전(이하 "출국"이라 한다)하여 비거주자가 되는 경우의 과세기간은 1월 1일부터 출국한 날까지로 한다.

구분		기간			
		개시일	~	종료일(기한)	
과세기간	원칙	1월 1일	–	12월 31일	사업하다 폐업하는 경우도 마찬가지이다. → Why? 사업소득은 발생하지 않지만 다른 소득은 발생할 수 있으므로
	예외			사망한 날	거주자가 사망한 경우
				출국한 날	거주자가 출국하여 비거주자가 되는 경우

(1) 예정신고

구분		신고기한
1그룹	토지, 건물, 부동산에관한 권리, 기타자산	양도일이 속하는 달의 말일 ~ 2월 이내
		허가일이 속하는 달의 말일 ~ 2월 이내 (→ 토지거래허가구역내 토지 양도 시)
2그룹	주식 및 출자지분	양도일이 속하는 반기의 말일 ~ 2월 이내

※ 납세지 관할 세무서장에게 신고하여야 한다. 그리고 납부도 하여야 한다. 양도차익이 '0' (zero) 또는 양도차손(–, 마이너스)인 경우에도 예정신고는 하여야 한다.

※ 예정신고를 한 자는 확정신고를 하지 아니할 수 있다.(원칙) ↔ (예외) 대통령령이 정하는 경우는 그러하지 아니하다.

※ 예정신고 납부를 하는 경우 수시부과세액이 있을 때에는 이를 공제하여 납부한다.

※ 예정신고기한 내 무신고 후 확정신고기한까지 신고한 경우, 예정신고기한 내 과소신고 후 확정신고기한까지 수정신고한 경우는 가산세가 100분의 50(50%) 감면된다.

※ 예정신고 납부하는 양도소득세의 납세의무 성립시기 : 양도일이 속하는 달의 말일(= 그 과세표준이 되는 금액이 발생하는 달의 말일)

(2) 확정신고·납부

양도소득과세표준을 당해 연도의 다음연도 5/1 ~ 5/31 까지 납세지 (거주자 : 납세의무자 '주소지' 관할세무서, 비거주자 : 양도재산 '소재지' 관할세무서) 관할세무서장에게 신고하여야 한다.

확정신고 필요	확정신고 불필요
① 과세표준 있는 경우 ② 과세표준 없는 경우 ③ 결손금액 있는 경우 ④ 당해연도에 누진세율의 적용대상 자산에 대한 예정신고를 2회 이상 한 자가 이미 신고한 양도소득금액과 합산하여 신고하지 아니한 경우 ⑤ 토지, 건물, 부동산에 관한 권리 및 기타자산을 2회 이상 양도한 경우로서 당초 신고한 양도소득산출세액이 달라지는 경우 ⑥ 주식등을 2회 이상 양도한 경우로서 당초 신고한 양도소득산출세액이 달라지는 경우	① 예정신고를 한 경우(원칙) ② 비과세인 경우

(3) 결정·경정

구분	결정	경정
정의	예정신고 또는 확정신고를 해야 할 자가 신고를 안하는 경우 납세지 관할 세무서장 또는 국세청장이 양도소득과세표준과 세액을 결정하는 것	신고는 했는데 오류 또는 탈루가 있는 경우 수정하는 것
가산세	신고불성실 가산세 산출세액× ┬ 40% (고의적 신고의무 위반) ├ 20% (단순한 무신고) └ 10% (단순한 과소신고)	납부불성실 가산세 : 미납세액×일수×0.03%(3/10,000)

→ 자산의 양도로 양도가액 및 취득가액을 실지거래가액에 의하여 양도소득과세표준 확정신고를 하여야 할 자(확정신고의무

자)가 그 신고를 하지 아니한 경우로서 양도소득과세표준과 세액 또는 확정신고의무자의 실지거래가액 소명여부 등을 고려하여 대통령령이 정하는 경우에 해당하는 때에는 납세지 관할세무서장 또는 지방국세청장은 등기부에 기재된 거래가액(등기부기재가액)을 실지거래가액으로 추정하여 양도소득과세표준과 세액을 결정할 수 있다. 다만, 납세지 관할세무서장 또는 지방국세청장이 등기부기재가액이 실지거래가액과 차이가 있음을 확인한 경우에는 그러하지 아니하다.

→ 양도가액 및 취득가액을 실지거래가액에 의하여 양도소득과세표준 예정신고 또는 확정신고를 한 경우로서 당해 신고가액이 사실과 달라 납세지 관할세무서장 또는 지방국세청장이 실지거래가액을 확인한 때에는 그 확인된 가액을 양도가액 또는 취득가액으로 하여 양도소득과세표준과 세액을 경정한다.

(4) 징수

구분	기한
예정신고·확정신고 납부시, 미납분 징수	납부기한 경과후 '3월' 이내
결정·경정에 의한 징수	통지한 날부터 '30일' 이내

11. 부가세

(1) 농어촌특별세

양도소득세 감면세액 × 20%

12. 면제 vs 경감

발생한 납세의무를 일정한 사유와 목적에 따라 과세권자가 자신의 과세권을 일시적으로 유보하는 것 (비과세와 다른개념)

면제	경감
① 영농조합법인에 대한 면제 ② 영어(營漁)조합법인에 대한 면제 ③ 농업회사법인에 대한 면제 ④ (8년이상)자경농지에 대한 면제 ⑤ 박물관 등의 이전에 대한 면제 ⑥ 신축임대주택에 대한 면제	① 공공사업용 토지 등에 대한 감면 ② 장기임대주택에 대한 감면 ③ 신축주택의 취득자에 대한 양도소득세의 과세특례 ④ 신축주택의 취득을 위한 주택양도에 대한 양도소득세 특례

13. 미등기 양도자산

(1) 불이익

적용배제	① 비과세 ② 감면 ③ 장기보유특별공제 ④ 양도소득기본공제	필요경비 공제는 적용됨
세율	중과세율 : 70%	–

(2) 미등기임에도 미등기양도자산에서 제외되는 경우

→ 어쩔 수 없이 등기가 불가능한 경우

① 장기(단기×) 할부조건으로 취득한 자산으로서 그 계약조건에 의하여 양도 당시 그 자산의 취득에 관한 등기가 불가능한 자산

② 법률의 규정 또는 법원의 결정에 의하여 양도 당시 그 자산의 취득에 관한 등기가 불가능한 자산

③ 교환·분합·대토 농지, 8년이상 자경농지

④ 1세대1주택으로서 건축법에 의한 건축허가를 받지 아니하여 등기가 불가능한 자산

⑤ 도시개발사업·토지구획정리사업 미종료로 토지취득등기 못하고 양도하는 토지

14. 물납 vs 분납 (법 제112조)

구분	물납	분납
요건	<폐지>	세액 1천만원 초과 (거주자에 한함)
대상		–
기한		• 예정신고기한 또는 확정신고기한까지 납세지 관할 세무서장에게 신청해야. • 납부기한 경과 후 2개월 이내에 분할납부할 수 있음.
가능금액		① 납부할 세액 2천만원 이하 – 1천만원 초과금액 ② 납부할 세액 2천만원 초과 – 50% 이하금액

15. 국내자산 양도 vs 국외자산 양도 (법 제118조의2 ~ 제118조의8)

구분	국내자산 양도	국외자산 양도
납세의무자	거주자(국내에 주소 또는 183일 이상 거소를 둔 개인), 비거주자	일부 거주자(양도일 현재 국내에 5년 이상 주소 또는 거소를 둔 개인)만
과세대상	미등기 부동산임차권 비포함	미등기 부동산임차권 포함
양도가액	실지거래가액	실지거래가액
장기보유특별공제	적용 ○	적용 ×
양도소득기본공제	적용 ○	적용 ○ (단, 거주자에 한함)
세율	미등기 부동산 : 70% (중과세율) 주식 및 출자지분 : 10, 20, 30% (차등 비례세율)	미등기 부동산 : 6 ~ 42% (7단계 초과누진세율) 주식 및 출자지분 : 10%, 20% (비례세율)
물납	인정×	인정×
분납	인정○	인정○
이중과세(외국정부에도 양도소득세 낸 경우) 조정	–	필요경비 산입 또는 세액공제 방법 중 선택

O · X · 지 · 문 · 학 · 습

01. 경기도에 소재하는 주택을 2년 동안 보유하고 양도한 경우로서, 양도일부터 1년 6개월 전에 세대 전원이 해외이주법에 따른 해외이주로 출국한 경우에는 비과세된다. [O, ×]

02. 환지처분으로 권리면적이 증가한 경우의 취득시기는 환지처분 공고일이 된다. [O, ×]

03. 파산선고에 의한 처분으로 인하여 발생하는 소득에 대해서도 양도소득세를 과세한다. [O, ×]

04. 1세대 1주택에 해당하는 등기된 고가주택을 양도하는 경우에는 장기보유특별공제의 적용이 배제된다. [O, ×]

05. 납세지 관할세무서장은 양도소득이 있는 국내거주자가 조세를 포탈할 우려가 있다고 인정되는 상당한 이유가 있는 경우에는 수시로 그 거주자의 양도소득세를 부과할 수 있다. [O, ×]

06. 배우자 또는 직계존비속이 아닌 자 간의 부담부증여에 있어서 수증자가 증여자의 채무를 인수하는 경우 그 채무액 상당부분은 양도소득세 과세대상이 아니다. [O, ×]

07. 법령의 규정에 의한 농지의 대토로 인하여 발생하는 소득에 대하여는 양도소득세를 면제한다. [O, ×]

08. 장기할부조건으로 취득한 자산으로서 그 계약조건에 의하여 양도 당시 그 자산의 취득에 관한 등기가 불가능한 자산은 미등기양도자산에서 제외된다. [O, ×]

09. 양도소득세 납세자가 국내 거주자인 경우 그 납세지는 양도물건의 소재지이다. [O, ×]

정답 및 해설

01. O
02. × (환지처분으로 권리면적이 증가한 경우 취득시기는 환지처분 공고일의 다음 날이다.)
03. × (채무자회생법에 따른 파산선고 처분으로 발생된 소득에 대해서는 양도소득세를 과세하지 아니한다.)
04. × (3년 이상 보유한 경우 장기보유특별공제를 적용받을 수 있다.)
05. O
06. × (특수관계자가 아닌 타인 간의 부담부증여의 경우 수증자가 인수한 채무상당액은 양도로 본다.)
07. O
08. O
09. × (납세지는 거주자의 주소지 또는 거소지이다.)

기 · 출 · 문 · 제 · 분 · 석

1. 다음은 양도소득세가 과세되는 양도에 관한 설명이다. 맞는 것은?

① 공유토지를 공유자 지분 변경없이 2개 이상의 공유토지로 분할한 때에는 양도로 보지 아니하는 것이나, 분할한 그 공유토지를 소유지분별로 재분할하는 경우에는 이를 양도로 본다.

② 도시개발법에 의한 도시개발사업의 시행자가 도시개발법에 의하여 취득한 체비지를 매각하는 경우에는 이를 양도로 보지 아니한다.

③ 양도라 함은 매도, 교환, 법인에 대한 현물출자 등으로 그 자산이 유상으로 이전되는 것으로서, 소유권이전을 위한 등기 또는 등록을 과세의 조건으로 한다.

④ 배우자간의 부담부증여에 있어서 수증자가 인수한 증여자의 채무액은 증여재산가액에서 공제하지 아니하고 증여세가 과세되므로, 항상 양도로 보지 아니한다.

⑤ 법정요건을 갖춘 양도담보계약에 의하여 소유권을 이전한 경우에는 이를 양도로 보지 아니하되, 채무불이행으로 변제에 충당한 때에는 이를 양도한 것으로 본다.

해설

① 지분의 변동이 없는 공유물 분할 : 양도에 해당안됨
② 도시개발법에 의해 취득한 환지·체비지 : 양도에 해당안됨 (다만, 이렇게 취득한 환지·체비지를 매각한 경우는 양도에 해당됨)
③ 양도소득세법상 양도의 정의 : 등기·등록에 관계없이 매도·교환·법인에 대한 현물출자 등으로 그 자산이 유상으로 이전되는 것을 말한다.
④ 배우자간 부담부증여 : 수증자가 인수한 증여자의 채무액은 증여로 추정된다(단, 양도의 사실입증이 되면 양도로 본다).

2. 소득세법상 거주자의 양도소득세에 관한 설명으로 틀린 것은?(단, 국내소재 부동산을 양도한 경우임)

① 양도소득 과세표준은 종합소득 및 퇴직소득에 대한 과세표준과 구분하여 계산한다.

② 양도차익 계산시 증여에 의하여 취득한 토지는 증여를 받은 날을 취득시기로 한다.

③ 양도소득의 총수입금액은 양도가액으로 한다.

④ 양도차익은 양도가액에서 장기보유 특별공제액을 공제하여 계산한다.

⑤ 100분의 70의 양도소득세 세율이 적용되는 미등기 양도 자산에 대해서는 양도소득 과세표준계산시 양도소득 기본공제는 적용되지 않는다.

해설

④ 장기보유특별공제액 → 필요경비

3. 국내에 주택 1채와 토지를, 국외에 1채의 주택을 소유하고 있는 거주자 甲이 2012년 중 해당 소유 부동산을 모두 양도하는 경우, 이에 관한 설명으로 틀린 것은?(단, 국내소재 부동산은 모두 등기되었으며, 주택은 고가주택이 아님)

① 甲이 국내주택을 먼저 양도하는 경우 2년 이상 보유한 경우라도 1세대 2주택에 해당하므로 양도소득세가 과세된다.

② 甲이 국외주택의 양도일까지 계속 5년 이상 국내에 주소를 둔 거주자인 경우 국외주택의 양도에 대하여 양도소득세 납세의무가 있다.

|정답| 1. ⑤　2. ④

③ 甲의 부동산양도에 따른 소득세의 납세지는 甲의 주소지를 원칙으로 한다.
④ 국외주택 양도소득에 대하여 납부하였거나 납부할 국외주택 양도소득세액은 해당 과세기간의 국외주택 양도소득금액 계산상 필요경비에 산입할 수 있다.
⑤ 국외주택의 양도에 대하여는 연 250만원의 양도소득기본공제를 적용받을 수 있다.

해설

① 1세대 1주택에 해당하므로 양도소득세가 비과세된다.

4. 소득세법상 장기보유특별공제에 관한 설명으로 틀린 것은?(다만, 양도자산은 비과세되지 아니함)

① 법령이 정하는 1세대 1주택에 해당하는 자산의 경우 10년 이상 보유시 100분의 80의 공제율이 적용된다.
② 미등기 양도자산의 경우에는 적용되지 아니한다.
③ 법원의 결정에 의하여 양도당시 취득에 관한 등기가 불가능한 부동산에 대하여는 적용되지 아니한다.
④ 등기된 토지 또는 건물로서 그 자산의 보유기간이 3년 이상인 것에 대하여 적용한다.
⑤ 양도소득금액은 양도차익에서 장기보유특별공제를 공제한 금액으로 한다.

해설

③ 적용되지 아니한다 → 적용된다

5. 소득세법상 거주자가 국내소재 주택의 양도가액과 취득가액을 실지 거래된 금액을 기준으로 양도차익을 산정하는 경우, 양도소득의 필요경비에 해당하지 않는 것은?(단, 지출액은 양도주택과 관련된 것으로 전액 양도자가 부담함)

① 주택의 취득대금에 충당하기 위한 대출금의 이자지급액
② 취득시 법령의 규정에 따라 매입한 국민주택채권을 만기 전에 법령이 정하는 금융기관에 양도함으로써 발생하는 매각차손
③ 양도 전 주택의 이용편의를 위한 방 확장 공사비용(이로 인해 주택의 가치가 증가됨)
④ 양도소득세 과세표준 신고서 작성비용
⑤ 공인중개사에게 지출한 중개보수

해설

① 주택의 취득대금에 충당하기 위한 대출금의 이자지급액은 필요경비에 해당하지 않는다.

6. 소득세법상 거주자의 양도소득세 과세대상이 아닌 것은?(단, 국내 자산을 가정함)

① 지상권의 양도
② 전세권의 양도
③ 골프회원권의 양도
④ 등기되지 않은 부동산임차권의 양도
⑤ 사업용 건물과 함께 양도하는 영업권

해설

④ 부동산임차권은 등기된 경우에 양도소득세 과세대상이 된다.

|정답| 3.① 4.③ 5.① 6.④